A LA MAISON BLANCHE
1968-1973

*

Du même auteur :

A World Restored : Castlereagh, Metternich and the Restoration of Peace 1812-1822, Houghton Mifflin, 1957.
Paru en français sous le titre *Le Chemin de la Paix*, Denoël, 1972.

Nuclear Weapons and Foreign Policy, Harper and Row, 1957.

The Necessity for Choice : Prospects of American Foreign Policy, Harper and Row, 1961.

The Troubled Partnership : A Re-appraisal of the Atlantic Alliance, McGraw Hill, 1965.
Paru en français sous le titre *Les Malentendus transatlantiques*, Denoël, 1965.

American Foreign Policy, Norton, 1969.
Paru en français sous le titre *Pour une nouvelle politique étrangère américaine,* Fayard, 1970.

Problems of National Strategy : A Book of Readings, Henry A. Kissinger ed, Praeger, 1965.

Henry Kissinger

A LA MAISON BLANCHE 1968-1973

*

traduit de l'américain par
l'Agence française de Traduction

Fayard

L'auteur remercie les éditeurs et journaux suivants qui l'ont autorisé à reproduire des passages de livres ou d'articles :

La Brookings Institution, pour : « Central Issues of American Foreign Policy », par Henry Kissinger ; « Budget Alternatives after Vietnam », par Charles L. Schultze ; « Military Strategy, Military Forces, and Arms Control », par Carl Kaysen, in *Agenda for the Nation*, Kermit Gordon, ed., 1968.
Encounter, pour « Peace and Power », par Zbigniew Brzezinski, nov. 1968.
Foreign Affairs, pour « The Vietnam Negociations », par Henry A. Kissinger, © Council on Foreign Relations, Inc., 1968 ; « Asia after Vietnam », par Richard M. Nixon, © Council on Foreign Relations, Inc., 1967.
Le *New York Times*, pour des extraits, © The New York/Company, 1969, 1970, 1971, 1972.
Oxford University Press, pour : *America in Vietnam*, par Guenter Lewy, 1978.
Time Inc., pour des extraits de *Time* © Time Inc., 1969, 1970.

L'auteur remercie également le *Milwaukee Journal, St. Louis Post-Dispatch,* le *Washington Post* et le *Washington Star.*

Ce livre est la traduction intégrale, publiée pour la première fois en France, du premier volume de l'ouvrage de langue américaine :

WHITE HOUSE YEARS
édité par Little, Brown and Company

A la mémoire de
Nelson Aldrich Rockefeller

Avant-propos

Pour le meilleur ou pour le pire, j'ai été appelé à jouer un rôle éminent dans l'élaboration et la mise en œuvre de la politique étrangère des États-Unis, d'abord comme Adjoint du Président Nixon pour les questions de Sécurité nationale, puis comme ministre des Affaires étrangères du Président Nixon et du Président Ford. Ce livre est un exposé de notre politique étrangère pendant le premier mandat présidentiel de Richard Nixon — depuis ma nomination au poste de Conseiller en matière de Sécurité nationale après les élections de 1968 jusqu'à la fin des négociations sur le Vietnam, qui correspond approximativement à la seconde investiture de Nixon en janvier 1973.

Fatalement, c'est l'histoire vue à travers mes yeux — une description de ce que j'ai vu, pensé et accompli —, et fatalement j'ai dû choisir et condenser. Pour être complet, un dossier, au sens historique du terme, doit attendre la publication d'autres documents, mémoires et biographies, pas tous d'origine américaine.

La période que couvre ce volume a été marquée par un conflit intérieur et une tourmente internationale ; elle a vu les États-Unis entrer dans un monde où, tout en restant très influents, nous ne sommes plus les plus forts. Ce fut une transition douloureuse — non sans mérite, je l'espère — au cours de laquelle s'élabora une nouvelle forme de contribution américaine, peut-être encore plus féconde, à l'avenir du monde libre. Pour certains, la façon dont on a traité dans ce volume des faits sujets à controverse, particulièrement la guerre du Vietnam, sera le reflet de ce que l'on voit d'un côté de la barricade qui ne leur est pas familier. Ce qui est avancé ici l'est aussi honnêtement que possible, dans l'intention de concilier et non de souligner d'anciens points de friction. En tant que nation, nous ne pouvons dépasser nos divisions qu'en reconnaissant qu'il y a eu des gens sérieux des deux côtés.

Dans un volume à venir, j'ai l'intention de couvrir la période qui va de janvier 1973 à janvier 1977, pendant laquelle j'ai été la plupart du temps ministre des Affaires étrangères. Ce second volume abordera des questions telles que Watergate et la démission de Richard Nixon ; la guerre d'octobre 1973 au Proche-Orient et la diplomatie « de navette » qui a suivi ; les problèmes économiques internationaux tels que la crise du pétrole et le dialogue Nord-Sud ; l'Afrique du Sud ; la chute de Salvador Allende et notre politique en Amérique latine ; la mainmise communiste sur l'Indochine ; les négociations sur SALT 2 ; l'évolution de nos relations avec la Chine ; la Présidence de Gerald Ford et la campagne électorale de 1976 ; et d'autres encore. A propos de certains sujets, je reviendrai probablement sur des événements de la période 1969-1972 qui n'ont pas été mentionnés ici pour des raisons de place ou de cohérence. Les lecteurs qui tiennent ce lourd volume entre leurs mains auront peine à croire qu'il n'est pas exhaustif, mais ils apprécieront peut-être que j'aie choisi de traiter certaines questions dans un second tome.

En écrivant celui-ci, j'ai essayé de me fier le moins possible à ma mémoire ; j'ai pu me reporter à beaucoup de preuves écrites et, pour une partie de cette période, à un journal que j'ai tenu. J'ai l'intention de laisser un exemplaire annoté de ce volume, avec mes autres documents, à l'usage des spécialistes qui pourraient un jour effectuer des recherches sur cette période.

Un des paradoxes de cette époque de rapports et de machines à photocopier, de bureaucratie proliférante et d'archives obligatoires, est qu'il devient pratiquement impossible d'écrire l'histoire.

Lorsqu'on s'occupe de siècles passés, la difficulté est de trouver assez de documents de l'époque ; mais lorsqu'on écrit sur la diplomatie moderne, il faut éviter d'être submergé par l'information écrite. Si un historien aux références impeccables et à l'objectivité indiscutable avait à sa disposition la totalité des millions de documents relatifs à n'importe quelle période moderne de quatre ans, il aurait beaucoup de peine à savoir par quel bout commencer. Les archives écrites, par leur volume même, obscurciraient autant qu'elles éclaireraient sa recherche ; elles ne lui apporteraient aucun critère lui permettant de déterminer quels sont les documents destinés à fournir un alibi et quels sont ceux qui ont véritablement guidé les décisions, ceux qui traduisent une participation réelle et ceux qui ont été établis dans l'ignorance des événements cruciaux. Avant notre ère de communication instantanée, les instructions données à un négociateur devaient être conceptuelles, et en ce sens elles donnaient un aperçu de la pensée des hommes politiques ; à l'âge du télétype, elles sont généralement tactiques ou techniques et en conséquence n'indiquent ni les buts ni les considérations ultimes. Les dossiers officiels de notre époque ne nous révèlent pas nécessairement quelles décisions furent prises par voie secrète doublant les voies officielles, ni quelles affaires furent traitées oralement sans jamais laisser de trace dans les archives. Il arrive souvent que les comptes rendus rédigés par ceux qui participent à des discussions ne soient que tentatives de se justifier « a posteriori » (Dean Acheson a dit qu'il n'avait jamais lu de compte rendu de discussion où l'auteur ne se taille pas la part du lion). On peut prouver à peu près n'importe quoi par la présentation sélective de documents. La tendance actuelle à la divulgation abusive et généralisée fait que la quasi-totalité des documents sont rédigés dans un souci d'autojustification. Ce que gagne le journaliste, l'historien le perd.

Celui qui a été mêlé à de grands événements n'est pas, bien entendu, à l'abri de tels problèmes ou de telles tendances quand il écrit lui-même. A l'évidence, sa perspective est affectée par le fait qu'il est lui-même concerné. Son désir d'expliquer peut se fondre avec son désir de défendre. Mais il apporte au moins une contribution vitale à l'histoire : il *sait*, parmi la myriade de facteurs, ceux qui ont amené aux décisions auxquelles il a participé ; il sait quels documents reflètent la réalité telle qu'il l'a perçue ; il se rappelle les points de vue qui ont été pris au sérieux, ceux qui ont été rejetés et le raisonnement qui a conduit au choix final. Tout cela ne prouve pas la valeur de son jugement, mais montre simplement sur quoi ce jugement s'est fondé. S'il est fait avec détachement, le compte rendu de celui qui a été mêlé aux événements peut aider les historiens à juger comment les choses se présentaient réellement, même (et peut-être, surtout) quand, avec le recul du temps, d'autres éléments révèlent toutes les dimensions des événements.

Je suis profondément reconnaissant à ceux qui m'ont aidé dans la préparation de ce livre. Peter W. Rodman, ami, confident et mon inestimable collaborateur pendant quinze ans, a supervisé les recherches, en a lui-même effectué beaucoup et m'a apporté une aide précieuse dans la mise en forme, la vérification et beaucoup d'autres travaux indispensables. Sans lui, cet ouvrage n'aurait jamais pu être achevé. William G. Hyland, autre précieux collaborateur et vieil ami, a énormément contribué aux recherches, en particulier sur l'Europe, sur les relations Est-Ouest et sur SALT. Rosemary Neaher Niehuss et Mary E. Brownell, qui ont été mes collègues au gouvernement, ont fait preuve d'une compétence et d'un dévouement exceptionnels dans leurs travaux de recherches et de révision du manuscrit.

Winston Lord et William D. Rogers ont amicalement accepté la lourde tâche de relire tout le manuscrit. Je les remercie de leurs suggestions aussi nombreuses que pertinentes et de leur inappréciable contribution au niveau de la rédaction. D'autres ont bien voulu lire des passages du manuscrit. Ce sont : Brent Scowcroft, Lawrence S. Eagleburger, David Ginsburg, Richard Helms, John Freeman, Samuel Halpern, Jessica Catto, et John Kenneth Galbraith. Je ne prétendrai pas avoir pris en considération toutes les suggestions d'un groupe aussi varié, mais je les remercie chaleureusement de leurs efforts.

Harold Evans et Oscar Turnill ont lu attentivement la totalité du volume avec la compétence de lecteurs professionnels ; ils m'ont appris à quel point un travail de révision habile et intelligent peut améliorer la construction et alléger le style. Besty Pitha et le regretté Ned Bradford de chez Little, Brown and Company ont revu méticuleusement le manuscrit. L'index a été magistralement établi par Melissa Clemence. Catherine de Sibour, Kathleen Troia et Jeffrey Yacker ont aidé dans les recherches.

Je dois aussi remercier Daniel J. Boorstin de la Bibliothèque du Congrès et le personnel du département des manuscrits : John C. Broderick, Paul T. Heffron, John Knowlton et leur équipe dévouée. Ils se sont occupés de mes papiers, dont ils ont actuellement la garde. Qu'ils soient remerciés pour leur courtoisie et leur aide. En facilitant nos conditions de travail, ils nous ont été d'un grand secours, à mes assistants et à moi-même.

L'utilisation des documents officiels qui figurent dans cet ouvrage a été rendue possible grâce au bureau de l'actuel Conseiller à la Sécurité nationale, le Dr Zbigniew Brzezinski, auquel j'exprime ici mes remerciements. Le Président Nixon a aimablement autorisé des citations extraites de ses dossiers présidentiels.

Je suis aussi spécialement reconnaissant à mon assistante personnelle, Christine Vick, qui a eu la charge du manuscrit et qui en a tapé les versions successives, tout en continuant à s'occuper de mes affaires courantes. Cheryl Womble et Mary Beth Baluta l'ont aidée avec dévouement dans la dactylographie. Toutes ont travaillé sans compter leurs heures.

Ma femme, Nancy, m'a encouragé par ses conseils et son amour ; comme toujours elle m'a servi de conscience.

J'ai dédié ce volume à Nelson A. Rockefeller qui fut mon ami durant vingt-cinq ans jusqu'à sa mort prématurée en juin de cette année. Je suis seul responsable du contenu de ce livre et, en vérité, j'accepte la responsabilité de mes actions telles qu'elles y sont décrites.

Washington, D.C.
Juin 1979

PREMIÈRE PARTIE

Les débuts

1.
Une invitation

La cérémonie d'investiture du nouveau Président eut lieu par un jour de grand vent, froid et clair. Assis sur l'estrade, juste derrière les membres du nouveau Cabinet, je regardais Lyndon Johnson descendre pour la dernière fois l'allée centrale au son de *Hail to the Chief*. Quelles pensées pouvaient bien agiter ce personnage puissant et tragique au terme d'un mandat qui avait commencé sous le signe de l'espoir et de l'ambition et s'achevait dans de douloureuses divisions ? Pourquoi cet homme de consensus terminait-il sa carrière avec un pays déchiré ? Debout, à la tribune, Johnson évoquait un aigle captif : digne, altier, il avait le regard fixé sur des hauteurs lointaines qu'il n'atteindrait jamais plus.

Une autre fanfare retentit et le Président-élu*, Richard Nixon, apparut en haut des escaliers du Capitole. Il portait jaquette avec, comme à son habitude, un pantalon légèrement trop court. Le menton en avant d'un air de défi, l'air néanmoins peu sûr de lui comme s'il n'arrivait pas à croire qu'il était vraiment là, il exsudait à la fois le soulagement et l'incrédulité. Il avait enfin réussi, après la plus invraisemblable des carrières, et après s'être imposé l'une des disciplines personnelles les plus extraordinaires de l'histoire politique américaine. Il semblait avoir hâte que la cérémonie se termine pour pouvoir s'attaquer enfin à la réalisation du rêve qu'il avait porté en lui toute sa vie, mais il avait également l'air usé, fragile même, comme un coureur de marathon après l'épreuve. Comme toujours, on n'aurait su dire si c'était la situation présente ou l'image qu'il s'en était faite à l'avance que Nixon savourait. Il descendit les marches et, d'une voix ferme et profonde, prêta serment.

* L'expression « Président-élu » désigne le Président entre le moment de son élection et celui de son investiture (N.D.T.).

Nelson Rockefeller

J'étais moi-même étonné de me trouver là et ma surprise était visible. Si l'on m'avait dit huit semaines plus tôt que je deviendrais l'un des conseillers les plus proches du nouveau Président et participerais à cette cérémonie en tant que tel, je ne l'aurais pas cru. Jusque-là, mes activités politiques avaient toutes été liées à ceux qui se considéraient comme des adversaires irréductibles de Richard Nixon. J'avais enseigné pendant plus de dix ans à Harvard, où il était de bon ton, du moins parmi les professeurs, d'afficher un mépris hautain pour Richard Nixon. En outre, l'homme qui m'avait le plus influencé dans ma vie était un politicien que Nixon avait battu deux fois dans la course à la Présidence, Nelson Rockefeller.

C'était Nelson Rockefeller, alors adjoint spécial du Président Eisenhower pour les questions de Sécurité nationale, qui, en 1955, m'avait introduit dans les hautes sphères politiques. Il avait demandé à un groupe d'universitaires dont je faisais partie de rédiger un rapport destiné au Président sur une question diplomatique fondamentale, à savoir comment les États Unis pouvaient prendre l'initiative dans les affaires internationales et exprimer clairement leurs objectifs à long terme.

Cette rencontre m'avait beaucoup appris. Rockefeller, tout sourire, tapait dans le dos des universitaires, appelait chacun par son prénom, ou par quelque chose d'approchant. Pourtant cette familiarité, jointe au charme bien américain qui émanait de sa personne, ne faisait que souligner la distance qui le séparait de nous : quand on appelle chacun par son prénom avec une égale sympathie, les relations perdent leur signification personnelle. Rockefeller s'assit. Grisé par la proximité du pouvoir – et je dirais même de la richesse –, chacun de nous fit de son mieux pour l'impressionner par son sens des réalités. L'un après l'autre, les professeurs offrirent d'habiles conseils tactiques sur la manière de manipuler les nations, ou du moins leurs fonctionnaires : comment s'y prendre avec un Président inconnu, ou (et c'est là l'éternel problème des Conseillers pour les questions de sécurité) comment l'emporter sur un ministre des Affaires étrangères que l'on ne connaît pas davantage. Nos exposés terminés, Rockefeller cessa de sourire et ses yeux prirent ce regard voilé que j'allais plus tard connaître si bien et qui voulait dire qu'il était temps de passer aux choses sérieuses. Il déclara : « Messieurs, je ne vous ai pas convoqués ici pour que vous me disiez comment manœuvrer à Washington ; ça c'est mon rayon. Le vôtre, c'est de me dire ce qu'il faut faire et ne pas faire. Si vous parvenez à me convaincre, j'en parlerai au Président, mais si je n'arrive pas à lui faire accepter vos propositions, je donnerai ma démission. »

L'avenir devait montrer que Rockefeller tint parole. Nous rédigeâmes un rapport dont l'une des idées-forces, celle du « ciel ouvert », fut acceptée. Les chapitres détaillant les objectifs lointains n'eurent pas cette chance ; en partie à cause de l'autosatisfaction qui régnait dans le pays, mais surtout parce qu'un puissant ministre des Affaires étrangères imposait alors ses propres convictions. A la fin de l'année 1955, Rockefeller démissionna.

J'avais participé à une opération caractéristique de sa démarche. De tous les hommes politiques que j'ai connus, Rockefeller est le seul qui ait toujours gardé une foi inébranlable – je dirais presque émouvante – dans la puissance des idées. Il dépensa une fortune pour essayer de savoir ce qu'il « convenait » de faire. Ses campagnes nationales reposaient sur l'illusion que, pour gagner des délégués aux Conventions*, il fallait présenter des programmes particulièrement substantiels, moyennant quoi il passait un temps fou à préparer ses discours. Pourtant, malgré ce non-conformisme apparent, Rockefeller n'en était pas moins, par son énergie sans limite, son génie pragmatique et son optimisme inépuisable, de la quintessence d'Américain. Les obstacles étaient faits pour être surmontés ; quant aux problèmes, il les voyait comme autant d'occasions sur lesquelles il fallait sauter. Il n'y avait pas d'injustice irréparable, pas d'objectif honnête qu'on ne pût atteindre. Pour d'autres nations, l'utopie appartient au passé – un passé béni qui ne reviendra jamais ; pour les Américains, elle donne la mesure de l'intensité avec laquelle ils s'engagent.

Je suis certain que Nelson Rockefeller aurait fait un grand Président. Il avait à revendre courage et largeur de vues, qualités essentielles à tout candidat au pouvoir. Mais au moment d'atteindre son but – en 1960, puis en 1968 – il fit preuve d'une curieuse indécision qui n'était pas dans son caractère. Au service de ses convictions, il savait se montrer intraitable et faire preuve d'un sang-froid et d'un acharnement inimaginables. Cependant, il y avait en lui une ambivalence profonde : une sorte de retenue aristocratique l'empêchait de poursuivre son but avec l'obstination désirable et il s'épuisait en efforts constants pour se rendre digne du pouvoir à ses propres yeux. Risquer de donner aux gens qu'il désirait servir l'impression d'agir par ambition personnelle le hérissait. Parce qu'il se savait terriblement privilégié, il estimait n'avoir le droit de rien demander pour lui-même. Il allait à l'élection en s'efforçant de fournir un tableau aussi complet que possible des perspectives offertes à la Nation et le meilleur plan d'action pour le réaliser.

Au fond, Nelson Rockefeller a souffert, au sens le plus fort du terme, du handicap des hommes très riches dans une société égalitaire. Tout en lui tendait donc à dissiper cette ambiguïté fondamentale, pour avoir la certitude qu'il devrait sa carrière à ses qualités propres et non à sa fortune, à ses efforts et non à sa naissance. Dans les pays de tradition aristocratique, en Grande-Bretagne par exemple, et

* Assemblées pré-électorales où les délégués de chaque État mettent sur pied le programme de leur parti et choisissent un candidat.

Les Conventions nationales, formées de délégués élus par les assemblées primaires, désignent tous les quatre ans leur candidat à la Présidence et à la vice-Présidence des États-Unis. L'importance politique de ces désignations est d'autant plus grande que, la lutte électorale étant circonscrite aux États-Unis entre deux grands partis, aucune personnalité politique ne peut accéder à la Présidence sans l'appui de l'une des deux Conventions nationales.

jusque bien après la Seconde Guerre mondiale, toutes les hautes fonctions étaient concentrées entre les mains d'une petite élite persuadée que ces responsabilités publiques lui revenaient de droit. Sa valeur n'était jamais mise en question. Aux États-Unis, par contre, les héritiers des grandes familles ont toujours craint d'être accusés de ne devoir leur pouvoir qu'à leur argent. Ils sont donc obsédés par l'idée qu'ils doivent conquérir leur charge uniquement par leur mérite personnel. Mais, de même qu'une femme belle n'est jamais sûre d'être « désirée » pour elle-même (car cet « elle-même » est inséparable de sa beauté) un Américain riche n'est jamais assuré de ce qui l'a vraiment hissé au pouvoir. Avec de la chance, il apprendra au bout d'un certain temps que cela n'a aucune importance et qu'on le jugera dans les hautes fonctions politiques à ses réussites, à ses actes, et non à sa fortune ou aux motifs de ceux qui l'ont aidé dans son ascension. L'Histoire ne retient pas les privilèges des débuts mais la réalité du travail accompli.

Or, Nelson Rockefeller n'a jamais résolu ce dilemme. Après sa mort prématurée on a prétendu qu'il n'avait pas réussi à se faire élire Président malgré son nom. C'est l'inverse qui est vrai : s'il a échoué, c'est essentiellement parce qu'il s'appelait Rockefeller. Il dépensait des sommes folles pour ses campagnes politiques, mais, dans le même temps, il avait besoin vis-à-vis de lui-même de justifier son ambition par la qualité de ses programmes. De même, il répugnait profondément à réaliser son rêve par des flagorneries dégradantes à l'égard des délégués aux Conventions. Ce n'est pas exactement comme cela que la politique se fait chez nous. Elle repose davantage sur la personnalité du candidat que sur son programme politique.

Au cours de trois Conventions, Rockefeller se battit pour imposer des orientations politiques respectables à son sens, allant à l'encontre des enseignements les plus sûrs de l'histoire politique américaine — à savoir que les prises de position d'un parti ne servent que durant le moment fugace où les délégués réunis choisissent leur candidat à la Présidence; après quoi, elles s'effacent rapidement de la mémoire du public. En 1960, il présenta un programme très complet, trois semaines à peine avant la Convention républicaine, alors que le rejet de sa candidature ne faisait déjà plus aucun doute. Par ce stratagème, il força Nixon à s'associer au célèbre « Pacte de la Cinquième Avenue » (document rédigé dans l'appartement de Rockefeller), qui orientait le programme politique républicain dans une direction conforme à ses opinions — et qui lui coûta son rang à l'intérieur du parti. En 1964, il s'opposa imprudemment à Barry Goldwater parce qu'il était sincèrement convaincu qu'à cette époque Golwater représentait une forme dangereuse d'extrémisme conservateur (plus tard il en vint à l'admirer) : les partisans les plus excités de Goldwater répliquèrent en essayant, par leurs huées, de forcer Rockefeller à quitter la scène. Il se retira, en mars 1968, alors que tout n'était pas encore perdu pour lui. Puis, au moment où Nixon s'était assuré une majorité, il se relança dans l'arène politique en préconisant une série de mesures à la fois prudentes et détaillées.

Le style de Richard Nixon était tout autre. Dans l'Amérique contemporaine, le pouvoir va de plus en plus à ceux qui luttent pour l'obtenir de manière quasi obsessionnelle. Celui qui ne porte pas tous ses efforts sur le processus de nomination des candidats à la Présidence, soit par crainte, soit par dédain, sera toujours à la poursuite d'un mirage, quelles que soient ses qualités. Il en est des candidats à la magistrature suprême comme des athlètes : tout dépend du minutage, de leur faculté intuitive à sauter sur l'occasion. Les délégués aux Conventions connaissent la gloire éphémère des papillons. Pendant quelques jours ou quelques semaines, on les admire, on les cajole, on fait pression sur eux, on les flatte, on cherche à les séduire, on les poursuit sans trêve. A peine ont-ils voté, ils retombent dans l'oubli ; aussi, sont-ils particulièrement sensibles à l'attitude des candidats qui cherchent à se concilier leurs bonnes grâces.

Peut-être les qualités requises pour se faire désigner comme candidat à la Présidence des États-Unis par un organisme aussi provisoire n'ont-elles pas grand-chose à voir avec les qualités requises pour gouverner. Comme le mécanisme électoral exige des candidats des efforts de plus en plus intenses à chaque élection, il est même possible qu'il y ait de moins en moins compatibilité. Le processus d'investiture favorise le candidat qui possède des talents d'organisateur, sachant adapter ses déclarations politiques aux besoins du moment, maître dans l'art de manier l'ambiguïté et d'aboutir à un consensus tout en subordonnant son programme aux impératifs qu'exige la formation d'une large coalition. Un homme capable de comprendre la complexité du mécanisme aussi magistralement que Nixon triomphera à tous coups d'un candidat qui ne se préoccupe que de questions politiques fondamentales.

Du point de vue du caractère, il y avait un gouffre entre Nelson Rockefeller et Adlai Stevenson. Rockefeller était infiniment plus énergique et d'un bois beaucoup plus dur. Pourtant, leurs destinées furent étrangement parallèles. Tous deux, face à l'occasion, tergiversèrent, par dédain d'avoir recours aux moyens qu'exigeait la nouvelle politique. Dangereuse pour un Démocrate, cette démarche devenait suicidaire pour un Républicain dont le parti, écarté du pouvoir depuis une génération, s'était replié sur une orthodoxie et une discipline qui lui rendaient extrêmement suspecte la hardiesse des nouveaux programmes. Les déboires des deux hommes vinrent de ce dédain. De même que Stevenson avait été battu par l'organisation Kennedy en 1960, Rockefeller devait être vaincu par l'appareil de Nixon en 1960, puis en 1968. L'intense aversion de Rockefeller pour Nixon tenait à plusieurs facteurs, parmi lesquels sa répugnance instinctive à la manipulation – essence même de la stratégie présidentielle américaine moderne – fut prépondérante.

En outre, la rivalité entre Rockefeller et Nixon n'était pas exempte d'une antipathie personnelle dépassant celle qu'engendre habituellement la lutte pour la magistrature suprême. Pour Nixon, Rockefeller n'était qu'un amateur égoïste qui n'hésiterait pas à détruire ce dont il ne pourrait s'emparer, un représentant de l'establishment qui l'avait traité avec condescendance tout au long de sa carrière politique. Rockefeller voyait en Nixon un opportuniste dénué de l'idéalisme et de la grandeur de vues indispensable pour forger la destinée du pays.

En 1968, bien que n'ayant jamais assez approché Nixon pour pouvoir justifier mon jugement, je partageais en gros l'opinion de Rockefeller. C'est donc la mort dans l'âme que j'assistai à la conférence de presse très courtoise au cours de laquelle Rockefeller dut s'avouer battu par Nixon. Je ressentis pratiquement le même sentiment que ce journaliste qui avait « couvert » la campagne de Rockefeller, et qui s'effondra au bar de l'hôtel Americana en déclarant : « C'est le dernier homme politique auquel je m'attache. Les politiciens, c'est comme les chiens : leur espérance de vie est trop courte et quand on leur est attaché, ça fait trop mal. » Un homme qui aurait pu être l'un de nos grands Présidents venait de voir cet espoir s'évanouir à jamais. Pour ses amis, c'était d'autant plus dur qu'au fond de nous-mêmes nous savions que, sans ses erreurs de tactique et sans ses atermoiements, il aurait dû l'emporter.

Le coup de téléphone

Quelques mois après cette journée déprimante (Richard Nixon était à présent Président-élu), je déjeunai avec le gouverneur Rockefeller et quelques-uns de ses conseillers à New York, dans son petit appartement, au quatrième étage du musée d'Art primitif. Nous étions le vendredi 22 novembre 1968. Le musée, auquel il avait fait de nombreux dons, était relié à son bureau de la Cinquante-cinquième Rue ouest par un passage couvert. C'était Wallace Harrison, l'architecte du Centre Rockefeller, qui avait conçu cet appartement. Ses extraordinaires murs convexes, tapissés de rouge, étaient couverts de Toulouse-Lautrec et, faute de place, des toiles d'une valeur inestimable s'entassaient dans des placards. Dans ce cadre splendide, nous discutions de l'attitude à adopter si Rockefeller était appelé à faire partie du cabinet Nixon, et quel poste il devrait y occuper le cas échéant.

Les opinions étaient partagées. Selon certains de ses conseillers, Rockefeller aurait plus d'influence comme gouverneur d'un État important, ayant la haute main sur l'organisation politique du parti. D'autres jugeaient au contraire que ce pouvoir indirect serait illusoire. A leurs yeux, un gouverneur ne pouvait guère exercer une véritable influence sur la politique globale de la nation et risquait, s'il s'y essayait, de rouvrir d'anciennes blessures dans des circonstances particulièrement défavorables. Rockefeller penchait pour la première de ces opinions, faisant valoir qu'il lui serait pénible de servir comme subordonné, surtout de Nixon. Pour ma part, j'étais d'avis que, si l'occasion lui en était offerte, Rockefeller devait entrer dans le Cabinet au titre de ministre de la Défense. Le Président-élu serait certainement son propre ministre des Affaires étrangères comme il l'avait annoncé. En outre, les Affaires étrangères ne me paraissaient pas laisser la liberté d'action qu'exigeait la personnalité de Rockefeller. En revanche, à la Défense, il serait en mesure de réaliser les projets que lui avait inspiré l'intérêt qu'il portait, depuis des dizaines d'années, à ces questions. C'est en pensant à Robert McNamara que je voyais le ministre de la Défense en situation de jouer un rôle majeur dans l'élaboration de notre politique étrangère.

Nous discutions dans une atmosphère parfaitement détendue, lorsqu'un coup de téléphone en provenance du bureau du Président-élu nous interrompit. C'était Dwight Chapin, secrétaire chargé des rendez-vous de Nixon, qui me demandait (à moi et non pas à Rockefeller) de rencontrer son patron. Cet appel ne faisait que souligner de façon poignante l'échec politique de Rockefeller au niveau national. Avec le recul du temps, il me paraît évident qu'il rendit nos discussions entièrement vaines. Néanmoins, elles reprirent comme si de rien n'était. Aucun de ceux qui assistaient à ce déjeuner n'aurait pu supposer alors que le but de cet appel était de m'offrir un poste de premier plan dans le nouveau gouvernement.

Je n'éprouvai ni espérance ni enthousiasme. Au cours de ma longue association avec Rockefeller, j'avais rempli la fonction de conseiller technique de la Maison Blanche aux premiers jours du gouvernement John Kennedy, à l'époque où, pour la première fois, les professeurs avaient cessé de jouer les consultants pour accéder aux responsabilités pratiques. Le Président Kennedy avait lu mon livre *The Necessity for Choice* qui venait de sortir (ou du moins en avait lu la longue critique parue dans le *New Yorker*), et m'avait demandé de faire partie des collaborateurs de la Maison Blanche. Nous avions eu une longue conversation au cours de laquelle je fus charmé par sa vitalité et son esprit incisif, tout en pensant à ce stade que son énergie et sa vaste imagination justifiaient plus d'assurance. Je n'avais pas eu l'impression que son adjoint spécial pour les questions de Sécurité nationale, mon ancien collègue de Harvard, McGeorge Bundy, pensât, à l'instar du Président, qu'il était urgent d'ajouter au personnel de la Maison Blanche un second professeur de compétence académique comparable. Quoi qu'il en soit, je n'étais pas disposé à rompre mes attaches avec Rockefeller, et nous convînmes que je passerais un ou deux jours par semaine à la Maison Blanche au titre de conseiller technique.

La nature même du travail de conseiller technique extérieur, alliée à mon propre égocentrisme académique, qu'à cette époque les pressions quotidiennes de la Présidence n'avaient pas encore tempéré, rendirent cette expérience décevante pour lui comme pour moi. Un conseiller technique normal n'est pas assez proche de l'équipe en place pour prendre part aux décisions qui doivent être prises à chaud, et cependant trop intimement mêlé à leur élaboration pour maintenir l'attitude distante et mystérieuse d'un conseiller extérieur. Presque inévitablement, il devient un fardeau tant pour ceux qui peuvent l'aider que pour ceux qu'il doit conseiller. Ne comprenant pas bien les rouages internes de la Présidence, je dépensais mon énergie à offrir des conseils dont on ne voulait pas et, au cours de nos rares contacts, à infliger au Président Kennedy de savantes dissertations dont il n'aurait rien pu tirer, en admettant même qu'elles l'aient intéressé — ce qui est peu probable. C'est donc avec un sentiment de soulagement mutuel que nous nous quittâmes au milieu de l'année 1962.

Rencontre avec Richard Nixon

Avec des antécédents aussi peu prometteurs, j'avais encore moins de raisons de m'attendre à être invité à faire partie du gouvernement Nixon. Je ne connaissais pas le Président-élu. Mon ami William F. Buckley Jr, le chroniqueur conservateur, m'avait bien répété pendant des années que ceux qui le critiquaient le sous-estimaient, et qu'il était plus intelligent et plus sensible que ne le supposaient ses adversaires, mais c'est seulement après l'élection de 1968 que j'eus l'occasion de me faire une opinion personnelle.

Je n'avais rencontré Richard Nixon qu'une seule fois, au cours d'une fête de Noël donnée dans l'appartement de Clare Luce en 1967. Nixon entra au moment où je m'apprêtais à partir. Mrs Luce nous avait conduits dans la bibliothèque. Là, Nixon m'avait déclaré avoir lu mon premier livre, *Nuclear Weapons and Foreign Policy* et en avoir tiré des enseignements ; il m'avait d'ailleurs écrit une note à ce sujet, dont, à mon grand embarras, je ne me souvenais plus. Ma réponse fut guindée, moins à cause de deux décennies de préjugés que de la situation embarrassante dans laquelle cette rencontre nous plaçait. A cette époque j'avais encore beaucoup de mal à mener sans effort une simple conversation de courtoisie, et Richard Nixon n'avait pas encore surmonté ses propres inhibitions en société. Nous échangeâmes quelques propos amènes un peu forcés et ce fut tout.

Ma première rencontre avec les collaborateurs de Nixon eut lieu lors de la Convention républicaine, à Miami, en 1968. Avant le vote, mais alors que la nomination de Nixon ne faisait déjà plus l'ombre d'un doute, j'avais rencontré Richard V. Allen, à l'époque principal conseiller de Nixon en politique étrangère, pour tenter d'aboutir à un accord concernant la politique à l'égard du Vietnam qui éviterait des différends pendant la Convention. Mon principal souci avait été de m'assurer que le programme républicain tiendrait compte des espoirs que beaucoup plaçaient en un règlement négocié. La nomination de Nixon étant assurée, ses partisans trouvaient qu'un affrontement sur une question qui avait déjà gâché les deux Conventions prédédentes n'avait plus de raison d'être. D'où un compromis assez terne que nous autres, du camp Rockefeller, qui n'avions pas grand-chose à célébrer, accueillîmes comme une victoire morale.

Après la Convention, je rentrai à Harvard, convaincu que j'en avais terminé avec la vie politique américaine. Au cours de la campagne de 1968, plusieurs émissaires de Nixon (certains agissant de leur propre chef) m'avaient consulté par téléphone. J'avais adopté le principe de répondre aux questions précises de politique étrangère, sans les assortir de conseils d'ordre général et sans en offrir spontanément. J'avais d'ailleurs agi de même avec les collaborateurs de Humphrey.

Quoi qu'il en soit, l'organisation électorale de Nixon ne me posa jamais qu'une seule question. Au début d'octobre 1968, Bill Buckley m'avait présenté à John Mitchell, le directeur de la campagne électorale. Ce dernier m'avait demandé si je pensais que le gouvernement Johnson accepterait un arrêt des bombardements au

Vietnam en échange de l'ouverture de négociations avant les élections. J'avais répondu qu'il me semblait plus que probable que les Nord-Vietnamiens désiraient un arrêt des bombardements à ces conditions et qu'ils chercheraient à obtenir des deux candidats un engagement à ce sujet : donc je pensais que Hanoi serait susceptible de donner son accord juste avant les élections. Je lui conseillai de ne pas se lancer dans une controverse là-dessus. A une ou deux reprises au cours de la campagne, Mitchell s'assura que j'étais toujours du même avis. Une fois, il me pria instamment d'appeler un certain M. Haldeman, si jamais des renseignements précis me parvenaient, et me donna un numéro de téléphone. Je ne m'en servis jamais. La première impression que j'eus des collaborateurs de Nixon fut que ces gens étaient totalement absorbés par la mécanique électorale et qu'ils remettaient les grandes questions de fond à la fin de la campagne — attitude somme toute assez compréhensible.

Premiers contacts à l'hôtel Pierre

En réponse à l'appel de Chapin, je me présentai à 10 heures du matin, le lundi 25 novembre, au quartier général provisoire de Nixon, installé au trente-neuvième étage de l'hôtel Pierre, sans trop savoir ce que l'on me voulait, et, ne m'attendant certes pas à un entretien qui allait changer le cours de ma vie ; je pensais simplement que le Président-élu voulait connaître mon avis sur les problèmes politiques auxquels il allait se trouver confronté. Dans le hall de la réception, des hommes jeunes à la mise soignée surveillaient les caméras de sécurité ; le plus jeune et le plus élégant m'accueillit. C'était Dwight Chapin. Poliment et fermement, il me guida jusqu'à un grand salon, au bout du hall, et m'annonça que le Président-élu serait là dans quelques instants. J'ignorais à l'époque que Nixon était d'une timidité maladive. Rencontrer des inconnus le remplissait d'une terreur indéfinissable, surtout s'il pensait que ces inconnus étaient en mesure de le rembarrer ou de le contredire. Suivant son habitude avant des rendez-vous de cette nature, Nixon était probablement dans une pièce voisine en train de calmer ses nerfs et de passer en revue les remarques qu'il entendait faire — notées certainement sur ce fameux bloc-notes jaune qu'il ne montrait jamais à ses visiteurs.

Quand finalement il pénétra dans la pièce, il affichait un air désinvolte qui cachait mal une extraordinaire nervosité. Il s'assit sur un sofa, tournant le dos à la fenêtre qui donnait sur la Cinquième Avenue, et me fit signe de prendre place dans un fauteuil en face de lui. Il se montra presque hésitant, avec des gestes plutôt flous et sans rapport avec ses propos, comme s'il était en proie à deux impulsions contradictoires. Il s'exprimait d'une voix lente et douce, tout en buvant, à petites gorgées, les tasses de café qu'on lui apportait l'une après l'autre sans qu'il les ait demandées.

Il m'entretint du nouveau gouvernement qu'il avait à mettre sur pied, tâche qui présentait de grosses difficultés d'organisation. Il avait une confiance très limitée dans le ministère des Affaires étrangères, dont le personnel n'avait aucun sentiment de loyauté à son égard. Les services diplomatiques l'avaient méprisé lorsqu'il était Vice-Président et ignoré dès l'expiration de son mandat. Il entendait donc diriger la politique étrangère à partir de la Maison Blanche. Selon lui, le gouvernement Johnson n'avait tenu aucun compte des militaires et la manière dont ses décisions avaient été prises n'avait laissé au Président aucun choix véritable. Il était impératif d'exclure la C.I.A.* de l'élaboration de notre politique; elle était truffée de libéraux sortis des grandes écoles, qui, sous une façade d'objectivité analytique, luttaient pour imposer leurs propres préférences. D'ailleurs, les gens de la C.I.A. avaient toujours été des ennemis politiques. Nixon me demanda mon avis sur ces différents points. Je lui répondis qu'il ne fallait pas juger l'attitude du personnel des services diplomatiques envers un Président sur sa conduite à l'égard d'un candidat à la Présidence, voire d'un Vice-Président, et que de toute façon, un Président qui savait ce qu'il voulait serait toujours en mesure d'imposer la politique étrangère qu'il entendait mener. Sur la C.I.A., j'en savais trop peu pour avoir une opinion. Quant à la nécessité de prendre les décisions d'une manière plus officielle, j'étais entièrement de son avis; les décisions du gouvernement Johnson avaient été trop fréquemment prises lors de réunions en petit comité, souvent au cours des repas (les fameux « déjeuners du mardi »), sans travail préparatoire de ses collaborateurs ni suivi de l'affaire, de sorte qu'il était difficile de savoir exactement quelles décisions avaient été adoptées. Même avec la meilleure volonté du monde, chaque ministère intéressé avait tendance à interpréter le résultat souvent ambigu de ces réunions de la manière la mieux accordée à ses propres idées préconçues, sans compter, bien sûr, les risques élevés de malentendus et d'erreurs grossières que cela comportait. Cette façon de procéder laissait peu de place aux méthodes conceptuelles d'aborder les problèmes, aux actions en profondeur et aux nuances. Il me semblait qu'une structure plus systématique était nécessaire pour éviter le formalisme rigoureux du gouvernement Eisenhower, sous lequel l'élaboration de notre politique avait trop souvent pris la forme de traités spéciaux entre ministères souverains. Une précision et une cohérence nouvelles me semblaient donc essentielles.

Nixon m'exposa à grands traits comment il envisageait la politique étrangère et je fus frappé par sa perspicacité et par l'étendue de ses connaissances, qui contrastaient avec l'idée que je me faisais de lui. Il me demanda ce qui, d'après moi, devrait être le but de sa politique extérieure; je répondis que le problème majeur était de libérer notre politique étrangère de ses violentes fluctuations entre l'euphorie et la panique, ainsi que de l'illusion que les décisions dépendent en grande partie des habitudes propres à ceux qui décident. Pour moi, cette politique devait être ancrée à quelques principes fondamentaux d'intérêt national qui lui permettraient d'être maintenue à travers tous les changements de gouvernement.

A partir de là, la conversation commença à s'enliser, car la peur des rebuffades amenait Nixon à faire ses propositions d'une manière si détournée qu'il était difficile de savoir où il voulait en venir et même s'il avait une suggestion précise à faire. Après de fréquents contacts, j'en vins plus tard à mieux comprendre ses

* *Central Intelligence Agency :* Service de renseignements américain (N.D.T.).

subtiles circonlocutions : je me rendis compte que pour Nixon les mots étaient comme des boules de billard : ce qui comptait, ce n'était pas leur impact initial, mais le carambolage qu'ils provoquaient. Néanmoins, au cours de cette première rencontre, je ne pus faire autrement que de prendre le Président-élu au pied de la lettre. D'après ce que je compris, il me demandait si, en principe, j'étais disposé à entrer dans son gouvernement pour y accomplir des tâches d'organisation. Je répondis qu'au cas où il offrirait un portefeuille au gouverneur Rockefeller je serais heureux de faire partie de son équipe. Le Président-élu ne fit pas d'autre commentaire et se contenta de me suggérer de résumer par écrit ma conception de la structure la plus efficace de gouvernement.

Avec le recul du temps, je me rends compte que ma remarque ruina la dernière chance de Rockefeller. Richard Nixon n'avait nullement l'intention de me voir entrer dans son gouvernement grâce au prestige de Nelson Rockefeller ; il était encore moins disposé à créer une situation dans laquelle je pourrais être amené à devoir choisir entre eux deux. L'un de mes avantages aux yeux de Nixon, je l'ai compris plus tard, tenait au fait que ma nomination montrerait qu'il était capable de prendre un intellectuel de Harvard dans son gouvernement ; comme je venais de l'entourage de Rockefeller, cela rendait l'opération encore plus intéressante.

Pour indiquer que la conversation touchait à sa fin, Nixon appuya sur un bouton ; un homme aux cheveux en brosse, tiré à quatre épingles et l'air très efficace, apparut et Nixon me le présenta. Il s'appelait Bob Haldeman. Nixon lui demanda d'installer une ligne téléphonique directe avec mon bureau de Harvard pour qu'il puisse poursuivre cette conversation plus tard. Haldeman nota cette curieuse demande (qui supposait l'absence de liaisons téléphoniques normales entre New York et Cambridge) sur un bloc-notes jaune. Il n'y donna jamais suite.

En quittant le Président-élu, je n'avais pas d'idée bien précise sur ce qu'il attendait de moi. D'après la conversation que nous avions eue, il était difficile de dire si Nixon voulait des conseils ou des engagements et, dans ce cas, sur quel point. En sortant, Haldeman me demanda de l'accompagner dans son bureau, contigu à celui de Nixon. Rien de ce qu'il dit ne m'éclaira sur la question qui me préoccupait et je ne la lui posai pas. Bien au contraire, il me sembla impatient de me décrire son travail. Il m'expliqua prosaïquement que sa principale fonction consistait à empêcher toute manœuvre de débordement. Il veillerait à ce qu'aucun exposé ne soit remis au Président sans être assorti d'un commentaire rédigé par un membre de l'équipe de la Maison Blanche et à ce qu'un autre membre de cette même équipe assiste à chaque entretien du Président. Il me fit également remarquer qu'il avait changé le titre des principaux attachés de la Maison Blanche : étant donné que personne ne savait à quoi rimait ce « spéciaux », au lieu d' « Adjoints spéciaux au Président », ils s'appelleraient désormais « Adjoints au Président ». Après m'avoir fait ces déclarations d'un ton qui ne souffrait aucune réplique, Haldeman me dit au revoir.

Cet après-midi-là, je rentrai à Harvard à temps pour donner mon cours de 16 heures sur la politique de Sécurité nationale. Ma visite au Président-élu était l'objet de toutes les conversations, mais on n'envisageait pas sérieusement qu'un poste dans le nouveau gouvernement me soit offert. Aucun journal ne vint aux nouvelles à la suite de notre rencontre et peu d'amis manifestèrent de l'intérêt.

Le lendemain, je reçus un coup de téléphone de Nelson Rockefeller. Il avait vu le Président-élu et celui-ci lui avait déclaré qu'il rendrait de plus grands services à son pays comme gouverneur de l'État de New York que comme membre du Cabinet. En raison de l'importance des élections qui allaient avoir lieu en 1970, avait ajouté Nixon, il était essentiel que Rockefeller continue à diriger la liste de l'État de New York. Nixon lui avait posé beaucoup de questions sur moi et en particulier sur mon comportement en temps de crise. Rockefeller me déclara qu'il avait pleinement rassuré le Président sur ce point; il me raconta son entretien d'un ton neutre, sans faire de commentaire; sur le fait de savoir si je devais entrer au service de Nixon, il n'exprima aucune opinion.

Une heure plus tard, je reçus un deuxième coup de téléphone; il provenait du bureau de John Mitchell, qui me proposait un rendez-vous le lendemain pour discuter du poste que j'allais occuper dans le nouveau gouvernement. Pensait-il que l'on m'en avait déjà offert un, ou s'agissait-il simplement d'un nouvel entretien destiné à préciser nos positions respectives? Aucun éclaircissement ne me fut fourni.

Ce soir-là, j'allai à New York rendre visite à McGeorge Bundy, qui, après avoir quitté la Maison Blanche, était devenu directeur de la Fondation Ford. Au fil des années, nous avions entretenu des relations ambivalentes; j'admirais son esprit brillant même lorsque, comme c'était trop fréquemment le cas, il le mettait au service d'idées plus séduisantes par leur conformité aux théories à la mode que par leur fond propre. Pour moi, il était plus sensible et plus doux que son comportement parfois brusque ne le laissait supposer. Il avait tendance à me traiter avec ce mélange de politesse et de condescendance instinctive que les Bostoniens des classes supérieures réservent aux gens qui, suivant les critères de la Nouvelle-Angleterre, ont un passé un peu extravagant et un style personnel très marqué.

En fait, je tenais Bundy en très haute estime. S'il avait vécu à une époque moins tourmentée, sa carrière aurait pu rivaliser avec celle de son idole Henry Stimson, dont il avait annoté l'autobiographie. Il aurait gravi tous les échelons gouvernementaux pour atteindre les plus hauts postes jusqu'à ce que son expérience soit à la hauteur de ses brillantes capacités intellectuelles et que son jugement égale sa confiance en soi. Il eut la malchance de commencer à servir le gouvernement à une période de bouleversements à l'intérieur des institutions et des groupes mêmes qui auraient dû constituer pour lui des points de référence immuables, de sorte qu'il se trouva perpétuellement dans le camp politique en vogue, mais au moment même où cette vogue commençait à décliner. Partisan d'une politique de force à propos du Vietnam, il fut déconcerté par la démoralisation des classes dirigeantes, dont les maximes avaient engendré la guerre; au fond de lui-même, c'était un conservateur que ses liens antérieurs avaient amené à lutter pour des causes qui le laissaient froid. Partagé entre ses convictions et son instinct, entre son intelligence et son besoin de soutien émotionnel, Bundy perdit petit à petit les partisans qui auraient pu faire de lui une sorte de conseiller public permanent comme John McCloy ou David Bruce; il possédait sans aucun doute les hautes qualités intellectuelles, le caractère et l'éducation qui lui auraient permis de rendre à la nation des services plus grands que ceux que la destinée lui a jusqu'ici permis de rendre.

J'avais pour lui une considération telle qu'il fut le seul que je consultai avant de rencontrer Mitchell. Je lui parlai du poste que je m'attendais à me voir offrir au ministère des Affaires étrangères. La remarque qu'il me fit montrait bien à quel niveau il envisageait une nomination dans mon cas : ce serait malheureux, déclara-t-il, si le Président-élu devait nommer des adjoints au ministre avant de désigner son ministre des Affaires étrangères. L'histoire du gouvernement Kennedy, ajouta-t-il, était là pour nous apprendre que cette manière de procéder sapait l'autorité du ministre sans accroître l'influence du Président. Il me conseilla fortement, si l'on me donnait le choix, de chercher à obtenir le poste de directeur du Groupe d'Élaboration et de Coordination politique (*Policy Planning Staff*), à condition que le ministre des Affaires étrangères soit quelqu'un que je connaisse et en qui j'aie confiance. Il ne formula aucune objection de principe à mon entrée au gouvernement Nixon.

Je trouvai John Mitchell assis derrière son bureau, en train de tirer sur sa pipe. Sûr de lui et économe de paroles, il rayonnait d'autorité. Il entra d'emblée dans le vif du sujet :

« Qu'avez-vous décidé au sujet du poste qui vous est offert à la Sécurité nationale ?

– Je ne savais pas qu'on me l'avait offert.

– Oh, Bon Dieu ! lança-t-il, il a encore tout gâché ! »

Il se leva de son fauteuil pivotant et quitta lourdement la pièce. Cinq minutes plus tard, il était de retour et m'annonçait que le Président-élu souhaitait me voir, puis il m'accompagna dans le hall.

Cette fois, Nixon dévoila ses batteries : il m'offrit le poste de conseiller pour les questions de sécurité. Dans l'ensemble, le Président reprit les mêmes arguments que ceux qu'il avait fait valoir deux jours auparavant, soulignant avec encore plus de véhémence qu'à son avis la C.I.A. était incompétente et que l'on ne pouvait se fier au ministère des Affaires étrangères. Mon poste était donc d'une importance vitale pour lui et pour la manière dont il entendait diriger la politique étrangère à partir de la Maison Blanche. Nous parlâmes brièvement de la tâche à accomplir. Je mis l'accent sur le fait que, lorsque j'avais joué auparavant un rôle de conseiller, j'avais refusé de recevoir les journalistes ; le Président-élu accepta avec empressement que je continue d'agir ainsi. L'avenir devait montrer que nous ne fîmes ni l'un ni l'autre preuve de beaucoup de clairvoyance à cet égard.

Au fond de moi-même, je gardais constamment à l'esprit que cet homme était le Richard Nixon qui, pendant plus de vingt ans, avait été l'incarnation du diable en politique et, rien que pour cette raison, je me sentis incapable d'accepter le poste sur-le-champ. Je répondis au Président-élu que je ne lui serais d'aucune utilité sans le soutien moral de mes amis et de mes associés (jugement qui se révéla erroné), et lui demandai de m'accorder une semaine afin de les consulter.

Cette demande insolite en dit long sur l'isolement du corps professoral et sur l'arrogance des enseignants de Harvard. Le Président-élu des États-Unis était là qui offrait à un professeur né à l'étranger l'un des postes les plus importants au monde, et ce professeur se permettait d'hésiter sous prétexte d'en parler avec des collègues qui avaient tous voté jusqu'au dernier contre ce même Président et qui, sans l'ombre d'un doute, s'opposeraient à lui dans l'avenir. Ce faisant, le Président-élu prenait peut-être là un énorme risque politique, mais le professeur, lui, répugnait à mettre en jeu l'estime de ses associés. Si Nixon m'avait dit : « Restons-en là et n'en parlons plus », il aurait eu parfaitement raison. Au lieu de cela, il accéda de bonne grâce à ma demande, qui n'en méritait pas tant. D'une manière plutôt émouvante, il avança le nom de quelques professeurs qui l'avaient connu à Duke University et qui seraient en mesure de me fournir un portrait moral de lui-même plus objectif que celui qui me serait probablement brossé à Harvard. Il ajouta enfin qu'il serait enchanté de me voir amener régulièrement des intellectuels à la Maison Blanche : nous nous assurerions ainsi une gamme de points de vue aussi large que possible. Il tenait tout particulièrement en haute estime des hommes tels que Alastair Buchan, au Royaume-Uni, et Raymond Aron, en France.

Aussitôt après cette entrevue, je commençai à sonder mes amis et collègues ; ils me pressèrent tous d'accepter. Sans aucun doute, le désir de connaître un personnage influent à Washington capable de leur ouvrir, par personne interposée, les allées du pouvoir — ce à quoi tant de professeurs avaient pris goût dans les années qui ont suivi l'ère Kennedy — influença leurs conseils. Ceux-ci contenaient déjà en germe de futurs malentendus. En effet, il se peut que certains de mes amis et de mes collègues aient vu dans nos relations non seulement une garantie d'accès aux sources du pouvoir, mais encore l'assurance que leurs opinions l'emporteraient. C'était impossible pour deux raisons : l'antagonisme prudent qui existait entre Nixon et les intellectuels avait vraiment des racines profondes, tant au point de vue de sa philosophie que sur le plan de sa personnalité. En réalité, Nixon ne leur faisait pas plus confiance qu'eux ne l'acceptaient ; ils pouvaient parfois coexister, mais collaborer, jamais. De plus, bien que j'aie éprouvé du respect pour mes collègues et de la sympathie pour beaucoup d'entre eux, en tant que conseiller du Président j'allais forcément devoir être loyal envers mon chef ; après tout, je contribuerais en grande partie à élaborer sa politique. Avec le temps, cette divergence de vues allait être la cause de nombreux déchirements pour moi comme pour eux.

C'est avec Nelson Rockefeller qu'eut lieu l'entretien décisif. Il m'affirma que je n'avais pas le choix et que je devais accepter l'offre qui m'était faite. Refuser serait faire preuve d'égoïsme, tout simplement. Si je rejetais l'offre du Président-élu, je me reprocherais tous les échecs de notre politique étrangère, et, de fait, je mériterais les plus dures critiques. Le vendredi 29 novembre, en fin d'après-midi, une semaine après avoir reçu ce premier coup de téléphone dans la salle à manger de Rockefeller et deux jours après que l'on m'eut offert le poste, j'appelai le conseiller de Nixon, Bryce Harlow, et lui demandai de faire savoir au Président-élu que je considérais comme un honneur d'accepter son offre.

Ma nomination devait être rendue publique le lundi 2 décembre à 10 heures.

C'est ainsi que je montai sur le podium de la salle de danse de l'hôtel Pierre en compagnie du Président-élu pour tenir ma première conférence de presse. Comme d'habitude, Nixon était nerveux, et il tenait tellement à désarmer les critiques éventuelles qu'il annonça un programme très différent de celui qu'il m'avait confié en privé. Il déclara que son adjoint chargé des questions de Sécurité nationale se verrait avant tout confier des tâches d'organisation. Il avait l'intention de nommer un ministre des Affaires étrangères énergique ; l'adjoint en question ne s'interposerait pas entre le Président et le ministre des Affaires étrangères : il s'occuperait des questions à long terme et non des affaires courantes. Je confirmai que cela correspondait bien à mes propres vues et j'ajoutai que je n'avais pas l'intention de m'exprimer publiquement sur des questions de politique étrangère.

Hélas ! les promesses de chaque nouveau gouvernement sont comme des feuilles sur une mer agitée ! Il n'est donné à aucun Président-élu, ni à aucun de ses conseillers, de savoir vers quelles côtes les poussera finalement l'ouragan des rendez-vous avec l'histoire, des informations ambiguës, des choix déchirants et des pressions de toute sorte qui s'abattent sur les dirigeants d'une grande nation.

2.

Période d'innocence : la transition

La prise de contact

La période qui suit immédiatement une victoire électorale est empreinte de douce euphorie. Le Président-élu, délivré de ses doutes et de la tension à laquelle il a été physiquement et psychologiquement soumis tout au long de sa lutte pour la victoire, peut enfin s'attaquer à des choses plus concrètes. Lui et son entourage partagent, certes, l'exaltation procurée par le pouvoir dont ils vont bientôt jouir, mais ils ne sont pas encore victimes des ambiguïtés et des contraintes qui l'accompagnent. Ses conseillers sortent brusquement de l'ombre. Leurs moindres faits et gestes sont analysés par les journalistes, les diplomates et les services de renseignements étrangers, qui cherchent à se faire une idée de la politique à venir. En général, ces études sont bien inutiles, car ceux qui entourent un candidat n'ont pas le temps de s'intéresser à ce que sera le gouvernement en soi. Eux-mêmes n'ont pas été choisis pour leur habileté politique, et, après les élections, ils sont bien trop occupés par les problèmes pratiques que pose l'organisation du nouveau gouvernement.

J'étais dans ce cas. Pour quiconque occupe un nouveau poste, le problème le plus délicat est d'assurer la transition avec ses prédécesseurs. J'évitai le plus longtemps possible de me trouver à Washington. Walt Rostow, conseiller du Président Johnson pour les questions de sécurité, m'attribua un bureau dans les locaux du centre administratif, à deux pas de la Maison Blanche, et me conseilla de me mettre à déchiffrer les câbles reçus chaque jour — ce que je jugeai peu judicieux, étant donné que je n'avais personne pour m'aider à évaluer les informations qu'ils donnaient. Je ressentais pour Johnson et Rostow une chaude sympathie. Dès ma nomination, j'allai leur présenter mes respects. J'avais rencontré le Président Johnson à plusieurs reprises, mais n'avais jamais travaillé directement pour lui. En 1967, j'avais, par l'intermédiaire de deux Français, et en son nom, mené des négociations avec le Vietnam du Nord. A cette occasion, j'avais assisté à une réunion qu'il tenait avec ses principaux conseillers dans la salle du Cabinet. Je fus impressionné par ce grand homme balourd et vigoureux, qui dégageait une telle volonté et une telle puissance, et semblait pourtant si peu sûr de lui et si vulnérable. Le Président Johnson a eu la malchance de se voir associé directement à une aventure malheureuse dans laquelle les Etats-Unis s'étaient engagés bien avant son élection, et son extrême perspicacité en matière de politique intérieure ne lui a été d'aucun secours. Il se sentait mal à l'aise dans le domaine des relations internationales : on avait l'impression qu'il n'y réfléchissait jamais spontanément – en se rasant, par exemple. Il se méfiait de ses propres capacités de jugement, et en appelait donc à des conseillers qu'il n'avait pour la plupart pas nommés lui-même et qui ne pensaient pas réellement comme lui. Nombre de ces conseillers étaient eux-mêmes désorientés par les bouleversements des années 1960. Certains ressentaient une inquiétude croissante quant aux conséquences de leurs propres conseils et se mettaient à œuvrer contre des mesures qu'ils avaient eux-mêmes préconisées.

Jamais Président n'aura autant cherché à se concilier l'approbation générale. Jamais Président ne se sera fait aussi bassement critiquer. Lyndon B. Johnson voulait donner de lui une image originale dans l'histoire : son œuvre législative et son authentique humanitarisme la lui feront un jour attribuer. Mais si sa souplesse et son aptitude à prendre conseil lui valurent des succès en matière de politique intérieure, elles se révélèrent désastreuses en politique étrangère. Jugé trop rigide par l'aile libérale de son parti, et trop mou par ses éléments plus conservateurs, Lyndon Johnson n'a jamais pu élaborer de politique internationale susceptible de recueillir l'appui inconditionnel soit de son parti, soit de son pays. Se méfiant de son instinct, il prit conseil de personnes qu'il jugeait mieux informées, et finit par se couper de ses électeurs et de ses racines profondes.

Quand je lui rendis visite dans le Bureau ovale, le Président Johnson était en proie à la mélancolie. Comme je l'ai appris plus tard, la période de transition est pour un Président sortant une période sombre. Les signes extérieurs du pouvoir existent encore ; la bureaucratie continue à transmettre les ordres de l'exécutif. Mais l'autorité vous échappe. L'application des mesures est retardée par les fonctionnaires qui les désapprouvent ; les gouvernements étrangers jouent encore le jeu de la diplomatie, mais réservent tous leurs efforts et toute leur attention à la nouvelle équipe. Et pourtant, l'exercice du pouvoir est devenu chose si familière qu'on ne ressent sa perte que vaguement et par intermittence. Les jours passent et l'on continue à accomplir ses tâches habituelles comme si elles avaient encore une importance quelconque.

C'était la situation dans laquelle se trouvait le Président Johnson. Le Bureau ovale était encombré d'écrans de télévision et de téléscripteurs dégorgeant bruyamment leurs nouvelles. Quelle vision insolite que celle de ce chef d'État, le plus puissant du monde, ayant accès immédiat à toutes les informations fournies par nos services de renseignements et se précipitant de temps à autre pour voir quelles étaient les dernières nouvelles...

Il se lança dans un long monologue sur la guerre au Vietnam, recommandant d'y intensifier l'effort militaire tout en menant de sérieuses négociations, mais ne précisa pas ce qu'il envisageait dans les deux cas. Il me conseilla de m'assurer de la loyauté de l'administration, car il pensait avoir été en partie desservi par des fuites systématiques.

« Si j'ai un conseil à vous donner, professeur », et je me penchai en avant pour ne rien perdre de cette sagesse née de dizaines d'années passées au service du pays, « c'est de lire les rubriques permanentes des grands noms de la presse. Si, pour décrire un membre de votre équipe, ils utilisent les termes " intelligent ", " dévoué ", ou tout autre qualificatif flatteur, renvoyez celui-ci immédiatement, c'est lui qui les renseigne ! » Je quittai le Bureau ovale bien décidé à faire de mon mieux pour éviter au nouveau gouvernement la tristesse et l'isolement de Johnson lors de son déclin.

Mais la période de transition ne laisse guère le loisir de réfléchir à ces choses-là. Mon problème immédiat était d'un caractère plus pratique : je devais d'une part faire la connaissance de ceux qui avaient été aux côtés de Nixon pendant la campagne, et d'autre part constituer mon équipe.

Il aurait fallu à certains membres de l'équipe Nixon une tolérance hors du commun pour ne pas être hostiles à un intrus qui semblait avoir pour lui ce qu'il y a de mieux sur terre : le prestige d'un professeur de Harvard et associé de Rockefeller, et le privilège d'être au côté du Président après sa victoire. Après tout, n'étais-je pas resté en dehors de la bataille électorale, et n'avais-je pas fait partie de ceux qui avaient manifesté leur hostilité ou leur mépris pour Nixon ? L'une des tâches les plus épineuses pour un nouveau Président est de choisir, parmi ceux qui l'ont aidé à accéder au pouvoir, les hommes et les femmes qui sont capables de le seconder dans l'exercice de ses fonctions. Ce qui conduit presque inévitablement à une rivalité entre ceux qui l'ont soutenu pendant sa longue marche et les nouveaux venus qui semblent venir recueillir le fruit des efforts de la vieille garde. Ces nouveaux venus sont nécessaires car les qualités bonnes à une campagne électorale ne sont pas celles que l'on attend des politiques. Participer à une campagne présidentielle dès son début, c'est-à-dire lorsque les chances du candidat sont très incertaines, requiert un tempérament particulier. Une campagne exige toute une technique et comporte de nombreuses tâches dont certaines sont humiliantes : organisation des emplois du temps, des rassemblements et réunions publiques, cour incessante aux délégués ou représentants des media... Les équipiers d'un candidat — choisis ou volontaires — se reconnaissent à leur loyauté et leur force de caractère : ils lui apportent un soutien moral indispensable dans des circonstances en elles-mêmes angoissantes. Quelle que soit leur détermination ou la pureté de leurs intentions, peu d'entre eux peuvent prévoir ce qu'ils deviendront, le but enfin atteint. Car leur savoir-faire lors de la campagne ne laisse absolument pas préjuger de leurs capacités politiques.

Ce problème s'est posé de façon aiguë dans le cas des collaborateurs de Nixon. Les quelques fidèles qui n'avaient pas abandonné Nixon après sa défaite lors des élections de 1962 au poste de gouverneur de Californie paraissaient animés d'une fidélité et d'un dévouement presque maladifs. Logiquement, la carrière politique de Nixon aurait dû s'arrêter là. Son entêtement à prétendre à la Présidence devenait un objet de risée nationale (Johnson le traita de « candidat pathologique »). Que pouvait-on gagner — même pour qui pariait à long terme — à rester fidèle à un candidat si peu sûr ? Seuls des outsiders confirmés pouvaient tout risquer dans une aussi folle aventure. Ces hommes et ces femmes, sauf exception, se sentaient tous dans un monde hostile ; ils étaient par essence incapables d'ouverture vers l'extérieur.

Cette attitude ne manquait pas en soi de fondement. La paranoïa n'a pas toujours besoin de racines imaginaires pour se manifester. Lorsque Nixon s'installa à New York en 1962, ceux dont il aurait pu attendre quelque considération, en sa qualité d'ancien Vice-Président qui avait failli décrocher la Présidence, l'évitèrent soigneusement. Il ne fut jamais reçu par ce qu'il appelait les « meilleures » familles. Cela renforça et accentua chez lui une tendance déjà forte à se voir entouré d'ennemis. Ses compagnons partageaient son sentiment d'isolement et d'amertume. L'équipe Nixon fit le cercle dès le début : elle se croyait assiégée bien avant de l'être effectivement.

Cette mentalité de place forte, qui devait par la suite avoir un effet si corrosif sur le gouvernement dans son entier, se manifestait de bien des façons. Ainsi l'équipe était-elle fondamentalement incapable de mettre à profit la vie mondaine de Washington pour huiler les rouages de la politique nationale. Washington est une ville mono-industrielle où le travail est un style de vie. Les plus hauts fonctionnaires du gouvernement se rencontrent tous sans cesse lors des interminables réunions où s'élabore la politique à adopter ; ils se retrouvent ensuite le soir, avec un certain nombre de journalistes importants, des membres du Congrès brillants et influents, et quelques éléments de la haute société de Washington. On ne parle virtuellement que gouvernement, et à Washington cela signifie également rapport entre les personnalités clés du gouvernement en place : qui, à un moment donné, « monte » ou « est en perte de vitesse ».

Les critères qui régissent cette vie sociale sont sévères. Ils se basent en gros sur le pouvoir, son exercice et son déclin. Une personne est acceptée dès qu'elle pénètre dans le cercle magique des détenteurs du pouvoir. A de rares exceptions près, elle est rejetée si elle perd son poste, si sa rubrique cesse de paraître dans la presse, ou si elle ne siège plus au Congrès. Il ne sert à rien de tenter de briser ce cercle magique : l'admission — ou du moins la possibilité d'être admis — est presque automatique, comme l'est également l'exclusion définitive. A Washington, l'apparence du pouvoir est par conséquent aussi importante que sa réalité. En fait, cette apparence tient souvent lieu de réalité même. Les spéculations sur la promotion ou le déclin d'un tel ou d'un tel devenant un critère fondamental, il en résulte de véritables luttes pour l'obtention d'un titre à caractère purement bureaucratique.

C'est précisément parce que la vie « officielle » est si strictement régie que la vie mondaine devient une sorte de baromètre. Les journalistes, ambassadeurs et hauts fonctionnaires peuvent y saisir des nuances et des humeurs qui n'apparaissent pas lors des réunions officielles. C'est à leurs dîners et réceptions que se créent les relations sans lesquelles la machine gouvernementale perdrait vite tout dynamisme. Le mépris de Nixon et des siens pour cet aspect de Washington ne leur simplifia pas les choses et les priva de la sensibilité nécessaire pour comprendre les inquiétudes qui naissaient dans le pays.

Je dois dire que je ne connaissais rien moi-même des arcanes de Washington, ou du gouvernement, lorsque je déclarai, à l'occasion de la conférence de presse organisée pour ma nomination, que je ne voulais rien avoir à faire avec la presse. Dès l'annonce de ma nouvelle prise de fonctions, des journalistes importants vinrent me voir pour m'examiner. Je n'étais pas peu impressionné par ces hommes célèbres, que j'avais lus ou écoutés pendant des années. Je fis ainsi la connaissance de Walter Lippmann, de James (« Scotty ») Reston et de Joseph Alsop. Ces deux derniers devaient devenir mes amis ; Lippmann, lui, tomba malade peu après. Lippmann me pressa de faire concorder l'importance de nos engagements à l'étranger avec nos propres ressources, en particulier en Indochine et au Moyen-Orient. Reston me parla de l'imperfectibilité de l'homme, avec une bonhomie teintée de scepticisme calviniste qu'il manifesta souvent encore par la suite. Quant à Joe Alsop, son attitude pendant notre entretien donnait à penser qu'il jugerait de mon aptitude à remplir de hautes fonctions selon des critères plus sévères que ceux de Nixon. Il me fit comprendre que sa connaissance du problème indochinois dépassait de loin celle de n'importe quel néophyte placé au côté du Président. J'eus l'impression qu'il réservait son jugement sur la sagesse du choix de Nixon, et que je demeurerais en observation pendant quelque temps.

Les rédacteurs en chef de *Newsweek* m'invitèrent à les rencontrer. Une fois encore je soulignai avec hauteur l'incompatibilité entre ma position et le fait d'accorder à la presse un entretien réellement substantiel. Ils accueillirent ma réponse avec l'indulgence amusée que l'on a pour les amateurs ou les dupes.

Je me rendis vite compte à quel point mon attitude était naïve. L'une des fonctions importantes des collaborateurs du Président est d'expliquer sa politique. Je découvris qu'il m'était impossible de ne pas tenir compte des media, et commençai à voir des journalistes — presque toujours sur leur propre initiative au début. Je m'aperçus qu'il existait à Washington une véritable symbiose entre les media et le gouvernement. Qu'il le veuille ou non, un journaliste fait partie de la machine gouvernementale. Il peut être à peu près sûr que tout personnage important l'écoutera ou entendra ce qu'il aura à dire. Les fonctionnaires en appellent à lui pour attirer l'attention sur des projets qui leur tiennent au cœur, pour régler leurs comptes avec quelqu'un, ou pour faire modifier une mesure qui les dessert. Quels que soient les motifs poussant ces fonctionnaires, ils sont forcément intéressés : le moins qu'on puisse dire, c'est qu'ils cherchent à paraître sous leur meilleur jour. A qui en a l'habitude, une lecture minutieuse de la presse et une écoute attentive des commentateurs les plus en vue en disent long sur les divers courants au sein de l'administration et sur la gestation de forces politiques souterraines.

De son côté, le journaliste trouve un intérêt tout aussi certain à ses contacts avec les fonctionnaires. Il doit à son tour courtiser et flatter ces derniers, puisque sans leur bienveillance il n'obtient aucune information. Néanmoins, il ne peut se permettre de se laisser influencer — le rêve secret de la plupart des fonctionnaires est d'influencer — sans risquer de perdre son objectivité. Des relations d'amour-haine sont presque inévitables. Les fonctionnaires sont fondés à croire que des « rapports amicaux » leur vaudront l'indulgence des journalistes, et ceux-ci veulent prouver leur « objectivité » en attaquant ceux-là mêmes qui les comblent d'attentions. Si les deux parties sont réalistes et raisonnables, elles observent un respect mutuel. Le fonctionnaire reconnaît alors que seule l'intégrité du journaliste, et non sa complaisance, est une réelle garantie d'impartialité. Quant au journaliste, il accepte le fait que le devoir du fonctionnaire passe avant tout, et que ses obligations ne consistent pas forcément à fournir des informations exclusives. Si ceux qui font la politique et ceux qui la commentent parviennent à respecter ce qu'il y a d'essentiel dans leurs activités respectives, la collaboration qui en résulte peut être l'une des meilleures garanties d'une société libre.

Je découvris bientôt qu'il me fallait abandonner une autre de mes idées premières. J'avais cru pouvoir enseigner à Harvard jusqu'à la cérémonie d'investiture. Cela se révéla impossible. En effet, il me fallait me familiariser avec mes fonctions ; je dus mettre en place l'infrastructure d'analyse et de planification promise par le Président pendant sa campagne. J'obtins une partie de mes informations en consultant beaucoup d'hommes et de femmes qui avaient joué un rôle important sous Eisenhower, Kennedy et Johnson. Il faut dire que pendant toute l'après-guerre la politique étrangère avait été brillamment menée par des hommes de valeur qui, après s'être distingués dans d'autres domaines, s'étaient consacrés à leur pays. Dean Acheson, David K.E. Bruce, Ellsworth Bunker, Averell Harriman, John McCloy, Robert Lovett, Douglas Dillon, pour ne citer qu'eux, étaient des hommes au talent exceptionnel — ils appartenaient à une sorte d'aristocratie qui s'était mise au service de la nation au nom de principes bien au-dessus des querelles partisanes. Les peuples libres doivent leur être reconnaissants pour leur œuvre ; Présidents et ministres des Affaires étrangères ont trouvé appui auprès de ces hommes au patriotisme désintéressé et au savoir volontiers partagé. Lorsque je fus en fonctions, ils furent toujours prêts à me dispenser leurs conseils sans rien attendre en retour. Il n'y avait pas à craindre non plus qu'ils n'utilisent des renseignements officiels à leur avantage personnel ou politique. Malheureusement, à mon arrivée, ils étaient tous septuagénaires. Certains hommes de ma génération les valaient en intelligence, mais aucun n'avait suffisamment fait ses preuves ni acquis l'abnégation et l'intégrité qui caractérisaient ses prédécesseurs. Lorsque les anciens quittent le service de la nation, ce sont les éléments stabilisateurs et directeurs de notre politique étrangère qui s'en vont avec eux.

Au sein de ce groupe, celui que je vis le plus fréquemment pendant la période de transition fut John McCloy. Par la suite, quand je m'installai à Washington, Dean Acheson et David Bruce furent pour moi de très bons amis et conseillers. Avec son physique de lutteur et sa tête en forme d'obus, John McCloy ressemblait davantage à un gnome jovial qu'à un brillant homme de loi new-yorkais, conseiller de plusieurs générations de Présidents et de ministres des Affaires étrangères. A première vue, on ne comprenait guère d'où lui venait son influence. Il n'avait jamais exercé de fonction ministérielle ; les postes qu'il avait occupés étaient importants sans être capitaux. Son amour de l'anecdote pouvait faire perdre un temps fou, et son intelligence relevait davantage du bon sens que de la perspicacité. Mais les hauts fonctionnaires se trouvent toujours face à des problèmes épineux, et nombre de Présidents et de ministres des Affaires étrangères eurent en John McCloy un guide sûr parmi les embûches. Il proposait rarement une solution à un problème difficile, mais ne manquait jamais de redonner la confiance morale et psychologique qui rendait les solutions possibles. En 1975, dès mon retour du Moyen-Orient et après les négociations infructueuses que j'y avais menées, je priai John McCloy de venir me voir. Il vint aussitôt. Je n'appris que plus tard qu'il fêtait ce jour-là son quatre-vingtième anniversaire et avait abandonné une réunion familiale sans envisager un instant de reporter notre entrevue au lendemain. Il était toujours disponible, toujours plein de sagesse.

Lorsque je commençai à constituer mon équipe, les frictions avec l'équipe Nixon s'accentuèrent immédiatement. Traditionnellement, le soin de recruter les membres du C.N.S.* incombe au Conseiller du Président. Le premier à avoir été nommé par Nixon aux Affaires étrangères, je possédais l'avantage de pouvoir recruter du personnel au plus tôt; de plus, en ma qualité d'attaché à la Maison Blanche, je ne me trouvais limité par aucune procédure administrative. C'est pourquoi, libre de toute contrainte bureaucratique et avec le feu vert du Président-élu pour renouveler tout mon sevice, j'étais décidé à faire appel aux hommes les plus capables et les plus sûrs que je pourrais trouver. Ayant moi-même des opinions bien arrêtées, j'ai toujours jugé essentiel de les confronter à celles d'hommes et de femmes d'intelligence et de caractère, et ceux d'entre eux qui me tenaient tête gagnaient mon respect. Ils devenaient souvent mes plus proches collaborateurs. Pour que mon équipe joue un rôle décisif et puisse marquer de son empreinte le travail des divers services du gouvernement, elle devait compenser sa faiblesse numérique par la qualité de ses membres. En fait, cette faiblesse numérique pouvait constituer un avantage, dans la mesure où elle nous évitait ainsi les interminables discussions qui paralysent les organismes plus importants. Je cherchai donc des hommes et des femmes assez jeunes et leur donnai rapidement de l'avancement, partant du principe qu'avec une belle carrière derrière lui, un homme avait déjà donné le meilleur de lui-même et avait désormais peu de chances de faire beaucoup mieux au sein de mon équipe. Je m'attachai aussi des fonctionnaires ayant fait carrière aux Affaires étrangères, à la Défense nationale et aux services de renseignements, pour profiter tant de leur expérience que de leur aide à travers les méandres du labyrinthe bureaucratique. Je fis appel à de brillantes personnalités universitaires. Enfin, pour garantir un certain équilibre, je m'efforçai de réunir des collaborateurs représentant un éventail de points de vue aussi vaste que possible.

J'avais décidé de tenir compte des objections relevant de la Sécurité mais de faire de la valeur mon unique critère de sélection. Peter Flanigan, compagnon de Nixon, chargé de la nomination des responsables politiques (il devint par la suite un de mes amis), m'envoya les noms de six personnes auxquelles on avait promis un poste. Je rencontrai certaines d'entre elles, et les rejetai en bloc. Il y eut au moins deux cas où Haldeman s'opposa à mon choix au nom de la Sécurité, mais le problème tenait surtout aux opinions libérales professées par ces hommes, ainsi

* Conseil national de Sécurité *(National Security Council)* : équipe de réflexion sur les problèmes internationaux et stratégiques (N.D.T.).

qu'à une certaine tendance à faire des déclarations à la presse. Dans les deux cas, je passai outre aux réticences d'Haldeman.

Nixon me soutenait invariablement. Il avait certes ses doutes personnels, et par la suite, lorsque l'opinion publique commença à s'agiter, il en vint à se méfier de mon équipe. Il soupçonnait certains de mes collègues de ne pas l'aimer – ce en quoi il n'avait pas tort – et d'alimenter les critiques par des indiscrétions, ce qui n'a jamais pu être prouvé. Malgré tout, pendant la période de transition, Nixon approuva mes décisions. S'il le fit, c'est qu'il n'avait pas, envers la politique étrangère, la même attitude qu'envers la politique intérieure. Pour cette dernière, il avait adopté un pragmatisme sans préjugés, et fit confiance à une équipe hétéroclite. Il faut dire ce qui est : Nixon demeura jusqu'au bout convaincu qu'il suivait en la matière la tradition ; s'il fut le seul à se voir plus tard frappé d'anathème pour cela, il le doit à l'hypocrisie des classes dirigeantes qui, inexplicablement, appliquèrent dans son cas deux poids deux mesures en matière de moralité. Pour lui la politique étrangère était en revanche un domaine à part. Lorsque entraient en jeu l'intérêt national, la sécurité et le progrès du monde libre, Nixon mettait un point d'honneur à faire ce qui était juste, sans user d'expédient, quelles que fussent les pratiques traditionnelles et, au besoin, à l'encontre de la sagesse classique. C'est seulement dans les cas exceptionnels qu'il laissa les intérêts partisans empiéter sur les décisions prises en politique étrangère.

Certains de mes choix se révélèrent en fin de compte peu judicieux, mais le dévouement et les qualités de mon équipe contribuèrent de façon capitale aux succès remportés par le premier gouvernement Nixon sur le plan diplomatique. Ceux qui en formaient le noyau (Winston Lord, Lawrence Eagleburger, Helmut Sonnenfeldt, William Hyland, Harold Saunders, Peter Rodman et Alexander Haig) affrontèrent à mes côtés toutes les difficultés et devinrent également mes amis. La haute valeur de cette équipe explique en grande partie l'influence croissante du Conseiller du Président pour les questions de sécurité, et le développement de mon service devint capital puisque Richard Nixon forma un Cabinet d'hommes capables, astucieux et volontaires, mais qui ne purent jamais travailler réellement en équipe.

Une équipe indisciplinée

Richard Nixon fut d'une certaine manière le premier Président républicain élu en trente-six ans. Dwight Eisenhower avait été élu sous une étiquette républicaine, mais il devait peu de chose au parti républicain lui-même et se comporta en conséquence. Tenu à l'écart du gouvernement pendant près de deux générations, le parti républicain avait perdu le sens des responsabilités du pouvoir. Les conséquences s'en manifestèrent dès l'entrée en fonctions du nouveau Président. Les représentants du parti au Congrès agirent souvent comme s'ils étaient opposés à un Président républicain. Et les membres du nouveau gouvernement – étrangers les uns aux autres et désorientés par la personnalité complexe du Président – ne formèrent jamais une équipe cohérente.

Selon un sociologue français[1], tout cadre placé directement sous les ordres du chef d'une organisation se trouve devant un choix fondamental : il peut se considérer comme le représentant direct de son chef, et être en partie responsable de décisions mal vues par les agents d'exécution ; ou encore, il peut devenir le porte-parole de ses subordonnés, et faire ainsi endosser à son supérieur la seule responsabilité de choix douloureux. Dans le premier cas, il a toutes les chances de se faire mal voir des agents d'exécution – du moins au début –, mais contribue à créer une cohésion, un « esprit maison », et finalement un moral élevé. Par contre, s'il rejette sur son supérieur la responsabilité des mesures pénibles – s'il s'obstine à jouer « les braves types » –, il s'attire éventuellement les bonnes grâces de ses subordonnés, mais au détriment de la discipline et de l'efficacité. Et, au bout du compte, le dynamisme de l'organisation s'en ressent. En outre, cette seconde attitude fait naître les problèmes qu'elle avait pour but d'éviter car elle attire l'attention sur les obstacles au détriment des objectifs.

Ce dilemme des responsables est aggravé à Washington par les media. Les fonctionnaires mécontents utilisent la presse pour faire état de leurs griefs, et les media ont tout intérêt à mettre au jour les désaccords naissant au sein du gouvernement. Certains journalistes n'hésitent pas à y ajouter leur grain de sel pour « tenir une bonne histoire ». De son côté, le Congrès cherche de plus en plus matière à ses commissions d'enquête dans les différends opposant des fonctionnaires importants. L'accent est donc mis sur ce qui divise, et les crises de Washington deviennent des conflits administratifs.

Il ne fait guère de doute que la prétendue « équipe Nixon » n'a jamais existé, si ce n'est à la Maison Blanche, et là encore elle ne résista pas aux tensions qui l'accablèrent par la suite, cela pour plusieurs raisons. La philosophie de Nixon et son passé plaisaient à bien peu de gens au sein des media. La tentation était donc grande d'attribuer tout le crédit des réussites politiques à ses associés les mieux vus, et de rejeter sur lui le blâme pour tout ce qui était impopulaire. Il eût fallu à ses associés d'exceptionnelles vertus de dévouement et d'abnégation pour refuser les lauriers décernés. Aucun d'entre eux, moi compris, ne pratiquait ces vertus.

Par conséquent un phénomène anormal se développa. Sous la plupart des gouvernements des États-Unis, les bonnes nouvelles sont annoncées par la Maison Blanche, et les mauvaises nouvelles par les divers ministères. Sous Nixon, en revanche, l'administration devint particulièrement habile à ébruiter toutes les nouvelles : les bonnes prématurément, pour en recueillir le mérite, et les mauvaises, d'une manière qui en rejetait toute la responsabilité sur le Président. Ce phénomène renforça en Nixon la conviction qu'il était entouré de conspirateurs, même au sein de son Cabinet, et l'incita à se replier sur lui-même et à s'isoler davantage encore. Le gouvernement se transforma en un rassemblement de baronnies dirigées par des seigneurs soucieux de protéger leur fief contre les incursions périodiques d'un pouvoir central, retranché dans sa forteresse et servi par des vassaux jaloux de leurs privilèges.

Je bénéficiai en temps voulu de cet état de choses. Ironie du sort, une des raisons pour lesquelles le Président me confia de telles responsabilités et tant de missions est qu'il m'avait davantage sous sa coupe que son Cabinet. Comme j'étais peu connu au début, il voyait là un moyen de s'assurer qu'une partie au moins du mérite serait attribué à la Maison Blanche.

Nixon n'arrangea pas ses affaires en adoptant un style administratif si peu direct et en choisissant un Cabinet avec lequel ses rapports étaient si complexes (c'est le moins qu'on puisse dire) qu'aucun sens du travail d'équipe ne put vraiment se développer. Ce fut en particulier le cas avec son ministre des Affaires étrangères.

Je ne connaissaiss pas William Rogers quand il fut choisi. Peu après ma nomination, Nixon et moi-même eûmes une brève conversation au sujet du choix d'un nouveau ministre des Affaires étrangères. Il me dit qu'il cherchait un habile négociateur plutôt qu'un homme capable d'élaborer les grandes orientations politiques, rôle qu'il se réservait ainsi qu'à son conseil à la Sécurité. Parce qu'il se méfiait du personnel des services diplomatiques, Nixon voulait un homme de poids qui assurerait à la politique du Président l'appui du ministère des Affaires étrangères. Je crus comprendre que son premier choix se porterait sur l'ambassadeur Robert Murphy, éminent diplomate en retraite et à l'époque président du Conseil d'administration de la Corning Glass. Murphy avait rendu de distingués services dans de nombreux postes importants, et j'avais appris à estimer son jugement et son esprit. Des années plus tard, Nixon m'avoua que Murphy avait refusé le poste.

Quelques jours après ma propre nomination, je fis la connaissance de William Rogers dans la salle à manger des appartements que Nixon occupait à l'hôtel Pierre. Le Président m'avait demandé de bavarder avec Rogers et de lui faire ensuite part de mes impressions. Il m'avait simplement dit que Rogers pourrait bien être nommé à un poste important aux Affaires étrangères. Ni Rogers ni moi ne savions quel était le but exact de notre rencontre, et notre conversation fut décousue et un peu forcée. Je n'en retirai aucune impression particulière, si ce n'est que je trouvai Rogers courtois.

Le lendemain, sans m'avoir demandé mes impressions sur cet entretien, Nixon m'informa qu'il allait nommer Rogers ministre des Affaires étrangères. Il me dit que Rogers et lui avaient été très proches sous Eisenhower, au moment où Rogers était ministre de la Justice, mais que leur amitié s'était refroidie quand ils avaient tous deux quitté leur poste. Hommes de loi de leur métier, ils en étaient venus à se faire concurrence. Malgré cette ombre sur leurs relations, il considérait que Rogers était l'homme tout indiqué pour ce poste. Que Rogers soit peu au courant dans ce domaine était pour Nixon un atout : il serait ainsi certain que la direction politique resterait aux mains de la Maison Blanche. Selon Nixon, Rogers était en même temps l'un des hommes les plus durs, les plus cyniques, les plus égocentriques et les plus ambitieux qu'il ait jamais rencontrés. En tant que négociateur, il rendrait les Soviétiques malades. Et les « petits garçons » du ministère des Affaires étrangères n'auraient qu'à bien se tenir, car Rogers ne s'en laisserait pas conter. Peu de ministres des Affaires étrangères ont dû être choisis de la sorte, c'est-à-dire à cause de la certitude qu'avait leur Président de leur ignorance en politique étrangère...

Il était probablement injuste de nommer au poste le plus important du Cabinet un homme dont toute la formation et toute l'expérience relevaient d'autres domaines. Certes, Rogers avait été un éminent ministre de la Justice, mais, si je m'en rapporte à mon expérience, le vieil adage selon lequel les hommes se forment par la pratique est sans fondement. Un poste important enseigne à décider mais ne donne pas la connaissance. Les membres du Cabinet sont très vite débordés par les contraintes que leur impose le fonctionnement de leurs services. D'une façon générale, exercer de hautes fonctions vous vide le cerveau et ne le remplit pas. La plupart des hauts serviteurs de l'État quittent leur poste avec les opinions et les idées qu'ils avaient à leur entrée en fonctions ; ils ont appris à prendre des décisions, mais non quelles décisions prendre. Et moins ils en savent au départ, plus ils dépendent de la seule source d'information dont ils disposent : les fonctionnaires permanents. Ne pouvant se fier à leur propre jugement et ignorants des choix possibles, ils n'ont généralement pas d'autre solution que de s'en remettre à l'avis des spécialistes.

Ce problème est particulièrement aigu dans le cas d'un ministre des Affaires étrangères. Il se trouve à la tête d'un service probablement composé des hommes et des femmes les plus capables et les plus expérimentés de la fonction publique. Ces hommes et ces femmes sont intelligents, compétents, loyaux et durs à la tâche. Mais, en contrepartie, ils sont convaincus qu'une vie de service et de travail leur a donné une perspicacité que ne peuvent avoir des débutants sans expérience. S'il est fermement dirigé, sa compétence fait du personnel des services diplomatiques un outil indispensable et sans prix pour les responsables politiques. Ce personnel devient alors un instrument docile et d'une grande précision, et les initiatives qu'il lui arrive de prendre donnent naissance à un dialogue important, parfois passionnant. Mais, si une main ferme ne tient pas les rênes, un esprit de corps mal compris prend le pas sur la discipline. Les chefs de service ne sont plus les porte-parole de la politique nationale mais les avocats des pays avec lesquels ils traitent ; les adjoints au ministre s'occupent presque exclusivement de ce qui relève de leur domaine d'activité. Les fonctionnaires défendent des intérêts de chapelle avec une ténacité et une habileté aiguisées par des décennies de lutte pour la sauvegarde de leurs fonctions. Ils appliquent certes avec une grande loyauté les instructions claires qui leur sont données, mais il n'est pas aisé de les convaincre de la clarté d'instructions qu'ils désapprouvent.

Les structures du ministère des Affaires étrangères permettent dans une large mesure l'initiative administrative. Le principe de la planification est admis du bout des lèvres, et pourtant il existe une forte tendance à mener une politique qui consiste à répondre à des télégrammes par d'autres télégrammes. Ce ne sont donc pas des analyses ou des possibilités de choix politiques qui sont soumises au tout nouveau ministre des Affaires étrangères : l'attendent sur son bureau des piles de documents qu'il lui faut parapher, et ce dans les plus brefs délais. Il ne peut se faire une opinion personnelle, car il en sait normalement trop peu sur certains — et à plus forte raison sur la totalité — des problèmes dont traitent ces documents. Dans tous les cas, ce n'est pas à la lecture de ces câbles succincts qu'il saura quels choix s'offrent à lui. En admettant qu'il prenne position et rejette un projet particulier, il lui reviendra probablement sous une forme si peu modifiée que seul un expert juridique saurait reconnaître la différence. Quand je devins moi-même ministre des Affaires étrangères, je découvris que contrôler ce système de télégrammes représentait une tâche herculéenne, même pour qui a consacré sa vie à la politique étrangère. Malheur aux non-initiés qui se trouvent à la merci de ce groupe exceptionnel de spécialistes dévoués !

En choisissant comme ministre un homme ayant peu d'expérience pratique, Nixon augmenta paradoxalement l'influence des deux organismes dont il se méfiait le plus : les Affaires étrangères et la presse. En effet, le nouveau ministre n'avait que deux possibilités : soit prendre ses ordres de la Maison Blanche et devenir l'avocat de la politique présidentielle auprès de son ministère, du Congrès et de la nation ; soit se faire le porte-parole de ses subordonnés. En des temps moins agités, le ministre Rogers aurait peut-être été en mesure de trouver un juste équilibre entre les pressions exercées sur lui. Mais, au milieu de la tempête soulevée dans le pays par le problème du Vietnam, il lui aurait fallu davantage d'assurance et de savoir-faire qu'on n'en pouvait raisonnablement attendre de sa part. Il chercha donc tout naturellement à éviter les attaques lancées contre son prédécesseur, Dean Rusk. Rogers avait tendance à assimiler l'humeur des Américains et du Congrès à l'opinion des principaux journaux de la côte est, et ces derniers, à leur tour, influençaient fortement ses subordonnés. C'est pourquoi, dans les situations critiques, Rogers montra peu d'empressement à défendre le Président et en vint souvent à soutenir des positions opposées à celles de Nixon.

Il est possible, paradoxalement, que cette tendance ait été renforcée chez lui par le souvenir de son amitié avec Nixon dans les années 1950. Psychologiquement, Rogers était à l'époque en position de supériorité par rapport à Nixon. Il lui était donc difficile de saisir qu'aujourd'hui les rôles étaient inversés, et encore plus d'imaginer qu'il s'agissait peut-être en partie d'une manœuvre délibérée de son vieil ami, soucieux de bien établir que c'était lui, Nixon, qui menait à présent la danse, en profitant de sa position hiérarchique et de son expérience.

Cette curieuse rivalité entre les deux hommes eut pour résultat de renforcer ma propre position : en effet, l'importance de mon rôle ne fut pas la cause, mais très nettement la conséquence, de cet état de faits. Nixon avait décidé dès le début de dominer les négociations les plus importantes. C'est ainsi qu'il tint son ministre des Affaires étrangères à l'écart de sa première rencontre avec l'ambassadeur d'U.R.S.S., Anatoly Dobrynine, le 17 février 1969. Ceci se passait quatre semaines après l'entrée en fonction du Président, et il était inconvenable qu'à l'époque j'en eusse moi-même suggéré l'idée. Adoptée avant que ma position fût affermie, cette pratique devint une habitude : pendant tout le mandat de Nixon, je restai le seul Américain à assister aux longues entrevues qui se déroulèrent dans le Bureau ovale entre Nixon et les dignitaires étrangers.

Les controverses sur la responsabilité politique surgirent très vite. Pour sa part, le ministre Rogers affirma qu'il appliquerait les ordres qu'il désapprouvait à la seule condition qu'ils fussent personnellement transmis par le Président. Or c'était la seule chose psychologiquement impossible pour Nixon : il aurait fait n'importe quoi pour éviter une confrontation personnelle. Il envoyait donc des missives ou des émissaires pour expliquer ses objectifs. Mais Rogers pensait, à juste raison, que ces missives étaient rédigées par mon équipe ou moi-même, et malgré la signature du Président refusait de leur accorder un crédit total. Quant à l'émissaire, habituellement John Mitchell, il le contrecarrait en invoquant sa vieille amitié avec le Président et en affirmant qu'il connaissait Nixon mieux que quiconque. Ces discussions n'en finissaient pas, et la situation se trouvait en partie compliquée car les deux hommes en rejetaient la responsabilité sur des tiers. Nixon avait beau ordonner que tous les câbles à envoyer passent par la Maison Blanche, souvent il n'était pas obéi, et de toute façon les moyens dont dispose le ministre des Affaires étrangères pour communiquer avec ses subordonnés sont trop nombreux pour être contrôlés sur ordre.

Afin d'éviter ces affrontements sans fin, les contacts que le Président et moi-même (en son nom) eûmes avec les principaux dirigeants étrangers s'établirent avec le temps par des filières reliant directement la salle opérationnelle de la Maison Blanche à l'étranger, sans passer par le ministère des Affaires étrangères — c'est-à-dire par ce qu'on appelle les voies non officielles. Cette pratique fut celle adoptée dès le lendemain de l'entrée en fonctions de Nixon. Le nouveau Président souhaitait en effet modifier les instructions relatives aux négociations sur le Vietnam : elles avaient été rédigées par les Affaires étrangères et reflétaient l'orientation du gouvernement sortant. Mais comme il désirait également éviter les conflits, Nixon me demanda de téléphoner à l'ambassadeur Henry Cabot Lodge, notre négociateur à Paris, pour le prier de transmettre par les voies normales et comme venant de lui les nouvelles instructions du Président. Lodge accepta sans difficultés. Mais de telles méthodes étaient compliquées et se révélaient inefficaces dans la plupart des cas. Ainsi les négociations délicates eurent-elles lieu de plus en plus souvent à la Maison Blanche, permettant à Nixon de les diriger en personne, de s'en attribuer le mérite et d'éviter les tracas ou la lourdeur administrative qu'il jugeait si pénibles.

Le Président n'hésita pas non plus à se désolidariser d'initiatives prises par les Affaires étrangères. En mars 1969, par exemple, après le premier entretien sérieux de Rogers avec l'ambassadeur Dobrynine sur le Vietnam, Nixon me pria d'informer secrètement le dignitaire soviétique que les propos tenus à cette occasion par le ministre des Affaires étrangères avaient dépassé la pensée du Président. Je n'en fis rien de prime abord, préférant attendre des données plus concrètes. Il n'en demeure pas moins que le comportement de la Maison Blanche et des Affaires étrangères mit les Soviétiques au courant de nos dissensions internes et qu'ils firent de leur mieux pour exploiter la situation. De la même manière, Nixon n'informa Rogers des contacts personnels qu'il avait eus avec le Président du Vietnam du Nord, Ho Chi Minh, en juillet et en août, que quarante-huit heures avant de l'annoncer à la télévision, en novembre 1969. Début 1970, Nixon chargea son collaborateur Leonard Garment et le ministre de la Justice John Mitchell de faire savoir à la Communauté juive que le « Plan Rogers » sur le Moyen-Orient portait bien son nom et n'était pas du cru de la Maison Blanche. En mai 1971, lorsque la Maison Blanche et le Kremlin entamèrent les pourparlers qui aboutirent aux premières négociations sur la limitation des armements stratégiques, Rogers ne le sut que soixante-douze heures avant les media. En juillet 1971, Rogers n'apprit ma visite secrète en Chine qu'après mon départ. En juillet 1972, le Président lui donna une explication si évasive au sujet de mon voyage à Moscou (il avait été organisé secrètement et Rogers s'y opposa lorsqu'il l'apprit à la dernière minute) que les négociations s'en trouvèrent compliquées. Les exemples de ce genre pourraient être multipliés à l'infini.

J'avoue que je ne fis rien pour modifier l'attitude du Président à l'égard du membre le plus important de son Cabinet : d'abord ma présence la rendait techniquement possible, et par la suite il est certain que je l'encourageai. En effet, à l'instar de la plupart des hauts fonctionnaires, j'avais des idées bien arrêtées et ne dédaignais aucune occasion de les faire prévaloir. Seule la conviction de participer à l'avènement d'un monde meilleur peut rendre supportables et réellement exaltants les responsabilités et l'épuisement liés à l'exercice de hautes fonctions. Je ne saurais dire aujourd'hui dans quelle mesure intervinrent des mobiles moins nobles — vanité et soif de pouvoir — mais ils ont dû avoir aussi leur importance. Je reste néanmoins convaincu que sous le gouvernement d'un Nixon la politique étrangère ne pouvait que passer sous le contrôle de la Maison Blanche, quels que fussent les usages administratifs et les personnalités en jeu.

Du moment que Nixon avait choisi comme conseiller un homme à la personnalité forte, expert en politique étrangère, une rivalité entre ce dernier et le ministre des Affaires étrangères devenait inévitable — c'est ce dont je ne me rendis pas compte sur le moment. De par leur nature, les deux postes se trouvent sur un pied de rivalité si leurs titulaires cherchent à jouer un rôle politique important. Tout concourt à créer entre eux un certain antagonisme, car, s'ils venaient à être toujours parfaitement d'accord, l'existence de l'un des deux ne se justifierait plus. Si je n'en croyais rien à l'époque, je suis aujourd'hui convaincu qu'un Président devrait faire de son ministre des Affaires étrangères son principal conseiller, et réserver à son Conseiller en matière de Sécurité un rôle de principal administrateur et coordinateur : il s'assurerait ainsi que tous les points de vue importants sont pris en compte. Si le conseiller devient une pièce maîtresse dans l'élaboration et l'articulation des mesures politiques, l'importance du ministre des Affaires étrangères s'en trouve forcément diminuée. Les gouvernements étrangers ne savent plus où donner de la tête et, danger non moins grave, ont la possibilité de faire jouer l'un contre l'autre tel ou tel élément du gouvernement. Quant au ministère des Affaires étrangères, il est vite démoralisé et succombe à l'esprit de chapelle. Si le Président n'a pas confiance en son ministre des Affaires étrangères, mieux vaut le remplacer que de le faire chapeauter par l'un de ses collaborateurs. Sous Nixon, ce rôle prééminent du ministre des Affaires étrangères fut rendu impossible par la défiance de Nixon envers l'administration du ministère, par ses rapports avec Rogers, par le manque d'expérience de celui-ci et par la force de mes propres convictions. L'insistance, compréhensible en soi, avec laquelle Rogers défendait les prérogatives liées à ses fonctions contribua paradoxalement à affaiblir sa position. En effet, lorsqu'un des protagonistes d'un conflit administratif ne peut en appeler qu'à son rang pour défendre ses droits, il a toutes les chances de perdre la bataille. Les Présidents écoutent ceux de leurs conseillers qui leur semblent indispensables, et non ceux qui leur réclament une audience parce que tel est leur droit.

Outre ces facteurs, les tensions qui tiraillaient l'administration sous Nixon trouvèrent aussi leur origine dans la très nette différence de conceptions existant entre le ministre des Affaires étrangères et moi-même. Rogers était en réalité bien plus compétent qu'on ne le dépeignait : il possédait un esprit analytique très aigu et un remarquable bon sens. Cependant, de par sa formation juridique, sa manière d'aborder les problèmes était plutôt pragmatique, alors que la mienne était stratégique et géopolitique. Je m'efforçais de relier les événements entre eux, de créer et de favoriser dans certains pays des situations propres à influencer le cours des événements dans d'autres parties du monde. Là où Rogers composait avec les contraintes liées à des négociations particulières, je souhaitais au contraire créer le climat propice à une stratégie globale. Là où Rogers se préoccupait des réactions immédiates du Congrès et des media (ce qui relevait en partie de ses responsabilités comme porte-parole des Affaires étrangères), je m'inquiétais davantage des résultats à moyen terme. Rogers me tenait certainement pour un ratiocineur égocentrique qui avait saboté ses rapports avec le Président ; je le voyais comme un néophyte insensible qui mettait en danger la réalisation de la politique étrangère que nous avions soigneusement élaborée. Nos relations ne pouvaient donc que se détériorer. Si nous avions été plus sages l'un et l'autre, nous aurions compris que nous ne pouvions mieux servir notre pays qu'en composant avec nos divergences respectives et en nous soutenant mutuellement. Nous aurions par là même freiné la propension de Nixon à profiter des tensions qu'il appréhendait et encourageait tout à la fois. Malheureusement, tous nos efforts pour nous rencontrer régulièrement échouèrent. Rogers était trop orgueilleux, j'étais moi-même trop arrogant intellectuellement et nous manquions trop d'assurance pour adopter une attitude qui nous eût évité beaucoup d'angoisse et de démêlés inutiles avec l'administration.

Cependant, aucun de ces différends n'eût été réellement décisif, si Nixon et Rogers avaient été de fait aussi proches l'un de l'autre qu'ils le croyaient. Un ministre des Affaires étrangères ne peut se passer de la confiance totale de son Président. Les ministres qui remplirent avec bonheur leurs fonctions, tels Dean Acheson et John Foster Dulles, travaillaient en collaboration étroite avec leur Président. Ceux qui tentèrent de s'opposer au Président, comme ce fut le cas de Robert Lansing et James Byrnes, perdirent vite soit leur influence, soit leur poste. Ainsi qu'il le soulignait souvent, Acheson avait beau ne pas hésiter à désavouer vigoureusement le Président Truman, jamais il ne se serait permis de remettre en cause son autorité, ou de participer à une cabale organisée par d'autres membres du Cabinet pour faire pression sur le Président. Car un Président a besoin non seulement de conseils pratiques, mais aussi de soutien moral : s'il lui faut être sûr de l'appui et de la force de caractère de ses conseillers, il lui faut également sentir qu'ils comprennent le côté ingrat et les responsabilités de sa charge, et qu'ils ne viendront pas encore l'alourdir. Cet élément insaisissable manquait précisément aux rapports entre le Président Nixon et son ministre des Affaires étrangères, en partie pour des raisons antérieures à l'entrée en fonction de Nixon. Le caractère trop intime de leurs anciennes relations empêchait Rogers de tenir compte de cette particularité, et Nixon d'en admettre l'évidence.

Tout autres étaient les rapports avec Melvin Laird, ministre de la Défense nationale et autre membre important du Cabinet à s'occuper de politique étrangère. Comme pour le ministère des Affaires étrangères, j'avais cru pendant plusieurs jours que le poste serait offert à quelqu'un d'autre, en l'occurrence, au sénateur Henry M. Jackson, qui, à mon avis, l'eût volontiers accepté. Pourtant, il le refusa. J'appris alors que le choix de Nixon s'était porté sur Mel Laird, sans d'ailleurs que j'aie été consulté.

J'avais rencontré Laird à la Convention républicaine de 1964. Il était président de la commission chargée de l'élaboration du programme politique et il avait astucieusement déjoué les plans de Rockefeller. Je contribuai plus tard au recueil d'essais sur le conservatisme qu'il écrivit [2]. Mel Laird était un politique de métier dont Nixon comprenait le langage. Nixon n'avait en outre ni restrictions psychologiques envers son ministre de la Défense, ni vieux comptes à régler avec lui. Pendant la majeure partie de ses seize années au Congrès, Laird avait servi à la Sous-Commission de la Défense nationale au sein de la Commission budgétaire de la Chambre des Représentants, et connaissait son sujet à fond quand il entra en fonctions. Il représentait en outre une circonscription importante, et son influence était encore grande au Congrès, en particulier par le truchement d'amis tels que George Mahon, le puissant président de la Commission budgétaire de la Chambre des Représentants. Le Président devrait donc compter avec lui. Les méthodes de Laird avaient beau être aussi tortueuses, complexes et indirectes que celles de Nixon, son entrain et sa volonté surprenante n'en contrastaient pas moins avec la sombre détermination et l'amertume refoulée de ce dernier. Laird aimait gagner mais, à l'inverse de son Président, ne trouvait pas de plaisir particulier à voir quelqu'un perdre. Il dégageait un enthousiasme et une bonne humeur canaille qui faisaient du travail avec lui un véritable plaisir, mais parfois aussi une véritable épreuve pour les nerfs.

Laird considérait que la Constitution lui donnait le droit de chercher à être plus malin et habile que tous ceux avec lesquels ses fonctions le mettaient en contact. Il s'agissait en partie d'un jeu, et en partie du souci d'un vieux routier de la politique de défendre ses positions et d'en récolter au passage toute la publicité possible. Laird était en outre un spécialiste de l'indiscrétion calculée. J'appris très vite qu'il était probablement lui-même à la source des racontars des journaux dont il venait se plaindre auprès de moi dès le lendemain matin. Elliot Richardson avait coutume de dire, sans acrimonie, que lorsque Laird lançait : « Vous voyez ce que je veux dire... », une de ses expressions favorites, il était précisément impossible de comprendre ce qu'il voulait dire...

Laird ne voyait rien de répréhensible au fait d'assister à une réunion entre la Maison Blanche et l'État-Major interarmes, d'y défendre les positions de ce dernier, puis de faire part de ses réserves au Président et à moi-même en privé, pour enfin élaborer une troisième manière d'envisager la question avec son ami le président Mahon. La manière dont Nixon et Laird s'arrangèrent pour se faire attribuer le mérite de tous les retraits de troupes du Vietnam est digne d'une pièce

Kabuki, avec une pointe d'intrigue de cour dans la Florence du XVe siècle. Une biographie ne suffirait pas à décrire les extraordinaires passes d'armes qui eurent lieu entre ces deux professionnels endurcis, chacun cherchant simultanément à percer les intentions de l'autre et à semer la confusion dans son esprit ; il faudrait y consacrer un roman ou une pièce de théâtre. C'était cependant un jeu auquel Nixon perdait rarement, car il était d'un tempérament moins joueur, plus implacable, et tenait en main les atouts de la Présidence.

Tant qu'on lui laissait la possibilité de se rabattre sur des positions honorables et de sauver ainsi la face, Laird acceptait de bon gré d'essuyer une défaite administrative, mais il tenait absolument à avoir son mot à dire. Lorsqu'on traitait affaires avec lui, les arguments d'ordre intellectuel se révélaient de peu de poids et si on lui donnait des ordres, c'était l'échec assuré. Je finis par comprendre qu'avant d'engager le combat avec Laird, il valait mieux lui couper toutes les retraites possibles, dans la mesure bien sûr où l'on pouvait prévoir (ce qui n'était pas toujours aisé) dans quels sentiers de l'administration ou du Congrès il allait s'engager. Alors seulement on pouvait aborder le problème. Cependant, malgré cette tactique, j'essuyai autant de défaites que je remportai de victoires.

Un autre collaborateur de Nixon, John Ehrlichman, trouvait mes méthodes assez lâches. En 1971, il voulut transformer en parc national un terrain militaire situé à Hawai, et décida à cette occasion de me montrer comment il fallait en user avec Laird. Fidèle aux plus pures théories sur l'autorité administrative de la Maison Blanche, Ehrlichman ne prit la peine de passer ni par l'administration ni par le Congrès et ordonna directement à Laird de céder le terrain convoité. Laird fit face à cette démarche maladroite comme le matador aux assauts du taureau : il accéléra la réalisation d'un projet prévoyant la construction de deux centres de repos militaires sur le terrain en question. Avec l'aide de son ami Mahon, et tout en protestant de sa volonté d'exécuter tout ordre de la Maison Blanche entériné par le Congrès, il fit adopter par ce dernier une décision rejetant catégoriquement les directives reçues. Aujourd'hui, les centres de repos de Hawai sont toujours propriété de l'armée, et le parc national est resté un rêve de planificateur. Ehrlichman apprit de façon cuisante qu'il est des aspects de la politique que l'on n'enseigne pas dans les écoles, et que le bien-fondé d'une décision n'est pas toujours une garantie de succès à Washington.

En vieux routier de la politique qu'il était, Laird n'aimait pas défendre des causes perdues d'avance. Capable de résoudre les problèmes quotidiens avec un art consommé, il se préoccupait moins de ceux qui se poseraient le lendemain. En période de calme, il lui arrivait d'être exaspérant. En temps de crise, il était splendide : solide, loyal, audacieux, défendant avec éloquence les décisions du Président, y compris celles qu'il avait désavouées lors de conseils du gouvernement. Laird fut ministre de la Défense en des temps où notre puissance militaire subissait les attaques incessantes de la majorité au Congrès, des media, du monde universitaire et des mouvements antimilitaristes. Il protégea les centres nerveux qui faisaient notre puissance et posa les bases qui permirent notre expansion lorsque l'opinion publique changea. Grâce à Laird, la puissance de notre pays sortit intacte d'une période extraordinairement agitée. Et c'est là une réalisation capitale.

Immédiatement en dessous du Cabinet se trouvaient d'autres conseillers importants : le général Earle Wheeler, chef de l'État-Major interarmes, et Richard Helms, directeur de la C.I.A.

Quand Nixon accéda à la Présidence, « Bus » Wheeler accomplissait sa dernière année de chef de l'État-Major interarmes. Son mandat aurait dû se terminer en juillet 1968, mais Johnson l'avait généreusement prolongé d'une année pour laisser à son successeur la liberté de désigner le remplaçant de Wheeler. L'intégrité et l'expérience de celui-ci se révélèrent si indispensables que Nixon le maintint à son poste une année de plus. Grand, racé, serein, Wheeler était alors profondément désabusé. Les yeux sombres, le regard doux, il évoquait ces chiens avisés qui guettent pour voir d'où viendra le prochain coup. Il avait assisté dans les années 1960-1970, à l'arrivée au Pentagone de jeunes « analystes de système » dont le but était d'ébranler les institutions militaires par la remise en question de convictions enracinées depuis longtemps. Sur le plan intellectuel ces analystes étaient souvent dans le vrai, mais ils apprirent vite que la formulation d'un problème entraîne souvent une solution déterminée, et les efforts qu'ils déployèrent au nom d'une sacro-sainte objectivité eurent fréquemment pour effet de favoriser des idées personnelles préconçues.

Outre cette mauvaise application de l'analyse de système, il était une vérité qui ne se prêtait à aucune formulation claire — et que les officiers supérieurs avaient assimilée au cours d'une vie de service — : l'autorité repose sur un élément psychologique et non pas seulement technique. Les statistiques ne conduisent les hommes que jusqu'à un certain point, au-delà duquel entrent en jeu des valeurs plus fondamentales. En fin de compte, le métier militaire est l'art de commander, et, s'il exige de nos jours des calculs plus précis que par le passé, il dépend néanmoins de facteurs psychologiques premiers difficiles à quantifier. Les autorités militaires se virent donc contraintes à concevoir des armes à partir de critères abstraits, suivre des stratégies auxquelles elles ne croyaient pas vraiment, et enfin à mener une guerre qu'elles ne comprenaient pas. Certes, les militaires furent souvent responsables de certains de leurs problèmes, mais ils se laissèrent trop facilement coopter et acceptèrent des remaniements qui les irritaient secrètement. Au Vietnam, ils appliquèrent la traditionnelle stratégie de guerre d'usure héritée de Grant, Pershing et Marshall. Jamais ils ne comprirent que ce type de guerre est quasiment impossible lorsqu'il s'agit d'une guerre de guérillas contre un ennemi qui n'a pas besoin de combattre puisqu'il peut se fondre dans la population. Ce qui fit le jeu des autorités civiles. Le traditionalisme des chefs militaires et le suprême rationalisme des civils se combinèrent pour ôter toute chance de mettre rapidement fin à la guerre, alors que Johnson jouissait encore du consensus populaire. Plus la guerre durerait, et plus les facteurs psychologiques pèseraient contre nous dans la balance, rendant l'effort militaire insoutenable.

Tout au long des années 1960-1970, les autorités militaires furent tiraillées entre leur désir de faire fonctionner le nouveau système et celui de se rebeller contre lui ; elles se sentirent déchirées entre l'obédience aux autorités civiles qui leur avait été inculquée pendant des générations, et leur sentiment d'un imminent désastre. Le devoir d'utiliser des moyens qu'elles n'approuvaient pas et la nécessité de mener une guerre de moins en moins justifiable les laissaient profondément désemparés. C'est ainsi que surgit une nouvelle race d'officiers : des hommes qui connaissaient le nouveau jargon, rompus aux raisonnements tirés de l'analyse de systèmes, tellement à la mode ; des hommes plus éloquents que leurs prédécesseurs, et plus habiles aux manœuvres administratives. Sur certains plans, ces changements facilitèrent les rapports entre autorités militaires et civiles. Mais sur le fond, ils privèrent les responsables de l'action de vues sans doute plus sommaires et moins élaborées, mais en fin de compte plus pertinentes, lorsqu'il s'agit de simples épreuves de force.

Earle Wheeler avait été témoin de cette évolution et n'avait pu s'y adapter. Il estimait, à juste raison, que le Pentagone des années 1960-1970 n'avait pas suffisamment pris conseil des militaires, mais, quand vint le moment de faire des suggestions, il ne put proposer que des modifications mineures à la situation. Il attachait beaucoup de prix au fait d'avoir accès directement au nouveau Président, mais il usa rarement de ce privilège – en partie parce que Laird décourageait tout entretien auquel il ne participait pas. C'était surtout au cours d'entretiens privés avec moi et non devant ses supérieurs que Wheeler exprimait ses inquiétudes. Lors de la réunion de juin 1969 à Hawai, où Nixon cherchait à obtenir l'appui des militaires pour son plan de retrait du Vietnam, je compris que rien ne pouvait chagriner davantage Wheeler et le général Creighton Abrams, qui commandait nos forces au Vietnam. Leur instinct leur disait que nous ne pourrions l'emporter si nous réduisions nos forces : plus elles seraient réduites, moins l'on aurait de chances de parvenir à un règlement honorable. Mais ils n'osaient affronter leurs chefs civils qui – moi compris – soutenaient que seul un retrait des troupes engendrerait le climat national favorable à une solution politique honorable. Wheeler et Abrams se résignèrent en s'efforçant de limiter le plus possible ce retrait. Mais ils se rendirent vite compte que le processus auquel ils avaient adhéré ne pourrait que s'accélérer. La programmation des retraits était d'ores et déjà entrée dans le budget militaire, et n'aurait pu être ralentie qu'à condition de sacrifier la modernisation des armements.

Les officiers de haut rang doivent toujours composer entre leurs convictions et la nécessité de rester en vie, pour continuer à être utiles et poursuivre le combat. Leur respect inné envers le commandant en chef les incline donc à trouver une justification militaire à ce qui leur paraît difficilement défendable. Contrairement à la légende, ils se dressent rarement contre le commandant en chef : ils se cherchent des excuses pour le soutenir et non pour s'opposer à lui. Wheeler avait ainsi participé à l'élaboration d'une série de mesures qu'il pouvait défendre une par une, mais dont il ne pouvait justifier l'effet d'ensemble. Gentilhomme dans l'âme, cet officier admirable servit son pays en des circonstances dramatiques qui le minèrent, lui, de l'intérieur.

Le successeur de Wheeler, l'amiral Thomas Moorer, avait une personnalité moins complexe. Les postes de commandement qu'il occupa pendant les années 1960 n'étaient certes pas de tout repos, mais ne conduisaient pas à l'épuisement physique et psychologique inhérent à l'exercice de hautes fonctions à Washington. Ayant à force d'astuce gravi les échelons administratifs, Moorer ne prétendait nullement à l'intelligence brillante : il exagérait plutôt son côté de provincial innocent perdu au milieu d'esprits plus vifs. Si ses idées laissaient à désirer en élégance, elles y gagnaient en clarté. Au moment où il entra en fonctions, la guerre du Vietnam n'était plus qu'un combat d'arrière-garde : il en assura la liquidation douloureuse avec dignité. Nul Président n'aurait pu avoir conseiller militaire plus résolu.

Richard Helms, dont Nixon hérita comme directeur de la C.I.A., faisait lui aussi partie de l'équipe affectée aux problèmes de Sécurité nationale. Je l'avais rencontré en 1961, sous la Présidence de Kennedy. A la demande de la Maison Blanche, j'avais eu avec lui plusieurs entretiens sur la crise de Berlin. A cette époque comme par la suite, la maîtrise qu'il avait de son métier m'impressionna énormément. Nous ne nous revîmes qu'après ma nomination. Il m'expliqua dans la salle opérationnelle de la Maison Blanche quels étaient les structures et le fonctionnement de son service. La situation de Helms était alors fort délicate. En effet, Nixon voyait la C.I.A., bien plus encore que le ministère des Affaires étrangères, comme un repaire d'intellectuels sortis des grandes écoles travaillant contre lui. Il se sentait en outre personnellement mal à l'aise avec Helms, car il le croyait bien vu de l'élite libérale de Georgetown * à laquelle il attribuait la responsabilité d'une bonne partie de ses difficultés. Je n'avais quant à moi aucune idée arrêtée au sujet de Helms, mais je m'opposai à ce qu'il fût démis de ses fonctions. Il me semblait dangereux de faire de la C.I.A. un corps politique dont le directeur changerait avec chaque nouveau Président. Nixon céda et accepta de garder Helms. Il suggéra néanmoins de l'exclure des réunions du C.N.S. : cette fois-ci, ce fut Laird qui éleva des objections, arguant avec raison du fait que, si le Conseil prenait des décisions importantes en l'absence du directeur de la C.I.A., le Président prêterait davantage le flanc aux attaques du Congrès et de l'opinion publique. Nixon revint une fois de plus sur sa décision. Il admit la présence de Helms aux réunions du C.N.S., mais uniquement pour y présenter des exposés de la situation. Helms ne serait pas autorisé à faire des suggestions et devrait quitter la réunion dès son rapport terminé. Cette situation anormale dura six semaines, au bout desquelles elle devint trop embarrassante, artificielle et contradictoire pour rester viable. En effet, les renseignements fournis par Helms avaient leur importance pour la discussion qui suivait le rapport officiel. Après tout, la manière dont on évaluait les conséquences des diverses options possibles était capitale. Helms finit donc par jouer le rôle qui lui revenait au sein du C.N.S., malgré la méfiance persistante du Président.

Étant donné le poste que j'occupais, je ne pouvais que travailler en collaboration étroite avec le directeur de la C.I.A. En effet, c'est sur lui que le Président doit compter pour être averti au plus tôt d'un danger, et c'est vers lui que se tourne d'abord le Conseiller pour la Sécurité s'il veut connaître les données d'une

* Faubourg le plus élégant de Washington.

crise et obtenir une analyse des événements. Et, comme les décisions dépendent de l'évaluation de leurs conséquences, les estimations de la C.I.A. définissent presque automatiquement l'orientation de la politique elle-même.

Discipliné, scrupuleusement honnête et discret, Helms assurait ses fonctions avec l'objectivité indispensable à l'efficacité d'un service de renseignements. Pendant des années nous n'eûmes sur le plan social aucun contact direct – nous ne nous rencontrions que très irrégulièrement à l'occasion de dîners chez des tiers. J'appréciais Helms non pour la similitude de nos tempéraments, pourtant réelle, mais pour ses qualités professionnelles et son sang-froid. Il ne hasardait jamais de conseils dépassant le cadre des questions qu'on lui posait, mais n'hésitait pas, à l'occasion, à mettre la Maison Blanche en garde, même s'il devait ainsi aller contre les idées premières du Président ou de son conseiller. Il défendait ses convictions avec une franchise que n'auraient sans doute pas eue des hommes de moindre valeur. Au début du gouvernement Nixon, par exemple, certains soutinrent que la triple ogive du missile intercontinental russe S.S.-9 était un M.I.R.V.* dont la cible devait être les silos de nos missiles Minuteman. La C.I.A., elle, affirmait que cette ogive ne pouvait être équipée d'un système de guidage indépendant. Je penchais pour la version la plus inquiétante, mais, pour tirer les choses au clair, je recourus à une procédure très mal vue par les traditionalistes, soucieux de préserver l'autonomie des méthodes d'estimation employées. Je réunis tous les analystes dans la Salle opérationnelle de la Maison Blanche et, jouant l'avocat du diable, les soumis à un feu roulant de questions et de contre-arguments. Helms resta sur ses positions, et la suite lui donna raison.

Nul ne peut accéder au poste de directeur de la C.I.A. sans avoir affronté de nombreuses batailles. Helms avait une grande force de caractère et beaucoup de circonspection ; sa courtoisie se doublait d'une extrême ténacité, et le sourire qu'il arborait ne gagnait pas toujours ses yeux. Il avait vu passer plusieurs gouvernements et compris qu'à Washington savoir égale pouvoir. Jamais il ne déçut ceux qui croyaient à l'étendue de ses connaissances et je ne pense pas qu'il ait jamais fait mauvais usage de ce savoir ou de sa puissance. Jamais non plus il n'oublia que son intégrité était le garant de sa propre utilité, et que la confiance mise en lui restait son meilleur atout vis-à-vis des Présidents. Les analyses de la C.I.A. n'étaient cependant pas infaillibles. Loin de se réduire à cette bande internationale d'aventuriers rapaces que ses détracteurs décrivaient si facilement, la C.I.A. péchait le plus souvent par conformisme en adoptant les opinions en vogue dans l'establishment de Washington. Pour autant que j'aie pu m'en rendre compte, les analyses de la C.I.A. encourageaient plus souvent à l'inaction qu'aux entreprises audacieuses. Ses spécialistes savaient trop bien que l'on ne peut être sanctionné pour n'avoir pas pensé à une solution particulière, mais qu'une carrière est souvent brisée si un risque n'a pas été prévu. C'est pourquoi les services de renseignements sont toujours tentés de prédire le pire, quel que soit le type de

* Ogive à têtes multiples et à guidage indépendant *(Multiple independently targeted reentry vehicle)* (N.D.T.).

politique envisagé, ce qui pousse à l'immobilisme plutôt qu'à l'esprit d'aventure. Après chaque crise, la presse publie quelque analyse ou rapport obscures où il apparaît que les services de renseignements avaient prévu la crise en question, mais que les responsables politiques en avaient inconsidérément fait fi. Ce qu'on oublie de rappeler, c'est qu'à vouloir jouer trop souvent les oiseaux de malheur, on perd tout crédit. Lorsque l'attention des autorités supérieures n'est pas attirée spécialement sur un rapport, celui-ci se perd dans les méandres de la bureaucratie, d'autant qu'un rapport contradictoire se trouve probablement aussi dans les archives.

En dépit des réserves citées plus haut je trouvais que le personnel de la C.I.A. se composait d'hommes et de femmes dévoués et absolument indispensables. Helms servait bien son pays et son Président, et il ne mérite pas les accusations qui, après trente ans de remarquables services, ont terni la fin de sa carrière.

Tels étaient les hommes que le nouveau Président rassembla pour élaborer une stratégie à l'échelle du monde et tâcher de sortir leur pays d'une guerre léguée par leurs prédécesseurs. Le Cabinet se réunit le 12 décembre 1968 pour une première prise de contact, à l'hôtel Shoreham de Washington. Les problèmes qui se posaient au nouveau gouvernement furent exposés ce jour-là non par les membres du Cabinet (nommés la veille seulement), mais par des Adjoints du Président, moi compris, dont la nomination remontait pour la plupart à plus d'une semaine – préfiguration des futurs rapports de Nixon avec ses collaborateurs. Ces hommes capables, astucieux et volontaires, auraient-ils pu, en d'autres circonstances, former une équipe homogène? On ne le saura jamais : ce chef si difficile qui était le leur avait choisi de s'appuyer sur des conseillers disparates qu'il pouvait manipuler, tandis qu'il faisait cavalier seul pour centraliser le pouvoir à la Maison Blanche.

S'organiser

Dans un discours à la radio le 24 octobre 1968, le candidat à la Présidence Richard Nixon avait promis de « rendre au C.N.S. son rôle prééminent dans la planification de la sécurité nationale », allant jusqu'à attribuer « la plupart des graves revers à l'extérieur à l'incapacité ou au peu d'inclination des successeurs du Président Eisenhower à recourir à cet important conseil ». Le 2 décembre 1968, en annonçant ma nomination, Nixon déclara : « Le Pr Kissinger a mis au point, ou est en train de mettre au point, un nouveau système qui me paraît fort excitant pour empêcher que le prochain Président des États-Unis n'entende que ce qu'il voudra bien entendre... » Il n'expliqua d'ailleurs pas comment j'aurais pu accomplir cela alors que je n'occupais mon nouveau poste que depuis trois jours. Mais j'étais d'accord avec le Président-élu : il fallait redonner au C.N.S. toute son importance. Le 21 juin 1968, le gouverneur Rockefeller avait fait la déclaration suivante, illustrant parfaitement mon point de vue :

« Il n'existe aucune procédure régulière pour parvenir aux décisions ; au lieu de cela, on forme des groupes *ad hoc* selon les besoins. Aucun organisme n'est prévu pour mettre en œuvre les décisions. Il n'existe aucune perspective de planification à long terme sur une base interministérielle. Sans un axe central, la politique étrangère se résout en une série de décisions isolées, dictées par des situations de crise et constatant le fait accompli. Nous sommes alors prisonniers des événements. »

Lorsque je fus nommé, je n'avais en tête aucun type particulier d'organisation. Mon souci majeur était qu'une administration, aussi bien organisée soit-elle, tend à étouffer toute créativité. Elle confond sagesse politique et machine administrative bien réglée. Dans un État moderne, la machine gouvernementale est si énorme qu'on passe souvent plus de temps à la faire marcher qu'à en définir le rôle. Une bureaucratie complexe est portée à exagérer sa technicité et à minimiser l'importance du jugement politique. Elle favorise le *statū quo*, quoi qu'il arrive, parce que – hors une catastrophe sans ambiguïté – le *statu quo* a l'avantage de maintenir une situation familière ; jamais il ne sera possible de prouver qu'une autre politique eût donné un meilleur résultat. Ce n'était pas par accident, me semblait-il, que la plupart des grands hommes d'État s'étaient trouvés constamment bloqués dans une lutte permanente avec les experts des bureaux étrangers, car la largeur de vue de l'homme d'État est un défi permanent pour un expert porté par nature à prendre un minimum de risques.

La complexité du gouvernement moderne rend essentielles les grandes administrations mais le besoin d'innover engendre la nécessité impérative de définir des objectifs allant au-delà des normes administratives. Finalement, il n'existe aucune solution purement organique. C'est avant tout un problème de *leadership*. Les remèdes de pure organisation ne peuvent en eux-mêmes éviter l'attentisme, ni les atermoiements devant la planification à long terme. Nous nous attachâmes donc à tenter de donner forme à l'environnement international en fonction des objectifs américains plutôt que d'attendre que les événements nous imposent la nécessité de prendre des décisions.

Mon expérience malheureuse de conseiller régulier mais extérieur du Président Kennedy se révéla extraordinairement précieuse. Elle m'avait appris la différence entre conseil et autorité. La qualité de l'homme d'État, c'est d'abord le sens des nuances et des proportions, l'habileté à saisir l'essentiel au sein d'une masse de faits, l'intuition permettant de déceler, parmi plusieurs hypothèses également plausibles, celle qui se révélera juste dans l'avenir. L'autorité est essentielle – la force de prendre en charge les événements successifs et de leur imprimer une direction. A l'occasion, quelqu'un peut vous ouvrir des perspectives mais il n'en sait jamais assez pour être en mesure de conseiller utilement une tactique. Avant de servir de conseiller auprès de Kennedy, j'avais cru comme la plupart des universitaires que le processus de décision était une démarche essentiellement intellectuelle, qu'il suffisait d'entrer dans le bureau du Président et de le convaincre de la justesse de son raisonnement. Je découvris bientôt que cette conception était aussi dangereusement immature que largement répandue. Certes, dans notre système, c'est le

Président en dernier ressort qui a l'autorité pour prendre les décisions. Son pouvoir discrétionnaire est plus important que celui de n'importe quel autre Président d'aucun des grands pays — y compris probablement l'Union soviétique. Mais son emploi du temps est si effarant qu'il lui laisse peu de temps pour la réflexion abstraite. Ses visiteurs sont pour la plupart des quémandeurs ou des gens venus défendre telle ou telle cause. Leurs thèses sont généralement plausibles ; c'est d'ailleurs la raison de leur présence dans le Bureau ovale. L'une des tâches les plus difficiles du Président est d'opérer un choix parmi toutes ces thèses contradictoires aussi convaincantes les unes que les autres.

Les décisions faciles ne viennent pas jusqu'à lui. Elles sont réglées à un niveau subalterne. Aussi, plus il avance dans le temps de sa Présidence, plus il est amené à prendre ses décisions en fonction de la confiance qu'il a dans ses conseillers, sauf, bien entendu, en cas de crise grave. Il prend de plus en plus conscience des pressions administratives et politiques dont il est l'objet, si bien que les problèmes d'importance ont tendance à se confondre dans son esprit avec les personnalités incarnant les théories en présence. Une décision présidentielle est toujours un amalgame fait de perspicacité, de confiance en ses collaborateurs et du souci de leur sensibilité. Tout Président apprend vite qu'il ne s'agit pas seulement de donner des ordres mais aussi de les faire exécuter. Ce qui suppose la bonne volonté de ses subordonnés. Les ordres mal acceptés par l'administration peuvent en effet être escamotés de mille manières, donnant lieu à des exégèses habiles pour aboutir à un résultat aussi proche que possible de ce que le service directement intéressé souhaitait au départ. Ils peuvent être retardés par des tergiversations infinies. Des fuites peuvent saboter une politique en allumant des controverses. Enfin, il y a l'intangible facteur humain. Les présidents sont coupés de la plupart des contacts normaux. Ils se trouvent donc dans une situation inconfortable si leurs collaborateurs sont insatisfaits, ce qui les conduit autant que possible à éluder le problème.

Pour être utile au Président, le mécanisme de décision doit répondre à plusieurs critères : être compatible avec sa personnalité et son style, conduire à l'action : les discussions sans contenu concret opérationnel aboutissent à l'immobilisme. Par-dessus tout, tenir compte du climat psychologique existant entre le Président et ses proches conseillers, de façon que ceux-ci renforcent son assurance, lui proposent des choix réels, fassent des suggestions sans ramener chaque problème à une épreuve de force. Assurer au Président l'exercice d'un véritable pouvoir discrétionnaire, sans toutefois encourager la mégalomanie, fréquente chez ceux qui remplissent les fonctions les plus hautes. D'un autre côté, si toutes les décisions passent par le bureau du Président, celui-ci sera privé de la compétence pratique et de la vaste expérience des fonctionnaires permanents.

Si les décisions clés sont prises lors de réunions sans préparation préalable, la tentation de plaire au Président et de se montrer coopératif avec ses propres collègues peut fausser la présentation d'alternatives réelles. Ce fut, je crois, ce qui se passa sous Kennedy et Johnson. Mais, d'autre part, si les procédures deviennent trop formelles, et si le Président est assez modeste pour subordonner ses décisions à une approbation administrative – comme ce fut le cas pour Eisenhower –, il risque fort de se voir réduit à approuver ou désapprouver un seul et unique type de politique, celui qui lui est recommandé. Puisque le Président ne connaît pas les autres choix possibles, ni les conséquences éventuelles d'un rejet de la politique proposée, une tendance au « plus petit commun dénominateur » peut devenir systématique. Les objectifs sont sacrifiés à l'efficacité administrative. Ce carcan est parfois secoué par des sursauts de volonté du Président visant à convaincre les autres (et lui-même) de son autorité, mais l'effet de tels éclats qui ne peut être que fugitif, car le Président qui refuse les mesures agréées par l'administration se retrouve sans alternative opérationnelle.

Permettre au Président de faire un choix réel me semblait essentiel, non seulement pour lui assurer une autorité véritable, mais aussi pour renforcer son *leadership* en lui donnant l'assurance réelle basée sur la certitude que toutes les solutions valables ont été examinées. Mettre le Président en présence du plus large éventail de choix possibles et de leurs conséquences probables était vraiment une attribution primordiale du Conseiller pour les questions de Sécurité. Tout Président commet des erreurs au cours de son mandat, mais je ne voulais pas que l'on puisse dire que les événements auxquels elles étaient liées étaient prévisibles et n'avaient pas été pris en compte. Avec l'aide de Morton Halperin (un jeune collègue de Harvard) et du général Andrew Goodpaster, ancien conseiller du Président Eisenhower, je me mis donc au travail.

Le général Goodpaster, qui occupait le poste de commandant en second à Saigon, avait été temporairement relevé de ses fonctions et affecté à l'équipe de Nixon pendant la période de transition. En effet, il avait participé au C.N.S. pendant une partie du mandat d'Eisenhower, raison pour laquelle il avait attiré l'attention de Nixon. Docteur en philosophie de l'université de Princeton, il appartenait à cette nouvelle race d'officiers généraux éclairés (si je puis dire) par des études supérieures dans des universités non militaires. La combinaison de formation militaire et d'études supérieures engendre souvent une attitude d'esprit si méthodique et si rationnelle qu'elle frise l'affectation ; mais elle donne également une ouverture d'esprit plus large que chez la plupart des autres officiers de haut rang. Il est possible que les militaires aient surestimé la souplesse intellectuelle de Goodpaster, et que de leur côté les universitaires se soient laissé impressionner par un général ayant une formation universitaire, phénomène rare. Il n'en reste pas moins que le général Goodpaster était un homme d'une riche expérience, d'une grande probité et d'une compétence considérable.

Vers la fin du mois de décembre 1968, j'étais en mesure de présenter mes propositions au Président-élu. Le 27 décembre, je lui fis parvenir un rapport analysant les points forts et les faiblesses des précédents systèmes tels que je les voyais : le caractère souple mais parfois désordonné du système non officiel adopté par Johnson ; le côté officiel mais rigide aussi des structures mises en place sous Eisenhower, où le Président devait compter avec l'approbation de l'administration et ne pouvait effectuer de choix réels. Je soutenais qu'il nous fallait combiner les côtés positifs des deux systèmes : un C.N.S. régulier et efficace, doublé de procédures garantissant la prise en considération, par le Président et ses principaux conseillers, de toutes les solutions réalistes, des coûts et profits de la réalisation de chacune d'entre elles, et des divers points de vue et recommandations de tous les organismes concernés. Le C.N.S. devait être épaulé par des sous-commissions comprenant, à l'instar du Conseil, des représentants de tous les services intéressés. Elles auraient à produire des analyses rendant compte des faits, des problèmes et des choix liés à chaque type de politique envisageable. Les groupes interministériels travaillant sur divers sujets seraient présidés par un adjoint au ministre des Affaires étrangères ou (le cas échéant) un adjoint au ministre de la Défense. Comme sous Eisenhower, le Conseiller du Président pour la Sécurité présiderait un groupe d'études qui trierait les documents interministériels avant leur présentation lors des réunions plénières du C.N.S., en présence du Président.

On pouvait lire à la fin de mon rapport cette phrase anodine : « Le mécanisme compliqué du C.N.S. rend inutiles les activités de l'actuel Groupe interministériel supérieur. » Cette proposition d'abolition du Groupe interministériel supérieur (ou S.I.G. * en jargon administratif) devait soulever un tollé général au sein de l'Administration – le premier du nouveau gouvernement. Ce conflit peut sembler bien obscur, mais la façon dont il fut traité en disait long sur le style du Président-élu, et son dénouement affecta la manière dont les membres du gouvernement allaient percevoir l'autorité durant toute la Présidence de Nixon.

Le S.I.G. avait été créé en 1967. Il se composait de fonctionnaires venant, dans l'ordre hiérarchique, juste après les ministres : adjoints aux ministres des Affaires étrangères, de la Défense et des Finances, adjoint au directeur de la C.I.A. et chef de l'État-Major interarmes. Présidé par l'adjoint au ministre des Affaires étrangères, il avait pour tâche de réviser les projets présentés au C.N.S. et de donner une suite immédiate aux décisions prises. Il chapeautait une panoplie de commissions interministérielles travaillant sur diverses parties du monde et présidées elles aussi par des représentants des Affaires étrangères. Il va sans dire que le ministère des Affaires étrangères considérait cet organe comme une réalisation administrative capitale, puisqu'il symbolisait sa prééminence dans le domaine de la politique étrangère. Le mécontentement des autres ministères était également à prévoir. Il importait peu que le C.N.S. ne se soit que très rarement réuni sous Johnson, et que le S.I.G . n'ait donc eu presque rien à faire. Il importait également peu que les déjeuners du mardi, où se prenaient alors les décisions, se soient trouvés en dehors du cadre du S.I.G. Aux yeux du ministère des Affaires étrangères, la prééminence de son rôle revêtait une importance primordiale, quand bien même elle n'était que théorique. Cela n'était pas faux, puisqu'à Washington la réalité du pouvoir tend à se confondre avec son apparence.

Au départ, l'idée d'abolir le S.I.G. n'était pas mienne. Avant d'avoir avec le Président un entretien, à une date antérieure à ces événements, j'avais jeté sur le papier quelques notes définissant la façon dont je concevais mon rôle à la Maison

* *Senior Interdepartmental Group.*

Blanche. Il en ressort clairement que mon premier mouvement avait été de conserver les structures existantes, puisque je proposais que l'on me nomme membre de droit du S.I.G. et souhaitais voir mon équipe participer aux travaux des diverses commissions interministérielles. Mais le Président-élu avait catégoriquement refusé : intimement persuadé de l'irréductible hostilité des services diplomatiques, Nixon s'était opposé tout net au maintien du S.I.G. Les notes que j'avais prises alors comportaient l'instruction suivante : « Réduire l'influence du ministère des Affaires étrangères. »

C'était également l'avis du général Goodpaster et de l'ex-Président Eisenhower, bien que pour des raisons moins personnelles. Peu après ma nomination, le général Goodpaster m'avait emmené rendre visite à l'ancien Président. Amaigri par sa maladie, celui-ci était cloué sur son lit à l'hôpital militaire Walter Reed où un stimulateur cardiaque le réduisait à une immobilité presque totale. Je ne l'avais encore jamais rencontré et voyais en lui, conformément à l'opinion générale des universitaires, un héros de guerre génial mais incapable de s'exprimer, et plutôt inefficace en tant que Président. J'avais, dans deux de mes livres et plusieurs articles, déploré l'absence de toute autorité véritable qui caractérisait son mandat – j'ai changé d'opinon depuis. Des attaques cardiaques répétées lui avaient laissé peu d'espoir de vivre encore longtemps, mais son énergie était néanmoins étonnante. Son discours, qui semblait si gauche sur le papier, devenait beaucoup plus convaincant lorsque l'animait le regard froid et extraordinairement pénétrant de ses yeux bleu foncé et que sa voix encore pleine d'autorité lui donnait de la force.

Eisenhower tenait absolument à ce que l'on supprimât le S.I.G. car le Pentagone, disait-il, n'accepterait jamais de bon gré une domination des Affaires étrangères sur les activités relevant de la sécurité nationale. En effet, ce ministère userait de moyens détournés pour arriver à ses fins, ou encore, commettrait délibérément des indiscrétions. Il avait eu, quant à lui, la chance d'avoir un ministre des Affaires étrangères très énergique en la personne de Dulles. Mais l'influence de ce dernier provenait de la confiance que lui témoignait le Président et non des structures administratives de son ministère. En outre, et malgré son admiration pour Dulles, Eisenhower s'était toujours efforcé de garder le C.N.S. sous le contrôle de la Maison Blanche.

Avec le temps, je m'aperçus que le Président Eisenhower avait raison. Les instructions données par Nixon avaient beau être dictées par un ressentiment personnel, elles n'en correspondaient pas moins à une nécessité vitale pour le Président. Un Président ne peut se permettre de se décharger de la présentation de sa politique sur l'un des membres du Cabinet. En effet, les points de vue des ministères divergent souvent, et le rôle attribué au représentant de l'un d'entre eux est perçu par les autres comme un privilège injuste. De plus, tous les ministères tendent fortement à essayer de limiter, et non d'élargir, la marge de manœuvres du Président. Le caractère même de leurs structures les conduit à élaborer les politiques considérées comme les plus souhaitables, et non à proposer un large éventail d'options possibles. S'il est contraint à cette dernière attitude, le service ministériel type présentera deux solutions absurdes visant à mettre en valeur celle qu'il souhaite voir adopter, et qui sera placée en deuxième position dans l'ordre de présentation. De cette manière, le responsable politique inexpérimenté aura toutes les chances de contenter ses ministères en choisissant la solution n° 2, parmi les trois choix possibles. Enfin, chaque ministère vit dans la crainte de se voir contrecarrer par le Président : tous s'éfforcent donc de masquer leurs divergences. Les options tendent à être noyées dans un accord général théorique qui laisse à chaque service ou ministère le loisir de suivre, en fin de compte, la direction qu'il préfère. Seule une équipe solide, dévouée et honnête, que le Président s'attachera, sera en mesure de garantir à ce dernier des choix réels et non des simulacres.

Le projet que j'avais soumis au Président n'était pas particulièrement révolutionnaire. Il s'agissait en effet du système du C.N.S. d'Eisenhower, quelque peu modifié en faveur du ministère des Affaires étrangères puisqu'il conservait à celui-ci la Présidence des diverses sous-commissions. Dulles, sous Eisenhover, avait totalement dominé un système de ce type, tous en accentuant le contrôle théorique de la Maison Blanche.

Mais, durant cette période de transition, les ministères ne l'entendaient pas de cette manière. Le 28 décembre 1968, le Président-élu réunit ses principaux collaborateurs — William Rogers, Melvin Laird et moi-même — à Key Biscayne, en Floride. Nous devions discuter de mes projets. Bien entendu, Nixon avait approuvé ceux-ci *la veille*, vidant ainsi la réunion de son objet à l'insu des autres participants. Comme ce fut le cas pour tant de réunions sous le gouvernement Nixon, le déroulement de la rencontre de Key Biscayne avait été déterminé à l'avance. Après un échange de paroles inutiles, Nixon annonça aux futures membres de son Cabinet qu'il avait décidé d'adopter les modalités décrites dans mon rapport. Personne ne souleva d'objection, ce qui peut s'expliquer par le fait que les futurs ministres n'avaient pas encore eu le temps d'être informés par les membres de leur ministère, ou encore que le Président-élu présenta la chose de manière si vague que ses implications n'apparurent pas sur le moment. La seule innovation de Nixon ce jour-là fut d'exclure le directeur de la C.I.A. du C.N.S.

Après avoir quitté Key Biscayne, Rogers et Laird firent brusquement volte-face. Peut-être parce qu'ils connaissaient le Président-élu de longue date, ils n'imaginèrent pas un instant que l'approbation de mon plan par Nixon pût être définitive.

Laird fut le premier à se manifester, et j'eus au passage un aperçu de cette technique originale qui était la sienne pour mener une bataille administrative : créer un écran de fumée au moyen d'objections énormes auxquelles il n'attachait aucune importance mais qui ramenaient son sujet de préoccupation à des proportions tellement réduites que lui refuser satisfaction semblait carrément ridicule. Fidèle à cette tactique, Laird s'entretint avec moi, puis, présenta un rapport où il se déclarait en désaccord fondamental avec certains points du nouveau système proposé : les services de renseignements ne pourraient plus s'entretenir directement avec le Président ; les membres du C.N.S. risqueraient d'avoir le monopole pour décider quelles études devraient être effectuées ; et enfin, ce qui était quelque peu contradictoire, il fallait des garanties contre les fonctionnaires importants qui « gravitaient autour du C.N.S. et pouvaient approcher directement et régulièrement le Président » (son souci majeur était en fait d'empêcher le chef de l'État-Major interarmes d'exercer trop à la lettre ses prérogatives en tant que principal conseiller militaire du Président). Mais, quand je dînai avec Laird au Sheraton-Carlton de Washington, et que je discutai avec lui de son rapport, il apparut en fait qu'il ne cherchait à obtenir rien de plus que la participation du directeur de la C.I.A. aux réunions du C.N.S. et le droit de proposer des études à effectuer. Il obtint satisfaction sur ces deux points sans difficulté.

En revanche, Rogers s'en prenait au principe même du système. Il se rendait compte que ses nouveaux subordonnés attachaient un très grand prix à ce que le S.I.G. soit présidé par le ministère des Affaires étrangères et au rôle que celui-ci jouait en tant qu'organe centralisteur des affaires soumises au C.N.S. U. Alexis Johnson, récemment nommé adjoint au ministre des Affaires étrangères pour les affaires politiques, s'était fait le champion des idées du ministère des Affaires étrangères. Alex Johnson était l'un des plus brillants fonctionnaires des services diplomatiques : compétent, discipliné, prudent et plein de gaieté, il représentait avec bonheur une institution que j'appris à admirer – le corps des diplomates de métier qui servent notre pays dans l'anonymat et avec dévouement, quel que soit le gouvernement, et assurent la continuité de notre politique étrangère. Ce furent ces mêmes qualités qui poussèrent Alex Johnson à soutenir Rogers dans son combat d'arrière-garde pour sauvegarder la prééminence du ministère des Affaires étrangères, alors qu'il eût suffi de cinq minutes de conversation avec Nixon pour qu'il se rende compte que c'était une bataille perdue d'avance.

Le 7 janvier, j'écrivis au Président-élu pour lui exposer les points discutés. Le ministère des Affaires étrangères souhaitait rester l' « organe d'exécution » du Président pour l'élaboration et la conduite de la politique étrangère. Il voulait donc conserver la haute main sur la nomination des membres des organes interministériels, avoir autorité pour le règlement de conflits avec les autres ministères, et pouvoir porter les désaccords devant le C.N.S. Je soulignai au Président-élu que les structures auxquelles il avait donné son accord tenaient déjà compte de ses instructions. Le ministère des Afffaires étrangères serait parfaitement représenté au sein du C.N.S. tel qu'il devait être réorganisé, puisqu'il dirigeait les groupes d'études interministériels et participait aux travaux du groupe d'études et du C.N.S. Seule la révision définitive se trouvait sous le contrôle direct de la Maison Blanche, comme cela avait été le cas sous le gouvernement Eisenhower. Je n'avais pas exprimé clairement ma préférence, mais je pensais que Nixon ne pouvait éluder le problème. S'il laissait courir les choses, il débuterait son mandat par de sérieux désaccords au sein de l'administration ; et s'il revenait sur ses déclarations de Key Biscayne, il encouragerait la naissance de futures contestations.

C'est alors que je découvris pour la première fois deux des caractéristiques de Nixon. Il pouvait certes avoir un très grand esprit de décision : durant son mandat, et presque invariablement, ses décisions furent courageuses et fermes ; il les prit souvent tout seul et contre l'avis de tous les spécialistes. Mais chaque fois qu'il le pouvait Nixon s'isolait pour décider en se basant sur des rapports ou avec l'aide de quelques collaborateurs très proches. Il détestait affronter des adjoints avec lesquels il n'était pas d'accord, et ne pouvait supporter la désapprobation d'un ami. Or Rogers était l'un et l'autre. Tout d'un coup, Nixon devint invisible et le resta pendant des jours. Quand je réussissais à le voir, il prétendait vaguement que le problème d'organisation se résoudrait de lui-même, sans indiquer comment, et passait à d'autres sujets. Le public entendit peu parler de ce nouveau projet de C.N.S., annoncé si triomphalement trois semaines plus tôt. Afin d'en finir, le général Goodpaster et moi-même rédigeâmes un document que nous présentâmes au Président pour qu'il le signe. Dans le jargon administratif, ce document portait le nom de National Security Decision Memorandum 2 (en abrégé N.S.D.M. 2)*. C'était une sorte de décret portant sur le C.N.S. et établissant de manière officielle que celui-ci serait organisé dans le sens que Nixon avait approuvé à Key Biscayne.

Je cherchais à négocier une solution au conflit. Je me rendis donc, avec Goodpaster et Eagleburger, auprès de Rogers et de Richardson, qui allait être son adjoint. L'entrevue eut lieu dans le bureau utilisé par Rogers durant la période de transition. Goodpaster défendit avec énergie le contenu du décret. Rogers, lui, s'en tint strictement à sa position : les activités du C.N.S. devaient être chapeautées par les Affaires étrangères. Richardson, d'abord favorable à la thèse de Rogers, changea de camp et défendit assez bien le N.S.D.M. 2. J'imagine qu'il avait fini par comprendre que c'était le désir de Nixon, et qu'en bon homme de loi il en avait compris le côté rationnel. Nixon, pourtant, n'avait pas l'intention d'accepter le N.S.D.M. 2 dans sa version actuelle, pas plus que les objections de Rogers. Pour le Président-élu, il s'agissait d'un problème tactique. Il était convaincu qu'il fallait réorganiser le C.N.S., mais comme il se méfiait des Affaires étrangères, le résultat était prévisible. Mais y arriver sans donner d'ordre direct était une autre question. Les futurs membres du gouvernement avaient tous un bureau à l'hôtel Pierre (à New York). Néanmoins, Nixon avait toutes les peines du monde à faire exécuter ses ordres, qu'ils soient écrits ou, plus généralement, transmis par un intermédiaire, selon sa bonne habitude. Un silence lourd d'ambiguïtés continua donc à peser sur notre futur dispositif d'élaboration de politique étrangère.

Lorsque Nixon s'isola à nouveau, pour préparer son discours inaugural, la situation changea, comme par l'effet de son éloignement géographique. A ma grande surprise je reçus un coup de téléphone de Haldeman. Le Président-élu avait décidé de signer le N.S.D.M. 2. Toute personne qui n'était pas d'accord était priée de remettre sa démission. C'était du grand cru Nixon : d'abord des directives, puis l'ambiguïté, puis des atermoiements affolants et des remous souterrains, enfin la décision brutale signifiée aux opposants par deux intermédiaires successifs. Cette méthode explique aussi pourquoi les proches collabo-

* Le N.S.D.M. 1 était un document à caractère technique à l'origine de deux séries de directives présidentielles : l'une portant sur le droit du C.N.S. à entreprendre une étude (N.S.S.M.), l'autre sur sa participation aux décisions (N.S.D.M.).

rateurs de la Maison Blanche furent amenés à jouer un rôle si important. Ils servaient de tampon, entre le Président et les visiteurs indésirables, c'est-à-dire tous les gens susceptibles d'exprimer leur désapprobation dans une confrontation directe, et c'étaient les collaborateurs qui essuyaient la colère des ministères.

Le N.S.D.M. 2 fut signé le 19 janvier et rendu officiel peu après l'investiture du Président, qui eut lieu le 20 janvier.

Si l'on considère les idées bien arrêtées de Nixon, l'issue de toutes ces discussions était réglée d'avance. En ce qui me concerne, elle ne représenta pas un gain de pouvoir aussi important qu'on l'a souvent prétendu [3]. Ce sont les apparences plus que la réalité du pouvoir qui ont donné de l'ampleur à cet incident et le fait qu'il laissait entrevoir ce que seraient les futurs rapports du Président avec ses principaux conseillers. Que le conflit se soit terminé par une apparente victoire pour moi contribua à asseoir très tôt mon autorité. De plus, ce fut la première des innombrables prises de bec qu'eurent le Président et son ministre des Affaires étrangères — d'autant plus irritantes pour tous les deux que chacun en attribuait généralement la responsabilité à des tiers. Bien plus que l'organisation même du gouvernement, ce fut la futilité de ces conflits qui, dans la pratique, donna cette relative influence aux conseillers clés de Nixon. Enfin, la manière dont s'élabora notre politique trouva réellement son origine dans la volonté qu'avait Nixon — bien avant ma nomination — de diriger la politique étrangère de la Maison Blanche, et dans sa défiance envers l'administration existante, combinée avec la similitude de ses conceptions et des miennes et au manque d'expérience du nouveau ministre des Affaires étrangères.

Il est certain que le type d'organisation adopté facilitait un contrôle de la Maison Blanche, et me donna les moyens de participer, et de faire participer mon équipe, aux toutes premières étapes d'élaboration de la politique. En outre, et bien que cela n'ait pas été prévu au départ, ce système permit de conduire des négociations secrètes auxquelles je participai de plus en plus avec le temps. Nous pouvions, Nixon et moi, utiliser les organes interministériels et obtenir des renseignements en leur ordonnant de mener des études sur des négociations prétendument hypothétiques : ces études nous permettaient de savoir quelles options s'offraient à nous et laquelle serait bien vue par les membres du gouvernement. Nous pouvions ensuite mettre certaines de ces idées en pratique sans passer par les voies officielles. Aussi étrange que cela puisse sembler, l'un ou l'autre des principaux ministères a toujours joué un rôle important dans les négociations que j'ai conduites, même si j'agissais à l'insu des ministères eux-mêmes.

En dernière analyse, pourtant, l'influence dont jouit un collaborateur du Président lui vient presque exclusivement de la confiance que ce dernier met en lui, et non de l'organisation administrative. Mon rôle aurait très probablement été le même, à peu de choses près si le système Johnson était resté en vigueur. La proximité y est pour beaucoup : la possibilité de s'entretenir avec le Président plusieurs fois par jour a souvent une importance décisive, bien plus que le fait de présider des commissions ou le droit de présenter des options. Pour des raisons qu'il convient de laisser à l'appréciation des psychologues, tous les Présidents, depuis

Kennedy, semblent avoir eu davantage confiance en leurs collaborateurs de la Maison Blanche qu'en leur Cabinet. Est-ce parce que les premiers sont davantage sous leur coupe ? Est-ce parce que ces collaborateurs sont moins en butte aux tracas administratifs et peuvent donc mieux répondre aux désirs du Président ? Ou bien est-ce tout simplement parce que leur présence non loin du bureau présidentiel est rassurante ? Leur rôle fut exagéré par suite des méthodes de travail de Nixon lui-même. Pendant les périodes où il s'isolait, il comptait sur ses collaborateurs pour prendre les décisions au jour le jour ; et lorsqu'il était saisi d'une fièvre d'activité intense, il comptait encore sur eux, mais cette fois pour tempérer son impétuosité. Leur présence était nécessaire pour lui éviter ces confrontations directes qu'il détestait et redoutait tant. Ils étaient là pour protéger Nixon contre ses propres ordres impulsifs et contre sa tendance à tomber d'accord avec ses visiteurs. L'équipe de Haldeman n'avait donc pas pour but d' « isoler » systématiquement le Président, comme on l'a souvent prétendu ; c'était Nixon qui tenait absolument à s'isoler. C'était la seule manière pour lui de rassembler ses ressources psychologiques et de repenser avec du recul les instructions qu'il donnait.

Dans ce contexte il était utile, mais non capital, d'avoir la haute main sur des organes interministériels et le droit de proposer différentes solutions lors des réunions du C.N.S. En effet, les options étaient définies par les commissions interministérielles et généralement discutées au cours des réunions du C.N.S., en présence de tous les intéressés. Chacun avait le droit de protester (et l'effet était encore plus dévastateur si plusieurs d'entre eux associaient leurs voix) s'il jugeait que la présentation ne tenait compte que d'un aspect du problème traité. Il y avait en outre un critère encore plus fondamental : un Présidfent ne pardonne pas facilement un échec résultant d'un exposé inadéquat des problèmes.

Toujours est-il que je devins le conseiller principal du Président au bout d'un an et demi. J'avais eu de l'influence sans jouer un rôle prédominant jusqu'à fin 1970. Mais, dès lors, mon rôle devint plus important dans la mesure même où Nixon décida d'éviter les lenteurs des ministères et de passer outre à leur résistance. C'est un fait que le C.N.S. fonctionna à plein jusqu'à ce que mon autorité fût confirmée, alors que, par la suite, toutes les décisions à caractère tactique furent de plus en plus prises en dehors du système, au cours de conversations personnelles entre le Président et moi.

Les problèmes concrets

Les problèmes concrets qui se posent durant la période de transition se réduisent surtout à accorder des entretiens, ou à entendre des plaidoyers en faveur de la continuité politique. A l'annonce de ma nomination, les diplomates étrangers cherchèrent à obtenir des rendez-vous avec moi presque aussitôt, car il leur fallait rédiger des rapports et tâcher de nouer dès le début de bonnes relations avec le nouveau gouvernement. Le gouvernement sortant, lui, tentait d'influencer les nouveaux responsables pour les pousser à assurer la continuité de la politique qu'il avait menée.

Nous respections énormément les personnalités importantes du gouvernement sortant. Beaucoup d'entre elles avaient été en fonctions à Washington pendant cinq ou huit ans, et nous fîmes de notre mieux pour faciliter leur retour à la vie privée. Aucun des membres de l'équipe Nixon ne se permit la moindre critique envers les fonctionnaires clés du gouvernement Johnson, tant avant qu'après l'entrée en fonctions du nouveau Président. Chacun s'efforça de les traiter avec courtoisie et de profiter de leur expérience : c'est ainsi que pendant des années après leur départ, nous fîmes régulièrement appel aux conseils du Président Johnson et de certains de ses collaborateurs. De même, chaque fois qu'une ambassade importante se trouva libre, le poste fut presque toujours proposé en priorité à Dean Rusk, et Cyrus Vance se vit une fois confier une mission délicate.

Mais il nous était impossible de continuer sur la lancée de la politique étrangère adoptée jusqu'alors, car nous ne pouvions nous empêcher de désapprouver certaines de ses orientations et certaines des méthodes appliquées. A cet égard, le problème le plus épineux nous fut posé par les efforts que le gouvernement Johnson poursuivait pour qu'ait lieu une rencontre au sommet entre le Président Johnson et le dirigeant soviétique Alexis Kossyguine. Le Président Johnson avait profité de la signature du traité sur la non-prolifération nucléaire du 1er juillet 1968 pour annoncer que les deux gouvernements étaient prêts à entamer des négociations sur la limitation des armements stratégiques. Une déclaration bilatérale prévue pour le 21 août fixerait le début de ces négociations au 30 septembre, à l'occasion d'un sommet Kossyguine et Johnson à Leningrad. L'invasion de la Tchécoslovaquie par les Soviétiques rendit impossible la réalisation de ce projet.

Malgré cet événement et l'élection du nouveau Président américain, le gouvernement Johnson n'abandonna pas son objectif. L'Union soviétique, quant à elle, ne demandait pas mieux que de participer à un sommet. En effet, les Russes voulaient obtenir des États-Unis un engagement sur le principe de la limitation des armements stratégiques, et ce avant que Nixon entrât en fonctions : si les négociations aboutissaient à une impasse, ils pourraient ainsi en faire porter la responsabilité à Nixon en l'opposant à son prédécesseur. Ils cherchaient en outre à gommer des relations diplomatiques l'impression très négative laissée par l'invasion de la Tchécoslovaquie. Le 14 novembre 1968, c'est-à-dire une semaine après l'élection de Nixon, l'ambassadeur Dobrynine déclara à Walt Rostow, collaborateur de Johnson, que son gouvernement jugeait capitale la poursuite des négociations sur les missiles, et qu'il était tout aussi important de créer un climat favorable à la ratification du traité sur la non-prolifération nucléaire. « Si le Président Johnson posait les bases permettant des contacts fructueux avec le nouveau gouvernement, ajouta Dobrynine, il contribuerait énormément à améliorer les relations futures entre les États-Unis et l'U.R.S.S. » Rostow commença par répondre que la présence des troupes soviétiques en Tchécoslovaquie posait un problème, puis la conversation glissa sur l'organisation d'une rencontre au sommet. Le 15 décembre, lors de l'émission télévisée intitulée « Sous les yeux de la nation », le ministre de la Défense Clark Clifford insista vigoureusement sur la nécessité d'organiser au plus tôt un sommet américano-soviétique afin d'entamer les négociations sur les armements stratégiques.

Le Président Johnson souhaitait marquer l'histoire d'une pierre blanche en faisant les premiers pas vers la paix : comment ne pas se sentir ému devant ses efforts et l'acharnement avec lequel le destin, les facteurs humains et les événements les réduisaient à néant ? Johnson avait été violemment critiqué pour sa politique au Vietnam, qu'il avait pourtant en partie héritée de ses prédécesseurs, et il cherchait tout naturellement à terminer son mandat sur une note positive. Nous considérions néanmoins qu'un sommet américano-soviétique n'avait pas sa place pendant la période de transition, et il ne convenait pas que le Président des États-Unis rencontrât les dirigeants soviétiques si peu de temps après l'invasion de la Tchécoslovaquie. Un tel geste aurait eu un effet extrêmement fâcheux, en particulier en Europe occidentale, et aurait prouvé bien peu de sagesse de la part d'un gouvernement à peine installé. En effet, les négociations auraient été conduites par des fonctionnaires encore inexpérimentés, incapables de les mener à bien, tandis que l'Union soviétique, forte de l'expérience de ses propres dirigeants, aurait pu imposer sa propre conception d'un accord éventuel. En outre, si le nouveau gouvernement souhaitait modifier sa politique par la suite, il serait accusé de ne pas respecter des engagements internationaux pris solennellement, ou ferait l'objet de comparaisons défavorables avec son prédécesseur.

Une des premières décisions qui suivirent l'annonce de ma nomination, le 2 décembre, visa donc à rejeter tout projet de rencontre au sommet avant l'entrée en fonctions du nouveau Président. Le 8 décembre, Robert Ellsworth, qui était conseiller de Nixon et avait gardé le contact avec l'ambassade soviétique pendant la campagne électorale, fut chargé d'informer le chargé d'affaires soviétique Youri N. Tcherniakov que le Président-élu n'envisageait pas de rencontre au sommet avant le 20 janvier. Je fis la même déclaration à Boris Sedov, un agent du K.G.B. qui semblait avoir été en contact avec Rockefeller pendant la campagne et me suivait partout depuis lors. Le 18 décembre, à l'hôtel Plaza de New York, Tcherniakov remit à Ellsworth une réponse écrite des Russes, expliquant que les États-Unis avaient parlé d'un sommet une première fois en juillet, puis vers la mi-septembre, et enfin à la fin du mois de novembre. Les Soviétiques avaient cru que le Président-élu était au courant, mais, maintenant que les choses étaient tirées au clair, ils reconnaissaient qu'il leur était difficile d'évaluer les chances de succès d'un sommet tenu dans de telles circonstances. Tcherniakov ajouta qu'il serait heureux de transmettre la réponse du Président-élu à Moscou : il n'y en eut pas, et l'on ne parla plus du sommet.

Je continuai à avoir, de temps en temps, des contacts avec Sedov, qui s'inquiétait surtout de savoir si, dans son discours d'investiture, Nixon manifesterait son intention de ne pas couper les ponts avec Moscou. Selon lui, le Kremlin verrait cela d'un bon œil : je n'ai jamais pu décider, quant à moi, si Sedov souhaitait par là prouver son influence à Moscou, ou s'il s'agissait réellement d'une avance du Politburo. De toute manière, je n'y trouvai rien à redire : Nixon annonça dans son discours que « son gouvernement garderait tous les contacts », et réaffirma, en termes maintenant classiques, notre désir de travailler pour la paix[4].

Nous eûmes, pendant la période de transition, à faire face à un autre problème dont nous étions cette fois-ci responsables : celui posé par ce que l'on appela la « mission Scranton ».

Ayant brièvement rencontré William Scranton en 1964, lors de sa tentative pour accéder à la Présidence, je devais par la suite travailler en étroite collaboration avec lui lorsqu'il devint notre ambassadeur auprès des Nations unies, et le trouvais désintéressé et compétent. N'aimant pas remplir des fonctions à plein temps, il était toujours prêt à nous faire profiter de ses conseils et à entreprendre des missions spéciales. Au début du mois de décembre 1968, il partit pour un voyage de neuf jours dans six pays du Moyen-Orient en qualité d'envoyé personnel de Nixon. Le 9 décembre, après avoir traversé le pont Allenby qui menait de la Jordanie à la rive ouest occupée par les Israéliens, Scranton s'entretint avec des journalistes à Jéricho, et ajouta une nouvelle formule au vocabulaire diplomatique du Moyen-Orient : « Il est essentiel que la politique des États-Unis devienne encore plus équitable dans la région », affirma-t-il, précisant qu'il entendait par là que les États-Unis devraient traiter avec « tous les pays de la région et ne pas obligatoirement embrasser la cause d'un seul ». Le 11 décembre, lorsqu'il arriva à Rome, Scranton annonça en outre que le gouvernement Nixon concevait un nouveau « plan de paix » pour le Moyen-Orient. Ces déclarations soulevèrent une tempête en Israël et Ronald Ziegler, porte-parole de Nixon chargé des relations avec la presse, dut souligner le jour même que ces commentaires sur « une politique équitable » et sur un nouveau « plan de paix » ne venaient pas nécessairement du Président-élu. Mais après avoir fait son rapport à Nixon, le 13 décembre, Scranton donna une conférence de presse et, en homme de conviction, répéta que les États-Unis devraient mener une politique encore plus équitable au Moyen-Orient. Des vagues d'inquiétude déferlèrent sur Israël et sur ses défenseurs aux États-Unis. Nous pûmes détendre l'atmosphère le 13 décembre, lors d'une rencontre entre Nixon, le ministre israélien de la Défense Moshe Dayan et moi-même. Comme Nixon, Dayan souhaitait éviter que les rapports d'Israël avec le nouveau gouvernement ne soient gâchés dès le départ par une querelle entre les deux pays : il démentit donc publiquement les déclarations de la presse sur l'irritation qu'aurait provoquée en Israël la visite de Scranton. Dayan affirma aux journalistes, en des termes quelque peu ambigus, que son gouvernement était convaincu que Scranton avait maintenant « une meilleure vision des problèmes ». L'agitation provoquée par ce dernier se dissipa donc, mais la situation au Moyen-Orient demeura inchangée.

Nous eûmes d'autres occasions de nous apercevoir de la complexité des problèmes du Moyen-Orient. Le 17 décembre, par exemple, le Président-élu rencontra l'émir du Koweit, à la demande expresse du Président Johnson, qui, avec raison, mit un point d'honneur à ce que son dernier invité de marque fût aussi reçu par Nixon. L'importance de cet événement tenait surtout au fait qu'il me donnait pour la première fois l'occasion de préparer le Président-élu à une rencontre de haut niveau ; j'échouai d'ailleurs lamentablement. Je pensais en effet que le conflit israélo-arabe serait au premier plan des préoccupations de l'émir, et avais donc préparé un dossier très complet sur le sujet. Malheureusement, l'émir voulait surtout savoir ce que le nouveau gouvernement envisageait de faire dans le golfe Persique après le départ des Britanniques, prévu pour 1971. Comment l'Amérique réagirait-elle, par exemple, si l'Irak attaquait le Koweit ? Nixon me jeta le regard glacial qu'il réservait à ses collaborateurs lorsqu'il jugeait que leur incompétence le plaçait dans une situation difficile, puis, sans se laisser démonter, il répondit qu'il devrait réfléchir à la question, que bien entendu nous étions très attachés au principe de l'intégrité territoriale de tous les États de la région, et que notre action dépendrait évidemment des circonstances. L'émir parut satisfait de cette réponse sibylline.

J'appris par la suite à mieux prévoir les choses — au besoin en demandant à l'avance au visiteur quels sujets il comptait aborder avec Nixon.

Pendant la période de transition, le nouveau gouvernement doit être très attentif à ne pas intervenir dans le domaine courant de la politique étrangère, mais il peut faire en sorte de préparer le terrain pour l'avenir. Au début du mois de janvier, le Président-élu envoya donc des messages chaleureux au Président Charles de Gaulle, au Premier Ministre Harold Wilson, au Chancelier Kurt Kiesinger et à Manlio Brosio, secrétaire général de l'O.T.A.N., affirmant par là qu'il entendait donner la priorité au resserrement des liens avec ses partenaires de l'Alliance Atlantique. Des messages d'amitié furent également envoyés au Premier Ministre japonais Eisaku Sato, au Président Yossip Broz Tito et au Pape Paul VI.

C'est envers Hanoi que fut fait le geste diplomatique le plus important de la période de transition. Sur mes conseils, le Président-élu entra par deux fois en contact avec le Vietnam du Nord, c'est-à-dire fin décembre et début janvier, et démontra ainsi que nous étions prêts à entamer des négociations sérieuses. Mon ami Jean Sainteny, qui avait été délégué général de France à Hanoi, servit d'intermédiaire. Ces contacts se révélèrent infructueux car le Vietnam du Nord, qui avait effectivement obtenu un arrêt unilatéral des bombardements, exigea immédiatement que les États-Unis renversent le gouvernement de Saigon.

En réalité, c'est avec le Vietnam que nous fîmes notre principale erreur durant cette période ; c'était un peu comme si le problème vietnamien avait le don d'obscurcir le jugement des Américains. Quelques jours avant l'investiture du Président, nous donnâmes le feu vert aux négociateurs américains participant aux conférences de Paris pour sortir de l'impasse qui retardait le début des véritables négociations depuis l'arrêt des bombardements en date du 1er novembre : il s'agissait de décider de la forme de la table des négociations et des diverses parties devant s'y asseoir. Ce n'était pas une mince affaire, car nos alliés du Vietnam du Sud y voyaient un symbole capital. Ils se considéraient en effet comme le gouvernement légitime du Vietnam, et refusaient de traiter sur un pied d'égalité le représentant de Hanoi dans le Sud, c'est-à-dire le Front national de libération. Depuis trois mois, Saigon rejetait donc la demande de Hanoi, qui voulait une table carrée autour de laquelle Hanoi, le F.N.L. Saigon et les États-unis auraient le même statut. Hanoi y voyait un moyen de faire reconnaître le F.N.L. comme gouvernement possible.

A la mi-janvier, l'Union soviétique proposa soudain, au nom du Vietnam du Nord, un compromis qui fut rapidement accepté : la table serait ronde, sans plaques, drapeaux ni signes distinctifs. De la sorte, les communistes pouvaient prétendre que les parties en présence étaient au nombre de quatre, tandis que les États-Unis et le Vietnam du Sud considéreraient qu'il n'y en avait que deux (les Alliés contre les communistes). Le mobile des communistes était clair : si l'impasse se prolongeait, le nouveau Président, dont les déclarations publiques semblaient certes belliqueuses, était capable de reprendre les bombardements ; d'un autre côté, si l'on sortait de l'impasse après son entrée en fonctions, le nouveau gouvernement pourrait se targuer de ce signe prometteur auprès de l'opinion publique et donc renforcer sa résistance à la guerre psychologique que Hanoi s'apprêtait à lui déclarer. En parvenant à un accord avec le gouvernement sortant, le Vietnam du Nord esquivait ces deux problèmes...

Il nous eût été facile de pousser le Vietnam du Sud à faire traîner les choses et à retarder la conclusion de l'accord jusqu'après l'investiture du Président : c'était de toute façon l'attitude que Saigon comptait adopter. Mais Bill Rogers donna au ministre des Affaires étrangères, Dean Rusk, l'autorisation d'informer les dirigeants de Saigon que le Président-élu les pressait d'accepter le compromis *avant* son entrée en fonctions. Malgré mes objurgations, Nixon pensa qu'il ne pouvait revenir sur cette démarche, et c'est ainsi qu'en ses derniers jours le gouvernement sortant eut la possibilité de marquer un bon point. Celui-ci n'avait pas d'importance en soi, mais, comme l'avait prévu Hanoi, il affaiblit la position du nouveau Président. En effet, les négociations aboutirent inévitablement à une nouvelle impasse : les controverses recommencèrent aux États-Unis et, devant la minceur des résultats obtenus, on accusa bientôt Nixon de manquer de souplesse.

La période de transition s'est avérée trop courte, comme toujours. Et le 20 janvier à midi, dans le vent glacial qui soufflait sur le perron du Capitole, je regardai Richard Nixon prêter serment : c'était à tous ceux qui, pleins d'espoir et d'impatience, avaient accepté leurs nouvelles responsabilités, qu'il revenait maintenant de travailler à l'avenir de notre pays et d'assurer l'avènement de la paix et de la liberté dans le monde.

3.
Convictions d'un apprenti homme d'État

Une perspective d'historien

Le moment d'exercer des responsabilités est profondément dégrisant, surtout pour qui a été formé à une carrière académique. Contraint de passer de la réflexion à la décision, il me fallait apprendre la différence entre raisonnement et politique. Il ne suffirait plus d'avoir des arguments valables, il fallait convaincre par l'action. Fini les problèmes théoriques. Les interlocuteurs n'étaient plus des débatteurs d'idées, mais des États souverains souvent assez puissants pour imposer leurs volontés par la force.

Tout homme d'État est en partie prisonnier de la nécessité. Il est confronté à un environnement qu'il n'a pas créé, et il est façonné par une histoire personnelle à laquelle il ne peut plus rien changer. Croire que les dirigeants gagnent en profondeur quand ils gagnent en expérience est une illusion : comme je l'ai dit, les convictions acquises par ceux-ci avant d'occuper un poste important sont le capital intellectuel sur lequel ils devront vivre aussi longtemps qu'ils occuperont leur poste. Nos leaders ont peu de temps pour réfléchir. Ils sont pris dans un combat sans fin où l'urgent a constamment le pas sur l'important. Leur vie publique est une lutte incessante pour isoler l'élément d'un choix de la pression des circonstances.

Lorsque j'entrai en fonctions, j'apportais avec moi une philosophie élaborée au cours de deux décennies consacrées à l'étude de l'Histoire. Celle-ci n'est sûrement pas un livre de recettes-miracles. Elle enseigne par analogies, non par maximes. Elle peut illustrer les conséquences d'actions accomplies dans des situations comparables – il appartient à chaque génération de découvrir quelles sont les situations réellement comparables. Aucune discipline universitaire ne nous soulagera jamais du poids des choix difficiles.

J'avais écrit un livre et plusieurs articles sur la diplomatie au XIXe siècle. Je voulais alors comprendre comment l'Europe qui naquit des guerres napoléoniennes avait réussi à bâtir une paix qui devait durer un siècle ; pourquoi cette paix avait été brisée en 1914. Mais je n'avais jamais imaginé que les plans et stratégies des périodes antérieures puissent être appliqués au présent. Si j'étais convaincu que le passé serait riche d'enseignements, je savais aussi que nous entrions dans une époque sans précédents, que ce soit par la puissance meurtrière de ses armes, par la circulation rapide des idées, par l'impact mondial des politiques étrangères, ou par les moyens techniques dont l'homme pouvait disposer pour réaliser son vieux rêve : améliorer les conditions de vie de l'humanité.

Si l'Histoire nous apprend quelque chose, c'est qu'il ne peut y avoir de paix sans équilibre, ni de justice sans retenue. Mais je crois également qu'aucune nation ne peut envisager ni même définir ses choix sans un compas moral qui lui trace une voie au travers des réalités ambiguës et qui donne un sens à ses sacrifices. La volonté de cheminer le long de cette voie étroite marque la différence entre la perception qu'a l'universitaire — ou tout autre profane — de la morale et celle qu'en a l'homme d'État. Le profane spécule en termes d'absolu. Pour lui, le bien et le mal sont nettement définis. Le leader politique ne peut s'offrir ce luxe. Il peut rarement atteindre son but sinon par étapes, et chaque pas est moralement imparfait. Pourtant c'est ainsi qu'il devra approcher le but moral. Pour le philosophe, le critère de base est la valeur du raisonnement qui sous-tend ses maximes ; pour l'homme d'État, c'est non seulement la grandeur de ses objectifs, mais aussi la catastrophe qu'il saura éviter. L'humanité ne saura jamais à quoi elle a échappé parce que des hommes auront su quels dangers et quels drames lui éviter, et cela parce qu'une fois écartés, ces dangers semblent n'avoir jamais existé. Le dialogue entre l'universitaire et l'homme d'État a donc toutes les chances d'être sans fin. En effet, sans la philosophie, la politique n'a pas de points de repères, mais si l'homme ne s'aventure pas dans le noir et n'ose faire quelques pas incertains, l'humanité ne connaîtra jamais la paix.

L'Histoire ne connaît ni temps de repos ni plateaux : toutes les sociétés qu'elle décrit ont connu des périodes de déclin, et la plupart ont même disparu. Mais, entre le hasard et la nécessité, l'homme d'État dispose d'une certaine marge de manœuvre qui doit lui permettre, avec patience et lucidité, de faire des choix et de façonner le destin de son peuple. Ne pas reconnaître les faits objectifs est dangereux, s'en remettre au caractère inéluctable de l'Histoire équivaut à une abdication morale : c'est négliger la force, l'espoir et la créativité qui, au cours des siècles, ont porté l'humanité. La responsabilité de l'homme d'État est de lutter contre le transitoire des choses sans chercher à se faire payer en monnaie d'éternité. S'il sait que l'Histoire est l'ennemie du permanent, le chef politique n'a pas le droit de se résigner : son peuple attend de lui qu'il lutte, crée, et combatte la décadence qui menace toutes les institutions humaines.

L'expérience américaine

Lorsque j'entrai en fonctions, il se trouva que notre pays traversait une période particulièrement complexe. Dans la vie des nations, comme dans celle des êtres humains, il vient un moment où les possibilités apparemment sans limites de la jeunesse se réduisent tout à coup, et l'on est alors contraint de reconnaître que tout n'est plus possible. Cette découverte peut susciter un nouvel élan créateur, moins innocent sans doute que la naïve exubérance des plus jeunes années, mais plus riche et en fin de compte plus durable. Il n'est pas toujours facile de prendre conscience de ses limites : cela peut conduire au désespoir, à la révolte, ou encore engendrer un dégoût de soi où l'on attribue à sa propre incompétence les inévitables compromis.

A la fin des années 1960, l'Amérique ressentait un doute et un dégoût de ce genre envers elle-même, à la suite de la guerre du Vietnam. Deux gouvernements s'y étaient progressivement engagés, et, en 1969, elle avait coûté la vie à plus de 31 000 Américains sans que l'on pût en prévoir une fin rapide. L'enthousiasme avec lequel le peuple et le Congrès s'étaient lancés dans cette guerre se mua d'abord en scepticisme puis en hostilité croissante. Trop de gens voyaient dans cette guerre défensive la manifestation d'un vice fondamental de l'âme américaine. Ces dix années, au début desquelles les États-Unis avaient fièrement déclaré qu'ils étaient prêts à tous les sacrifices pour défendre la liberté, aboutissaient à une vague d'assassinats, de rébellions urbaines et de manifestations regrettables. Les années 1960 sonnaient bien le glas de notre innocence, mais il restait à savoir si nous saurions tirer profit de cette leçon, ou nous épuiser à ne pas vouloir reconnaître notre maturité.

Les Américains furent d'autant plus désemparés que les bouleversements des années 1960 se produisirent à la fin d'une période extraordinairement féconde. Nous avions scellé des alliances qui protégeaient la paix et stimulaient la croissance des démocraties industrielles d'Amérique du Nord, d'Europe occidentale et du Japon ; nous avions participé à la construction d'organisations économiques internationales qui, depuis une génération, contribuaient à la prospérité mondiale ; nous avions encouragé la décolonisation et nous étions lancés les premiers dans l'aide au développement des jeunes nations. Ainsi donc, sur une planète où les communications et la technologie réduisaient les distances, dans un monde déchiré par la guerre ou en lutte pour construire de nouvelles identités nationales, les États-Unis avaient toutes les raisons d'être fiers du rôle qu'ils jouaient à l'échelle mondiale — fiers de leur énergie, de leurs idéaux et de leurs réalisations durables.

Toujours est-il qu'après vingt ans d'efforts, l'Amérique n'avait pas la conscience tranquille. Le soutien dont avait joui notre politique étrangère depuis la guerre de 1939-1945 avait disparu ; les hommes et les femmes qui avaient appuyé nos réalisations et engagements internationaux étaient démoralisés par la guerre du Vietnam, qu'ils considéraient comme un échec personnel ; trop de nos jeunes gens se rebellaient contre les réussites de leurs pères, attaquant ce qu'ils appelaient notre sur-engagement et ridiculisant les valeurs au nom desquelles tant de résultats avaient été acquis. Nous entrions dans un nouvel isolationnisme : dans les années 1920, nous nous étions coupés du monde parce que nous nous croyions supérieurs à lui, mais dans les années 1960, la conviction naissait, insidieuse, que nous ne pouvions lui apporter que le malheur.

Bien évidemment, la crise de confiance de l'Amérique se révéla contagieuse :

comment les nations étrangères pourraient-elles croire davantage en la valeur d'un pays que ce pays lui-même ? Les intellectuels européens en vinrent à penser que les États-Unis étaient autant responsables de la Guerre Froide que les Soviétiques, et ils poussèrent leurs gouvernements à briser le cercle vicieux en prenant eux-mêmes des initiatives de paix. De nombreux chefs d'État européens renforcèrent cet état d'esprit : ils se firent les fervents avocats de la détente et jouèrent le rôle de « pont » entre l'Est et l'Ouest – se rendant à Moscou, tentant d'établir des liens avec Pékin, réclamant le désarmement et le développement du commerce entre l'Est et l'Ouest.

Tout alla bien jusqu'au moment où, à la fin des années 1960, les États-Unis commencèrent à prendre ces critiques pour argent comptant et à adopter la politique qu'elles appelaient implicitement. Les hommes d'État européens renversèrent soudain la vapeur : ils craignaient à présent un condominium américano-soviétique, une sorte de « super-Yalta » où les dirigeants américains et russes régleraient les problèmes mondiaux par-dessus la tête des gouvernements européens. L'année où les Soviétiques envahirent la Tchécoslovaquie, plusieurs alliés des États-Unis accusèrent ces derniers d'être à la fois trop belliqueux en Asie du Sud-Est et trop accommodants avec l'Union soviétique. Cette ambivalence eut un effet corrosif sur l'unité de l'Alliance atlantique : effrayée par les événements de Tchécoslovaquie, poussée à la conciliation par l'opinion publique, et tourmentée par le besoin de renforcer sa sécurité, l'alliance occidentale était paralysée.

Le même découragement était provoqué par le reste de notre politique internationale. Depuis vingt ans, nos contacts avec la Chine se limitaient à exprimer des griefs réciproques lors d'intermittentes rencontres d'ambassadeurs à Varsovie ; la situation au Moyen-Orient était explosive, mais, depuis la guerre de 1967, aucune action diplomatique n'y était menée. Nos divisions internes tuaient tout esprit de décision ; l'Amérique semblait réduite à la passivité dans un monde où, malgré la crise de confiance que nous vivions, seule notre puissance pouvait garantir la sécurité et seul notre dévouement pouvait alimenter les espoirs.

A mes yeux, pourtant, le Vietnam n'était pas la raison de nos problèmes ; il était un symptôme. Nous traversions une période d'adaptation douloureuse à une transformation radicale de la scène politique mondiale, et il nous fallait prendre conscience du décalage entre notre histoire et nos nouvelles contraintes. Sur le plan international, l'Amérique avait semblé, pendant deux siècles, osciller entre le sur-engagement et l'isolationnisme, entre une trop grande confiance en sa puissance et la honte de cette puissance, entre un optimisme exubérant et un profond découragement devant les ambiguïtés d'un monde imparfait. J'étais persuadé que notre malaise tenait essentiellement au fait que nous comprenions – encore vaguement – que nous n'étions plus différents des autres nations et que notre pouvoir, quoique grand, avait des limites. Pour résoudre nos problèmes, nos ressources n'étaient plus infinies : bien au contraire, il nous fallait établir des priorités, tant intellectuelles que matérielles. Dans les années 1950 et 1960, nous avions tenté de trouver des solutions définitives à certains problèmes spécifiques ; il nous fallait maintenant définir le rôle de l'Amérique dans un nouveau monde à construire, sachant d'une part que nous avions des responsabilités envers lui et de l'autre que nous devions abandonner l'illusion qu'un jour nos efforts connaîtraient une fin.

En 1968, aucun gouvernement n'aurait pu échapper à ce problème. Y faire face dans les meilleures conditions représentait déjà une tâche colossale ; avec la guerre du Vietnam, cela devenait une véritable torture.

Notre histoire nous avait mal préparés à tout cela. Paradoxalement, les « pères fondateurs » des États-Unis avaient été des hommes d'État raffinés qui comprenaient l'équilibre du pouvoir en Europe et surent brillamment l'utiliser pour obtenir l'indépendance américaine et ensuite la préserver. Les talents diplomatiques déployés par des hommes subtils comme Franklin et Jefferson mirent les ennemis de l'Angleterre (la France, l'Espagne et la Russie) de notre côté ; notre pouvoir de négociation se trouvant ainsi renforcé, John Jay obtint le reconnaissance de notre pays par la Couronne d'Angleterre et mit un point final à notre guerre avec elle. A ce stade, cependant, et dans les meilleures traditions de l'équilibre du pouvoir européen, nous prîmes nos distances envers nos alliés du moment et suivîmes notre propre chemin. Pendant plus de trente ans après l'Indépendance nous vécûmes en équilibre instable, comme les autres nations. Nous évitâmes de peu une guerre avec la France et dûmes supporter l'exploitation de nos richesses par les Britanniques, mais nous sûmes astucieusement profiter de nouvelles circonstances. La fin de la présence française et espagnole aux Amériques, le nouveau danger d'une expansion russe au nord-ouest du Pacifique, et l'isolement grandissant de la Grande-Bretagne par rapport aux nations européennes nous conduisirent, de concert avec l'Angleterre, à adopter la doctrine Monroe pour rejeter le pouvoir européen de notre continent.

L'Angleterre pensait surtout à l'équilibre européen : pour le Premier Ministre Canning, la doctrine Monroe « faisait naître le Nouveau Monde pour rétablir l'équilibre du Vieux Continent». Mais, pour le Nouveau Monde, cette doctrine signifiait qu'il pouvait tourner le dos à l'Europe et consacrer ses énergies à la conquête de l'Ouest. Pendant le siècle qui s'écoula entre Waterloo et 1914, nous fûmes protégés par notre éloignement géographique et la puissance navale britannique qui maintenait la stabilité du monde.

La puissance des États-Unis augmentant et les rivalités européennes ayant pour théâtre l'Europe, l'Afrique et l'Asie, les Américains en vinrent à considérer l'isolement que leur assuraient deux grands océans comme leur type normal de relations avec l'étranger. Avec quelque arrogance, ils attribuèrent leur sécurité à la seule supériorité de leurs convictions plutôt qu'au poids de leur puissance ou à la combinaison heureuse de facteurs historiques et géographiques. Après le raz de marée napoléonien, l'Amérique resta à l'écart des conflits européens pendant tout le XIXe siècle — ce qui ne l'empêcha pas de mener autant de guerres que n'importe quel État européen et d'y perdre probablement davantage d'hommes. Mais ces guerres n'avaient aucun caractère international : pour les Américains, elles faisaient partie des impératifs et des manifestations du destin.

Tous les Américains, depuis les descendants des pèlerins du *Mayflower* jusqu'aux réfugiés des révolutions manquées de 1848, finirent par penser qu'ils étaient à l'abri des besoins qui tourmentaient les autres nations. Ils avaient aussi, bien sûr, hérité d'un certain pragmatisme et du sens des réalités. Ainsi la vision qu'avait l'amiral Mahan du rôle de la puissance navale montra-t-elle que les Américains pouvaient faire preuve d'une grande profondeur de vues géopolitiques et les méthodes par lesquelles ils obtinrent les Philippines et le canal de Panama démontrèrent que la politique de force ne leur était pas totalement étrangère. Néanmoins, la pensée politique américaine en était venue à se défier de plus en plus de la diplomatie ; les armes et les alliances paraissaient immorales et réactionnaires ; les négociations devenaient moins un moyen de concilier nos idéaux avec nos intérêts qu'un piège propre à nous faire entrer dans les querelles sans fin d'un monde moralement peu sûr. Notre penchant naturel à la franchise, notre goût pour une politique tumultueuse et menée au grand jour, notre méfiance envers les manières d'agir européennes et les élites du Vieux Continent, tout cela fit naître une impatience croissante devant les règles raffinées de la diplomatie européenne et sa tendance aux compromis pleins d'ambiguïtés. Même l'achat de l'Alaska, qui expulsait pourtant définitivement la Russie de notre continent, fut perçu en son temps comme une folie monumentale que pouvait seule expliquer la crédulité des Américains face aux machinations diplomatiques du Vieux Continent. C'est avec les plus grandes difficultés que le Congrès se laissa convaincre d'allouer les 7 millions de dollars qui réglaient la transaction.

Le mythe de la supériorité des étrangers en matière de ruse diplomatique survécut jusqu'au XXe siècle, et Bill Rogers était sûr de faire rire lorsqu'il lançait : « L'Amérique n'a jamais perdu à la guerre, et jamais gagné à une conférence. »

Quand arriva le XXe siècle, les États-Unis se trouvaient donc peu préparés au rôle qu'ils allaient devoir y jouer : ils avaient oublié l'habileté politique avec laquelle les pères fondateurs avaient assuré notre indépendance, et méprisaient les méthodes par lesquelles toutes les nations doivent défendre leurs intérêts. Comme le faisait remarquer Lord Bryce, en 1888, dans *The American Commonwealth*, l'Amérique avait navigué « par grand beau temps », mais maintenant des nuages apparaissaient « à l'horizon, et il n'était plus loin le temps des brumes et de l'ombre, où la guetteraient des dangers dont elle ne pouvait soupçonner la nature ni l'importance ».

Cette Pax Britannica sur laquelle nous nous étions appuyés si longtemps touchait à sa fin, mais l'Amérique n'en saisit les conséquences que bien longtemps après. Nous étions devenus la plus grande puissance économique du monde, et serions bientôt la seule nation démocratique assez forte pour maintenir un précaire équilibre mondial.

L'entrée des États-Unis dans la Première Guerre mondiale fut le résultat inévitable de la géopolitique : il nous fallait à tout prix assurer la liberté des mers et protéger l'Europe de toute domination par un pouvoir hostile. Fidèles à leur tradition, les États-Unis préférèrent cependant justifier leur intervention par des raisons de droit et d'idéal : nous avions combattu pour « en finir avec toutes les guerres » et pour « assurer l'avènement de la démocratie dans le monde ». Mais l'inévitable déception que provoquent des résultats imparfaits nous poussa à nouveau vers l'isolationnisme. Une fois de plus, nous retombâmes dans notre tra vers : nous recourûmes au droit pour tenter de régler les conflits internationaux — élaboration de systèmes pour garantir la sécurité collective, nouveaux programmes de désarmement, pacte Briand-Kellogg pour éliminer toute guerre. Nous refusions de reconnaître que toute politique étrangère doit commencer par assurer la sécurité, et cela nous conduisit, dans l'entre-deux-guerres, à traiter nos alliés en rivaux dont il fallait limiter l'armement, puisque par définition les armes contribuent à créer les tensions internationales. Nous cherchions des boucs émissaires, en l'occurrence ceux qu'on appelle « marchands de canons », pour expliquer comment nous avions bien pu nous engager dans une histoire aussi sordide que la Première Guerre mondiale. Les services de renseignements devenaient suspects, quand ils n'apparaissaient pas comme une menace pour nos libertés. Enfin, l'activité économique était la seule forme acceptable d'engagement américain à l'étranger : en effet, ses objectifs étaient soit humanitaires, comme le démontra si bien la politique d'aide d'Herbert Hoover, soit essentiellement passifs, puisqu'il s'agissait de participer au libre-échange comme le demandait Cordell Hull.

Plus tard, pendant la montée du totalitarisme et devant la menace qui pesait sur l'ordre international tout entier, nous restâmes farouchement attachés à notre isolement, d'abord choix politique, puis conviction profonde : nous négligions complètement les précautions de base qui garantissaient notre sécurité nationale. Ce n'est qu'avec la plus grande difficulté que le Président Roosevelt prit les premières mesures pour faire face à la menace grandissante : il usa de subterfuges pour venir en aide à la Grande-Bretagne, et reconstitua notre puissance militaire. La Seconde Guerre mondiale faisait rage depuis longtemps quand nous fûmes soudain tirés de notre isolement par une attaque-surprise contre le sol américain. Mais par la suite, tout absorbés que nous étions par notre lutte pour la victoire totale, nous oubliâmes qu'après la guerre le monde pourrait dépendre d'un certain équilibre des forces. Nous étions donc mal préparés aux conséquences de la guerre, qui nous surprirent. En effet, la destruction de l'Allemagne et de l'Italie ainsi que l'épuisement de l'Angleterre et de la France placèrent le pouvoir soviétique au cœur du continent européen, et l'Europe occidentale sembla un moment à la merci de l'Union soviétique. Le regain d'hostilité idéologique dont fit preuve Moscou remit en question la confortable vision d'une harmonie internationale que nous avions nourrie pendant la durée de la guerre. Enfin, nos savants avaient opéré la fission de l'atome, nous plaçant ainsi au seuil d'une époque où les armes ne ressembleraient à rien de ce qui avait été connu jusqu'alors.

Lorsque Dean Acheson disait qu'il avait été « présent lors de la création », il faisait allusion non seulement à celle de notre politique étrangère de l'après-guerre, mais aussi à celle d'une nouvelle ère dans notre propre histoire. Après les deux guerres qu'avait connues ce siècle, les dirigeants du monde ne pouvaient plus rejeter les responsabilités et les fardeaux qui pesaient sur eux : bon gré, mal gré, les États-Unis étaient devenus les champions du nouvel équilibre. Il faut rendre hommage à l'énergie, à l'imagination et à l'habileté avec lesquelles les Américains de cette génération firent face à leurs responsabilités : en aidant à la reconstruction de l'Europe, en encourageant l'unité européenne, en créant des organismes de coopération économique et en renforçant nos alliances, ils sauvegardèrent la liberté. Cette explosion créatrice restera une des gloires de l'histoire américaine.

Et pourtant, cette période d'exubérance devait se terminer, ne serait-ce que parce qu'il était inévitable que nous payions la rançon de notre succès. La nouvelle vigueur de l'Europe et du Japon nous contraignait à modifier la nature des relations avec nos alliés ; les nouvelles nations en cours de développement dont nous avions favorisé l'indépendance ne manqueraient pas de réclamer une plus grande participation à la prospérité mondiale et nous ne pouvions rien pour empêcher l'Union soviétique de retrouver de nouvelles forces et d'asseoir son nouveau pouvoir. Les succès que nous avions remportés juste après la guerre ne nous avaient pas préparés à faire face à des problèmes plus complexes. Certes, nos tout premiers programmes, tels le Plan Marshall et le Point IV, reflétaient notre idéal, notre savoir-faire technologique et notre capacité à surmonter les problèmes grâce à nos ressources ; dans un sens, nous appliquions les préceptes de notre New Deal et pensions que le progrès économique résoudrait les conflits politiques. Mais, si ce raisonnement se vérifiait en Europe et dans les régions d'Asie où existaient des structures politiques, il allait être moins facilement applicable dans le cas des jeunes nations. Dans le monde relativement simple et bipolaire de la Guerre Froide, nous avions fermement résisté à toutes les pressions ou tentatives de chantage à Berlin, en Corée, à Berlin encore, et enfin pendant la crise de Cuba : nous avions là remporté des victoires. Mais, d'un autre côté, nous n'en étions qu'à nos toutes premières escarmouches dans la longue bataille que nous allions livrer à l'Union soviétique à une époque placée sous le signe du thermonucléaire, qui allait bientôt engendrer des rivalités encore plus ambiguës.

Cependant, notre handicap tenait davantage à un problème de fond. Nous considérions en effet l'état de paix comme un état « normal » : par conséquent, la plupart de nos grandes actions internationales avaient pour but d'assurer le retour à cette normalité en balayant les obstacles qui s'y opposaient. C'est ainsi que les programmes de reconstruction économique de l'Europe devaient amener la prospérité, et que les efforts fournis pour garantir la sécurité devaient aboutir à un accord définitif avec l'Union soviétique. Ce dernier principe était d'ailleurs implicite dans le concept du « containment » ou endiguement sur lequel avait reposé notre politique d'après-guerre envers l'Union soviétique[1].

Conformément au célèbre article « X » publié par George Kennan dans *Foreign Affairs,* en 1947, notre tâche consistait à opposer aux Russes une force passive et à attendre patiemment un relâchement de leur système. Comme s'y employaient Dean Acheson et, dans une certaine mesure, John Foster Dulles, il nous fallait gagner du temps pour acquérir une puissance susceptible de contenir l'agression soviétique, en particulier contre l'Europe centrale dont l'importance stratégique ne nous échappait pas. L'endiguement une fois réalisé, la diplomatie entrerait en jeu. « Ce que nous devons faire », disait le ministre des Affaires étrangères Acheson, « c'est créer des situations de force ; développons notre puissance, plaçons-nous en position de force, et à mon avis, la situation changera dans le monde... Les atouts des diverses parties seront redistribués et, je l'espère, cela devrait pousser le Kremlin à reconnaître les faits[2]... ».

Tel qu'il était défini, le principe du « containment » traitait la force et la diplomatie comme deux phases ou deux éléments politiques distincts. Il visait à des négociations finales, mais ne disait pas sur quoi porteraient ces dernières. Il sous-entendait que la force se définissait d'elle-même et que, le moment de parlementer venu, l'objet des négociations apparaîtrait également de lui-même. Mais comment montrer notre force en l'absence de toute attaque directe contre nous ou nos alliés ? Et qu'adviendrait-il si, au lieu de négocier, notre adversaire s'efforçait de nous affaiblir ou de nous prendre à revers ? A cela, il n'était donné aucune réponse.

Cette politique de l'endiguement avait en outre trois vices. En premier lieu, notre conception excessivement militaire de l'équilibre des forces – et son corollaire, le report des négociations à la fin de la guerre – donnait paradoxalement aux Soviétiques le temps de consolider leurs conquêtes et de rattraper leur retard sur le plan nucléaire. Certes, juste après la Seconde Guerre mondiale, les troupes soviétiques massées en Europe centrale l'emportaient de loin sur les forces déployées contre elles : l'Europe occidentale se trouvait dans un profond marasme et les États-Unis avaient démobilisé. Mais la puissance réelle de l'Union soviétique ne représentait alors qu'une fraction de la nôtre : en effet, elle était épuisée par quatre ans de guerre et 20 millions de morts, alors que nous avions le monopole atomique et obtenu en vingt ans une considérable supériorité nucléaire. Notre puissance relative ne fut jamais aussi grande qu'au début de ce qui allait être la Guerre Froide.

En second lieu, la technologie militaire était de telle nature que l'équilibre des forces ne pouvait plus se concevoir comme une notion uniforme. Les armes nucléaires étaient si destructrices qu'il semblait de moins en moins possible d'en faire usage en cas d'agression, qu'elle qu'elle soit. Pendant un temps, cette vérité fut dissimulée par le monopole nucléaire dont nous jouissions, puis par la supériorité numérique de nos armes. Mais il fallut se rendre à l'évidence lorsque le Kremlin posséda une puissance technologique telle que la menace de représailles nucléaires perdit de sa crédibilité. Désormais, l'équilibre des forces reposait sur deux facteurs : l'importance des armes stratégiques nucléaires et, sur le terrain, celle des armes classiques. Nous aurions beau affirmer l'efficacité totale de notre bouclier nucléaire, nous nous trouverions dans une impasse, et il nous fallait absolument envisager des formes régionales de défense. Et tous les dix ans, nous nous trouvions confrontés à cette dualité essentielle d'une tâche accablante.

En troisième lieu, enfin, la doctrine de l'endiguement ne pouvait en aucun cas être une réponse efficace à l'impact de l'idéologie communiste sur le monde moderne : celle-ci, en effet, transforme les relations entre les États en conflits idéologiques et menace l'équilibre des forces par le biais des révolutions nationales.

En résumé, nous n'avions jamais réellement compris que, si notre puissance absolue augmentait, notre puissance *relative* ne pouvait que s'affaiblir au fur et à mesure que l'U.R.S.S. reprendrait les forces perdues pendant la Seconde Guerre mondiale. Notre position militaire et diplomatique ne fut jamais aussi forte qu'au *tout début* de la politique d'endiguement, c'est-à-dire vers la fin des années 40.

C'est alors qu'il fallait parler sérieusement de l'avenir de l'Europe : nous avons laissé échapper notre chance de le faire.

En réalité, je tends à penser que l'idée première de Staline n'était pas de placer toute l'Europe de l'Est dans son orbite : les premières concessions qu'il fit après la guerre – élections libres en Pologne, Tchécoslovaquie et Hongrie, par exemple, où les communistes furent chaque fois battus – donnent à penser qu'il aurait accepté de voir ces pays acquérir une statut semblable à celui de la Finlande. Contre toute attente, nous avons préféré mobiliser davantage de notre force potentielle avant d'entamer de sérieuses négociations, ce qui donna du temps à l'Union soviétique – facteur essentiel pour consolider ses conquêtes et effacer les dernières séquelles de la guerre.

Comme d'habitude, Churchill comprit la situation mieux que quiconque. On prêta trop peu d'attention au discours qu'il prononça en octobre 1948, alors qu'il n'était pas en fonction :

> « Une question se pose : qu'adviendra-t-il lorsqu'ils auront eux aussi la bombe et qu'ils disposeront de gros stocks d'armes nucléaires ? On peut en juger au vu de ce qui se passe à l'heure actuelle. Si les nains d'aujourd'hui agissent ainsi, de quoi les géants de demain seront-ils capables ? Si, tablant sur le fait que notre morale chrétienne et notre altruisme nous empêcheront d'utiliser contre eux cet extraordinaire pouvoir nouveau, ils continuent en toute impunité à troubler et tourmenter le monde, que ne feront-ils quand ils disposeront de nombreuses armes atomiques ?... Il serait insensé de croire que nous avons tout notre temps : il faut voir les choses en face et trouver une solution définitive ; nous ne pouvons nous permettre d'être imprévoyants et inorganisés, ni d'attendre, les bras croisés, que le danger vienne à nous. Les nations occidentales auront bien plus de chances de parvenir à un accord durable sans effusion de sang, si elles profitent, pour exprimer leurs justes revendications, de ce qu'elles ont la bombe atomique alors que la Russie communiste ne l'a pas encore[3].... »

Il se trouva que les deux guerres dans lesquelles l'Amérique s'engagea après 1945 – la Corée et le Vietnam – ne répondirent à aucune de ses attentes politiques ou stratégiques. La guerre de Corée, par exemple, ne fut provoquée par aucune attaque contre les États-Unis ou leurs principaux alliés. Elle ne menaçait pas le cœur de l'Europe, et l'U.R.S.S. n'y fut pas non plus directement impliquée. Rien de bien étonnant à ce que les responsables de Washington y aient vu une diversion destinée à nous attirer en Asie pendant que l'Union soviétique préparait une attaque en Europe. Les États-Unis ne s'y engagèrent pas à fond. Nous changions d'objectifs en fonction de la situation militaire : il s'agissait, tour à tour, de repousser une agression, d'unifier la Corée, d'assurer la sécurité de nos forces, ou de signer un armistice doublé de garanties et reconnaissant l'impasse à laquelle menaient les affrontements armés.

Notre conception de la force et de la diplomatie comme phases distinctes et successives de la politique étrangère nous empêcha de négocier la fin de la guerre de Corée après le débarquement d'Inchon, qui nous avait donné l'avantage militaire ; au contraire, elle nous poussa alors à plus d'exigences. Un an plus tard, lorsque les négociations débutèrent, elle nous conduisit à cesser toutes nos opérations militaires, hormis celles de nature purement défensive, ce qui diminua fortement chez l'ennemi le désir de parvenir rapidement à un accord diplomatique. Nous nous comportions comme si le processus des négociations suivait une logique interne et indépendante de l'équilibre militaire — en fait, comme si les pressions de l'armée risquaient de nuire aux négociations en réveillant l'hostilité de notre adversaire ou en laissant entendre que nous n'avions pas confiance. Comme il fallait s'y attendre, la situation resta bloquée pendant deux ans, au cours desquels nous perdîmes autant d'hommes que pendant la période des franches hostilités. En dissociant la force de la diplomatie, nous faisions perdre son efficacité à notre puissance matérielle, et leur poids à nos négociations.

Le conflit qui opposa alors le général Douglas MacArthur aux autorités civiles et militaires de Washington fut, aux États-Unis, la première atteinte au nouveau consensus dont jouissait notre politique étrangère. MacArthur, en effet, prônait la victoire en Extrême-Orient, alors que ses adversaires affirmaient, entre autres choses, qu'il nous fallait ménager nos forces en vue de l'affrontement total avec l'U.R.S.S. qui risquait de se produire sous peu en Europe. MacArthur contestait les ordres reçus, car ils lui semblaient manquer d'envergure par rapport à notre conception traditionnelle de la guerre ; les autorités politiques, elles, comprenaient la Corée comme une diversion : la guerre y prenait de trop grandes proportions pour Washington, qui prévoyait la bataille décisive en Europe.

Étant donné la menace que devait bientôt représenter l'armement nucléaire croissant des Soviétiques, il est aujourd'hui difficile de penser que le temps travaillait pour nous ou que nous aurions eu davantage à perdre que l'Union soviétique dans une guerre à outrance, mais nous n'avons jamais pu résoudre le paradoxe suivant : nous nous étions engagés dans la guerre de Corée parce que nous pensions éviter ainsi à l'Europe un danger beaucoup plus grave dans un proche avenir ; mais, ensuite, la crainte même d'avoir à faire face à une attaque de grande envergure sur le sol européen limita considérablement les risques que nous étions prêts à courir pour l'emporter en Corée. L'impasse qui en résulta mina notre cohésion nationale et contribua à l'assaut contre nos libertés qui prit la forme du maccarthysme.

Dix ans plus tard, le Vietnam nous posait les mêmes dilemmes. Cette fois encore, notre engagement fut provoqué par ce qui nous semblait être, en Indochine, la manifestation d'une stratégie mondiale élaborée par les communistes. Une fois de plus, nous avons cherché à limiter notre action, car cette machination mondiale, dont l'Indochine n'était qu'un volet, faisait apparaître le Vietnam comme une occasion peu propice pour abattre toutes nos cartes. A chaque étape de la guerre, nous avons fait de notre mieux pour rester en deçà du point critique susceptible, à nos yeux, de provoquer l'intervention chinoise ou soviétique. En résumé, notre sentiment d'un danger à l'échelle mondiale nous poussa à nous lancer dans des entreprises lointaines et, simultanément, nous empêcha de les mener à bien. Là encore, cette guerre que nous avions commencée dans l'approbation quasi générale aboutit à une impasse exaspérante qui lui fit graduellement perdre tout crédit auprès de la nation.

En 1969, la guerre du Vietnam s'était transformée en un cauchemar national qui déclencha les attaques contre toute notre politique étrangère d'après-guerre. Jusqu'à ce jour, la Guerre Froide avait été presque unanimement considérée comme la conséquence de l'intransigeance des Soviétiques; et voilà que cette conviction était remise en question par une minorité qui affirmait bien haut, et parfois avec violence, que les tensions internationales étaient alimentées, à la base, par l'agressivité, le militarisme et l'impérialisme économique américains... Cet extrémisme d'origine proprement nationale n'eut jamais beaucoup d'adhérents authentiques et disparut de lui-même dès que le Vietnam fut abandonné. Le plus frappant n'est pas tant l'attrait passager qu'il exerça que la façon dont il fit voler en éclats l'optimisme de ceux-là mêmes qui auraient dû défendre les principes et les réalisations de notre politique d'après-guerre. La société internationaliste à laquelle nous devions les grands succès de notre politique étrangère voyait toutes ses valeurs remises en question par ses enfants, et s'effondrait sous leurs coups de boutoir.

Le nouveau gouvernement Nixon était le premier de la génération d'après-guerre à devoir mener une politique étrangère privée du consensus national dont ses prédécesseurs avaient joui dans une large mesure depuis 1947. Et notre tâche était vraiment très complexe : nous avions non seulement à en finir avec les destructions d'une guerre, mais aussi à élaborer une politique étrangère adaptée à la nouvelle époque dans laquelle nous entrions. Tôt ou tard, la guerre du Vietnam finirait. Quels problèmes mondiaux se poseraient à nous? Quels objectifs poursuivrions-nous dans le monde? Et saurions-nous retrouver une nouvelle unité qui concilierait nos idéaux avec nos responsabilités, notre sécurité avec nos valeurs, nos rêves avec nos possibilités?

Les problèmes posés par un nouvel équilibre

Au moment de notre entrée en fonction, il était déjà clair que la guerre du Vietnam menaçait de provoquer un nouveau dégoût des affaires internationales qui pousserait l'Amérique à se renfermer sur elle-même pour panser ses blessures et à renoncer ainsi à son *leadership*. Cela serait extrêmement grave, bien plus encore que le drame du Vietnam : nous retomberions dans ce cycle infernal de joyeuses sur-expansions et d'isolationnismes maussades qui fait notre histoire. Et cette fois, nous abandonnerions un monde bien plus complexe, bien plus dangereux, bien plus dépendant de l'Amérique que celui des années 1930. Le gouvernement de Nixon se fixa donc pour tâche de poser les bases d'une politique étrangère globale, tout en mettant un terme à notre engagement au Vietnam. Il ne suffisait plus de faire face aux crises, comme c'était la règle dans les années 1960 : ces crises révélaient des problèmes plus profonds qui, faute d'être résolus rapidement, deviendraient vite insurmontables. Notre optimisme outrancier nous avait conduits à la fois au sur-engagement et à l'isolationnisme, et j'étais convaincu qu'une vision claire de nos intérêts nationaux serait un garde-fou et une garantie de continuité politique. La grandeur de nos idéaux ne pouvait plus autoriser l'irresponsabilité : elle devait au contraire nous donner courage, énergie et assurance, et nous montrer la route à suivre. Alors seulement nous pourrions participer à la naissance d'un système international dont les dangers, les promesses et l'importance mondiale étaient sans précédents dans l'Histoire.

Le malaise qui nous rongeait avait des racines bien plus profondes que le Vietnam et relevait davantage de la philosophie que de l'habileté politique. Voici ce que j'écrivais dans une étude publiée quelques semaines avant les élections de 1968, alors que j'étais à cent lieues de penser qu'on me demanderait de mettre mes idées à l'épreuve :

> « Le malaise contemporain est sans nul doute exploité par certains, dont les buts ne sont que trop clairs. Mais qu'il y ait un tel malaise à exploiter révèle une profonde insatisfaction devant un État moderne préoccupé uniquement d'administration et de consommation, et devant un monde dont l'inertie semble appeler les crises. Malgré l'ampleur de ses moyens, l'État bureaucratique moderne est souvent ébranlé jusque dans ses fondations par des incidents apparemment insignifiants. Son instabilité et l'agitation des jeunes dans le monde entier – en particulier dans les pays industrialisés et parmi les classes relativement aisées – dénotent un vide spirituel, un ennui presque métaphysique dans un environnement politique qui se laisse submerger par la bureaucratie et ne recherche rien de plus que le confort matériel...
>
> Dans le meilleur des cas, le nouveau gouvernement aura à faire face à des crises, car, dans presque toutes les régions du monde, nous avons vécu sur nos acquis, parant à l'immédiat et nous attaquant rarement aux problèmes sous-jacents. Ces difficultés se multiplieront probablement lorsqu'il deviendra évident que les Américains auront hérité de la guerre du Vietnam une profonde réticence à s'engager outre-mer.
>
> Le gouvernement à venir aura droit à l'indulgence et à la compréhension du peuple américain, mais il ne saurait les justifier en se contentant d'appliquer des recettes techniques aux problèmes difficiles : il lui faudra avant tout poser les questions qui s'imposeront. Il devra reconnaître, pour définir sa politique étrangère, que le seul moyen de participer à la création d'un monde stable et dynamique sera d'en avoir une idée[4]. »

Le changement le plus inquiétant de notre époque fut celui qui affecta la nature du pouvoir. Jusqu'au début de l'ère nucléaire, il était inconcevable qu'un pays pût disposer de trop de puissance militaire pour en faire un usage efficace sur le plan politique : tout apport de puissance supplémentaire était utile politiquement, au moins sur le plan théorique. L'apparition du nucléaire devait mettre un terme à cette façon de voir traditionnelle. Désormais, un pays pouvait être suffisamment fort pour détruire un adversaire et, pourtant, ne pas être en mesure de protéger sa propre population contre une attaque éventuelle. Par une ironie de l'Histoire, un gigantesque accroissement de puissance avait détruit le rapport entre la force et la politique. Dorénavant, les grandes puissances nucléaires pourraient réciproquement ravager leurs pays, mais elles auraient également la plus grande peine à utiliser leur pouvoir pour régler les problèmes les plus susceptibles de se poser. Elles auraient peut-être les moyens de décourager les menaces directes contre leur existence, mais elles ne pourraient pas forcément se servir de ce pouvoir pour imposer leur volonté. Il devenait difficile d'utiliser la capacité de destruction comme une menace efficace, même contre les pays incapables de représailles. La supériorité des super-puissances sur les États privés de la bombe atomique avait augmenté, mais la peur née de leur pouvoir avait renforcé leurs inhibitions. La terreur grandissante qu'inspirait cette puissance l'avait transformée en un concept abstrait, intangible, insaisissable.

Notre politique militaire était la dissuasion. Mais celle-ci est un phénomène psychologique : elle dépend surtout de ce que l'agresseur éventuel considère comme un risque inacceptable. A l'âge du nucléaire, prendre un bluff au sérieux est raisonnable ; prendre une menace sérieuse pour du bluff peut avoir des conséquences désastreuses. Plus la dissuasion est efficace, plus il est difficile d'expliquer pourquoi : la paix dure-t-elle parce qu'il y a risque de guerre, ou parce que, de toute façon, l'adversaire n'a jamais eu l'intention d'attaquer ? Ce n'est pas un hasard si les mouvements pacifistes se multiplient lorsque la paix semble s'installer. Mais si la dissuasion est réellement efficace, ce n'est qu'à nos risques et périls que nous démantèlerons les forces sur lesquelles elle s'appuie. Les armes nucléaires ont accentué la rigidité politique d'un monde partagé en deux blocs. Les gardiens de l'équilibre du XIXe siècle étaient prêts à adapter celui-ci aux modifications survenues dans la structure du pouvoir, mais les responsables politiques des super-puissances de la deuxième moitié du XXe siècle croient beaucoup moins à l'autorégulation de cet équilibre après une perturbation. Aujourd'hui, l'« équilibre » entre les super-puissances est à la fois précaire et rigide. En devenant bipolaire, le monde a aussi perdu le sens des nuances : tout avantage obtenu par l'un des pôles apparaît comme une perte absolue pour l'autre. Chaque problème semble se ramener à une question de vie ou de mort : la diplomatie devient rigide, et les rapports sont fondés sur la méfiance.

Dans le même temps, et de façon assez curieuse, la bipolarité a encouragé, et non réduit, la diffusion du pouvoir politique à l'échelle mondiale. Les pays plus petits sont partagés entre un besoin de protection et le désir d'échapper à la domination des grandes puissances. Dans la mesure où ils doutent que l'abnégation de leur grand frère irait jusqu'à sacrifier sa sécurité pour assurer leur survie, les petits pays alliés sont conduits à trouver des moyens de défense autonomes. Et s'ils ne doutent pas de cette aide, ils sont d'autant plus portés à mener des politiques étrangères indépendantes, même au mépris des souhaits de leur partenaire. Ainsi l'audacieux défi lancé par Charles de Gaulle aux États-Unis reflétait-il probablement davantage sa conviction que les États-Unis seraient contraints de défendre la France en cas d'attaque soviétique que la crainte du contraire qu'il exprimait bien haut. De même, les jeunes nations se sont montrées extrêmement habiles à exploiter les rivalités des super-puissances, en dépit de la prédominance militaire croissante de ces dernières.

Tout nouveau Président apprend vite qu'il se trouve devant deux obligations apparemment contradictoires : réunir les forces nécessaires à la protection de l'Amérique et de ses alliés et amis ; et, au nom de la morale, éviter une guerre nucléaire. Si jamais il donne l'impression de ne pas vouloir respecter ces deux exigences, dût un conflit se révéler inévitable, il perdra le soutien national dont il a besoin. Il doit à la fois rassembler toute la puissance possible et contrôler son utilisation ; il doit préparer l'Amérique tant à la défense qu'à la paix. Il ne pourra rien si son peuple n'a pas confiance en lui : s'il veut être un véritable chef, le Président doit d'abord asseoir son autorité morale.

En d'autres circonstances, l'insaisissable problème posé par la paix aurait été déjà suffisamment difficile à résoudre : de nos jours, il se trouve encore compliqué par les conflits idéologiques. En des temps fortement marqués par les idéologies, les appartenances politiques dépassent le cadre des frontières nationales : les partis communistes du monde entier adhèrent à un credo universellement valable et historiquement nécessaire, et prêtent obéissance à une nation étrangère souvent en conflit avec leurs propres pays ; la plupart des jeunes nations, quand elles ne sont pas résolument communistes, sont farouchement anti-occidentales parce que anti-impérialistes et, dans les pays en voie de développement, modérés et extrémistes se livrent depuis peu un combat d'une importance cruciale. Dans de telles conditions, toute révolution nationale peut modifier profondément la structure des liens entre les pays. Les nations se sentent menacées non seulement par les politiques des pays étrangers, mais aussi et surtout par des bouleversements internes. Ce fut la présence d'un régime « communiste » libéralisé à Prague qui provoqua l'invasion soviétique de 1968. La prééminence de l'Union soviétique en politique étrangère n'était pourtant nullement mise en danger, mais elle craignait que certaines idées ne se propagent dans le reste de son empire. Et, dix ans plus tard, la révolution iranienne devait ébranler le Moyen-Orient.

Tous ces conflits et toutes ces craintes se trouvaient, pour la première fois, exploitées à l'échelle mondiale. Tout au long de l'Histoire, les continents étaient restés relativement isolés : jusqu'au début de la Seconde Guerre mondiale, les décisions importantes de la politique internationale se prenaient dans quelques capitales européennes ; après la guerre, au contraire, tous les continents entrèrent sur la scène politique. Alors qu'en 1945 la communauté du monde ne comptait que cinquante et une nations, elle en regroupait plus du double en 1968, c'est-à-dire près de cent trente. En outre, les moyens de communications modernes répandaient instantanément les nouvelles et les idées. Les événements qui n'avaient jusqu'alors qu'une importance locale — guerres, rivalités, scandales, révolutions nationales, catastrophes naturelles — se mirent soudain à avoir un retentissement à l'échelle du monde. Lorsque le gouvernement Nixon s'installa, les relations internationales étaient affectées par de profonds bouleversements.

Tout d'abord, les démocraties industrielles avaient gagné en bien-être économique et en vitalité politique, ce qui ne pouvait que remettre en question le rôle prédominant que nous avions joué jusqu'alors au sein de nos alliances. La plupart des dirigeants américains tendaient à en rejeter la faute sur l'énigmatique et impressionnant Charles de Gaulle. Je ne partageais pas ce point de vue. Pour moi, l'attitude du général de Gaulle n'était pas la cause des problèmes et des doutes du moment, mais plutôt le symptôme de profonds changements structurels dans l'Alliance Atlantique. En effet, il n'était pas normal que les décisions importantes affectant le destin de puissances économiques aussi riches en traditions et avec une telle fierté nationale que les pays d'Europe occidentale fussent prises à des milliers de kilomètres de là. Depuis des années, j'affirmais qu'il y allait de l'intérêt des États-Unis de partager les responsabilités. Si les États-Unis persistaient à se poser en uniques champions du monde non communiste, ils s'épuiseraient psychologiquement bien avant de le faire physiquement. A mon avis, une répartition géographique des centres de décision était parfaitement compatible avec nos intérêts et nos idéaux. C'est pourquoi je m'opposai d'une part aux efforts que firent les gouvernements Kennedy et Johson pour empêcher la réalisation des programmes nucléaires en France ou même en Angleterre, et d'autre part à la tendance qu'avait Washington, dans les années 1960, à transformer les délibérations en séances d'exégèse des recommandations américaines.

En même temps, ce que l'on appelait le Tiers-Monde mettait nos conceptions intellectuelles et politiques à l'épreuve : les principes du New Deal et du Plan Marshall se révélaient impropres à promouvoir le progrès économique et la construction de pays où n'existaient ni passé politique ni classe moyenne susceptible de fournir des cadres ou des administrateurs, et dont les dirigeants se débattaient avec des problèmes d'unité nationale. Nous n'avions pas affaire à des économies adultes, mais à des sociétés faisant péniblement leurs premiers pas vers la modernisation. Il devenait évident que l'autorité politique était d'une importance capitale pour la construction d'une nation : en accélérant l'érosion des structures traditionnelles (souvent féodales), l'aide économique ne facilitait pas la stabilisation politique. Paradoxalement, si le marxisme a séduit les pays en voie de développement, ce n'est pas en raison des théories économiques sur lesquelles il s'appuie : il a fourni une réponse au problème de la légitimité et de l'autorité politiques — une formule pour la mobilisation sociale, une justification du pouvoir politique, un moyen d'exploiter les ressentiments envers la domination culturelle et politique de l'Occident pour réaliser l'unité nationale. Si la démocratie a moins de succès, ce n'est pas en raison des péchés de l'Occident : en effet, s'ils ont accepté de se lancer dans la lutte anticolonialiste, la plupart des dirigeants des pays en voie de développement n'avaient cependant pas l'intention de se voir écarter du pouvoir. Un caprice de l'histoire voulait qu'une idéologie matérialiste, qui n'a jamais pu résoudre les problèmes économiques d'aucun pays, se répande grâce à ses prétentions morales, alors que l'Occident, s'appuyant sur une philosophie idéaliste, s'est laissé aller à appliquer des remèdes économiques et techniques incapables de résoudre les problèmes politiques et psychologiques sous-jacents.

Ainsi donc, le nouveau gouvernement se trouvait confronté à un monde agité et complexe, qui exigeait de nous des qualités dont l'Amérique n'avait encore jamais eu besoin. Nous devions, simultanément, terminer une guerre ; faire face, sur toute la planète et à l'ombre des armes nucléaires, aux problèmes posés par notre rivale, l'Union soviétique ; donner un nouveau dynamisme à notre alliance avec les démocraties industrielles ; intégrer les jeunes nations à un nouvel équilibre mondial, qui pour être durable devait être compatible avec les aspirations de tous les pays. Tout en connaissant les limites de nos possibilités, il nous fallait entreprendre une nouvelle œuvre de construction : nous devions puiser en nous-mêmes l'énergie nécessaire pour persévérer, alors même que notre société perdait confiance.

A la fin du XVIIIe siècle, Emmanuel Kant écrivait, dans son ouvrage intitulé *La Paix perpétuelle*, que la paix s'installerait de toute façon dans le monde : ou bien les nations partageraient le même sens de la justice, ou bien un cycle de guerres de plus en plus meurtrières enseignerait aux hommes la futilité des conflits. De nos jours, cette prédiction de Kant prend un sens nouveau : lorsque les nations ont les moyens de provoquer des dizaines de millions de morts en quelques heures, la paix devient un impératif moral, et nul responsable politique ne saurait échapper à cette obligation fondamentale. Mais le dilemme de notre époque est le suivant : si la quête de la paix devient le seul et unique objectif de la politique, la crainte de la guerre se transforme en arme entre les mains des pays les plus impitoyables, car elle mène au désarmement psychologique. Travailler à l'avènement d'une paix juste, éliminer la menace de la guerre sans aboutir à la tyrannie, s'engager à respecter et faire respecter la justice sans provoquer de désastre — tel est l'équilibre que les hommes d'État de l'ère nucléaire doivent sans cesse s'efforcer d'atteindre.

Tels étaient donc les problèmes auxquels j'avais consacré beaucoup de réflexion et d'écrits lorsque j'étais professeur. Les événements se chargeraient bientôt de démontrer si mes raisonnements étaient justes, car, dès qu'un nouveau Président a prêté serment, le temps des longues réflexions est passé. Le responsable politique se trouve alors sur une corde raide, et ce n'est qu'en allant de l'avant qu'il peut éviter la chute brutale.

DEUXIÈME PARTIE

1969 :
Le voyage commence

4.
Voyage européen

Nixon visite l'Europe

Richard Nixon partit pour son premier voyage présidentiel à l'étranger le 23 février 1969 de la base militaire d'Andrews, près de Washington. C'était un dimanche matin. Une bruine persistante tombait sur la foule qui était venue du centre de la ville, située à une demi-heure de là, pour lui souhaiter bon voyage. Les membres du Cabinet et les principaux membres du Congrès des deux partis assistaient également au départ. Un groupe de photographes se bousculaient derrière une barrière d'acier pour être bien placés.

C'était encore la « lune de miel ». Pour la première fois de sa vie, Nixon jouissait du soutien populaire et d'une sympathie quasi générale. Il éprouvait le bonheur et le soulagement du voyageur qui se repose dans une oasis après avoir traversé un désert inhospitalier. Il était cependant trop perspicace pour ne pas voir l'ironie de la situation : on louait en lui des qualités de conciliation que démentait tout son passé d'homme politique. Mieux que quiconque, il savait que les acclamations pouvaient d'un jour à l'autre se transformer en vociférations. Mais, pour l'instant, il se plongeait avec délices dans une atmosphère d'approbation nouvelle pour lui.

Nixon échangea quelques plaisanteries forcées avec les notables sur la piste d'envol puis il se dirigea vers le microphone pour prononcer son discours de départ — un numéro « à la Nixon ». Ses propos sur la politique étrangère furent sensés et sans prétention. Il allait en Europe pour avoir avec des amis une « réelle discussion », car « nous ne recherchons pas seulement leur soutien mais nous voulons aussi connaître leur avis » dans les différents points du monde — c'était un affront lancé à ses prédécesseurs et une allusion à la détérioration des relations de l'Alliance Atlantique qu'il avait critiquée dans sa campagne. Ses autres remarques furent empreintes de ce curieux réalisme déprimant qui le conduisait si souvent à doucher l'enthousiasme et la bonne volonté. Il redoutait, depuis des semaines, des manifestations qui, retransmises à la télévision, pourraient diminuer sa popularité à l'intérieur du pays. Il pensait qu'en prévoyant des événements désagréables, il leur retirait à l'avance une grande partie de leur venin. S'il montrait qu'il s'attendait à des difficultés, le mal serait en quelque sorte exorcisé. Parfois, il avait raison, mais, le plus souvent, ses prévisions donnaient l'impression qu'il était sur la défensive ou qu'il avait cherché le désastre lorsqu'elles se confirmaient. Ce départ en était un exemple. Il consacra plus de la moitié de son bref discours à l'éventualité de manifestations hostiles ; il les minimisa en déclarant qu'elles ne viendraient que d'une petite partie du public. Elles ne le décourageraient pas dans sa quête de la paix. En partie provocatrice, étrangement dénuée de fermeté, cette déclaration ne donnait pas véritablement matière à réflexion, mais elle reflétait avec exactitude la personnalité complexe de cet homme hors du commun, qui devait présider aux destinées de notre pays pendant presque six années d'agitation.

Je n'entendis pas la fin de son discours, car, avant qu'il ait terminé, les organisateurs m'avaient embarqué avec d'autres membres du groupe à bord de l'avion présidentiel, le *Air Force One*. Il y avait deux raisons à cette manière de faire, la même pour chaque voyage présidentiel. Il fallait que l'avion s'ébranle à l'instant même où la porte se fermait derrière le Président. Et, surtout, les organisateurs voulaient qu'au moment où Nixon se trouvait sur la passerelle d'embarquement, saluant la foule pour les photographes, il soit le seul à apparaître sur le cliché.

Tout cela, entre autres choses, relevait du travail de John Ehrlichman et des « éclaireurs » — ainsi appelés parce qu'un détachement précurseur précédait le Président de quelques jours à chaque étape du voyage pour planifier ses moindres gestes. Ehrlichman avait été le chef des « éclaireurs » de Nixon pendant la campagne de 1968. Il était entré dans son équipe en 1962 alors que les chances de succès de Nixon étaient minimes et que seul un travail acharné pouvait faire réussir cette entreprise donquichottesque.

On n'avait aucune chance de réussir auprès de Nixon si l'on n'affectait pas d'être un « dur », ce qui au début était une attitude de circonstance, mais pouvait devenir à la longue une façon de vivre. Je ne pense pas qu'Ehrlichman ait eu ce tempérament, car il était en fait plutôt doux. Il avait une famille charmante qu'il adorait, et aurait préféré élaborer un programme de politique intérieure à long terme, tâche qui lui fut d'ailleurs confiée par la suite. Mais il était ambitieux, il voulait surtout être considéré comme un des premiers personnages de la Maison Blanche. Et comme cela ne se faisait pas automatiquement, il lui arrivait d'être très agressif et même désobligeant. Il me respectait, mais il m'enviait aussi, jugeant — non sans raison selon son point de vue — que je récoltais les lauriers de la gloire tandis qu'il subissait l'ostracisme social que la méfiance réciproque des vieux acolytes de Nixon et de l'establishment de Washington entraînait. Il profita de plusieurs occasions pour me créer des ennuis, enquêtant souvent sur des fuites dans l'intention de démontrer qu'on ne pouvait pas compter sur mes collaborateurs. Mais il savait aussi se montrer très coopératif et encourageant. En général, nos relations étaient cordiales. Avec un entourage différent, il aurait pu rendre de grands services à son pays, mais à la Maison Blanche de Nixon il fut finalement détruit par ce culte du « dur » et cette atmosphère de siège corrosive qui contribuèrent justement à produire les cauchemars que l'on redoutait le plus. Ehrlichman était un ami et un concurrent de H.R. (Bob) Haldeman. Leurs relations s'améliorèrent quand Ehrlichman devint un personnage puissant et participa réellement à l'activité de la Maison Blanche, pour laquelle Haldeman montrait un profond manque d'intérêt. Mais le voyage fut très tendu, car Haldeman était déterminé à avoir l'équipe des « éclaireurs » entièrement sous ses ordres. Il y parvint. Ce fut le dernier voyage qu'Ehrlichman prépara ; par la suite, cette responsabilité échut à Dwight Chapin, un lieutenant d'Haldeman.

Ehrlichman avait fort à faire, car un voyage présidentiel est une énorme entreprise de logistique. Il me fallut plusieurs années pour m'en rendre compte. J'en savais si peu que, au cours de mon voyage secret à Pékin en juillet 1971, quand Chou En-lai me demanda combien de personnes accompagneraient Nixon, je lui répondis une cinquantaine. Cette preuve d'ignorance suscita, de la part d'Haldeman, une pitié pleine de condescendance. Les agents du Service Secret qui accompagnent le Président dépassent à eux seuls ce nombre ; viennent ensuite les collaborateurs directs, les secrétaires et le personnel chargé des bagages, et les agents de communication, car, où que se rende le Président, lui et son équipe doivent être immédiatement en mesure de joindre n'importe quelle partie du monde par télex ou par téléphone. En outre, un Président ne peut voyager sans les nombreux assistants et représentants ministériels — auxquels la participation à un voyage présidentiel confère un statut symbolique convoité, même s'ils n'assistent à aucune réunion et ne font qu'entrevoir le Président. Le nombre des correspondants de presse qui font partie du voyage s'élève fréquemment à plus de trois cents. Au total, l'équipe présidentielle compte entre six et huit cents personnes.

Déplacer tout ce monde sans heurts au rythme précipité du voyage n'est pas une petite affaire. Ne serait-ce que pour la presse, c'est une gageure : les journalistes doivent assurer à la fois le reportage des arrivées et des départs du Président. Pour résoudre ce problème, les avions de la presse décollent généralement après le *Air Force One* (elle peut ainsi assister au départ) mais ils le rattrapent en cours de vol et atterrissent les premiers (ce qui permet aux journalistes de « couvrir » l'arrivée). Par ailleurs, une petite équipe de quatre à six journalistes voyage à bord du *Air Force One*. La presse doit assister à tous les événements importants tout en ayant la possibilité de rédiger et d'envoyer ses articles.

La délégation officielle, quelque peu déroutée, est au centre de cette prodigieuse entreprise. On remet à chacun un petit livret signalant chaque partie du programme et chaque déplacement, calculé à la minute près, ainsi que des plans qui indiquent la place de chacun dans les cérémonies, l'hébergement, la participation aux réunions, et autres renseignements indispensables. L'obéissance aveugle est la seule marche à suivre, bien qu'elle mette fortement à l'épreuve la résistance et parfois l'équilibre des participants. Quand j'étais Adjoint du Président (poste qui, malgré le pouvoir qu'il implique, occupe un rang négligeable dans l'ordre du protocole), j'étais assis très loin des personnalités les plus haut placées ; je passais beaucoup de temps à calculer la distance qui me séparait du Président et les chances que j'avais d'atteindre ma voiture avant que la limousine présidentielle ne démarre. Lors d'un splendide dîner officiel dans l'immense salle à manger du Palais royal de Madrid, une élégante dame espagnole assise à côté de moi me dit : « Je donnerais n'importe quoi pour savoir à quoi pense un homme brillant comme vous. » Elle dut se poser des questions sur la santé mentale des grands politiciens américains quand je lui répondis : « A vrai dire, je suis malade à l'idée que le cortège officiel va partir sans moi. »

Ce voyage européen m'initia aux rites du passage présidentiel et aux facéties des « éclaireurs ». Ceux-ci étaient des individus à la mise soignée, efficaces et disciplinés, qu'Haldeman avait fièrement sélectionnés dans des agences de publicité et arrachés à leur poste de jeunes cadres. Certains travaillaient à plein temps, d'autres étaient des volontaires qui avaient une situation dans le secteur privé. Ils compensaient leur manque d'idéal et d'instruction par leur assiduité. L'avenir allait démontrer que l'engagement de ces gens sans passé était peu profond. Ceux qui se préoccupent avant tout de leur avancement n'y vont pas par quatre chemins lorsque leur carrière est mise en péril. Au moment du Watergate, on assista à un spectacle peu édifiant : tous ces petits messieurs se ruèrent sur les bouées de sauvetage, cherchant à sauver leur peau en poussant par-dessus bord leurs frères de sang.

En 1969, cependant, nous étions très loin de l'affaire du Watergate, et l'insolence de l'équipe des « éclaireurs », renforcée par les campagnes politiques, avait atteint son apogée. On leur avait inculqué qu'ils n'avaient d'obligations qu'envers le Président. Dès lors que nous ne devions pas revoir les gens qui nous recevaient à chaque étape, la considération à l'égard des sentiments de ces étrangers sans intérêt était hors de propos. Ils n'étaient responsables que d'une chose : s'assurer que tout allait bien pour Nixon, lui éviter d'avoir à affronter les imprévus qu'il haïssait tant. Leur travail consistait à prévoir de longs moments de repos — présentés comme des « entretiens avec les collaborateurs » dans les communiqués de presse — dont Nixon avait besoin pour se concentrer et se préparer aux importantes rencontres en tête à tête. Surtout, le détachement précurseur devait se débrouiller pour que Nixon ne soit vu du monde extérieur que sous son jour le plus favorable, ce qui conduisait parfois à des absurdités : lors d'une visite officielle à Ottawa en 1972, un « éclaireur » décida que les meubles en cuir du bureau de Pierre Trudeau ne mettraient pas Nixon en valeur à la télévision et il prit sur lui de faire redécorer le bureau privé du Premier Ministre de canapés de tissu bleu. Il en fut empêché à la dernière minute par un collaborateur de Trudeau, qui, fou de rage, n'en croyait pas ses yeux.

Lors du voyage en Europe, au cours duquel ils affrontèrent le monde diplomatique pour la première fois, les « éclaireurs » résolurent le problème en agissant comme s'ils organisaient une halte électorale à Des Moines. Ils ne prêtèrent aucune attention à nos ambassadeurs, qu'ils considéraient pour la plupart avec dédain comme des Démocrates déjà sur la touche, et ne firent pas grand cas des gouvernements souverains qui étaient nos hôtes. Quand Ehrlichman se mit en tête d'établir une liste d'invités pour un dîner au 10 Downing Street, David Bruce, notre ambassadeur à Londres, qui en avait trop vu au cours d'une longue carrière diplomatique bien remplie pour se laisser intimider par un nouveau gouvernement, câbla : « Je pense qu'il est inutile de vous expliquer combien il serait absurde de dire au Premier Ministre britannique qui il doit inviter chez lui. »

D'autres « éclaireurs » qui inspectaient à Paris la résidence de notre ambassadeur, où l'on préparait le dîner que le Président donnait pour de Gaulle, provoquèrent de nouvelles palpitations. Ils remarquèrent quelques photographies de John Kennedy ; il fallut demander une dispense spéciale en haut lieu pour que l'ambassadeur Sargent Shriver – mari de la sœur du Président Kennedy, Eunice – soit autorisé à garder les photos de son beau-frère bien en vue chez lui. Mais, ces bêtises accidentelles mises à part, l'intendance suivit bien – sept arrêts en sept jours sans anicroche – et tout s'enchaîna dans un ballet remarquablement au point.

Une fois installé à bord du *Air Force One,* Nixon se consacra assidûment à ses dossiers extrêmement détaillés, embrassant un très grand nombre de sujets. Les discours, évidemment, étaient déjà rédigés ; quoi qu'on en dise, aucun Président n'a le temps de rédiger ses propres discours. Ceux de Nixon concernant la politique étrangère avaient tous la même origine : un exposé détaillé était préparé par l'équipe du C.N.S. sous ma surveillance. Nixon les révisait et les modifiait peut-être quelque peu avant de les remettre à un rédacteur. Lorsqu'il avait un discours essentiel à faire il lui arrivait d'en récrire lui-même de longs passages, particulièrement l'introduction et la conclusion où il apportait un grand soin aux implications politiques. S'il pensait que j'approuverais ses modifications rhétoriques, j'avais des chances de voir le texte définitif, sinon, je ne le voyais pas. Dans un voyage au rythme trépidant, comme celui que nous faisions en Europe, nous n'avions pas le temps de faire de longues annotations et les rédacteurs des discours présidentiels reprenaient leurs droits.

Le choix des rédacteurs déterminait toujours le ton et même souvent la substance d'un discours présidentiel. On pense généralement que les rédacteurs sont des instruments passifs qui mettent en prose élégante la pensée politique de leurs employeurs ; au contraire, la plupart d'entre eux sont eux-mêmes des employeurs frustrés qui tentent d'user de leur position privilégiée pour faire accepter leurs propres idées. Conscients qu'une phrase présidentielle peut servir de charte à l'administration, ils cherchent à monopoliser le processus final, en expliquant de manière rationnelle leurs efforts comme un combat pour le bien du Président. Quel qu'ait été le sujet de nos tiraillements, mes collaborateurs et les « plumes » présidentielles échangeaient de temps en temps des propos très vifs quand nous nous apercevions des modifications qu'elles avaient apportées.

L'équipe de rédacteurs de Nixon était exceptionnellement talentueuse et variée : elle était spécialisée au point qu'il y avait un rédacteur pour chaque public à atteindre. Pour ce voyage, où nous travaillions en bonne entente tous ensemble, le rédacteur en chef était Bill Safire ; spirituel et accommodant par intermittences, il possédait un sens très aigu de la relation publique et une grande habileté pour tourner une phrase qui parfois cachait son sens profond sous de subtiles allitérations. Safire était le rédacteur le moins enclin à recouvrir de son propre vernis un discours du Président, mais son style était si personnel que Nixon avait rarement recours à lui dans les occasions qu'il voulait marquer de sa rhétorique. Ray Price était le doyen des rédacteurs, un homme sage, équilibré, ayant des penchants libéraux, que le Président utilisait lorsqu'il s'agissait de faire passer une impartialité hautaine et quelque peu philosophique. Patrick Buchanan était le conservateur attitré, profondément méfiant envers ceux qu'il soupçonnait de détourner Nixon de son penchant naturel pour la droite, convaincu qu'une cabale d'intellectuels brouillait la qualité première de la philosophie du Président, car il se refusait à croire qu'il était dans la nature de notre chef de montrer les différentes facettes de sa personnalité selon les gens à qui il avait affaire. On faisait rarement appel à lui pour les discours de politique étrangère – je ne me souviens que de celui du Cambodge.

En plus d'un dossier de discours, Nixon disposait de volumineux documents d'information que lui préparaient mes collaborateurs et le ministère des Affaires étrangères. Ils comprenaient un exposé de conception générale expliquant nos objectifs, la stratégie pour les atteindre et leur rapport avec notre politique étrangère générale. S'y ajoutaient en outre des sujets de discussion pour chaque pays, traitant de problèmes susceptibles d'être soulevés et des notes biographiques sur les chefs d'État que le Président devait rencontrer. Par déférence pour les prédilections de Nixon, les points de discussion tendaient à transformer chaque entretien, dans la mesure du possible, en une pièce montée à l'avance. Ils décomposaient les questions que les différents chefs d'État pouvaient poser et énuméraient les réponses suggérées en signalant les sujets délicats à éviter.

J'avais déjà eu l'occasion de m'apercevoir de l'importance que cette préparation avait pour Nixon. Toute nouvelle rencontre le remplissait d'une frayeur indéfinissable ; il craignait d'être confronté à une question inattendue, à un problème imprévu, ou à une argumentation à laquelle il n'était pas préparé et qui risquait alors de fausser son image d'homme maître des événements. Il insistait donc pour que nos dossiers exposent méticuleusement et en détails les éventuelles tournures que ses entretiens pouvaient prendre, mais, se refusant à admettre qu'il avait besoin d'être aidé, il s'imposait la discipline extraordinaire d'apprendre par cœur toutes ces notes. Et pour montrer quel bon élève il était, et aussi pour s'amuser, car ces petits jeux le comblaient d'aise, il jouait avec le feu en frôlant les sujets qu'on lui avait conseillé d'éviter. Il frôlait ainsi parfois la catastrophe devant ses conseillers au supplice, mais jamais il n'alla trop loin.

Tandis que l'*Air Force One* se dirigeait vers l'Europe, le Président, en plus de la mémorisation des analyses point par point, était occupé à lire un essai sur de Gaulle, adapté du livre que j'avais écrit sur l'O.T.A.N. et dont le titre était *The Troubled Partnership**. Dès lors j'attendis avec impatience les jours à venir ; évidemment je retournais sur le continent où j'étais né, mais c'étaient les réalités géopolitiques et les liens historiques entre des pays partageant les mêmes valeurs et les mêmes institutions qui m'intéressaient réellement.

* Ce livre ne se vendit pas très bien, comme on pouvait s'y attendre pour un ouvrage sur l'O.T.A.N., sauf dans une ville où la vente fut extraordinairement bonne. Après enquête, on s'aperçut que la principale librairie l'avait placé au rayon des manuels de conseils matrimoniaux.

Cet ouvrage est paru en France chez Denoël en 1965 sous le titre *Malentendus transatlantiques* (N.D.T.).

Plus tard les réceptions aux aéroports devinrent des corvées harassantes, mais il serait difficile d'éprouver une émotion plus vive que celle qui nous envahit lorsque l'*Air Force One* arriva à Bruxelles à la nuit tombée. A peine la porte de l'avion ouverte, nous fûmes pris dans la lumière des projecteurs de télévision. Un tapis rouge s'étirait devant un détachement chargé de rendre les honneurs. Le roi Baudouin, homme doux et sensible, se tenait au pied de la passerelle pour accueillir le Président. Nixon déclara, dans son bref discours d'arrivée, que ce voyage inaugurait une nouvelle quête de la paix. Il cita Woodrow Wilson, qui était un de ses héros. Le comité d'accueil comprenait des représentants de l'O.T.A.N. et des dignitaires belges – en fait, nous venions à Bruxelles pour visiter le quartier général de l'O.T.A.N., mais les Belges avaient tenu à nous recevoir et nous fûmes conduits à l'imposant Palais royal au centre de la ville. Après un échange de propos courtois, le roi Baudouin s'excusa et laissa le Président en compagnie du Premier Ministre Gaston Eyskens, du ministre belge des Affaires étrangères, Pierre Harmel, de Rogers, notre ministre des Affaires étrangères, et de moi-même. Ma présence déconcerta les Belges : leur protocole ne prévoyait pas les Adjoints du Président et je faussais cet équilibre numérique précis si cher aux diplomates. Ne sachant comment se débarrasser de moi, ils ajoutèrent un membre du bureau du Premier Ministre à leur délégation.

Les ministres belges ne firent pas exception à la règle : comme toutes les personnalités politiques que nous allions voir, leur but principal était d'établir d'étroites relations personnelles avec Nixon et, chose encore plus importante, de le bien marquer. Malgré les animosités que Nixon avait suscitées – et susciterait plus tard – aux États-Unis, en Europe, c'était un atout politique que d'avoir de bonnes relations avec le Président des États-Unis. Par ailleurs, ceux qui avaient rencontré Nixon avant qu'il soit Président pensaient du bien de lui et surtout de son sens des affaires mondiales. Ce respect pour sa compétence en matière de politique étrangère s'accrut progressivement pendant son mandat.

Eyskens, petit homme trapu, souligna l'intérêt de la Belgique pour une Europe unie ; les Belges attendaient avec impatience la fin de la querelle franco-anglaise qui avait empêché l'entrée de la Grande-Bretagne dans la Communauté européenne. Visiblement réticent à l'idée d'un condominium franco-allemand, Eyskens prétendit que l'entrée de la Grande-Bretagne dans le Marché Commun apporterait un meilleur équilibre et restreindrait un nationalisme excessif. Il ne fit aucune suggestion sur la façon dont la Belgique pourrait faire avancer les choses, si ce n'est par la bonne volonté. Il espérait, semblait-il, que quelqu'un – peut-être les États-Unis – obtiendrait le résultat espéré. La seconde préoccupation des dirigeants belges était la détente ; comme la plupart des chefs d'État européens, la réputation d'un Nixon partisan de la Guerre Froide les inquiétait. De toute évidence, ils pensaient qu'il n'était pas inutile de lui rappeler combien il était urgent d'apaiser les tensions. On nous expliqua que l'Union soviétique désirait la détente parce que son peuple voulait plus de biens de consommation et qu'elle craignait la Chine. Tout en affirmant qu'avant de parler de détente il était indispensable d'œuvrer au renforcement de l'O.T.A.N., ils s'empressèrent d'ajouter qu'il ne fallait pas trop s'attendre à voir les Européens accroître leur participation à la défense commune. Ce qu'ils voulaient surtout, c'est que l'Amérique continue à maintenir en Europe des forces importantes. Avec beaucoup de tact, ils firent allusion aux difficultés intérieures que la guerre du Vietnam causait aux gouvernements européens.

C'est au cours d'entretiens à ce niveau que Nixon donnait toute sa mesure. Il expliqua qu'il s'était engagé à instaurer une nouvelle ère de paix et convint qu'elle ne pouvait être fondée que sur un monde occidental puissamment armé ; il souligna qu'il attachait une très grande importance à l'unité atlantique et qu'il entendait bien consulter nos alliés avant de prendre des initiatives engageant le sort de l'Alliance.

Le lendemain matin, Nixon prononça un important discours devant le Conseil de l'Atlantique Nord (assemblée des ambassadeurs permanents de l'Alliance), dans lequel il posa un certain nombre de questions auxquelles l'Alliance allait avoir à répondre au cours des vingt prochaines années :

> « L'O.T.A.N. a été créée pour faire face à la menace soviétique. Comment se présente cette menace aujourd'hui ?
>
> Lorsque l'O.T.A.N. a été fondée, les économies européennes ne s'étaient pas encore remises des dévastations causées par la guerre. A présent, elles sont florissantes. Comment ce changement doit-il affecter les rapports des membres de l'O.T.A.N. entre eux ?
>
> Nous sommes tous confrontés à des problèmes d'environnement moderne, qui sont le produit de nos technologies avancées – pollution de l'air et de l'eau, congestion de nos villes. Ensemble, nous pouvons réaliser d'énormes progrès dans la maîtrise de ces problèmes. Par quels moyens pouvons-nous le mieux coopérer pour atteindre ce but ? »

Il affirma que l'Amérique était fermement décidée, après les préliminaires nécessaires, à entamer des négociations avec l'Union soviétique sur de nombreux points. Mais sa préoccupation principale était de raviver l'Alliance Atlantique :

> « Le lien qui unit l'Europe et l'Amérique n'est pas la crainte du danger – un lien susceptible de se desserrer ou de se resserrer au gré de la peur.
>
> Les liens qui unissent nos continents sont une tradition commune de liberté, un commun désir de progrès, une passion commune pour la paix.
>
> Dans cet esprit plus constructif, regardons les nouvelles situations avec des yeux nouveaux, et, ce faisant, donnons un exemple au monde. »

Dire que la réaction des membres du conseil fut électrique serait exagéré. C'étaient des ambassadeurs qui rencontraient un chef d'État, ils n'avaient pas l'habitude, dans de telles circonstances, de s'engager dans un débat en profondeur, et, d'ailleurs, ils n'avaient pas autorité pour le faire. En outre, le Président allait visiter quatre autres capitales et il eût été bien téméraire de la part d'un ambassadeur de prendre sur lui de devancer ses chefs. Aussi les délégués montrèrent-ils qu'ils approuvaient l'engagement du Président envers l'O.T.A.N.

Ils évitèrent tous de donner l'impression que leurs pays pourraient désirer accroître leur effort de défense ; ils furent unanimes à reconnaître la nécessité de forces américaines en Europe. L'ambassadeur français fut le seul à faire remarquer l'incompatibilité potentielle de la détente avec la défense ; il mit le Président en garde contre l'idée d'un condominium avec l'Union soviétique.

La visite à Bruxelles fut le point de rencontre des problèmes des relations américaines et européennes en 1969. L'avenir de l'Europe était incertain. L'attitude de la défense commune était un curieux mélange de mauvaise volonté à accroître les efforts européens et de peur du retrait américain. Les dirigeants européens nous poussaient à la détente avec l'Est – mais nous avions la désagréable impression que leur principale motivation était de décharger les épaules européennes du poids des décisions difficiles. Et le Vietnam plaçait les gouvernements européens devant un dilemme : ils sentaient le besoin de répondre à leurs pressions intérieures, mais pour leur propre sécurité ils redoutaient une humiliation américaine ou une défaite. Ils reculaient donc devant tout acte susceptible d'y contribuer. Il était clair que toutes nos idées et nos plans allaient être mis à l'épreuve, aussi est-il nécessaire de rappeler ici comment nous voyions les relations atlantiques, nos inquiétudes et nos désaccords, tandis que la philosophie s'effaçait devant la politique.

Le malaise de l'Alliance Atlantique

Vers la fin des années 1960 l'Alliance Atlantique était en proie à un désarroi d'autant plus pénible qu'il succédait à une période d'extraordinaire succès. L'initiative américaine avait mis en place le plan Marshall ; les ressources américaines avaient fait démarrer la reconstitution économique de l'Europe ; les forces militaires américaines avaient assuré la sécurité européenne. De sages Européens comme Jean Monnet, Robert Schuman, Alcide de Gasperi, Konrad Adenauer et Paul-Henri Spaak avaient situé le concept d'intégration européenne dans le cadre d'une alliance avec les États-Unis. En inspirant parfois ces grands Européens, en suivant le plus souvent leur orientation, la politique américaine à l'égard de l'Europe avait été compréhensive et cohérente. Tous les gouvernements américains de l'après-guerre avaient soutenu l'idée d'une unité politique européenne fondée sur des institutions fédérales supranationales. Seule une Europe fédérale, croyait-on, pourrait mettre fin aux guerres européennes, constituer une contrepartie efficace à la puissance de l'U.R.S.S., attacher indissolublement l'Allemagne à l'Ouest, constituer un partenaire traitant d'égal à égal avec les États-Unis, et partager avec nous le fardeau et les obligations de la direction du monde.

Dans l'essai que j'écrivis en 1968, j'avançais l'idée que deux décennies de présence militaire américaine en Europe avaient calmé la peur d'une invasion soviétique et d'un retrait américain, et que la nouvelle Europe, plus forte, allait agir différemment de l'Europe de 1949 : « Les États-Unis ne pouvaient pas s'attendre à perpétuer l'épuisement accidentel de l'Europe d'après-guerre en un schéma permanent de nos relations internationales. La reconstitution économique de l'Europe entraînait forcément le retour des pressions politiques plus traditionnelles [1]. Et de même, dans *The Troubled Partnership* : « Il est probable qu'une Europe unie insistera sur une vue plus spécifiquement européenne des questions mondiales – ce qui en d'autres termes signifie qu'elle concurrencera l'hégémonie américaine dans la politique atlantique. Et il se peut bien que ce prix vaille d'être payé pour aboutir à l'unité européenne, mais la politique américaine a souffert de n'avoir pas voulu reconnaître qu'il y avait un prix à payer [2].»

En 1968, la modification profonde des bases mêmes de nos relations avec l'Alliance Atlantique avait produit une déception et une inquiétude évidentes. Walt Rostow, C.P.Q.S. du Président Johnson, compta la politique européenne parmi ses grandes déceptions lorsqu'il se démit de ses fonctions [3]. Francis Bator, professeur de Harvard à la Maison Blanche sous Johnson, déclara franchement que les premières idées d'intégration politique de l'Alliance avaient capoté : « Aucune des belles théories qui devaient régler le problème de la Seconde Guerre mondiale et en empêcher une troisième n'est en voie de se concrétiser [4]. » En Europe, Alastair Buchan, directeur depuis plusieurs années du prestigieux *Institute for Strategic Studies* de Londres, écrivit en 1968 que c'était un moment de calme plat dans la mer agitée des affaires européennes :

> « La clarté que la Guerre Froide a imposée aux relations entre les pays du monde industrialisé, en particulier le sens de la solidarité à l'intérieur de chacune des deux alliances principales, s'est estompée ; le postulat d'une communauté naturelle d'intérêts entre les nations du monde atlantique s'est affaibli, de même que le sens équivalent d'une identité entre l'Europe de l'Est et l'Union soviétique ; l'idée qu'une association économique au sein de l'Europe de l'Ouest conduirait tout naturellement à une association politique a été remise en question ; des facteurs traditionnels de division entre les pouvoirs européens, le nationalisme et le manque de confiance dans les gouvernements, que le climat de l'après-guerre avait étouffés, ont commencé à se réaffirmer [5]. »

C'est dans le domaine de la sécurité, où le coup d'envoi à l'Alliance avait été donné, que se manifestèrent les premiers changements de structures. L'Alliance Atlantique avait été formée pour créer une défense commune ; sa stratégie militaire était basée sur la menace américaine de déchaîner une guerre nucléaire si l'Europe était attaquée. Des troupes de l'armée de terre et de l'armée de l'air américaines avaient été détachées en Europe dans les années 1950 alors même que la stratégie officielle était de procéder à des représailles massives à partir des États-Unis. Ainsi, vis-à-vis de nos alliés européens, nous n'avions plus le choix puisque des forces américaines seraient obligatoirement envoyées dès le début d'un conflit. Face aux risques d'une guerre moderne, les Européens jugeaient insuffisantes – voire naïves – nos promesses de soutien réitérées. Trop de pays européens avaient été abandonnés par leurs alliés – ou avaient eux-mêmes abandonné leurs alliés – pour être tout à fait rassurés par les belles professions de foi qui formaient l'essentiel des rencontres de l'O.T.A.N. En clair, on voulait nos troupes comme otages.

Après quoi nos alliés n'avaient plus de motif de contribuer efficacement à la défense régionale. Certes, ils faisaient des efforts de leur côté pour éviter les plaintes du Congrès, mais une ambivalence fondamentale minait la nature même de ces efforts ; trop évident pour ne pas donner l'éveil, trop faible pour parer à une attaque soviétique de grande envergure, l'appareil militaire allié était un rassemblement peu homogène de forces armées en quête d'une mission. Les troupes les mieux entraînées et les mieux équipées, celles des États-Unis, étaient stationnées dans un décor superbe, le Sud – pour la bonne raison que c'est là qu'elles avaient abouti en 1945. Malheureusement, les routes d'invasion traditionnelles passent par la plaine de l'Allemagne du Nord, défendue par quelques unités britanniques et ouest-allemandes – logistiquement, les moins bien partagées. Les armes des différentes forces étaient – et sont toujours – un mélange provenant des arsenaux des divers pays ; ni le matériel ni son utilisation n'avaient été uniformisés. L'O.T.A.N. à la fin des années 1960 – et je le crains, aujourd'hui encore – était assez puissante pour faire front dans les premières phases d'un conflit mais trop faible pour résister à longue échéance. C'était peut-être exactement ce que nos alliés voulaient ; cet état de choses leur donnait l'assurance que les États-Unis réagiraient par le recours aux armes stratégiques nucléaires, le moment venu.

Les tentatives sporadiques de rationalisation de la défense en Europe devaient fatalement rencontrer des résistances. Toute initiative américaine pour renforcer la défense locale pouvait s'interpréter comme un prétexte à réduire notre engagement nucléaire. Au moins certains de nos alliés étaient-ils inquiets en pensant que si nous avions le choix nous pourrions ne pas voler à leur secours ou, en tout cas, les lâcher si la bataille tournait mal pour nous. Les Européens craignaient à la fois une guerre nucléaire qui dévasterait leur continent surpeuplé et notre réticence croissante à recourir aux armes nucléaires. Ils voulaient faire croire à l'Union soviétique que, devant toute attaque de sa part, les Américains utiliseraient leur arsenal nucléaire ; mais, si cette menace devait être mise à exécution, ils n'étaient pas prêts à ce que ce soit sur leur territoire. Leur espoir secret, qu'ils n'osèrent jamais formuler, était que la défense de l'Europe serait menée comme un échange nucléaire intercontinental au-dessus de leurs têtes ; pour défendre leurs propres pays, ils demandaient à l'Amérique de courir un risque – les retombées nucléaires – devant lequel eux-mêmes reculaient.

Les préoccupations réelles de chaque partie restaient masquées. Les Européens n'osaient pas exprimer clairement leurs craintes de peur que leurs prédictions se réalisent. Les États-Unis proclamaient leur bonne foi évidente mais ne voulaient pas admettre que la question nucléaire avait dépassé le stade des pourparlers. Pendant la plus grande partie de l'après-guerre, l'Union soviétique avait été virtuellement sans défense devant une offensive américaine. Elle ne pouvait pas non plus améliorer sa position de façon sensible en attaquant, puisque notre riposte aurait entraîné des risques inacceptables. Nos forces stratégiques étaient par conséquent une arme de dissuasion efficace contre toute offensive terrestre soviétique. Au début des années 1960 – malgré notre obsession initiale d'un prétendu

« manque de missiles » –, nos forces de représailles étaient encore tellement plus importantes que toute entreprise militaire locale eût constitué pour les Soviétiques une aventure extrêmement hasardeuse. Mais, dès le milieu des années 1960, sur la lancée de la crise des missiles de Cuba, les Russes commencèrent à augmenter leur arsenal stratégique à un rythme qui, dans le cas d'un échange nucléaire – et de quelque façon qu'il eût commencé –, aurait porté les pertes américaines à des dizaines de millions de personnes. En 1969, quand le gouvernement Nixon entra en fonctions, on estimait qu'une réplique soviétique ferait plus de cinquante millions de morts – en ne comptant que les pertes *directes* et non les morts que les radiations entraîneraient fatalement à longue échéance.

Prétendre qu'une telle perspective n'affecterait pas la promptitude des Américains à recourir aux armes nucléaires aurait équivalu à une fuite devant les responsabilités. L'accroissement du pouvoir nucléaire soviétique diminuait la crédibilité de notre menace de contre-attaque nucléaire éclair au fur et à mesure que les années passaient.

Il aurait été tout aussi inconséquent d'ignorer la profonde inquiétude que cette nouvelle situation créait en Europe. Les efforts américains au cours des années 1960 pour demeurer le seul gardien des armes nucléaires de l'Alliance, concrétisés par notre opposition à un programme nucléaire britannique et français, furent interprétés – même si de nombreux dirigeants européens ne l'avouaient pas – comme un désir de notre part de nous réserver la définition des intérêts profonds de l'Alliance toute entière. En d'autres termes, si nous cherchions à avoir le monopole en matière de décisions nucléaires, c'était que nous voulions nous garder la possibilité – quelle que pût être notre intention immédiate – de « désolidariser » notre défense de celle de nos alliés. Voilà quel était le cauchemar des Européens – et il l'est toujours. Après sa démission en 1969, de Gaulle exprima cette inquiétude sans détour au cours d'une conversation avec André Malraux : « Je ne crois pas que les États-Unis, malgré leur puissance, aient une politique à long terme. Leur désir, qu'ils satisferont un jour, c'est de déserter l'Europe. Vous verrez[6]. »

Dans les années 1960, les analyses purement militaires des États-Unis étaient en général correctes : nos alliés pratiquaient la politique de l'autruche. D'une part, ils refusaient de regarder en face le changement des relations stratégiques et d'intensifier leur défense; d'autre part, ils nous attribuaient des intentions complexes, parfois obscures, alors qu'en fait la situation était due à une évolution technologique inexorable. En même temps, les États-Unis furent lents à reconnaître que le problème était politique, ou mieux, psychologique. On pouvait attendre des superpuissances nucléaires que, parvenues à un pouvoir égal, elles essaient de mieux planifier et de mieux gérer l'environnement nucléaire. Mais on ne manquerait pas de considérer cette tentative comme le début d'un condominium : il était clair qu'elle affaiblirait notre détermination à déclencher une guerre nucléaire – et l'Europe avait fait de cette détermination la pierre angulaire de sa sécurité. Nos alliés se plaignaient de ne pas avoir été suffisamment consultés, mais il aurait fallu plus qu'une concertation générale pour imposer silence à leurs inquiétudes. Dès le moment où les États-Unis et l'Union soviétique posséderaient chacun des forces de représailles invulnérables et susceptibles de causer les pires dégâts, il faudrait, pour que l'Alliance conserve sa cohésion, que les États-Unis et l'Europe envisagent leur survie sous un même angle et que la Russie s'en rende compte.

Mais les débats sur la question stratégique ne constituaient que la partie visible de l'iceberg. Le fond du problème était qu'après des siècles de prédominance européenne le centre de gravité des événements mondiaux s'était déplacé. Pour pouvoir jouer un rôle international de premier plan, les nations doivent croire que leurs décisions comptent. A partir du milieu du XVIIIe siècle, les décisions des puissances européennes avaient déterminé la guerre et la paix, le progrès ou la stagnation. L'Europe encourageait les conflits sur les autres continents – quand elle ne s'y engageait pas elle-même. Le progrès économique dépendait des capitaux et de la technologie européens ; la Première Guerre mondiale – dont l'issue fut aussi vaine que ses causes avaient été ineptes – constitua une catastrophe sans commune mesure avec les problèmes en jeu. Les neuf dixièmes des diplômés d'Oxford de 1914, enrôlés comme officiers subalternes, périrent dans le carnage de la Grande Guerre. L'Europe souffrit tant – et le choc fut tel, après un siècle de foi béate en la constance du progrès – que son assurance en fut ébranlée et les fondements de son économie anéantis. La Seconde Guerre mondiale et la décolonisation lui portèrent un nouveau coup. Elles rétrécirent encore ses horizons et renforcèrent son sentiment d'impuissance. Les gouvernements européens découvrirent subitement que leur sécurité et leur prospérité dépendaient de décisions prises loin d'eux ; après avoir été les principaux acteurs, ils étaient devenus des figurants. L'Europe traversa ainsi, après 1945, une crise spirituelle que n'expliquaient pas ses ressources – encore considérables. La véritable tension entre les États-Unis et l'Europe tenait au besoin qu'avait l'Europe de trouver une raison d'être et une identité dans un monde où il ne lui appartenait plus ni de décider ni de trancher.

La réponse américaine, dans les années 1960, était simple : les intérêts américains et européens, affirmions-nous, coïncidaient et les États-Unis ne ruineraient jamais sciemment les efforts de leurs alliés, que ce soit en matière diplomatique ou stratégique. Le véritable obstacle à une coopération avec les Alliés était la différence de pouvoir entre l'Europe et les États-Unis. L'Europe assumerait des responsabilités mondiales en regagnant sa puissance – et elle la regagnerait grâce à l'intégration sur la base supra-nationale. Les partisans américains de l'unité de l'Europe défendaient parfois leur cause plus passionnément que leurs collègues européens. Cependant, quelques Européens avisés se demandaient si tout était aussi simple. Ils doutaient que la « répartition des tâches » (expression du jargon) puisse résoudre le problème de l'identité ou de la motivation nationale. Ils sentaient que l'Europe avait besoin d'une motivation politique qui lui soit propre et non pas seulement d'une tâche technique au sein d'une entreprise commune.

Ceux qui prétendaient que l'Europe partagerait plus volontiers le fardeau des préoccupations mondiales si elle se constituait en fédération me semblaient avoir une conception trop matérialiste de l'Histoire. Si l'Europe ne jouait pas un rôle mondial, c'était moins à cause d'une diminution de ses ressources que d'un rétrécissement de ses horizons. Je ne pensais pas que des pays se répartissent les tâches simplement parce qu'ils en étaient capables. Historiquement, les États-Unis avaient en général eu les moyens de jouer un rôle à l'échelle mondiale, mais ils ne le désiraient pas ; inversement, de nombreux pays européens continuaient à tenir leurs engagements outre-mer, alors même que leurs ressources commençaient à diminuer. Le plus grand empire colonial des années 1960 et d'une partie des années 1970 dépendait du Portugal, un des membres les plus faibles de l'O.T.A.N. La répartition des tâches entre les Alliés n'était réalisable que si deux conditions étaient réunies : l'Europe devait forger sa propre perception des relations internationales, et être convaincue que nous ne pouvions pas, ou ne voulions pas, en supporter seuls le poids. Aucune de ces deux conditions n'était remplie à la fin des années 1960. Les Européens étaient absorbés par leurs problèmes intérieurs. Dans la mesure où ils cherchaient une contre-assurance au retrait américain, ils ne la trouvèrent pas par une division du travail avec nous, mais en doublant nos forces par la fabrication de leurs propres armes stratégiques. L'Europe avait besoin de mettre au point une politique qui lui soit propre avant d'assumer de plus grandes charges ou responsabilités.

J'étais pour l'unité de l'Europe, mais je ne savais pas quelle forme elle devait prendre, si elle devait être une confédération d'États-nations ou une fédération supra-nationale. Je voulais que l'Europe joue un plus grand rôle international, mais il fallait admettre que ce rôle viendrait d'une conception indépendante qui ne serait pas toujours en accord avec la nôtre. Peu avant les élections, j'avais écrit à propos de nos relations avec l'Europe :

> « Aucun pays ne peut agir avec sagesse simultanément dans toutes les parties du monde et à chaque instant. Un monde plus pluraliste – particulièrement dans les relations avec des amis – est de notre intérêt profond à long terme. Bien qu'il soit difficile de s'y habituer, la multipolarité politique est la condition de base d'une nouvelle ère de créativité. Aussi dur que cela puisse paraître à admettre, une puissance qui contrebalancerait parfois notre impétuosité en la disciplinant et qui modifierait notre penchant pour l'abstraction et les solutions " définitives " en nous donnant une perspective historique, ne pourrait avoir qu'un effet bénéfique [7]. »

La force des peuples libres serait éprouvée par la réponse qu'ils donneraient au dilemme vieux comme le monde de la liberté : comment concilier la diversité et l'unité, l'indépendance et la collaboration, la liberté et la sécurité ?

Londres et les « relations spéciales »

De Bruxelles, Nixon s'envola pour Londres. La facilité de communication et la chaleur de l'accueil cachèrent le fait qu'un gros orage venait d'éclater : une dangereuse dispute entre la Grande-Bretagne et la France à propos de l'avenir de l'Europe, révélatrice de ce qui nous attendait.

L'altercation avait commencé lors d'entretiens privés que le Président de Gaulle avait eus avec l'ambassadeur de Grande-Bretagne, Christopher Soames. Gendre de Winston Churchill, Soames n'était pas complètement étranger à la célébrité ni impressionné par la grandeur. La controverse en disait long sur le débat européen et sur l'Alliance en général. Le 4 février 1969, le Président de Gaulle et l'ambassadeur Soames parlèrent de l'avenir de l'Europe au palais de l'Elysée. Ils eurent un entretien sur le même sujet le 14. Sur quoi, les Anglais firent savoir à leurs autres alliés – États-Unis inclus – que le général de Gaulle avait présenté sa conception de l'avenir de l'Europe en des termes assez provocants et inattendus.

Pour créer une Europe véritablement indépendante, capable de décisions sur des questions d'importance mondiale, de Gaulle avait déclaré que les Européens devaient d'abord se défaire du fardeau de l'O.T.A.N. avec sa « domination et son appareil américains ». Une organisation politique valable devrait reposer sur un accord entre les principales puissances européennes : la France, l'Angleterre, l'Allemagne et l'Italie. Et le noyau de ces relations serait la coopération franco-anglaise. Il faudrait par ailleurs modifier la structure du Marché Commun ; de toute façon, de Gaulle ne croyait pas beaucoup à son avenir ; il envisageait de le remplacer par une sorte de grande zone de libre-échange, surtout pour les produits de l'agriculture. Enfin, puisque les relations franco-anglaises seraient la clef de voûte de cette élaboration, le Général était prêt à avoir des discussions bilatérales *privées* avec la Grande-Bretagne sur des problèmes économiques, monétaires, politiques et financiers. Il accueillerait favorablement toute initiative britannique à ce sujet.

Les Anglais avaient répondu à de Gaulle que le Royaume-Uni désirait toujours se joindre au Marché Commun et espérait que les négociations reprendraient bientôt. Bien que ses vues sur l'O.T.A.N., les relations avec les États-Unis et le bien-fondé d'un directoire des quatre puissances en Europe fussent sensiblement différentes de celles de De Gaulle, la Grande-Bretagne jugea les propositions du Général très importantes. Elle était prête à continuer la discussion mais uniquement à condition que les autres membres de l'O.T.A.N. n'en ignorent rien. Soames avait informé de Gaulle, au cours de leur seconde entrevue, que le Premier Ministre britannique, Harold Wilson, avait jugé de son devoir d'en parler au Chancelier allemand Kiesinger lorsqu'ils s'étaient rencontrés à Bonn les 13 et 14 février. Les Anglais nous rapportèrent également l'essence des entretiens Soames-de Gaulle, ainsi qu'aux Belges et à leurs autres alliés ; la nouvelle se répandit à travers l'O.T.A.N. comme une traînée de poudre.

Les 17 et 18 février, les ambassadeurs français dans les diverses capitales européennes cherchèrent à évaluer ce qu'on savait de ces entretiens et à donner l'assurance que le Général n'avait pas l'intention de briser l'O.T.A.N. De Gaulle aurait déclaré à Soames que l'expansion du Marché Commun changerait inévitablement sa structure et qu'il faudrait, par conséquent, revoir minutieusement sa gestion.

Le 21 février, la querelle avait atteint de telles proportions – qui avait dit quoi et à qui – qu'Anglais et Français se sentirent obligés de laisser « filtrer » chacun sa version. Un chroniqueur du *London Times* donnait une version très proche de celle que les Anglais nous avaient communiquée au départ ; un article enthousiaste du *Figaro* répliqua que de Gaulle n'avait fait qu'esquisser le projet d'une Europe indépendante, qui pourrait être réalisée « sans avoir aucun effet sur la conception de l'O.T.A.N. ». *Le Figaro* n'en resta pas là et attaqua personnellement l'ambassadeur Soames pour avoir répandu à travers l'Europe « une version à sensation » des remarques du Général, qui « faisait douter de la bonne foi de M. Soames ». Michel Debré, alors ministre des Affaires étrangères, déclara publiquement peu après que le Général avait tout simplement cherché à savoir si l'Angleterre souhaitait des entretiens préliminaires sur les « perspectives politiques et économiques européennes ».

Tous les vétérans américains des différends antérieurs avec de Gaulle se précipitèrent dans la mêlée. Le nouveau gouvernement fut submergé de pétitions venues de partout, le poussant à profiter de l'occasion pour réaffirmer son engagement à l'égard d'une Europe fédérale et à rejeter la proposition de De Gaulle — de toute façon, c'est à d'autres qu'il l'avait faite — d'un directoire spécial des principales puissances européennes. On nous demandait de brandir à nouveau la lance que nos prédécesseurs avaient laissé tomber et de nous battre encore contre les moulins à vent du dogme européen, pour reprendre le débat avec la France là où l'élection présidentielle l'avait interrompu.

Nous étions bien décidés à n'en rien faire ; nous pensions que l'organisation de l'Europe concernait les Européens, et que les États-Unis avaient déjà perdu assez de prestige avec ces disputes de doctrines. Le 22 février, la veille de notre départ pour l'Europe, j'envoyai à Nixon un bref rapport sur cette affaire que je conclus comme suit :

> « Je crois que de Gaulle a effectivement exposé ses conceptions de l'avenir de l'Europe à Soames à peu près dans les termes rapportés par les Anglais. De toute façon, l'espoir d'une Europe indépendante de la " domination " américaine et guidée par une concertation des principales puissances européennes est tout à fait en accord avec les anciennes conceptions de De Gaulle, de même que son désir de voir une telle concertation basée sur une entente franco-anglaise à condition, naturellement, que l'Angleterre se défasse de toute " relation privilégiée " avec les États-Unis...
>
> On vous demandera de faire des commentaires.
>
> *Je vous recommande :*
>
> 1. D'affirmer notre attachement à l'O.T.A.N.
>
> 2. D'affirmer que nous avons toujours soutenu l'unité européenne, y compris l'entrée de la Grande-Bretagne dans le Marché Commun, *mais* :
>
> 3. De spécifier que nous ne nous immiscerons pas dans les débats intra-européens, sur les formes, les moyens ou les étapes pour parvenir à l'unité. »

Nixon observa soigneusement et subtilement cette ligne de conduite dans ses entretiens privés ; je m'y tins moi-même fermement lors de mes conférences de presse officieuse avant et après le voyage en Europe. Le 21 février, interrogé sur la controverse Soames-de Gaulle, je répondis : « Nous nous préoccupons des relations entre les États-Unis et l'Europe et non des dispositions internes de l'Europe. » Nous profitions de cette controverse pour mettre l'accent sur notre attachement aux relations transatlantiques ; nous laisserions aux Européens le soin d'élaborer l'Europe. A long terme, c'était le meilleur moyen de faire accepter l'entrée de la Grande-Bretagne dans le Marché Commun.

Nixon arriva à Londres un lundi soir. Il pleuvait encore. Le Premier Ministre Harold Wilson et le ministre des Affaires étrangères, Michael Stewart, l'accueillirent à l'aéroport d'Heathrow. La cérémonie fut brève : Nixon avait peur qu'on l'accuse de s'offrir des parties de plaisir alors que la guerre faisait rage au Vietnam, et il avait demandé de réduire le protocole au minimum. Ce fut un sacrifice difficile, car il aimait beaucoup les cérémonies et particulièrement en Grande-Bretagne où elles relèvent purement et simplement de l'art. Plus que n'importe quel autre, le protocole anglais donne à ceux qui manquent d'assurance l'impression qu'ils ont mérité les honneurs qu'on leur rend.

Harold Wilson accueillit Nixon avec la bienveillance d'un aîné, chef d'une vieille famille qui a connu des temps meilleurs mais se souvient de la sagesse, de la dignité et de la puissance qui ont consacré le renom de la famille. Il s'en prit à de Gaulle en annonçant qu'il rejetait « les attitudes égocentriques en matière d'affaires étrangères » et leur opposait « l'idée d'un monde plus large » avancée par Nixon. Mais ce qui préoccupait le plus Wilson, et, rituellement, l'Europe de l'Ouest tout entière depuis longtemps, c'est que l'Alliance devait, au-delà de la sécurité, tendre vers des buts plus positifs tels que la « coopération et la paix ». L'objectif de l'Alliance à la fin des années 1960 n'était plus la défense – du moins sur le plan du discours ; elle trouvait dorénavant sa principale justification dans la diminution des tensions. Nixon ne se laissait jamais surpasser par les proclamations retentissantes. Il répondit par une phrase qu'il devait utiliser à fond dans la campagne de 1972, provoquant ainsi une inflation de ce qu'on pouvait attendre de la détente : « Je crois fermement que nous pouvons arriver à une paix durable à notre époque. » Il était d'une humeur exubérante ; il aborda de front le problème desdites relations privilégiées entre la Grande-Bretagne et les États-Unis qui faisaient l'objet de tant de discussions au sein de notre gouvernement – les évoquant par deux fois explicitement et en des termes très positifs.

Ce fut une pierre dans le jardin des nombreux partisans de l'intégration européenne au ministère des Affaires étrangères et hors du gouvernement. Les défenseurs – pour ne pas dire les fanatiques – de l'unité européenne étaient impatients de mettre fin aux « relations privilégiées » que nous entretenions avec notre plus vieil allié – sous prétexte de faciliter l'entrée de la Grande-Bretagne dans le Marché Commun. Il leur semblait essentiel de retirer à la Grande-Bretagne le statut spécial que nous lui accordions ; ils « craignaient » que ce statut l'empêche de jouer un rôle dans une Europe qu'ils chérissaient. Ils réclamaient un égalitarisme officiel, libre de toute tradition ou conceptions de l'intérêt national, comme la meilleure garantie de leur Grand Projet.

Mais, s'il était souhaitable, ce dont je doute, cet égalitarisme était irréalisable ; car notre relation privilégiée avec la Grande-Bretagne était particulièrement imperméable aux théories abstraites. Elle ne reposait pas sur des dispositions formelles, elle venait en partie du souvenir de l'effort héroïque de l'Angleterre durant la guerre et elle reflétait le langage et la culture commune de deux peuples frères. Elle était surtout le fait de la superbe autodiscipline par laquelle la Grande-Bretagne avait réussi à maintenir son influence politique après l'affaiblissement de son pouvoir réel. Lorsque la Grande-Bretagne sortit de la Seconde Guerre mondiale trop affaiblie pour imposer ses vues, elle ne perdit pas son temps à gémir sur un passé défunt : ses dirigeants n'eurent de cesse d'établir avec nous cette fameuse « relation privilégiée ». Elle prit la forme d'une consultation si naturellement intime qu'il devint psychologiquement impossible d'ignorer les opinions britanniques, et les rencontres devinrent si fréquentes et régulières qu'une action américaine autonome aurait semblé violer les règles de cette association. En fait, la Grande-Bretagne fit preuve d'une si grande sagesse et d'une fidélité si exceptionnelle dans sa conduite que les dirigeants américains successifs virent leur propre intérêt à demander l'avis de ce pays avant de prendre de grandes décisions. C'était une relation extraordinaire car elle ne reposait sur aucune revendication juridique, elle n'était concrétisée par aucun document et elle se poursuivait imperturbablement, au travers des gouvernements britanniques successifs. L'influence de la Grande-Bretagne était grande précisément parce qu'elle allait de soi ; cette « relation privilégiée » était l'exemple d'une valeur immuable.

La diplomatie triomphait subtilement des désaccords réels, et c'était là l'un des points forts de la relation anglo-américaine. En réalité, les idées des dirigeants britanniques concernant l'intégration de l'Europe étaient plus proches de celles de De Gaulle que des nôtres : une Europe intégrée au niveau supra-national était autant la bête noire de l'Angleterre que celle de la France. La grande différence dans l'attitude des deux pays résidait dans le fait que les dirigeants britanniques nous faisaient généralement des concesions sur la théorie – l'intégration européenne ou l'unité Atlantique – tout en cherchant à trouver des contacts très étroits avec nous. Comment la mettre en pratique ? De Gaulle nous plaçait devant le fait accompli et soulevait des points de doctrine alors que la Grande-Bretagne se servait de la conciliation comme d'une arme en rendant normalement inconcevable que nous puissions ignorer ses vues.

Les attaques émanant de notre propre gouvernement contre cette relation privilégiée me semblaient insignifiantes et formalistes. Rompre nos liens particuliers – pour autant que cela ait été possible – aurait miné l'assurance de la Grande-Bretagne et ne nous aurait rien apporté. Lors d'une réunion officieuse le 21 février, avant notre départ pour l'Europe, je déclarai :

> « Mon point de vue sur ce problème est que nous n'avons pas tant d'amis dans le monde pour pouvoir nous permettre de décourager ceux qui nous portent une véritable amitié. Je pense que la réponse à notre relation privilégiée avec la Grande-Bretagne serait d'encourager les autres pays à adopter la même attitude plutôt que de décourager la Grande-Bretagne en relâchant nos relations avec elle. »

Nixon avait accepté mon conseil de ne pas intervenir dans la controverse Soames-de Gaulle; aussi longtemps qu'elle restait confinée à des racontars et des spéculations de bureaucrate, elle ne l'intéressait guère d'ailleurs. Parce qu'il croyait à cette « relation privilégiée », il clarifia le problème dès son discours d'arrivée.

Sa position concordait parfaitement avec celle de nos hôtes ; le ton fut modéré, confidentiel et subtilement flatteur. La Grande-Bretagne sut nous mettre à l'aise sans demander quoi que ce soit, et alla jusqu'à accepter un échange de vues sans attendre une action américaine spécifique en retour. Nous fûmes conduits de l'aéroport aux Chequers, la résidence de campagne du Premier Ministre, qui est confortable mais sans luxe ostentatoire, avec juste ce qu'il faut de souvenirs historiques pour rappeler le passé glorieux de la Grande-Bretagne. A l'instar de ses occupants, l'influence qu'elle dégage et la leçon qu'elle enseigne sont discrètes et indirectes. Les premières conversations se déroulèrent au cours d'un dîner privé qui réunissait Nixon et Wilson, Rogers et Stewart, Sir Burke Trend, le chef du Cabinet britannique, et moi-même.

Quand nous le rencontrâmes pour la première fois, Harold Wilson avait la réputation d'un homme politique astucieux, à l'intelligence pénétrante mais sur lequel on ne pouvait pas compter, finalement. Certains membres du gouvernement précédent le considéraient comme un homme trop proche de l'aile gauche du parti travailliste ; ce penchant et sa vanité étaient censés le rendre particulièrement sensible aux avances soviétiques et il fut accusé d'utiliser notre défaite au Vietnam pour étayer sa position intérieure. Dans mes relations avec Wilson, aucune de ces critiques ne se révéla exacte. Il est vrai qu'un dirigeant du parti travailliste doit tenir compte des points de vue de l'aile gauche de son parti. Et il n'était pas non plus le premier chef de gouvernement britannique à s'ériger en apôtre de la paix avec l'Est : après tout, Harold Macmillan n'avait-il pas été surnommé « Super Mac » en s'affichant à Moscou, au plus fort de la crise de Berlin, coiffé d'une toque d'astrakan et prêchant la conciliation ? Wilson m'a toujours semblé un ami sincère des États-Unis. Ses liens affectifs, comme ceux de la plupart des Britanniques, se situaient de l'autre côté de l'océan et non de l'autre côté de la Manche, dans cette région que la Grande-Bretagne appelle d'une manière significative « l'Europe ». Il avait passé un certain temps aux États-Unis et croyait sincèrement à l'entente anglo-américaine. Ce n'était donc pas pour produire un effet de théâtre qu'il invita Nixon à assister à une réunion de son Cabinet — honneur sans précédent pour un étranger. Quant à la confiance que l'on pouvait accorder à Wilson, je ne suis pas en mesure de juger comment il se comportait sur la scène politique anglaise. Vis-à-vis des États-Unis, il a toujours été un homme de parole. Par un curieux phénomène de la politique britannique, sa génération de chefs travaillistes était affectivement plus proche des États-Unis que beaucoup de chefs du parti conservateur. Les « tories » semblaient en vouloir aux États-Unis du déclin de la suprématie britannique, particulièrement après ce qu'ils ont considéré comme notre trahison à Suez.

Bien qu'il ait fait ses études à Oxford, où il avait enseigné l'économie pendant plusieurs années, Wilson ne s'intéressait guère aux idées abstraites. Il était fasciné par la manipulation du pouvoir politique ; il adorait résoudre des problèmes précis. Les objectifs à long terme ne provoquaient chez lui qu'un intérêt superficiel. Il lui semblait insensé de prévoir à l'avance, car il était sûr de venir à bout de n'importe quelle situation, aussi coriace fût-elle, grâce à ses dons nombreux. Wilson avait une mémoire extraordinaire. Il savait exactement où retrouver une phrase dans une page qu'il avait lue plusieurs années auparavant. C'était un don qu'il avait plaisir à exhiber et il possédait un don égal pour en susciter l'occasion. Il était plutôt froid, mais touchant aussi – à la façon de Nixon – dans sa quête d'approbation, en particulier de ceux qu'il respectait – catégorie qui comprenait essentiellement des hommes de pouvoir et des universitaires. Il était particulièrement fier des relations étroites qu'il entretenait avec les Présidents américains. Très tôt il suggéra à Nixon de s'appeler par leur prénom. Un regard glacial de Nixon annula cette tentative. Mais l'incident ne modifia en rien l'attitude amicale de Wilson envers les États-Unis. Personnellement, je l'aimais bien, il ne nous a jamais laissés tomber.

Son collègue, Michael Stewart, ministre des Affaires étrangères, avait une personnalité différente. Bienveillant, un peu pédant, Stewart adorait les exposés moralisateurs auxquels Nixon accordait une oreille distraite. Il avait été instituteur et le montrait, avant de devenir ministre de l'Éducation nationale puis ministre des Affaires étrangères. Comme beaucoup de ceux qui parviennent tardivement à des postes de responsabilité internationale, il confondait action et phraséologie théorique. Cependant, Stewart se consacrait avec conviction à maintenir les relations étroites entre nos deux pays. Malgré ses nombreux doutes, il défendit notre position au Vietnam dans un débat devant l'Union des étudiants à Oxford, avec plus de vigueur et d'adresse que bien des Américains qui avaient décidé d'envoyer nos soldats là-bas ; il ne fit jamais part de ses scrupules à l'extérieur. C'était un homme honnête, solide, ni brillant ni perspicace, mais de cette fermeté à laquelle la Grande-Bretagne doit une bonne part de sa grandeur.

Le troisième personnage britannique important de ce dîner était Sir Burke (plus tard Lord Trend), chef du Cabinet. Sa charge est aussi puissante qu'anonyme ; c'est un fonctionnaire qui reste quand les gouvernements changent, qui prépare les procès-verbaux des réunions du Cabinet, supervise l'administration permanente du Cabinet, donne des conseils désintéressés, résultats d'années d'expérience. Burke Trend utilisait avec une efficacité particulière le pouvoir attaché à cette charge ; c'était un homme mince, savant, au regard pétillant, dont le comportement révélait à la fois la sagesse et la discrétion. Dans la conversation, il savait éviter avec maestria les écueils qui avaient déjà fait sombrer bien des projets hardis. Il savait adroitement présenter les ministres du Cabinet dont il dépendait comme plus compétents qu'ils ne l'étaient probablement. C'était un homme d'une grande générosité. Son érudition et ses avis étaient des éléments positifs de notre « relation privilégiée ».

Le dîner aux Chequers ressembla à une soirée en famille. La conversation fut un tour d'horizon des problèmes mondiaux. Commencée dans la salle à manger lambrissée, elle s'acheva autour d'un cognac dans la célèbre « Long Gallery ».

Ces hommes qui devaient décider de l'avenir de leurs pays pour les années à venir se jaugèrent et, tous comptes faits, furent satisfaits des résultats.

Plus tard, Nixon me fit venir dans sa suite au Claridge pour récapituler les événements de la journée, qui avait débuté au Conseil de l'O.T.A.N. à Bruxelles et s'était terminée chez le Premier Ministre britannique dans une demeure que Nixon faisait remonter à plusieurs siècles. Je n'eus pas le cœur de lui dire que les Chequers dataient seulement de la Première Guerre mondiale. Il était follement joyeux ; il adorait ces cérémonies d'un autre âge et son entrée en fonctions était assez récente pour que cette suite d'événements l'ait excité au plus haut point. Atterrir à bord du *Air Force One* sur un sol étranger, être accueilli par un Roi puis un Premier Ministre, passer les gardes en revue, visiter les Chequers – tout cela était l'aboutissement de ses rêves de jeunesse, sa conception d'une haute responsabilité, apparemment inaccessible à un jeune homme pauvre et d'une certaine façon humilié, né dans une petite ville de Californie. Ce fut une des rares fois, durant mes relations avec Nixon, où je fus témoin d'une joie presque spontanée chez cet homme renfermé et insaisissable. Bien que les discussions de la journée n'aient résolu aucun problème majeur, Nixon avait aimé ces conversations philosophiques au cours desquelles on ne s'affrontait pas, on ne s'attardait pas sur des détails. Nixon souhaitait désespérément qu'on lui dise à quel point il s'était bien conduit ; comme il le faisait si souvent, il me demanda de lui raconter encore et encore son rôle extraordinaire lors des événements de la journée. Il s'était allongé sur son lit, et, comme il lui arrivait parfois quand il était sous le coup d'une grande émotion, il se mit à bredouiller puis à s'acharner à prononcer les mots distinctement. Il me fut facile de le rassurer ; même si aucun affrontement marquant n'avait eu lieu, il s'était conduit avec dignité et compétence.

Le lendemain, dans la salle du Cabinet du 10 Downing Street (résidence et aussi bureau du Premier Ministre), un groupe plus important constitué de membres des deux partis aborda les thèmes de la veille. Les principaux sujets de discussion furent la décision de la Grande-Bretagne de renouveler sa demande d'entrée dans le Marché Commun, l'avenir de l'O.T.A.N., et les relations Est-Ouest. Les ministres britanniques prétendirent qu'ils cherchaient à faire partie de l'Europe moins pour les avantages économiques qu'ils en tireraient que pour un élargissement des horizons politiques de la Communauté qu'ils aideraient à promouvoir. Nixon approuva cette conception, mais il souligna qu'elle ne saurait entraîner une hostilité américaine envers de Gaulle. Il allait essayer d'améliorer les relations franco-américaines ; si cela ne changeait pas le point de vue fondamental de De Gaulle, du moins serait-il peut-être mieux disposé à accepter des arrangements sur le plan pratique. Les ministres britanniques déclarèrent que c'était exactement ce qu'ils pensaient – comme si la controverse Soames-de Gaulle n'avait jamais eu lieu.

La discussion concernant l'O.T.AN. révéla une fois de plus l'ambivalence de l'Alliance Atlantique. Tout le monde fut d'accord avec Nixon lorsqu'il affirma que l'Union soviétique était en train de rattraper son retard nucléaire et que nous ferions bien, malgré les pressions du Congrès, de poursuivre les nouveaux programmes de défense que nous avions entrepris. Mais personne ne voulut en tirer la conclusion évidente que les défenses européennes devaient être renforcées. Wilson mit en avant que l'O.T.A.N. rendait une nouvelle doctrine stratégique nécessaire ; il doutait que les pays européens puissent envisager d'accroître leurs dépenses militaires d'une manière significative par peur d'un certain retrait des États-Unis. Il nous laissa le soin d'imaginer ce que pourrait être cette stratégie qui ne ferait pas appel à des forces nouvelles.

Michael Stewart apporta sa contribution en parlant de la « question type » qui allait se poser à l'Europe. Notre négociation avec l'Union soviétique, particulièrement sur la limitation des armes stratégiques, était essentielle. La nouvelle génération n'accepterait plus que l'Alliance Atlantique ne soit qu'un instrument de défense ; il était primordial pour l'unité du monde occidental qu'elle serve aussi à la détente. Il avait raison, mais il révélait par là une profonde ambiguïté dans l'attitude de nos alliés européens : lorsque la tension croissait, ils redoutaient la rigidité américaine : lorsqu'elle se relâchait, ils craignaient un condominium soviético-américain. Ils nous demandaient d'être fermes, puis se posaient en médiateurs pour sortir de l'impasse qui en était résultée. Ils insistaient pour que nous les consultions avant de faire le moindre geste, mais ils voulaient être libres et autonomes pour poursuivre sans contrainte leur propre diplomatie de détente. Si nous donnions l'impression de bloquer la détente, nous perdions le soutien de nos alliés de l'Europe de l'Ouest, qui renforceraient alors leurs contacts avec l'Est sans aucune coordination stratégique. Ils seraient trop faibles pour résister à la fois aux pressions intérieures et aux pressions soviétiques. Nous nous trouvions dans la situation paradoxale de devoir conduire les relations Est-Ouest si nous voulions maintenir l'unité de l'Alliance et établir les règles de base des contacts entre l'Est et l'Ouest. Mais agir trop rapidement ou faire naître des espoirs injustifiés aurait porté atteinte à notre force militaire qui était notre seule base ferme de discussion face à l'Union soviétique. Ce problème resta sans réponse bien après que les participants au débat de Downing Street eurent tous quitté leurs fonctions.

Il y eut un déjeuner à Buckingham Palace en présence de la reine Elizabeth. Je pensai qu'on lui avait fait à tort la réputation d'une personne à l'esprit plutôt pesant ; au contraire, elle était spirituelle et sa connaissance des problèmes mondiaux, sa perspicacité à propos des personnages qu'elle évoqua, me firent une grande impression. Dans l'après-midi, le Président s'entretint avec le personnel de l'ambassade des États-Unis et rencontra un groupe de rédacteurs en chef et d'intellectuels britanniques.

La soirée fut, pour Nixon, une occasion remarquable de se montrer sous un jour rarement connu du public. Au printemps 1968, Harold Wilson avait parié sur la victoire des Démocrates, faisant ainsi preuve d'un manque de discernement évident ; il avait donc désigné comme ambassadeur à Washington John Freeman, un vieil ami de Hubert Humphrey. On avait évité le désastre de peu. Freeman avait été un ministre travailliste de l'aile gauche du parti. Il avait démissionné à la suite d'une dispute à propos de la participation de l'État à la Santé publique, et s'était forgé un nom d'abord comme journaliste à la télévision, puis comme rédacteur en chef de l'hebdomadaire de gauche, le *New Statesman,* et enfin comme délégué de la Couronne aux affaires indiennes. Alors qu'il était rédacteur au *Statesman,* Freeman avait célébré la défaite de Nixon en Californie en félicitant les Américains d'avoir su évincer « un homme sans aucun principe si ce n'est la volonté de tout sacrifier à la cause de Dick Nixon ». Lorsque Nixon gagna les élections sept mois après la nomination de Freeman, Wilson fut bien embarrassé par le choix qu'il avait fait. Il est tout à son honneur qu'il ait refusé de changer d'ambassadeur. Nixon fut outragé. Dès son entrée en fonctions, il jura qu'il n'aurait jamais affaire à Freeman. Le général Eisenhower le confirma dans cet état d'esprit en lui disant en ma présence, au mois de janvier, que la nomination de Freeman était une insulte non seulement à l'égard de Nixon en tant que personne, mais aussi vis-à-vis de la Présidence des États-Unis tout entière. Mais puisqu'il était impensable de décréter un ambassadeur britannique « persona non grata », la seule solution qui paraissait rester à Nixon était de rendre la tâche aussi difficile et gênante que possible à Freeman, et il en était sans aucun doute capable. Nos « éclaireurs » demandèrent à Wilson de rayer Freeman de la liste des hôtes, au dîner du Président au 10 Downing Street. Wilson refusa courageusement. Nous appréhendions tous le moment de la rencontre.

Mais Nixon pouvait être étonnant. A la fin du dîner, il se leva pour porter un toast ; regardant, droit dans les yeux, Freeman qui était assis à table en face de lui, Nixon déclara : « Certains disent qu'il y a un nouveau Nixon, et ils se demandent s'il y a un nouveau Freeman. J'aimerais penser que tout cela est du passé. Après tout, il est le nouvel ambassadeur, et je suis le nouveau chef d'État, et nous essayons tous deux de faire de notre mieux pour établir la paix dans le monde.

L'impact fut retentissant ; Wilson parla de ce toast comme du plus élégant qu'il ait jamais entendu au 10 Downing Street. Il écrivit un petit mot sur son menu pour Nixon : « Vous ne pouvez pas prouver que vous êtes né lord. Il est possible — et vous l'avez montré — d'être né gentleman. » Freeman, habituellement imperturbable, avait les larmes aux yeux. Ainsi était née une mission à Washington qui se révéla extraordinairement fructueuse. John Freeman fut un des ambassadeurs les plus efficaces auxquels j'aie jamais eu affaire. Il m'est difficile d'expliquer clairement pourquoi : il était plutôt rude, il refusait la flatterie et ne rencontrait que ceux qu'il respectait. Il fit peu d'efforts pour transformer son ambassade en un salon à la mode. Lorsqu'il avait un message à transmettre, il le faisait précéder d'une brève introduction où il annonçait qu'il se conformait aux instructions qu'il avait reçues. Mais Freeman pouvait se permettre d'aller au-delà pour exprimer ses opinions personnelles. Homme d'une intelligence rare et d'une intégrité totale, sa valeur se révéla inestimable. Il avait une grande clairvoyance géopolitique et se mit bientôt à partager notre conception des relations extérieures. Je tenais le jugement de Freeman dans une telle estime que je le consultais souvent pour des affaires qui ne relevaient pas de sa compétence officielle ; à une ou deux reprises, je l'ai laissé lire les premiers brouillons des discours présidentiels, profitant ainsi de ses talents de rédacteur. Il pouvait parfaitement rapporter ces conversations à son Premier Ministre et il l'a sans doute fait. Mais l'intimité et la confiance qui existaient dans notre relation privilégiée avec la Grande-

Bretagne étaient justement destinées à entretenir une collaboration cordiale de ce genre.

Pour sa part, Nixon commença à avoir confiance en Freeman puis il se mit à l'apprécier énormément. Freeman fut le seul ambassadeur à être invité à la Maison Blanche pour une réunion mondaine durant le premier mandat présidentiel de Nixon. Il devint également un de mes plus proches amis et cette amitié se prolongea après que nous eûmes tous deux quitté nos fonctions. Je la considère comme une des plus grandes récompenses de ma fonction publique.

Ainsi le voyage à Londres s'acheva sur une note de bienveillance mutuelle particulière. Il avait davantage souligné les problèmes complexes qu'il ne les avait résolus, mais, et en cela le but était atteint, il avait jeté les bases d'une future collaboration fructueuse.

Bonn et Berlin ; l'énigme de l'Allemagne

Notre étape suivante fut Bonn. La situation de la République fédérale allemande était plus complexe. L'Allemagne se trouvait dans une période préélectorale et nous arrivâmes au début de la crise de Berlin. Le Président ouest-allemand, dont la fonction est largement honorifique, est choisi par une assemblée du Bundestag et des représentants des États *(Länder)*. Jusqu'alors, cette assemblée s'était tenue dans le vieux bâtiment du Reichstag, à Berlin-Ouest. Le gouvernement de Bonn manifestait ainsi qu'il entendait incarner la continuité de la légitimité allemande. Les Soviétiques et leurs associés est-allemands avaient jusqu'alors ignoré ce défi implicite ; en 1969, ils se sentirent assez forts pour le relever. Ils protestèrent contre la réunion électorale à Berlin sous prétexte que Berlin-Ouest ne faisait pas légalement partie de la République fédérale. Ils commencèrent à créer des incidents sur les routes d'accès, pour la première fois en 1962.

Ceci allait provoquer une grande inquiétude à Bonn ; la vulnérabilité de Berlin était devenue proverbiale. On ne savait pas comment le nouveau gouvernement américain allait réagir ; on ressentait un malaise général provoqué en partie par la position dangereuse de l'Allemagne, et aussi par les querelles politiques qui avaient eu lieu avec nos deux gouvernements précédents. Bonn avait refusé l'accent mis par McNamara sur une défense régionale non nucléaire, de peur qu'elle ne suscite une agression soviétique. Bonn voyait dans le traité de non-prolifération des armes nucléaires l'exemple parfait d'une discrimination à son égard dans le domaine nucléaire. Bonn était offensé par les pressions des États-Unis pour que soit payé le stationnement de troupes américaines sur le sol allemand. Deux Chanceliers — Konrad Adenauer et Ludwig Erhard — avaient vu leur départ précipité par leurs controverses avec les gouvernements Kennedy et Johnson.

Tout cela reflétait l'instabilité psychologique du nouvel État allemand apparemment si puissant. Sortie vaincue de deux guerres, portant les stigmates d'un passé nazi, démembrée et divisée, l'Allemagne de l'Ouest était une économie en mal de politique. Il n'y avait pas à Bonn cette confiance en soi britannique née de siècles d'évolution politique et de gloire impériale ininterrompues. Bonn elle-même, choisie à la convenance personnelle du premier Chancelier d'après-guerre (la nouvelle capitale se trouvait à côté de la petite ville où vivait Adenauer), n'incarnait aucune tradition politique antérieure, mais symbolisait la précarité de la résurrection allemande d'après guerre. La République fédérale était comme un arbre imposant dénué de racines profondes, exposé à la moindre rafale de vent.

La difficulté de sa position provoquait une impression d'insécurité perceptible chez ses dirigeants. Adenauer, un véritable grand homme, avait considéré que sa tâche la plus urgente était de rétablir la réputation d'une Allemagne à laquelle on puisse faire confiance. Il rejeta catégoriquement les nombreuses tentations offertes à son pays de manœuvrer entre l'Est et l'Ouest. Il résista aux accusations de l'opposition intérieure selon laquelle sa politique en faveur de l'Ouest menaçait la perspective d'une réunification des deux Allemagnes. Il dédaigna les avances momentanées de l'Est et chercha au contraire à sceller le rapprochement de la République fédérale et de l'Europe avec l'Alliance Atlantique : rapprochement si étroit qu'il interdise à jamais au nationalisme qui avait produit les désastres allemands de resurgir et d'infecter son peuple.

Adenauer réussit au-delà de toute espérance. Une douzaine d'années après sa création, l'orientation pro-occidentale de la République fédérale n'était plus contestée par aucun parti en Allemagne. L'opposition qui, la veille encore, préconisait une Allemagne neutre à mi-chemin entre l'Est et l'Ouest, avait totalement révisé son programme et rivalisait maintenant d'ardeur avec le gouvernement dans ses déclarations de fidélité envers les Alliés occidentaux, même dans le domaine militaire. Par une bizarrerie du destin, ce fut justement le moment que choisirent les brillants jeunes hommes qui dirigeaient le gouvernement Kennedy pour exhorter à la souplesse envers l'Est l'homme qui avait misé à fond sur la fermeté et la fiabilité, et qui venait d'accomplir le tour de force d'obtenir l'adhésion du pays tout entier à sa politique atlantique. Ceci contribua au bouleversement de la politique intérieure allemande au cours des années 1960, et au renversement des rôles. L'opposition social-démocrate qui, dix ans plus tôt, avait essayé d'utiliser à son profit le nationalisme allemand latent et critiquait l'orientation pro-occidentale d'Adenauer, accusait maintenant le gouvernement de mettre en danger les relations avec les États-Unis. Les chrétiens-démocrates, toujours au gouvernement, s'en tenaient imperturbablement aux orientations politiques arrêtées au cours des années cinquante. Leur attachement au principe de la continuité, quasi obsessionnel chez eux, provoqua l'impatience d'un gouvernement américain qui voulait tourner la page, convaincu de la valeur de ses grands desseins et, dans l'ensemble, plus à l'aise avec la gauche ou au moins les groupes réformistes qu'avec les chrétiens-démocrates conservateurs qui avaient construit l'Europe de l'après-guerre.

Les dilemmes de la politique de l'Allemagne de l'après-guerre étaient ainsi mis en évidence. Seule, parmi les puissances européennes, la République fédérale avait des aspirations nationales insatisfaites. Son désir de réunification s'exprimait par le refus de traiter avec le régime de l'Allemagne de l'Est ou même d'entretenir des relations diplomatiques avec tout gouvernement l'ayant reconnue (c'est ce que l'on a appelé la doctrine Hallstein). Mais aucun autre gouvernement européen ne partageait ces aspirations. Une Allemagne réunifiée ressuscitait le spectre de l'hégémonie allemande. Sur ce point, tous étaient d'accord avec Clemenceau : il avait dit un jour par boutade qu'il aimait tellement l'Allemagne qu'il en voulait deux. Ils savaient de plus que si la réunification de l'Allemagne devait se faire, ce ne pourrait être qu'au prix d'une confrontation massive avec l'Union soviétique. Il existait donc un abîme inévitable entre le but proclamé par la République fédérale : la réunification de l'Allemagne, et les actions qu'elle pouvait entreprendre pour y parvenir. C'est cet abîme entre le but et les moyens qui permit à l'Union soviétique d'imposer périodiquement à l'Allemagne de l'Ouest des épreuves de force sur Berlin destinées, en partie du moins, à amener la République fédérale à accepter le *statu quo* et à forcer ses alliés de l'O.T.A.N. à se désolidariser de ses aspirations nationales.

Aux avant-postes d'une Europe divisée, soumis à des pressions répétées de la part des pays de l'Est, conscients du reste de méfiance profonde qu'ils continuaient à inspirer à l'Ouest et affligés de ne pas avoir réalisé leurs aspirations nationales, les dirigeants de l'Allemagne de l'Ouest voyaient dans leurs relations avec les États-Unis leur ancre de salut. Ils n'aspiraient pas à jouer un rôle dans les affaires internationales et manquaient de confiance en eux-mêmes pour chercher à influencer notre politique sur une large échelle. Leur but était plus modeste : ils voulaient pouvoir compter sur nous pour leur défense et obtenir l'assurance qu'aucun changement radical dans notre politique envers les pays de l'Est ne laisserait l'Allemagne exposée physiquement ou psychologiquement.

C'est pourquoi nos méthodes politiques tapageuses avaient tendance à inquiéter les Allemands de l'Ouest. L'arrivée périodique au pouvoir de nouvelles équipes gouvernementales proclamant haut et fort qu'elles allaient aborder les problèmes de façon différente et flétrissant le caractère désuet de la politique de leurs prédécesseurs leur faisait craindre que l'un des prochains tours de roue n'entraîne ce désengagement américain de l'Europe qu'ils redoutaient tant.

La mission de Nixon — rétablir la confiance et la stabilité à Bonn — était particulièrement opportune : malgré la crise de Berlin, la politique allemande traversait une phase de transition. En octobre 1963, Ludwig Erhard avait succédé au Chancelier Adenauer. Artisan du « miracle allemand », Erhard jouissait alors d'une immense popularité, mais, comme Adenauer l'avait prédit, il était loin d'être aussi compétent en politique qu'en économie. La coalition gouvernementale des chrétiens-démocrates et des libéraux s'écroula : en 1966, les sociaux-démocrates et les chrétiens-démocrates formèrent une nouvelle coalition, appelée Grande Coalition, avec Kurt Georg Kiesinger comme Chancelier et Willy Brandt comme vice-Chancelier et ministre des Affaires étrangères.

Cette décision se révéla funeste pour les chrétiens-démocrates. Conservateurs modérés, ils avaient dominé toute la période de l'après-guerre, alors que les sociaux-démocrates languissaient dans une opposition qui menaçait de devenir permanente, essentiellement parce qu'aux yeux de bon nombre d'électeurs ce parti – malgré son passé démocratique tout à fait honorable – était l'héritier de trop de traditions radicales pour lui confier les rênes du gouvernement. La Grande Coalition, mise au point par le brillant stratège social-démocrate Herbert Wehner, démontra que les sociaux-démocrates étaient capables de gouverner : le seul fait de participer au gouvernement leur apporta enfin le nombre de voix supplémentaires dont ils avaient besoin pour gagner les élections vers la fin de 1969. Aussi douloureuse qu'ait pu être pour les chrétiens-démocrates l'erreur de calcul qui avait abouti à la Grande Coalition, ce fut une bénédiction pour la démocratie allemande. La preuve fut faite que les sociaux-démocrates étaient en réalité un parti démocratique responsable. Cela épargna à l'Allemagne la radicalisation ou la polarisation de la vie politique endémique dans tant d'autres pays européens.

Mais on n'en était pas encore là et, malgré son nom ronflant de Grande Coalition, le gouvernement qui nous accueillit à Bonn était profondément divisé. Ses principaux représentants allaient s'affronter dans les élections qui auraient lieu quelques mois plus tard ; presque tout ce qui fut dit pendant notre visite refléta un marchandage prudent où chacun cherchait à assurer ses positions. Le Chancelier Kiesinger *, courtois, grave, flegmatique, annonçant les choses les plus banales avec le plus grand recueillement, se trouvait, politiquement, pris au piège. En effet, chaque jour qu'il passait au gouvernement renforçait la position de son principal adversaire, qui se trouvait également être le vice-Chancelier, Willy Brandt. Massif, solide, peu communicatif de nature malgré ses manières cordiales, Brandt ne donnait nullement l'impression de se considérer comme le subordonné du Chancelier.

Là où le gouvernement britannique s'était montré ambivalent sur les questions de dissuasion, de détente, d'unité occidentale et des relations entre l'Est et l'Ouest, les deux dirigeants allemands, pris individuellement, se montraient beaucoup plus clairs. Mais ils étaient divisés : le seul point sur lequel ils étaient d'accord c'est qu'il fallait faire preuve de fermeté à propos de Berlin. Kiesinger était en faveur d'une attitude rigide vis-à-vis des pays de l'Est ; Brandt, lui, préconisait une attitude beaucoup plus nuancée. Même sans beaucoup d'imagination, on pouvait en déduire qu'il était prêt à avaler la pilule de la reconnaissance de l'Allemagne de l'Est. Kiesinger attachait beaucoup d'importance aux relations avec la France ; Brandt appuyait l'entrée de la Grande-Bretagne dans le Marché Commun. Les idées de Kiesinger étaient plus proches de celles de Nixon ; les vues de

* Le destin de Kiesinger montre combien la carrière d'un homme politique est à la merci d'un accident de parcours. Lors des élections qui devaient avoir lieu au mois de septembre suivant, Kiesinger obtint un nombre de voix considérable – une seule fois auparavant les chrétiens-démocrates en avaient obtenu davantage. Or, pour la première fois depuis la fin de la guerre, un minuscule parti néo-nazi prit part aux élections et, par un caprice du code électoral allemand, priva juste Kiesinger du nombre de sièges qui lui manquait pour obtenir la majorité. Cela suffit pour permettre aux sociaux-démocrates et aux libéraux de former une coalition et de condamner le parti de Kiesinger, majoritaire en sièges, à l'opposition. Il avait ainsi franchi la ligne ténue qui sépare l'homme politique acclamé comme un grand politicien du chef de parti qui a échoué et dont le mouvement a perdu le pouvoir pendant qu'il était au gouvernement. A l'heure où j'écris ces lignes, la C.D.U. (Christlich-Demokratische Union) en est toujours à essayer de le reconquérir.

Brandt épousaient pratiquement les convictions de notre ministère des Affaires étrangères. Les entretiens que nous eûmes à Bonn indiquèrent clairement que jusqu'aux élections d'automne, la politique allemande serait surtout temporisatrice.

Notre voyage officiel en Allemagne de l'Ouest se termina par une visite de Berlin. Une foule immense salua le cortège officiel sur son passage, mais Nixon était mal à l'aise : il craignait que la comparaison avec la réception de Kennedy en 1963 ne lui fût défavorable. Il ne se détendit que lorsqu'on lui affirma à plusieurs reprises que ce n'était pas le cas. (Je m'aperçus que le parcours du cortège officiel était en forme de S pour permettre à la « foule » de passer facilement d'une rue à l'autre ; à ce qu'on me dit, ce truc avait également été utilisé lors de la visite de Kennedy.) Nixon voulait empêcher une autre crise de Berlin en jetant sans équivoque, dès le début de son mandat, le prestige de la Présidence dans la balance, ce qu'il fit dans un discours éloquent à l'usine Siemens : « Quatre Présidents avant moi sont restés attachés à ce principe et je vous dis maintenant et à cet endroit, que, moi aussi, je m'en tiens fermement à ce principe : Berlin doit rester libre. Je ne dis pas du tout cela par esprit de bravade ou de belligérance, j'énonce simplement un fait irrévocable de la vie internationale. »

Intermède romain

L'étape suivante de notre voyage était l'Italie. Le chaos exubérant de l'aéroport de Rome était à l'opposé du cérémonial discipliné de Berlin. Dans la joyeuse pagaille qui suivit notre arrivée, Rogers fut emmené pour passer en revue le détachement chargé de rendre les honneurs jusqu'à ce qu'un de nos « éclaireurs », sidéré, se ressaisisse et place le Président en tête du cortège. Après cela, tout marcha comme sur des roulettes, mais nous frôlions constamment le précipice.

Ce fut la première des nombreuses visites que j'allais faire par la suite en Italie pendant que j'exerçais mes fonctions. J'ai toujours aimé la beauté prenante de ce pays et l'extraordinaire humanité des habitants. Chaque visite me confirma cependant que l'Italie avait des lois politiques et une conception du rôle de l'État différentes de celles du reste de l'Europe occidentale. Peut-être les Italiens sont-ils trop civilisés, trop pénétrés de la valeur de l'individu pour s'engager totalement et adopter les buts politiques qui, pendant plus d'un siècle et demi, ont été le moteur des rivalités et des ambitions des autres pays européens. Il ne fait aucun doute que les problèmes intérieurs de l'Italie accaparaient tellement l'attention des principaux dirigeants italiens que la politique extérieure jouait un rôle secondaire. Il fallait également tenir compte du fait que Rome, en tant que capitale, était moins le foyer d'un sentiment national que d'une tradition historique. Elle avait gouverné un empire dans l'Antiquité, avant d'être pendant quinze siècles la capitale des États pontificaux – et le palais du Quirinal, où habite actuellement le Président italien, resta la résidence d'été des Papes jusqu'en 1871. Contrairement aux autres capitales européennes, Rome n'avait pas donné son impulsion à l'unification de l'Italie ; elle fut, en fait, intégrée à l'Italie dix ans après la naissance de l'État italien. Le gouvernement italien est alors venu s'installer dans la cité des Papes, mais la Papauté est restée l'institution dominante de Rome.

Quel qu'en soit le motif, j'eus chaque fois l'impression que le but principal de notre visite était atteint par notre arrivée à l'aéroport : les États-Unis prenaient l'Italie au sérieux ; les caméras prouvaient que les dirigeants italiens étaient consultés. Après les photos d'usage, les ministres italiens se comportaient comme s'ils connaissaient trop bien la vie pour donner à croire que leurs opinions sur les affaires internationales avaient quelque chance d'influencer profondément les événements.

Pendant mon mandat, ce furent alternativement Mariano Rumor et Aldo Moro qui occupèrent les fonctions de Premier Ministre ainsi que, pendant une brève période de temps, Emilio Colombo. Celui qui n'était pas Premier Ministre était, pendant ce temps, ministre des Affaires étrangères. Rumor, débordant de bienveillance et de bonne volonté, était très désireux de plaire. C'était manifestement un dirigeant d'appareil de parti qui ne se manifestait que lorsque les esprits étaient échauffés et se dépensait alors sans compter entre les différentes factions de la démocratie-chrétienne. Colombo, lui, était un intellectuel. Courtois, réfléchi, c'était plus un expert qu'un dirigeant ; on aurait dit qu'il ne s'élevait au sommet que quand les factions étaient dans une impasse et qu'elles avaient besoin d'un Premier Ministre pour expédier les affaires courantes, mais qui ne fasse pencher la balance dans aucune direction jusqu'à ce qu'un nouvel arrangement ait été conclu. Moro était de loin celui qui dominait tous les autres. Il était aussi intelligent que taciturne et passait en fait pour avoir une intelligence remarquable. La complexité toute byzantine de la structure de ses phrases est la seule preuve que j'en aie eue. Je dois dire que j'avais sur lui un effet soporifique. Au cours de nos entretiens, il n'était pas rare qu'il s'endorme, et je considérais déjà comme un succès de le tenir éveillé. Il était clair que les affaires internationales n'intéressaient pas Moro. C'était le stratège par excellence de la démocratie-chrétienne, capable, avec une extraordinaire subtilité, de mettre sur pied de nouvelles orientations dans la politique intérieure italienne. Le ministère des Affaires étrangères constituait pour lui une base de pouvoir, mais il n'envisagea jamais d'y faire carrière. Les dirigeants italiens étaient manifestement choisis en fonction des problèmes intérieurs et reflétaient surtout l'équilibre interne de la démocratie-chrétienne.

Les Présidents sous lesquels j'ai servi n'ont jamais très bien compris cela. Croyant que le Premier Ministre italien disposait du pouvoir exécutif, ils essayaient d'avoir avec lui des entretiens impliquant la prise de décisions précises. Aucun des Premiers Ministres italiens que j'ai rencontrés n'a jamais encouragé une telle attitude, qui, à leurs yeux, ne pouvait être qu'une grossière tentative de flagornerie ou une preuve d'ignorance. Ils savaient qu'ils dirigeaient des coalitions instables et qu'ils avaient le droit de présider les réunions du Conseil des ministres, mais pas de donner des ordres qui les engageraient. Les décisions devaient être prises à l'unanimité, ce qui sous-entendait l'assentiment de plusieurs personnes ne faisant pas partie du gouvernement. Dans les discussions aussi bien avec les Premiers Ministres qu'avec les ministres des Affaires étrangères, la politique intérieure restait la principale préoccupation. Le ministère italien des

Affaires étrangères comprenait quelques-uns des diplomates les plus distingués et les plus avisés que j'aie rencontrés ; mais on ne pouvait parfois s'empêcher d'avoir l'impression qu'à discuter des affaires internationales avec leur ministre, on risquait surtout de l'ennuyer.

Il y avait précisément de bonnes raisons de s'inquiéter de la situation intérieure difficile dans laquelle se trouvait l'Italie. La démocratie-chrétienne avait gouverné le pays sans interruption depuis la fin de la guerre. Il était à la mode de dire qu'elle n'avait pas résolu les problèmes fondamentaux de l'Italie, que l'incompétence était largement répandue et que la corruption sévissait dans tout le pays, mais ce n'était qu'en partie vrai. Dans le domaine économique, l'Italie avait fait des progrès remarquables. Au cours des dix années qui venaient de s'écouler, son économie avait connu un taux de croissance moyen de 5,5 pour 100 mais, comme partout ailleurs, ce développement avait entraîné des dislocations qui éprouvaient durement la stabilité politique. Les paysans du Sud de l'Italie avaient toujours été très pauvres ; la tradition et l'Église constituaient leur seul soutien moral. Le développement économique transplanta ces hommes et ces femmes dans les usines du Nord du pays. Dans ce bouleversement massif, leur principal soutien moral se révéla être le parti communiste, qui les recevait à la gare et leur apportait l'aide dont ces déracinés avaient le plus grand besoin. Si le nombre des électeurs votant communiste est resté constant en Italie, malgré une croissance économique rapide – ce qui va à l'encontre de toute théorie à la mode –, c'est dans une large mesure parce que le parti communiste était considéré par beaucoup de gens comme le garant de leur sécurité et que le gouvernement de Rome avait omis d'établir les contacts humains qui jouent un rôle si important en Italie.

L'obsession des Américains qui cherchent continuellement des solutions en mettant en place de nouvelles institutions vint encore compliquer le problème. Pendant la plus grande partie de l'après-guerre, l'Italie avait été gouvernée par une coalition de la démocratie-chrétienne et de partis de droite et de gauche modérés. Les sociaux-démocrates représentaient l'aile gauche du groupe de la majorité ; ils avaient pour particularité de se refuser à toute collaboration avec les communistes. L'opposition était composée, à gauche, des communistes, soutenus par les socialistes de gauche, et à droite, par les monarchistes et les fascistes. En 1963, les États-Unis décidèrent de soutenir ce que l'on a appelé l'ouverture à gauche, destinée à mettre sur pied une coalition entre les socialistes de gauche et la démocratie-chrétienne qui, c'est du moins ce que l'on espérait, isolerait les communistes. A la suite des pressions considérables qu'exercèrent les Américains sur les Italiens, cette coalition finit effectivement par voir le jour.

Bien qu'il ait mis plus de dix ans à se manifester, le résultat fut exactement le contraire de celui espéré. Avec la nouvelle coalition, le parti social-démocrate se vit déposséder de sa principale raison d'être : son rôle de parti de gauche de l'opposition non communiste. D'élection en élection, il finit par perdre progressivement toute importance. Les socialistes exigèrent, pour accepter d'entrer au gouvernement, que le parti libéral, partisan de la libre entreprise, en soit exclu, ce qui fut fait, et ce dernier déclina lui aussi à chaque élection. Les socialistes de gauche ne profitèrent pas non plus de leur entrée au gouvernement parce qu'ils avaient continué à former une coalition avec les communistes en province pendant qu'ils gouvernaient avec la démocratie-chrétienne à Rome. Un tel parti ne pouvait que s'épuiser dans l'ambivalence ; nullement disposé à abandonner l'une ou l'autre de ses alliances, il ne pouvait ni faire barrage au communisme en province ni aspirer à réformer la démocratie-chrétienne à Rome.

Ainsi, loin d'isoler les communistes, l'ouverture à gauche en fit le seul parti d'opposition important. En détruisant les petits partis démocratiques, l'expérience priva le système politique italien de toute souplesse. Dorénavant, les communistes allaient tirer profit de toutes les crises du gouvernement ; avec le temps, l'Italie n'allait plus avoir le choix qu'entre la démocratie-chrétienne, figée dans l'immobilisme, et un changement radical antidémocratique. C'est à la fin des années 1960 que cet inquiétant processus historique commença à devenir apparent. Les ministres continuaient certes à affirmer bien haut leur anticommunisme, mais l'arithmétique électorale démentait dans une proportion croissante ces professions de foi. Tout changement fondamental aurait mis en danger non seulement l'autorité du parti au pouvoir, mais le système démocratique lui-même.

Rome fut la seule capitale où l'arrivée de Nixon provoqua des bagarres et des émeutes d'une certaine ampleur. Les communistes ne s'étaient pas encore convertis publiquement et ostensiblement à l'O.T.A.N. (ce qu'ils firent quand ils furent sur le point d'accéder au pouvoir et que cela présentait des avantages sur le plan tactique). Ils manifestèrent donc en prenant pour thème le slogan : « L'O.T.A.N. doit quitter l'Italie et l'Italie doit quitter l'O.T.A.N. » Dans ses discours, Nixon reprit les thèmes fondamentaux qu'il avait abordés au cours des autres étapes de son voyage : son attachement aux consultations régulières des chefs de gouvernement amis sur tous les sujets, son intention d'aborder avec prudence les relations avec l'Union soviétique et son désir de paix. Tout cela plut aux dirigeants italiens, mais ils réagirent à ces nouvelles comme si elles venaient d'une planète lointaine : intéressantes, mais n'ayant rien à voir avec leurs principaux sujets de préoccupation.

Les rencontres eurent lieu un peu au hasard. Le président Giuseppe Saragat insista pour recevoir Nixon sans ses ministres parce qu'il avait peur d'exprimer en face d'eux les sinistres pressentiments qui l'assaillaient en pensant aux gains de voix des communistes. Au cours de ces entretiens privés, Saragat se révéla vif et réfléchi, mais la constitution italienne ne donne au Président aucune possibilité d'intervenir dans la vie politique, et l'impact de ses propos en était diminué. Saragat donna au palais du Quirinal un gigantesque dîner officiel. Comme il ne permettait pas d'avoir des entretiens sérieux et comme personne n'aurait été capable de dire quels étaient ceux, parmi les nombreux dirigeants italiens, qui, au cours des années à venir, allaient jouer un rôle de premier plan, Nixon reçut, un par un, dans une petite pièce du palais, un grand nombre d'entre eux, pendant que l'on servait le cognac au reste des invités. Cette procédure contribua à embrouiller les choses plus qu'à les tirer au clair. Aucun des dirigeants, de quelque parti que ce soit, n'avait un programme concret, dès lors que ce qu'il ferait, une fois au pouvoir, si jamais il y arrivait, dépendait moins de ses convictions personnelles que du rapport de forces qu'il y trouverait.

Curieusement, l'Italie n'avait toujours pas rompu avec la tradition de sa Renaissance. Ses partis se comportaient toujours comme les factions des cités-États qui avaient dominé la plus grande partie de l'histoire de l'Italie. La démocratie-chrétienne combinait Naples et Florence, escamotant adroitement toute réponse et ayant toujours une longueur d'avance sur ses rivaux en utilisant les subtiles stratagèmes de Machiavel ; les communistes étaient le Piémont soutenu par Moscou, comme le Piémont traditionnel avait été soutenu par la France : disciplinés, rationnels et austères. Le parti républicain était une modeste cité-État comme Modène, s'en tirant par le prestige de son intelligence. Seuls les socialistes avaient des difficultés. Ils aspiraient à des fondements nationaux et européens qui avaient peu de racines dans l'histoire de l'Italie.

Beaucoup de ces tendances se firent jour lors d'une grande réunion solennelle avec le gouvernement, à laquelle assistèrent presque tous les ministres, à la villa Madonna, magnifique palais de la Renaissance surplombant Rome. Cette réunion avait été précédée par un entretien particulier entre Nixon et le Premier Ministre Rumor, condamné à ne déboucher sur rien de concret puisque Rumor ne pouvait prendre aucun engagement sans ses ministres et que les ministres rassemblés étaient trop nombreux pour permettre une discussion sur un point précis en séance plénière, ce que de toute façon Nixon abhorrait. Ce qui intéressait les Italiens, c'était d'en finir avec la guerre du Vietnam, afin de priver les communistes de l'un de leurs sujets de propagande favoris, d'encourager l'entrée de la Grande-Bretagne dans le Marché Commun, de faire contrepoids aux tendances gaullistes et de se concilier les pays de l'Est pour donner à l'Alliance Atlantique un nouveau but. Ces propositions furent avancées sous la forme d'exhortations amicales faites à un allié en qui ils avaient confiance, mais elles ne furent accompagnées d'aucune proposition précise, et, sur les questions concernant la défense, les ministres italiens furent muets.

De Gaulle, le colosse

La dernière étape de l'odyssée de Nixon, c'était Paris. Nous fûmes accueillis à l'aéroport par cet extraordinaire personnage qu'était Charles de Gaulle, Président de la Ve République française. Il exsudait l'autorité. Quatre semaines plus tard, il allait se rendre à Washington pour assister aux funérailles du Président Eisenhower. Sa présence était telle, à la réception offerte par Nixon, qu'il fut le point de mire de toute l'assistance. D'autres chefs de gouvernement et de nombreux sénateurs qui proclamaient généralement leur antipathie pour les généraux autoritaires se pressaient autour de lui et le regardaient comme une bête curieuse. On avait l'impression que s'il se dirigeait vers une fenêtre, le centre de la pièce se déplacerait et tout le monde basculerait dans le jardin.

De Gaulle était devenu le porte-parole des États-nations et de l'autonomie du continent européen vis-à-vis des États-Unis. La logique française l'induisait à nouveau à porter ses postulats à des extrêmes et à blesser inutilement les Américains. Quand le gouvernement Nixon entra en fonctions, la méfiance mutuelle qui s'était instaurée avait rendu toute discussion posée impossible : pour nos hommes politiques, de Gaulle était devenu un objet d'anathème. Il faut dire que les sentiments qu'il leur inspirait étaient payés de retour. C'était bien dommage, parce que de Gaulle avait soulevé un thème important à propos de la nature de la coopération internationale. Washington rêvait d'une organisation qui rendait toute action séparée matériellement impossible en assignant à chaque partenaire une fraction de la tâche globale commune. Pour de Gaulle, et il n'en démordait pas, la coopération ne pouvait être efficace que si chaque partenaire avait une réelle possibilité de choix; tout allié devait donc, du moins théoriquement, être capable d'agir de façon autonome. Washington, partant du postulat d'un réseau d'intérêts communs, comptait sur la consultation pour dissiper les désaccords. Et, dans l'optique américaine, l'influence de chaque partenaire était proportionnée à la contribution de chaque pays à l'effort commun — un peu comme les actionnaires d'une société anonyme.

De Gaulle, enfant d'un continent couvert de ruines, témoignait, d'une façon éloquente, de la faillibilité des prévisions humaines, n'acceptait pas cette manière institutionnelle d'aborder les problèmes. A ses yeux, la confiance en soi de l'Europe n'exigeait pas seulement la consultation. Elle dépendait également des choix qui leur resteraient en cas de désaccord irrémédiable. De ce fait, là où les porte-parole américains mettaient l'accent sur l'association, de Gaulle insistait sur l'équilibre. Pour lui, des relations saines dépendaient moins de la bonne volonté personnelle et de l'empressement à coopérer que de la balance des pressions, et de la compréhension du rapport de forces. « L'homme, borné dans sa nature, est infini dans ses vœux » affirmait-il. « Le monde est donc rempli de forces qui s'opposent. Certes, la sagesse humaine parvient-elle souvent à empêcher que des rivalités se dégénèrent en conflits meurtriers. Mais la concurrence des efforts est la condition de la vie. Notre pays se trouve aujourd'hui confronté avec cette loi de l'espèce, comme il le fut depuis deux mille ans [8]. » Pour de Gaulle, l'art de gouverner consistait à comprendre le sens de l'histoire. Un grand homme politique doit être intelligent, mais il doit surtout être lucide et clairvoyant. Pour lui, la grandeur n'était pas seulement la puissance matérielle, mais la force étayée par un but moral. La concurrence n'entraînait pas inévitablement un conflit matériel. Paradoxalement, de Gaulle pensait qu'une association véritable ne pouvait émerger que d'une lutte de volontés parce que c'était la seule façon, pour chaque partie, de conserver sa fierté. « Oui, la vie internationale, commè la vie tout court, est un combat. Celui que soutient notre pays tend à unir et non à diviser, à ennoblir non à abaisser, à affranchir non à dominer. Ainsi suit-il sa vocation, qui fut toujours et demeure humaine et universelle [9]. »

Avec cette philosophie, il n'était pas possible à de Gaulle d'accepter la conviction qu'avaient les Américains selon laquelle les État-nations appartenaient au passé. Le problème n'était pas qu'il souhaitait raviver en Europe les rivalités traditionnelles entre les nations, comme le prétendaient bon nombre de ses critiques américains, au contraire. Il affirmait passionnément que son but était l'unité de l'Europe, mais là où les « intégrationnistes » américains et européens tenaient absolument à ce que l'unité de l'Europe passe par une structure fédérale supranationale coiffant les nations, de Gaulle affirmait que l'identité de l'Europe et, finalement, son unité, dépendaient de la vitalité et de la confiance en elles-mêmes des entités nationales européennes traditionnelles. Pour de Gaulle, les États étaient la seule source légitime de pouvoir ; eux seuls étaient capables de faire face à leurs engagements : « ... il est vrai que la patrie est un élément humain, sentimental, alors que c'est sur des éléments d'action, d'autorité, de responsabilité qu'on peut construire l'Europe. Quels éléments ? Eh bien ! des États, car il n'y a que les États qui soient à cet égard valables, légitimes et capables de réaliser. J'ai déjà dit et je répète qu'à l'heure qu'il est il ne peut y avoir d'autre Europe que celle celle des États, en dehors naturellement des mythes, des fictions, des parades [10] ». Et : « En vérité, ce sont les États, des États qui sont, certes, très différents les uns des autres, ayant chacun son âme, son histoire et son langage à lui, ses malheurs, ses gloires et ses ambitions à lui, mais des États qui sont les seules entités qui aient le droit d'ordonner et le pouvoir d'être obéis [11]. »

Lorsque de Gaulle rejeta la Grande-Bretagne du Marché Commun en 1963, les attaques dont il fut l'objet à Washington prirent une forme carrément personnelle. Quand il se retira du commandement intégré de l'O.T.A.N. en 1966, ces attaques prirent un caractère vindicatif, et au cours des années soixante notre politique européenne consista, en grande partie, à s'efforcer en vain d'isoler la France et de lui faire expier sa conduite – en vain, parce que certains pays européens approuvaient sa politique et que d'autres étaient trop faibles pour s'y opposer.

Comme je l'ai indiqué, je ne me suis jamais associé à la condamnation du général de Gaulle ; je pensais, à vrai dire, que notre politique européenne des années soixante avait été en général mal conçue. J'avais l'impression que nous nous montrions extraordinairement insensibles aux problèmes psychologiques d'un pays comme la France qui s'était à grand-peine remise de deux guerres mondiales, avait connu l'humiliation en 1940 et qui en 1958, 1960 et 1962 avait frôlé la guerre civile. Le grand mérite de De Gaulle fut de redonner à la France confiance en elle-même. Il suffit de constater que, trois ans après la fin de la guerre d'Algérie (dont, pour la plupart des observateurs, les séquelles allaient affaiblir la France pendant des dizaines d'années), tout le monde se plaignait de voir la France mener une politique étrangère plus vigoureuse et plus hardie que celle qu'elle aurait dû mener en raison de ses possibilités réelles, pour voir qu'il avait réussi au-delà de toute espérance. J'étais persuadé que nous avions plus intérêt à voir l'Europe chercher à jouer un rôle international, même s'il devait par moments s'affirmer un peu trop, que de la voir jouer un rôle passif et abdiquer ses responsabilités en s'en remettant aux décisions américaines. D'ailleurs, l'attitude de De Gaulle envers les institutions supranationales ne me semblait pas non plus extraordinaire. La Grande-Bretagne était exactement du même avis, à cette différence près que les hommes politiques britanniques avaient l'habitude d'exprimer leur désaccord pour des raisons plus pragmatiques et d'une manière moins doctrinaire *. Nous n'avions également nul besoin de nous accrocher à des structures destinées à préserver notre hégémonie étant donné que, livrés à eux-mêmes, il y avait de grandes chances pour que les Européens en arrivent à des conclusions très proches des nôtres sur la plupart des questions affectant la sécurité de la zone atlantique. Les vues de Nixon coïncidaient avec les miennes, bien qu'il les exprimât d'une manière moins théorique.

Avant de partir et au cours de notre visite à Paris, nous n'avons manqué aucune occasion de souligner que nous étions bien décidés à mettre un terme à nos vieilles querelles avec la France. Le 28 février, je fis la déclaration suivante dans une conférence de presse officieuse à Paris :

> « Le Président est convaincu qu'il est parfaitement stérile, pour les États-Unis comme pour la France, d'entretenir de mauvaises relations qui pourraient être évitées. Dans tous les pays que nous avons visités, on nous a fait clairement comprendre... que l'on ne voulait pas avoir à choisir entre les États-Unis et la France... Je pense que nous donnerons la possibilité à chaque pays de prendre des décisions sur le fond même de la controverse si nous ne sommes pas en conflit organique permanent avec la France... »

Nixon exprima son admiration personnelle pour de Gaulle au cours du somptueux dîner officiel donné en son honneur à l'Élysée. Il décrivit la vie de De Gaulle comme « une épopée du courage, une épopée de *leadership* rarement égalée dans l'Histoire, *leadership* qui a maintenant redonné à cette grande nation la juste place qui lui revient ». Il brossa le portrait de De Gaulle comme « un chef devenu un géant parmi les hommes par son courage, par sa grandeur de vues et par sa sagesse dont le monde a tant besoin aujourd'hui pour résoudre les problèmes ardus qui sont les siens ». De Gaulle lui rendit cette chaude sympathie empreinte de respect en accomplissant le geste symbolique (rare de sa part) d'assister au dîner organisé par Nixon à l'ambassade des États-Unis.

Nixon et de Gaulle eurent trois entretiens de longue durée. Je n'assistai qu'à l'un d'eux mais j'ai lu la transcription des deux autres due à notre remarquable interprète, le général Vernon A. Walters. De Gaulle parlait — comme il écrivait —, avec une maîtrise de la langue à laquelle il devait une large part de son autorité. L'ampleur de son sens de l'Histoire lui permettait de faire apparaître comme nécessaire la vision de l'homme d'État. Le premier entretien, à l'Élysée, porta sur les relations Est-Ouest. De Gaulle parla du peuple chinois et déclara qu'il fallait l'empêcher d'être « replié dans sa hargne » ; il demanda qu'il soit mis fin à la

* En Grande-Bretagne, les deux partis rejetaient les institutions supranationales. Lorsque Harold Macmillan annonça que la Grande-Bretagne avait, pour la première fois, demandé à entrer dans le Marché Commun, en juillet 1961, il assura au Parlement qu'il ne s'intéressait nullement à un « système fédéral » reposant sur une « analogie complètement fausse » avec l'union fédérale américaine. En dépit des assurances de Macmillan, le chef du parti travailliste, Hugh Gaitskell, s'opposa à l'entrée de la Grande-Bretagne parce qu'il craignait qu'elle ne soit plus en mesure de mener sa propre politique intérieure socialiste si elle se trouvait submergée au sein d'une Europe démocrate-chrétienne.

guerre du Vietnam et nous suggéra de fixer une date limite pour que nous nous retirions afin d'aboutir à un accord politique, mais, après avoir esquissé l'objectif à atteindre, il ne nous donna aucune indication sur la manière de procéder. Il nous conseilla fortement d'imposer une solution au Moyen-Orient ; il pensait que le moyen d'y arriver était de réunir une conférence quadripartite. Lorsque Nixon proposa des pourparlers parallèles entre les États-Unis et l'Union soviétique, il fit preuve d'une indifférence suprême qui cachait mal son extrême réserve. Il ne désirait nullement mettre à l'épreuve un condominium américano-soviétique. (Cette question sera examinée plus en détail au chapitre x consacré au Moyen-Orient.)

En ce qui concerne l'Union soviétique, de Gaulle insista sur la nécessité d'une défense nationale puissante tout en défendant une politique de détente à l'aide d'arguments historiques généraux. La Russie était une chose et le communisme une autre, déclara-t-il. Les communistes avaient cessé de progresser, ce qui ne voulait pas dire que le danger communiste n'existait plus, mais qu'ils ne pouvaient plus conquérir le monde, il était trop tard pour cela. Le mouvement avait perdu sa dynamique. La Russie était un immense pays dont le long passé historique, les énormes ressources, la fierté et les ambitions n'étaient pas forcément communistes. Bien que, si les États-Unis et l'Europe venaient à réduire leurs forces de défense, les dirigeants soviétiques seraient certainement enchantés, il était peu probable qu'ils s'élancent vers l'Ouest. Ce serait le signal d'une guerre générale et Moscou savait pertinemment qu'il ne pouvait pas gagner. Les États-Unis ne pouvaient pas lui laisser conquérir l'Europe car cela signifierait aussi la conquête de l'Asie et l'isolation des États-Unis sur le continent américain. Moscou connaîtrait sans doute des succès initiaux, mais les États-Unis finiraient par utiliser toute leur puissance et détruiraient la Russie.

Ce qui préoccupait surtout les dirigeants soviétiques, déclara de Gaulle, c'était la Chine. Les Russes envisageaient leurs relations avec l'Ouest et les États-Unis sous l'angle des difficultés qu'ils s'attendaient à rencontrer avec Pékin. Ainsi, en faisant preuve de prudence et sous réserve d'une certaine souplesse de la part des Occidentaux, ils pourraient bien être amenés à opter pour une politique de rapprochement avec l'Ouest afin de s'assurer qu'il ne traiterait pas avec la Chine dans leur dos. Il était convaincu qu'ils étaient donc sincères dans leur désir de détente et pensait que cette détente pouvait être utile à l'Occident à bien des égards. Elle représenterait un développement des contacts, des voyages, des échanges d'idées et de marchandises. De plus, une atmosphère de détente serait certainement propice aux aspirations à la liberté et à la dignité qui n'étaient pas mortes en Europe de l'Est. Lorsque les peuples se voyaient au bord de la guerre, ils s'en servaient toujours pour justifier un régime autoritaire, mais, les tensions une fois disparues, cela n'aurait plus de raison d'être. D'ailleurs, avait-on le choix ? Si l'on ne voulait pas faire la guerre, ni abattre le mur de Berlin, il n'y avait pas d'autre solution, à moins de ne rien faire du tout, et cela, c'était ce qu'il y avait de pire. De Gaulle approuvait donc les contacts américano-soviétiques, y voyant là une application des principes qu'il avait mis en pratique, tout en nous mettant en garde contre toute collusion entre les deux superpuissances. Quand ils signent des accords, les États-Unis doivent avoir « des partenaires », mais ils doivent éviter ce que « certains » appellent « des ententes à la Yalta »; bref, son plaidoyer en faveur de la détente n'allait pas jusqu'à encourager des accords bilatéraux entre les États-Unis et l'Union soviétique.

Nixon et de Gaulle eurent un nouvel entretien le lendemain au Grand Trianon, à Versailles. Le Général sut décrire avec éloquence les relations atlantiques; il brossa à grands traits un portrait de l'Europe telle qu'il la voyait : l'Italie, enfermée dans la Méditerranée et isolée par les Alpes; l'Allemagne, source de tous les malheurs de l'Europe, coupée en deux et surveillée par les deux camps; la France, pays continental avec accès à la mer; la Grande-Bretagne, face à la mer, faite pour le commerce avec l'étranger. Ces quatre pays, les seuls qui comptaient vraiment en Europe, étaient aussi différents dans leur langue, leurs coutumes, leur histoire et leurs intérêts que dans leur position géographique, mais c'était eux, et non pas quelque conception abstraite de l'intégration, qui représentaient la réalité politique d'une Europe qui sans eux était vide de sens.

De Gaulle souligna qu'il était impératif que les Soviétiques sachent que les États-Unis seraient aux côtés de leurs alliés européens en cas d'attaque, mais pour ce qui était de l'O.T.A.N. et de son commandement intégré, c'était une autre affaire. Il ne s'opposait pas à ce que les autres pays se montrent prêts à accepter un protectorat américain, mais, pour la France, cette intégration équivalait à renoncer à assurer sa propre défense. Si la guerre était menée par une O.T.A.N. intégrée, les Français auraient l'impression qu'il s'agissait d'une guerre américaine, pas d'une guerre française. Cela entraînerait la fin de tout effort national et par conséquent la France cesserait d'avoir une politique indépendante. Ainsi démoralisée, elle retomberait rapidement à l'état de pays déchiré entre trente partis politiques. Aux yeux de De Gaulle, c'était peut-être paradoxal, mais c'est en restant indépendante que la France rendait le plus grand service à l'Alliance Atlantique.

Ces vues, si contraires aux idées préconçues qui régnaient en Amérique après la guerre, étaient celles d'un vieux pays rendu sceptique par tant d'enthousiasmes déçus et conscient du fait que, pour être capable d'apporter quelque chose aux autres, il lui fallait d'abord retrouver le chemin de sa destinée. Tout en rejetant l'intégration des forces armées, le Général approuvait la coordination des politiques étrangères. Dans le passé, nous avions plutôt eu tendance à partir d'une démarche inverse, mais le gouvernement Nixon cherchait maintenant à obtenir une coordination dans les deux cas.

Un troisième entretien de courte durée portant sur le Vietnam, la Chine et les relations bilatérales eut lieu à l'Élysée. Sur le Vietnam, de Gaulle reprit les vues qu'il avait exposées au cours du premier entretien, quant à la Chine, j'y reviendrai au chapitre qui lui est consacré. En ce qui concerne les questions bilatérales, Nixon soutint sagement qu'il n'y avait aucun moyen de régler les querelles théoriques au sein de l'Alliance et que, par conséquent, il fallait s'efforcer de collaborer à des opérations concrètes intéressant tous les membres de l'Alliance Atlantique, ce à quoi de Gaulle donna son accord.

Exception faite de l'Europe et de la force avec laquelle il exposait ses convictions, les idées de de Gaulle n'étaient pas radicalement différentes de celles des autres dirigeants de l'Europe occidentale. Il préconisait une défense nationale puissante, condition indispensable à l'ouverture de négociations. Pas plus que ses homologues il ne s'efforçait de concilier l'incompatibilité inhérente à une politique de défense et de détente à la fois, à savoir que plus la détente s'affirmait et moins les peuples ressentaient le besoin d'une armée forte. La différence essentielle entre de Gaulle et ses homologues résidait dans le fait qu'ils justifiaient leur politique de relations entre l'Est et l'Ouest par des considérations de politique intérieure alors que lui, de Gaulle, mettait ses idées au service d'une conception supérieure de l'histoire.

Il me serait agréable de pouvoir écrire que mon premier contact avec de Gaulle se situa à un niveau égal à l'idée que je me faisais de son rôle historique. Malheureusement, il n'en fut pas ainsi. Le Général considérait les Adjoints au Président comme des fonctionnaires auxquels on ne demandait leur avis que pour permettre aux chefs de trancher sur quelque détail technique, autrement, pour lui, ils n'existaient pas. A la fin du dîner à l'Élysée, au moment où l'on servait les digestifs, un huissier m'annonça que de Gaulle voulait me voir. Sans perdre de temps en vaines politesses, il entra tout de suite dans le vif du sujet en me demandant :

« Pourquoi ne vous retirez-vous pas du Vietnam ?

— Parce que, répondis-je, un retrait pourrait compromettre notre crédibilité.

— Où cela ? » voulut savoir le Général. Je citai le Moyen-Orient.

« Comme c'est curieux, reprit le Général dont la haute stature me dominait d'une bonne tête, c'est justement au Moyen-Orient que je croyais que vos ennemis avaient du mal à asseoir leur crédibilité. »

Le lendemain, je fus invité à prendre l'apéritif, avant le déjeuner, avec les deux Présidents. Nixon eut l'incroyable idée de me demander ce que je pensais de la manière dont de Gaulle voyait l'Europe et je fis preuve de bien peu de bon sens en accédant à sa requête. Pour de Gaulle, cette demande était si extraordinaire qu'en se préparant à l'impertinence que constituait le fait de donner mon avis, il se dressa de toute sa taille qui me parut encore plus imposante. « Je la trouve fascinante, déclarai-je, mais je ne vois pas comment le Président pourra empêcher l'Allemagne de dominer l'Europe qu'il vient de décrire. » Saisi d'une profonde tristesse devant tant de stupidité, de Gaulle me sembla croître encore d'une taille tandis qu'il me contemplait avec la hauteur naturelle d'un sommet alpin enneigé envers une vulgaire taupinière. « Par la guerre * », répondit-il simplement.

Voulant me donner une chance avec un sujet censé être à la portée d'un professeur, de Gaulle aborda alors un thème historique. Quel diplomate du XIXe siècle, voulut-il savoir, avait fait sur moi la plus forte impression ?

« Bismarck, répondis-je.

— Pourquoi ?

— A cause de la modération dont il a fait preuve après la victoire. » Si je m'en étais tenu là, tout se serait bien passé ; malheureusement, lancé sur cette pente glissante, je continuai de plus belle : « Il ne s'est trompé qu'une fois lorsqu'en 1871 il acquiesça, à son corps défendant, au désir du Grand État-Major d'an-

* En français dans le texte (N.d.T.).

nexer à la fois l'Alsace et la Lorraine. Il a toujours affirmé qu'il avait obtenu plus qu'il n'était bon pour l'Allemagne. » De Gaulle coupa court en disant : « Je suis heureux que Bismarck n'ait pas fait comme il l'entendait, cela nous a donné l'occasion de tout reconquérir en 1918. » Je ne crois pas avoir fait une impression durable sur le grand homme d'État français.

Le séjour à Paris marqua le point culminant du premier voyage de Nixon en Europe. Il rebroussa chemin en direction de Rome où il eut un bref entretien avec le Pape sur l'attrait philosophique du communisme et l'agitation chez les jeunes, avant de rentrer aux États-Unis.

En arrivant à la base d'Andrews, Nixon avait tout lieu d'être satisfait de sa visite en Europe. Le résumé qu'il en fit aux chefs de la majorité et de l'opposition parlementaire constitue un compte rendu loyal. Il était parti établir de nouvelles relations de confiance avec les dirigeants européens et avait réussi, compte tenu des limites de ce qu'il est possible d'accomplir en un voyage. Il avait cherché à désengager les États-Unis des disputes intra-européennes et des progrès avaient été accomplis dans l'un et l'autre cas. Il avait, dans une certaine mesure, calmé les appréhensions des Européens au sujet d'une collusion américano-soviétique dont ils feraient les frais ; il les avait mis en garde contre les dangers de la détente pour la détente qui donne naissance à un sentiment trompeur de sécurité. Il avait insisté sur le fait que les membres de l'O.T.A.N. devaient participer équitablement aux dépenses de l'Alliance Atlantique et pour que sa doctrine s'adapte aux réalités nouvelles. On s'était efforcé d'insuffler aux membres de l'Alliance un nouvel esprit de consultation entre les États-Unis et leurs alliés européens.

Il était évident qu'une simple visite du Président ou qu'un échange de vues avec les dirigeants européens ne suffirait pas à surmonter les contradictions de l'Alliance Atlantique : entre la peur d'un arrangement américano-soviétique et le désir de détente, entre l'instinct qui la pousserait à se doter d'une armée forte et la tentation de sacrifier les efforts militaires aux programmes intérieurs, entre le désir de voir les troupes américaines rester en Europe et la crainte de voir la défense de l'Europe assurée par des forces stratégiques américaines ne faisant pas partie de l'O.T.A.N. Mais les problèmes avait été posés et nous avions toute la durée du mandat présidentiel devant nous pour leur donner des réponses.

5.
Ouverture des relations avec Moscou

Présentation à Anatoly Dobrynine

A l'époque de sa construction, au début du siècle, l'ambassade de l'Union soviétique aux États-Unis était une demeure majestueuse. Mais, depuis, son parc a disparu, et des immeubles modernes anonymes regardent avec condescendance ce bâtiment trapu de style victorien, aujourd'hui peu fonctionnel et dépourvu d'allure. A voir l'épaisse forêt d'antennes qui hérisse son toit, on devine que le personnel de l'ambassade se passionne pour les programmes de la télévision américaine, ou, plus pratiquement, écoute, fasciné, les conversations téléphoniques des Américains.

L'entrée de l'ambassade se prolonge par un long couloir, au bout duquel un membre des services de sécurité soviétiques surveille des écrans de télévision en circuit fermé. Le premier étage se compose de grandes pièces hautes de plafond, dont l'état laissait à désirer avant qu'on les repeigne et que l'on en restaure les dorures, en 1973, en l'honneur de la visite de Leonid Brejnev. Les anciens propriétaires « capitalistes » les utilisaient comme salons. Aujourd'hui elles ne servent que pour les grands dîners et les réceptions importantes.

Le 14 février 1969, je fus invité à ma première réception officielle à l'ambassade d'Union soviétique – réception donnée en l'honneur de Gueorgui Arbatov, directeur d'un Institut de recherche soviétique : spécialisé dans l'étude des affaires américaines. J'avais déjà rencontré cet ardent défenseur de la politique du Kremlin au cours de diverses conférences internationales sur la limitation des armements, à l'époque où j'étais encore professeur. Il semblait alors très bien connaître l'Amérique et était passé maître dans l'art d'adapter ses thèses aux opinions du moment. Il possédait, en outre, une habileté toute particulière à entrer dans le jeu des intellectuels américains, masochistes invétérés qui croient dur comme fer que n'importe quelle difficulté dans les relations américano-soviétiques est nécessairement due à la stupidité ou à l'intransigeance des Américains. Il démontrait astucieusement que les rebuffades des Américains forçaient les dirigeants pacifiques et bien intentionnés du Kremlin à s'engager – à contrecœur – dans des conflits qui heurtaient leur naturel extrêmement sensible.

Ce soir-là, les salles de l'ambassade accueillaient la traditionnelle foule des habitués de ce genre de réception : personnages officiels de second rang, représentants de groupes de pression, occasionnellement un membre du Congrès. Mais l'assistance n'était pas particulièrement brillante, selon les critères de Washington. L'ambassadeur, Anatoly Dobrynine, qui se remettait d'une grippe, avait préféré garder la chambre, laissant au chargé d'affaires Youri Tcherniakov le soin de recevoir les invités.

Je saluai Arbatov, puis me mêlai un peu à la foule. Mais, alors que je m'apprêtais à me retirer, un jeune fonctionnaire soviétique me tira par la manche et me demanda si je pouvais accorder un entretien à l'ambassadeur.

C'était notre première rencontre. Dobrynine m'accueillit en robe de chambre dans le deuxième salon de son petit appartement, qui devait être à l'origine l'étage des chambres à coucher. Les deux salons de taille moyenne communiquaient entre eux ; ils étaient meublés sensiblement de la même façon, dans ce style surchargé d'Europe centrale qui me rappelait l'Allemagne de ma jeunesse. Dobrynine m'accueillit en souriant, attentif et sûr de lui, en homme qui connaissait bien les fonctionnaires américains de haut rang pour en avoir fréquenté un certain nombre et les avoir jugés. Il suggéra qu'en raison de notre future collaboration nous nous appelions par notre prénom. Dès lors, il devint « Anatole » et moi « Henry » (ou plutôt « Khenry », le son h n'existant pas en russe*). Il me confia qu'il rentrait de l'Union soviétique, où il avait subi un check-up dans un établissement également fréquenté par Brejnev, Kossyguine et Podgorny, sans préciser s'ils s'y étaient trouvés en même temps que lui ou s'il les avait vus au Kremlin. Il avait un message de ses supérieurs à transmettre en personne au nouveau Président. Il m'apprit aussi qu'il était en poste à Washington depuis 1962 et avait été le témoin de plusieurs crises. Il avait toujours réussi à conserver la confiance des hauts fonctionnaires, et espérait qu'il en serait de même avec les membres du nouveau gouvernement, malgré les vicissitudes des relations officielles. Il pensait qu'il y avait eu des erreurs dans la conduite des affaires soviéto-américaines, en particulier entre 1959 et 1963. Il avait dirigé le service des affaires américaines au ministère des Affaires étrangères soviétique pendant cette période et se portait garant que Khrouchtchev avait toujours désiré sincèrement un rapprochement avec les États-Unis. Si l'on n'avait pas su profiter de l'occasion alors, il fallait saisir celles qui se présentaient aujourd'hui.

Je dis à Dobrynine que Nixon et son gouvernement ne demandaient qu'à voir se relâcher les tensions entre nos deux pays, si Moscou y mettait de la bonne volonté. Nous pensions que ces tensions ne provenaient pas de malentendus, mais de problèmes réels qu'il fallait commencer par résoudre si l'on voulait progresser dans le sens d'un rapprochement. J'ajoutai qu'en citant les années 1959 à 1963 comme une période d'occasions manquées, il ne pouvait qu'étonner un Américain. N'était-ce pas de cette époque que dataient les deux ultimatums concernant Berlin, l'attitude brutale de Khrouchtchev envers Kennedy à Vienne, la crise des

* Nous parlions en anglais ; je me gardais bien de me moquer de son accent.

missiles à Cuba, et le non-respect unilatéral de la part des Soviétiques du moratoire sur les essais nucléaires ? Si les dirigeants soviétiques espéraient arriver à un arrangement avec le nouveau gouvernement américain en recourant à de tels procédés, des crises continueraient à éclater et l'on manquerait d'autres « occasions ».

Dobrynine sourit et reconnut que les Américains n'étaient pas les seuls responsables des erreurs passées. Je promis de lui obtenir sous peu une entrevue avec Nixon.

L'éternel problème philosophique des relations entre l'Union soviétique et les États-Unis

Peu de questions de politique extérieure ont autant bouleversé la scène américaine ou remis en cause nos modes de pensée traditionnels que les relations avec l'Union soviétique. Notre passé nous avait mal préparés à des joutes constantes avec un adversaire de cette trempe. Nous n'avions jusqu'alors affronté des nations aussi hostiles que pendant de brèves et dures pérodes. L'animosité manifestée par l'Union soviétique après 1945 nous avait d'autant plus désagréablement surpris que la grande alliance créée pendant la guerre nous avait laissés espérer une paix durable, garantie par une coalition permanente des vainqueurs. Au lieu de quoi, nous nous retrouvions dans un monde en proie aux rivalités politiques et aux luttes idéologiques, avec la menace d'armes terrifiantes qui créaient un jeu de tensions inextricable. Il ne fallait donc pas s'étonner que la question des relations avec l'autre superpuissance nucléaire ait été au centre des préoccupations de la politique étrangère américaine de l'après-guerre.

Le plus surprenant est que nous ayons cru pouvoir nous retrancher derrière notre traditionnelle politique isolationniste. Deux guerres mondiales étaient venues à bout du système international qui avait dominé les affaires mondiales pendant deux siècles. L'Allemagne et le Japon avaient temporairement cessé de jouer un rôle de premier plan, la Chine était ravagée par la guerre civile. Toutes les autres grandes puissances étrangères, à l'exception de la Grande-Bretagne, avaient été occupées soit pendant la guerre soit après. Et la Grande-Bretagne était si éprouvée par sa lutte héroïque qu'elle n'était plus en mesure de jouer son rôle traditionnel de gardienne de l'équilibre. Et pourtant, en démobilisant nos forces armées, quelques mois après la victoire, nous voulions croire que ce « vide » pouvait durer. Le but de notre diplomatie était d'obtenir, par l'intermédiaire des Nations-Unies, outre le désarmement, une entente et une coopération générales. Notre rêve secret, dans les premières années de l'après-guerre, était de jouer le rôle que s'attribua plus tard le Premier Ministre de l'Inde, Nehru. Nous aurions voulu qu'un autre pays, la Grande-Bretagne par exemple, préservât l'équilibre des forces tandis que nous nous serions généreusement occupés de régler les conflits avec l'Union soviétique. Dans cette optique, le Président Truman refusa de s'arrêter en Grande-Bretagne, tant à l'aller qu'au retour, lorsqu'il se rendit à la Conférence de Potsdam : il ne voulait pas donner l'impression que nous conspirions contre notre allié soviétique. En fait, notre hostilité bien connue à une politique d'équilibre des forces nous avait empêchés de comprendre à temps que notre victoire avait créé un important déséquilibre des forces et des influences au sein de l'Europe. La démobilisation de l'armée américaine fut une aubaine pour les Soviétiques. Elle contribua à accélérer la mainmise des communistes sur l'Europe de l'Est, ce que Staline lui-même n'aurait peut-être jamais osé espérer, et créa par là même un climat de crainte et d'insécurité dans tous les pays voisins de l'U.R.S.S.

La Grande-Bretagne mit un terme à notre insouciance en 1947, le jour où elle nous annonça qu'elle ne pouvait plus assurer la défense de la Grèce et de la Turquie. Nous fûmes donc contraints de nous engager, mais pas uniquement comme garants de l'intégrité nationale. Bon gré mal gré, il nous appartenait désormais de préserver l'équilibre des forces. Nous y étions mal préparés. Lors de la Première et de la Seconde Guerre mondiale nous avions à chaque fois pensé que la victoire était synonyme de paix et, au plus fort des crises de 1947, nous continuions à croire que le maintien de l'équilibre consistait à remédier au bouleversement momentané d'un certain ordre des choses. Nous considérions la puissance en termes militaires et, alors que nous venions de démanteler les forces armées considérables que la guerre avait exigées, nous sentions le besoin de retrouver cette puissance avant de pouvoir entamer de véritables négociations avec l'U.R.S.S. : une fois que nous aurions réussi à subjuguer les ardeurs expansionnistes de l'Union soviétique, la diplomatie, fondée sur l'entente et la bonne volonté, pourrait à nouveau entrer en jeu.

Mais le maintien de l'équilibre des forces est uune tâche constamment remise en question, non un effort isolé au résultat prévisible. C'est dans une large mesure un phénomène psychologique : quand deux puissances sont conscientes de leur égalité, elles ne s'affrontent pas. Il faut savoir tenir compte autant de la puissance potentielle que de la puissance réelle, non seulement de la possession de la puissance, mais aussi de la volonté de l'utiliser. Le maintien de l'équilibre est une tâche qui réclame en fait de la persévérance, de la subtilité, beaucoup de courage et surtout une bonne compréhension des conditions de son maintien.

Comme je l'ai montré au chapitre trois, nous avions opté pour une politique d'attente : nous ne pouvions entamer aucune négociation valable avec les Russes avant d'avoir retrouvé toute notre puissance. Nous espérions qu'entre-temps les dirigeants soviétiques auraient appris à apprécier la paix à sa juste valeur. Paradoxalement, cette politique avait la triple faiblesse de surestimer l'avantage militaire de l'U.R.S.S., de sous-estimer notre puissance potentielle et nos atouts psychologiques (sans parler de notre monopole nucléaire) et de donner à l'Union soviétique le temps dont elle avait désespérément besoin pour consolider ses positions et rétablir l'équilibre nucléaire.

J'ai également fait état de l'évolution de l'idée de puissance liée à l'apparition des armes nucléaires. Celles-ci sont en effet si redoutables qu'elles ne peuvent être utilisées dans bon nombre de cas tels que rébellions, guérillas ou crises locales. La faiblesse de la politique de « riposte massive » préconisée par Dulles dans les années 1950 (nous nous réservions le droit de réprimer des soulèvements locaux en recourant à la menace d'une guerre stratégique) n'était pas qu'elle nous amenait à frôler une guerre nucléaire, mais qu'en cas de crise elle ne nous laissait le choix qu'entre une guerre nucléaire ou la non-intervention. Nous avions choisi la deuxième solution (ou, comme au Liban en 1958, l'utilisation des armes traditionnelles, ce qui était en contradiction avec notre politique).

C'est dans ce contexte que les États-Unis ont essayé de s'attaquer au fondement même du système soviétique.

Le fer de lance de la politique étrangère de l'U.R.S.S. est bien sûr l'idéologie communiste, qui transforme les relations entre les États en conflits entre deux philosophies. C'est non seulement une doctrine historique mais aussi une motivation puissante. De Lénine à Brejnev (et à celui qui lui succédera) en passant par Staline et Khrouchtchev, les leaders soviétiques ont toujours assis leur politique sur une prétention à savoir déchiffrer l'Histoire et sur la conviction que leur cause rejoint la fatalité historique. Leur idéologie leur enseigne que la lutte des classes et le déterminisme économique rendent inévitable le soulèvement révolutionnaire. Le conflit qui oppose révolution et contre-révolution est irrémédiable. Pour les démocraties industrielles la paix apparaît comme un état auquel on parvient naturellement, caractérisé par le compromis et l'absence de lutte. Pour les dirigeants soviétiques, au contraire, ce n'est pas le compromis mais la victoire de l'un des adversaires qui met fin à la lutte. Selon l'idéologie communiste, une paix durable ne s'acquiert qu'en supprimant la lutte des classes, et seule la victoire communiste peut mettre fin à la lutte des classes. Toute action des Soviétiques, aussi belliqueuse soit-elle, sert donc la cause de la paix tandis que toute politique capitaliste, même conciliatrice, sert la cause de la guerre. Reportons-nous à une citation de Lénine : « Tant que la solution entre le capitalisme et le communisme n'aura pas été trouvée, la guerre continuera implacablement, et, dans la guerre, la sentimentalité est un crime au même titre que la lâcheté[1]. » Il ne faut donc pas s'étonner que les dirigeants soviétiquees ne voient qu'hypocrisie ou stupidité, propagande ou ignorance, dans les déclarations des dirigeants ou des spécialistes des pays occidentaux mettant l'accent sur la bonne volonté.

La politique soviétique a son vocabulaire. En 1939, selon les Russes, c'est la Ligue des Nations qui mettait la paix en péril en condamnant l'attaque de la Finlande par l'Union soviétique. Alors que les chars soviétiques massacraient les civils hongrois en automne 1956, Moscou accusa les Nations unies de menacer la paix en critiquant l'intervention armée de l'U.R.S.S. En 1968, quand les Russes et leurs alliés du pacte de Varsovie envahirent la Tchécoslovaquie, ce sont les États-Unis, l'Allemagne de l'Ouest et l'O.T.A.N. que l'on accusa d' « ingérence », bien que les pays occidentaux se fussent précisément *abstenus* d'intervenir en Tchécoslovaquie. En 1978, l'U.R.S.S. « recommanda » aux États-Unis de ne pas intervenir en Iran, non pas par crainte de cette intervention, mais au contraire parce qu'elle savait qu'elle n'aurait pas lieu : c'était la façon la plus sûre de décourager quiconque aurait voulu enrayer le soulèvement déjà commencé. Le gouvernement soviétique ne s'embarrasse d'aucun sentiment de doute ou de culpabilité. Il n'a à faire face au niveau national à aucune opposition susceptible de mettre en cause la moralité de ses actions. D'où une politique étrangère prête à profiter de n'importe quelle faiblesse, à saisir n'importe quelle occasion, à mettre jusqu'au bout sa doctrine en application — une politique avant tout délimitée par les circonstances extérieures. Les déclarations pacifistes des Russes doivent être écoutées avec beaucoup de méfiance. Il se peut qu'elles soient « sincères », mais pour des raisons bien précises ; lorsqu'il y a un risque de guerre nucléaire l'U.R.S.S. est assurément sincère car ses dirigeants n'ont aucune intention d'aller au suicide. En fait, ces déclarations correspondent non à un principe mais plutôt à un jugement selon lequel le rapport des forces n'est pas favorable à la pression militaire. Même au cours de leurs offensives pacifistes les plus ardentes, les dirigeants soviétiques n'ont jamais caché leur intention de continuer à mener un combat idéologique. Dans son rapport au congrès du Parti, où il expliquait son adhésion récente à la coexistence, Khrouchtchev décrivit sa stratégie comme un système tactique qui permettrait aux capitalistes de se rendre sans coup férir : « Le renversement brutal de la dictature de la bourgeoisie... [est] inévitable dans un certain nombre de pays capitalistes. Mais la révolution sociale peut revêtir plusieurs formes... L'intensité de la lutte, le recours ou non à la violence dans la marche vers le socialisme dépendent du degré de résistance des exploiteurs[2]... »

La marche de l'Histoire n'est affectée par aucun compromis. La théorie marxiste s'allie à l'avantage national de la Russie pour placer l'Union soviétique du côté de tous les mouvements de gauche anti-occidentaux des pays du Tiers Monde, sans qu'il soit tenu aucun compte des arrangements pratiques conclus entre l'Est et l'Ouest concernant les problèmes nucléaires. Fin mars 1971, Léonid Brejnev faisait la déclaration suivante au cours du 24ᵉ congrès du Parti :

> « Nous déclarons que, bien qu'elle poursuive activement sa politique de paix et d'amitié entre les nations, l'Union soviétique continuera à lutter résolument contre l'impérialisme et à repousser fermement les mauvais desseins et les attaques sournoises des agresseurs. Comme par le passé, nous continuerons à apporter un soutien constant à la lutte des hommes pour la démocratie, l'indépendance nationale et le socialisme. »

Son collègue, le président du Soviet suprême, Nikolaï Podgorny, déclarait en novembre 1973 :

> « Pour le peuple soviétique, un monde juste et démocratique ne peut exister sans la libération nationale et sociale des peuples. En matière de politique étrangère, la lutte de l'Union soviétique pour le relâchement des tensions internationales, pour la coexistence pacifique entre les États et les autres systèmes, ne signifie pas, ne peut signifier en aucun cas l'abandon de nos principes de lutte des classes[3]. »

L'ampleur de la lutte internationale gagne ainsi la politique intérieure et les structures sociales des pays, bafouant le fameux article de droit international qui condamne l'ingérence d'un pays dans les affaires intérieures d'un autre. Pendant les siècles où les nations européennes dominèrent le monde, un pays ne pouvait agrandir sa sphère d'influence que par l'acquisition de territoires. Il s'agissait d'actes flagrants qui entraînaient la résistance commune des pays désireux d'éviter un bouleversement de l'ordre établi. Mais, depuis la guerre, il est possible de faire basculer l'équilibre des forces en provoquant des remous (soulèvements, révolutions, subversion) sur le territoire souverain d'un autre pays. C'est donc l'idéologie qui met en danger la stabilité du système international — ainsi les soulèvements napoléoniens après la Révolution française, ainsi les guerres de Religion qui ravagèrent l'Europe pendant des siècles. L'idéologie dépasse les limites, fuit les contraintes et dédaigne la tolérance et la conciliation.

La politique de l'Union soviétique est aussi, bien sûr, tributaire de l'ancien et traditionnel nationalisme russe. Au fil des siècles, l'étrange empire russe a débordé du duché de Moscovie, s'étendant à l'est et à l'ouest en s'octroyant des plaines sans fin où aucun obstacle géographique, si ce n'est la distance, ne pouvait arrêter l'ambition de l'homme, faisant plier ce qui lui résistait, s'emparant de ce qui lui cédait. Cette terre immense a, bien sûr, tenté aussi les envahisseurs ; mais elle a fini par les engloutir tous, considérablement aidée en cela par la rudesse de son climat, et le peuple russe, échaudé, en est venu à considérer que la sécurité consistait pour lui à repousser tous ses voisins. C'est peut-être à cause de ce manque de sécurité ou peut-être d'un certain sentiment d'infériorité que les dirigeants de la Russie, communistes ou tsars, ont réagi en assimilant la sécurité non seulement à la distance mais à la domination. Ils n'ont jamais cru qu'ils pouvaient parvenir à une harmonie sur le plan éthique avec les autres peuples. En fait, la sécurité absolue de la Russie signifiait une infinie insécurité pour les pays voisins. Le communisme léniniste avait ceci d'original que, pour la première fois dans l'histoire de la Russie, il donnait à l'instinct expansionniste un cadre théorique pouvant s'appliquer à l'échelle mondiale. Il soulageait ainsi la conscience du peuple russe, et résolvait le problème pour tous les autres peuples.

Nationalisme et idéologie déterminent vraiment la politique soviétique ; cela rend d'autant plus vaines toutes les supputations des Occidentaux qui se demandent si telle ou telle démarche de l'Union soviétique est le prélude à une confrontation générale ou si, au contraire, elle annonce le dégel. Certaines questions reviennent constamment : A quoi veut vraiment en arriver l'Union soviétique ? Quelles sont les intentions réelles de ses dirigeants ? Ces questions ne sont peut-être pas les bonnes car elles semblent sous-entendre que la réponse est cachée quelque part au plus profond du cerveau des dirigeants soviétiques, comme si Brejnev, par exemple, allait pouvoir nous la donner si on le réveillait au milieu de la nuit ou si on le surprenait à un moment inattendu. Lorsqu'elles se concentrent sur la question des objectifs cachés de l'U.R.S.S., les démocraties se mettent à hésiter, se montrent indécises devant toute nouvelle action géopolitique de l'Union soviétique, occupées qu'elles sont à discuter entre elles pour savoir si la valeur du territoire concerné à une quelconque importance stratégique ou si cette action amorce un durcissement de l'attitude de la Russie. Ce n'est pas ainsi que raisonnent les dirigeants soviétiques. Leur tactique, qui a déjà fait ses preuves dans le passé, consiste à user progressivement leurs adversaires en gagnant petit à petit du terrain, et non pas à tout miser sur une seule carte. « Accepter le combat quand la balle est de toute évidence dans le camp de l'ennemi est un crime », écrit Lénine [4]. Mais il est tout aussi criminel de ne pas s'engager dans un conflit quand on possède tous les atouts. La tactique des dirigeants soviétiques est donc toujours choisie en fonction de leur appréciation du rapport objectif des forces qu'ils se vantent, en tant que marxistes, de pouvoir discerner aisément.

Il me semble plus utile, par conséquent, de considérer la politique soviétique comme impitoyablement opportuniste. Elle ne sacrifiera pas le plus petit espoir de nouvelles conquêtes aux préceptes de bonne volonté de l'Occident. L'extraordinaire climat de bienveillance qui s'était créé pendant la Seconde Guerre mondiale a été sacrifié sans hésitation par l'U.R.S.S. au profit de l'acquisition d'un bastion en Europe de l'Est. La conférence au sommet de Genève en 1955 a servi à renforcer la mainmise de l'Union soviétique sur l'Allemagne de l'Est et a ouvert la voie à l'approvisionnement de l'Égypte en armes soviétiques qui devait entraîner – ou du moins favoriser – vingt ans d'agitation au Moyen-Orient. En 1962, le nouveau gouvernement américain, qui avait exprimé, quasiment comme une supplication, son désir de voir naître une nouvelle phase dans les relations américano-soviétiques, reçut pour toute réponse l'ultimatum sur la question de Berlin et la crise des missiles à Cuba. En 1975-1976, la perspective de la signature éventuelle d'un traité sur la limitation des armements stratégiques (SALT) n'empêcha pas l'envoi en Angola de troupes cubaines soutenues par l'Union soviétique. En 1977, la venue au pouvoir d'un nouveau gouvernement soucieux de restaurer la détente ne réussit pas à faire pencher la balance en faveur de la non-intervention soviétique, car l'Éthiopie offrait à ce moment-là la perspective d'une guerre par personne interposée. Dans tous leurs choix politiques, les dirigeants soviétiques ont montré que leurs intérêts correspondaient non à la bonne volonté de pays que leur doctrine définit comme foncièrement hostiles, mais à leur conception de l'opportunisme stratégique. C'est mal interpréter l'histoire que de s'attendre que les dirigeants soviétiques cessent d'exploiter les circonstances qu'ils jugent favorables. La responsabilité des pays occidentaux consiste donc fondamentalement à empêcher ces occasions. C'est à nous qu'il appartient de fixer les limites des objectifs de l'Union soviétique.

Nous pouvons atteindre ce but. L'impressionnant monolithe des États totalitaires cache souvent leurs faiblesses latentes. Le système soviétique est politiquement instable ; il ne possède aucun mécanisme de succession. Des quatre secrétaires généraux du parti communiste, deux sont morts en exercice, le troisième a été destitué par des méthodes identiques à celles d'un coup d'État. Quant au quatrième, son sort est encore incertain au moment où j'écris. Étant donné qu'il n'existe aucune « procédure de remplacement légale », les dirigeants conservent leurs fonctions jusqu'à un âge avancé. Une lourde machine bureaucratique et la complexité de sa direction collégiale font qu'en matière de politique étrangère l'Union soviétique se montre rarement brillante et ne réagit jamais très rapidement lorsque les événements se précipitent.

Quant à son système économique, il n'a rien de remarquable. N'est-il pas paradoxal que le niveau de vie d'un pays riche en ressources et qui prône le déterminisme économique soit encore plus bas que celui de ses satellites est-européens, plus de soixante ans après l'avènement du communisme ? Avec le temps, cette inefficacité ne peut que provoquer des frictions entre des groupements d'intérêts opposés : chacun réclamera une plus grande part des ressources, qui sont pour l'instant largement affectées aux préparatifs militaires. Il est probable que le parti communiste lui-même sera un jour en butte à la contestation et verra son unité ébranlée. Le système de planification absolue crée entre les administrations concurrentes les plus influentes des conflits que les dirigeants déjà âgés du Bureau politique ont du mal à arbitrer. L'un des aspects contradictoires des États communistes avancés est précisément que le parti communiste ne possède aucune fonction propre bien qu'il soit présent à tous les niveaux de la société. Il n'intervient pas dans la marche de l'économie, du gouvernement ou de l'administration, mais incarne plutôt une structure sociale de privilèges. Son rôle consiste à être vigilant vis-à-vis des opposants, qu'ils soient soviétiques ou étrangers, ce qui crée inévitablement un perpétuel climat de tension. Tôt ou tard, cette fonction essentiellement parasitaire amènera des frictions à l'intérieur du pays — d'autant plus que ce pays rassemble de nombreuses nationalités.

Rien ne saurait être plus faux que de croire au mythe d'une progression implacable de l'Union soviétique soigneusement orchestrée par des spécialistes de la planification. Donc, faire reposer la coexistence sur l'équilibre des forces devrait être à notre portée, à condition de saisir la nature du défi, lequel n'est pas toujours bien perçu par les démocraties. Les théories prédominantes dans les pays occidentaux concernant l'Union soviétique sont toujours les mêmes, à savoir : premièrement les objectifs de ce pays ont déjà changé et ses dirigeants vont bientôt se consacrer à améliorer la situation économique de leur pays plutôt que d'intervenir à l'étranger ; deuxièmement, l'amélioration du climat et des relations personnelles avec les dirigeants soviétiques permettra de modérer leur hostilité ; troisièmement, le Kremlin étant partagé entre les « faucons » et les « colombes », il incombe aux démocraties occidentales de renforcer la position des colombes en adoptant une politique de conciliation.

Le fait que tant de représentants des pays non communistes n'hésitent pas à décréter la fin des tensions et des dangers de la Guerre Froide est plutôt poignant. Dans les années 1930, Michael Florinsky, éminent historien américain, déclarait : « Les anciens partisans inconditionnels de la révolution mondiale ont troqué leur épée contre des machines-outils et comptent à présent davantage sur le résultat de leur travail que sur l'action directe pour assurer la victoire finale du prolétariat[5]. » Dans les années 1930, les libertés démocratiques garanties dans la constitution soviétique suscitaient l'admiration en Europe et aux États-Unis, alors qu'à cette époque les goulags se multipliaient, les procès d'épuration bafouaient toute notion de justice et l'Union soviétique devenait le premier grand pays à tenter un rapprochement avec Hitler. En 1943, alors que Staline avait démantelé le Komintern, le sénateur du Texas, Tom Connally, connu pour son hostilité à l'égard du communisme, aurait déclaré : « Depuis de nombreuses années, les Russes ont transformé leur économie et se sont engagés dans la voie d'un renoncement au communisme, et le monde occidental n'aura qu'à se féliciter de l'heureux aboutissement de ses efforts[6]. » Sumer Welles, adjoint au ministre des Affaires étrangères, écrivait de son côté « qu'à la fin de la guerre actuelle, le gouvernement soviétique devrait assurément consacrer plusieurs années à la réorganisation et à la reconstruction de ses villes et de ses territoires dévastés, à l'industrialisation et à l'amélioration du niveau de vie de ses habitants[7] ».

La théorie selon laquelle l'Union soviétique préférerait améliorer sa situation économique subsiste encore. Les démocraties occidentales se référant à leur propre expérience pensent que le développement économique d'un pays peut soulager les frustrations de sa population et que la réalisation de progrès économiques constitue un objectif plus judicieux que l'intervention à l'étranger. En 1959, Averell Harriman écrivait : « Je pense que M. Khrouchtchev désire profondément améliorer le niveau de vie de ses concitoyens. A mon avis, il considère l'actuel Plan de sept ans comme le couronnement de la Révolution communiste et comme un tournant historique dans la vie des Soviétiques. C'est à ses yeux une façon de passer pour le grand bienfaiteur de son pays au regard de l'histoire[8]. » Les amères déceptions qui ont suivi ne l'ont pas fait changer d'avis.

En février 1964, Dean Rusk, alors ministre des Affaires étrangères, que l'on peut difficilement accuser de mollesse envers l'U.R.S.S., affirmait en toute confiance : « Les communistes semblent commencer à s'apercevoir qu'il existe une contradiction insoluble entre le désir de promouvoir le communisme mondial par la force et les besoins de l'Union soviétique et de ses habitants[9]. » La répression des soulèvements en Allemagne de l'Est et en Hongrie, les diverses confrontations au sujet de Berlin, la crise des missiles à Cuba, l'invasion de la Tchécoslovaquie, l'envoi massif d'approvisionnements au Vietnam du Nord, l'aggravation des tensions au Moyen-Orient, la tentation constante d'intervenir sur les territoires africains en crise, aucune de ces actions n'a ébranlé la conviction profonde d'un grand nombre de personnes qu'un renversement de tendance était imminent et que les Russes préféreraient opter pour le progrès économique plutôt que pour l'intervention à l'étranger. Il est évident que cette dernière hypothèse était difficile à vérifier parce que les démocraties occidentales n'ont jamais obligé l'Union soviétique à faire un choix : en effet, elles ont continué à accorder des crédits et à faire du commerce avec elle, même au plus fort de son agressivité.

De même, on a toujours cru que le Kremlin était constamment en proie à des conflits dans lesquels l'Amérique se devait de soutenir la faction pacifiste en prônant une politique de conciliation. De plus les pays de l'Ouest ont toujours cherché des alibis aux dirigeants soviétiques. Le titulaire de la charge était invariablement considéré comme le chef de la faction « libérale », même Joseph Staline. L'exemple le plus probant de l'attitude des pays occidentaux est sans aucun doute ce qui a été écrit en 1945 et dont nous pouvons apprécier toute l'ironie à l'heure actuelle : à l'issue de la Conférence de Yalta, Harry Hopkins, conseiller de la Maison Blanche, déclarait au dramaturge Robert Sherwood :

> « Les Russes ont prouvé qu'ils pouvaient être raisonnables et prudents, et il ne faisait aucun doute dans l'esprit du Président ou de nous tous que nous

pourrions sans problème faire bon ménage avec eux aussi longtemps que possible. Mais je dois toutefois ajouter qu'au fond de nous, nous étions réservés, car nous étions incertains quant à la tournure que prendraient les événements s'il arrivait quelque chose à Staline. Nous savions pertinemment qu'il pouvait se montrer raisonnable, sensé et compréhensif, mais il nous était difficile de savoir précisément qui tirait les ficelles ou ce qui pouvait se tramer derrière son dos au Kremlin[10]. »

« Les diplomates des pays occidentaux pensent que la survie du régime libéral de Nikita S. Khrouchtchev dépend de la rencontre qui doit avoir lieu cette année entre le secrétaire général du parti communiste soviétique et les dirigeants occidentaux », pouvait-on lire dans le *New York Times* du 5 mai 1958, et cette impression se révéla exacte car Khrouchtchev se rendit à Washington en 1959. Il avait essayé de modifier l'équilibre stratégique et essuyé un échec au moment de la crise des missiles de Cuba. Les experts de Washington pensaient qu'il s'opposait aux membres les plus durs du Kremlin et que les États-Unis devaient lui manifester de la compréhension et lui accorder leur soutien, sinon la faction intransigeante risquait de l'emporter. Les experts ignoraient qu'en réalité Khrouchtchev avait lui-même décidé l'envoi des missiles à Cuba et qu'on lui reprochait précisément d'avoir échoué[11]. Il est un argument plausible : c'est plus par une fermeté mettant l'accent sur les dangers des errements soviétiques que nous renforcerons les éléments modérés du Kremlin qu'en donnant l'impression que des démarches apparemment marginales ne coûtaient rien.

La théorie selon laquelle l'Amérique devrait essayer de prendre parti dans les tiraillements entre les membres du Kremlin renforce l'idée de base que les tensions proviennent de malentendus que l'aménité et la sincérité peuvent dissiper. Un peu plus de deux ans après avoir conquis le pouvoir grâce à la promesse de faire régresser le communisme, le gouvernement Eisenhower organisa une rencontre au sommet avec les Soviétiques, le doigté du Président fut acclamé comme le signe avant-coureur d'une nouvelle époque. Dans le *New York Herald Tribune* du 21 juillet 1955 on pouvait lire : « Personne ne sous-estime le changement intervenu dans l'attitude des Russes. Sans cela, rien n'aurait été possible... Le Président Eisenhower l'a bien vite compris, il a saisi l'occasion et l'a fait tourner à l'avantage de la paix mondiale. » Dans *Life* du 1er août 1955 on trouvait ceci : « Les principaux résultats de la Conférence de Genève sont si simples et surprenants que les cyniques et les formalistes les contestent et que les Américains pour d'autres raisons ont du mal à les comprendre. Pour les Européens, le champion de la paix n'est plus Moscou mais Washington. » On se demande en effet comment un pays qui a transformé l'Europe de l'Est en pays satellites, organisé le blocus de Berlin, et réprimé une révolte en Allemagne de l'Est pourrait mériter le titre de défenseur de la paix. Mais, au cours des années 1950, aussi extraordinaire que cela puisse paraître, on pensait que la paix reposait sur l'entente entre les chefs d'État. On en trouve la preuve dans les déclarations qu'a faites Harold Macmillan, alors ministre des Affaires étrangères, à l'issue de la Conférence des ministres des Affaires étrangères en 1955. Contrairement à la précédente conférence au sommet, au cours de laquelle l'objectif des Soviétiques qui consiste à apaiser les tensions en s'en tenant à des considérations générales avait été réalisé, cette rencontre avait abouti à une impasse.

> « On peut se demander pourquoi cette rencontre [le sommet] a suscité tant d'espoir et de chimères dans le monde entier. Les discussions présentaient pourtant peu d'intérêt... Elles n'ont débouché sur aucun accord important. En fait rien de particulier n'y a été dit. Par contre, le monde entier a été frappé par l'atmosphère amicale qui régnait entre les dirigeants des deux grands blocs. Ces hommes, accablés de responsabilités écrasantes, se sont rencontrés, ont discuté et plaisanté entre eux comme de simples mortels. L'esprit de la Conférence de Genève avait marqué réellement un retour à des relations humaines normales[12]. »

Un an plus tard, ces mêmes dirigeants soviétiques réprimaient le soulèvement de la Hongrie et menaçaient la France et la Grande-Bretagne d'une guerre nucléaire à propos de la crise du Moyen-Orient, les États-Unis ayant ostensiblement pris leurs distances avec leurs alliés. Dix ans plus tard, cependant, dans son allocution sur l'état de l'Union, le Président Johnson exprime l'espoir que les successeurs de Khrouchtchev viendraient également aux États-Unis pour réduire les risques de malentendus personnels.

> « Si nous voulons maintenir la paix, nous devons apprendre à mieux nous connaître.
>
> Je suis sûr que les Américains seraient heureux de pouvoir écouter les dirigeants soviétiques parler à la télévision, comme j'aimerais, en retour, que les Russes puissent entendre les membres de notre gouvernement s'exprimer à la télévision soviétique.
>
> J'espère que les nouveaux dirigeants de l'Union soviétique pourront se rendre en Amérique, afin de se familiariser rapidement avec notre pays. »

Les Occidentaux ont baissé les bras face à l'attitude ambiguë des Soviétiques, non seulement en voulant être trop conciliants, mais aussi en se montrant excessifs. Tous les dix ans, l'échec d'une politique de conciliation par la douceur conduisait rituellement à des déclarations belliqueuses, comme si le seul fait de proclamer notre anticommunisme allait faire s'écrouler les murailles. Alors que certains pensaient que le système soviétique était en pleine mutation, d'autres étaient persuadés que les Russes ne changeraient jamais d'objectifs — les premiers dans l'Histoire à se montrer réfractaires à tout changement historique. Ceux qui dénonçaient l'intransigeance des Américains étaient en contradiction avec ceux qui ne voyaient pas l'intérêt que nous retirerions de la signature d'un accord avec l'Union soviétique. Parfois même, le fait que les Soviétiques souhaitaient un accord était considéré comme un argument en sa défaveur. En effet, on pensait, à tort, qu'il était possible de mettre fin à la tension internationale soit par la bienveillance, soit par l'inflexibilité. On avait tendance à oublier un peu trop facilement que nous avions affaire à un système trop hostile idéologiquement pour accepter une conciliation immédiate et à un pays militairement trop puissant et donc impossible à anéantir. Il fallait l'empêcher de saisir une occasion stratégique, mais nous devions aussi avoir assez confiance dans nos jugements pour conclure des accords avec lui. Nous gagnerions du temps — le temps nécessaire au système communiste pour vaincre petit à petit son inertie et comprendre la nécessité d'une coexistence fondée sur des concessions mutuelles.

Au cours des dix années qui ont précédé mon entrée au gouvernement, je me suis toujours opposé à ces deux raisonnements qui ont prédominé dans les gouvernements d'après-guerre :

> « Les pays occidentaux sont tellement attentifs aux intentions des Soviétiques qu'ils sont soulagés lorsque s'instaure la détente et paniqués en période de crise. Si le ton adopté par les dirigeants soviétiques est apaisant, les Occidentaux pensent que la paix est là ; s'il est hostile, ils s'imaginent que nous sommes à la veille d'une période de tension et pensent déjà à déployer leurs forces militaires. L'Occident n'est donc jamais en mesure de réagir promptement à un quelconque changement d'orientation de la politique de l'Union soviétique ; il est tout aussi mal préparé à la détente qu'à l'intransigeance [13]. »

***

> « La vivacité de leurs arguments a parfois caché aux défenseurs et aux adversaires des négociations qu'ils étaient d'accord sur le fond, à savoir qu'un accord durable présupposait une transformation du système soviétique. Ils s'accordaient aussi à penser que la diplomatie des pays occidentaux devrait influer sur la politique intérieure de l'U.R.S.S. Mais en fait ils laissaient surtout entendre qu'un accord était parfaitement possible avec les pays communistes... Par contre, ils s'opposaient sur des questions de temps. Les détracteurs des négociations soutenaient que l'attitude des Soviétiques changerait dans l'avenir, alors que leurs défenseurs affirmaient que cela s'était déjà produit...
>
> « Ainsi, le débat portait sur le principe même des négociations et non sur leur contenu. L'énergie avait été gâchée stupidement dans la discussion sur les changements intérieurs de l'Union soviétique, alors que nos véritables objectifs restaient à fixer. Ceci nous amena à entamer des discussions sur notre volonté de négocier, laquelle ne faisait pourtant aucun doute, et nous détourna de l'élaboration d'un programme véritable qui, à lui seul, aurait donné un sens aux négociations [14]. »

Ainsi, lorsque le gouvernement Nixon entra en fonctions, il régnait un déséquilibre politique. L'Union soviétique venait d'envahir la Tchécoslovaquie et elle envoyait massivement des armes au Vietnam du Nord ; sans son aide à Hanoi, l'issue heureuse des négociations n'aurait fait aucun doute. Elle n'avait pas non plus montré un grand empressement à favoriser un règlement du conflit au

Moyen-Orient. De plus, à cette époque, l'Union soviétique possédait presque autant d'armes stratégiques que les États-Unis. La supériorité cruciale des Américains durant l'après-guerre avait pris fin en 1967 lorsque nous nous étions imposé un plafond de 1 000 missiles balistiques intercontinentaux Minuteman, 656 missiles balistiques Polaris (pour sous-marins) et 54 missiles balistiques intercontinentaux Titan. Dès 1969, il était évident que le nombre des missiles soviétiques capables d'atteindre les États-Unis égalerait bientôt celui des missiles américains destinés à exercer des représailles sur l'Union soviétique et risquait même de le dépasser si les cadences de fabrication de l'Union soviétique restaient les mêmes au cours des années 1970.

Le nouveau gouvernement devait essayer de résoudre toute une série de contradictions. Quoi que l'on dise sur la puissance grandissante de l'Union soviétique, l'idéologie communiste, l'expansionnisme russe, et l'interventionnisme soviétique, aucun membre du gouvernement ne pouvait manquer d'être impressionné par la portée sans précédent de cette lutte pour la paix. Aucune réthorique belliqueuse ne pouvait faire oublier que les réserves d'armes nucléaires existantes suffiraient à faire disparaître toute trace de l'homme sur la terre. Quelle que soit notre méfiance à l'égard de l'Union soviétique, nous ne pouvions cependant pas mener la politique traditionnelle d'équilibre des forces, prônant la confrontation pour éliminer les crises. Il fallait avant tout éviter une guerre atomique. Pourtant, il n'était pas question d'une sentimentalité abusant à la fois nos concitoyens et les dirigeants communistes, choquant les premiers et poussant les seconds à considérer les négociations comme une occasion rêvée de laisser le champ libre aux manœuvres politiques. La fermeté de notre attitude serait bien vue de nos concitoyens et alliés à condition que nous n'ayons pas provoqué les crises. Mais pour faire durer la paix à l'échelle planétaire, il ne fallait pas davantage dissimuler que le conflit idéologique et géopolitique durerait plusieurs générations que renoncer à affecter des fonds à notre défense tactique et stratégique, de peur d'être impopulaires. Alors que la guerre en Asie faisait rage, la tâche n'allait pas être facile pour une démocratie.

L'attachement des membres du gouvernement à la paix et à la liberté ne se mesure pas au ton de leurs déclarations. Nous devions montrer notre engagement en nous acharnant à défendre nos valeurs, et en établissant dans le même temps un climat favorable permettant d'assurer la sécurité à long terme. Nous devions faire sentir au peuple américain qu'il était temps pour lui d'assumer une responsabilité permanente au lieu de croire que les conflits, ou bien notre adversaire, disparaîtraient un jour. Cette situation ne serait ni agréable ni aisée, surtout pour un peuple aussi impatient que le nôtre. Mais les générations futures nous jugeraient sur le monde que nous aurions laissé, un monde plus sûr où régnerait une paix digne, renforçant la confiance et l'espérance des habitants du monde libre.

Mes réflexions au cours de la période de transition

Le Kremlin est toujours très méfiant à l'égard d'un nouveau gouvernement américain. Les administrations ont horreur de l'imprévu et les dirigeants soviétiques travaillent dans un environnement bureaucratique inflexible et très tatillon. Ils s'adaptent parfaitement à un climat de fermeté permanent. Ils s'inquiètent des changements brusques qui ébranlent la confiance que leurs collègues attachent à leurs jugements et à leur pouvoir sur les événements. Nous pensions, à l'époque de l'entrée en fonctions du nouveau gouvernement, qu'il était inutile d'essayer de calmer cette appréhension en évoquant une éthique commune, car la formation et l'idéologie des dirigeants soviétiques ne les y préparaient pas. Il ne faut pas oublier que leur propre intérêt passe avant tout. Dans ces conditions, il n'est pas étonnant que, dans les relations entre l'Union soviétique et les autres pays, les dirigeants des pays occidentaux les plus accommodants vis-à-vis de leurs homologues soviétiques obtiennent les moins bons résultats. Le gouvernement soviétique, qui se targue de mieux comprendre les fondements objectifs de la motivation politique, n'admet pas que des considérations éphémères puissent lui dicter sa ligne de conduite. Ainsi, les efforts incessants du gouvernement Kennedy sont demeurés vains, jusqu'au moment où l'équilibre psychologique eut été rétabli, tout d'abord par l'accroissement de la puissance militaire américaine à la suite des pressions exercées sur Berlin puis lors de la crise des missiles à Cuba. Ce n'est qu'ensuite que des progrès ont été accomplis.

En revanche, le Kremlin savait que Nixon était un ennemi acharné des communistes. Mais il n'aurait jamais admis qu'une antipathie personnelle vienne entraver l'intérêt national des Soviétiques. Après tout, Staline n'avait-il pas tenté un rapprochement avec Hitler quelques semaines après l'arrivée au pouvoir des nazis ? Malgré la méfiance mutuelle, les relations entre le Kremlin et le gouvernement Nixon étaient plus « carrées » qu'auparavant et n'avaient plus le caractère cyclothymique d'une succession d'espoirs intenses puis déçus. En reconnaissant leurs intérêts mutuels, Brejnev et Nixon sont finalement parvenus à un *modus vivendi*. Nixon s'était déjà rendu en Union soviétique au cours de sa carrière et, en tant que vice-Président, il avait eu son fameux « entretien dans la cuisine » avec Khrouchtchev. Nixon saisissait mieux les obligations de sa fonction que les autres candidats à la dernière élection présidentielle. Les Soviétiques craignaient que le nouveau Président ne relance d'autres programmes d'armements, ce qui se serait répercuté sur leur économie. Moscou cherchait à savoir à quel prix il pouvait éviter cette éventualité, tout en se montrant une fois de plus insensible aux menaces et en recourant à sa tactique habituelle : empêcher que cette politique ne soit soutenue par le peuple américain.

Le climat favorable qui s'instaura dans les relations Est-Ouest, au bout d'un certain temps, n'était pas le fait du hasard. Le nouveau Président y consacra beaucoup de temps avant son entrée en fonctions. Nous passions tous les deux des heures entières à établir notre stratégie. Nixon avait un abord plus politique des questions que moi. Ayant fondé sa réputation sur un anticommunisme acharné et parfois même féroce, il désirait conserver le soutien de son électorat traditionnellement conservateur. Il considérait sa réputation de « fermeté » comme un atout majeur pour mener à bien notre politique. Mais il avait parfaitement conscience qu'en tant que Président il devrait faire quelques concessions aux centristes. En développant les relations entre l'Est et l'Ouest, il espérait bien forger à long terme sa nouvelle majorité. Il essayait de combiner ses intuitions profondes avec des jugements très personnels. Il avait craint que le sommet de Glassboro ne ravive l'influence de Johnson et pensait donc que les Soviétiques s'étaient mis d'accord avec les démocrates pour lui faire perdre les élections. Mais il avait également vu comment les résultats médiocres de la conférence avaient fait perdre sa popularité à Johnson aussi vite qu'il l'avait acquise. Il décida donc d'ajourner le sommet jusqu'à ce qu'il soit sûr d'y faire bonne figure.

Comme je l'ai exposé à grands traits plus hauts, ma façon d'envisager le problème était identique, en substance, bien qu'un peu plus théorique, en raison de mes antécédents universitaires. Le 12 décembre 1968, le Président-élu me demanda d'informer le nouveau gouvernement de nos orientations en matière de politique étrangère. Je déclarai à mes nouveaux collègues que j'avais l'impression que la politique étrangère de l'Union soviétique prenait deux directions : les tentatives dde conciliation avec l'Occident provenaient d'un ardent désir de se procurer des biens de consommation, de la peur qu'éclate une guerre, et émanaient peut-être aussi de ceux qui espéraient un relâchement des contrôles de la police d'État. En même temps, des pressions s'exerçaient pour poursuivre la confrontation avec les États-Unis ; elles résultaient de l'application de l'idéologie communiste, de la méfiance des dirigeants, de l'appareil du parti, de l'armée et de ceux qui craignaient qu'un relâchement des tensions n'incite inévitablement les pays satellites à tenter une fois de plus de couper les ponts avec Moscou. Depuis l'invasion de la Tchécoslovaquie en août, la politique étrangère de Moscou était confrontée aux deux problèmes suivants : comment calmer les passions suscitées dans le monde communiste par l'invasion de la Tchécoslovaquie et comment limiter ses répercussions, en particulier sur les relations avec les États-Unis ?

C'est pour cette dernière raison que les Soviétiques tenaient à ce que les négociations SALT restent possibles. C'était peut-être une tactique destinée à reconquérir une certaine dignité, ou bien une manœuvre visant à briser l'Alliance, en jouant sur la peur de voir s'établir un condominium États-Unis-Union soviétique. Les Russes se rendaient peut-être compte qu'un équilibre stratégique relativement stable devenait inévitable et avaient par conséquent décidé de freiner la course aux armements et de la maintenir à son niveau actuel. Notre réaction dépendait de notre façon d'envisager la question. Dans le passé, notre politique avait souvent reposé sur l'« établissement d'un climat de confiance », car nous pensions qu'au fur et à mesure que la confiance s'instaurerait, les tensions se dissiperaient. Mais, si l'on admettait que ces tensions provenaient de divergences sur des questions concrètes, la manière d'aborder le problème consistait à essayer de réduire ces différences. Une paix durable dépendait, en effet, du règlement des différends politiques qui opposaient les deux superpuissances nucléaires.

En fait, c'est à peu près dans cet esprit que je m'adressai à un éminent représentant de l'Union soviétique. Le 18 décembre, quand je rencontrai à l'hôtel Pierre Boris Sedov, membre du K.G.B. se faisant passer pour un conseiller d'ambassade, je lui déclarai que le Président-élu était très sérieux lorsqu'il parlait d'une nouvelle période de négociations, et que le Kremlin pouvait s'attendre à ce que le gouvernement américain soit prêt à conclure des accords durables fondés sur des intérêts concrets. Nous pensions que nous avions accordé trop d'importance à des détails et pas assez au fond. Aux yeux du nouveau gouvernement américain, des différences profondes existaient entre nos deux pays, et il fallait réduire ces différences si l'on voulait aboutir à un relâchement des tensions. Je lui fis part de notre désir de négocier sur la limitation des armements stratégiques; mais nous ne voulions pas nous engager dans des discussions sans avoir analysé les faits. Nous jugerions également les intentions des Soviétiques sur leur ouverture en politique extérieure, particulièrement sur leur attitude au Moyen-Orient et au Vietnam. Nous comptions sur leur bonne volonté dans les zones en crise (il s'agissait de la fameuse doctrine du *linkage* *). J'espérais que Sedov ferait part de ces considérations à Moscou.

La réponse de Moscou fut réconfortante. Dans le message que Sedov m'apporta, le 2 janvier 1969, les dirigeants soviétiques indiquaient qu'ils ne partageaient pas l'« opinion pessimiste » qui, disaient-ils, prévalait dans « diverses parties du monde » sur le Président-élu. La « principale préoccupation » de Moscou n'était pas le passé de Nixon, mais son « sens des réalités ». le désarmement était de la plus haute importance. Les leaders soviétiques reconnaissaient qu'un règlement du problème vietnamien, une solution politique au conflit du Moyen-Orient et une « manière réaliste » d'envisager les questions européennes en général, et allemandes en particulier, amélioreraient nos relations. Le Kremlin soulignait ses « intérêts spécifiques » en Europe de l'Est.

Les deux parties avaient donc défini leurs orientations respectives. Le gouvernement américain comptait sur la « préoccupation » des Russes concernant nos intentions pour inciter le Kremlin à prendre part aux discussions à propos du Vietnam. Par conséquent, nous insistâmes pour que tous les problèmes soient traités simultanément. Les dirigeants soviétiques, qui craignaient par-dessus tout les conséquences d'une nouvelle course aux armements sur leur économie, préféraient donner la priorité à la limitation des armements. Ces discussions, quel qu'en soit le résultat, présentaient un autre avantage pour eux, car elles allaient compliquer les nouvelles prises de décisions des Américains quant au budget de la Défense nationale, et, bien que cela nous ait échappé à l'époque, elles allaient également inquiéter les Chinois.

Bien entendu, rien ne pouvait se produire avant que le nouveau gouvernement

* *Linkage :* littéralement, le lien. Un des points clé de la doctrine politique de Kissinger, pour qui tous les problèmes sont liés. On ne peut donc les traiter séparément et, lorsqu'on négocie dans un domaine, il y a forcément des répercussions sur les autres (N.D.T.).

entrât en fonction, mais le Président-élu et moi-même avions défini, au cours de nos discussions à l'hôtel Pierre, un certain nombre de principes qui, pendant toute la durée de nos fonctions, allaient servir de base à notre façon de considérer les relations américano-soviétiques. Ces principes étaient les suivants :

Le principe du réalisme : Nous tenions, dans nos négociations avec l'Union soviétique, à aborder uniquement les causes précises de tension au lieu de nous limiter à des considérations générales. Si nous voulions que les rencontres au sommet aient quelque utilité, elles devaient être bien préparées et tenir compte des progrès obtenus par la voie diplomatique, lors de précédentes négociations. Nous respecterions l'engagement idéologique des dirigeants soviétiques. Nous ne perdrions pas de vue le fait que nos deux pays avaient des intérêts divergents dans de nombreux domaines. Nous ne nous imaginions pas que les bonnes relations personnelles ou les bons sentiments mettraient fin aux tensions de l'après-guerre, mais nous étions prêts à explorer les domaines dans lesquels nous avions des intérêts communs et à conclure des accords précis fondés sur des conditions de stricte réciprocité.

Le principe de la retenue : Les deux superpuissances ne pouvaient continuer à entretenir des relations convenables si l'une d'elles voulait obtenir des avantages unilatéraux ou tirer parti des crises survenant dans certains pays. Nous étions résolus à contrecarrer les entreprises hasardeuses des Soviétiques, mais nous étions prêts, aussi, à négocier les conditions d'un véritable apaisement des tensions. Nous ne favoriserions pas une détente destinée à leurrer d'éventuelles victimes ; nous préconisions, au contraire, une détente fondée sur une politique de retenue réciproque. Nous souhaitions appliquer le principe « de la carotte et du bâton », en recourant à des sanctions en cas d'abus, ou en opérant un rapprochement en cas de bonne volonté.

Le principe du linkage : Nous souhaitions mettre l'accent sur le fait que si nous voulions que les relations des deux superpuissances progressent d'une manière réellement efficace, il fallait que ces progrès s'étendent à de nombreux domaines. Selon nous, les événements survenant à différents endroits du globe étaient tous liés et il en était de même dans une certaine mesure de la conduite de l'Union soviétique. Nous partions du principe que la classification des problèmes dans des catégories bien précises inciterait les dirigeants soviétiques à croire qu'ils pouvaient bénéficier de la coopération dans un certain domaine tout en continuant à rechercher des avantages unilatéraux dans un autre. Nous jugions cela inacceptable et Nixon le fit savoir, lors de sa toute première conférence de presse, le 27 janvier 1969. Selon lui, les discussions sur la limitation des armements stratégiques seraient plus productives, si elles étaient engagées « d'une manière et à un moment susceptibles de nous aider à trouver, en même temps, des solutions à nos problèmes politiques prédominants ». Le 6 février, dans une déclaration à la presse, j'avais utilisé le mot « linkage » explicitement : « En ce qui concerne le linkage entre le climat politique et la situation stratégique... le Président... souhaiterait traiter le problème de la paix dans tous les domaines où celle-ci est en cause, et non pas uniquement d'un point de vue militaire. »

Le pragmatisme traditionnel de la pensée politique américaine a fait largement remettre en cause le concept du linkage en 1969. On le considérait comme une idiosyncrasie, une façon injustifiée de retarder les négociations sur la limitation des armements. Depuis, on l'a rejeté comme le choix politique d'un certain gouvernement. Selon nous, le linkage pouvait revêtir deux formes : la première consistait, pour un diplomate, à prendre délibérément le parti de relier, lors d'une négociation, deux objectifs différents, en se servant de l'un pour mettre l'autre en valeur ; la seconde reflétait tout simplement la réalité car, dans un monde interdépendant, les actions d'une des nations les plus puissantes sont inévitablement liées entre elles et entraînent des conséquences qui dépassent le problème ou la région immédiatement concernés.

Le nouveau gouvernement a parfois recouru au concept du linkage, dans l'acception première du terme : lorsque nous avons, par exemple, progressé dans la voie d'un règlement au Vietnam, condition préalable à une amélioration de nos relations avec l'Union soviétique concernant des questions comme le Moyen-Orient, les échanges commerciaux et la limitation des armements. Mais dans une plus large acception du terme, le linkage reflétait une réalité et non une prise de décision. Si l'Amérique montrait des signes d'impuissance dans une partie du monde, comme l'Asie ou l'Afrique, la confiance qu'on lui portait pouvait s'en ressentir ailleurs, au Moyen-Orient, par exemple. (C'est pour cette raison que nous tenions tant à ce que notre retrait du Vietnam soit considéré comme l'application d'une stratégie et non comme un échec.) Notre position dans les négociations sur la limitation des armements ne pouvait être considérée indépendamment de l'équilibre militaire qui devait s'ensuivre, ni de nos responsabilités en tant que principale puissance militaire dans un système d'alliances internationales. De plus, il était à peu près certain que la limitation des armements ne pourrait survivre à une période de tensions internationales de plus en plus vives. En résumé, ce concept correspondait, pour nous, à une conception stratégique et géopolitique globale. Ne pas tenir compte d'un lien entre les événements équivalait à rendre *toute* politique incohérente.

Le linkage ne paraît cependant pas naturel aux Américains, qui ont toujours considéré l'exercice de la politique étrangère comme intermittent. La structure de nos organismes administratifs, qui sont divisés en bureaux régionaux, est renforcée par notre penchant traditionnel pour la spécialisation, et contribue à compartimenter l'ensemble. Notre pragmatisme nous pousse à considérer les problèmes séparément, à les résoudre sur le fond sans vraiment tenir compte du moment, ou du contexte, ou de la réalité qui, elle, forme un tout. Quant à la tradition juridique, elle encourage à considérer exclusivement les « faits » relatifs à une affaire, et se méfie des abstractions.

Cependant, l'on ne peut se passer, en politique étrangère, d'un cadre structurel de pensée. En politique intérieure, les nouvelles orientations sont déterminées par le processus législatif et seules des initiatives radicales peuvent être envisagées pour lancer un nouveau programme. En politique étrangère, les initiatives les plus importantes nécessitent une préparation minutieuse et les résultats ne sont perceptibles qu'après des mois ou des années. Il faut, pour réussir, posséder le sens de l'Histoire, la compréhension des forces multiples qui nous dépassent, et une vision très large de l'enchaînement des événements. Le succès d'une politique intérieure dépend de la valeur d'une loi, tandis que celui d'une politique étrangère est fait de nuances et de corrélations.

En matière de politique étrangère, le plus difficile est d'établir des priorités et, pour ce faire, il faut pouvoir se rattacher au principe du linkage. L'absence de lien engendre précisément le contraire de la liberté d'action et les hommes politiques sont alors contraints de servir des intérêts particuliers, et de subir des pressions de toutes sortes, sans pouvoir y mettre un frein. Le ministre des Affaires étrangères devient dépendant de ses divers bureaux, le Président se laisse trop influencer par les organismes de son gouvernement et ils risquent tous deux de devenir prisonniers des événements.

C'est pour cela que le linkage était, aux yeux du nouveau gouvernement, un bon moyen pour tenter d'éviter que notre politique étrangère continue à osciller entre une intervention excessive et l'isolationnisme, et pour l'orienter d'une manière décisive vers la recherche de l'intérêt national.

L'opinion publique et le Congrès font preuve d'une activité fébrile

L'un des aspects contradictoires de l'élection de Richard Nixon résidait dans le fait que bon nombre de ceux qui lui étaient opposés à cause de ses prises de position farouches contre le communisme voyaient dans son élection la garantie d'une nouvelle tentative de rapprochement avec l'Union soviétique. Le gouvernement Nixon s'est trouvé mis en demeure de faire rapidement le nécessaire pour améliorer ces relations, mais Nixon s'est très vite révélé peu compétent en la matière, à cause de sa méfiance excessive à l'égard des intentions de l'Union soviétique, obsédé qu'il était par la puissance militaire et doutant de la nécessité de la détente.

On envisageait, à cette époque, une réunion de « prise de contact » au sommet et dont le but serait d'entamer les discussions sur la limitation des armements stratégiques que le gouvernement Johnson avait préparées et d'améliorer le climat des relations personnelles. Cette proposition était ardemment défendue, entre autres, par Zbigniew Brzezinski, qui écrivait qu'il serait « particulièrement utile, aussi bien d'un point de vue symbolique que pratique, d'organiser chaque année une réunion de travail non officielle des deux jours entre les chefs de gouvernement américain et soviétique... qu'il n'était pas nécessaire que cette réunion ait un ordre du jour bien précis, car son but était de fournir aux dirigeants des... deux superpuissances nucléaires, l'occasion d'échanger leurs points de vue personnels et de se rencontrer régulièrement [15] ».

Le gouvernement devait faire face, alors, à une campagne lancée pour le pousser à faire tomber les barrières qui entravaient les échanges commerciaux entre l'Est et l'Ouest et à utiliser la promesse d'un accroissement des relations économiques comme un moyen de pression pour engager un dialogue politique. Les deux superpuissances ayant des intérêts économiques de plus en plus complémentaires, ceux-ci pourraient désamorcer la méfiance dans le domaine politique. Pour Marshall Shulman, éminent spécialiste de l'Union soviétique, « ces intérêts communs ne suffiraient peut-être pas à supprimer les différences qui sont à la base de la concurrence entre l'Union soviétique et les États-Unis, mais ils pourraient contribuer, en temps voulu, à minimiser leur importance [16] ». Une commission des Nations-Unies présidée par Arthur Goldberg et comprenant plusieurs spécialistes avait publié un rapport le 1er février 1969, c'est-à-dire cinq mois à peine après les événements de Tchécoslovaquie, considérant qu'une réduction des restrictions en matière d'échanges commerciaux entre l'Est et l'Ouest était « une mesure tout à fait prioritaire ». Le Congrès releva le défi ; il y avait eu déjà plusieurs séances au Sénat en 1968, il y en eu de nouvelles, dans le but de promouvoir les échanges commerciaux avec l'Union soviétique.

La limitation des armements apparaissait pratiquement aux yeux de tous comme un domaine où une percée était possible, d'une part à cause de l'intérêt réciproque des deux puissances à éviter une guerre nucléaire, d'autre part parce qu'on pensait qu'elles possédaient, en 1969, une puissance à peu près égale en matière d'armements stratégiques. Un groupe de travail du Conseil des relations internationales, aidé dans sa tâche par un grand nombre d'experts en matière de limitation des armements et dirigé par Carl Kaysen (adjoint de l'ancien Conseiller du Président Kennedy), envoya, en janvier 1969, un rapport au Président-élu, définissant comme « urgente et impérative », la conclusion d'un accord sur la limitation des armements stratégiques. Il partait du principe, qu'il ne fallait pas perdre une occasion aussi rare et réclamait un moratoire unilatéral sur le déploiement, du côté américain, de missiles A.B.M. * et de M.I.R.V. **, afin que l'on puisse envisager la signature d'un accord sur la limitation des armements stratégiques. Le commission des Nations-Unies dont j'ai parlé plus haut, considérait « une première ouverture de négociations bilatérales avec l'Union soviétique sur les missiles stratégiques comme tout à fait nécessaire et urgente ».

En Europe émergeait une tendance, renforcée dans une certaine mesure par notre intervention au Vietnam, à s'écarter de la politique américaine à l'égard de l'U.R.S.S. De Gaulle avait fait figure de pionnier lorsqu'il s'était engagé dans des échanges bilatéraux avec l'Union soviétique ; il s'était d'ailleurs rendu à Moscou en 1966. Les Premiers Ministres britanniques d'un parti ou de l'autre avaient posé devant le Kremlin en toque d'astrakan, pour bien montrer leur attachement à la paix. Quant à l'Allemagne de l'Ouest, avant même que Willy Brandt en devienne le chancelier, en 1969, la Grande Coalition, dont il était le ministre des Affaires étrangères, avait assoupli l'attitude auparavant très réservée de l'Allemagne à l'égard de l'Europe de l'Est et avait entrepris de discuter directement avec Moscou. Plus la position des États-Unis était sévère à l'égard de l'Union soviétique, plus les pays européens cherchaient à jouer le rôle d'intermédiaire

* A.B.M. : missiles antibalistiques *(Antiballistic Missile)*. *Cf.* chapitre 7 (N.D.T.).

** M.I.R.V. : fusées à têtes multiples indépendamment guidées *(Multiple Independently Targeted Reentry Vehicles)*. *Cf.* chapitre 7 (N.D.T.).

entre l'Est et l'Ouest. Il était en effet tentant pour les dirigeants européens de promettre à l'opinion publique qu'ils ne laisseraient pas les Américains déclencher une guerre mondiale par leur insouciance. Les Alliés jugeaient prudent de manifester leur intérêt pour la réduction bilatérale des forces armées et pour la proposition déjà ancienne de l'Union soviétique de réunir une conférence sur la sécurité européenne. Compte tenu de ces circonstances, on pouvait envisager de manière réaliste l'apparition d'une « détente séparée », à savoir que l'Union soviétique allait entrer dans le jeu de l'Europe, tout en conservant la même position intransigeante sur des questions globales qui nous tenaient à cœur, creusant ainsi un fossé entre nous et nos alliés européens.

A l'Ouest, aux États-Unis comme en Europe, régnait un désir profond de continuer activement sur la voie de la détente malgré l'invasion de la Tchécoslovaquie. Dans son discours du 10 septembre 1968 à la Loge « B'nai B'rith * », trois semaines à peine après cette invasion, le Président Johnson déclarait : « Nous espérons que ce fâcheux incident de parcours n'aura que des conséquences momentanées et nous nous y emploierons. » Après ce qui s'était passé en Tchécoslovaquie, il était surprenant que ce soit aux États-Unis de donner des marques de bonne foi. On ne savait pas non plus très bien sur quels faits concrets se fondaient cet espoir et cette volonté d'agir, que l'éditorial du *Washington Star* du 9 mars résumait ainsi : « Si la détente doit se faire un jour, c'est le moment ou jamais. » C'est dans ce climat et le jour de l'investiture du nouveau Président américain que l'Union soviétique se prononça en faveur de l'ouverture immédiate des négociations sur la limitation des armements stratégiques, connues plus tard sous le nom de SALT *(Strategic Arms Limitation Talks).*

Cependant, le Président américain ne voulait, en aucun cas, se sentir contraint d'agir précipitamment ; il était décidé à bien faire comprendre aux dirigeants soviétiques qu'il refusait de négocier dans le seul but de créer un meilleur climat, qu'il ne se présenterait pas à la rencontre au sommet sans s'y être préalablement préparé ni sans perspective de chances réelles de succès, et enfin qu'il n'était pas disposé à accepter que l'Union soviétique seule décide de l'ordre du jour des conférences. Je partageais son point de vue. Il fallait que nous ayons le temps de définir nos intentions, de mettre au point notre stratégie et de cerner la position de l'U.R.S.S. sur les questions les plus importantes. Nous ne pensions pas que cette occasion était aussi fugace que les partisans de négociations immédiates voulaient bien le laisser croire, ni que les dirigeants soviétiques allaient réagir d'une manière aussi enthousiaste. Nous pensions, en fait, que le meilleur moyen de faire échouer des négociations était de ne pas s'y préparer ou de laisser croire aux dirigeants soviétiques que nous étions susceptibles de nous laisser manipuler.

En réalité, nous désirions vivement participer à des négociations d'une si haute

**B'nai B'rith :* littéralement, fils de l'alliance. Organisation juive, la plus vieille et la plus forte du monde, fondée à New York en 1843, organisée en loges pour les hommes et en chapitres pour les femmes et les jeunes. On la trouve dans 35 pays. Son objectif essentiel est de défendre les droits de l'homme et la culture juive. Elle est représentée aux Nations-Unies et c'est d'elle qu'est issue la ligue antidiffamatoire qui essaie de combattre l'antisémitisme aux États-Unis (N.D.T.).

importance et visant à régler des problèmes fondamentaux. Mais nous voulions que notre participation soit le résultat d'un choix délibéré et non celui du succès des manœuvres soviétiques. A nos yeux, il était essentiel que les avantages soient les mêmes des deux côtés. Dans ma déclaration de presse du 6 février, j'avais insisté sur l'importance du linkage dans les termes suivants : « Nous avons demandé... qu'il y ait une intention nette de réduire les tensions au niveau politique, un geste, autre chose que de simples paroles qui nous prouve que la réduction de la concurrence en matière d'armements, s'accompagnera d'une tentative pour limiter le conflit sur le plan politique. » En termes plus précis, cela signifiait que nous étions bien décidés à ne pas escamoter, comme l'avaient fait nos prédécesseurs, le rôle qu'avait pu jouer l'Union soviétique dans le déclenchement de la guerre du Vietnam, et que nous n'allions pas nous priver de chercher à exploiter les craintes de l'U.R.S.S. (concernant la Chine, par exemple) pour l'amener à appliquer une politique plus souple.

Mais l'opinion publique et le Congrès ne l'entendaient décidément pas de cette oreille. Contrairement au calme qui entoure le tout début d'un mandat présidentiel, le Président se trouvait immédiatement en proie aux critiques du concept du linkage et de sa politique à l'égard de l'Union soviétique. Le lendemain de son entrée en fonctions, le *Washington Post* déclarait dans son éditorial : « Les négociations sur la limitation des missiles pourront commencer quand M. Nixon le jugera bon. Elles lui offrent une occasion immédiate, la première, de mettre en application sa conviction que " l'ère des confrontations " dans les relations Est-Ouest laisse maintenant la place à une " ère des négociations "... Il s'agit pour lui d'assumer le rôle suprême de " pacificateur " dont il est investi. » Le *Time*, dans son numéro faisant suite à la cérémonie d'investiture (31 janvier), soulevait l'espoir de progrès imminents : « Les Russes ont choisi le jour de l'entrée en fonctions de Nixon pour inciter les États-Unis à agir et pour faire comprendre au reste du monde que c'est aux Américains de prendre la prochaine initiative... Certains diplomates et spécialistes américains du désarmement croient que MM. Nixon et Rogers ont déjà décidé que des négociations devraient avoir lieu et que la première conférence se tiendrait probablement d'ici deux à quatre mois. »

Mais si le Président voulait saisir cette occasion, on lui conseillait de ne pas assortir l'ouverture des négociations de conditions préalables ou de toute notion de linkage. Dans son éditorial du 18 février, le *New York Times* indiquait :

> « Le Président a l'intention de transformer la politique du gouvernement américain des dix dernières années en profitant des négociations imminentes sur la limitation des armements stratégiques pour parler des problèmes politiques. Mais rien n'est plus susceptible d'alarmer les pays membres de l'O.T.A.N... Le type de négociation globale avec l'Union soviétique que le Président semble avoir à l'esprit, et devant traiter d'un certain nombre de problèmes relatifs aux rapports Est-Ouest, ne peut manquer de soulever de vives réactions dans les pays ouest-européens, au moment même où M. Nixon cherche à gagner leur confiance. De plus, certaines questions d'ordre politique, telles que le Moyen-Orient, le Vietnam et l'Allemagne

seront difficiles à traiter tandis que le problème de la limitation des armements est prêt à être résolu. »

(Au cours des mois qui suivirent, c'est toutefois précisément la perspective d'une étude séparée des questions qui suscita les craintes de nos alliés européens.) Le 5 avril, le *Washington Post* abordait le même thème :

« Il faut que le Président cesse de perdre son temps et s'engage rapidement dans les négociations sur la limitation des missiles avec les Russes. La période de répit dont dispose un nouveau Président pour s'informer et mettre au point sa politique est terminée. Pourtant, le gouvernement Nixon fait traîner les choses en longueur... Quand sera-t-il prêt ? Les Russes attendent maintenant depuis près d'un an. »

Au sujet du linkage, le journal faisait remarquer :

« La réalité est trop complexe et trop embarrassante pour laisser croire à un Président qu'il peut jouer sur tous les tableaux à la fois. Le problème de la limitation des armements est totalement indépendant des problèmes politiques et il est aussi plus urgent. De plus, toute l'histoire des rapports Est-Ouest incite à se méfier du linkage. »

Dans *Business Week* du 22 mars, on pouvait lire que l'ouverture des négociations était « plus urgente que jamais ». Dans les journaux du groupe Scripps-Howard, R. H. Shackford avait écrit le 19 février : « Le gouvernement Nixon traîne les pieds ». Quant au *New York Post*, il demandait, le 27 mars, que le gouvernement « cesse de piétiner ».

Certains sénateurs et hommes politiques influents faisaient entendre le même son de cloche ; nos prédécesseurs nous laissaient une période de répit de quelques semaines tout au plus. Le sénateur de l'Idaho Frank Church déclarait devant le Sénat, le 4 février, qu'il nous fallait soutenir les « colombes soviétiques », car, « la situation et la crédibilité de ceux qui, au sein du gouvernement russe, se prononçaient en faveur de négociations sur la limitation des missiles seraient peut-être définitivement compromises si le Président Nixon continuait à écouter ceux qui, dans son pays, étaient opposés à des négociations immédiates sur la limitation des missiles ». Début mars, le sénateur du Tennessee Albert Gore ouvrait les débats au sein de sa sous-commission pour le désarmement, en déclarant : « Il semble que nous ayons, pour la première fois, une possibilité réelle de prévenir l'escalade d'une nouvelle course aux armements nucléaires. » L'ex-ministre de la Défense nationale, Clark Clifford, qui, deux mois plus tôt, avait inclus dans son budget des missiles antibalistiques et des engins à tête multiple, préconisait au milieu du mois de mars une suspension des programmes qu'il avait lui-même défendus en déclarant : « Le fait est qu'il sera peut-être difficile de trouver une meilleure occasion pour entamer des négociations sur la limitation des armements stratégiques nucléaires. D'ici six mois à un an, il se peut que les progrès technologiques rendent plus difficile la mise au point et l'application d'un accord [17]. »

Dans l'Administration, bon nombre de personnalités avaient été sensibles à ces appels ; les diplomates, de par leurs fonctions, sont toujours favorables aux négociations. Au ministère des Affaires étrangères, les questions soviétiques avaient attiré certains de nos plus éminents diplomates comme Llewellyn Thompson, Charles Bohlen et George Kennan. Leur spécialité avait été peu appréciée, car ils avaient cherché à susciter un intérêt pour les relations avec l'Union soviétique à une époque où la simple reconnaissance de ce pays (qui n'avait eu lieu qu'en 1933) semblait constituer l'extrême limite pour la diplomatie américaine. Ils avaient été épouvantés lorsque le rejet systématique par les États-Unis de tout ce qui concernait l'Union soviétique avait fait place au cours de la Seconde Guerre mondiale à une approbation aveugle. Ils avaient écrit pendant cette période des essais prémonitoires sur l'évolution de la société en Union soviétique. George Kennan, plus que tout autre diplomate de notre Histoire, a été bien près d'être considéré comme l'instigateur de la diplomatie de son époque. Peut-être était-il inévitable qu'une vie entière consacrée à l'étude des relations américano-soviétiques l'ait conduit à un engagement d'où les sentiments personnels n'étaient pas exclus. Ayant souffert pendant les décennies au cours desquelles les ponts avec l'Union soviétique étaient pratiquement coupés, en partie à cause de l'intransigeance de notre attitude, mais surtout en raison du climat de paranoïa instauré par Staline, ces diplomates voyaient enfin dans les campagnes pacifistes périodiques qui avaient suivi le signe précurseur de l'aboutissement des efforts de toute une vie de travail.

Au moment de notre entrée en fonctions, Llewellyn Thompson, alors principal conseiller des Affaires étrangères pour les questions soviétiques, nous pressa d'accepter rapidement les propositions des Russes de peur qu'un changement de l'équilibre des forces à l'intérieur du Kremlin ne provoque un nouveau durcissement. L'enthousiasme ne fut pas refroidi par les déclarations de Nixon, qui réaffirma lors d'une réunion du C.N.S., le 25 janvier, son intention de diriger les négociations avec l'U.R.S.S. à partir de la Maison Blanche. Le fait que le Président saisissait toutes les occasions pour bien montrer qu'il ne souhaitait pas fixer une date précise pour les négociations sur la limitation des armements avant de savoir jusqu'à quel point les Russes étaient prêts à coopérer sur des problèmes politiques, et particulièrement sur le Vietnam, ne brisa pas non plus l'élan de l'Administration.

Les procédures du C.N.S., qui étaient censées me donner une autorité dictatoriale, ne purent en l'occurence établir aucune approche cohérente. A la fin du mois je demandai que l'on me prépare un rapport sur les diverses possibilités qu'offrait la « nature des relations américano-soviétiques... dans leur sens le plus large ». Le ministère des Affaires étrangères me remit un dossier regroupant toutes les options et présenté d'une manière qui allait devenir rituelle, c'est-à-dire en glissant la seule option possible (« Relations modérément hostiles ») entre deux autres évidemment factices : hostilité et conciliation à tous crins. L'expression : « Relations modérément hostiles » était à elle seule libellée de telle sorte que chaque ministère pouvait faire son choix. L'ennui était que le Président refusait absolument d'aborder le problème-clé avec ses conseillers. Aucune réunion ne fut organisée pour en discuter et tenter d'y apporter une réponse, car Nixon voulait par-dessus tout éviter une confrontation directe avec son ministre des Affaires étrangères. Au lieu de quoi il envoya le 4 février une lettre à Rogers, Laird et Helms, destinée en fait plus spécialement à Rogers, dans laquelle il réaffirmait son désir d'appliquer officiellement le concept du linkage.

« Je pense que le ton de nos discussions publiques et privées sur et avec l'U.R.S.S. doit être calme, courtois et s'abstenir de toute polémique...

« A mon avis, un accord durable repose sur la reconnaissance de nos intérêts fondamentaux. Nous devons admettre que l'Union soviétique a ses propres intérêts. Dans les circonstances présentes, il nous faut en tenir compte pour définir les nôtres. Nous devons faire savoir aux dirigeants soviétiques qu'il doit y avoir réciprocité dans ce domaine... Dans le passé, nous avons souvent essayé de régler des problèmes sous le coup de l'enthousiasme, en nous fiant uniquement à la diplomatie personnelle. Mais l'enthousiasme qui marqua diverses rencontres ne reposait pas sur l'intérêt réciproque. C'est pourquoi chaque rencontre au sommet s'est soldée par une crise au cours des mois qui suivirent.

« J'ai la sincère conviction que les problèmes fondamentaux sont étroitement liés. Je ne dis pas cela pour créer des liens artificiels entre les différents éléments de telle ou telle question ou entre les mesures stratégiques que nous risquons de prendre. Mais je pense qu'on ne peut avoir simultanément une crise ou un conflit dans un domaine et une coopération réelle dans un autre. Je sais que le gouvernement qui nous a précédé jugeait que chaque fois qu'un problème spécifique offre autant d'intérêt pour l'U.R.S.S. que pour les États-Unis, il faut rechercher un accord et l'isoler autant que possible des aléas d'autres conflits. Ceci peut convenir dans un certain nombre de cas précis tels que les échanges culturels ou scientifiques. Mais en ce qui concerne les problèmes cruciaux du moment, je pense que nous devons montrer, par une vision suffisamment large des choses, que pour nous il existe un rapport entre les questions politiques et les questions militaires. Il faut amener les leaders soviétiques à comprendre qu'ils ne peuvent espérer tirer profit de la coopération dans un domaine et des tensions ou des conflits par ailleurs. Cette politique comporte le risque que les Soviétiques se servent des négociations sur la limitation des armes stratégiques pour faire passer leur intransigeance sur d'autres plans...

« J'aimerais illustrer ma pensée par un cas précis, proche de nous et du plus grand intérêt, à savoir les futures négociations sur la limitation des armes stratégiques. Je pense que notre décision concernant la date et la procédure à suivre ne dépend pas uniquement de notre examen des problèmes spécifiquement militaires et techniques, bien qu'ils soient de la plus haute importance. Cette décision devrait aussi être prise en tenant compte du contexte politique actuel, des différentes tentatives pour rétablir la paix au

Moyen-Orient, et des négociations de Paris sur le Vietnam. Je pense qu'il m'appartient – dans la mesure du possible – de faire en sorte que le moment choisi pour les négociations sur la limitation des armes stratégiques soit le meilleur. Cela risque de prendre plus de temps que l'examen des problèmes techniques, et signifie en fait que nous devrions laisser entendre (tout au moins en public) que nous nous réservons le droit de renoncer aussi à ces négociations. »

La lettre énonçait en fait ce que Nixon pensait tout bas. Mais, étant donné qu'elle était censée (à juste titre) avoir été rédigée par mes collaborateurs et moi-même, on y vit le signe de l'influence néfaste exercée par le conseiller du Président. Le ministère des Affaires étrangères désirait ardemment une extension unilatérale du commerce entre l'Est et l'Ouest, notre immixtion dans le conflit du Moyen-Orient d'une manière qui renforçait l'influence soviétique au lieu de la diminuer, et surtout souhaitait que les négociations SALT commencent dès que possible. Toute directive de la Maison Blanche allant dans le sens opposé était interprétée très librement ou demeurait sans écho. Dans ce cas précis, les membres du Cabinet ayant considéré la lettre comme personnelle n'avaient probablement pas jugé bon de la transmettre à l'Administration.

En dépit des déclarations apparemment claires et catégoriques du Président des États-Unis affirmant qu'il croyait au linkage et ne s'engagerait pas à l'aveuglette dans les négociations SALT, le 19 mars à Genève, Gérard C. Smith, notre négociateur sur le désarmement, déclarait à son homologue Alexis Rochtchine que l'ouverture des négociations SALT « n'était pas censée être liée au règlement de problèmes internationaux bien précis ». Le 27 mars, Rogers déclarait devant la Commission des relations extérieures du Sénat : « Nous espérons que les négociations débuteront dans quelques mois... Nous nous sommes mis d'accord à ce sujet avec l'Union soviétique. » Le 7 avril, à un journaliste qui demandait au cours d'une conférence de presse si un quelconque problème empêchait les négociations SALT d'avoir lieu, Rogers déclara : « Il n'en est rien. Nous sommes en train de nous y préparer et nous pensons qu'elles pourront débuter à la fin du printemps ou au début de l'été. » Dans le discours rédigé par le ministère des Affaires étrangères, qu'il devait faire le 10 avril devant le Conseil de l'O.T.A.N., le Président déclarait : « J'ai demandé aujourd'hui à notre ambassadeur à Moscou d'informer le gouvernement soviétique que nous serions heureux de commencer les négociations à Genève le ... avril », laissant au Président le soin de mettre lui-même la date, alors qu'il avait rejeté catégoriquement cette démarche cinq semaines auparavant. Le stratagème était évident : le ministère, pensant que j'avais influencé le Président, cherchait à me court-circuiter par l'intermédiaire d'un de ses rédacteurs.

Pendant tout le printemps, l'Administration s'employa à saper la politique présidentielle en entretenant les espoirs de négociations sur les armements. Dans le *New York Times* du 18 avril on pouvait lire que des « fonctionnaires » considéraient l'accord sur les armements avec l'Union soviétique comme « l'objectif principal de la politique étrangère de Nixon ». Le 22 avril, le *Times* annonçait que

« des diplomates américains » pensaient que les négociations SALT auraient lieu en juin. Le 4 mai, Llewellyn Thompson déclarait à Dobrynine que Rogers voulait se mettre d'accord avec lui sur une date et un lieu, avant son départ pour l'Asie, prévu pour le 12 mai. Le 8 mai, Rogers dit à Dobrynine qu'il espérait que la date, le lieu et les modalités des négociations seraient fixés juste après son retour d'Asie ; il laissa entendre que le « début de l'été » conviendrait. Le même jour, Jacob Beam, notre ambassadeur à Moscou, rencontrait Vassili V. Kovznetsov, ministre adjoint des Affaires étrangères soviétique, et conformément aux instructions de Rogers lui soumettait les dates limites de juin et juillet ; Kouznetsov lui répondit que les dirigeants soviétiques étaient prêts. Le 13 mai, Charlmers Roberts, du *Washington Post,* citant les informations qu'il avait reçues de certains membres du gouvernement, déclara que Rogers rencontrerait Dobrynine le 29 mai pour fixer une date. Les Soviétiques avaient, paraît-il, montré de l'empressement. Le 14 mai, l'U.P.I. (United Press International) annonçait de Genève que les États-Unis étaient prêts à entamer les négociations SALT au début de mois de juillet. Le 14 mai, le gouvernement britannique, qui savait les négociations SALT imminentes, demanda aux Affaires étrangères de le conseiller sur la façon dont il pourrait les présenter au public. D'autres membres de l'O.T.A.N., poussés par le même sentiment, en firent autant. Le 16 mai, à Washington, Gérard Smith parla du contenu des négociations SALT à Rolf Pauls, ambassadeur de la République fédérale d'Allemagne : il pensait qu'elles porteraient sur les M.I.R.V. et les A.B.M. et débuteraient « pendant l'été ».

Ces déclarations prématurées et les pressions quelles entraînaient ne résultaient pas d'une différence conceptuelle profonde entre le ministre des Affaires étrangères et le Président. Elles marquaient un éloignement progressif de la politique initiale de la Maison Blanche et avaient pour but de mener à une décision. Somme toute, elles nous ont poussés à utiliser en bloc des atouts dont nous ne voulions user que selon un calcul stratégique minutieux. Les Soviétiques désiraient ardemment entamer les négociations SALT. Nous avions l'intention d'aborder avec eux d'autres problèmes, dont le Vietnam. Pendant une courte période, au printemps qui suivit l'entrée en fonction du nouveau Président, le désaccord évident entre la Maison Blanche et le ministère des Affaires étrangères fournit à l'Union soviétique l'occasion de manipuler notre machine gouvernementale de telle sorte que le ministre des Affaires étrangères, les media et le Congrès fassent sciemment pression sur la Maison Blanche.

L'indiscipline de l'Administration jointe aux pressions du Congrès et des media nous força à renoncer à nous servir de l'ouverture des négociations SALT comme d'un tremplin pour d'autres négociations. Le 11 juin, Rogers prévint les Soviétiques que nous étions prêts à commencer les négociations. Cette proposition rencontra un silence qui dura quatre mois de la part des Russes.

Mais la victoire de l'Administration était une victoire à la Pyrrhus. Après avoir cédé sur la date d'ouverture, Nixon, avec mon appui, fit peu à peu passer la conduite des négociations sous le contrôle de la Maison Blanche. Sa préférence pour le secret l'aurait de toute façon conduit dans cette voie ; l'indiscipline de l'Administration précipita les choses. Les dirigeants soviétiques s'aperçurent bientôt que, si le Président montrait de la réticence à se mesurer à son ministre des Affaires étrangères et opérait de temps à autre un repli tactique, Nixon n'avait aucunement l'intention de laisser les autres lui dicter sa politique étrangère. Quand ils eurent compris que les seules décisions qui étaient mises en œuvre émanaient du Président, l'ambassadeur Dobrynine et la Maison Blanche établirent des contacts directs. Ce fut le début de ce que, dans le langage des relations U.R.S.S.-États-Unis, on appela « la Filière ».

La Filière

Le 14 février, j'eus mon premier entretien avec l'ambassadeur soviétique dans son appartement. Au cours des huit années qui ont suivi, nous devions nous rencontrer régulièrement, afin d'échanger nos points de vue d'une manière amicale. De plus en plus, les affaires les plus délicates dans les relations entre nos deux pays furent clarifiées par nos soins. Nous nous rencontrions presque toujours dans la salle des cartes de la Maison Blanche, une pièce agréable située près de l'entrée réservée au corps diplomatique et dont la vue était cachée par les massifs de rhododendrons plantés dans le jardin. Franklin Roosevelt en avait fait sa salle des décisions stratégiques au cours de la Seconde Guerre mondiale, d'où son nom.

Dobrynine et moi-même avions pris l'habitude d'avoir des entretiens préliminaires sur les problèmes importants, lui pour le compte du Politburo et moi en tant que confident de Nixon. Officieusement, nous expliquions les objectifs fondamentaux de nos gouvernements et, lorsque nos conversations laissaient espérer des accords sur des points précis, le sujet était alors abordé par la voie diplomatique habituelle. Si des négociations officielles étaient dans l'impasse, nous intervenions. Nous nous étions mis d'accord pour éviter ces situations sans issue qui se soldent immanquablement par une épreuve de force. Avec l'autorisation du Président, je faisais passer notre opinion commune pour la mienne propre, en faisant croire que je « pensais tout haut ». Dobrynine utilisait alors le même procédé pour me faire part de la réaction du Kremlin. Parfois, il en allait autrement. Nous pouvions soulever officiellement une question sans craindre les réactions hostiles de l'autre. Quoi qu'il en soit, les confrontations involontaires étaient évitées. Ces rencontres étaient un moyen de sonder le terrain et d'éviter les impasses.

Dobrynine était parfait dans ce rôle délicat. Les ambassaeurs actuels ont une liberté d'action réduite en tant que négociateurs. Les coups de téléphone et les télex qu'ils reçoivent leur dictent la marche à suivre : ils peuvent changer d'attitude en l'espace d'une heure. Mais aussi, si les ambassadeurs de l'« ère des jets » sont des « messagers » de la diplomatie, ils sont indispensables pour expliquer toute politique, et surtout *avant* que la situation ne devienne critique. L'appareil bureaucratique fait perdre tellement de temps aux fonctionnaires attachés aux ministères qu'ils ne peuvent guère se pencher sur les problèmes des autres capitales et des dirigeants des pays étrangers. Ils ont en tous les cas beaucoup moins de temps qu'à l'époque où les diplomates importants avaient à peu près tous reçu la même éducation et communiquaient avec les mêmes références culturelles. Rien ne peut remplacer l'expérience d'un homme qui se rend à l'étranger et y observe de près la vie politique, tout en étant capable de prendre du recul. Son rôle est essentiel en temps de crise, lorsque la vie ou la mort reposent sur une compréhension rapide et subtile des valeurs impalpables.

C'est le pari que doivent tenir les ambassadeurs soviétiques. Ils sont issus en premier lieu d'une bureaucratie qui récompense la discipline et décourage toute initiative ; en second lieu d'une société qui s'est toujours méfiée des étrangers, et enfin d'un peuple dissimulant son insécurité latente sous une autorité bien maladroitement exprimée. Certains diplomates soviétiques donnent l'impression désagréable qu'ils font tout pour confirmer les idées préconçues de leurs supérieurs hiérarchiques, qui, malgré les distances qui les séparent, demeurent vigilants. Cela leur permet à coup sûr de ne pas endosser des erreurs de jugement. La plupart restent inflexibles, car Moscou pourrait les accuser de se compromettre inutilement s'ils prenaient des initiatives. Ils utilisent les mêmes arguments, ne pouvant se permettre de s'écarter de l'idéologie traditionnelle. Les rares fois où ils expliquent leurs positions, c'est en termes purement formels, pour ne pas risquer que Moscou leur reproche une inexactitude — ou d'avoir laissé entendre sans autorisation que les objectifs des Soviétiques pourraient être négociés.

Dobrynine évitait ces déformations professionnelles. Il était un pur « produit » de la société communiste. Issu d'une famille de douze enfants, et le premier à aller à l'Université, il avait su tirer parti du système et le lui rendait bien. Il avait suivi des études d'ingénieur électricien et avait travaillé au ministère des Affaires étrangères pendant la guerre. Peu m'importait de savoir s'il avait acquis sa souplesse au cours de ses études, dans une matière somme toute hermétique à l'idéologie, ou si elle lui était naturelle : il était un des seuls diplomates russes de ma connaissance capables de comprendre la psychologie des autres. Il était affable — et pas uniquement selon les critères des Soviétiques (qui sont souvent fort maladroits). Il savait parler aux Américains d'une façon parfaitement adaptée à leurs préjugés. Lui aussi savait évoquer avec habileté le sentiment inépuisable de culpabilité des Américains.

Je ne perdais jamais de vue que Dobrynine appartenait au Comité central du parti communiste soviétique : je n'ai jamais eu le sentiment que son air dégagé reflétait de la bienveillance envers moi et envers l'Occident. Je savais pertinemment que, si les intérêts de son pays l'exigeaient, il pourrait se montrer aussi impitoyable et d'aussi mauvaise foi que tout autre dirigeant communiste. Il ne faisait aucun doute dans mon esprit que sa force résidait dans son habileté à interpréter la politique de son gouvernement, et non ses préférences personnelles. Mais je considérais son adhésion inconditionnelle à la ligne soviétique comme un avantage ; elle nous permettait de nous faire une idée précise de la politique de ses chefs, et renforçait son influence à Moscou. Par ailleurs — et cela seul nous aurait suffi — il comprenait admirablement la réalité américaine. Parfois, il me communiquait son analyse personnelle de notre politique, qui était toujours pertinente et même brillante. Nous étions à peu près sûr que, grâce à lui, le Kremlin disposait de rapports fidèles et détaillés sur la situation chez nous. Cela ne garantissait pas que Moscou adopterait nos propositions, mais évitait à coup sûr les erreurs grossières.

Dobrynine ne recourait pas à ces manœuvres mesquines qui permettent à tout diplomate soviétique peu scrupuleux de prouver sa vigilance à ses supérieurs ; à ses yeux, la crédibilité était un atout majeur en politique étrangère. Subtil, discipliné, enthousiaste et prudent, il était parfaitement à son aise dans ses relations avec les hauts fonctionnaires de Washington. Son rôle personnel dans le cadre de ses fonctions d'ambassadeur fut à n'en pas douter bénéfique pour les relations entre nos deux pays. Si un jour les tensions et les craintes disparaissaient entre les États-Unis et l'Union soviétique, Anatoly Dobrynine y serait pour beaucoup.

En février 1969, nous n'en étions qu'aux prémices ; car chaque interlocuteur essayait de comprendre l'autre. Dobrynine posa deux problèmes à Nixon en lui demandant une entrevue, à savoir un problème de procédure et un problème de fond. Du point de vue de la procédure, Nixon souhaitait avoir la mainmise sur les négociations avec l'Union soviétique ; à ses yeux, il lui fallait exclure Rogers de ces négociations, car ce dernier n'aurait pas hésité à tirer la couverture si des progrès étaient acccomplis. Sur le fond, Nixon voulait aborder le linkage à son rythme. Il chercha à résoudre le problème Rogers à sa manière habituelle, c'est-à-dire en s'en déchargeant sur Haldeman (et Haldeman m'en attribua certainement la responsabilité). Haldeman déclara au ministre des Affaires étrangères que le meilleur moyen de ne pas donner de faux espoirs était qu'il n'assistât pas à la rencontre. Sa présence pouvait faire croire qu'il y avait urgence, ce qui était contraire à notre stratégie ; elle pouvait aussi susciter un optimisme excessif. Rogers, peu habitué à tant de sollicitude de la part de son vieil ami, se montra réticent. Pendant une bonne partie de la fin de semaine, il fallut essayer de lui ôter de l'esprit (et pourtant il n'avait pas vraiment tort) que le ministre des Affaires étrangères se devait de participer à la première rencontre capitale entre le nouveau Président et l'ambassadeur soviétique.

Mais Nixon ne cédait jamais dans ce genre d'affaires, tant qu'il trouvait quelqu'un d'autre pour faire le sale boulot à sa place. Finalement, Rogers n'assista pas à l'entrevue. Pour des raisons de prestige institutionnel, Malcolm Toon, alors chargé des Affaires soviétiques au ministère des Affaires étrangères (et plus tard ambassadeur à Moscou), fut invité. Mais cela ne servit à rien, car Nixon nous pria, Toon et moi-même, de nous retirer à la fin de l'entrevue et déclara en privé à Dobrynine que les affaires délicates devraient désormais être réglées avec moi.

C'est ainsi que la filière fut établie.

Avant sa rencontre avec Dobrynine, Nixon me demanda une note écrite sur les sujets que l'ambassadeur allait sans doute aborder, ses objectifs et l'attitude que je lui conseillais d'adopter. En réponse, je lui indiquai que Dobrynine allait vraisemblablement nous mettre au courat de l'intention des Soviétiques d'entamer des négociations, et en particulier celles concernant la limitation des armements stratégiques. Il nous reprocherait de ne pas manifester assez d'empressement face à l'attitude plus conciliatrice des dirigeants soviétiques depuis le 20 janvier. Il sous-entendrait que nous ne devions pas manquer cette occasion favorable et qu'il faudrait établir des rapports directs entre le Président américain et les dirigeants soviétiques. Je conseillai à Nixon, dans le cas où Dobrynine remettrait un message des dirigeants soviétiques, de se montrer ouvert aux propositions concrètes, mais ne pas laisser les Soviétiques nous forcer la main par de vagues promesses de discussions futures sans en indiquer le contenu. Nous devions bien insister sur le fait que les progrès reposaient sur un accord spécifique et non sur une diplomatie personnelle. Toute rencontre au sommet devait être l'aboutissement d'une préparation minutieuse. Il fallait aussi lui faire savoir que si le problème des routes d'accès à Berlin revenait sur le tapis à l'occasion de l'élection du Président de la R.F.A., il était alors hors de question d'entamer des négociations ; qu'au Moyen-Orient, chaque « camp » devait jouer de son influence pour imposer la retenue et une diplomatie souple ; que nous étions prêts à mettre fin à la guerre du Vietnam et que nos relations avec les Soviétiques dépendraient de la bonne volonté qu'ils mettraient à régler ce conflit. Je terminai en laissant entendre d'une façon assez ambiguë que, si l'U.R.S.S. ne se montrait pas coopérative, « nous n'excluions pas la possibilité que d'autres nations ayant un intérêt dans cette affaire s'en mêlent... » C'était une allusion voilée aux Chinois, mais sûrement limpide pour l'astucieux Dobrynine.

A son habitude, Nixon souligna soigneusement les phrases de mon mémoire qui lui semblaient les plus importantes. Il annota le passage concernant notre engagement de préserver l'intégrité et la survie de Berlin. Il souligna presque toutes les phrases concernant le Moyen-Orient et le Vietnam, et cocha mon allusion à la Chine.

Au cours de ses rencontres avec les chefs d'État étrangers, Nixon réussissait parfaitement à exposer nos positions, que nous avions au préalable soigneusement mises au point ; de plus, il comprenait mieux les modes de pensée des étrangers que ceux de la plupart des Américains (peut-être les considérait-il comme moins menaçants). En revanche, il redoutait l'aspect « donnant-donnant » des négociations ; il détestait toute rencontre qui n'avait pas été soigneusement préparée. Il avait du mal à s'exprimer directement sur un sujet. Il s'impatientait si l'on butait sur des points de détail et ne supportait pas les longues impasses, inévitables, lorsqu'on cherche à conclure un accord. Bien qu'il excellât dans l'art de conduire les discussions théoriques, Nixon avait trop d'amour-propre pour avouer à ses visiteurs qu'il se faisait aider, même par une note. Comme je l'ai déjà dit, il abordait les rencontres diplomatiques après avoir appris par cœur les points de la discussion que nous avions préparés pour lui, lesquels, reconnaissons-le, avaient été rédigés d'après les opinions qu'il avait exprimées à la suite d'une discussion avec ses collaborateurs.

L'aversion de Nixon à négocier lui-même n'était pas une faiblesse, mais une force. En effet, on doit certains échecs diplomatiques passés à des Présidents qui s'imaginaient être de bons négociateurs. Les exigences de la fonction présidentielle empêchent de suivre de très près les négociations et de s'intéresser au moindre détail les concernant, ce qui pourtant est essentiel. En outre, lorsque les Présidents sont eux-mêmes les négociateurs, la diplomatie n'a plus d'échappatoire. On ne peut plus revenir sur une concession sans paraître déshonoré. Arriver à l'impasse met en jeu le prestige personnel du chef de l'État ; toute faute doit être reconnue. Et, étant donné que les chefs de gouvernement n'auraient pas embrassé cette carrière sans une bonne dose d'amour-propre, les négociations risquent alors de se bloquer et de dégénérer rapidement en conflit. Les négociations entre personnes d'un échelon inférieur, y compris le ministre des Affaires étrangères, permettent au chef d'État d'intervenir aux moments cruciaux et les rectifications ne causent pas de grand dommage. Au moment où les chefs d'État entrent en jeu, les textes de l'accord devraient déjà avoir été rédigés (ce fut presque toujours le cas avec les Présidents pour lesquels j'ai travaillé), même si un ou deux détails sont laissés de côté pour faire paraître décisive l'intervention des leaders. Les Présidents se chargent, bien entendu, de mettre sur pied la stratégie d'ensemble et doivent aussi prendre les décisions importantes, car ils en sont responsables. C'est à eux qu'en revient tout le mérite, même s'ils ont été aidés dans leur tâche. Lorsqu'ils essayent de mettre en pratique leur stratégie, ils courent à la catastrophe. Nixon n'a jamais commis cette erreur.

La première rencontre entre Dobrynine et Nixon eut lieu le 17 février 1969. Dobrynine, alors remis de sa grippe, arriva dans le Bureau ovale et, après avoir été présenté au Président, il lui exposa ce qu'il pensait de sa conduite des affaires en employant à peu près le même langage qu'avec moi quelques jours auparavant. Il laissa entendre qu'une rencontre au sommet était possible et ne rejeta pas le concept du linkage. Au contraire, il affirma la volonté des Soviétiques de négocier simultanément sur un certain nombre de questions. Il déclara que l'Union soviétique était prête à mettre son influence au service du règlement du conflit au Moyen-Orient ; puis, il nous demanda quand nous envisagions d'entamer des négociations sur la limitation des armements stratégiques.

Nixon, avec le formalisme dont il faisait montre lorsqu'il était pris de court, lui répondit que des rencontres au sommet devaient être soigneusement préparées. Il souligna la nécessité pour les superpuissances d'observer de la retenue en toutes affaires, il insista sur le besoin impérieux de calmer les tensions au Moyen-Orient et au Vietnam. Il déclara aussi qu'il fallait préparer minutieusement les discussions sur l'armement et que le désarmement n'assurerait pas la paix à moins qu'il ne s'accompagne de retenue sur le plan politique. Il souligna l'importance qu'il attachait au statut de Berlin, ce à quoi Dobrynine lui répondit que l'Union soviétique ferait tout son possible pour apaiser la situation.

Nixon était si mal à l'aise dans ce genre d'entrevue qu'il me téléphona quatre fois à mon bureau ce jour-là pour que je lui donne l'assurance qu'il s'était bien comporté. Il pensait que ç'avait été une confrontation des plus difficiles. J'avais l'impression du contraire, à savoir que la rencontre avait été marquée par un souci de conciliation, ou, du moins, qu'elle s'était déroulée dans le même climat qui s'établit au début d'une partie d'échecs entre bons joueurs. Chaque interlocuteur essayait de garder le plus grand nombre d'options possible et cherchait à se protéger contre les mouvements imprévisibles de l'autre. Je ne mentais pas à Nixon en lui disant qu'il avait agi pour le mieux.

Le lendemain matin, 18 février, j'envoyai un mémorandum à Nixon pour lui communiquer les réflexions que m'inspirait cette première rencontre. Telle était ma conclusion :

« Je pense que le désir actuel de conciliation des Soviétiques et l'intérêt qu'ils portent aux négociations, qu'il s'agisse du contrôle des armements ou du Moyen-Orient, sont dus dans une large mesure à leur ignorance des objectifs de notre gouvernement. Il est évident qu'ils craignent que vous ne lanciez de nouveaux programmes d'armement qui les obligeraient à prendre de nouvelles décisions coûteuses ; ils espèrent donc que des négociations imminentes leur permettraient de contrecarrer ce genre de démarche de la part des Américains. (Je ne suis pas persuadé qu'il y ait des divergences au Kremlin sur ce point précis, alors qu'il est probable qu'il y en a d'importantes concernant les modalités réelles d'un accord avec nous.) En un mot, je pense qu'ils veulent nour faire prendre position au moment même où ils ignorent nos intentions (ils voient cette période comme une lutte d'influence entre des forces " raisonnables " et " aventureuses " chez nous). Certains ne manqueront pas de dire que, quelles qu'en soient les raisons, nous devrions tirer parti de la bonne volonté actuelle de l'Union soviétique, de peur que Moscou n'adopte à nouveau une attitude hostile. Nous devrions donc nous servir de l'intérêt que nous suscitons, lequel provient, à mon avis, d'un sentiment d'inquiétude, pour les amener à s'attaquer aux origines réelles de la tension, particulièrement au Moyen-Orient, mais aussi au Vietnam. Cette démarche impliquerait que nous adoptions une attitude ferme concernant Berlin. »

Il était trop tôt pour deviner ce que les Russes nous préparaient. Dobrynine était favorable au concept du linkage uniquement dans la mesure où les dirigeants soviétiques s'étaient déclarés prêts à négocier sur une grande échelle. Ils ne voulaient pas faire dépendre la marche d'une négociation des résultats d'une autre. Dobrynine avait reconnu volontiers que tout mouvement en faveur de la paix au Vietnam contribuerait à améliorer nos relations en général ; mais cela n'entrait pas en contradiction avec le chantage qu'ils tentaient d'exercer sur nous en appliquant le concept du linkage à l'envers. L'offre des Soviétiques de « coopérer » au Moyen-Orient pouvait ne signifier de leur part — et c'est ce qui arriva d'ailleurs — qu'un soutien à leurs amis arabes.

Nous ne devions pas sortir de l'impasse avant 1971. Les échanges peu concluants de 1969 dégénérèrent en une série de confrontations tout au long de 1970. En 1969, j'essayai une dizaine de fois, lors de mon entrevue mensuelle avec Dobrynine, d'obtenir l'assurance que les Russes nous aideraient à mettre fin à la guerre du Vietnam. Dobrynine était toujours évasif, et démentait formellement que l'Union soviétique ait un quelconque intérêt à poursuivre cette guerre ; il nous mit en garde (très modérément, à la réflexion) contre une éventuelle escalade, mais il n'avança jamais de propositions concrètes pour arrêter la guerre.

Nixon n'était pas plus avancé. Le 26 mars, il écrivit au Président du Soviet suprême, Alexis Kossyguine, une lettre qui reflétait sa conversation du 17 février avec Dobrynine (Léonid Brejnev, Secrétaire général du Comité central du parti communiste, ne devait jouer un rôle dans la politique étrangère de son pays qu'à partir de la mi-1971). La réponse de Kossyguine, le 27 mai, ne s'écartait pas de la position soviétique traditionnelle. Seule nouveauté importante, il attaquait ouvertement et violemment notre concept du linkage (probablement enhardi par les critiques américaines), prétendant qu'« étant donné la complexité de chaque problèmes pris séparément, il était vain de vouloir établir un lien entre eux ». Nous décidâmes de ne pas entamer de polémique à ce sujet et de continuer dans la même voie.

Le 14 mai, Dobrynine reçut à l'avance une copie du discours que le Président devait prononcer sur le Vietnam. Comme convenu, Nixon me téléphona au cours de mon entretien avec Dobrynine et nous pria de venir le rejoindre dans le salon Lincoln, afin qu'il puisse réaffirmer à l'ambassadeur soviétique qu'il était décidé à mettre fin à la guerre. Mais les Russes restèrent imperturbables, attitude qu'ils conservèrent également à l'égard des propositions de paix de Cyrus Vance concernant le Vietnam*. C'est en partie à cause de l'attitude intransigeante de Moscou que Nixon décida de se rendre en Roumanie au mois d'août. Il voulait ainsi rappeler au Kremlin nos engagements vis-à-vis de l'Europe de l'Est, et surtout de la République populaire de Chine, que la Roumanie soutenait épisodiquement. De plus, au cours de l'automne, nous refusâmes d'inviter Andreï Gromyko à Washington pour son habituel tour d'horizon sur la situation politique avec le Président (Gromyko assistait chaque année à l'Assemblée générale des Nations-Unies et en profitait pour rendre visite au Président américain). Nous fîmes savoir que le Président ne recevrait le ministre des Affaires étrangères que si les Russes en faisaient la demande – dont ils s'abstinrent.

En 1969, l'attitude des Soviétiques n'avait toujours pas changé et ils semblaient décidément marquer une nette préférence pour la forme plutôt que pour le contenu. En avril, ainsi que je l'ai déjà indiqué, diverses déclarations publiques de fonctionnaires subalternes et des indiscrétions ne provenant pas de la Maison Blanche avaient accéléré notre prise de position sur le début des négociations SALT, prévues désormais pour « la fin du printemps ou le début de l'été ». Lorsque, le 11 juin, la Maison Blanche décida d'informer les Russes que nous étions prêts à commencer les négociations, l'Administration était sûre que nous recevrions une réponse au cours des semaines suivantes. Les Soviétiques restèrent muets pendant quatre mois, presque certainement parce qu'ils attendaient la fin des débats du Sénat sur les missiles antibalistiques : ils ne voulaient pas gâcher les arguments de nos critiques, qui jugeaient le programme A.B.M. incompatible avec des négociations sur la limitation des armements.

Quelle qu'en soit la raison, ce n'est que le 20 octobre que Dobrynine alla voir le Président et lui déclara que les Russes étaient prêts à fixer une date pour le début des négociations SALT. Dobrynine en profita pour se plaindre de la lenteur avec laquelle progressaient les relations entre nos deux pays. Nixon lui répondit que l'Union soviétique était libre de prendre ses décisions, mais que tout progrès

* Ces discussions américano-soviétiques sur le Vietnam sont abordées dans le chapitre 8.

dépendrait de l'attitude de son pays vis-à-vis du Vietnam. Pour que les choses soient bien claires, je donnai le lendemain à Dobrynine une copie dactylographiée de ce qui avait été dit sur le Vietnam au cours de son entretien avec le Président; j'avais volontairement souligné certains passages, à l'intention de Moscou. Selon son habitude, Dobrynine n'avait pas pris de notes durant cet entretien, mais il détecta les contradictions et demanda quelle version il devait transmettre officiellement à Moscou. Je lui suggérai de se servir de la version dactylographiée.

Nos discussions sur la sécurité en Europe, et surtout sur Berlin, restèrent aussi au point mort. Les Allemands de l'Est provoquèrent une mini-crise en bloquant les accès pour protester contre l'élection du Président de la République fédérale à Berlin-Ouest, alors que les trois élections précédentes s'étaient passées sans incident. Le 22 février, à la veille de sa première visite en Europe, Nixon ordonna d'accélérer l'envoi de troupes à Berlin-Ouest. L'incident ne dégénéra pas, car le 17 février Dobrynine avait promis à Nixon que l'Union soviétique prendrait la situation en main. Le 5 mars, l'élection du Président de la R.F.A. eut lieu au Reichstag, sans provoquer ni crise ni remous. En juillet 1971, au cours de mon voyage secret en Chine, Chou En-lai me présenta sa version des événements. A ses yeux, en mars 1969, l'Union soviétique avait délibérément provoqué des heurts à la frontière chinoise, pour faire diversion au moment où les parlementaires de la R.F.A. se rendaient librement à Berlin. Pour Chou En-lai, les incidents de frontière avaient permis aux Russes de « ne pas assumer leurs responsabilités vis-à-vis de Berlin*.

Quoi qu'il en soit, le 27 février, durant son séjour en Europe, le Président Nixon proposa officiellement des négociations sur Berlin dans son discours à l'usine Siemens de Berlin-Ouest. Après avoir réaffirmé notre volonté de défendre la ville, il émit l'espoir que Berlin fasse l'objet de « négociations... et d'une réconciliation ». Le 26 mars, le Président envoya une lettre à Kossyguine, dans laquelle il proposait, entre autres, de discuter de la question de Berlin. En avril, lors d'une réunion de l'O.T.A.N. à Washington, la R.F.A. pressa les trois alliés occidentaux occupant Berlin, à savoir la France, la Grande-Bretagne et les États-Unis, de négocier avec les Soviétiques au sujet de Berlin. Les consultations débutèrent pendant l'été. Le 10 juillet, Gromyko réaffirma en public la volonté des Russes « de discuter ensemble sur la manière d'éviter les complications au sujet de Berlin, maintenant et dans l'avenir ». Le chancelier ouest-allemand Kurt Kiesinger nous poussa à accepter rapidement, connaissant pertinemment les avantages que l'on pourrait tirer d'un relâchement des tensions lors des élections allemandes du mois de septembre. Le 7 août, les alliés occidentaux se déclarèrent prêts à engager des négociations. Les Soviétiques attendirent la fin du mois de septembre, c'est-à-dire juste avant les élections allemandes, pour donner une réponse évasive qui se bornait à reprendre les déclarations de Gromyko et à souligner l'importance de la souveraineté du régime est-allemand (qu'aucun des pays occidentaux n'avait encore reconnu). Ils refusaient de s'engager dans des discussions concer-

* Les heurts de mars 1969 à la frontière sino-soviétique sont rapportés dans le chapitre 6.

nant l'amélioration de l'accès à Berlin-Ouest et proposaient à la place l'ouverture de négociations destinées à réduire les activités ouest-allemandes à Berlin.

A mes yeux, la réponse des Russes ne semblait apporter « aucun changement d'importance », et j'en fis la remarque au Président dans une note. Ils essayaient une fois de plus de profiter des circonstances en cherchant à bénéficier de tous les avantages découlant de négociations sur une nouvelle question majeure tout en ne montrant aucun signe d'intérêt pour la réalisation effective de progrès. J'en conclus « qu'ils n'étaient nullement pressés et que nous n'avions donc aucune raison de l'être à notre tour, sans compter que, si nous manifestions le désir de faire progresser les négociations, nous pouvions nous attendre à ce que les Soviétiques saisissent à nouveau cette occasion pour réaffirmer leur soutien inconditionnel à la " souveraineté " de l'Allemagne de l'Est ».

Les dirigeants soviétiques essayèrent toutefois d'organiser des discussions bilatérales sur la question de Berlin avec les États-Unis. Kossyguine, dans sa lettre du 27 mai au Président américain, avait accepté de discuter de cette question et Dobrynine en avait fait part officiellement à Nixon le 20 octobre. Puisque les Soviétiques refusaient de s'engager dans des discussions concernant l'amélioration de l'accès à Berlin-Ouest, que nous désirions, je recommandai à Nixon de ne pas accepter l'éventualité de discussions bilatérales. Les Russes ne s'en serviraient que pour semer le doute parmi nos alliés ; il serait donc plus utile, pour le moment, de mettre cette question à l'ordre du jour des rencontres entre les quatre puissances occupantes.

Les Soviétiques se comportèrent de la même manière à propos du Moyen-Orient. Là encore, ils nous firent part de leur désir d'entamer des discussions, et, lorsque celles-ci débutèrent (*cf.* chapitre X), ils défendirent les vues extrémistes des Arabes, dont ils devaient bien savoir qu'elles ne pouvaient pas « faire l'objet de négociations ». L'Union soviétique nous répéta pendant plusieurs mois qu'elle ne pouvait obtenir aucune concession de ses alliés tant que les États-Unis n'auraient pas clarifié leur position au sujet des frontières. Ce que nous fîmes le 28 octobre en acceptant les frontières de 1967. Les Soviétiques mirent deux mois à nous donner leur réponse. En ce qui concerne les Russes, 1969 a été une fuite devant les décisions concrètes.

Mais, si les Soviétiques faisaient traîner les choses en longueur, un grand nombre d'Américains persistaient au contraire dans leur volonté d'accélérer les négociations dans presque tous les domaines.

Préparation de SALT

Début mars 1969, l'ambassadeur Gerard C. Smith fut nommé principal négociateur des accords SALT et fut mis à la tête de la Commission pour la limitation des armements et le désarmement. Bien que nous ayions été souvent en désaccord, j'approuvai sa nomination. Homme dévoué, infatigable et subtil, Smith représentait le type même du dirigeant adroit qui participe à l'action de plusieurs gouvernements successifs et fait la gloire de la fonction publique. Il arrivait qu'on le sous-estime à cause de sa pesanteur occasionnelle, mais il était un familier de Washington et connaissait bien tous les rouages de l'Administration. Bien qu'il ne possédât aucun pouvoir véritable, il exerçait quelquefois une influence considérable sur le cours des événements. Il savait se faire donner des instructions qui ne laissaient à ses supérieurs qu'un minimum d'influence sur ses pouvoirs discrétionnaires ; il était également passé maître dans l'art d'interpréter à sa manière les instructions qu'il n'approuvait pas. Il était de surcroît conciliant et honnête et défendait toute cause valable. Il s'agissait, en l'occurrence, de mener à bien la limitation des armements. La commission qu'il présidait avait la charge de rappeler cet objectif au gouvernement, et Smith ne s'en privait pas.

J'ai parlé plus haut des pressions exercées sur le gouvernement pour que celui-ci fixe une date d'ouverture des négociations SALT. Fidèles à eux-mêmes, les Soviétiques mirent quatre mois à donner leur réponse, ce qui nous laissa du temps pour préparer les négociations et faire en sorte qu'une fois entamées, elles se déroulent d'une manière cohérente.

J'avais donné des directives, le 6 mars, pour que le gouvernement choisisse les positions à adopter lors des négociations. Cela ne se fit pas sans mal. Les fonctionnaires des échelons inférieurs avaient pour la plupart servi le dernier gouvernement. Ils préféraient naturellement l'option que Johnson avait proposée à Kossyguine si le sommet de Leningrad, qu'il désirait tant, avait eu lieu. L'Administration avait passé l'été 1968 à mettre au point une proposition compliquée heureusement acceptée par l'État-major interarmes. Ce petit triomphe des bureaucrates perdait toutefois de son éclat lorsqu'on considérait l'élément principal sur lequel il reposait, à savoir le gel des missiles stratégiques et des missiles basés en mer. Bien qu'en 1969 l'arsenal croissant des missiles soviétiques lancés du sol commençât à approcher le nôtre en nombre, les Russes étaient très loin derrière nous en ce qui concernait les missiles lancés à partir des sous-marins. Lorsqu'on ajoutait à cela le nombre considérable de nos bombardiers intercontinentaux (omis dans la propositions), il devenait peu probable que les Soviétiques acceptent le « gel » en question.

Mes efforts pour élargir les choix du Président rencontrèrent des problèmes bureaucratiques particuliers. Nixon s'intéressait beaucoup au choix d'une stratégie et aux moyens à employer pour la réalisation des accords SALT, mais les détails l'ennuyaient et il me laissait en fait le soin de les régler. Si l'Administration avait été au courant de cela, tout semblant de discipline aurait disparu. J'organisai donc une série de réunions du C.N.S. — au cours desquelles on présenta un certain nombre d'options à un Nixon renfrogné et agacé — pour pouvoir donner des instructions au nom du Président.

Il fallait simplifier le débat du C.N.S. Dans cette intervention, je réclamai une gamme d'options tant limitées que générales. La conviction avec laquelle le ministère travailla est illustrée par le fait que, lorsqu'on analysait ces options, toutes, à l'exception d'une seule, nous laissaient dans une position stratégique *pire* que s'il n'y avait pas eu de négociations. En fait, l'ajournement inattendu de SALT nous fournit l'occasion de « faire de l'ordre ». J'appris beaucoup des réunions interministérielles que j'organisai avec Richardson, au cours desquelles on analysa systématiquement les conséquences stratégiques qui résulteraient de la réduction des MIRV, des moyens de contrôle dont nous disposions, ainsi que de la non-observation de cette réduction et des risques qui en découleraient. Quelques semaines plus tard, j'étendis cette analyse à toutes les armes stratégiques pouvant faire l'objet de négociations ultérieures. Je demandai à la C.I.A. de répondre à un certain nombre de questions : dans quelle mesure pouvait-on contrôler l'application de la limitation de chaque arme concernée ? de quels moyens disposions-nous pour effectuer ce contrôle ? combien de temps faudrait-il pour détecter une non-observation de la règle et quelles conséquences en découleraient ? Le ministère de la Défense fut chargé, quant à lui, d'établir une liste des moyens dont nous disposions pour riposter et le temps qu'il faudrait pour les mettre en œuvre. Lorsque les premiers résultats de la réunion furent soumis à l'examen du Groupe supérieur d'Études, j'expliquai à mes collègues que l'on se trouvait en face de tant de combinaisons possibles entre les différentes options retenues qu'on ne pouvait demander au Président d'en faire le tri. Nous nous remîmes à l'étude, analysant les différentes possibilités de limitation pour chaque arme isolément puis en les combinant. Ces possibilités furent ensuite rassemblées en sept groupes, dont chacun nous semblait être compatible avec notre sécurité à partir desquels nous pourrions émettre des propositions précises ou les modifier. Nous étions donc maintenant à même de réagir avec souplesse aux propositions des Soviétiques sans avoir besoin à chaque fois de nous mettre d'accord entre nous. Il en résulta l'étude la plus complète jamais entreprise par aucun gouvernement sur les conséquences de la limitation des armements, tant sur le plan stratégique que sur celui du contrôle. Notre position, dans les négociations, représenterait non pas le résultat d'un compromis avec l'Administration mais celui d'une analyse profonde de nos objectifs et de leurs conséquences.

Ces études me rendirent un service inattendu lors des entretiens sur SALT que j'eus plus tard avec Dobrynine dans le cadre de la « filière », en ce sens qu'elles m'apprirent à mieux connaître et à compter avec l'Administration. Elles me permirent de dire quelles options faisaient le consensus dans l'Administration, tout en conservant le secret des discussions. Je pus traiter avec Dobrynine en sachant que je m'aventurais sur un terrain à peu près sûr. (Je n'étais toutefois pas totalement à l'abri d'une contre-attaque éventuelle.)

La première session des négociations sur la limitation des armements stratégiques devait avoir lieu à Helsinki, le 17 novembre 1969. Étant donné la variété des options et l'absence de consensus au sein du gouvernement, je jugeai préférable de considérer cette session comme un galop d'essai. Nous ne voulions pas donner à l'Union soviétique l'occasion de manigancer une campagne de propagande, ni risquer un échec en avançant des propositions tout à fait inacceptables. Gerard Smith m'approuvait pour des raisons personnelles. Il craignait en effet d'être en désaccord avec les directives que n'allait pas manquer de lui donner le Président. Il espérait se servir de cette première session pour obtenir de la part des Soviétiques des propositions qu'il approuvait concernant l'interdiction des A.B.M. et un moratoire sur les essais des M.I.R.V. Comme c'est souvent le cas dans les grandes administrations, à partir de motifs très différents, on aboutit à des instructions, à savoir qu'il fallait mettre à profit les premières discussions pour établir un plan de travail et chercher à connaître les vues de l'Union soviétique sur le déroulement des négociations. Il nous fallait mettre l'accent sur notre désir de discuter de la limitation des armes aussi bien offensives que défensives. Il nous fallait aussi insister sur la nécessité d'exercer un contrôle. Afin d'éviter un enthousiasme excessif, la délégation reçut l'ordre d'informer Washington de toutes les propositions concernant les M.I.R.V. ou tout autre moratoire.

La première série des négociations S.A.L.T. commença comme prévu et se poursuivit jusqu'au 22 décembre. Une difficulté survint assez tôt : comment définir une arme stratégique? Les Soviétiques définissaient comme « stratégique » toute arme pouvant atteindre le territoire adverse, ce qui englobait notre aviation stationnée en Europe de l'Ouest ainsi que celle de nos porte-avions, mais excluait leurs I.R.B.M. *(Intermediate Range Ballistic Missiles)* et les M.R.B.M. *(Medium Range Ballistic Missiles)* et leur large flotte aérienne de bombardiers moyens destinés à atteindre l'Europe de l'Ouest. Cette définition présentait l'avantage politique supplémentaire d'établir une différence entre nos intérêts en matière de sécurité et ceux de l'Europe de l'Ouest, créant ainsi des tensions au sein de l'Alliance occidentale. Il va sans dire que nous rejetâmes la définition des Soviétiques. Ces derniers soulevèrent de surcroît le problème de la « non-dissémination » des armes atomiques, ce qui remettait en question notre coopération avec notre allié britannique en matière de problèmes nucléaires et peut-être même aussi avec tout le système de défense de l'O.T.A.N.

Les Russes avaient hâte d'aborder le problème des A.B.M. (missiles antibalistiques), dont la plupart des spécialistes s'accordaient à dire qu'il rendrait toute négociation impossible. A la grande surprise de notre délégation, les Soviétiques ne réclamèrent pas l'interdiction des M.I.R.V. Ils ne soulevèrent pas le problème et ne répondirent pas lorsque nous leur en parlâmes. Leur ton était précis, calme, net et sérieux.

Le 18 décembre, à Washington, je commentai les résultats des négociations au cours d'une conférence de presse officieuse :

> « On nous avait prédit que si nous allions à Helsinki sans avoir de position, les Soviétiques perdraient confiance en nous, ou que si notre position n'était pas suffisamment définie, ils occuperaient le devant de la scène en agissant de la manière spectaculaire qui leur est propre.
>
> En fait, curieusement, les préparatifs des Soviétiques ont pris à peu près la même forme que les nôtres : c'est-à-dire qu'ils ont analysé les problèmes en détail et je considère cela comme tout à fait positif, quoi qu'il arrive par la suite. »

SALT, malgré toutes les tracasseries administratives, nous avait amenés là où nous voulions en venir. Nous n'avions pas accepté de livrer nos plans stratégiques avant de participer aux négociations. Nous n'avions fait aucune concession unilatérale. Nous avions fait sentir à notre gouvernement l'importance et la complexité du sujet. Nous avions fait comprendre aux Soviétiques qu'ils devraient être précis et qu'ils n'obtiendraient rien par la propagande. Mais nous cherchions surtout à obtenir des résultats. Nous ne voulions pas considérer l'arme nucléaire comme n'importe quelle arme. Une fois lancés dans les négociations, nous aborderions le problème de la limitation des armes stratégiques sans illusion, mais aussi sans répit, en gardant toujours à l'esprit le problème de la sécurité et en étant convaincus que les générations à venir devraient savoir que nous avions saisi toutes les occasions de repousser le spectre de la guerre nucléaire. Nous ne négligerions pas notre défense ; nous éviterions de prendre du retard ; nous ne devions jamais oublier que l'avenir de la liberté dépendait de notre puissance nucléaire. Mais l'armement atomique ne ressemblait à aucune autre course aux armements du passé, car elle mettait en jeu la vie de tous les êtres humains. La limitation de ces armes était donc pour nous une obligation à laquelle nous n'avions pas le droit de nous dérober.

Les échanges commerciaux Est-Ouest

C'est une des particularités du communisme qu'une idéologie fondée sur l'influence inexorable de l'économie obtienne d'aussi piètres résultats sur le plan pratique. Chaque fois que des économies de marché sont entrées en concurrence avec des économies communistes dans des circonstances comparables, les économies communistes sont restées loin derrière. Quels que soient les critères choisis pour la comparaison entre l'Allemagne de l'Ouest et l'Allemagne de l'Est, l'Autriche et la Tchécoslovaquie, la Corée du Sud et celle du Nord ou enfin le Vietnam du Nord et le Vietnam du Sud avant leur unification forcée, on s'aperçoit de la supériorité des économies de marché. Elles produisent un plus grand nombre de marchandises et de services, qui sont, de surcroît, de meilleure qualité, répondent à un plus grand nombre de besoins de leurs populations et créent des sociétés bien davantage pluralistes que les sociétés communistes. Il n'y a qu'un domaine dans lequel les économies communistes ont marqué des points : l'augmentation de la puissance militaire. Malheureusement, l'Histoire n'assure pas à tout coup le triomphe d'un mode de vie axé sur l'humanisme et le bien-être. Et les pays prêts à se priver pendant des décennies peuvent effectivement acquérir une puissance militaire dominante ; tôt ou tard, cette supériorité entraîne presque inévitablement des avantages politiques. C'est un défi que les démocraties industrielles ne peuvent ignorer.

L'infériorité des sociétés communistes sur le plan économique peut s'expliquer de plusieurs façons. La planification ne peut échapper aux blocages et à la bureaucratie même avec l'aide d'ordinateurs modernes (une industrie de pointe dans laquelle les communistes sont en retard). La planification communiste n'incite pas les responsables de l'industrie à produire plus, mais les conduit à sous-estimer leur potentiel productif, pour ne pas tomber au-dessous des « quotas » prévus. Les responsables communistes ont tendance à stocker leurs denrées pour ne pas trop dépendre des caprices du système de planification. Quelles qu'en soient les causes, il n'est pas étonnant qu'avec les aléas de la production et l'inefficacité de l'Administration, l'Union soviétique et les États communistes de l'Europe de l'Est aient cherché depuis la fin des années 1950 à augmenter leurs échanges avec l'Ouest pour bénéficier plus rapidement d'une technologie moderne et de capitaux. En ce qui nous concerne, nous avons imposé des restrictions depuis le déclenchement de la Guerre Froide vers la fin des années 1940, soit unilatéralement, soit en accord avec nos alliés. La loi américaine interdisait l'extension de la Clause de la nation la plus favorisée aux importations en provenance des pays communistes, à l'exception de la Pologne et de la Yougoslavie.

En conséquence, l'abaissement des barrières douanières prévues pour de futures négociations commerciales était hors de question et les tarifs d'importation élevés, prévus par le « Hawley-Smoot Act » de 1930, restaient en vigueur. Les exportations américaines de produits ou d'informations techniques pouvant être utiles à l'armée ou à l'économie des pays communistes nécessitaient l'obtention initiale de licences qui étaient d'ailleurs rarement octroyées conformément à l'« Export Control Act » de 1949. Les crédits ou les garanties de la « United States Export-Import Bank », consentis à tout pays faisant du commerce avec le Vietnam du Nord (et en fait avec tous les pays communistes), étaient interdits par le fameux amendement Fino. Toute transaction commerciale ou financière avec la Corée du Nord, le Vietnam du Nord, Cuba et (jusqu'en 1971) la Chine nécessitaient l'obtention d'une licence spéciale. Une liste des exportations stratégiques interdites, qui n'était toutefois pas aussi longue que celle des embargos américains, fut établie à partir de 1950 par le Co-Ordinating Committee on Export Controls (C.O.C.O.M.) représentant les membres de l'O.T.A.N. et le Japon. Une loi américaine limite les voyages dans plusieurs pays communistes.

Au moment de notre entrée en fonctions, presque toutes ces restrictions étaient contestées aux États-Unis. L'opinion publique libérale les considérait comme des survivances archaïques de la Guerre Froide, qui, selon eux, était en train de se terminer. Le 7 octobre 1966, le président Johnson avait annoncé l'abandon du « concept étroit de la coexistence en faveur de celui, plus large, de l'engagement pacifique », qu'il tenta de concrétiser par une série de mesures de peu d'importance concernant le commerce et l'attribution de crédits, mesures qu'il prit en accord avec son gouvernement. Cette ouverture fut repoussée par Brejnev, le 16 octobre, qui considérait que les États-Unis faisaient preuve d'une « étrange et tenace naïveté » s'ils s'imaginaient que les relations entre les deux pays pouvaient s'améliorer alors même que la guerre du Vietnam continuait – déclaration qui fit de Brejnev l'instigateur de la théorie du linkage.

La question fut laissée de côté pendant deux ans. Puis, au printemps de 1968, Theodore Sorensen, ex-Conseiller présidentiel et George Ball, ancien sous-Secrétaire d'État aux Affaires étrangères, lancèrent une campagne en faveur d'une levée rapide des restrictions imposées aux échanges commerciaux entre l'Est et l'Ouest. Des débats eurent lieu au Sénat en juin et en juillet 1968. Le sénateur Walter Mondale présenta une proposition en faveur de l'abaissement des tarifs douaniers. La discussion de 1968 ne fut que brièvement interrompue par l'invasion de la Tchécoslovaquie et l'élection présidentielle. Elle s'échauffa rapidement au début de 1969, après l'investiture de Nixon, car l'Export Control Act de 1949 devait expirer le 30 juin de la même année.

Il y eut des débats d'avril à juin 1969. Le seul point de désaccord portait non sur la réforme de la loi, mais l'extension de cette réforme. Le *New York Times* du 3 juin déclarait que les restrictions imposées par les États-Unis en matière d'échanges commerciaux étaient « vouées à l'échec ». Elles étaient des « miasmes de la guerre froide incompatibles avec la théorie du gouvernement Nixon, selon laquelle il est temps de passer d'une ère de confrontation à une ère de négociations et de coopération... », comme si le Président ne connaissait pas ses propres théories. La réticence évidente du gouvernement à amender l'Export Control Act était « inexplicable ». Les principaux arguments de certains sénateurs comme J. William Fulbright, Walter Mondale et Edmund Muskie étaient que la Guerre Froide était terminée et que le fait de lier les échanges commerciaux à la politique étrangère ne pouvait que créer des tensions et un climat de méfiance. Mondale estimait que les restrictions « nuisaient à l'économie des États-Unis et non à celle de l'Europe de l'Est ». Muskie fit remarquer qu'on pouvait acheter certains articles à nos alliés européens. Nicholas Katzenbach, ancien-sous-Secrétaire d'État aux Affaires étangères, construisait une pyramide politique. Selon lui, les champs commerciaux entraîneraient un plus grand nombre de choix pour les consommateurs et les responsables soviétiques d'entreprises, ce qui créerait une société plus libre. Une économie soviétique plus sophistiquée contribuerait ainsi à remettre en cause l'idéologie soviétique et à créer des dissensions. Le maintien des restrictions pour des raisons politiques était considéré comme voué à l'échec du point de vue économique, comme inutile du point de vue politique et comme une façon de jouer le jeu des plus ardents défenseurs de Staline.

Mon opinion reflétait mon attitude générale. Compte tenu des besoins des Soviétiques, augmenter les échanges commerciaux sans obtenir de contrepartie politique équivalait à leur faire un cadeau. La Russie ne pouvait en effet pas faire grand-chose pour nous d'un point de vue économique. Il me semblait donc opportun de lui demander de limiter son intervention dans certaines régions en crise comme le Moyen-Orient, Berlin et l'Asie du Sud-Est. Nixon pensait de même, mais sous un angle politique. Il proposa à Dobrynine d'augmenter les échanges commerciaux en contrepartie de l'aide soviétique pour un règlement de la paix au Vietnam, mais en doutant que les Soviétiques mordent à l'hameçon. Dans le cas contraire, il ne voyait pas pourquoi il risquerait de déplaire à ses fidèles électeurs en acceptant une libération de la législation. En revanche, étant donné qu'il adoptait une attitude « douce » à l'égard du Vietnam, la question des liens commerciaux entre l'Est et l'Ouest lui servit à regagner du prestige auprès des conservateurs.

Au sein de l'Administration, cette question reflétait l'opposition traditionnelle au concept du linkage. Seul le ministère de la Défense approuvait de façon générale l'orientation prise par la Maison Blanche. Le ministère des Affaires étrangères était partisan d'une libéralisation, en partant du principe qu'elle détendrait l'atmosphère politique ; sa position allait ainsi à l'encontre de la Maison Blanche, pour qui le commerce devrait être fonction de l'évolution politique. L'opinion du ministère du Commerce était des plus intéressantes, car elle reflétait l'attitude surprenante de la plupart des hommes d'affaires américains, qui sont bien entendu farouchement opposés au communisme. En théorie, ils prêchent la fermeté envers les communistes et ne se privent pas d'accuser le gouvernement de faire « des concessions ». Mais en matière de commerce, leur attitude est toute différente. Lorsque j'étais au gouvernement, les plus fervents partisans des échanges commerciaux Est-Ouest faisaient partie de ce groupe de capitalistes que vilipende la théorie de Lénine. Ils sont favorables au marché libre, tout au moins dans la mesure où cela se traduit par une augmentation des affaires de leur société. Ils considèrent comme une « ingérence du gouvernement dans leurs affaires » les règlements et les restrictions, qui sont indispensables si l'on veut subordonner les relations économiques aux objectifs politiques. Si l'Union soviétique peut avoir accès à notre marché pour y obtenir du crédit ou des marchandises selon des critères purement économiques, tout lien avec la politique disparaît. Les hommes d'affaires américains sont peut-être aussi particulièrement sensibles à la bonhomie des fonctionnaires soviétiques qui flattent ceux qu'ils veulent influencer : cette forme de camaraderie, légèrement avinée, que l'on trouve parfois dans certaines réunions d'associations commerciales capitalistes.

Le commerce Est-Ouest est à l'ordre du jour d'une réunion du C.N.S. le 21 mai. Le gouvernement devait se prononcer sur les propositions du Congrès pour remplacer, par une nouvelle loi plus appropriée, l'Export Control Act venu à expiration. Le gouvernement devait aussi se prononcer sur la délivrance d'un certain nombre de licences particulières. Celles-ci concernaient l'équipement d'une fonderie dans une nouvelle fabrique soviétique de camions, une unité d'extraction pétrolière, et la vente de blé à l'Union soviétique au prix du marché mondial, pour une somme de 15 millions de dollars. Avant la réunion, j'envoyai à Nixon une note résumant mes recommandations et celles des services. Ma démarche n'était pas de refuser, mais d'approuver une nouvelle loi laissant les mains libres au Président pour accroître les échanges commerciaux, à condition que nous y trouvions notre compte. Je lui demandai aussi que notre liste des exportations prohibées corresponde à celle, somme toute plus libérale, du C.O.C.O.M., car, dans le cas contraire, nous perdrions des affaires au profit de nos alliés sans pour autant influencer la ligne communiste. En fin de compte, je lui conseillai de donner son autorisation pour la construction d'une unité d'extraction pétrolière, car la longueur des travaux allait ainsi nous laisser une grande liberté d'action. Je m'opposai toutefois à ce qu'une autorisation soit délivrée pour la construction d'une fonderie, ou pour la vente de blé.

Nixon n'en tint pas compte, et, sous le coup du refus des Soviétiques de nous aider à régler la paix au Vietnam, il déclara aux membres du C.N.S. : « Je ne crois pas à la théorie selon laquelle un accroissement des échanges commerciaux permettrait une amélioration des relations politiques. C'est en fait tout le contraire. Des relations politiques plus détendues favorisent l'accroissement des échanges commerciaux. » Je pensais de même, mais Nixon allait plus loin. Il décréta que le gouvernement s'opposerait à toute législation visant à libérer les échanges commerciaux. Certains projets bien précis, y compris celui de l'unité d'extraction pétrolière, devaient être suspendus pour le moment. Je lui fit remarquer que tout le monde trouvait que notre liste, une fois restreinte, devrait correspondre à celle du C.O.C.O.M., sauf pour les ordinateurs et autres articles importants dont nous avions gardé le monopole. Le Président accepta. Une directive suivit, le 28 mai. Je veillai à ce que la formulation nous laisse la possibilité d'augmenter les échanges commerciaux si le contexte politique changeait.

A peine ces instructions furent-elles données, que les ministères commencèrent à les critiquer. En effet les ministères n'acceptent des décisions qui vont à l'encontre de leurs opinions que si on leur impose des directives précises. Sinon, on a droit à une avalanche de commentaires émanant des subalternes. Il incombe au Conseiller pour la Sécurité de prendre les mesures qui s'imposent dans ce domaine. J'avais donc fort à faire. Malgré les ordres précis donnés par le Président lors de la réunion du C.N.S. du 21 mai, le ministère du Commerce était, en juillet, sur le point d'annoncer qu'environ trente produits destinés à être exportés vers l'Union soviétique et l'Europe de l'Est allaient être libérés, arguant du fait que Nixon s'était prononcé contre une libéralisation de la législation et non contre un assouplissement des échanges commerciaux par l'intermédiaire d'un décret administratif. Le ministère du Commerce se considérait donc autorisé à entreprendre une libéralisation des échanges commerciaux Est-Ouest *dans le cadre* de la loi en vigueur. Je l'en empêchai, mais j'eus à faire face à des initiatives semblables à intervalles réguliers. En octobre, par exemple, le ministère des Affaires étrangères et celui du Commerce extérieur demandèrent l'autorisation de vendre des ordinateurs à l'U.R.S.S. destinés à faciliter ses communications avec l'Europe de l'Est ; Maurice Stans, ministre du Commerce, voulait libérer la vente de 135 articles, sans obtenir de contrepartie dans le domaine politique. J'opposai mon veto à toutes ces initiatives, conformément à la décision prise par Nixon devant le C.N.S.

Nous étions un peu plus conciliants à l'égard de l'Europe de l'Est, mais cela entrait dans le cadre de notre stratégie politique. Nous nous servions de notre puissance commerciale comme d'un appât pour les pays dont la politique était relativement indépendante de l'U.R.S.S. C'est ainsi que le 28 juin, lorsque le voyage en Roumanie du Président fut annoncé, je demandai à Elliot Richardson et au Comité des sous-secrétaires du C.N.S. de recommander au Président de faire des concessions aux Roumains en matière commerciale. Après la visite du Président en Roumanie, la Maison Blanche encouragea activement le commerce avec la Roumanie en prenant toutes les mesures mises à sa disposition. Maurice Stans avait de l'imagination et Lee DuBridge, Conseiller scientifique, des idées excellentes sur la coopération technique. Mais nous ne nous étions pas plus tôt rapprochés de la Roumanie que différents ministères se mirent à faire pression sur nous pour que nous libéralisions le commerce avec *tous* les pays de l'Europe de l'Est, ce qui avait sapé notre stratégie consistant à nous servir des échanges commerciaux pour encourager l'autonomie politique. Il nous fallut des mois pour nous faire comprendre.

Après des débats prolongés, le Congrès vota un projet de loi en décembre, l'Export Administration Act de 1969, qui libéralisait l'ancien Export Control Act et déclarait que les États-Unis se prononçaient officiellement en faveur du développement d'échanges commerciaux pacifiques avec l'U.R.S.S. et l'Europe de l'Est. Mais sa mise en application était laissée pour l'essentiel à l'initiative du Président. Il fallut un certain temps pour que les dirigeants soviétiques commencent à comprendre que, s'ils voulaient une libéralisation des échanges commerciaux, ils auraient à faire preuve d'une plus grande retenue dans leur comportement au niveau international et à s'engager dans la voie d'un règlement des problèmes essentiels de politique étrangère. Par la suite, conformément à notre stratégie, nous ferions des concessions à l'U.R.S.S. si celle-ci consentait à coopérer avec nous sur le plan politique. Soudain, nous dûmes affronter un revirement de la part de ceux qui nous avaient reproché de chercher à établir un lien entre les échanges commerciaux et la politique *étrangère* soviétique ; à présent ils nous reprochaient de ne pas chercher avec encore plus de détermination à établir un lien avec la politique *intérieure* de l'U.R.S.S. Nous allions bientôt devoir nous attaquer au problème de base des échanges commerciaux Est-Ouest : bien conçus, ils forgent des « liens » dont l'effet cumulé peut renforcer notre résistance à l'agressivité soviétique ; mais ils peuvent également contribuer à renforcer sa puissance. Ne pas entrevoir toutes les possibilités est tout aussi néfaste que d'ignorer les dangers.

L'Europe de l'Est : la visite de Nixon en Roumanie

La ligne de partage de l'Europe, qui suivait le cours de l'Elbe au centre de l'Allemagne, ne correspondait ni à une tradition historique ni aux aspirations de ses populations. Dans tous les pays de l'Europe de l'Est, les troupes soviétiques avaient imposé un régime venu d'ailleurs, et, dans trois d'entre eux, l'Armée rouge avait réprimé des révoltes populaires. Dans aucun des pays de l'Est, les communistes n'avaient pu gagner une élection libre, même après une génération. L'U.R.S.S. s'était engagée dans la voie d'une détente sélective en cherchant à nous séparer de nos alliés. Nous pensions que, pour être véritable, la détente devait concerner aussi bien l'Europe de l'Est que celle de l'Ouest.

C'était là soulever un problème incroyablement complexe et carrément tragique. On avait ignoré nos appels pressants en faveur d'une libéralisation du régime soviétique en 1956, lors de l'invasion brutale de la Hongrie, et nous devions être également impuissants en 1968, devant l'échec du printemps de Prague. Nous ne nous reprochions pas vraiment d'avoir commis une « trahison » mais de nous être trouvés dans l'impossibilité de répondre aux espoirs que nous avions suscités. Le gouvernement Johnson avait élaboré une politique d' « engagement pacifique » visant à promouvoir des échanges commerciaux et culturels avec l'Europe de l'Est, mais n'avait réussi qu'à énoncer une théorie astucieuse. Le gouvernement Nixon essaya d'adapter une politique plus différenciée, pour encourager les pays d'Europe de l'Est à agir d'une façon plus indépendante dans la mesure de leurs possibilités. Il ne fit aucune promesse qu'il ne pouvait tenir et évita toute déclaration susceptible d'entraîner des réactions désastreuses. Nous récompensions les pays ayant une politique étrangère plus indépendante et nous nous abstenions d'intervenir lorsqu'une nation, par choix ou par nécessité, acceptait servilement la domination de l'U.R.S.S.

Après avoir eu vent de l'accueil chaleureux reçu par l'astronaute Frank Borman en Tchécoslovaquie, le Président m'envoya la note suivante : « Henry, je crois que nous pourrions aiguillonner nos amis de Moscou en multipliant nos visites aux pays d'Europe de l'Est. Je suis sûr que, si elle en avait la possibilité, la population de ces pays serait très heureuse d'accueillir les membres de notre gouvernement et d'autres personnes. »

Quelques semaines plus tard, Nixon eut une autre idée plus concrète : aller lui-même en Europe de l'Est. Il suggéra qu'il pourrait inclure la Roumanie dans son voyage autour du monde et qu'il serait ainsi le premier Président américain à se rendre en visite officielle dans un pays communiste. Il avait deux raisons pour agir ainsi. La première était qu'après avoir quitté le gouvernement il avait été traité avec beaucoup de respect par les autorités roumaines lors de sa visite de 1967, ce qui n'avait pas été le cas dans d'autres pays d'Europe de l'Est. Nixon était très sensible à ces manifestations de sympathie. Mais son principal objectif était les Soviétiques, car « ils seront persuadés que nous jouons un jeu chinois », me dit-il.

Le 21 juin, conformément aux instructions de Nixon, je convoquai l'ambassadeur de Roumanie, Corneliu Bogdan, et lui appris que le Président comptait faire un voyage autour du monde dans la seconde moitié du mois de juillet, après avoir assisté à l'amerrissage d'Apollo 11 dans le Pacifique. Je lui demandai s'il était possible que le Président séjourne à Bucarest les 2 et 3 août. Le 23 juin, c'est-à-dire 48 heures plus tard, nous reçûmes une réponse officielle nous indiquant que le gouvernement roumain était favorable à cette visite, malgré le fait qu'il serait obligé de reporter une Conférence du parti communiste roumain prévue de longue date et à laquelle les dirigeants soviétiques avaient été conviés. Il ne pouvait y avoir de meilleure preuve de l'importance que la Roumanie attachait à un rapprochement séparé avec Washington et à la visite du Président américain.

L'annonce époustouflante de ce voyage fut faite le 28 juin ; pour la première fois, un Président américain allait se rendre dans un pays communiste d'Europe de l'Est. Au cours d'une conférence de presse, j'indiquai simplement qu'il ne s'agissait pas d'un « geste antisoviétique ». Le Président avait « un très bon souvenir » de sa rencontre avec les dirigeants roumains lorsque ceux-ci l'avaient chaleureusement reçu en tant que simple citoyen. Je déclarai : « Les États-Unis désirent traiter avec les pays de l'Europe de l'Est sur la base d'un respect mutuel... Nous ne nous sentons aucunement obligés de demander son avis à l'U.R.S.S. avant de rendre visite à des pays souverains. »

L'idée que le gouvernement Nixon était fondamentalement agressif et farouchement antisoviétique était si largement répandue que sa visite en Roumanie fut aussitôt qualifiée de geste téméraire. Certains membres du ministère des Affaires étrangères s'opposèrent à cette visite, arrangée par la Maison Blanche. Ils la jugeaient dangereusement provocante et craignaient qu'elle ne sape les négociations SALT et de futurs accords. Les grands journaux partageaient cette opinion. Ils considéraient cette visite comme périlleuse pour les négociations SALT et comme une « gaffe » qui allait nous attirer inutilement les foudres de l'Union soviétique, amener les Russes à durcir leur position sur toutes les questions concernant les relations Est-Ouest – et aussi donner l'impression que l'Amérique approuvait « une brutale dictature communiste [18]. »

Les Soviétiques réagirent également, et d'une manière qui ne laissait aucun doute sur le fait qu'ils avaient très bien compris la signification de notre visite. Ils annulèrent la visite de Brejnev et Kossyguine, qui devaient assister à la Conférence (repoussée) du parti communiste roumain. Le 3 juillet, je demandai à Bogdan si son gouvernement avait prévenu à l'avance les Soviétiques de la visite du Président américain. Il me répondit qu'il l'ignorait ; il pensait qu'on avait dû les prévenir peu de temps avant l'annonce officielle du voyage. La Roumanie était libre de prendre les décisions qu'elle voulait.

Le Président arriva à Bucarest le 2 août et reçut ce que le *New York Times* appela l' « accueil le plus chaleureux et le plus amical manifesté jusqu'ici au Président au cours de son voyage, l'acclamation de centaines de milliers de Roumains agitant des drapeaux ». Il visita un marché municipal, une école de danse folklorique et se laissa même entraîner dans une ronde avec le Président roumain, Nicolas Ceaucescu. Le *Times*, définitivement convaincu, déclara dans son éditorial du 5 août que cet accueil enthousiaste prouvait que l'Europe de l'Est reconnaissait l'immense bonne volonté des États-Unis et que les objectifs du Président, à savoir la paix, la souveraineté nationale et la coexistence pacifique n'étaient pas des clichés aux yeux des Européens de l'Est, qui n'avaient pas oublié l'invasion de la Tchécoslovaquie.

L'incroyable exubérance de l'accueil réservé à Nixon avait été, bien sûr, en partie inspirée et organisée par le gouvernement ; mais, si c'était le cas, il était bien le signe extraordinaire de l'indépendance de la Roumaine vis-à-vis de l'U.R.S.S. et il aurait été bien difficile, sinon impossible, à un gouvernement de créer artificiellement l'émotion, la joie et la sincérité que manifesta la population tout le temps que dura la visite. Les rues de Bucarest furent remplies de plusieurs centaines de milliers de personnes qui attendaient simplement d'entrevoir la voiture présidentielle. Tous ces gens ne se contentèrent pas de faire la haie lorsque le Président arriva de l'aéroport et de se presser autour de la résidence où il séjournait ; à divers endroits, il attendirent pendant des heures sous une pluie battante que Nixon fasse son apparition. C'était profondément émouvant de voir ce peuple d'un État communiste saisir ainsi la première occasion d'accueillir le Président d'une Nation qui représentait encore pour beaucoup, comme c'était le cas au XIXe siècle, le symbole de la démocratie et de la liberté de l'homme.

Dans les déclarations qu'il fit en public à Bucarest, Nixon réexposa les grandes lignes de sa politique, à savoir : l'importance de la coexistence, le rejet de la doctrine de Brejnev et le désir des Américains de résoudre les problèmes par des négociations concrètes. Il déclara :

« Nous ne voyons pas l'intérêt d'entretenir la polémique, ou de nous leurrer inutilement. Nous recherchons une détente véritable et non pas un simple climat de détente.

Nous recherchons non pas une paix qui repose sur l'hégémonie ou sur une uniformité artificielle, mais une paix qui respecte les intérêts légitimes de chacun et garantisse à tous la sécurité. »

Il était également évident que les dirigeants de l'Europe de l'Est, à l'instar de nos alliés, craignaient qu'un accord américano-soviétique ne soit conclu à leurs dépens. Ce n'était pas notre objectif. La visite du Président et celles qu'il fit par la suite en Yougoslavie et en Pologne en étaient la meilleure preuve.

Conclusion

L'une des innovations du gouvernement Nixon fut le rapport annuel sur la politique extérieure portant la signature du Président. J'en avais fait la proposition à Nixon dans une note quelques semaines avant son entrée en fonctions. Ce rapport avait pour but d'exposer les grandes lignes de la politique étrangère du Président, de traiter de la situation politique, et il devait servir en même temps de plan d'action. Il pouvait aussi être utile à l'Administration et renseigner les gouvernements étrangers sur nos prises de position.

Cette idée, calquée sur la Déclaration annuelle sur la situation de la Défense de Robert McNamara, créa toute une série de problèmes. D'abord, le ministère des Affaires étrangères s'en attribua l'initiative. Ce fut, une fois encore, la petite guerre entre Rogers et moi. Le C.N.S. et le ministère des Affaires étrangères commencèrent à rédiger chacun un premier jet – qu'ils se cachaient jalousement. Nous avions l'avantage d'être proches du Président et de connaître beaucoup mieux ses opinions. En outre, le rapport du ministère des Affaires étrangères avait le défaut de chercher à plaire à tous les secteurs composant la lourde machine administrative. Chaque fonctionnaire insistant pour que le ou les pays dont il s'occupait soit mentionné, le rapport ne brilla ni par la force des idées ni par la clarté.

Nixon mit fin à ce différend en recourant à ses méthodes habituelles : il attendit que Rogers parte en voyage en Afrique pour décréter que le C.N.S. et le ministère des Affaires étrangères pouvaient l'un et l'autre faire paraître un rapport, mais que la publication du rapport présidentiel devrait précéder celle du ministère des Affaires étrangères d'au moins un mois. Nous nous mîmes fiévreusement au travail pour préparer le rapport présidentiel ; mes collaborateurs, déjà surchargés de travail, devaient tenir compte des corrections que j'apportais à leur premier jet, ainsi que des objections de l'Administration. Le point critique fut atteint en 1971, lorsque le ministère des Affaires étrangères contesta une phrase concernant la coopération internationale en matière de protection des espèces en voie de disparition. Notre première version du rapport faisait remarquer adroitement que ces espèces étaient un sujet idéal pour la coopération internationale, puisqu'elles se déplaçaient sans tenir compte des frontières nationales et ne pouvaient donc pas être entièrement protégées par chaque pays. Le ministère des Affaires étrangères, toujours prudent, suggéra de transformer la phrase en précisant que « certaines » espèces seulement se déplaçaient sans tenir compte des frontières. Je refusai, au risque d'offenser quelque volatile patriote.

Une fois terminé, le rapport présidentiel contenait quelques-unes des déclarations gouvernementales les plus révélatrices en matière de politique étrangère. Mais, à notre grand regret, nous ne réussîmes jamais à faire comprendre que son principal objectif était de soulever les problèmes cruciaux et de révéler une théorie. Malgré tous nos efforts, les media se contentèrent de rendre compte de la situation au Vietnam, toujours en quête de nouvelles fraîches ou de faux pas de la part du gouvernement, considérant le reste comme superflu. En 1973, un autre problème se posa à nous. En effet, le rapport fut publié début mai, après un an de conférences au sommet avec les Chinois et les Soviétiques et d'intenses négociations au sujet du Vietnam ; la date de la publication du rapport, que nous avions choisie plusieurs semaines à l'avance, tomba quatre jours après la démission de Haldeman et de Ehrlichman *. Néanmoins, les rapports furent utiles, car ils contribuèrent à fournir des indications sommaires à l'Administration. Ils étaient d'une impartialité peu courante et avaient l'inestimable avantage de mettre les gouvernements étrangers au courant de nos changements d'attitude. Comme je le montrerai dans différents chapitres, ces changements d'attitude, concernant entre autres la Chine, notre politique de défense et le Moyen-Orient, furent souvent pressentis dans les rapports annuels du Président.

Le premier rapport présidentiel, publié le 18 février 1970, déclarait sans ménagement que « nos relations avec l'U.R.S.S. étaient, dans l'ensemble, toujours loin d'être satisfaisantes », qu'en ce qui concernait le Vietnam, les Soviétiques avaient « porté préjudice à la paix », « en n'essayant pas d'exercer une influence bénéfique sur les négociateurs du Vietnam du Nord à Paris » et portaient aussi une « lourde responsabilité dans la continuation de la guerre » en raison de leurs envois d'armes au Vietnam du Nord. A propos du Moyen-Orient, le rapport déclarait que « les Russes n'avaient été ni réalistes ni constructifs, compromettant ainsi une issue heureuse des événements » ; et le rapport d'ajouter que « les Soviétiques cherchaient de toute évidence à acquérir une position stratégique dans toute cette région, ce qui contribuerait vraisemblablement à attiser la rivalité entre les grandes puissances ». (Ce fut le cas en 1970, lors de deux crises au Moyen-Orient.)

L'Union soviétique ne bougea pas en 1969, mais, quasi imperceptiblement, les signes d'un mouvement commencèrent à se dessiner. En matière de politique étrangère, les décisions prises par n'importe quel pays important résultent d'un mélange complexe de pressions administratives, nationales et internationales ; en U.R.S.S., l'Administration et le processus de prise de décision sont particulièrement compliqués. En 1969, les Soviétiques durent traiter avec un nouveau gou-

* Les deux collaborateurs de Nixon compromis dans le scandale du Watergate.

vernement américain, ce qui leur pose toujours un considérable problème d'adaptation. En outre, nous étions en train de modifier notre procédure. Par ailleurs, le gouvernement soviétique n'était pas habitué à traiter les problèmes de front lorsque des négociations se déroulaient simultanément, et ils étaient presque dépassés par les événements. Bien que l'appareil administratif soviétique soit complexe, il se réduit, dans les échelons supérieurs, à un très petit nombre de personnes qui prennent les décisions finales, et dont les ordres sont transmis ensuite par de nombreux intermédiaires. Les Soviétiques ont du mal à prendre des décisions et, comme celles-ci mettent en jeu le prestige de leurs dirigeants, ils n'en changent qu'avec la plus grande réticence. De plus, en 1969, le conflit avec la Chine retint presque entièrement l'attention des dirigeants soviétiques. Les affrontements militaires sérieux le long de la frontière sino-soviétique en mars et pendant l'été déclenchèrent au sein du gouvernement soviétique un important conflit idéologique, probablement aussi de sérieuses discussions à propos de la politique à suivre et finalement, plus tard, l'ouverture de négociations au sujet de la frontière.

Cependant, la raison profonde pour laquelle les Russes restèrent inactifs en 1969 tient à ce que les circonstances ne leur avaient pas encore fourni des avantages et des handicaps suffisamment importants pour les pousser à prendre des décisions. En ce qui concerne le Vietnam, il se peut qu'ils se soient montrés relativement sincères dans leur désir avoué de nous aider à mettre fin à la guerre, sachant que celle-ci nuisait aux relations américano-soviétiques ; mais c'était toujours après avoir mûrement réfléchi qu'ils décidaient de faire pression sur leur allié. En réalité, tant que le risque de rupture des relations américano-soviétiques demeura hypothétique et que les bénéfices d'un règlement de la guerre dépendirent des circonstances, Moscou fit traîner les choses en longueur. Ce sont donc en fait les circonstances qui empêchèrent les Soviétiques de prendre des décisions. Ils ne furent en rien pénalisés pour n'avoir pas répondu à notre appel lorsque nous leur demandions de l'aide. A l'époque, nous prîmes au sérieux leur mise en garde contre toute intensification de notre engagement militaire. Je pense aujourd'hui que ce fut une erreur. En relisant les documents qui me sont nécessaires pour écrire ce livre, je suis frappé par le ton prudent et méfiant des déclarations soviétiques. Ils accusaient l'intensification de l'intervention militaire « de ne rien résoudre, d'aggraver la situation internationale » et d'être, d'une façon générale, « dangereuse ». Mais à aucun moment ils ne cherchèrent à utiliser la menace. Une seule fois, Dobrynine nous fit remarquer que si nous reprenions le bombardement de Hanoi et de Haiphong, arrêté en 1968 par le Président Johnson, les bataillons du génie chinois qui s'étaient retirés quelques années plus tôt risquaient de faire leur réapparition au Vietnam, ce qui augmenterait l'influence chinoise à Hanoi. Ma réponse fut la suivante : « Si vous pouvez vous y faire, nous le pouvons aussi. » Dobrynine garda le silence.

Lorsqu'on regarde en arrière, il est clair que ce n'est qu'en menaçant les intérêts des Soviétiques que nous pouvions les encourager à faire pression sur leurs alliés monomaniaques de Hanoi. Les encouragements pouvaient être d'un grand secours, mais il fallait que nous les accompagnions de la menace de dangers sinon les Russes n'auraient pas couru le risque d'être discrédités aux yeux des autres gouvernements du monde communiste. Ce n'est finalement qu'en 1972 que les Soviétiques consentirent à nous aider, grâce à un savant dosage de pressions et d'avantages. Mais, avant l'offensive du Vietnam du Nord de Pâques 1972, nous n'étions aucunement préparés à affronter les conséquences nationales et internationales d'une telle politique.

Les dirigeants soviétiques ne savaient pas très bien quelles sanctions ils encouraient ni quels bénéfices ils en tireraient. Le Président et moi-même répétions sans cesse que les négociations au Moyen-Orient progresseraient rapidement dès que la guerre du Vietnam serait réglée. Cependant, nous ne pûmes donner de réponse précise à Dobrynine lorsque le 14 mai ils nous demanda : « Si la guerre se terminait, quelle action entreprendriez-vous pour améliorer nos relations ? » Je ne pus que lui faire miroiter la perspective d'une conférence au sommet et une vague promesse d'améliorer les échanges commerciaux. Au Moyen-Orient, notre intérêt était contraire à celui de Moscou ; notre objectif consistait à essayer de réduire le plus possible l'influence soviétique ; celui des Russes, bien sûr, à renforcer ou tout au moins préserver cette influence. Nous n'étions pas non plus disposés à abandonner nos intérêts au Moyen-Orient au profit d'un règlement de la situation au Vietnam.

Il ne fait aucun doute que notre politique intérieure encouragea les Soviétiques à faire traîner les choses en longueur. Ils avaient craint de voir Nixon entreprendre un réarmement massif. Ils prirent vite conscience du fait que, compte tenu de l'opposition croissante du Congrès, le gouvernement arriverait tout juste, dans le meilleur des cas, à reconduire le budget attribué à la défense. Les nouveaux programmes militaires furent sérieusement contestés et certains votés de justesse ; une fois acceptés, leur mise en application fut systématiquement entravée et les fonds qui leur étaient destinés réduits chaque année. De tous côtés s'exerçaient des pressions visant à ôter toute priorité aux dépenses militaires. Il semblait également peu probable que nos alliés soient disposés à soutenir une politique comprenant trop de risques au Vietnam. C'est encore une des raisons pour lesquelles les Soviétiques n'avaient aucun intérêt à être prompts à l'action.

Mais, alors que nous nous étions peut-être montrés trop optimistes au sujet des relations américano-soviétiques au début de 1969, nous commençâmes à jeter les bases d'un progrès sérieux en agissant ailleurs, démontrant ainsi la valeur d'une politique de linkage. Nous établîmes la stratégie qui conduisit au renversement des alliances au Moyen-Orient. Nous nous rapprochâmes de la Chine. Grâce à une politique appropriée au Vietnam, nous nous passâmes de l'aide des Soviétiques pendant trois ans – nous devions l'obtenir en 1972. Nous renforçâmes nos relations au sein de l'Alliance. Au beau milieu du désordre le plus complet et de nombreuses tensions, les Soviétiques comprirent que, même si nous faisions preuve de modération, notre politique serait ferme, déterminée et même audacieuse, si nécessaire.

Fin 1969, j'envoyai au Président une analyse de la politique soviétique que j'avais préparée avec l'aide de deux de mes collaborateurs, Hal Sonnenfeldt et

Bill Hyland. Cette analyse commençait par réfuter l'argument selon lequel la politique soviétique suivait invariablement un plan d'ensemble.

> « Il est toujours tentant de considérer certaines actions soviétiques comme s'inscrivant dans un plan d'ensemble. Les kremlinologues les plus avertis ont souvent tendance à interpréter chacune des actions des dirigeants soviétiques comme partie inhérente d'un plan soigneusement élaboré, dans lequel les événements s'enchaînent d'eux-mêmes inexorablement.
>
> L'expérience a montré que cela s'est rarement passé ainsi. De la crise des missiles à Cuba à l'invasion de la Tchécoslovaquie, il y a toujours eu une large part d'improvisation dans la politique soviétique. »

C'était à mon avis ce qui était en train de se produire. Le Kremlin avait fort à faire. Toutefois, les actions des Soviétiques semblaient être dictées par des situations bien précises. Certains spécialistes voyaient un lien tactique étroit entre les négociations sino-soviétiques et l'attitude des Soviétiques lors des négociations SALT. En faisant traîner en longueur ces négociations, les Russes pouvaient profiter des circonstances pour donner l'impression à la Chine d'être victime d'une « conspiration » américano-soviétique. L'inconvénient majeur de cette théorie provenait de ce que la position des Soviétiques dans les négociations SALT s'expliquait sans faire intervenir la question chinoise, et la détérioration des négociations avec la Chine en raison de la nature des problèmes abordés. La raison pour laquelle les Soviétiques n'avaient pas pris position lors des négociations SALT était qu'ils cherchaient avant tout à explorer le terrain tout comme nous le faisions, et aussi à savoir dans quelle mesure les pressions internes auxquelles nous étions soumis étaient susceptibles de nous faire faire des concessions ou de nous amener à limiter nos programmes militaires. Les Chinois répondaient aux pressions militaires des Soviétiques en nous envoyant des émissaires. Ainsi, si les Russes pensaient susciter l'intérêt des Chinois en se lançant dans les négociations SALT, ils y réussirent d'une certaine façon, mais le résultat ne fut peut-être pas tout à fait de leur goût car il est fort possible qu'il ait accéléré les contacts entre la Chine et nous. En Europe, au lieu d'adopter une attitude plus conciliante qui leur aurait laissé les mains libres pour agir avec la Chine, les Soviétiques se montrèrent coriaces au cours des premiers entretiens qu'ils eurent avec le nouveau gouvernement de Willy Brandt, comptant en grande partie sur l'ardent désir de l'Europe de l'Ouest d'instaurer la détente pour obtenir des concessions en faisant preuve d'intransigeance.

Je donnai à mon analyse cette conclusion : « En fin de compte, il ne semble pas y avoir de fil conducteur dans la politique soviétique. »

Avant d'avoir trouvé ce fil conducteur, les dirigeants soviétiques avaient mené une politique tous azimuts. Ce n'est qu'après avoir surmonté des confrontations douloureuses en 1970 et 1971, que les relations entre nos deux pays prirent une tournure plus favorable.

6.

Premiers pas vers la Chine

Lorsque nous eûmes achevé la rédaction du communiqué annonçant ma visite secrète en Chine de juillet 1971, Chou En-lai déclara que la nouvelle ébranlerait le monde, et il avait raison. Ce n'était pas simplement une nouvelle sensationnelle pour les media, mais un événement qui transformait du jour au lendemain la structure politique internationale. Après vingt amères années d'isolement, un émissaire américain posait le pied sur le sol mystérieux de Pékin, et son Président devait bientôt l'imiter. Tout cela était soudain et stupéfiant mais récompensait trente mois de préparations patientes et prudentes, pendant lesquels chaque partie avait progressé à pas comptés, précautionneusement, tâtant le terrain pour éviter l'humiliation d'un échec, mesurant son avance pour ne pas démoraliser, par une révélation trop brutale, ses alliés inquiets et ne pas donner à ses ennemis une nouvelle chance stratégique.

Nous nous surprîmes nous-mêmes : au départ, nous ne croyions pas la réconciliation possible, car nous étions persuadés du fanatisme et de l'hostilité des Chinois. Et pourtant, tout en ne voyant pas comment nous y prendre, Nixon et moi-même étions convaincus de l'importance d'une ouverture en direction de la République populaire de Chine.

Certes, les événements nous furent favorables, mais je doute qu'aucun autre gouvernement ait pu effectuer ce rapprochement avec autant d'esprit de décision. Nixon, lui, possédait un don extraordinaire pour aller droit au but. Les manœuvres tactiques ou les subtilités l'intéressaient moins : il avait en fait horreur de discuter trop longtemps des détails pratiques. Dès qu'il avait décidé d'une politique, il me chargeait presque invariablement d'en assurer l'application et de régler les détails administratifs. Cependant, j'avais eu beau parvenir de mon côté aux mêmes conclusions que Nixon et concevoir moi-même la plupart des démarches à suivre, je n'avais ni l'autorité politique ni l'étoffe administrative suffisantes pour me lancer seul dans une aventure politique de cette envergure. Nixon comprenait instinctivement l'importance de l'enjeu, et il menait sa barque avec beaucoup de logique et d'à-propos. Sa base électorale était de droite, ce qui le mettait à l'abri de toute accusation de pro-communisme, et son style administratif se prêtait à la politique discrète et solitaire qu'il fallait mener. Pour Nixon, le C.N.S. et son système d'élaboration des différents choix politiques avaient au moins ceci d'intéressant qu'ils le renseignaient sur les points de vue d'une administration dont il se méfiait, et lui permettaient de camoufler ses propres objectifs.

Cependant, nos points de vue respectifs différaient dans une certaine mesure. Pour Nixon, l'ouverture à la Chine permettrait de contraindre les Russes à limiter leur aide au Vietnam ; je m'intéressais davantage, quant à moi, à l'impact de cette ouverture sur la structure des relations internationales. Nixon avait tendance à croire qu'en mettant fin à l'isolement de 800 millions de Chinois on supprimerait une grande menace pesant sur la paix ; à mes yeux, une Chine active en politique étrangère exigerait de notre part une diplomatie des plus subtiles pour adapter notre politique au contexte plus complexe qui en résulterait et qui affecterait l'ensemble des relations internationales. Mais ces divergences reposaient sur le même raisonnement fondamental : des relations triangulaires entre l'Union soviétique, la Chine et les États-Unis seraient très favorables à l'avènement de la paix. Nous avions, chacun de notre côté, abouti à la même conclusion. En octobre 1967, Nixon écrivait dans un important article paru dans *Foreign Affairs* :

> « A long terme, nous ne pouvons tout simplement pas nous permettre de laisser éternellement la Chine au ban des nations, à nourrir ses rêves, à remâcher ses haines et menacer ses voisins. Il est inconcevable, sur cette petite planète, qu'un milliard de ses habitants les plus capables vivent dans l'amertume et l'isolement. Mais nous irions au-devant d'un désastre si, en poursuivant un but de cette importance, nous ne prêtions attention aux leçons que l'histoire nous donne pour le présent...
>
> « A court terme, il s'agit donc de mener une politique extrêmement prudente, dont il ne faudra attendre aucune récompense et qui, par d'habiles pressions, persuadera Pékin que ses intérêts passent désormais par l'acceptation des règles fondamentales de la civilité internationale. A long terme, il s'agit de faire reprendre à la Chine sa place dans la communauté mondiale, non pas en tant qu'épicentre de la révolution mondiale mais en tant que grande nation en progrès. »

Lors d'une entrevue accordée à un magazine le 9 août 1969, juste après avoir été désigné comme candidat à la Présidence, Nixon répétait : « Nous ne devons pas oublier la Chine. Nous devons saisir toutes les occasions d'entamer le dialogue avec elle comme avec l'U.R.S.S... Il ne suffit plus d'être attentifs aux changements : nous devons aller au devant de ces changements [1]... »

Pour ma part, je n'avais pas beaucoup traité du problème de la Chine dans mes écrits. En 1961, j'avais envisagé la possibilité d'une rupture sino-soviétique : cette éventualité, avais-je affirmé, « ne doit pas être négligée », et, si elle devenait réalité, « il nous faudrait en profiter » ; mais nous ne pouvions travailler à faire naître cet antagonisme, ni tabler sur lui pour élaborer notre politique [2]. (Nous savons aujourd'hui que cette rupture s'était déjà produite à l'époque.) Dans l'article sur les négociations au Vietnam que j'écrivis trois mois plus tard, mais qui ne fut publié qu'en janvier 1969 dans *Foreign Affairs,* je soutenais que « la doctrine soviétique qui donne à Moscou le droit d'intervenir pour protéger les structures nationales des pays socialistes rendait une guerre sino-soviétique pour le moins envisageable. Car les accusations portées par Moscou contre Pékin étaient encore plus violentes que celles portées contre Prague ». J'y voyais la possibilité d'un grave problème pour Hanoi – problème qui pousserait cette dernière à parvenir à un accord. Et surtout, en juillet 1968, avant l'invasion soviétique de la Tchécoslovaquie, j'avais travaillé avec Nelson Rockefeller à un discours qu'il prononça sur les relations américano-soviétiques, et dont un passage annonçait la future politique : « Nous aurons à faire preuve d'imagination pour traiter avec plusieurs centres de pouvoir communistes concurrents... Il faudrait entamer un dialogue avec la Chine. En créant un triangle de subtiles relations entre Washington, Pékin et Moscou, nous augmenterions les chances d'entente avec chacun de nos partenaires, tout en favorisant nos contacts avec les deux. »

Ma façon de voir était liée à ma conception globale de la conduite de la politique étrangère. Je considérais que nos rapports avec nos éventuels rivaux devraient être tels que les possibilités d'entente avec chacun d'eux soient plus grandes que celles qu'ils auraient entre eux. Si nous parvenions à débarrasser notre diplomatie du poids mort de deux décennies, chaque superpuissance communiste s'en trouverait davantage incitée à établir des contacts constructifs avec nous.

De nombreux intellectuels poussaient à un rapprochement avec la Chine, mais cette manière d'envisager le problème ne faisait pas l'unanimité. Pour certains sinologues, l'amélioration des relations était une fin en soi, et les États-Unis devraient être prêts à toutes les concessions nécessaires. Un groupe d'éminents professeurs de Harvard et du Massachusetts Institute of Technology, par exemple, envoya à Nixon un rapport sur la politique envers la Chine, et ce pendant la période de transition. Ils insistaient pour que nous nous rapprochions des Chinois en coupant nos liens avec Taiwan et en invitant la Chine à entrer aux Nations-Unies. Leur rapport ne mentionnait – et je ne me souviens pas d'avoir entendu aucun des autres spécialistes de la Chine le faire à cette époque – ni l'intérêt géopolitique que cela représentait pour nos relations avec l'U.R.S.S., ni le fait que la Chine pouvait bien désirer un rapprochement avec nous, même *sans* concessions de notre part, pour la simple raison qu'*elle* avait besoin d'un contrepoids à l'U.R.S.S.

Mais il faut bien dire que toutes ces idées de rapprochement, quelle que fût leur valeur, étaient encore très vagues lorsque le nouveau gouvernement entra en fonctions. En effet, l'isolement total et l'hostilité idéologique de la Chine duraient depuis vingt ans et, lors de la guerre de Corée, les soldats américains et chinois s'étaient combattus férocement. Les premiers contacts s'étaient établis à Genève en 1954, entre des fonctionnaires des consulats américains et chinois ; en 1955, ils s'étaient poursuivis entre ambassadeurs et, par la suite, avaient continué à Varsovie. Le 10 septembre 1955, un accord portant sur le rapatriement de certains ressortissants avait été conclu. Et c'était tout : entre 1954 et 1969, cent trente-quatre rencontres avaient eu lieu sans aboutir à aucune autre réalisation concrète.

Le 28 mai 1968, Pékin repoussa les négociations de Varsovie, proposant deux dates au choix en novembre, après les élections américaines. Radio Pékin affirmait « qu'il n'y avait rien à discuter pour le moment ». Le premier petit signe de changement apparut après les événements du 21 août 1968, c'est-à-dire l'invasion de la Tchécoslovaquie par les Soviétiques. Lors des soulèvements de 1956 en Pologne et Hongrie, les Chinois avaient tenté de jouer les conciliateurs : cette fois-ci, leur réaction fut de condamner violemment l'Union soviétique. Le 17 mars 1969, par exemple, *Le Quotidien du Peuple,* journal du parti communiste chinois, qualifia l'invasion « d'agression armée et d'occupation militaire » par la « clique des renégats révisionnistes soviétiques ». Il traitait la doctrine Brejnev sur la souveraineté limitée de « théorie absolument fasciste ». En effet, prise au pied de la lettre, la doctrine Brejnev s'appliquait autant à la Chine qu'à n'importe quel pays d'Europe de l'Est — et peut-être plus, étant donné l'hostilité déclarée de la Chine envers l'Union soviétique.

C'est ainsi que le 26 novembre 1968, trois mois après l'invasion de la Tchécoslovaquie et juste après les élections américaines, Pékin proposa, pour le 20 février à Varsovie, une autre rencontre avec les États-Unis. Une vieille tradition voulant qu'il ne soit fait montre d'aucun besoin d'aide étrangère, Pékin adopta un ton de défi, exhortant les États-Unis à accepter « un accord sur les Cinq Principes de la Coexistence pacifique », « à retirer toutes leurs forces armées de la province chinoise de Taiwan et du détroit de Formose, et à démanteler toutes leurs installations militaires dans cette même province de Taiwan ».

L'Union soviétique devenait manifestement le principal sujet de préoccupation de la politique étrangère chinoise. Cette hostilité sino-soviétique avait plusieurs causes. L'alliance étroite du début s'était vu menacer par des tensions croissantes, qui furent d'abord passées sous silence : désaccord idéologique engendré par la Chine déclarant qu'elle avait innstauré une société communiste sans passer par le stade du socialisme (assertion de Mao Tsé-toung impliquant que Pékin suivait une ligne idéologique plus pure que celle de Moscou) ; rivalité nationale entre deux États puissants ; méfiance croissante. A la fin des années 1950, Khroutchtchev rejeta la coopération nucléaire ; les Chinois répliquèrent par une avalanche de critiques idéologiques. En 1959, l'Union soviétique retira ses conseillers techniques de Chine, et mit un terme à son aide économique. Une antipathie personnellle se développa entre les chefs des deux factions communistes, malgré les injonctions marxistes-léninistes contre le « subjectivisme ». Les Chinois réveillèrent de vieilles querelles, exigeant la restitution de vastes territoires en Sibérie que les Tsars s'étaient appropriés, disaient-ils, pendant les siècles d'expansion russe.

En 1969, le conflit politique prenait une tournure militaire inquiétante. Jusqu'aux environs de 1965-1966, un équilibre militaire s'était à peu près maintenu le long des frontières sino-soviétiques, et les forces stationnées de part et d'autre étaient relativement faibles. Au niveau du Sinkiang, les troupes soviétiques étaient supérieures en nombre aux troupes chinoises : près de la Mandchourie, c'était le contraire. Il va sans dire que ll'armée soviétique était bien mieux préparée et jouissait d'un support logistique bien plus important. Les incidents aux frontières débutèrent vers 1959 et allèrent en s'intensifiant. Néanmoins, il ne se produisit aucune mobilisation importante pendant plusieurs années, ni d'un côté ni de l'autre. Puis, au début de 1966, les Soviétiques se mirent à transférer d'Europe centrale en Extrême-Orient des unités de combat hautement entraînées et équipées. Les fusées sol-sol à tête nucléaire firent leur apparition. Fait plus inquiétant encore pour Pékin, l'Union soviétique signa en janvier 1966 un « traité d'amitié, de coopération, et d'assistance mutuelle » avec la Mongolie. Ce traité portait sur vingt ans et permettait à l'U.R.S.S. d'envoyer des troupes en Mongolie et d'y installer des bases militaires. Le nombre des divisions soviétiques placées le long de la frontière chinoise passa de 12 divisions sous-équipées en 1964 à près de 40 divisions modernisées en 1970.

Le 29 novembre 1968, le gouvernement Johnson accepta, avec la bénédiction du Président-élu, Richard Nixon, la reprise des négociations de Varsovie que proposait la Chine (je n'avais pas enncore été choisi comme adjoint de Nixon).

Premiers signaux

Après coup, toutes les politiques fructueuses semblent avoir été réglées d'avance ; les dirigeants aiment à prétendre qu'ils avaient prévu leurs succès, appelant planification ce qui n'était généralement qu'une série d'improvisations. Il en fut de même dans le cas de la Chine. Le nouveau gouvernement avait dans l'ensemble l'intention de prendre un nouveau départ, mais, en toute bonne foi, il n'aurait pu préciser comment il allait s'y prendre ; il lui fallait en outre tenir compte des données nationales, dont la moindre n'était certes pas le soutien traditionnel du « *lobby* chinois » conservateur qui n'avait jamais pardonné à Truman et Acheson d'avoir « trahi » Chiang Kaï-chek.

Les dirigeants de Pékin avaient probablement le même problème. Il est permis de penser que Mao Tsé-toung avait décidé de se rapprocher des États-Unis peu après l'invasion de la Tchécoslovaquie, mais son pays sortait alors tout juste de la Révolution culturelle. Par cette dernière, Mao avait cherché à supprimer la fatale tendance des États communistes à la bureaucratisation et à l'immobilisme, en imposant d'en haut une révolution permanente — un des rares exemples que donne l'Histoire d'un chef d'État renversant délibérément les institutions de son pays aux fins d'éduquer son peuple. Cette révolution eut un impact considérable sur la politique étrangère chinoise : en 1969, la Chine n'avait qu'un seul ambassadeur à l'étranger (Huang Hua, en poste au Caire, qui devint par la suite ambassadeur auprès des Nations-Unies, puis ministre des Affaires étrangères).

L'une des premières mesures importantes prises par le gouvernement Nixon fut, paradoxalement, de ne pas faire quelque chose. Le gouvernement Johnson avait utilisé le spectre du communisme asiatique de Pékin comme principale justification de la guerre du Vietnam. Le 7 avril 1965, dans un discours prononcé à l'université John Hopkins, le Président Johnson affirmait que « les dirigeants de Hanoi étaient poussés par Peiping * », et que le conflit au Vietnam faisait partie de « tout un ensemble d'agressions délibérées ». Dans la même lignée, le ministre des Affaires étrangères, Dean Rusk, déclara devant la Commission des relations extérieures du Sénat, le 18 février 1966, que Pékin était l'instigateur de l'agression et en collusion avec Hanoi. Au contraire, au début, le gouvernement Nixon eut bien soin de ne jamais mentionner, ni même laisser entendre que notre engagement au Vietnam pouvait avoir des motifs antichinois. Nous n'étions pas d'accord avec l'analyse de Johnson et n'avions que faire d'ennemis supplémentaires.

Les premiers mois furent marqués par des tendances contradictoires. Dans son discours d'investiture, Nixon exprima à mots couverts le désir du nouveau gouvernement d'entamer le dialogue avec la Chine : « Que toutes les nations sachent bien que, sous ce gouvernement, tous les contacts resteront possibles : nous voulons un monde ouvert – ouvert aux idées, au commerce et aux contacts humains, un monde dans lequel nul peuple, petit ou grand, ne vive dans l'amertume et l'isolement. » Ces deux derniers mots rappelaient son article de 1967 dans *Foreign Affairs*. Mais il n'y eut aucune réaction : les Chinois ne devaient pas se laisser toucher par une simple allusion à la conciliation.

Le lendemain de l'entrée en fonctions de Nixon, l'Agence Chine Nouvelle qualifia ce dernier de « fantoche » à la solde de « la clique bourgeoise monopoliste » et de « l'impérialisme américain bien décidé à poursuivre son agression expansionniste dans le monde ». Selon l'Agence, le caractère indirect de la rhétorique de Nixon et les manifestations contre lui qui eurent lieu à Washington le jour de l'investiture prouvaient que l'impérialisme américain était « agonisant » et « en pleine crise ». *Le Quotidien du Peuple* du 27 janvier jubilait en affirmant que l'impérialisme américain « vivait ses dernières heures ». L'article ironisait : « Bien qu'il soit au bout du rouleau, Nixon a le toupet de parler de l'avenir... Celui qui a un pied dans la tombe se console en rêvant du paradis. Nous assistons au délire et aux convulsions d'une classe en train de mourir. »

Le discours d'investiture de Nixon était pourtant digne d'un chef d'État, mais les journalistes chinois avaient une plume des plus acérées.

Dans les premiers jours, Nixon semblait vraiment proche de la schizophrénie. Cinq jours après son investiture, il nous envoya un message, à Rogers et à moi : un de nos ambassadeurs en Europe n'avait pas réussi à empêcher le pays dans lequel il se trouvait de reconnaître officiellement Pékin. « Cet ambassadeur, disait-il, est une véritable catastrophe » ; nous reçûmes l'ordre de « nous en débarrasser » sur-le-champ. Lors de sa première conférence sur la situation, le 27 janvier, on demanda à Nixon s'il avait l'intention d'améliorer les relations avec la Chine : il fit un long exposé sur l'hostilité chinoise, et termina en disant qu'à la prochaine rencontre de Varsovie la Chine aurait l'occasion de montrer si elle avait changé d'attitude. « Tant qu'aucun changement n'apparaîtra du côté des Chinois, je ne prévois aucune modification de notre politique. »

Cela impliquait, bien entendu, que, si la Chine changeait d'attitude d'une

* Nom donné par les nationalistes chinois à Pékin. Son emploi était ici une insulte.

manière ou d'une autre, nous serions réceptifs. Dans la forme, cette déclaration ne différait pas particulièrement de celles des gouvernements précédents ; elle contrastait énormément, en revanche, avec celles, plus conciliantes, que Nixon fit au cours de la même conférence sur l'Union soviétique, les négociations sur la limitation des armements stratégiques et le traité sur la non-prolifération nucléaire. Méfiants, les Chinois durent voir dans ces déclarations la réalisation du condominium qu'ils craignaient. En outre, un autre incident les préoccupait déjà. Trois jours avant cette conférence de presse, le chargé d'affaires chinois aux Pays-Bas avait déserté et cherché refuge aux États-Unis. Le 6 février, les Chinois protestèrent ; le 18, ils annulèrent la rencontre de Varsovie prévue pour le 20, affirmant que les États-Unis avaient « incité » le chargé d'affaires à « trahir son pays », et qu'il « avait été enlevé par la C.I.A. ». Pour ne pas demeurer en reste, lors de sa conférence de pressse du 4 mars, Nixon refroidit encore davantage toute espoir de rapprochement avec la Chine : « Nous pourrions, pour l'avenir, envisager une meilleure entente avec la Chine rouge. Mais soyons réalistes : devant le refus de la Chine de participer aux négociations de Varsovie, déjà limitées, je ne vois pas comment nous pourrions être optimistes et nous attendre à des progrès dans ce sens pour le moment. »

Pourtant, le 1er février, à la suite d'un rapport où je mentionnais la naissance, en Europe centrale, de quelques inquiétudes au sujet d'éventuels contacts sino-américains, Nixon m'avait écrit :

> « J'ai pris bonne note, dans votre rapport du 31 janvier, des renseignements intéressants fournis par notre informateur d'Europe centrale. Je pense que nous devrions encourager le sentiment que notre gouvernement " cherche à réaliser un rapprochement avec les Chinois ". Cela, bien sûr, devrait être fait discrètement, et n'être en aucun cas porté à la connaissance du public. Néanmoins, dans vos conversations avec vos amis et les contacts éventuels que vous pourriez avoir avec cet... informateur, je continuerais à répandre cette idée. »

Cette note ne me demandait en aucun cas de travailler à un rapprochement. Elle me priait simplement de donner l'impression que nous *tentions d'établir* le contact avec la Chine. En outre, je devais répandre cette idée non pas chez des amis des Chinois, mais en Europe de l'Est. La manœuvre avait pour but d'inquiéter les Soviétiques et très certainement — étant donné les préoccupations de Nixon — de les pousser à nous aider à en finir avec la guerre du Vietnam.

Je profitai de la note de Nixon pour entreprendre une révision de notre politique et, le 5 février, demandai une étude interministérielle sur le problème chinois. Les ministères et services devaient en particulier travailler sur les thèmes suivants :

1) l'état actuel des relations américaines avec la Chine communiste et la République de Chine ;
2) la nature de la menace et des intentions de la Chine communiste en Asie ;

3) l'interaction entre la politique américaine et celles des autres grands pays intéressés à l'égard de la Chine ;

4) les diverses solutions s'offrant aux États-Unis dans le domaine des relations avec la Chine, leur coût et leurs risques.

La Chine figura également dans les conversations que Nixon eut avec le général de Gaulle lors de sa visite à Paris, le 1er mars 1969. Nixon ne demanda en fait aucune aide particulière à de Gaulle : c'est de Gaulle qui aborda le sujet, et Nixon qui parut sceptique. Selon son habitude, de Gaulle insista avec grandiloquence sur l'importance de la Chine, cette immense nation si riche en ressources. Avec le temps, disait-il, les Chinois feraient sentir leur influence dans le monde entier ; leurs ambitions allaient de pair avec leurs talents. Il était peu sage de les laisser « mariner dans leur colère » : les contacts ne pouvaient qu'être utiles. Nixon répliqua qu'il n'y aurait aucun changement à court terme, principalement à cause du déséquilibre qu'une telle politique provoquerait dans le reste de l'Asie. A long terme, par contre – dans une dizaine d'années peut-être –, nous aurions plus de contacts avec la Chine, en particulier quand elle aurait progressé dans le domaine des armes nucléaires. Cette réponse indirecte dee Nixon montrait évidemment qu'il ne voulait pas prendre de décision ferme : il pouvait tout aussi bien attendre dix ans que saisir la première occasion qui se présenterait. Au mieux, cela reflétait la réalité, à savoir que le nouveau gouvernement n'avait vraiment aucun plan défini.

C'est pourquoi, le 14 mars, nous tînmes encore des propos apparemment antichinois. Lorsqu'il annonça notre programme de défense A.B.M. dénommé « Sauvegarde », le Président lui donna l'orientation antichinoise qui avait caractérisé le programme « Sentinelle » du Président Johnson en 1967. Le raisonnement était le même dans les deux cas : il semblait sage de se protéger contre une attaque accidentelle ou délibérée de la part de plus petites puissances nucléaires, sans tenter d'organiser une défense massive contre l'Union soviétique, défense qui posait un problème non seulement au niveau du contrôle des armements mais aussi sur le plan budgétaire. « Nous ne devons pas négliger la menace que la Chine fait peser sur la population de notre pays, pas plus que le danger d'une attaque accidentelle, déclara Nixon. En adoptant ce système, nous limiterons nos pertes au minimum, dans le cas d'une agression de la Chine dans les années 1970 ou d'une attaque accidentelle de tout autre pays. » Aggravant encore les choses du point de vue chinois, Nixon laissa entendre que l'Union soviétique et les États-Unis avaient également intérêt à contenir la Chine : « Je suppose que l'U.R.S.S. répugne autant que nous à se trouver désarmée devant une menace potentielle de la Chine communiste. Je pense qu'aucun de nos deux pays ne peut voir d'un bon œil l'abandon total du système, surtout tant que la menace chinoise existera. »

Comme il fallait s'y attendre, l'Agence Chine Nouvelle proclama, le 16 mars, que le programme A.B.M. était « une collusion des Américains avec les révisionnistes soviétiques visant à maintenir la menace et le chantage nucléaire contre les peuples du monde entier, et spécialement contre le peuple chinois ». Ainsi donc, en mars 1969, les relations sino-américaines semblaient essentiellement figées dans l'hostilité pleine d'incompréhension et de méfiances mutuelles qui les avait caractérisées pendant vingt ans. Le nouveau gouvernement avait l'intention de se rapprocher de la Chine, mais sans savoir encore comment. Toute politique naît de la rencontre de l'idée et de l'occasion. Et cette occasion se présenta quand les troupes soviétiques affrontèrent les troupes chinoises quelque part en Sibérie, au bord d'un fleuve dont nous n'avions jamais entendu parler. Dès ce moment, les choses devinrent claires et, sans hésiter davantage, nous nous acheminâmes vers un changement radical dans la diplomatie mondiale.

Les affrontements de l'Oussouri

Au fin fond de l'Asie du Nord-Est, l'Oussouri démarque une petite portion des six mille kilomètres de frontière entre l'U.R.S.S. et la Chine. Une ligne droite, reliant Vladivostok à Khabarovsk, coïnciderait pratiquement avec son tracé. A environ quatre cents kilomètres de Vladivostok, dans un paysage désolé, se trouve une petite île appelée Damanski par les Soviétiques et Chenpao par les Chinois (voir la carte). Cette île, déserte mais couverte d'arbres, fait environ un kilomètre carré de superficie, et se trouve plus proche de la rive chinoise. Les terres de chaque côté du fleuve sont marécageuses et très peu habitées. A part quelques pêcheurs et bûcherons, les gardes-frontière soviétiques et chinois sont les seuls êtres humains de la région. Il n'a jamais pu être décidé de quel côté de la frontière se trouvait l'île. Les Chinois avaient, à une époque, affirmé que la frontière passait par le milieu du fleuve, ce qui leur aurait donné l'île. Les Soviétiques, eux, maintenaient que, historiquement, le fleuve était sous la domination russe. Jusqu'à présent, personne n'a pu expliquer de façon satisfaisante pourquoi les deux parties accordaient tant d'importance à une île déserte au milieu d'un territoire désolé et quasi inhabité.

Le matin du 2 mars 1969, au dire de la presse soviétique, 300 soldats chinois dissimulés sur l'île tendirent une embuscade à la mitrailleuse à une patrouille de gardes-frontière russe. Ils en tuèrent 23 et en blessèrent 14 au cours du combat de vingt minutes qui se déroula alors. Les Soviétiques envoyèrent des renforts, qui tombèrent à leur tour dans une embuscade. Là-dessus, les deux parties évacuèrent l'île[3].

Les Russes donnèrent sur-le-champ une publicité extraordinaire à ces événements. C'était un fait sans précédent : pour la première fois, semblait-il, l'un des deux pays rapportait un incident armé ou la perte de vies humaines. Les deux parties échangèrent des protestations et des accusations de propagande. Les Chinois déclarèrent que les Soviétiques s'étaient rendus coupables de seize « intrusions » sur Chenpao depuis 1967, dont huit en janvier et février 1969. Ils citèrent une longue liste d'incursions soviétiques sur d'autres îles de l'Oussouri faisant l'objet de querelles, des brutalités et des exactions envers des pêcheurs chinois, des patrouilles de gardes forestiers et des habitants de la région. Le 3 mars, près de dix mille manifestants chinois envahirent l'ambassade soviétique à Pékin ; le 7, cent mille manifestants russes attaquèrent l'ambassade de Chine à Moscou, brisant les vitres et lançant des bouteilles d'encre. Le 8 mars, *L'Étoile rouge,* journal du ministère de la Défense soviétique, annonça que les troupes stationnées en Extrême-Orient étaient en état d'alerte. Lors d'une conférence de presse organisée au ministère soviétique des Affaires étrangères, on fit circuler des photographies de soldats russes qui auraient été tués ou mutilés par les Chinois, et la télévision diffusa un programme spécial sur les affrontements frontaliers. De leur côté, les journaux chinois du 4 mars proclamaient : « A bas les nouveaux Tsars ! » Radio Pékin annonçait que plus de quatre cents millions de personnes (la moitié de la population) participaient aux diverses manifestations qui se déroulaient dans toute la Chine.

A Washington, nous étions trop absorbés par le Vietnam pour réagir devant des événements dont nous ne comprenions guère l'origine et qui ne prirent tout leur sens qu'au bout de quelques semaines. En outre, si j'étais théoriquement favorable à la création de relations triangulaires, Nixon et moi-même n'en considérions pas moins la République populaire de Chine comme la plus agressive des puissances communistes. C'était, selon toute probabilité, Pékin qui avait déclenché les combats.

Curieusement, ce fut la diplomatie peu subtile des Soviétiques qui nous ouvrit des horizons. Le 11 mars, l'ambassadeur Dobrynine, très agité, me parla des événements de l'Oussouri. Je ne lui avais pourtant posé aucune question, mais il tint absolument à me donner des détails sanglants sur les atrocités qu'auraient commises les Chinois et me fit un exposé complet de la situation. Quand je tentai de changer de conversation en avançant qu'il s'agissait d'une affaire entre Chinois et Soviétiques, Dobrynine affirma avec feu que la Chine était l'affaire de tout le monde. Je l'écoutai poliment, réfléchis beaucoup, et ne fis aucun commentaire. Plus tard dans la soirée, je rapportai notre entretien au Président : Nixon fut vivement intéressé. Il pensait que les événements les plus inattendus pouvaient parfois avoir des conséquences capitales. J'avançai que les heurts entre Russes et Chinois présentaient pour nous un avantage stratégique, et Nixon reconnut que ces incidents avaient dû secouer les Chinois. Le matin du 15 mars, un second affrontement frontalier se produisit à Damanski/Chenpao. Contrairement à ce qui s'était passé le 2 mars, les deux parties étaient cette fois-ci préparées. La bataille dura longtemps et les pertes furent lourdes. Les Soviétiques avaient intensifié leurs patrouilles et, la nuit du 14, des éclaireurs avaient campé sur l'île, probablement pour préparer un piège. Les combats acharnés durèrent neuf heures avec des interruptions ; on employa des chars, des voitures blindées, de l'artillerie et des fusées antichars. On se déclara vainqueur de part et d'autre (bien que les Chinois semblent être restés maîtres de l'île)[4].

L'origine de ces incidents ne sera probablement jamais tirée au clair. Néanmoins, la version des Chinois — qu'ils réagissaient à une longue série d'intrusions soviétiques — est assez vraisemblable. Après tout, il est rare que le plus faible cherche la défaite en attaquant sans avoir été provoqué. Plus de deux ans après, ainsi que je l'ai déjà dit, Chou En-lai affirma que les Soviétiques avaient délibérément déclenché les incidents afin de détourner l'attention de leur tentative infructueuse pour empêcher les élections ouest-allemandes d'un Président fédéral à Berlin-Ouest. Quoi qu'il en soit, les diplomates communistes firent en sorte que nous soyons au courant des affrontements. A la mi-mars, on rapporta qu'à Budapest, les Soviétiques cherchaient à obtenir des membres du Pacte de Varsovie qu'ils reconnaissent la Chine coupable des incidents de l'Oussouri. Ils demandaient également aux alliés du Pacte d'envoyer des « détachements militaires symboliques » à la frontière sino-soviétique. Les Roumains s'opposèrent aux deux propositions.

Lors de la première réunion privée qui eut lieu le 22 mars à Paris entre nos nouveaux négociateurs et les Vietnamiens du Nord, Xuan Thuy déclara soudain, à la surprise générale, que les États-Unis n'avaient rien à gagner à vouloir profiter des divisions entre l'Union soviétique et la Chine. Les Vietnamiens ne compteraient que sur eux-mêmes, affirma-t-il. Les États-Unis n'avaient pourtant fait aucune allusion à cette éventualité, ni à Washington ni à Paris (bien que je l'eusse envisagée dans mon article de *Foreign Affairs*). Néanmoins, Xuan Thuy soutint que Moscou et Pékin avaient aidé le Vietnam pendant des années, et ce malgré un conflit qui durait depuis près de vingt ans ; il était persuadé qu'elles continueraient à faire de même.

Le 28 mars, dans une directive réclamant une étude des restrictions imposées sur le commerce avec les pays communistes, je demandai expressément que l'on reconsidère notre embargo sur le commerce avec les « pays communistes asiatiques ».

Le 3 avril, Dobrynine revint à la charge. Il avait lu dans la presse que j'entreprenais une révision de notre politique envers la Chine (il s'agissait sans doute de la directive d'étude du 5 février), et voulait en savoir davantage. Bien que nous n'ayons eu aucun contact avec la Chine, je donnai une réponse évasive permettant de penser que le rapprochement dépendait de nous. Dobrynine déclara que les deux superpuissances avaient encore le loisir de diriger la marche des événements, mais que cela pourrait bien ne plus durer longtemps. Il ajouta qu'en U.R.S.S. beaucoup pensaient que « Taïwan risquait fort de devenir un État indépendant ». Je m'efforçai de mon mieux de prendre un air énigmatique et ne réagis pas.

Le 22 avril, Jacob Beam, notre ambassadeur à Moscou, remit au Secrétaire général Kossyguine une lettre de Nixon traitant d'un grand nombre de points dans les relations américano-soviétiques : il n'y était délibérément fait *aucune* mention de la Chine. Cependant, nous avions chargé Beam d'ajouter de vive voix que nous n'avions pas l'intention d'exploiter les difficultés sino-soviétiques – ce qui sous-entendait, bien sûr, que nous le pouvions éventuellement. Les Russes mordirent à l'hameçon : le 27 mai, le ministre des Affaires étrangères Gromyko convoqua Beam pour lui remettre la réponse de Kossyguine ; il ajouta, de vive voix, que l'Union soviétique n'exploiterait pas non plus *nos* problèmes avec la Chine, et que de façon générale les relations américano-soviétiques devraient être basées sur des « considérations d'ensemble ».

Les relations triangulaires, encore à peine ébauchées, venaient de donner le premier signe de vie.

Entre-temps, la Chine n'était pas restée inactive. Le 1er avril, Lin Piao, qui devait bientôt être nommé l'héritier de Mao, fit son rapport politique au Neuvième Congrès national du parti communiste chinois :

> « Nous ne devons en aucun cas nous reposer sur les lauriers de la victoire, ni négliger le fait que l'impérialisme américain et le révisionnisme russe pourraient déclencher une guerre d'agression à grande échelle... Le Président Mao a dit autrefois : Nous n'attaquerons pas les premiers ; si l'on nous attaque, nous contre-attaquerons évidemment. S'ils tiennent vraiment à se battre, nous ne nous déroberons pas et lutterons jusqu'au bout. La Révolution chinoise a été gagnée sur le champ de bataille. »

Malgré son ton belliqueux, ce discours avait des implications intéressantes, exaltantes même. Il insistait sur le fait que la Chine n'attaquerait pas la première, ce qui nous rassurait quant à une intervention chinoise en Indochine ; il plaçait les États-Unis et l'Union soviétique au même rang des menaces contre la République populaire et remplissait ainsi une des conditions préalables aux relations triangulaires : que les États-Unis ne soient pas le principal ennemi.

Le 29 avril, j'envoyai au Président un résumé du Congrès du parti chinois. Le Congrès semblait refléter un conflit incessant en Chine entre les politiques intérieure, économique et sociale, et le contrôle politique. La politique étrangère était aussi peu définie, mais les Chinois semblaient ressentir une inquiétude croissante devant le danger soviétique. J'informai donc Nixon que :

> « L'orientation politique n'a pas été définie... Lin Piao a réaffirmé le soutien aux luttes de classes en Asie du Sud-Est, en Inde et en Israël, mais sans insister.
>
> Les États-Unis ont été dénigrés pour la forme.
>
> Lin Piao a mentionné le fait que les Chinois avaient rejeté une requête soviétique demandant expressément de discuter des problèmes frontaliers, mais il a indiqué que la Chine considérerait cette éventualité...
>
> Selon les déclarations publiques, la Chine ne semble redouter aucune guerre imminente avec les États-Unis ou l'Union soviétique.
>
> Le problème du Vietnam a été abordé pour la forme, et les Chinois ne se sont pas déclarés solidaires de la Corée du Nord lors des dernières tensions*.
>
> ... Le Congrès n'a eu de mots aimables que pour le parti albanais et pour aucun gouvernement. La combinaison d'une rigidité morale à l'égard des autres communistes et d'un désir non dissimulé de voir renverser les régimes voisins non communistes semblerait susceptible d'éveiller l'hostilité de ces deux groupes. »

Quelle qu'ait pu être la portée à long terme de mon analyse, la référence que j'y faisais aux efforts continus de Mao pour remodeler la politique d'éducation fit

* Allusion au EC-121 américain abattu par les Nord-Coréens. Voir chapitre 9.

OUTLAWS

découvrir à Nixon une communauté d'idées avec son vieil adversaire. Il écrivit dans la marge : « HK : remarquez que Mao, lui aussi, lutte contre le système de l'enseignement. »

Tandis qu'à Pékin se déroulait le Congrès du Parti, d'autres combats éclataient les 16 et 17 avril le long de la frontière sino-soviétique – cela se passait cette fois-ci à quatre mille kilomètres à l'ouest, à la frontière entre le Sinkiang et le Kazakstan. D'autres affrontements se produisirent au même endroit le 25 avril, puis le 2 mai. Le 26 avril, l'U.R.S.S. proposait officiellement à la Chine de reprendre les réunions de la Commission paritaire sur la navigation des fleuves frontière, qui avaient été abandonnées depuis 1967. Le 8 mai, la presse soviétique fit état de manœuvres militaires russes près de la frontière chinoise. Le 9 mai, lors de la cérémonie commémorant le vingt-quatrième anniversaire de la Victoire, le maréchal Andreï Gretchko, ministre de la Défense, plaça la Chine au rang des principaux ennemis de l'U.R.S.S., aux côtés des États-Unis et de l'Allemagne de l'Ouest.

Sentant probablement venir le vent, les Chinois acceptèrent, le 11 mai, de reprendre les discussions sur la navigation fluviale, ainsi que le proposaient les Soviétiques. Mais d'autres combats éclatèrent tout le long de l'Amour les 12, 15, 25 et 28 mai, ainsi que de nouveaux incidents à la frontière du Sinkiang le 20 mai et le 10 juin (voir carte p. I). les hostilités du Sinkiang semèrent le doute dans mon esprit quant à l'identité de l'agresseur : au début, je pensais comme tout le monde que la Chine était le plus agressif des deux pays ; mais je me penchai sur une carte détaillée et m'aperçus que les incidents du Sinkiang se déroulaient à quelques kilomètres seulement d'une tête de ligne soviétique, et à plusieurs centaines de kilomètres de toute tête de ligne chinoise. Je me dis alors que les dirigeants chinois n'auraient pas choisi un emplacement aussi peu favorable pour attaquer. Dès lors, je considérai le problème sous un angle différent. Si l'Union soviétique était l'agresseur, nous nous trouvions devant un problème, mais aussi devant une occasion à saisir.

Le problème était qu'une invasion totale de la Chine par les Russes risquait de modifier radicalement l'équilibre non seulement géopolitique, mais aussi psychologique, du monde ; elle engendrerait une situation d'extrême brutalité. Cependant, il n'était pas facile de prévenir cette agression au nom d'un pays avec lequel nous n'avions ni relations diplomatiques, ni contact réel d'aucune sorte.

L'occasion était que la Chine pourrait être prête à rentrer sur la scène diplomatique, et qu'elle devrait pour cela atténuer son hostilité à l'égard des États-Unis. Ces nouveaux sentiments diminueraient la menace chinoise qui pesait sur nombre de nos amis d'Asie. En outre, l'Union soviétique se trouverait contrainte de prêter davantage attention à toute sa frontière avec l'Asie, et les pressions en Europe se relâcheraient. Mais, pour y voir plus clair, il nous fallait entrer en contact avec les dirigeants chinois. Si nous montrions trop de hâte ou dévoilions trop vite nos batteries – avant la fin de la Révolution culturelle –, les Chinois pourraient refuser l'ouverture. Par contre, en allant trop lentement, nous risquions de renforcer les Chinois dans l'idée d'une complicité entre Américains et Russes, ce qui les pousserait éventuellement à conclure le meilleur marché possible avec l'U.R.S.S. En ce qui concernait les Soviétiques, nous pensions que la carte chinoise serait utile pour les contenir, mais il nous fallait être très prudents pour la jouer, afin d'éviter une attaque préventive de l'U.R.S.S. contre la Chine. Chez nous, enfin, nous devions vaincre une vieille tendance à voir la République populaire comme un ennemi irréconciliable ou comme un pays artificiel ne s'intéressant qu'à Taïwan.

A ce moment-là, mon objectif numéro un était de m'assurer que les problèmes seraient correctement posés au sein de notre gouvernement. A la suite de mes directives du 5 février, les ministères avaient rédigé un rapport sur la Chine, qui fut examiné le 15 mai par le Groupe d'études du C.N.S. Le rapport insistait lourdement sur les problèmes traditionnels entre la Chine et les États-Unis : Taïwan, l'admission aux Nations-Unies, le commerce et les voyages, et divers projets de désarmement ; il étudiait également les intérêts contraires des deux pays. Tous ces problèmes semblaient se poser dans le vide : il n'était fait mention ni de la portée mondiale des tensions sino-soviétiques ni des avantages représentés pour nous par des relations triangulaires. Au cours de la réunion, je critiquai ce qui me semblait être une exagération abusive de l'idéologie et de l'agressivité de la Chine : à mon avis, il fallait voir les choses sous un autre angle. Le rapport interministériel sous-entendait que la politique américaine avait un but essentiellement psychologique : changer la mentalité des dirigeants chinois et faire passer les Chinois de l'agressivité à la conciliation. C'était ne pas tenir compte du rôle de la Chine dans l'équation du pouvoir : une nation de 800 millions d'habitants, entourée d'États plus faibles, ne pouvait que représenter un problème géopolitique, et ce indépendamment de la nature de ses dirigeants. Parmi nos difficultés avec la Chine, quelles étaient celles posées par sa taille et sa situation géographique, et celles posées par son gouvernement ? Que voulions-nous obtenir de la Chine, et dans quelle mesure pouvions-nous influencer ses décisions ? Comment voyions-nous l'évolution des relations sino-soviétiques, dans quelle mesure pourrions-nous jouer sur elles et en faveur de qui ? Je contestai également l'opinion de la plupart des kremlinologues, selon lesquels améliorer nos relations avec la Chine signifierait détériorer celles avec l'U.R.S.S. En effet, l'histoire nous disait que, devant deux antagonistes, il valait mieux s'allier au plus faible, car cela freinait le plus fort.

Le 8 juin, les Soviétiques reprirent leur offensive diplomatique. Dans un discours prononcé lors de l'Internationale des partis communistes à Moscou, Brejnev blâma Mao et lança le principe d'un « système de sécurité collective en Asie ». Il ne donna aucune précision là-dessus, mais ce « système » ne pouvait que viser la Chine. Fin juin, les ambassadeurs soviétiques coordonnèrent leurs efforts pour « dévoiler » la politique chinoise aux gouvernements des pays dans lesquels ils étaient en poste, et dissuader plusieurs pays d'Europe de l'Est de reconnaître Pékin. L'Union soviétique chercha à multiplier les contacts avec les nations non communistes d'Asie ; des antennes furent même placées à Taïwan. Lors d'une campagne destinée à faire échouer tout effort de la Chine pour sortir de son isolement, les diplomates soviétiques insinuèrent qu'afin de mieux isoler la Chine,

Moscou était prête à faciliter ses rapports avec les États-Unis. Je résumai toutes ces données dans un rapport adressé au Président :

> « Tout porte à croire que les dirigeants soviétiques sont de plus en plus obnubilés par leur conflit avec la Chine... Cela laisse entendre que les Russes pourraient se montrer plus souples dans leurs rapports avec l'Ouest... Ainsi donc, il est possible que les problèmes soviétiques aient atteint un point où ils pourraient être utilisés à notre avantage, si l'U.R.S.S. tente effectivement de s'assurer de notre neutralité, si ce n'est de notre aide active, pour sa politique d'endiguement vis-à-vis de la Chine. »

Le Président fit des commentaires enthousiastes dans la marge de mon rapport, comme « Tel est notre but ». Il proposa « d'encourager avec discrétion » tous les pays que les Soviétiques pressaient de ne pas établir de contact avec Pékin à passer outre (cela indiquait un changement radical depuis l'époque où il s'était plaint de notre ambassadeur en Europe, cinq jours après l'investiture).

A présent, nous redoublions d'efforts pour entrer en contact avec Pékin. Le 26 juin, le Président me fit savoir que nous devrions encourager le sénateur Mike Mansfield, intéressé depuis longtemps par la Chine, à tenter d'obtenir un visa pour s'y rendre. J'allai un peu plus loin et pressai Bryce Harlow, alors chargé des relations entre le Congrès et la Maison Blanche, d'inciter Mansfield à rendre son initiative publique. Mais il fallait un geste plus net : il était temps de modifier notre embargo sur le commerce chinois. Ce changement fut peu important en lui-même, mais d'une très grande valeur symbolique. La prudence inquiète qu'exigea cette réalisation relativement mineure laisse mesurer le chemin que nous avons parcouru depuis. La décision fut prise après une étude globale sur les restrictions commerciales que nous avions fait effectuer le 28 mars : nous avions décidé de traiter à part le problème du commerce avec la Chine. Le 26 juin, je signai une directive adressée aux ministères : « Pour d'importantes raisons de politique étrangère, le Président a décidé de modifier en partie nos restrictions commerciales envers la Chine. » La Commission des adjoints aux ministres du C.N.S., présidée avec compétence par Elliot Richardson, fut priée de préparer des recommandations détaillées pour l'application de la décision présidentielle.

Nous avions d'abord pensé qu'aucune application effective ne serait possible avant que le décret sur le contrôle des exportations, dûment révisé, ne soit passé devant le Congrès, c'est-à-dire en septembre. Cependant, Richardson et moi-même nous rendîmes vite compte que, si nous attendions jusque-là, nous pourrions être dépassés par les événements en Asie, lesquels semblaient s'accélérer. Je fis remarquer à Nixon que la directive du 26 juin donnerait sûrement lieu à des indiscrétions, et peut-être à des controverses nationales qui diminuaient l'effet favorable qu'elle devait produire à Pékin. Se posait ensuite le problème des relations avec l'U.R.S.S. Nous devions annoncer dès que possible le début des négociations SALT : si nous combinions cela avec un relâchement des restrictions sur le commerce avec la Chine, les défenseurs des relations américano-soviétiques nous accuseraient de bafouer sans motif l'U.R.S.S., et nous rendraient responsables de toute impasse dans les négociations sur les armements stratégiques. De même, si la décision était annoncée après le retour du Président de son prochain voyage en Roumanie (amie de la Chine), ce voyage prendrait un « sens trop ouvertement antisoviétique ».

Richardson et moi-même adoptâmes finalement trois recommandations : permettre aux touristes américains d'acheter jusqu'à 100 dollars de produits non commerciaux fabriqués en Chine ; autoriser les voyages en République populaire ; autoriser l'expédition de céréales. Le Président approuva les deux premières, mais, sur le conseil de sénateurs conservateurs, rejeta la troisième. Au moment même où nous nous apprêtions à annoncer l'adoption de la nouvelle mesure, se produisit un de ces petits événements imprévus qui réduisent parfois à néant les plans les mieux préparés. Le 16 juillet, un voilier manœuvré par deux Américains fit naufrage au large de Hong-Kong ; le canot de sauvetage avait dérivé dans les eaux chinoises, et ses occupants furent capturés par les Chinois. Nous décidâmes, Richardson et moi, de repousser l'annonce de quelques jours, pour voir si les Chinois exploiteraient l'incident et mèneraient une campagne anti-américaine. Mais Pékin garda le silence. Et le 21 juillet 1969, juste avant le départ du Président pour son voyage autour du monde, le ministère des Affaires étrangères annonça simplement et prosaïquement que les restrictions sur les échanges et le commerce avec la Chine seraient en partie levées (mais non pas supprimées). La nouvelle n'appelait pas de contrepartie : les Chinois pouvaient l'accueillir sans manifester de réactions officielles. Le 24 juillet, pourtant, les Chinois relâchèrent les deux marins américains. Chou En-lai savait, lui aussi, faire des gestes n'appelant aucune contrepartie. Pékin avait compris.

A ce moment-là, Nixon avait entrepris son voyage autour du monde, tout au long duquel il voulait planter des jalons à l'attention des Chinois. Il commença tout de suite par répandre le bruit que nous étions prêts à entrer ouvertement en contact avec Pékin. Il informa les dirigeants en Indochine et en Thaïlande que nous ne donnerions pas suite à la proposition soviétique au sujet de la création d'un système de sécurité collective en Asie. Cette déclaration visait à rassurer indirectement les Chinois, tout en avertissant que nous nous opposerions à une extension de l'influence soviétique en Asie du Sud-Est. Comme il le souligna au Premier Ministre thaï, « il n'était pas question de condominium ».

Nixon s'adressa plus librement à Yahia Khan, au Pakistan, et à Ceaucescu, en Roumanie, car il savait qu'ils étaient tous deux en bons termes avec les Chinois. Le 1er août, à Lahore, Nixon dit au Président Yahia qu'il pensait personnellement – avis que ne partageaient pas entièrement les autres membres de son gouvernement ni de nombreux Américains – que l'Asie ne pouvait « aller de l'avant » si un pays aussi grand que la Chine restait à l'écart. (Nixon semblait croire qu'il rehaussait son prestige auprès des dirigeants étrangers s'il indiquait qu'il agissait contre l'avis de ses subordonnés – plus exactement, que ces derniers s'opposeraient à ce qu'il faisait s'ils en avaient vent. Il faudra attendre les Mémoires de ces dirigeants pour savoir ce qu'ils pensaient de ces confessions, eux qui étaient habitués à des systèmes plus hiérarchisés...) Nixon souligna que les États-Unis ne participeraient à aucune manœuvre visant à isoler la Chine, et il pria Yahia de transmettre son opinion aux plus hautes instances chinoises. Dans le courant de cette même journée, dans le Pavillon des Hôtes officiels de Lahore, Yahia me fit rencontrer le maréchal de l'armée de l'air Sher Ali Khan, qui s'était rendu récemment en Chine. Le maréchal pensait que la révolution intérieure chinoise s'essoufflait, et que la Chine chercherait bientôt à sortir de l'isolement diplomatique qu'elle s'était imposé. Il décrivit également les dirigeants chinois en des termes qui s'opposaient radicalement à l'image stéréotypée d'idéologues fanatiques et presque irrationnels que nous nous faisions d'eux : il les trouvait disciplinés, pragmatiques, et dignes de confiance lorsqu'ils avaient donné leur parole.

Les 2 et 3 août, à Bucarest, Nixon aborda les mêmes thèmes avec le Président Ceaucescu. Une fois de plus, il rejeta avec force le système de sécurité collective en Asie, affirmant que l'Union soviétique avait tort de vouloir organiser une cabale contre la Chine en Asie : d'ici vingt-cinq ans, la Chine compterait un milliard d'habitants, et, si d'autres pays l'isolaient, elle pourrait se transformer en poudrière. Nous souhaitions établir de bonnes relations tant avec l'U.R.S.S. qu'avec la Chine. Il espérait que la Roumanie accepterait de servir de courroie de transmission entre les États-Unis et la Chine : Ceaucescu répondit qu'il était prêt à servir de messager, et promit de transmettre nos points de vue et les réponses éventuelles des Chinois.

Contrairement à ce que nous avions cru, la courroie roumaine ne fonctionna que dans un sens. Nous avions pensé que les Chinois préféreraient passer par des intermédiaires communistes pour traiter avec nous : en fait, ils étaient trop prudents pour cela, craignant peut-être la pénétration soviétique jusque dans un pays aussi farouchement indépendant que la Roumanie.

De retour à Washington, je convoquai l'ambassadeur du Pakistan Agha Hilaly, afin de maintenir les Pakistanais dans le circuit et d'établir par eux un contact sûr. Hilaly était un homme d'une grande compétence professionnelle, issu d'une vieille famille pakistanaise qui avait longtemps servi dans la fonction publique. Son frère était à l'époque ambassadeur en Chine, et devint par la suite chef permanent du ministère des Affaires étrangères pakistanais ; dans les années 1950, la sœur de Hilaly – un des premiers partisans des droits de la femme dans la société peu accueillante du Pakistan – avait été une de mes élèves à Harvard.

Hilaly était méticuleux et discret. Je lui demandai de rappeler au Président Yahia que le message de Nixon ne devait être transmis qu'aux plus hautes instances chinoises; pour le reste, le Pakistan pouvait transmettre nos idées de base de façon non officielle, chaque fois que l'occasion s'en présenterait naturellement. Je dis à Hilaly que Nixon souhaitait qu'il reste, avec moi, le seul point de contact confidentiel pour toute information supplémentaire à ce sujet. Hilaly déclara que Yahia réserverait les détails donnés par Nixon pour un entretien avec Chou Enlai, qui devait se rendre prochainement au Pakistan.

Le 8 août, à Canberra, Rogers prononça un discours capital qui déclarait à la face du monde que nous souhaitions améliorer nos relations avec la Chine :

> « Nous reconnaissons, bien sûr, que la République de Chine à Taiwan et la Chine communiste sur le continent font partie des réalités. Nous savons

aussi que la Chine continentale est appelée à jouer un grand rôle dans le Pacifique et en Asie – mais cela lui sera sûrement impossible tant que ses dirigeants continueront à avoir une vision du monde aussi particulariste...

« C'est une des raisons pour lesquelles nous avons cherché à établir des contacts avec la Chine. Il y a quelques jours à peine, nous avons libéralisé l'achat de produits chinois par les touristes américains, et la validation des passeports pour la Chine. Notre objectif était de détendre nos relations et de rappeler aux Chinois du continent l'amitié historique qui liait nos deux pays... »

Ainsi donc, fin août, nous avions réussi à rétablir le contact avec la Chine, grâce à des efforts unilatéraux, des intermédiaires et des déclarations publiques. C'était le résultat de décisions prises sur le tas : le Cabinet n'avait pas considéré officiellement le problème de la Chine, et la première réunion du C.N.S. sur ce sujet n'eut lieu qu'en août. Avant cette réunion, j'avais présenté au Président mon analyse des divers points de vue des membres du gouvernement sur la façon dont nous devrions envisager nos relations avec la Chine en fonction de celles que nous avions avec l'Union soviétique. Certains (que nous pourrions appeler la faction « slavophile ») soutenaient que les Soviétiques craignaient tellement une collusion sino-américaine que tout effort pour améliorer les relations avec la Chine rendrait impossible une coopération entre les États-Unis et l'U.R.S.S. ; ils pensaient que nous devions donner priorité absolue à l'amélioration des relations avec l'Union soviétique, et par conséquent éviter tout contact supplémentaire avec Pékin. D'autres (les tenants d'une sorte de « Realpolitik ») affirmaient que les Soviétiques se montreraient plus volontiers conciliants s'ils craignaient que nous ne cherchions, dans le cas contraire, à nous rapprocher de Pékin. Ils insistaient pour que nous augmentions nos contacts avec la Chine afin de faire levier sur l'U.R.S.S. Un troisième groupe, « sinophile » cette fois, déclarait que les relations avec l'U.R.S.S. ne devraient pas conditionner notre politique envers la Chine : augmenter l'inquiétude des Soviétiques par des actions marginales pouvait se révéler utile, mais des changements fondamentaux dans les relations sino-américaines devraient se faire en fonction d'autres considérations.

Il va sans dire que j'étais d'accord avec les tenants de la Realpolitik.

Lorsque le C.N.S. débattit de ces positions le 14 août 1969, il n'en sortit pas grand-chose, mais le Président sidéra les membres de son Cabinet en exposant une thèse révolutionnaire (que je partageais totalement) : l'Union soviétique était l'État le plus agressif, et il allait contre nos intérêts de laisser la Chine se faire « écraser » dans une guerre sino-soviétique. Fait extraordinaire dans la politique étrangère, un Président déclarait que la survie d'un grand pays communiste, qui avait été longtemps notre ennemi et avec lequel nous n'avions aucun contact, représentait pour nous un avantage stratégique. S'il pensait à une guerre sino-soviétique, c'est que nous nous inquiétions de nouvelles tensions le long de la frontière. Cela renforça aussi notre conviction qu'il devenait urgent d'établir le contact.

Bruits de guerre

Le 8 août, jour du discours de Rogers à Canberra, l'U.R.S.S. et la République populaire de Chine conclurent les négociations de Khabarovsk, qui duraient depuis juin, par un accord sur l'amélioration de la navigation des fleuves frontière. Au lieu de détendre l'atmosphère, cet accord ne fit que jeter de l'huile sur le feu. Quelques jours plus tard, de nouveaux incidents éclatèrent le long de la frontière entre le Sinkiang et le Kazakstan, qui dégénérèrent en combats sanglants. La *Pravda* du 14 août mentionnait la prise de mesures de protection civile au Kazakstan; le 15 août, l'Agence Chine Nouvelle accusait l'U.R.S.S. de se livrer à des préparatifs de guerre et exhortait le peuple chinois à faire de même.

Les signes de tension se multipliaient. Le 18 août, alors que William Stearman, spécialiste des affaires soviétiques à un échelon moyen des Affaires étrangères, déjeunait tranquillement avec un fonctionnaire de l'ambassade soviétique, le Russe lui demanda soudain, à brûle-pourpoint, quelle serait la réaction américaine en cas d'attaque soviétique contre les installations nucléaires chinoises. Je pris la question suffisamment au sérieux pour convoquer, le 25 août à San Clemente, une réunion du Groupe d'Actions Spéciales de Washington (W.S.A.G.), sous-commission du C.N.S. chargée de parer aux événements en cas de crise. Je demandai à ses membres de préparer un plan d'action spéciale en prévision d'une guerre sino-soviétique. Mais leurs propositions se révélèrent insuffisantes et je chargeai mon équipe de tenter une meilleure analyse. Comme on le verra au chapitre 18, mes collaborateurs me remirent, début 1970, un excellent rapport qui évaluait avec lucidité nos chances soit de prévenir une guerre, soit d'influencer son dénouement. Nous ne pouvions effectivement pas nous permettre de laisser la Chine se faire « écraser », comme l'avait dit le Président lors de la réunion du C.N.S. du 14 août : si la catastrophe se produisait, le soutien des États-Unis à la Chine, que Nixon et moi-même considérions comme une nécessité stratégique, trouverait bien peu d'appui auprès des autres membres du gouvernement et peut-être du pays tout entier.

La guerre de propagande sino-soviétique s'intensifia nettement à la fin du mois d'août. Le 28, la *Pravda* mit la Chine en garde contre toute nouvelle provocation armée, et exhorta le reste du monde à prendre conscience du danger chinois avant qu'il soit trop tard. La *Pravda* ajoutait, menaçante, que « nul continent ne serait épargné » si une guerre éclatait dans les conditions actuelles, étant donné les progrès de la technologie, l'existence d'armes mortelles et des moyens permettant leur utilisation. Le même jour, le Comité central du parti communiste chinois réitéra à la population l'ordre de se préparer à la guerre et d'entreprendre immédiatement la construction d'abris souterrains dans les villes. Fin août, nous détectâmes un rappel au sol des forces aériennes soviétiques en Extrême-Orient : cette manœuvre, qui permet de mettre simultanément tous les avions en état d'alerte, annonce souvent une attaque; au mieux, elle est un avertissement brutal au cours d'une guerre des nerfs intensifiée. Cette alerte dura tout le mois de septembre.

Le jour du trentième anniversaire du début de la Seconde Guerre mondiale, deux généraux soviétiques importants lancèrent un avertissement à Pékin. Le 1er septembre, dans un article des *Izvestia*, le journal du gouvernement soviétique, le chef de l'État-Major et ministre adjoint de la Défense nationale, le maréchal Matveï Zakharov, rappela que les Russes avaient détruit en vingt-cinq jours une armée japonaise de sept millions d'hommes. De son côté, le général S. P. Ivanov, qui dirigeait l'Académie militaire supérieure, aborda le même sujet dans un article paru dans *L'Étoile rouge* du 2 septembre.

Nous fîmes donc en sorte de montrer que nous ne restions pas indifférents à ces menaces soviétiques. Le 27 août, le directeur de la C.I.A., Richard Helms, prit la parole à l'occasion d'un déjeuner d'information organisé à l'intention d'un groupe de correspondants diplomatiques, et déclara que l'Union soviétique semblait tester auprès de ses sœurs communistes d'Europe la possibilité d'une attaque soviétique préventive contre les installations nucléaires chinoises. Le 5 septembre, lors d'une conférence de l'Association américaine de Sciences politiques, Elliot Richardson déclara :

> « En ce qui concerne la Chine communiste, une amélioration de nos relations avec elle est dans notre intérêt. Nous ne cherchons pas à exploiter à notre avantage l'hostilité entre l'Union soviétique et la République populaire : les divergences idéologiques entre ces deux géants communistes ne sont pas notre affaire. Cependant, nous ne manquerions pas de nous inquiéter vivement si une escalade de ces tensions menaçait gravement la paix et la sécurité internationales. »

Une fois de plus, se produisait un événement extraordinaire : les États-Unis prenaient publiquement note d'une menace contre un pays qu'ils jugeaient hostile depuis vingt ans et avec lequel le nouveau gouvernement n'avait encore eu aucun contact.

L'effet de cette déclaration ne fut pas immédiat. Le 10 septembre, un membre de la délégation soviétique auprès des Nations-Unies fit négligemment remarquer à un délégué américain que les Russes étaient considérablement supérieurs aux Chinois sur le plan militaire, et que, si l'hostilité actuelle de ces derniers se prolongeait, un engagement armé serait probablement inévitable. Le même jour, l'Agence soviétique Tass accusa les Chinois de 488 violations de frontière délibérées, ainsi que d'avoir engagé 2 500 hommes dans les affrontements armés qui avaient eu lieu entre juin et la mi-août 1969.

Suivit une brève accalmie due à la rencontre, le 11 septembre, des deux Premiers Ministres Kossyguine et Chou En-lai. Tous deux s'étaient rendus à Hanoi pour présenter leurs condoléances à l'occasion de la mort de Ho Chi Minh. La tension entre les deux pays se reflétait dans le fait qu'au lieu de survoler la Chine, ce qui aurait été le plus court, l'avion de Kossyguine se rendit à Hanoi via l'Inde et qu'il quitta Hanoi avant l'arrivée de Chou En-lai. L'Agende Tass annonça qu'il était en route vers Moscou. C'est alors qu'à la hauteur de Douchanbe, en Asie centrale soviétique, son avion changea soudain de cap et se dirigea vers Pékin. La brève entrevue de Kossyguine et de Chou En-lai à l'aéroport de Pékin fut la première rencontre au sommet entre les deux pays depuis quatre ans et demi.

La légende veut que les hauts fonctionnaires soient immédiatement mis au courant des événements importants. Malheureusement, les informations officielles sont presque invariablement filtrées par l'administration, ou incluses dans un rapport destiné à lier l'événement en question au domaine d'activité d'un responsable particulier. Il est fréquent – trop fréquent pour l'équilibre nerveux d'un Conseiller pour la sécurité – que le Président lui-même apprenne des journaux tel ou tel événement important. Ce fut le cas pour la rencontre Kossyguine-Chou En-lai. A mon grand embarras, le Président apprit la nouvelle dans le *Washington Post* avant que je ne lui aie fait parvenir une analyse de la chose. Il me fit appeler et me demanda ce que j'en pensais. Je répondis qu'à première vue les commentaires de part et d'autres semblaient assez froids ; l'absence du terme traditionnel « fraternelle » pour qualifier cette rencontre indiquait une grave mésentente. Les Chinois avaient peut-être invité Kossyguine à s'arrêter à Pékin, parce qu'ils jugeaient de leur intérêt de « détendre l'atmosphère ». Le Président se demandait si c'était bien le signe d'une « détente » entre eux. Je ne le pensais pas, car il me semblait que les deux adversaires cherchaient plutôt à assurer leurs positions en prévision du prochain round.

L'origine de cette rencontre se prêtait à plusieurs interprétations. Il s'agissait peut-être d'une invitation chinoise de dernière minute. D'un autre côté, le peu d'honneurs rendus à Kossyguine, que l'on n'avait pas autorisé à sortir de l'aéroport, et le fait que les Russes avaient annoncé les premiers cette rencontre plaidaient en faveur d'une initiative soviétique. Mais, qu'il s'agît d'une tentative de conciliation de la part des Chinois ou d'une dernière mise en garde des Soviétiques, il était clair que les relations sino-soviétiques s'approchaient d'un point critique.

Le 16 septembre, un article alarmant parut dans le *London Evening News*, qui confirmait mon analyse. Victor Louis, « journaliste indépendant » que nous croyions à la solde du K.G.B., lançait souvent des « ballons d'essai ». Il écrivait ce jour-là que les « théoriciens marxistes » envisageaient la possibilité d'une guerre sino-soviétique, et que, si cette guerre éclatait, « le monde se trouverait soudain devant le fait accompli ». Louis parlait d'une éventuelle attaque aérienne des Russes contre le centre d'essais nucléaires chinois de Lob-Nor, dans le Sinkiang. Il affirmait qu'une station de radio antimaoïste émettait clandestinement en Chine, ce qui prouvait l'existence de forces opposées à Mao ; leur leader, s'il sortait de l'ombre, serait « fort probablement » désireux de demander « l'aide fraternelle » d'autres pays socialistes. « Les événements de l'année dernière, écrivait Louis, ont confirmé que l'Union soviétique reste fidèle à la doctrine donnant aux pays socialistes le droit d'intervenir dans leurs affaires respectives, pour défendre leurs propres intérêts ou ceux des pays amis menacés. »

Nous ne pouvions rester indifférents à la perspective d'une attaque soviétique contre la Chine. En effet, un tel événement modifierait l'équilibre mondial du pouvoir et donnerait à toute la planète le sentiment d'une prochaine domination soviétique. Cependant, une réaction directe des États-Unis ne serait pas acceptée par notre opinion publique, et risquait même d'accélérer ce que nous cherchions à prévenir. Le 29 septembre, je mis le Président au courant des manœuvres soviétiques des derniers mois, et insistai pour que nous réagissions davantage :

> « Je suis préoccupé par nos réponses à ces provocations. Premièrement, les Soviétiques ne sont peut-être pas fixés sur notre politique envers la Chine, et ils tiennent peut-être compte de nos réactions. Deuxièmement, il est possible qu'ils nous utilisent pour donner aux Chinois et au reste du monde l'impression qu'ils nous consultent en secret, et que nous accepterions avec équanimité leurs opérations militaires... Je pense que nous devrions montrer clairement que nous ne jouons pas à ce jeu... »

Avant que le Président n'ait eu le temps de suivre cette recommandation, l'Agence Chine Nouvelle annonça soudain, le 7 octobre, que la Chine avait accepté de reprendre avec l'U.R.S.S. les négociations sur les problèmes frontaliers, par l'intermédiaire des adjoints aux ministres des Affaires étrangères. Une déclaration conciliante de la Chine affirmait son désir de parvenir à un règlement pacifique et démentait qu'elle exigeât la restitution des territoires saisis par la Russie tsariste au XIXe siècle. Le lendemain, la Chine émit une proposition en cinq points demandant un retrait mutuel des troupes hors des zones de conflit. Le 20 octobre, les négociations sur le problème frontalier reprirent à Pékin ; elles étaient menées par Vassili Kouznetsov et Ch'iao Kuan-hua, adjoints aux ministres des Affaires étrangères des deux pays.

Je trouvais que la Chine avait battu en retraite pendant la guerre des nerfs. J'écrivis au Président qu'à mon avis, la nouvelle attitude des Chinois s'expliquait par deux facteurs : la crainte grandissante d'une attaque soviétique, et une réaffirmation du contrôle exercé sur la politique étrangère par la faction plus pragmatique que représentait Chou En-lai. Cependant, je pensais qu'aucun changement fondamental n'était survenu : les tensions sous-jacentes ne pouvaient se résoudre par des accords sur le papier. Je me proposais, s'il le voulait bien, d'envisager avec Elliot Richardson d'autres gestes à caractère administratif envers la Chine. Nixon accepta.

C'est à ce moment-là que la courroie de transmission pakistanaise commença à fonctionner. Le 10 octobre, le maréchal de l'armée de l'air Sher Ali Khan, que j'avais rencontré à Lahore, vint me voir dans mon bureau à la Maison Blanche. Il me raconta que Yahia avait fait passer aux Chinois un message d'ordre général exprimant notre désir d'améliorer les relations, mais qu'il souhaitait transmettre quelque chose de plus spécifique à Chou En-lai lorsque celui-ci viendrait au Pakistan. Je fis part à Sher Ali d'une démarche que Richardson et moi-même avions mise au point quelques jours plus tôt. Depuis le début de la guerre de Corée, en 1950, deux destroyers américains patrouillaient en permanence dans le détroit de Formose, manifestant ainsi notre engagement envers la défense de la République de Chine ; en fait, ces bâtiments ne faisaient pas partie du système défensif de l'île, et avaient essentiellement valeur de symbole. Or Richardson et moi-même avions obtenu du Président de supprimer le caractère permanent de ces patrouilles : nous manifesterions notre défense de Taiwan par quinze passages mensuels effectués par d'autres navires de guerre américains. Yahia pouvait en informer confidentiellement l'ambassadeur de Chine communiste. Il devrait néanmoins s'assurer que Pékin ne s'y méprenait pas : notre engagement de base dans la défense de Taiwan restait identique, et il ne s'agissait que de supprimer un point de friction. Je dis à Sher Ali que je contacterais l'ambassadeur Hilaly dès que le Président aurait quelque chose de plus précis à faire transmettre aux Chinois. J'envoyai un compte rendu de tout cela à Nixon, qui nota à la fin : « K : possibilités de commerce également. » Sher Ali avait déjà quitté Washington, et je souhaitais éviter, de mon côté, de faire montre de trop de hâte : je décidai donc de réserver ce projet pour la prochaine manche.

Le 20 octobre, lorqu'il vint informer Nixon que les Soviétiques étaient prêts à entreprendre les négociations sur la limitation des armements stratégiques, l'ambassadeur Dobrynine le mit expressément en garde contre toute tentative de sa part pour profiter des tensions sino-soviétiques. Nixon lui répondit que notre politique chinoise n'était pas dirigée contre l'Union soviétique, mais qu'en même temps les États-Unis ne souhaitaient pas non plus rester éternellement les ennemis de la République populaire de Chine : nous envisagions donc de favoriser les échanges commerciaux, les contacts humains et, le cas échéant, les relations diplomatiques. A la suite de cette conversation, je fis part de mes observations à Nixon :

> « Une fois de plus, les Soviétiques ont montré qu'ils nous soupçonnaient de flirter avec la Chine pour pouvoir faire pression sur eux. Ils nous avertissent ainsi à " l'avance " qu'une telle idée risque de mener à de graves erreurs de calcul et de desservir l'amélioration des relations américano-soviétiques. Vous avez déjà répondu sur ce point, et je pense qu'il n'est pas utile de donner trop d'assurances aux Soviétiques. Dans tous les cas, cela ne doit pas nous faire modifier notre politique envers la Chine. »

Et nous ne la modifiâmes pas. Pour être sûrs que notre position était claire, j'autorisai, le 26 novembre, un geste supplémentaire : à la suggestion du ministre des Affaires étrangères, des « indiscrétions » mettraient des fonctionnaires chinois à Hong-Kong au courant de la suppression des patrouilles de destroyers.

Ainsi commença un ballet compliqué entre les Chinois et nous : si subtil que les deux parties pouvaient toujours prétendre qu'elles n'avaient aucun contact entre elles ; si stylisé qu'aucune n'avait à porter la responsabilité d'une initiative ; si elliptique qu'il ne mettait pas en danger les relations qu'entretenait chaque partie de son côté. Entre novembre 1969 et fin 1970, des fonctionnaires américains échangèrent au moins dix fois quelques mots avec des fonctionnaires chinois à l'occasion de manifestations diplomatiques à l'étranger : cela contrastait énormément avec le passé, quand les Chinois refusaient systématiquement tout dialogue avec des Américains. Il y eut au moins quatre exemples où les Chinois prirent eux-mêmes l'initiative du contact. Puis ces contacts se mirent à dépasser le cadre des échanges mondains. En décembre 1969, l'adjoint de notre consul général à Hong-Kong apprit, par un intermédiaire digne de confiance, qu'un fonctionnaire chinois avait fait, « en privé », la déclaration suivante : Quand bien même les divergences entre les États-Unis et la République populaire mettraient des années à disparaître, cela n'empêcherait pas certaines relations de se nouer avant 1973.

Nous décidâmes donc de prendre une initiative. Le 9 septembre, alors que culminait le risque de guerre, Walter Stoessel, notre ambassadeur en Pologne, vint rendre à Nixon une visite de routine. Je connaissais Stoessel depuis 1969 : il avait été chargé de cours au Centre d'Affaires internationales de Harvard, et je le considérais comme l'un des meilleurs membres des services diplomatiques – extrêmement compétent, réfléchi et discipliné. Tandis que nous attendions d'être reçus par Nixon, je pressai Stoessel d'aller au-devant de l'ambassadeur de la République populaire, lors de la prochaine manifestation mondaine à laquelle ils devaient tous deux assister, et de lui annoncer que nous étions prêts à entamer de sérieuses négociations*.

Il ne se produisit rien pendant trois mois. Puis, le 3 décembre, Stoessel repéra Lei Yang, le chargé d'affaires chinois, dans un défilé de mode yougoslave au palais de la Culture de Varsovie. Quand il le vit s'approcher, Lei Yang battit prudemment en retraite : Stoessel le poursuivit et lui transmit le message par l'intermédiaire de l'interprète de Lei, qui parlait japonais. Pour bien montrer aux Chinois que la démarche de Stoessel n'était pas strictement personnelle, nous fîmes annoncer par le porte-parole des Affaires étrangères, au cours du traditionnel déjeuner d'information du lendemain, que Stoessel et Lei avaient échangé quelques mots. Bien des années plus tard, Chou En-lai me confia que son précieux chargé d'affaires avait failli avoir une crise cardiaque : il avait fui Stoessel car il ne savait comment réagir devant un événement pour lequel il n'avait reçu aucune instruction.

Chou En-lai, lui, savait comment s'y prendre. Le 6 décembre, la République populaire de Chine relâcha deux autres Américains, appréhendés le 16 février, parce que leur voilier avait dérivé dans les eaux chinoises au large de la province de Kuantoung**.

Le 11 décembre 1969, à notre stupéfaction, Stoessel fut invité à l'ambassade de Chine : c'était la première invitation de ce genre depuis que les communistes avaient pris le pouvoir en Chine. Stoessel proposa d'utiliser l'entrée de service de l'ambassade : on lui répondit qu'une telle discrétion n'était pas nécessaire : l'entrée principale convenait très bien à cette invitation (et les services de renseignement soviétiques ne manqueraient pas d'apprendre l'événement...). Stoessel entra donc par la grande porte ; l'entrevue avec son collègue chinois se déroula dans une atmosphère « cordiale », comme l'annonça le lendemain Robert McCloskey, porte-parole du ministère des Affaires étrangères.

* En fait, la Révolution culturelle avait rappelé cet ambassadeur ; le plus haut fonctionnaire en poste à Varsovie était le chargé d'affaires.

** Incident indépendant de l'épisode de juillet rapporté plus haut.

Stoessel proposa de reprendre les négociations de Varsovie, et l'on n'aborda aucun autre sujet ; il fut convenu que la prochaine réunion aurait lieu dans le mois.

Avec cette entrevue, les services officiels du ministère des Affaires étrangères s'engageaient pour la première fois dans des relations diplomatiques avec la Chine. Auparavant, le vice-ministre Elliot Richardson, l'Adjoint Marshall Green, leurs équipes et d'éminents analystes politiques avaient apporté une contribution capitale aux travaux du C.N.S. : ils avaient habilement mis au point les divers projets de libéralisation du commerce avec la Chine. Mais le ministère des Affaires étrangères, en tant qu'organe du gouvernement, n'avait pas participé à l'élaboration de la stratégie adoptée et n'avait effectué que peu de démarches diplomatiques. A présent, ses services administratifs devenaient actifs, car il leur fallait travailler non seulement sur des analyses mais sur des négociations. Ayant vu passer bien des études par leurs bureaux, ils discutaient rarement les plans dressés ; par contre, ils pouvaient combattre à mort les instructions données aux ambassadeurs. En effet, ils croyaient dur comme fer que la politique se mène plus efficacement par dépêches télégraphiques. Étant donné l'urgence des réactions exigées par la plupart des négociations, cela présentait l'avantage de limiter au minimum l'intervention d'éléments extérieurs (tels que le Président ou le ministère des Affaires étrangères lui-même).

Les négociations de Varsovie mirent en branle tous les rouages traditionnels du ministère. Se manifestèrent d'abord les spécialistes des relations américano-soviétiques : convaincus que les deux superpuissances nucléaires détenaient les clés de la guerre et de la paix, ils voulaient éviter le plus possible une détérioration de leurs relations et ne voyaient que peu d'avantage à un rapprochement avec la Chine. Bien au contraire, des relations triangulaires modifieraient tous les critères sur lesquels ils s'appuyaient dans leur champ d'activité. Que de meilleures relations avec la Chine puissent effectivement améliorer celles avec l'Union soviétique leur semblait soit absurde, soit téméraire*. A la tête de ce groupe se trouvait l'ancien ambassadeur en Union soviétique, le dévoué et brillant Llewellyn Thomas, qui était le meilleur spécialiste des Affaires étrangères sur l'U.R.S.S. Dès le mois de juin, lorsqu'ils avaient appris que nous projetions de lever certaines restrictions sur le commerce avec la Chine, lui et son non moins éminent collègue Charles (Chip) Bohlen avaient pris l'initiative de rendre visite à Nixon. Courageusement, ils avertirent le Président que toute tentative pour « utili-

* Ce point de vue était exprimé comme suit dans un rapport des Affaires étrangères qui fut soumis au Groupe d'études du C.N.S. en septembre : « La tolérance soviétique envers les avances américaines à Pékin est peut-être grande, mais ces avances n'en provoqueront pas moins des frictions dans les relations entre les États-Unis et l'U.R.S.S. En outre, si une réelle amélioration se produisait dans les relations sino-américaines, les Soviétiques pourraient fort bien adopter une ligne plus dure, tant chez eux que dans le domaine des relations internationales. Il est impossible de prévoir à quel moment les avantages procurés par une amélioration des relations sino-américaines se trouveront contrebalancés par un durcissement des relations américano-soviétiques. Mais il est pratiquement sûr que ce moment arrivera ; nous devons donc faire preuve d'une très grande prudence dans l'établissement de meilleures relations avec la Chine... »

ser » la Chine contre l'Union soviétique risquait d'avoir des conséquences extrêmement fâcheuses sur les relations américano-soviétiques et la paix dans le monde. Nixon répondit que nous n'envisagions rien d'aussi brutal ; nous voulions simplement inciter les deux puissances à améliorer leurs rapports avec nous. Dans cette entrevue, il joua un jeu élastique – feignant la compréhension en présence des deux diplomates et se moquant ensuite de ce qu'il appelait l'inconsistance des fonctionnaires des Affaires étrangères.

En apprenant la reprise imminente des négociations de Varsovie, Llewellyn Thompson proposa de tenir Dobrynine au courant de tous nos contacts avec la Chine. Rogers me transmit cette proposition, affirmant qu'il ne la cautionnait pas mais voulait « donner au Président la possibilité d'y réfléchir ». Je désapprouvai vivement l'idée. Puisque l'Union soviétique ne nous informait pas de ses contacts avec la Chine ou toute autre nation, je ne voyais pas pourquoi nous lui ferions cette politesse ou lui donnerions des assurances gratuites. C'était fournir aux Russes l'occasion de se vanter auprès des Chinois que nous les renseignions et, par conséquent, accentuer la méfiance des Chinois dès le départ. Nixon était d'accord avec moi là-dessus. Le 12 décembre, j'informai Rogers que « le Président... a demandé que Dobrynine ne soit en aucun cas tenu au courant des négociations de Varsovie ou de leur contenu. Si Dobrynine pose des questions, il faut lui répondre négligemment qu'elles portent sur des points d'intérêt mutuel, et ne rien lui dire d'autre. Le Président tient beaucoup à ce que les instances inférieures ne dépassent pas cette limite lors des conversations non officielles qu'elles pourraient avoir ».

Malheureusement, un autre rouage de la machine administrative nous avait pris de vitesse. Le ministère des Affaires étrangères fonctionne grâce à un extraordinaire système de distribution des renseignements qui informe plus ou moins automatiquement les bureaux du ministère ou les gouvernements étrangers des événements importants. L'existence de ce système s'explique de plusieurs façons : s'assurer que les fonctionnaires-clés sont conscients des problèmes qui peuvent les intéresser pour l'exercice de leurs fonctions ; créer une participation ; rassurer les Alliés inquiets ; et parfois – puisque dans ce domaine l'information donne le pouvoir – contraindre au partage de cette information. Le problème tient à ce que ces motifs, par ailleurs louables, sont trop souvent subordonnés à des considérations à court terme – vanité ou prestige administratif – et que le système fonctionne de façon si routinière que les hauts fonctionnaires ont du mal à le contrôler. Nous nous aperçûmes très vite que les services des Affaires étrangères avaient informé nos ambassades à Tokyo, Taipei, Moscou, et notre consulat général à Hong-Kong de la réunion de Varsovie. Ils avaient envoyé des dépêches, soit avant soit après l'entrevue de Stoessel, aux gouvernements du Royaume-Uni, d'Australie, du Canada, de France, d'Italie et de Nouvelle-Zélande. Alors que la consigne était de garder le silence, une nouvelle aussi savoureuse ne pouvait que se répandre comme une traînée de poudre dans les milieux diplomatiques. Quand je lui racontai ce qui s'était passé, le Président soupira : « Cet enfant ne verra jamais le jour. » La difficulté posée par la maîtrise de cet énorme système de communications administratives fit que peu à peu les relations diplomatiques avec la Chine devinrent le fait de la Maison Blanche.

Le 19 décembre, nous prîmes une autre initiative. Le *Federal Register* annonça laconiquement une nouvelle levée des restrictions commerciales : suppression du plafond de 100 dollars pour les achats des touristes ; autorisation accordée aux filiales américaines à l'étranger de traiter avec la République populaire de Chine ; en outre, le gouvernement s'attribuait l'expertise des produits chinois, ce qui favorisait l'importation des objets d'art.

Tout à coup, toutes les courroies de transmission se mirent à fonctionner en même temps. Le 17 décembre, le premier adjoint au ministre des Affaires étrangères roumain, Gheorghe Macovescu, vint m'informer de la réaction chinoise aux propos tenus par Nixon à Ceaucescu : les Chinois avaient écouté poliment, puis répondu qu'ils étaient intéressés par des relations normales avec l'Ouest, mais n'avaient rien de particulier à transmettre. La République populaire semblait donc dire deux choses : elle était prête au contact, mais pas forcément par l'intermédiaire des Roumains.

Deux jours plus tard, l'ambassadeur Hilaly m'apporta les dernières nouvelles de la courroie pakistanaise. Elles étaient importantes. Il me lut une lettre manuscrite – pour des raisons de sécurité tous les messages pakistanais étaient rédigés sous cette forme – d'où il ressortait que Yahia avait informé l'ambassadeur chinois de notre désir d'améliorer les relations avec la Chine, et de notre décision de retirer deux destroyers de la patrouille de Taiwan. L'ambassadeur avait d'abord réagi avec froideur, spéculant sur les motifs des Américains ; mais quelques jours plus tard – manifestement après avoir reçu des instructions de Pékin – il était revenu avec une réponse plus conciliante, exprimant la gratitude de Pékin pour le rôle et les efforts des Pakistanais. La libération des deux Américains du 6 décembre, dit Hilaly, avait été une réponse concrète à notre ouverture.

Le Président renvoya la balle en adressant à Yahia une longue lettre sur les relations entre les États-Unis et le Pakistan. A propos de la Chine, il écrivait : « Vous savez à quel point je tiens à entamer un dialogue plus profitable avec les dirigeants chinois. Ce sera long à réaliser, dans le meilleur des cas, mais nous n'avons pas abandonné notre objectif. » Au moment où je tendis cette missive à Hilaly le 23 décembre, il avait déjà reçu un autre message : Yahia nous faisait part, cette fois, de son « impression » (en jargon diplomatique, cela voulait dire une confidence anonyme d'un haut fonctionnaire chinois) que les Chinois étaient prêts à reprendre les négociations de Varsovie sans poser de conditions. Il était évident que les Chinois attachaient une valeur toute particulière à la courroie de transmission pakistanaise, le Pakistan se trouvant dans une position moins délicate que la Roumanie du point de vue des relations sino-soviétiques.

Politique triangulaire

Ainsi donc, fin 1969, les relations de l'Amérique avec le monde communiste devenaient tout doucement des relations triangulaires. Nous ne considérions pas notre ouverture vers la Chine comme fondamentalement antisoviétique. Notre but était de purger notre politique étrangère de tout sentimentalisme. Il n'y avait aucune raison pour que nous limitions nos contacts avec les grands pays communistes à la seule Union soviétique. Si nous tendions la main à la Chine, ce n'était pas pour effacer un profond sentiment de culpabilité devant notre politique chinoise des années 1940, mais pour établir un équilibre mondial. Ce n'était pas pour nous allier avec la Chine contre l'Union soviétique, mais pour nous placer dans une situation favorable à la poursuite d'objectifs constructifs – pour donner à chaque puissance communiste l'avantage de meilleures relations avec nous. Un tel équilibre pourrait assurer une certaine stabilité entre les grandes puissances, et même une éventuelle coopération pour les années 1970 et 1980.

Le 18 décembre, à l'occasion d'une conférence de presse de fin d'année que je tins dans la Salle de l'Est, je tentai de tracer les grandes lignes de notre politique envers les *deux* grands pays communistes : « Nous avons toujours dit clairement que nous n'avions pas d'ennemis éternels et que nous jugerions les autres pays, y compris les pays communistes et en particulier la Chine communiste, sur la base de leurs actions et non des principes idéologiques de leur politique nationale. » Je me félicitais du style naturel qu'avaient pris nos relations avec l'Union soviétique et de l'absence de propagande tendancieuse qui avait caractérisé nos échanges jusqu'à ce jour. Nous étions prêts à entamer de sérieuses négociations, et nous nous y préparerions avec soin. Cependant, nous insisterions sur la réciprocité : nous désirions une rencontre au sommet avec les dirigeants soviétiques, mais souhaitions que celle-ci soit la marque de progrès sensibles et non pas une fin en soi. Je parlai de la Chine de façon plus abstraite, puisque nous avions encore un long chemin à parcourir avant de nouer avec elle de véritables relations :

> « Le peuple chinois est de toute évidence un grand peuple. Son histoire est plus ancienne que celle de toutes les civilisations existant aujourd'hui ; de plus, 800 millions d'hommes, c'est-à-dire 25 pour 100 de l'humanité, voilà un facteur que l'on ne peut négliger. Ils influenceront les affaires internationales, quoi que nous ayons l'intention de faire et quelque politique que nous adoptions ouvertement. Ce pays est une réalité, et de sa politique, pour le bien comme pour le mal, dépendront la paix et le progrès. Et cela, indépendamment de ce que nous ferons.
>
> ... S'il est exact que le grand problème de l'immédiat après-guerre a été d'éviter le chaos, et que celui des vingt années à venir est de construire une paix durable, alors il nous semble impossible de construire cette paix, qui devra être autre chose qu'éviter simplement une catastrophe, en faisant fi de 800 millions d'hommes.
>
> Mais nous ne surestimons pas non plus ce que nous pouvons réaliser par une action unilatérale.
>
> Les Chinois prendront leurs décisions en fonction de leur idéologie, et en fonction de ce qu'ils jugeront être leur intérêt. Mais dans la mesure où nous pourrons influencer leurs actions, nous sommes prêts à ouvrir le dialogue avec eux. »

Le 22 décembre, Dobrynine et moi-même fîmes, seul à seul, un tour d'horizon de fin d'année. J'étais tellement certain qu'il parlerait de la Chine que j'avais préparé mes réponses à l'avance et les avais soumises à l'approbation du Président :

> « Je réitérerai que :
> – nous n'acceptons pas le principe que l'hostilité permanente est la règle des relations sino-américaines ;
> – notre politique n'est pas dirigée contre l'U.R.S.S. ;
> – nous ne prenons pas parti dans le conflit sino-soviétique. »

Mon attente ne fut pas déçue : une fois de plus, Dobrynine aborda le problème chinois, et me demanda où nous en étions et quelles étaient les réactions des Chinois. J'éludai la question, me contentant de donner les assurances générales que j'avais préparées.

Fin 1969, il était manifeste que la Chine, elle aussi, avait décidé de se rapprocher de nous, alors même qu'elle tenait l'Union soviétique à l'écart en reprenant des négociations sporadiques sur le problème frontalier. Début 1970, les Chinois acceptèrent une autre rencontre non officielle, au cours de laquelle Stoessel devait proposer la reprise officielle des négociations entre ambassadeurs à Varsovie. Cette rencontre devait avoir lieu à l'ambassade des États-Unis, le 8 janvier. Sa préparation provoqua une fois de plus un léger conflit avec le ministère des Affaires étrangères. En effet, le Président et moi-même tenions absolument à profiter de l'occasion pour dire aux Chinois qu'il n'y aurait pas de condominium américano-soviétique, ni en Asie ni nulle part ailleurs. Nous voulions que les Chinois apprennent de vive voix ce qu'ils n'avaient jusqu'alors entendu dire que par des tiers. De plus, nous courions le risque de discréditer nos intermédiaires si les diplomates américains ne confirmaient pas ce que le Président et moi-même avions fait transmettre par ces mêmes intermédiaires.

Marshall Green, adjoint au ministre des Affaires étrangères pour les affaires de l'Asie de l'Est et du Pacifique, s'opposa à notre projet, affirmant que nous devions éviter les problèmes concrets lors d'une réunion destinée à régler des points de procédure. Il y avait indubitablement des raisons plus profondes à cette opposition : une irritation devant les interventions de la Maison Blanche ; le sentiment, parmi les spécialistes de l'Asie de l'Est, qu'introduire des considérations géopolitiques touchant à l'Union soviétique ne se justifiait pas ; et, peut-être, un reste de méfiance chez ces spécialistes pour qui la Chine avait toujours représenté une menace importante, ou qui n'avaient pas oublié les douloureuses conséquences des gestes téméraires de l'époque de McCarthy.

En fait, la rencontre de Varsovie, le 8 janvier, se passa le mieux du monde. Le chargé d'affaires chinois arriva en grande pompe à l'ambassade des États-Unis, dans une limousine battant pavillon chinois. Les points de procédure furent amicalement réglés, et il fut convenu que les négociations officielles de Varsovie se feraient entre ambassadeurs. Le message du Président à propos du condominium fut bien transmis. Les deux parties évitèrent toute polémique (bien que la presse chinoise continuât à révéler à ses lecteurs les « iniquités » du gouvernement

Nixon). Les Chinois acceptèrent le principe de réunions alternatives dans les deux ambassades. La prochaine rencontre fut fixée au 20 janvier, à l'ambassade de Chine, et Lei Yang proposa de l'annoncer.

Ainsi donc, un an jour pour jour après l'investiture du Président, et pour la première fois en plus de deux ans, la République populaire de Chine et les États-Unis devaient entamer à nouveau de réelles négociations. Mais celles-ci allaient être bien différentes des cent trente-quatre rencontres qui les avaient précédées : elles avaient été péniblement préparées, pendant des mois, par des messages, d'abord indirects puis de plus en plus explicites, exprimant la volonté de transformer fondamentalement la nature de nos relations. Nous avions encore bien du chemin à parcourir, mais nous nous trouvions enfin aux contreforts d'une chaîne de montagne que nous mettrions encore dix-huit mois à franchir.

Ce fut un moment d'espoir extraordinaire. Outre les avantages de la diplomatie triangulaire, il y avait d'autres raisons à cette exaltation, dont le Vietnam. Une ouverture vers la Chine pouvait nous permettre d'en finir avec cette guerre douloureuse. La brusque déclaration de Xuan Thuy, le 22 mars, avait mis en lumière l'inquiétude de Hanoi devant l'inimitié croissante de ses deux grands alliés. Le conflit sino-soviétique plaçait le Vietnam du Nord dans une position des plus délicates, pour une raison d'ordre pratique (entre autres) : une grande partie de l'aide militaire soviétique était acheminée par train à travers la Chine, ce qui requérait un minimum de coopération entre l'U.R.S.S. et la Chine. Hanoi avait probablement compris quelle marge de manœuvre nous offrait le conflit sino-soviétique, comme ce devait être le cas en 1972. En outre, toute initiative aidant à la cicatrisation de nos divisions internes privait Hanoi d'un de ses atouts majeurs.

Mais l'impact que notre politique chinoise eut sur l'Amérique fut bien plus important encore. La guerre du Vietnam semblait enlever tout espoir de politique créative et engendrer une répulsion profonde devant tout engagement à l'étranger, accompagnée dans certains milieux par un insidieux dégoût de soi. Le coup de théâtre que représentait la fin de notre brouille avec ce grand peuple, son importance sur le plan humain et pour l'avènement de la paix dans le monde, tout cela apportait une bouffée d'air frais rappelant ce que l'Amérique pouvait réaliser en tant que leader mondial. De plus, que nous en fussions capables au beau milieu d'une guerre qui nous divisait nous prouverait, ainsi qu'au reste du monde, que nous jouions toujours un rôle capital, que nous restions capables d'audace, capables d'atteindre nos objectifs et d'assurer le bien-être de tous ceux qui croyaient en nous.

7.
Politique et stratégie de défense

La défense nationale et l'équilibre stratégique

Tout au long de l'Histoire, on peut dire que l'influence politique des nations est allée de pair avec leur puissance militaire. Si la valeur morale et le prestige de leurs institutions peuvent différencier les États, l'habileté diplomatique ne peut qu'accroître la puissance militaire, jamais se substituer à elle. En dernière analyse, la faiblesse appelle toujours l'agression, et le manque de puissance entraîne la démission du pouvoir politique. Certains petits pays ont joué, pendant de brèves périodes, un rôle important à l'échelle mondiale, mais ils agissaient dans le cadre rassurant d'un équilibre international. L'équilibre du pouvoir, concept souvent méprisé dans les écrits politiques américains et rarement utilisé sans l'adjectif « dépassé », fut en réalité la condition première de la paix. Il va de soi que la recherche de la puissance n'est que le début d'une politique, et ne peut être une fin en soi. Si la force n'est pas de leur côté, les objectifs les plus honorables risquent d'être écrasés par la loi des autres.

Telle était la dure leçon qu'avait dû assimiler l'Amérique. Protégés par deux océans, nous avions cru, pendant plus d'un siècle, que nous n'avions pas à nous préoccuper de problèmes stratégiques. Nous avions imaginé, à l'inverse des autres grandes puissances, que nous nous imposerions grâce à la pureté de nos motivations, et que notre importance dans le monde était indépendante de notre puissance matérielle. Nous avions tendance à passer de l'isolement à des engagements soudains, tous au nom de la morale. Même nos efforts militaires avaient quelque chose d'abstrait, et s'appuyaient davantage sur la logistique que sur la géopolitique. Et lorsque nous menions des guerres, nous devions généralement la victoire davantage à l'ampleur de nos moyens qu'à notre audace ou notre habileté stratégique.

Vers la fin des années 1960, nous étions une fois encore tentés de nous isoler. Le découragement engendré par une guerre interminable incitait certains à expliquer nos problèmes par un engagement excessif dans le monde entier. Au début, les critiques visaient surtout le conflit vietnamien, mais s'étaient rapidement étendues à l'ensemble de nos programmes et de nos engagements militaires. Les milieux bien informés, qui avaient appuyé les sages engagements de l'après-guerre, semblaient soudain les blâmer violemment.

Cela menaçait de placer notre pays et d'autres nations libres dans une situation précaire. La stabilité politique de l'Europe et du Japon, ainsi que l'avenir des pays en voie de développement d'Amérique latine, d'Afrique et d'Asie, dépendaient des États-Unis : ceux-ci posséderaient-ils la puissance nécessaire pour atteindre leurs objectifs ? Apparaîtraient-ils capables de défendre leurs intérêts et ceux de leurs amis ? Si la guerre du Vietnam érodait notre volonté de défendre la sécurité des peuples libres, des millions d'êtres humains seraient en danger.

Malheureusement, au moment où le progrès technologique, combiné avec les effets d'une politique passée sûrement réfléchie, affectait la nature de l'équilibre stratégique, nous nous trouvions au plus fort de nos problèmes intérieurs. Pendant tout l'après-guerre, l'Union soviétique avait joui d'un énorme avantage dans le domaine des armes classiques. Cependant, les capacités militaires soviétiques souffraient de deux handicaps : leur rayon d'action était relativement restreint, car il se limitait aux zones voisines de l'U.R.S.S., et la supériorité américaine dans le domaine des armes stratégiques nucléaires était écrasante. L'Union soviétique ne pouvait tirer parti de son avantage local, de peur de se trouver confrontée à la supériorité nucléaire des États-Unis. C'est pourquoi, hormis quelques éclats, elle n'avait jamais utilisé ses forces classiques contre les pays alliés des États-Unis. C'est d'ailleurs l'un des grands paradoxes de notre époque que l'Armée Rouge ne soit intervenue, depuis 1945, que contre des *alliés* de l'Union soviétique elle-même (à Berlin-Est en 1953, en Hongrie en 1956, en Tchécoslovaquie en 1968, et à la frontière chinoise en 1969).

A la fin des années 1960, pourtant, la puissance stratégique nucléaire des deux blocs tendait à s'équilibrer. Cette constatation aurait dû modifier toutes les bases de notre stratégie d'après-guerre. Malheureusement, au moment précis où nous aurions dû nous concentrer sur les implications de cette situation nouvelle, *tous* nos programmes de défense faisaient l'objet de critiques de plus en plus violentes : on les trouvait excessifs ; on attribuait leur création à la témérité des dirigeants ; et on les rendait responsables des crises et des conflits.

Les gouvernements des années 1960 avaient, en toute conscience, décidé d'accepter la parité des armements stratégiques, qu'ils jugeaient inévitable. Mais en l'acceptant, ils avaient également accéléré le développement de ces armements. Dans les années 1960, les États-Unis décidèrent de leur propre chef d'arrêter la fabrication de missiles balistiques I.C.B.M. et S.L.B.M.*. Nous n'avions aucun programme prévoyant la construction de bombardiers stratégiques supplémentaires. Il fut décidé de maintenir une force stratégique composée de 1 054 I.C.B.M., de 656 S.L.B.M. et d'environ 400 bombardiers B-52. Nous avions fixé ces plafonds à une époque où nous étions de loin supérieurs aux forces stratégiques soviétiques. Ces plafonds restèrent identiques même lorsqu'il devint clair

* I.C.B.M. : missiles balistiques basés à terre.
S.L.B.M. : missiles balistiques tirés depuis un sous-marin.

que l'Union soviétique, en partie pour répondre à son humiliation lors de la crise de Cuba en 1962, avait entrepris un effort massif pour développer sa puissance militaire internationale.

La crise de Cuba est rentrée dans le folklore américain comme une grande victoire des États-Unis. Les gouvernements américain et soviétique en tirèrent, quant à eux, des conclusions diamétralement opposées. Du côté américain, la crise de Cuba conduisit à chercher le contrôle des armements et la détente, ce qu'illustrèrent l'interdiction des essais nucléaires, les traités de non-prolifération nucléaire, et notre volonté de limiter de façon stricte la fabrication des missiles. Du côté soviétique, par contre, l'humiliation subie par Khrouchtchev à Cuba entraîna sa chute deux ans plus tard. L'essence de la réaction soviétique à l'expérience cubaine est contenue dans la remarque mordante que fit Vassili Kouznetsov à John McCloy lorsque, fin 1962, ces deux routiers de la diplomatie négociaient les détails du retrait des armes soviétiques de Cuba : « Vous autres Américains, vous ne nous aurez plus jamais comme ça[1]. » Là-dessus, l'Union soviétique avait entrepris, rationnellement, systématiquement et sans limite dans le temps, de développer la qualité et la portée de *toutes* ses armes missiles, bombardiers, sous-marins, chars et avions de combat. La crise cubaine de 1962 marqua donc un tournant dans l'histoire – mais pas pour les raisons que les Américains veulent y trouver.

Trois ans après Cuba, en 1965, l'arsenal stratégique soviétique comptait environ 220 I.C.B.M. et plus de 100 S.L.B.M. En 1968, ces chiffres étaient passés à près de 860 I.C.B.M. et plus de 120 S.L.B.M. En 1971, les Soviétiques nous avaient rattrapés – et ils continuaient à s'armer. Nous sous-évaluions invariablement l'importance de leurs projets. Le brillant analyste politique Albert Wohlstetter a démontré de façon irréfutable que l'opinion en vogue pendant les années 1960, à savoir que le Pentagone gonflait les programmes soviétiques afin de faire augmenter son propre budget, était exactement contraire à la réalité : les planificateurs américains des années 1950 et 1960 *sous-estimaient* considérablement le développement militaire des Soviétiques[2]. Les programmes soviétiques correspondaient toujours au niveau supérieur de nos estimations – non pas à ce qui était décrit comme étant « le plus probable », mais à ce qui était considéré comme « le pire des cas ». Au lieu de s'arrêter lorsque la parité avec nous était atteinte et comme certains le pensaient, les Soviétiques continuèrent à s'armer, jusqu'à ce que les accords de 1972 sur la limitation des armements stratégiques les en empêchent. Ils entreprirent alors une modernisation de leurs moyens énergétiques.

Sous le gouvernement Johnson, la réaction américaine à l'armement des Soviétiques eut deux volets : tout d'abord, il fut décidé de mettre en place un système de défense antimissiles (A.B.M.), mais celui-ci fut imposé à Johnson par un Congrès en pleine agitation, et c'est Nixon qui fut chargé de le réaliser. Dans le domaine des armes offensives, plutôt que de faire la course aux missiles soviétiques, nos prédécesseurs décidèrent la fabrication d'ogives M.I.R.V., afin de multiplier le pouvoir offensif des missiles dont nous disposions déjà. Les premiers essais de vol des engins équipés de M.I.R.V. se déroulèrent en 1968. Nos prédécesseurs avaient également décidé de miser sur des missiles légers mais extrêmement précis, les I.C.B.M. Minuteman et les S.L.B.M. Poseidon. (Les Soviétiques avaient adopté la démarche inverse : ils favorisaient la fabrication de missiles bien plus gros que les nôtres et donc capables de porter des charges offensives bien plus lourdes. Et plus les Soviétiques amélioraient leur technologie, plus leurs missiles lourds gagnaient en précision, ajoutant un avantage qualitatif à leur supériorité quantitative.) C'est ainsi que le gouvernement Johnson avait déterminé la taille et le nombre de nos engins pour toute la durée du gouvernement Nixon, puisqu'il s'écoule au moins six ans entre la conception de la plupart des armes nouvelles et leur production, et que le Congrès s'opposa aux nouveaux programmes jusqu'à la fin de la guerre du Vietnam. Ce n'est donc pas avant le milieu des années 1970 que nous pûmes disposer d'armes nouvelles, et l'opposition du Congrès menaça de prolonger encore ce délai.

Inexorablement, donc, la supériorité écrasante dont nous avions joui pendant les années 1940 et 1950 se trouva ramenée à l'égalité, et même à la vulnérabilité de nos armements terrestres. Pendant quelque temps, la lourdeur des missiles soviétiques et leur supériorité en nombre devaient être contrebalancées par notre avance technologique. En effet, on comptait que nous avions au moins cinq ans d'avance dans le développement des M.I.R.V., et la précision de nos missiles restait supérieure, ce qui était d'une importance capitale dans l'éventualité d'un conflit nucléaire. Notre capacité à maintenir un équilibre stratégique approximatif n'était pas encore mise en danger – à condition que nous exploitions à fond notre supériorité technologique. Nous pouvions déployer un système A.B..M. pour protéger nos villes ou nos bases de lancement de missiles. Nous pouvions également accélérer les travaux de conception d'un bombardier plus perfectionné (connu plus tard sous le nom de B-1), d'un nouveau sous-marin, d'un nouveau missile tiré depuis sous-marin (le Trident) et d'un nouveau missile I.C.B.M. (le M.X.). Après 1978, nous nous trouverions ainsi dans une position forte, à condition que tous les programmes lancés au début des années 1970 soient poursuivis. Nous adoptâmes toutes ces mesures, mais elles furent toutes attaquées par le Congrès et les media. Notre dilemme tenait à ce que nos forces stratégiques seraient de plus en plus vulnérables, sans ces futures armes, mais qu'avec elles, les exigences de notre sécurité à long terme se trouvaient tout de même modifiées.

En effet, *même avec une égalité d'armements,* ou une légère supériorité, tout nouveau gouvernement avait à faire face à un problème sans précédent. Les stratégies de défense élaborées du temps de notre suprématie devaient être reconsidérées à la lumière des nouvelles réalités. Un conflit nucléaire total pouvait sous peu faire perdre la vie à des dizaines de millions d'hommes aux États-Unis. Un équilibre des puissances de destruction s'élaborait donc ; et quand bien même notre pouvoir meurtrier excédait celui de nos adversaires, notre répugnance à recourir à une guerre nucléaire ne pouvait qu'augmenter considérablement. Le doute s'installait quant à la volonté des Américains de risquer l'apocalypse pour défendre leurs alliés. Les questions suivantes se posaient alors : comment pourrions-nous garantir l'indépendance et la confiance des pays alliés menacés par les armées de terre de l'Union soviétique (grandissant elles aussi) et son arsenal nucléaire croissant ? Quelle stratégie adopterions-nous pour utiliser nos armes atomiques ? Si une guerre thermo-nucléaire à outrance devenait trop dangereuse, l'utilisation d'armes nucléaires serait-elle encore possible ?

Le débat sur la défense

Répondre à ces questions aurait déjà été difficile dans de très bonnes conditions. Malheureusement, la fin des années 1960 et le début des années 1970 ne se prêtaient pas à une analyse sérieuse et rationnelle des problèmes stratégiques. Les passions déchaînées contre la guerre du Vietnam se transformaient en une mise en cause de l'ensemble du système de défense. En réalité, certains virent même dans les attaques menées contre le budget alloué à la défense le moyen de mettre, de force, un terme à la guerre en Asie du Sud-Est. « Redéfinir les priorités nationales », tel était le slogan de l'époque : c'était un euphémisme pour réduire considérablement le budget de la défense. Les intellectuels qui, du temps d'Eisenhower, s'étaient moqués de l'élocution et de la manière de gouverner de celui-ci, reconnaissaient à présent la profonde justesse de ses conseils de 1961, lorsqu'il mettait le pays en garde contre une influence démesurée du « complexe militaro-industriel » sur la vie américaine. Les armes – et en particulier les nôtres – passaient pour être la cause et non le symptôme des tensions, car l'on prétendait que c'étaient nos programmes qui déclenchaient les réactions soviétiques, et non l'inverse. Quand le gouvernement affirmait que le développement militaire des Soviétiques nous posait un réel problème de défense, il était tourné en dérision et accusé de répandre la « propagande du Pentagone [3] », laquelle refaisait surface chaque année pour influencer les décisions budgétaires du Congrès. Si l'on avançait, avec raison, que cette course aux armements stratégiques différait de toutes celles qui l'avaient précédée, l'on s'entendait répondre que tout nouveau développement était absurde, puisque l'on disposait déjà de suffisamment d'armes pour anéantir plusieurs fois la planète. L'humeur qui prévalait à l'époque fut illustrée par une conférence organisée en mars 1969, à Washington, par un groupe de dix sénateurs et près de quarante Représentants, républicains et démocrates. Cette conférence avait pour thème « Le Budget militaire et les priorités nationales », et d'éminents intellectuels, savants, anciens fonctionnaires du gouvernement, et des membres des deux chambres du Congrès y participèrent. Leur rapport, qui fut publié par la suite sous le titre « Le militarisme américain en 1970 », arrivait à la conclusion que « notre pays risquait de devenir un maniaque de la sécurité nationale [4] ». En juillet, un groupe de quatre-vingts membres du Congrès appartenant aux deux partis, et dont l'objectif était « la paix par la loi », rédigea un rapport attaquant six importants programmes de défense, dont le système A.B.M. Le *New York Times* décrivit cette initiative comme un « effort pour faire du débat sur les missiles antimissiles une attaque générale contre le budget militaires [5] ». Tout ce qui touchait à la chose militaire fut critiqué : programmes, budgets, doctrines de l'armement stratégique... Une annonce d'une page mettant en cause les dispositifs antimissiles parut dans la presse sous le titre sarcastique : « Un cadeau de ceux qui vous ont valu le Vietnam : le système antimissile[6]. » La leçon que l'on tirait le plus fréquemmeent de la guerre au Vietnam était : « Les États-Unis doivent réduire leurs engagements extérieurs. » On se mettait à penser que, loin de décourager les agressions, nos déploiements militaires outre-mer ne faisaient que les encourager. En retirant les forces américaines à l'étranger, affirmait-on, les risques de conflit mondial diminueraient, permettant du même coup une réduction des dépenses militaires. De la même manière, réduire les budgets militaires forcerait le gouvernement à limiter ses engagements à l'étranger. Cela représentait en outre l'avantage de libérer des fonds pour les programmes de développement nationaux.

Cette nouvelle théorie, selon laquelle la réduction des crédits alloués à la défense favorisait la sécurité, fut exposée dans un rapport rédigé en 1968 par deux anciens fonctionnaires des gouvernements Kennedy et Johnson. Il s'agissait de Carl Kaysen, ancien assistant du Conseiller pour la sécurité de John Kennedy, puis directeur du prestigieux Institut d'études avancées de Princeton, et de Charles L. Schultze, directeur du Bureau budgétaire de Jonhson[7]. Voici ce qu'affirmait Kaysen :

> « Les nouvelles réalités politiques et techniques révèlent la futilité d'une recherche de la sécurité nationale basée essentiellement sur un accroissement de la puissance militaire, ainsi que l'importance croissante des données politiques et des accords portant sur le contrôle des armements. En réalité, en donnant la priorité à ces données pour les cinq années à venir, nous aurons plus de chances d'assurer une sécurité réelle – c'est-à-dire de limiter les menaces pesant sur les États-Unis et leurs intérêts vitaux, avec des forces armées et des budgets militaires réduits d'au moins un tiers par rapport à ceux d'aujourd'hui – que si nous continuons à suivre notre politique passée alors que la situation a radicalement changé. Pour parler en termes clairs, la limitation et le contrôle des armements ainsi que la réduction des déploiements militaires seront non seulement moins onéreux que la course aux armements et la confrontation militaire : ils seront plus sûrs. »

Schultze déclarait que la fin de la guerre du Vietnam permettrait donc une réduction du budget de la défense de 20 à 22 milliards de dollars par an. Il craignait cependant que ce « dividende de paix » ne soit englouti dans la fabrication, déjà en cours, de nouvelles armes de base ; et réclamait la plus grande prudence pour l'approbation des programmes à venir. Kaysen affirmait, en accord avec Schultze, qu'outre ce « dividende de paix », il serait possible de faire des économies de 15 à 16 milliards de dollars si les négociations sur la limitation des armements stratégiques étaient fructueuses, et si nos forces classiques étaient ramenées à des dimensions plus raisonnables, reflétant ainsi une diminution des engagements américains à l'étranger.

Ainsi donc, alors que la parité nucléaire allait se réaliser, les critiques arrivaient à la conclusion stupéfiante que nous devions réduire nos forces *classiques*, domaine dans lequel notre infériorité était déjà considérable. Ils voyaient dans la fin de la guerre du Vietnam non pas l'occasion de développer un armement trop longtemps négligé, mais celle de diminuer notre budget de défense. Ces réductions ne pouvaient évidemment se justifier que si la menace étrangère décroissait, ou si les forces dont nous disposions étaient effectivement excessives. Ces deux arguments furent précisément avancés, en janvier 1970, par trois professeurs de Harvard :

> « Il est difficile de dire si les forces [classiques] contribuent à décourager les conflits non nucléaires importants, ou si les possibilités pour que ces conflits éclatent sont suffisantes pour justifier la mobilisation desdites forces. Il n'y a aujourd'hui que les stratèges dont le métier est de s'attendre au pire, pour croire à une soudaine invasion du Nord de l'Allemagne par les Soviétiques, à une attaque surprise de l'Armée Rouge contre le flanc méditerranéen de l'O.T.A.N., ou même à une irruption inattendue de la Chine communiste en Birmanie ou en Thaïlande. De même, il est difficile de dire quel rôle les forces américaines non nucléaires peuvent jouer dans les sortes de conflits mineurs qui risquent de se produire[8]. »

Cet article ne posait pas la question de savoir dans quelle mesure une attaque éventuelle par les forces classiques soviétiques dépendrait de l'importance des forces d'en face ; il supposait tout simplement que, puisqu'il n'y avait pas eu d'agression par le passé, il n'y en aurait pas dans l'avenir, et que nous entretenions par conséquent des forces inutiles.

La dissuasion a bien sûr ceci de particulier que l'on ne peut jamais savoir avec certitude ce qui a prévenu une agression : est-ce grâce à notre système de défense, ou parce que notre adversaire lui-même n'avait jamais eu l'intention d'attaquer ? Paradoxalement, plus une puissance militaire donnée possède d'arguments dissuasifs, plus elle prête le flanc à ceux qui veulent la démanteler. Les trois professeurs affirmaient que la réduction des forces classiques permettrait de diminuer le budget de 30 milliards de dollars, c'est-à-dire d'allouer à la défense 17 milliards de dollars de moins que pour le programme minimum que le Pentagone demandait pour l'après-guerre du Vietnam, et 10 milliards de dollars de moins que ce que le Président Nixon prévoyait dans son premier projet de budget.

Les mêmes arguments furent repris, avec plus de poids, devant le Congrès. En avril 1969, le sénateur Mike Mansfield, chef de la majorité, déclara qu'il mènerait la bataille pour obtenir une réduction d'au moins 5 milliards de dollars des crédits que le gouvernement Nixon souhaitait voir allouer à la défense ; ces crédits se chiffraient à 77,6 milliards de dollars, ce qui était déjà inférieur au budget proposé par le gouvernement sortant. Mansfield s'en prenait à 15 programmes de défense différents. Il critiquait, par exemple, un projet de la Marine demandant la formation d'une flotte de navires à déploiement logistique rapide : « L'accepter, disait Mansfield, serait mettre le doigt dans l'engrenage que nous voulons précisément éviter[9]. » En mai, le *New York Times* rapporta qu'un « nombre croissant de membres du Congrès, poussés par l'antimilitarisme né de la guerre du Vietnam, cherchait un moyen efficace pour enrayer l'augmentation continue des dépenses militaires ». Ce mouvement pour « juguler les dépenses militaires » rassemblait des membres des deux partis et comprenait des Républicains tels que le sénateur de l'Orégon Mark Hatfield et le sénateur du Kentucky John Sherman Cooper. Le *Times* publia cette déclaration du tout nouveau sénateur républicain de l'Ohio, William A. Saxbe : « Nous venons au Sénat convaincus que Nixon a été élu à cause de la guerre – que cette guerre a détruit Johnson et détruira Nixon s'il ne réagit pas. Ceux d'entre nous qui adhèrent à ce mouvement pensent que leur élection répond en grande partie à cette conviction nationale. Je ne doute pas que nous réussissions à rejeter le système A.B.M., ni que ce soit le point de départ d'une attaque contre tout le complexe[10]. »

Le 3 juin, le Congrès se battait sur deux fronts. La Commission économique paritaire, présidée par le sénateur William Proxmire, organisa une semaine d'audiences sur les manières de réduire le budget de la défense. Les budgets précédents avaient été préparés à l'époque où Schultze s'en occupait. Cela ne l'empêcha pourtant pas d'ouvrir les audiences en proposant la création, par le Congrès, d'une nouvelle commission qui serait chargée de reconsidérer les demandes du ministère de la Défense, et d'y apporter des réductions de taille. Ces audiences se déroulaient dans les nouveaux bâtiments du Sénat. A l'étage au-dessus, la Commission sénatoriale des corps armés se lançait dans une enquête sur les 1,5 milliards de dollars supplémentaires qu'avait demandés la construction du super-transporteur de troupes C-5A (cet avion se révéla plus tard d'une importance capitale pendant la guerre de 1973 au Moyen-Orient).

L'Administration ne manqua pas d'être affectée par ces pressions. Le 17 juin, j'informai le Président que de nombreux membres du ministère des Affaires étrangères, du Bureau de Désarmement et de Contrôle des armes, et même de la C.I.A., croyaient fermement que

> « les initiatives stratégiques prises par les États-Unis ou leur volonté déclarée de rester stratégiquement puissants finiraient par décevoir et inquiéter nos alliés. Ceux-ci craindraient en effet une accélération de la course aux armements, ainsi qu'une détérioration dans les relations entre l'Ouest et l'Est due à un durcissement de l'attitude des Soviétiques. En outre, l'on semble penser, d'une façon générale, que les décisions stratégiques des Soviétiques dépendent très étroitement de nos propres décisions, et que toute action des États-Unis provoquera une réaction correspondante de la part des Russes. »

Je fis les commentaires suivants à Nixon :

> « Je crois que rien ne justifie la force de ces convictions ni l'absence de points de vue contraires. A mon avis, il est tout aussi plausible qu'au bout du compte, les Européens soient rassurés par la détermination dont les États-Unis feraient preuve dans le domaine des armements stratégiques. De même, les dirigeants soviétiques, qui ont actuellement à faire face à des pro-

blèmes économiques aigus, chercheraient plutôt à ralentir, d'une façon ou d'une autre, la compétition entre eux et nous. »

Nixon se montrait, dès le début, résolu à résister à ces pressions, car il était convaincu que la puissance américaine était non seulement défendable d'un point de vue moral, mais également vitale pour la survie des pays libres. Cependant, dans un tel climat, renforcer nos défenses se révéla chose malaisée : ce n'était pas uniquement la conduite de la guerre qui était mise en cause, mais aussi les bases de notre sécurité nationale.

De mon côté, le débat m'attira les foudres de vieux amis et d'anciens collègues avec lesquels j'avais, pendant plus de dix ans, participé aux travaux de commissions sur le contrôle des armements et de groupes d'étude. J'étais d'accord avec eux pour reconnaître que les armes nucléaires conféraient une dimension particulière à la course aux armements. Certes, ma connaissance de l'histoire me montrait qu'ils avaient tort d'attribuer les tensions à toutes les courses aux armements indifféremment : historiquement, les développements militaires reflétaient plus souvent les conflits politiques et la méfiance qu'ils ne les provoquaient. Cependant, j'admettais que l'extrême singularité de notre époque tenait au nombre élevé des armes stratégiques, à leur disponibilité immédiate et à leur pouvoir destructif. Étant tout à la fois très vulnérables et très puissantes, les armes stratégiques pouvaient, en temps de crise, faire naître chez l'un des antagonistes la tentation de frapper le premier, surtout s'il craignait de perdre tous ses moyens de représailles lors d'une première attaque de son adversaire.

A l'instar de nombreux universitaires, je jugeais souhaitable l'élaboration d'une politique consciente visant à mettre un frein à la course aux armements. Je pensais aussi que les dirigeants américains devaient se débarrasser de l'idée simpliste selon laquelle seule la puissance militaire garantit la sécurité, idée remontant à une époque où les erreurs de calcul avaient des conséquences moins catastrophiques que de nos jours. A mon avis, il était dans l'intérêt des deux côtés de réduire la vulnérabilité de leurs forces de représailles : si possible par des accords limitant leur armement mutuel, et si nécessaire par des mesures prises unilatéralement. Mais surtout, j'étais convaincu qu'une société démocratique ne pourrait jamais affronter les aléas de l'ère nucléaire, si ses membres n'étaient pas convaincus de la sagesse et de la prudence avec lesquelles leurs dirigeants faisaient face aux problèmes posés par l'existence d'armes de destruction collective. Étant donné la dynamique du système soviétique, je pensais que les conflits militaires étaient possibles, et même probables, et je voulais que l'opinion publique soit unanime à soutenir les États-Unis et leurs alliés. Une des leçons retirées du Vietnam était que des contre-attaques menées avec fermeté, et entraînant forcément des sacrifices, pouvaient toujours être remises en question si notre pays pensait que ses dirigeants cherchaient ou provoquaient des confrontations sans objet.

Je me démarquais de mes amis et anciens collègues lorsqu'il s'agissait des motivations soviétiques. Je ne croyais pas qu'une limitation de notre armement pût mener le Kremlin à faire de même de son côté. Les dirigeants soviétiques croyaient à la prépondérance des « facteurs objectifs » : ils avaient toutes les chances, par conséquent, de prendre notre attitude non pour un désir de conciliation, mais pour un signe de faiblesse due à des problèmes internes ou économiques. Après la crise de Cuba, l'Union soviétique s'était engagée à fond dans le développement de toutes les grandes catégories d'armes dont elle disposait. Si les Américains perdaient du terrain, les Soviétiques seraient tentés de combler tous les vides possibles ; l'U.R.S.S. n'accepterait une stabilisation de la course aux armements que si elle était convaincue qu'elle n'aurait jamais le dessus. Il nous fallait montrer aux Soviétiques qu'étant donné l'infériorité de leurs ressources, ils ne pouvaient espérer sortir vainqueurs de la course aux armements, et que si nous y étions vraiment contraints, nous pouvions tout simplement avoir une production bien plus importante que la leur.

En ce qui concernait l'armée, je n'étais pas d'accord non plus avec les arguments qu'avançaient si souvent les détracteurs de nos programmes de défense. Il était exact que la notion de supériorité militaire prenait un sens différent à l'âge du nucléaire ; mais cela ne signifiait pas pour autant que nous dussions rester les bras croisés tandis que nos adversaires s'armaient fiévreusement. Plus les années passeraient, plus notre infériorité dans ce domaine ôterait toute crédibilité à nos promesses de défendre nos alliés ; dans un cas extrême, elle pourrait encourager une attaque contre les États-Unis.

Les risques qu'entraînerait pour l'Union soviétique une attaque contre les États-Unis auraient beau rester toujours considérables, une usure de l'équilibre stratégique ne pouvait qu'avoir des conséquences géopolitiques. Elle accentuerait notre propre infériorité dans le domaine de la défense régionale ; les pays se trouvant à la périphérie de l'Union soviétique seraient de plus en plus tentés de se montrer conciliants envers celle-ci pour garantir leur sécurité. Les dangers que nous courions ne se limitaient pas aux actions militaires délibérées de l'Union soviétique. Dans cette époque de bouleversements qui était la nôtre, de nombreuses crises pouvaient se produire, provoquées par chacun des deux côtés ; et les risques qu'accepterait de courir l'U.R.S.S. ne pouvaient qu'augmenter à mesure que l'équilibre stratégique se modifierait à notre désavantage. Ceci ne manquerait pas de démoraliser les pays qui comptaient sur notre protection, qu'ils fussent alliés ou technologiquement en retard.

C'est pourquoi j'étais en faveur de nouveaux programmes stratégiques et d'un renforcement de notre défense classique, tout en insistant sur l'importance des négociations sur le contrôle des armements. Mes opinions finirent par provoquer la colère des conservateurs comme celle des libéraux, les premiers parce qu'ils s'opposaient à tout contrôle des armements, les seconds parce qu'ils s'opposaient à tout développement militaire. De même, le débat de 1969 sur l'équilibre militaire affecta, pour toute la durée du gouvernement Nixon, les décisions américaines dans le domaine de la fabrication des armes et des négociations sur la limitation des armements stratégiques.

Ce débat portait essentiellement sur deux nouveaux dispositifs : le programme A.B.M. et l'installation de M.I.R.V. sur nos missiles. Le nouveau gouvernement avait hérité ces deux programmes de son prédécesseur, mais la victoire électorale de Nixon avait modifié les données politiques. Les Démocrates opposés aux programmes de défense pouvaient enfin exprimer tout haut ce qu'ils avaient tu lorsque leur parti était en fonctions. Vinrent bientôt se joindre à leurs voix celles de certains fonctionnaires du gouvernement Johnson lui-même, lesquels avaient pourtant été à l'origine de ces programmes, mais souhaitaient à présent suivre la tendance générale de leur parti. Nixon avait diminué de 1,1 milliard de dollars le projet de budget soumis par Johnson : néanmoins, il s'attira presque immédiatement les foudres des démocrates, auxquels se joignirent certains républicains pensant que la majorité du peuple américain partageait ce sentiment antimilitariste.

Le système A.B.M.

Les controverses au sujet du système A.B.M. naquirent en 1954, lorsqu'il apparut que l'Union soviétique mettait en place, autour de Moscou, un système de défense antimissile destiné à protéger la capitale soviétique contre une attaque éventuelle. Sous la pression constante du Congrès, le ministre de la Défense Robert McNamara proposa en 1967, après beaucoup d'hésitations et à contrecœur, le programme A.B.M. « Sentinelle ». McNamara se sentait déchiré entre les doctrines en faveur du contrôle des armements et les pressions nationales, entre les impératifs de défense et les conseils de limitation des armements. Il opta donc pour un compromis, et rejeta le principe d'une défense A.B.M. étendue à l'ensemble du territoire en cas d'attaque totale de la part de l'Union soviétique. Un tel système serait, en effet, d'un coût prohibitif; en outre, il pourrait être perçu par les Soviétiques comme une manœuvre des Américains souhaitant se donner les moyens d'attaquer les premiers (un pays dont la défense serait entièrement assurée par un système A.B.M. pourrait imaginer de frapper le premier, puis d'utiliser ses missiles antibalistiques pour parer les représailles de son adversaire affaibli). Le gouvernement Johnson alla plus loin que McNamara, et s'employa activement à démontrer que le système A.B.M. « Sentinelle » n'était d'aucune utilité pour limiter les dommages causés par une attaque soviétique contre les États-Unis. En 1967, l'installation du système A.B.M. se justifiait non par la menace soviétique, mais par celle, moins importante, que la Chine serait susceptible de représenter vers 1975 si elle augmentait le nombre de ses missiles I.C.B.M. En janvier 1968, dans le dernier rapport qu'il fit au Congrès en tant que ministre de la Défense, Clark Clifford soulignait que la défense jouait un rôle secondaire dans l'équilibre stratégique : « Nous restons convaincus que, pour l'allocation des ressources, priorité doit être donnée à la mission essentielle de nos forces stratégiques, à savoir la destruction à coup sûr... »

Au moment de l'investiture de Nixon, l'opinion avait considérablement changé depuis le milieu des années 1960 : à cette époque, en effet, le Congrès avait carrément imposé le budget A.B.M. à McNamara; aujourd'hui, l'opposition à l'A.B.M. grandisait tant au sein du Congrès que dans les milieux universitaires et scientifiques. Cependant, Nixon s'opposait d'instinct à l'abandon unilatéral d'un programme d'armement — à plus forte raison si ce dernier avait été approuvé par son prédécesseur. Je partageais son point de vue, considérant extrêmement dangereux d'abandonner des programmes de développement dans un domaine où nous étions traditionnellement supérieurs — la technologie de pointe — si les Soviétiques ne changeaient pas eux-mêmes d'attitude.

Nixon décida de faire taire les critiques : le 6 février, il pria David Packard, ministre-adjoint de la Défense, de diriger une étude interministérielle sur le programme A.B.M. Le but, me confia-t-il, était de montrer ainsi que nous ne nous lançions pas à l'aveuglette. Ce fut un mauvais calcul. Comme pour la guerre du Vietnam, aller à la rencontre des critiques n'apaisa pas l'opposition : au contraire, cela stimula cette dernière, et fit penser que les forces politiques qui avaient été à l'origine de l'étude pousseraient le gouvernement à abandonner complètement le système A.B.M. Ainsi, ce n'est pas à Nixon que le *New York Times* attribua le mérite de l'étude, mais au Congrès — ce en quoi il n'avait pas tout à fait tort. Le *Times* affirmait que la prochaine étape devrait être la remise en question de tous les programmes militaires : « Les pressions du Congrès qui ont encouragé le gouvernement Nixon à arrêter la mise en place du système antimissile " Sentinelle " dénote une saine et nouvelle disposition du Capitole à s'attaquer au complexe militaro-industriel, contre lequel le Président Eisenhower nous a mis en garde il y a dix ans. » Il ajoutait : « Maintenant que l'exercice de ce droit du Congrès a poussé le gouvernement à reconsidérer le système A.B.M., il est permis de penser que d'autres questions de cet ordre seront abordées au Capitole[11]. »

Le 16 février, l'influent Chet Holifield, président de la Commission paritaire sur l'énergie atomique du Congrès, déclara qu'il s'opposerait à tout système de défense antimissile contre la Chine, ou à l'installation de toute rampe de lancement près de son domicile en Californie. Ce qui, bien évidemment, détruisait toute justification du programme A.B.M. Le 19 février, le sénateur Edward Kennedy affirma qu'en entreprenant une étude sur le système A.B.M., le Pentagone visait essentiellement à calmer l'opposition. Le 26 février, lors d'un discours prononcé à l'université du Minnesota, Hubert Humphrey déclara que nous devions arrêter la mise en place du sytème A.B.M., et « entamer le plus vite possible avec l'U.R.S.S. des négociations sur la réduction des systèmes stratégiques offensifs et défensifs ». Le 6 mars, la sous-commission pour le désarmement, présidée par le sénateur Albert Gore, ouvrit des audiences sur les implications du système A.B.M. en politique étrangère et dans le domaine stratégique : les rapporteurs furent presque tous hostiles à la défense A.B.M.

Les arguments sur lesquels se basait cette opposition avaient un caractère passionnel et pas toujours logique. En mars, six éminents savants — Hans Bethe. Herbert York, George Kistiakowsky, James R. Killian, Wolfgang Panofsky et George Rathjens — affirmèrent que le système n'était pas fiable : il était trop complexe sur le plan technologique pour fonctionner avec la précision voulue. Et, en admettant qu'il fonctionnât comme prévu, il serait aisé aux Soviétiques de le contrecarrer. Emporté par son enthousiasme devant ce raisonnement, le professeur Bethe alla jusqu'à exposer publiquement cinq méthodes scientifiques permettant de venir a bout de notre système A.B.M.

D'autre part, ce système A.B.M. que l'on prétendait inutile, peu fiable, et facile à mettre en échec, était considéré comme une menace : il serait susceptible de déclencher la course aux armements, et, par la même occasion, d'affaiblir l'effet dissuasif de nos armes stratégiques. Installer un système A.B.M., affirmait-on, impliquerait que nous nous attendrions à une attaque soviétique et chercherions à la parer, alors qu'il valait beaucoup mieux, stratégiquement parlant, faire croire à l'U.R.S.S. que nous lancerions nos missiles à la première menace d'attaque. « Si j'étais à la place des Russes », déclara le sénateur Frank Church devant la sous-commission du sénateur Gore, « et si je savais qu'à la première attaque contre les États-Unis, les Américains lanceraient immédiatement leurs missiles Minuteman, j'hésiterais bien plus à attaquer que si je pensais que les États-Unis se contenteraient d'un système de défense pour lequel, en tant que Russe, je n'aurais que du dédain. En d'autres termes, il me semble que ce système strictement défensif dont vous parlez... pourrait fort bien pousser les Soviétiques à frapper les premiers. » Le sénateur n'expliqua pas pourquoi il se sentirait plus en sécurité si les États-Unis se défendaient uniquement par réflexe, alors qu'ils ne disposeraient que de quinze minutes au maximum pour réagir — ce qui impliquait que le Président donnât autorité aux officiers sur le terrain pour lancer la première alerte d'attaque soviétique, alerte qui pouvait par la suite se révéler justifiée ou fausse.

Certains soutenaient que si l'on ressentait la nécessité d'installer un système A.B.M., c'est que l'on exagérait l'efficacité des dispositifs A.B.M. placés autour de Moscou. Et, si cette efficacité était réelle, cela ne changeait rien à l'affaire : en se lançant dans un programme A.B.M. quelle qu'en soit la raison, les Américains entameraient une nouvelle manche de la course aux armements qui nuirait aux perspectives de négociations sur la limitation des armements stratégiques. Il ne fut pas précisé en quoi un système A.B.M. américain, dont la mise en place tenait encore du futur, aurait un effet néfaste sur ces négociations si le système A.B.M. déjà installé par les Soviétiques n'en avait pas.

Enfin, le système A.B.M., comme la plupart des programmes militaires, fut accusé d'entraîner des dépenses inutiles au détriment des priorités nationales. En réalité, les crédits des forces stratégiques n'ont toujours représenté qu'une petite portion de notre budget de défense, lequel va essentiellement aux forces classiques et aux soldes des militaires. Pour l'exercice 1970, le budget alloué aux forces stratégiques ne comptait que pour *un neuvième* du budget total de la Défense. Cependant, un programme aussi remarquable et aussi nouveau que le système A.B.M. se prêtait tout naturellement à des attaques. Au cours du débat sur le système A.B.M. qui se déroula au Sénat, le sénateur Muskie affirma :

> « Le cercle vicieux de l'expansion urbaine et de l'exode rural, de la pauvreté et du désordre social, du gaspillage des ressources et de la destruction de l'environnement ne sera pas brisé par un gouvernement indifférent ni un secteur privé inactif — ou absorbé par l'obtention de nouveaux contrats de fabrication d'armes. »

Dans la même lignée, le sénateur Mondale ajoutait :

« L'équilibre instable de la dissuasion est menacé par la mise en place du... système... " Sauvegarde ". Cette menace tient à des incertitudes : incertitudes quant à l'efficacité du système antibalistique... incertitudes engendrées par l'inévitable adoption d'armes offensives niant l'efficacité du système de défense A.B.M... incertitudes quant à nos intentions alors que le développement des armements indique chez nous une volonté de faire passer le militaire avant les besoins pacifiques et nationaux... »

Début 1969, le sénateur Edward Kennedy parraina la publication d'un livre rassemblant tout un arsenal d'arguments politiques, diplomatiques, militaires et techniques contre la mise en place du système A.B.M. américain [12].

Telle était l'ambiance dans laquelle le gouvernement Nixon se lança dans l'étude du système A.B.M. Fin février, David Packard l'avait terminée. Il conseillait de poursuivre, mais sous une forme quelque peu différente, le programme « Sentinelle » adopté par le gouvernement Johnson en 1967. En premier lieu, il proposait d'orienter les radars A.B.M. non seulement vers le nord, d'où viendrait une attaque de missiles I.C.B.M., mais aussi vers la mer, puisque des missiles pouvaient être tirés depuis sous-marin. En second lieu, Packard recommanda d'affecter davantage de nos missiles antibalistiques à la protection de nos dépôts de missiles I.C.B.M. Minuteman. En troisième lieu, enfin, il insistait pour que fût légèrement réduit le nombre des missiles chargés de défendre nos villes. Les deux premières recommandations étaient d'ordre militaire : la défense des abords des États-Unis visait à parer une attaque accidentelle de quelque origine que ce fût, ou une attaque délibérée de peu d'envergure (cela signifiait : de la part de la Chine). Elle nous permettrait également de renforcer notre système défensif contre l'Union soviétique au cas où les négociations sur la limitation des armements stratégiques n'aboutiraient à rien. De plus, la protection de nos dépôts de missiles Minuteman rendait plus problématique une première attaque des Soviétiques. En revanche, diminuer la défense des villes était une décision purement politique ; elle avait pour but de rassurer ceux qui prônaient la limitation des armements et craignaient qu'une défense trop importante n'inquiétât les Soviétiques. Notre problème tenait au fait que nous ne pourrions faire adopter un programme A.B.M. par le Congrès qu'à condition de lui faire perdre, en apparence, toute efficacité contre notre principal adversaire.

J'étais d'accord pour que nous poursuivions la mise en place du programme A.B.M. A mes yeux, les arguments les plus décisifs étaient d'ordre militaire et diplomatique. Les dirigeants et les stratèges soviétiques n'avaient jamais partagé l'opinion officielle occidentale selon laquelle la vulnérabilité était chose souhaitable, ou le système A.B.M. dangereux et déséquilibrant. Comme l'avait déclaré Kossyguine en février 1967, à l'occasion d'une conférence de presse à Londres, un système antibalistique « n'a pas pour but de tuer des gens, mais de sauver des vies humaines ». Et à Glassboro, il avait dit au Président Johnson qu'abandonner les armements *défensifs* était la chose la plus absurde qu'il ait jamais entendue.

En outre, les Soviétiques craignaient la technologie américaine; par conséquent, ils ne pouvaient considérer un programme A.B.M. actif mis en place par les *États-Unis* que comme un signe de la future supériorité des Américains dans un domaine qu'ils jugeaient important.

Il était donc dans notre intérêt à la fois de développer notre technologie dans un domaine où les Russes étaient très actifs et de proposer de limiter la mise en place de notre système A.B.M. Cette dernière mesure ne pouvait qu'encourager les Soviétiques à négocier une limitation des armements stratégiques. Nos nouveaux missiles offensifs ne seraient pas fabriqués avant des années et, étant donné le climat, le Congrès ne les approuverait peut-être jamais. Dans l'avenir immédiat, nous ne serions capables de contrer le développement inquiétant des missiles offensifs des Soviétiques qu'en déployant un système défensif et en accélérant la réalisation du programme M.I.R.V. Si l'on restreignait l'importance de ces deux programmes, – comme le souhaitaient tant de membres du Congrès –, les États-Unis se trouveraient privés de tout choix stratégique au moment même où les Soviétiques produisaient deux à trois cents missiles par an, ce qui, à long terme, nous mettrait dans une position intolérable. Notre raisonnement se révéla correct: devant notre intention de limiter la production de nos missiles antibalistiques, les Soviétiques consentirent de leur côté à limiter leurs forces offensives, et c'est ce marché essentiel qui permit, trois ans plus tard, de parvenir aux premiers accords SALT.

Ce n'étaient pas les seules raisons pour lesquelles je préconisais un système A.B.M. limité. En effet, il me semblait extrêmement déraisonnable de ne tenir aucun compte de la possibilité d'une attaque accidentelle ou des moyens nucléaires dont jouiraient un jour d'autres pays. La Chine était en tête de liste, d'autres suivraient. Sans aucune défense, les États-Unis souffriraient des dommages énormes en cas d'attaque accidentelle, et se trouveraient à la merci même d'une petite puissance nucléaire. Je ne voyais aucune raison morale ou politique pour transformer délibérément notre peuple en otage.

Nixon avait donc à prendre une décision qui serait de toute façon controversée, mais il prit le temps de consulter ses collaborateurs. Laird était parfaitement d'accord pour aller de l'avant. Rogers, lui, hésitait: il vint me voir pour me dire que certains de ses collègues du ministère des Affaires étrangères proposaient de limiter notre programme A.B.M. à la recherche et au développement, plutôt qu'à la production; il souligna néanmoins qu'il ne partageait pas nécessairement ce point de vue. Je demandai à Dave Packard ce qu'il pensait de cette proposition: il me répondit qu'elle signifiait la mort du programme. En effet, si nous battions en retraite maintenant – et c'était l'implication pratique de la proposition –, le Congrès risquerait, l'année suivante, de ne pas approuver le déploiement du programme. Les arguments en faveur de ce dernier ne seraient pas plus convaincants que maintenant, et l'opposition, elle, aurait été renforcée par l'obtention d'une année de délai. De plus, ce délai d'un an se traduirait par deux ou trois années de retard dans la mise en service du système: une fois fermés, les centres de production mettraient encore un an ou deux avant de redevenir opérationnels. Par conséquent, remettre à plus tard la mise en place du système signifierait priver les États-Unis de toute défense antimissile pendant la plus grande partie des années 1970, et de toute garantie quant à la limitation des armements soviétiques.

Le 14 mars, Nixon fit part de sa décision de mener à bien un programme A.B.M. prévoyant l'installation de douze sites distincts pour la défense territoriale, dont quatre protégeraient aussi nos missiles Minuteman, de dix-neuf radars et de plusieurs centaines de missiles d'interception. Ce programme devait être réalisé avant 1973. Pour faire preuve d'originalité, le système « Sentinelle » de Johnson fut rebaptisé « Sauvegarde ». La nouveauté de « Sauvegarde » tenait essentiellement au fait que tout le territoire des États-Unis se trouvait balayé par des radars, que l'on disposait de meilleures structures pour une rapide expansion contre l'Union soviétique, et que l'accent était mis sur la défense des bases de missiles I.C.B.M. Nixon ajoutait :

> « Je me suis laissé dire que, pour certains, entreprendre la mise en place d'un système de défense antimissile aux États-Unis compliquerait la conclusion d'un accord sur les armements stratégiques avec l'Union soviétique. Au vu des dernières années, je pense que rien ne permet de le croire. L'intérêt que les Soviétiques ont manifesté pour les négociations sur les armements stratégiques n'a pas été refroidi par la décision qu'avait prise le gouvernement précédent de déployer le système A.B.M. « Sentinelle » – en fait, ils l'ont manifesté officiellement peu après cette décision même. Je crois que les modifications apportées au précédent programme donneront aux Soviétiques encore moins de raisons de faire de notre effort défensif un obstacle aux négociations. En outre, je souligne que les États-Unis sont prêts, dans le cadre de toutes les négociations avec l'Union soviétique sur la limitation des armements, à discuter des limitations à imposer tant aux armes défensives qu'aux armes offensives. »

Cette déclaration fit naître de nouvelles controverses qui durèrent de mars à bien avant dans le mois d'août. Le 6 août, après un long débat, le Sénat approuva l'allocation de crédits au programme A.B.M. à une simple voix de majorité.

Mais l'opposition ne s'avoua pas vaincue. Les années suivantes, elle réussit à faire réduire ces crédits jusqu'à ce que les douze centres de défense originellement prévus par le programme Sauvegarde de 1969 fussent réduits au nombre de trois en 1972. Le traité de 1972 sur la limitation des armements stratégiques limita le nombre de bases de missiles antimissiles à deux pour chaque pays, dont une affectée à la défense du centre de commandement national et l'autre à une base de lancement de missiles I.S.B.M. En 1974, les États-Unis et l'Union soviétique amendèrent ce traité, réduisant ces bases à une par pays (soit une base I.C.B.M., soit le centre de commandement national). Les pressions exercées par le Congrès et la démoralisation de l'Administration conduisirent les États-Unis, en 1975, à supprimer jusqu'au seul site que nous avait laissé le traité. Mais le programme A.B.M. avait joué le rôle minimal que l'on attendait de lui : rendre possible l'accord de 1972 sur la limitation des armements stratégiques, qui mettait un terme au développement numérique des forces stratégiques offensives de l'U.R.S.S. Cependant, j'ai toujours considéré que nous commettions une erreur en abandonnant notre dernière base A.B.M., bien que j'y aie donné mon accord en 1975.

Les M.I.R.V.

Les problème des M.I.R.V. était l'envers de celui posé par le programme A.B.M. Les M.I.R.V. avaient été conçus et fabriqués sous le gouvernement Johnson, afin de faire face au déploiement du système de défense A.B.M. des Soviétiques : il s'agissait de le déborder par le nombre de têtes nucléaires arrivant sur le territoire soviétique, sans toutefois accroître le nombre de nos lanceurs car cela risquait d'avoir un effet déstabilisateur. On pensait, en effet, qu'en augmentant le nombre de nos missiles, nous accélérerions la course aux armements ; en revanche, si nous augmentions le nombre de têtes portées par chaque missile, nous conserverions notre force de représailles sans courir ce risque. Si les Soviétiques étendaient leur réseau A.B.M., nos missiles à têtes multiples en viendraient facilement à bout. Ce raisonnement manquait un peu de clarté, car des forces équipées de M.I.R.V. donnaient un avantage considérable à l'attaquant. En supposant que chaque adversaire disposât de mille missiles porteurs chacun de trois têtes, le premier à frapper serait en mesure d'envoyer trois mille têtes nucléaires contre mille cibles, avec toutes les chances de les détruire. En quoi le fait de multiplier les têtes serait-il moins déstabilisateur que celui de multiplier les lanceurs ? Il n'y avait aucune raison évidente à cela, et on ne le démontra jamais clairement. Nul ne prêta attention, non plus, à ce que serait notre situation lorsque les Soviétiques disposeraient eux-mêmes de M.I.R.V. et que se poserait à nouveau le problème du nombre des lanceurs et de leur vulnérabilité.

Les M.I.R.V. ne suscitèrent pas un débat aussi passionné que le programme A.B.M., en grande partie parce qu'ils avaient été adoptés par le gouvernement Johnson et que les essais avaient commencé en août 1968. Le « génie » des M.I.R.V. avait donc, de toute façon, quitté sa bouteille. Cependant, une nouvelle et dernière série d'essais sur les M.I.R.V. était prévue pour mai, et ce fut contre ces essais que l'opposition concentra ses tirs, en particulier après la déclaration sur l'A.B.M. du 14 mars. L'opposition, obéissant à ce qui était devenu un rite quand il s'agissait d'attaquer un nouveau programme d'armement, accusa simultanément ce dernier d'être inutile et déstabilisateur, de faire double emploi avec une arme parfaitement appropriée et existant déjà, ou d'empêcher la réalisation d'un futur programme meilleur. Surtout, l'objection était que nos programmes « engendraient » ceux des Soviétiques. Si nous nous limitions, notre adversaire nous imiterait (bien entendu, dans le cas de l'A.B.M. on nous demandait de nous limiter même si notre adversaire ne le faisait pas). Ce dernier argument venait des ennemis de la bombe à hydrogène : il fut à nouveau utilisé pour les M.I.R.V. Dans les deux cas, alors que les controverses faisaient rage en Amérique, les Soviétiques poursuivaient tranquillement leurs propres programmes.

En juin le sénateur Clifford Case suggéra de mettre un terme aux essais M.I.R.V. en amendant la loi disposant de leur financement. Devant le refus de la Commission budgétaire, Case menaça de saisir le Sénat. Le 17 juin, le sénateur Edward Brooke présenta une résolution pour un moratoire sur les M.I.R.V. ; elle était appuyée par quarante autres sénateurs, et Brooke me dit qu'au moins dix de plus voteraient pour elle. Le 15 juin, le sénateur Thomas Eagleton pressa le Président d'arrêter la fabrication des M.I.R.V. A la Chambre des Représentants, Jonathan Bingham soumettait une résolution exigeant un moratoire, et plus de cent de ses collègues se joignirent à lui. Le 16 juin, le Représentant John Anderson, qui présidait le groupe républicain à la Chambre, recommanda d'arrêter les essais sur les M.I.R.V. en attendant les négociations sur la limitation des armements. Le 9 octobre, une sous-commission des relations extérieures de la Chambre présenta un rapport demandant au Président de donner « priorité absolue » à une suspension des essais M.I.R.V. dans le cadre des négociations SALT.

Le but de la campagne était d'amener les États-Unis à suspendre unilatéralement les essais sur les M.I.R.V. afin d'encourager l'Union soviétique à faire de même. Le 12 juin, le *New York Times* déclarait : « Une manière d'inciter M. Kossyguine à suspendre les essais sur les M.I.R.V. serait de proposer d'arrêter nos propres essais – ou même de les arrêter effectivement, et d'annoncer officiellement qu'ils ne seraient pas repris tant que les Soviétiques s'abstiendraient de tout essai sur leurs têtes multiples. » Et le 20 juin : « Aucune des décisions que Nixon aura à prendre en tant que Président ne sera aussi importante que celle qu'il prendra d'ici quelques jours au sujet de la suspension des essais en vol sur les M.I.R.V... Poursuivre ces derniers, ne serait-ce que pendant quelques semaines, menacerait de faire franchir au monde un point de non-retour dans une nouvelle manche, dangereuse et onéreuse, de la course aux missiles. »

A la Maison Blanche, un certain nombre de spécialistes des affaires du Congrès nous pressait d'accepter un moratoire sur les M.I.R.V., afin de créer au Congrès une atmosphère plus favorable au système A.B.M. Je ne crus pas à la valeur de cet argument, et j'écrivis au Président, le 23 mai, qu'une suspension des essais sur les M.I.R.V. « risquait d'engendrer des pressions visant à faire suspendre aussi les programmes Minuteman III et Poseidon [c'est-à-dire les missiles conçus pour être équipés de M.I.R.V.]... ce qui compromettrait encore plus la réalisation du programme stratégique américain ». Étant donné que les M.I.R.V. avaient pour but essentiel de passer au travers de systèmes de défense A.B.M., la logique selon laquelle les sénateurs favorables à un moratoire se montreraient également favorables au programme « Sauvegarde » était « quelque peu obscure ».

Le sénateur Brooke luttait toujours pour faire adopter sa proposition. Le 23 mai, au cours d'une conversation passionnée qu'il eut avec moi, Brooke souligna que, si les essais continuaient, le « génie » serait vraiment « sorti de sa bouteille » : toute l'affaire se ramenait à un problème de « conscience ». Le monde universitaire intervint en ce sens : beaucoup de mes amis m'écrivirent, insistant pour faire arrêter unilatéralement les essais sur les M.I.R.V.

On nous pressait donc de prendre deux mesures décisives : tout d'abord, d'abandonner notre système A.B.M. sans réciprocité soviétique ; et ensuite, de repousser le déploiement de notre réseau M.I.R.V. de façon unilatérale – en bref, il nous fallait renoncer à la fois à notre système de défense par missiles, et aux moyens de déborder celui que l'Union soviétique avait déjà mis en place. Voilà donc ce qu'on nous réclamait, alors que l'arsenal des Soviétiques augmentait de deux à trois cents missiles par an. Et, si les Soviétiques s'armaient et que nous abandonnions nos programmes, pour quelle raison accepteraient-ils de négocier un accord sur la limitation des armements stratégiques ? Une limitation unilatérale de notre part encouragerait les Soviétiques non pas à parvenir à un accord, mais à temporiser, à faire pencher la balance de leur côté autant qu'ils le pourraient pendant que nous nous paralysions. Le double abandon du système A.B.M. et des M.I.R.V. ne compromettrait pas seulement les chances de parvenir à un accord sur la limitation des armements stratégiques : il garantirait, pour plus de dix ans, la supériorité stratégique de l'Union soviétique.

En réalité, lorsque les négociations SALT débutèrent en novembre, en dépit des lugubres prédictions des partisans de la limitation des armements, les Soviétiques se montrèrent enclins à négocier sur les systèmes A.B.M. ; d'un autre côté, en ce qui concernait les M.I.R.V., ils ne tenaient qu'à limiter leur *déploiement*, ce qui les laissait libres de procéder à des essais et de nous rattraper sur le plan technologique. Ni notre programme A.B.M. ni nos essais sur les M.I.R.V. ne créèrent de difficultés lors des négociations sur la limitation des armements stratégiques. Bien au contraire : ils les stimulèrent.

Les attaques contre le budget de la Défense

La campagne menée en 1969 contre le système A.B.M. et les M.I.R.V. se transforma très vite en une attaque contre l'ensemble du budget de la Défense. Le 2 février 1970, Nixon présenta son premier projet de budget général. Il tenta de désarmer l'opposition en parlant, avec éloquence, de la nécessité de revoir les priorités nationales. Dans son discours sur l'état de la nation et dans l'exposé de son budget, il proposait d'augmenter les crédits alloués à l'aide aux familles, à la lutte antipollution et à l'amélioration des transports. Son projet de budget pour la défense était de 73,5 milliards de dollars, c'est-à-dire inférieur de plus de 5 milliards à celui voté l'année précédente. En fait, c'était la première fois, en vingt ans, qu'un Président proposait d'allouer moins de crédits à la défense qu'aux « nécessités humaines » : sur le budget total, 37 pour 100 allaient aux corps armés et 41 pour 100 aux programmes sociaux (le budget de l'année précédente, dû à Johnson, consacrait 44 pour 100 à la défense et 34 pour 100 aux programmes sociaux). Richard Nixon avait enfin procédé à cette révision des priorités que ses détracteurs réclamaient farouchement depuis des années.

Je n'approuvais pas sans réserve cette nouvelle orientation : certes, on prétendait ne tailler que dans le « gras », mais j'étais convaincu que nous finirions par diminuer l'efficacité de notre force de frappe. Militairement, tant sur le plan des forces classiques que sur celui des forces stratégiques, c'était prendre la mauvaise direction. Le 14 janvier 1970, je fis part de mes réticences à John Ehrlichman. En sa qualité de responsable des programmes nationaux, Ehrlichman défendait naturellement les priorités nationales. « Tout le monde sait, me dit-il, que la défense a disposé jusqu'ici de fonds trop importants. » A quoi je répondis — sans savoir à quel point l'avenir allait me donner raison — que personne ne le « saurait », en 1973, quand le Moyen-Orient exploserait. Plus tard dans la journée, et quoique Haldeman m'eût affirmé que Nixon était las de tous ces tracas à propos du budget, j'allai voir le Président et lui fis les mêmes commentaires : « Le problème, c'est que dans deux ou trois ans, si vous devez faire face à une urgence, vous risquez de ne plus disposer des forces nécessaires. »

Nixon comprenait mon point de vue, mais il estimait que, s'il ne proposait pas lui-même des réductions, l'opposition se chargerait de le faire et démantèlerait complètement le programme militaire. Il avait raison de s'inquiéter : les mesures qu'il prit ne muselèrent pas l'opposition, qui les rejetait comme bien trop insuffisantes : nos forces conventionnelles étaient excessives et incompatibles avec les engagements réduits qu'impliquait la Doctrine de Guam du Président (voir page 229); d'autre part, on pouvait encore réduire le budget de nos forces stratégiques sans que celles-ci perdissent leur pouvoir de dissuasion. Le budget de 1971 prévoyait des programmes à long terme qui ne pourraient que gonfler les budgets à venir : transporteurs aériens, forces tactiques aériennes et nouvelles armes stratégiques onéreuses. Le 17 janvier 1970, le *New York Times* déplorait que le nouveau et séduisant budget de la défense proposé par Nixon se contentât d'effectuer les réductions correspondant à la diminution des opérations au Vietnam, et ne présentât « aucun changement de stratégie fondamental, et encore moins une révision des priorités ». Le 18 janvier, James Reston écrivit que le budget de la défense pouvait, sans danger, être ramené à un plafond situé entre 58 et 63 milliards de dollars — il s'en référait aux déclarations de l'ancien ministre de la Défense McNamara et de son adjoint Roswell Gilpatric eux-mêmes. Le 27 janvier, A. Ernest Fitzgerald, ancien analyste de l'armée de l'air, que l'on avait renvoyé parce qu'il avait voulu s'opposer au vote de frais supplémentaires exigés par le C-5A, et porte-parole des groupes antimilitaristes, déclara que le budget de la défense pouvait supporter une diminution de 20 milliards de dollars, dont 5 prélevés sur les fonds fabrication et développement des armements. Deux jours plus tard, en première page du *New York Times*, un long article démontrait que l'on pouvait couper 8 milliards de plus : 2 en adoptant un moratoire A.B.M.-M.I.R.V., 1,5 en accélérant le retrait du Vietnam, et plus de 4 en réduisant les forces dans leur ensemble.

Le Congrès partageait ce dernier point de vue. En février, à l'occasion d'une réunion de la commission sur les priorités nationales du Conseil démocrate, Hubert Humphrey accusa Nixon de consacrer des milliards de dollars à des fins militaires au détriment des besoins de l'éducation et de la santé. Lors de cette même réunion, le sénateur Edward Kennedy proposa d'effectuer des réductions dans plusieurs autres domaines, dont le programme de construction du bombardier B-1, le système A.B.M. « Sauvegarde » et les forces classiques américaines stationnées en Europe :

« Nous ne commettrons pas les erreurs des années 1950 et 1960, quand nous réagissions avec excès aux craintes de la guerre froide, et que nous avons stimulé la spirale de la course aux armements...

Puisque notre budget fédéral est sévèrement amputé dans de si nombreux domaines, aucune dépense militaire ne devrait échapper à l'examen... Je pense avoir démontré que le budget que le Président souhaite voir allouer au ministère de la Défense est encore trop important : d'autres réductions peuvent être faites, et cela sans aucun danger pour la sécurité nationale [13]. »

Le 2 mai, un groupe de douze sénateurs des deux partis annonça un projet de révision sévère du budget de la défense, dans le but de « réorganiser les priorités relatives entre besoins militaires et nationaux ». Ajoutant : « Nous croyons fermement qu'un tel examen débouchera sur une réduction générale des dépenses et sur une sécurité réelle aussi grande, si ce n'est plus, pour les États-Unis. » Fin juin, un groupe de Représentants et de sénateurs libéraux présenta un rapport non officiel recommandant des réductions supplémentaires de 4,65 milliards de dollars à effectuer sur le programme d'essais et d'installation des M.I.R.V., sur la construction de l'avion de chasse F-14 et du bombardier F-111, et sur le système A.B.M. « Sauvegarde ».

Finalement, quand vint le vote définitif sur le budget de la défense en décembre 1970, le Congrès s'était décidé à le réduire de 2,1 milliards de dollars, alors que Nixon l'avait déjà diminué de 5 milliards – soit une réduction totale de plus de 7 milliards par rapport à l'année précédente. Cela ne peut donner qu'une faible idée de l'antimilitarisme qui gagnait le pays, de l'hostilité aux dépenses de défense, des luttes féroces qu'engendrerait probablement tout nouveau programme militaire, et des incertitudes qui planaient sur nos plans de défense et notre sécurité à long terme à la fin des années 1960.

Certes, les assauts les plus violents furent repoussés : le système A.B.M. finit par être adopté ; les essais sur les M.I.R.V. se poursuivirent ; nous obtînmes même des fonds, quoique au compte-gouttes, pour le B-1 et le Trident ; et il n'y eut aucune réduction sévère de nos forces vitales à l'étranger. Malgré tout, au moment même où l'armement des Soviétiques appelait d'urgence une reconsidération de notre politique et de nos forces stratégiques, le gouvernement gaspilla son énergie dans un combat d'arrière-garde pour préserver un arsenal minimal. Les planificateurs du Pentagone durent se concentrer sur la protection des forces existantes au lieu de chercher à les adapter aux nouvelles conditions.

Toutes ces réductions auraient probablement été beaucoup plus graves si Nixon n'avait pris les devants sur l'opinion publique en élaguant lui-même le budget de la défense, et si nous n'avions pas diminué les pressions budgétaires en retirant graduellement nos troupes d'Asie. Nous ne le saurons jamais avec certitude. Je me suis toujours demandé depuis s'il n'aurait pas mieux valu aborder le problème de front ; quitte à lancer un débat national général sur l'état de notre défense en 1969... En effet, les compromis ne suffirent pas à calmer les critiques, tout en démoralisant les partisans d'une défense forte. Comme dans le cas du Vietnam, ils n'avaient abouti qu'à isoler le gouvernement en semblant satisfaire des exigences que le gouvernement n'approuvait pas. Ils firent porter le débat sur les modalités d'application d'une politique qui faisait, croyait-on, l'unanimité. Par ailleurs, les vibrants discours que le Président prononça sur l'importance de la défense, comme ce fut le cas à l'École de l'armée de l'air en juin 1969, provoquèrent sarcasmes et indignation dans la presse et au Congrès. Pour ce dernier, il s'agissait non pas de savoir si le budget de la défense devait être réduit ou non, mais de décider de combien il serait réduit. Les partisans de la défense au Congrès et dans le reste du pays ne se précipitèrent pas aux barricades : dans la vague d'antimilitarisme provoquée par le Vietnam, aller contre l'irrésistible courant qui poussait le Congrès à défendre les « priorités nationales » avait toutes les chances d'être une vaine entreprise et de ne servir qu'à tourner le couteau dans la plaie vive du Vietnam.

Finalement, grâce à Nixon et à Laird, les fondements de notre structure militaire sortirent intacts de ces années de troubles. Le gouvernement Nixon se lança dans de nouveaux programmes d'importance capitale, comme le B-1, le Trident, le missile de croisière — et posa les bases qui permirent notre développement quand l'humeur du Congrès changea dans la deuxième moitié des années 1970.

Doctrine stratégique

Au milieu de cette agitation, mon équipe et moi-même — avec l'appui total du Président — entreprîmes un réexamen de la doctrine militaire. Notre dessein était de nous rendre capables de planifier et de défendre nos programmes militaires selon des critères raisonnés, d'ajuster notre stratégie aux réalités nouvelles, et d'essayer de dégager le débat public de toute réaction émotive.

Le premier objectif était de redéfinir notre stratégie lors d'une guerre nucléaire généralisée. Selon la doctrine de la « destruction à coup sûr », qui avait guidé le précédent gouvernement, nous dissuadions les Soviétiques d'attaquer en maintenant des forces offensives capables d'obtenir un pourcentage précis de morts civiles et de destruction industrielle *. La stratégie ne visait pas la destruction des missiles ou des bombardiers de l'ennemi : un tel dessein aurait lié la structuration de notre force militaire au degré de développement de la force adverse — et c'était précisément ce que les partisans de la « destruction à coup sûr » voulaient éviter. Ils préféraient la certitude apparente procurée par un critère de capacité destructive défini économiquement (l'analyse de système relève, après tout, de la technique économique) qui nous libérait du besoin de rivaliser avec la puissance croissante des Soviétiques. En effet, le nombre des armes nucléaires exigées pour atteindre un degré de destruction énorme était fixe et peu important.

* En 1965, le Pentagone avait défini la « destruction à coup sûr » comme la capacité de détruire un quart à un tiers de la population soviétique, et deux tiers des installations industrielles soviétiques. En 1968, ces chiffres étaient de un cinquième à un quart pour la population, et de un demi pour les installations industrielles.

Curieusement, la doctrine de la « destruction à coup sûr », adoptée par les partisans libéraux de la limitation des armements pour des motifs humanitaires, impliquerait la stratégie guerrière la plus inhumaine. Le raisonnement était le suivant : plus les conséquences de la guerre seraient horribles, moins nous serions tentés d'y recourir ; et plus elles seraient maîtrisables, plus grand serait le risque que la guerre éclatât. Par conséquent, il était souhaitable que les États-Unis et l'Union soviétique menacent leurs populations respectives plutôt que leurs bases de missiles. Si l'extermination mutuelle devenait inévitable, aucune des deux parties ne se résoudrait à utiliser les armes nucléaires. Ce qui arriverait en cas de mauvais calcul, l'avenir le dirait ; et comment nous défendrions nos alliés en ces circonstances, la question n'était pas posée.

Le dilemme que cette doctrine n'avait jamais résolu était d'ordre psychologique. Certes, il était parfait de se menacer d'un suicide mutuel à des fins de dissuasion, en particulier dans le cas d'une menace directe à la survie de la nation. Mais aucun Président ne saurait rendre sa menace crédible sinon en conduisant une diplomatie suggérant une totale irrationalité — et ceci était en retour exclu par notre système politique, qui exigeait de nous que nous offrions au monde une image de modération et de prudence calculée. Et si la dissuasion échouait et que le Président se trouvât finalement contraint d'user de représailles, qui prendrait la responsabilité morale de prôner une stratégie fondée sur l'extermination en masse de civils ? Comment les États-Unis maintiendraient-ils la cohésion de leurs alliés alors que la crédibilité de leur stratégie s'effriterait ? Et comment ferions-nous face aux forces conventionnelles des Russes, si ceux-ci croyaient que nous basions véritablement notre stratégie sur l'extermination des civils ?

En faisant un pas de plus, la stratégie de la « destruction à coup sûr » conduisait à l'extraordinaire conclusion suivante : la vulnérabilité de notre propre population devenait un atout. En effet, elle rassurerait l'Union soviétique et garantirait donc sa réserve en cas de crise. Ainsi, pour la première fois dans l'Histoire, un grand pays voyait comme un avantage de mettre en relief sa propre vulnérabilité ! La « destruction à coup sûr » était une de ces théories impressionnantes quand on les expose dans un cours d'université, mais absolument inutilisables par un responsable politique affronté au réel ; et si elles étaient appliquées, elle mèneraient à la catastrophe.

J'avais un autre sujet d'inquiétude : les forces stratégiques des États-Unis et de l'U.R.S.S. tendaient à devenir équivalentes ; dès lors, elles pouvaient être utilisées pour une attaque simplement partielle. Je fis ressortir au Président, en juin 1969, le dilemme qui se poserait à lui si les Soviétiques déclenchaient une attaque nucléaire limitée, et je le pressai de requérir du Pentagone l'élaboration de stratégies permettant de faire face à des circonstances autres qu'un défi nucléaire total. Le Président tomba d'accord avec moi, et donna des ordres à cet effet. Mais notre appareil militaire s'oppose à toute modification de la doctrine stratégique, même quand elle vient d'une Maison Blanche qui cherche à se rendre utile. Quand j'entrai en fonctions, le précédent ministre de la Défense Robert McNamara me confia qu'il avait essayé, sept ans durant, de donner au Président un plus large éventail de choix. Il y avait finalement renoncé, devant l'opposition administrative, et avait dès lors décidé d'improviser. J'étais bien résolu à faire mieux, et je n'y réussis qu'en partie. Les planificateurs civils de la défense étaient réticents, car diversifier notre politique stratégique signifiait la création de nouvelles forces, ce qui compliquerait les décisions budgétaires. Les chefs de corps armés étaient réticents parce qu'ils préféraient assurer le degré de développement de leurs armes respectives en marchandant les uns avec les autres plutôt que de le soumettre au bon vouloir d'analystes civils qui, l'expérience l'avait montré, sont davantage portés à rendre ces armes impuissantes qu'à les renforcer. Étant donné que nos opérations militaires sont planifiées par des autorités non subordonnées aux corps militaires, les différents chefs d'État-Major sont davantage des chefs d'industries de fabrication d'armement que d'organismes chargés d'appliquer une stratégie. Ils se méfient profondément de toute doctrine susceptible d'interférer, plus tard, avec les décisions qu'ils auraient prises dans le domaine de la fabrication des armes. C'est ainsi qu'une directive présidentielle de 1969 demandant une enquête sur la raison d'être des programmes navals ne reçut jamais aucune réponse satisfaisante au cours de mes huit années de fonctions à Washington : certes, les réactions à cette directive furent loin de tenir de l'insubordination, mais elles furent tout aussi loin d'être utiles. Malgré des rappels semi-annuels, les renseignements portés sur les dossiers étaient toujours incomplets quand nous quittâmes nos fonctions. Et la même attitude se retrouvait dans les autres corps armés.

Quelques progrès furent cependant réalisés quand nous adoptâmes une stratégie plus diversifiée envers une éventuelle guerre totale, en partie grâce à de fortes pressions exercées par la Maison Blanche. Cette fois-ci, les chefs d'État-Major coopérèrent, car ils comprenaient que la doctrine de la « destruction à coup sûr » entraînait nécessairement des décisions politiques qui arrêteraient ou négligeraient le développement de nos forces stratégiques, et finiraient par les réduire. En 1969, nous définîmes donc de nouveaux critères de « suffisance stratégique » : nos objectifs stratégiques ne portaient plus seulement sur la destruction des populations civiles, mais aussi sur des cibles militaires. Ces critères définirent un cadre plus approprié à une planification globale et à la modernisation de nos forces ; ils nous permirent d'opposer aux restrictions du Congrès des arguments solides plutôt que de simples réflexes de défense ; ils nous donnèrent tout au moins la capacité théorique d'utiliser nos forces pour des objectifs autres que l'extermination massive des populations.

Transposer ces innovations du domaine doctrinal au domaine opérationnel se révéla cependant beaucoup plus compliqué. La planification fut entreprise sur-le-champ, mais elle ne fut pas réalisée avant l'entrée en fonctions de James R. Schlesinger comme ministre de la Défense (1973-1975). A ce moment-là, on proposa de nouveaux objectifs. Malheureusement, quand ils furent enfin clairement définis, le progrès technologique les avait rendus caducs. Ainsi, les pertes en vies humaines que risquait d'entraîner une guerre nucléaire avaient-elles doublé, même dans le cas d'une utilisation minimale d'armes nucléaires. Néanmoins, le ministre de la Défense Harold Brown poursuivit cet effort jusque sous le gouvernement Carter. Réussir à élaborer une stratégie nucléaire plus diversifiée et garder ainsi l'espoir de sauver quelques traces de vie civilisée, voilà qui reste aujourd'hui l'une des tâches les plus difficiles à accomplir et qui requiert une profonde transformation de notre appareil militaire. Si nous ne venons pas à bout de ce problème, il finira, un jour ou l'autre, par paralyser notre stratégie et notre politique étrangère.

Les armes nucléaires tactiques

Les armes nucléaires tactiques posent un problème similaire. Puisque nos forces stratégiques et celles des Soviétiques tendaient à la parité, et que notre puissance classique était en même temps inférieure à celle de l'U.R.S.S., on aurait pu s'attendre à ce que l'accent soit mis sur les forces nucléaires tactiques : c'était d'ailleurs la stratégie de « réponse flexible » adoptée officiellement par l'O.T.A.N. Mais elle ne suscitait guère d'enthousiasme au sein de notre gouvernement. Les fonctionnaires civils du ministère des Affaires étrangères et du Pentagone, et plus particulièrement les spécialistes de l'analyse de systèmes, étaient soucieux de créer un « coupe-feu » bien défini entre les armes classiques et les armes nucléaires, et de retarder le plus possible le moment où il serait fait usage d'armes nucléaires, *de quelque type que ce fût.* Ils répugnaient, par conséquent, à s'en remettre aux armes nucléaires tactiques qui, à leurs yeux, effaceraient peu à peu toute distinction entre stratégie classique et stratégie nucléaire.

Un passage d'une étude réalisée sur les options militaires de l'O.T.A.N. reflétait cet état d'esprit. Cette étude ne voyait *aucune* utilisation possible pour les armes nucléaires de l'O.T.A.N., et pourtant nos stocks se chiffraient par milliers d'armes. Le but premier de nos forces nucléaires en Europe, affirmait l'étude, est d'élever, aux yeux des Soviétiques, le coût d'une éventuelle agression et d'ajouter un considérable facteur d'incertitude à leurs calculs ; les forces nucléaires ne doivent pas nécessairement jouer un rôle décisif quant à la probabilité ou à la forme de cette agression. C'était là une déclaration stupéfiante de la part d'un pays qui, pendant vingt ans, s'était appuyé sur sa prépondérance nucléaire pour assurer la paix en Europe. En outre, on ne voyait pas bien en quoi des forces ne devant jouer aucun rôle décisif pourraient bien affecter les calculs d'un agresseur potentiel. Cela revenait, en réalité, à prôner la défaite que de renoncer à la fois aux forces nucléaires stratégiques et tactiques, car aucun pays membre de l'O.T.A.N. – y compris le nôtre – n'était en mesure d'entreprendre un développement massif de ses forces classiques, seule solution qui lui restait.

Pour ne rien arranger, alors qu'aux États-Unis les analystes civils condamnaient l'usage des armes nucléaires comme inefficace et comme comportant un sérieux risque d'escalade, nos alliés nous pressaient d'adopter une politique allant à l'encontre de la théorie de Washington. Ils insistaient pour que fût garanti un recours rapide aux armes nucléaires, et que celles-ci ne fussent pas employées sur leur territoire. Inévitablement, les discussions qui avaient commencé en 1968 au sein du Groupe de Planification Nucléaire (N.P.G.) de l'O.T.A.N. devaient engendrer de sérieuses divergences d'opinion. C'est McNamara qui avait créé ce groupe pour permettre à nos alliés de participer à l'élaboration de la stratégie nucléaire sans acquérir eux-mêmes d'armes nucléaires *. En février 1969, à l'occasion de la visite de Nixon à Londres, Denis Healey, alors ministre de la Défense en Grande-Bretagne, avait exposé le point de vue de son gouvernement. Selon Healey, les forces classiques de l'O.T.A.N. ne pourraient résister que quelques jours ; par conséquent, un usage rapide des armes nucléaires était essentiel. Healey soulignait à quel point il était crucial de faire comprendre aux Soviétiques que, plutôt que de se rendre, l'Ouest préférerait en arriver à une utilisation des armes stratégiques. Par ailleurs, l'O.T.A.N. devait chercher à limiter le plus possible les dégâts. Le Groupe de Planification Nucléaire travaillait à résoudre cette contradiction, dont la solution était « utiliser les armes tactiques en très petit nombre pour avertir que les choses allaient trop loin ».

Ce que prônait la Grande-Bretagne, avec l'appui de l'Allemagne fédérale, reçut le nom d' « utilisation de démonstration » des armes nucléaires. Il s'agissait de lâcher une bombe nucléaire sur un endroit reculé où le nombre de morts resterait peu important — au-dessus de la Méditerranée, par exemple — en guise d'avertissement. Je n'ai jamais beaucoup cru à la valeur de ce raisonnement : je pensais que l'Union soviétique s'attendrait de toute façon à une riposte nucléaire si elle attaquait l'Europe occidentale. Une réaction dont l'intention n'était pas purement militaire était susceptible d'être interprétée comme une hésitation plutôt qu'une détermination. Au lieu de dissuader l'ennemi d'attaquer, elle l'encouragerait plutôt. Si nous devions utiliser les armes nucléaires, il nous fallait donc envisager leur emploi pour stopper une attaque sur le terrain. Une réaction hésitante ou inefficace risquait de nous laisser une seule alternative : la reddition ou l'holocauste.

Mais qu'était-ce qu'une réaction « efficace » ? En raison de l'impossibilité politique dans laquelle ils se trouvaient de mobiliser des forces classiques adéquates, les Européens considéraient les armes nucléaires comme le moyen de dissuasion le plus efficace ; mais ils en craignaient l'usage sur leur territoire. Ce qui nous semblait « limité » pouvait être catastrophique pour eux. En soulignant le dilemme posé par les armes nucléaires, nos alliés visaient en réalité à obtenir des États-Unis l'engagement de recourir rapidement aux armes nucléaires *stratégiques*, ce qui signifiait une guerre américano-soviétique passant au-dessus de leurs têtes. Or c'était précisément ce que ne pouvaient accepter les planificateurs américains. Notre stratégie d'alors et d'aujourd'hui ne devait envisager l'utilisation des armes nucléaires stratégiques qu'en dernier recours, c'est-à-dire s'il n'y avait pas d'autre moyen de défendre l'Europe. Elle devait également chercher d'autres voies, à la fois pour accroître la crédibilité de nos moyens de dissuasion et pour permettre une application nuancée de notre puissance, si cette dissuasion échouait.

* Le N.P.G. comprenait quatre membres permanents et trois membres désignés pour une durée de dix-huit mois. Les membres permanents étaient les États-Unis, la Grande-Bretagne, l'Allemagne fédérale et l'Italie. (La France avait refusé de participer à ce groupe, afin de conserver son indépendance dans le domaine nucléaire.)

En 1969, on parvint à un compromis temporaire qui, en fait, ne régla que superficiellement le débat : le Groupe de Planification Nucléaire décida de laisser le champ ouvert à une utilisation soit « démonstrative », soit « opérationnelle » des armes nucléaires tactiques. En d'autres termes, il ne prit aucune décision et Laird avait raison quand il déclara au Président : « A long terme, les divergences des points de vue américain et européen demeurent identiques. »

Une guerre et demie

Tandis que le problème nucléaire n'avait pas trouvé de solution, et peut-être ne pouvait pas en trouver, nous aboutîmes en 1967 à une adaptation majeure de notre doctrine stratégique qui devait avoir de profondes répercussions sur notre politique étrangère. Ce qui avait commencé par une discussion hautement ésotérique de stratégie militaire se trouva devenir pour la République populaire de Chine un des signaux les plus importants que nous avions bien l'intention d'améliorer nos relations avec elle.

Quand le gouvernement Nixon entra en fonctions, la doctrine prédominante pour les forces conventionnelles était la stratégie des « deux guerres et demie », selon laquelle les États-Unis avaient besoin de forces suffisantes pour *a)* assurer une défense intiale (90 jours) de l'Europe occidentale contre une attaque soviétique ; *b)* assurer une défense soutenue contre une attaque totale de la Chine en Asie du Sud-Est ou en Corée ; *c)* faire face à tout événement se produisant ailleurs, par exemple au Moyen-Orient. Cette stratégie tenait pour vrai ce que démentaient les faits politiques, à savoir que nous nous trouvions face à un communisme monolithique, qu'une guerre générale se traduirait presque sûrement par une attaque simultanée de l'Union soviétique et de la Chine contre nos intérêts vitaux. Certes, nous n'avions jamais entrepris de forger les forces classiques qu'appelait cette stratégie ambitieuse. Sur le plan militaire, en effet, la stratégie des deux guerres et demie était un exercice d'école, dans lequel certaines divisions étaient affectées à l'Europe et d'autres à l'Asie. Cependant, son principal résultat fut d'ordre psychologique. Elle liait, dans notre pensée, les menaces soviétique et chinoise de façon si inextricable que toute analyse d'un emploi éventuel des armes nucléaires tendait à présupposer que l'U.R.S.S. et la Chine ne formaient qu'un seul et unique objectif territorial. Politiquement, voilà qui empêchait, de notre part, toute compréhension des différends qui se faisaient jour entre les géants communistes et de l'occasion offerte ainsi aux États-Unis.

L'une des premières initiatives que je pris comme Conseiller à la Sécurité fut de faire analyser les hypothèses sur lesquelles reposait le concept des deux guerres et demie. Une commission interministérielle présenta cinq lignes d'action, que mon équipe et moi-même réduisîmes à trois. Chaque alternative stratégique était analysée en fonction des circonstances auxquelles elle nous permettrait de faire face, et en fonction de ses implications budgétaires. Les stratégies pour l'O.T.A.N. se doublaient, selon diverses combinaisons, de stratégies pour l'Asie.

Ces combinaisons étaient ensuite mises en relation avec les projets de dépenses nationales, de telle sorte que le Président pouvait évaluer quel risque il courrait s'il devait abandonner une stratégie particulière au profit d'un programme national spécifique. Voici quelles étaient ces trois stratégies :

- Stratégie n° 1 : maintien des forces classiques pour une défense initiale (90 jours) de l'Europe occidentale contre une grande attaque soviétique et, simultanément, pour aider (par support logistique et avec des forces de combat américaines limitées) tout pays allié d'Asie contre des menaces autres qu'une invasion chinoise de grande envergure.
- Stratégie n° 2 : maintien de forces capables soit d'une défense initiale de l'O.T.A.N., soit d'une défense contre une attaque générale de la Chine en Corée ou en Asie du Sud-Est. Autrement dit, nous ne maintiendrons pas de forces susceptibles de combattre sur une grande échelle à la fois en Europe et en Asie.
- Stratégie n° 3 (essentiellement celle que nous avions avant la guerre du Vietnam) : maintien de forces américaines pour une défense initiale de l'O.T.A.N. *plus* une défense de la Corée et de l'Asie du Sud-Est contre une attaque générale de la Chine. Ces forces devraient être capables de faire face *simultanément* aux menaces importantes provenant des membres du Pacte de Varsovie et de la Chine.

Le 2 octobre, j'écrivis au Président pour lui résumer ces diverses options avec leurs implications budgétaires. Les services ministériels avaient des points de vue différents, que je rapportai scrupuleusement ; mais, selon son habitude en cas de divergences d'opinions, le Président souhaitait connaître mon avis. Je lui recommandai d'adopter la stratégie n° 2 : « Je crois improbable la simultanéité d'une attaque classique du Pacte de Varsovie en Europe et de la Chine en Asie. Dans tous les cas, je ne pense pas qu'une telle attaque pourrait ou devrait être contrée par des forces terrestres. »

Nixon suivit mon conseil, et ce fut l'une des décisions les plus importantes de tout son mandat. Tout d'abord, doctrine et capacités se trouvaient harmonisées. Nous n'avions jamais forgé les forces que requérait la doctrine des deux guerres et demie : la coupure qui existait donc entre cette doctrine et notre politique réelle ne pouvait que semer la confusion dans l'esprit d'agresseurs éventuels et entraîner de graves dangers si nous tentions de l'appliquer effectivement. Rien ne portait réellement à croire que les Chinois et les Soviétiques nous attaqueraient en même temps, mais *si* cela se réalisait vraiment, nous aurions à faire face à une menace envers l'équilibre mondial. Affecter que, dans de telles circonstances, nous limitions notre action à une guerre classique menée dans deux zones très éloignées l'une de l'autre multiplierait les risques pour nous.

Les implications politiques de la décision de Nixon étaient encore plus importantes. Il nous fallait, en effet, nous débarrasser de l'obsession d'un communisme monolithique. En associant les objectifs soviétiques et chinois, nous créions des présupposés qui limitaient la souplesse de notre diplomatie et ne correspondaient pas à l'antagonisme manifeste qui existait entre les deux grandes puissances communistes. En réorientant notre stratégie, nous montrions à la République populaire de Chine que nous dissociions ses objectifs de ceux de l'Union soviétique, et que notre politique militaire ne considérait pas la Chine comme une menace principale. Pékin ne laissa jamais entendre qu'elle prenait note de ce changement dans notre doctrine, mais il est inconcevable qu'il ait échappé à ses attentifs spécialistes en géopolitique qui analysaient si méticuleusement les moindres déclarations publiques des États-Unis. Car nous ne nous étions pas contentés de faire apparaître ce nouveau dessein stratégique dans l'élaboration de notre politique militaire vis-à-vis d'une guerre à la fois nucléaire et classique : afin de dissiper tous les doutes quant à nos intentions, nous avions pris l'initiative extraordinaire d'énoncer clairement nos raisons le 18 février 1970, dans le premier rapport sur la politique étrangère que le Président fit au Congrès. Voici les phrases clés de ce rapport :

> « Dans notre effort pour harmoniser doctrine et capacités, nous avons choisi ce que l'on ne peut décrire que comme une stratégie " d'une guerre et demie ". Elle signifie que nous maintiendrons, en temps de paix, des forces à objectif général capables simultanément : de faire face à une importante attaque communiste *soit* en Europe *soit* en Asie ; d'aider nos alliés en cas de menaces non chinoises en Asie ; et de parer à toute éventualité ailleurs dans le monde.
>
> Cette stratégie a été choisie sur la base des considérations suivantes :
>
> – La puissance de nos forces nucléaires stratégiques et tactiques dissuade les Soviétiques de lancer une attaque de grande envergure contre les pays européens de l'O.T.A.N., et la Chine d'attaquer nos alliés d'Asie.
>
> – Une attaque coordonnée lancée sur deux fronts par la Chine et la Russie contre nos alliés est peu envisageable, en raison des risques de guerre nucléaire et de l'improbabilité d'une coopération sino-soviétique... »

Par ailleurs, l'Europe occidentale – et non l'Asie – fut définie comme l'objectif le plus probable d'une éventuelle attaque. En bref, nous nous inquiétions davantage d'un danger soviétique que d'un danger chinois.

Nous avions là envoyé un signal important à la Chine : désormais, nous n'associerions plus automatiquement la République populaire de Chine à un conflit avec l'U.R.S.S. ; nous traiterions nos adversaires en fonction de leurs actions envers nous, et non de leur idéologie ; nous reconnaissions publiquement leurs différences et l'improbabilité d'une coopération entre eux. Nous venions de tendre la perche aux Chinois.

La doctrine Nixon

La nouvelle stratégie définissait les forces qu'il nous fallait forger. Contrairement à ce qui s'était passé dans les années 1960, nous avions en réalité atteint les niveaux fixés pour le développement de nos forces : il nous restait cependant à lier nos intentions aux intérêts de nos alliés et amis, en particulier en Asie. A l'inverse de certains de nos critiques nationaux, ces pays menacés considéraient notre retrait du Vietnam comme un processus irréversible : ils craignaient donc que les États-Unis n'en vinssent également à rejeter *toutes* leurs responsabilités et à abandonner *tous* leurs intérêts dans cette partie du monde. Des pays non alliés se demandaient si nous redéfinirions nos impératifs de sécurité dans le Pacifique selon des critères strictement juridiques qui ne toucheraient qu'aux pays à l'égard desquels nous avions des engagements. Qu'en serait-il des pays de grande importance stratégique, tels que l'Indonésie et l'Inde ? Et ceux envers lesquels nous avions des engagements officiels se demandaient comment nous les interpréterions.

Étant donné les attaques menées chez nous contre le sur-engagement américain, et les tentatives visant à réduire même notre engagement envers l'O.T.A.N., ces questions étaient loin d'être puériles ou inintéressantes. Si les États-Unis semblaient renoncer à leur rôle en Asie, de grands bouleversements se produiraient probablement dans les politiques étrangères et jusque dans l'évolution nationale des pays clés de cette zone. D'un autre côté, il ne servait à rien de définir une politique de défense commune qui ne jouirait pas d'un consensus national.

Lors des préparatifs pour le voyage de Nixon en Asie, en été 1969, j'avais souvent discuté de ce problème avec le Président. Nous en avions conclu qu'il était important de faire une distinction entre trois types de dangers pour la sécurité : la subversion intérieure, l'attaque extérieure par un pays asiatique voisin, et l'agression par une puissance nucléaire (c'est-à-dire l'Union soviétique ou la République populaire de Chine). En cas de menace extrême, nous devions affirmer notre opposition inchangée aux desseins agressifs de toute grande puissance en Asie. En cas de menace mineure, nous devions éviter tout engagement dans les guerres civiles. Pour ce qui était de la zone imprécise entre les deux, une simple formule ne saurait suffire. Notre première intention avait été de rédiger, à un moment ou un autre de l'été, un discours présidentiel traitant de ces problèmes. Le 13 juillet, lors d'une réunion d'information officieuse à la Maison Blanche, j'avais tracé les grandes lignes de l'attitude du gouvernement envers l'Asie de l'après-Vietnam :

> « Définir la nature des engagements, aux États-Unis, se ramène souvent à discuter d'obligations juridiques. Mais sur un plan plus profond, sur le plan qui ne peut que toucher le Président, si les relations entre les États-Unis et les autres pays dépendent bien, en partie, de rapports juridiques, elles sont cependant plus fondamentalement liées à la conception qu'ont les États-Unis de leur rôle dans le monde et à l'importance intrinsèque des pays quand il s'agit d'assurer la sécurité et le progrès de tous.
>
> Comme je l'ai souligné, il nous faut analyser comment ces pays envisagent leur propre avenir. En effet, si l'on tourne les yeux vers les dix prochaines années, il devient manifeste que l'avenir de l'Asie, de l'Asie du Sud-Est où nous allons nous rendre, devra dépendre non pas de préceptes dictés par Washington, mais du dynamisme, de la créativité et de l'esprit de coopération des pays de cette région.

> Nous restons prêts à apporter notre aide, mais nous ne pouvons fournir toutes les idées et toutes les ressources. Cette région devra faire de plus en plus preuve d'initiative. C'est pourquoi il est important que nous définissions la façon dont nous voyons son avenir. »

C'est alors qu'à ma grande surprise, le 25 juillet, Nixon aborda ces problèmes, au cours de ce que je croyais être une simple conversation à bâtons rompus avec la presse, dans un cercle d'officiers à Guam. Nous étions en route pour les Philippines. C'était à la fin d'une longue journée. Nous avions voyagé plusieurs heures, franchi plusieurs fuseaux horaires, et étions passé, par l'île Johnston pour assister à l'amerrissage des premiers hommes à avoir marché sur la lune. A cette occasion, Nixon avait déclaré que nous avions assisté à la « semaine la plus extraordinaire de l'Histoire depuis la Création du Monde » — déclaration qui avait interloqué l'aumônier du groupe. Aujourd'hui encore, je pense que Nixon n'avait pas l'intention de faire une déclaration politique majeure : il voulait simplement alimenter en nouvelles cette période creuse qui se situe après le passage de la ligne de changement de date. Que Nixon n'ait pas pensé alors faire une déclaration officielle apparaît dans le fait qu'il aborda la question au cours d'une conférence de presse officieuse [14]. Mais, emporté peut-être par l'ambiance, il en vint à énoncer, avec précision et éloquence, ses préoccupations et sa manière d'envisager le problème asiatique. A ses yeux, représentaient un danger militaire potentiel en Asie : un grands pays, la Chine communiste, et deux pays relativement petits, la Corée du Nord et le Vietnam du Nord. Il déclara cependant que « nous devions éviter d'adopter le type de politique qui rendrait les pays asiatiques si dépendants de nous que nous nous trouverions contraints d'entrer dans des conflits semblables à celui du Vietnam ». Comme il fallait s'y attendre, les correspondants de presse lui réclamèrent des précisions. Il répondit :

> « Je crois que l'heure est venue pour les États-Unis, dans le domaine de leurs relations avec tous leurs amis d'Asie, de mettre l'accent sur deux points : tout d'abord, nous respecterons tous les engagements que nous avons contractés par traité, par exemple avec la Thaïlande, au sein de l'O.T.A.S.E. ; mais aussi, dans la mesure où il s'agirait de problèmes de sécurité interne, de problèmes de défense militaire, à l'exception toutefois d'une menace exercée par une grande puissance et requérant l'emploi d'armes nucléaires, les États-Unis encourageront les nations d'Asie — et ils seront en droit de l'attendre d'elles — à régler de plus en plus ces problèmes par elles-mêmes et à en prendre la responsabilité. »

Néanmoins, cela ne nous disait pas que faire dans le cas d'une agression ne provenant ni d'une puissance nucléaire ni de mouvements subversifs internes. Nixon proposa d'en laisser la responsabilité à un système asiatique de sécurité collective à créer dans les cinq ou dix années à venir. « Du moment qu'il s'agit de faire face à une menace autre que celle posée par une puissance nucléaire... voilà un objectif que les nations libres et indépendantes d'Asie sont en mesure d'atteindre et auquel les États-Unis devront donner leur appui. » Il éluda la question qui jaillit aussitôt : que ferions-nous dans l'intervalle précédant la venue au jour d'un tel système de sécurité ?

Nixon ne s'attendait pas à l'ampleur des réactions que suscitèrent ses déclarations, pourtant faites au hasard d'une conversation non officielle. Elles firent sensation, et se trouvèrent au centre de tous les entretiens qu'il eut en Asie. Surpris d'abord par leur impact, Nixon les transforma vite en doctrine portant son nom – en fait, il passa une grande partie de son temps à s'assurer que l'étiquette première, « Doctrine de Guam », serait rapidement remplacée, dans le vocabulaire journalistique, par une expression beaucoup plus frappante rappelant sa personne plutôt qu'un lieu géographique. Il finit par faire de ces déclarations trois points clés de son discours du 3 novembre 1969 au Vietnam, et de son rapport sur la politique étrangère du 18 février 1970 :

> – Les États-Unis respecteront tous leurs engagements contractés par traité.
>
> – Nous servirons de bouclier si une puissance nucléaire menace la liberté d'une nation alliée ou d'une nation dont la survie est capitale pour notre sécurité et celle de l'ensemble de la région.
>
> – Dans le cas d'autres types d'agression, nous fournirons l'aide militaire et économique appropriée que l'on nous demandera. Mais nous attendrons de la nation directement menacée qu'elle prenne la responsabilité première de fournir les forces en hommes nécessaires à sa défense.

Sur un certain plan, la doctrine Nixon allait moins loin qu'il ne le semblait à première vue. Si nous étions prêts à respecter nos engagements par traité, cela concernait le Japon, la Corée du Sud, les Philippines, Taiwan, la Thaïlande et le Vietnam du Sud. En nous déclarant, à présent, prêts à protéger contre des puissances nucléaires des pays même non officiellement alliés, nous répondions aux préoccupations de pays tels que l'Indonésie, l'Inde ou la Malaisie, inquiets d'une hypothétique attaque de la Chine. Mais ce qu'excluait la doctrine Nixon, c'était la participation automatique des États-Unis à toute guerre entre d'autres pays asiatiques, tout en envisageant éventuellement une aide militaire et économique. En 1969, la sagesse officielle voulait que les États-Unis s'abstinssent de tout engagement dans des guerres civiles.

D'un autre côté, pour la première fois, une déclaration officielle sur la position américaine définissait de façon précise ce qu'étaient un ami et un ennemi. Sur le plan national, cela donnait une réponse cohérente aux accusations de surexpansion, et ceux-là mêmes qui réclamaient un retrait plus conséquent devaient tenir sérieusement compte de la portée et des implications des déclarations de Nixon. Par ailleurs, une fois qu'elles les avaient comprises, les nations d'Asie craignant un retrait américain se trouvaient considérablement rassurées par les déclarations de Guam.

Par une ironie du sort, ceux qui, au sein du gouvernement et en dehors, souhaitaient un retrait plus considérable, se mirent à attaquer Nixon au nom même de la doctrine dont il était l'auteur. Par exemple, il était amusant – et exaspérant –, pendant les discussions sur le Cambodge, d'entendre déclarer que l'assistance américaine était interdite par une doctrine portant le nom même d'un homme soucieux d'aider un pays menacé et ne reconnaissant pas cette incompatibilité...

Ainsi donc, au beau milieu d'un vif débat national sur la défense, nous avions pu protéger des bases qui permirent notre développement lorsque l'humeur nationale et celle du Congrès changèrent. Nous avions défini une stratégie militaire harmonisée avec nos capacités et nous permettant de faire face aux dangers les plus envisageables. Nous avions, en outre, élaboré une doctrine sur la sécurité dans le Pacifique qui donnait de nouvelles assurances à nos alliés et amis. De toutes les réalisations de Nixon pendant son premier mandat, je tiens la protection des centres nerveux de notre puissance militaire pour la plus importante. Sans elle, tous les efforts déployés pour diminuer les tensions eussent été vains : la modération n'est vertu que pour ceux qui semblent avoir la possibilité de choisir.

8.
Les affres du Vietnam

Aujourd'hui encore, je ne peux parler du Vietnam sans éprouver une peine et une tristesse profondes.

A l'époque de notre entrée en fonctions, plus d'un demi-million d'Américains se battaient à 16 000 km de leur pays, et leur nombre allait croissant, selon un plan établi par nos prédécesseurs. On ne prévoyait alors aucun retrait de troupes, et les pertes s'élevaient déjà à 31 000 hommes. Quel qu'ait été notre but au commencement de la guerre, en 1969 notre crédibilité à l'extérieur des frontières, la fiabilité de nos engagements et notre cohésion nationale se trouvaient menacées par la lutte que nous menions dans un pays situé aux antipodes. A l'origine, nous nous étions engagés franchement, avec l'approbation quasi unanime du Congrès, de l'opinion publique et des media [1]. Mais, en 1969, notre pays fut secoué par une vague de contestation et de peur, qui revêtit dans certains cas une forme violente et dangereuse. Le consensus sans lequel une société démocratique ne peut vivre avait disparu. Aucun gouvernement ne peut fonctionner sans un minimum de confiance : or celle-ci nous était peu à peu retirée, du fait de la rigidité de nos choix et de la violence croissante de la polémique qui sévissait dans notre pays.

Les psychologues et les sociologues nous expliqueront peut-être un jour ce qu'il faut penser de cette terre lointaine et monochromatique, aux montagnes et aux plaines verdoyantes se fondant dans une mer d'azur, qui, depuis des milliers d'années, agit comme un aimant sur les étrangers, qui sont allés y chercher la gloire et y ont trouvé la désillusion : ils pensaient que dans ces jungles et dans ces rizières, ils allaient établir des principes, mais n'y ont pénétré que pour en ressortir amèrement déçus. Qu'est-ce qui a inspiré à ce peuple de telles flambées d'héroïsme et de constance, pour qu'un si grand nombre d'hommes venus d'horizons divers soient allés y chercher la clé de l'énigme, et aient été repoussés avec une opiniâtreté féroce qui non seulement a déjoué les efforts des étrangers, mais a également mis en péril son propre équilibre intérieur ?

Nos prédécesseurs y étaient partis en toute innocence, persuadés que cette cruelle guerre civile représentait le côté visible d'un dessein de proportion mondiale. Or, en quatre années de lutte, ils avaient été incapables de mettre au point une stratégie qui leur permette de remporter la victoire ; encore sait-on aujourd'hui qu'il était impossible que l'on y parvienne. Ils en avaient fait assez pour engager de façon substantielle la puissance et la crédibilité américaines, mais pas assez pour mettre un terme à leur entreprise. Au cours de la dernière année du gouvernement Johnson, les communistes avaient lancé une offensive massive dans tout le pays : il y a peu de spécialistes de la question aujourd'hui pour nier que ce fut une défaite écrasante ; mais son ampleur et l'abnégation même qu'elle supposait en ont fait une victoire psychologique. Sous l'impact de l'offensive du Têt, nous commençâmes par réduire les bombardements du Nord avant de les arrêter tout à fait, sans obtenir autre chose en contrepartie que l'ouverture de négociations que notre implacable adversaire s'empressa de mener dans l'impasse. L'opinion publique approuvait de moins en moins une guerre que non seulement nous ne gagnerions pas, mais qu'en outre nous semblions incapables d'arrêter.

Et l'opposition se développait à l'intérieur de nos frontières. Elle se composait de plusieurs courants : de pacifistes sincères qui ne supportaient pas de voir leur pays se livrer à des massacres à des milliers de kilomètres de là ; de pragmatiques qui n'entrevoyaient aucune issue possible ; d'isolationnistes qui souhaitaient la fin de l'engagement américain outre-mer ; d'idéalistes qui considéraient nos valeurs incompatibles avec les horreurs d'une guerre que, pour la première fois, la télévision leur apportait littéralement à domicile. Ces groupes étaient en fait manipulés par une petite minorité qui exprimait la fureur désordonnée des années 1960 par des méthodes de choc répugnantes et violentes, dans lesquelles ils faisaient passer leur haine de l'Amérique, de son « système » et des « ravages » qu'elle faisait. Tous ces groupes avaient uni leurs efforts pour provoquer la déplorable confusion de la Convention démocrate en 1968, la violence sur les campus et la démoralisation des classes dirigeantes qui avaient soutenu les grandes initiatives américaines de l'après-guerre en politique étrangère.

Richard Nixon hérita de cette poudrière. C'était probablement de tous les candidats à la Présidence le moins apte à faire le geste capable de provoquer une réconciliation avec les membres de l'opposition les plus raisonnables. Se croyant, en tout état de cause, la cible d'un complot radical attaché à sa perte, il lui était impossible de considérer l'agitation soulevée par la guerre du Vietnam comme autre chose que la suite de la lutte incessante qu'on livrait à son existence politique. Bien qu'il sympathisât plus que ceux-ci ne le pensaient avec l'inquiétude de ses adversaires de bonne foi, il ne parvint jamais à prendre assez confiance en lui-même, ni à faire preuve d'assez de grandeur d'âme pour se rapprocher d'eux.

Honnêtement, il faut bien dire qu'on ne l'aida guère. Après tout, Hubert Humphrey, qui avait toujours cherché la réconciliation, n'avait guère été mieux traité lors de sa campagne pour la Présidence. En outre, lorsque Nixon fut entré en fonctions, ceux qui étaient à l'origine de notre engagement au Vietnam commencèrent par passer dans le camp des neutres, puis par rejoindre l'opposition, faisant endosser à Nixon la responsabilité d'une guerre dont il avait hérité, et l'attaquant au nom de solutions qu'ils n'avaient eux-mêmes jamais ni préconisées ni appliquées, quand ils en avaient eu l'occasion.

Dès le début le gouvernement Nixon fut bien décidé à mettre fin à notre engagement au Vietnam; mais très vite il se heurta à la réalité qui avait déjà déchiré son prédécesseur, à savoir que, pendant près d'une génération, la sécurité et le progrès des peuples libres avaient dépendu de la confiance faite à l'Amérique. Comment se retirer d'une entreprise où deux gouvernements et cinq pays alliés avaient été impliqués, et où 31 000 hommes avaient trouvé la mort? Ce n'était pas aussi simple que de tourner le bouton du poste de radio pour changer de programme. Beaucoup de gens nous conseillèrent de « prendre exemple » sur de Gaulle; mais ils oubliaient que même de Gaulle avait mis quatre ans à résoudre la question algérienne, alors que lui aussi estimait important pour la France de sortir de cette épreuve en conservant sa cohésion intérieure et sa stature internationale intactes. Le retrait de la France fut un acte politique, non un effondrement, le résultat d'une décision nationale et non une défaite.

Conclure ainsi la guerre était pour les États-Unis encore plus important. Leaders des alliances démocratiques, nous devions nous souvenir que, pour leur sécurité, des tas de pays, des millions de gens comptaient sur notre détermination à défendre nos alliés, et en fait sur notre confiance en nous-mêmes. Aucun homme politique sérieux ne pouvait se permettre de succomber à la mode qui vidait de leur sens les mots de « prestige », « honneur » ou « crédibilité ». Qu'une grande puissance abandonne un petit pays à la tyrannie simplement pour alléger quelque peu ses propres difficultés me semblait, et me semble toujours, profondément immoral et de nature à réduire à néant toute tentative pour élaborer un système de relations internationales original et, en dernier ressort, meilleur garant de la paix. Il nous serait impossible de redonner vigueur à l'Alliance Atlantique si les gouvernements qui la composaient se mettaient à douter fortement de la puissance américaine du moment. Comment faire accepter à l'Union soviétique la nécessité d'une modération réciproque, si nous venions à capituler dans un conflit dont l'enjeu était capital? Comment pourrions-nous réussir notre ouverture vers la Chine, si notre rôle de contrepoids paraissait annulé par une défaite où nous apparaîtrions incapables d'assurer la sécurité en Asie? Quant à notre succès diplomatique au Moyen-Orient, il tiendrait à notre capacité à convaincre notre allié de notre fiabilité, et ses adversaires de notre imperméabilité aux menaces de pression militaire ou de chantage. En clair, le peuple américain souhaitait la fin de la guerre, mais tous les sondages — y compris l'élection de Nixon (et le vote des partisans de Wallace) — faisaient également apparaître que les Américains considéraient les buts poursuivis par leur pays comme honorables et que la perspective de voir l'Amérique humiliée ne leur faisait aucun plaisir. Le nouveau gouvernement devait non seulement tenir compte de la préoccupation des opposants à la guerre, mais également de l'inquiétude des familles dont les fils avaient souffert ou étaient morts pour leur pays, et qui n'auraient pas accepté que celui-ci se résigne — après coup — à ce que leur sacrifice ait été inutile.

Les principes d'honneur et de responsabilité de l'Amérique avaient un sens pour moi, et j'en ressentais la force. Je suis né en Allemagne, dans la ville bavaroise de Fürth, six mois avant la tentative de putsch de Hitler à Munich, capitale de la Bavière. Hitler était arrivé au pouvoir quand j'avais neuf ans. Nuremberg, à qui Fürth, ville voisine, était liée géographiquement et psychologiquement comme Brooklyn l'est à New York, était réputée pour le soutien qu'elle apportait au nazisme, aux énormes rassemblements de foule du parti nazi qui s'y tenaient, et pour ses lois raciales tristement célèbres. Avant d'émigrer en Amérique, j'eus à endurer, avec ma famille, une hostilité et une discrimination croissantes. Mon père perdit le poste d'enseignant pour lequel il avait travaillé toute sa vie ; les amis de jeunesse de mes parents les évitèrent. Je dus aller dans une école spéciale. Marcher dans la rue devenait risqué, car nos concitoyens allemands étaient libres de rosser des enfants juifs sans être inquiétés par la police.

Tout au long de cette période, l'Amérique fut parée pour moi de toutes les qualités. Quand j'étais enfant, elle représentait un rêve, un endroit merveilleux où la tolérance était naturelle et la liberté individuelle définitivement acquise. Même lorsque j'appris plus tard que l'Amérique rencontrait elle-même d'énormes problèmes, comment oublier l'espoir qu'elle avait représenté pour les victimes des persécutions, pour ma famille et pour moi-même, durant ces années cruelles et humiliantes ? Je garderai toujours en mémoire le frisson que j'avais éprouvé lorsque, marchant pour la première fois dans les rues de New York et apercevant un groupe de jeunes garçons, j'avais commencé par traverser la chaussée pour éviter de recevoir une raclée, avant de me souvenir de l'endroit où je me trouvais.

J'ai donc toujours éprouvé pour ce que l'Amérique représente un sentiment tout particulier, que, peut-être, les citoyens américains de naissance considèrent comme allant de soi. Comment alors admettre cette haine retournée contre son propre pays, prenant prétexte de la moindre imperfection pour justifier le dénigrement d'une expérience si précieuse, dont la portée dans le monde entier avait été une partie de ma vie ? J'étais extraordinairement heureux d'avoir l'occasion de m'acquitter de ma dette envers une société dont je reconnaissais les défauts, mais que je considérais sous un jour différent : comment auraient-ils pu, en effet, ternir à mes yeux sa grandeur, son idéalisme, son humanité et le fait qu'elle incarnait pour moi les espoirs du genre humain ?

L'effervescence provoquée dans le pays par le débat sur la question vietnamienne me peina donc profondément. Je n'étais pas d'accord avec bon nombre des décisions qui nous avaient menés à l'impasse en Indochine ; néanmoins, je considérais que ma nomination à ce haut poste m'imposait le devoir de mettre fin à la guerre d'une manière compatible avec la fierté de l'Amérique et avec l'idée que se faisaient tous les hommes et toutes les femmes de bonne volonté de la puissance de l'Amérique et des buts qu'elle poursuivait. Il était primordial que l'Amérique ne soit ni humiliée, ni brisée, mais aussi qu'elle quitte le Vietnam dans des conditions telles que même ses adversaires pourraient plus tard les considérer comme un choix national, fait dans la dignité et le respect de soi. Paradoxalement, eu égard aux reproches qui m'ont été adressés par la suite de « pessimisme historique », c'est précisément la question de notre confiance en nous et notre foi en notre avenir que je considérais comme étant en jeu dans le dénouement du conflit vietnamien.

Je croyais aux valeurs morales incarnées par mon pays d'adoption. L'Amérique était le seul de tous les pays libres à être assez puissant pour assurer leur sécurité contre les forces de la tyrannie. Seule l'Amérique avait à la fois le pouvoir et la force morale capables d'encourager d'autres peuples dans leur lutte pour leur identité, le progrès et la dignité. Dans les années 1930, lorsque les démocraties furent confrontées au péril suprême, l'Amérique attendait dans la coulisse pour leur venir en aide. Aujourd'hui, il n'y aurait personne pour venir en aide à l'Amérique, si nous devions faillir à nos responsabilités internationales ou si nous succombions au mépris de nous-mêmes.

Contrairement à la plupart de mes contemporains, j'avais fait l'expérience de la fragilité du tissu social moderne : je savais que la dissolution des liens sociaux, l'érosion des valeurs fondamentales, conduisaient presque inévitablement à l'extrémisme, au désespoir, à la barbarie. Un peuple ne doit pas perdre espoir en lui-même ; ceux qui se vautrent dans la dépréciation de leur société, ou encore y trouvent justification à un nihilisme débridé, finissent habituellement par anéantir tous les garde-fous moraux ou sociaux, et, en fin de compte, en s'en prenant impitoyablement à toutes les croyances, ne font qu'augmenter le volume de la souffrance.

Je ne pouvais croire que la guerre du Vietnam ait été un vaste complot criminel, comme c'était l'idée à la mode dans certains milieux. A mon avis, notre entrée en guerre s'expliquait non par une psychose militariste mais par un idéalisme naïf désireux de guérir les maux du monde entier, en croyant que la bonne volonté américaine y suffirait. J'avais visité le Vietnam comme professeur ; j'y avais vu non pas de vilains Américains – même si, comme dans toutes les guerres, il y en avait là aussi – mais des jeunes gens dévoués, affrontant quotidiennement la mort, en dépit des divisions qui secouaient leur pays ; j'en avais gardé le souvenir d'un grand nombre d'Américains idéalistes, qui travaillaient, dans des conditions impossibles, à donner un gouvernement à un peuple terrifié et désorienté, à mettre sur pied un système sanitaire et à développer leur pays. Et je pensais que l'Amérique avait envers leurs sacrifices autant de devoirs qu'envers ceux qui donnaient de la voix. Certains critiques ont vu dans le Vietnam une pièce moraliste où les méchants sont punis avant que le rideau ne tombe et où toute tentative pour sauver la face au moment du dénouement était inutile pour ceux qui incarnaient le mal. Moi, j'y ai vu une réelle tragédie. Personne n'avait le monopole de l'angoisse.

Je vis alors que mon rôle était d'aider mon pays d'adoption à guérir ses blessures, à préserver sa foi, et ainsi de lui permettre à nouveau de se consacrer aux grandes tâches de construction qui l'attendaient.

Face au bourbier

Ma sensibilisation au Vietnam se fit imperceptiblement plus nette et graduellement plus attentive tandis que, parallèlement, les vues sommaires allaient conduire notre gouvernement dans une aventure dont le coût ultime se révéla hors de proportion avec tout ce que l'on pouvait espérer en retirer. Je partageais le désenchantement qui allait croissant.

Au début des années 1960 je n'avais pas accordé une grande attention au Vietnam. L'Europe, la stratégie, le contrôle des armements constituaient mes spécialités. Pour autant que j'aie pu en juger, je partageais l'idée généralement admise que la guerre était une tentative du Vietnam du Nord pour s'emparer du Vietnam du Sud par la force. C'est d'ailleurs toujours mon avis. A cette époque, l'idée qu'on puisse envoyer des troupes de combat américaines ne me vint pas à l'esprit. Comme on l'a vu au chapitre 6, le gouvernement Johnson voyait en Pékin l'inspirateur de l'agression au Vietnam. Quant au gouvernement Kennedy, qui avait envoyé les 16 000 premiers conseillers militaires américains, il avait également été fasciné par le phénomène de la guérilla, bien qu'il fût porté à en chercher l'origine dans un discours de janvier 1961 prononcé par Nikita Khrouchtchev, où ce dernier donnait son soutien aux « guerres de libération nationale ».

Lorsque le gouvernement Kennedy envoya ces 16 000 conseillers au Vietnam, je me souviens d'avoir demandé à Walt Rostow, alors directeur du Groupe d'élaboration des orientations politiques au ministère des Affaires étrangères, comment il pensait réussir avec si peu d'hommes, alors que les Français avaient échoué avec plusieurs centaines de milliers. Rostow me donna la réponse, sèche comme une absolution, que les fonctionnaires fatigués réservent aux profanes amateurs qui feraient mieux de s'occuper de ce qui les regarde. Les Français, m'expliqua-t-il comme s'il enseignait l'alphabet à un illettré, n'entendaient rien à la guérilla, il leur manquait la mobilité des troupes américaines. Je ne poursuivis pas la discussion, mon intérêt pour le Vietnam étant à l'époque plutôt limité.

Il fallut attendre novembre 1963 pour que je trouve quelque chose d'important à redire à la politique gouvernementale : cela concernait une affaire qui bénéficia alors d'une large approbation. Je fus consterné par le rôle direct que les États-Unis avaient ouvertement joué dans le renversement du Président du Vietnam du Sud, Ngo Dinh Diem, qui mena à son assassinat. Cette folie nous engagea dans une voie dont nous ne savions pas où elle allait nous conduire, en sapant la base politique qui lui était nécessaire : la purge qui s'ensuivit équivalait pratiquement à priver le pays de toute son administration civile. Quant à nous, le fait de nous être rendus complices du renversement d'un gouvernement ami n'aurait comme résultat que d'ébranler la confiance de nos autres alliés du Sud-Est asiatique. Je contestai le bien-fondé des raisons qui nous avaient amenés à tenter ce coup de poker. Les opposants du Président sud-vietnamien — y compris la plus grande partie des journalistes en poste à Saigon — avaient tenu le raisonnement suivant : il fallait renverser Ngo Dinh Diem, car la guerre contre les communistes ne pourrait être poursuivie avec l'énergie nécessaire et le soutien de la population tant que Diem resterait en place ; en effet, son frère était accusé de rechercher un compromis avec les communistes — exactement ce qui, sept ans plus tard, devint l'orthodoxie de ces mêmes critiques, et motiva leur désir de renverser le successeur de Diem, Nguyen Van Thieu. Mais, comme la guerre ne se justifiait que pour maintenir la légitimité du gouvernement non communiste au Vietnam du Sud, renverser celui-ci était une manière singulière de la gagner. Les gains militaires escomptés ne contrebalançaient pas la perte de l'autorité politique, et nous serions encore plus profondément liés moralement au gouvernement que nous aurions mis au pouvoir. Nous savons aujourd'hui que Hanoi arriva aux mêmes conclusions. Tout en ayant activement soutenu la guérilla, elle n'engagea pas ses forces régulières avant la chute de Diem. J'étais en train d'écrire un article sur cette question, dans lequel je prédisais une sévère aggravation de la situation au Vietnam, lorsque survint l'assassinat du Président Kennedy ; j'estimai qu'il serait de mauvais goût de poursuivre.

En 1964, j'engageai le gouverneur Rockefeller à adopter une position ferme sur le Vietnam au cours de sa campagne pour les élections primaires. Ni lui ni moi n'avions d'idée bien arrêtée sur la stratégie qui conviendrait le mieux, pas plus que nous n'envisagions l'un ou l'autre l'envoi de troupes américaines. Pourtant, en 1965, je fis partie de la majorité silencieuse qui approuva la décision du gouvernement Johnson d'envoyer des troupes pour résister à l'engagement, maintenant direct, de Hanoi.

Ce n'est qu'au début du mois d'août 1965 que je cessai d'être simple spectateur, lorsqu'un ami de longue date, Henry Cabot Lodge, alors ambassadeur à Saigon, m'invita à visiter le Vietnam au titre de conseiller technique. Je parcourus le Vietnam la première fois pendant deux semaines, en octobre-novembre 1965, puis j'y retournai environ dix jours en juillet 1966, et une troisième fois pendant quelques jours en octobre 1966 – ce dernier voyage entrepris à la demande d'Averell Harriman. Lodge me laissa le champ libre pour étudier le sujet de mon choix, et mit à ma disposition les services de l'ambassade.

Je ne tardai pas à me rendre compte que nous nous étions engagés dans une guerre que nous ne savions ni comment gagner, ni comment conclure. Les bases ennemies du Laos et du Cambodge nous empêchaient d'atteindre l'objectif militaire d'une guerre classique, à savoir la destruction de la puissance militaire de l'ennemi. Au Vietnam du Nord, nous avions déclenché une campagne de bombardements suffisamment puissante pour mobiliser l'opinion mondiale contre nous, mais trop hésitante et trop progressive pour être décisive. Nos adversaires étaient ainsi en mesure de surveiller le rythme des opérations militaires ainsi que le niveau des pertes, tant dans notre camp que dans le leur. Et le niveau des pertes américaines allait devenir un élément déterminant dans l'opinion publique américaine.

Je fus peu à peu convaincu que, dans une guerre civile, les « victoires » militaires n'avaient aucun sens si elles ne se traduisaient par une réalité politique capable de survivre au retrait des dernières troupes. Les négociations ne pourraient s'engager que lorsque Hanoi se rendrait compte que, plus la guerre se prolongeait, plus elle risquait de voir s'effriter son influence politique sur la population locale. Nous nous trouvions confrontés à une tâche gigantesque. Pour les Nord-Vietnamiens et le Viet-cong qui se battaient en terrain connu, il suffisait de tenir et de rester suffisamment forts pour dominer la population quand les États-Unis en auraient assez de cette guerre. Notre objectif à nous était beaucoup plus complexe : il fallait nous battre et, en même temps, asseoir l'autorité des Sud-Vietnamiens, pour qu'ils survivent sans nous, autrement dit pour qu'ils puissent se passer de nous. Le principe cardinal de la guérilla est que l'on gagne dès l'instant où l'on ne perd pas, alors que, pour une armée régulière, absence de victoire équivaut à défaite. Nous menions une guerre militaire contre un ennemi insaisissable, tandis que notre adversaire faisait une guerre politique contre une population fixe. Dès le début, je doutai que nos stratèges aient bien saisi cela. Me rendant au Vietnam, en octobre 1965, je m'arrêtai à notre Quartier Général du Pacifique, à Hawai. Après ma première conférence de presse sur le Vietnam, j'écrivis dans mon journal :

> « J'ai été impressionné par le fait que personne n'a été vraiment capable de m'expliquer comment, même en se plaçant dans l'hypothèse la plus favorable, la guerre du Vietnam allait finir... Je ne crois d'ailleurs pas que nous ayons même trouvé un commencement de réponse au problème de fond, qui est d'ordre psychologique. J'ai l'impression que les Viet-congs et les Nord-Vietnamiens doivent être en train de se dire que, même si pour cette année [du fait de l'intervention américaine] ils ont perdu tout espoir de victoire, il est possible, et même probable, que s'ils parviennent à prolonger suffisamment la guerre, ils finiront par avoir raison de nous. Comment, en effet, peut-on faire croire à un peuple que l'on est prêt à rester indéfiniment à près de 20 000 km de chez soi, pour se battre contre des adversaires qui, eux, sont dans leur pays ?... Si nos opérations dans le Pacifique échouent, l'échec ne sera pas dû à des raisons techniques, mais à la difficulté qu'il y a à synchroniser des objectifs militaires et politiques, dans une situation à laquelle cette machine militaire extrêmement complexe n'est pas préparée. »

Selon moi, les unités régulières nord-vietnamiennes qui constituaient la cible principale de nos opérations militaires jouaient le rôle de la cape du matador : elles attiraient nos forces dans des zones politiques sans intérêt, tandis que l'infrastructure viet-cong sapait le gouvernement sud-vietnamien dans les régions peuplées. De retour d'un de mes voyages dans une province du Vietnam, le 21 octobre 1965, je notai dans mon journal.

> « Il est clair qu'il y a ici deux guerres distinctes : 1/ celle que reflètent les statistiques de l'armée sur la sécurité des unités militaires, 2/ celle qui affecte la population. Les deux critères ne vont pas ensemble : pour l'armée, une route est ouverte si elle peut la longer en convoi ; pour le villageois, elle ne l'est que s'il peut l'emprunter sans payer de taxe. Pour l'armée, un village est sûr si elle peut y stationner ses troupes. Pour la population, il ne l'est que s'il est protégé non seulement contre des attaques des unités viet-congs organisées, mais aussi contre le terrorisme viet-cong. »

En l'absence de critères de succès, l'illusion se substitua à l'analyse. Lorsque je visitai la province de Vinh Long en octobre 1965, je demandai au chef de province dans quelle mesure sa province était pacifiée ; il répondit fièrement : à 80 pour 100. Lors de mon second voyage au Vietnam, en juillet 1966, je pris soin de visiter les mêmes provinces, afin d'évaluer les changements. A Vinh Long, le même chef de province m'ayant dit que d'énormes progrès avaient été accomplis depuis ma dernière visite, je lui demandai dans quelles proportions la province était aujourd'hui pacifiée ; il me répondit, tout aussi fièrement que la fois précédente, qu'elle l'était à 70 pour 100.

Je résumai les impressions de mon premier voyage dans une lettre en date du 3 décembre 1965, adressée à Henry Cabot Lodge :

> « Par dessus tout, il y a un problème social et peut-être même philosophique : les Vietnamiens éprouvent le vif sentiment d'être un puple à part, mais guère celui de former une nation. Notre principal objectif doit donc être de découvrir comment on peut construire une nation quand la société, en proie à une guerre civile, se trouve déchirée par des dissensions internes. Tous les pays neufs ont eu à résoudre le problème de leur unité politique, aucun n'a eu à le faire, comme le Vietnam, sous le joug de contraintes aussi écrasantes. »

Le 18 août 1966, rentrant de mon second voyage au Vietnam, j'écrivis de nouveau à Lodge : « La franchise m'oblige à dire que je n'ai trouvé aucun changement important dans les provinces... » Vouloir, comme les fonctionnaires américains, évaluer la sécurité à travers le pays équivalait à quantifier l'impondérable. Peut-être en raison de l'inexpérience de nos conseillers de province (dont le service était si court que, quand ils savaient leur métier, ils devaient déjà repartir), nos efforts se ressentaient d'un manque de perspective politique. Par exemple, certaines zones classées comme pacifiées ne l'avaient été que parce que les Vietcongs avaient jugé préférable de ne pas désorganiser l'agriculture, pour venir se ravitailler, et parce qu'ils y collectaient régulièrement les impôts. J'ajoutai quelques recommandations : que l'ambassade tente d'évaluer d'une manière plus juste ce qu'il en était de la sécurité, que l'administration locale soit renforcée et que des priorités soient nettement définies. De même, il nous fallait de toute urgence une stratégie pour les négociations, que le gouvernement se déclarait pressé d'entamer, car une négociation serait un début mais non la fin de nos difficultés.

Et, ayant déjà eu à faire avec les Nord-Vietnamiens, j'avais une certaine expérience de la question.

De juillet à octobre 1967, le gouvernement Johnson me demanda de servir de médiateur dans un effort pour faire démarrer les négociations. Je fis passer des messages par l'intermédiaire de deux intellectuels français de ma connaissance, dont l'un, qui s'était lié avec Hô Chi Minh dans les années 40, lui avait offert l'hospitalité lorsqu'il était venu à Paris négocier avec les Français. Je fus autorisé à inciter mes amis à se rendre à Hanoi, pour proposer les termes d'un arrêt des bombardements américains en guise de prélude à une négociation. Ils partirent et rencontrèrent Hô Chi Minh. Plusieurs mois durant, je fis régulièrement le voyage à Paris pour transmettre des messages ou en recevoir des Nord-Vietnamiens. Finalement, la tentative avorta, mais c'était un pas sur la voie de l'accord qui permit, un an plus tard, d'arrêter les bombardements et d'entamer des pourparlers de paix.

Quand ces négociations furent enfin engagées, je publiai, fin 1968, mon point de vue dans un article de *Foreign Affairs* [2] ; écrit avant que j'aie été nommé, il ne fut publié qu'après. J'y exposais mes conclusions fondamentales, à savoir :

- que notre stratégie militaire était incapable d'aboutir à la victoire ;
- qu'il fallait orienter nos opérations militaires vers des objectifs de négociations clairement définis ;
- que le gouvernement sud-vietnamien ne survivrait que s'il élaborait un programme politique auquel les Sud-Vietnamiens non communistes pourraient se rallier ;
- que les États-Unis confient aux Sud-Vietnamiens des responsabilités accrues dans la conduite de la guerre ;
- que si, dans les négociations, « Hanoi se montre intransigeant, et que la guerre continue, il nous faut chercher à atteindre unilatéralement le plus grand nombre possible de nos objectifs » ;
- que nous nous concentrions, au cours des négociations, sur les questions militaires, comme celle du cessez-le-feu, en laissant aux parties vietnamiennes la question de la répartition du pouvoir politique.

Dans une certaine mesure, j'étais d'accord avec les critiques des deux extrêmes de l'éventail politique. Le gouvernement Johnson, par sa façon de mener la guerre, avait abandonné toute chance de remporter une improbable victoire militaire classique ; il avait fixé une limite suprieure à nos effectifs militaires et accepté un arrêt des bombardements. Une sortie honorable dépendrait de notre habileté à créer de bonnes raisons politiques pour inciter Hanoi à un compromis, ce qui serait impossible à moins de convertir notre position militaire sur le terrain une structure politique durable. A la table des négociations, il nous faudrait compter sur le soutien de l'opinion publique américaine, afin qu'il soit bien clair pour Hanoi qu'elle ne gagnerait rien à nous entraîner dans des pourparlers interminables. Maintenir tous ces éléments en place tout en nous dégageant serait le travail de tout gouvernement, quel qu'il soit.

Mais, alors que vers le mois de janvier 1969 je devenais de plus en plus préoccupé de la guerre, je divergeais de bien des critiques sur plusieurs points. Je n'étais pas partisan d'un retrait inconditionnel. En 1969, les troupes américaines, plus d'un demi-million d'hommes, les forces alliées qui en comptaient 70 000, et les 31 000 autres qui y avaient trouvé la mort, avaient tranché la question de savoir si son issue avait de l'importance pour nous et ceux qui dépendaient de nous. Je ne suivis pas davantage les nombreux critiques qui faisaient comme si la paix dépendait avant tout de notre bon vouloir. Les durs de Hanoi, qui avaient toujours vécu dans la lutte, ne tenaient pas le compromis pour une catégorie morale. Bercés par les sagas épiques de l'Histoire vietnamienne – histoire faite de guerres contre les Chinois, les Français, les Japonais, et aujourd'hui nous –, ils avaient gardé intact leur héroïsme indiscutable en rêvant à la victoire. Ils ne se résoudraient au compromis que par calcul et par nécessité. Une paix négociée ne résulterait que d'une évaluation des risques des deux côtés, non d'une décision sentimentale. Ce jugement devait me couper à jamais d'un bon nombre de contestataires, même si j'étais d'accord avec eux pour penser que la guerre nous affaiblissait progressivement sur le plan national, et que, par conséquent, il fallait y mettre fin.

Qu'avons-nous trouvé ?

C'est un exploit douteux de la part de nombre de nos adversaires — y compris de ceux qui avaient appartenu aux gouvernements responsables de notre engagement au Vietnam — que d'avoir concentré le débat sur le Vietnam sur les décisions du gouvernement Nixon, comme si c'était Nixon qui nous avait conduits au Vietnam. Il n'est pas inutile de rappeler que, le 20 janvier 1969, à l'entrée en fonctions de Nixon, les troupes américaines au Vietnam étaient de plus d'un demi-million d'hommes, et leur nombre augmentait encore et approchait du plafond de 549 000 hommes, fixé par le gouvernement précédent en avril 1968 (en fait, le chiffre le plus élevé fut de 543 000 en avril 1969). Le coût de nos efforts au Vietnam s'était élevé à 30 milliards de dollars pour l'année budgétaire 1969 *. Les pertes américaines avaient été en moyenne de 200 morts *par semaine* au cours du second trimestre 1968 — soit un total de 14 592 Américains morts au combat en 1968. Le 20 janvier 1969, le nombre total d'Américains morts au combat au Vietnam depuis 1961 dépassait les 31 000 ; quant aux pertes sud-vietnamiennes, elles approchaient les 90 000 hommes.

La lutte semblait être arrivée à une impasse. En 1968, nous avions brisé l'offensive du Têt de manière décisive ; mais l'impact de cette dernière sur l'opinion publique américaine nous avait conduits à cesser les bombardements et avait multiplié le nombre d'adjurations au retrait des troupes. Les forces régulières de notre allié sud-vietnamien, qui avaient fortement augmenté depuis l'année précédente où elles s'élevaient à 743 000 hommes, étaient maintenant de 826 000. Elles étaient beaucoup mieux équipées. Mais leur tâche était immense : il leur fallait à la fois garder une frontière d'accès difficile sur environ 1 000 km, et assurer en même temps la sécurité de la population. Bien que les cadres viet-congs aient été décimés au cours de l'offensive du Têt, les forces régulières nord-vietnamiennes prirent la relève. Presque tous les combats étaient maintenant menés par de grandes unités *nord*-vietnamiennes — contrairement à la fable d'une « guerre populaire » qui circulait.

Sur le plan politique, le Vietnam du Sud semblait plus stable qu'il ne l'avait jamais été au cours des quatre années précédentes. Nguyen Van Thieu, qui était

* Dont 24 milliards de dollars de « dépenses supplémentaires » dues à la guerre, c'est-à-dire une fois retranché le montant correspondant de toute manière à l'entretien de nos forces militaires en temps de paix.

originaire du nord et avait été élu Président en 1967, avait introduit dans son gouvernement davantage d'hommes du sud et des nationalistes respectés de tous, comme le Premier Ministre Tran Van Huong. Néanmoins, notre ambassade à Saigon estimait que 80 pour 100 des villages possédaient encore une infrastructure communiste. On estimait à 65 pour 100 de l'ensemble de la population et à 81 pour 100 de la population rurale le pourcentage de personnes soumises à l'influence communiste, quand bien même cette dernière ne se traduisait que par la pratique du paiement aux communistes d'une taxe sur le riz et la production agricole. Autrement dit, la situation n'avait pas sensiblement évolué depuis mon dernier voyage en octobre 1966.

La tactique de l'ennemi consistait à créer le plus grand sentiment d'insécurité possible, sans chercher à occuper aucun territoire qui puisse devenir la cible d'attaques américaines, et, par conséquent, mener à une bataille rangée. Bien au contraire, les Nord-Vietnamiens lançaient des attaques sporadiques un peu partout au Vietnam du Sud. Les unités régulières attaquaient les forces américaines pour leur infliger des pertes, tandis que les opérations de guérilla visaient à réduire à néant la pacification ; les Nord-Vietnamiens concentraient en permanence leurs efforts sur le renforcement de l'infrastructure politique communiste, en vue de préparer la prise de pouvoir finale.

Au second semestre 1968, le général Creighton Abrams (« Abe ») avait remplacé le général William Westmoreland comme Commandant des Forces américaines au Vietnam. Abrams avait dirigé un régiment de chars d'assaut sous les ordres de George Patton ; il était à la tête du régiment qui avait libéré Bastogne, lors de la Bataille des Ardennes. Abrams avait modifié la stratégie américaine : il renonça aux offensives de grande envergure contre le gros des forces communistes, et concentra son action sur la protection de la population. Les troupes américaines furent déployées en profondeur autour des grandes villes pour assurer leur défense. Abrams avait rappelé deux divisions américaines du nord du pays pour les redéployer dans le sud plus peuplé. C'était là l'une des conséquences militaires bénéfiques de l'arrêt des bombardements, dans lequel le Président Johnson s'était engagé le 1er novembre 1968, puisque les Nord-Vietnamiens avaient alors accepté de ne pas violer la zone démilitarisée, et de ne pas lancer d'attaques inconsidérées contre les grandes villes.

L'arrêt des bombardements avait eu lieu pour deux raisons essentielles : si les adversaires de la guerre avaient concentré leur action sur cette question, c'était en partie à cause de son coût, en partie parce que les États-Unis pouvaient les arrêter unilatéralement (contrairement au reste du combat), et en partie aussi parce que Hanoi avait adroitement laissé entendre que l'arrêt des bombardements permettrait d'engager rapidement la négociation qui aboutirait à brève échéance à un accord. Le 31 mars 1968, le Président Johnson annonçait à la fois sa non-participation à la course à la Maison Blanche et l'arrêt des bombardements au-dessus du 20e parallèle. La négociation s'ouvrit à Paris, entre les États-Unis et la République démocratique du Vietnam *, mais elle se borna à la question de pro-

* Nom officiel du Vietnam du Nord. (R.D.V.N.)

cédure : comment entamer les pourparlers ? Le 1er novembre, le Président Johnson donnait son accord à un arrêt complet des bombardements, sauf celui du couloir traversant le Laos, par lequel se ravitaillaient les Nord-Vietnamiens (appelé Piste Hô Chi Minh). Les vols de reconnaissance continuèrent. Il était « convenu » qu'il n'y aurait ni « attaques inconsidérées dirigées contre les grandes villes » (comme Saigon, Danang ou Hué) ni tirs d'artillerie, de roquettes ou de mortiers ni de mouvements de troupes à partir ou à l'intérieur de la zone démilitarisée, ou encore la traversant ; ni concentration ni mouvements de troupes à proximité de la zone démilitarisée « d'une manière qui puisse constituer une menace pour l'autre camp ». Hanoi ne donna jamais explicitement son accord à ces dispositions, mais plutôt « s'y plia tacitement », ce qui confirma une déclaration du Premier Ministre soviétique, Alexis Kossyguine, au Président Johnson, dans une lettre du 28 octobre 1968 affirmant que « les doutes quant à la position de la partie vietnamienne étaient sans fondements ». En outre, le chef des négociations du côté américain, Averell Harriman, déclara aux Nord-Vietnamiens, le 4 novembre à Paris, que toute attaque inconsidérée de grandes villes « créerait une situation qui ne permettrait pas de poursuivre des pourparlers sérieux, et par conséquent, de maintenir la cessation [des bombardements] ».

En fait, des pourparlers sérieux ne s'engagèrent pas aussi vite que Hanoi nous l'avait laissé croire. Comme je l'ai déjà expliqué au chapitre 2, il y eut durant trois mois des chipotages à n'en plus finir sur la forme de la table, qui n'étaient au fond pas autre chose qu'un débat sur le statut de l'organisation de Hanoi dans le Sud, le Front national de libération (F.N.L.). Ces questions de procédure furent réglées le 16 janvier 1969, c'est-à-dire quatre jours avant notre entrée en fonctions. Au jour de la cérémonie d'investiture de Nixon, pas une seule séance de négociation sérieuse n'avait eu lieu.

Une fois la nouvelle équipe en place, notre nécessité prioritaire était un bilan exact de la situation. Notre désir de mettre au point une stratégie cohérente se heurta immédiatement au fait que nous n'avions que peu d'éléments à notre disposition, et les efforts que nous fîmes pour tenter de modifier les usages, à l'inertie de comportements conventionnels. Au cours de la première réunion du C.N.S., le 21 janvier, la question du Vietnam ne fut qu'ébauchée, elle fut examinée plus en détails lors de la réunion du 25 janvier. Mais la nouvelle équipe était encore trop récente et les fonctionnaires de carrière trop démoralisés. Les rapports ne proposaient pas d'idées nouvelles à un nouveau Président qui en était avide, même si elles venaient des militaires. Depuis des années, les militaires se plaignaient de ce que le pouvoir civil leur tînt la bride sur le cou ; mais, lorsque Nixon leur demanda instamment de lui soumettre de nouvelles stratégies, tout ce qui leur vint à l'esprit fut de proposer la reprise des bombardements du Nord. Les seules nouvelles instructions que donna Nixon sous ce rapport furent que l'on mît fin aux polémiques continuelles avec Saigon : en effet, il n'avait pas l'intention de faire le jeu de Hanoi, en sapant la structure politique du Vietnam du Sud.

Notre soif d'information fut à l'origine de la première étude entreprise à la demande du nouveau gouvernement. Le N.S.S.M. 1, qui s'intitulait « La situation au Vietnam », demandait aux ministères et aux services de répondre à un énorme questionnaire de six pages, tapé en simple interligne, qui ne comportait pas moins de vingt-huit questions principales et cinquante questions subsidiaires. Chaque ministère fut prié d'y répondre séparément, pour bien faire ressortir les divergences éventuelles et nous permettre ainsi de cerner avec précision les questions litigieuses et les différents points de vue. Il fallait expliquer certains événements (par exemple : « Pourquoi la République démocratique du Vietnam est-elle à Paris ? », ou encore : « Pourquoi des unités de l'armée nord-vietnamienne ont-elles quitté le Vietnam du Sud l'été et l'automne derniers ? »). Le questionnaire s'intéressait ensuite aux facteurs politiques pouvant influer sur les négociations, tels que les capacités militaires de l'ennemi, celles des Sud-Vietnamiens, l'état de la sécurité dans le pays, la scène politique à Saigon, ou encore la stratégie et les opérations militaires américaines. Chaque fois, la question suivante était posée : « Quelles preuves en avons-nous ? » ou bien : « Dans quelle mesure pouvons-nous nous fier à nos informations ?

Malheureusement, les questions ne font parfois que confirmer nos perplexités face aux problèmes soulevés, plutôt que de nous aider à les résoudre. C'est en février que les réponses à ce premier questionnaire nous parvinrent ; mes collaborateurs en firent la synthèse et l'analyse dans un rapport de 44 pages qui fut diffusé le 14 mars auprès des membres du Groupe d'études du C.N.S. [3]. L'une des conclusions de ce compte rendu, à laquelle on pouvait d'ailleurs probablement s'attendre, était que l'on retrouvait à l'intérieur de l'Administration les mêmes divisions que celles qui existaient dans le reste du pays : d'un côté, il y avait une école de pensée relativement optimiste, à laquelle appartenaient notre ambassadeur à Saigon, Ellsworth Bunker, les deux chefs d'État-Major, le général Abrams et l'amiral John McCain (qui commandait nos unités du Pacifique). Ce groupe pensait que si les Nord-Vietnamiens avaient accepté d'engager des pourparlers de paix, c'était parce qu'ils étaient conscients de leur infériorité sur le plan militaire, que les zones pacifiées, chaque jour plus nombreuses, « le resteraient » et que « la conjoncture était favorable ». Le point de vue opposé reflétait celui des civils du Pentagone, de la C.I.A. et, dans une moindre mesure, du ministère des Affaires étrangères. Les services de renseignements reconnaissaient que les Sud-Vietnamiens avaient maintenant plus d'atouts dans leur jeu, mais, selon eux, « cela n'aboutissait qu'à un blocage » ; par ailleurs, ils soutenaient que « l'on exagérait les résultats, très précaires, obtenus en matière de pacification », que les progrès sur le plan politique étaient insuffisants, que l'ennemi n'était en situation de faiblesse ni à Paris ni sur le terrain pour négocier, et qu'enfin « le seul moyen d'en finir avec la question vietnamienne était de se mettre d'accord sur un compromis ».

Tout le monde s'accordait à penser que c'était le Viet-cong et les Nord-Vietnamiens qui prenaient l'initiative dans la plupart des opérations militaires, et que c'était là ce qui déterminait le niveau des pertes dans les deux camps ; que l'ennemi poursuivait toujours les mêmes objectifs et que Hanoi « s'était fixé une ligne d'action totalement indépendante de Pékin ou de Moscou ». Néanmoins, les avis divergeaient d'une manière extrêmement préoccupante sur des points aussi fondamentaux que l'importance et le déploiement des forces ennemies, ou encore le rôle joué par le Cambodge, et notamment par le port de Sihanoukville, dans l'acheminement du matériel et du ravitaillement. Les réponses firent clairement ressortir qu'il n'existait pas de consensus sur les faits, et encore moins sur la politique.

Avant que nous ayons pu résoudre notre débat interne ou même le diriger, Hanoi coupa court à nos analyses en lançant, le 22 février 1969, une vaste offensive contre le Vietnam du Sud.

Les attaques nord-vietnamiennes et le bombardement du Cambodge

L'entente avec les Nord-Vietnamiens qui, en 1968, avait permis l'arrêt des bombardements, supposait tacitement qu'il n'y aurait pas d'attaques lancées contre les grandes villes ou traversant la zone démilitarisée. Néanmoins, à notre entrée en fonctions, l'infiltration ennemie progressant, il était clair qu'une offensive se préparait.

Nous ne trouvâmes rien d'autre que la reprise des bombardements du Nord pour parer à cette éventualité. Le 24 novembre 1968, le ministre de la Défense, Clark Clifford, avait déclaré, au cours de l'émission « Questions et réponses » de la chaîne de télévision A.B.C. : « Si jamais ils nous montrent qu'ils ne sont pas sérieux et qu'ils ne respectent pas leurs engagements, il ne fait aucun doute que le Président devra revenir à notre première stratégie, qui consistait à exercer une pression constante sur l'ennemi, en reprenant les bombardements s'il le faut. » Le 4 décembre 1968, Averell Harriman devait tenir le même raisonnement, lors d'une réunion d'information à la Maison Blanche. Quant au chef de l'État-Major interarmes, le général Earle Wheeler, il ne faisait que reprendre les déclarations officielles de ses prédécesseurs, lorsque, au cours de la réunion du C.N.S. du 25 janvier 1969, il assura Nixon que l'on faisait au Vietnam tout ce qui était en notre pouvoir, « excepté le bombardement du Nord ».

Cependant, aucun membre du gouvernement ne pouvait envisager de gaieté de cœur une reprise des bombardements au Nord. Nous savourions alors la lune de miel des jours qui suivent l'investiture d'un nouveau Président ; Nixon n'avait jamais jusque-là bénéficié de l'approbation des media. Aucun d'entre nous n'avait le courage d'affronter les vagues de protestation que ne manquerait pas de soulever dans le pays la reprise des bombardements, même si elle n'était que la conséquence directe de la trahison par les Nord-Vietnamiens des engagements qui avaient permis l'arrêt de ces mêmes bombardements. Et surtout, dans le premier mois de la nouvelle Présidence, nous n'avions pas encore perdu l'espoir de rassembler le pays autour d'un programme honorable pour mettre fin à cette guerre.

Malheureusement, il n'était pas facile de trouver des solutions de rechange au bombardement du Nord. Le 30 janvier, j'eus un entretien au Pentagone avec Laird et Wheeler pour voir de quelle manière nous pourrions riposter à une éventuelle offensive ennemie au Vietnam du Sud. Wheeler me répéta que, les forces américaines stationnées au Vietnam du Sud étant déjà engagées à fond, la seule riposte efficace possible serait de lancer des opérations dans la zone démilitarisée, ou de reprendre les bombardements dans le Nord. Laird s'opposa à cette dernière suggestion, objectant que l'arrêt des bombardements avait fait naître dans l'opinion publique l'espoir d'un dénouement proche du conflit. Je n'en étais pas non plus partisan, car je souhaitais vivement laisser aux négociations une chance d'aboutir. Le 1er février, Nixon me fit parvenir le message suivant : « Je n'apprécie pas de lire en filigrane dans pratiquement tous les comptes rendus de presse que " nous nous attendons à ce que les communistes lancent une opération au Vietnam du Sud ". Si une opération doit être lancée, elle doit l'être par nous et non par eux. » Mais, lorsque je demandai aux deux chefs d'État-Major de me soumettre leurs propositions, ces derniers me firent la réponse déjà familière, en m'exposant à grands traits les différents plans sur lesquels pourraient se situer les attaques aériennes ou navales contre les objectifs nord-vietnamiens. Cette fois encore, tout comme Mel Laird, je ne pus me résoudre à adopter la solution qu'ils préconisaient.

C'est alors que l'on envisagea de bombarder les bases nord-vietnamiennes du sanctuaire cambodgien et ce pour des raisons exactement contraires de celles que l'on a prétendues : notre intention n'était pas d'étendre la guerre, mais d'éviter de bombarder le Vietnam du Nord, en brisant néanmoins une offensive non provoquée qui coûtait chaque semaine la vie à 400 Américains.

Les révisionnistes se sont parfois attachés à dénoncer la prétendue agression perpétrée par le gouvernement Nixon contre un pays neutre et « pacifique ». Ces accusations passent sous silence le fait qu'il s'agissait, en l'occurrence, d'un territoire dont on ne pouvait pratiquement plus dire qu'il était cambodgien à quelque titre que ce fût. En quatre ans, pas moins de quatre divisions nord-vietnamiennes avaient opéré sur le sol cambodgien, à partir d'un collier de bases le long de la frontière sud-vietnamienne. En 1978, les communistes vainqueurs au Cambodge estimèrent à 300 000 la présence nord-vietnamienne non invitée dans le Nord-Est du Cambodge en 1969-1970, ce qui dépassait de beaucoup nos propres estimations [4]. Les fonctionnaires cambodgiens avaient été chassés de leur sol où il ne restait pratiquement plus d'habitants originaires du pays *. C'était de ces territoires, entièrement placés sous le contrôle des Nord-Vietnamiens, que les forces communistes lançaient des attaques contre le Vietnam du Sud, infligeaient des pertes et désorganisaient le gouvernement, avant de se retirer dans un pays théoriquement neutre qui les assurait de sa protection. C'est être de parti pris, et non faire preuve de bon sens, que de soutenir que les États-Unis violaient la neutralité d'un pays pacifique lorsque, soutenus en cela par les Cambodgiens, nous bombardions, en de rares occasions et uniquement pour nous défendre, des territoires où aucune loi cambodgienne ne s'appliquait plus depuis des années, qu'un très petit

* Le déserteur communiste qui nous aida à repérer l'emplacement du Quartier-Général nord-vietnamien nous apprit qu'aucun Cambodgien n'était autorisé à pénétrer dans l'enceinte de ce dernier. Le général Abrams en informa le Président en février, en lui donnant l'assurance qu'il n'y avait aucun village cambodgien connu dans un rayon d'au moins un kilomètre autour de notre objectif.

nombre de civils habitaient encore, quand ce n'était pas aucun, et qui enfin étaient occupés, en violation de la neutralité cambodgienne, par un ennemi qui ne quittait ces bases que pour aller tuer des centaines d'Américains et de Sud-Vietnamiens par semaine.

C'est le général Wheeler qui, le premier, fit cette suggestion. Quand, le 30 janvier, Laird avait exprimé ses inquiétudes sur les répercussions politiques que pourrait avoir une reprise des bombardements au Vietnam du Nord, Wheeler avait proposé de prendre une autre cible, et d'attaquer l'ensemble des bases que les Nord-Vietnamiens avaient illégalement installées de l'autre côté de la frontière avec le Cambodge. Le 9 février, le général Abrams envoya un câble de Saigon au général Wheeler, pour lui dire que, des renseignements que venait de lui fournir un déserteur, ainsi que des photos qui avaient été prises pour vérifier ces informations, il ressortait que le Quartier Général communiste pour l'ensemble du Vietnam du Sud était situé exactement de l'autre côté de la frontière cambodgienne. (N'ayant encore que peu d'expérience à l'époque, je fus plus impressionné par ces preuves apparemment irréfutables que je ne devais l'être par la suite ; en l'occurrence, huit ans plus tard, les dirigeants communistes de Phnom Penh devaient également confirmer que les renseignements fournis par le déserteur étaient exacts sur ce point.). Abrams demanda l'autorisation d'engager des B 52 dans une attaque aérienne contre le quartier général. L'ambassadeur Bunker s'associa à cette demande, en envoyant également un câble de son côté, par le canal du ministère des Affaires étrangères.

Ces propositions tombaient à point nommé. En effet, le 8 janvier 1969, au cours de la période de transition, le Président-élu m'avait fait parvenir ce message : « Je voudrais qu'à l'occasion de votre étude sur le Vietnam, vous me fassiez une note précise sur ce que l'ennemi possède au Cambodge, et, s'il possède effectivement quelque chose, sur ce que nous y faisons pour détruire ces installations. Je pense qu'une fois entrés en fonctions, l'une des tâches prioritaires devrait être de changer radicalement de politique à l'égard du Cambodge. » Le général Goodpaster avait rédigé, pour que je la signe, une réponse dans laquelle il fournissait des renseignements détaillés sur les bases nord-vietnamiennes situées le long de la frontière cambodgienne. Il y notait que « notre commandement sur le terrain au Vietnam du Sud est persuadé que l'énorme quantité de fournitures et de vivres qui pénètrent au Cambodge passe par Sihanoukville... Nous ne faisons pratiquement rien pour lutter contre cet état de fait... Le commandement sur le terrain a demandé à plusieurs reprises qu'on l'autorise à pénétrer au Cambodge pour y mener des opérations préventives et y poursuivre les forces qui nous ont attaqués et s'y réfugient. Toutes ces demandes se sont heurtées à un refus, ou n'ont pas encore fait l'objet d'une décision ».

Le rôle joué par Sihanoukville était l'un des points controversés de notre première étude. Le commandement militaire américain à Saigon était convaincu de ce que, d'octobre 1967 à septembre 1968, quelque 10 000 tonnes d'armes étaient entrées par Sihanoukville, ce que, pour leur part, la C.I.A. et le ministère des Affaires étrangères contestaient : pour ces derniers, en effet, la quantité de vivres et de munitions qui entrait au Vietnam par le Laos en empruntant la piste Hô Chi

Minh suffisait largement à couvrir les demandes faites à l'extérieur par l'ensemble des forces communistes présentes au Vietnam du Sud. L'objet de cette querelle d'experts était bien évidemment de savoir si les sanctuaires cambodgiens constituaient une cible suffisamment importante pour mériter d'être attaqués ; comme il arrive trop souvent, les estimations des services de renseignements s'inspiraient des visées politiques de l'Agence plutôt qu'elles ne les inspiraient. Ceux qui étaient partisans d'attaquer les bases ennemies exagéraient le rôle de Sihanoukville, tandis que ceux qui y étaient hostiles le minimisaient. Lorsque les forces américaines et sud-vietnamiennes pénétrèrent dans les sanctuaires, en avril 1970, on apprit, grâce aux documents retrouvés sur les lieux de stockage des communistes, que le volume dépassait de beaucoup les estimations même les plus fortes des militaires.

S'il existait un désaccord sur le point de savoir par quelle voie — de Sihanoukville ou de la piste Hô Chi Minh — avait été acheminé le matériel, par contre, personne ne contestait la menace que constituaient les bases nord-vietnamiennes du Cambodge pour les forces américaines et sud-vietnamiennes.

Le 18 février, je reçus, en même temps que aird, le ministre adjoint Packard, le général Wheeler et l'adjoint militaire de Laird, le colonel Robert E. Pursley, un bref rapport rédigé en commun par deux hommes de Saigon. J'informai le Président de ce que le général Abrams était convaincu qu'aucun civil ne vivait dans cette zone. Néanmoins, je le mis en garde contre l'agression que représenterait un bombardement de ces bases. Je pensais qu'il fallait laisser aux négociations une chance d'aboutir, et faire en sorte que l'opinion publique continue à soutenir notre politique. Je lui suggérai de réexaminer la situation à la fin du mois de mars, reprenant ainsi pour mon compte la classique technique d'atermoiement utilisée dans l'administration pour mettre du baume au cœur de ceux dont on n'a pas retenu les propositions. Nixon donna son accord à cette proposition le 22 février, veille de son départ pour l'Europe.

Le jour même où Nixon décidait de remettre à plus tard l'attaque des sanctuaires, les Nord-Vietnamiens nous firent passer des projets vagues et à la nécessité de faire face à une crise. Après des semaines de préparatifs antérieurs à l'arrivée du nouveau gouvernement, Hanoi lança une vaste offensive. Le nombre d'Américains tués au combat au cours de la première semaine s'éleva à 453, à 336 au cours de la deuxième, et à 351 la troisième ; les pertes du côté sud-vietnamien étaient encore plus lourdes, puisqu'elles étaient de 500 par semaine en moyenne. Ce fut une opération d'un cynisme extraordinaire. En effet, aucune séance de négociation sérieuse n'avait encore eu lieu à Paris avec notre nouvelle délégation, conduite par Henry Cabot Lodge ; le nouveau gouvernement pouvait difficilement avoir déjà élaboré sa politique. Que ce soit par calcul ou par accident, l'offensive débuta la veille du départ du Président pour l'Europe, nous ôtant ainsi toute possibilité de riposter et humiliant le nouveau Président. Les contacts que Nixon avait pris, au cours de la période de transition (comme nous le verrons plus loin), avec les Nord-Vietnamiens, insistant sur le fait qu'il s'engageait à mettre fin à la guerre dans la fierté et l'honneur de toutes les parties concernées, avaient donc été inutiles. Sans même chercher à savoir ce que valaient ces déclarations d'intentions, le premier pas de Hanoi consistait à tuer de plus en plus d'Américains. Je notai, dans un rapport destiné au Président, que les Nord-Vietamiens avaient « infligé des pertes relativement sévères aux forces américaines et sud-vietnamiennes, sans avoir encore exposé leurs unités principales ».

C'est dans le Bureau ovale que Nixon reçut le compte rendu militaire de l'offensive ennemie, au milieu des piles de livres et de documents épars que le ministère des Affaires étrangères et mes collaborateurs rassemblaient à son intention sur chacun des pays qu'il allait visiter. (Par la suite, Nixon devait pratiquement réserver le Bureau ovale aux grandes occasions, préférant ordinairement travailler dans le simple bureau qu'il avait au centre administratif.) Nixon parcourait les livres, pour les mémoriser, grommelant d'avoir à faire un tel effort. Il était aussi très agité. Tout son instinct le poussait à riposter violemment à la manœuvre cynique de Hanoi ; depuis des années, il n'avait cessé de reprocher à ses prédécesseurs de réagir trop mollement aux opérations lancées par les communistes. Mais, par ailleurs, il souhaitait vivement que son premier voyage à l'étranger comme Président soit une réussite. Des représailles américaines risquaient de provoquer des manifestations violentes en Europe, tandis qu'une attitude passive risquait d'enhardir l'adversaire. Il ne put résoudre ce dilemme. La seule réaction de la Maison Blanche, le premier jour de l'offensive, fut un coup de téléphone que je donnai à l'ambassadeur de l'Union soviétique, Dobrynine. Le Président voulait que Moscou comprenne bien, dis-je, que, si l'offensive nord-vietnamienne se poursuivait, il y aurait des représailles.

Mais le lendemain 23 février, alors que nous volions vers Bruxelles, Nixon se décida. Il donna brusquement l'ordre de bombarder les sanctuaires du Cambodge. Je trouvais cependant qu'on ne pouvait se contenter de câbler à Washington et à Saigon de l'« Air Force One » une décision de cette importance, sans avoir au préalable consulté les gens concernés, et en l'absence d'un plan supputant les conséquences. Je conseillai donc à Nixon de retarder de quarante-huit heures l'ordre définitif d'« exécution », et j'envoyai un message urgent au colonel Alexander Haig, qui était alors mon conseiller militaire à Washington, pour qu'il me rejoigne à Bruxelles avec un expert du Pentagone. Je voulais revoir les opérations militaires, et mettre sur pied un plan diplomatique.

Le 24 février au matin, juste avant que le Président prenne la parole au Quartier Général de l'O.T.A.N., Haig, Haldeman (représentant Nixon, dont la présence aurait attiré l'attention), le fonctionnaire du Pentagone chargé de la préparation des opérations et moi-même nous rencontrâmes à l'aéroport de Bruxelles, à bord de l'« Air Force One ». L'avion qu'utilisait Nixon avait été spécialement conçu selon les directives de Johnson. Juste derrière la cabine du Président se trouvait une salle de conférences, avec un énorme fauteuil s'adaptant à une table en forme de haricot ; fauteuil et table étaient équipés de boutons permettant de les actionner indépendamment. Le fauteuil était très maniable ; quant à la table, grâce à un habile dispositif hydraulique, elle montait ou descendait à volonté.

Mais si, par mégarde, on se trompait de bouton, la table s'enfonçait lentement, vous rivant à votre fauteuil ; la situation pouvait encore devenir plus critique si le fauteuil montait en même temps. Dans ce décor étonnant, nous traçâmes les grandes lignes du plan de bombardement des sanctuaires ennemis : les bombardements seraient limités à 8 km à l'intérieur de la frontière ; nous n'annoncerions pas les attaques, mais les reconnaîtrions si le Cambodge protestait, et offririons des dédommagements pour les dégâts aux civils. Dans le peu de temps qui nous était imparti, nous arrêtâmes un programme militaire et diplomatique, ainsi que, dans leurs grandes lignes, les comptes rendus que nous ferions à la presse. Haig et l'expert du Pentagone regagnèrent aussitôt Washington pour informer Laird. Plus tard, Nixon donna un résumé de tout cela à Rogers à Londres, sans entrer dans les détails.

Le jour même, de Washington, Laird nous câbla ses réserves : il pensait qu'il serait impossible de garder les bombardements secrets, que la presse serait difficile à manier et que le soutien de l'opinion publique ne nous était pas acquis. Il demandait instamment d'attendre que la provocation soit plus évidente. Son attitude reflétait bien le climat d'hésitation dans lequel nous vivions alors — la peur de réveiller les démons assoupis de la contestation. Avec le recul, il me paraît stupéfiant que notre première préoccupation à tous ait été de savoir si, du point de vue juridique, il y avait eu violation des engagements pris, alors que 400 Américains étaient tués chaque semaine, et que les Nord-Vietnamiens tentaient par ce moyen de briser notre volonté avant que nous ayons pu échafauder le moindre plan de riposte. Fait plus étonnant encore, durant toute cette période, on n'étudia jamais sérieusement la possibilité d'une reprise des bombardements du Vietnam du Nord ; l'arrêt des bombardements, qui, à l'origine, avait été décidé pour permettre de régler plus rapidement le conflit, était devenu une fin en soi.

Je partageais les conclusions de Laird sur le bombardement des bases du Cambodge, même si je ne le suivais pas dans son raisonnement. Selon moi, une absence de réaction de notre part à une décision aussi cynique que celle prise par Hanoi risquait d'anéantir nos espoirs d'aboutir à la négociation ; Hanoi ne pourrait y voir qu'une preuve de l'impuissance de Nixon à résister aux pressions exercées sur lui aux États-Unis ; cela ne ferait probablement qu'encourager les Nord-Vietnamiens à d'autres défis militaires, leur objectif étant de scier Nixon comme ils avaient scié Johnson. Ce qui m'inquiétait, c'était le choix du moment : je ne trouvais pas prudent de lancer une nouvelle opération militaire alors que le Président voyageait en Europe et pouvait, par conséquent, être en butte à des manifestations d'hostilité, sans avoir la possibilité de rencontrer et de rallier son gouvernement. En outre, la perspective de faire du problème vietnamien le noyau de toutes nos déclarations à la presse européenne, ou d'avoir à nous justifier en privé auprès de gouvernements alliés qui ne souhaitaient pas toujours concilier leurs deux positions — d'une part, le soutien qu'ils accordaient en privé à notre action au Vietnam, d'autre part, leur position officielle qui consistait à se démarquer de cette même action — ne me souriait guère. Je confiai toutes ces pensées au Président Nixon qui, le lendemain même, à Bonn, annula son plan.

Le Mini-Têt, comme on l'appela, mit en lumière la précarité de notre position sur le plan intérieur. L'offensive ennemie avait sûrement été préparée depuis plusieurs mois. Lorsqu'elle se produisit, le nouveau gouvernement était en place depuis tout juste quatre semaines ; l'ennemi ne pouvait donc connaître nos intentions puisque nous-mêmes ne les connaissions pas encore. Pourtant, le 9 mars, le *New York Times* accusa le nouveau gouvernement d'avoir provoqué Hanoi : n'avions-nous pas passé un mois à étudier les différentes solutions qui s'offraient à nous dans une guerre où était engagé un corps expéditionnaire de plus de 500 000 hommes ? « La triste réalité », pouvait-on y lire, « c'est que les pourparlers de Paris sont actuellement au point mort, tandis que l'ambassadeur Lodge attend le feu vert de la Maison-Blanche pour faire de nouvelles propositions de paix ou pour engager des négociations privées qui, seules, probablement, permettront d'avancer vraiment. On a tout arrêté pour laisser le temps au gouvernement Nixon d'étudier soigneusement la situation militaire et politique. » Le Congrès devait bientôt se faire l'écho de ce point de vue.

Le Président adopta une position modérée en public, tout en rongeant son frein en privé. Le 4 mars, il déclarait au cours d'une conférence :

> « Nous n'avons pas agi dans la précipitation ; mais il ne faudrait pas voir dans la patience et l'indulgence dont nous avons fait preuve, ou dans l'absence de réaction de notre part, la marque d'une quelconque faiblesse. Nous ne tolérerons pas que l'on continue à violer l'engagement qui a été pris. Mais, surtout, nous ne tolérerons pas d'attaques qui se traduiraient par des pertes en hommes encore plus lourdes pour nous, alors même qu'à Paris nous nous efforçons sincèrement de rechercher un compromis de paix à la table de conférence. Si ces attaques continuent, nous prendrons les mesures qui s'imposent pour y répondre. »

Le 4 mars, je transmis au Président, sans commentaire, une note de Laird, expliquant pourquoi il était hostile à la proposition de l'État-Major interarmes d'attaquer le Vietnam du Nord. Laird était loin d'être une « colombe » : en temps normal, son tempérament le portait plutôt à choisir le combat. Il aurait préféré que l'on s'acheminât vers la victoire. Mais il savait également prendre la température de l'opinion publique et du Congrès. En homme politique qui ne manquait pas de flair, il savait que ceux qui élèvent des barricades risquent fort de compromettre leur avenir politique ; pour sa part, il n'avait pas l'intention de faire ce sacrifice. C'est pourquoi il naviguait prudemment entre ses convictions, qui lui conseillaient une riposte militaire, et son instinct politique, qui l'incitait à la modération. Hostile au bombardement du Vietnam du Nord, il devint un fervent partisan de l'attaque des sanctuaires du Cambodge (son seul point de désaccord portait sur la ligne de conduite adoptée à l'égard de la presse : selon lui, en effet, il n'était pas possible, pour des raisons pratiques et non morales, de tenir les bombardements secrets). Le Président, qui avait tenu le même raisonnement, donna l'ordre d'attaquer les bases ennemies du Cambodge, le 9 mars. Le 7, Rogers exprima son désaccord, en raison des perspectives de pourparlers privés à Paris.

Pour la deuxième fois, Nixon annula son ordre. Mais son dépit et son impatience augmentaient un peu plus chaque fois qu'il se voyait contraint à revenir sur sa décision. Comme Laird, il répétait qu'il ne voulait pas frapper le Nord, mais qu'il voulait faire « quelque chose ». Le 14 mars, au cours d'une conférence de presse, on lui demanda s'il ne commençait pas à perdre patience. Nixon répondit :

> « La lecture des journaux de ce matin, qui indiquent que, dans la semaine qui vient de s'écouler, nos pertes sont passées de 400 à 300, ne m'a été d'aucun réconfort. Ce chiffre est beaucoup trop élevé. Mais c'est en fonction des répercussions qu'elle aura sur les négociations en cours à Paris qu'il faut calculer notre réaction. Je vous répondrai donc comme je l'ai déjà fait en d'autres occasions... Nous avons lancé un avertissement : je ne le ferai pas deux fois. Et si nous estimons que le niveau de nos pertes dépasse les limites de ce que nous pouvons supporter, nous prendrons les mesures qui s'imposent. »

Le lendemain, un pas de plus était franchi dans la violation de nos accords : les Nord-Vietnamiens lancèrent cinq roquettes sur Saigon. Au cours des deux premières semaines du mois de mars, l'ennemi avait lancé 32 attaques contre des grandes villes du Vietnam du Sud. Le jour où les roquettes tombèrent sur Saigon, je reçus un coup de fil du Président à 15 h 35 : il ordonnait de lancer immédiatement une attaque de B 52 sur les sanctuaires du Cambodge. Nixon, qui avait vu ses plans contrecarrés pendant un mois, était catégorique : « Le ministère des Affaires étrangères ne sera averti que lorsqu'un retour en arrière ne sera plus possible... Il n'y a pas à discuter cet ordre. » (« Il n'y a pas à discuter » était une des phrases favorites de Nixon. Pour ceux qui le connaissaient, elle reflétait en fait une très grande indécision, ce qui, bien entendu, avait pour effet de susciter des discussions plutôt que de les apaiser.)

Je déclarai au Président qu'il ne pouvait prendre une décision de cette importance sans avoir donné auparavant à ses proches conseillers l'occasion d'exprimer leur point de vue, ne serait-ce que pour se protéger si cette décision provoquait des réactions houleuses dans le pays. Il n'y avait pas de temps à perdre. Il faudrait mettre au point un plan d'action détaillé, pour parer à toute éventualité, et la préparation des instructions demanderait au moins vingt-quatre heures. Une réunion fut donc fixée au lendemain dans le Bureau ovale. Je consultai Laird, qui approuvait tout à fait la décision du Président. Pour préparer cette réunion, je rédigeai, à l'intention du Président, une note où je résumais les pour et les contre. Les risques allaient d'une protestation pour la forme du Cambodge à une violente réaction des Soviétiques, d'une résistance sérieuse au Cambodge à des représailles directes des Nord-Vietnamiens — bien qu'il fût difficile de concevoir ce que Hanoi aurait pu entreprendre de plus que ce qu'il faisait déjà. Enfin, on risquait de voir resurgir la contestation à l'intérieur du pays, et d'assister à de nouvelles manifestations d'opposition à la guerre. Je pensais qu'il serait bon que notre délégation à Paris propose une réunion privée le jour du bombardement, afin de souligner que notre préférence allait à une solution négociée. Je demandai instamment au Président d'insister auprès de ses partenaires sur le fait que le bombardement envisagé ne constituerait en aucune façon un précédent. Ce que mon inventaire ne prévoyait pas (pas plus d'ailleurs que ne l'avait fait aucune de nos délibérations), c'est ce qui se passa en réalité, à savoir qu'aucune réaction ne vint de Hanoi, de Phnom Penh, de Moscou ou de Pékin.

Participaient à la réunion qui eut lieu au Bureau ovale, dans l'après-midi du dimanche 16 mars, Rogers, Laird, Wheeler et moi-même. C'était la première fois depuis son arrivée au pouvoir que Nixon devait prendre une décision concrète en pleine crise internationale ; c'était également la première fois qu'il devait affronter l'opposition de ses associés à une ligne d'action dans laquelle il était déjà engagé. Nixon aborda la difficulté d'une façon qui allait devenir sa marque distinctive. D'un côté, sa décision était prise, et il n'avait pas l'intention d'en changer ; il m'avait d'ailleurs donné instruction de prévenir le ministère de la Défense à cet effet, vingt-quatre heures avant la réunion. De l'autre, il pensait qu'il fallait faire comme si la décision n'était pas encore définitive. Cela nous entraîna dans une discussion interminable, qu'il trouva fort désagréable, et qui renforça sa tendance à exclure les récalcitrants des délibérations ultérieures.

La réunion du Bureau ovale suivit le cours prévu. Laird et Wheeler étaient résolument partisans de l'attaque. Quant à Rogers, ses objections portaient non pas sur des raisons de politique étrangère, mais sur des raisons d'ordre intérieur. Il ne souleva pas la question du statut de pays neutre du Cambodge : il était admis une fois pour toutes (et à juste titre) que nous avions le droit de riposter à la violation manifeste de la neutralité cambodgienne par les Nord-Vietnamiens, puisque le Cambodge ne voulait pas défendre cette neutralité ou en était incapable [5]. Rogers craignait que nous n'allions au-devant de remous au Congrès, alors même que les choses étaient en train de s'apaiser. On discuta pendant plusieurs heures et Nixon feignit de se laisser convaincre par Laird et Wheeler de faire ce qu'il avait déjà ordonné. Quant à moi, ayant exposé mon point de vue dans la note que j'avais remise à Nixon, je n'intervins pas. Finalement, Rogers accepta le principe d'une attaque de B 52 dirigée sur la zone où, pensait-on, se trouvait le Quartier Général des communistes. Ce genre de délibérations est éloquent : au bout d'un mois d'agressions nord-vietnamiennes ayant causé plus d'un millier de morts du côté américain, nous répondions, après des semaines d'âpres discussions, par *un seul* raid américain à 3 km à l'intérieur de la frontière cambodgienne, dans une zone occupée depuis plus de quatre ans par les Nord-Vietnamiens. Et c'est cela qui allait entrer dans l'histoire comme un exemple d'« acte illégal » et gratuit.

Après la réunion, l'État-Major interarmes suggéra d'adjoindre à ce que nous avions décidé plusieurs attaques dirigées sur les concentrations de troupes nord-vietnamiennes qui violaient la zone démilitarisée. Laird et moi-même pensions qu'il était plus important de garder Rogers de notre côté, et la proposition fut rejetée.

L'attaque des B 52 eut lieu le 18 mars contre la base 353, à 5 km à l'intérieur de la frontière (voir carte II). Pour cette opération, le Pentagone était allé chercher, dans sa réserve inépuisable de noms de code, celui de « Petit Déjeuner », aussi dépourvu de sens que de bon goût. Lorsqu'une attaque aérienne touche un dépôt de fuel ou de munitions, il se produit toujours des explosions secondaires qui prouvent de manière pratiquement certaine que le raid a atteint son objectif. La première estimation que nous envoya l'équipage de l'opération « Petit Déjeuner » du 18 mars faisait état de « 73 explosions secondaires au total dans la zone visée, d'une intensité cinq fois supérieure à celle qui est normalement enregistrée au cours d'une explosion secondaire ordinaire ».

A l'origine, l'attaque de la base 353 avait été conçue comme un raid unique. Néanmoins, Nixon en ordonna un autre en avril 1969, en partie parce que ni Hanoi, ni Phnom Penh n'avaient réagi au premier, en partie également parce que les résultats avaient dépassé nos espérances, mais surtout en raison d'un événement qui s'était produit loin de là, en Corée du Nord. Nixon avait voulu réagir, lorsqu'un simple avion de reconnaissance américain avait été abattu, en bombardant la Corée du Nord (il avait sévèrement critiqué Johnson pour n'avoir pas réagi, en prenant les mesures énergiques qui s'imposaient, à la capture par la Corée du Nord du navire espion *Pueblo*). Si Nixon s'était retenu, c'était essentiellement en raison de la vigoureuse opposition de Rogers et de Laird. Mais, comme toujours lorsqu'il avait fait taire son désir instinctif de réagir brutalement, Nixon cherchait un autre endroit où il pourrait montrer de quoi il était capable. Il ne craignait rien tant que d'être taxé de faiblesse ; il est vrai qu'il avait également de bonnes raisons de politique étrangère pour ne pas laisser croire à Hanoi qu'il était paralysé.

En mai, Nixon ordonna de lancer des attaques sur une série d'autres bases cambodgiennes toutes dépeuplées et situées le long de la frontière, à moins de 8 km de celle-ci. L'attaque de la base 350 reçut le nom de « Dessert », celle de la base 351 le nom de « Goûter », celle de la base 740 celui de « Souper », celle de la base 609 le nom de « Déjeuner », et enfin celle de la base 352 celui de « Dîner ». Partant du principe que, lorsque l'on a une idée il faut la suivre jusqu'au bout, l'ensemble des opérations fut baptisé « Menu ». Les attaques furent intermittentes d'avril à début août 1969 ; chacune d'entre elles fut spécifiquement approuvée par la Maison Blanche. Ensuite, Nixon donna une autorisation générale et les raids furent menés dans les règles. Il suffit de regarder la carte délimitant avec précision, le long de la frontière, l'étroite bande de terre de quelques kilomètres de large seulement où étaient concentrées les bases pour se rendre compte qu'il était totalement dénué de fondement de nous accuser d'avoir « bombardé massivement le Cambodge neutre ». C'est pourtant ce que firent en 1974 douze membres de la Commission judiciaire de la Chambre, qui proposèrent de condamner Nixon sous prétexte qu'il avait caché au Congrès « une conduite des opérations plus choquante et plus incroyable que celle de n'importe quel Président au cours de n'importe quelle guerre dans toute l'histoire des États-Unis » — pour reprendre les termes du député Robert Drinan [6]. Ni le Cambodge ni le Vietnam du Nord ne firent jamais état de Cambodgiens ou de civils tués. Les statistiques concernant la quantité de bombes lâchées au cours de ces raids, si souvent invoquées pour prouver la barbarie du gouvernement, se gardent bien de parler de ce fait essentiel, pas plus qu'elles ne précisent qu'il s'agissait d'une attaque circonscrite à une bande de territoire large de quelques kilomètres seulement, le long de la frontière. L'opération « Menu » se poursuivit jusqu'en mai 1970. A partir de cette date-là, l'aviation intervint ouvertement pour couvrir les attaques au sol des troupes américaines et sud-vietnamiennes contre les bases nord-vietnamiennes.

Des rapports périodiques tenaient Nixon au courant du déroulement de l'opération « Menu ». En novembre 1969, il écrivit sur l'un de ces rapports : « Continuez les raids. » En décembre 1969 et en février 1970, il demanda qu'on évalue leur utilité. Laird répondit que, pour le général Abrams et l'ambassadeur Bunker, « Menu était une des opérations les plus efficaces de toute la guerre ». Le général Abrams soutenait que « Menu » avait bouleversé la logistique de l'ennemi, fait avorter plusieurs de ses offensives et réduit considérablement la menace qui pesait sur toute la région de Saigon. Laird reprit à son compte le jugement de l'État-Major interarmes et du général Abrams, selon lequel l'opération « Menu » « avait été efficace et pouvait le demeurer, moyennant des risques acceptables ».

Au départ, nous avions l'intention de reconnaître l'opération « Petit Déjeuner » si les Cambodgiens ou les Nord-Vietnamiens réagissaient, ce à quoi nous nous attendions fermement. C'est ainsi que la C.I.A., dans ses deux mémoires des 20 février et 6 mars, prévoyait qu'il était « certain » ou « à peu près certain » que Hanoi chercherait à tirer profit de la situation à des fins de propagande, en accusant les Américains d'avoir voulu étendre le conflit. Le ministère de la Défense doutait que l'on pût garder les attaques secrètes. Quant à moi, je pensais que rien ne nous permettait de le savoir. Au cours d'une conversation que j'eus avec Nixon le 8 mars, je déclarai à ce dernier : « Je suis d'accord avec Packard pour penser que si nous lançons une attaque et que cela ne nous apporte rien de le cacher, alors il nous faut oser dire ce que nous avons fait. » Le Président en convint. On prépara donc une reconnaissance en bonne et due forme pour le cas où le Cambodge protesterait.

Au début, si nous voulions rester discrets sur ces attaques, c'était pour éviter de contraindre les Nord-Vietnamiens, le prince Sihanouk du Cambodge, les Soviétiques et les Chinois à réagir officiellement, ce qu'ils ne tenaient peut-être pas à faire. Une déclaration spontanée des Américains aurait obligé Hanoi à faire connaître publiquement sa réaction, laquelle aurait pu se traduire par des représailles militaires ou par une interruption des pourparlers de paix. Elle aurait également contraint Sihanouk à prendre officiellement position, en le faisant pencher du côté de Hanoi, au moment même où il s'efforçait de se maintenir en équilibre sur la corde raide de la neutralité. Enfin, elle aurait suscité des réactions de la part de l'Union soviétique et de la Chine qui seraient venues entraver les sérieux efforts que nous faisions pour élaborer une diplomatie entre nos trois pays.

Mais, contrairement à toute attente, Hanoi ne protesta pas. Sa délégation à Paris accepta même la proposition qui lui avait été faite par Lodge le 22 mars d'engager des pourparlers privés, moins de soixante-douze heures après que nous lui en avions fait la suggestion. Quant à Sihanouk, non seulement il ne protesta pas, mais encore il considéra le bombardement comme quelque chose qui ne le concernait pas, puisqu'il s'était produit dans des zones totalement occupées par les troupes nord-vietnamiennes et n'avait atteint aucun Cambodgien ; partant, il était hors de son champ d'action et le prince n'était même pas censé en avoir eu connaissance.

En fait, nos relations avec le Cambodge s'améliorèrent d'une façon spectaculaire tout au long de la période des bombardements. La subtilité et l'habileté du jeu de Sihanouk, qui lui avaient permis de trouver un équilibre entre les pressions intérieures et les pressions extérieures, étaient depuis dix ans un sujet d'émerveillement pour tous. Prince héréditaire, Norodom Sihanouk, qui avait fait en sorte de s'assurer un soutien massif d'une partie de la population, semblait maintenant inattaquable. Il avait consolidé l'indépendance de son pays et acquis le prestige de celui dont on ne peut plus se passer. Il avait fait ce qu'il fallait pour que son pays reste neutre. C'est ainsi qu'après l'accord du Laos en 1962 il était arrivé à la conclusion que les communistes, qu'il haïssait, l'emporteraient probablement en Indochine. Il s'était donc adapté à cette réalité, en acceptant que les Nord-Vietnamiens installent leurs bases dans son pays. En 1965, il trouva un prétexte pour rompre ses relations diplomatiques avec les États-Unis. Néanmoins, c'était à contrecœur qu'il collaborait avec les communistes. Hanoi soutenait les Khmers rouges (les communistes cambodgiens), qui avaient commencé leurs actions de guérilla bien avant que les Américains soient intervenus au Cambodge. Sihanouk avait alors condamné à mort par contumace les dirigeants communistes. C'est pour toutes ces raisons que je soutins énergiquement Rogers, lorsqu'en février 1969 il conseilla au Président de tenter une démarche auprès de Sihanouk, en vue d'améliorer les relations entre nos deux pays *. Ces tentatives d'ouverture rencontrèrent un accueil chaleureux, et notre ambassade à Phnom Penh rouvrit, sous la conduite d'un chargé d'affaires.

Le fait que Sihanouk ait accepté les bombardements n'aurait pourtant pas dû nous surprendre. En effet, dès le 10 janvier 1968, sous le gouvernement précédent, il avait déclaré à l'émissaire du Président, Chester Bowles :

> « Nous voulons qu'il ne reste aucun Vietnamien au Cambodge... Nous serons très heureux si vous réglez ce problème. C'est pourquoi nous ne nous opposons pas à ce que vous poursuiviez avec acharnement dans les zones inhabitées. En agissant ainsi, vous nous délivreriez du Viet-cong. Pour moi, il n'y a que le Cambodge qui compte. J'aimerais que vous forciez les Viet-congs à quitter le Cambodge. S'il s'agit très précisément d'attaques dans des zones non peuplées, où ne se trouvent pas de Cambodgiens, alors je fermerai les yeux. »

* Il peut être intéressant de remarquer que le ministère de la Défense et l'État-Major interarmes s'opposèrent à cette ouverture diplomatique, car ils craignaient que celle-ci puisse entraver un éventuel bombardement des bases ennemies au Cambodge. C'est ainsi que je reçus une note du ministère de la Défense qui me mettait en garde contre des « démarches diplomatiques impliquant que l'on freine ou même que l'on arrête complètement toute expansion de nos actuels corps de manœuvres destinée à protéger nos troupes au Vietnam du Sud ». Cette note était signée par Paul Warnke, qui était alors encore adjoint au ministre de la Défense pour les questions de sécurité internationale.

Le 13 mai 1969, deux mois environ après le début des bombardements, Sihanouk donna une conférence de presse dans laquelle il reconnut quasiment les bombardements, mais où il nia énergiquement qu'il y ait eu des civils tués ; il nous invitait à continuer dans la même voie, quelles que soient pratiquement nos intentions :

« Si je n'ai pas protesté devant les bombardements des camps viet-congs, c'est parce que je n'ai pas entendu parler de ces bombardements. Je n'étais pas au courant, tout simplement parce que dans certaines zones du Cambodge il n'y a pas de Cambodgiens. »

« Le Cambodge ne proteste que s'il y a destruction de vies ou de biens cambodgiens. Tout ce que je peux dire, c'est que, tant que je ne suis pas au courant, il m'est impossible de protester. Mais je le ferai si des Khmers [Cambodgiens] sont tués ou si des biens leur appartenant sont détruits.

« Voilà le premier rapport concernant plusieurs bombardements de B-52. Pourtant, je n'en ai rien su, car je n'ai perdu ni maison ni compatriote ni quoi que ce soit d'autre. Personne n'a été pris dans ces tirs de zones, absolument personne, en tout cas aucun Cambodgien. »

« Je tiens à vous le dire, Messieurs, si un seul Cambodgien ou le moindre buffle est tué, j'en serai immédiatement averti. Mais, pour le moment, c'est une affaire entre les Américains et le Viet-cong — Vietminh, hors de la présence du moindre témoin khmer. Puisqu'il n'y a aucun témoin khmer, pourquoi voulez-vous que je proteste ? Toutefois, cela ne signifie en aucun cas que je laisserai l'un ou l'autre camp violer mon territoire. Je vous demanderai de bien noter cela. »

Le 22 août 1969, Sihanouk tint le même langage au sénateur Mansfield * (d'après le câble qui relate leur entretien) :

« S'il n'y eut aucune protestation de Sihanouk à la suite des bombardements dans son pays, c'est parce que ceux-ci n'avaient touché ni villages ni civils cambodgiens, mais seulement des Viet-congs ou leurs installations. Sihanouk m'a dit que pratiquement tout ce qu'il savait des bombardements américains dans des zones inhabitées du Cambodge, il le tenait de déclarations qu'il avait lues dans la presse américaine. Il a beaucoup insisté pour que l'on évite les incidents où la vie de Cambodgiens pourrait être en péril. »

* Le sénateur Mansfield, qui n'avait pas connaissance du programme « Menu », devait supposer que Sihanouk parlait de bombardements accidentels.

Le 31 juillet 1969, après quatre mois et demi de bombardement des bases nord-vietnamiennes à l'intérieur du Cambodge, Sihanouk invita chaleureusement le président Nixon à venir en visite au Cambodge pour fêter le renforcement des relations américano-cambodgiennes. Ces relations allèrent d'ailleurs en s'améliorant jusqu'au moment où, contre toute attente, Sihanouk fut renversé.

Personne ne doutait de notre bon droit, lorsque nous attaquions des zones d'où partaient les Nord-Vietnamiens pour aller tuer des forces américaines et alliées, d'où toute administration cambodgienne avait été chassée et dans lesquelles, selon Sihanouk lui-même, pas même un buffle cambodgien n'avait été tué. Nous ne voyions aucune utilité à annoncer que le Cambodge nous encourageait à poursuivre, et que le Vietnam du Nord ne réagissait pas. Si nous voulions garder le secret, c'était pour éviter que cette question ne provoque une crise internationale, ce qui aurait très probablement compliqué nos efforts, tant sur le plan diplomatique que sur celui de la guerre. Celle-ci avait été étendue au Cambodge quatre ans plus tôt par les Nord-Vietnamiens, qui occupaient une partie de son territoire. Un pas de plus avait été franchi dans la guerre, au Vietnam même, lorsque, à partir du 22 février, les Nord-Vietnamiens avaient violé les accords de 1968 en attaquant des villes. Bombarder des zones d'où les soldats nord-vietnamiens avaient expulsé tous les Cambodgiens, afin de pouvoir tuer plus efficacement des Américains, au rythme de 400 par semaine, constituait une réaction minimale de défense parfaitement compatible avec notre politique internationale. D'ailleurs, l'opinion publique américaine l'aurait sûrement approuvée. Mais elle fut gardée secrète, car, en l'annonçant officiellement, nous aurions porté un coup gratuit au gouvernement cambodgien qui aurait été obligé de demander l'arrêt des bombardements. Par ailleurs, elle aurait encouragé les Nord-Vietnamiens à se livrer à des représailles (en effet, comment auraient-ils pu ne pas réagir, alors que nous avions annoncé nous-mêmes que nous le faisions ?). Les Nord-Vietnamiens gardèrent le silence, car ils ne souhaitaient pas faire trop parler de leur présence illégale en territoire cambodgien. Finalement, nos bombardements sauvèrent des vies américaines et sud-vietnamiennes.

C'est la raison pour laquelle Nixon et moi-même fûmes si indignés lorsque nous constatâmes, à la lecture de la presse, qu'il y avait eu des fuites du côté américain. Le *New York Times* des 26 mars et 27 avril, et le *Washington Post* du 27 avril également publièrent des comptes rendus des attaques aériennes de B-52, et d'autres encore, sur les bases du Cambodge. Le 9 mai, un article détaillé de William Beecher paraissait dans le *New York Times*, suivi d'un autre, le 16 mai, dans le *Wall Street Journal* ; puis une dépêche de l'*United Press International*, qui fut largement diffusée, parut dans le *Washington Post* du 18 mai ; *Newsweek* en parla le 2 juin.

Convaincu comme moi que les fuites ayant trait aux opérations militaires, qui étaient parues dans la presse, mettaient inutilement en péril des vies américaines, le Président alla consulter le ministre de la Justice et le directeur du F.B.I. sur les mesures à prendre pour y remédier. J. Edgar Hoover conseilla à Nixon d'installer des écoutes téléphoniques qui, souligna-t-il, avaient été largement utilisées par les gouvernements précédents à cette fin (et à d'autres beaucoup moins justifiées). Le ministre de la Justice lui affirma que c'était là un procédé légal. Nixon fit donc installer des écoutes pour les trois catégories de personnes suivantes : les fonctionnaires ayant accès aux dossiers concernant les questions de sécurité, et partant aux renseignements sur le camp ennemi ; les fonctionnaires qui avaient accès aux renseignements secrets ayant fait l'objet de fuites ; enfin, les personnes dont les noms furent avancés au cours de l'enquête comme pouvant faire l'objet de soupçons selon les deux premiers critères. En se basant sur ces critères, treize fonctionnaires et quatre journalistes furent branchés sur table d'écoute par le F.B.I., certains pendant quelques semaines, d'autres pendant plusieurs mois (mon Cabinet ne connut l'existence que d'un certain nombre de ces écoutes). Contrairement à ce qu'ont pu écrire de mauvais esprits, les hauts fonctionnaires ne passèrent pas leur temps à se délecter de la lecture intégrale des longues transcriptions de conversations personnelles. Ils reçurent en fait de brefs résumés (d'une page environ en moyenne) de ce que le F.B.I. considérait comme des discussions relatives à des points délicats de politique étrangère ou militaire. Le seuil à partir duquel le F.B.I. commençait à avoir des soupçons était beaucoup plus bas que celui de la Maison-Blanche ; en mai 1971, Nixon cessa de faire parvenir les comptes rendus à mon cabinet ; c'est ainsi que Haldeman se trouva être seul à les recevoir alors comme par le passé.

Je traiterai dans un autre chapitre des problèmes soulevés par la pratique de l'écoute téléphonique en matière de Sécurité nationale, ainsi que, d'une manière plus générale, du style politique du gouvernement Nixon. Je voudrais simplement rappeler ici que j'acceptai ce qui, je n'avais aucune raison de le mettre en doute, constituait un recours légal couramment utilisé dans des circonstances analogues et avait été employé par les précédents gouvernements, d'après ce que l'on nous avait dit, beaucoup plus énergiquement et avec moins de garanties. Sa raison d'être, que j'approuvais pleinement, était d'empêcher de faire courir un danger à des Américains ou à des Sud-Vietnamiens, parce que quelques personnes (que l'on ne découvrit jamais) auraient révélé des secrets militaires qui leur avaient été confiés, dans le but de ruiner la ligne politique que nous avions arrêtée après mûre réflexion et qui conciliait, à notre avis, le respect de la légalité et notre intérêt national. Je pense aujourd'hui que les garanties plus sérieuses dont est maintenant assorti le recours à l'écoute téléphonique en matière de Sécurité nationale traduisent un souci encore plus profond de l'intérêt national ; néanmoins, je n'ai pas changé d'avis quant à l'immoralité de ces êtres qui, au mépris de leurs responsabilités, tentaient de saboter la ligne politique adoptée par le gouvernement, mettant par là même en péril la vie d'un certain nombre d'Américains.

Mais, par ailleurs, je pense aujourd'hui que nous avons eu tort de ne pas être plus francs avec les dirigeants du Congrès. Certes, une réunion d'information complète fut organisée le 11 juin 1969 au Bureau ovale par le Président Nixon et moi-même, à l'intention des sénateurs John Stennis et Richard Russel, respectivement présidents de la Commission des Forces armées et de la Commission budgétaire du Sénat. Furent également mis au courant le chef de l'opposition au Sénat, Everett Dirksen, et, à la Chambre des représentants, Mendel Rivers et Leslie Arends, respectivement président et membre éminent de l'opposition de la

Commission des Forces armées de la Chambre, ainsi que le chef de la minorité Gerald Ford. De son côté, Laird informa les principaux membres des Commissions des Forces armées et des Commissions budgétaires du Congrès. Mais personne ne souleva la question de savoir s'il fallait consulter le Congrès dans son entier. En effet, l'usage voulait que l'on procède de la sorte pour informer le Congrès des opérations militaires qui avaient été décidées. Dans ce domaine également, des changements sont intervenus depuis lors, et c'est sans nul doute un bien *.

Sur un autre plan, il est également faux de dire que, en délogeant les Nord-Vietnamiens de leurs bases, les bombardements ont étendu la guerre à l'intérieur du Cambodge. Dans la mesure où les Nord-Vietnamiens abandonnèrent leurs bases, ce fut pour refluer vers le Vietnam, et non pour s'enfoncer à l'intérieur du Cambodge, du moins jusqu'au soudain renversement de Sihanouk, qui survint un an plus tard. A partir de ce moment-là, les forces nord-vietnamiennes commencèrent à investir progressivement les villes et les positions militaires cambodgiennes, afin d'isoler Phnom Penh et de renverser les successeurs de Sihanouk, comme je le décrirai dans un prochain chapitre **. D'ailleurs, cette extension du conflit, qui se traduisait par cette nouvelle forme d'agression vietnamienne, toute douloureuse et tragique qu'elle fût, n'était un secret pour personne. Elle était parfaitement connue de l'opinion publique américaine, avait fait l'objet de discussions au Congrès et d'amples commentaires dans la presse. Nos opérations aériennes étaient menées selon des règles d'engagement strictes, supervisées par notre ambassadeur à Phnom Penh et facilitées par la prise de photographies aériennes, devant permettre d'éviter, dans toute la mesure du possible, les zones habitées par des civils cambodgiens. Les bombardements « secrets » concernaient des territoires peu étendus, pratiquement inhabités, et occupés en totalité par les Nord-Vietnamiens. On a parfois voulu donner l'image déformée d'un gouvernement belliqueux et sanguinaire, qui nourrissait le noir dessein d'abuser le pays, alors qu'il s'agissait en réalité d'hommes à bout de forces, qui, redoutant à la fois la capitulation sur le terrain et une nouvelle escalade de la violence, avaient choisi ce qu'ils considéraient comme un moindre mal entre le bombardement du Vietnam du Nord et l'acceptation résignée de l'humiliation d'une offensive aussi sanglante que déshonorante. Les attaques contre les bases ennemies du Cam-

* La « double comptabilité » du Pentagone n'avait pas les motifs sinistres qu'évoquèrent les révisionnistes. Les instructions du Pentagone ne passèrent pas par la filière officielle, tout simpleement parce qu'on voulait garder secret ce premier raid (qui, à l'origine, devait être le seul). Il ne s'agissait pas de tromper le Congrès (les principaux parlementaires étaient d'ailleurs au courant), mais d'empêcher que la presse de Saigon ne soit informée de l'attaque. Cette procédure devint une routine quand les bombardements s'intensifièrent, deux mois plus tard. Lorsque les Commissions du Congrès demandèrent des comptes, quatre ans plus tard, des fonctionnaires du Pentagone nouvellement appointés et qui ignoraient l'existence des deux filières, leur fournirent des données tirées des dossiers officiels. Il s'agit donc d'une erreur bureaucratique.

** Lors d'un entretien que j'eus avec lui le 25 avril 1979 en présence de témoins, Sihanouk nia que nos bombardements aient contribué à faire s'enfoncer les Nord-Vietnamiens vers l'ouest. Nos bombardements « ne les avaient pas impressionnés », me déclara-t-il gaiement. (Voir chapitre 12.)

bodge, qui ne furent entreprises qu'à contrecœur et en dernier recours, ne constituaient qu'une réaction minimale à l'offensive gratuite à laquelle nous nous trouvions confrontés, et qui coûtait la vie à 400 Américains par semaine. Nous attaquions des bases militaires où ne se trouvait aucun civil, et qui étaient situées à moins de huit kilomètres de la frontière. Nous étions prêts à reconnaître les bombardements et à les justifier s'il y avait eu la moindre protestation diplomatique. Mais personne ne protesta : pas plus le Cambodge que les Nord-Vietnamiens ou les Soviétiques, ou encore les Chinois. En agissant discrètement, nous pouvions donc continuer à faire pression sur l'ennemi, sans compliquer la position délicate du Cambodge, ni, plus généralement, tendre encore davantage les relations internationales ou encore précipiter l'abandon de toute modération.

Diplomatie pour un règlement pacifique du conflit

Un des nombreux autres paradoxes de l'expérience vietnamienne fut les proportions que prit très rapidement le débat dans l'opinion publique. Les opposants à la guerre exhortaient le gouvernement à appliquer les termes de négociation qu'ils proposaient ; ils préconisaient des concessions précises qui, selon eux, étaient essentielles à l'instauration de la paix ; mais le gouvernement les acceptait-il, qu'ils en dénonçaient aussitôt l'insuffisance. Le programme des « colombes » changeait constamment. (Hanoi ne s'intéressa d'ailleurs pratiquement jamais aux propositions faites par les « colombes » pour parvenir à un compromis ; mais, s'il ne les prit presque jamais comme base de négociation, il s'en servit par contre pour retourner l'opinion publique contre nous ; mais ceci est une autre question, que nous traiterons par la suite.)

Il suffit, pour s'en convaincre, de regarder quelle était la position des « colombes » en 1968, durant la campagne présidentielle. Le gouvernement Nixon (moi tout au moins) espérait bien réconcilier tous les citoyens de ce pays sur son programme, car il était prêt à reprendre, dans la suite des négociations, un grand nombre des propositions qui avaient été faites par les « colombes » en 1968. En cela, nous étions bien naïfs, comme nous le verrons bientôt.

Au début de l'année 1968 par exemple, le sénateur Robert Kennedy avait fait un ensemble de propositions qui devaient permettre de parvenir à un « règlement honorable du conflit », et qui, de notre point de vue, étaient tout à fait compatibles avec nos propres conceptions. Ces propositions étaient les suivantes :

- arrêt des bombardements du Vietnam du Nord ;
- placement des « grandes » concentrations de troupes ou de matériel sous surveillance internationale (des Nations Unies, de la Commission internationale de Contrôle ou de toute autre organisation internationale) ;
- réduction des opérations de ratissage et de nettoyage américaines, pour les remplacer par la défense des zones à forte densité démographique ;

- ouverture de négociations réunissant toutes les parties présentes dans le conflit, notamment le Front national de Libération ;
- signature d'un accord par lequel les deux parties s'engageraient à ne pas augmenter de manière substantielle leur taux d'infiltration ou leurs renforts, pendant le temps que dureraient les négociations [7].

En 1968, après l'assassinat de Robert Kennedy, les trois principaux Démocrates opposés à la guerre – George McGovern, Eugen McCarthy et Edward Kennedy – présentèrent ensemble le programme suivant à la Convention démocrate :

- arrêt inconditionnel de tout bombardement au Vietnam du Nord ;
- élaboration commune d'un plan de retrait progressif, et surtout *réciproque*, tant des troupes américaines que des *forces nord-vietnamiennes* présentes au Vietnam du Sud ;
- encouragement du Vietnam du Sud à « négocier une réconciliation politique avec le Front national de libération, dans la perspective de... donner au Vietnam du Sud un gouvernement largement représentatif » ; enfin,
- réduction des attaques américaines au Vietnam du Sud, « pour permettre un premier retrait d'une partie de nos troupes ».

La Convention des Démocrates *rejeta* ce plan qu'elle jugea trop modéré.

Le programme adopté par la majorité des Démocrates était plus dur : il demandait le retrait simultané de toutes les forces étrangères, y compris celles du Vietnam du Nord, l'arrêt des bombardements, « si cette mesure ne mettait pas en danger la vie de nos hommes sur le terrain », et l'organisation d'élections libres sous contrôle international. Quant au programme des Républicains, à l'élaboration duquel j'avais pris part [8], il rejetait explicitement l'idée d' « une paix à n'importe quel prix » ou d'une « reddition qui ne voudrait pas dire son nom ». Mais il s'engageait à prendre des « mesures positives, qui permettront de régler le conflit d'une manière juste et équitable pour toutes les parties ». Il reprochait aux Démocrates de n'avoir préparé aucun plan de paix et promettait qu'un gouvernement républicain « poursuivrait sincèrement et énergiquement des pourparlers de paix ». Il promettait en outre « de désengager progressivement les États-Unis de la guerre », d'apporter son soutien total à nos fonctionnaires en poste dans le pays et de consolider la structure politique du Vietnam du Sud.

En août 1969, nous avions offert ou déjà entrepris d'appliquer unilatéralement toutes les propositions du programme modéré des Démocrates de 1968 (qui avait été rejeté à Chicago). Nous étions allés au-delà des promesses du programme républicain, escomptant bien, en faisant montre de souplesse, inciter Hanoi à la modération, et notre pays à retrouver son unité. Notre naïve espérance fut doublement déçue. En effet, ce que Hanoi voulait, c'était la victoire et non un compromis, et son refus de discuter fut accepté par de nombreux critiques comme normal. Par ailleurs, certains des anciens fonctionnaires ayant appartenu aux précédents gouvernements n'eurent aucun scrupule, malgré le rôle qu'ils avaient joué dans notre entrée en guerre, ou le fait que leurs dossiers étaient vierges de toute proposition de paix, à augmenter encore la pression de l'opinion publique en avançant leurs propres propositions. (Bien que le ministre de la Défense, Clark Clifford, ait déclaré, le 10 décembre 1968 : « Laissez-moi vous redire que, pour le moment, nous ne projetons aucune réduction sensible de nos effectifs au Vietnam », cela ne l'empêcha nullement, moins de six mois après avoir quitté son poste, de sommer le nouveau gouvernement d'annoncer le retrait total des troupes américaines.) La seule proposition de négociation américaine dont nous avions hérité était la déclaration dite « de Manille », du 24 octobre 1966, qui prévoyait que « les forces alliées... se retireront, après due consultation, lorsque l'autre camp rappellera ses troupes au Nord et cessera toute infiltration, et que, par conséquent, la violence diminuera. Ces forces partiront aussi vite que possible et, en tout cas, dans un délai maximum de six mois après que les conditions ci-dessus énumérées auront été réunies ». Le gouvernement sud-vietnamien offrit, dans « un programme de réconciliation nationale, d'accueillir les Vietnamiens qui auraient été abusés ou auraient été contraints à unir leur sort à celui du Viet-cong ». Au cours des pourparlers privés qui eurent lieu à Paris le 15 septembre 1968, les négociateurs pour la partie américaine, Averell Harriman et Cyrus Vance, précisèrent aux Nord-Vietnamiens que la formulation de la déclaration de Manille voulait bien dire que le retrait des troupes serait *réciproque*, et entrepris simultanément dans les deux camps, mais à condition, toutefois, qu'une partie des forces américaines reste sur place encore six mois au maximum *après le départ de tous* les Nord-Vietnamiens sans exception.

Au cours de la période de transition, je demandai aussi bien à Harriman qu'à Vance de m'exposer leur point de vue personnel sur les différentes manières possibles de mener la négociation. Ils ne différaient guère des positions officielles adoptées par le gouvernement Johnson.

Averell Harriman en était à la dernière mission diplomatique normale d'une brillante carrière. La première fois que je l'avais rencontré, il occupait le poste de chargé d'Affaires pour l'Extrême-Orient auprès du ministère des Affaires étranngères, au début du gouvernement Kennedy. C'est avec une détermination peu commune que ce vétéran grisonnant s'acquittait des fonctions d'une charge que des hommes de moindre valeur auraient refusée avec mépris comme les faisant déchoir. Il appartenait à une génération d'hommes pour qui l'accès à la fonction publique était une occasion de servir leur pays, et non une occasion de faire carrière. Une fois qu'il fut entré au service du gouvernement, à quarante ans passés (c'était avant la Seconde Guerre mondiale), il ne se consacra jamais à plein temps à une autre activité. La noblesse du style de Harriman allait de pair avec une puissante détermination qui le poussait à imposer aux autres ses convictions profondes. Il cherchait à faire croire qu'il était d'une humeur versatile, et utilisait sa relative surdité à son avantage. C'est ainsi qu'il assistait à des réunions en faisant semblant de ne rien entendre, jusqu'à ce qu'une observation attire son attention : son intervention pouvait être alors aussi bien vivifiante qu'accablante, selon qu'il avait aimé ou non ce qu'il avait entendu. Cette alternance de moments où on le croyait assoupi et d'éclats de voix soudains lui avait valu, non sans raison, le surnom de « crocodile ».

On ne pouvait laisser d'être impressionné par le dévouement, la vivacité, l'expérience et la sagesse de Harriman. C'était le dernier homme politique en exercice à avoir eu affaire personnellement aux grands dirigeants de la Seconde Guerre mondiale – Churchill, Roosevelt et Staline. Son endurance était partiellement due à sa vitalité, mais, plus profondément, cette vitalité reflétait un esprit d'une très grande fraîcheur. Il ne se chargeait jamais d'une mission à laquelle il ne crût pas profondément et avait tendance à faire de chacune d'entre elles une croisade personnelle. S'il n'occupa pas les plus hautes fonctions, auxquelles ses qualités le destinaient incontestablement, ce fut en partie en raison du malaise que provoquait chez les gens de moindre valeur sa très forte personnalité, et en partie aussi en raison de sa tendance à se faire l'avocat passionné de sa cause du moment, au détriment, parfois, de considérations plus importantes.

Dans l'affaire vietnamienne, Harriman avait vite acquis la conviction qu'une solution militaire était impossible, parce qu'il pensait, entre autres, que les moyens qu'il faudrait nécessairement employer pour parvenir à la victoire pourraient déclencher une intervention de la Chine. C'est pourquoi il se fit le défenseur infatigable des négociations. Il se battait avec acharnement au sein de l'administration, et ne craignait pas d'user de son charme et du prestige que lui valait sa fortune pour se tisser tout un réseau de relations sociales qui lui permettaient de faire avancer sa cause. En outre, il savait se servir de la presse.

Lorsque je le rencontrai au cours de la période de transition, c'était un haut fonctionnaire depuis longtemps au service du pays qui était sur le point de quitter les négociations de Paris, juste au moment où celles-ci commençaient à se débloquer et où j'allais pour la première fois entrer en fonctions au gouvernement. Au fil des ans, nos désaccords furent nombreux ; mais ils n'affectèrent en rien l'admiration et l'affection que j'avais pour lui, pas plus que ne se démentirent sa courtoisie et sa serviabilité à mon égard. J'ai toujours regretté que la profonde méfiance de Nixon à l'égard de l' « establishment du Nord-Est » et les préférences partisanes de Harriman aient empêché les gouvernements auxquels j'ai appartenu d'utiliser les services de celui-ci, même si, pour ma part, je l'ai régulièrement rencontré à titre personnel et pour mon plus grand profit tout au long des années que j'ai passées au service de mon pays.

Le 7 janvier 1969, Harriman soumit un mémorandum qui n'avait pas été épuré par le gouvernement Johnson, et qui traçait ce que devaient être selon lui nos orientations. C'étaient *tous* les Nord-Vietnamiens qui devraient être priés de quitter le Vietnam du Sud, c'est-à-dire non seulement les unités de l'armée régulière et les cadres, mais également les unités de réserve nord-vietnamiennes prêtes à servir de renforts aux unités de guérilla viet-congs. Si les pourparlers se déroulaient dans de bonnes conditions, il était disposé à proposer une réduction progressive des opérations militaires. Mais il réaffirma énergiquement le principe de la déclaration de Manille : « Il pourrait s'avérer nécessaire qu'un certain nombre de troupes américaines restent au Vietnam encore longtemps, si nous n'avions pas acquis la certitude que tous les Nord-Vietnamiens avaient bien quitté le

Sud. » Sur le plan politique, Harriman avait adopté une position tout aussi ferme, cette fois en ce qui concernait Saigon. Il était partisan de mener parallèlement deux négociations bien distinctes, selon la nature des problèmes posés (c'était d'ailleurs l'objet de mon article, paru en janvier 1969 dans *Foreign Affairs*) : les États-Unis et Hanoi ne débattraient entre eux que des questions militaires, tandis que la résolution des questions politiques serait laissée aux seules parties vietnamiennes. Harriman ajouta d'un ton aigre-doux que « rien n'obligeait les États-Unis à défendre le gouvernement en place au Vietnam du Sud ». D'après la note que m'adressa son adjoint, Cyrus Vance, le 31 décembre 1968, ce dernier voyait les choses de la même façon.

Ainsi, nos deux anciens négociateurs, qui allaient aussitôt après prendre une part active dans le débat lancé par les partisans de la paix, quittèrent leur poste en soulignant l'importance d'un retrait *réciproque*, d'un délai de six mois devant permettre aux Américains de s'assurer du départ des Nord-Vietnamiens avant d'évacuer, comme convenu, leurs dernières troupes, de l'organisation d'élections libres, et enfin de la nécessité de laisser les seules parties vietnamiennes régler les questions politiques. Par ailleurs, ils étaient tous deux persuadés que les Américains seraient obligés de laisser en permanence sur place une partie de leurs troupes. Ni l'un ni l'autre n'avait demandé ou suggéré un retrait unilatéral des troupes américaines, un gouvernement de coalition, ou un cessez-le-feu inconditionnel, toutes revendications autour desquelles tourna, moins d'un an après, le débat sur la question vietnamienne, en partie du fait de leur intervention.

Notre autre interlocuteur était Hanoi. Dans l'euphorie de notre récente arrivée au pouvoir, j'encourageai Nixon, qui n'était encore que Président-élu, à ne pas perdre de temps pour faire connaître ses bonnes intentions. Je l'incitai à tenter une ouverture vers Hanoi, à titre privé, par l'intermédiaire de mon ami Jean Sainteny, ancien Délégué général de la France à Hanoi. Le 20 décembre 1968, nous adressâmes un message aux Nord-Vietnamiens, en insistant sur le fait que nous étions prêts à engager des négociations sérieuses :

1) le gouvernement Nixon est prêt à entreprendre des pourparlers sérieux ;

2) ces pourparlers doivent être basés sur la fierté nationale et le sens de l'honneur de toutes les parties ;

3) le gouvernement Nixon est prêt à passer un accord honorable, mais ne sacrifiera rien à cet honneur ;

4) si Hanoi en est d'accord, le gouvernement Nixon aimerait en premier lieu débattre des objectifs finaux ;

5) si Hanoi désire nous faire part de certaines de ses observations avant le 20 janvier, nous les étudierons dans une optique constructive, et à titre strictement confidentiel.

La réponse nord-vietnamienne qui nous parvint le 31 décembre 1968 se préoccupait moins d'honneur et de fierté nationale. Elle posait simplement deux exigences essentielles : le retrait total d'absolument *toutes* les forces américaines, et le remplacement de ce que Hanoi appelait la « clique Thieu-Ky-Huong », expression par laquelle il se plaisait à désigner les dirigeants de Saigon avec lesquels il était censé négocier. Hanoi se contentait de réaffirmer sa position officielle, telle que l'avait définie le Comité central du Front national de libération (ou Vietcong) le 3 novembre 1968, c'est-à-dire deux jours après l'arrêt des bombardements décidé par Johnson. Loin d'avoir suscité, comme beaucoup l'escomptaient, une quelconque réciprocité, l'arrêt des bombardements avait encouragé Hanoi à formuler des exigences maximales sur le plan politique, à commencer par le renversement du gouvernement que nous soutenions.

C'est ainsi que le gouvernement Nixon fut confronté pour la première fois au style diplomatique exaspérant des Nord-Vietnamiens. Il aurait été impossible de trouver deux sociétés moins faites pour s'entendre, de par leur destin, que la société vietnamienne et la société américaine. D'un côté, l'histoire du Vietnam et l'idéologie communiste s'étaient conjuguées pour produire une méfiance quasi maladive et un pharisaïsme prononcé. A cela venait s'ajouter l'esprit cartésien hérité du colonialisme français responsable de l'habitude extrêmement dogmatique qu'avaient les Nord-Vietnamiens de faire appel au raisonnement logique pour défendre leur cause. Ils avançaient chacune de leurs propositions comme la seule valable du point de vue logique, et formulaient chacune de leurs exigences sur le mode impératif (les États-Unis « doivent »). En 1971, nous étions si conditionnés que, lorsque les Nord-Vietnamiens remplacèrent « doivent » par « devraient », nous considérâmes que c'était là un progrès considérable. De l'autre côté, les vertus auxquelles les Américains croyaient s'appelaient bonne volonté et esprit de conciliation, qualités qui avaient toutes les chances d'être tenues pour méprisables par des léninistes convaincus qui se considéraient comme les hérauts d'une société future dont l'avènement était inévitable, de la vérité absolue et d'une morale supérieure.

Tout au long de leur Histoire, la survie des Nord-Vietnamiens avait dépendu de leur grande habileté à manipuler physiquement des étrangers plus forts qu'eux ; il leur fallait éviter à tout prix de donner l'impression qu'ils étaient faibles ; or, pour eux, admettre la possibilité d'un compromis équivalait à reconnaître quelque valeur au point de vue adverse, et constituait donc en soi une concession inadmissible. C'est pourquoi les Vietnamiens avaient adopté un style de communication indirect, et, selon les critères américains, tortueux ou déroutant. Sachant qu'ils devaient leur puissance au fait d'avoir intégré des hommes et des femmes de toutes cultures et de toutes croyances, les États-Unis s'étaient forgé une morale de tolérance ; nous autres Américains, qui avions peu l'habitude des déchirures irréversibles, nous estimions que le règlement d'un conflit passait par la recherche d'un moyen terme entre des positions extrêmes. Mais, pour les Vietnamiens, cela voulait dire que nous n'étions pas sérieusement attachés à ce que nous avions précédemment proposé et que nous les traitions à la légère. Ils ne s'étaient pas battus pendant quarante ans pour aboutir à un compromis. Le mode de communication ambigu adopté par les Vietnamiens était destiné d'une part à leur garder ouvertes le plus grand nombre de voies possible et, d'autre part, à miner notre position sur le plan intérieur. Le nôtre était pragmatique et consistait à rechercher le moyen de réconcilier l'irréconciliable, ce que Hanoi considérait comme un piège dans lequel il ne fallait pas tomber ou une faiblesse qu'il fallait exploiter.

Mais il fallait chercher ailleurs la raison profonde de leur attitude. Les Nord-Vietnamiens se considéraient engagés dans une lutte sans merci ; pour eux, les négociations ne constituaient pas une entreprise séparée de la lutte ; elles en faisaient partie. Les pourparlers de Paris n'étaient pas le moyen de parvenir à un accord, mais un instrument de guerre politique. Ils s'en servaient comme d'une arme pour nous épuiser nerveusement, pour nous couper de notre allié sud-vietnamien et pour diviser l'opinion publique américaine, en suggérant de vagues ébauches de solutions qui, selon eux, ne restaient lettre morte qu'en raison de la position insensée adoptée par notre gouvernement et de son intransigeance. Les Nord-Vietnamiens craignaient que nous n'utilisions les négociations pour nous assurer le soutien de notre opinion publique. S'ils refusaient le compromis, c'était parce que tout « progrès » apparent risquerait de renforcer notre position. Ils préféraient donc la formule des pourparlers privés qui leur permettaient de reconnaître le terrain sans avoir à payer le prix de cette apparence de progrès. Ce n'était que pour avoir de l'impact sur l'opinion publique américaine qu'ils finissaient par donner leur accord sur un point précis. C'est ainsi, par exemple, que l'arrêt des bombardements était intervenu juste avant les élections de 1968, afin d'obliger les deux candidats à la Présidence à le respecter. De même, la question de la forme de la table fut réglée juste avant l'investiture du nouveau Président, pour empêcher le nouveau gouvernement de tirer parti de ce « succès » remporté en début de mandat pour renforcer sa position. Tout au long de la guerre, les Nord-Vietnamiens nous narguèrent en offrant à leurs visiteurs étrangers, et en particulier à ceux qui étaient opposés au gouvernement américain en place, l'image de gens extrêmement raisonnables. A l'usage de ces invités, auxquels le meilleur accueil était réservé, les Nord-Vietnamiens avaient préparé tout un répertoire de mots d'une ambiguïté calculée, qui pouvaient donner lieu à diverses interprétations, sans qu'aucune d'elles ne soit suffisamment claire ou précise pour que l'on puisse être sûr que ce soit la bonne, ou aussi évidente que le visiteur le croyait. Mais aucune de ces interprétations ne résistait à l'épreuve d'une discussion sérieuse à la table de conférences.

Le succès de la campagne diplomatique menée par les Nord-Vietnamiens pour obtenir l'arrêt des bombardements les conforta dans leur conviction qu'ils pouvaient se servir des négociations comme d'un instrument de guerre psychologique. Ils avaient pu envahir le Vietnam du Sud, le Laos et le Cambodge avec des troupes nombreuses sans qu'il y ait eu la moindre provocation venue d'en face ; ils avaient violé d'une manière flagrante les accords de Genève de 1962 sur le Laos, dont nous étions co-signataires. Néanmoins, lorsque les États-Unis avaient cherché à faire respecter les accords internationaux et à défendre la liberté de peuples alliés, Hanoi, qui avait exigé l'arrêt des bombardements comme condition d'admission à la salle de conférences, avait obtenu gain de cause.

Du point de vue des négociations, la meilleure tactique pour nous aurait été de formuler une proposition très généreuse et de nous y tenir ensuite sans faire d'autres concessions jusqu'à ce que nous ayons obtenu la réciprocité. Mais, dans la mesure où nous nous tenions à une position ferme, nous étions soumis aux pressions de l'opinion publique et de l'Administration qui encourageaient encore davantage Hanoi à persévérer dans son intransigeance. Nous aurions pu également, pour prouver notre bonne volonté, faire un ou deux gestes d'apaisement en réduisant nos opérations militaires ou en retirant une partie de nos troupes, puis refuser d'accorder quoi que ce soit d'autre en attendant que Hanoi, à son tour, fasse des concessions. Mais cette voie-là aussi nous était interdite par notre situation intérieure. Hanoi se servait de chacune de nos propositions de réduire nos opérations ou de retirer des troupes pour démontrer le bien-fondé de sa cause, et dénonçait aussitôt après leur insuffisance. Hanoi ne savait que définir ce qui à ses yeux était « suffisant ». Quant à nous, en fait, nous dépensâmes la plus grande partie de notre énergie à négocier avec nous-mêmes.

Très vite, les pourparlers de Paris se déroulèrent sur un mode fixe. Dans la salle de conférences, les Nord-Vietnamiens jouaient le rôle du professeur sévère qui réprimande l'élève rebelle ; l'étudiant était jugé sur la manière dont il répondait à des questions dont il ne pouvait modifier la forme, selon des critères fixés par le seul professeur. A l'extérieur de la salle de conférences, ils créèrent l'illusion que les négociations ressemblaient à un roman policier. Ils nous donnaient de vagues indices qui devaient nous aider à trouver la bonne solution ; si nous ne trouvions pas la clef de l'énigme, la guerre continuerait et l'on nous accuserait d'avoir « laissé passer une occasion ». Nombre de nos détracteurs trouvèrent cette manière de procéder normale, et peu de gens s'élevèrent publiquement contre elle ; en outre, pratiquement personne ne demanda pourquoi Hanoi ne formulait pas une proposition intelligible et pourquoi il procédait de cette manière indirecte et allusive. Bien évidemment, lorsque finalement Hanoi fut disposé à en terminer (en octobre 1972), il se révéla aussi apte à négocier pour de bon et aussi capable de formuler des propositions concrètes qu'il avait jusque-là été habile à brouiller la situation, et aussi impatient d'en finir qu'il s'était montré peu pressé auparavant.

Pris entre le marteau et l'enclume par Hanoi d'un côté et les opposants à la guerre de l'autre, il n'était pas surprenant qu'il existât au sein du nouveau gouvernement de grandes divergences d'opinions et de prévisions. Il s'écoula presque une année avant que nous ayons pu arrêter une ligne de conduite pour la poursuite des négociations. C'était le Président qui était le plus pessimiste d'entre nous. Il ne pensait pas que les négociations donneraient quelque chose tant que la situation militaire n'aurait pas fondamentalement changé. Selon lui, Hanoi n'accepterait un compromis que s'il n'avait pas d'autre choix. En somme, il était partisan de la manière forte et n'était pas tellement disposé à négocier tant que nous n'aurions pas progressé sur le plan militaire.

L'attitude de Rogers était diamétralement opposée. Ce dernier avait acquis de l'expérience en matière de politique intérieure, mais n'avait pas d'idées arrêtées en politique étrangère. C'est pourquoi il pensait que le gouvernement devait avant toute chose éviter de provoquer une polémique dans le pays et de se faire accuser d'intransigeance. Bien des membres du ministère des Affaires étrangères partageaient les vues défendues par les principaux journaux et par les personnalités les plus modérées du Congrès, les uns par conviction, les autres par peur. Ceci se traduisit d'une manière concrète par le fait que nous reçûmes une avalanche de propositions émanant du ministère des Affaires étrangères, dont la principale caractéristique était qu'elles reprenaient toutes des éléments dont la partie adverse avait vaguement laissé entendre qu'elle pourrait les accepter. (Comme nous le verrons par la suite, ceci s'avéra presque toujours avoir été une illusion.) Rogers avança souvent des propositions, en précisant qu'il ne les reprenait pas à son compte, mais que nous serions incapables de résister aux pressions de l'opinion publique si nous n'étions pas au moins disposés à en discuter à Paris. Il était clair que, dès l'instant où l'une de ces propositions était inscrite à l'ordre du jour de la discussion, nous en reconnaissions la légitimité, et qu'il ne nous restait alors plus que le choix de ce que nous étions prêts à concéder.

Le point de vue de Laird était plus complexe. Il croyait aussi peu à l'utilité des négociations qu'à la possibilité de remporter une victoire militaire ; mais il ne manquait pas d'idées sur le plan politique. Ce qu'il voulait avant tout, c'était que les États-Unis se retirent du conflit vietnamien avant d'avoir perdu une part trop importante du soutien de l'opinion publique américaine. Mais il souhaitait y parvenir sans provoquer l'effondrement du Vietnam du Sud. Ceci explique qu'il devint un farouche partisan de la vietnamisation. D'une manière générale, il préconisait une attitude ferme à la table des négociations, et un retrait des troupes à un rythme accéléré. Ayant acquis la conviction que la vietnamisation donnerait de bons résultats, celle-ci devint son objectif prioritaire.

Pour ma part, je mettais de grands espoirs dans les négociations, peut-être plus qu'il n'était légitime, étant donné la manière dont les choses évoluèrent. Je pensais même qu'il était permis d'espérer de parvenir à un résultat acceptable d'ici moins d'un an. Je fis beaucoup pour relancer les négociations. En effet, comme je l'expliquerai ensuite, je doutais de l'efficacité de la vietnamisation, et je ne pensais pas non plus que nous pourrions encore remporter la victoire ; cette chance, si elle avait même jamais existé, nos prédécesseurs l'avaient laissée passer. Néanmoins, si nous voulions que notre diplomatie aboutisse, il nous fallait utiliser intelligemment les atouts dont nous disposions dans la négociation. Nous avions besoin d'une stratégie qui puisse rendre la perspective de la poursuite de la guerre moins séduisante qu'un règlement. J'adoptai le principe de la négociation en deux temps que Harriman et Vance avaient préconisé dans leurs mémoranda de la période de transition, et que j'avais moi-même défini dans mon article de *Foreign Affairs*. D'une manière générale, Nixon était d'accord avec cette manière de faire.

Mais les choses ne se passèrent pas exactement comme nous l'avions prévu. En fait, pendant plusieurs mois, nous discutâmes du plan de retrait mutuel prévu par la déclaration de Manille dont nous avions hérité. A l'époque, on discutait encore pour savoir si le retrait de nos troupes devrait commencer seulement *après* le retrait total des troupes nord-vietnamiennes, ou si le départ des troupes devrait se faire simultanément dans les deux camps. C'était là une discussion absurde, étant donné qu'en premier lieu Hanoi n'avait pas l'intention de retirer ses troupes, et, qu'en second lieu tout le monde savait que nous avions prévu d'effectuer un premier retrait unilatéral d'ici quelques mois.

Le second problème auquel nous fûmes confrontés pendant plusieurs mois était relatif au nombre d'hommes qu'il faudrait laisser sur place après le retrait *réciproque* des troupes dans les deux camps. Toutes les parties concernées s'accordaient à penser qu'il fallait en laisser un nombre suffisamment important, peut-être de l'ordre de 100 000 hommes en renfort. (C'était d'ailleurs ce qu'avaient recommandé Harriman et Vance dans leurs memoranda de la période de transition). Le ministère de la Défense était partisan de laisser également des troupes de combat. Mais cette question-là aussi fut bientôt dépassée par les événements et les passions qui se déchaînèrent dans le pays.

Il y eut un troisième débat, relatif à la réduction des combats sur le terrain. Notre délégation à Paris, qui pensait (à tort, comme nous le verrons) que Hanoi soulèverait cette question, souligna que nous serions obligés de fournir une réponse. Le ministère des Affaires étrangères et notre équipe de Paris étaient d'avis que nous soumettions à la discussion un plan de réduction des attaques de B-52, ainsi que des opérations offensives des Américains et de l'utilisation de l'artillerie. Le Commandant des forces armées à Saigon et l'État-Major interarmes s'y opposèrent énergiquement, en faisant ressortir que de telles mesures laisseraient l'initiative militaire à l'ennemi et lui permettraient de reconstituer ses forces dans les zones peuplées. Comme celles qui avaient précédé, cette question ne présentait que peu d'intérêt, puisque Hanoi n'avait jamais manifesté le moindre intérêt pour une réduction des opérations, même si c'était nous qui en prenions unilatéralement l'initiative. En fait, les Nord-Vietnamiens désiraient moins l'arrêt des combats qu'une victoire.

De notre côté, face à l'intransigeance de Hanoi, nous disposions d'un arsenal impressionnant de plans, conçus par des fonctionnaires imaginatifs qui n'étaient guidés par aucun schéma directeur, puisque aussi bien à l'époque nous n'avions aucune stratégie arrêtée pour la conduite des négociations. Quelle que soit la couleur politique du gouvernement ou la nature du problème posé, les négociateurs américains aiment généralement voir aboutir leur mission ; c'est pourquoi, dès qu'ils s'aperçoivent que les pourparlers s'engagent dans une impasse, ils inondent Washington de propositions pour pouvoir en sortir, et cherchent sans relâche ce qu'ils pourraient bien suggérer d'autre. Sans que l'on y prenne garde au début, ils exercent bientôt une pression aussi forte que celle de l'adversaire. Animés par la volonté de parvenir à un compromis, ou du moins à une solution qui y ressemble, ils supportent mal les situations bloquées. En outre, étant donné que les décisions prises par Washington le sont assez souvent au terme de débats contradictoires, les négociateurs peuvent sans risques aller très loin dans les concessions qu'ils proposent, sachant pertinemment que les autres ministères qui soutiennent le point de vue contraire seront tout aussi excessifs dans l'autre sens. La tâche du Président consiste alors à rechercher un compromis entre des pressions opposées, et non à élaborer un plan d'action. Mais, s'il répugne à suivre le processus dans le détail, il court le risque de voir chacune des parties suivre complètement la voie qu'elle préfère.

C'est exactement ainsi que les choses se passèrent pour les négociations à Paris. Tout au long du mois de février et jusqu'au début du mois de mars, la délégation américaine à Paris ne cessa de réclamer l'ouverture de pourparlers privés avec les Nord-Vietnamiens, sur la base de toutes sortes d'hypothèses de compromis. Lorsque la première réunion privée importante se tint finalement, le 22 mars, elle aboutit non à une négociation, mais à des exigences de la part des Nord-Vietnamiens qui réclamaient le retrait inconditionnel de toutes les forces américaines et le départ du gouvernement Thieu-Ky-Huong *.

Mais, au lieu de réfléchir à partir des éléments dont ils disposaient déjà, les différents ministères réagirent en proposant des idées de compromis à profusion.

Rogers, le premier, s'engagea dans cette voie. Lors d'un entretien qu'il eut le 8 mars avec l'ambassadeur Dobrynine, il renonça unilatéralement à la décision qui avait été prise de traiter les questions politiques et les questions militaires en deux négociations distinctes. Rogers déclara à Dobrynine que nous souhaitions débattre des questions militaires et politiques simultanément. En outre, allant contre la volonté du Président de ne pas organiser de pourparlers privés tant que Saigon serait bombardée, Rogers proposa l'ouverture immédiate de pourparlers privés avec Hanoi. Contrairement à ce qui avait été dit précédemment, il laissa entendre que Saigon et le Front national de libération y participeraient. Rogers ne posa même pas comme condition préalable l'arrêt des attaques nord-vietnamiennes contre les grands centres urbains. Il n'était guère étonnant que Dobrynine lui répondît qu'il considérait, après ce qu'il venait d'entendre, que notre position avait considérablement évolué.

J'étais désespéré. A mon avis, Rogers avait lâché pied en pure perte sur des points essentiels de notre position, sans avoir rien obtenu en contrepartie ; il gaspillait nos atouts pour faire « la une » des quotidiens — à supposer que les pourparlers aient jamais lieu. Nixon voyait les choses plus sereinement. Rien n'est plus éloigné de la réalité que l'idée que se font beaucoup de gens d'un Nixon impérial, commandant sèchement à des subordonnés dociles. En fait, Nixon avait horreur de donner des ordres directement, notamment à ceux qui risquaient de ne pas être d'accord avec lui. Il lui arrivait rarement de sermonner quelqu'un, et il n'aurait jamais cherché à faire plier un de ses ministres. S'il rencontrait une résistance, il s'efforçait de réaliser son plan sans que son contradicteur s'en aperçoive. Cela pouvait lui permettre d'atteindre son but, mais ne contribuait guère à discipliner le gouvernement ou à lui donner une cohésion. Dans bien des cas, cette manière de faire ne servait qu'à révéler aux gens de l'extérieur une absence d'unité de vues qu'ils pouvaient chercher à exploiter. A la longue, cela donna un gouvernement divisé, dans lequel dès que la moindre difficulté surgissait chacun cherchait à défendre ses propres intérêts. Cette impression d'isolement que ressentait Nixon et l'absence de cohésion de son équipe expliquent en partie le scandale du

* Le seul fait marquant — déjà mentionné au chapitre 6 — de cette première réunion privée fut la violente intervention, aussi inattendue que gratuite, du négociateur nord-vietnamien Xuan Thuy. Il déclara à Lodge que les États-Unis ne devaient pas compter sur le désaccord sino-soviétique pour les aider à trouver une solution à la guerre du Vietnam ; je dois avouer que cela nous rendit plus attentifs à des circonstances qui pouvaient nous être favorables, et dont nous n'étions pas pleinement conscients jusque-là.

Watergate. Cela permet également de comprendre la manière dont Nixon réagit à la maladresse de Rogers. Il ne rappela pas sa politique au ministre des Affaires étrangères, pas plus qu'il ne réunit ses conseillers pour leur exposer une fois de plus son point de vue ; il préféra m'envoyer voir Dobrynine le 11 mars, pour lui dire que l'impression d'un changement de position des États-Unis qu'avaient pu avoir les Soviétiques était « prématurée ». Le 14 mars, j'expliquai avec ménagement à Rogers que le Président tenait essentiellement à ce que les pourparlers privés ne s'engagent qu'avec Hanoi pour unique interlocuteur, avant de les élargir à Saigon et au Front National de Libération. Rogers se contenta de me répondre qu'il « souhaitait vivement » voir s'engager les pourparlers au plus vite.

Laird prit alors l'initiative d'une mesure unilatérale sur le plan militaire. Le 1er avril, après plusieurs réunions sur le sujet, Nixon fit savoir qu'il interdisait toute proposition de réduction des opérations militaires qui ne serait pas assortie d'un retrait des troupes dans les deux camps. Le jour même, le Pentagone annonçait officiellement que des considérations financières nous obligeaient à réduire de plus de 10 pour 100 nos sorties de B-52 ; cette mesure devait prendre effet le 30 juin. Lorsque je me plaignis auprès de Laird, celui-ci m'expliqua avec animation qu'il n'aurait pas assez d'argent pour maintenir le niveau actuel des sorties au-delà du 30 juin, et qu'en fait, il dépassait déjà de trois mois la date à laquelle son prédécesseur avait pprévu d'en réduire le nombre. Ni le Président ni moi-même n'avions été informés à l'avance de ce projet ou de cette annonce.

Je n'avais pas d'idée arrêtée sur ce que devait être le nombre des sorties de B-52, mais je voulais conserver le nombre relativement faible d'atouts dont nous disposions. Si nous devions réduire le nombre de nos opérations, ce ne serait que dans le cadre d'une négociation ; en effet, rien ne serait plus maladroit que d'y être contraints unilatéralement pour des raisons financières. Comme le Président ne semblait pas vouloir affronter son ministre de la Défense, je rédigeai avec Laird un communiqué destiné à la presse, dont le texte, passablement ambigu, était le suivant :

« Les États-Unis souhaitent que la réduction du nombre des opérations militaires soit la conséquence d'un retrait réciproque et progressif des forces étrangères. L'enveloppe budgétaire sera donc périodiquement révisée en fonction de ce plan. »

Mais le mal était fait. Un journaliste me déclara qu'il considérait notre décision de réduire le nombre des B-52 comme un signe à l'adresse de Hanoi et de Saigon, car « ce ne sont pas des considérations financières qui vous font prendre une pareille décision. » Il ajouta que Hanoi ne pourrait pas l'interpréter autrement que comme un pas vers le retrait de nos forces, et Saigon comme l'avertissement qu'il y avait des limites à l'engagement des États-Unis que ceux-ci ne dépasseraient pas. Il avait raison sur ces deux points, mais il nous faisait trop d'honneur en supposant que nous avions agi délibérément. Finalement, nous fîmes contre mauvaise fortune bon cœur. A Paris, l'ambassadeur Lodge reçut instructions de mentionner la réduction du nombre des B-52 dans le communiqué officiel qu'il faisait à la sortie des négociations. De même, le Président y fit allusion dans son discours du 3 novembre. Réalistes, les dirigeants de Hanoi ne reconnurent jamais officiellement ces concessions : ils n'allaient pas payer un cadeau qu'ils avaient déjà reçu quelque temps auparavant.

En suivant cette politique, notre position était devenue inconfortable. Avec Hanoi, nous risquions de perdre tous nos atouts en faisant un grand nombre de concessions sans contreparties. Chez nous, plus nous cherchions à apaiser les critiques, plus nous découragions ceux qui étaient disposés à soutenir une stratégie orientée vers la victoire, mais ne pouvaient comprendre que nous consentions de continuels sacrifices pour parvenir à une notion aussi vague qu'un retrait honorable. Par ailleurs, nous ne gagnions pas non plus l'approbation de ceux qui voulaient se servir de la guerre pour dénoncer les imperfections de l'Amérique, bien que nous ayons appliqué au-delà de leurs espérances le programme qu'ils soutenaient neuf mois plus tôt et pour lequel ils étaient descendus manifester dans la rue.

La mission de Cyrus Vance

Tout cela finit par me convaincre que le temps travaillait contre nous et qu'il fallait trouver le moyen de précipiter les choses. Je cherchai à entraîner l'U.R.S.S. dans une manœuvre complexe et conseillai de faire appel à Cyrus Vance, homme idéal pour ce genre de mission.

J'avais connu Cyrus Vance lorsqu'il était l'adjoint du ministre de la Défense dans le gouvernement Johnson. Posé, affable, intègre, il me donna l'impression saisissante d'être le prototype de l'homme de loi new-yorkais, qui accomplit consciencieusement sa tâche et conseille judicieusement ses clients. Sous cette apparence de calme, il me semblait deviner une ardeur souterraine s'accordant aux idées progressistes alors largement répandues dans les milieux qu'il fréquentait. Au sein de la délégation américaine à Paris, il avait fini par devenir aussi ardent que son supérieur Harriman dans la recherche d'un règlement négocié. Après ma nomination, je proposai de nommer Vance au poste de vice-ministre des Affaires étrangères, qui venait tout de suite après celui de ministre par son importance. Rogers était d'accord, et il nous reçut, Vance et moi, à son domicile de Bethesda, dans le Maryland. Vance observa une prudente réserve, mais ne déclina pas l'offre qui lui était faite. Je le revis longuement pour bien préciser que le Président-élu tenait beaucoup à utiliser ses services, et combien il était important pour la Nation de profiter de son expérience. Son ancien supérieur hiérarchique, Robert McNamara, intervint de son côté pour qu'il accepte. C'est alors que Vance refusa l'offre, expliquant qu'après ces huit années ou presque passées au service du gouvernement, il avait besoin de retourner à la vie privée. Lorsque, le 19 février 1969, Vance quitta son poste de sous-chef de la délégation américaine à Paris, Nixon lui envoya un télégramme où il le remerciait chaleureusement. J'admirais l'esprit d'analyse et le bon sens de Vance, mais surtout je l'appréciais énormément sur le plan humain.

La mission à laquelle je pensais était taillée sur mesures pour ses qualités. Il ne s'agissait de rien de moins que d'enrôler l'Union soviétique dans un règlement rapide de la guerre du Vietnam.

Dans tous mes entretiens avec Dobrynine, j'avais insisté sur le fait qu'une amélioration profonde des relations entre les Américains et les Soviétiques présupposait qu'ils nous aideraient à en terminer avec cette guerre. Dobrynine avait toujours répondu de manière évasive, en prétendant que son gouvernement n'avait qu'une influence extrêmement limitée sur Hanoi. En réponse, les Américains firent traîner toutes les négociations auxquelles était intéressée l'Union soviétique, à savoir les pourparlers sur la limitation des armements stratégiques, le Moyen-Orient et le développement des relations économiques. Mais nous n'avions jamais proposé aux Russes un plan global sur le Vietnam.

Le 18 mars, je rencontrai Cyrus Vance pour voir si, éventuellement, il serait prêt à se charger d'une mission à Moscou. La mission proposée consistait à lier l'ouverture des pourparlers SALT à un règlement global au Vietnam. Vance serait envoyé à Moscou pour commencer les discussions SALT et avoir au cours de ce même voyage une entrevue secrète avec un important délégué nord-vietnamien. Vance aurait pleins pouvoirs pour faire avancer rapidement les choses dans chacun des *deux* domaines, tout en s'efforçant de toujours les mener de front. (Ce que je ne révélai pas à Cyrus Vance, c'est que j'avais conseillé à Nixon d'engager une épreuve de force militaire avec Hanoi, si la mission échouait.) Le lendemain, Vance souleva un certain nombre de questions pertinentes : Comment à Moscou les deux négociations seraient-elles liées ? Comment aurait-il le temps matériel de mener à bien les deux missions ? Comment pourrait-il cacher à l'équipe responsable des pourparlers SALT les entretiens secrets qu'il aurait par ailleurs sur le Vietnam ?

Le 3 avril, je proposai officiellement la « mission Vance » au Président. J'insistai à son intention sur les difficultés inhérentes aux négociations telles qu'elles se déroulaient à Paris. Il nous fallait convaincre l'opinion publique américaine que nous étions pressés d'en finir, tout en persuadant Hanoi que nous ne l'étions pas assez pour que cela l'autorise à nous tenir la dragée haute. Il nous fallait continuer à exercer sur Hanoi une pression militaire suffisante pour le dissuader de faire de ces négociations un nouveau Panmunjom, en évitant toutefois les provocations inutiles, pour ne pas risquer de nous engager dans la voie d'une lutte à outrance. Notre gouvernement devrait être suffisamment discipliné pour présenter un front uni. Par ailleurs, il faudrait resserrer nos liens avec Saigon, ôter à Hanoi tout espoir de se servir des négociations pour démoraliser le gouvernement sud-vietnamien. Mais je doutais que nous parvenions à remplir ces conditions. Selon moi, les contraintes financières et le retrait imminent d'une partie de nos troupes allaient nous forcer à réduire nos opérations militaires sans aucun espoir de réciprocité. Quant à la délégation américaine à Paris, elle n'était pas assez disciplinée, et nos divisions internes faisaient qu'il était peu probable que nous puissions présenter une politique cohérente ou éviter les changements d'orientation constants. Enfin, la tentation serait grande de faire porter à Saigon la responsabilité de nos échecs. Nous avions donc tout intérêt à en finir au plus vite, car je soupçonnais que toutes les tendances que j'avais décrites finiraient par créer une situation telle que notre programme minimal d'aujourd'hui paraîtrait d'ici un an beaucoup plus dur que la position maximale que nous aurions à ce moment-là. Mais Hanoi ne bougerait pas tant qu'il n'y serait pas contraint de l'extérieur. Par conséquent, l'intervention soviétique se révélait indispensable. C'est pourquoi j'avais l'intention d'aborder Dobrynine en l'avertissant que les relations américano-soviétiques étaient à un tournant : le Président voulait développer les relations entre nos deux pays dans de nombreux domaines, mais il en était empêché par la guerre du Vietnam. Pour résoudre le problème, Nixon était prêt à envoyer à Moscou une délégation à un niveau élevé, menée par Cyrus Vance, pour se mettre immédiatement d'accord sur un certain nombre de principes de limitation des armements stratégiques. Pendant qu'il se trouverait à Moscou, Vance aurait également pleins pouvoirs pour rencontrer un délégué du Nord-Vietnam et convenir avec lui d'un règlement en Indochine, sur le plan militaire *et sur le plan politique*. (Puisque Rogers avait renoncé en notre nom au principe de la séparation des problèmes, je pensai qu'il valait mieux mettre au point un programme politique compatible avec la survie de Saigon.) Sur le plan militaire, nous proposerions un cessez-le-feu et le retrait des forces dans les deux camps. Sur le plan politique, nous offririons des garanties au Front National de Libération – pourvu qu'il renonce à la violence – pour lui permettre de participer à la vie politique du pays, sans crainte de représailles. Cette mesure s'accompagnerait d'un accord établissant l'autonomie et l'indépendance du Vietnam du Sud pendant cinq ans, au terme desquels des négociations s'engageraient en vue d'une réunification. Le Président accorderait à la « mission de Vance » un délai de six semaines pour aboutir. Si celle-ci donnait de bons résultats, le Président envisagerait « d'autres réunions, même à un niveau plus élevé » (c'est-à-dire un sommet possible).

Pour finir, je dis au Président, et je proposai de le laisser entendre à Dobrynine, qu'il ne fallait approuver ce plan que si le Président était prêt à prendre « des mesures énergiques d'escalade » en cas d'échec.

Le plan de paix que je proposai à Nixon dans mon mémorandum allait beaucoup plus loin que toutes les propositions qui avaient été faites au sein du gouvernement, ou que celles qui l'avaient été, dans ce domaine, par la plupart des « colombes ». Par exemple, il dépassait les propositions du programme modéré qui avait été rejeté huit mois plus tôt à la Convention démocrate. Il comportait un cessez-le-feu, auquel le Pentagone était jusqu'alors violemment opposé. Il acceptait le retrait total des troupes (sans forces résiduelles) et était d'accord pour permettre au Front National de Libération de jouer un rôle dans la vie politique de Saigon. A l'époque, nous connaissions trop peu Hanoi pour comprendre que ce que ses dirigeants voulaient, ce n'était pas tant un cessez-le-feu que la victoire, et que ce qui les intéressait, c'était la prise du pouvoir et non un rôle dans des élections libres.

Le 5 avril au matin, je parlai au Président à Key Biscayne ; celui-ci se montra sceptique quant aux chances de succès du « passe-temps » de Vance, comme il l'appelait. Mais il fut d'accord pour faire quelque chose sur le plan diplomatique. Le 12 avril 1969, pour précipiter les choses, j'envoyai au Président un mémorandum qui reprenait les points que je comptais évoquer à la réunion avec Dobrynine, le 14 avril. Nixon l'approuva, ajoutant quelques annotations manuscrites en marge, portant à deux mois (au lieu des six semaines initialement prévues) le délai imparti aux négociateurs pour aboutir, et précisant mieux que ne l'avait fait mon projet les perspectives de coopération économique avec les Russes.

Usant d'une technique à laquelle j'allais fréquemment avoir recours par la suite, je laissai Dobrynine lire ce plan de discussion avec les modifications apportées par le Président et ses initiales. Cette manière de procéder avait l'avantage d'éviter les malentendus, tout en prouvant que je parlais au nom du Président. Dobrynine prit des notes copieuses, s'arrêtant de temps en temps pour demander une explication. Lorsqu'il eut terminé, il me demanda si le règlement de la guerre du Vietnam était un préalable à l'avancement des pourparlers sur le Moyen-Orient, les relations économiques et les armements stratégiques. Je lui répondis que nous étions prêts à continuer à en discuter, mais que nous avancerions plus vite si la question du Vietnam était définitivement réglée. En outre, si aucun règlement n'intervenait, nous risquerions de prendre des mesures qui « compliqueraient la situation ».

Dobrynine m'affirma avec volubilité que Moscou tenait absolument à poursuivre les négociations, indépendamment de ce qui pouvait se passer au Vietnam. Il s'attendait à ce que la Chine cherche à provoquer un affrontement entre l'Union soviétique et les États-Unis. Une aggravation de la guerre au Vietnam, ajouta-t-il, ne servirait que les intérêts de la Chine. Je lui dis alors que, dans ces conditions, l'Union soviétique avait comme nous le devoir de tout mettre en œuvre pour éviter que la situation ne dégénère. Les derniers mots de Dobrynine furent pour dire que la conversation que nous venions d'avoir avait été « très importante ».

Pourtant, nous ne reçûmes jamais de réponse de Moscou, ni refus, ni invitation, ni même un simple accusé de réception pour gagner du temps. Au mois de juin, Dobrynine mentionna en passant que notre proposition avait été transmise à Hanoi mais avait été repoussée. Ce n'est que huit mois plus tard, le 22 décembre, que Dobrynine me reparla de la proposition que nous lui avions faite : alors que nous passions en revue les problèmes en suspens, il me déclara que Moscou avait essayé de nous aider en appuyant la mission Vance, mais que les Nord-Vietnamiens avaient néanmoins refusé la discussion, tant que les États-Unis n'auraient pas, à l'avance, donné leur accord à un gouvernement de coalition. Le Kremlin avait alors préféré se taire plutôt que de nous envoyer une réponse négative. Je lui répondis sèchement qu'une réponse quelconque eût été pour le moins correcte.

A ce jour, je ne sais toujours pas si Moscou transmit bien la proposition à Hanoi, et si, ayant reçu une réponse négative, il ne voulut pas reconnaître son impuissance ou courir le risque de représailles de la part des États-Unis ; ou bien s'il ne la transmit jamais, estimant que le bénéfice escompté était trop vague et les risques encourus par les Soviétiques en cas d'échec trop grands. Je penche plutôt pour la première hypothèse. Étant donné l'insistance fanatique avec laquelle Hanoi revendiquait son indépendance et l'habileté avecc laquelle il naviguait entre Moscou et Pékin, le choix de Moscou comme lieu d'une négociation décisive présentait trop de risques. Pékin pourrait protester, craignant que Moscou ne profite de cette occasion de faire des concessions en Indochine pour consolider les relations entre les deux superpuissances. Quant à Moscou, il ne tenait pas tellement à être le siège d'une négociation, au terme de laquelle les deux parties pourraient le rendre responsable, alors qu'il lui serait impossible de l'orienter d'une manière décisive. Nous renouvelâmes notre offre en 1971, mais, cette fois-ci, c'était moi qui me proposais comme négociateur. Là encore, nous nous heurtâmes à un refus, probablement pour les mêmes raisons. En l'absence de pressions militaires ou diplomatiques, les négociations sur le Vietnam reprirent leur cours laborieux.

Retour au train-train

Au cours de la seizième séance plénière qui eut lieu à Paris le 8 mai, les communistes firent un coup d'éclat en proposant un plan de paix en dix points. Rédigé sous la forme d'un ultimatum – style qui nous était maintenant familier –, le plan énumérait ce que les États-Unis « devaient » faire pour mettre fin à la guerre. Ils exigeaient le retrait inconditionnel, total et unilatéral des troupes américaines, l'abolition du gouvernement sud-vietnamien, et des réparations américaines pour les dommages de guerre. Ils proposaient que le gouvernement sud-vietnamien soit remplacé par un gouvernement de coalition, rassemblant toutes les « couches sociales et tous les courants politiques existant au Vietnam du Sud qui défendent la paix, l'indépendance et la neutralité ».

La proposition de formation d'un gouvernement de coalition ne paraissait pas déraisonnable ; de nombreux Américains n'y virent qu'une simple demande de participation des communistes au gouvernement sud-vietnamien. Mais lorsque nous commençâmes à en explorer le sens réel nous vîmes que les communistes se réservaient le droit de définir qui, selon eux, défendait « la paix, l'indépendance et la neutralité ». Ce qui nous attendait en fait, si nous appliquions ce plan, c'était que, lorsque nous aurions décapité le gouvernement sud-vietnamien et démoralisé la population par le retrait total et inconditionnel de nos troupes, nous nous heurterions aux communistes pour pouvoir intégrer les éléments non communistes restants à une structure incluant le Front National de Libération et tous les groupes que les communistes auraient autorisés à y entrer. Et ce nouveau gouvernement de coalition ne serait que provisoire ; la structure politique définitive du Vietnam du Sud serait négociée entre celui-ci et le F.N.L., soutenu par l'armée de Hanoi. Telle était la manière dont les communistes définissaient un règlement politique « juste » *. Inutile de dire que, lorsque les communistes s'emparèrent de

* En juillet 1971, je dressai avec Le Duc Tho la liste des hommes politiques saigonnais, comprenant tous les grands dirigeants connus de l'opposition dont on pouvait considérer qu'ils répondaient au critère de défenseurs de « la paix, de l'indépendance et de la neutralité ». Pas un seul d'entre eux n'avait trouvé grâce aux yeux des dirigeants de Hanoi.

Saigon, aucun gouvernement de coalition ne fut mis en place ; bien au contraire, même le F.N.L. fut écarté du pouvoir. Actuellement, tous les postes clés au Sud sont occupés par des Nord-Vietnamiens.

Ce plan était donc aussi insolent dans le ton qu'unilatéral dans son contenu. Néanmoins, la simple existence d'un plan de paix communiste, bien qu'elle fût surprenante en elle-même, provoqua aussitôt une réaction du Congrès, des media et de l'opinion publique qui firent pression sur le gouvernement pour qu'il ne laisse pas passer cette « occasion ». Si nous ne voulions pas être laminés, il était clair qu'il nous fallait définir très nettement notre propre position. Dans la seconde partie d'avril, j'avais suggéré au Président de prononcer un discours où il présenterait un plan de paix américain. Le 25 avril, j'attirai son attention sur la remarque qu'avait faite Xuan Thuy : « Si le gouvernement Nixon a préparé un plan de paix important, comme il le laisse entendre, pourquoi ne le rend-il pas public ? »

Mais le Président hésitait. Il voulait attendre encore pour voir si une réponse ne nous parviendrait pas de Moscou sur la mission Vance. En outre, il était inhibé par son malaise devant le comportement de son ministre des Affaires étrangères. Il était convaincu que, si le ministère des Affaires étrangères voyait le projet d'un discours, soit il y aurait des fuites, soit on lui proposerait tant d'ajouts incompatibles avec sa stratégie qu'on le ferait passer pour intransigeant s'il les refusait. Cette fois encore, Nixon trouva une solution aussi efficace qu'elle était tortueuse. Il attendit le 12 mai – date à laquelle Rogers était parti en voyage dans le Sud-Est asiatique – pour me donner l'ordre le même jour de superviser la préparation d'un discours présidentiel qui devait être prononcé sous quarante-huit heures.

Le 14 mai, Nixon passa à la télévision nationale, élaborant, pour la première fois, les prémices de sa politique au Vietnam, indiquant les mesures qui avaient été prises et une nouvelle approche à la négociation. Il dressa le bilan de ses quatre premiers mois de gouvernement : l'arrêt de l'offensive ennemie, l'amélioration de nos relations avec le gouvernement de Saigon, le renforcement des forces sud-vietnamiennes et, surtout, l'élaboration d'une position de négociation quelconque.

Ce plan, en huit points, représentait un progrès considérable dans la position de négociation américaine par rapport à celle du gouvernement Johnson. Il abandonnait la formule de Manille (retrait de Hanoi six mois avant nous), et se prononçait en faveur d'un retrait simultané. Toutefois, le retrait nord-vietnamien pourrait être *de facto* (par « conviction tacite ») plutôt qu'officiellement reconnu par Hanoi *. Les États-Unis étaient d'accord pour que le F.N.L. participe à la vie politique du Vietnam du Sud : ils s'engageaient à des élections libres sous con-

* J'expliquai, au cours d'une conférence officieuse qui eut lieu à la Maison Blanche avant le discours, que « peu nous importe que les Nord-Vietnamiens reconnaissent qu'ils ont des forces là-bas, pourvu qu'ils nous donnent l'assurance de les retirer et que nous puissions mettre en place un dispositif de contrôle afin de nous assurer qu'il ne reste plus de forces nord-vietnamiennes au Vietnam du Sud ».

trôle international, et à en accepter le résultat. Le Président offrit d'établir un calendrier précis pour le retrait des troupes et proposa des cessez-le-feu sous contrôle international. Autrement dit, le discours du 14 mai offrait toutes les chances d'explorer les possibilités d'un concours politique loyal. Les seules conditions qu'il ne remplissait pas étaient précisément les conditions *sine qua non* posées par les communistes, à savoir le retrait inconditionnel des troupes américaines et l'installation d'un gouvernement de collusion dirigé par les communistes.

Au début, nous eûmes quelque espoir, en constatant la réaction relativement modérée du négociateur nord-vietnamien Xuan Thuy, qui eut la délicatesse de noter qu'il existait des « points de convergence » entre le plan en dix points du F.N.L. et celui en huit points du discours présidentiel du 14 mai. Mais il refusa catégoriquement d'en discuter lors des négociations officielles, et les Nord-Vietnamiens ne tardèrent pas à se figer de nouveau dans leur position initiale, bloquant ainsi toute chance de parvenir à un compromis. L'impasse se prolongeait.

Et nous poursuivîmes nos efforts pour en sortir.

Les premiers retraits de troupes

Après le discours du 14 mai esquissant les grandes lignes d'un compromis pouvant servir de base à la négociation, nous entreprîmes le retrait unilatéral des troupes américaines. Nos prédécesseurs s'étant engagés, d'une manière générale, à « désaméricaniser » la guerre – selon l'une des expressions les moins heureuses qu'ait créées la politique étrangère depuis le début de ce siècle –, c'était à nous de le faire. Le gouvernement Johnson avait commencé à renforcer l'armée sud-vietnamienne, mais il n'existait aucun plan de retrait américain. Lorsqu'il était ministre de la Défense, Clark Clifford avait déclaré, le 29 septembre 1968 : « Étant donné la violence des combats, l'heure n'est pas à la diminution de nos effectifs, mais à leur augmentation. » Lors d'une conférence de presse du 10 décembre 1968, il répéta qu'aucun plan de réduction n'était prévu. Dans notre naïveté, nous pensions que le retrait des troupes américaines nous aiderait à gagner le soutien de l'opinion publique, de telle sorte que les troupes qui resteraient sur place et notre capacité de résistance accrue inciteraient Hanoi à négocier sérieusement. Dans le même temps, si nous renforcions suffisamment l'armée sud-vietnamienne, nos retraits graduels pourraient même mettre fin à notre engagement *sans* accord avec Hanoi.

Nixon était favorable au retrait des troupes américaines pour ces deux raisons. Au cours de sa conférence de presse du 14 mars, il avait indiqué trois critères de nos retraits : la capacité des Sud-Vietnamiens à se défendre seuls, l'état d'avancement des négociations à Paris et le niveau d'activité militaire de l'ennemi ; de fait, la stratégie de Nixon, au cours des premiers mois, avait consisté à essayer d'affaiblir l'ennemi au maximum, à accélérer la modernisation des forces saigonnaises, et ensuite à entreprendre le retrait des troupes. Il estimait que ce serait là un bon coup de publicité.

A la réunion du C.N.S. du 25 janvier 1969, le général Wheeler avait déclaré que, selon lui, le Président Thieu accepterait probablement une légère réduction des forces américaines, car cela aiderait Nixon sur le plan intérieur et montrerait que le Vietnam du Sud était confiant dans son avenir. Rogers pensait que nous pourrions gagner pas mal de temps en retirant 50 000 hommes. Laird et Nixon suivirent leur conseil. Le 6 février, Thieu fit publiquement part de sa conviction qu'un nombre important de troupes américaines pourrait sans risques quitter le Vietnam en 1969. Lors de la réunion du C.N.S. du 28 mars, à laquelle il assistait, le général Goodpaster, alors adjoint du général Abrams, nous informa que l'on notait déjà une nette amélioration de l'état des forces sud-vietnamiennes. Selon lui, la « désaméricanisation » de la guerre était proche, mais pas encore « au point décisif ». Laird intervint alors : « Je suis d'accord sur tout ce que vous venez de dire, sauf sur le terme de "désaméricanisation" ; ce qu'il nous faut, c'est un terme comme "vietnamiser ", qui mette l'accent sur les vrais problèmes. » Le mot avait frappé le Président, qui dit à Laird : « Vous avez tout à fait raison, Mel. » Le terme de « vietnamisation » était né.

Le 10 avril, j'adressai une circulaire à tous les bureaux et ministères, pour leur demander un calendrier de vietnamisation de la guerre. Peu de temps après son discours du 14 mai, Nixon décida que les choses étaient maintenant suffisamment mûres. De même qu'il avait choisi d'écarter Rogers au moment de faire sa déclaration du 14 mai, il chercha également à « tourner » Laird pour procéder aux retraits de troupes.

Afin de nous assurer le soutien du Président du sud-vietnamien Thieu, une rencontre fut organisée pour le 8 juin. C'est dans l'île de Midway, au milieu du Pacifique, que les deux hommes devaient se rencontrer, de crainte qu'une visite de Thieu aux États-Unis ne provoque des émeutes. L'île de Hawai avait été écartée, car Lyndon Johnson y avait déjà rencontré des dirigeants vietnamiens. Le fait que notre Président ne puisse rencontrer le dirigeant d'un pays pour lequel plus de 30 000 Américains étaient morts que dans une île déserte au beau milieu du Pacifique était symptomatique de la situation inextricable dans laquelle la guerre du Vietnam avait plongé notre société.

En route vers Midway, Nixon décida d'organiser une rencontre à Honolulu, le 7 juin après-midi, entre Rogers, le général Wheeler, l'ambassadeur Lodge et moi-même, dans la salle des conférences du Hilton Kahala, qui dominait le Pacifique. L'ambassadeur Bunker, le général Abrams et l'amiral McCain étaient également présents. La réunion devait aboutir à la décision définitive concernant notre stratégie de retrait. Bien évidemment, c'était le cœur lourd que les militaires envisageaient la question. Au fond d'eux-mêmes, ils savaient que c'était la négation de tout ce pour quoi ils s'étaient battus. De quelque manière que l'on présentât ce retrait, il rendait la victoire impossible et la perspective d'un dénouement honorable problématique. Par ailleurs, le processus de retrait serait probablement irréversible. Désormais, ce serait une course entre le développement des forces sud-vietnamiennes et la diminution de notre capacité de combat, course dont le résultat restait pour le moins incertain.

Contrairement à la légende, les militaires s'opposent rarement à leur commandant en chef, même en privé. S'ils peuvent trouver une justification à peu près valable à la décision du Président, ils surmontent leurs hésitations et lui apportent leur soutien. Le général Abrams, qui était le prototype de l'officier « tout terrain », faisait peine à voir : visiblement mal à l'aise, il donna néanmoins son accord au retrait de 25 000 hommes. Il se savait alors condamné à un combat d'arrière-garde ; il savait aussi que, plus le temps passerait, plus sa tâche se limiterait à redéployer habilement ses troupes sans plus se soucier de vaincre. Il ne pouvait plus être question de remporter une victoire avec des effectifs sans cesse réduits, alors que celle-ci nous avait échappé lorsque nos troupes étaient au grand complet. Restait à faire accepter la décision au Président Thieu.

Le cadre de la réunion de Midway n'aurait pas pu être plus surréaliste. En l'espace de sept heures, cet atoll de moins de quatre kilomètres carrés fut envahi par l'entourage présidentiel, composé de plus de cinq cents fonctionnaires, gardes du corps, informateurs, journalistes et autres figurants qui se considéraient comme indispensables. Le hangar de l'aéroport fut fraîchement repeint, la maison du commandant, où le Président devait rencontrer Thieu, repeinte, elle aussi, et meublée de neuf – faisant ainsi de cet officier de marine le seul véritable bénéficiaire de la rencontre de Midway. Les voitures qui devaient transporter les personnalités et le ravitaillement pour le banquet arrivèrent par avion. Tout cela sous l'œil rond des gros oiseaux originaires de l'île, devenus insolents depuis qu'ils sont protégés par le ministère de l'Intérieur. Personne n'a encore découvert le lien mystérieux unissant cette île lugubre à ces oiseaux étranges, qui planent majestueusement dans les airs mais ne prennent leur envol, comme des avions trop chargés, qu'après une longue course. A Midway, la seule île qu'ils daignent habiter, ils campent avec insolence au milieu des routes, provoquant des embouteillages par plaisir, assurés qu'ils sont de voir sévèrement puni par le ministère de l'Intérieur quiconque ne résisterait pas à l'envie bien compréhensible de leur donner un bon coup de pied.

La position de Thieu était moins enviable que la leur. Depuis quelques jours, le bruit avait couru (sans que certains membres de notre gouvernement l'aient démenti) que le Président Nixon allait annoncer les premiers retraits de troupes américaines, et que cette mesure était destinée à avertir Thieu qu'il avait tout intérêt à mettre sa maison en ordre. On entendait généralement par là qu'il devrait mettre en place au plus vite une démocratie de type occcidental, quand ce n'était pas un gouvernement de coalition. Comment les libertés démocratiques pouvaient être assurées dans un pays envahi par des groupes de partisans et par des troupes ennemies de 300 000 hommes, personne ne le disait. On voulait que Thieu fasse en l'espace de quelques mois et en pleine guerre civile ce qu'aucun autre dirigeant de l'Asie du Sud-Est n'avait réussi à faire en plusieurs dizaines d'années de paix : on lui demandait à la fois de gagner une guerre, d'adapter sa défense au retrait de l'énorme machine militaire américaine, et de mettre en place des institutions démocratiques dans un pays qui n'avait pas connu la paix depuis une génération et n'avait jamais connu la démocratie de toute son histoire. Il devait asseoir sa légitimité de dirigeant nationaliste sur des réformes que lui demandait d'entreprendre, sous la contrainte, la grande puissance qui s'était rendue complice du renversement de son prédécesseur, et avait privé par conséquent le pays de son gouvernement civil.

Ce fut une scène poignante. En voyant Nguyen Van Thieu, pour le pays duquel 36 000 Américains étaient morts mais qui n'avait pas le droit de fouler le sol de son puissant allié, descendre prestement les marches de l'avion que la Pan American avait affrété pour lui, je le plaignis. Ce n'était pas sa faute s'il était devenu la cible de toutes les attaques de l'opinion américaine. Après tout, il représentait les millions de Sud-Vietnamiens qui ne voulaient pas tomber sous le joug de l'armée nord-vietnamienne. Il appartenait à une culture différente de la nôtre, régie par des valeurs autres. Mais tous les Vietnamiens portent en eux une dignité innée, peut-être la conséquence de l'histoire sanglante et cruelle de ce beau pays. Les Vietnamiens ne sont pas « résignés à leur sort », comme les Occidentaux ont tendance à le penser de tous les Asiatiques ; ils se sont battus depuis des siècles entre eux ou contre l'envahisseur pour définir leur destin national. Et, aussi coriaces, voire déplaisants qu'ils puissent être, ils doivent leur survie à leur refus admirable de courber l'échine devant l'ennemi ou l'allié.

Il y eut deux séances. Celle qui fut décisive eut lieu dans la maison remise à neuf du commandant. Y participaient Nixon, Thieu et son conseiller personnel, et moi-même. Il y eut également une réunion d'experts au Club des officiers, qui traita surtout d'affaires économiques et que présidèrent les deux ministres des Affaires étrangères. (C'est ainsi que devaient se dérouler par la suite presque toutes les rencontres entre Nixon et des dirigeants étrangers.) Thieu ne supplia pas Nixon. Il se conduisit avec assurance, sans réclamer la moindre faveur. Nous avions craint que l'annonce de l'évacuation de nos troupes ne crée une situation embarrassante. Mais Thieu prit les devants et proposa lui-même le retrait. Nous suggérâmes l'ouverture de contacts privés au sommet avec Hanoi. Thieu donna son accord, pourvu qu'il fût tenu au courant de la teneur des discussions politiques. Comme le décalage de cinq heures entre l'île et la côte Est laissait peu de temps aux journalistes pour envoyer leur dépêche, une heure et demie seulement après le début de l'entrevue, les deux Présidents apparurent sur le seuil de la maison du commandant, et le Président Nixon annonça le premier retrait des troupes américaines.

Nixon exultait. Il considérait cette annonce comme un triomphe politique et pensait que cela lui permettrait de gagner du temps pour développer notre stratégie. Ses conseillers, dont j'étais, partageaient son sentiment ; pourtant, nous nous trompions sur les deux plans. Nous avions franchi la ligne de démarcation fatidique. D'un côté, le retrait des troupes accrut la démoralisation des familles dont les fils étaient restés sur place, exposés aux risques. De l'autre, il n'avait pas suffi à calmer nos adversaires ; bien au contraire, la plupart d'entre eux pensaient que, puisque par leur pression ils avaient obtenu ce premier retrait, ils pourraient, en continuant de plus belle, accélérer le processus. Que ces retraits précipités puissent provoquer un effondrement au Vietnam du Sud leur importait peu ; bien plus, certains s'en seraient même réjouis.

Au cours de ce même mois de juin, l'ancien ministre de la Défense, Clark Clifford, qui six mois auparavant avait déclaré qu'il n'existait aucun projet américain de retrait, publia dans *Foreign Affairs* un article où il réclamait le retrait unilatéral de 100 000 hommes d'ici la fin de 1969, et de toutes les autres unités de combat d'ici fin 1970, pour ne laisser sur place que l'intendance et les unités aériennes [9]. Nixon, qui n'avait pas l'habitude de céder du terrain à un contradicteur, répliqua vigoureusement dans une conférence de presse qu'il espérait bien aller encore plus vite que ne le prévoyait Clifford. Malgré tous les efforts que nous déployâmes pour « interpréter » la petite phrase du Président, le mal était fait. Nous eûmes beau répéter qu'il devait s'agir d'un retrait réciproque, il était désormais devenu difficile d'y croire. Aussi bien aux États-Unis qu'à l'étranger, et en particulier au Vietnam, on considérait que nous étions maintenant engagés d'une manière irréversible dans la voie du retrait unilatéral de nos troupes. Les derniers doutes qui pouvaient encore subsister s'envolèrent définitivement lorsque le ministère de la Défense se mit à établir son budget en tenant compte des réductions d'effectifs prévues ; dorénavant, toute interruption du processus de retrait créerait un déficit financier qui compromettrait nos achats d'armes nouvelles.

Par ailleurs, les Nord-Vietnamiens s'intéressaient à la réalité, non aux symboles. Ils analysèrent froidement le retrait américain, mettant en balance le bénéfice psychologique que l'on pouvait en escompter du fait de notre capacité accrue et la baisse d'efficacité qu'entraînerait, sur le plan militaire, la diminution progressive des effectifs américains. Hanoi continua à réclamer sans relâche le retrait du plus grand nombre d'hommes possible dans les délais les plus brefs possibles. Mais, plus le retrait de nos troupes devenait automatique, moins on pouvait espérer s'en servir comme instrument de négociation ; il devenait illusoire de réclamer un retrait réciproque, alors que le rythme de nos retraits unilatéraux allait en s'accélérant. Par ailleurs, plus nos retraits se faisaient rapidement, plus nous risquions d'assister à un effondrement du Vietnam du Sud. C'est pourquoi les Nord-Vietnamiens se plaignirent constamment que nos retraits, dont nous ne tirions aucun avantage, n'étaient qu'une « goutte d'eau dans la mer », ou encore que nous n'affichions pas avec « suffisamment de clarté » nos intentions réelles. Ils restèrent obstinément sur cette position. Pour eux, ces mesures unilatérales ne les engageaient en rien. Moins d'un an plus tard, ils demandaient de fixer une date limite inconditionnelle.

Ces réalités pesèrent sur nos débats internes. Laird avait préparé cinq plans alternatifs pour les retraits de troupes qui devaient intervenir en 1969. La fourchette allait de 50 000 hommes au moins à 100 000 hommes au plus. Entre les deux, il y avait place pour des variantes. Rogers était partisan du chiffre de 85 000 ; Laird, appuyé par l'État-Major interarmes, soutenait officiellement la proposition la plus basse (50 000 hommes), mais laissait entendre en privé que cela ne lui ferait rien si son avis n'était pas suivi. En ce qui concernait le long terme, Laird proposait d'échelonner les retraits sur une période pouvant aller de dix-huit à quarante-deux mois, et de fixer la limite supérieure du nombre de soldats américains qui resteraient sur place jusqu'au retrait des forces de Hanoi à un nombre pris dans une fourchette allant de 260 000 à 306 000 hommes. Dans la note qu'il envoya au Président le 2 juin, Laird proposait un plan de retrait « réalisable » qui s'échelonnait sur quarante-deux mois (c'est-à-dire jusqu'à fin 1971) et fixait à 260 000 hommes les effectifs laissés sur place. Il attirait l'attention du Président sur le fait qu'en l'absence de réciprocité de la part des Nord-Vietnamiens, un rythme plus rapide risquerait d'aboutir à un sérieux recul du programme de pacification, à une baisse sensible de la capacité militaire alliée, et à un effondrement possible du Vietnam du Sud.

Au sein de l'administration, deux courants se développèrent rapidement. Étant donné que c'était au Pentagone (en dehors de Nixon) que revenait le mérite d'avoir mis en œuvre le programme de vietnamisation, ce n'était qu'en redoublant ses efforts sur le plan politique que le ministère des Affaires étrangères pourrait avoir sa part de gloire le jour où la guerre serait terminée. C'est ainsi que l'infortuné Président Thieu reçut une avalanche de câbles le pressant d'accélérer le processus de mise en place de réformes politiques et économiques. Il se lança dans une transformation radicale du régime de propriété foncière. Il est néanmoins possible que nos conseils pressants l'aient affaibli, en faisant apparaître ses réformes assez importantes non pas comme le résultat de l'accroissement de son pouvoir et de son assurance, mais comme celui des pressions exercées par les Américains. Le 11 juillet, Thieu proposa d'organiser des élections libres auxquelles les communistes pourraient participer, placées sous le contrôle d'une commission électorale mixte composée de Vietnamiens, communistes inclus, et d'un corps d'observateurs internationaux. Le ministre Rogers laissa filtrer quelques détails de ce plan lors de sa conférence de presse du 2 juillet, ce qui conduisit Thieu, piqué dans son amour-propre, à tarder à nous envoyer la première ébauche de son nouveau programme.

Ces questions allaient être discutées le 7 juillet au cours de la réunion qui eut lieu entre le Président et ses proches conseillers sur le yacht présidentiel *Sequoia*. Rogers, Laird, Wheeler, le ministre de la Justice Mitchell, le général Robert Cushman (directeur adjoint de la C.I.A.) et moi-même y assistions. En l'occurrence, il y fut principalement question de l'apparente accalmie dans les combats que l'on pouvait constater à ce moment-là. Traduisait-elle l'épuisement de Hanoi, s'agissait-il d'une nouvelle stratégie de négociation, ou d'une tentative de Hanoi de réduire progressivement les affrontements par accord tacite ? Que, dans le soulagement que nous éprouvions devant cette accalmie qui abaissait le niveau des pertes et calmait les tensions dans le pays, il ne se trouvât personne pour se demander si cette accalmie ne pouvait pas signifier que notre stratégie portait ses fruits et devait donc être poursuivie, cela était révélateur du désarroi intellectuel dans lequel nous nous trouvions alors. Au lieu de cela, tout le monde s'accorda à penser qu'il fallait répondre par un ralentissement comparable de nos actions militaires. Il fut donc décidé de changer radicalement les ordres donnés au général Abrams sur le terrain. Le « descriptif des objectifs » remis aux forces américaines en Asie du Sud-Est, que nous avait légué le gouvernement Johnson et qui était toujours notre référence, affirmait notre intention ambitieuse de « vaincre » l'ennemi et de le « contraindre » à se replier sur le Vietnam du Nord. Le nouveau descriptif (qui entra en vigueur le 15 août) assignait pour principale mission à nos forces de fournir « la plus grande aide possible » aux Sud-Vietnamiens pour renforcer leurs troupes, de soutenir les efforts de pacification et de stopper l'acheminement des énormes quantités de vivres et de matériel qui parvenaient à l'ennemi. En fait, le Président changea d'avis au dernier moment et fit annuler les nouvelles instructions qu'il avait données. Mais, comme Laird les avait déjà transmises, elles demeurèrent. J'ignore si ces nouvelles instructions – qui furent très vite éventées – changeaient quelque chose en pratique. Étant donné que nous nous étions engagés à retirer nos troupes, elles reflétaient nos capacités, quelles que fussent nos intentions.

Le 30 juillet, au cours de son voyage autour du monde, Nixon s'arrêta inopinément à Saigon. Il s'y rendit contre l'avis du Service secret, et, pour des raisons de sécurité, cette halte ne fut annoncée qu'au dernier moment. Nixon fut emmené à toute vitesse de l'aéroport au Palais présidentiel, dans un hélicoptère qui s'éleva, me sembla-t-il, à l'infini, pour être hors d'atteinte de tirs isolés éventuels, avant de retomber comme une masse au milieu des arbres entourant les bureaux de Thieu. Je n'ai jamais su combien de fois les pilotes avaient répété la même manœuvre, ni si le risque que celle-ci nous faisait courir n'était pas plus grand que celui auquel elle prétendait nous soustraire.

Nixon déclara à Thieu qu'il était indispensable que les retraits soient continus, si nous voulions conserver le soutien de l'opinion publique américaine. Il soutint également qu'il était important que les réductions de troupes se fassent selon un calendrier précis et de notre initiative. Nous étions de toute évidence en train de préparer notre départ du Vietnam, en négociant si possible, ou en retirant nos troupes unilatéralement s'il n'y avait pas d'autre solution.

Rencontre secrète avec Xuan Thuy

En juillet, je me lançai dans une nouvelle tentative de négociation, par l'intermédiaire de mon vieil ami Jean Sainteny, qui avait été délégué général de la France à Hanoi. Au cours de l'été 1953, Claude, la femme de Sainteny, avait assisté au séminaire international que je dirigeais à Harvard et qui s'adressait aux jeunes étrangers appelés à exercer des responsabilités dans leur pays d'origine. Elle était à la fois écrivain et historienne, aussi belle qu'intelligente. Lorsqu'elle eut épousé Sainteny, j'allai de temps en temps leur rendre visite à leur appartement rue de Rivoli donnant sur les jardins des Tuileries. Sainteny était un homme élégant et extrêmement intelligent, qui, durant les années où il n'existait aucun contact entre les États-Unis et Hanoi, m'avait donné un premier aperçu de la mentalité vietnamienne. Il avait passé beaucoup de temps à me faire part de ses expériences à Hanoi et à me donner son appréciation sur notre engagement dans la guerre du Vietnam. Comme beaucoup de Français qui avaient servi en Indochine, il considérait que notre entreprise était vouée à l'échec, jugement qui n'allait pas sans un certain nationalisme : comment l'Amérique pouvait-elle espérer gagner là où la France avait échoué ? Contrairement à nombre de ses compatriotes, il comprenait l'importance d'un dénouement honorable pour les États-Unis et pour d'autres peuples libres. Je ne doutai pas qu'il rendrait compte à son gouvernement des contacts que nous avions ainsi. Cela n'avait qu'une importance secondaire, la France ne pouvait tirer aucun profit pour elle seule de ces informations; cela satisferait sa curiosité, sans affecter sa politique. Je faisais confiance au sens de l'honneur de Sainteny, et je savais que l'on pouvait compter sur lui pour faire ce à quoi il s'était engagé. En outre, il jouissait également de la confiance des Nord-Vietnamiens : on ne peut en demander davantage à un intermédiaire.

Le 24 juin, je suggérai donc au Président d'inviter Sainteny à venir en Amérique étudier avec nous la possibilité d'une nouvelle initiative : « Je vois les choses de la manière suivante, lui dis-je. Étant donné les dispositions dans lesquelles se trouve Hanoi à l'heure actuelle, de nouvelles démarches ne changeront pas grand-chose. Néanmoins, je pense qu'il serait bon que nous en tentions une nouvelle tant pour l'histoire qu'en raison de l'absence de progrès réel des négociations à Paris. » Le 15 juillet, Sainteny eut une entrevue avec le Président dans le Bureau ovale. Comme personne n'était au courant de sa venue aux États-Unis, je servis d'interprète. Le niveau approximatif de mon français parlé ne contribua sûrement pas à la précision de la conversation. Sainteny indiqua qu'il était prêt à se rendre à Hanoi en notre nom pour y porter un message, ou à organiser une rencontre entre moi et Le Duc Tho, membre important du Politburo nord-vietnamien, qui venait parfois en visite à Paris et avait participé aux pourparlers privés avec Harriman.

Nous optâmes pour la première suggestion. Une lettre personnelle de Nixon à Hô Chi Minh fut rédigée. Nous demandâmes à Sainteny de la remettre en mains propres à Hanoi. La lettre insistait sur notre volonté de paix, proposait de discuter des plans de Hanoi en même temps que des nôtres, et concluait en ces termes :

> « L'heure est venue de s'acheminer, à la table de conférence, vers une résolution rapide de cette guerre tragique. Vous nous trouverez disponibles, prêts à apporter avec vous, dans un effort commun, les bienfaits de la paix au courageux peuple du Vietnam. Que plus tard l'on puisse dire qu'en cet instant critique les deux parties ont choisi la paix plutôt que le conflit et la guerre. [10] »

Mais les Nord-Vietnamiens ne devaient pas réagir; ils refusèrent même d'accorder un visa à Sainteny. La lettre fut transmise au délégué de Hanoi à Paris, Mai Van Bo. Décidés à tenter une percée, nous chargeâmes Sainteny d'arranger une rencontre entre les négociateurs nord-vietnamiens et moi-même.

A la fin du mois de juillet, j'accompagnai le Président dans son périple autour du monde, qui commençait par l'amerrissage d'Apollo 11 et comprenait ensuite la visite de l'Asie du Sud-Est, de l'Inde, du Pakistan et de la Roumanie. J'abandonnai la suite du Président pour me rendre à Paris et à Bruxelles, tandis que ce dernier regagnait les États-Unis.

Mon entrevue secrète devait avoir lieu le 4 août chez Sainteny. Le Duc Tho ayant quitté Paris, mon interlocuteur devait être Xuan Thuy, le plénipotentiaire de Hanoi aux séances plénières des pourparlers de Paris. Cela, comme je l'appris par la suite, était le gage qu'il ne dirait guère autre chose que les formules toutes faites qui avaient fini par dominer les sessions plénières. En effet, Xuan Thuy n'était pas un responsable politique, mais un fonctionnaire. Représentant le ministère des Affaires étrangères et non le parti communiste, il avait été envoyé par Hanoi pour exposer la ligne officielle aux séances publiques. Minuscule, avec une tête de Bouddha et un esprit délié, souriant constamment, même en tenant des propos outrageants, il n'avait aucune autorité pour négocier. Sa tâche était la guerre psychologique. Lorsque Hanoi voulait sérieusement discuter, il envoyait le « conseiller spécial » de sa délégation de Paris, Le Duc Tho. Lui aussi, il eût fallu une imagination délirante pour le décrire comme un homme conciliant ; mais au moins, il avait autorité pour agir, et ce fut lui finalement qui conclut les négociations.

J'étais à Paris sous le prétexte de rendre compte au Président Georges Pompidou et à son Premier Ministre Jacques Chaban-Delmas du voyage que venait d'achever Nixon. Tard dans l'après-midi du 4 août, je quittai l'ambassade américaine pour aller, dis-je, visiter la ville. En compagnie de mon adjoint personnel, Anthony Lake, et de notre attaché militaire à Paris, le général Vernon Walters, je me rendis chez Sainteny qui habitait non loin de là, rue de Rivoli. A l'époque, les journalistes ne me suivaient pas : gagner discrètement l'appartement de Sainteny n'exigeait pas beaucoup d'astuce. Le général Walters était là, à cause de ses talents d'interprète, et parce qu'il avait toute la confiance de Nixon et de moi-même. (C'est lui qui, avec une minutie, une imagination et une discrétion qui ne faillirent jamais, allait organiser tous les premiers voyages que je fis à Paris pour les négociations, et qui facilita également les quelques contacts que j'eus avec les Chinois.) Walters parlait couramment neuf langues et était fabuleusement doué pour l'interprétariat. C'était également un grand acteur, capable de restituer non seulement les mots, mais aussi l'intonation et l'attitude de l'orateur. Avec son sens aigu du théâtre, sa traduction ne pouvait pécher que par excès de fidélité à l'original ; mais le fait que Walters avait une excellente mémoire et se refusait à prendre des notes ne contribuait pas à détendre si peu que ce soit l'orateur. L'entrevue que j'eus avec Xuan Thuy dura trois heures et demie, entre autres raisons parce qu'elle exigeait une double traduction. Je parlais en anglais ; Walters traduisait en français, puis l'interprète de Xuan Thuy traduisait en vietnamien. Lorsque Xuan Thuy parlait, son interprète traduisait du vietnamien en anglais.

J'appréhendais quelque peu cette entrevue. Pour la première fois, j'allais conduire personnellement une négociation. Pour la première fois aussi j'allais rencontrer ce Nord-Vietnamien insaisissable, que j'avais poursuivi en vain pendant tout un été au nom du Président Johnson. Je croyais encore à moitié que l'on ferait de rapides progrès si nous pouvions les convaincre de notre sincérité. J'arrivai avec mes collègues chez Sainteny une demi-heure en avance. Sainteny nous fit entrer dans son salon, et nous indiqua où se trouvaient les rafraîchissements. Son appartement comptait quelques objets de valeur qu'il avait ramenés de son séjour au Vietnam. « J'espère que, si vous n'êtes pas d'accord, vous ne vous jetterez pas la faïence à la tête », fit-il, pince-sans-rire, et il se retira.

Xuan Thuy et Mai Van Bo furent rigoureusement ponctuels. Nous étions assis sur des canapés les uns en face des autres, le groupe américain tournant le dos à la rue de Rivoli et laissant aux Vietnamiens la vue sur les jardins des Tuileries. Comme dans toutes les entrevues que j'eus par la suite, la dignité et la tranquille assurance de ces hommes m'impressionnèrent. Il y avait là des gens qui avaient fait de la violence et de la guerre de guérillas leur métier ; leurs contacts avec le monde extérieur, épisodiques, n'avaient eu lieu que dans le cadre de leurs nombreuses luttes. Néanmoins, lorsqu'ils se trouvaient en face du délégué de la plus grande puissance du monde, ils se montraient subtils, disciplinés et infiniment patients. Sauf une fois, où, enhardis par le premier succès de leur offensive au printemps 1972, ils devinrent insolents, ils ne se départirent jamais de leur courtoisie, n'affichèrent jamais une impatience déplacée, et ne s'autorisèrent jamais à paraître ébranlés. C'étaient des spécialistes de la guerre politique, décidés à n'avancer qu'à leur propre pas, imperméables au charme et à l'aiguillon de l'impatience. Ils empochèrent les concessions américaines comme un dû, sans s'estimer tenus à une modération réciproque. A leurs yeux, tout compromis était un aveu de faiblesse. Ils n'étaient sensibles qu'à ce qui, pour eux, était l'intérêt de Hanoi. Ils ne s'autorisaient pas le doute, et ne reconnurent jamais, même en leur for intérieur, que nos arguments avaient pu les influencer ou même les toucher. Ils avaient un objectif : parvenir à dominer totalement le Vietnam du Sud, ou tout au moins arriver à une solution qui laisserait leurs adversaires si démoralisés qu'il leur serait facile de les écraser à la première occasion. Il fallut l'effondrement de l'offensive qu'ils avaient lancée à Pâques 1972 et qui les avait totalement épuisés pour qu'ils cessent de rechercher la victoire à tout prix.

Après avoir échangé quelques plaisanteries portant surtout sur les efforts que j'avais faits, en vain, en 1967 pour rencontrer Mai Van Bo, j'en vins au but de la réunion. J'exprimai mon respect pour le courage et les souffrances du peuple vietnamien. Les États-Unis recherchaient sincèrement un règlement qui soit compatible avec la fierté des deux parties. Il restait que, le 1er novembre, les négociations qui s'étaient engagées à la suite de l'arrêt des bombardements auraient un an. Durant cette période, seuls les États-Unis avaient pris un certain nombre de mesures importantes : nous avions cessé l'envoi de renforts, annoncé le retrait unilatéral de 25 000 hommes et promis de nouveaux retraits dans un avenir proche. Nous avions proposé d'accepter les résultats d'élections libres organisées sous contrôle international, auxquelles le F.N.L. pourrait participer. Pas de réponse. J'étais à Paris, lui dis-je, pour proposer, au plus haut niveau possible et avec le plus grand désir d'aboutir, de faire un effort réel pour que la question soit réglée pour l'anniversaire des négociations, c'est-à-dire le 1er novembre. Nous étions prêts à discuter des dix points du F.N.L., mais nous ne pouvions souscrire au principe que, tels les Dix Commandements, ces dix points étaient gravés dans la pierre et non sujets à négociations. Il nous était, à la longue, devenu intolérable d'être traités comme des écoliers, de devoir à chaque rencontre passer un examen pour prouver que nous comprenions bien la position officielle de Hanoi.

Je proposai d'intensifier les négociations et de faire un effort pour trouver un terrain d'entente entre les dix points du F.N.L. et les huit points du discours du 14 mai du Président Nixon. Les États-Unis étaient disposés, notamment, à retirer toutes leurs troupes, sans exception, dans le cadre d'un programme de retrait réciproque. Nous étions prêts à accepter le résultat de tout processus politique librement organisé. Nous comprenions qu'on ne pouvait demander à l'un ou l'autre camp d'abandonner à la table de conférence ce qui n'avait pas été concédé sur le terrain ; c'est pourquoi, si nous voulions procéder loyalement, il fallait prendre en compte le rapport des forces militaires et politiques qui existait à ce moment-là. Comme nous ne demandions pas la dispersion des forces communistes, on ne pouvait exiger de nous que nous dispersions les groupements politiques non communistes. Pour que les négociations aboutissent, il fallait que chaque camp reconnaisse que son adversaire ne pouvait être vaincu sans que cela soit visible. Au nom du Président, je proposai d'ouvrir une filière spéciale de contact. Si les négociations se révélaient sérieuses, le Président était prêt à reconsidérer nos opérations militaires pour faciliter un accord. En revanche, si, au 1er novembre, aucun progrès n'avait été accompli, les États-Unis devraient envisager des mesures lourdes de conséquences *.

Xuan Thuy m'écouta impassiblement, sans laisser paraître qu'il constatait un changement dans la position américaine. Je venais en réalité de présenter le plan de paix le plus ouvert qui ait existé jusqu'alors. J'étais allé au-delà de la position la plus colombienne qui fût alors défendue au sein du gouvernement, en offrant le retrait total de toutes les forces américaines, sans la restriction prévoyant de laisser des troupes sur place et en proposant une réduction progressive des opérations militaires. Selon l'habitude nord-vietnamienne, Xuan Thuy me posa quelques questions de détail, notamment en ce qui concernait la procédure d'intensification des négociations, avant de se lancer dans un long monologue. Il commença par retracer à notre intention l'histoire de la lutte du Vietnam pour son indépendance à travers les siècles. Cette histoire, je devais la réentendre encore bien des fois au cours des quatre années suivantes. Cela devint aussi automatique que de dire les grâces, à cette différence près que cela prenait bien plus de temps. Le récit de cette épopée héroïque, qui contait la manière dont les Vietnamiens étaient venus à bout de l'envahisseur étranger, pouvait impressionner et même émouvoir ; mais, à force d'être constamment répétée, cette litanie finit par mettre mon sang-froid à rude épreuve. Lorsque au bout de quarante-cinq minutes environ, il en vint vraiment au sujet, Xuan Thuy nia que les dix points fussent, comme je l'avais dit, comparables aux Dix Commandements ; néanmoins, ils constituaient la seule « base de règlement de la guerre qui fût logique et réaliste », distinction subtile qui échappait à mon esprit d'Occidental.

Pour Xuan Thuy, il y avait deux problèmes : le problème politique et le problème militaire. La solution du problème militaire passait par le retrait total des États-Unis et de ce que les Nord-Vietnamiens appelaient les forces « satellites »

* Nixon avait tenu le même langage à divers gouvernements qui l'avaient reçu au cours de son voyage autour du globe, ainsi qu'à plusieurs dirigeants en visite officielle à Washington, dans l'espoir que ces avertissements parviendraient aux oreilles des dirigeants de Hanoi. C'est effectivement ce qui se passa ; mais aucun plan n'avait encore été prévu pour permettre de mettre cette menace à exécution en cas d'échec des négociations.

(c'est-à-dire les troupes envoyées par des pays alliés). Les déclarations des États-Unis avaient été très vagues sur ce point, dit-il, entendant par là que nous n'avions pas fourni de plan inconditionnel pour leur départ. Quant à la solution du problème politique, elle exigeait le départ de Thieu, de Ky et de Huong (respectivement, Président, vice-Président et Premier Ministre de notre allié), et l'installation d'un gouvernement de coalition composé du Gouvernement révolutionnaire provisoire * et d'anciens membres du gouvernement de Saigon, pourvu qu'ils défendissent « la paix, l'indépendance et la neutralité ». Pour Xuan Thuy, les deux problèmes, militaire et politique, étaient liés, et il n'était pas question de résoudre l'un sans résoudre l'autre. En d'autres termes, même un retrait unilatéral des Américains ne nous permettrait pas de terminer la guerre ou d'obtenir la libération de nos prisonniers.

Hanoi continua donc à insister pour que les États-Unis installent un nouveau gouvernement, dans un contexte où le camp non communiste serait paralysé par le retrait de forces américaines et démoralisé par le départ de ses dirigeants. Si les États-Unis avaient l'effronterie de se retirer sans provoquer ce bouleversement politique, la guerre continuerait et nos prisonniers resteraient. Au cours des années qui suivirent, nous passâmes d'une position à l'autre, du retrait réciproque au retrait unilatéral, et des forces résiduelles au retrait complet ; mais Hanoi restait inébranlable. Nous ne pourrions obtenir ni la paix ni la libération de nos prisonniers tant que nous n'aurions pas réalisé ce que Hanoi, visiblement, n'espérait plus pouvoir accomplir : le renversement de notre allié.

Nous n'étions pas disposés à faire pour les communistes ce qu'ils ne pouvaient faire pour eux-mêmes. Cela nous semblait un acte déshonorant dont les conséquences sur la place des États-Unis dans le monde seraient lourdes pour l'avenir. C'est ce refus de notre part de renverser un gouvernement allié qui, à lui seul, bloqua toute négociation jusqu'au 8 octobre 1972, date à laquelle Hanoi retira son exigence.

Même si Xuan Thuy et moi-même n'avions pas obtenu grand-chose, nous avions au moins réussi à énoncer nos positions respectives sur un ton moins agressif. Nous étions convenus que n'importe laquelle des deux parties pourrait librement contacter l'autre, et qu'une autre réunion devrait être organisée. Xuan Thuy nous indiqua que Hanoi n'aimait pas passer par l'intermédiaire de pays tiers et nous demanda donc de bien vouloir désigner un Américain habilité à recevoir ou à délivrer des messages par cette filière. Je désignai alors le général Walters. Nous envoyâmes un compte rendu à l'ambassadeur Bunker à Saigon, pour qu'il informe le Président Thieu, qui, à la réunion de Midway, avait donné son accord à de tels pourparlers ; ce dernier fut donc tenu scrupuleusement au courant de mes négociations secrètes dès le commencement. L'ambasadeur Lodge étant absent de Paris à l'époque, c'est à son adjoint Philip Habib que je rendis compte de l'entrevue.

Cette nouvelle filière ne fut plus utilisée en 1969. Deux jours plus tard, le

* Après juin 1969, c'est sous le nom de Gouvernement révolutionnaire provisoire (G.R.P.) que fut connu le Front national de libération.

6 août, les communistes lançaient une attaque sur Cam Ranh Bay, qui pouvait s'expliquer par le fait qu'elle avait dû être projetée bien avant l'entrevue avec Xuan Thuy. Pourtant, le 11 août, les forces communistes récidivaient, en attaquant plus d'une centaine de villes, bourgades et bases disséminées à travers le Vietnam du Sud, mettant ainsi fin aux huit semaines d'accalmie dans les combats. Même en étant larges d'esprit, on ne pouvait s'empêcher de penser que pour Hanoi les gestes d'apaisement, la négociation, la bonne volonté et la réciprocité ne signifiaient rien.

Une nouvelle réévaluation

Nixon réagit aux nouvelles attaques au Vietnam en annonçant, le 23 avril, depuis la Maison Blanche de San Clemente, qu'il attendrait d'être rentré à Washington pour envisager le prochain retrait de troupes. Contrairement à leur habitude, les Nord-Vietnamiens à Paris ne réagirent que tardivement et avec une certaine hésitation. Le retard que nous paraissions vouloir apporter à nos retraits unilatéraux avait fait réfléchir Hanoi, nous donnant un aperçu de la crainte qu'il avait des forces américaines et de ce qui aurait pu se passer si notre situation intérieure nous avait permis une plus grande fermeté. Mais ce n'était pas le cas. Bien que la décision de Nixon fût prise en conformité avec deux des trois critères qu'il avait exposés en mars et fréquemment rappelés depuis (l'activité militaire ennemie, l'état d'avancement des négociations à Paris et l'amélioration des forces sud-vietnamiennes), c'est avec indignation que le Congrès et les media accueillirent cette décision.

Le 25 août, Hô Chi Minh répondit à la lettre que lui avait adressée le Président Nixon le 15 juillet. (En fait, sa réponse ne nous parvint que le 30 août, trois jours avant la mort de Hô.) Sa lettre, qui ne reprenait pas le « Cher Monsieur le Président » par laquelle celle de Nixon commençait, rappelait la position officielle du Vietnam du Nord d'un ton péremptoire :

> « Notre peuple vietnamien est profondément attaché à la paix, à une paix réelle avec indépendance et liberté. Il est décidé à se battre jusqu'au bout, sans crainte des sacrifices et des difficultés qu'il devra affronter, pour défendre son pays et les droits sacrés de la Nation. Le plan global en dix points, présenté par le Front National de libération du Vietnam du Sud et par le Gouvernement Révolutionnaire Provisoire de la République du Vietnam du Sud constitue une base logique et raisonnable au règlement du problème vietnamien. Il bénéficie de l'approbation et du soutien des peuples du monde entier.
>
> Vous avez exprimé dans votre lettre le désir d'agir en vue d'une paix juste. Pour cela, les États-Unis doivent mettre fin à leur agression et retirer leurs troupes du Vietnam du Sud, et respecter le droit de la population du Sud et de la Nation vietnamienne à disposer d'elles-mêmes sans influence étrangère. C'est la manière correcte de résoudre le problème vietnamien... »

Quelle que soit la raison de la réponse de Hô, que l'indignation qu'elle reflétait fût réelle ou feinte, elle soulignait une fois de plus que Hanoi ne serait satisfait que par la victoire. Elle comptait sur l'épuisement nerveux des États-Unis, et ne tolérerait aucune apparence de « progrès » des négociations qui nous permette de rallier notre opinion publique à notre cause. La réaction la plus naturelle de notre part eût été de cesser de rapatrier nos soldats, mais, à l'époque, les retraits étaient à leur apogée. Les réductions étaient toujours annoncées pour une période donnée ; il était donc inévitable que les pressions de l'opinion publique d'une part, et du gouvernement de l'autre, redoublent à l'approche de chaque fin de période. La riposte du 23 août aux agressions de Hanoi fut la dernière tentative de Nixon pour surseoir aux retraits.

Le 12 septembre, une réunion du C.N.S. eut lieu pour discuter de la réduction de troupes suivante. Ce fut le dernier débat sur cette question. Le 16 septembre, le Président annonça sa décision d'abaisser encore de 40 500 hommes le plafond de nos effectifs au 15 décembre. Au total, la réduction du plafond autorisé était maintenant de 65 500 hommes. C'était 15 000 de plus que ce qui, au début de l'année, avait été jugé nécessaire par Rogers si nous voulions convaincre l'opinion publique que nous désirions sérieusement mettre un terme à la guerre. Après l'annonce du 16 septembre, nos retraits devinrent irréversibles ; le Président ne laissa plus jamais passer la fin d'une période de retraits sans annoncer une nouvelle augmentation de ceux-ci pour la période suivante. Hanoi était sur le point d'atteindre le second de ses objectifs, sans aucune réciprocité : l'arrêt des bombardements conduisait maintenant au retrait unilatéral. Nous avions fait beaucoup; en effet, nous avions accepté le retrait total de nos troupes, commencé unilatéralement à quitter le Vietnam et réduit progressivement nos activités militaires, tout cela sans la moindre compensation.

Je commençais à ne plus très bien savoir quelle était la bonne tactique à suivre. Au cours de la réunion du C.N.S. du 12 décembre sur le Vietnam, je ne pris qu'une faible part à la discussion, mais je m'exclamai vers la fin : « Ce qu'il nous faut, c'est organiser la fin de la guerre et pas seulement le retrait de nos troupes. C'est cela que l'on attend de nous. » Deux jours avant la réunion, j'avais envoyé au Président une note personnelle, où je lui faisais part de ma profonde inquiétude et l'interrogeais sur l'hypothèse d'une vietnamisation. Aux yeux de l'opinion publique américaine, nos retraits étaient comme des cacahuètes salées ; plus nous retirerions de troupes, plus l'adversaire nous en demanderait; il irait même jusqu'à exiger de nous un retrait total et unilatéral d'ici moins d'un an peut-être (ce qui se produisit réellement). Je soutenais que notre stratégie ne pourrait pas produire ses effets assez vite pour compenser le travail de sape opéré par l'opinion publique, et prédisais — à raison, malheureusement — que Hanoi attendrait probablement que nous ayons évacué la plus grande partie de nos troupes pour lancer une offensive à tout-va. En bref, je ne croyais plus à l'efficacité de notre politique. Cette note du 10 septembre est intégralement reprise dans les notes à la fin du livre [11].

Le lendemain, je fis suivre ce premier mémorandum d'un second ; j'y soulignais les choix politiques tels qu'ils m'apparaissaient, et avertis une fois de plus le

Président que nous courrions à l'échec si nous bâtissions entièrement notre stratégie sur la vietnamisation. Une partie de ce mémorandum se trouve également citée dans les notes, à la fin du livre [12].

Pour ma part, je penchais pour la solution qui était au cœur de « la mission Vance » que nous avions proposée, c'est-à-dire que j'étais partisan de faire l'offre la plus large et la plus généreuse possible (en excluant toutefois le renversement d'un gouvernement allié), pour permettre d'engager un débat politique libre. Si on nous opposait un refus, nous arrêterions le retrait des troupes et mettrions le Vietnam du Nord en quarantaine en minant ses ports et en bombardant éventuellement les voies ferrées qui le reliaient à la Chine. Notre objectif serait de parvenir rapidement à un compromis négocié. Là où la préparation de la mission Vance avait abouti à la proposition d'un plan de paix détaillé, je réunis, en septembre-octobre, dans la Salle opérationnelle de la Maison Blanche, un petit nombre de membres de mon Cabinet en qui j'avais pleinement confiance, pour examiner avec eux l'aspect militaire de la question. J'expliquai à mon équipe que notre stratégie actuelle consistait à essayer de trouver un équilibre entre un retrait trop rapide pour convaincre Hanoi de notre détermination, et un retrait trop lent pour pouvoir satisfaire l'opinion publique américaine. Dans l'hypothèse où le Président perdrait confiance en sa politique, mais ne serait pas disposé à capituler, comment pourrait-il provoquer coûte que coûte une conclusion rapide ? Je leur réclamai un plan militaire qui puisse avoir le plus grand impact possible sur les capacités militaires de l'ennemi, et leur demandai par ailleurs de me fournir une évaluation des conséquences diplomatiques qu'il entraînerait ; enfin, je leur demandai un scénario de négociation finale.

L'ensemble du projet reçut le nom de « Piège à canard » pour des raisons qui m'échappent aujourd'hui complètement. Hal Sonnenfeldt et John Holdridge analysèrent la réaction supposée des Soviétiques et des Chinois devant une forte relance des opérations militaires. On fit une estimation des conséquences auxquelles s'attendre sur le plan juridique et diplomatique. Roger Morris, Tony Lake * et Peter Rodman rédigèrent un projet de discours présidentiel (qui fut ensuite partiellement utilisé le 3 novembre). L'État-Major interarmes conçut un plan de minage des ports et installations portuaires et de destruction de vingt-neuf objectifs offrant un intérêt militaire ou économique, par des attaques aériennes qui devaient durer quatre jours. Le plan prévoyait aussi des attaques sporadiques pouvant durer de quarante-huit à soixante-douze heures, au cas où Hanoi persisterait à ne pas vouloir négocier sérieusement. Nous nous étions fixés comme objectifs la date du 1er novembre, car ce jour-là cela ferait un an que nous aurions décidé d'arrêter les bombardements pour permettre à des négociations « promptes et rapides » de s'engager.

Notre projet avança par à-coups. Au fur et à mesure que le scénario se dessinait, je parvins à la conclusion qu'il ne fallait pas compter pouvoir mener à bien

* Morris et Lake devaient par la suite invoquer l'opération cambodgienne de 1970 comme prétexte pour donner leur démission ; pourtant, lorsque nous envisagions une solution beaucoup plus radicale, ils n'avaient exprimé aucun scrupule moral.

une opération militaire rapide et « décisive », et que les divisions existant au sein de notre gouvernement ne nous permettraient pas de nous engager dans une voie aussi audacieuse et risquée. Le 17 octobre, je conseillai au Président de remettre à plus tard l'examen de cette option, afin de nous laisser le temps d'évaluer auparavant le taux d'infiltration nord-vietnamienne pour les quelques mois de l'année qui restaient encore *. Mes doutes quant à la vietnamisation demeuraient, reflétant le dilemme insoluble devant lequel nous nous trouvions, ayant à la fois à répondre à l'armée du Vietnam du Nord et à nos opposants, dont un pourcentage non négligeable rejetait violemment l'idée même de stratégie cohérente. Le 30 octobre, j'écrivis une autre note personnelle au Président, où je lui exprimais une fois de plus mes doutes quant aux hypothèses sur lesquelles nous fondions notre politique :

> « Nous avons vu échouer tant de programmes sur le Vietnam qui avaient été annoncés en fanfare que j'ai pensé qu'il serait bon que je vous fasse part, brièvement, des questions que je me pose concernant les hypothèses sous-jacentes à la vietnamisation. Pour juger cette voie valable, nous devons supposer qu'un certain nombre de faits nous seront favorables, et penser également que Hanoi finira par les accepter.
>
> Les calculs des États-Unis en ce qui concerne le succès de la vietnamisation, et, parallèlement, ceux que fait Hanoi quant aux chances de succès de sa stratégie, reposent sur l'appréciation que nous faisons l'un et l'autre de :
>
> • l'intensité des réactions américaines à la poursuite de la lutte sous quelque forme que ce soit (l'expérience du passé montre que ce n'est pas la vietnamisation qui la calmera d'une manière significative) ;
>
> • l'aptitude du gouvernement américain à imposer sa discipline au moment de la mise en œuvre de sa politique (si la pression de l'opinion publique s'intensifie, il se peut que vous ayez à faire face, au sein du gouvernement, à une situation confuse et à des fuites de plus en plus nombreuses dans la presse, etc.) ;
>
> • l'aptitude réelle du gouvernement et des forces armées sud-vietnamiens à remplacer, concrètement et psychologiquement, les troupes américaines qui auront été rapatriées (ici, nous manquons d'éléments pour répondre avec certitude, mais ce simple fait en soi et l'expérience passée ne nous incitent guère à l'optimisme) ;
>
> • les conséquences réelles des pertes actuelles de Hanoi (j'entends par là celles qui affectent les cadres de l'armée, l'infrastructure politique, etc.) sur sa combativité future (là encore, il est impossible de donner une réponse catégorique ; en effet, la plupart du temps, les progrès que nous avons enregistrés concernaient une sécurité plus grande obtenue grâce aux forces amé-

* En réalité, ce n'était qu'une échappatoire. La stratégie que le projet « piège à canard » impliquait n'avait en principe rien à voir avec le taux d'infiltration. D'après moi, d'ailleurs, l'infiltration ne reprendrait pas tant que nous n'aurions pas réduit très nettement nos effectifs. En fait, le projet aurait dû tenir compte avant tout du progrès des négociations.

ricaines, et non un effritement durable de la puissance politique de l'ennemi) ;

- l'aptitude du gouvernement du Vietnam à retirer un bénéfice politique durable des progrès actuels de pacification (là encore, les rapports concernent principalement les gains de sécurité obtenus grâce à la protection américaine).

Notre politique de vietnamisation repose donc sur un ensemble d'hypothèses, qui peuvent ne pas être exactes, bien que personne ne puisse avoir de certitudes sur la base des analyses actuelles.

Mes notes sur la situation devenaient de plus en plus donquichottesques. En dehors de la vietnamisation, la seule possibilité réelle qui nous restait était le retrait immédiat ou encore la relance des opérations militaires, prévue dans l'opération Vance et dans le projet « piège à canard ». Pourtant, même les opposants américains les plus acharnés n'auraient pas demandé le retrait immédiat de nos troupes en 1969. Cela aurait été une grossière trahison, qui aurait précipité la chute de notre allié, en lui ôtant toute chance de pouvoir se maintenir par lui-même. Cela aurait ébranlé la confiance que les pays d'Asie – notamment le Japon – avaient dans les États-Unis. Au cours de cette période, aucun chef d'État européen ne nous demanda de nous retirer sans conditions de la guerre dont nous avions hérité. Je doute également que les efforts d'ouverture vers la Chine eussent pu être poursuivis après une pareille humiliation. Si la Chine cherchait imperceptiblement à se rapprocher de nous, c'était pour trouver un contrepoids à la menace grandissante que faisait peser la puissance soviétique à ses frontières. Il était matériellement impossible de rapatrier 500 000 hommes sur-le-champ ; le Pentagone estimait qu'il faudrait de douze à dix-huit mois au minimum pour faire revenir tous ces soldats dont l'arrivée au Vietnam avait été échelonnée sur quatre ans. Un retrait total et immédiat se ferait obligatoirement dans la désorganisation et l'affolement que notre débâcle ne manquerait pas d'entraîner ; l'armée sud-vietnamienne, de près d'un million d'hommes, risquait même de se retourner contre cet allié qui l'avait ainsi trahie. En outre, l'opinion publique n'était pas prête à nous suivre dans cette voie ; chaque sondage indiquait en effet que le retrait unilatéral était rejeté à une majorité écrasante. L'attitude de nos compatriotes était aussi ambiguë que celle des responsables du gouvernement qui décidaient de ses orientations : les uns comme les autres voulaient notre départ du Vietnam, mais ne voulaient pas d'une défaite. Mais surtout, Hanoi nous avait bien fait comprendre que notre retrait, même unilatéral, ne suffirait pas à mettre fin à la guerre ou à libérer nos prisonniers ; elle ne cessait de nous répéter qu'il nous faudrait également chasser nos alliés du gouvernement et les remplacer par un gouvernement de coalition à majorité communiste.

Dès 1970, en fait dans le courant de l'année, nos opposants nous sommèrent d'annoncer la date de notre retrait total. Mais une telle annonce était soit une variante de la vietnamisation, soit l'équivalent d'une capitulation. Si la date était fixée de façon arbitraire – c'est-à-dire trop proche – tout se désintégrerait, ce serait la débâcle. Si, par contre, le délai imparti était conforme à notre propre plan de vietnamisation, la seule différence résidait dans le fait qu'il serait officiellement annoncé. Restait donc à savoir si une telle annonce constituait une aide ou au contraire un obstacle à notre effort pour nous sortir de cette guerre. A tort ou à raison, notre avis était qu'une annonce officielle anéantirait la dernière raison pour Hanoi d'accepter la négociation. D'autre part, comment expliquer aux familles américaines que leurs fils devraient encore rester exposés au danger, alors qu'un retrait total des troupes était prévu ? Il est important de rappeler ici que les opposants les plus responsables – dont Clark Clifford faisait partie – ne réclamaient au départ, pour la fin de l'année 1970, que le retrait des troupes *de combat,* un nombre important de troupes devant encore rester sur place, ensuite. La seule différence était que notre plan de retrait devait durer quatre mois de plus.

Par ailleurs, il nous était fréquemment et instamment demandé de retirer à Saigon son droit de « veto » à la table des négociations ; plus généralement, c'était une manière de reprocher au gouvernement sud-vietnamien son attitude prétendument répressive. Il serait absurde de nier que le gouvernement sur le territoire duquel nos forces étaient stationnées exerçât une influence sur nos orientations politiques. Après tout, son assurance, sa légitimité et sa survie constituaient quelques-uns des problèmes-clés de cette guerre ; si nous avions précipité sa chute en lui faisant subir des pressions qu'il était incapable de supporter, nous nous serions effectivement alignés sur les conditions fixées par Hanoi. Mais c'était bien plutôt nous qui exercions notre influence sur Saigon que le contraire. Il faut bien avouer que le gouvernement de Saigon répondit à nos demandes pressantes en faisant un effort extraordinaire pour élargir sa base et accepter une confrontation politique avec les communistes. Un important programme de réforme agraire avait été mis en place, et une commission électorale, devant comprendre des communistes, proposée. La politique de Saigon était plus agitée et pluraliste que les opposants américains ne voulaient bien l'admettre, et préférable de beaucoup, sur le plan humain, au totalitarisme glacé du Vietnam du Nord, qui était en réalité la seule alternative du jeu.

Les problèmes de sécurité intérieure du gouvernement sud-vietnamien n'étaient pas un prétexte à l'autocratie, mais correspondaient à une réalité : le terrorisme organisé sévissait dans les villes et des assassinats et enlèvements se produisaient presque quotidiennement dans le pays *. L'indépendance et le poids politique des chefs militaires du Vietnam du Sud, qui avaient tendance à imposer leur loi dans le pays, étaient un défi lancé à l'autorité personnelle de Thieu, pour l'empêcher de parler de gouvernement constitutionnel. Toutefois, les États-Unis étaient en partie responsables de cet état de fait : c'était le renversement de Ngo Dinh Dien, en 1963, et la purge massive qui s'en était suivie au sein du gouvernement civil, qui avaient rendu les régimes ultérieurs si dépendants des militaires. Il est bien évident que les pratiques politiques d'un pays prospère, qui a derrière lui toute

* Les assassinats et enlèvements visaient ordinairement les meilleurs fonctionnaires de Saigon, notamment des maîtres d'école qui, de tous les représentants du pouvoir, étaient ceux qui étaient les plus populaires dans la population.

une tradition de liberté, ne pouvaient s'appliquer d'emblée à un pays sous-développé, ravagé par la guerre civile ; d'ailleurs, le Président Lincoln lui-même n'y avait pas eu recours au cours de notre Guerre civile. En s'en prenant si souvent à Thieu, les opposants ne se faisaient pas les avocats de réformes concrètes, ils cherchaient un prétexte à notre abdication.

Le fait est que les seules alternatives au pur et simple départ ou au démantèlement du gouvernement de Saigon étaient soi la relance des opérations militaires soit la vietnamisation. Nous rejetâmes finalement la solution militaire, parce que nous ne pensions pas pouvoir rallier l'opinion publique américaine assez longtemps pour vaincre ; ensuite, parce que la victoire était problématique ; enfin, parce que, même si nous avions gagné, Saigon n'aurait peut-être pas encore été prête à prendre la suite. A dire vrai, je n'avais jamais étudié cette possibilité sérieusement, en grande partie parce que, tout comme les autres membres du gouvernement, je ne voulais pas seulement mettre un terme à la guerre, mais y parvenir en provoquant le moins de convulsions possibles. Ce n'était pas une différence de philosophie qui séparait le gouvernement de ses opposants modérés, mais une nuance : nous voulions nous retirer, mais nous souhaitions garder une marge de manœuvre et refusions de fixer officiellement une date limite parce que nous gardions encore le vague espoir de voir Hanoi prête à négocier et à payer le prix pour accélérer le retrait de nos troupes.

Les colombes impacifiables

Le 12 janvier 1969, une semaine avant la cérémonie d'investiture de Richard Nixon, Chalmers Roberts, l'éminent correspondant diplomatique du *Washington Post,* avait très pertinemment souligné le dilemme de Nixon :

> « A première vue, je dirais que le pays et le Congrès vont donner six mois au nouveau gouvernement pour trouver le moyen de se retirer avec honneur de la guerre du Vietnam. Quoi qu'il en soit, ces six mois, ou tout prolongement que pourra leur accorder l'opinion publique, ne suffiront pas...
>
> Le Président Nixon est obligé, non par ses déclarations, mais par l'humeur nationale, de suivre la politique de Johnson... La campagne électorale a clairement démontré que la grande majorité des Américains veulent que nous nous retirions du Vietnam, mais dans des conditions qui ne bafouent pas la mémoire de nos 31 000 morts. Cette combinaison d'attitudes laisse peu de latitude à M. Nixon tant dans l'action que dans le temps... »

C'était ainsi. Dans les mois qui suivirent, protestations et manifestations se succédèrent ; les media et le Congrès préconisant des concessions unilatérales dans la négociation, se faisaient de plus en plus pressants. Ce n'était pas Hanoi mais le gouvernement américain qui retardait la conclusion de la paix, en ne s'y consacrant pas à fond.

Les générations futures auront du mal à mesurer l'étendue des bouleversements intérieurs occasionnés par la guerre du Vietnam. Le 2 juillet 1969, des femmes opposées à la guerre détruisirent des listes d'appelés à New York ; le 6 juillet, des adeptes du « Women Strike for Peace » se rendirent à l'université de Toronto pour y rencontrer trois représentantes du Vietcong. Les maires de deux villes adressèrent une pétition au Président pour qu'il cesse d'envoyer leurs fils au Vietnam. Le 15 juillet, des manifestants simulèrent une attaque de Fort Lewis. Au Pentagone, les manifestations se succédaient : on allait jusqu'à verser du sang sur les marches des escaliers. Le 14 août, douze jeunes soldats cantonnés à Honolulu se réfugièrent dans une église pour affirmer « leur refus profond des injustices fondamentales du système militiare américain ». Le 28 août, le groupe « Business Executives fort Vietnam Peace », se rendit à la Maison Blanche, pour informer le gouvernement que « la lune de miel était passée ». En août, alors qu'il était sur la côte Ouest, des manifestants vinrent à plusieurs reprises relancer Nixon dans sa résidence de San Clemente. Le 3 septembre, quelque deux cent vingt-cinq psychologues organisèrent une manifestation devant la Maison Blanche : pour eux, la guerre du Vietnam résumait la « folie de notre époque ». Au cours de réunions en public, des protestataires lisaient des listes de noms de soldats tués au Vietnam qu'ils faisaient ensuite insérer dans le *Congressional Record.* Cela devint l'occupation favorite de certains anciens membres des gouvernements Johnson et Kennedy, qui auraient pourtant eu mieux à faire que d'accuser leurs successeurs d'indifférence aux sacrifices et aux morts.) Pendant le mois d'août, les dirigeants du mouvement de protestation annoncèrent qu'une série de manifestations auraient lieu à partir du 15 octobre pour faire pression sur le gouvernement — le fameux Moratoire. Tous ces événements furent largement diffusés par les media qui leur prêtaient généralement une oreille complaisante. Peu nombreux — s'il y en eut — furent les protestataires qui demandèrent à Hanoi de faire preuve de plus de souplesse ou qui acceptèrent d'envisager que le gouvernement américain pouvait être sincère.

Vers la fin de l'été, quand les étudiants retrouvèrent leurs universités et que le Congrès reprit ses sessions, les protestations se firent plus âpres. On voulut voir, dans la mort de Hô Chi Minh, qui survint le 3 septembre, une nouvelle occasion de sortir de l'impasse les négociations de Paris, bien que tout plaidât en faveur du contraire. On nous pressa de proposer un cessez-le-feu par respect pour un dirigeant qui nous avait causé tant de déconvenues ; on espérait que ce cessez-le-feu serait permanent, comme si l'on pouvait imposer à Hanoi un arrangement auquel ses dirigeants s'étaient toujours refusés. En fait, nous observâmes un cessez-le-feu le jour des funérailles de Hô Chi Minh, mais nos adversaires se gardèrent bien d'en faire autant. A la fin de l'été, Chalmers Roberts écrivit dans le *Washington Post* du 5 septembre une analyse très perspicace de la situation. Il affirmait que les passions antiguerre commençaient seulement à se faire jour.

« En restant à San Clemente, M. Nixon a pu échapper à l'obligation d'expliquer ce qu'il a l'intention de faire au sujet de la guerre. Le Congrès étant en congé et les étudiants sur les plages... les opposants à la guerre ont été laissés à l'arrière-plan de l'actualité.

M. Nixon regagnera la Maison Blanche mardi prochain et d'ici là les derniers retardataires du Congrès seront rentrés. Les étudiants auront retrouvé le chemin de leur campus...

La mort de Hô a suscité un appel de nouvelles initiatives gouvernementales. Et le représentant de Hô à Paris, Xuan Thuy, semblait laisser entendre mardi qu'un retrait massif des troupes américaines pourrait redonner un élan aux négociations de Paris.

Les deux événements risquent d'apporter de l'eau au moulin des colombes américaines. Le long été est fini et de nouvelles forces vont se mettre en mouvement.

Le Président sera bientôt dans l'obligation d'en dire plus et probablement d'en faire plus, s'il veut que son peuple le soutienne... »

Les prédictions de Roberts ne se révélèrent que trop exactes. Le 3 septembre, le sénateur du Maine, Edmund Muskie, reprochait au plan de paix de Nixon d'être « très ambigu » ; il se demandait aussi si Nixon désirait négocier un accord ou obtenir une victoire militaire. Le 5 septembre, les sénateurs John Sherman Cooper et Gaylord Nelson suggéraient que le Président saisisse « l'occasion » fournie par la mort de Hô Chi Minh pour prendre de nouvelles initiatives en faveur de la paix, mais sans dire comment ni en quoi consistait cette occasion. Le 6 septembre, le chef de la majorité du Sénat, Mike Mansfield, faisait la même suggestion. Le 18 septembre, deux jours après que le Président eut annoncé le retrait de 40 500 hommes, le sénateur Edward Kennedy attaquait la politique de Nixon au Vietnam, brandissant le régime de Saigon comme un obstacle majeur à la conclusion de la paix. Lors d'un entretien, le 21 septembre, Cyrus Vance prônait un « cessez-le-feu complet », suggérant « une solution intermédiaire entre un arrangement au niveau fédéral ou confédéral [13] » (alors que nous avions proposé un cessez-le-feu à Dobrynine, dans le cadre d'une mission à laquelle Hanoi n'avait pas donné suite). Le 25 septembre, un membre du Congrès, Allard Lowenstein de New York, déclara qu'il prévoyait de mobiliser l'opinion publique pour créer un mouvement du style « déboulonnez Johnson » dont cette fois Nixon serait la cible. Le même jour, le sénateur Charles Goodell, de New York, annonça qu'il proposerait au Sénat le retrait de toutes les troupes américaines du Vietnam avant la fin de 1970.

A l'approche du Moratoire du 15 octobre, les critiques des deux parties au Congrès se firent plus véhémentes. Le 2, le sénateur Mansfield appela le Président pour proposer un cessez-le-feu complet. Le même jour, le sénateur Eugene McCarthy apporta son appui à la proposition de Goodell. Le 3 octobre, le sénateur Charles Percy conseilla au gouvernement d'arrêter ses offensives aussi longtemps que l'ennemi ne profiterait pas de la situation (la même formule qui avait déjà mis en branle les discussions sur l'arrêt des bombardements). Entre le 24 septembre et le 15 octobre, onze résolutions en faveur de la paix furent proposées au Congrès. Elles comprenaient la motion du sénateur Goodell préconisant de couper les fonds aux troupes américaines dès décembre 1970, le projet de loi des sénateurs Mark Hatfield et Frank Church, réclamant le calendrier du retrait immédiat de toutes les troupes hors du Vietnam, la résolution des sénateurs Jacob Javits et Claiborne Pell demandant le retrait de toutes les forces armées américaines du Vietnam pour fin 1970 et la révocation de la Résolution du golfe du Tonkin, qui en 1964 avait permis à Johnson d'envoyer les premières unités combattantes au Vietnam. En outre, les déclarations publiques de personnalités en vue se multipliaient. Le 9 octobre, Kingman Brewster, recteur de l'université de Yale, demanda le retrait inconditionnel des troupes. Le 10 octobre, les présidents de soixante-dix-neuf collèges et universités écrivirent à Nixon, le pressant d'établir un calendrier du retrait de nos militaires. Le 13 octobre, Whitney Young, de la National Urban League (Ligue Urbaine Nationale), qualifia sans ménagement la guerre de « gouffre moral et idéologique », affirmant qu'elle renforçait les tensions raciales aux États-Unis. Le 14 octobre, Pham Van Dong, Premier Ministre du Vietnam du Nord, vint nourrir le débat public par une lettre ouverte aux protestataires américains en l'honneur du « Moratoire », louant leur « combat » et le qualifiant de « noble représentation des exigences légitimes du peuple américain... du peuple vietnamien et des citoyens américains progressistes, contre l'agression des États-Unis, combat qui sera certainement couronné par une victoire totale ».

Le 15 octobre, eurent lieu les manifestations du Moratoire. A midi, vingt mille personnes se rassemblèrent dans le quartier financier de New York pour écouter Bill Moyers, ex-adjoint du Président Johnson et ex-chargé de presse à la Maison Blanche, demander au Président Nixon de tenir compte des appels du Mouvement contre la guerre. Trente mille personnes se réunirent sur le New Haven Green, et cinquante mille autres autour du Monument Washington d'où l'on peut apercevoir la Maison Blanche. Auparavant, plusieurs milliers de personnes avaient fait le tour de la ville en portant des bougies. A l'université George Washington, le docteur Benjamin Spock informa un nombreux auditoire que le Président Nixon était incapable de mettre fin à la guerre à cause des « limitations de sa personnalité ». La manifestation de Boston — cent mille personnes rassemblées dans le parc municipal — semble avoir été la plus importante. Des milliers de personnes se répandirent dans les rues avoisinantes. De nombreux orateurs, dont le sénateur George McGovern, s'adressèrent à la foule tandis qu'un avion traçait dans le ciel un symbole de paix. A la fin de chaque discours, la foule entamait un « La paix maintenant, la paix maintenant ». Le trait commun de toutes ces manifestations était la conviction que le gouvernement américain faisait obstacle à la paix ; il n'avait pas besoin de programme pour une paix « honorable » (concept évoquant un ridicule condescendant) mais d'apprendre que cette guerre était indésirable.

Time et *Newsweek* consacrèrent des photos très vivantes et plusieurs pages aux manifestations des grandes villes et des campus. *Time* interprétait le message du Moratoire comme suit :

« Quel était en fait le message du jour M au Président Nixon ? De nombreux manifestants exigent que les troupes américaines se retirent immédiatement et totalement du Vietnam. Cependant, le Moratoire ne représente en rien un appel au Président en faveur de cette solution, quoique celle-ci y ait de toute évidence gagné en popularité. C'est plutôt un signe avertissant Nixon qu'il doit agir davantage et plus rapidement pour mettre fin à la guerre. Si les progrès ne sont pas plus rapides, Nixon aura beaucoup de mal à conserver le soutien de son pays pendant les deux ou trois ans qu'il juge nécessaires pour retirer ses troupes du Vietnam, dans l'honneur et dans des conditions permettant de sauvegarder les intérêts et l'influence des États-Unis dans le monde. »

Même avec dix ans de recul, il est difficile de ne pas ressentir une certaine amertume au spectacle d'une nation en train de se déchirer au milieu d'une guerre éprouvante. En octobre, le gouvernement avait annoncé le retrait de plus de 50 000 hommes, la réduction des sorties de B-52 de 20 pour 100, celle des opérations aériennes stratégiques de 25 pour 100, et un changement des ordres militaires transmis au général Abrams, qui équivalait à une décision de mettre fin aux offensives. Le gouvernement précédent avait envoyé 550 000 Américains au Vietnam ; il n'avait fait aucune proposition de négociation, hormis l'annonce que nous nous retirerions six mois après le départ des Vietnamiens du Nord ; il avait laissé entendre, sans aucun doute possible, que nous tenions à conserver un nombre d'hommes assez important au Vietnam après la guerre. Et pourtant, nombreux étaient ceux qui n'hésitaient pas maintenant à harceler et à dénigrer le nouveau Président, qui avait pourtant proposé un retrait total des troupes dans les douze mois qui suivraient un accord, des élections libres auxquelles participeraient le Front National de Libération, et des commissions électorales au sein desquelles le F.N.L. serait représenté ; c'était, de surcroît, ce même Président qui avait envisagé la possibilité d'un cessez-le-feu.

Le malaise de l'opinion soulevait profondément le problème de la responsabilité des dirigeants vis-à-vis du public dans une démocratie. Heureux le dirigeant dont les convictions à l'égard de l'intérêt national coïncident avec celles de l'opinion publique ! Mais que doit-il faire si ces opinions divergent ? Une vision superficielle de la démocratie le réduirait à la passivité, à se contenter de prendre acte de l'opinion publique telle qu'il la comprend. Mais ce serait la négation des qualités que la population est en droit d'attendre de ceux qu'elle a chargés de conduire ses affaires. Les dirigeants politiques ne doivent pas suivre les sondages d'opinion, mais assumer les conséquences de leurs actes. C'est eux qui seront tenus pour responsables en cas de désastre, même si la décision qui a conduit à ce désastre a été largement approuvée. En 1938, les accords de Munich ont rendu Chamberlain très populaire tandis que Churchill était considéré comme un fauteur de troubles alarmiste. Dix-huit mois plus tard, Chamberlain était liquidé car les accords de Munich se trouvaient discrédités. La guerre du Vietnam était un problème encore plus complexe. Nous pensions, à tort ou à raison (je reste persuadé que c'était à raison), que la capitulation, ou des mesures équivalentes, inaugurerait une période propre à désintégrer notre crédibilité, accélérant l'instabilité mondiale. L'opposition élevait la voix, devenait même violente. Elle avait rallié une forte minorité de gens d'un niveau intellectuel élevé, elle avait trouvé un large écho auprès des media et en faisait plein usage. Mais à nos yeux elle avait tort. Nous ne pouvions renoncer à nos convictions, d'autant moins que la majorité des Américains semblait les partager. En 1969, la cote de popularité du Président Nixon établie par Gallop ne descendit jamais au-dessous de 44 pour 100 (celle de l'opposition était de 26 pour 100). Au plus fort des manifestations publiques d'octobre, 58 pour 100 des Américains soutenaient le Président alors que 32 pour 100 seulement s'opposaient à lui.

Si nous voulions faire avancer les négociations, il était nécessaire de convaincre Hanoi que nous n'irions pas au-delà de certaines conditions irréductibles. Il fallait mettre sur pied un programme nous permettant de gagner beaucoup de gens à notre cause. Mais, au fil des années, chaque concession en appelait de nouvelles. Face aux media et à l'opposition du Congrès, nous n'étions jamais en terrain sûr.

Hanoi ne faisait jamais l'objet d'aucune critique. Les impasses semblaient toujours être imputées au manque de clairvoyance des Américains, si ce n'est à la malveillance de notre gouvernement. Les moyens d'arrêter la guerre étaient présentés comme substantiellement à notre portée, mais nous évitions délibérément de le faire par aberration psychologique. On avait l'impression que quelque concession magique se tenait entre nous et une solution à laquelle l'intransigeance des États-Unis, ou un manque de moralité flagrant, nous empêchait de parvenir. Le problème en vint à être défini en termes blessants et équivoques : qui était pour la guerre et qui était contre ; qui aimait bombarder et qui ne l'aimait pas ? Exception notable, le *Washington Post,* qui, contrairement à l'opinion de Nixon que le journal lui était inexorablement hostile, témoignait en fait sa sympathie. Le 12 octobre, dans l'éditorial du journal, on pouvait lire :

> « Il est tragique de penser qu'il est tard et qu'aucune vigile, appartenant ou non à notre gouvernement, n'a pris l'intiative de faire un moratoire sur le Vietnam il y a trois ou quatre ans. Car ce qui va être difficile mercredi n'est pas de rassembler des gens, mais de donner un sens à cette manifestation et de tirer des conclusions pratiques et significatives du grand déversement de protestations...
>
> Même les prières, protestations et conseils des personnes les plus angoissées, ne seront pas d'un grand secours au Président. On aura beau crier très fort, et du fond du cœur, cela ne constituera pas une stratégie...
>
> Il est presque impossible de croire, à la fois par ce qu'il fait et lorsqu'on évalue son intérêt même, que le Président ne soit pas membre à part entière de cette majorité probable d'Américains (qui souhaitent ardemment la fin de la guerre). »

Mais on peut se faire une idée de l'état d'esprit qui régnait à cette époque en parcourant les éditoriaux du *New York Times*. En octobre 1969, je demandai à

Peter Rodman, un de mes collaborateurs, de retracer l'évolution de la position du *Times* à travers ses éditoriaux. Je n'avais pas l'intention de sélectionner le journal pour faire des comparaisons désobligeantes ; il était parmi les plus raisonnables et réclamait un compromis et non une capitulation. Néanmoins, l'évolution de ces propositions est révélatrice de ce à quoi nous devions faire face.

En 1969, le *New York Times* réclamait des concessions de la part des Américains chaque fois que les Vietnamiens semblaient être conciliants, afin de profiter de l'occasion pour conclure la paix [14]. Toutefois, il adoptait la même attitude lorsque l'autre camp intensifiait la guerre, car cela prouvait que le déploiement de nos forces armées ne pourrait jamais mettre fin aux hostilités [15]. Cet appel incessant en faveur de concessions passant outre aux réactions de Hanoi amena le *Times* à faire sans cesse de nouvelles propositions. En 1968, il conseilla d'abord un retrait bilatéral des forces armées américaines et nord-vietnamiennes, mais recommanda bientôt aux États-Unis de faire le premier pas en pratiquant un retrait symbolique de ses troupes puis il demanda que ce retrait se fasse unilatéralement, et réclama enfin l'établissement d'un calendrier précis et inconditionnel pour l'évacuation totale des forces armées américaines [16]. Pour défendre sa cause, le *Times* commença tout d'abord par demander aux États-Unis d' « amorcer » ou d' « entamer » une réduction de ses troupes. Dans un éditorial du mois de mai, on qualifiait d' « important » le retrait prévu de 50 à 100 000 hommes. L'annonce faite par Nixon à Midway, en juin, fut considérée comme « un pas vers le désengagement » ; en septembre, toutefois, on se plaignait de ce que le retrait de 60 000 soldats fût « timide », « symbolique », « insignifiant » ou « insuffisant [17] ».

Il y eut également une avalanche de propositions sur le plan politique. En mai 1969, le *Times* proposa la réunion d'une « commission électorale de coalition » pour surveiller le déroulement d'élections libres au Vietnam du Sud. Mais moins de quatre semaines plus tard, c'est-à-dire un mois avant que Saigon ne propose justement la réunion d'une commission mixte identique, on était passé du stade de proposition à celui de négociation d'un « accord... sur le futur gouvernement du Vietnam du Sud », c'est-à-dire une « coalition temporaire [18] ». En ce qui concerne la tactique militaire, le *Times* commença, en avril 1969, à réclamer une réduction des opérations de ratissage et de nettoyage. Le 25 juillet, il annonça que cette réduction était imminente. Deux semaines plus tard, il réclamait un cessez-le-feu complet [19]. Mais cela non plus ne fut pas suffisant : Nixon en fit la proposition le 7 octobre 1970 et Hanoi la rejeta sur-le-champ. Le *Times* redoubla d'ardeur dans ses critiques..

Chacune de ces concessions était considérée comme nécessaire à la paix et comme le seul moyen d'entamer les négociations [20]. Une fois faites, elles étaient brièvement applaudies puis on attendait la réaction de Hanoi [21]. Mais lorsque Hanoi ignorait les propositions, il en résultait non un appel à la fermeté des Américains, mais une demande de concessions supplémentaires [22], sous prétexte que la lenteur de la progression était due aux Américains [23] ou à Saigon [24]. On dénigrait alors la concession précédente [25], ou bien l'on soutenait que Hanoi avait en fait réagi [26] ou que les Américains avaient durci leur position [27]. Ces appels en faveur de l'augmentation des concessions du côté américain étaient régulièrement justifiés par l'argument que les Américains se devaient de prouver leur bonne foi à leur adversaire et de cesser de rechercher à tout prix une victoire militaire [28]. On n'en exigeait pas tant de l'ennemi. Cette évolution, qui n'était pas le seul fait du *Times*, démontra bien que nos censeurs étaient rarement satisfaits, longtemps, *même lorsqu'on faisait ce qu'ils préconisaient.*

La démarche du Congrès fut la même. Le sénateur William Fulbright, par exemple, réagit au discours prononcé par le Président le 14 mai, en déclarant que, malgré le manque de témérité de Nixon, il ne « reprochait pas au Président de ne pas être allé plus loin ». Cependant, le 22 juin, malgré l'annonce d'un retrait unilatéral de 25 000 soldats américains stationnés au Vietnam, le sénateur déclara qu'il était déçu et qu'il avait l'intention de reprendre les sessions du Comité sénatorial des Affaires étrangères sur le Vietnam [29]. Le sénateur Mike Mansfield réagit au discours du 14 mai d'une manière assez semblable, en affirmant tout d'abord qu'il était « impressionné » et qu'il y avait place pour beaucoup de concessions mutuelles. Deux semaines plus tard, il critiquait le gouvernement, déclarant « que sa stratégie militaire n'était aucunement propice à la conclusion de la paix [30] ».

Les opposants à la guerre ne faisaient aucune concession ; ils accusaient impitoyablement ceux qu'ils jugeaient coupables. Walt Rostow ne fut pas réintégré dans sa chaire de professeur au M.I.T. D'avoir occupé un poste de la plus haute importance au gouvernement pendant huit ans l'avait sans doute rendu inapte à enseigner dans cette auguste institution. La nomination de William Bundy comme rédacteur en chef de *Foreign Affaires* fut saluée par des hurlements. Dean Rusk, après avoir été ministre des Affaires étrangères pendant huit ans – malgré son désintéressement, ses compétences et son dévouement au service du pays – ne trouva pas de job pendant plusieurs mois ; finalement, l'université de Georgie, où il avait fait ses études, lui offrit un poste de professeur et lui octroya même une secrétaire à mi-temps. Quant au gentil, conciliant et éminemment attachant Hubert Humphrey, il fut soumis à un harcèlement si violent qu'il en resta bouleversé pendant plusieurs années. Les colombes se révélèrent une race d'oiseaux particulièrement méchants et le passage des années ne les a pas rendues meilleures. En 1979, vingt-quatre professeurs de l'université de New York protestèrent contre la nomination de Mc George Bundy, accusé de complicité dans un « génocide », à un poste de professeur. La même chose se produisit à l'université de Chicago, où un tiers du corps enseignant protesta contre l'attribution d'une distinction à Robert McNamara ; ce qu'on ignore en fait, c'est que le véritable génocide s'est produit après la victoire des communistes, ce que précisément ces hommes avaient cherché à éviter ; et l'on n'a jamais voulu admettre qu'ils aient pu poursuivre, il y a plus de dix ans, un but tout à fait honorable, même s'ils se sont parfois égarés. Il est évident que ceux qui désiraient tant la paix ont cru bon, pour l'obtenir, d'utiliser des moyens particulièrement odieux.

Mais, à mon avis, le cas le plus poignant fut sans doute celui de Robert McNamara, qui avait été démis de ses fonctions de ministre de la Défense par Johnson en 1967, et nommé ensuite à la tête de la Banque mondiale. J'avais rencontré McNamara en 1961, peu de temps après sa nomination par Kennedy à la tête du

Pentagone. Il m'avait paru brillant, dynamique, sûr de lui. J'avais applaudi ses efforts pour établir une politique de défense sous un angle plus analytique. Mais je pensais qu'il mettait trop l'accent sur son aspect quantitatif : il négligeait les composants psychologiques et politiques intangibles et visait une prédicabilité illusoire qui causa des tensions inutiles au sein de nos alliances. Ses jeunes associés cachaient leurs convictions idéologiques derrière une méthode d'analyse apparemment objective, mais obscurcissant le fait que leurs questions conditionnaient trop souvent leurs réponses – et que celles-ci conduisirent à un arrêt prolongé du développement de notre technologie militaire.

Malgré ces handicaps, McNamara fut un bon ministre de la Défense. Son approche systématique d'une politique de défense, nous en avions besoin depuis longtemps ; même lorsque je n'approuvais pas certaines de ses solutions, je pensais qu'il avait mis le doigt sur les vrais problèmes. Mais si ses qualités étaient incontestables, il n'était pas l'homme qu'il fallait pour mener la guerre. Les méthodes qui lui avaient valu la charge d'un des ministères les plus difficiles se révélèrent mal appropriées au règlement d'un conflit dont l'issue reposait sur des facteurs politiques et psychologiques. A la fois dur et ambigu, il portait trop d'attention aux détails des actions militaires, s'arrangeait trop facilement des changements de situation. Mais, par-dessus tout, McNamara n'avait pas le cœur à ce qu'il faisait. Il avait désiré adapter l'impressionnante puissance de notre nation au service de l'humain. Il n'avait pas l'estomac pour faire une guerre interminable : il souffrait du sentiment de culpabilité d'avoir donné son accord à des décisions qui la rendaient inéluctable et sans issue. En 1965, lorsque je revins de mon premier voyage au Vietnam, il fut le membre du plus haut niveau du gouvernement Johnson à me recevoir. L'absence de solution à la guerre qui devenait de plus en plus évidente le mettait à la torture ; il était partagé entre le doute et le sens du devoir, entre ses analyses et son loyalisme. Il savait qu'il pourrait regagner l'amitié de nombreuses gens qu'il chérissait par un geste de protestation spectaculaire, mais il ne se croyait pas habilité à parler haut et fort alors qu'il se considérait en partie responsable et estimait pouvoir faire passer ses convictions plus efficacement en étant en fonctions plutôt que du dehors.

En cela McNamara n'était devenu en fin de compte que le reflet d'une plus vaste réalité. Cette même ambivalence avait fini par affecter la conduite de la guerre, expliquant son caractère hésitant, ses oscillations entre périodes de violence et dérobades. Dès le début, McNamara avait demandé – ou plutôt supplié – une paix négociée et non imposée. Sa porte était toujours ouverte à ceux qu'angoissaient les déboires de l'Amérique. Au sein des conseils gouvernementaux, il s'associait à toutes les initiatives diplomatiques, et ce d'une façon plus rigoureuse et plus constante que les ministères chargés de trouver des solutions. En 1967, c'est lui, surtout, qui avait insisté pour qu'on essaye de négocier un arrêt des bombardements par le truchement de deux intermédiaires français. Il était si inquiet qu'il me téléphonait après chacune des rencontres avec les Vietnamiens du Nord, utilisant un nom d'emprunt si transparent qu'il n'aurait pas abusé dix secondes les membres des services secrets à l'écoute. Peu après l'échec de cette entreprise, Johnson le força à démissionner, car il en avait déduit, et il n'avait pas tout à fait tort, que les doutes exprimés par McNamara avaient empêché le ministère de faire efficacement son travail, au moment précis où l'opinion publique s'attaquait avec véhémence au ministre de la Défense, l'accusant d'être un foudre de guerre, et où il ne pouvait paraître en public sans s'attirer les plus horribles attaques.

Après sa démission, McNamara se conduisit avec une dignité caractéristique. Dès 1969, il ne manqua aucune occasion de m'inciter à des mesures que ses détracteurs auraient chaleureusement approuvées. Houspillé et malmené physiquement par les étudiants des campus, ridiculisé par la presse qui le présentait comme la caricature du « belliciste », il était trop conscient et des affres qu'entraîne la mise au point d'une politique et de sa propre responsabilité pour agir comme certains de ses anciens associés qui, pour se dédouaner, maudissaient publiquement le gouvernement responsable d'un conflit qu'il n'avait pas voulu. Il souffrit cruellement, mais ne le montra jamais. Cette atmosphère ne réussit qu'à couper les ponts entre un gouvernement héritier de la guerre et qui cherchait de toute évidence à y mettre fin et les éléments qui avaient misé sur la Présidence et le rôle des États-Unis à l'échelon international. Cette rupture tenait en partie à la démoralisation des dirigeants qui avaient soutenu les grandes options de l'après-guerre. La guerre d'Indochine était le point culminant des déceptions d'une décennie qui avait débuté par une renaissance de l'idéalisme et se terminait par des assassinats, des troubles raciaux et sociaux et une politique de plus en plus gauchiste. Nos dilemmes étaient le résultat de doctrines radicales prônant une action réformiste et de théories universitaires favorables à une escalade progressive. L'effondrement de ces hautes aspirations ébranla la confiance sans laquelle l'ordre établi est compromis. Les dirigeants qui avaient dicté notre politique étrangère étaient bouleversés par la colère des étudiants. Ces jeunes issus de la grande bourgeoisie et qui étaient, après tout, leurs enfants, ne contestaient pas seulement des décisions politiques, mais un style de vie et des valeurs jusqu'ici sacro-saints. Stimulés par un complexe de culpabilité qui doit beaucoup à la psychiatrie moderne et par les idées gauchistes à la mode dans la bonne bourgeoisie banlieusarde, ils symbolisaient la fin d'une époque qui avait mis sa foi dans le progrès matériel. Curieusement, l'insécurité des aînés transforma les griefs naturels de la jeunesse en pleine évolution en une révolte permanente et en un traumatisme national.

Il y avait d'autres raisons encore, qui tenaient à la structure même de la politique américaine. La guerre du Vietnam avait amené la chute de Lyndon Johnson et de Hubert Humphrey en 1968, non pas tant parce que le pays tout entier commençait à manifester contre la guerre (le vote en faveur de Wallace et des Républicains reflétait l'opinion de la majorité, qui était pour l'intervention ou restait silencieuse), mais parce que la guerre coupait en deux leur base de pouvoir, le parti démocrate. Une fois hors de la Maison Blanche, le parti démocrate trouva commode de retrouver son union en s'opposant au Président républicain sur la question du Vietnam. Ceux qui s'étaient opposés à la guerre et n'avaient approuvé qu'avec répugnance Johnson et Humphrey étaient libérés désormais de toute loyauté à l'égard du parti. Du côté des Républicains, Richard Nixon, Président, réussit à amener la droite du parti à admettre un plan de retrait et un dénouement peu concluant, ce que les conservateurs auraient sans doute violemment reproché à un Président démocrate. Il n'y avait donc plus de contrepoids conservateur aux protestations de plus en plus stridentes. En apaisant la droite, Nixon libéra de ses contraintes le mouvement de protestation. Dès lors le centre de gravité de la politique américaine se déplaça définitivement du côté des opposants à la guerre, alors même que l'opinion publique n'avait pas changé fondamentalement d'orientation.

Le nouveau gouvernement Nixon se trouvait confronté au même problème que de Gaulle en Algérie : se retirer par choix politique et non dans la défaite. La situation était encore plus importante pour les États-Unis, car le sort de nombreux pays dépendait de leur stabilité. Quant à de Gaulle, il n'avait pas eu à se plaindre de l'opposition ; elle venait de ceux qui voulaient la victoire et pensaient qu'il était trop conciliant, ce qui lui laissait une marge de manœuvre face aux rebelles algériens. Car toute alternative à de Gaulle eût été pire. Notre opposition venait de ceux qui réclamaient un retrait plus rapide (ou même une défaite), ce qui ruinait toute politique de « marchandage ». Nos ennemis avaient tout à gagner de notre effondrement intérieur. Ainsi, malgré les sondages – qui démontraient tous que la majorité des Américains souhaitaient une solution honorable et étaient fermement hostiles à la capitulation (sentiment que Nixon sut adroitement exploiter à plusieurs occasions) –, la dynamique de la politique américaine allait dans le sens de concessions unilatérales. Pour le gouvernement Nixon, d'avoir réussi à contenir ces forces impétueuses tandis que nous élaborions une politique hardie de désengagement en bonne et due forme, tenait de l'exploit. C'est un véritable tour de force politique que d'avoir pu persévérer dans cette voie pendant quatre ans et d'être parvenu à une solution de compromis et à un équilibre des forces, même précaire, au Vietnam.

Inutile de dire que cet exploit fut plus ardu qu'il n'aurait dû l'être. La turbulence de l'opinion nationale piquait Nixon au vif. Il avait pris des initiatives allant totalement à l'encontre de son prédécesseur ; il avait retiré ses troupes et mis un frein à la guerre, mesure qui lui avaient toutes été dictées par l'establishment à l'égard duquel il nourrissait à la fois un sentiment de méfiance et d'envie, et qui, au lieu de le féliciter, lui reprochait de ne pas avoir agi assez rapidement dans un domaine où ce même establishment n'aurait jamais osé faire le premier pas. Je n'étais pas loin de penser que ce à quoi il se trouvait confronté n'était pas une divergence d'opinion politique, mais la même conspiration radicale qui cherchait à l'abattre depuis l'affaire Alger Hiss *. Ils étaient là, tous ses anciens ennemis de la presse et de l'establishment, qui s'unissaient une fois encore contre lui ; ils étaient même prêts à accepter, sinon à encourager, la défaite militaire de leur pays, uniquement pour satisfaire une vendetta de génération. Et Nixon n'avait

* Alger Hiss était un brillant fonctionnaire aux Affaires étrangères à l'époque de F. D. Roosevelt. En 1948, lors de la campagne présidentielle et dans le cadre de la « chasse aux sorcières » Hiss fut accusé d'avoir appartenu à une cellule communiste dans les années 30 et d'avoir espionné au profit de l'U.R.S.S. C'est Nixon qui fut le procureur lors du procès qui eut lieu en 1949. On peut considérer que c'est le point de départ de sa carrière politique (N.D.T.).

aucune prédisposition à comprendre la révolte des jeunes, en particulier des étudiants. Ayant lui-même travaillé dur pour pouvoir fréquenter l'Université et la Faculté de droit, il pensait que tous ces jeunes devraient s'estimer heureux de pouvoir poursuivre des études supérieures. Il avait une considération exaltée pour les universités de l'*Ivy League**. Lorsque éclatèrent les émeutes de Harvard au printemps 1969, il m'avoua qu'il pensait que c'était une bonne chose, car la meilleure université du pays réglerait assurément le conflit et servirait d'exemple à toutes les autres. Il sembla réellement surpris lorsque je lui appris que, comme c'était la coutume à Harvard, personne ne se rappellerait dans trois jours qui avait fait quoi et contre qui ; et c'est exactement ce qui se passa. Lorsqu'il se rappelait sa jeunesse, Nixon ne voyait dans la révolte de ceux qu'il jugeait exceptionnellement privilégiés qu'un endoctrinement provenant d'influences hostiles à sa personne. Il n'avait aucune sympathie pour le désespoir métaphysique de ceux qui ne voyaient devant eux qu'une vie d'abondance matérielle dans un désert spirituel. Si ce à quoi il se trouvait confronté était bien un combat politique pour la vie et non un débat sur la politique étrangère, il estimait que les méthodes qu'il avait employées jusqu'à maintenant et qui avaient été probantes étaient justifiées. Sur les questions authentiquement internationales, Nixon était sensible aux nuances et à l'aise pour manier la conciliation et le compromis. Dans les luttes politiques, c'était un battant et il n'hésitait pas à recourir aux pouvoirs présidentiels, dont il pensait dur comme fer que ses prédécesseurs les avaient également utilisés — non sans raison — ; mais de telles méthodes cadraient mal avec l'état d'esprit angoissé du pays. Il fallait établir des ponts et le chef de l'exécutif américain, seule personnalité à être élue à l'échelon national, aurait dû faire le premier pas. C'est précisément ce que Nixon ne savait pas faire. Il était trop incertain et également, aussi étrange que cela puisse paraître, trop vulnérable. En fait, il entra dans le jeu des protestataires en acceptant leur programme de paix. C'est précisément le fait que leur programme ait été appliqué par l'homme qu'ils avaient couvert d'injures pendant vingt ans qui remplit réellement d'amertume certains de ses ennemis.

La magnanimité n'était certes pas une des vertus de Nixon ; il ne domina jamais ni ses rancunes ni ses complexes. Mais ceux qui l'attaquaient ne lui manifestèrent jamais la moindre sympathie pour la lourde tâche que ses prédécesseurs lui avaient léguée. Chaque « camp » ne démordait pas de ses positions : aussi Nixon croyait-il à une conspiration de gauche tandis que ses ennemis étaient persuadés qu'il poursuivait la guerre par amour de la guerre. Ils avaient tous tort. En fin de compte, chacun mettait l'autre dans l'impasse, tout en se discréditant lui-même.

J'approuvais la politique de Nixon à l'égard du Vietnam ; je n'y étais certes pas étranger. Je critiquais une seule chose ; sa tendance à remettre au lendemain les choix difficiles. Mais je pensais que les problèmes intérieurs américains allaient beaucoup plus loin qu'une lutte pour le pouvoir politique, engagée au nom d'une

* Universités de grand renom aux États-Unis, comme Harvard, Yale, Columbia, Cornell, etc. (N.D.T.).

querelle portant sur les modalités de règlement de la paix au Vietnam. En 1970, au cours d'une réunion d'information, je déclarai :

> « Si l'on regarde ce qui se passe dans le monde, on s'aperçoit que les troubles ne sont pas provoqués en premier lieu, ou du moins exclusivement, pour les motifs qu'on leur attribue. Il y a des émeutes estudiantines à Berlin, où les étudiants participent aux Conseils de l'Université, et il y en à Paris, où ils n'y participent pas. Il y a des émeutes estudiantines à Oxford, où les rapports professeurs-étudiants sont plus étroits, et il y en a à Rome, où les cours magistraux prédominent. Il y a des émeutes chez nous, à cause, croit-on, du Vietnam, du racisme et des bidonvilles, et il y en a en Hollande, qui n'a pourtant ni Vietnam, ni problèmes raciaux, ni bidonvilles. En d'autres termes, il s'agit d'un problème de société. Comment donner un sens à la vie de toute une génération – une génération de jeunes vivant dans des pays où la bureaucratie et la technologie ont de plus en plus force de loi ? »

Pour toutes ces raisons mon attitude vis-à-vis des protestataires était différente de celle de Nixon. A ses yeux, ils étaient des ennemis qu'il fallait vaincre. Je ne faisais pas fi des étudiants et des collègues dont les opinions s'opposaient aux miennes, car leur idéalisme était utile à l'avenir de notre pays ; je songeais à établir une communication avec eux. Je comprenais l'angoisse qu'éprouvaient les éléments non gauchistes du mouvement de protestation. Humainement parlant, j'étais proche de la plupart d'entre eux, tout en restant convaincu que leurs opinions étaient erronées et que leur engagement absolu compromettait notre importance dans le monde et notre tranquillité nationale ; dans le même temps, j'essayais d'établir un dialogue entre le gouvernement et ses opposants. En novembre 1969, Nixon me demanda de commenter une note que lui avait adressée son conseiller Pat Moynihan. Elle décrivait une scène qui s'était passée lors d'un match de football américain entre Harvard et Princeton. Les anciens étudiants présents – représentant à eux tous, aux dires de Pat, 10 milliards de dollars, au moins – avaient crié leur soutien à Harvard au moment où la fanfare faisait son entrée sur le stade, uniquement pour faire mentir Agnew qui avait déclaré que « les étudiants de Harvard étaient une bande d'intellectuels snobs et efféminés ». Pat avertissait le Président que, s'il avait raison de ne pas céder à la tentation de s'inspirer des avis de l'opinion publique pour déterminer sa politique, il ne devrait pas défier inutilement les jeunes, qui exerçaient une grande influence sur leurs parents. Dans ses commentaires en marge, Nixon indiquait qu'il ne se croyait pas capable de rallier les « types de Harvard » à sa cause ; en outre, il avait la ferme conviction que l'aide financière et politique dont il bénéficiait provenait du Sud, du Midwest, et de la Californie, régions particulièrement insensibles aux hurlements des étudiants de Harvard. Néanmoins, le passage où Moynihan signalait l'« incroyable pouvoir de dérision » des jeunes avait été de façon significative souligné par le Président. Le 15 novembre 1969, je lui envoyai le fruit de mes réflexions. Voici les principaux passages de ma réponse :

« Qui sont-ils ?

Ils forment un groupe hétéroclite, de par leur origine sociale, leurs opinions politiques, et leur potentiel à être utiles ou nuisibles. Parmi les jeunes manifestants du Moratoire, certains étaient issus de la bonne société ; leurs opinions se démarquaient donc fortement de celle de leurs parents. Toutefois, bon nombre d'entre eux ont un père qui a bénéficié, pour poursuivre ses études, du G.I. Bill à la fin des années 1940 et qui a continué à voter pour Stevenson. Une grande partie des manifestants appartenait sans aucun doute à la première génération de certaines villes à majorité démocrate à avoir fréquenté l'Université. Et lorsque Tom Wicker, parlant en son nom et en celui de ses collègues, affirme que ces manifestants « sont nos enfants », il oublie qu'ils sont aussi les descendants d'éléments traditionnellement démocratiques...

Pourquoi manifestent-ils ?

Leurs motifs sont aussi très divers. Au sens large, ils sont pour la plupart des « victimes » de notre société de consommation. Ils ont eu le loisir de s'apitoyer sur leur sort et ont reçu l'éducation nécessaire pour transformer leur sentiment en une critique du « système », très à la mode à notre époque. Mais leur comportement tient probablement à des raisons autres que psychologiques. La confusion, le scandale et l'évangélisme ont absorbé l'énergie de la jeunesse à chaque génération. Le groupe dont parle Pat Moynihan fait preuve d'une conscience politique et d'un activisme particuliers. Cela n'est pas étonnant, car c'est la première fois, dans l'histoire, qu'un mouvement se compose d'un aussi grand nombre d'étudiants.

Si l'on tient compte du degré élevé de leur conscience politique, bon nombre d'entre eux sont contre l'establishment parce que c'est la tendance classique d'aliénation des jeunes, mais aussi parce que c'est la tendance de la littérature contemporaine étudiée dans nos universités. La sociologie, la psychologie, les sciences politiques, etc. ont projeté une lumière vive (et c'est leur rôle) sur les défauts de notre société ; certaines de nos meilleures œuvres littéraires contemporaines sont d'ailleurs de véhémentes critiques sociales. Tout cela trouve un terrain fertile plus fort que jamais dans un pays qui envoie huit millions d'étudiants dans les universités.

Les conséquences pratiques sont variées : une faible minorité se réfugie (comme cela a toujours été le cas) dans un gauchisme inconscient. Mais je pense que la grande majorité de ces jeunes dans tous les pays restent remarquablement ouverts quant à leur affiliation politique. Bon nombre d'entre eux sont intelligents et raisonnables. Ils tiennent à réparer les injustices et à prendre conscience d'eux-mêmes. Ils veulent participer et sont impatients d'obtenir des résultats concrets. Ils se méfient de chaque réponse et sont enclins à penser que les arguments en faveur d'un progrès graduel *(réaliste)* allant de la paix au Vietnam à la lutte contre la ségrégation cachent quelque sinistre conspiration contre le but à atteindre.

Quel est leur impact sur la vie politique?

... Ils exercent une influence considérable car leurs votes s'accompagnent d'un immense élan d'activisme politique capable d'affecter aussi bien leurs parents que tous les autres citoyens. La meilleure preuve en a été le phénomène du maccarthysme.

Le Vietnam n'est qu'un symptôme. Lorsque cette cause aura disparu, une autre prendra sa place; car ce qu'ils combattent, c'est davantage la position de l'establishment qu'un problème particulier.

Que pouvez-vous faire?

Je suis d'accord avec Moynihan que le fait d'attaquer ce groupe de front serait une erreur. Cela ne veut pas dire que vous devriez laisser une totale liberté d'action aux militants. Notre pays a besoin d'être gouverné avec fermeté, aussi bien du point de vue psychologique que politique...

Il serait certainement judicieux de neutraliser cette force potentielle en évitant un affrontement. Cela ne signifie pas que vous deviez faire preuve de relâchement, mais que le gouvernement montre qu'il tient compte de ceux qui, parmi ces jeunes, savent assumer leurs responsabilités. Votre position consisterait à laisser entendre que, selon vous, leur solution n'est pas la bonne, mais que vous ne mettez pas en doute l'authenticité et la sincérité de leurs idéaux.

Pouvez-vous y gagner quelque chose?

Après les avoir neutralisés, peut-être aurez-vous une chance, à la longue, de mettre ces jeunes de votre côté. Les vieux conflits entre Démocrates et Républicains des années 1940 et 1950 ne concernent pas cette génération de jeunes Américains.

Vous avez en commun avec eux l'intime conviction que le libéralisme du *New Deal* doit être fondamentalement remis à jour, et que le rôle de l'Amérique dans le monde doit être plus équilibré et plus limité. Vous êtes, en fait, en train de faire autant bouger les choses, à l'intérieur et à l'extérieur, que ces gens voudraient les faire bouger eux-mêmes.

En vous efforçant, avec tact et bon sens, de faire passer les nouvelles conceptions de votre gouvernement, vous avez des chances de réussir à convertir quelques-uns de ceux qui vous semblent, à l'heure actuelle, irréductibles. »

Que Nixon ait admis toutes les vues que je lui exposais ou que j'aie cherché à influencer son comportement en bon courtisan en lui donnant une réputation à soutenir, le fait est que je consacrais beaucoup de temps et d'effort à rencontrer les adversaires à la guerre. Haldeman ne m'approuvait pas. Il pensait qu'au mieux ces rencontres étaient une perte de temps et qu'au pire elles pouvaient donner l'impression que j'apportais un soutien moral à des adversaires implacables. Je donnais aussi des conférences de presse officieuses chaque fois que le Président faisait un discours sur le Vietnam, et en 1970 je l'accompagnai dans sa tournée à travers les États-Unis, ce qui m'offrit l'occasion de m'entretenir avec des groupes, des journalistes, des éditeurs et des hommes de radio et de télévision. Je répétais sans cesse que nous devions mettre fin à la guerre, non pas à cause des pressions exercées par les manifestations mais à la suite d'un choix politique délibéré. Lors d'une rencontre avec un groupe de chefs d'entreprises en octobre 1969, j'affirmai : « La capitulation ne viendra pas à bout du phénomène des manifestations. Si les confrontations de rues amènent un règlement de ce problème précis, notre style politique en sera profondément modifié. Certains dirigeants sont les mêmes hommes qui ont manifesté à Chicago ; leurs exigences ont, depuis, été satisfaites. Le vrai problème concerne l'autorité de la Présidence – non celle d'un Président en particulier. »

Il est curieux de penser que le gouvernement et ses opposants ont pu se mettre mutuellement des bâtons dans les roues en faisant en sorte qu'aucun d'entre eux n'arrive à réaliser son souhait le plus cher, une négociation rapide de la paix au Vietnam. Pendant tout ce temps, Hanoi est resté en dehors de la mêlée, observant froidement la façon dont l'Amérique négociait non pas avec son adversaire, mais avec elle-même.

Tâtonnements en quête d'une stratégie

Nous étions en voie de quitter le Vietnam, cherchant toujours un moyen terme entre la capitulation et la situation apparemment interminable de blocage dont nous avions hérité. Nos chances de réussite reposaient sur notre aptitude à combiner un ensemble d'actions délicates dans les domaines diplomatique, militaire et politique, tout en faisant face au mécontentement d'une opinion publique implacable et impatiente. Nixon cherchait à reprendre en main la situation intérieure du pays par des initiatives diverses en marge de notre position au cours des négociations et de la désescalade. Le 19 septembre, Nixon et Laird (qui avaient déjà demandé au Congrès de voter le recrutement de soldats par tirage au sort) annoncèrent lors d'une réunion à la Maison Blanche que le retrait de 60 000 hommes leur permettait d'annuler les recrutements prévus pour les mois de novembre et de décembre ; ceux qui étaient prévus pour octobre seraient échelonnés sur les trois derniers mois de l'année. Le ministère de la Défense commença alors à limiter le recrutement aux jeunes âgés de dix-neuf ans ; le 26 novembre, le Président signa la loi autorisant le recrutement par tirage au sort.

En août, une campagne fut lancée en faveur des prisonniers de guerre, demandant aux Nord-Vietnamiens de respecter la Convention de Genève et d'accepter les inspections de la Croix-Rouge. Suivirent des déclarations fermes du côté américain, lors des négociations de paix de Paris et de la Conférence Internationale de la Croix-Rouge en septembre 1969. Le 13 août, quarante et un sénateurs signèrent une déclaration condamnant la brutalité des Nord-Vietnamiens à l'égard des prisonniers de guerre américains. En septembre, deux cents membres de la Chambre des Représentants signèrent une déclaration similaire. Le gouvernement Johnson, craignant des représailles, avait manifesté peu d'empressement à aborder ce problème. En revanche, le gouvernement Nixon réussit à obtenir une amélioration des conditions de détention des prisonniers de guerre américains. Au début, cela lui valut le soutien de l'opinion, mais plus tard il en pâtit, lorsque les prisonniers constituèrent un argument de plus en faveur d'un retrait unilatéral et du démantèlement du gouvernement au Vietnam du Sud.

Mais, selon son habitude, Nixon essaya de jouer sur tous les tableaux; et comme presque toujours dans ces cas-là, il se lança dans une action qui semblait mûrement concertée mais ne correspondait en fait à aucun plan précis. En somme, il bluffait. J'ai déjà indiqué qu'au cours d'un certain nombre d'entretiens avec des dirigeants étrangers, vers la fin de 1969, Nixon avait laissé entendre que l'anniversaire de l'arrêt des bombardements, le 1er novembre, constituait en quelque sorte une date limite. Lors de son voyage à travers le monde, il ne dissimula pas que sa patience était à bout et que, si aucun progrès n'était réalisé à Paris le 1er novembre, il aurait recours à la manière forte. Autant que je puisse en juger, Nixon n'avait pas la moindre idée de ce qu'il allait faire. (Une chose est sûre : son équipe n'avait pas ébauché de plan ; le « piège à canard » servit à mettre à exécution une menace qui avait déjà été proférée.) J'entendis parler pour la première fois de cette date limite en août 1969, lorsque Nixon se confia à Yahia Khan. Comme Nixon ne permit jamais aux membres du ministère des Affaires étrangères (et rarement au ministre lui-même) d'assister à ses réunions avec des dirigeants étrangers, personne d'autre au sein du gouvernement ne connaissait l'existence de cette menace. Bien qu'il fît sans cesse allusion à cette date limite, Nixon prenait dans le même temps des initiatives qui affaiblissaient la menace, comme d'annoncer, par exemple, d'autres retraits de troupes. A la fin du mois de septembre, il me confia qu'il envisageait de frapper le « grand coup » avant le 15 octobre, pourqu'on ne l'attribue pas aux manifestations du Moratoire. Je le lui déconseillai, car s'il ne respectait pas la limite qu'il s'était fixée, il sèmerait la perplexité chez nos adversaires. En fait, il ne mit jamais sa menace à exécution. Peut-être voulait-il se convaincre (et transmettre cette image à l'Histoire) qu'il était un dirigeant dur, bridé par des collaborateurs plus faibles.

Le 27 septembre, Dobrynine vint me voir pour décrocher une entrevue entre le Président et Andreï Gromyko qui devait se rendre aux États-Unis à l'occasion de l'Assemblée générale des Nations Unies. Pendant notre conversation, Nixon me téléphona, comme nous l'avions combiné, et me demanda de dire à Dobrynine que le Vietnam constituait l'élément critique des relations entre nos deux pays et que « le train était parti et fonçait sur les rails » (formule chère à Nixon, qu'il avait employée en 1968, après l'élection primaire d'Oregon, afin d'encourager les délégués hésitants de la Convention). Je transmis à Dobrynine et ajoutai que c'était à Hanoi d'agir.

Le 6 octobre, Nixon rencontra Rogers et lui interdit toute nouvelle initiative diplomatique concernant le Vietnam tant que Hanoi ne se serait pas manifestée ; pour la première fois il mentionna la date limite du 1er novembre. Rogers prit la menace au sérieux car, ainsi qu'il me le dit le 8 octobre, il avait la ferme conviction que le Président agirait le 1er novembre, bien qu'il ne sût pas mieux que moi où celui-ci voulait en venir. Le 8 octobre, je suggérai à Nixon d'annoncer la publication d'un rapport pour les alentours du 1er novembre. Cela alerterait Hanoi et Moscou, ce qui pourrait nous servir dans le cas où les Nord-Vietnamiens feraient des concessions inattendues. Le 13 octobre, la Maison Blanche annonçait que le Président ferait, le 3 novembre, un discours important pour dresser un bilan de notre politique au Vietnam. Nous avions choisi cette date en fonction de l'élection du gouverneur dans le New Jersey ; elle devait avoir lieu la veille, et Nixon ne voulait pas déclencher une avalanche de votes contre le candidat républicain (qui devint, de fait, le premier gouverneur républicain du New Jersey en seize ans). En annonçant, si tôt à l'avance, le discours du Président, nous risquions gros : notre déclaration créait une incertitude et encourageait des pressions sur Nixon pour qu'il renonce à quelque décision qu'il pourrait annoncer. Entre-temps, Nixon tenta d'obtenir le soutien des Soviétiques. Le 29 octobre, il rencontra Dobrynine, revenant d'une de ses nombreuses consultations à Moscou. Nixon lui rappela que l'arrêt des bombardements datait d'un an et que, si l'on ne progressait pas rapidement, les États-Unis recourraient à leurs propres méthodes pour arrêter la guerre. En revanche, si l'Union soviétique aidait l'Amérique à conclure une paix honorable, nous « frapperions un grand coup » pour que les relations entre nos deux pays s'améliorent. Dobrynine ne savait pas ce que les Vietnamiens du Nord avaient à proposer, mais il me laissa entendre que les Russes seraient prêts de leur côté à faire une sorte de concession. Après des mois de querelles, nous avions indiqué aux Soviétiques, en juin, que nous étions préparés à entamer immédiatement les discussions sur la limitation des armements stratégiques. Comme à leur habitude, les Soviétiques, qui depuis des mois s'étaient montrés impatients d'entreprendre les négociations, répondirent de façon évasive. Le 20 octobre, Dobrynine nous informa que l'Union soviétique envisageait d'entamer les négociations vers la mi-novembre.

C'était habile. Connaissant l'impatience de nombreux membres du gouvernement de voir s'ouvrir les négociations SALT, le Kremlin jugeait que Nixon ne pourrait pas refuser. Dans le climat d'espoir qui s'était instauré, toute aggravation de la situation au Vietnam compromettrait le relâchement des tensions ; le contretemps s'ajouterait aux pressions intérieures qui avaient suivi l'annonce du Moratoire quelques jours plus tôt. En fait, les Soviétiques se servirent du linkage pour l'appliquer à notre situation. Leurs calculs se révélèrent exacts. Malgré les efforts de la Maison Blanche pour repousser notre réponse sur les négociations SALT jusqu'au discours du 3 novembre, Rogers insista pour que nous annoncions notre accord le 25 octobre. Nixon accepta — mais à contrecœur. Il craignait que des fuites ne se produisent au cours de la dernière semaine d'octobre.

Selon son habitude, Nixon chercha à compenser sa réticence à affronter son vieil ami en faisant un pas de plus dans sa menace aux Soviétiques. Il me demanda immédiatement de faire savoir à Dobrynine que le Président était « incontrôlable » sur la question du Vietnam. Lorsqu'on travaillait avec Nixon, il fallait faire le tri parmi les ordres qu'il donnait et lui laisser une chance de revenir sur ceux qui étaient difficilement exécutables ou dangereux. Celui qu'il m'avait transmis appartenait à la seconde catégorie. Je savais que Nixon n'envisageait pas d'agir le 1er novembre. Si nous proférions une menace grave sans la mettre à exécution, nous risquions de perdre notre crédibilité. Aussi, j'attendis que Nixon réitère. Il ne le fit pas.

Pendant ce temps, Nixon s'était isolé à Camp David, pour préparer son discours du 3 novembree. Mes collaborateurs et moi-même en avions élaboré l'essentiel, mais Nixon en écrivit le début et la fin sur l'un de ses fameux blocs jaunes et il y ajouta des fleurs de rhétorique. Ce fut, en fait, l'un des points forts des interventions publiques de Nixon. Sans tenir compte des recommandations de tous les membres de son Conseil, il prit la décision de ne faire aucune concession aux protestataires. J'approuvai son attitude. Il expliqua clairement ses intentions aux Américains, essayant ainsi de se laisser le champ libre pour réaliser ce qu'il appelait « la paix avec honneur ». Le discours produisit un effet de surprise, car il bafouait les protestataires, les Vietnamiens du Nord, et tous les espoirs, en n'annonçant aucun changement spectaculaire de notre position à l'égard des négociations ni aucun retrait de troupes. Il demandait à « la majorité silencieuse » des Américains de soutenir le commandant en chef. Pour la première fois, dans une déclaration présidentielle, Nixon exprima clairement ce qu'il voulait dire par « un plan pour arrêter la guerre », à savoir la stratégie à double voies : vietnamisation et négociations. Et il soulignait que la vietnamisation offrait la perspective d'un désengagement honorable qui ne donnerait pas d'atouts à l'autre camp. J'avais conseillé au Président de ne pas justifier l'engagement initial des troupes au Vietnam, qu'il avait hérité du gouvernement précédent, mais de présenter seulement sa stratégie pour les désengager du conflit. Il exprima son désaccord, me disant — avec sagesse, je le crois maintenant — que le peuple américain n'accepterait aucun sacrifice pour une guerre sans but légitime. Ce discours, malgré la vigueur du ton, marquait quelques subtils changements dans notre position.

Là où le discours du 14 mai avait proposé le retrait de « la majeure partie » de nos forces dans un délai d'un an, tout en maintenant quelques forces chargées de faire respecter l'accord, celui du 3 novembre acceptait, par contre, le retrait *total* des troupes américaines en un an, à condition qu'il y ait réciprocité de la part du Vietnam du Nord ; il alignait ainsi notre position officielle sur celle définie au cours des conversations privées avec Xuan Thuy. Le discours du 14 mai parlait de « cessez-le-feu contrôlés », envisageant la possibilité d'accords localisés ou d'un accord global ; celui du 3 novembre parlait de « cessez-le-feu » au singulier. J'expliquai, lors d'une conférence de presse officieuse, que nous serions accommodants : nous accepterions de négocier un accord limité ou général pour la cessation des hostilités. Cela dit, comme le déclarait Nixon, ce n'était pas une question de détail, mais une question de principe de base : « Le gouvernement de Hanoi a même refusé de discuter nos propositions. Il exige l'acceptation inconditionnelle des siennes, qui se résument en deux points : le retrait immédiat et inconditionnel des forces américaines, et le renversement du gouvernement de Saigon au moment de notre départ. »

Nixon énuméra les mesures prises pour le retrait des troupes américaines, la réduction des opérations aériennes, et l'accélération de l'entraînement des Sud-

Vietnamiens. Il souligna que la vietnamisation impliquait « le retrait complet de toutes les forces de combat américaines terrestres, et leur remplacement par des forces vietnamiennes selon un calendrier bien précis ». Comme je l'avais suggéré, Nixon révéla la correspondance secrète avec le Vietnam du Nord antérieure à son investiture, les discussions répétées avec l'Union soviétique pour promouvoir les négociations, et les lettres secrètes échangées avec Hô Chi Minh en juillet et en août. Tous ces textes furent rendus publics par la Maison Blanche. Il ne dit rien de ma rencontre secrète avec Xuan Thuy, mais expliqua franchement « qu'aucun progrès n'avait été réalisé en dehors de l'accord sur la forme de la table de négociations ». Et il définit le problème fondamental :

> « A San Francisco, il y a quelques semaines, j'ai vu des manifestants avec des pancartes : " Défaite au Vietnam, et retour de nos soldats dans leurs foyers ! "
>
> Certes, une des forces de notre société libre est que tout Américain a le droit d'aboutir à cette conclusion et de défendre ce point de vue. Mais comme Président des États-Unis, je ne serais pas fidèle à mon serment si j'admettais que la politique de notre nation fût dictée par la minorité qui soutient ce point de vue et tente de l'imposer par des manifestations dans la rue.
>
> Depuis près de deux cents ans, la politique de notre pays a été menée, conformément à la Constitution, par les dirigeants élus au Congrès et à la Maison Blanche par tout le peuple. Si une minorité bruyante, pour autant qu'elle croie à sa cause, arrive à prendre le pas et sur la raison et sur la volonté de la majorité, alors cette nation n'a plus d'avenir comme société libre... »

La réaction à ce discours fut foudroyante. A peine fut-il terminé que le standard de la Maison Blanche croula sous les appels enthousiastes. Des dizaines de milliers de télégrammes de soutien arrivèrent, qui étouffèrent rapidement les commentaires généralement critiques de la presse et de la télévision. Sans aucun doute, cette vague d'enthousiasme fut stimulée par les agents infatigables d'Haldeman qui avaient demandé aux supporters politiques à travers tout le pays d'envoyer des télégrammes. Mais ce déferlement dépassait largement ce qu'auraient pu réaliser les meilleurs spécialistes en relations publiques de la Maison Blanche. Indubitablement, Nixon avait touché la fibre sensible. Les sondages enregistrèrent un bond dans sa popularité. Le peuple américain se lassait peut-être de la guerre, mais il n'était pas prêt à accepter la défaite.

Nixon en ressentit une joie immense. Bien qu'il fît profession d'indifférence à l'égard de l'opinion publique, il n'en savoura pas moins ces quelques moments d'adhésion enthousiaste. Il garda les télégrammes de félicitations sur son bureau, en nombre tel qu'il fut impossible de travailler dans le Bureau ovale, et refusa de s'en séparer durant plusieurs jours.

Dès que l'état d'esprit du public fut évident, les pressions organisées commencèrent à se relâcher, si bien que pour la première fois depuis janvier le gouvernement put disposer d'une certaine marge de manœuvre.

Il nous en aurait fallu davantage, cependant, pour gagner du temps et déjouer les manœuvres des dirigeants inflexibles et obstinés de Hanoi. En 1969, ils avaient entrepris ce qu'avec la meilleure bonne volonté on ne saurait appeler des négociations : ils refusaient d'examiner ou de discuter toute proposition de compromis : élections libres, commissions électorales mixtes, cessez-le-feu. Le retrait unilatéral de nos soldats et de nos avions n'améliorait pas l'atmosphère, et la désescalade n'accélérait pas le processus des négociations. Hanoi était résolu à briser notre volonté de l'intérieur, et pour mener son dessein à terme devait interdire toute étincelle d'espoir et toute apparence de progrès. Derniers léninistes convaincus au monde, les Nord-Vietnamiens n'avaient pas l'intention de partager le pouvoir.

Rétrospectivement, l'analyse qui sous-tendait ma proposition de confier une mission à Vance en avril, et ma critique de la vietnamisation en septembre et octobre étaient sans doute correctes. Le temps ne jouait pas en notre faveur, et les concessions par petites tranches étaient une prime à l'intransigeance bien plus qu'un encouragement au compromis. En bonne logique il eût été préférable de faire la proposition la plus généreuse qu'on pût imaginer et, si elle était rejetée, de chercher à l'imposer militairement. C'eût été la meilleure façon d'obtenir la coopération des Soviétiques : en l'absence de toute crise, rien n'incitait ces derniers à faire un geste concret (de fait, quand la crise se développa finalement en 1972, nous conduisîmes les Soviétiques à une ébauche de coopération).

Si nous avions offert d'un coup tout ce que nous avons concédé au compte-gouttes en trois ans de guerre, et si nous avions entrepris dès 1970 les opérations militaires menées en 1970, 1971 et 1972 au Cambodge, au Laos et au Vietnam du Nord (même sans le dernier assaut des bombardiers), la guerre aurait pu être considérablement raccourcie. Il est évidemment difficile, après coup, de dire si Saigon aurait été prêt à faire face seul à la situation après un éventuel règlement. Devant nos troubles intérieurs et les divisions au sein du gouvernement, je ne combattis pas pour imposer mon analyse théorique ; je me ralliai au point de vue général selon lequel, tout bien considéré, la vietnamisation était la meilleure synthèse de nos impératifs internationaux, militaires et nationaux.

Une fois engagés dans cette voie, elle était irréversible. Je savais que le chemin serait long et pénible – j'en avais, à plusieurs reprises, souligné les dangers au Président – et qu'il pourrait déboucher sur un échec. Je pensais aussi que la solution adoptée était meilleure que celles proposées par l'opposition.

Et c'est ainsi que l'année se termina sur deux appréciations de la situation : l'issue de la guerre dépendait de l'exactitude de l'une d'elles. Le 18 février 1970, le premier rapport sur la politique étrangère que le Président fit au Congrès résumait notre politique au Vietnam en termes d'une sobriété impressionnante. Rarement déclaration présidentielle avait abordé aussi franchement les motifs de doute, et posé des questions aussi nettes.

« On a souvent proclamé, depuis que nous sommes engagés dans la guerre du Vietnam, que l'on faisait des progrès – et l'on a souvent été trop optimistes. Malgré le soin apporté à nos plans et notre espoir de voir ces plans se réaliser, nous sommes conscient de deux faits fondamentaux :

– Nous ne pouvons essayer de tromper l'ennemi, qui sait ce qui se passe réellement.

– Nous ne pouvons nous tromper nous-mêmes. Le peuple américain doit savoir toute la vérité. Nous ne pouvons nous permettre de perdre sa confiance en notre jugement et en notre leadership. »

Le rapport reconnaissait l'existence de problèmes encore non résolus et offrait un critère grâce auquel les progrès pourraient être appréciés dans le futur. Nous admettions que le gouvernement ne connaissait pas encore les réponses définitives à toutes les questions posées par la guerre – intentions de l'ennemi, perspectives de vietnamisation, et attitude du peuple vietnamien :

– Quelle est la capacité de l'ennemi à organiser des opérations de longue durée ? Ces opérations seraient-elles dangereuses pour nous ?
– Dans quelle mesure les capacités de notre allié ont-elles été améliorées ? En particulier, les Vietnamiens ont-ils acquis le leadership, les capacités logistiques, l'habileté tactique et la connaissance des besoins de leur propre peuple indispensables à un succès durable ?
– Quelle alternative stratégique s'offre à l'ennemi en cas de succès répétés de nos alliés ? S'il choisit de mener une guerre lente et retenue, pourrait-il attendre tout simplement le retrait des États-Unis et alors, par un regain d'effort, reprendre l'initiative et vaincre le Vietnam du Sud ?
– Plus important encore : quels sont les désirs profonds du peuple vietnamien, dont nous préservons par notre lutte le libre choix ? Est-il réellement hostile au Viet-cong, ou n'a-t-il qu'indifférence pour l'un et l'autre camp ? Qu'impliquent ses attitudes quant au profit réel qu'apporterait la pacification ?

Il ne s'agissait pas là d'un appel aux controverses nationales ni à la victoire militaire : c'était l'analyse lucide, réfléchie, de dirigeants échaudés par dix années de déceptions, soucieux de fonder leur politique sur la réalité, et prêts à accepter un compromis raisonnable.

Comme les dirigeants de Hanoi étaient déterminés à remporter la victoire, ils voyaient les choses en 1969 autrement : ils ne doutaient pas de l'issue du conflit et n'envisageaient aucun compromis. Hanoi visait à obtenir le monopole du pouvoir politique. Cette volonté apparaissait dans un important document émanant des autorités politiques et militaires communistes qui tomba entre nos mains à la fin de 1969 : la résolution n° 9 du Bureau central pour le Vietnam du Sud, quartier général du parti communiste nord-vietnamien au Vietnam du Sud. Il s'agissait d'une directive définissant la ligne de conduite à adopter par les cadres se trouvant sur le terrain, et interprétant les concessions américaines non comme des tentatives de compromis, mais comme la preuve évidente d'un échec :

Leur tactique de la « guerre limitée » a tourné court. Ils se trouvent empêtrés dans de très graves problèmes stratégiques et ont été contraints de réduire petit à petit leur engagement dans le conflit ; c'est ainsi qu'ils ont dû se résoudre à « désaméricaniser » la guerre, en commençant par le retrait de 25 000 soldats américains, et qu'ils espèrent se dégager de leur guerre d'agression dans notre pays...

Après la grande victoire de la Campagne de Printemps [de 1969], notre armée et notre peuple ont lancé une offensive de grande envergure sur les plans militaire, politique et diplomatique : nous avons mené notre *offensive d'été* alors même que nous présentions une solution de paix en *dix points* à la Conférence de Paris, et que nous rassemblions les Représentants du Congrès National du Peuple qui ont élu le *Gouvernement révolutionnaire provisoire*. Ainsi donc, déjà ébranlé par nos attaques répétées lors de la Campagne de Printemps de 1969, le gouvernement Nixon recevait d'autres coups très violents. En raison de ces nouvelles défaites tant sur le champ de bataille qu'autour de la table des négociations, Nixon se voit durement mis en question par le peuple américain et par l'opinion mondiale, qui exigent que les États-Unis mettent un terme à leur guerre d'agression au Vietnam... Le fait que Nixon ait été forcé de présenter son programme en huit points, d'organiser la rencontre avec Thieu à Midway, et d'entreprendre le retrait de 25 000 soldats, reflète l'inflexibilité et la ruse de l'impérialisme américain ; d'un autre côté, il montre que *la crise et l'impasse dans lesquelles se trouve le gouvernement Nixon s'aggravent*. Nous devons *profiter* de cette nouvelle situation, et redoubler d'efforts dans tous les domaines afin de remporter une grande victoire.

Selon le Bureau Central pour le Vietnam du Sud, la stratégie pour 1969 prévoyait d'anéantir les troupes américaines afin d'augmenter les tensions aux États-Unis, d'affaiblir l'armée du Vietnam du Sud et les efforts de pacification, et à partir de là, de contraindre les États-Unis à accepter un « gouvernement de coalition travaillant à la réunification du Vietnam » :

a. *Attaquer férocement les troupes américaines*, leur infliger de très lourdes portes, les mettre en difficulté croissante dans tous les domaines...

b. *Frapper durement l'armée fantoche, éliminer les éléments les plus intraitables de l'armée et du gouvernement fantoches, paralyser et désintégrer les éléments restants...*

c. *S'efforcer de développer nos forces militaires et politiques, et renforcer leur position stratégique offensive...*

d. Poursuivre la destruction et l'affaiblissement du gouvernement fantoche à divers niveaux ; *en particulier, réduire à néant les plans de pacification de l'ennemi, se débarrasser de la plus grande partie du gouvernement fantoche... et promouvoir le rôle du Gouvernement Révolutionnaire Provisoire.*

e. A partir de là, *réduire à néant la volonté d'agression de l'ennemi amé-*

> *ricain; le contraindre à renoncer à vouloir être en position de force à la fin de la guerre; le contraindre à la terminer rapidement et à retirer ses troupes*, pendant que l'armée et le gouvernement fantoche sont encore trop faibles pour remplacer les Américains; *forcer ces derniers à accepter un règlement politique* et à reconnaître un Vietnam du Sud indépendant, démocratique, pacifique et neutre, dirigé par un gouvernement de coalition national et démocratique travaillant à la réunification du Vietnam. [Italiques dans l'original.]

Les Vietnamiens du Nord étaient sûrs de leur fait: il nous fallait leur montrer qu'ils se trompaient. C'est le cœur lourd et non sans appréhension, que je travaillai à l'application de cette politique ambiguë et complexe qui était la nôtre. Il n'y avait pas d'autre solution acceptable. Il fallait l'envisager de manière qu'elle soit la bonne car nous n'étions pas seuls concernés: l'avenir d'autres peuples dépendait de la confiance qu'ils portaient aux États-Unis. Nous aurions à combattre, même avec répugnance, jusqu'à ce que Hanoi ait réapprécié ses possibilités. Si nous tenions notre cap, un jour Hanoi chercherait un répit, sinon la paix. Nous aurions à braver la discorde tout au long de ce processus parce que la responsabilité du désastre nous serait imputée, même si nous y étions conduits par de formidables pressions intérieures. Notre pénible devoir était de continuer à nous battre contre un adversaire implacable jusqu'à ce que nous soyons parvenus à un arrangement honnête, compatible avec nos propres valeurs, nos responsabilités internationales et les convictions de la majorité des Américains.

9.
Premières épreuves en Asie

Le Vietnam menaçait de tourner chez nous à l'idée fixe, d'autant plus que cette petite région faisait partie d'un vaste continent qui, lui, jouait un rôle de plus en plus important sur la scène mondiale.

Les intérêts de toutes les grandes puissances en ce qui concerne la sécurité mondiale sont intimement mêlés en Asie, notamment dans le Nord-Ouest asiatique. La Chine va jusqu'au cœur du continent. L'Extrême-Orient soviétique s'étend sur tout le nord de l'Asie. Les îles japonaises sont disséminées sur l'océan dans un rayon de deux mille milles marins autour de l'île principale. Quant à la présence américaine dans le Pacifique, elle forme un cordon autour de toute cette région du monde. Enfin, l'Europe occidentale, dont les liens économiques avec l'Asie sont considérables, ressent le contrecoup de toute perturbation de l'équilibre de la région.

L'Asie détient à elle seule plus de la moitié de la population et des ressources de la planète. Au cours des trente dernières années, c'est en Asie et dans le Pacifique que la croissance économique a été la plus rapide au monde. C'est là qu'ont eu lieu toutes les guerres que nous avons menées depuis 1945. C'est également là que le commerce américain d'outre-mer est le plus important et le plus florissant. L'influence de l'Amérique et de l'Occident est d'ailleurs à l'origine de la transformation d'une grande partie de l'Asie au cours des cent dernières années. Depuis l'époque des Transcendantalistes de la Nouvelle-Angleterre jusqu'à nos jours, les idées et la culture asiatiques ont influencé la vie intellectuelle américaine d'une manière non négligeable, révélant ainsi l'universalité des aspirations humaines.

C'est au début de 1969, et en Asie, que nous fûmes confrontés à notre première grande crise. L'attitude que nous adoptâmes alors nous valut des éloges qui n'étaient pas mérités, alors que dans cette même partie du monde, et dans une autre circonstance décisive, la prévoyance et le flair politique dont nous fîmes preuve passèrent inaperçus. C'est dans les premiers mois du nouveau gouvernement que ces paradoxes nous apparurent, à l'occasion, d'une part, de l'affaire du E.C.-121 que nous laissâmes abattre froidement, sans réagir, alors qu'il n'était pas armé, et, d'autre part, lors du retour de l'île d'Okinawa sous la domination japonaise, événement qui nous permit de resserrrer nos liens avec le Japon. Ces liens résistèrent à bien des épreuves et devinrent l'un des piliers de la politique étrangère américaine. Il sera question plus loin dans ce chapitre de cette longue alliance — qui connut des hauts et des bas, notamment sur le plan économique — avec notre extraordinaire partenaire japonais. Mais commençons par l'affaire du E.C.-121 qui nous fut d'un tel profit pour affronter les crises bien plus sévères que l'avenir nous réservait.

L'affaire du E.C.-121 abattu

Le 14 avril 1969, à 5 heures de l'après-midi, heure de l'Est des États-Unis, un E.C.-121 de la Marine de guerre américaine appartenant à la première Escadrille de reconnaissance aérienne (un « Constellation » non armé à quatre réacteurs) s'envolait de la base aérienne de Atsugi au Japon, pour une simple mission de reconnaissance au-dessus de la mer du Japon. Ces vols nous étaient très précieux, car ils nous donnaient des informations sur les mouvements et la disposition des troupes ennemies. Ils jouaient un rôle primordial, en nous avertissant de toute attaque surprise, notamment en Corée. L'avion transportait un équipage formé de trente soldats de l'Armée navale et d'un Marine, ainsi que six tonnes de matériel. L'appareil, partant d'Atsugi, avait ordre de gagner un point situé au large de la péninsule de Musu, sur la côte nord de la Corée (voir carte III), de faire plusieurs tours en décrivant une ellipse de 200 km environ parallèlement à la côte nord-coréenne, avant d'atterrir finalement sur la base aérienne coréenne d'Osan. Les instructions, qui étaient toujours les mêmes dans ce genre de mission, prévoyaient que l'appareil ne devait pas s'approcher à moins de quarante milles nautiques de la côte nord-coréenne, de telle sorte que l'avion se trouve toujours sans conteste possible au-dessus des eaux internationales [1]. Pour sa part, la Corée du Nord revendiquait une mer territoriale de douze milles marins. Le 14 avril, le commandant de l'appareil avait reçu ordre du Commandant en chef de la Flotte du Pacifique de ne pas même s'approcher autant de la côte nord-coréenne, mais de rester à au moins cinquante mille marins de celle-ci.

Comme on le vérifia plus tard, l'appareil qui était suivi à tout moment par notre radar, dévia légèrement de sa route, vraisemblablement pour voir d'où provenait un signal électronique qu'il avait perçu. Mais à aucun moment il ne s'approcha à moins de quarante-huit milles de la côte. Quand il fut alerté — à trois reprises, en l'espace de dix minutes — qu'une attaque allait peut-être se produire, il fit savoir qu'il avait bien reçu les instructions d'interrompre la mission, et, abandonnant la piste de reconnaissance habituelle, il s'éloigna encore davantage de la côte.

A 23 h 50, alors qu'il se trouvait à environ quatre-vingt-dix milles au sud-est de la ville nord-coréenne de Chong Jin, l'appareil disparut brusquement de nos écrans radar. Le E.C.-121 avait été attaqué et abattu au-dessus de la mer du

Japon par un M.I.G. nord-coréen, et s'était écrasé en mer à environ quatre-vingt-dix milles de la côte. On ne devait retrouver aucun survivant. C'est ainsi que le gouvernement Nixon fut plongé dans sa première grande crise.

Aucun nouveau Président ne peut vraiment savoir de quel genre d'« équipe » il dispose tant qu'il n'a pas été confronté à une semblable épreuve – qui, par définition, exige que l'on prenne rapidement des décisions, à haut risque, dans le feu de l'action. Dans des circonstances normales, il n'est jamais facile de savoir si les proches conseillers du Président expriment leurs convictions personnelles ou s'ils traduisent simplement l'avis général de leur administration. Il est toujours plus facile de jouer serré. On peut ainsi se faire, sans trop d'effort, une réputation d'homme sage ou modéré, car l'effet positif ou négatif d'une décision n'apparaît qu'au bout d'un certain temps, lorsqu'on ne distingue plus la cause de la conséquence. Par contre, la crise est un révélateur des hommes et de leur politique, montrant quels sont ceux qui cherchent à ménager leur réputation et ceux qui sont prêts à prendre fait et cause. Dans un sens, c'est un avantage pour un Président de se trouver très rapidement aux prises avec une crise, car cela lui permet de secouer son équipe.

On ne peut guère dire que le nouveau gouvernement Nixon se soit honorablement tiré de l'épreuve. Ce que l'on peut surtout déplorer, ce n'est pas tant qu'une mauvaise décision ait été prise – même si, selon moi, ce fut effectivement le cas – mais que nos débats aient été insignifiants ou à côté de la question ; en effet, nous n'abordâmes que rarement le problème de fond. Les réunions du C.N.S. ne servaient qu'à exposer les divers choix en nombre toujours plus grand, mais il n'en sortait aucune perspective ou ligne d'action quelconque.

Les intéressés étaient tous tellement fascinés par la manière dont se prenaient les décisions qu'ils en oubliaient les objectifs au moment de fixer l'ordre de priorité des mesures à prendre. Comme la plupart des membres des nouveaux gouvernements, ils se souciaient davantage d'éviter les attaques qu'eux-mêmes avaient lancées contre leurs prédécesseurs que de s'interroger sur leur bien-fondé. Ce respect de la phraséologie électorale est l'un des pièges les plus dangereux – et les plus tentants – qui guettent un nouveau gouvernement, car il l'amène à penser qu'on le jugera sur ce qui, dans son style, le distingue de ses prédécesseurs. En réalité, il faut souvent moins d'un an pour que le souvenir des slogans de la campagne électorale s'efface des mémoires. Tôt ou tard, on jugera le nouveau gouvernement, non pas sur sa fidélité à ses promesses, mais sur son aptitude à résoudre les problèmes qui lui sont soumis. On lui reprochera moins de réussir avec les mêmes méthodes que ses prédécesseurs que d'échouer en appliquant les siennes. Nixon était convaincu que le Président Johnson était atteint du « syndrome de la Salle opérationnelle », entendant par là qu'il avait succombé à l'idée romanesque qu'il pourrait, en temps de crise, diriger les affaires du monde depuis cette pièce située dans les sous-sols de la Maison Blanche. Pour comble d'ironie, et bien que ce soit lui qui ait lancé l'idée du « syndrome de la Salle opérationnelle », Nixon en fut à son tour victime la fois suivante.

L'idée que l'on se fait de la Salle opérationnelle ne correspond pas à la réalité. C'est une pièce minuscule, peu confortable, basse de plafond et sans fenêtres, qui doit sa principale utilité au fait qu'elle se trouve à côté d'un central de télex et autres appareils de télécommunications reliant la Maison Blanche aux ambassades américaines de tous les pays. Son nom lui avait été donné par un ancien Président qui s'imaginait que la situation internationale pouvait être matérialisée par des cartes accrochées aux murs et mises à jour. A mon arrivée au gouvernement, les cartes n'étaient ni à jour ni visibles sur les murs. A leur place, on voyait des tentures qui s'efforçaient de donner une touche humaine à ces lieux austères et exigus. Le jugement de Nixon n'était pas dénué de fondements ; en effet, Johnson aimait donner l'impression qu'il passait beaucoup de temps à planifier une à une les sorties des bombardiers, mais, finalement, les critiques que Nixon avait formulées se retournèrent contre lui. A cause de ses attaques sur le synchrome de la salle opérationnelle, il répugnait autant que ses adjoints à réunir, là ou ailleurs, ses conseillers au premier signe de troubles. Pour lui, une décision ne pouvait se prendre qu'à froid.

C'est ainsi que les choses se passèrent lorsque nous apprîmes que le E.C.-121 avait été abattu. Nous mîmes en œuvre avec une grande lenteur les moyens dont nous disposions pour lutter contre la crise, en nous étudiant très attentivement à chaque instant pour nous assurer que nous n'étions pas en train de « tirer au juger ». Malheureusement, la lenteur dans l'action ne vaut probablement pas mieux que la précipitation pour assurer son jugement. Le 5 avril, à 0 h 50, une information parvint à la Salle opérationnelle selon laquelle un E.C.-121 était attaqué par deux appareils nord-coréens. Mon conseiller militaire, le colonel Alexander Haig, fut prévenu à 1 h 07. Trois minutes plus tard, Haig m'annonça qu'un avion avait été abattu, mais que l'incident n'avait pas encore été confirmé. Je lui demandai de se renseigner, et de me rappeler dès qu'il en aurait l'assurance. Je ne voulais pas déranger le Président tant que la nouvelle n'était pas sûre ou qu'il n'y avait pas de décision à prendre. A 1 h 45, Haig appela le conseiller militaire de Laird, le colonel Robert Pursley. Ce dernier décida de faire comme moi : il ne réveillerait pas Laird tant que la nouvelle n'aurait pas été confirmée.

A 2 h 17 Radio Pyongyang annonça que la Corée du Nord avait abattu un avion de reconnaissance américain, alors qu'il pénétrait dans l'espace aérien coréen. C'était là un mensonge éhonté, car l'avion, qui avait été en permanence suivi par notre radar, ne s'était jamais approché de la côte coréenne à moins de quarante-huit milles, et s'en trouvait à quatre-vingt-dix milles lorsqu'il avait été abattu. Mais, pour des raisons qui aujourd'hui m'échappent complètement, tout le monde décida de faire comme si l'annonce n'avait pas existé. Sous prétexte que nous n'avions pas reçu d'autre confirmation, l'incident était toujours classé comme « non confirmé » à 7 h 20 lorsque j'en informai Nixon. La question de savoir pourquoi la Corée du Nord aurait annoncé qu'elle avait abattu un avion américain si elle ne l'avait pas fait ne reçut jamais de réponse.

C'était comme si quelqu'un, ayant appuyé sur le bouton « comment traiter la crise », avait reçu la consigne « indifférence ». Nixon mit lentement en marche le mécanisme tant vanté du C.N.S. C'était un bon moyen de rassembler les options qui s'offraient, mais aussi de gagner du temps si l'on n'avait pas envie d'agir. Le Groupe d'étude du C.N.S. se réunit l'après-midi suivant l'incident pour préparer les divers plans d'action qui seraient soumis lors de la réunion du C.N.S. prévue pour le lendemain 16 avril à 10 h du matin. Nixon ne fit aucune allusion aux mesures qu'il comptait prendre. Il voulait attendre la présentation des diverses possibilités. Cette manière de procéder était peu judicieuse, car elle montrait en réalité que Nixon n'avait pas le cran de se livrer à des représailles. C'est une très bonne chose de faire le tour de tous les choix possibles, mais lorsqu'un avion américain non armé est abattu loin d'une côte, une prise de décision lente crée un préjugé en faveur de l'inaction définitive. Ce qu'il fallait, c'était analyser la nature de la provocation et ce qu'elle laissait présager pour la politique américaine. Ce n'est que dans ces conditions que l'étude des divers choix pouvait signifier quelque chose. Mais Nixon était encore freiné par un autre élément. Bien avant le début de la crise, il avait prévu de tenir une conférence de presse le 18 avril ; or, c'était pour lui une épreuve qu'il se préparait d'ordinaire à affronter avec autant de fièvre que d'appréhension, et à laquelle il consacrait toute son énergie.

Je pensais que notre réaction à l'attaque nord-coréenne d'un avion non armé au-dessus des eaux internationales sans qu'il y ait eu provocation de notre part serait interprétée par beaucoup de nations amies – notamment en Asie – comme un test destiné à éprouver la fermeté du nouveau gouvernement. J'étais, pour cette raison, partisan de prendre des mesures de représailles, sans savoir exactement en quoi elles devraient consister. Les conseils que me donnèrent mes collaborateurs le premier jour étaient extrêmement durs. Même Morton Halperin – qui, plus tard, rejoignit les rangs de l'opposition déclarée aux prétendues tendances belliqueuses du gouvernement – préconisait de lancer immédiatement une attaque aérienne. Mais, étant donné le programme de réunion du C.N.S., il était impossible de mobiliser des forces militaires avant au moins vingt-quatre heures, ce qui se révéla être une autre erreur. En mobilisant immédiatement, nous aurions au moins fait savoir à la Corée du Nord qu'elle venait de commettre une grave offense, et nous l'aurions peut-être amenée à faire un geste pour nouus signifier qu'elle reconnaissait ses torts et admettait la nécessité de réparations. C'est d'ailleurs ce qui se passa lorsque, en 1976, les Nord-Coréens battirent à mort deux officiers américains le long de la zone démilitarisée.

En l'absence d'une orientation bien définie, chaque service élabora ses propres options en les adaptant à des intérêts plus ou moins personnels. Mon équipe, quant à elle, proposa diverses possibilités, allant de l'envoi de vigoureuses protestations diplomatiques à Panmunjom à la capture en mer de bâtiments nord-coréens, en passant par différentes sortes d'opérations militaires, comme le minage du port de Wonsan, le bombardement de la côte ou l'attaque d'une base aérienne. Mais le point faible de tous ces projets, c'était l'absence de forces capables de les mettre en œuvre, ou d'un plan opérationnel particulier, ou encore d'une demande précise de réparations aux Nord-Coréens. Tant que ces éléments nous faisaient défaut, nous étions engagés dans des exercices d'école.

Le ministère des Affaires étrangères était préoccupé par la réunion de la Commission d'armistice que les Nord-Coréens devaient tenir le 18 avril et à laquelle nous étions invités. La question était de savoir si nous irions, et dans ce cas ce que nous y dirions, ou si au contraire nous insisterions pour en obtenir le report à une date ultérieure. Le ministère des Affaires étrangères nous envoya un mémorandum où il exprimait ses réserves sur les représailles militaires. Cette note ne visait pas une forme particulière de représailles, excepté la capture en mer d'un bateau coréen, car elle estimait que cet acte ne se justifiait pas légalement.

Mais c'est le ministère de la Défense qui prit la décision la plus déroutante. Sans avoir, semblait-il, consulté un autre ministère ou la Maison Blanche, il suspendit tous les vols de reconnaissance à proximité de l'Union soviétique et de la Chine, dans la Méditerranée et au-dessus de Cuba. Nous ne le découvrîmes que progressivement, lorsque, ayant ordonné, le 17 avril, que l'on donne une escorte militaire à nos vols de reconnaissance près de la Corée, Nixon s'aperçut qu'il n'y avait pas d'avions à escorter. Laird avait incontestablement raison de penser que ces vols s'étaient multipliés au fil des ans sans que l'on s'interrogeât jamais sur leur raison d'être. Cela faisait longtemps que le besoin d'une telle réflexion se faisait sentir. Néanmoins, je craignais qu'un arrêt complet des vols de reconnaissance venant juste après l'attaque de l'avion ne donne une impression d'insécurité; il ne donnerait guère à penser, en tout cas, que le gouvernement était déterminé à défendre ses droits face à une provocation brutale.

La plus grande partie de la journée du 15 avril se passa donc à élaborer des plans peu concluants. Il semblait exister un consensus, de plus en plus large, pour que l'on arraisonne en mer un bâtiment nord-coréen. On fit procéder à une analyse de la question sur le plan légal ; mais les conclusions auxquelles on arriva perdirent tout intérêt lorsque l'on s'aperçut qu'il n'y avait plus de bateaux coréens en mer depuis la capture du *Pueblo*. Cette constatation nous fit écarter une autre idée lumineuse : celle d'utiliser un sous-marin pour torpiller un vaisseau de guerre nord-coréen. En effet, le bruit avait couru qu'un bâtiment coréen battant pavillon hollandais se trouvait quelque part en transit. Nixon voulant l'arraisonner, nos hommes de loi avaient passé pratiquement toute la journée dans la plus grande agitation. Mais par la suite, il nous fut impossible de repérer le bateau en question. Autant que je sache, il n'a jamais existé.

Dans ce contexte, la réunion du C.N.S., le 16 avril, fut à la fois confuse et sans caractère décisif. A aucun moment, nous n'abordâmes la question essentielle, à savoir, si notre absence de réaction à l'attaque d'un avion de reconnaissance non armé au-dessus des eaux internationales ne pourrait pas créer une impression d'irrésolution telle qu'elle encouragerait nos ennemis à Hanoi et enhardirait nos opposants partout ailleurs. D'autre part, comme tous les gouvernements récemment mis en place, nous n'étions pas pressés de sortir de la « lune de miel » ; à l'époque, en effet, nous jouissions encore de la faveur que nous valaient notre modération et notre retenue par rapport à nos prédécesseurs. D'autre part, nous redoutions, bien naturellement, de nous trouver en guerre sur deux fronts à la fois. Laird nous fit remarquer que si nous commencions à rendre coup pour coup à la Corée du Nord les efforts que nous avions entrepris au Vietnam en pâtiraient obligatoirement. Un grand nombre de ces considérations apparurent plutôt de manière implicite au cours de la réunion. Les diverses options militaires furent étudiées d'une manière arbitraire, sans jamais être soumises à un examen approfondi. En outre, elles souffraient du fait que celles qui semblaient sûres étaient insuffisantes par rapport à la gravité de la provocation et que les autres risquaient trop de nous engager dans une guerre sur deux fronts.

Par la suite, nous devions apprendre qu'en temps de crise il est plus adroit de se montrer hardi. En effet, une attitude hésitante encourage l'adversaire à persévérer, et même parfois, à faire monter la mise. Avec le recul, il est clair que nous surestimions beaucoup la Corée du Nord en pensant qu'elle était prête à s'engager dans une lutte avec nous où elle rendrait chaque coup. Mais comme cela se passait dans les premiers temps du nouveau gouvernement je me bornai, ce premier jour, à présenter les options sans émettre le moindre avis. A cette réunion du C.N.S., Nixon ne prit aucune décision ; il passa la plus grande partie de la journée à recueillir des renseignements sur le bateau coréen battant pavillon hollandais qui semblait avoir été inventé de toutes pièces pour naviguer entre une action militaire risquée et la passivité que Nixon avait si violemment critiquée au moment de l'affaire du *Pueblo*.

Le lendemain, 17 avril, Nixon prit deux décisions. En premier lieu, il accepta la deuxième des différentes options proposées par le C.N.S., à savoir la reprise des vols de reconnaissance sous escorte armée. Par ailleurs, il donna ordre de diriger deux porte-avions vers la mer du Japon, en vue d'éventuelles représailles. Son raisonnement était qu'en ayant recours aux avions de combat basés au Japon, nous nous trouverions entraînés dans des consultations difficiles avec le gouvernement japonais que nous n'arriverions pas à garder secrètes, qui provoqueraient des protestations de l'opinion publique et pouvaient compromettre nos pourparlers avec le Japon sur le Traité de Sécurité. Faire appel aux B-52 basés à Guam semblait constituer une réaction excessive. Tout le monde s'arrangea pour oublier l'existence des avions stationnés en Corée du Sud. Il est clair qu'inconsciemment, chacun se rassurait en pensant qu'il faudrait trois jours aux porte-avions pour atteindre le point d'où ils pourraient faire partir les appareils. Les « faucons » pouvaient se dire que nous faisions quelque chose, tandis que les « colombes » se consolaient en se disant que nous avions encore du temps devant nous. En effet, chaque jour qui passait rendait plus difficile une action de représailles, d'autant plus que nous eûmes le tort – c'est du moins ce que je pense aujourd'hui – de ne rien exiger des Nord-Coréens dont l'acceptation eût pu être considérée comme une compensation et dont le refus aurait justifié des représailles. Nous n'avions que faiblement protesté auprès de Panmumjom ; le ministère des Affaires étrangères avait recommandé d'éviter toute agressivité dans nos propos ; Rogers, s'était opposé à toute protestation. Il y avait donc un important décalage entre nos décisions politiques et nos décisions militaires. Dans ce contexte, notre décision d'envoyer des porte-avions sur place ne nous fit que perdre du temps ; bien qu'elle parût dure, elle signifiait implicitement que nous n'agirions pas.

Le 17 avril, je rassemblai un comité spécial pour étudier la manière d'affronter la crise. Ce comité, que je présidai, se composait de représentants à un échelon intermédiaire de la hiérarchie des ministères des Affaires étrangères et de la Défense ainsi que de la C.I.A., et du chef de l'État-Major interarmes. Ce fut le noyau de ce qui allait devenir plus tard le Groupe d'action spéciale de Washington (W.S.A.G.), chargé de régler toutes les crises ultérieures. Mais, et en l'absence de directives clairement définies, il n'y eut pas de planning sérieux dans ce premier cas. Personne n'étant vraiment déterminé à employer la force, nos discussions restèrent théoriques et aucun projet concret n'en sortit.

La conférence de presse de Nixon du 18 avril, au cours de laquelle il annonça la reprise des vols de reconnaissance sous escorte armée, fut généralement considérée, même au sein du gouvernement, comme notre réaction officielle à l'attaque aérienne dont nous avions été victimes. Alex Johnson pensait qu'il n'y avait plus de raison de continuer à préparer, à toute éventualité, une réaction sur le plan militaire. Je n'étais pas de son avis, car je savais que, maintenant que la conférence de presse était passée, Nixon allait pouvoir se pencher sérieusement sur les problèmes.

Le 18 avril, en fin de matinée – juste après la conférence de presse –, Nixon et moi passâmes la situation en revue. Je lui dis que s'il n'exigeait aucune réparation ou ne prenait aucune mesure de représailles, il serait probablement obligé, par la suite, d'agir avec plus de vigueur. Toutefois, il y avait trois conditions dont Nixon devait s'assurer : premièrement, notre action devait avoir une certaine envergure ; deuxièmement, nous devions être prêts à la poursuivre si la Corée du Nord y répondait (il était par exemple évident que nous serions incapables de tenir longtemps dans une guerre terrestre) ; troisièmement, Nixon ne pourrait pas employer la force s'il n'était pas suivi unanimement par son gouvernement. Selon moi, la Corée du Nord ne renchérirait pas, mais le Président devait prévoir l'éventualité d'une riposte. Je proposai au Président d'aller sonder Rogers, Laird et Helms séparément pour essayer de connaître leur avis, afin de ne pas nous exposer à les voir, au cours d'une réunion du C.N.S., se ranger à ce qu'ils pourraient penser être l'avis du Président. Nixon accepta ma suggestion, en grande partie parce qu'une conférence de presse l'épuisait d'ordinaire tellement qu'il évitait, autant que possible, toute tension dans les jours qui suivaient.

Je trouvai Rogers, Laird et Helms unanimement hostiles à des représailles militaires contre la Corée du Nord : Rogers en raison de l'impact qu'elles auraient sur l'opinion publique ; Laird parce qu'il pensait qu'elles gêneraient nos efforts au Vietnam et que nous n'étions pas soutenus par le Congrès ; Helms pour toutes ces raisons à la fois. En fin de journée, j'informai Nixon du consensus qui régnait chez ses conseillers, avant d'ajouter que, selon moi, il ne pouvait se permettre de prendre de tels risques sur une question controversée avec une équipe divisée, alors qu'il n'en était qu'au début de son mandat. Notre entretien eut lieu dans la Salle du Traité de la Résidence. Je n'avais jamais eu l'impression que Nixon tenait à exercer des représailles ; il avait trop repoussé le moment de la décision et n'en avait jamais vraiment manifesté l'intention dans ses conversations privées ; de même, il ne s'était pas engagé dans ces manœuvres implacables qui lui permettaient de faire fi de l'opposition lorsque sa décision était arrêtée. Mais maintenant qu'il disposait d'un véritable alibi, il était furieux contre ses conseillers. Il voulait se débarrasser de Laird et de Rogers à la première occasion ; il ne les consulterait plus jamais en cas de crise. Il ordonna de nouveaux raids de notre série « Menu » restée secrète contre les sanctuaires du Cambodge, afin de montrer à Hanoi notre détermination. Mais, derrière tout cela, le fait essentiel était que nous ne déclencherions pas de représailles militaires contre la Corée du Nord, ce dont j'informai le Groupe interministériel le 19 avril au matin.

Néanmoins, Nixon ordonna aux porte-avions de continuer à faire route vers la mer du Japon, pour faire une démonstration de notre puissance. Mais, la menace qu'ils représentaient étant sans commune mesure avec ce que l'adversaire attendait de nous, il était probable qu'il n'y verrait qu'une vaine affectation. Inexpérimentés comme nous l'étions, nous n'avions même pas demandé de réparations aux Nord-Coréens ; ces derniers n'ayant aucune condition à satisfaire, il n'y avait pas lieu pour nous de faire preuve de fermeté. Les porte-avions continuèrent majestueusement leur route pendant encore plusieurs jours en mer du Japon, entraînant dans leur sillage une flottille de bateaux et de patrouilleurs japonais qui suivaient l'événement pour la télévision. On ne peut qu'émettre des hypothèses sur ce qui se serait passé si les choses avaient pris mauvaise tournure ; il est très probable que l'on aurait eu à déplorer la perte d'un certain nombre de personnalités de la télévision japonaise. Toutefois, dès que nous eûmes informé notre administration, la rumeur se répandit rapidement qu'il n'y aurait pas de représailles. « Task Force 71 » — comme on l'avait appelée — croisa paisiblement en mer du Japon jusqu'au 26 avril, provoquant des protestations modérées et en privé de l'Union soviétique, auxquelles nous répondîmes sèchement. Vers la fin du mois, la crise s'était doucement estompée, sans que l'acte barbare commis par les Nord-Coréens ait été puni. Elle laissait peu de traces, hormis, chez Nixon, le sentiment de ne pas avoir été à la hauteur de sa première véritable épreuve. (C'est en tout cas ce que je pense pour ma part du rôle que j'ai joué dans cette affaire.)

Il fallait maintenant s'occuper de la décision inexplicable qu'avait prise Laird de suspendre tout vol de reconnaissance (ce n'est que le 22 avril que la Maison Blanche reçut une note du Pentagone donnant un compte rendu détaillé de cet arrêt, qui ne se limitait pas aux abords de la Corée mais concernait également les vols au-dessus de la Chine, de l'Union soviétique, de Cuba et de la Méditerranée). On se servit de l'ordre donné par le Président de fournir une escorte armée à ces vols pour retarder encore la reprise, sous prétexte qu'il fallait d'abord réunir une escorte efficace. Nos requêtes quotidiennes ne recevaient que des réponses évasives. J'étais de plus en plus inquiet, non pas parce que je considérais que chacune de ces missions était de la plus haute importance, mais en raison du précédent que cela créerait, si un seul avion abattu suffisait à bloquer définitivement notre système de reconnaissance dans son ensemble. Pour nos adversaires, la tentation serait grande, me semblait-il, de provoquer d'autres incidents. Ce n'est que le 8 mai, après une interruption de près de quatre semaines, que les vols de reconnaissance reprirent normalement.

Ce n'est pas notre décision de ne pas réagir qui fut particulièrement remarquable dans l'affaire du E.C.-121 ; en effet, il s'en était fallu de peu que nous ne prenions la décision inverse, car les deux points de vue pouvaient raisonnablement se défendre. Ce qu'elle mit en lumière, avant tout, ce furent les grandes imperfections qui existaient dans notre système de prise de décision. Au lieu de procéder à une étude stratégique de la situation, nous avions fait assaut d'expédients techniques. Aucune autorité puissante ne venait de la Maison Blanche. Nous n'avions pris aucune décision politique significative et nos déploiements de forces s'étaient opérés dans le vide. Pour résoudre efficacement une crise, il faut que les ministères et autres services connaissent les intentions du Président. Par ailleurs, ils doivent être étroitement contrôlés pour que l'on soit sûr que les décisions militaires et diplomatiques forment un ensemble cohérent. En l'occurrence, c'étaient aussi bien les moyens que les idées qui nous avaient fait défaut. Nous n'avions exigé de la Corée du Nord aucune réparation. Nous avions attendu si longtemps après l'incident pour réunir des troupes qui puissent constituer une menace crédible qu'on ne voyait pratiquement plus quel en était l'objet. La coordination au sein du gouvernement laissait également à désirer. Quant au Président, il n'avait jamais vraiment pris position. Et pourtant l'affaire du E.C.-121 eut des conséquences bénéfiques que l'on ne soupçonnait pas. En effet, elle nous fit renforcer nos mécanismes d'une façon spectaculaire. Les crises ultérieures furent énergiquement traitées et contrôlées par un pouvoir central puissant. C'est dans ce but précis que nous créâmes le Groupe d'action spéciale de Washington (W.S.A.G.). Nous fîmes en sorte, par la suite, de donner une bien plus grande impression de détermination. Le mécontentement de Nixon à l'égard de Laird et de Rogers n'était pas justifié : ils n'avaient fait que donner humblement leur avis en toute franchise. Néanmoins, cela eut pour effet de raffermir Nixon dans son sentiment d'isolement au moment de prendre des décisions. Lors des crises ultérieures, il sut ce qu'il voulait et il l'obtint, même si, pour y parvenir, il eut fréquemment recours à des moyens détournés.

Dans l'ensemble, je considère que notre attitude dans l'affaire du E.C.-121 fut empreinte de faiblesse, d'indécision et de confusion, même si elle nous valut à l'époque beaucoup d'éloges. Je pense que, sans nous en rendre bien compte, nous l'avons payé cher, en démoralisant nos alliés et en enhardissant nos adversaires. Par chance, cette crise se produisit très tôt et ne porta que sur un problème d'importance secondaire. En outre, elle nous servit de leçon pour mieux dominer les crises à venir.

L'alliance entre les États-Unis et le Japon

Les États-Unis et le Japon sont alliés depuis plus de vingt ans. La clef de voûte de notre politique dans le Pacifique est sans aucun doute l'amitié, les échanges et les liens d'interdépendance qui nous lient à ce pays extraordinaire. On peut difficilement imaginer deux peuples plus différents l'un de l'autre que les Américains — pragmatiques, concrets, soucieux de légalité et parlant clairement — et les Japonais — complexes, subtils, procédant par allusions et s'exprimant indirectement, grâce à une sensibilité allant presque jusqu'à l'esthétisme, plutôt que par la parole.

Le Japon et les États-Unis se connaissent depuis un siècle et quart. Nos relations ont été incroyablement variées, allant de la curiosité à la compétition, en passant par la guerre, l'occupation, la réconciliation, l'alliance et l'interdépendance. Le peuple américain, dont les origines sont multiples, lutte constamment pour redéfinir ce qui fait son unité. Le Japon, par contre, est un peuple d'une cohésion et d'une homogénéité peu communes. Pour les Américains, les lois et les contrats sont les principaux garants de la paix sociale, alors que les Japonais dépendent moins, pour la préservation de l'harmonie de leur société, de principes de droit explicites que de la qualité des relations humaines et de règles et obligations tacitement admises par tous.

Les États-Unis, qui ont la chance d'avoir un vaste territoire et des ressources abondantes, considèrent cette abondance comme naturelle. Le Japon, lui, est une grande puissance industrielle ; mais il doit sa prospérité, plus récente et plus vulnérable, à une industrie qui dépend de l'importation de denrées alimentaires, d'énergie et de matières premières, ainsi que des marchés extérieurs.

L'opinion, couramment répandue, selon laquelle il est étrange que deux nations aussi dissemblables se soient alliées, contient, comme la plupart des idées reçues, une grande part de vérité. Mais elle pourrait tout aussi bien s'appliquer aux relations du Japon avec n'importe quel autre pays. En effet, les réussites du Japon – et parfois ses échecs – sont le produit d'une société dont les structures, les habitudes et les formes de prise de décision sont si particulières qu'elles font de la culture japonaise un cas à part. L'autre paradoxe est que les Japonais se sont servis des étrangers en ne prenant que le meilleur de leurs méthodes et de leur technologie, afin de préserver leur énergie et leur identité.

Formé d'une bande d'îles au large de la côte chinoise dont on distingue les sommets montagneux enveloppés de brume au-dessus d'une mer agitée et dont les vallées verdoyantes produisent généreusement, grâce à l'assiduité de ses cultivateurs, mais ne renferment guère d'autres ressources naturelles, le Japon doit sa prospérité à la discipline, à la foi et au dévouement de ses habitants. Il fallait être extrêmement endurant pour pouvoir tirer sa subsistance d'un environnement *a priori* aussi peu favorable. Ayant fortement subi l'influence de la culture chinoise, mais s'en étant ensuite progressivement affranchis, les Japonais se sont forgé au cours des siècles un style si personnel qu'il devint immédiatement la justification de leur existence et un moyen de défense contre les agressions extérieures, un ciment donnant sa cohésion au sentiment national et même une arme. Le Japon se mit à ressembler davantage à une famille qu'à une nation, gouverné comme il l'était moins par ses lois (qui ne s'appliquaient qu'à l'aspect superficiel des événements et aux violations les plus grossières) que par un ensemble complexe de conventions attribuant à chaque Japonais un rôle précis. Le système de valeurs féodal qui, dans les autres pays, ne touchait qu'une classe supérieure restreinte, pénétra ici dans la société tout entière. Sur ces îles surpeuplées, hommes et femmes prirent conscience que leur survie dépendait de leur discipline et de leur coopération, et qu'il leur fallait donc écarter tout affrontement. La manière subtile qu'ont les Japonais de communiquer repose sur un petit nombre de principes : ne jamais proposer quelque chose qui puisse être refusé ; faire passer les nuances de sens les plus fines en s'arrangeant pour pouvoir se retirer sans perdre la face et pour laisser entendre en même temps que l'on respecte le point de vue adverse. Mais les mots, dans cet art japonais de la nuance, ne sont qu'une petite partie de ce processus tout en finesse. Chaque geste est également investi d'une signification symbolique, que ce soit la courbette en guise de salut, dont les imperceptibles variations obéissent à un code hiérarchique précis, ou les arrangements de fleurs sur une table.

Évidemment, cette structure sociale dont les éléments sont complexes et étroitement soudés entre eux, a son revers ; si elle donne à chaque Japonais le sentiment précis de son individualité et donc entraîne la retenue et le soutien réciproque dans le contexte japonais, à l'extérieur de ses frontières ce même peuple peut se sentir désorienté et même devenir féroce lorsque ses critères de conduite s'évanouissent face au comportement « barbare » de l'étranger.

Ce qui ne laisse pas d'étonner, c'est que le respect qu'ont les Japonais pour leur passé et le sentiment de leur originalité n'aient pas entraîné la stagnation. D'autres sociétés ont payé leur attachement à la tradition par un déphasage sans cesse grandissant par rapport aux courants de la modernité ; mais le Japon, lui, a fait de son passé féodal un atout, en imprégnant sa société tout entière d'un tel souci de respect mutuel que les différences internes n'ont jamais pu altérer le front profondément uni qu'il présentait aux étrangers. Le sentiment que le Japon possède sa nature unique s'est révélé plus utile que, par exemple, la croyance de la Chine en sa supériorité culturelle. Le Japon n'a pas perdu la face en adoptant les méthodes d'autres sociétés ; il a pu se permettre d'adopter pratiquement n'importe quel système en gardant malgré tout son caractère japonais, car celui-ci ne dépendait ni de sa forme de gouvernement, ni de son système économique, mais d'un ensemble de relations sociales complexes, profondément ancrées en chacun et intégrées par tous. Loin de constituer un obstacle au progrès, la tradition servit au Japon de garde-fou affectif et lui donna assurément le goût d'innover tout en assurant ses arrières.

Après que le Japon eut été « ouvert » par le commodore Perry – délicat euphémisme pour désigner ce qui, partout ailleurs, mena au début du colonialisme –, les Japonais, avec une détermination de fer, entreprirent d'adapter leur société féodale aux impératifs de la modernité. L'institution de l'Empereur assura la continuité, tandis qu'ils forgeaient une nation industrielle qui, moins de cinquante ans plus tard, fut assez forte pour battre une grande puissance – la Russie – et pour adopter à son tour, moins d'une génération plus tard, les formes de colonialisme auxquelles elle avait résisté et qui l'entraînèrent dans un conflit mondial.

La défaite que subit le Japon au cours de la Seconde Guerre mondiale n'ébranla pas son extraordinaire cohésion et résistance. C'était comme si le Japon possédait un radar extrêmement sensible qui lui permettait d'évaluer approximativement l'équilibre des puissances et d'adapter ses institutions à ses besoins, tout en sachant qu'aucune adaptation ne pourrait troubler l'essence de la société japonaise. La démocratie parlementaire se substitua à l'autoritarisme, mais l'Empereur resta comme symbole de l'originalité du système japonais. Le Japon transforma ses institutions, répara les dommages qu'avait causés la guerre, et resurgit moins de vingt ans plus tard plus puissant qu'il ne l'avait jamais été.

Face à la compétition naissante des économies qui se développaient dans les autres pays libres d'Asie et commençaient à jouir des avantages d'une main-d'œuvre expérimentée et bon marché dont le Japon avait eu jusque-là le monopole, les responsables japonais eurent l'idée géniale de convertir la main-d'œuvre et les ressources affectées aux industries touchées par la compétition dans d'autres secteurs où le pays détenait encore l'avantage. On ne laissa pas le système qui assurait aux travailleurs la sécurité de l'emploi pour toute la vie devenir synonyme d'immobilisme. Bien sûr, le Japon bénéficia d'abord de l'aide massive américaine, puis du fait qu'il consacrait une faible partie de son budget à la défense, grâce au traité de sécurité qui avait été passé entre lui et les États-Unis. Mais c'est avant tout à la cohésion de ses institutions et au génie de son peuple que le Japon doit sa réussite. La capacité de résistance dont il fit preuve en 1973, au moment de la crise de l'énergie, vient corroborer ce point. En moins de deux ans, une nation qui dépendait, pour 90 pour 100 de son pétrole, de ses importations, est parvenue à combler le déficit de sa balance des paiements et à refaire ses réserves, grâce à un extraordinaire effort de volonté nationale. A mon avis, de toutes les grandes nations, c'est le Japon qui, dans la période de l'après-guerre, a pris les décisions les plus prudentes et les plus intelligentes, alors même que ses dirigeants agissaient toujours par allusions et dans l'anonymat, comme le voulait leur culture.

Lorsque le gouvernement Nixon entra en fonctions, nous avions deux préoccupations en ce qui concernait le Japon : d'une part, nos responsables économiques s'inquiétaient du déséquilibre croissant de nos échanges commerciaux avec ce pays ; de l'autre, nos responsables politiques pressaient le Japon de prendre une part plus large au développement économique, à la stabilité politique, et même à la sécurité en Asie. Ces objectifs étaient suffisamment clairs, mais je dois reconnaître que ni moi ni mes collègues n'avions une perception très fine de la culture et de la mentalité japonaises. Nous fîmes, par conséquent, un grand nombre d'erreurs, mais j'incline à penser que nous avons tiré un grand profit de cette expérience et, en fin de compte, construit des relations extraordinairement étroites après avoir, au préalable, infligé à la sensibilité japonaise quelques coups inutiles. Ce que nous avions le plus de mal à saisir, c'était que les extraordinaires décisions prises par les Japonais l'étaient par des dirigeants qui tiraient fierté de leur anonymat. Bien sûr, il y eut de grands premiers ministres ; mais ils travaillaient avec modestie, laissant entendre par leur comportement que leur politique reflétait le consensus d'une société et non le tempérament particulier d'un individu. Ils pouvaient être plus ou moins habiles dans l'exercice de leurs fonctions, mais, en dernier ressort, ils étaient le produit d'une tradition continue qui déterminait quels étaient les besoins du pays non par l'intermédiaire de personnalités marquantes, mais en imprégnant toute la société du sens de ce qui lui était nécessaire.

A nous, qui avions toujours vu prendre les décisions à la manière occidentale qui privilégie l'acte de décider, il nous était terriblement difficile de saisir cette particularité. Notre style de négociation, fondé sur la conversation, consiste à persuader notre interlocuteur d'adopter notre point de vue ; un dirigeant japonais, lui, ne prend pas de décision en imposant sa volonté à ses subordonnés ; son art consiste, au contraire, à façonner leur opinion pour leur faire prendre la direction souhaitée. Un responsable japonais n'annonce pas une décision, mais la laisse entendre. Les Occidentaux prennent vite leurs décisions, mais il leur faut beaucoup de temps pour les mettre en œuvre, surtout lorsqu'elles sont controversables. Dans notre administration, il faut convaincre ou contraindre chaque organe de pouvoir, ce qui a pour effet d'atténuer la spontanéité ou la discipline avec laquelle il s'exécute. Au Japon, ce processus précède la mise en place d'une politique. Il faut donc du temps pour prendre une décision, mais l'application en est rapide et unanimement acceptée ; elle est d'ailleurs d'autant plus énergiquement menée à bien que tous ceux qui sont chargés de mettre en œuvre cette politique ont participé à sa mise en forme.

Les Japonais n'aiment pas l'affrontement, avec son cortège de vainqueurs et de vaincus aisément reconnaissables ; ils se sentent mal à l'aise dans des entreprises dont l'issue est imprévisible. C'est ce qui explique que toute réunion avec eux est précédée de la visite d'un nombre considérable d'émissaires qui s'efforcent de saisir toutes les implications d'une position. Après cette phase d'information, s'écoule un certain temps pour permettre à l'indispensable consensus national de se former avant que l'accord ne soit officiellement donné. C'est la raison pour laquelle les ministres japonais ne prennent que rarement la parole au cours des réunions internationales ; s'ils sont là, c'est pour recueillir les éléments de base à partir desquels ils prendront leur décision. Si vous tentez de nier cette façon de faire et de contraindre un interlocuteur japonais à adopter votre point de vue, vous aurez parfois l'impression d'avoir gagné, car la politesse légendaire des Japonais peut fausser votre jugement ; mais cette « victoire » n'aura presque jamais de suites concrètes. Cela explique le succès des négociations sur Okinawa et l'échec de celles de 1969-1970 concernant l'industrie textile.

Les négociations sur Okinawa

Longtemps après que l'occupation du Japon par les États-Unis eut pris fin en 1952, Okinawa et les autres îles Ryu-Kyû étaient toujours sous administration militaire américaine. Le fait qu'en dernier ressort les îles appartenaient au Japon n'était guère discuté. Mais, si nous maintenions le statut d'occupation, c'était parce que Okinawa était devenue l'une de nos plus importantes bases militaires en Asie. Nous comptions sur ses bases aériennes pour défendre la Corée et Taiwan ; nous l'utilisions comme relais pour le Vietnam et comme terrain de secours pour les B-52. Nous y stockions des armements nucléaires. Cependant, aussi grande que fût l'importance stratégique d'Okinawa, le fait que nous l'occupions toujours à la fin des années 1960 faisait peser une hypothèque sur l'avenir de nos relations avec le Japon. Cela jetait notamment une ombre sur le Traité de Sécurité américano-japonais, autour duquel était bâtie toute notre stratégie en Asie. C'est en 1960 que le Traité entra en vigueur, alors que des manifestations anti-américaines avaient lieu un peu partout au Japon, obligeant le Président Eisenhower à remettre à plus tard la visite qu'il devait y faire *. Il pouvait y être mis fin au bout de dix ans, si l'une des parties en faisait la demande un an à l'avance, ce qui signifiait que 1970 verrait au Japon la reprise des manifestations hostiles au Traité par les éléments anti-américains. C'était là la perspective peu réjouissante à laquelle nous étions condamnés si les demandes répétées du Japon pour que soit révisé le statut d'Okinawa n'étaient pas accueillies favorablement par les États-Unis. Les nationalistes et les extrémistes japonais faisaient bloc dans cette affaire, ces derniers faisant de cette question l'un des points de leur campagne antinucléaire particulièrement violente dans la région d'Hiroshima et de Nagasaki, les autres espérant récupérer des territoires perdus qui avaient historiquement appartenu au Japon.

Lorsque le Président Johnson et le Premier Ministre japonais Eisaku Sato s'étaient rencontrés en novembre 1967, il avait été dit aux Japonais qu'en raison des élections qui allaient avoir lieu dans notre pays le problème ne pourrait être réglé avant 1969. La question du sort d'Okinawa était donc urgente lorsque Nixon entra en fonctions. Mais elle n'était devenue brûlante qu'au lendemain des conversations entre Sato et Johnson. L'opinion publique avait protesté contre l'utilisation que nous faisions des bases pour nos opérations militaires au Viet-nam. On prétendait également que la visite d'un porteur d'armements nucléaires américain à Sasebo avait laissé des traces de radio-activité dans l'eau (les États-Unis nièrent que cela eût un quelconque rapport avec la visite du bateau). En février 1968, l'assemblée législative d'Okinawa adopta une résolution s'opposant à ce que l'île serve de base aux B-52, et les partis d'opposition socialiste proposèrent une motion similaire à la Diète (Parlement) japonaise. En novembre 1968, lors de la première élection directe qui y fut organisée, c'est un socialiste qui fut élu au poste de chef de l'Exécutif des îles Ryu-Kyû. L'une des premières mesures qu'il prit fut d'annoncer qu'il créerait une commission chargée d'étudier la fermeture progressive des bases et le retour des îles à la souveraineté japonaise.

Le lendemain de la cérémonie d'investiture de Nixon, je commandai une étude interministérielle de notre politique envers le Japon, en faisant figurer Okinawa parmi les questions à examiner en priorité. L'extrême importance que les Japonais attachaient au retour d'Okinawa fut brièvement discutée ce même jour, lors de la première réunion du C.N.S. du gouvernement Nixon, puis au cours de sa première réunion officielle avec l'État-Major interarmes, qui eut lieu le 27 janvier. Les chefs d'État-Major considéraient que nos bases d'Okinawa avaient une importance inestimable, non seulement en raison de leur commodité pour nos opérations en Indochine, mais également pour notre position stratégique dans le Pacifique dans son ensemble. Ils étaient d'ores et déjà prêts à accepter le point de vue du ministère des Affaires étrangères, que je soutenais, selon lequel le retour à la souveraineté japonaise de l'île était un impératif politique. Toutefois, ils voulaient être certains qu'ils auraient le droit de continuer à se servir des bases avec

* Nixon espérait continuer la mission d'Eisenhower et être le premier Président américain à se rendre en visite officielle au Japon. Mais le sort joua contre lui également. C'est finalement Gerald Ford qui, en novembre 1974, fit à Tokyo le voyage que devait initialement faire Nixon.

le moins d'ingérences possibles (espérant en fait qu'il n'y en aurait aucune). Ils souhaitaient également avoir le droit de continuer à y stocker des armements nucléaires. Si Okinawa retournait à la souveraineté japonaise et l'utilisation de nos bases était soumise aux mêmes restrictions que celles que nous connaissions sur les bases des autres îles japonaises, il nous faudrait au préalable consulter le Japon pour pouvoir nous servir de nos installations à des fins militaires. Il serait également exclu que l'on puisse y laisser les armements nucléaires ; en effet, nous avions accepté cette restriction sur les îles principales, le Japon étant particulièrement sensible sur cette question, pour avoir été directement victime d'une attaque nucléaire. Cet état de fait nous poserait alors un problème sérieux, car il nous serait difficile de trouver à proximité un autre emplacement commode pour nos bases. Néanmoins, j'étais décidé à trouver, en étroite coopération avec le ministère des Affaires étrangères, une solution qui puisse satisfaire chaque partie. Alors que nos études interministérielles suivaient leur cours, le Premier Ministre Sato déclara à la Diète, en février 1969, qu'il était « fermement décidé » à réunir Okinawa au Japon et à soulever la question auprès du nouveau gouvernement américain. Comme pour appuyer cette déclaration, les habitants d'Okinawa organisèrent des manifestations massives à l'extérieur d'un terrain d'aviation américain, pour protester contre la présence de B-52 servant à nos opérations en Indochine.

Il convient d'ouvrir ici une parenthèse sur Eisaku Sato. Comme tous les dirigeants japonais, il opérait dans l'anonymat. Il ne prétendit jamais pouvoir se passer du consensus national pour prendre ses décisions ; pourtant, son prestige était si grand qu'il ne faisait guère de doute qu'il avait contribué à façonner ce consensus. Il était, cela va sans dire, profondément japonais ; mais, c'était aussi un ami sincère des États-Unis, qui voyait dans le rapprochement des ennemis de naguère la meilleure garantie de paix et de progrès dans l'Est asiatique et dans toute la région du Pacifique. Son premier souci était de servir son pays ; mais en politique étrangère, il s'était également engagé à défendre l'alliance entre le Japon et l'Amérique ; enfin, il aimait passionnément la paix. Il savait mener les négociations difficiles avec une délicatesse et une sagesse extraordinaires. Il ne méritait certes pas le sort que les coups portés par Nixon — le voyage secret à Pékin et le train de mesures économiques de l'été 1971 — lui infligèrent à la fin de son mandat. (Nous pensions en fait que nous n'avions pas le choix, comme je l'expliquerai par la suite.) Mais il eut assez de générosité pour ne pas laisser ces événements porter atteinte à nos relations étroites. J'admirais tellement sa personnalité que je me rendis tout spécialement au Japon en juin 1972, alors qu'il ne lui restait plus que deux semaines à exercer son mandat de Premier Ministre, pour le consulter ostensiblement et dîner avec lui, afin de lui manifester symboliquement le grand respect que nous avions pour lui. Même lorsqu'il eut quitté ses fonctions, je ne visitai jamais le Japon sans avoir cherché à le rencontrer. Je suis fier d'en avoir fait un ami personnel. Lorsqu'il remporta le Prix Nobel de la Paix en 1974, il considéra cette récompense comme un lien supplémentaire entre nous. A mes yeux, il incarnait la force intérieure et sereine, la sagesse et la dignité qui sont le meilleur du Japon. Il a quitté trop tôt tous ceux qui croient à la paix et à la liberté.

Au fur et à mesure de l'avancement des travaux de la Commission interministérielle, j'en informai souvent Nixon. Le 8 mars je lui envoyai un papier de l'État-Major interarmes que m'avait fait parvenir le ministre Laird, qui rappelait leurs deux préoccupations principales : le stockage nucléaire et l'utilisation libre à des fins militaires non nucléaires des bases. Huit jours après, j'envoyai à Nixon un mémoire dans lequel je soulignais les éléments essentiels de la décision qu'il avait à prendre. La réalité politique était telle qu'il était maintenant impossible de faire cesser les pressions en faveur du retour d'Okinawa au Japon. Non seulement les manifestations d'hostilité à notre présence compromettaient concrètement l'utilisation de nos bases, mais elles pouvaient également mettre en péril la position politique de Sato et du Parti démocratique libéral alors au gouvernement, qui avait été l'artisan de la politique d'alignement du Japon sur les États-Unis et en assurait la poursuite depuis vingt ans. En résumé, il valait mieux accepter d'avoir une moins grande marge de manœuvre sur le plan militaire dans des bases revenues à la souveraineté japonaise, que de courir des risques militaires et politiques en cherchant à maintenir le statu quo. En fait, notre refus de négocier un compromis pouvait bien signifier pour nous, de toute manière, la perte de ces bases.

Pour une fois, le gouvernement américain était uni sur un problème. Vers le mois d'avril nous étions en mesure de parvenir à un accord sur les grands principes de la politique générale que nous adopterions envers le Japon. Chacun reconnaissait que le Japon constituait la pierre angulaire de notre politique en Asie et que notre principal objectif devait être de resserrer nos liens avec ce pays. Nous désirions reconduire le Traité de Sécurité sans amendements après 1970, à condition toutefois que le Japon ne fût pas déchiré par des divergences internes sur cette question. Nous voulions encourager le Japon à jouer un plus grand rôle politique en Asie et à augmenter modérément ses capacités de défense, sans toutefois vouloir exercer des pressions sur lui pour qu'il les développe trop. Ces principes furent approuvés lors de la réunion du Groupe d'études du 25 avril et reçurent la bénédiction de Nixon à la réunion du C.N.S. du 30 avril.

On fit même des progrès quant aux aspects techniques de la restitution de l'île. Les chefs d'État-Major s'étaient mis d'accord pour réduire le nombre de nos bases sur l'île d'Okinawa ; ils pensaient tous que si nous ne pouvions pas obtenir des Japonais l'autorisation d'utiliser sans restrictions les bases pour nos opérations militaires à travers l'Asie, nous pourrions nous contenter de droits illimités pour la défense de la Corée, de Taiwan et du Vietnam, avec l'appui des Japonais en ce qui concernait les problèmes de défense commune en Asie. En réalité, ce n'était là qu'un point théorique sans grand intérêt pratique, car il était difficile de concevoir quelles autres zones que celles déjà mentionnées nous pourrions vouloir défendre à partir d'Okinawa. Mais le principal sujet de litige était que les chefs d'État-Major tenaient absolument à pouvoir continuer à stocker des armements nucléaires sur l'île. Au cours de la réunion du C.N.S. du 30 avril, Alex Johnson vice-ministre des Affaires étrangères chargé des Affaires politiques et ancien ambassadeur au Japon, résuma ainsi la question principale : si nous nous y prenions bien, notre abandon d'Okinawa pouvait inciter le Japon à prendre de plus grandes responsabilités pour assurer la stabilité et la défense, toujours extrêmement menacées, des pays d'Asie ; mais il nous fallait, sur la question nucléaire, montrer que nous comprenions la sensibilité particulière des Japonais.

Les négociations sur Okinawa qui suivirent la réunion du C.N.S. montrent toute la tension nerveuse que nous aurions pu nous éviter et le surcroît d'efficacité que notre gouvernement aurait gagné si la Maison Blanche et le ministère des Affaires étrangères s'étaient arrangés de la même façon pour trouver un terrain d'entente sur les autres sujets. Pour exécuter la décision prise par Nixon le 30 avril, c'est Alex Johnson qui, à Washington, dirigea au jour le jour le processus dans les différents ministères ; l'ambassadeur Armin Meyer mena habilement les négociations à Tokyo. Quant à moi, j'avais pour mission de créer un climat général favorable à cette décision et d'intervenir auprès des Japonais aux moments critiques. Je m'acquittai de ma tâche en m'efforçant de démontrer que le Président tenait à ce que la négociation aboutisse.

C'est dans cet esprit que, le 21 mai, je m'entretins avec l'ambassadeur japonais Takeso Shimoda de la manière dont le Japon envisageait le rôle qu'il allait être amené à jouer en Asie. L'ambassadeur me fit savoir que si la question d'Okinawa était réglée en 1969 le Japon serait prêt à assumer des responsabilités beaucoup plus importantes en Asie. Jugeant que ses propos ne constituaient pas un engagement très précis ou très sérieux, je m'en tins également à la vague assurance que le Président aborderait les négociations à venir avec un esprit positif.

Fin mai, la décision de Nixon sur les questions techniques fut révélée aux différents départements, venant renforcer le consensus réalisé lors de la réunion du C.N.S. ; si nous parvenions à un accord satisfaisant sur l'utilisation des bases pour la défense de la Corée, de Taiwan et du Vietnam, Nixon restituerait Okinawa au Japon et prendrait en ligne de compte la sensibilité japonaise au problème nucléaire : en d'autres termes, il laissait entendre qu'il pourrait ne pas demander avec insistance le droit de stocker des armements nucléaires sur l'île. Moins de quatre jours après l'annonce de la décision présidentielle, son contenu avait utilement filtré au *New York Times*. La position que nous comptions défendre au cours des négociations se trouva donc imprimée avant même que ces dernières aient commencé.

Les négociations sérieuses entre fonctionnaires américains et japonais s'ouvrirent pour de bon en juin 1969 par la voie diplomatique. A ce moment-là, une autre question fut mise sur le tapis, qui n'avait aucun rapport avec Okinawa mais devait y être intimement liée, celle de l'industrie textile. Alors que les négociations sur Okinawa furent un modèle de haute politique, la question du textile fut l'occasion d'une comédie de bas étage, de déceptions et d'un échec presque total.

Pour diverses raisons, notre balance commerciale avec le Japon connaissait un déficit chronique. Que ce fût – comme le soutenaient les Japonais – en raison de l'extraordinaire productivité du Japon, ou à cause du « dumping » pratiqué par ce dernier sur le marché américain et des barrières douanières élevées par lui pour lutter contre la pénétration étrangère sur son propre marché, comme certains de nos experts l'affirmaient, les exportations japonaises vers l'Amérique, notamment celles de produits manufacurés, étaient nettement supérieures aux exportations américaines vers le Japon. Si le Japon avait facilement accès à notre marché, il n'en allait pas de même dans l'autre sens. La conséquence en fut que la compétition japonaise finit par constituer une menace sérieuse pour de nombreuses industries américaines, allant même parfois jusqu'à mettre leur existence en péril, et faisant planer sur elles la menace du chômage. Les hommes d'affaires, les législateurs et les responsables économiques américains faisaient corps pour réclamer un assouplissement de la position japonaise en matière économique, afin de préparer le terrain aux mesures que prendraient les États-Unis sur la question d'Okinawa. Nos organismes économiques, représentant chacun des intérêts différents, bombardaient les Japonais d'une avalanche de demandes, parmi lesquelles figuraient des mesures pour réduire les exportations japonaises de laine et de fibres synthétiques, ou pour diminuer les limitations imposées aux investisseurs américains. Mais, en réalité, cette pléthore de propositions allait à l'encontre de nos intérêts, car les Japonais choisissaient parmi celles-ci celles qui leur coûtaient le moins. Là où les Japonais disposaient d'une politique cohérente, nous ne leur opposions qu'une série de demandes indépendantes les unes des autres. Cela leur permettait de choisir, parmi les nombreuses possibilités que nous leur offrions, les moins contraignantes d'entre elles, parmi lesquelles figuraient souvent des éléments dont les exportateurs japonais s'étaient déjà désintéressés. C'est ainsi qu'ils décidèrent de libéraliser les conditions faites aux investisseurs américains au Japon, en connaissant parfaitement les nombreux obstacles d'ordre administratif, social et culturel, qui subsistaient derrière les lois écrites ; ils allèrent même jusqu'à proposer une association risquée avec Chrysler. J'en informai Nixon et lui conseillai de définir clairement nos priorités. Il acquiesça et écrivit sur mon mémoire : « Cette libéralisation de l'investissement de nos capitaux n'est pas primordiale à nos yeux sur le plan politique. Ce qu'il nous faut, c'est obtenir des garanties sur la question du textile. »

Le problème du textile était un point auquel Nixon était très sensible. L'industrie textile du Sud des États-Unis comptait parmi les branches les plus durement touchées par la compétition japonaise, et un grand nombre d'usines avaient dû fermer. En outre, elle représentait un lobby puissant et efficace. C'est ce qui avait obligé Nixon, au cours de sa campagne électorale de l'année précédente à promettre formellement aux délégués et aux électeurs du Sud, dans le cadre de ce mystérieux rituel américain qui coïncide avec les années bissextiles, de faire quelque chose pour eux.

Le nouveau gouvernement était décidé à tenir la promesse de Nixon. Le ministre du Commerce, Maurice Stans, et les conseillers de la Maison Blanche, Robert Ellsworth et Peter Flanigan, voulaient rencontrer immédiatement les Japonais pour obtenir d'eux l'assurance qu'ils réduiraient leurs exportations de textiles. Novice comme je l'étais alors, je ne pensais pas qu'il fût nécessaire de soumettre un secteur particulier à un examen séparé avant d'avoir achevé nos études politiques et économiques d'ensemble. Je mis donc cette question en attente, en me retranchant derrière le processus de prise de décision du C.N.S. J'allais bientôt savoir ce qu'il en coûtait : Nixon me fit savoir en termes non équivoques qu'il voulait parvenir à un accord sur le textile, et que, en tant que conseiller du Président, je devais contribuer à la réalisation de cet objectif. C'était plus facile à dire qu'à faire, car mon ignorance du sujet était phénoménale. Il me fallut apprendre tout le vocabulaire du commerce international, comme les « techniques de prime à l'exportation » ou la complexité mystérieuse des « points de déclenchement » (à partir desquels les réductions commenceraient à s'appliquer), ou encore les « catégories » (qui seraient soumises à des réductions), toutes choses que j'ai heureusement réussi à effacer à nouveau de ma mémoire. Le seul souvenir qui m'en reste, c'est la frayeur de nos experts économiques devant l'ingéniosité des Japonais, qui les obligea, au cours des négociations, à passer en revue toutes les catégories de textiles, de peur, s'ils en oubliaient une, que les rusés Japonais ne mettent à profit cette lacune pour se dérober à l'accord dans son ensemble.

C'est ainsi qu'à mon grand désespoir et regret je me trouvai catapulté dans ces négociations. Mon rôle consistait à imprimer le sceau présidentiel sur toutes les propositions qui m'étaient transmises par Maurice Stans et par Peter Flanigan ; il n'était pas question pour moi de les discuter, car si je sortais de la position que l'on m'avait communiquée, je n'avais plus aucune prise intellectuelle d'aucune sorte. Comme plus tard au cours des négociations sur des problèmes monétaires auxquels je participai avec Pompidou, rien ne put me faire changer d'avis : puisque, de mon côté, je n'avais pas la possibilité d'adopter une position de repli ni le désir de faire preuve d'imagination, c'était à la partie adverse de s'incliner si elle voulait parvenir à un accord.

Je me trouvai engagé dans cette affaire à partir du moment où Sato, selon l'habitude japonaise, envoya en éclaireur un ami qui nous était commun à tous deux, mais qui n'occupait aucune fonction officielle dans le gouvernement en place. L'homme sans responsabilité négociait maintenant avec l'homme non informé, l'un comme l'autre pouvant facilement être désavoués. Nous construisîmes bientôt une pièce dans le style du théâtre Kabuki, où tous les éléments sont imbriqués entre eux. L'émissaire de Sato vint me voir le 18 juillet ; nous organisâmes alors une filière secrète, qui nous évitait d'avoir à passer par l'administration de nos pays respectifs (cette fois-là, toutefois, en raison de mon ignorance du sujet, je tins les principaux acteurs américains très soigneusement au courant). Sato souhaitait parvenir à une entente avec Nixon sur les questions de principe portant à la fois sur le problème nucléaire et sur l'industrie textile. Une fois que le problème de fond serait résolu, l'administration de chacun de nos deux pays serait chargée d'en préparer le détail. J'appelai Nixon pour lui dire quelle était la position de Sato ; il fut enthousiasmé : « Essayons de faire comme cela, et de ne pas perdre notre temps avec le ministère des Affaires étrangères. »

Nixon avait toujours été clairvoyant en ce qui concernait nos relations avec le Japon. Il avait d'ailleurs écrit, en 1967, dans son article de *Foreign Affairs* « L'Asie après le Vietnam » :

> « Ne pas confier aujourd'hui au Japon ses propres forces armées et la responsabilité de sa propre défense équivaudrait à donner à son peuple et à son gouvernement un désavantage qui, aussi pénible qu'en soit l'origine dans un passé récent, s'accorde mal au rôle que ce pays *doit* absolument jouer, pour

contribuer à maintenir la sécurité de tous les pays non communistes d'Asie. »

Dans ce même article, Nixon donnait sa conception du grand rôle que devait jouer le Japon dans le maintien de la sécurité dans la région, en la rapprochant de son point de vue sur l'évolution du rôle des États-Unis :

« Las de la guerre, démoralisés par l'attitude de leurs alliés, ayant perdu tout espoir d'être soutenus et abattus par les crises intérieures, beaucoup d'Américains sont prêts à céder à la tentation d'un nouvel isolationnisme. Ils ne sont d'ailleurs pas les seuls ; l'ensemble des pays occidentaux a tendance à se replier sur lui-même et, ne cherchant plus que son intérêt, à devenir dangereusement isolationniste. Mais il n'y aura ni paix ni sécurité dans une génération, si nous ne reconnaissons pas que l'Asie, où vit plus de la moitié de la population mondiale, est travaillée par des forces considérables et constitue la plus grande poudrière du globe. »

Je passai quelques jours avec l'émissaire japonais à étudier les différents problèmes, avant de suivre le Président dans son voyage sur le lieu d'amerrissage d'*Apollo 11* puis autour du monde. Nous nous mîmes d'accord sur les grandes lignes d'un projet d'accord sur le textile, qui devait être négocié par la voie diplomatique. Nous reportâmes à plus tard l'étude de la question nucléaire.

Ce climat favorable fut assombri par l'une de ces situations confuses et parfaitement imprévisibles qui, une fois qu'elles se sont installées, semblent devoir durer éternellement. Des gaz paralysants de l'armée américaine avaient été stockés dans des réservoirs sur l'île d'Okinawa. Un commandant, chez qui le sens esthétique était assurément plus développé que l'intelligence, décida de les faire peindre en blanc. Au cours de l'opération de ponçage de la surface des réservoirs, certains d'entre eux furent accidentellement percés, provoquant des fuites de gaz. Les media et le Congrès exploitèrent aussitôt l'incident. Au Japon, tout le monde avait les yeux fixés sur Okinawa. Deux semaines durant, des gens très sérieux passèrent le plus clair de leur temps à chercher en quel endroit des États-Unis ils pourraient transporter le gaz, alors qu'aucun État ne voulait que celui-ci traverse son territoire avant de parvenir à sa destination. Finalement, il fut transporté au milieu du Pacifique, dans l'île de Johnston, où il fut détruit.

Ayant abandonné la suite présidentielle, qui poursuivait son tour du Sud-Est asiatique, Rogers se rendit à Tokyo fin juillet, pour y poursuivre avec les Japonais les pourparlers officiels sur la question d'Okinawa. Il était accompagné de Maury Stans et du ministre de l'Agriculture, Clifford Hardin, qui se joignirent à lui dans les conversations à niveau ministériel sur les problèmes commerciaux et économiques. Le communiqué marquant la fin des réunions révéla seulement que Rogers et son homologue japonais, Kiichi Aichi, avaient « discuté du problème de la restitution au Japon de ses droits administratifs sur Okinawa ». Mais les Japonais ne tardèrent pas à révéler à la presse que les États-Unis avaient admis le principe de la restitution d'Okinawa, ce que Rogers confirma dans sa conférence de presse du 3 août. Ceci renforça Nixon et Sato dans leur première intention de ne discuter des points les plus délicats que dans le cadre de pourparlers privés, ces derniers se prêtant moins aux fuites.

Les négociations se déroulèrent suffisamment bien pour que Sato fût invité à Washington en novembre, afin d'y participer à des réunions déterminantes où le sort de l'île d'Okinawa allait finalement être réglé. Il restait en fait aux dirigeants deux problèmes à régler : celui du stockage nucléaire sur l'île, qui se posait en termes clairs, et celui du textile, pour lequel les concessions faites ne seraient pas révélées, de peur qu'elles ne sapent la base politique de Sato dans son pays. Je m'entendis sans cesse répéter par l'équipe politique de la Maison Blanche que le Président tenait beaucoup à parvenir à un accord sur ce dernier point. Pourtant, j'étais loin de me réjouir à l'idée de devoir lier un problème d'une importance fondamentale sur le plan stratégique à un problème conjoncturel de politique intérieure, et, en fait, de devoir faire un chantage aux Japonais sur une affaire de cet ordre. Malheureusement, je n'étais pas, en 1969, en position suffisamment forte pour aller contre l'avis de la majorité.

Alors que c'était par tempérament que Nixon cherchait à éviter l'affrontement, chez Sato cela correspondait à un impératif culturel. Cependant, les deux dirigeants avaient exactement le même besoin de prévoir dans ses moindres détails l'issue de la négociation. C'est pourquoi l'émissaire de Sato arriva dix jours à l'avance pour préparer avec moi les principaux points d'accord auxquels nous entendions parvenir et la forme à donner au communiqué à la presse. Alex Johnson et le ministre adjoint Marshall Green, qui étaient au courant de mes conversations secrètes avec l'émissaire de Sato, me conseillèrent vivement de ne parler qu'au dernier moment de l'intention du Président de ne pas insister sur la question du stockage nucléaire, afin d'obtenir le maximum de concessions sur le problème du textile. Je déclarai donc simplement à l'émissaire japonais que la décision définitive sur la question nucléaire ne devrait être prise qu'à l'arrivée de Sato, afin que celle-ci soit « son œuvre lorsqu'il serait là ».

Cette stratégie fut efficace à court terme ; mais Sato n'était pas en mesure de donner son accord. Il se trouvait dans une position délicate : une fois qu'il serait là, il ne pourrait pas faire échouer les négociations sur la question nucléaire sans remettre en question du même coup le traité de sécurité avec les États-Unis, qui constituait le pilier de la politique étrangère japonaise. C'est pourquoi, l'émissaire me déclara que Sato était prêt à accepter un arrangement global qui engagerait le Japon à limiter ses exportations de textiles vers les États-Unis à des quantités précises. Maury Stans me donna alors un projet de limitation que je transmis, tel quel, à l'émissaire japonais, car, en ce qui me concernait, il aurait aussi bien pu être écrit en japonais. L'émissaire repartit dans son pays informer Sato. Quelques jours plus tard, il nous fit savoir que les limitations proposées avaient été jugées acceptables. Toutes les conditions semblaient donc être réunies pour qu'une réunion fructueuse puisse avoir lieu entre Sato et Nixon.

C'est alors que, deux jours avant l'arrivée de Sato, je reçus un extraordinaire coup de téléphone de Tokyo. C'était l'émissaire de Sato qui, pour masquer son identité, et tromper pendant deux minutes les éventuels membres des services secrets qui auraient pu être à l'écoute, avait adopté le nom de guerre de « M. Yoshida »; il parla de manière elliptique de « mon ami » (Sato) et de « votre ami » (Nixon) pour exposer brièvement la question au téléphone. (Les conversations du style « mon ami/votre ami » allaient devenir un élément de ma vie pendant assez longtemps et finalement mettre ma santé mentale à rude épreuve.) Au cours de cette conversation, l'émissaire m'informa que Sato (« mon ami ») ne pourrait pas régler la question du textile par des négociations secrètes, et ne serait pas en mesure de tenir les promesses prévues. En effet, pour des raisons de politique intérieure, il préférait que la position sur laquelle nous nous étions mis d'accord émerge des pourparlers commerciaux officiels qui se déroulaient alors à Genève. « Yoshida » me confirma que l'accord se ferait bien sur les chiffres convenus; de plus, ce délai supplémentaire laisserait le temps aux Japonais de se convaincre pleinement du bien-fondé de cet accord. Je consultai toutes les parties intéressées au sein de notre gouvernement, qui approuvèrent cette façon de faire. Nous aurions pourtant dû deviner ce qui allait se passer. Si Sato n'était pas assez fort pour donner son accord alors qu'Okinawa était dans la balance, il serait sûrement également incapable de le faire au cours d'une négociation purement commerciale, où les concessions devraient venir principalement des Japonais, et où nous ne disposerions plus d'évidents moyens de pression.

Sato arriva à la Maison Blanche le 19 novembre 1969. Il représentait un pays dont la sécurité et la politique étrangère reposaient entièrement sur les États-Unis. Le Japon comptait sur la puissance, la détermination et le prestige de notre pays. De fait, dans le toast qu'il porta ce soir-là au cours du dîner offert en son honneur, Sato ne tarit pas d'éloges sur l'exploit que venaient de réaliser les Américains en réussissant l'alunissage d'*Apollo 12*; pour lui, c'était « non seulement la victoire de l'extraordinaire pouvoir d'organisation des États-Unis, mais également celle de l'imagination et du courage du peuple américain ».

Ce fut cette attitude qui prévalut au cours de son entrevue avec Nixon. Sato trouva chez Nixon un esprit qui avait des affinités avec le sien. Hormis le fait qu'il avait beaucoup réfléchi aux relations américano-japonaises, Nixon avait également déjà visité le Japon à six reprises, à titre privé, et il avait une haute estime pour ses dirigeants et ses capacités. Il admirait tout particulièrement le demi-frère de Sato, Nobusuke Kishi, l'ancien Premier Ministre qui avait donné sa démission en raison de l'embarras où il s'était trouvé lorsqu'il avait dû annuler la visite que devait faire Eisenhower en 1960. Il connaissait et appréciait également Sato.

Sato confirma que son gouvernement souhaitait vivement que le Traité de Sécurité reste encore en vigueur pendant « de longues années ». Par ailleurs, un accord sur le sort d'Okinawa contribuerait considérablement à réduire l'opposition aux relations américano-japonaises. Si cette question était réglée, précisa Sato, le Japon pourrait augmenter son potentiel de défense. Quant à Nixon, après avoir rappelé son attachement personnel au Japon, il reprit les termes de son articles du *Foreign Affairs* de 1967. Il encouragea le Japon à prendre plus largement part à la défense du Pacifique et déclara qu'il se réjouissait des efforts que le Japon avait récemment faits pour développer ses forces aériennes et navales.

Nixon espérait également que le Japon pourrait contribuer à la puissance de l'ensemble des pays libres d'Asie en apportant son aide économique et technique aux nations en voie de développement de cette région du monde. Sato approuva ces propositions et, de fait, le communiqué commun insista largement sur l'intérêt que portait le Japon à la sécurité de la Corée du Sud, de Taiwan et du Vietnam du Sud. Le Japon assura également, d'une façon générale, qu'il « contribuerait encore plus activement à la paix et à la prospérité en Asie ». Pour traduire symboliquement ces préoccupations communes, des contacts spéciaux furent établis entre Tokyo et Washington (ces prémices de l'activisme japonais furent tout d'abord mal accueillis à Pékin. Lors de mon premier voyage à Pékin, Chou Enlai nous accusa même d'inciter le Japon à emprunter la voie du nationalisme traditionnel. Il me fallut un certain temps pour le convaincre que l'alliance américano-japonaise n'était pas dirigée contre la Chine, et qu'en fait, le plus sûr moyen de rendre les Japonais nationalistes serait de créer une compétition entre la Chine et les États-Unis pour savoir lequel de ces deux pays avait la faveur de Tokyo).

La conséquence de tout cela sur la question d'Okinawa fut que l'expression philosophique de l'intérêt que portait le Japon à la sécurité en Corée, à Taiwan et au Vietnam aboutit à énoncer le principe du droit fondamental et illimité des États-Unis à utiliser les armements conventionnels pour défendre ces pays. Restait la question nucléaire. Nixon avait convenu de renoncer au droit de stocker des armements nucléaires sur l'île d'Okinawa ; mais nous pensions qu'il était important de conserver le droit de les réintroduire en cas d'urgence. Cette revendication donna lieu à un difficile échange entre « Yoshida » et moi, pour trouver une solution capable de satisfaire les exigences intérieures des deux parties. Les Japonais souhaitaient qu'il soit annoncé que l'on statuerait sur les armements nucléaires en fonction de la « politique du gouvernement japonais telle qu'elle était décrite par le Premier Ministre », ce qui pouvait signifier n'importe quoi ; il était pratiquement certain que les Japonais y verraient une interdiction d'introduire des armes nucléaires. Nos chefs d'État-Major, quant à eux, réclamaient une formule quelle qu'elle soit sur laquelle ils pourraient s'appuyer pour réintroduire des armes nucléaires en cas de nécessité. En un certain sens, nous étions en train de discuter dans le vide, car une décision aussi importante que celle d'introduire des armes nucléaires ne dépendrait pas de la référence aux clauses de communiqués anciens, mais des circonstances du moment. Cependant, la restitution de l'île devrait être approuvée par nos *deux* pays respectifs, et cela ne serait possible que si l'on trouvait une solution au dilemme que nous avions nous-mêmes créé en grande partie.

Je trouvai finalement avec Alex Johnson une formule aussi ingénieuse qu'elle était vide de sens. Le Traité de Sécurité américano-japonais prévoyait une consultation préalable dans des circonstances graves. Si nous rappelions cette clause dans le communiqué, chacune des parties y trouverait son compte : Sato pourrait continuer à défendre la position antinucléaire de son gouvernement, et Nixon pourrait prétendre que cette clause nous permettrait de soulever le problème des armements nucléaires sur l'île d'Okinawa, même si nous ne nous trouvions pas véritablement dans une situation grave. J'en proposai l'idée à « Yoshida » qui obtint à son tour l'accord de Sato.

Restait à savoir comment cette idée devait être amenée et qui la suggérerait. Je mis au point avec « Yoshida » un scénario détaillé. « Yoshida » le revit avec Sato, qui estima que cela pouvait aller.

Sato ouvrirait le débat en rappelant la position officielle de son gouvernement, qui était de s'opposer à toute introduction d'armes nucléaires sur son territoire. Nixon contre-attaquerait en exposant notre position la plus dure. Après quelques minutes de réflexion, Sato suggérerait alors le compromis sur lequel nous nous étions préalablement mis d'accord. Pesant le pour et le contre de cette solution, pour le plus grand profit des fonctionnaires (ou tout au moins du document officiel), Nixon accepterait le « compromis » de Sato. De cette manière, l'idée semblerait venir des Japonais et ne leur aurait pas été imposée. Le document officiel serait d'une grande simplicité.

Cette question épineuse ayant été réglée, la suite ne posa aucun problème. Nixon et Sato furent d'accord pour que les droits administratifs sur Okinawa reviennent au Japon et pour que l'on engage la discussion technique en se fixant comme objectif d'avoir achevé le processus de restitution en 1972 (ce délai fut d'ailleurs respecté, puisque Okinawa fut officiellement rendue au Japon le 15 mai 1972). La question de l'utilisation des bases lors d'un conflit classique fut réglée lorsque les deux parties se déclarèrent d'accord pour que la restitution s'opère « sans porter préjudice à la sécurité en Extrême-Orient », et par conséquent « n'empêche pas les États-Unis de s'acquitter de leurs obligations internationales pour assurer la défense des pays d'Extrême-Orient, parmi lesquels le Japon ». Le communiqué définitif sur la visite de Sato mentionnait que le Président Nixon s'engageait à tenir compte, en ce qui concernait Okinawa, de l'« hostilité particulière du peuple japonais aux armes nucléaires ». Autrement dit, il ne serait pas plus stocké d'armements nucléaires sur l'île d'Okinawa que dans le reste du Japon, mais sans préjudice pour les consultations qui pourraient éventuellement être organisées entre les deux pays, en cas de nécessité, comme le prévoyait le Traité de Sécurité[2]. Sato exprima en privé à Nixon sa « profonde reconnaissance » pour cette « généreuse » décision de rendre Okinawa au Japon.

C'est ainsi que cette négociation délicate prit fin sur un acte de prévoyance et d'adresse politique. Mais les crises évitées ne font pas les gros titres de la presse. Apparemment, nous cédions sur Okinawa, alors qu'en réalité nous préservions les relations américano-japonaises. Nous retirions nos armements nucléaires de l'île et acceptions de voir partiellement réduite l'utilisation de nos armements conventionnels. Mais ces mesures nous permettaient de ne pas tout perdre. En fait, nos bases continuent à fonctionner depuis 1972 sans ingérences extérieures ou opposition notable de l'opinion publique. En outre, les négociations sur Okinawa nous permirent de renforcer nos liens avec le Japon. Nixon était plein d'optimisme et ne se trompait guère en déclarant au départ de Sato : « Il est d'usage de dire, en de semblables occasions, qu'une ère nouvelle s'ouvre pour les relations entre les deux pays concernés. Et pourtant, je pense réellement qu'une ère nouvelle s'ouvre aujourd'hui pour les relations entre les États-Unis et le Japon, aussi bien sur le plan bilatéral dans le Pacifique qu'au niveau mondial. » C'est en termes semblables que Sato lui répondit par lettre : « Je suis convaincu que nos deux pays sont maintenant entrés dans une ère de coopération réciproque, dont les assises sont plus solides qu'elles ne l'ont jamais été. »

Nous fûmes encore plus heureux d'apprendre que les élections générales japonaises du 27 décembre 1969 avaient une fois de plus donné la victoire au parti des démocrates libéraux de Sato, dont la majorité au Parlement était encore plus confortable que prévu (288 sièges sur les 486 que comptait la Chambre des Représentants). Nous y vîmes la justification des négociations d'Okinawa. Les partisans japonais des relations avec les États-Unis en sortirent renforcés ; Sato serait donc écouté lorsque le moment serait venu de lui choisir un successeur. Assez justement, Nixon déclara dans son compte rendu de politique étrangère de février 1970 que la décision qu'il avait prise sur Okinawa était l' « une des plus importantes qu'il m'ait été donné de prendre depuis que je suis Président ».

Le fiasco des négociations sur le textile

La question du textile était beaucoup plus délicate. « Yoshida », qui était alors à Washington et avait discrètement repris son rôle d'intermédiaire, m'appela le soir qui suivit l'arrivée de Sato, pour me dire que ce dernier avait repensé à la manière dont notre plan de réduction globale des exportations japonaises de textiles serait présenté à Genève, et voulait « y réfléchir encore » jusqu'au lendemain. Je me déclarai consterné à l'idée que notre arrangement puisse s'effondrer aussi vite. Le lendemain, « Yoshida » me rappela pour me dire que « son ami » s'en tiendrait à ce qui avait été convenu entre nous. Lorsque les élections japonaises seraient passées, Sato mettrait l'affaire en marche pour que le résultat convenu ressorte à Genève de pourparlers officiels. Mais cela ne serait possible que s'il n'était fait aucune allusion au problème textile dans le communiqué. Dès l'instant où la solution devait ressortir d'une négociation qui n'avait pas encore démarré, Sato ne pouvait guère en indiquer d'avance l'issue. De plus, en laissant entendre que les États-Unis avaient cédé sur Okinawa pour obtenir des concessions sur le textile, nous risquions de nuire aux nouveaux liens qui s'étaient créés entre nos deux pays. C'est pourquoi, la partie du communiqué relative aux questions économiques se fit éloquente sur un autre des thèmes favoris de Maury Stans, le gouvernement de Sato s'engageant à s'ouvrir plus largement aux importations et investissements étrangers au Japon. Mais aucune allusion ne fut faite au problème du textile.

Pourtant, les choses semblaient être sur la bonne voie. Au cours de sa deuxième journée de pourparlers avec Nixon, Sato promit formellement que la question du textile serait réglée dans le sens souhaité par le Président. Sato en prenait la complète responsabilité, et déclarait que c'était son « credo intime » et son « serment » de tenir sa parole, et de faire les plus sincères efforts pour y parvenir. Nixon lui dit alors qu'il n'en demandait pas plus, et les deux dirigeants échangèrent une poignée de mains. Sato n'avait pas employé le mot « global », mais « Yoshida » m'assura, ce soir-là, au cours d'un entretien, que Sato honorerait nos engagements. Après le départ de Sato pour son pays, « Yoshida » me rappela en décembre pour me confirmer ce que Sato avait promis, à savoir qu'il y avait effectivement un accord global sur les textiles, même si le mot n'était pas employé pour ne pas compliquer les problèmes de Sato à l'intérieur de son pays. Cela semblait raisonnable, étant donné que Sato venait d'appeler à des élections générales pour le 27 décembre.

Dans la négociation, il est dangereux de chercher le succès si celui-ci excède les capacités de la structure interne de l'une des parties, quand ce n'est pas des deux. Si le problème du textile ne fut finalement jamais réglé de la manière dont Nixon et Sato en étaient convenus, c'est en fait parce que personne, dans l'un ou l'autre gouvernement, ne comprenait comment on pourrait atteindre l'objectif, ou même quel était précisément l'objectif à atteindre. Les fonctionnaires japonais du bas de l'échelle hiérarchique rejetèrent immédiatement nos propositions officielles basées sur l'accord passé verbalement entre Sato et Nixon. J'appelai « Yoshida » qui me répéta que Sato honorerait notre engagement, mais qu'il n'en révélerait pas l'existence au Japon, dans l'espoir qu'il lui serait ainsi plus facile, tant sur le plan politique que sur le plan administratif, de parvenir au résultat escompté. J'informai Alex Johnson de la situation, en lui disant que « nous étions en plein théâtre Kabuki ». En fait, cela allait plutôt devenir kafkaïen.

Les discussions officielles sur le textile entre les États-Unis et le Japon continuèrent à plusieurs niveaux ; mais à aucun d'entre eux le gouvernement japonais ne fit ou n'accepta de propositions semblables à celles que Sato avait acceptées. Sato avait à faire face à l'opposition irréductible de l'industrie textile japonaise, et à ses défenseurs du ministère de l'Industrie et du Commerce international (M.I.C.I.), l'équivalent japonais de notre ministère du Commerce. Il n'avait pas de moyen légal d'imposer une solution à son industrie rétive. A un moment donné, Sato effectua un remaniement ministériel ; malheureusement, le nouveau ministre du M.I.C.I. s'avéra être tout aussi peu disposé que son prédécesseur à faire des concessions.

Notre camp compliqua le problème. Pour que le scénario prévu par Sato et Nixon fonctionne, il nous fallait présenter une position très dure qui permît à Sato de faire apparaître son accord avec Nixon comme un compromis. Néanmoins, nos fonctionnaires de l'échelon intermédiaire, dont la connaissance de ce qui était possible était basée sur les déclarations de leurs homologues japonais, ne crurent jamais que nous pourrions obtenir satisfaction sur nos exigences maximales. Ils s'obstinèrent donc à avancer ce qu'ils considéraient être des propositions réalistes et ne voulurent pas longtemps s'en tenir aux positions intransigeantes que le scénario exigeait. Nos négociateurs proposèrent alors ce que nous leur avions dit être le résultat auquel nous devions parvenir, et non notre position la plus dure. Sato se trouvait ainsi dans l'obligation de se rallier à la position américaine, ce qu'il ne pouvait accepter. Cela donna lieu à des coups de fil désespérés de « Yoshida », qui nous accusait de ne pas tenir la promesse que nous avions faite d'adopter au départ une position maximaliste. Ce fut sans doute là l'une des très rares occasions dans lesquelles un gouvernement étranger se plaignit qu'on lui fasse des propositions trop conciliantes. Pendant ce temps, le Congrès américain fit de plus en plus pression pour que l'on sorte l'artillerie lourde de la guerre économique, à savoir des textes de loi qui imposent de sévères réductions des quotas d'importation de textiles japonais. Au lieu d'être résolue harmonieusement, la question du textile menaçait de tourner à l'affrontement.

En février 1970, « Yoshida » m'invita à venir au Japon pour régler le problème. Ne tenant pas du tout à m'engager aussi profondément dans la négociation d'une question que je ne maîtrisais guère et à la solution de laquelle je ne pouvais apporter de contribution sérieuse, je pressai Alex Johnson de trouver une autre solution. Alex suggéra de faire appel à Phil Trezise, qui était spécialiste des questions commerciales au ministère des Affaires étrangères. « Yoshida » refusa Trezise qu'il ne jugeait pas d'un assez haut niveau ; il voulait avoir affaire à un membre d'un ministère. Notre choix se porta alors sur Maury Stans. Ayant obtenu ce qu'il désirait, « Yoshida » m'appela cinq jours plus tard pour me dire qu'il nous faudrait patienter. En effet, les Japonais n'arrivaient pas à mettre de l'ordre dans leurs affaires, et la venue de Maury Stans ne servirait à rien à l'heure actuelle.

Par contre, un négociateur japonais arriva à Washington au mois de mars, avec des propositions qui n'étaient pas satisfaisantes. « Yoshida » m'appela pour me dire que la proposition japonaise n'était qu' « apparemment » inacceptable, car les Japonais avaient, en fait, une position plus souple. Alex Johnson, Maury Stans et moi-même n'étions pas de cet avis. Je reçus alors de nouveaux coups de téléphone de « Yoshida », qui promettait de faire de meilleures propositions, et me suppliait de ne pas rompre la négociation. Je consultai, comme de coutume, Alex Johnson et Stans, et déclarai à « Yoshida » que nous attendrions ses nouvelles propositions. Nous ne saurons jamais ce qui aurait pu se passer, mais, au même moment, un important homme d'affaires américain qui était partisan du libre échange et cherchait à éviter que l'on fasse des lois restrictives, alla proposer à Tokyo son propre plan de compromis. Bien qu'il agît de sa propre initiative, les Japonais se réfugièrent derrière ses propositions. Celles-ci allaient moins loin que ce qui avait été suggéré par le ministère des Affaires étrangères, qui, lui-même, avait été trop « conciliant » pour que Sato puisse trouver un compromis, et moins loin également que ce que Sato pouvait être prêt à offrir, si l'on en croyait « Yoshida ». Il n'était donc pas surprenant que les Japonais acceptent vite les propositions de l'homme d'affaires. Sur les conseils de Stans et de Johnson, je dus appeler « Yoshida » pour lui dire que cet homme agissait en son nom propre et n'était investi d'aucune autorité. Nixon me demanda d' « étudier le problème » avec l'émissaire de Sato, car il y avait « trop de gens dans le coup ». J'en convins avec lui ; il n'était guère prudent de laisser les Japonais aller voir à droite et à gauche quelle était l'offre qui leur convenait le mieux.

Ce petit jeu dura encore deux ans, en conservant pratiquement le même scénario. Le ministre du M.I.C.I. japonais, Kiichi Miyazawa, en visite à Washington en juin 1970, rencontra Stans avec mon assentiment et celui de Johnson. Stans eut l'impression que les propositions de Miyazawa revenaient sur tout ce que les

Japonais avaient pu accepter au cours des négociations, plutôt qu'elles ne mettaient en application le plan de Sato (« une attitude de kamikaze », nota sévèrement Stans). Ceci amena le Président à changer la position du gouvernement pour lui faire approuver à contrecœur des textes de loi limitant les quotas. A plusieurs reprises, je parlai à Stans et à Johnson de mon désir de me retirer de la négociation. Ils me dissuadèrent de le faire, car, disaient-ils, mon action « en coulisse » semblait être le seul espoir de coordonner quelque peu les efforts désordonnés des deux parties. Peter Flanigan, l'Adjoint du Président pour les questions de politique économique internationale, intervint à l'automne 1970, et une autre tentative fut faite – qui devait également échouer – pour parvenir à un accord avec les Japonais.

Le Premier Ministre Sato vint en Amérique à l'automne pour la célébration de l'anniversaire des Nations-Unies. Il fut précédé de son éternel émissaire, bien que, cette fois-ci, il ne s'agît pas de « Yoshida ». Ce nouvel émissaire répéta avec insistance que, lorsque Sato rencontrerait Nixon, il souhaitait régler le problème du textile ; il en faisait une question d'honneur. Je le priai instamment de ne pas soulever cette question si Sato n'était pas en mesure de tenir ses promesses. Nixon comprenait que des obstacles intérieurs insurmontables pouvaient parfois faire échec aux meilleures intentions des hommes d'État ; il en avait d'ailleurs fait lui-même l'expérience. Mais un nouvel échec risquait d'ébranler sérieusement sa confiance.

Néanmoins, Sato insista pour que l'on fît une nouvelle tentative sur la question. L'exploit de l'année précédente fut donc répété. Sato prétendait pouvoir donner son accord sur quatorze des seize points en suspens ; il déclara toutefois qu'il désirait garder les deux points restants pour son retour, afin que la décision finale puisse être prise à Tokyo plutôt qu'à Washington. Après avoir pris congé de Nixon, il fit en voiture le tour de la Maison Blanche, gagna West Executive Avenue, et fit inopinément irruption dans mon bureau. Il voulait, disait-il, réaffirmer son engagement en présence de mes associés. Il entreprit donc de me répéter ce qu'il avait déclaré à Nixon.

Puis il repartit pour Tokyo. Pourtant, rien ne se produisit ; les négociations étaient toujours dans l'impasse. Je ne doutai pas de la sincérité des promesses de Sato. Il était beaucoup trop intelligent, en effet, pour avoir recours à des subterfuges aussi maladroits, et beaucoup trop honnête pour user d'artifices avec un pays qu'il aimait sincèrement et un Président qu'il respectait ; simplement nous lui en avions trop demandé, et, ayant promis plus qu'il n'aurait dû, il se sentait maintenant extrêmement embarrassé de ne pouvoir tenir sa parole. Les responsabilités étaient donc partagées.

Au début de 1971, le membre du Congrès Wilbur Mills, président de la Commission du Budget de la Chambre des représentants, accomplit le fantastique exploit de négocier directeement un accord avec l'industrie textile japonaise. Mais l'industrie textile américaine et la Maison Blanche le jugèrent peu satisfaisant et le rejetèrent. C'est l'ambassadeur en disponibilité David Kennedy, ancien ministre des Finances, qui fut chargé des négociations sur le textile en 1971. La controverse se fondit alors dans la nouvelle politique économique annoncée par

Nixon le 15 août 1971 ; c'était le second « coup » porté par Nixon en 1971 (après son voyage secret en Chine), et il était dans une large mesure la conséquence de l'échec des précédentes discussions commerciales entre les États-Unis et le Japon. Finalement, sérieusement ébranlés par cette série de chocs et menacés d'un contingentement de leurs importations par décret-loi – passé selon les dispositions de la loi de 1917 réglementant le commerce avec l'ennemi – les Japonais parvinrent à un accord avec l'ambassadeur Kennedy, le 15 octobre 1971.

On a reproché à la diplomatie dite « Nixon-Kissinger » d'avoir démontré une fois de plus son incapacité à comprendre le système politique pluraliste d'un pays allié démocratique, dans lequel il est impossible aux dirigeants nationaux d'imposer leurs décisions comme s'il s'agissait d'une dictature[3]. S'il est vrai que je ne saisissais pas alors toutes les subtilités de la culture politique japonaise, je finis pourtant par ne comprendre que trop bien le problème auquel nous étions confrontés. En réalité, il ne s'agissait pas, à proprement parler, de « négociation en coulisse » : j'étais, en effet, bien obligé de rester en contact permanent avec les principaux fonctionnaires des ministères des Affaires étrangères et du Commerce, bien que Nixon me recommandât instamment de m'en passer. Les autres ministères espéraient en vérité que la filière établie entre Sato et la Maison Blanche pourrait jeter quelques lueurs sur les échanges confus entre les deux parties. Ce n'était pas non plus, comme certains l'avaient laissé entendre[4], parce que Nixon s'était mépris sur le sens à donner aux promesses sibyllines de Sato que le différend était né. En effet, la promesse très claire de Sato avait été répétée maintes et maintes fois par l'émissaire qu'il avait désigné. Il serait plus juste de dire que l'erreur fondamentale avait été de faire, en 1968, au cours de la campagne électorale, des promesses dont le coût était trop élevé pour les objectifs que nous poursuivions en politique étrangère.

Mais il est clair que le vrai problème était ailleurs, et qu'il s'agit là d'un point d'une importance fondamentale pour l'avenir de toutes les démocraties industrielles. Même si le Japon, les États-Unis, le Canada et les pays d'Europe occidentale sont des pays alliés politiquement et militairement, ils sont par ailleurs inévitablement concurrents les uns des autres sur le plan économique. De fait, notre système étant celui de la démocratie, nous dispersons aussi bien notre puissance économique que l'autorité politique par qui les décisions sont prises en matière économique. Aucun gouvernement ne sait encore jusqu'à quel point il peut mener de manière autonome sa politique économique nationale, sans propoquer de tensions croissantes avec ses alliés politiques qui sont aussi des rivaux commerciaux ; nous savons encore moins comment faire pour coordonner nos objectifs économiques et renforcer ainsi l'unité des peuples libres. Nous prônons l'interdépendance de nos économies, mais nous avons jusqu'ici eu du mal à accepter que cela implique une certaine dose de dépendance.

C'est la raison pour laquelle il se produit régulièrement des différends commerciaux entre les démocraties industrielles ; les pressions en faveur de la concurrence et du protectionnisme qui se manifestèrent à nouveau après la crise de l'énergie de 1973-1974 ont durablement plongé le monde industriel dans la récession. L'échec des négociations sur le textile fut une défaillance importante du système japonais, qui, par ailleurs, avait à son actif un nombre impressionnant de décisions heureuses sur le plan économique. Pourtant la vulnérabilité de la politique américaine aux pressions protectionnistes qui nous contraignirent à tout faire pour soutirer cet accord aux Japonais (quand ce n'aurait été que pour ne pas avoir à recourir à une législation plus brutale) demeure une sérieuse faiblesse de notre système. Ce sont les pays économiquement faibles qui ont recours au protectionnisme. Il serait dans notre cas plus intelligent d'orienter notre politique nationale vers la recherche d'une plus grande mobilité de la main-d'œuvre et des ressources, afin de pouvoir abandonner les activités industrielles en perte de vitesse pour développer les secteurs les plus productifs. Mais, surtout, une nation qui veut être à la tête de l'alliance des démocraties industrielles ne peut se permettre d'avoir un système protectionniste. Cette attitude nous a plongés dans un conflit, alors que l'art de gouverner nous commandait de réaffirmer dans le domaine économique la communauté d'intérêt fondamentale qui ne manquerait pas de se manifester si notre sécurité était clairement menacée par un péril extérieur. Réciproquement, le danger est que les affrontements économiques, de plus en plus âpres, puissent même entamer cette unité d'intérêts et d'aspirations qui est la gardienne de notre liberté. Il nous reste maintenant à trouver comment relever le défi.

10.

Ombres et mots : évolution de la stratégie pour le Moyen-Orient

Quand j'entrai en fonctions, je ne savais pas grand-chose du Moyen-Orient. Je n'avais jamais visité aucun pays arabe, et ne m'étais jamais familiarisé avec le rituel des négociations au Moyen-Orient. Ce fut lors d'un dîner à l'ambassade de Grande-Bretagne, en février 1969, que j'entendis pour la première fois l'une des formules de base des relations diplomatiques de cette région. Quelqu'un évoqua les termes consacrés de la résolution 242 du Conseil de Sécurité des Nations-Unies, et marmonna quelques mots à propos de la nécessité d'une paix juste et durable dans les frontières sûres et reconnues. Cela me parut être un tel cliché que j'accusai son auteur de se moquer de moi, erreur que je n'étais pas près de renouveler. Quand vint pour moi le moment de quitter mon poste, j'étais comme tous les vieux routiers du Moyen-Orient : les mots étaient devenus réalité ; la forme et le fond ne faisaient qu'un. Je me trouvais plongé dans les ambiguïtés, les passions et les rancœurs de cette région exaspérante, fière et exaltante. Si la diplomatie décrite dans ce chapitre donne au lecteur l'impression d'un angoissant marécage, de manœuvres et de confusions sans fin, il aura compris ce que je ressentais.

Jusqu'en 1969, mes seuls contacts personnels avec la région s'étaient limités à trois courtes visites privées en Israël dans les années 1960. Je me rappelle particulièrement bien ma visite au kibboutz Ginossar, où vivait Yigal Allon. Celui-ci avait été un de mes élèves lorsque j'animais un séminaire sur les Relations internationales à Harvard, en 1957 ; par la suite, je travaillai avec lui, quand il fut nommé adjoint au Premier Ministre d'Israël puis ministre des Affaires étrangères. Son kibboutz se trouve sur les bords du lac de Tibériade ; chaque pouce de terrain, intensivement cultivé, a été conquis par la foi et les souffrances, sur un environnement hostile et malgré les conflits. Je me souviens d'une barque de pêche, solitaire sur le lac au pied des hauteurs escarpées du Golan, à portée des fusils syriens. Je m'étais dit alors que les philosophes matérialistes comprennent peu les motivations humaines : après deux millénaires de persécutions, voilà que ce peuple, soutenu par sa foi, venait concrétiser le rêve qui pendant tous ces siècles avait été plus puissant que la tragique réalité. Mais je pensai aussi que le sens de cette foi ne devait pas s'épuiser dans la défense héroïque d'un pays qui menaçait de se transformer en un autre ghetto. Tôt ou tard, la réconciliation devait intervenir avec les hommes et les femmes vivant au sommet du Golan : la paix au Moyen-Orient n'était pas seulement une nécessité physique, mais aussi un accomplissement spirituel. Cependant, je n'aurais jamais imaginé que je me joindrais un jour à ce combat.

Je ne m'étais pas tout à fait rendu compte, non plus, à quel point les mots utilisés pour justifier les diverses exigences obscurcissaient plutôt qu'ils n'éclairaient la situation profonde. Au milieu de ces déserts et de ces montagnes désolées d'où ont surgi trois des grandes religions du monde, il est tentant de se laisser aller à l'exaltation, d'autant plus que le paysage ne met aucune borne à l'imagination humaine. Seuls les forts peuvent survivre dans des conditions géographiques et climatiques aussi hostiles. Ce n'est pas la nature qui peut apporter le réconfort, mais la foi et les relations humaines. Nulle part ailleurs ne se trouve une telle collection de chefs à la personnalité aussi fortement marquée ; nulle part ailleurs les convictions des hommes d'État eux-mêmes ne jouent un rôle aussi déterminant. L'homme est uni à ses semblables par la foi, et les mots sont souvent d'une importance décisive. Que ce soit dans l'exégèse talmudique des Israéliens ou dans la poésie épique vers laquelle inclinent les Arabes, la ligne est aisément franchie au-delà de laquelle l'Occident pragmatique prend pour une réalité empirique ce qui relève du domaine de la rhétorique fougueuse et de l'inspiration humaine. Malheur à l'étranger imprudent qui prend au pied de la lettre ces exubérances verbales et tente de trouver une solution en demandant aux antagonistes ce qu'ils veulent vraiment ! Car ce que les parties du conflit au Moyen-Orient veulent vraiment se trouve au plus profond d'un amalgame de convictions, de rancœurs et de rêves. Les positions officielles sont comme les ombres de la caverne de Platon : reflets d'une réalité transcendante dont la sécheresse juridique des négociations est impuissante à rendre compte.

Le conflit au Moyen-Orient ne remonte pas à des milliers d'années, contrairement à ce que l'on prétend souvent. C'est essentiellement un produit de notre XXe siècle. Certes, les mouvements sioniste et nationaliste arabe se sont développés à la fin du XIXe siècle, mais ils n'étaient pas dirigés l'un contre l'autre. Il a fallu attendre que le mandat britannique remplace des siècles de domination ottomane pour que Juifs et Arabes, qui avaient jusqu'alors vécu dans une coexistence pacifique, entreprennent leur lutte mortelle pour l'avenir politique de cette terre. Après avoir donné naissance à ce conflit, l'ère moderne en fit la source de tous ses maux. L'holocauste nazi ajouta une urgence morale à la formation d'un État juif. Mais il ne fut pas plutôt créé et béni par la communauté mondiale en 1947, qu'il dut défendre son indépendance contre des voisins arabes qui ne voyaient pas pourquoi ils devraient se sacrifier pour racheter les iniquités européennes, où ils n'étaient pour rien. D'autre part, la victoire d'Israël lors de la guerre de 1948-1949 attisa les foyers du nationalisme arabe au fur et à mesure que les régimes traditionnels, discrédités par la défaite, subissaient l'influence de l'idéologie radicale du panarabisme et du socialisme. Puis la région devint le terrain principal de la Guerre Froide, ce qui exacerba le conflit local jusqu'au risque d'une confrontation majeure entre des puissances étrangères.

En 1969, Israël existait depuis vingt ans sans être reconnu par ses voisins ; il était harcelé par la guérilla, dénigré dans les assemblées internationales ; depuis vingt ans le boycott économique des Arabes l'étranglait. Sa forme elle-même témoignait de la précarité de son existence en tant qu'État : il avait *treize kilomètres* de large en son point le plus étroit entre la Méditerranée et la frontière délimitée par le Jourdain ; et la route principale entre la ville divisée de Jérusalem et Tel Aviv passait parfois à moins de trois cents mètres des avant-postes arabes. Entouré d'ennemis implacables, Israël avait fini par assimiler sa politique étrangère à sa politique de défense ; il avait fait son objectif fondamental et final de ce qui, pour la plupart des autres nations, est le point de départ de la politique extérieure : la reconnaissance, par ses voisins, de son droit à l'existence. Il vit naturellement, dans les territoires occupés en 1967, l'assurance d'une sécurité qu'il avait vainement cherchée depuis sa naissance. Il luttait à la fois pour son territoire et pour sa reconnaissance, et répugnait à admettre que ces objectifs pussent se révéler incompatibles.

Cet abîme qui séparait les visions des deux parties — chacune d'elles représentant une vérité, comme dans toutes les tragédies — a donné au conflit israélo-arabe ce caractère inextricable et amer qui est le sien. Dans le choc des vérités, le compromis est sacrifié le premier ; les progrès s'évanouissent dès que les partenaires abordent des questions précises. Cela devenait de plus en plus évident lorsque nous prîmes nos fonctions. En effet, le Moyen-Orient était encore embourbé dans les effets de la guerre des Six-Jours ; les positions s'étaient durcies, les relations diplomatiques étaient au point mort, et les hostilités allaient croissant.

Le 5 juin 1967, Israël avait littéralement explosé hors de ses frontières, couronnant ainsi une série d'événements où les intentions des Arabes avaient été dépassées par leurs discours. En mai 1967, l'Union soviétique avait averti l'Égypte qu'Israël préparait une attaque imminente contre la Syrie. Le renseignement se révéla faux : manœuvre délibérée pour provoquer une tension et gagner facilement quelque crédit ou véritable méprise, il n'en reste pas moins qu'un processus fatal fut engagé.

Le Président Gamal Abdel Nasser envoya impétueusement son armée dans le Sinaï, pratiquement libre de toute occupation armée depuis 1956, et annonça qu'il fermait le détroit de Tiran, lequel commandait l'accès au port israélien de Eilat depuis la mer Rouge. Il demanda en outre au Secrétaire général des Nations-Unies U Thant de retirer les Forces d'Urgence des Nations-Unies qui séparaient les Israéliens des Égyptiens le long de la frontière internationale. Il est peu probable que Nasser ait souhaité un affrontement militaire ; il est même possible qu'il ait été médusé par la rapidité avec laquelle U Thant accéda à sa demande. Peut-être même Nasser ne cherchait-il qu'à se donner une attitude héroïque.

Il arrive parfois que les événements, contredisant les intentions de leurs protagonistes, échappent à tout contrôle. Une fois l'armée égyptienne substituée aux forces des Nations-Unies à sa frontière, Israël ne pouvait que mobiliser ; son territoire était trop exigu pour encaisser une première attaque. Une fois qu'Israël avait mobilisé, il lui fallait combattre dans les semaines qui suivaient ; son économie ne résisterait pas à une trop longue indisponibilité d'hommes actifs retenus sous les armes. Et il ne pouvait pas démobiliser avec l'armée égyptienne à ses frontières. Or la diplomatie internationale fonctionna à son rythme habituel : délibérations, nouvelles assurances et prises de contact se succédaient ; les hommes d'État du monde entier discutaient des diverses manières de briser le blocus prévu dans le détroit de Tiran. Ces échanges peu concluants se poursuivirent jusqu'au moment où, le 5 juin au matin, Israël lança une attaque surprise qui, d'un seul coup, détruisit les forces aériennes égyptiennes. La guerre se termina en six jours ; Israël occupait des territoires en Égypte, en Syrie, en Jordanie, le Sinaï, les hauteurs du Golan, et la rive ouest du Jourdain. Ces nouveaux territoires représentaient trois fois la superficie d'Israël lui-même.

L'extrémisme arabe se développa de façon exponentielle après la guerre de 1967. La politique de l'Égypte, véritable pivot des pays arabes, ainsi que celle de la majeure partie du monde arabe, était toujours dictée par le versatile Nasser. La présence croissante de guérilleros palestiniens en Jordanie menaçait le roi Hussein, hachémite modéré et pro-occidental ; l'agitation provoquée par ces mêmes guérilleros priva le Liban de tout gouvernement pendant la quasi-totalité de l'année 1969. L'Union soviétique s'implanta plus sûrement dans la région par des envois massifs de matériel militaire à l'Égypte, l'Irak et la Syrie. Les États-Unis en 1967 se mirent à dépendre du soutien diplomatique et matériel des Soviétiques. Quelle que fût la position diplomatique de l'U.R.S.S., ces livraisons d'armes renforcèrent la dureté et l'intransigeance de la politique arabe, qu'illustra le sommet arabe de Khartoum, fin août 1967, où furent adoptés à l'unanimité les « trois non » : « Non à la paix avec Israël, non aux négociations avec Israël, non à la reconnaissance d'Israël. »

Peu à peu, certaines parties du monde arabe commencèrent à comprendre que l'intransigeance prolongerait l'occupation par Israël des terrtoires saisis pendant la guerre. Alors que la Syrie se refusait à toute négociation, l'Égypte et la Jordanie cherchèrent, à contrecœur, un terrain d'entente. Bien sûr, elles exigeaient le retour aux frontières d'avant le 5 juin 1967, mais firent savoir qu'elles étaient prêtes à considérer toute déclaration de non-belligérance, le droit de tout État à l'existence et à la sécurité, et la reconnaissance d'Israël. Mais ces déclarations avaient beau marquer un progrès certain par rapport à l'hostilité des attitudes arabes depuis vingt ans, elles étaient loin de répondre aux exigences israéliennes : négociations directes, sécurité et reconnaissance des frontières (un euphémisme pour « modifications de frontières »), frontières ouvertes au commerce et aux voyages, et garantie d'une navigation libre sur les voies d'eau internationales. Or les plus modérés des Arabes exigeaient au moins un retrait total et rejetaient tous pourparlers directs (du moins officiellement ; en fait, la Jordanie entretenait, à cette époque, des contacts secrets et directs avec Israël). Les Arabes extrémistes refusaient toute proposition de paix. Dans sa déclaration politique d'octobre 1968, l'organisation des commandos palestiniens, Al Fatah, rejetait « tout compromis visant à cesser la lutte armée », mettait les gouvernements arabes en garde contre ce type de politique, et affirmait être favorable à « une société libre, ouverte, non sectaire et non raciste en Palestine [1] », – en d'autres termes, favorable à la suppression pure et simple de l'État d'Israël.

La résolution 242, dont j'allais entendre encore tellement parler, ne réglait ces divergences qu'en apparence. Elle fut adoptée par le Conseil de Sécurité des Nations-Unies le 22 décembre 1967, avec l'approbation des deux camps. Elle faisait mention d'une « paix juste et durable » dans « des frontières sûres et reconnues »; elle demandait la fin « des déclarations ou des états de belligérance », le retrait israélien des « territoires occupés lors du récent conflit », et la reconnaissance de « la souveraineté, de l'intégrité territoriale et de l'indépendance politique » de tous les États. Mais il devint vite évident que si les deux camps acceptaient ces termes ambigus c'était parce que chacun pouvait les interpréter à sa manière. L'Égypte et la Jordanie traduisaient « retrait des territoires occupés » par retrait de tous les territoires conquis. Israël considérait que les « frontières sûres et reconnues » excluaient un retour à la situation d'avant la guerre des Six Jours. Pour les Israéliens, un retrait signifiait l'abandon de garanties tangibles, et exigeait une compensation ; pour les Arabes, il signifiait la restitution de ce qu'ils considéraient comme leur propriété, c'est-à-dire que le retrait était non une concession, mais un devoir pour les Israéliens.

Ces points de vue opposés faussaient le conflit du Moyen-Orient et empêchaient tout marchandage réel : chaque partie cherchait à atteindre son premier objectif avant même d'entreprendre les négociations. L'Égypte affirmait que le retrait israélien devait précéder la réalisation ou même la négociation des autres conditions. Israël, de son côté, exigeait dès le départ des négociations directes, qui auraient le double avantage de traduire une reconnaissance au moins implicite et de réduire le danger d'une entremise d'une grande puissance. En 1967, la Jordanie avait accepté la résolution 242 grâce à la promesse faite par notre ambassadeur auprès des Nations-Unies, Arthur Goldberg ; conformément à cette résolution, nous travaillerions à restituer à la Jordanie la rive ouest du Jourdain, avec des rectifications de frontière mineures, et nous userions de notre influence pour lui faire attribuer un certain rôle à Jérusalem même. Cette promesse était creuse, puisqu'il n'y avait pas encore de négociations en cours.

Selon la résolution 242, le Secrétaire général U Thant devait désigner un représentant spécial chargé d'entrer en contact avec les deux parties et de faire débuter les négociations. Thant choisit pour cela Gunnar Jarring, ambassadeur de Suède à Moscou. Pour découvrir s'il y avait quelque point commun entre les parties, Jarring commença par leur envoyer des questionnaires, où il leur demandait de préciser leurs positions. Après des mois d'atermoiement, chaque partie confirma, dans un langage compliqué, ce qu'elle avait déjà déclaré publiquement en des termes simples et parfois démagogiques. Lorsque Jarring se rendit au Moyen-Orient, il s'aperçut que les positions des parties étaient encore plus incompatibles dans la réalité que dans leurs déclarations.

Les sentiments que recouvraient les arguments de chaque camp étaient pathétiques. Israël réclamait une « paix ferme » : seul un pays n'ayant jamais connu la paix pouvait accorder tant d'importance à cette expression. En effet qu'est-ce qu'une paix ferme entre des nations souveraines, quand un des attributs de la souveraineté est précisément le droit de changer d'idées ? Pendant trois siècles, et presque à chaque génération, la France et l'Allemagne s'étaient livré la guerre : à la fin de chacune de ces guerres, elles avaient signé un traité de paix « ferme », qui n'avait jamais prévenu la guerre suivante. De même, les « frontières ouvertes » de 1914 n'avaient pas empêché une guerre mondiale qui ébranla l'Europe jusque dans ses fondations. La plupart des conflits de l'histoire ont éclaté entre des pays qui s'étaient déclaré la paix : c'était l'extravagante singularité du Moyen-Orient, que des guerres y éclatent entre pays déjà techniquement en guerre. Nasser, lui, insistait sur un retrait inconditionnel de tous les territoires occupés par Israël. Cependant, il n'expliqua jamais quel stimulant Israël aurait dû trouver dans l'ambiguïté de ses propositions de non-belligérance, et il ne put citer aucun exemple de paix basée uniquement sur le retrait inconditionnel du vainqueur des territoires qu'il avait acquis. Mais, pour Nasser, la perspective de reconnaître Israël était si traumatisante que le seul fait d'en parler semblait, à ses yeux, enlever toute nécessité de passer aux actes.

Dans d'autres régions du monde, ces données auraient conduit à une situation bloquée, entrecoupée de combats, jusqu'au moment où l'épuisement aurait produit l'équilibre que la sagesse avait été incapable de trouver. Mais, dans la seconde moitié du XXe siècle, le Moyen-Orient était l'axe de la politique mondiale. Bien qu'à la fin des années 1960 le pétrole n'apparût pas encore comme une denrée rare, l'importance du Moyen-Orient, carrefour des continents et des civilisations, n'était que trop clairement comprise. A la fin des années 1940, l'Union soviétique s'était désintéressée du Moyen-Orient qu'elle jugeait hors de sa sphère d'influence [2] ; dix ans plus tard, elle lui vendait des armes, et, vingt ans après, envoyait des milliers de conseillers militaires en Égypte. La présence soviétique représentait un important changement géopolitique depuis la Seconde Guerre mondiale ; pendant quinze ans, elle contribua à exacerber le conflit au Moyen-Orient. Avec le temps, les Russes se montrèrent de plus en plus audacieux. En 1956, ils étaient intervenus de loin dans la crise de Suez ; ils avaient vaguement menacé de s'engager militairement quand nos pressions sur la France et la Grande-Bretagne leur eurent donné la possibilité de le faire en toute sécurité. Après 1967, le nombre des conseillers militaires soviétiques avait quintuplé au Moyen-Orient. Tout au long des années 1960, l'influence soviétique augmenta considérablement en Égypte, en Syrie, en Irak, en Algérie et plus tard en Libye. La guerre de 1967, que les Soviétiques avaient contribué à déclencher, leur permit, pour la première fois dans l'histoire, de placer une flotte permanente d'environ cinquante navires en Méditerranée.

Le rôle joué par les puissances étrangères au conflit était presque aussi complexe que celui joué par les principaux intéressés eux-mêmes. L'Union soviétique épousait la cause arabe : elle soutenait les propositions arabes et n'offrait pas la moindre chance de compromis. Les pays occidentaux étaient déchirés entre leur impuissance et leur pressentiment des dangers économiques que représenterait un autre conflit. Le plus actif de ces pays, la France de De Gaulle, embrassa en fait la cause des Arabes après la guerre des Six Jours. Dans un discours prononcé le 19 juin 1967, le Président Johnson chercha à éviter les écueils de la polémique en se gardant de toute précision : sa manière d'aborder les problèmes des frontières, de la reconnaissance d'Israël et des droits maritimes annonçait les ambiguïtés sibyllines de ce qui allait être la résolution 242. Après la guerre de 1967, l'Égypte avait, ainsi que d'autres pays arabes, rompu ses relations diplomatiques avec les États-Unis : nous n'avions donc plus aucun diplomate important dans la capitale des pays arabes clés, qui réclamaient pourtant notre aide pour les négociations. Nasser insistait pour que nous fassions pression sur Israël en son nom, promettant en retour de reprendre les relations diplomatiques avec nous. Nous ne pûmes jamais bien comprendre en quel honneur nous devions faire les frais de la reprise de relations qu'il avait lui-même interrompues sous un faux prétexte *. Nous avions d'autant moins de raisons de le satisfaire que sa politique s'appuyait toujours sur l'Union soviétique et alimentait les passions extrémistes du monde arabe.

J'avais toujours pensé qu'il était essentiel de réduire la portée de l'opportunisme politique des Soviétiques au Moyen-Orient. C'est pourquoi l'attitude des États-Unis lors de la crise de Suez en 1956 m'avait paru des plus négatives. Nous aurions dû comprendre qu'en retirant brutalement notre soutien financier à la construction du grand barrage d'Assouan, nous ne ferions que déclencher une crise au lieu de la prévenir. Et à mon avis, lorsque cette crise se produisit, elle fut mal prise en main. Quoi que l'on pût penser de la sagesse des opérations militaires britanniques et françaises, j'étais convaincu que nous finirions par payer très cher une politique à courte vue et menée pour la galerie. Je ne croyais pas qu'en manipulant nos plus proches alliés nous nous attirerions une gratitude durable de la part de Nasser ou de ses admirateurs ; bien au contraire, Nasser n'en serait probablement que plus conforté dans une politique fondamentalement opposée aux intérêts occidentaux. Les régimes modérés soutenus par la puissance et le prestige britanniques, en particulier l'Irak, seraient probablement affaiblis, si ce n'était condamnés, par ce qui apparaîtrait de notre part comme un soutien aux éléments extrémistes représentés par Nasser. Quant à la Grande-Bretagne et à la France, ébranlées dans leur assurance et le sens de leur importance mondiale, elles se hâteraient de rejeter toutes leurs responsabilités internationales. Les impératifs du pouvoir nous contraindraient alors à combler le vide au Moyen-Orient et à l'est de Suez, et à assumer ainsi la responsabilité morale de décisions géopolitiques délicates.

Cependant, lorsque j'entrai en fonctions, je n'avais pas, pour appliquer mes idées sur le Moyen-Orient, la même liberté que dans d'autres domaines. En général, Nixon écoutait pendant quelque temps les rapports des ministères, puis agissait depuis la Maison Blanche, ce qui me donnait des responsabilités croissantes. Dans le cas du Moyen-Orient, en revanche, Nixon sépara pour moi théorie et pratique : j'avais le droit de dresser des plans, de donner des conseils, de poser

* Nasser avait accusé les États-Unis d'avoir apporté une aide militaire directe à Israël lors de la guerre de 1967. Le Président avait exigé que Nasser retirât cette accusation avant de reprendre les relations diplomatiques ; ce que Nasser fit par voie de presse. Mais Johnson insistait pour qu'il s'adressât directement aux États-Unis en ce sens.

des délais ; je pouvais exiger des délibérations dans le cadre du C.N.S. Mais, jusqu'à la fin de 1971, je ne fus pas autorisé à mener d'action diplomatique, hormis pour de rares crises aiguës telles que l'invasion de la Jordanie par la Syrie en septembre 1970.

S'il en fut ainsi, c'est essentiellement, je pense, à cause des rapports contradictoires que Nixon entretenait avec Rogers, et des réactions nationales qu'il craignait en cas de politique active au Moyen-Orient. Parce que la méfiance de Nixon à l'égard du ministère des Affaires étrangères me poussait en avant, provoquant inévitablement la gêne et la frustration de Rogers, il cherchait constamment à réconforter son vieil ami. Il le pouvait, en particulier, en réservant quelque domaine de la politique étrangère à l'influence prédominante de Rogers. Mais ce qu'il donnait d'une main, il avait tendance à le reprendre de l'autre : les domaines qu'il n'hésitait pas à confier étaient ceux où le succès semblait incertain, comme en Afrique, ou encore le plus susceptible de provoquer des réactions nationales. Or, pour Nixon, le Moyen-Orient répondait à ces deux critères. Il estimait que toute politique active serait presque inévitablement vouée à l'échec et déclencherait en outre la colère des partisans d'Israël. Par conséquent, il jugeait préférable de tenir la Maison Blanche autant que possible hors de la ligne de feu.

Il craignait également que mon origine juive ne me fît trop pencher en faveur d'Israël. En outre, à l'instar des autres Présidents et quoiqu'il s'en défendît, il ne résistait pas à la tentation de jouer sur la rivalité intrinsèque existant entre ministre des Affaires étrangères et Conseiller en matière de Sécurité pour affirmer sa propre autorité.

Autre raison à la participation relativement plus active des Affaires étrangères au Moyen-Orient : la personnalité de l'adjoint au ministre, qui fut chargé du Bureau des Affaires du Proche-Orient et du Sud asiatique. Pénétrant, extrêmement sociable et parfois passionné, Joseph Sisco n'avait rien d'un diplomate classique. Il n'avait jamais travaillé à l'étranger, et seule l'insistance de Dean Rusk lui avait valu d'être promu au plus haut poste du service – que les commissions de sélection, s'appuyant sur des critères plus classiques, lui avaient fort logiquement refusé. Dès qu'il fut en place, Sisco devint la preuve vivante de ce qu'un chef plein d'imagination était capable de réaliser au ministère des Affaires étrangères, malgré un Président décidé à mener sa propre politique. Doté d'un immense esprit inventif et d'un véritable talent pour les stratagèmes qui font l'essence de la diplomatie du Moyen-Orient, offrant plus de solutions parfois qu'il n'y avait de problèmes, Joe Sisco prit l'initiative administrative et ne l'abandonna jamais. Il savait comment s'y prendre à Washington, et il établit rapidement des rapports personnels avec moi, sachant bien que sous le gouvernement Nixon l'autorité présidentielle aurait le dernier mot. A la fin, il passa probablement autant de temps à jouer les médiateurs entre Rogers et moi-même qu'entre les Arabes et les Israéliens. La plupart des informations que la Maison Blanche recevait sur les résultats obtenus au fur et à mesure des actions menées par les Affaires étrangères au Moyen-Orient m'étaient transmises par Sisco, qui en informait également Hal Saunders, mon principal collaborateur pour le Moyen-Orient. Joe s'arrangeait pour rester loyal envers ses deux patrons, Rogers et le

Président, et il les servait bien. Lorsque je devins ministre des Affaires étrangères, je le nommais vice-ministre, le plus haut-poste de responsable politique du ministère. Il devint alors un collaborateur indispensable et un grand ami.

Pléthore d'initiatives

Quand un nouveau gouvernement entre en fonctions, il va de soi qu'il « abordera » les problèmes mondiaux importants, les nouveaux Présidents reprochant toujours à leurs prédécesseurs de n'avoir pas entièrement « résolu » tous les problèmes. Un dirigeant américain a de la peine à admettre que, dans certains conflits, des positions antagonistes sont tout simplement impossibles à réconcilier. En réalité, lorsqu'il n'existe aucune volonté de compromis, résoudre de force un problème ne peut qu'augmenter l'insécurité et l'instabilité ; au lieu d'être ralenti, le cours des événements s'accélère, et des pressions naissent qui ne peuvent être maîtrisées. Tout nouveau gouvernement doit apprendre – souvent à ses dépens – que l'une des exigences les plus difficiles, dans le domaine politique, est d'attendre patiemment le moment propice pour une action décisive.

Lorsque le nouveau gouvernement entra en fonctions, les tentations ne manquaient pas de « faire quelque chose ». Début février 1969, les Israéliens faisaient état de 1 288 actes de sabotage et de terrorisme entre la guerre des Six Jours et fin 1968 : 920 incidents sur le front jordanien, 166 à la frontière égyptienne, 37 sur la ligne de cessez-le-feu avec la Syrie, 35 à la frontière libanaise, et 130 à Gaza. Les pertes israéliennes se montaient à 234 morts et 765 blessés dans l'armée, et 47 morts et 330 blessés parmi la population civile – chiffres énormes pour un pays de 2,5 millions d'habitants, et équivalant à 20 000 morts et 100 000 blessés pour un pays comme les États-Unis. Israël avait répliqué par des raids aériens contre ce qu'il soupçonnait être des bases de guérilleros en Jordanie, et avait effectué un grand raid sur l'aéroport international de Beyrouth, le 28 décembre 1968. Par ailleurs, les tirs d'artillerie à travers le canal de Suez étaient fréquents.

Les incitations à un engagement diplomatique des États-Unis ne manquaient pas, et il y en eut deux, en particulier, qui vinrent tenter le nouveau gouvernement. Le 30 décembre, les Soviétiques proposèrent un plan de paix visant à l'application de la résolution 242 : il reprenait le principe du retrait israélien total exigé par les Arabes et donnait une définition de la paix si limitative qu'elle était inacceptable. D'autre part le 16 janvier 1969, la France proposa des délibérations quadripartites sur le Moyen-Orient – entre les États-Unis, l'Union soviétique, la Grande-Bretagne et la France.

Lors de la réunion du C.N.S. le 1er février, il nous fallait décider quelle attitude adopter face à ces initiatives et, plus précisément, si nous abandonnerions la politique non active qui avait été celle de Johnson. Il apparut rapidement que Affaires étrangères souhaitaient une initiative américaine. Les négociations se chargeraient de définir en faveur de quel objectif ou de quelle stratégie cet engagement se ferait. Les Affaires étrangères affirmaient que nous avions le devoir de contribuer à réduire la distance entre les antagonistes et de les pousser à un compromis par l'intermédiaire de Jarring. En outre, puisque les combats s'intensifiaient, nous ne pouvions rester indifférents. Tous les pays de la région se disaient convaincus que les États-Unis détenaient la clé du conflit : par conséquent, soutenaient les Affaires étrangères, nous devions réellement nous engager activement. On espérait qu'une simple accélération du processus des négociations permettrait de trouver un terrain d'entente aussi bien entre les antagonistes qu'entre les puissances étrangères. En ce qui concernait l'Union soviétique, les Affaires étrangères prétendaient que, si Moscou semblait profiter des tensions dans la région, conclure la paix ne pouvait que déjouer ses manœuvres. Cela permettrait du moins de découvrir ses intentions réelles.

Le nouveau Président allait faire connaissance avec le rouleau compresseur de l'administration. Il est dans la nature de celle-ci de procéder par étapes presque imperceptibles vers un but qu'elle-même n'entrevoit peut-être que vaguement. Son premier geste est généralement de demander au Président ou au ministre des Affaires étrangères l'autorisation de « réfléchir » sur une ligne d'action « de principe », tout en affirmant solennellement que cette requête ne créera aucun précédent, n'entraînera pas obligatoirement une suite, et que les responsables politiques resteront maîtres des opérations. Mais, inévitablement, ce premier geste en appelles d'autres : se pencher sur un problème sérieux ne peut que mettre ses difficultés en lumière et encourager les pressions pour surmonter celles-ci. Le Président se voit bientôt demander de trouver une solution à une impasse que sa propre politique a créée. C'est bien entendu, exactement ce que les partisans d'une politique active recherchent, et ils ne sont que trop heureux de proposer des moyens de sortir de l'impasse. De nombreux spécialistes du Moyen-Orient aux Affaires étrangères n'appréciaient guère l'attitude détachée du Président Johnson envers le conflit, attitude qu'ils attribuaient à sa politique intérieure. Leur impatience se trouva stimulée par l'état d'esprit de certains diplomates américains, pour lesquels une crise n'existe réellement que si nous y participons. Cette idée se transforma en conviction que nous ne devions jamais donner l'impression (il ne fut jamais précisé à qui) qu'un conflit naissant nous laissait indifférents.

Je doutais sérieusement qu'il fût sage de nous lancer à la va-vite dans des négociations dont nous n'avions pas défini les objectifs, mais dont on nous imputerait le résultat. Je doutais également de la valeur des hypothèses sur lesquelles s'appuyait cette recommandation. En effet, il me semblait improbable que les parties trouvent un terrain d'entente, et je n'aimais pas particulièrement le cadre des négociations que l'on nous proposait. Étant donné le parti pris des Soviétiques et des Français en faveur de la cause arabe (et les pressions exercées sur les Britanniques), les délibérations quadripartites que proposait la France risquaient de provoquer une ligue contre les États-Unis. D'un autre côté, des négociations à deux puissances — l'Union soviétique et les États-Unis — pourraient, si elles se révélaient fructueuses, faire attribuer à l'U.R.S.S. le mérite de nous avoir arraché un règlement au Moyen-Orient et, si elles échouaient, nous en faire porter le blâme.

Plus importante encore que le cadre des négociations était la condition première et fondamentale telle que l'avait définie l'un des représentants des Affaires étrangères à la réunion du C.N.S. du 1er février : les États-Unis devaient obtenir l'accord des Israéliens. Cela signifiait que nous devions faire pression sur un allié au nom de pays qui, à l'exception de la Jordanie, avaient rompu leurs relations avec nous, menaient des politiques qui nous étaient généralement hostiles, et étaient les clients de Moscou. Par conséquent, je doutais qu'il fût raisonnable pour les États-Unis de chercher à provoquer la conclusion d'un accord général tant que nous ne saurions pas avec plus de précision quelles concessions les Arabes feraient, et tant que les bénéficiaires en seraient les clients des Soviétiques et non les amis des États-Unis. Dans l'intervalle, je préférais bien davantage des négociations israélo-jordaniennes, qui mettraient justement en scène un de nos amis, à des négociations israélo-égyptiennes, où nous aurions à cautionner un protégé de l'Union soviétique. En résumé, je pensais que la condition première d'une action diplomatique efficace au Moyen-Orient était de réduire l'influence soviétique, afin que les progrès réalisés ne puissent être attribués à ses pressions et que les gouvernements modérés jouissent d'une certaine marge de manœuvre.

Le lendemain, je fis part de mes réticences au Président. Il m'avait invité à l'accompagner à l'hôpital militaire de Walter Reed, pour rendre visite à l'ancien Président Eisenhower. Celui-ci se trouvait alors à un stade avancé de la maladie qui l'emporta sept semaines plus tard. Calé dans une bergère, Eisenhower me parut encore plus émacié que lors de ma dernière visite. Il passa le plus clair de notre entrevue à mettre Nixon en garde contre les indiscrétions sur les travaux du C.N.S. Nixon lui rapporta notre discussion sur le Moyen-Orient, et Eisenhower désapprouva toute participation importante des États-Unis dans les négociations. Se souvenant probablement des difficultés qu'il avait rencontrées avec Suez en 1956, il pensait que la meilleure solution était de laisser les parties régler leurs affaires toutes seules. Si nous y prenions une part active, nous serions contraints, à la fin, de jouer les arbitres, puis de nous porter garants de tout accord final auquel on serait parvenu. Nous resterions alors indéfiniment empêtrés dans les difficultés du Moyen-Orient.

Le lendemain, à peine étais-je arrivé à mon bureau qu'un Eisenhower furibond me téléphona. Il venait de lire dans le *New York Times* que le C.N.S. avait décidé que les États-Unis mèneraient désormais une politique plus active au Moyen-Orient. Avec une vigueur qui ne répondait pas à l'image que j'avais gardée d'un homme affaibli, et en des termes incisifs jurant avec son sourire radieux de la veille, Eisenhower me reprocha d'avoir desservi le Président en ne restreignant pas le nombre des participants aux réunions du C.N.S. Il était de mon devoir, me dit-il, d'empêcher l'administration de contraindre le Président par des indiscrétions de ce genre. Ce qui venait de se produire confirmait les critiques de la veille : nous ne devions pas nous mêler des affaires du Moyen-Orient.

Le jour même, je consignai mes réflexions dans un rapport que j'envoyai au Président. Je tenais pour acquis qu'il s'apprêtait à quelque action diplomatique, à la fois en raison des coups d'aiguillon donnés par les Affaires étrangères, et parce qu'il avait promis une nouvelle initiative des États-Unis pendant sa campagne. Je tentais d'expliquer le coût probable d'une telle politique et d'exprimer mes doutes quant à ses chances de succès. Il était exact, affirmai-je, que les parties ne seraient jamais capables de parvenir seules à un accord, au milieu de cette violence croissante, mais il ne s'ensuivait pas nécessairement que nous pourrions faire mieux. Je ne croyais pas que Nasser s'engagerait vis-à-vis des conditions minimales qu'Israël accepterait pour la paix. Un effort intensif en faveur d'un accord général était probablement voué à l'échec : par conséquent, nous gaspillerions nos énergies politiques, exaspérerions les tendances au conflit et affaiblirions nos moyens de contenir ce conflit s'il venait à éclater. Il me semblait qu'il était préférable de nous attacher à la conclusion d'un accord partiel, par exemple avec la Jordanie *, qui avait un long et honorable passé d'amitié avec les États-Unis. Je pressais le Président, s'il passait à l'action, d'obtenir des Affaires étrangères non seulement leur plan d'action, mais aussi des précisions concrètes sur le plan de paix qu'elles soutiendraient – après tout, c'était de ce dernier que dépendrait la politique appliquée au Moyen-Orient.

Le 3 février dans l'après-midi, Nixon et moi-même eûmes un entretien privé. Il se sentait « coincé » : il ne pouvait rejeter carrément les propositions de la France sans nuire à ses efforts pour améliorer les relations avec de Gaulle ; en outre, il voyait dans le Moyen-Orient le moyen de forcer les Soviétiques à quelque coopération au Vietnam. Il ne voulait pas non plus passer outre aux désirs des Affaires étrangères, désirs que partageaient si fortement tous les membres du ministère. Malheureusement, ces objectifs n'étaient pas compatibles. A mon avis, lui dis-je, nous obtiendrions plus aisément une coopération soviétique au Vietnam si nous agissions avec circonspection au Moyen-Orient, où les clients de l'U.R.S.S. étaient la partie la plus faible, qu'en résolvant le conflit grâce à des négociations qui donneraient aux Russes l'occasion rêvée de prouver leur utilité à leurs amis arabes. Ce n'était pas non plus en jouant le jeu de l'administration que nous calmerions celle-ci : elle reviendrait sûrement à la charge pour demander des instructions plus précises qui nous feraient dévaler la pente. Si nous n'y prêtions pas garde, on nous demanderait de mettre fin à toutes les impasses en proposant notre propre plan – qu'il nous faudrait ensuite imposer aux parties récalcitrantes.

Mais, en politique étrangère, les décisions naissent d'une analyse abstraite. Pour les raisons exposées plus haut, Nixon ne voulait ni passer par-dessus les Affaires étrangères, ni froisser de Gaulle, ni rebuter l'Union soviétique. Conscient de cet état de choses, je proposai une ligne d'action qui nous éviterait un engagement irrévocable : plutôt que de choisir entre des négociations à quatre ou à deux, nous pouvions garder une certaine liberté de mouvement en menant les deux à la fois. Nous ferions dépendre les progrès réalisés au cours des négociations à quatre des pourparlers avec les Russes. De cette manière, nous pourrions tenter de relier les discussions sur le Moyen-Orient à nos intrêts plus vastes, y compris l'aide soviétique au Vietnam. En outre, dans le cadre des négociations à quatre, nos alliés européens hésiteraient davantage à faire bloc contre nous avec

* Cette évaluation se révéla erronée, car la rive ouest du Jourdain et Jérusalem furent les problèmes les plus difficiles à résoudre pour Israël.

les Soviétiques s'ils savaient que nous menions de notre côté des négociations avec ces derniers. Pour éviter de perdre le contrôle de la situation, nous demanderions que le Président approuve les résultats des prises de contact avant d'entrer dans les discussions officielles.

Le Président accepta ma proposition, et, le 3 février, j'en informai Rogers et Sisco. Le 5 février, le ministère des Affaires étrangères fit savoir, comme prévu, que les États-Unis accueillaient « favorablement » la proposition de la France, et que nous entreprendrions des délibérations avec l'Union soviétique, la Grande-Bretagne et la France, afin de parvenir à « une compréhension » qui rendrait la réunion prochaine des Quatre « fructueuse et constructive ».

Mon schéma ne marcha pas : il était beaucoup trop subtil. Je pouvais bien m'ingénier à faire dresser des plans et à canaliser les énergies de l'administration, mais je ne pouvais maîtriser le rythme des négociations. Les Affaires étrangères traitèrent l'artifice tactique de la Maison Blanche comme une manœuvre de politique intérieure et se hâtèrent de conclure les « prises de contact » le plus rapidement possible. Moins de deux semaines plus tard, je découvris que le ministère des Affaires étrangères préparait déjà l'étape suivante : définir des principes d'ensemble concrets pour une paix au Moyen-Orient – exactement ce que j'avais espéré étaler sur plusieurs mois.

Plus l'action diplomatique se précipitait, plus les réactions nationales augmentaient. Dans la semaine qui suivit l'annonce de notre attitude « favorable » envers les négociations à quatre, les partisans d'Israël réagirent avec la vigueur dont je devais si souvent faire l'expérience les années suivantes. Ils reflétaient ainsi les propres inquiétudes d'Israël, qui craignait que des éléments étrangers ne cherchent un substitut à des négociations directes avec les Arabes. Le 13 février, une délégation de six membres du Congrès, dirigée par Emmanuel Celler, de New York, et représentant les chefs des deux partis à la Chambre, vint me voir, puis se rendit chez le Président. A leurs yeux, entreprendre des négociations à quatre signifiait que les États-Unis envisageaient d'imposer un règlement au conflit : ils se méfiaient profondément de ces négociations et craignaient que nous ne nous rapprochions des points de vue français et soviétique.

Si le Congrès s'alarmait déjà de la forme des négociations, que ne dirait-il pas quand nous nous attaquerions à des problèmes concrets ! L'abîme qui séparait les positions respectives des deux camps apparut à nouveau à l'occasion d'entretiens accordés à un magazine américain par le Président égyptien Nasser et par le Premier Ministre israélien Levi Eshkol [3]. Les Égyptiens posaient le retrait total d'Israël comme condition première à l'application, par les Arabes, des autres points de la résolution 242. De leur côté, les Israéliens précisaient qu'Israël ne retournerait en aucun cas aux positions d'avant la guerre, et qu'ils avaient des idées très précises sur les conditions de la « paix ». La situation se trouva encore compliquée par le décès du Premier Ministre Eshkol à la fin du mois de février : Israël avait en perspective une politique compliquée par des élections, jusqu'au moment où Golda Meir, choisie comme successeur intérimaire d'Eshkol, se vit attribuer un nouveau mandat lors des élections d'octobre.

Tout cela ne fit que renforcer ma conviction qu'il était encore trop tôt pour des négociations actives. Le désaccord qui s'ensuivit sur la stratégie à adopter ne fut jamais réellement réglé. En effet, l'administration souhaitait se lancer le plus vite possible dans des négociations concrètes, car elle craignait qu'une détérioration de la situation n'augmentât l'influence soviétique ; de mon côté, je pensais qu'il était dans notre intérêt, au bout du compte, de temporiser, car cela nous permettrait de montrer même aux Arabes extrémistes qu'*aucun* progrès ne pouvait être réalisé sans nous, et que nous ne céderions pas à la pression des Soviétiques. Le ministère des Affaires étrangères souhaitait accélérer la marche des négociations en acceptant au moins certaines idées soviétiques pour faciliter un compromis : je voulais, moi, contrer les extrémistes — qui nous étaient de toute manière hostiles — en leur démontrant qu'au Moyen-Orient, des relations amicales avec les États-Unis étaient indispensables à tout progrès diplomatique. Lorsque j'avais déclaré à Sisco, à la mi-février, que nous ne souhaitions pas un succès rapide dans les délibérations à quatre menées aux Nations-Unies de New York, j'allais à l'encontre de toutes les convictions de son ministère.

Entre-temps, les Russes avaient rapidement mordu à l'hameçon. Lors de notre toute première rencontre, le 14 février, Dobrynine me dit que les autorités soviétiques étaient prêtes à entamer des négociations avec nous sur le Moyen-Orient, si possible en dehors des Nations-Unies. Il répéta cette affirmation lors de son entretien avec Nixon, le 17 février. Nixon rejeta le principe de négociations bilatérales secrètes menées au niveau de la Maison Blanche : il s'en tint à l'idée qu'on ne pourrait utiliser cette voie qu'en échange d'une coopération au Vietnam.

Lors des conversations que le Président eut en Europe, à l'occasion du voyage qu'il fit fin février et début mars 1969, ses interlocuteurs insistèrent eux aussi sur la nécessité, pour les États-Unis, d'un engagement actif. Les Anglais et les Français voulaient naturellement que les négociations principales fussent effectuées dans le cadre des négociations à quatre ; ils ne se déclarèrent pas franchement opposés à des discussions parallèles entre l'U.R.S.S. et les États-Unis, mais leur enthousiasme était mitigé. De Gaulle fit remarquer, avec un détachement olympien, que les États-Unis et l'Union soviétique pouvaient bien parler de ce qu'ils voulaient du moment qu'ils ne donnaient pas l'impression de former un condominium. En dehors de ces problèmes de procédure — et du soutien global de De Gaulle au principe d'un retrait israélien total doublé de garanties fournies par les quatre puissances —, les dirigeants européens n'avaient aucune idée de la façon dont les parties seraient amenées à conclure un accord général : c'était un problème qu'ils nous laissaient généreusement le soin de régler.

Ainsi donc, début mars, les pressions étrangères et administratives s'étaient combinées pour pousser irrésistiblement les États-Unis à jouer un rôle actif. Avant même la décision présidentielle, Joe Sisco discutait déjà avec Dobrynine des vertus de négociations bipartites. Son enthousiasme n'était certes pas peu provoqué par le fait qu'il mènerait lui-même ces négociations, alors que les négociations à quatre se menaient sous l'égide de Charles Yost, notre ambassadeur auprès des Nations-Unies.

Le 3 mars, Dobrynine déjeuna avec moi : ne sachant plus à quoi s'en tenir, il me demanda des éclaircissements sur le rapport entre les négociations bipartites, qu'il avait hâte de commencer, et les négociations à quatre. Il tenta de me faire parler en m'annonçant que l'Union soviétique était prête à négocier un contrat global, c'est-à-dire un plan prévoyant l'exécution simultanée de tous ses points, alors que jusqu'ici Arabes et Soviétiques exigeaient que le processus débutât par un retrait israélien. Il voulait donc savoir dans quelle réunion il pourrait proposer ce plan, et montra qu'il préférait discuter de certains des sujets les plus délicats, par exemple du problème des frontières, par la « filière » de la Maison Blanche. Fidèle à notre intention d'utiliser le Moyen-Orient comme un levier pour le Vietnam, et conscient de la réticence de Nixon envers un engagement de ma part, j'évitai de répondre à cette proposition et encourageai Dobrynine à poursuivre ses négociations bilatérales avec Sisco.

Le lendemain, soit le 4 mars, ce fut au tour de l'ambassadeur d'Israël de s'enquérir de nos objectifs. Yitzhak Rabin avait été un des héros de la guerre d'indépendance israélienne et, en tant que chef d'État-Major des forces défensives d'Israël, il avait contribué à la victoire lors de la guerre des Six Jours. Outre son intelligence et sa ténacité, il n'avait pas grand-chose d'un ambassadeur : taciturne, timide, réfléchi, s'offensant presque des conversations banales, Rabin possédait peu des attributs généralement associés à la diplomatie. Les gens sans esprit inventif l'ennuyaient et les lieux communs le froissaient : malheureusement pour lui, ce n'était pas exactement ce qui manquait à Washington. Il haïssait l'ambiguïté, qui est pourtant la trame de la diplomatie. Je l'aimais beaucoup, quoiqu'il ne fît rien pour encourager l'affection. Son intégrité et la rigueur avec laquelle il allait au fond des problèmes étaient extraordinaires : j'accordais une grande valeur à son jugement, souvent même dans des domaines étrangers au Moyen-Orient, et avais confiance en ses motivations, même quand la position de son pays n'était pas identique à la nôtre. Nous devînmes de bons amis, et le restâmes malgré les tensions et les désaccords auxquels nos fonctions nous menaient parfois.

Lors de cette première entrevue, je ne pus répondre à sa question au sujet de notre politique : en effet, nous ne l'avions pas encore arrêtée nous-mêmes. Cependant, j'avais de bonnes raisons pour croire que le Président mènerait de front les entretiens à quatre et ceux à deux puissances. Je recommandai personnellement qu'Israël préparât un programme concret donnant une définition de la « paix » qui lui paraîtrait viable : c'était la seule manière de nous fournir des critères par rapport auxquels nous pourrions juger des progrès accomplis.

Comme je l'avais craint, ce fut le rythme auquel se déroulaient les négociations, plutôt qu'une stratégie bien pesée, qui imposa les décisions à prendre. Début mars, Sisco annonça le succès que j'avais cru plus sage de retarder : il avait déjà mené à bien ses premières instructions et demandait la marche à suivre — à laquelle le ministère travaillait en fait depuis deux semaines, de crainte que le Président ne perdît du temps. En d'autres termes, moins d'un mois après le début d'un processus de « prises de contact prudentes », Sisco et ses collègues s'apprêtaient à proposer à Nixon de présenter des principes généraux concrets.

Les Affaires étrangères avançaient à présent des arguments exactement contraires à ceux en vertu desquels elles avaient obtenu l'accord de Nixon pour les prises de contact. Un mois plus tôt, on affirmait qu'entreprendre des entretiens à quatre n'impliquait aucun engagement sur le fond ; à présent, on soutenait que des prises de contact non officielles devaient s'appuyer sur un plan défini, tel qu'un ensemble de principes. Si nous ne présentions pas nos idées, nous nous trouverions en position de déséquilibre par rapport aux trois autres puissances : nous devions donc le faire rapidement. Le ministère des Affaires étrangères insistait pour que le Président prenne une décision d'ici la mi-mars, date à laquelle était prévue la visite d'Abba Eban, ministre des Affaires étrangères d'Israël. Il fallait annoncer à Eban que nous avions l'intention de proposer notre plan lors des négociations à quatre et aux Soviétiques. Ainsi donc, la procédure que j'avais imaginée pour ralentir le cours des choses avait abouti en moins de quatre semaines.

Malgré ces événements, mon point de vue restait le même. Le 5 mars, j'écrivis au Président et lui résumai mes sujets de préoccupation :

> « Chacun semble s'attendre à ce que nous fassions pression sur Israël dans toutes les négociations. Les Arabes pensent — à tort mais avec une conviction inébranlable — que nous pouvons faire faire ce que nous voulons à Israël. Les Français et les Britanniques pensent que nous pouvons aller plus loin que nous ne l'avons fait. Il n'y a peut-être que les Russes — qui connaissent les limites de leur propre influence au Caire — pour comprendre de façon réaliste les limites de notre influence à Jérusalem, mais notre soutien à Israël leur fait une trop bonne propagande pour qu'ils reconnaissent publiquement la vérité.
>
> Et pourtant, chacun dit aussi qu'un règlement est improbable pour cette année, précisément parce que les difficultés d'Israël après la mort d'Eshkol et pendant la période électorale limiteront strictement sa volonté de compromis.
>
> Les arguments généralement avancés pour tenter l'improbable sont les suivants : *a*) « essayer » serait en soi un élément stabilisateur au Moyen-Orient. *b*) parvenir à un règlement cette année est la seule manière de couper l'herbe sous le pied aux militants palestiniens. Cependant, il peut se présenter la situation suivante : *a*) « essayer » avec trop d'acharnement pourrait aggraver davantage les choses que si nous nous limitions à un effort modeste ; *b*) un règlement pourrait en réalité renforcer la position des Palestiniens et affaiblir celle des gouvernements arabes qui l'auraient accepté. »

Nous nous trouvions devant un dilemme. En effet, si nous faisions pression sur Israël, nous encouragerions les extrémistes arabes et les clients de l'U.R.S.S., qui y verraient la récompense de leur intransigeance et de leurs liens avec l'Union soviétique ; pour les mêmes raisons, Israël serait poussé à des actions extrêmes ou, tout au moins, à se replier sur lui-même et ne faire aucune concession. D'un autre côté, si nous n'influencions pas Israël, nous porterions le blâme de l'impasse. Dans le cas où Israël accepterait un compromis, les Palestiniens empêcheraient probablement tout accord, avec l'appui de la Syrie et de l'Irak. En outre,

A ma table de travail, dans mon bureau au sous-sol de la Maison Blanche, en mai 1969.

En compagnie du colonel Alexander Haig, mon collaborateur pour les questions militaires et de Lawrence S. Eagleburger, mon chef de cabinet, en mai 1969.

Ci-contre, avec mon équipe, lors de la signature par le Président, le 25 février 1971, du rapport de politique étrangère au Congrès.

Sur les marches menant au bureau privé de Nixon, au Centre administratif, en compagnie de Nixon, du ministre de la Défense nationale Melvin Laird, et de l'attaché de presse Ronald Ziegler (à droite).

En train de prendre place, avant la première réunion du Conseil national de sécurité, le 21 janvier 1969. De gauche à droite, on reconnaît : le général Earle G. Wheeler, chef de l'état-major interarmes, Richard Helms, directeur de la CIA, Henry Kissinger, le ministre des A.E. Rogers, le vice-président Spiro Agnew (qui tourne le dos au photographe), le ministre de la Défense nationale Laird (caché en partie) et le ministre des finances David M. Kennedy.

Mes enfants, David et Elisabeth, s'entretenant avec l'ancien Président et Mme Lyndon Johnson.

Le gouverneur Nelson Rockefeller et son collaborateur Jim Cannon rendant visite à Nixon, à San Clemente, le 3 septembre 1969.

En route pour la réunion de Midway, à bord de l'*Air Force One,* en juin 1969. Dans le sens des aiguilles d'une montre, à partir de la gauche : le Président, Rogers, Laird, le général Earle Wheeler (chef de l'état-major interarmes), le général Creighton Abrams (commandant en chef du corps expéditionnaire au Vietnam), l'amiral John McCain (commandant des forces navales dans le Pacifique), Henry Kissinger, Henry Cabot Lodge (ambassadeur des Etats-Unis à la conférence sur la paix au Vietnam) et Ellsworth Bunker (ambassadeur des E.-U. au Vietnam du Sud).

Ci-contre, Nixon et le président Nguyen Van Thieu à Midway, le 8 juin 1969. ⇨

Au cours d'un entretien avec Thieu à Saigon, le 30 juillet 1969. Dans le sens des aiguilles d'une montre, à partir de la gauche : Nixon, Thieu, son collaborateur Nguyen Phu Duc, Henry Kissinger et Ellsworth Bunker.

Ci-contre, réunion du Conseil national de sécurité consacrée au Vietnam, le 12 septembre 1969. Dans le sens des aiguilles d'une montre, à partir de la gauche : Henry Kissinger, le ministre de la justice John Mitchell, le vice-président Spiro Agnew, l'amiral McCain, le général Abrams, le directeur de la CIA Richard Helms, l'ambassadeur Philip Habib, l'ambassadeur Bunker, Rogers, Nixon, Laird et le général Wheeler.

Le chancelier ouest-allemand Kurt Kiesinger en visite à la Maison Blanche, le 1er avril 1969, à l'occasion des funérailles du président Eisenhower.

Ci-contre, avec le Premier ministre britannique Harold Wilson, à la base aérienne de la RAF, à Mildenhall, le 3 août 1969.

Arrêt aux Chequers pour dîner avec le Premier ministre britannique Edward Heath, le 3 octobre 1970. (De gauche à droite, au sol : Rogers, Nixon, Heath et le chef du protocole de la délégation américaine, Emil Mosbacher).

Le roi Hussein de Jordanie en visite à la Maison Blanche, le 8 avril 1969.

Ci-contre, conférence stratégique au petit déjeuner en compagnie des ambassadeurs David Bruce et Ellsworth Bunker, le 22 juillet 1970.

Dean Brown (notre nouvel ambassadeur en Jordanie) à San Clemente, avant son départ pour Amman et le début de la crise jordanienne, le 4 septembre 1970.

Réunion en Irlande pour examiner l'ouverture imminente de pourparlers en vue d'un cessez-le-feu au Vietnam, le 3 octobre 1970. De gauche à droite : Bruce, Nixon, Rogers, Henry Kissinger et Habib.

Pendant la préparation des opérations au Laos, en janvier 1971. De gauche à droite : Helms, Henry Kissinger, Rogers, Nixon, Laird, l'amiral Thomas Moorer (chef de l'état-major interarmes).

Examen de la situation après le début des opérations au Laos, le 10 février 1971.

Nixon s'entretient avec la vieille garde en décembre 1970. De gauche à droite : Lucius Clay, Thomas E. Dewey, Dean Acheson, Nixon, John McLoy et moi-même.

tout gouvernement arabe modéré acceptant cet accord se trouverait en butte aux attaques des extrémistes. Hussein et même Nasser pourraient devenir vulnérables. Cela se solderait non seulement par des négociations infructueuses, mais aussi par un désordre croissant et un nouveau risque de guerre. En d'autres termes, affirmais-je, étant donné l'influence et l'intransigeance des Soviétiques, l'activisme de Nasser et le pouvoir des feddayins, le Moyen-Orient n'était pas mûr pour une action globale des États-Unis.

Le ministère des Affaires étrangères présenta un projet de « principes généraux » qui allaient précisément dans ce sens. Il affirmait que le but des négociations était de parvenir à un accord de type contractuel, mais pas nécessairement à un traité de paix. Les négociations directes n'étaient pas « essentielles » au départ, mais devraient probablement s'effectuer « à un moment ou un autre ». Les principes autorisaient des modifications mineures aux frontières pré-existantes, mais de telles modifications « ne devraient pas porter la marque du vainqueur » (cette « marque du vainqueur » était un euphémisme du ministère des Affaires étrangères pour insister sur un retrait quasi total des Israéliens. L'expression avait été employée auparavant dans un discours prononcé par Johnson le 10 septembre 1968). Ces principes posaient clairement l'hypothèse suivante : si Gunnar Jarring devait mener les opérations, « poussé en avant » par les négociations à quatre et à deux, en dernière analyse cet effort ne serait fructueux que si les États-Unis pesaient de tout leur poids sur Israël. Une version précédente des principes généraux des Affaires étrangères insistait sur le retour d'Israël aux anciennes frontières avec l'Égypte et la Jordanie, à l'exception de quelques rectifications mineures à la frontière jordanienne. Sur ce point, j'avais donc réussi, lors d'une séance avec Sisco, à adoucir les principes du ministère, quoiqu'une violente réaction israélienne fût de toute façon certaine.

Le 10 mars, Nixon accepta la recommandation des Affaires étrangères : les principes généraux seraient présentés à Eban lors de sa visite; puis ils seraient examinés point par point par Sisco et Dobrynine et soumis aux Quatre comme base des délibérations. Nixon me confia qu'il partageait mon scepticisme quant au résultat de ces opérations, mais que cela occuperait les Affaires étrangères pendant que la Maison Blanche travaillerait aux problèmes du Vietnam, des négociations sur les armements stratégiques, de l'Europe et de la Chine (il n'est pas dit qu'il n'ait pas donné une autre explication à Rogers). Le 27 mars, Rogers annonça avec fierté la nouvelle ligne d'action devant la Commission des Relations extérieures du Sénat : il déclara aux sénateurs qu'il « était dans l'intérêt des États-Unis d'exercer toute leur influence, et de toutes les manières utiles et efficaces »... Insistant sur le principe de « frontières sûres et reconnues » et d'un état de paix « du type contractuel », Rogers ajouta la phrase capitale : « A nos yeux, les rectifications apportées aux frontières pré-existantes devraient se limiter à celles exigées par une sécurité mutuelle et ne pas porter la marque du vainqueur. »

Les entretiens entre Sisco et Dobrynine s'étendirent sur neuf séances entre le 18 mars et le 22 avril et suivirent un cours prévisible. Le seul sujet de discussion porta sur les principes généraux américains, sur lesquels Dobrynine pressait

Sisco de donner plus de précisions. Dans ce contexte, donner plus de précisions signifiait prendre une position plus nette sur des problèmes tels que celui des frontières définitives : cela ne pouvait que provoquer un tollé général en Israël, puisque nous manifesterions ainsi un rapprochement avec la position égypto-soviétique sur un retrait total. Le 24 mars, les principes généraux furent présentés à la réunion des Quatre avec le même résultat. Une fois de plus, la position américaine fut au centre du débat, et nos alliés cherchèrent à nous pousser à un plus grand effort. « Un plus grand effort » avait, en pratique, le même sens que « plus de précisions ». Nous étions ballottés de position en position, constamment contraints de modifier notre attitude afin de sauver des négociations que nous avions en principe entreprises pour relâcher les pressions exercées sur nous.

Fin mars, j'envoyai au Président un rapport provisoire sur les entretiens avec l'Union soviétique :

> « Nous avons jusqu'ici évité les plus graves dangers d'une position non définie ; cependant, nous pourrions encore avoir à porter tout le fardeau des négociations – à savoir faire toutes les propositions concrètes et convaincre les Israéliens... Une bonne définition d'un règlement équitable est celle qui satisferait les deux camps. C'est pourquoi nous devons obtenir l'aide des Soviétiques, et ceux-ci doivent partager la responsabilité d'une solution déplaisante. »

Nous nous étions déjà séparés d'Israël, et les Russes ne nous avaient pas rendu la pareille en se dissociant un tant soit peu de la position arabe. Avant d'aller plus loin, répétais-je, nous devions faire accepter la position qu'adopteraient les États-Unis sur les conditions d'un règlement définitif, sur la marche à suivre pour parvenir à ce dernier, sur la façon de relier les négociations à quatre et celles à deux, et sur la manière de les coordonner avec l'action de Jarring. Faute de quoi, toute l'affaire se terminerait dans la confusion. Néanmoins, toutes ces procédures ne nous éviteraient pas d'entendre ce que les parties elles-mêmes avaient à dire : une fois de plus, nous nous trouverions brutalement ramenés à la réalité.

Les visiteurs du Moyen-Orient

Le premier à se manifester fut l'éloquent Abba Eban, qui arriva à Washington à la mi-mars pour des entretiens à la Maison Blanche et au ministère des Affaires étrangères. C'était mon premier contact professionnel avec Eban, que j'avais rencontré de façon mondaine en Israël, losqu'il était ministre de l'Éducation. Je n'avais jamais parlé avec quelqu'un qui maîtrisât l'anglais comme lui : ses phrases coulaient de miel dans des constructions assez élaborées pour mettre à l'épreuve l'intelligence de ses auditeurs tout en les laissant pétrifiés devant tant de virtuosité. Sa prose se dévidait avec régularité, sans heurts, avec le bruissement inexorable d'un clair ruisseau de montagne. Interrompre Eban semblait presque inconcevable tant on savait qu'il y faudrait un langage qui paraîtrait barbare en comparaison. Aucune personnalité américaine ou britannique ne m'a jamais rappelé avec autant d'acuité que l'anglais, après tout, était pour moi une langue acquise.

Pour le malheur de ceux qui devaient négocier avec Eban, son éloquence se doublait d'une intelligence de premier ordre et d'une maîtrise parfaite de la diplomatie. Il était toujours préparé à tout, et savait ce qu'il voulait. Il appliquait à la lettre sa maxime selon laquelle quiconque n'acceptait pas à 100 pour 100 le point de vue d'Israël manquait d'objectivité : même une position des plus compréhensives – disons à 90 pour 100 – se voyait qualifier d' « érosion », d' « affaiblissement » ou de « perte de sang-froid ». Je n'étais pas certain qu'à Jérusalem les collègues plus pragmatiques d'Eban appréciassent son éloquence autant que moi : parfois, semblait-il, son Premier Ministre préférait passer par des voies moins orthodoxes. Quoi qu'il en fût, j'étais mal placé pour critiquer cette façon de contourner un ministre des Affaires étrangères.

Eban critiqua vigoureusement le principe même des négociations à quatre et à deux, affirmant que les jeux seraient faits contre Israël dans les deux cas. Il souligna l'exigence israélienne qui à son avis aurait le plus de chances d'être recevable par les Arabes : des négociations directes et la signature d'un traité de paix collectif. Signer un traité de paix était essentiel, expliqua Eban, en raison du respect particulier que les Arabes avaient toujours manifesté envers les promesses écrites. Je ne le troublai pas le moins du monde quand je glissai qu'au cours de mes études peut-être incomplètes sur l'histoire arabe, les traités signés par les Arabes ne m'avaient paru ni plus ni moins respectés que dans le reste du monde.

Cependant, Eban était trop astucieux pour perdre son temps à discuter d'histoire avec moi. Le 13 mars, il eut avec Rogers une longue entrevue au cours de laquelle les principes généraux lui furent communiqués : il les rejeta et demanda qu'ils ne fussent pas soumis. Il attaqua vigoureusement nos projets quant aux frontières, car ils semblaient poser comme acquis ce qui, selon Israël, ne pouvait être négocié que par les parties intéressées. Pour couper court, chez nous, à toute confiance excessive en la valeur de tout autre point de notre projet, Eban rejeta également la notion de garanties fournies par les grandes puissances : en «donnant une dimension mondiale » aux événements du Moyen-Orent, déclara-t-il, nous tranformerions la région en un nouveau Berlin. L'Égypte n'était pas prête à accepter le type de paix qu'Israël demandait, et Eban était convaincu que la présence soviétique en Égypte diminuait encore les chances de fléchir Nasser. Par contre, des négociations avec la Jordanie, plus modérée et libre de l'influence soviétique, pouvaient donner davantage de résultats.

Au bout du compte, Eban ne voyait rien d'intolérable dans le maintien du *statu quo*. Israël préférait de loin voir les États-Unis ne pas jouer un rôle actif, et Jarring continuer son travail. Il avait manifestement le désir de négocier, mais aussi un pessimisme profond quant aux chances de parvenir à un accord général. En d'autres termes, si nous suivions la ligne d'action que nous nous étions donnée, nous entrerions dans un grave conflit avec Israël.

Les visiteurs suivants furent arabes, et ils ne se montrèrent pas plus conciliants.

Lorsque le Président Eisenhower mourut le 28 mars, Nasser désigna son conseiller pour les Affaires étrangères, Mahmoud Fawzi, pour représenter l'Égypte lors des funérailles. La présence de Fawzi, qui honorait un dirigeant d'un pays avec lequel l'Égypte n'avait pas de relations diplomatiques, était le signe d'une courtoisie et d'un respect particuliers. Fawzi était un gentilhomme accompli, un homme de métier avec les manières prévenantes des Égyptiens cultivés et l'air las de celui qui connaît bien les faiblesses humaines. Je considérais alors l'Égypte comme un client de l'U.R.S.S., et je ne profitai donc pas de l'occasion pour établir le contact humain plus étroit que permettaient les circonstances. Je l'ai bien regretté par la suite.

La visite de Fawzi venait après presque quinze ans de détérioration dans les relations entre l'Égypte et les États-Unis. Pendant la période de transition, Nasser avait envoyé au Président-élu une lettre décousue énumérant ses griefs contre les États-Unis, mais laissant entendre que, si l'occasion favorable s'en présentait, il serait prêt à reprendre les relations avec nous. Ce fut également ce que Nasser fit comprendre au gouverneur Scranton, lors de la visite de celui-ci au Caire, début décembre : l'Égypte voulait renouer les liens, mais aimerait avoir comme prétexte une attitude plus favorable des États-Unis au Moyen-Orient. Dans les premiers mois de 1969, Nasser répéta qu'il attendait un geste des Américains pour briser la glace. Il envisageait, par exemple, que nous arrêtions de vendre des avions Phantom F-4 à Israël, ce qui ne serait certes pas du goût de ce dernier.

Je trouvais que Nasser exagérait la faveur qu'il nous ferait en reprenant les relations diplomatiques avec nous; néanmoins, j'écrivis à Nixon, en mars, que nous avions déjà pris, en fait, plusieurs des mesures que Nasser suggérait, quoique pour des raisons différentes : nous avions mené une réelle action diplomatique; nous avions proposé des principes généraux; Rogers avait exposé notre future position sur les frontières devant la Commission des Relations extérieures du Sénat. Il semblait donc bien y avoir matière à un rapprochement entre Washington et Le Caire.

C'est sur cette toile de fond que j'eus deux entretiens avec Fawzi, pour préparer sa rencontre du 11 avril avec Nixon. Il apparut très vite que Fawzi n'avait pas autorité pour reprendre les relations diplomatiques. Cependant, il informerait Le Caire de notre réaction. Mais les relations ne pourraient être reprises qu'en cas d'avance concrète : Fawzi ne précisa pas ce qu'il entendait par là. L'Égypte était soucieuse de réaliser quelques progrès, en partie parce que les Soviétiques la poussaient à la paix, dit Fawzi. Ils semblaient comprendre que c'était pour eux le seul moyen d'aider leurs amis arabes : dans une situation d'impasse, la position soviétique dans le monde arabe ne pouvait que se détériorer.

Il va sans dire que ce dernier point de Fawzi représentait précisément l'occasion stratégique que j'entrevoyais pour les États-Unis. En effet, si la position soviétique en Égypte devait d'autant plus s'affaiblir que le règlement était repoussé, rien ne nous incitait à accepter la première offre soviétique ou égyptienne qui se présenterait, à plus forte raison tant que l'Union soviétique maintiendrait des forces importantes en Égypte et que celle-ci prendrait ses ordres à Moscou. De toute façon, les propositions de Fawzi n'étaient pas faites pour porter à l'optimisme. L'Égypte refusait de signer un traité collectif avec Israël, elle laissait au Conseil de Sécurité (où l'U.R.S.S. avait droit de veto) le soin de définir ses obligations; elle refusait d'établir des relations diplomatiques avec Israël. En outre, les forces de sécurité des Nations-Unies pouvaient être retirées dans un délai de six mois. Ces données ne suffiraient jamais à mener Israël au retrait total exigé par l'Égypte. Le 11 avril, Fawzi affirma courtoisement à Nixon que l'Égypte ne demandait pas mieux que de réduire ses dépenses militaires et de consacrer ses ressources au développement du pays. Il ne demanda pas aux États-Unis de contraindre Israël à agir contre ses propres intérêts : il demanda une attitude équitable envers l'Égypte. Quant aux relations, dit-il, le moment de les reprendre n'était pas encore venu.

Aujourd'hui encore, je ne comprends pas les mobiles de Nasser. Pendant des mois, il avait expédié de pressants messages pour la reprise des relations; il avait envoyé Fawzi, connu pour ses talents de conciliateur, à Washington; Fawzi avait fait preuve de compétence mais, sur ce point capital, et à sa déconvenue manifeste, ses instructions ne lui permettaient aucune initiative. Il était difficile de comprendre comment, dans l'esprit de Nasser, Nixon pourrait braver l'opposition nationale, les refus d'Israël et l'attitude distante des Soviétiques, pour soutenir les objectifs essentiels d'un pays qui se refusait à des relations diplomatiques, et dont la politique étrangère nous restait fondamentalement hostile. Nasser, en effet, cherchait à nous faire chanter, mais il n'avait pas de quoi nous menacer. Plus tard dans l'année, lorsque notre gouvernement proposa des plans précis sur le problème des frontières égyptienne et jordanienne dans le sens que Nasser avait auparavant déclaré acceptable, celui-ci refusa soit de les accepter, soit de reprendre les relations. Il se glorifiait de son intransigeance, qu'il jugeait essentielle pour ses visées panarabes. C'est pourquoi il se sentait probablement contraint de s'opposer indéfiniment à nous au Moyen-Orient et dans le Tiers-Monde, quand bien même cela devait nous dissuader d'aller dans son sens.

Je suis convaincu qu'au début du gouvernement Nixon les États-Unis auraient travaillé plus énergiquement à la paix si Nasser avait été plus souple. En effet, les principaux obstacles à un rôle américain plus actif tenaient à la politique étrangère anti-américaine de Nasser et à l'influence prédominante de l'Union soviétique au Caire. Fawzi n'avait pas les moyens de nous affirmer que ce n'était pas là des principes immuables de la politique égyptienne. Au contraire, selon les instructions de Nasser et avec le charme dont il était capable, Fawzi demandait tranquillement de tout recevoir sans rien donner en contrepartie : le soutien des États-Unis contre Israël, le soutien de l'U.R.S.S. contre les États-Unis, et la direction de tous les mouvements extrémistes du Tiers-Monde. Malheureusement, ce n'est pas ainsi que se mène une politique étrangère. Nasser ne savait pas choisir entre les ambitions qu'il professait et son intuition qui lui disait que l'Égypte avait des moyens limités pour les réaliser. Il mourut sans avoir jamais pu faire la part des choses : seul son successeur, le grand Anouar Sadate, y parviendrait.

L'échec de la « mission Fawzi » affecta un autre visiteur arabe, le vaillant roi

Hussein de Jordanie, qui n'avait jamais marchandé son amitié avec les États-Unis. Hussein était l'un des plus attachants dirigeants politiques qu'il m'ait été donné de rencontrer. Le « petit Roi » – comme l'appelaient affectueusement nos fonctionnaires – défendait bravement la cause arabe, même quand ses frères arabes ne le payaient pas de retour pour sa loyauté. Quand je le connus suffisamment bien, je sus prendre la mesure de son irritation devant ce qu'il appelait l'insensibilité ou la pédanterie administrative, au redoublement de courtoisie légendaire dont il faisait preuve : il employait de plus en plus fréquemment le terme honorifique « sir », quand lui-même adoptait une attitude glaciale (lui qui était de lignée royale m'appelait « sir » alors même que je n'étais qu'un simple collaborateur du Président).

Il était aussi noble que poli : il nous emmena un jour, ma femme Nancy et moi, faire un tour dans son hélicoptère qu'il pilotait au ras des arbres, à nous en faire dresser les cheveux sur la tête. Pour lui faire prendre de l'altitude, Nancy dit candidement qu'elle ne savait pas que les hélicoptères pouvaient voler si bas. Le roi lui assura qu'ils pouvaient descendre encore plus bas, et le reste de notre promenade se fit presque au ras du sol. S'il avait voulu exploiter la situation, Hussein aurait pu obtenir de moi n'importe quoi en me promettant ensuite de prendre de l'altitude. Hussein cherchait avec dignité et courage à concilier son rôle de nationaliste arabe et celui d'ami des États-Unis. Monarque pro-occidental au cœur de l'extrémisme arabe, il gardait son indépendance et le respect des dirigeants de la région, qui n'étaient guère enthousiasmés par le principe d'une dynastie. Il dépendait largement de l'aide américaine, et supportait nos attitudes gênantes et parfois humiliantes sans jamais se départir de son calme ni de sa patience, mais sans jamais, non plus, s'abaisser au rang de quémandeur. Il fut le premier dirigeant arabe prêt à négocier la paix avec Israël, et maintint des contacts sporadiques, quoique infructueux, avec Jérusalem. Il est regrettable que le pouvoir de négociation du roi Hussein n'eût pas correspondu à sa modération et que ses moyens d'action n'eussent pas égalé sa bonne volonté. Il ne pouvait ni entreprendre une action indépendante, ni faire du chantage, ce qui est pourtant la base de la politique au Moyen-Orient. En 1969, les feddayin de l'Organisation de Libération Palestinienne créèrent un État dans son État, mais il conserva sa politique modérée : quelques mois plus tard (comme nous le verrons dans le chapitre 15), il fit face, avec courage et décision, au danger qu'ils représentaient pour son autorité.

Lorsqu'il rencontra Nixon, le 8 avril, Hussein parla lui aussi au nom de Nasser, et souligna que tous deux se conformeraient à la résolution 242 du Conseil de Sécurité et qu'ils étaient prêts à signer tout document avec Israël, hormis un traité de paix. Hussein reconnaissait la nécessité d'effectuer des rectifications de frontière mineures. Si Israël cédait Gaza aux autorités jordaniennes, les modifications sur la rive ouest seraient suffisantes (avec du recul, il semble dommage que l'on n'ait pas davantage cherché à parvenir à un accord séparé entre Israël et la Jordanie, où Gaza aurait été troqué contre des territoires de la rive ouest).

Hussein affirmait que Nasser et lui-même étaient prêts à envisager la création de zones démilitarisées, ainsi qu'un libre accès au canal de Suez et à la mer

Rouge. Selon lui, la pression exercée par les extrémistes arabes rapprochait la Jordanie de Nasser, et ce dernier était « impatient » de renouer les liens avec les États-Unis. Mais la portée de ces déclarations conciliantes se trouva grandement diminuée par les conversations que j'avais eues avec Fawzi et par son entrevue décevante avec Nixon trois jours après, comme je l'ai décrit plus haut.

Diplomatie : propositions toujours nouvelles

L'incompréhension entre les parties du conflit au Moyen-Orient se reflétait inévitablement dans les négociations quadripartites et bipatites. Nos interlocuteurs semblaient évidemment penser que la seule solution était de nous lancer dans l'arène et d'imposer la paix. Le 14 avril, Dobrynine me déclara que les entretiens bipartites avaient besoin de propositions plus concrètes, en particulier pour le problème des frontières. Ce que voulaient les Soviétiques et les Arabes, c'était nous faire préciser les implications de ce que nous appelions vaguement « des modifications mineures » et « la marque du vainqueur », c'est-à-dire nous faire demander explicitement le retrait *total* des Israéliens. Tout en m'assurant que les Soviétiques étaient prêts à participer à la conclusion d'un accord, Dobrynine suggéra de faire une proposition commune aux États-Unis et à l'U.R.S.S. : si les États-Unis apportaient des précisions sur chacun des principes, les Soviétiques les vendraient ensuite aux Arabes. Étant donné que Dobrynine nous demandait en réalité d'accepter le programme des Arabes, je ne voyais pas bien ce qu'il avait l'intention de leur « vendre ». J'avais l'impression qu'il cherchait à recueillir auprès du monde arabe le mérite de ce qui se ramènerait à une paix imposée par nous. Lors des réunions des Quatre, nous étions poussés dans la même direction. De Gaulle, qui avait honoré de sa présence les funérailles d'Eisenhower, avait déclaré à Nixon le 31 mars que les Quatre devraient s'efforcer de se mettre d'accord sur des conditions communes pour un règlement au Moyen-Orient. Cependant, nous savions depuis les délibérations à New York que chacun des participants avait une idée personnelle de ce que devraient être ces conditions – et qu'Israël ne pouvait en accepter aucune. Dans chaque réunion, on nous demandait d'imposer une paix, ce pour quoi nous n'avions pas besoin de réunion : c'était précisément ce que j'avais prédit.

Aux États-Unis, la majorité des membres du Congrès se ralliait publiquement à la cause israélienne : négociations directes, paix contractuelle, et pas de pressions sur Israël pour un retrait prématuré. Comme dans le cas du Vietnam, nous allions nous trouver pris dans un débat national.

Bien évidemment, plus les négociations de mars et avril restaient infructueuses, plus les affrontements militaires sur le terrain s'intensifiaient. La violence montait. U Thant annonça, le 22 avril, qu'un « véritable état de guerre active » existait le long du canal de Suez ; un porte-parole du Caire déclara que le cessez-le-feu de

1967 était nul sur ce front. Les heurts augmentèrent lorsqu'Israël répondit aux attaques menées depuis la Jordanie par les feddayin ; le Liban déclara l'état d'urgence pour tenter, vainement, de mettre un terme aux raids feddayin lancés depuis son territoire contre Israël. Ce que l'on devait appeler « la guerre d'usure » devenait une guerre sérieuse. En d'autres termes, après deux mois de nouvelle action américaine, nous nous retrouvions plus ou moins à notre point de départ. Nous avions démontré une fois de plus ce que nous savions déjà : les parties avaient des conceptions extrêmement différentes de ce qu'étaient des frontières sûres et reconnues, du calendrier et de l'importance des retraits, de la nature de la reconnaissance d'un pays, et en fait du processus des négociations.

Un nouvel ajustement de notre politique s'imposait. En février, nous avions décidé de prendre des contacts afin de voir *s'il serait possible* de mener des négociations. Aujourd'hui, les États-Unis se trouvaient dans l'obligation de sauver ces mêmes négociations en faisant des propositions nouvelles et toujours plus précises. Mais cela ne changeait rien au fait que les propositions de chaque partie étaient inacceptables pour l'autre. Il était impossible d'user d'artifices pour amener ces parties à abandonner des positions qu'elles gardaient depuis vingt ans et pour lesquelles elles avaient livré trois guerres. Le seul moyen de les rapprocher était d'employer des termes si ambigus qu'ils ne feraient que répéter les faux-fuyants de la résolution 242 du Conseil de Sécurité. Dans de telles conditions, se posait pour nous le problème vital non pas de décider quelles propositions générales nous ferions, mais de décider si nous étions prêts à faire appliquer nos propositions – par pression, si besoin était. Tant que nous n'aurions pas répondu à cette question – étant donné le caractère des propositions, cela signifiait exercer une pression sur Israël –, les négociations ne pourraient qu'aboutir à une impasse. En effet, si nous restions sur nos positions vagues, les négociations à quatre et à deux étaient vouées à l'échec, et les États-Unis en devraient porter tout le blâme. Si nous donnions davantage de précisions, nous nous attirerions la colère d'Israël, sans pour autant nous gagner l'amitié des Arabes ; l'Union soviétique et ses clients seraient les plus grands bénéficiaires. Par ailleurs, si nous refusions de faire pression sur Israël, pour des raisons de politique étrangère ou intérieure, le mécanisme des négociations s'arrêterait encore. A mes yeux, c'était la conséquence inévitable des efforts que nous avions déployés pour parvenir à un règlement général, alors que les positions des parties étaient tellement éloignées, que les Soviétiques soutenaient la cause arabe, et que nous n'avions pas encore pu assumer un rôle de médiateur.

Rogers affirmait qu'en proposant un plan détaillé nous améliorerions notre position, même s'il était rejeté. Selon lui, il n'y avait absolument aucun moyen de savoir si un règlement était possible sans mettre à l'épreuve les points de vue égyptien, soviétique et israélien. Par conséquent, le ministère des Affaires étrangères soumettait à présent à l'approbation du Président un projet de règlement de paix détaillé entre l'Égypte et Israël, sur la base des frontières existant avant le 5 juin 1967. Un projet de règlement israélo-jordanien devait suivre sous peu.

Je fis part de mes vives objections au Président. Je prédisais que ce plan mènerait probablement à une explosion des deux côtés. Les frontières proposées seraient certainement inacceptables pour Israël ; quant aux Arabes, conformément à l'état d'esprit actuel de Nasser, ils n'étaient pas prêts à faire les compromis nécessaires pour la paix. Cela ne contribuerait pas à améliorer nos relations avec eux. Par contre, la position des Soviétiques s'en trouverait renforcée ; avec leurs clients, ils se verraient attribuer le mérite de nous avoir poussés jusque-là, puis nous accuseraient de ne pas aller assez loin et de pas obtenir d'Israël ce que nous avions promis.

Ces points furent discutés en présence du Président lors d'une réunion du C.N.S., le 25 avril au matin. Déchiré entre les avertissements contenus dans mon rapport et les pressions de son administration, le Président évita toute décision. Après la réunion, il me proposa, par contre, de travailler avec Sisco à modifier le plan des Affaires étrangères afin d'en atténuer les dangers. Une fois corrigé, ce plan fut approuvé par le Président le 5 mai. Les modifications apportées étaient essentiellement formelles. En effet, l'on savait que le Président n'était pas prêt à passer franchement outre aux options de son ministre des Affaires étrangères en ce qui concernait le Moyen-Orient ; en conséquence, mon influence dans ce domaine restait faible. Cette fois-ci, les États-Unis ne proposeraient pas un plan général pour un règlement israélo-égyptien immédiat : il s'agirait plutôt de le présenter point par point lors de discussions successives entre Sisco et Dobrynine. Par ailleurs, les États-Unis ne s'engageraient pas dès le départ à obtenir des Israéliens un retrait total du Sinaï : le problème des frontières serait traité de façon ambiguë, « sans exclure nécessairement » un retour aux frontières d'avant la guerre. Ces modifications ne pouvaient que ralentir — et non arrêter — l'élan irrésistible des Affaires étrangères : une fois que le Président aurait approuvé la position définitive, celle-ci serait automatiquement présentée d'une façon ou d'une autre.

C'était d'autant plus vrai que Sisco ne croyait pas en des négociations lentes. Dès que le Président eut approuvé la nouvelle stratégie, Sisco entama la deuxième manche de ses entretiens avec Dobrynine. Il ne perdit pas de temps : il commença le 6 mai et termina le 9 juin. Il s'employa activement à révéler les positions des États-Unis sur les points-clés. Il apparut très vite que les Soviétiques n'étaient pas près de les accepter, et qu'ils ne manqueraient pas de demander davantage. Par exemple, nous insistions sur la nécessité de négociations directes, à un moment ou un autre, entre les Arabes et les Israéliens ; Dobrynine, lui, voulait minimiser l'importance de ces négociations. Pour les frontières, nous maintenions que « l'ancienne frontière internationale entre l'Égypte et le territoire sous mandat de la Palestine n'est pas nécessairement exclue » ; l'Union soviétique exigeait un retour aux frontières d'avant la guerre, sans modification aucune. Nous étions favorables à une démilitarisation du Sinaï ; les Soviétiques, non. Nous insistions sur une navigation libre sur les voies d'eau internationales telles que le canal de Suez et le détroit de Tiran, alors que les Soviétiques se référaient à la Convention de Constantinople de 1888, dont la portée était ambiguë si on l'appliquait aux circonstances présentes. Il existait également entre nous des divergences quant au problème des réfugiés. Le 11 juin, Dobrynine se plaignit à moi de la nouvelle impasse : il déplorait le manque de précision des déclarations de Sisco, et en particulier sa manière « abstraite », comme il disait, d'aborder le problème des frontières (j'en conclus au moins que Joe suivait les instructions qui lui avaient été données).

Pendant tout ce temps, Israël fit clairement comprendre, à sa manière inimitable, que sa désapprobation devant la nouvelle initiative américaine ne faisait que croître, même si Dobrynine attaquait nos idées au nom des Arabes. Le 13 mai, l'ambassadeur Rabin s'enquit du but de ce nouveau dialogue américano-soviétique : il craignait particulièrement que nous ne cédions sur le problème des frontières, et critiqua également d'autres points. Israël préférait encore des négociations directes avec les Arabes. Le Premier Ministre Golda Meir envoya au Président une lettre passionnée réitérant sa crainte que les États-Unis ne portent préjudice aux négociations en déterminant à l'avance leur résultat sur les problèmes principaux. Pour éviter que les choses n'aillent trop loin, Rabin suggéra d'inviter Mme Meir au plus tôt à Washington. Mais nous n'étions pas prêts pour une rencontre immédiate : j'obtins du Président que Mme Meir nous rendît visite à l'automne.

De nouveaux combats émaillèrent cette joute diplomatique. En mai, juin et juillet, le Moyen-Orient fut quotidiennement le théâtre de raids feddayin depuis la Jordanie et de combats sur les fronts égyptien et syrien : Mme Meir promit que les représailles israéliennes seraient rapides et sévères et rendraient *« sept fois »* la monnaie de leur pièce aux Arabes. En mai, Nasser déclara au magazine *Times* qu'un règlement était possible si Israël acceptait un retrait total et donnait aux Palestiniens la possibilité de revenir chez eux – deux conditions déjà refusées par Israël... Il affirma également qu'il reconnaissait la « réalité » d'Israël, mais montra son ambivalence en ordonnant que cette phrase ne fût pas transmise par les media du Caire. Puis, dans un discours important prononcé le 23 juillet, Nasser sembla changer d'idée une fois encore : il proclamait à présent que l'Égypte entrait dans une « phase de libération » de sa guerre avec Israël, et condamnait les Américains et les Britanniques pour leur soutien à Israël. Entre-temps, le 13 juin, Gromyko, ministre des Affaires étrangères de l'U.R.S.S., terminait une visite au Caire par un communiqué affirmant que l'Égypte jouissait du soutien total de l'Union soviétique pour « liquider les conséquences de l'agression ».

Le 17 juin, l'Union soviétique nous fit une contre-proposition. Celle-ci comportait quelques éléments positifs : elle disait qu'il fallait travailler à la conclusion d'un règlement contractuel et à la reconnaissance d'Israël. Cependant, les Soviétiques restaient presque aussi intransigeants sur les problèmes qui nous intéressaient le plus : ainsi, il n'était pas fait mention de négociations directes ; les frontières définitives devaient correspondre strictement à celles de 1967 ; le problème de la libre navigation était laissé dans le vague ; la définition de la paix finale ne fixait aucune obligation de maîtriser les mouvements de guérilla ; enfin, Israël se voyait refuser tout droit de décider quels Palestiniens reviendraient sur son territoire. Malgré tout, Rogers décida que cette réponse des Soviétiques dénotait « un mouvement vers l'avant » suffisant pour justifier une autre proposition américaine. Dobrynine était rentré dans son pays pour y prendre ses ordres ; Rogers proposa donc, le 30 juin, d'envoyer Sisco à Moscou afin d'y présenter de nouvelles idées. Plus précisément, Rogers voulait que Sisco fût autorisé à faire des concessions et à jouer à Moscou notre « carte maîtresse » – c'est-à-dire un engagement explicite à assurer le retour aux anciennes frontières – si les Soviétiques faisaient preuve de bonne volonté pour les problèmes de la paix, de la sécurité et des négociations directes.

Je trouvais cela pour le moins prématuré. A mes yeux, la réponse soviétique ne représentait aucune concession significative. Elle cherchait en fait à obtenir de nous la totalité du programme arabe par le biais de formules subtilement vagues et creuses ; elle ne montrait aucune volonté de répondre à nos pressions sur Israël par des pressions similaires sur les Arabes ; elle semblait surtout conçue pour démontrer aux clients arabes de l'Union soviétique que celle-ci leur était indispensable. Si nous allions dans son sens, nous ne pourrions éviter un conflit avec Israël. Néanmoins, je n'avait pas les moyens d'arrêter Rogers. Je recommandai donc au Président de donner son accord au voyage de Sisco, du moment que nous ne faisions pas de nouvelles concessions sur les frontières. Je lui conseillai ceci : « Je ne lui donnerais pas, dans le cas présent, autorité suffisante pour nous engager, de quelque manière que ce soit, sur la voie des concessions. Cela nous éloigne trop d'Israël, et définit notre position une fois pour toutes. Je pense que c'est aux Russes – et non à nous – de faire le premier pas. » Je proposais la stratégie suivante : exiger de l'Union soviétique qu'elle perdît autant auprès de ses amis arabes que nous devions perdre auprès d'Israël. Cela garantirait des négociations plus justes et, en même temps, créerait quelque tension entre l'Égypte et l'U.R.S.S. Nixon accepta : Sisco se rendrait à Moscou, mais ne devrait pas modifier notre position quant aux frontières.

Sisco resta à Moscou du 14 au 17 juillet. Ses entretiens furent la réplique exacte de ceux qu'il avait eus les mois précédents à son retour ; lui-même était sceptique quant à la souplesse et aux intentions des Soviétiques. Il rapporta au Président que rien ne lui permettait de croire que les Soviétiques étaient prêts à faire pression sur Nasser en faveur des problèmes clés de la paix et des négociations directes : ils considéraient Nasser comme leur principal instrument au Moyen-Orient et refusaient de compromettre sa position politique ou son influence en le pressant de conclure la paix sur des bases autres que les siennes propres. Au lieu de faire pression sur Nasser, leur stratégie était plutôt de ne pas céder un pouce de terrain et de nous affaiblir, jusqu'au moment où nous accepterions d'imposer leurs conditions à Israël. Sisco en concluait, et je l'approuvais, que nous ne devions pas, nous non plus, céder de terrain.

La mission Sisco calma les désirs d'action pendant deux mois exactement. A ce moment-là, chose rare, la Maison Blanche et le ministère des Affaires étrangères se trouvèrent d'accord pour ne rien faire. Cependant, on pouvait s'attendre que l'activité diplomatique reprenne à l'automne : l'arrivée des dignitaires étrangers, dont certains appartenaient aux pays en conflit au Moyen-Orient, qui venaient assister à l'Assemblée générale des Nations Unies, devait donner l'idée et l'occasion de faire une autre tentative.

Encore une autre initiative

Ce fut d'autant plus vrai qu'en août les combats reprirent sur tous les fronts, et de façon particulièrement violente le long du canal de Suez. Les choses ne s'arrangèrent pas lorsqu'un déséquilibré australien mit le feu à la mosquée Al Aqsa de Jérusalem. Bien entendu, les Arabes en rendirent Israël responsable : Nasser et le roi Faiçal d'Arabie Saoudite appelèrent à une guerre sainte pour délivrer Jérusalem. Des terroristes détournèrent un avion de la T.W.A. sur Damas, où les passagers israéliens furent retenus prisonniers pendant plusieurs semaines. Le parti travailliste israélien proclama, en vue des élections de l'automne, qu'il avait l'intention de garder certains territoires occupés, quels que fussent les termes de la paix.

Ce tableau lugubre exigeait une révision de notre politique. Comme de juste, le ministère des Affaires étrangères poussait à prendre une initiative rapidement, tandis que j'insistais sur l'élaboration préalable d'une stratégie précise. Gromyko venant assister à l'Assemblée générale des Nations-Unies, Rogers et Charles Yost, notre ambassadeur auprès des Nations-Unies, demandèrent à Nixon l'autorisation de lui annoncer que les États-Unis acceptaient le principe d'un retrait jusqu'aux frontières de 1967, sous condition de garanties de sécurité suffisantes. Sisco, quant à lui, adoptait une attitude plus réservée.

Ces pressions illustrent ce que j'appelle la règle de base de la politique étrangère américaine : une fois que des concessions ont été envisagées – quel que soit leur bien-fondé –, elles finissent, d'une façon ou d'une autre par être réalisées : d'abord en raison des commentaires privés et des indiscrétions de la presse, puis parce qu'elles sont officiellement faites. Un Président qui permet de céder du terrain en pensant qu'il n'aura jamais à en affronter les conséquences se trompe lourdement. L'existence même des concessions diminue la ténacité avec laquelle la position adoptée est maintenue, et le processus se trouve encore accéléré si ces concessions sont proposées, et leur succès garanti, pour des raisons de prérogatives administratives et de vanités personnelles.

C'est ainsi qu'eut lieu, une fois de plus, le débat qui nous était devenu familier. Il se déroula le 11 septembre, lors d'une réunion du C.N.S. Les représentants du ministère des Affaires étrangères affirmaient qu'aucun progrès n'était possible si nous ne présentions pas les concessions auxquelles nous étions prêts (argument qui, s'il était poussé suffisamment loin, finirait par nous faire adopter la position soviétique sur tous les points). Je doutais de la sagesse d'une proposition qui serait certainement rejetée par Israël et pourrait bien l'être par l'Égypte elle-même, puisqu'elle contenait des conditions de paix qui avaient déjà été refusées par les Égyptiens. Lors de la prochaine manche, étant donné que nous nous serions engagés dans cette voie, on nous demanderait inévitablement de faire davantage de concessions et de les imposer à Israël.

Nous étions revenus aux controverses stratégiques d'où nous étions partis en février. Les partisans de concessions supplémentaires soutenaient que le temps travaillait contre nous : plus l'impasse durerait et plus notre position dans le monde arabe se détériorerait. Je soulignai que le contraire était vrai, et que nous avions intérêt à voir se prolonger l'impasse. En effet, elle obligerait l'Égypte à reconnaître que la tutelle soviétique et une politique étrangère extrémiste s'opposaient aux progrès, et que seuls les États-Unis pouvaient faire parvenir à un règlement ; elle démontrerait l'impuissance soviétique et, avec le temps, pourrait conduire à une transformation fondamentale de la politique étrangère arabe, et en particulier égyptienne. Rogers voyait dans les négociations bipartites le moyen d'obtenir l'aide de l'Union soviétique pour nous tirer de notre situation épineuse au Moyen-Orient ; je pensais que c'étaient les Russes qui se trouvaient en fâcheuse posture, car il leur était impossible d'atteindre leurs objectifs sans notre coopération, ou sans une guerre que leurs clients étaient condamnés à perdre. Si nous gardions notre sang-froid, il leur faudrait, tôt ou tard, payer le prix de notre aide, soit au Moyen-Orient, soit ailleurs dans le monde. Rogers craignait que les États-Unis ne se retrouvent isolés lors des négociations quadripartites : je pensais que c'était inévitable, et qu'aucun discours, aussi subtil fût-il, n'y changerait rien.

Avant la réunion du C.N.S. du 11 septembre, le Président avait demandé à John Mitchell de lui donner des conseils sur les conséquences qu'auraient, sur le plan national, les divers choix s'offrant à lui. Malgré son apparence de fumeur de pipe bourru et le sort que lui réservait l'avenir, Mitchell était un homme discret et rusé. Nixon accordait beaucoup de valeur à ses opinions : en effet, il veillait avec impartialité aux intérêts du Président, et plus d'une fois fit preuve de perspicacité. Mitchell mit le Président en garde contre l'épée de Damoclès suspendue au-dessus de sa tête – l'inévitable brouille avec Israël, sans espoir de conclure la paix.

Nixon était donc bien préparé à la réunion du C.N.S., et attaqua de front Rogers et Sisco : « Avez-vous jamais parlé aux Israéliens ? » leur demanda-t-il. Et comment pensaient-ils qu'Israël réagirait si nous acceptions le retour aux frontières de 1967 ? Rogers et Sisco l'assurèrent que les Israéliens seraient satisfaits de l'ensemble des propositions, puisqu'elles incluraient des éléments de leur propre définition de la paix. Je contestai cette affirmation, soulignant que si je ne me trompais pas et que nous n'étions pas prêts à faire pression sur Israël, nous perdrions la face devant les Arabes et nous ferions accuser non seulement de mauvaise volonté, mais aussi d'impuissance. Le Président décida de maintenir les négociations au niveau de la simple « prise de contact » jusqu'à la visite de Mme Meir ; il ordonna, dans l'intervalle, une étude des conditions de règlement posées par la Jordanie, la Syrie, et l'Égypte. Le C.N.S. peut bien ne pas être pris au sérieux en tant qu'organe proposant des choix : il a cependant l'avantage de fournir des prétextes pour retarder une décision.

Mitchell me confia, par la suite, que le Président n'avait pas d'idée arrêtée sur la manière dont il fallait procéder. Quelques semaines plus tard, Nixon m'apprit qu'il était d'accord avec moi, et qu'il valait mieux repousser le moment de faire des propositions précises afin de voir quelles tensions pourraient naître entre les Soviétiques et les Égyptiens : « Ils [les Russes] peuvent bien obtenir notre accord pour le sommet et pour le commerce, mais que je sois pendu s'ils obtiennent le

Moyen-Orient ! » Rogers et Sisco reçurent donc comme instructions de ne rien dire de nouveau lors de leurs entretiens avec Dobrynine.

Golda Meir

Golda Meir arriva à Washington le 25 septembre : c'était son premier voyage aux États-Unis depuis qu'elle était Premier Ministre. Elle avait une personnalité hors du commun. Son enfance dans la Russie des pogroms et sa jeunesse de pionnière dans la nature hostile de la Palestine lui avaient appris que seule la méfiance donne une chance de survivre et que seule la lutte permet d'y parvenir. Sur son visage irrégulier se lisait l'histoire d'un peuple qui avait trop bien appris de quelle inhumanité l'homme est capable. Son regard vigilant disait clairement qu'elle ne permettrait pas que le peuple qu'elle guidait connût les mêmes souffrances sans lutter. Et pourtant, elle désirait ardemment voir réaliser son rêve de paix, et son attitude parfois sarcastique ne pouvait jamais dissimuler que la mort d'un soldat israélien la touchait comme s'il se fût agi d'un membre de sa famille. Elle était l'un des fondateurs de son pays. Chaque pouce de terrain pour lequel Israël avait combattu lui apparaissait comme le symbole de la survie de son peuple : c'est pourquoi il serait obstinément défendu contre les ennemis et ne serait abandonné qu'en échange de sérieuses garanties de sécurité.

Golda Meir possédait un esprit pénétrant agrémenté d'un solide sens des réalités et d'un humour malicieux. Elle ne se laissait pas séduire par les discours élaborés, et n'était pas particulièrement intéressée par les subtilités techniques des négociations. Elle allait droit au cœur du problème, répondait à la suffisance par une attitude ironique, et dominait les conversations de sa personnalité et de sa perspicacité aiguë. Elle se comporta envers moi comme une tante bienveillante envers un neveu particulièrement aimé, de sorte que le simple fait d'envisager un désaccord entre nous était une attaque à un ordre familial et un outrage aux sentiments. C'était généralement calculé, d'ailleurs. Ma femme aime à dire que certaines des meilleures scènes de théâtre dramatique qu'elle ait vues se jouaient entre Golda Meir et moi-même quand nous n'étions pas du même avis.

Mme Meir traita le ministre Rogers comme si ce qu'elle avait entendu dire sur ses idées ne pouvait tout simplement pas être vrai : elle était certaine que s'il pouvait s'expliquer, il balaierait toutes les erreurs engendrées par l'inévitable inexactitude des dépêches d'information. Quant à Nixon, elle le salua comme un vieil ami du peuple juif, ce qui était nouveau pour ceux d'entre nous qui connaissions l'ambivalence de Nixon dans ce domaine. Mais cela donna à ce dernier une image à laquelle il devrait désormais se conformer, et il finit par faire beaucoup pour Israël, si ce n'est par affection, du moins en raison de la vision froidement calculatrice qu'il avait de l'intérêt national.

Golda Meir avait des choses simples à dire à Nixon : les États-Unis devaient empêcher Nasser de fuir ses responsabilités et de faire fixer les conditions de la paix par des tiers ; l'Union soviétique devait bien comprendre que les États-Unis ne permettraient pas la destruction d'Israël ; et les Arabes devaient se mettre dans la tête qu'Israël n'était pas faible. C'était à ces seules conditions que la paix serait possible.

Mais ce n'était pas en se laissant séduire par des généralités que Nixon était arrivé jusqu'à son poste. S'il s'inquiétait de la précipitation et de la lourdeur tactiques du ministère des Affaires étrangères, il n'en croyait pas pour autant que la paix viendrait automatiquement si nous nous contentions de rester sur nos positions. Il n'était pourtant pas prêt à faire pression sur Israël, essentiellement pour des raisons de politique intérieure, et il n'eut aucune difficulté à assurer Mme Meir de l'aide américaine en cas d'attaque soviétique. Il voulait en outre un Israël fort, car il se refusait à ce que les États-Unis mènent les batailles d'Israël – ce qui était exactement le point de vue de Mme Meir. Nixon pensait que Nasser ne deviendrait plus modéré que s'il se trouvait opposé à une puissance écrasante.

Malgré tout, devant les recommandations de son ministre des Affaires étrangères, il ne pouvait guère promettre que les États-Unis s'abstiendraient désormais de proposer de nouveaux plans de paix. Il s'embrouilla dans ses explications, donnant ainsi l'impression qu'il partageait davantage les soucis israéliens que son administration – ce qui était la vérité – et annonça qu'il échangerait « du *hardware* contre du *software* ». Il signifiait par là qu'il livrerait les armes demandées par Israël si ce dernier nous laissait quelque latitude pour mener les négociations – lesquelles, laissa-t-il entendre, n'iraient pas trop loin.

Il serait exagéré d'affirmer que Mme Meir était entièrement d'accord : plus exactement, elle donna son assentiment à un discours dont l'avenir seul révélerait tout le sens. Mais elle se réserva le droit de mener bataille, si cela devenait nécessaire ; elle choisirait alors comme adversaire quelqu'un de moins haut placé que le Président. Il se trouva que cette occasion ne tarda pas à se présenter : la formule « du *hardware* contre du *software* » utilisée par le Président avait transpiré dans la presse – d'une façon impliquant que les livraisons d'armes dépendraient désormais de la souplesse d'Israël pour les négociations. Les attaques virulentes de Mme Meir furent dirigées (probablement avec raison) contre le ministère des Affaires étrangères, qui avait reçu un compte rendu de l'entretien entre le Président et Mme Meir.

Une sérieuse bataille administrative menaçait d'éclater. Le 27 septembre, Dobrynine vint me voir et me répéta une fois de plus que l'U.R.S.S. proposait de décider d'une position commune aux États-Unis et à l'Union soviétique : il s'agissait cette fois de donner des lignes directrices à Jarring, le représentant spécial des Nations-Unies. Je rejetai cette proposition et affirmai que tant que les Soviétiques se montreraient peu coopératifs au Vietnam, une action commune dans tout autre domaine serait « difficile ». Je n'avais pas l'intention de collaborer avec l'Union soviétique quand celle-ci projetait manifestement de bénéficier de nos propres efforts. Mais mon refus ne fit que pousser Dobrynine à emprunter d'autres voies. Il continua ses entretiens intensifs avec Sisco en septembre et en octobre. Reprenant les problèmes traités pendant la visite à Moscou, Sisco et Dobrynine passèrent en revue mes divers points d'un éventuel règlement israélo-égyptien. Le 14 octobre, Sisco rapportait que les progrès réalisés sur le plan des procédures (il s'agissait, par exemple, de mener des négociations indirectes, comme celles menées vingt ans plus tôt par Ralph Bunche, sur l'île de Rhodes) étaient suffisamment importants pour permettre de passer, la semaine suivante, au problème des frontières.

Je ne croyais guère à « ces progrès ». Je pensais que les Soviétiques utilisaient le Moyen-Orient, ainsi que les négociations sur les armements stratégiques, pour faire revenir Nixon sur la menace de fixer le 1er novembre comme « date limite » pour le Vietnam (voir chapitre 8). La rencontre qui eut lieu le 20 octobre entre Dobrynine et le Président n'apaisa pas mes craintes : Dobrynine donna lecture d'un document rejetant carrément sur Washington toute la responsabilité de l'impasse au Moyen-Orient ; Nixon répliqua sèchement, et souligna que les Soviétiques s'étaient montrés d'une intransigeance absolue sur le problème du retrait israélien sans jamais spécifier quel sacrifice ils demanderaient à l'Égypte en retour ; quant à ce pays client de l'U.R.S.S., il avait perdu la guerre, perdu ces territoires, et n'avait pas à poser des exigences. Alors que Nixon mettait ainsi les points sur les i à Dobrynine, Sisco cherchait à obtenir l'autorisation d'informer celui-ci que nous avions décidé d'accepter éventuellement le retour aux frontières de 1967 en échange de garanties de sécurité : il voulait faire cette déclaration lors d'un entretien prévu pour le 28 octobre. Je discutai de ce projet avec le Président, qui reconnut avec moi que les Américains devaient s'abstenir de toute initiative avant la date limite du 1er novembre fixée pour le Vietnam. Nixon avait en fait carrément ordonné que tous les contacts avec les Soviétiques fussent suspendus jusqu'au moment où il aurait prononcé son grand discours sur le Vietnam, le 3 novembre. Sisco protesta, car Rogers avait déjà promis à Gromyko qu'il rencontrerait Dobrynine le 28 octobre (c'était là un argument bien peu convaincant, puisque Sisco pouvait toujours se désister). Cependant, Nixon était tellement absorbé par le Vietnam – il devait préparer son discours du 3 novembre et s'occuper du Moratoire – qu'il eut encore moins de courage que d'habitude pour affronter son ministre des Affaires étrangères. Il céda donc, mais à contrecœur. Selon son habitude, il chercha à protéger ses arrières en demandant à John Mitchell et à Leonard Garment – conseiller du Président, et en particulier conseiller pour les affaires juives – d'informer les chefs de la communauté juive qu'il se dissociait de l'action diplomatique menée par les Affaires étrangères. Il laissa fortement entendre qu'il ferait en sorte que rien ne sortît des manœuvres qu'il autorisait lui-même.

La situation était des plus bizarres : Nixon penchait pour ma stratégie tout en donnant son accord à la tactique de Rogers. J'ai déjà expliqué, au début de ce chapitre, pour quelles raisons Nixon laissait Rogers décider en grande partie de la politique envers le Moyen-Orient. Mais le Président comprenait parfaitement bien que ce type de diplomatie ne mènerait à rien : chaque fois qu'elle menaçait de conduire à un conflit, il suivait donc mes conseils et la faisait avorter. Et il se trouva, très curieusement, que cette politique pleine de hauts et de bas, où des projets grandioses finissaient par tourner court, se révéla, dans la pratique, correspondre à ce que j'avais cherché à obtenir en théorie : faire de nous l'axe des négociations et prouver l'incapacité des Soviétiques à réaliser des progrès. Tant que ceci n'avait pas été démontré, les États-Unis ne pouvaient rien gagner en menant une politique active. Nixon fut parfois tenté d'imposer un règlement. Fin 1969, par exemple, j'avais écrit, dans un de mes rapports, que le roi Hussein doutait très sérieusement de pouvoir conclure la paix en raison de l'intransigeance d'Israël. Nixon avait ajouté, en toutes lettres : « Je commence à croire qu'il nous faudrait envisager de prendre unilatéralement des mesures énergiques pour empêcher Israël de courir à sa perte. » Mais après réflexion, il s'était toujours abstenu de telles initiatives car, en 1969, elles auraient fait le jeu de l'Union soviétique et de ses clients, qui nous étaient ouvertement hostiles.

Le 28 octobre, Sisco finit par informer Dobrynine des concessions que les Affaires étrangères tenaient tant à proposer. Les États-Unis acceptaient donc officiellement le retour à la frontière de 1967 entre Israël et l'Égypte. Par ailleurs, les Affaires étrangères prévoyaient des conditions de paix et de sécurité qu'elles estimaient, sans preuve réelle, suffisamment séduisantes pour persuader les Israéliens de se retirer et pour convaincre les Russes de faire pression sur l'Égypte. Aucun de ces espoirs ne devait se réaliser.

Contrairement à ce qu'avaient prévu les Affaires étrangères, notre offre ne conduisit pas l'Union soviétique à s'engager. D'autre part, contrairement à ce que Nasser nous avait laissé croire, notre acceptation d'un retour à l'ancienne frontière ne contribua pas à améliorer nos relations avec l'Égypte. En fait d'amélioration, il prononça le 6 novembre devant l'Assemblée nationale égyptienne un brûlant discours affirmant sa volonté de reprendre possession des territoires occupés « par le fer et le feu » et non par le biais de « demi-solutions » politiques ; il accusa également les États-Unis de s'engager militairement pour le compte d'Israël. Nasser alla si loin que le ministère des Affaires étrangères, obéissant à une impulsion inhabituelle, qualifia son attitude « d'obstacle » à la paix. Peu après, le ministre égyptien des Affaires étrangères, Mahmoud Riad, qualifia notre plan de paix (y compris notre nouvelle position sur le problème des frontières) de « pire encore » que les propositions précédentes. La réaction d'Israël était encore plus prévisible : il rejeta en bloc les concessions faites sur la définition de la paix, qui devaient pourtant obtenir son assentiment. C'est en termes diplomatiques des plus vigoureux qu'il protesta contre notre acharnement à vouloir définir avec précision quelles seraient les frontières. Aux États-Unis, les partisans d'Israël s'alarmaient. Sur le terrain, les combats redoublèrent de violence, particulièrement le long du canal de Suez. En septembre 1969, un coup d'État renversa la monarchie en Libye et installa Kadhafi à la tête du pays : ces événements firent naître une vive inquiétude quant à l'avenir politique de la région, et nous ôtèrent les points d'appui dont nous jouissions dans ce pays. Au Liban la situation se détériorait, et nous eûmes à redéfinir d'urgence nos plans d'action au cas où une guerre civile éclaterait. Certains de nos amis, des dirigeants modérés du Moyen-Orient — le roi Hussein, le roi Hassan du Maroc, le prince Fahd d'Arabie Saoudite, le Chah d'Iran et les Libanais — nous exprimèrent, soit en personne, soit par l'intermédiaire d'émissaires, le désespoir qu'ils ressentaient devant la radicalisation croissante de la région.

Le plan Rogers

A la façon du parieur jouant de malchance, les partisans d'un rôle américain actif s'acharnaient à vouloir augmenter la mise. Sans tenir compte des positions bien nettes des deux parties, ils affirmaient qu'en continuant dans la même voie nous finirions par aboutir à un compromis; ils persistaient à croire qu'il était possible de fléchir l'intransigeance d'Israël sur le problème des frontières en améliorant les conditions proposées pour la paix. C'est ainsi que, fin novembre, les Affaires étrangères recommandèrent officiellement au Président de reprendre les entretiens quadripartites. Elles proposaient d'y présenter notre plan pour l'Égypte assorti d'un plan similaire pour la Jordanie, et reprenant largement les mêmes idées : nous ne pouvions faire moins pour un ami que pour un adversaire; et, de toute façon, le Président Johnson n'avait-il pas promis à la Jordanie, pour lui faire accepter la résolution 242, que les frontières seraient ramenées à celles de 1967, mis à part quelques rectifications mineures? Aux yeux du monde, cela nous donnerait une position équilibrée et pourrait servir de point de départ pour de futures négociations, en admettant même que celles d'aujourd'hui échouassent. Il ne fut pas précisé aux yeux de quel monde nous améliorerions notre position, ni quel bénéfice à long terme nous retirerions d'une proposition qui ne mènerait probablement à rien. Personne n'expliqua pourquoi ce projet jordanien devrait avoir un résultat plus heureux que le projet égyptien, ni ce qui justifiait telle accumulation de rebuffades.

Lorsque je transmis au Président la proposition des Affaires étrangères, je lui répétai mon sempiternel refrain: toutes ces initiatives étaient vouées à l'échec. Il était impossible d'imaginer un plan susceptible de mettre d'accord les deux parties : « Un tel plan exige d'exercer une énorme pression sur Israël et a toutes les chances de dresser les deux parties l'une contre l'autre : cela peut déboucher sur une guerre. » Je craignais qu'Israël, en désespoir de cause, ne lançât une attaque préventive; les pays arabes, eux, pouvaient adopter une attitude franchement hostile si nous ne réussissions pas à imposer nos conditions. Toutes les initiatives américaines qui avaient échoué avaient fait le jeu des Russes et renforcé les extrémistes.

Nixon convoqua le C.N.S. pour le 10 décembre, afin de reconsidérer notre ligne d'action. D'ici là, aucune proposition supplémentaire ne devait être faite. Néanmoins, le ministre Rogers avait prévu de présenter l'ensemble de notre politique au Moyen-Orient dans un discours qu'il prononcerait le 9 décembre: le choix de cette date ne laissait pas de surprendre, puisque ce discours serait prononcé avant même la réunion du C.N.S. qui devait décider précisément de la politique qu'il exposerait. Rogers assura le Président qu'il ne projetait aucune nouveauté : lui et Sisco réussirent à convaincre Nixon que ce discours ne préjugerait pas des décisions que le Président pourrait prendre lors de la réunion du 10 décembre (il s'agissait en fait d'une manœuvre pour contourner le C.N.S.: elle aurait échoué en toute autre circonstance et en tout autre temps).

C'est ainsi que le soir du 9 décembre 1969 Rogers s'adressa à la Conférence Galaxie sur l'Enseignement pour Adultes. Celle-ci regroupait certes d'éminents personnages, mais je n'ai toujours pas compris ce qui les poussait à réclamer une prise de parole officielle sur le Moyen-Orient. Le discours de Rogers devint célèbre sous le nom de « Plan Rogers ». Rogers souligna ce jour-là que notre politique était équilibrée, et que les deux parties devaient faire des concessions. Il décrivit les positions que Sisco et Yost avaient présentées lors des entretiens quadripartites et bipartites, et insista sur le fait que les conditions et les obligations de paix devaient être définies avec précision dans des domaines tels que la liberté de navigation et la souveraineté. En outre, des garanties de sécurité fiables devaient être arrêtées par les parties, avec l'aide de l'ambassadeur Jarring. Cependant, ce qui retint toute l'attention, ce fut sa présentation du problème des territoires :

> « S'il est vrai que les frontières politiques doivent être reconnues, définies et acceptées par les deux parties, nous croyons cependant que toute modification apportée aux frontières de 1967 ne devra pas porter la marque du vainqueur, et devra se limiter à des rectifications mineures indispensables à une sécurité mutuelle. Nous ne sommes pas favorables à l'expansionnisme ; nous pensons que les territoires doivent être évacués conformément à la résolution ; enfin, nous souhaitons la sécurité d'Israël, ainsi que celle des États arabes. »

Appliquant ces principes à un accord israélo-égyptien, Rogers proposa le retrait des forces armées israéliennes jusqu'à la frontière internationale entre Israël et l'Égypte.

Dans les heures qui suivirent, chacun prit ce discours pour cible : en effet, il reprenait précisément des points qu'avaient déjà rejetés les deux parties et se trouvait inévitablement attaqué de tous côtés. La presse arabe, essentiellement égyptienne, l'accusa d'être une manœuvre visant à faire croire aux Arabes que les États-Unis étaient impartiaux et à saper les relations entre l'Égypte et l'U.R.S.S. Les Soviétiques commencèrent par déclarer, de façon relativement conciliante, que le discours de Rogers venait bien « tardivement » et qu'il s'agissait en fait de savoir si les États-Unis presseraient Israël de se retirer. Puis la *Pravda* adopta la position égyptienne et accusa les Américains de vouloir dissimuler leur favoritisme envers Israël. Le lendemain du discours, le Cabinet israélien rejeta toutes les tentatives de définition des frontières faites par des éléments extérieurs au conflit. Le Premier ministre Meir déclara que Rogers « moralisait » et que les grandes puissances ne pouvaient conclure la paix à la place des intéressés. La Conférence des présidents des principales organisations juives d'Amérique exprima « sa vive inquiétude » ; elle fut imitée en cela par des membres du Congrès. Eban fut dépêché à Washington pour discuter avec les responsables américains.

C'est dans cette atmosphère des plus agréables que, le 10 décembre, le C.N.S. se réunit pour examiner la proposition des Affaires étrangères et décider si nous présenterions pour la Jordanie un plan similaire à celui pour l'Égypte. Laissons aux spécialistes de la psychologie administrative le soin de découvrir ce qui poussait le ministère des Affaires étrangères à persévérer dans une voie où tout permettait de prévoir un échec. Peut-être est-il plus facile de voir une politique disparaître d'elle-même que de l'abandonner délibérément s'il y a été engagé suffisamment de prestige administratif... Je déclarai à Rogers — non sans malice — qu'étant donné la portée de son discours, les États-Unis n'avaient pas grand besoin d'aller beaucoup plus loin. Mais j'aurais dû savoir que ce contretemps n'immobiliserait pas longtemps le rouleau compresseur : les Affaires étrangères demandèrent au Président l'autorisation de présenter officiellement aux Quatre les détails du plan de paix entre Israël et la Jordanie — plan qui ne devait, au départ, être qu'un « point de référence » — afin de « bien établir » la position américaine.

A présent, le débat était plus stylisé. Ceux qui voulaient faire des propositions précises pensaient que cela améliorerait notre position dans le monde arabe ; pour moi, si nous n'étions pas décidés à imposer ces propositions et nous contentions de les présenter, nous n'aurions au plus que deux à trois semaines de répit, au bout desquelles il nous faudrait à nouveau soit offrir davantage, soit accepter l'échec des négociations. Ceux qui proposaient d'être plus précis pensaient que l'Union soviétique pouvait être amenée à quelque modération ; j'étais, pour ma part, convaincu qu'un flot continu de concessions américaines la pousserait davantage à se faire l'avocat des extrémistes arabes. Enfin, les partisans d'une politique active voulaient faire passer les régimes extrémistes de notre côté en faisant des offres de plus en plus généreuses ; j'affirmais, quant à moi, que ces régimes ne pouvaient être achetés de la sorte : nous avions plus de chance de les modérer si nous faisions d'un changement de leur politique la condition *sine qua non* d'un engagement sérieux de la part des États-Unis.

A la réunion du C.N.S. elle-même, je contestai la valeur de l'hypothèse de base de notre diplomatie, qui voulait qu'une impasse prolongée renforçât la position de l'Union soviétique. Je pensais le contraire : plus cette impasse durerait, plus il deviendrait évident que l'Union soviétique était incapable de satisfaire aux désirs des Arabes. Avec le temps, ces derniers en concluraient nécessairement qu'une amitié avec l'U.R.S.S. n'était pas le moyen infaillible d'atteindre leurs buts : tôt ou tard, si nous gardions notre sang-froid, ces conclusions mèneraient à une remise en question de la politique extrémiste arabe elle-même.

Telle était ma stratégie. A partir de 1969, elle devint petit à petit notre politique (sur les cadavres des divers plans de paix dressés par les Affaires étrangères et réduits à néant par les passions des parties plutôt que par moi-même). En 1972 et 1973, cette stratégie commença à porter des fruits.

D'une certaine façon, le résultat de la réunion du C.N.S. du 10 décembre n'allait pas dans le sens de la discussion. Peu désireux de s'opposer à son ministre des Affaires étrangères, mais aussi peu préparé à affronter les conséquences d'une brouille avec Israël, Nixon décida de laisser proposer le plan pour la Jordanie, tout en tenant la Maison Blanche le plus possible à l'écart. Une fois de plus, il espérait orienter les critiques prévisibles vers les Affaires étrangères, tout en s'attirant le bénéfice diplomatique qui pourrait éventuellement être retiré de la présentation du plan. Le 17 décembre, donc, Nixon permit que le projet fût soumis aux Quatre. En même temps, il ordonna à Len Garment de donner des assurances personnelles à Mme Meir : nous n'irions pas plus loin, et nous ne chercherions pas à faire adopter notre proposition.

Si l'Administration fait traîner l'application de directives qu'elle désapprouve, il est par contre tout à fait remarquable de voir avec quel empressement elle exécute les ordres qu'elle approuve et qu'elle a peur de voir modifier : l'ambassadeur Yost présenta le plan jordanien le 18 décembre, c'est-à-dire moins de vingt-quatre heures après le feu vert du Président.

Malgré les assurances de Nixon, les Israéliens soulevèrent une tempête publique et privée contre le discours Rogers, contre la reprise des négociations à quatre, et contre le projet jordanien. Mme Meir appela son Cabinet à une réunion extraordinaire, afin de reconsidérer les relations entre Israël et les États-Unis. Un fonctionnaire israélien rapporta à Len Garment que Mme Meir était « amèrement déçue » et « profondément attristée », et jugeait la situation « scandaleuse » et « catastrophique ». Le ministre des Affaires étrangères Eban accusa publiquement les États-Unis d'avoir dissimulé à Israël certains détails du projet jordanien avant de le soumettre, alors même qu'il avait rencontré Rogers le 16 décembre. Les Affaires étrangères répliquèrent que Rogers avait tracé à Eban les lignes principales du projet. Le 22 décembre, une délégation des chefs de la communauté juive américaine vint exprimer son inquiétude à Rogers. Le Cabinet israélien fit une déclaration rejetant carrément les propositions américaines : Mme Meir, disait-on, les considérait comme une dangereuse « complaisance » envers les Arabes.

Pour apaiser les craintes israéliennes, Sisco suggéra d'expliquer que les positions du gouvernement Nixon différaient peu de celles du gouvernement précédent – confirmant par là cette constante de notre politique selon laquelle un gouvernement n'est jamais aussi soucieux de parler de continuité que lorsqu'il se trouve en difficulté. Sisco recommanda en outre que l'on décidât au plus tôt de fournir l'aide économique et militaire demandée par Israël. Nixon donna son accord. C'est ainsi que chaque étape des négociations qu'Israël désapprouvait se trouva doublée d'une augmentation des programmes d'aide aux Israéliens, sans pour autant assurer une véritable communion d'idées.

Évolution de la stratégie

En moins de neuf mois, nous étions passés de la discussion de principes généraux à la présentation de plans précis ; pourtant, aucun progrès diplomatique n'avait été réalisé. Nos relations avec l'Égypte ne s'étaient pas non plus améliorées. Nous avions peu de contacts directs avec l'Égypte, et Nasser avait de bonnes raisons de croire que plus il attendrait, plus nous ferions des offres avantageuses. Pourquoi aurait-il sacrifié ses liens avec l'U.R.S.S. et sa politique radicale au soutien américain, puisque les États-Unis faisaient périodiquement de nouvelles propositions, même si elles n'avaient pas de réciproque ? Notre proposition sur le problème des frontières avait progressivement évolué : elle était passée de « la marque du vainqueur » à « des rectifications » puis à « des modifications mineures ». Les Arabes extrémistes ne nous avaient pas payés de retour en changeant d'attitude envers le problème capital de la paix. En outre, l'Union soviétique ne comprenait pas encore que c'était surtout à son désavantage que l'impasse se prolongeait : elle se contentait d'ajouter ses critiques à celles de Nasser. Le 23 décembre, après deux mois d'attente, les Soviétiques avaient fini par répondre à notre proposition du 28 octobre, laquelle acceptait essentiellement le retour aux frontières de 1967. Mais ce ne fut que pour la rejeter. Dobrynine se plaignait à moi que les négociations sur le Moyen-Orient n'avançaient pas et ne menaient à rien. Il me dit que Moscou voulait à présent traiter du Moyen-Orient avec la Maison Blanche, car il était manifeste que de tels problèmes ne pouvaient se résoudre « qu'au plus haut niveau ». Je lui répondis que nous avions peu de chose à ajouter à nos précédentes déclarations. Comme ils le firent si souvent, les Russes nous avaient sauvés en poussant trop loin leur avantage : les entretiens à quatre et à deux étaient bien morts. A présent, Nixon partageait entièrement mon point de vue : il était encore trop tôt pour un règlement. Cependant, il préférait laisser notre entreprise s'essouffler d'elle-même, plutôt que de l'interrompre par un ordre tranchant.

Pendant l'hiver, je m'efforçai de rendre compte des idées du Président en préparant son premier rapport sur la politique étrangère au Congrès. Afin de couper court à toute attente excessive du public, le premier projet de rapport comprenait une phrase décrivant le conflit israélo-arabe comme « insoluble ». Ce fut un tollé général aux Affaires étrangères, qui déclarèrent que cette affirmation pessimiste réduisait tous leurs efforts à néant. Je préférais éviter un conflit, aussi j'atténuai cette phrase. Dans la version définitive du rapport (qui fut publiée le 18 février),le problème israélo-arabe comportait « de sérieux éléments insolubles ». Cela calma les spécialistes du Moyen-Orient. Néanmoins, la maladresse de cette expression reflétait le caractère artificiel du compromis administratif. On ne pouvait mieux illutrer le vieil adage selon lequel un chameau est un cheval dessiné par un comité.

Cependant, à travers l'impasse diplomatique, les problèmes sous-jacents étaient devenus clairs ; les positions officielles des parties ne représentaient que le sommet visible d'un iceberg. Les États arabes, à l'exception de la Jordanie, n'étaient pas prêts à conclure une paix réelle qui se traduirait par des relations normales avec Israël ou par des garanties de sécurité concrètes. De son côté, Israël n'avait pas l'intention de restituer tous les territoires occupés — et probablement, même dans le cas où ses conditions de paix seraient acceptées. Aucun doute là-dessus : le conflit entre les deux parties était bien insoluble.

Nasser comptait sur nous pour le tirer de la situation fâcheuse dans laquelle l'avait placé sa témérité de 1967. Néanmoins, il refusait de sacrifier son rôle de champion du nationalisme extrémiste arabe, qui le contraignait à adopter une attitude ouvertement antiaméricaine devant la plupart des problèmes internationaux. Il refusait également d'abandonner l'illusion selon laquelle le chantage soviétique était la meilleure façon de gagner l'appui des États-Unis. Cette conviction le poussait à mener la plupart des négociations par l'intermédiaire de Moscou au lieu de traiter directement avec nous. De leur côté, soit par manque d'imagination, soit pour se conformer à leur rôle de défenseurs du nationalisme extrémiste, les Soviétiques se contentaient de se faire les avocats intransigeants des exigences excessives des Arabes. Pour quelle raison aurions-nous donc retiré une épine du pied de Nasser ? C'est ainsi qu'en 1969 tous les projets de négociations étaient voués à l'échec.

Mais, au milieu de ces troubles, la force inhérente à la position des États-Unis au Moyen-Orient se révéla peu à peu. La paix ne pouvait se conclure sans notre aide : nous seuls – et non l'Union soviétique – pouvions influencer Israël. Celui-ci était trop puissant pour céder à une pression militaire arabe, et nous avions les moyens d'empêcher toute activité diplomatique tant que les Arabes ne se montreraient pas prêts à payer de retour les concessions accordées par Israël. Si nous restions fermes et ne nous laissions pas impressionner, le caractère central de notre position deviendrait de plus en plus évident. Nixon jouait sur deux tableaux : il croyait en la valeur de ma stratégie, mais donnait son accord à la tactique des Affaires étrangères (pour la faire échouer ensuite). Par la même occasion, et en partie par défaut, nous nous mîmes à adopter la politique que je souhaitais voir appliquer. L'impasse administrative eut pour résultat celui que je cherchais à obtenir sur le plan politique : une action infructueuse qui, le temps aidant, devait nécessairement conduire au moins certains dirigeants arabes à se demander s'il était bon de se placer sous l'aile soviétique et d'adopter une attitude extrémiste pour parvenir à leurs fins. Quand il serait clair – pour une raison ou pour une autre – qu'on nous extorquait un règlement, les dirigeants arabes comprendraient peu à peu que leur intransigeance et les pressions exercées sur nous par les Russes étaient les causes de la stagnation. Je pensais qu'ils finiraient donc par recourir à nous.

C'est ainsi qu'en 1969, non sans débat et beaucoup d'hésitations, furent posées les bases qui permirent, par la suite, le renversement des alliances au Moyen-Orient. Mais cette étape demanda encore beaucoup de temps, d'autres crises et une guerre douloureuse.

11.

Une alliance difficile : l'Europe et les États-Unis

Les dilemmes posés par les succès de l'Europe

Depuis 1960, chaque gouvernement est entré en fonctions convaincu que son prédécesseur négligeait les relations atlantiques, proclamant qu'il comblerait cette lacune en priorité, et promettant des programmes nouveaux et audacieux. Aucun de ces gouvernements n'a jamais réussi l'amélioration spectaculaire qu'il se proposait : curieusement, plus on y dépensait d'énergie, plus les problèmes semblaient se multiplier.

Ce n'était pas par accident. Une nostalgie perpétuelle remonte au Plan Marshall. Une audacieuse proposition américaine avait soulevé l'enthousiasme et la reconnaissance de l'Europe ; une foule d'organismes atlantiques et européens avaient été créés pour réaliser un projet grandiose. Le rêve secret de la politique étrangère américaine devenait réalité : pour jouer son rôle de guide moral, l'Amérique jouissait enfin d'un consensus spontané et authentique ; la coopération était possible sans la moindre ombre de coercition ; et les concepts « dépassés » d'intérêt national et de politique de puissance se trouvaient enfin bannis.

Dans l'exaltation grisante de l'après-guerre, on ne pensa pas un instant que l'attitude de l'Europe n'était peut-être pas aussi originale qu'elle le semblait : elle était, en fait, parfaitement compatible avec un sens aigu des intérêts nationaux. Sur le plan pratique elle permettait à un continent exsangue et ravagé d'obtenir protection, aide économique et technologie, sans rien donner en retour. Et pourtant, toute une génération y vit le modèle idéal des relations internationales. Les dirigeants américains n'y avaient jamais réfléchi : la générosité rend l'hégémonie supportable, elle ne la rend pas pour autant agréable. Les problèmes se poseraient non pas pendant les années où se noueraient ces « nouveaux » liens atlantiques, mais lorsque les buts poursuivis seraient atteints. Que l'Europe retrouve sa puissance économique et son assurance politique, et que les pays européens soient en mesure de défendre leurs propres points de vue, en d'autres termes, que de vrais choix s'offrent à eux, alors nous saurions si nous avions participé à la naissance d'une ère nouvelle ou à la restauration de structures traditionnelles.

Les années 1960 marquèrent le début de cette période de vérité. Certes, de nouvelles et importantes institutions avaient vu le jour. Dans aucune de nos relations internationales, la consultation n'était aussi étroite et naturelle. L'intégration économique de l'Europe favorisait le commerce mondial et les exportations américaines au lieu de leur nuire, comme certains l'avaient craint. L'Europe était en marche vers l'unité politique, même si elle n'empruntait pas toujours les chemins que nous souhaitions. En même temps, la réalisation des objectifs fixés dans les années 1940 commençait à alimenter les malentendus et les tensions. En gagnant en puissance, l'Europe gagnait aussi en assurance : les entretiens ne fournissaient plus seulement l'occasion d'approuver les États-Unis, mais aussi, et de plus en plus, celle d'exprimer des divergences. Les dirigeants américains qui avaient cru signer la mort du nationalisme dans la zone atlantique se tournèrent vers ce qu'on appela « les grands jours du Plan Marshall », avec une nostalgie que transcendait un incontestable succès.

Mais, dans les relations internationales, on ne peut entreprendre de nouvelles constructions à intervalles trop rapprochés ; leur succès même exclut toute répétition dans l'immédiat. En fait, tenter de transformer un tour de force isolé en stéréotype peut même faire échouer ces entreprises. Inévitablement, au fur et à mesure que l'Europe de l'après-guerre prenait forme, les relations atlantiques devenaient plus mondaines, et les problèmes moins inquiétants. Paradoxalement, la coopération atlantique connut ses plus grands succès lorsqu'elle se consacra à entretenir l'ordre dans la maison ; l'acrimonie s'installa dès que son but devint « architectural ». Il n'en fut pas autrement sous le gouvernement Nixon. A l'instar de ses prédécesseurs immédiats, ce dernier vit ses efforts couronnés de succès tant que ses objectifs restèrent modestes : faire naître la confiance, insister sur les délibérations, maintenir un consensus national pour le déploiement de nos forces en Europe, et laisser à l'Europe la charge de son intégration. Cependant, pendant cette période, nous fûmes accusés de « négliger nos alliés ». Par la suite, lorsque nous décidâmes de travailler à la traditionnelle « revitalisation », nous eûmes à faire face au même problème que nos prédécesseurs et successeurs : il est impossible de fonder une politique étrangère sur la recherche abstraite d'un accomplissement psychologique.

Dans les premières années du gouvernement Nixon, l'Alliance occidentale était en ébullition, en grande partie du fait d'initiatives européennes : efforts de Wilson pour assurer l'entrée de la Grande-Bretagne dans le Marché commun, « Ostpolitik » de Brandt, désir de De Gaulle, puis de Pompidou, de renouer avec les Américains. Nous n'avons pas cherché à faire de grands éclats, mais nous avons doucement encouragé l'admission de la Grande-Bretagne dans le Marché commun. Nous avons joué un rôle décisif pour le succès final de l'Ostpolitik et des négociations de Berlin ; enfin, nous avons défendu avec succès le déploiement des troupes américaines en Europe, que le Congrès cherchait farouchement à réduire.

Je résumai notre activité en Europe dans un rapport adressé au Président. Ce rapport fut en fait rédigé en mars 1970 mais il convient d'en parler ici. Nixon m'avait demandé si, compte tenu de l'intégration de l'Europe, il était encore nécessaire pour les États-Unis d'assurer le leadership dans les affaires atlantiques. Il cherchait manifestement à être rassuré. Il avait, depuis son enfance, été imprégné des convictions de la génération d'Arthur Vandenberg, grâce auxquelles les deux partis américains avaient soutenu notre alliance sans précédent avec l'Europe. La question de Nixon était du même ordre que les doutes qui l'assaillaient de temps en temps, quand il envisageait de ne pas solliciter un second mandat. Chaque fois qu'il s'inquiétait de son avenir politique, il cherchait en fait à se faire confirmer qu'il était indispensable. En ce qui concernait l'Europe, il voulait m'entendre réaffirmer l'article de foi de son apprentissage de la politique : les États-Unis devaient garder le leadership.

Je n'avais pas à me forcer pour rendre ce verdict : c'était l'essence même de mes propres convictions. J'affirmais que le poids et le leadership des États-Unis restaient indispensables, car, malgré tous leurs progrès économiques, les Européens n'avaient tout simplement pas atteint la cohésion, la stabilité intérieure ou la force de volonté nécessaires pour faire le poids face à la puissance soviétique. L'unité de l'Alliance, écrivais-je, requiert trois choses des États-Unis.

En premier lieu, nous devions faire preuve de modération dans nos rapports avec l'Union soviétique. Si nous montrions trop de hâte, les nations européennes commenceraient à craindre une collusion entre les États-Unis et l'U.R.S.S. Cela les pousserait à multiplier les initiatives, peut-être au mépris de toute prudence, pour assurer leur protection en traitant avec les Soviétiques. Mais, paradoxalement, si les États-Unis se terraient dans les tranchées de la Guerre Froide, le résultat serait le même : dans ce cas, les dirigeants européens seraient tentés de se poser, devant leurs peuples, en « médiateurs » entre des superpuissances belliqueuses. Les États-Unis devraient donc mener une politique prudente envers l'Union soviétique : assez ferme pour maintenir l'intérêt à l'égard d'une défense commune, et assez souple pour empêcher nos alliés de se précipiter vers Moscou.

Deuxièmement, nous devions être méticuleux dans la consultation. Il fallait convaincre nos alliés que leurs intérêts vitaux seraient pris en compte lors de négociations du type SALT. Si notre propre conduite n'était pas irréprochable, nous ne pourrions pas attendre la réciproque des Européens.

En troisième lieu, enfin, il nous fallait éviter de réduire unilatéralement nos forces en Europe, que ces réductions fussent imposées par des contraintes financières ou par la nouvelle humeur isolationniste du Congrès. C'était là un problème fondamental pour notre gouvernement, car des réductions importantes, de quelque type que ce fût, affaibliraient gravement l'O.T.A.N. et encourageraient les désirs de soumission à l'Union soviétique.

Tels étaient les principes que nous avons cherché à appliquer dans nos relations avec nos alliés de l'Atlantique. Nos efforts n'ont pas toujours été couronnés de succès, mais les premières années du gouvernement ont vu se réaliser des progrès encourageants.

Consultations

Conformément aux promesses faites par Nixon lors de son premier voyage en Europe, début 1969, nous eûmes, dans les mois suivants, de fréquents contacts avec les nations alliées. En mars 1969, à Washington, Nixon rencontra le Premier Ministre canadien Pierre Trudeau. Les relations du Canada avec l'O.T.A.N. ont toujours été particulières : à l'inverse des pays européens, le Canada n'était pas directement menacé ; à l'inverse des États-Unis, il ne pouvait jouer un rôle décisif dans la défense commune. La contribution canadienne à la défense resterait marginale par rapport à celle des principaux pays européens ou des États-Unis. Par conséquent, les liens du Canada avaient surtout un caractère fortement symbolique. Prêt à fournir quelques forces militaires pour soutenir le principe de la sécurité collective, il encourageait fortement, en même temps, toute mesure de nature à diminuer les tensions.

Par sa position quelque peu détachée jointe à la grande valeur de ses dirigeants, le Canada jouissait d'une influence disproportionnée par rapport à sa contribution militaire. Il menait une politique étrangère d'envergure mondiale ; il participait aux efforts internationaux pour le maintien de la paix ; il contribuait de façon constructive au dialogue entre les pays industrialisés et les pays en voie de développement. En même temps, il entretenait des relations spéciales avec les États-Unis : les deux tiers de son commerce se faisaient avec nous ; son économie dépendait à un tel point de la nôtre que cela lui posait un véritable problème intérieur. En fait, le Canada était déchiré par des contradictions qui, si elles étaient différentes de celles de l'Europe, ne créaient pas moins des situations complexes. Il lui fallait garder d'étroites relations économiques avec les États-Unis mais, de temps en temps, manifester bruyamment son indépendance. Concrètement parlant, son besoin des marchés américains était en conflit constant avec la tentation d'imposer des mesures économiques discriminatoires ; et l'instinct qui le poussait à participer à la défense commune s'opposait au désir de rester en dehors de la bataille et de se poser en arbitre international. Convaincus de la nécessité de coopérer et poussés à la confrontation par des impératifs nationaux, les dirigeants canadiens disposaient d'une étroite marge de manœuvre dont ils tiraient, avec une habileté extraordinaire, le plus grand parti.

On ne saurait dire que Nixon et Trudeau étaient parfaitement faits pour s'entendre. Trudeau, issu d'une vieille famille québécoise, était un homme racé, brillant, énigmatique, intellectuel : comment cela n'aurait-il pas réveillé les rancœurs de Nixon envers « ces hommes du monde » qui, pensait-il, l'avaient toujours regardé de haut ? Nixon méprisait le goût que manifestait Trudeau pour la vie mondaine. Il tendait également à penser que son attitude envers la défense et, de façon générale, envers l'Est manquait de fermeté. Et pourtant, lorsqu'ils se trouvaient ensemble, Trudeau traitait Nixon sans la moindre trace de condescendance, et Nixon lui accordait respect et attention. Ils travaillaient ensemble sans gêne apparente. Ils réglaient les questions pendantes et ne se laissaient aller à des commentaires personnels moins charitables que de retour chez eux.

Il n'en fut pas autrement lors de leur première rencontre. Trudeau approuva la position de Nixon sur la défense antimissile. Les bruits selon lesquels il retirerait le Canada de l'O.T.A.N. se révélèrent sans fondement. Nixon et Trudeau laissèrent aux spécialistes le soin de régler les problèmes économiques. Ils se mirent d'accord pour se consulter fréquemment, et le firent effectivement. Les relations américano-canadiennes démontrèrent que l'intérêt national peut passer par-dessus les sympathies personnelles.

Fin mars, la mort du Président Eisenhower attira à Washington une galaxie de dirigeants européens, dont Charles de Gaulle. Celui-ci arriva en uniforme de général de brigade. Nixon me dépêcha à l'ambassade de France pour lui souhaiter la bienvenue et mettre à sa disposition le réseau de communications de la Maison Blanche. Malgré un séjour de quatre ans à Londres, de Gaulle n'utilisait jamais l'anglais : ce jour-là, il montra qu'il était sensible à notre offre en répondant justement dans cette langue : « *Tell your President that he is a very courteous man* *. »

La rencontre entre Nixon et de Gaulle, qui devait être la dernière, se déroula dans le Bureau ovale. J'avais vivement conseillé à Nixon d'éviter « tout propos pouvant laisser entendre que vous partagez l'amertume du Général envers le gouvernement Wilson » – amertume tenace engendrée par l'affaire Soames (voir chapitre 4). En réalité, de Gaulle procéda avec Nixon à un tour d'horizon reprenant la plupart des thèmes traités un mois plus tôt à Paris. Il y ajouta cependant une note nouvelle : il mit Nixon en garde contre une coopération au-delà de toute prudence avec l'Allemagne. Il désapprouvait un accord récemment conclu entre les Anglais et les Allemands, au sujet d'un procédé de production d'uranium enrichi pour les réacteurs nucléaires. Il craignait en effet que cela n'ouvrît à l'Allemagne la porte du club des puissances nucléaires ; or il fallait prendre soin de ne pas réveiller les ambitions impérialistes qui avaient déchiré l'Europe par deux fois depuis le début du siècle. Nixon répondit poliment qu'il souhaitait le maintien de relations étroites, amicales et durables entre la France et l'Allemagne.

Ce jour-là, de Gaulle dégageait une impression de détachement mélancolique ; se posant déjà en spectateur de ses propres actions, parlant dans l'abstrait d'un avenir qu'il ne façonnerait pas, il le savait, présageant ainsi son départ quelques semaines plus tard. Il me rappela une histoire poignante que le Chancelier Kiesinger m'avait racontée à Bonn, quelques semaines auparavant, et dont il avait conclu que de Gaulle ne resterait plus longtemps chef d'État. Lors de l'un de leurs entretiens habituels, de Gaulle avait, selon Kiesinger, décrit les relations franco-allemandes ainsi : « Les Allemands et nous avons parcouru ensemble une longue

* « Dites à votre Président que c'est un homme très aimable. »

route : nous avons traversé des forêts infestées d'animaux sauvages ; nous avons franchi des déserts brûlés par le soleil ; nous avons escaladé des sommets enneigés. Tout cela à la recherche d'un trésor caché, pour lequel nous nous sommes généralement combattus et pour lequel nous avons tout récemment uni nos forces. Et voilà que nous avons appris que ce trésor caché n'existait pas, et qu'il ne nous restait que l'amitié. »

Les funérailles d'Eisenhower fournirent aussi l'occasion de discuter d'une question fondamentale de défense, qui fut soulevée par un vieil ami, Denis Healy, alors ministre de la Défense du Royaume-Uni. Nous nous connaissions depuis le milieu des années 50, époque où nous avions tous deux écrit sur les problèmes stratégiques. C'était un homme brillant, sociable, extraordinairement cultivé et implacable dans la discussion. Sa pensée toujours en mouvement le menait parfois à changer ses positions plus vite que ses admirateurs ne pouvaient s'y faire. Néanmoins, s'il était, comme la plupart des hommes politiques, très sensible aux humeurs du jour, il était toujours constructif et stimulant.

Healey m'avait envoyé une lettre personnelle dans laquelle il me demandait ce que nous penserions d'un regroupement des nations d'Europe occidentale au sein de l'O.T.A.N. pour qu'elles se concertent en matière de défense. Ce projet d'un groupe européen sur la défense soulevait une question intéressante. Si les « intégrationnistes », au sein de notre administration comme en dehors, souhaitaient avec ferveur une unité économique européenne, ils s'opposaient par contre farouchement à une identité européenne dans le domaine de la défense, car ils craignaient que cela ne divisât l'Alliance. A mon avis, c'était plutôt le contraire. Sur le plan économique, l'Europe et l'Amérique étaient, dans une certaine mesure, rivales ; bien plus, cette compétition ne comportait ni risque ni pénalité. Sur le plan militaire, il était inconcevable que l'Europe pût jamais trouver avantage à se passer du soutien américain. Ses intérêts vitaux et les nôtres se complétaient, et la pénalité entraînée par une action indépendante était écrasante. J'étais convaincu qu'une identité européenne dans le domaine de la défense pousserait moins à la division que cette unité économique que tous les responsables américains, moi compris, appelaient de leurs vœux. Ce n'était qu'en parvenant à une certaine indépendance que l'Europe comprendrait la nécessité de renforcer sa défense.

Je jugeai la question assez importante pour demander au Président en quel sens je devais répondre à Healey :

> « Certains de nos fonctionnaires... ont souligné qu'un groupement européen pouvait mener à la formation autour de la France d'une troisième force dont l'anti-américanisme serait le principal moteur d'unification...
>
> Je pense que tous les efforts pour parvenir à une plus grande cohérence européenne au sein de l'O.T.A.N. vont dans le sens de vos intérêts, même s'ils posent quelques problèmes à court terme. Une telle cohérence accrue serait tout à fait dans la ligne de ce que vous avez dit, à savoir qu'il était souhaitable, à plus long terme, de pouvoir traiter l'Europe en véritable partenaire, et davantage d'égal à égal. »

Je proposai donc d'informer Healey que nous étions, de façon générale, favorables à un tel projet, dès lors que ce groupe ne visait pas à isoler la France ; nous serions, en outre, prêts à déclarer aux autres pays européens « qu'une Europe parlant d'une voix plus forte assurerait une association atlantique plus équitable, et donc plus productive ». Nixon approuva. L'« Eurogroupe » prit forme peu à peu, mais sans qu'émerge un consensus européen. Cela tenait à un désaccord sur la structure politique de l'Europe. La France voulait que l'Europe parle d'une seule voix, mais en dehors de l'O.T.A.N. ; elle liait l'initiative britannique à une manœuvre pour faire entrer la Grande-Bretagne dans le Marché commun. L'administration américaine malgré la décision du Président n'était guère enthousiaste : elle soutenait le projet du bout des lèvres, et quand cela lui était possible, s'opposait subrepticement à sa réalisation. Quant aux autres pays européens, leur attitude était contradictoire : ils souhaitaient théoriquement l'unité, mais craignaient, en tentant de créer une identité européenne au sein de l'O.T.A.N., de fournir aux États-Unis un prétexte pour réduire leurs forces militaires en Europe.

Ces diverses attitudes furent à nouveau mises en lumière lorsque les ministres des Affaires étrangères et de la Défense se réunirent à Washington pour célébrer le vingtième anniversaire de l'Alliance. Dans un rapport rédigé le 9 avril, j'avais pressé Nixon de souligner que nous voulions maintenir des forces importantes en Europe mais en marquant bien que le soutien du Congrès américain dépendrait de contributions proportionnelles de la part de nos alliés. Par ailleurs, il devait détromper ceux qui voyaient la détente à portée de la main simplement parce que le ton des Soviétiques s'était radouci. Il fallait montrer que nous étions, de façon générale, prêts à chercher des terrains d'entente concrète avec l'Union soviétique, plutôt que des changements d'atmosphère. Enfin, en ce qui concernait les dispositions intérieures à prendre par l'Europe, je proposais d'encourager une plus grande coopération, entre les pays européens membres de l'O.T.A.N. Néanmoins, nous devions éviter de prôner une méthode particulière : nous ne devions ni participer à aucune manœuvre visant à isoler la France, ni laisser croire qu'il y aurait des avantages spéciaux à se dégager de l'Alliance.

Par-dessus tout, je pressai le Président de souligner le principe selon lequel « la sécurité de l'Alliance devait être conçue, dans son ensemble, non seulement comme une protection matérielle contre une attaque extérieure, mais aussi comme la capacité de nos pays à faire face aux problèmes qui se posaient *au sein de nos sociétés* ». Afin de développer le sens d'un intérêt commun allant au-delà de la défense, j'avais repris une idée de Pat Moynihan qui proposait la création d'une Commission sur les défis lancés à la société moderne. En tant que nations modernes industrielles, nous partagions tous les problèmes posés par la protection de l'environnement ou le développement des transports : les ressources et l'imagination des pays occidentaux pouvaient certainement être mises au service de la qualité de la vie. En outre, je recommandai au Président de concrétiser sa volonté de consulter plus fréquemment nos alliés en proposant que les adjoints des ministres des Affaires étrangères se rencontrent au moins une fois entre les réunions semestrielles des ministres eux-mêmes. Ils pourraient ainsi tenter de planifier à plus long terme, en particulier dans le domaine des relations Est-Ouest. Nixon accepta mes recommandations et les exposa avec éloquence devant le Conseil de l'Atlantique Nord, en avril 1969.

Nos alliés se plaignaient depuis des années d'une attention inadéquate des États-Unis et de l'insuffisance des consultations. On aurait donc pu s'attendre que nos propositions soient accueillies avec enthousiasme. Mais c'était ignorer les courants psychologiques souterrains. Lorsque l'Alliance réclamait passionnément des consultations, elle désirait en fait limiter la liberté d'action des États-Unis. Nos alliés, en revanche, n'étaient pas également disposés à limiter la leur. Le mécanisme de planification politique allait à l'encontre de l' « indépendance » recherchée par la France, et fut accueilli avec tiédeur par l'Allemagne fédérale qui plaidait pour une politique plus nationale. Quant à la proposition de créer une Commission sur les défis lancés à la société moderne, on lui opposa que l'O.T.A.N. n'avait pas été conçue pour traiter de tels problèmes – on était loin de ce que *tous* les dirigeants avaient déclaré, en privé, à Nixon, lors de son voyage en Europe, à savoir que la défense commune ne suffisait plus à inspirer la nouvelle génération.

Le communiqué final de la réunion commémorative d'avril fut par conséquent extrêmement réservé. Il demandait de « considérer » le problème des rencontres périodiques entre adjoints aux ministres des Affaires étrangères que proposait le Président, et « d'examiner » la manière dont les pays pourraient « parvenir à un meilleur échange d'idées et d'expérience... soit dans le cadre d'organismes internationaux adéquats soit de toute autre façon, pour donner un meilleur environnement à leurs sociétés »... Maintenant, l'Europe faisait preuve d'ambivalence devant les initiatives majeures prises par les États-Unis : elle accueillait favorablement les engagements américains, tant que ceux-ci ne limitaient pas sa propre liberté d'action. Dans le même temps, aux États-Unis, le nouveau gouvernement commençait à découvrir que le respect et, à plus forte raison, l'extension de nos engagements en Europe étaient de moins en moins bien acceptés. Jusqu'à la fin du mandat de Nixon, nous aurions à naviguer entre ces écueils.

Le départ de De Gaulle et l'unité européenne

En fait, nous réussîmes en 1969 à calmer la plupart des tensions de l'Alliance Atlantique dont nous avions hérité lorsque nous étions entrés en fonctions. Nixon tenait de Gaulle en haute estime, et celui-ci le lui rendait bien. Certes, le Général n'avait rien changé à ses principes de base, mais il ne cherchait plus aussi catégoriquement à les imposer. L'accueil réservé à Nixon en France, la présence de De Gaulle au dîner offert en retour par l'ambassade des États-Unis, la courtoisie dont il fit preuve en se rendant aux funérailles d'Eisenhower – tout cela contribua à détendre l'atmosphère. A son tour, cette amélioration dans les relations franco-américaines sembla diminuer l'obstacle que les relations particulières entre les Anglais et les Américains posaient à l'entrée de la Grande-Bretagne dans le Marché commun. Ces tendances s'accentuèrent lorsque le Président de Gaulle donna brusquement sa démission le 27 avril 1969, à la suite d'un référendum, qui lui avait été défavorable, relatif à des problèmes secondaires : la structure des autorités locales en France, et une réforme du Sénat. Démissionner sur des problèmes de cet ordre donna à penser que le but de ce référendum était, au moins en partie, de fournir à de Gaulle un prétexte pour quitter la Présidence. Il avait accompli les actions d'éclat exigées par les crises qui l'avaient amené au pouvoir. Il avait consolidé de nouvelles institutions politiques. Il avait mené à bien la décolonisation de l'Afrique française tout en sauvegardant la confiance de la France en elle-même et son prestige dans les anciennes colonies. En évitant de peu une guerre civile naissante, il avait rendu à la France son orgueil national en lui donnant un rôle central dans la politique de l'Europe et de l'Alliance occidentale. Son défi aux États-Unis visait en grande partie à redonner assurance aux Français.

Mais les soulèvements étudiants de 1968 avaient ébranlé de Gaulle. Et les problèmes qui se posèrent à lui par la suite manquaient d'envergure par rapport à la vision qu'il avait de lui-même. Assurer le développement de l'économie, arbitrer entre des revendications dans le cadre de ressources limitées, organiser et diriger un État bureaucatique – c'étaient là les tâches de ce qu'il appelait avec quelque mépris l' « intendance » : elles n'étaient pas du ressort des héros. Le référendum du 17 avril lui donna l'occasion de partir en beauté, et lui évita cette dégradation de l'autorité qu'il craignait tant. Et ce fut la solitude de Colombey : de Gaulle ne vit plus aucune personnalité politique, ne fit plus aucune déclaration, travailla à ses Mémoires, et attendit la mort.

Quand il démissionna, j'écrivis au Président pour lui dire ce qui, à mon avis, en découlerait. Je prévoyais que Georges Pompidou succéderait au Général, mais dans un contexte politique plus complexe. De Gaulle avait réussi à se placer au-dessus des partis, s'alliant la droite par la modération de son programme intérieur et la gauche par l'indépendance de sa politique étrangère. Je pensais qu'à l'avenir, la vie politique française se caractériserait probablement par un parti communiste important et bien organisé, situé à l'extrême gauche, et un amalgame instable des partis de gauche, du centre et de droite, gouvernant avec un soutien si étroit que toute action positive serait difficile. Je m'attendais à peu de changements fondamentaux dans la politique étrangère française, tout en prévoyant un style plus conciliant. Cependant, je pensais qu'à long terme, « la politique étrangère de la France peut nous poser davantage de problèmes. Avec un gouvernement moins déterminé, la gauche pourrait manœuvrer de façon à être capable – comme cela se passe si souvent dans les autres démocraties d'Europe occidentale – d'opposer son veto à toute initiative en politique étrangère qui ne lui plairait pas ». Ces prédictions se révélèrent si ce n'est carrément fausses, du moins prématurées. Pompidou apparut comme un Président fort, décidé et respecté tout au moins jusqu'à sa dernière année à l'Élysée, où il commença à souffrir cruellement de la maladie qui devait l'emporter en 1974.

Au moment du départ de De Gaulle, une analyse interministérielle réalisée avec beaucoup de sérieux sous la direction des Affaires étrangères avait démontré que Pompidou reviendrait doucement et insensiblement sur l'opposition de De Gaulle à l'entrée de la Grande-Bretagne dans le Marché commun ; il accélérerait en outre l'amélioration des relations franco-américaines déjà entreprise du temps du Général. Je recommandai de ne prendre aucune initiative particulière tant que durerait la campagne présidentielle en France. Nous devions plutôt poursuivre « les récents efforts déployés par les États-Unis pour donner un contenu pratique a des rapports plus étroits avec la France », et encourager « discrètement toute tendance à une attitude plus coopérative de la France envers l'O.T.A.N. ».

Peu après le second tour des élections à la Présidence, où Pompidou l'emporta sur Alain Poher, j'eus une entrevue avec Sargent Shriver, notre ambassadeur à Paris, pour envisager la venue de Pompidou aux États-Unis. Je pensais que le plus simple était de substituer Pompidou à de Gaulle, qui avait accepté de se rendre aux États-Unis en janvier ou février 1970. Shriver devait sonder Pompidou, à la suite de quoi nous enverrions une invitation officielle. J'informai Shriver que le Président était tout disposé à envisager une coopération militaire avec la France : il ne laisserait pas « la théologie de l'O.T.A.N. » mettre un obstacle à une coopération militaire accrue entre la France et les États-Unis. Il n'était pas exclu non plus d'envisager une coopération limitée dans le domaine nucléaire.

Avant cette visite officielle, j'eus cependant l'occasion de rencontrer Pompidou lorsque Nixon revint de son voyage en Asie et en Roumanie, en août 1969. Le Président fit escale sur un terrain d'aviation en Grande-Bretagne afin de voir le Premier Ministre Wilson, et je partis de mon côté pour m'entretenir avec Pompidou et les membres du Conseil de l'Atlantique Nord (ainsi qu'avec Xuan Thuy). Le Chancelier Kiesinger devait, quant à lui, se rendre à Washington d'ici quelques jours et c'est là-bas que nous le verrions.

Pompidou se montra sensible au geste de Nixon, qui m'avait dépêché à Paris. Comme chaque fois que je le rencontrai par la suite, je le trouvai d'une politesse invariable et d'une extrême perspicacité, avec cet air légèrement sardonique qu'ont les diplômés des grandes écoles — qui ont façonné tant de dirigeants français. Il me dit son accord avec la doctrine exposée par Nixon à Guam : les Asiatiques devaient davantage prendre en main leur avenir, et il pensait que ceci était également valable pour l'Europe. Il accepta en principe de venir aux États-Unis début 1970, se déclara prêt à nous aider au Vietnam si nous le demandions, et précisa qu'il ne chercherait aucune occasion de nous mettre dans l'embarras.

De toute façon, ce qui avait conditionné la politique distante menée par de Gaulle envers les États-Unis ou la Grande-Bretagne était en train de disparaître avec l'avènement du gouvernement Brandt en Allemagne de l'Ouest, à la suite des élections de septembre. Brandt avait la réputation d'être favorable à l'entrée de la Grande-Bretagne dans le Marché commun, et sa nouvelle politique envers l'Est (l'Ostpolitik) annonçait une orientation plus indépendante et plus nationale de l'Allemagne. Tout cela rendait la participation de la Grande-Bretagne à l'Europe plus attrayante pour la France. C'est ainsi que, le 2 décembre 1969, lors d'une réunion des chefs de gouvernement des pays membres de la Communauté économique européenne, il fut annoncé, avec l'accord de la France, que la Communauté était prête à négocier avec la Grande-Bretagne et à envisager une coopération politique dans « le contexte de l'élargissement ».

Ainsi donc, à la fin de l'année, les États-Unis assistaient à la réalisation de l'un des objectifs qu'ils poursuivaient depuis si longtemps : une plus grande unité européenne. Pendant vingt ans, on avait pensé que cette unité de l'Europe assouplirait les relations atlantiques, qu'elle conduirait inévitablement à des politiques compatibles les unes avec les autres, tout en nous soulageant d'une plus grande part de notre fardeau. Je n'avais jamais cru, pour ma part, que les résultats de l'intégration européenne seraient aussi automatiques. Des divergences croissantes se faisaient déjà jour dans le domaine des politiques monétaire et commerciale ; en outre, une Europe politiquement unie risquait davantage de faire entendre sa propre voix dans d'autres domaines également. Le 11 décembre, lors d'une réunion interministérielle, je fis remarquer que nous aurions à compter avec des positions européennes plus définies sur des problèmes tels que les négociations Est-Ouest, et les tendances protectionnistes qu'engendrait un Marché commun renforcé. Mais il était inutile de s'attacher à de tels problèmes, puisqu'ils étaient la rançon de la réussite. Notre « attitude prudente » envers l'unité européenne avait considérablement contribué à élargir l'horizon de la Grande-Bretagne ; notre refus de participer aux querelles internes de l'Europe avait renforcé à la fois les relations européennes et les relations atlantiques. Il va sans dire que les partisans du rôle de « leader » que les États-Unis jouaient autrefois ouvertement n'étaient guère enchantés de notre réserve [1]. En réponse à une question posée en ce sens par Nixon, je lui écrivis le 29 décembre :

> « Notre " attitude prudente " envers l'Europe a été quelque peu critiquée par ceux qui pensent que nous devrions poursuivre la politique du gouvernement précédent, et prendre activement part aux affaires internes de l'Europe, conformément aux principes que nous avions définis comme les meilleurs pour ce continent. De part et d'autre de l'Atlantique, il est encore des intellectuels, d'anciens fonctionnaires et des journalistes pour croire que si les États-Unis ne poussent pas à la roue le mouvement d'unification européenne s'essoufflera, à plus forte raison maintenant que la crainte des Russes a trop diminué pour pouvoir le stimuler.
>
> En fait, nos relations avec l'Europe ont fait des progrès immenses. Durant votre voyage en Europe, vous aviez jeté les bases d'une nouvelle politique s'appuyant sur une attention accrue à ce que les Européens souhaitent pour eux-mêmes, et sur une intensification des entretiens traitant des problèmes qui affectent l'Europe : cette nouvelle politique s'est révélée exceptionnellement fructueuse. Se pose toujours, bien sûr, la question de l'amélioration que vous voulez réaliser dans le domaine des relations avec la France, qui allaient en se détériorant. Personnellement, je suis convaincu que vous êtes sur la bonne voie, et cela m'a été confirmé par mes nombreux contacts en Europe, pourtant de bords politiques variés. »

En 1969, les nations de la zone atlantique se débattaient de plus en plus avec des problèmes intérieurs : nous avec le Vietnam ; les Européens avec des changements de gouvernements, des problèmes économiques, ou l'intégration européenne. En outre, tous les membres de l'Alliance allaient devoir affronter un nouveau défi : comment assurer la sécurité tout en cherchant – et pour la première fois, de façon systématique – à améliorer les relations avec l'Est ; comment concilier notre solidarité et une politique de détente.

Défense commune : la vision américaine

Les discussions sur la défense de l'O.T.A.N. portaient essentiellement sur trois problèmes : premièrement, reconsidérer la validité de la stratégie de « réponse flexible » adoptée officiellement par l'O.T.A.N. en 1967, sous la pression américaine; deuxièmement, partager le « fardeau » de la défense commune entre l'Europe et les États-Unis, et, plus précisément, voir si l'Europe ne pourrait fournir un effort plus grand; troisièmement, enfin, décider de l'importance des forces américaines qui seraient stationnées en Europe.

La stratégie officielle de « réponse flexible » avait été adoptée sur les instigations du ministre de la Défense Robert McNamara lorsque la France s'était retirée du commandement intégré de l'O.T.A.N. Dans les années 1950, la stratégie militaire de l'O.T.A.N. s'appuyait sur la menace de représailles énormes – toute attaque contre l'Europe entraînerait immédiatement une réponse nucléaire générale de la part des États-Unis. Devant la croissance de l'arsenal nucléaire soviétique, les États-Unis cherchèrent – inévitablement – d'autres solutions et un éventail de choix plus large. La doctrine de « réponse flexible » prévoyait éventuellement de recourir à une guerre généralisée, si cela était nécessaire, mais ce point ne serait atteint que progressivement : nous commencerions par utiliser les armes classiques pour passer ensuite aux armes nucléaires par paliers distincts et adaptés à l'ampleur de la menace. Cette stratégie n'avait été acceptée qu'à contrecœur par nos alliés européens, et après cinq ans de discussions. En effet, ils y voyaient – avec raison – le symptôme d'une répugnance croissante des États-Unis à utiliser leurs forces nucléaires. Ils craignaient donc que cette répugnance ostensible à recourir à la guerre nucléaire ne pousse les Soviétiques à tenter d'exploiter le déséquilibre des forces classiques. Ils avaient peur qu'une stratégie réduisant le risque de guerre nucléaire n'encourage une agression classique.

L'attitude de McNamara dominait encore parmi les membres de notre gouvernement. Le 17 juin 1969, j'avertis le Président :

> « Il semble que nombre des membres de notre gouvernement pensent fermement qu'il n'y a que très peu de rapport entre nos forces stratégiques (ainsi que nos forces nucléaires tactiques) et la dissuasion ou la capacité de faire face à une guerre classique. Ce point de vue semble reposer sur deux conclusions : a) nos forces stratégiques ne peuvent contribuer à décourager

> une attaque classique que si nous possédons une force de frappe crédible, ce qui est impossible à réaliser ; b) une guerre nucléaire tactique en Europe se solderait probablement par notre défaite, raison pour laquelle il est inutile de considérer les armes nucléaires tactiques comme un moyen de compenser la faiblesse de nos forces classiques. »

Cependant, si ces façons de voir étaient justes, nous nous trouvions devant un dilemme quasi insoluble. S'il devenait trop dangereux de recourir à nos forces stratégiques et si une guerre tactique signifiait notre défaite, nous avions en fait abandonné toute défense sérieuse de l'Europe. Certes, on pouvait affirmer – et beaucoup le faisaient – que des nations dont les populations et les produits nationaux bruts ajoutés les uns aux autres représentaient trois fois ceux de l'Union soviétique devraient être capables d'organiser une défense classique contre le Pacte de Varsovie. Le problème était qu'aucun des membres de l'Alliance, pas même les États-Unis, n'était disposé à un tel effort. (Lors de la préparation d'une réunion du C.N.S. prévue pour le 10 septembre, mon équipe avait estimé le coût supplémentaire d'une défense classique de l'Europe à 12 milliards de dollars par an pour les seuls États-Unis, alors que le Congrès insistait pour réduire notre budget de défense.) En outre, rien ne permettait de croire que les Pays européens augmenteraient leurs propres efforts pour assurer une défense classique soutenue. Ils étaient soumis à des pressions nationales exigeant des signes de détente ; politiquement, il leur était impossible d'augmenter massivement les dépenses pour la défense. Par ailleurs, ils étaient convaincus que tout accroissement de leurs forces classiques entraînerait nécessairement une réduction supplémentaire des effectifs américains. A leurs yeux, cela se solderait par une protection nucléaire moindre sans augmentation des moyens de défense classiques.

Ce style de raisonnement avait conduit le Premier Ministre Wilson à affirmer, lors de la visite de Nixon en Europe, qu'il était absolument favorable à une nouvelle doctrine stratégique, du moment qu'elle n'exigeait pas d'augmentation importante du budget de la défense. C'était conformément à ce point de vue que de Gaulle disait ne pas croire à une marche soviétique vers l' « ouest » ; il était convaincu que, même si les Soviétiques devaient remporter une première victoire, les États-Unis seraient contraints d'employer *toutes* leurs forces – y compris les armes stratégiques – pour éviter la perte de l'Europe. Par conséquent, plutôt que de développer ses forces classiques, il préférait créer de son côté une petite force stratégique pour le cas où les États-Unis manqueraient de voir où était leur intérêt. Disons-le tout net : l'Europe croyait essentiellement qu'une disparité dans les forces classiques sur le terrain était tolérable, et même souhaitable, puisque la défense de l'Europe reposait en dernier ressort sur le pouvoir dissuasif des armements stratégiques américains.

En 1969, le gouvernement des États-Unis entreprit un réexamen de la stratégie de l'O.T.A.N. Nous vîmes essentiellement quatre solutions possibles :

- des forces américaines symboliques en Europe, qui serviraient de « sonnette d'alarme » ;

- des forces de défense classique capables d'assurer une défense non nucléaire limitée (90 jours). (C'était la stratégie déjà suivie par l'O.T.A.N.) ;
- une défense soutenue, assurée par des forces classiques susceptibles de défendre indéfiniment l'Europe contre les forces permanentes du pacte de Varsovie, sans recourir aux armes nucléaires ;
- une défense classique totale qui nous permettrait de contrer une attaque lancée par un Pacte de Varsovie entièrement mobilisé.

L'analyse de ces quatre stratégies mit crûment en lumière nos contraintes. Le concept de la « sonnette d'alarme » fut rejeté. En effet, il allait à l'encontre de ce qui était pour nous un impératif, à savoir que nous devions gagner du temps pour prendre une décision aussi grave que celle de déclencher une guerre nucléaire ; en outre, l'important retrait de troupes que cela impliquait démoraliserait nos alliés européens. L'idée d'une défense classique soutenue fut également écartée. Avant la réunion du C.N.S. du 10 septembre, je rappelai au Président que tous les services ministériels, à l'exception de l'État-Major interarmes, croyaient que nos alliés de l'O.T.A.N. s'opposeraient à cette stratégie : en effet, elle envisageait un conflit terrestre prolongé en Europe et diminuerait la crédibilité de notre intention d'employer des forces nucléaires pour la défense de l'Europe. C'était encore plus vrai pour la quatrième solution, celle d'une défense totale. Une analyse des coûts budgétaires des quatre stratégies limita encore notre choix. Une défense classique soutenue, par exemple, nous forcerait soit à abandonner *tous* nos nouveaux programmes nationaux, soit à imposer un nouvel impôt de 4 pour 100 si le Président se contentait de mener à bien les programmes pour lesquels il s'était déjà engagé (réforme du système d'aide sociale, partage des revenus, transports collectifs urbains).

Les sensibilités de nos alliés et nos contraintes budgétaires nous forcèrent donc à réaffirmer la stratégie déjà suivie, c'est-à-dire celle qui demandait de tenter une défense classique de 90 jours. Cependant, tout examen approfondi en révélait le manque de substance. Nos études démontrèrent que les États-Unis eux-mêmes, tout en prônant ouvertement le principe d'une résistance de 90 jours, ne disposaient pas de stocks suffisants dans toutes les catégories importantes de matériel militaire. Or notre capacité de résistance dépendrait du plus petit stock critique, et non d'un chiffre moyen théorique. Lorsque nous tentâmes de faire dire au Pentagone de quel matériel nous manquions, nous comprîmes, devant la confusion extrême de ses réponses, que nous serions à court de certains types de matériel essentiel bien avant les 90 jours prévus. Étant donné que les armes n'étaient pas normalisées, il était impossible de puiser dans les réserves d'un allié pour porter assistance à un autre. Bien plus, nul ne pouvait évaluer quelle serait la mesure du matériel susceptible d'être fourni par l'ensemble de l'O.T.A.N., car chaque allié calculait différemment ses taux de consommation. Quels que fussent les critères utilisés, l'O.T.A.N. était manifestement loin de pouvoir atteindre les objectifs qu'elle s'était elle-même fixés : nous nous trouvions dans de beaux draps.

Comme nos prédécesseurs, nous tentâmes de résoudre ce problème en encourageant nos alliés à accroître leurs dépenses pour la défense. En prévision d'une réunion de la Commission de planification de la défense de l'O.T.A.N., prévue pour le 28 mai, Mel Laird avait demandé l'autorisation de presser nos alliés d'augmenter leur contribution à l'O.T.A.N. de 4 pour 100 en moyenne par an, de 1971 jusqu'à fin 1975. Je l'avais appuyé dans sa démarche, et Nixon avait donné son accord. Nos alliés refusaient cependant tout pourcentage fixe : ils refusaient de s'engager au-delà d'un accroissement « modéré », sans définir toutefois sur quelle base il pourrait être calculé. Sans stratégie réaliste et sans les moyens de l'appliquer, le problème n'avait pas de solution pratique. Aujourd'hui encore, il reste entier.

A première vue — et disons-le, à deuxième vue aussi — il semblerait que, dans le nouveau contexte stratégique, l'importance du maintien de troupes américaines en Europe ne pouvait presque plus se discuter. La parité nucléaire allait se réaliser, et le rôle joué sur le continent par les forces terrestres — américaines et européennes — ne pouvait que grandir. Mais, toutes les pressions exercées sur nous vinrent du côté opposé. Notre engagement militaire envers l'Europe se trouvait ébranlé par les ondes de choc du tremblement de terre vietnamien. Les sénateurs Mansfield et Fulbright, et bien d'autres avec eux, le remettaient en question et y voyaient un autre exemple de notre sur-extension dans le monde susceptible de déclencher la guerre. Ils ne tardèrent pas à présenter des résolutions officielles en ce sens au Sénat. Leur attitude illustrait une aigreur généralisée devant la mauvaise volonté que mettaient les Européens, vingt ans après la Seconde Guerre mondiale et malgré un passé d'autonomie militaire, à forger les forces nécessaires à leur propre défense. En outre, devant le déséquilibre important de notre balance des paiements, on nous demandait une réduction des dépenses en devises étrangères, ce qui serait rendu possible par une diminution des effectifs stationnés en Europe. C'était entrer dans un cercle vicieux : plus on nous presserait de retirer des troupes, plus nos alliés répugneraient à augmenter leurs forces militaires, de crainte de justifier un retrait américain supplémentaire.

En réalité, les États-Unis avaient entrepris un retrait à peine déguisé sous le gouvernement Johnson. En 1967-1968, une partie d'une division d'armée de terre et quelques unités de l'armée de l'air avaient été rappelées aux États-Unis : en tout, près de 60 000 hommes avaient été rapatriés. Une partie du matériel de ces unités avait été laissée sur place, en réserve, et des manœuvres périodiques étaient organisées afin de démontrer la rapidité avec laquelle notre pont aérien nous permettait de revenir sur les lieux. Malheureusement, ces mesures passaient à côté du problème essentiel : ce dont l'Europe doutait de plus en plus, c'était non pas de la capacité matérielle des États-Unis mais bien de leur volonté de respecter l'engagement qu'ils avaient pris envers sa défense. Elle doutait non pas de l'efficacité de notre pont aérien, mais de notre volonté politique.

Le programme de réduction unilatérale adopté par le gouvernement Johnson — connu sous l'acronyme « REDCOSTE » (réduction des coûts en Europe) — avait été justifié par l'argument selon lequel il « taillait dans le gras » des frais généraux de l'administration : l'efficacité au combat n'en serait pas diminuée. Cela allait dans le sens des règles consacrées. Néanmoins, l'effet de ces réductions cumulées tendrait à faire croire que nous possédions à un moment donné les moyens militaires les plus gonflés qui se puissent imaginer ; ou alors que leur efficacité au combat était si basse qu'aucune réduction ne pourrait l'affecter. Le gouvernement Nixon avait donc à résoudre le problème posé par des réductions planifiées depuis longtemps et s'effectuant au moment même où nous pressions nos alliés de faire davantage d'efforts.

C'est alors que nous eûmes droit au spectacle ébouriffant donné par Melvin Laird. Laird décida de son propre chef d'effectuer des réductions au sein de l'O.T.A.N. – trois mois à peine après avoir demandé à nos alliés d'augmenter leurs dépenses de 4 pour 100 par an. Début septembre 1969, Laird proposa de retirer de la flotte affectée à l'O.T.A.N. un transporteur d'armes offensives, six transporteurs d'armes anti-sous-marins, et quarante-huit destroyers (actuellement dans la naphtaline sur la côte Pacifique). Il recommanda également de réduire la disponibilité des unités de réserve stratégique affectées à l'O.T.A.N. et – ce qui était plus important d'un point de vue politique – celle des éléments de la 24e division d'infanterie qui devaient réintégrer l'O.T.A.N. en cas de crise. Laird ajouta une autre phrase lourde de sens : « D'autres modifications dans les forces affectées à l'O.T.A.N. peuvent s'avérer nécessaires par suite des réductions du budget de la défense qui ont déjà été annoncées et sont à l'étude. » Or Laird était au fond un défenseur acharné de l'O.T.A.N. : pourquoi donc cherchait-il à diminuer les forces de l'O.T.A.N. de façon aussi brutale et aussi provocante ?

Assez curieusement, Laird cherchait principalement à protéger le budget de la défense, et par là même la capacité de défense de l'O.T.A.N. Le Bureau budgétaire (par la voix de son directeur adjoint James R. Schlesinger) et le Congrès faisaient pression sur lui pour réduire notre budget de défense d'au moins 5 milliards de dollars de plus que les réductions jugées opportunes par Nixon lors de son entrée en fonctions. Laird estimait que l'O.T.A.N. était largement soutenue au sein et en dehors du gouvernement. S'il réussissait donc à démontrer que des réductions effectuées sur l'ensemble du budget de la défense affecteraient immédiatement l'O.T.A.N., il pourrait faire diminuer les pressions en faveur de ces réductions, ou du moins les contenir. Il avait donc décidé que le meilleur moyen pour calmer l'envie d'effectuer des réductions budgétaires qui démangeait soit les membres de l'exécutif, soit ceux du corps législatif, était de rendre ces réductions aussi douloureuses que possible. Son raisonnement se révéla juste.

Mais pour qu'une telle stratégie réussît, il fallait l'appliquer avec audace, et c'était ce dont Laird ne manquait jamais. Et plus la manœuvre de Laird semblait plausible – ce qui était essentiel pour son succès – plus elle nuisait à notre position dans l'O.T.A.N. Lorsque je transmis les suggestions de Laird à Nixon, je joignis la note suivante :

> « Lorsqu'ils seront connus, ces faits seront pour l'O.T.A.N., à la lumière d'autres indications du même ordre, le signe que les États-Unis diminuent effectivement leurs engagements en Europe. Les réductions des effectifs outre-mer, et les divers commentaires du ministre Laird seront considérés comme faisant partie d'une tendance... Le fait que ces réductions d'efficacité

et de disponibilité aient *déjà* été effectuées pose évidemment le problème des contacts avec nos alliés... »

Afin de maîtriser quelque peu la situation, j'envoyai au ministère, le 17 septembre, une directive interdisant de discuter davantage de réductions, que ce fût en public ou au sein de l'O.T.A.N. tant qu'il n'aurait pas envoyé « un rapport au Président sur ce qui avait déjà été réalisé » ; je recommandai en outre de prendre contact avec les membres de l'O.T.A.N.

Mais Laird me prit de vitesse. Dix jours après ses premières recommandations, il envoya un autre rapport au Président, nous rappelant sa précédente allusion à de nouvelles réductions : « Ce moment est venu... Quand nous aurons terminé notre analyse détaillée, il faudra procéder à de nouvelles modifications dans le domaine des forces navales affectées à l'O.T.A.N... Ces réductions sembleront probablement contredire ce que vous avez déclaré aux Européens, à savoir que nous pensions maintenir les forces de l'O.T.A.N. à leur niveau actuel. » Laird demandait en fait au Président soit d'augmenter le budget de la défense, soit de renier la parole donnée aux Européens.

Laird ne précisait pas ce qui avait bien pu se produire en l'espace de dix jours pour justifier une nouvelle réduction, ni pourquoi il avait omis, dès le départ, d'informer la Maison Blanche de ses intentions. Manifestement, il utilisait les réductions de troupes en Europe pour contraindre le Président, en lui forçant la main, à augmenter le budget de la défense. Chose plus curieuse encore, Laird reconnaissait que, pour l'État-Major interarmes, ces réductions engendreraient des risques supplémentaires pour les États-Unis : « Je suis d'accord avec l'État-Major, mais je suis convaincu que ces réductions sont nécessaires, étant donné nos engagements en Asie du Sud-Est et nos difficultés financières du moment. » Il n'y avait pas de doute, c'était du chantage : le Commandant en Chef devait choisir entre augmenter son budget de défense (ce à quoi il répugnait du fait de l'opposition du Congrès), ou prendre sur les fonds alloués à l'Asie du Sud-Est, ce qui poserait des contraintes sur les négociations au Vietnam.

Du moment que Laird avait tous les atouts en main, poursuivre la bataille n'aurait servi qu'à rendre la défaite plus retentissante. Laird passa donc à l'application de son plan. Cependant, je cherchais un moyen quelconque de prévenir dorénavant toute réduction unilatérale. Le 19 septembre, j'écrivis au Président et récapitulai les décisions de Laird et les objections de l'État-Major interarmes. Je suggérai de créer une Commission pour la révision des programmes de défense (D.P.R.C.)* liée au C.N.S. et permettant à la Maison Blanche et aux autres ministères d'avoir quelque part aux décisions de Laird. Nixon approuva mon idée. Cette commission fut effectivement créée, et elle rendit des services. Néanmoins, la Maison Blanche ne parvint jamais à avoir sur la politique de défense le contrôle effectif qu'elle avait sur la politique étrangère : Laird était trop subtil ; l'État-Major interarmes craignait trop de voir ses priorités définies par des élé-

* *Defense Program Review Committee.*

ments extérieurs ; et nous étions trop absorbés par l'élaboration et l'application d'une stratégie géopolitique d'ensemble. Mais si la D.P.R.C. ne put façonner l'ensemble de la politique de défense, elle put freiner les mesures unilatérales. C'est ce qui se produisit lorsque Laird revint à la charge en octobre. Il proposait cette fois de réduire les unités de réserve et d'envoyer une circulaire en ce sens à nos alliés de l'O.T.A.N. Je pressai le Président de mettre fin à ces bribes d'action, de crainte de donner le sentiment d'un processus de retrait sans fin. Nixon suivit mon conseil : nous réussîmes désormais à empêcher toute réduction unilatérale de nos forces de l'O.T.A.N.

Nos alliés n'étaient pas accoutumés aux subtilités de notre jeu politique : ils ne comprirent donc pas immédiatement que toutes ces mesures avaient été prises pour leur bien. Le 21 octobre, lors de la première réunion de la D.P.R.C., le général Wheeler, président de l'État-Major interarmes, prédit que nous allions au-devant de graves déboires avec nos alliés – à juste raison, il en blâma les partisans des réductions de budget, et non pas Laird. Sa prédiction se réalisa. Le 14 novembre, Manlio Brosio, secrétaire général de l'O.T.A.N., se rendit à Washington et exprima son pessimisme quant à la possibilité d'augmenter les forces européennes alors que l'Amérique réduisait ses effectifs. Il déclara également que les membres de l'Alliance envisageaient de plus en plus de négocier des réductions d'effectifs mutuelles avec les Soviétiques. Puisque les États-Unis se retireraient de toute façon, affirma-t-il, l'O.T.A.N. pouvait bien troquer ces réductions programmées contre des concessions soviétiques. A parler franchement, il faut reconnaître que Laird avait atteint son objectif principal. Il avait donné une telle peur à diverses parties de l'électorat que son budget fut diminué du strict minimum. A long terme, cela eut un effet des plus positifs pour l'O.T.A.N. et la défense des États-Unis. Néanmoins, en 1969, cela ne facilita pas l'élaboration d'une nouvelle stratégie rationnelle, et nous créa bien des ennuis avec nos alliés.

Laird avait attiré l'attention sur un problème fondamental. Il ne faisait guère de doute que les restrictions budgétaires menaçaient de saper notre politique étrangère. De fait, l'année suivante, les mêmes dilemmes se posèrent à nouveau. En juin 1970, le projet de budget pour l'exercice 1972 était en cours d'élaboration. Le Bureau budgétaire (rebaptisé Bureau de la gestion et du budget, ou O.M.B.*) prévoyait un budget de défense de 76 milliards de dollars. Avec mon soutien, Mel Laird se lança dans les manœuvres pour lesquelles il était si remarquablement doué. Il considérait que 79 milliards représentaient un strict minimum : s'il lui fallait retrancher 3 milliards, écrivit-il au Président, les conséquences seraient catastrophiques. Le talent avec lequel Laird prédisait les conséquences les plus désastreuses si on ne lui allouait pas les crédits demandés n'avait certes pas diminué : le moins qu'on en pût dire, c'est qu'il avait été aiguisé par ses succès de l'année précédente. Il présenta une liste effrayante des réductions qu'il devrait effectuer, au nombre desquelles il fallait compter la perte de quatre porte-avions, la démobilisation de deux divisions de l'armée de terre, la mise au rebut de 130 à 140 de nos plus vieux B-52, et l'annulation d'autres programmes d'ar-

* *Office of Management and Budget.*

mement importants. (Si une réduction de 3 milliards de dollars devait avoir un tel effet, il était très étonnant qu'un budget non amputé permît de produire si peu d'armes nouvelles.)

Pour faire la lumière sur les divers choix possibles et sur leurs conséquences, je convoquai une réunion de la Commission pour la révision des programmes de défense. Paul McCracken, le président du Conseil économique, craignait que le projet de budget fédéral de 237 milliards de dollars « ne semât la panique dans les milieux financiers » et ne démoralisât à tel point la Federal Reserve Board que la relance de l'économie s'en trouverait compromise. Cela déboucherait alors sur la pire des situations : une économie endormie et de nouvelles craintes d'inflation. McCracken voulait une réduction de 6 milliards de dollars, soit le double de ce que recommandait l'O.M.B. A l'autre extrême, le ministre adjoint de la Défense, David Packard, affirmait que toute réduction serait désastreuse pour notre sécurité.

Les décisions furent compliquées par l'incapacité des corps armés à justifier leurs demandes de façon cohérente. Lorsque les budgets de la défense étaient relativement importants, chaque corps se contentait de faire adopter son projet favori, lequel se basait sur ce qui était techniquement réalisable. Quand les divers chefs d'État-Major présentaient des projets sur lesquels « ils s'étaient mis d'accord », il s'agissait généralement de pactes de non-agression entre les divers corps, et sans rapport aucun avec une stratégie cohérente. Je déclarai à mes collègues : « Je veux un rapport qui dise au Président : " Si vous faites ceci, en voici les conséquences. " » Si nous ne pouvions plus réduire à néant la puissance militaire soviétique, quel niveau devions-nous fixer pour nos forces stratégiques ? Et quels seraient les effets de ces nouvelles données sur la défense des pays situés à la périphérie de l'Union soviétique, Europe comprise ? Pouvait-on indéfiniment baser la défense de ces zones périphériques sur une stratégie d'extermination des populations civiles ? Au moment même où la menace américaine de déclencher une guerre nucléaire perdait sa crédibilité, on nous pressait de réduire toutes nos autres forces : « Nous réduisons actuellement nos forces à objectif général, et nous quittons des régions telles que la Corée *. Comment allons-nous défendre ces régions ? C'est une question qu'il faut poser au Président. Il doit savoir vers quoi nous nous dirigeons. »

Il s'avéra très difficile de se mettre d'accord sur la façon de soumettre ce problème au Président. Personne n'avait intérêt à examiner de trop près la doctrine et les forces de l'O.T.A.N. En effet, un tel examen risquait fort de mettre l'accent sur l'absurdité d'un déploiement qui se trouvait être un compromis entre le désir qu'avaient les Européens de se voir garantir une contre-attaque nucléaire des Américains, et celui que nous avions de n'y recourir qu'en dernière extrémité. On craignait, en outre, qu'un examen sérieux de la stratégie classique de l'O.T.A.N. mette en lumière des insuffisances de matériel essentiel auxquelles l'humeur du

* Allusion à un plan prévoyant le retrait d'une division en Corée — retrait que nous compenserions en épaulant les forces sud-coréennes.

corps législatif et des moyens d'information empêchait de remédier, et qui pourraient donc servir de prétexte à des réductions unilatérales.

Réunion après réunion, je soulignais l'illogisme entre notre stratégie et l'état de nos forces. Nul ne niait cette réalité, mais nul ne voulait lever le petit doigt pour y remédier. Au cours de certaine réunion, je ne parvins pas à obtenir une définition de l'expression « marginalement efficace », qui avait été employée, dans nos travaux de planification, pour décrire une certaine catégorie d'armes. Pour tirer les choses au clair, je ménageai une entrevue entre l'État-Major interarmes et Nixon, le 18 août 1970. Elle se déroula conformément à la tradition. Chaque chef expliqua que la part qui lui revenait dans le budget demandé correspondait au minimum nécessaire à l'accomplissement de sa « mission ». Chaque chef traita la nature même de cette mission comme si elle allait de soi, et ne prit pas la peine de l'exposer. Déconcerté par tant d'ambiguïté et dépassé par les détails techniques, le Président se trouva incapable de dire si les arguments avancés servaient des intérêts précis ou s'ils reflétaient la réalité. En général, c'étaient les deux.

Le lendemain, soit le 19 août, le C.N.S. se réunit pour examiner le budget de la défense. La discussion fut décousue et ne mena à rien. Nixon fit des déclarations dures philosophiquement mais qui ne modifièrent en rien son plafond budgétaire ; or c'était ce plafond qui déterminerait en dernière instance nos moyens, et non ses exhortations. Nixon pensait qu'il était impératif de présenter un budget « maigre » afin de prévenir des réductions encore plus sévères de la part du Congrès. Cette discussion se solda uniquement par une réduction de 4,5 milliards de dollars au lieu de 6 milliards ; là-dessus, le Congrès retira encore 3 milliards. Je fis part de mes inquiétudes au Président dans un rapport :

> « Nous risquons de finir par nous appuyer sur le principe de représailles énormes, même si c'est un principe absurde. Or il faut que nos forces à objectif général soient respectées. Nous devons disposer de forces en lesquelles nous puissions croire. Il faut que nous soyons en mesure de projeter à l'étranger l'image d'une puissance crédible, maintenant qu'une guerre nucléaire généralisée n'est plus envisageable. Nos forces à objectif général nous représentent auprès de nos alliés – elles sont un point de contact et une présence concrète. »

En novembre, Laird présenta un rapport soulignant qu'il s'inquiétait lui aussi de la dangereuse diminution de nos forces conventionnelles.

Laird, Packard et moi-même nous consolâmes en décidant que nous ferions de notre mieux pour compenser les insuffisances au cours des années « neuves », c'est-à-dire des années non couvertes par le budget actuel. Malheureusement, pour le présent, toutes les pressions allaient dans la direction contraire. La décision de faire de l'armée une armée de volontaires réduisit encore la production d'armements. Elles contraignit en effet à une augmentation de l'échelle des soldes, de telle sorte que près de 60 pour 100 de notre budget militaire se trouvèrent affectés aux soldes et aux indemnités (contre un peu plus de 30 pour 100 en Union soviétique), ce qui limita encore les crédits alloués à la fabrication de nouvelles armes. Cependant, malgré ces mesures encourageantes, il y eut pénurie d'effectifs militaires. En novembre 1970, les forces américaines en Europe comptaient environ 17 000 hommes de moins que le plafond autorisé ; près des deux tiers de cette réduction s'étaient effectués depuis juillet.

En outre, le maintien même des forces existantes allait poser des problèmes politiques croissants. Le sénateur Mike Mansfield, chef de la majorité au Sénat, utilisait à présent l'Ostpolitik de Brandt pour justifier une réduction importante de nos troupes en Europe [2]. En effet, chaque tension qui se relâchait engendrait des pressions en faveur de la réduction des forces mêmes qui avaient permis cette détente. Certains étaient favorables à une réduction de la présence militaire américaine en Europe parce qu'ils ne la jugeaient plus nécessaire ; d'autres considéraient que notre déploiement à l'étranger était économiquement insupportable. Le sénateur Stuart Symington souligna ce point à Martin Hillenband, adjoint du ministre des Affaires étrangères :

> « Le peuple des États-Unis veut que soient réduites les dépenses effectuées en Europe ; il pense, ainsi que tous les économistes auxquels j'ai parlé, sauf vous, que cela aurait un effet des plus positifs sur l'économie américaine [3]. »

Au Congrès, les *partisans* de l'O.T.A.N. eux-mêmes affirmaient, au nom du partage du fardeau, que si l'Europe ne faisait pas davantage d'efforts nous devrions en faire moins (en raison des difficultés insolubles que nous posait notre balance des paiements). Le principe du « partage du fardeau » avait en fait le même résultat pratique que les pressions budgétaires : c'était une étape dans la réduction de nos forces en Europe et de notre contribution à la sécurité européenne.

Conscients de leur vulnérabilité militaire, tourmentés également par la crainte d'un renoncement américain et des problèmes politiques nationaux posés par un élargissement de leur propre défense, nos alliés européens assistaient avec angoisse à notre débat. Ils craignaient tout à la fois nos retraits et nos pressions pour les conduire à développer leur défense. Ils cherchaient les moyens de résoudre leur dilemme, et trouvèrent deux expédients du moins comme solution d'attente.

Ces deux moyens furent suggérés en une seule phrase du rapport sur la politique étrangère du Président le 18 février 1970 :

> « Forger une compréhension commune des problèmes fondamentaux de la défense augmentera matériellement notre capacité à faire face, de façon rationnelle et réaliste, aux occasions et aux pressions, qu'il s'agisse de réductions de troupes américaines en Europe, ou de discussions éventuelles entre l'Est et l'Ouest pour une réduction équilibrée des forces de part et d'autre. »

L'énergique, compétent et astucieux secrétaire général de l'O.T.A.N., Manlio Brosio, interpréta une phrase rédigée par des collaborateurs comme un feu vert du Président. Il proposa donc que l'O.T.A.N. procède à un réexamen de la défense afin de ralentir les retraits américains. Et il encouragea fermement la tendance de plus en plus grande de l'O.T.A.N. à vouloir négocier avec l'Est la réduction de forces mutuelles en Europe centrale – ce qui prit par la suite le nom de réductions de forces mutuelles et équilibrées, ou M.B.F.R.*. Ces deux types d'action avaient pour but – comme Brosio l'avoua franchement à Nixon, lors de leur rencontre privée à Naples, en septembre 1970 – de freiner les décisions unilatérales des États-Unis. On pensait que les Américains ne feraient rien d'irrévocable tant que ces deux initiatives n'auraient pas été examinées et menées à leur terme. La reprise de cette idée de réductions mutuelles ne marquait pas un enthousiasme passionné pour cet objectif ambigu ; c'était une tentative – que le gouvernement Nixon se garda bien de décourager – pour prévenir les réductions unilatérales américaines.

Le réexamen de la défense proposé par Brosio occupa la plus grande partie de 1970. Dans ce cadre, l' « Eurogroupe » (ce groupement européen formé à l'initiative de Healey l'année précédente), devait définir de nouvelles mesures visant à étoffer la défense ; c'était la réponse aux critiques du Congrès selon lequel les Européens n'en faisaient pas assez. Nixon donna un nouvel élan à ce projet : lors de son voyage méditerranéen en 1970, il rencontra les chefs de l'O.T.A.N. à Naples et souligna que, par « partage du fardeau », nous entendions des dépenses supplémentaires effectuées par les Européens pour leur propre défense, plutôt que des astuces financières dédommageant les États-Unis pour les troupes stationnées en Europe. Déclarer que nous ne voulions pas que les Américains soient des mercenaires pour les Européens était noble et théoriquement correct ; cependant, cela n'aida pas Mel Laird qui essayait désespérément de trouver quelque soulagement budgétaire (les Allemands avaient par exemple accepté d'assurer le logement de nos troupes et d'acheter des armes américaines, ce qui compensait un peu notre budget). Mel Laird accomplissait des miracles pour maintenir nos forces de l'O.T.A.N. à peu près aux niveaux existants et pour poser les bases de la modernisation de notre arsenal stratégique. Mais il n'était pas question de modernisation de l'O.T.A.N. quand tous nos efforts suffisaient à peine à empêcher le Congrès de décider une réduction des forces en Europe. Le 5 octobre, le correspondant à Bonn du *Washington Post* écrivit un long article expliquant que les vigoureuses déclarations du Président n'avaient pas fait taire les craintes de l'Europe à ce sujet : « Après avoir longtemps mis le problème de côté avec l'espoir qu'il finirait par s'évanouir d'une façon ou d'une autre, les membres européens de l'O.T.A.N. commencent à comprendre qu'il leur reste bien peu de temps pour contrer ceux qui, au Congrès américain, souhaitent une réduction en masse de l'engagement américain envers l'O.T.A.N. »

Le projet de budget militaire ne laissait aucun doute quant à la direction dans laquelle les pressions publiques et celles du Congrès nous poussaient inexorable-

* *Mutual and Balanced Force Reductions.*

ment. Certes, le budget avait légèrement augmenté en valeur nominale, mais l'inflation et les frais engendrés par l'armée de volontaires réduisaient considérablement sa valeur réelle. Nos alliés n'étaient pas disposés à compenser ce recul : à la suite du réexamen de la défense effectué en 1970, ils choisirent de prendre des mesures esquivant tout engagement financier sérieux. Le réexamen de la défense de l'O.T.A.N. fut terminé en décembre 1970, et ses conclusions soumises au Conseil de l'Atlantique Nord. Ces dernières préconisaient : une contribution collective à l'infrastructure de l'O.T.A.N. (hangars d'avions, casernes, et autres installations immeubles) de 240 millions de dollars et étalée sur cinq ans : un développement des forces nationales jusqu'à concurrence d'une dépense de 450 à 500 millions de dollars, toujours sur la même période ; et quelques autres mesures financières qui devaient se monter à 79 millions de dollars. Cela faisait au total environ 1 milliard de dollars, soit 200 millions annuels pendant cinq ans. Il était impossible de dire s'il y avait vraiment là nouveauté ou dans quelle mesure il ne s'agissait que d'un changement de jeu d'écritures. Au mieux, cela représentait une augmentation équivalant à près d'un demi pour cent de notre budget de défense, somme trop dérisoire pour toucher au cœur du problème. Le mieux qu'on en pourrait dire, c'est que cela renversait la tendance aux réductions.

De façon générale, nos alliés comptaient manifestement sur ce *deus ex machina* que seraient les réductions mutuelles avec le Pacte de Varsovie. Ils nous pressaient donc de maintenir les forces américaines en Europe en attendant les négociations et cherchaient à éviter de nouvelles dépenses sous prétexte que de nouveaux accords sur la limitation des armements les rendraient caduques. Ce qui posa une nouvelle série de problèmes. Je ne voyais aucune objection à utiliser les M.B.F.R. pour freiner de nouvelles réductions unilatérales de la part du Congrès. En revanche, je m'inquiétais autant que l'année précédente de leur complexité et de leurs désavantages intrinsèques. J'écrivis au Président :

> « Nous n'avons pas été capables de définir comment procéder à des réductions de forces mutuelles et équilibrées qui maintiennent ou améliorent la position militaire de l'O.T.A.N., alors que de petites réductions mutuelles pourraient avoir un effet inverse minime. Nous n'avons été capables de définir aucune “ contrainte collatérale ” négociable, susceptible d'empêcher la mobilisation et le renforcement du Pacte sans nuire toutefois à l'O.T.A.N. En pensant aux problèmes de contrôle, nous n'avons fait que gratter la surface. »

Dans de telles circonstances, la réunion du C.N.S. du 19 novembre 1970, au cours de laquelle devait être réexaminée la stratégie de l'O.T.A.N., ne pouvait que prendre note du dilemme. Je résumai à nouveau le problème stratégique dans une note d'information au Président :

> « ... Nous devons, nos alliés et nous, maintenir des forces classiques suffisantes pour faire face à une agression des Soviétiques ou à la menace que représentent leurs forces. A moins que nous ne modifions la stratégie

et les forces de l'O.T.A.N. de façon à répondre à cet impératif, nous serons bientôt témoins de la " neutralisation " progressive de l'Europe occidentale. Si nous voulous éviter cela, nous devons prendre des mesures énergiques pour maintenir la puissance classique de l'O.T.A.N., tout en élaborant une stratégie qui rende son usage approprié à cette situation stratégique entièrement nouvelle. »

L'assaut mené contre les dépenses de défense, par suite de la guerre du Vietnam, retarda cet effort jusqu'à 1974.

La réunion du C.N.S. du 19 novembre fut inhabituellement sérieuse et substantielle. Pour une fois, il n'y eut pas de manœuvres administratives, les principaux conseillers du Président étant tous d'accord sur les problèmes fondamentaux. La réunion déboucha sur deux décisions importantes : 1) confirmer vigoureusement notre engagement militaire en Europe ; 2) reconsidérer à fond le problème des réductions de forces mutuelles. Ainsi, tout insuffisant et inapproprié qu'il fût, le programme européen de développement de la défense avait atteint son objectif premier. En décembre, à la réunion des ministres des Affaires étrangères de l'Alliance, Rogers donna lecture d'une lettre de Nixon annonçant que, devant les nouveaux efforts déployés par l'Europe pour sa défense, les États-Unis maintiendraient et renforceraient leurs forces en Europe, et qu'ils ne les réduiraient que dans le cadre des négociations menées avec l'Est en vue de réductions mutuelles.

Étant donné la situation, il s'agissait de mesures d'urgence suffisantes pour prévenir un désastre immédiat, mais insuffisantes comme remède à long terme. Si une alliance, pour préserver sa puissance, en était réduite à proposer de négocier des réductions de forces (et ce, avec un ennemi conscient de l'ampleur des pressions exercées en faveur de réductions unilatérales), c'est qu'elle ne traversait pas une phase de dynamisme extrême, surtout si les fondements de sa puissance n'étaient pas adéquats. Pour un réexamen profond, il faudrait attendre la fin de la guerre du Vietnam, c'est-à-dire la reconstitution de notre unité nationale.

Les relations Est-Ouest en Europe

En 1969, l'Ouest ressentait une lassitude croissante devant les rigueurs de la Guerre Froide. On faisait pression sur tous les dirigeants pour qu'ils prouvent leur attachement à la paix, et l'Union soviétique exploitait habilement ces points sensibles. Quelques mois après l'invasion brutale de la Tchécoslovaquie, les gouvernements *occidentaux*, habilement manipulés, se sentaient obligés de prouver leur bonne volonté dans les relations Est-Ouest.

A chaque étape de son premier voyage en Europe, début 1969, Nixon s'était vu entraîner dans des discussions portant sur la manière de répondre aux avances soviétiques. Tous les dirigeants l'avaient pressé de commencer dès que possible les négociations SALT, et de les tenir informés de leurs progrès. L'axiome selon lequel les Russes étaient prêts à une détente réelle en raison d'une demande nationale de biens de consommation et des pressions chinoises était pris pour argent comptant. On cherchait également à développer les échanges et le commerce. De Gaulle était fortement en faveur d'un rapprochement avec l'Union soviétique. Lorsque Walter Schell, chef du parti démocrate libre d'Allemagne de l'Ouest et bientôt ministre des Affaires étrangères, vint voir Nixon en juin, il souligna que les Européens ne craignaient plus un condominium américano-soviétique. La plus grande partie de l'opinion publique européenne ne se contentait pas de préconiser la détente : elle voulait y avoir part.

Nixon avait beau être sceptique, et moi avec lui, ces demandes presque unanimes nous posaient un sérieux problème. Au cours des décennies passées, l'intransigeance américaine était devenue la cible des critiques de gauche dans toute l'Europe : l'O.T.A.N. s'était vue contestée et les dirigeants européens avaient dû adopter une attitude favorable à la détente, dans le but de servir de « pont » entre Est et Ouest. Si l'Amérique se montrait intransigeante, il était clair que nous risquions d'être isolés au sein de l'Alliance et de pousser l'Europe vers le neutralisme. En outre, dans notre pays même, nous nous ferions matraquer pour notre humeur belliqueuse, et l'hystérie engendrée par le Vietnam gagnerait d'autres domaines politiques.

C'est pourquoi nous finîmes par conclure que la meilleure façon de préserver l'unité de l'Alliance était d'accepter le principe de la détente tout en définissant de manière précise les critères sur lesquels nous nous appuierions. Pendant son voyage en Europe, Nixon ne se lassa pas de prêcher l'évangile de son gouvernement : nous étions prêts à négocier, mais il n'en resterait pas moins de sérieux éléments de confrontation ; les négociations devaient être menées sérieusement et sur des problèmes concrets, ne pas rester dans l'abstrait. Pour ce faire, l'unité et la puissance atlantiques étaient capitales. Il ne fallait laisser aux Soviétiques aucun espoir de diviser l'Europe par une détente sélective favorisant certains alliés et non les autres. Nous étions décidés à établir un agenda qui ne permettrait aux Soviétiques ni de choisir les problèmes qui les intéressaient, ni d'imposer leur propre définition de la détente, ni de faire naître à l'Ouest un sentiment de complaisance trompeuse.

Le premier problème délicat était SALT. Lorsque Nixon entra en fonctions, les partisans de la limitation des armements stratégiques insistaient, entre autres choses, sur le fait que c'était là le désir des Européens. Effectivement, lorsque nous retardâmes les négociations en 1969 pour procéder à un réexamen des choix et lier la limitation des armements stratégiques à d'autres problèmes, de nombreux hommes d'État européens en soulignèrent le caractère urgent. C'était d'autant plus facile pour eux que cela ne nécessitait aucune décision de leur part. Ainsi que me l'écrivait l'un de mes assistants après un voyage en Europe : « Il faut s'attendre à un appétit de détente croissant, ne serait-ce que parce que c'est un sujet de réflexion plus agréable que les problèmes militaires. » Mais l'inévitable ambivalence européenne se fit jour lorsque approcha le moment des négociations tant réclamées. Nous n'eûmes pas plus tôt fixé la date d'ouverture de SALT et commencé à informer nos alliés que ceux-ci en saisirent les implications stratégiques. Un accord entre les États-Unis et l'U.R.S.S. limitant les armements stratégiques, ratifierait inévitablement l'égalité stratégique. C'était la seule base sur laquelle pouvaient reposer les négociations ; en fait, les informations que nous donnions à nos alliés soulignaient que nous approchions de la parité même *sans* accord, du seul fait de la croissance régulière des forces soviétiques. Joseph Luns, alors ministre des Affaires étrangères des Pays-Bas, déclara au Président que la notion de parité était la chose la plus choquante qu'il ait jamais entendue. De même le Chancelier Kiesinger annonça qu'il n'avait pas suivi de près la situation stratégique au cours des dernières années, et qu'il était « tombé des nues » en apprenant à quel point les deux camps étaient près de l'égalité. Il n'y avait là pas de quoi surprendre nos alliés, mais bien plutôt de quoi les inquiéter : la parité stratégique accroîtrait inévitablement les dangers posés par la supériorité classique dont l'Union soviétique jouissait depuis si longtemps sur le continent européen.

Le 30 juin, alors que nous informions le Conseil de l'O.T.A.N., le représentant de la Grande-Bretagne déclara qu'étant donné la façon dont s'effectuait le développement des armements de chaque côté, il doutait de l'opportunité des négociations. Le 4 juillet, lors d'une conversation avec moi, l'ambassadeur d'Allemagne fédérale, Rolf Pauls, mit le doigt sur le point crucial : SALT signifiait la fin de la supériorité stratégique des États-Unis ; l'Union soviétique éroderait peu à peu notre avantage soit en s'armant elle-même, soit par le biais des négociations. Je refusais, répliquai-je, de croire que la plus grande puissance industrielle du monde était condamnée à perdre une course aux armements. Et pourtant, en raison des programmes lancés dans les années 1960, des progrès de la technologie, des divisions engendrées par le Vietnam et de l'immense difficulté avec laquelle l'approbation de tout nouveau programme stratégique était obtenue du Congrès, je savais que Pauls voyait juste.

Le 10 juillet je récapitulai à Nixon les réactions européennes :

> « On peut, en toute objectivité, affirmer que l'enthousiasme original pour les négociations SALT s'est quelque peu refroidi. L'une des raisons en est l'inquiétude sous-jacente quant aux effets d'un accord SALT. Certains pays semblent craindre qu'un accord basé sur la parité ne donne à l'Union soviétique une importante supériorité en forces conventionnelles, ce qui aurait pour résultat d'affaiblir l'effet des moyens de dissuasion. L'on craint également, principalement en Allemagne, que le rapport entre SALT et les problèmes politiques ne disparaisse. »

Heureusement pour tous les intéressés, l'Union soviétique tergiversa pour accepter la date proposée pour l'ouverture de négociations. Cela nous donna l'occasion de mener à bien nos propres études et de parvenir à une entente satisfaisante avec nos alliés européens.

Nous ne pûmes entièrement calmer l'inquiétude de nos alliés, même si celle-ci provenait en grande partie de leur insistance à nous voir travailler à la détente puis de leur recul devant les conséquences de cette dernière. Le 4 juillet, j'avais averti l'ambassadeur Pauls — mi-figue, mi-raisin — que nos alliés feraient bien, dorénavant, de prendre garde à ce qu'ils nous proposeraient, car nous pourrions bien accepter leurs recommandations. Le péril qui menaçait l'Europe ne venait pas de concessions unilatérales que les Américains accorderaient à la suite de la détente : il venait du fait que, dans une situation de parité stratégique, l'inégalité des forces en place sur le continent européen aurait tôt ou tard son importance. Pour diverses raisons, principalement d'ordre national, les gouvernements de l'Alliance ne pouvaient ou n'étaient pas disposés à prendre les mesures qui s'imposaient ; sans ces mesures, ils vivraient inévitablement dans un danger croissant. Et rien ne pourrait changer cela. Mais les négociations Est-Ouest exigeaient, dans de nombreux domaines, une cohésion de l'Alliance qui dépendait d'une vision commune du monde dans lequel nous vivions, des objectifs que nous cherchions à atteindre ensemble et des impératifs de la défense commune.

Berlin et l'Ostpolitik de Brandt

La relation entre le monde communiste et l'Ouest ne peut jamais être uniforme. Les négociations SALT se limitaient aux États-Unis et à l'Union soviétique, bien que nos alliés de l'O.T.A.N. y aient eu un intérêt évident. Berlin intéressait tous les alliés du temps de la guerre qui étaient juridiquement responsables de la ville : la Grande-Bretagne, la France, les États-Unis et l'Union soviétique. Berlin était théoriquement sous occupation, l'Allemagne de l'Ouest n'avait pas de statut légal pour négocier. Les crises quasi interminables des vingt dernières années avaient montré clairement que la liberté de Berlin dépendait paradoxalement du maintien sous occupation de la ville. C'était la seule base juridique sur laquelle les États-Unis et leurs alliés pouvaient résister aux pressions soviétiques et est-allemandes, même si cette situation semblait anormale une génération après la Seconde Guerre mondiale. En 1959, puis en 1961-1962, la force morale avec laquelle l'Ouest avait maintenu les droits d'occupation et l'incapacité de Khroutchtchev à se tenir à une politique particulière avaient préservé la liberté de Berlin. Cependant, rien ne pouvait modifier les réalités géographiques d'une ville isolée à 160 kilomètres en territoire communiste, harcelée de tous côtés et susceptible à tout moment d'être soumise à un nouveau chantage. Sa vulnérabilité symbolisait la fragilité des relations Est-Ouest : c'était la preuve vivante de l'importance de notre concept du linkage. Nous ne pouvions défendre Berlin qu'en liant sa liberté à d'autres intérêts soviétiques. Traiter Berlin comme un problème isolé ne pouvait qu'être désavantageux pour les alliés de l'Ouest du fait de la vulnérabilité militaire de la ville.

Le problème de Berlin se reposa presque accidentellement au début de la Présidence de Nixon, principalement en raison des fantaisies du cycle constitutionnel allemand qui firent de 1969 une année d'élections présidentielles. Ainsi que je l'ai dit, les élections du Bundestag et des États souhaitaient, comme auparavant, tenir leur session spéciale pour l'élection du Président à Berlin-Ouest dans les anciens bâtiments du Reichstag. En décembre 1968, le ministre des Affaires étrangères soviétique protesta officiellement auprès de l'ambassadeur des États-

Unis Llewellyn Thomson contre la tenue de cette session à Berlin. Le gouvernement Johnson décida de laisser à son successeur le soin de répondre. Le 22 janvier 1969, Rogers présenta au Président Nixon un projet de réponse rejetant l'objection soviétique. J'étais d'accord avec Rogers ; néanmoins, je recommandai – si les Allemands le voulaient bien – d'attendre, pour l'envoyer, que la date fixée pour les élections présidentielles allemandes fût plus proche (elle était fixée au 5 mars). Il ne semblait pas avantageux pour nous d'encourager des échanges qui ne pourraient être qu'improductifs et pleins d'acrimonie. Nous retardâmes donc notre réponse.

Là-dessus, les Allemands de l'Est se mirent à créer quelques problèmes aux civils se rendant à Berlin. Dans mon rapport du 28 janvier et du 11 février, je dis au Président qu'il fallait rester calme : cela ne semblait pas être, pour l'Union soviétique, le moment de nous chercher noise. Je lui communiquai également les plans que nous avions dressés au cas où les tracasseries continueraient ou augmenteraient. Dans mon dossier préparatoire à la première rencontre du 17 février entre le Président et l'ambassadeur soviétique Dobrynine, je recommandai : « Il me semble particulièrement important que vous ôtiez de la tête de Dobrynine que les interventions soviétiques et est-allemandes dans le domaine de l'accès à Berlin et la réunion de l'Assemblée fédérale du 5 mars ne concernent pas les États-Unis. » Lors de la rencontre du 17 février, Nixon mit vigoureusement les points sur les i : Dobrynine se hâta d'assurer au Président que Moscou ne cherchait pas la confrontation, ce qui montrait bien que l'Union soviétique n'était pas prête à tester le nouveau Président si tôt après son élection.

La veille du départ du Président pour l'Europe, le 22 février, Dobrynine me transmit un message nous pressant d'intervenir auprès du gouvernement Kiesinger pour faire annuler les élections à Berlin. Une telle démarche nous permettait « d'éviter des tensions inutiles et de couper court à toute incitation aux tensions », préconisait la note soviétique. Je rejetai la proposition : nous ne demanderions rien de la sorte à Kiesinger. Je mis sévèrement Dobrynine en garde contre toute action unilatérale. Pour renforcer mon avertissement, le Président ordonna, sur mon conseil, d'intensifier le trafic militaire américain sur les voies d'accès à Berlin.

Ainsi que je l'ai déjà expliqué, lors de sa visite à Berlin le 27 février, Nixon prononça un discours à l'usine Siemens réaffirmant vigoureusement l'engagement des Américains de maintenir la liberté de la ville : « Que cela soit bien clair : aucune mesure unilatérale, aucune action illégale, aucune pression de quelque origine que ce soit n'ébranleront la résolution des nations occidentales à défendre leur statut légal de protecteurs d'un Berlin libre. » A notre retour, et peu de temps avant les élections à Berlin, Dobrynine se plaignit timidement de la rhétorique du discours du Président. Je répliquai que celui-ci avait simplement réaffirmé des engagements existant déjà et que nous prendrions très mal tout harcèlement de l'accès à Berlin. Rien ne contribuerait davantage à relâcher les tensions que de simplifier les formalités d'accès à Berlin. Dobrynine laissa entendre, pour la première fois, qu'il était « positivement possible » de négocier ce point. Et c'est sans autres incidents que l'élection du nouveau Président fédéral,

Gustav Heinemann, se déroula le 5 mars à Berlin. Nous avions bien soutenu notre premier affrontement, quoique mineur, avec l'Union soviétique.

Cette mini-crise déclencha une série de manœuvres qui aboutirent à la négociation officielle sur le problème de Berlin. Début 1969, aucune des puissances occidentales, ni même probablement l'Union soviétique, n'avait envisagé cela (le processus ne se développa que lentement ; mais, après plusieurs faux départs, il déboucha, à la fin de l'été 1971, sur un nouvel accord entre les quatre Puissances qui mit fin, temporairement au moins, à vingt-cinq ans de tension à propos de Berlin).

Devant les sous-entendus de Dobrynine, Nixon écrivit à Kossyguine, le 26 mars, réitérant sa proposition de discuter du problème de Berlin. Le 27 mai, Kossyguine répondit que l'Union soviétique ne voyait aucune « objection » à cette discussion, mais que la République fédérale était responsable des tensions. Je recommandai de ne pas poursuivre sur ce sujet de façon bilatérale : « Je ne crois pas que ce soit le moment rêvé pour nous de nous lancer tête baissée dans des négociations à grande échelle. Après les élections allemandes *, nous pourrons en parler au nouveau gouvernement de Bonn, et décider alors si nous poursuivons avec Moscou, et comment. »

Ne recevant aucune réponse des États-Unis, les Soviétiques descendirent dans l'arène publique. Le 10 juillet, le ministre des Affaires étrangères soviétique, Gromyko, prononça un discours affirmant le désir des Soviétiques « de procéder à un échange de vues sur la façon dont les complications présentes et futures pourraient être évitées pour Berlin-Ouest ». Brandt, encore ministre des Affaires étrangères à l'époque, avait demandé instamment à ses alliés (depuis la réunion ministérielle de l'O.T.A.N. en avril) de chercher à négocier « une amélioration » de l'accès des civils à Berlin, sans toutefois dire comment. A présent, il insistait pour que fût rapidement acceptée l'offre de Gromyko. A mon avis, son impatience n'était pas sans rapport avec les élections allemandes imminentes. De toute façon, étant donné la lenteur des délibérations entre nos alliés, ce « rapidement » se traduisit par un délai de quatre semaines. Le 7 août, conjointement avec les Britanniques et les Français, nous informâmes l'Union soviétique que nous étions disposés à commencer les entretiens.

Cependant les Russes mirent plus d'un mois à donner une réponse très décevante. Ils acceptaient le principe des négociations entre les quatre puissances, mais se refusaient à toute discussion sur l'amélioration de l'accès à Berlin. Ils voulaient concentrer les discussions sur la limitation des activités de l'Allemagne fédérale à Berlin Ouest.

Lors de sa rencontre du 20 octobre avec Nixon, Dobrynine tenta à nouveau de lancer des négociations bilatérales entre les États-Unis et l'U.R.S.S. en proposant un échange de vues officiel. Ainsi que je l'ai dit dans le chapitre 5, je mis le Président en garde : « Je pense que nous ne devons pas encourager le principe de négociations bilatérales sur Berlin entre les États-Unis et l'U.R.S.S. à ce stade. Les Soviets en profiteraient pour semer le doute chez les Alliés et pour les faire jouer

* Les prochaines élections au Parlement, prévues pour septembre 1969.

les uns contre les autres. Je pense qu'il vaut mieux réserver ce problème pour un débat à quatre, et ne pas trop nous hâter. »

Il se trouva en réalité qu'après l'avènement du nouveau gouvernement de Willy Brandt, les Soviétiques se concentrèrent sur Bonn.

Les élections générales allemandes du 28 septembre 1969 amenèrent au gouvernement une nouvelle coalition de démocrates sociaux et de démocrates libres promettant de nouvelles ouvertures à l'Est*. Le chef des démocrates libres, Walter Scheel, avait fait allusion par avance à cette politique lors de son entretien du 13 juin avec Nixon. Il avait affirmé que la doctrine Hallstein – qui interdisait toutes relations diplomatiques avec les gouvernements non communistes ayant reconnu l'Allemagne de l'Est – isolerait la République fédérale du tiers monde. Il était essentiel que les deux Allemagnes nouent des liens plus étroits, soit par le biais d'un nouveau traité soit par tout autre moyen juridique.

Mais une telle politique ne laissait pas d'être dangereuse. Le 6 octobre, dans une étude judicieuse, les Affaires étrangères soulignèrent que la nouvelle coalition ne pouvait mener des politiques actives à la fois envers l'Allemagne de l'Est et envers l'intégration de la République fédérale à l'Europe occidentale. Les Affaires étrangères en concluaient – et j'étais d'accord là-dessus – que « sous une coalition P.D.S.-P.D.L., priorité absolue sera donnée à une politique active germanique et orientée vers l'Est ».

Je partageais ces inquiétudes et j'en fis part au Président :

> « Il faut souligner que des hommes tels que Brandt, Wehner et le ministre de la Défense [Helmut] Schmidt se voient manifestement conduisant une politique responsable de réconciliation et de normalisation avec l'Est, et ont bien l'intention que cette politique ne provoque pas de conflit avec leurs associés occidentaux. On ne peut mettre en doute leur orientation fondamentalement occidentale. Néanmoins, il s'agit pour eux de maîtriser un processus qui, s'il échoue, pourrait les placer dans une situation politique des plus difficiles, et, s'il réussit, pourrait engendrer un mouvement susceptible d'ébranler la stabilité nationale de l'Allemagne ainsi que sa position internationale. »

Il me semblait que la nouvelle Ostpolitik de Brandt, comprise par beaucoup comme une politique de détente progressive, pouvait se transformer, en des mains moins scrupuleuses, en une nouvelle forme du nationalisme allemand classique. De Bismarck à Rapallo, la politique étrangère nationaliste de l'Allemagne s'était appuyée sur une liberté de manœuvres entre l'Est et l'Ouest. Par contraste, la

* Nixon avait cru, à tort, que la pluralité démocrate chrétienne maintiendrait Kiesinger à son poste de Chancelier. Il lui avait donc téléphoné pour le féliciter. Au lieu de cela, les démocrates sociaux (P.D.S.) et les démocrates libres (P.D.L.) formèrent une coalition. Brandt pardonna gracieusement cette maladresse en déclarant : « L'erreur est humaine, à plus forte raison quand on est si loin. »

politique américaine (et allemande) avait été, depuis les années 1940, de lier solidement la République fédérale à l'Ouest, à l'Alliance atlantique et ensuite à la Communauté européenne.

En fait l'élection de Brandt mit crûment en lumière le problème central de la politique étrangère allemande. Cela faisait vingt ans que la Nation allemande était divisée en deux États. Les Soviétiques avaient brutalement affirmé leur pouvoir en imposant un régime communiste au tiers est du pays, contre la volonté de la population, qui allait devenir la République démocratique allemande. Il était bien entendu absurde qu'au centre de l'Europe, où était né le nationalisme, la communauté mondiale acceptât, si ce n'est reconnût officiellement, un régime imposé arbitrairement par des troupes étrangères – un régime qui n'avait jamais pu remporter des élections libres. Un tel « impérialisme » en Asie ou en Afrique aurait soulevé des vagues de protestations scandalisées et de manifestations ; en Europe centrale, admettre le statu quo était faire preuve de raison.

Tous les gouvernements ouest-allemands se devaient de prôner la réunification. Mais, étant donné les circonstances, c'était impossible sans un effondrement radical de la puissance soviétique. Les alliés occidentaux préféraient attendre : ils n'étaient pas prêts à courir des risques graves au nom de la réunification – en partie parce qu'une Allemagne unifiée ressuscitait chez de nombreux Européens et chez certains Américains la crainte d'une nouvelle hégémonie allemande.

La République fédérale, elle, ne pouvait pas simplement attendre ; il lui fallait trouver un concept plausible pour s'accommoder d'une Allemagne divisée. Pendant les années 1950 et 1960, les gouvernements allemands avaient, les uns après les autres, tenté de résoudre le dilemme en ostracisant le régime est-allemand. Mais, en 1970, un nombre croissant de pays avait reconnu l'Allemagne de l'Est, au mépris des déclarations de Bonn qui menaçait de rompre les relations avec eux (c'était la doctrine Hallstein). Cette politique risquait donc de plus en plus de se retourner contre ceux qui la menaient : elle menaçait d'isoler Bonn plutôt que l'Allemagne de l'Est. Vers le milieu des années 1960, la République fédérale s'était sentie obligée de faire une « exception » pour les pays d'Europe de l'Est, sous le faible prétexte qu'ils n'étaient pas libres de leurs décisions.

J'avais beaucoup admiré Adenauer et la sage constance avec laquelle il subordonnait toute autre considération à la nécessité de donner à l'Allemagne une réputation de solidité et de stabilité. Mais dans les années 1970 la politique de réunification d'Adenauer ne pouvait que faire entrer la République fédérale en conflit croissant à la fois avec les Alliés et avec les autres pays amis. Si la même orientation avait été gardée, Bonn se serait trouvée pratiquement seule pour faire face à une éventuelle crise avec l'Est. Brandt avait eu le mérite d'assumer pour l'Allemagne le fardeau et l'angoisse imposés par les circonstances.

Je n'affirmerai pas avoir immédiatement adhéré à ces vues. Mais lorsque je pris conscience de l'inéluctable je cherchai à en tirer le meilleur parti en collaborant étroitement avec Brandt et ses ministres. Quelle que fût la direction prise par la République fédérale, le nationalisme risquait de renaître : pour l'éviter, le mieux était d'établir des relations de confiance qui rendraient toute politique indépendante trop peu avantageuse et trop dangereuse. Nous étions décidés à ne pas ménager nos efforts pour effacer l'incompatibilité latente entre les objectifs nationaux de l'Allemagne et ses liens atlantiques et européens.

Car le but profond des avances soviétiques à la République fédérale et aux autres alliés était d'opérer une détente sélective. C'est-à-dire de relâcher les tensions avec certains alliés tout en conservant une attitude intransigeante envers nous. Pour y parvenir les Soviétiques devaient exacerber ce qui leur semblait être des conflits d'intérêts entre nos alliés et nous ; ou encore nous faire apparaître comme un obstacle au relâchement des tensions. Quelle que fût la stratégie adoptée, elle visait à diviser l'Alliance et à nous isoler. Cependant, nous n'étions pas sans ressources. La République fédérale ne disposait pas des outils de négociation suffisants pour mener toute seule son Ostpolitik, et nos autres alliés ne pouvaient se passer de parapluie protecteur. Pour Berlin, le pouvoir de négociation des deux parties était trop inégal : avec une ville isolée et une Allemagne de l'Est occupée, la République fédérale avait besoin du soutien de ses alliés. Il y avait liaison intrinsèque : pour que l'Ostpolitik réussisse, elle devait être liée aux autres problèmes intéressant l'Alliance dans son entier. C'était seulement ainsi que l'Union soviétique serait poussée à accepter un compromis.

Telle était notre position lorsque Brandt nous demanda de recevoir son conseiller politique Egon Bahr, le 13 octobre, avant même que le nouveau gouvernement ne fût officiellement en place. J'avais connu Egon Bahr au temps où Brandt était maire de Berlin ; il était son chargé de presse. Nous avions renouvelé connaissance, alors qu'il dirigeait le groupe d'élaboration politique, quand Brandt était ministre des Affaires étrangères. Bahr était un homme d'une grande intelligence et d'une extraordinaire confiance en sa propre habileté à inventer des formules permettant de sortir d'une impasse diplomatique. Il se consacrait à l'amélioration des relations entre l'Allemagne de l'Ouest et l'Est, et pensait que de bons rapports personnels avec des personnalités soviétiques ou est-allemandes y contribueraient. Sa vanité le poussait à se vanter de ses contacts, ce qui fut certainement exploité à l'occasion par les gens d'en face. Ses ennemis — et ils étaient nombreux — l'accusaient de sympathies prosoviétiques ; beaucoup se méfiaient de ce qu'ils appelaient sa fausseté. Bahr était de gauche, et pourtant je le tenais avant tout pour un nationaliste allemand désireux d'exploiter la position centrale de l'Allemagne pour traiter avec les deux camps. Il faisait partie de ceux qui ont toujours cru que l'Allemagne ne réaliserait son destin national qu'en sympathisant avec l'Est, ou du moins en évitant de s'en faire un ennemi. Manifestement Bahr n'était pas aussi indiscutablement dévoué à l'unité occcidentale que les hommes que nous avions connus dans le précédent gouvernement ; en outre, il était libre de toute attache sentimentale avec les États-Unis. Pour lui, l'Amérique était un poids à ajouter au bon moment et de bonne façon dans la balance de l'Allemagne de l'Ouest ; mais sa priorité était de renouer les liens entre les deux Allemagnes. Quant à la fausseté qu'on lui prêtait, j'aurais eu tendance à partager le point de vue de Metternich : dans des négociations, c'est avec un interlocuteur parfaitement franc qu'on a le plus de peine à traiter. De toute façon, je ne manquais pas moi-même de l'assurance nécessaire pour pouvoir affronter les manœuvres de Bahr.

Ainsi donc, je rencontrai Bahr, bien décidé à établir des relations de collaboration. Peu importait si je pensais que l'Ostpolitik avait davantage de chances de conduire à une coupure permanente des deux Allemagnes que de faciliter la réunification. Le gouvernement Brandt ne nous demandait pas de conseil, mais notre aide pour mener à bien une politique envers laquelle ses principaux membres s'étaient engagés depuis longtemps. A mon avis, nous devions recevoir Bahr d'abord pour effacer le mauvais effet du malheureux coup de téléphone de Nixon à Kiesinger le soir des élections. Il me semblait important de travailler *avec* Brandt plutôt que contre lui ; le contrer nous attirerait l'opprobre de tous les Allemands, des deux côtés, qui pensaient que Brandt méritait qu'on lui donne sa chance. En outre, la politique de Brandt était bien vue de tous les Alliés, à l'exception peut-être de la France, qui ne tenait cependant pas à manifester ouvertement son opposition. Et, à long terme, le rôle de conciliateur que Brandt cherchait à jouer en Europe se justifiait historiquement, même s'il s'y adonna parfois avec un enthousiasme et une opiniâtreté qui affaiblirent sa position de négociateur.

La future visite de Bahr eut pour premier résultat de déclencher une dispute de procédure avec le ministre des Affaires étrangères. Rogers s'opposait à ce voyage – avec quelque raison – sous prétexte que les négociations devaient être menées par les Affaires étrangères. Nous traitant l'un l'autre comme deux entités souveraines, Rogers et moi-même finîmes par conclure un pacte : je recevrais Bahr mais je ne négocierais pas avec lui, et Martin Hillenbrand, adjoint au ministre des Affaires étrangères pour les affaires européennes, assisterait aux entretiens. Mais je manquai considérablement à cet engagement. Après avoir quitté la Maison Blanche par la porte principale, Bahr y pénétra à nouveau par le sous-sol pour s'entretenir en privé avec moi d'une voie qui nous permettrait de garder le contact en dehors des voies officielles. Comme cela s'était produit avec Dobrynine pour Moscou, le Pakistan pour la Chine, et à l'occasion Israël et même l'Égypte, mon contact avec Egon Bahr devint pour la Maison Blanche une voie non officielle permettant à Nixon de conduire une diplomatie indépendante des Affaires étrangères.

Bahr nous mit au courant de la politique que Brandt entendait suivre. Il souligna qu'il souhaitait le faire avec l'aide et l'amitié des États-Unis, mais il nous laissa entendre clairement que cette politique n'était pas sujette à discussion. Il ressortit surtout de ces entretiens que Brandt resterait en contact étroit avec nous et que nous coopérerions avec lui. Le 11 novembre, le nouveau ministre des Affaires étrangères allemand, Walter Scheel, annonça que Bonn entreprendrait sous peu des conversations avec l'U.R.S.S. pour un accord sur la renonciation mutuelle à la force. Une proposition officielle fut faite le 16 novembre*. Entre-temps, les Alliés occidentaux décidèrent de répondre à la proposition soviétique

* En faisant le premier pas vers l'U.R.S.S., le gouvernement Brandt espérait aplanir la voie pour de futures négociations avec l'Allemagne de l'Est et les autres satellites soviétiques avoisinants. La Grande Coalition avait cherché, elle, à entrer en contact avec les pays d'Europe de l'Est sans s'être d'abord rapprochée de l'Union soviétique ; celle-ci m'avait donc barré la route.

du 24 septembre sur Berlin en présentant leurs propres propositions. Nous voulions que soit garanti le libre accès des civils par voie de terre à Berlin-Ouest, des règlements simplifiés permettant aux habitants de Berlin-Ouest de se rendre à Berlin-Est, et un meilleur service des postes, des téléphones et autres communications entre les deux moitiés de la ville. Cette proposition fut expédiée le 16 décembre.

A ce moment-là, une réunion des ministres des Affaires étrangères de l'O.T.A.N., convoquée en décembre à la demande des États-Unis, avait défini un réseau de liens pour empêcher la réalisation d'une « détente sélective » et pour renforcer le pouvoir de négociation de Brandt. Nous nous mîmes d'accord sur le principe d'une conférence sur la sécurité européenne dépendant des progrès réalisés dans les négociations sur Berlin et les négociations germano-soviétiques. L'Ostpolitik se trouvait enchâssée dans une matrice de négociations qui renforçait la capacité du marchandage de la République fédérale, mais fixait également les limites au-delà desquelles cette dernière ne pouvait aller sans l'accord des Alliés. De ces négociations à venir, les plus complexes étaient probablement la Conférence sur la Sécurité Européenne.

La Conférence sur la Sécurité européenne

L'idée d'une Conférence sur la Sécurité Européenne avait été une constante des discussions entre l'Est et l'Ouest pendant dix ans et demi. Dans les années 1950, l'Union soviétique l'avait proposée à plusieurs reprises, mais elle fut chaque fois rejetée car elle apparaissait comme une manœuvre transparente pour empêcher le réarmement de l'Allemagne et le développement de l'O.T.A.N., et surtout pour empêcher les États-Unis de jouer un rôle quelconque en Europe puisque la proposition excluait généralement ces derniers comme « non Européens ». Dans les années 1950, aussi, de nombreux observateurs sagaces — le plus notable étant George Kennan — prônaient le désengagement des forces américaines et soviétiques d'Europe centrale. Dans l'atmosphère d'alors, cela ne fut pas non plus envisagé sérieusement, ne serait-ce que parce que l'Union soviétique avait à se retirer beaucoup moins loin que les États-Unis.

Lorsque Nixon entra en fonctions, le contexte politique avait changé. En juillet 1966, les pays du Pacte de Varsovie avaient rédigé une « Déclaration sur le renforcement de la Paix et de la Sécurité en Europe » qui demandait l'ouverture d'une Conférence sur la Sécurité européenne. En avril 1967, une conférence des partis communistes européens réunis en congrès fit de même. En décembre 1967, les gouvernements occidentaux se trouvaient faire face à des pressions nationales pour tempérer l'opposition qu'ils avaient manifestée jusqu'alors. Dans le rapport Harmel à l'O.T.A.N. de décembre 1967 — du nom du ministre des Affaires étrangères belge — l'Alliance mit donc en deuxième position dans la liste de ses priorités, c'est-à-dire après la dissuasion, un effort collectif pour « un progrès vers des relations plus stables » avec l'Europe de l'Est. En juin 1968, lors de la réunion de ses ministres des Affaires étrangères à Reykjavik, l'O.T.A.N. signala qu'elle était prête à négocier des réductions de forces mutuelles et équilibrées (M.B.F.R.) – nouveau terme technique pour désengagement – avec le Pacte de Varsovie.

On décrit souvent la politique communiste comme une politique diaboliquement astucieuse, complexe et empruntant des voies bien pensées vers la domination du monde. Ce n'était pas mon impression. Au contraire, je trouvais la diplomatie soviétique généralement rigide, et la subtilité n'est certes pas la qualité qui lui restera dans l'Histoire. En fait, l'Union soviétique remportait remarquablement peu de succès lorsqu'elle s'appuyait sur la diplomatie ou un consensus moral pour atteindre ses objectifs. Elle devait la plupart de ses réussites non à son habileté diplomatique mais à la menace ou à l'emploi effectif de son énorme puissance militaire.

La diplomatie soviétique a, malgré tout, un grand atout : elle est extraordinairement opiniâtre et substitue la constance à l'imagination. Elle n'est pas soumise à des pressions nationales la poussant à trouver de nouvelles idées pour sortir des impasses ; elle n'est pas taxée de rigidité si elle se contente de présenter des variantes des mêmes propositions année après année. Au Politburo, l'élaboration constante de nouveaux projets n'est pas payante, alors que chez nous c'est ce qui transforme si souvent la diplomatie en une négociation avec nous-mêmes. Comme la goutte d'eau qui tombe sur la pierre, l'obstination soviétique finit tôt ou tard par éroder la résistance des démocraties inquiètes. Des pressions naissent pour faire accepter les propositions soviétiques « en principe », ou du moins en discuter. Dès que l'idée est acceptée comme étant légitime, la discussion passe immédiatement aux conditions. Le désir éperdu de voir se relâcher les tensions crée une attitude d'esprit favorable aux objectifs soviétiques, tandis que le désir de parvenir à un accord encourage des pressions répétées à trouver dans la position soviétique au moins quelque chose d'acceptable.

Il en fut ainsi, dans une certaine mesure, de l'idée d'une Conférence sur la Sécurité européenne. Dénigrée dans les années 1950, rejetée dans les années 1960, elle finit par faire son chemin en quelque sorte par défaut. L'obstination soviétique se trouva renforcée par le désir national de voir se terminer la Guerre Froide, en partie à cause de la désillusion engendrée par le Vietnam. Le rôle directeur des États-Unis au sein de l'Alliance se trouvant remis en question, l'opinion publique poussait les pays alliés à chercher d'autres moyens d'assurer leur sécurité. Comme les États-Unis semblaient se retirer de l'Europe, la notion de réduction de forces mutuelles gagna en respectabilité. Pour certains, ces réductions étaient souhaitables en elles-mêmes ; pour d'autres, elles seraient le moyen soit d'arrêter, soit de faire contrebalancer par les Russes les retraits unilatéraux américains que les troubles intérieurs aux États-Unis semblaient rendre inévitables.

L'Union soviétique continua à pousser dans ce sens, en partie pour exploiter l'intérêt évident de l'Ouest, en partie pour détourner l'attention de la Tchécoslovaquie. Le 17 mars 1969, les pays du Pacte de Varsovie, rassemblés à Budapest, proposèrent officiellement d'ouvrir au plus vite une Conférence sur la Sécurité européenne. Ils demandaient : des contacts politiques, économiques et culturels plus poussés; la reconnaissance de l'inviolabilité des frontières, en particulier celle de l'Oder-Neisse (entre l'Allemagne de l'Est et la Pologne) et celle entre les deux Allemagnes ; le renoncement de la République fédérale à sa prétention de représenter le peuple allemand tout entier; la reconnaissance de la séparation de Berlin-Ouest d'avec la République fédérale. Bref, c'était le programme maximal des Soviétiques pour l'Europe qui se trouvait présenté au nom du renforcement de la Sécurité européenne.

Le 3 avril, Dobrynine soumit la proposition du Pacte de Varsovie à la Maison Blanche par la « filière ». Il l'assortit même d'une concession. Il me dit, pour la première fois, que l'Union soviétique ne verrait aucun inconvénient à ce que les États-Unis participent à ce qui avait jusque-là été décrit comme une « Conférence européenne ». Il attira aussi mon attention sur le fait que la Déclaration de Budapest n'avait pas repris les exigences précédentes, à savoir que les systèmes d'alliance en Europe soient dissous; en d'autres termes, Moscou acceptait généreusement la continuation de l'O.T.A.N.

Je n'étais pas disposé à considérer comme concession le retrait de deux préconditions absurdes. Le 4 avril, j'écrivis au Président, soulignant que « quiconque veut sérieusement avancer vers la solution des problèmes européens sait que nous devons être partie prenante ; nous n'allons pas laisser croire aux Soviétiques qu'ils nous font une faveur en acceptant une réalité aussi évidente ».

Cependant, le ton apparemment conciliant des Soviétiques provoqua une immense ardeur au sein de l'Alliance. Lors des funérailles d'Eisenhower à Washington, Mariano Rumor, alors Premier Ministre, déclara à Nixon que, malgré le caractère propagandiste des propositions soviétiques, la situation politique en Italie requérait une réaction immédiate. Donner rapidement suite à une manœuvre de propagande n'est pas une mince affaire. Éviter de s'engager sur une pente glissante est plus difficile encore. Brandt était favorable à une Conférence sur la Sécurité européenne pour l'étrange raison qu'elle rendrait légitime la présence américaine en Europe ; Pompidou y voyait le moyen d'éviter des avances allemandes indépendantes envers l'Est et de les inclure dans un cadre multilatéral. Les dirigeants britanniques, eux, pensaient qu'elle permettrait de dépasser la Guerre Froide.

Dans de telles circonstances, rejeter catégoriquement l'offre soviétique nous aurait isolés au sein de l'O.T.A.N. C'est ce que je déclarai au Président. Nous devions néanmoins faire dépendre en principe notre accord de progrès réalisés dans les problèmes européens concrets, en particulier Berlin. Le 8 avril, je notai dans un rapport :

> « Sans ces progrès, la Conférence se déroulerait probablement entre pays d'Europe de l'Est, étroitement alignés sur une position soviétique rigide, et les pays d'Europe de l'Ouest faisant assaut d'ingéniosité pour " sortir de l'impasse ". Cela se solderait... par le recul d'une éventuelle résolution des problèmes européens. Par conséquent, nous devons insister sur la nécessité de discuter de problèmes concrets, et sur celle d'une concertation au sein de

l'O.T.A.N. afin de définir de façon cohérente la position occidentale sur ces problèmes. »

Ceci devint la thèse des États-Unis qui fut globalement adoptée lors de la réunion ministérielle de l'O.T.A.N. en avril 1969.

La Sécurité européenne fut donc délibérément mise en veilleuse. Aucune mesure spécifique ne pouvait être prise avant la prochaine réunion ministérielle de l'O.T.A.N., prévue pour décembre ; la Conférence avait été liée à des problèmes concrets ; la nécessité d'une participation américaine avait été bien établie ; la Conférence exigeait des progrès préalables sur la question allemande.

Mais, une fois déclenché, un processus diplomatique ne peut être maîtrisé par de simples déclarations, surtout si elles émanent du bureau du Conseiller pour les Questions de Sécurité situé au sous-sol de la Maison Blanche. Une bonne politique exige une patiente accumulation de nuances ; grand soin doit être pris d'orchestrer les initiatives individuelles en une stratégie cohérente. Les problèmes politiques apparaissent le plus rarement en termes de blanc ou noir, souvent ils dépendent de nuances d'interprétation, et les déviations importantes débutent par des déformations mineures dont l'effet ne devient apparent que si elles sont projetées dans l'avenir. Rien d'étonnant donc que la Conférence sur la Sécurité européenne ait soulevé les mêmes problèmes de linkage et de philosophie des relations Est-Ouest, qui avaient divisé notre gouvernement depuis le début. L'attitude de la Maison Blanche était de lier notre participation à la Conférence aux concessions soviétiques sur Berlin et aux négociations inter-Allemagnes. Le ministère des Affaires étrangères voyait dans une Conférence sur la Sécurité l'occasion d'une réunion dont on devrait tirer des résultats, soit dans le domaine des réductions de forces mutuelles, soit dans celui des principes de coexistence. Il s'opposait à ce que l'on établisse un lien entre la Sécurité et les autres problèmes, selon sa bonne habitude.

Entre-temps, Dobrynine était venu proposer, de la part des pays du Pacte de Varsovie, que la Conférence sur la Sécurité européenne se réunisse dans la première moitié de 1970 avec un agenda en deux points : renonciation à la menace ou à l'usage de la force dans les relations entre les États européens ; intensification des échanges commerciaux, économiques, techniques et scientifiques entre États européens. Je m'opposai à la fois à la date fixée et à l'ordre du jour. Nous ne pouvions accepter de date tant que les autres négociations n'auraient pas avancé, en particulier sur Berlin. Nous ne pouvions pas non plus permettre aux Soviétiques d'insister sur la reconnaissance du statu quo en Europe tant que les résultats de l'Ostpolitik de Bonn ne seraient pas plus précis : c'était à Bonn et non à nous de prendre la responsabilité d'accepter la division de l'Allemagne. En outre, il était absurde de développer les échanges commerciaux et techniques si les tensions persistaient. Le Président donna des instructions en ce sens.

C'est avec satisfaction que Rogers put rapporter au Président, à propos de la réunion ministérielle de l'O.T.A.N. du mois de décembre :

« En ce qui concerne la Conférence sur la Sécurité européenne et les relations Est-Ouest, nous avons réussi à définir une position réaliste et prudente de l'O.T.A.N., insistant sur la nécessité d'avoir de plus amples informations et des perspectives de meilleurs résultats avant de nous rendre à une conférence. Nous avons également obtenu l'accord de l'Alliance pour les initiatives de l'O.T.A.N. vis-à-vis de l'Europe de l'Est, dont la préparation d'une position commune sur le problème des réductions mutuelles et équilibrées, et son soutien pour les initiatives ayant trait à l'Allemagne et Berlin... L'Euphorie à l'égard d'une conférence pour le plaisir d'une conférence a été contenue... »

En fait, nous avions bloqué la stratégie de détente sélective des Soviétiques en liant les uns aux autres les problèmes clés. Les Russes voulaient une Conférence sur la Sécurité européenne, mais ils ne l'obtiendraient qu'en se montrant plus conciliants à Berlin, où nous avions droit de veto en tant que puissance occupante. L'Ostpolitik de Brandt tendait, malgré nous, à confirmer le statu quo en Europe, mais Brandt ne pourrait faire ratifier par son Parlement un accord avec l'U.R.S.S. ou l'Allemagne de l'Est que si un accord améliorait l'accès à Berlin. Si nous gardions la tête froide, nous étions donc en mesure d'encourager la détente et de maîtriser son rythme, de satisfaire aux demandes de nos alliés soucieux de voir se relâcher les tensions, et de conduire des négociations à la fois précises et compatibles avec notre sécurité.

1970 : les dirigeants européens viennent à Washington

Les sujets de discussion ne manquaient donc pas lorsque les dirigeants d'Europe de l'Ouest vinrent à Washington, à un mois d'intervalle, rendre à Nixon sa visite de l'année précédente. Le premier visiteur fut Harold Wilson, fin janvier 1970, suivi par Georges Pompidou, fin février, puis par Willy Brandt, début avril.

Selon son habitude, Wilson eut avec Nixon son attitude la plus paternelle, à la façon d'un banquier de province qui aurait décidé, pour traiter avec son client le plus imprévoyant, de lui donner une réputation de parcimonie à respecter. Il souligna à Nixon les avantages de la politique de Brandt, comme si c'était la seule concevable. Nixon, qui restait toujours aussi méfiant à l'égard de Brandt, se contenta de répondre que nous ne ferions rien contre lui. Par la même occasion, Wilson ne se priva pas d'utiliser l'Ostpolitik pour pousser ses pions en faveur de l'entrée de la Grande-Bretagne dans le Marché commun, affirmant que la participation anglaise servirait à contenir les ambitions nationalistes allemandes.

La discussion porta essentiellement sur le Biafra, province du Nigeria occupée par la tribu des Ibos, qui avait cherché à faire sécession avec le gouvernement central. Les frontières des nations africaines avaient été cruellement tracées par des puissances impérialistes pour des raisons de convenance administrative, sans respect des appartenances tribales ou linguistiques. A l'intérieur de ces frontières, l'unité nationale était à la fois constamment en danger et passionnément défendue. La sécession – surtout pour des raisons tribales – menaçait de faire crouler l'ordre établi. Une fois le précédent établi, aucun État ne serait à l'abri d'un tel danger. L'Organisation de l'Unité africaine soutenait fermement le gouvernement fédéral du Nigeria dans sa guerre pour préserver l'unité du pays. C'était également la politique de la Grande-Bretagne, persuadée que son passé colonial lui conférait une connaissance particulière des problèmes africains.

Pour une raison ou une autre, le problème du Biafra avait été un des thèmes de la campagne présidentielle de 1968. Nixon avait déclaré que les États-Unis ne faisaient pas assez pour soulager les souffrances de la population dans la province assiégée. Notre ministère des Affaires étrangères partageait le point de vue des Britanniques, selon lequel mettre en question la souveraineté du Nigeria nous vaudrait l'hostilité de la nation la plus peuplée d'Afrique ainsi que la méfiance de toutes les autres. Je tends à croire que Nixon soutenait le point de vue contraire en partie pour se donner le plaisir de montrer à ceux qui lui reprochaient habituellement son manque de moralité qu'ils étaient eux-mêmes bien légers à l'égard des Droits de l'homme.

Pendant la visite de Wilson, en janvier 1970, la guerre civile nigérienne s'approchait d'une fin sanglante. Le gouvernement central s'apprêtait à envahir la province rebelle. Diverses sources indiquaient qu'à défaut de secours immédiats au Biafra un million et demi d'êtres humains mourraient de faim. Le gouvernement nigérien insistait pour que ces vivres soient livrés par son intermédiaire. La Maison Blanche – en particulier Roger Morris, qui faisait partie de mon équipe et se démenait comme un beau diable – cherchait à envoyer directement des secours d'urgence. Je soutenais Morris ; Nixon aussi, trop heureux d'être pour une fois du côté humain. Mais la confusion des Anglais et l'obstruction larvée des Affaires étrangères eurent tôt fait de tout embrouiller. Nous ne réussîmes jamais à organiser un programme de secours indépendant. Les troupes fédérales soumirent la province et éteignirent le mouvement « d'indépendance » biafrais. Une chape de silence tomba sur le pays. Au bout du compte, le gouvernement fédéral nigérien mena avec succès une politique de réconciliation avec les Ibos vaincus. Wilson influença dans une certaine mesure la politique de Nixon et freina nos élans interventionnistes. Du point de vue de nos intérêts à long terme, les Affaires étrangères et lui avaient indiscutablement raison d'agir de la sorte.

Un autre événement notable marqua la visite de Wilson : il assista à une réunion du C.N.S. C'était de la part de Nixon une façon de rendre à Wilson sa politesse : lors de sa visite à Londres en février 1969, Nixon avait été invité à une réunion du Cabinet britannique. Ces deux événements étaient, en fait, vides de sens, puisque aucun débat sérieux ne pouvait se dérouler en présence d'un étranger. Cela d'autant moins que Nixon était toujours mal à l'aise quand il ne pouvait prévoir le résultat d'une discussion. Ce jour-là, on avait choisi avec assez d'à-propos de traiter de la politique européenne des États-Unis. Les manœuvres administratives qui précédèrent la réunion se révélèrent bien plus intéressantes que la réunion elle-même. Pendant un an, mon équipe et moi avions tenté de nous faire préciser par le Bureau européen des Affaires étrangères les options qui s'offraient dans ce domaine. Le Bureau s'y était farouchement refusé : les Affaires étrangères avaient fait de la politique européenne leur domaine réservé, se refusant à admettre ce qui, malheureusement, accompagnait la présentation d'options : la possibilité d'un changement de politique.

Après des mois de temporisation à propos de problèmes secondaires, un rapport gouvernemental sur les options possibles avait enfin fait son apparition. Ces choix n'offraient guère au Président de nouveautés scintillantes : 1) suivre l' « orientation actuelle » ; 2) favoriser le « renforcement de l'Europe » (c'est-à-dire l'admission de la Grande-Bretagne et une intégration plus poussée) ; ou 3) le désengagement américain. C'était l'astuce traditionnelle de l'administration : ne laisser au responsable qu'une vraie option, que l'on plaçait en deuxième position pour qu'on puisse la reconnaître facilement. Le cas typique, plaisantai-je, serait de forcer le responsable à un choix entre la guerre nucléaire, la poursuite de notre orientation actuelle ou la reddition. Dans le cas présent, l'administration ne prenait pas de risques. En effet, les choix 1 et 2 étaient identiques : notre orientation actuelle était de favoriser le « renforcement de l'Europe ». Le « désengagement américain » avait des connotations péjoratives, et ni notre gouvernement ni aucun pays allié ne lui était favorable. Ainsi, c'est avec un consensus donné d'avance que la politique d'encouragement au « renforcement de l'Europe » devait faire l'unanimité. Nixon énonça le nouvel évangile :

> « Je n'ai jamais été de ceux qui croient que les États-Unis doivent avoir le contrôle des actions en Europe. Il est dans l'intérêt des États-Unis d'avoir une communauté européenne économiquement, politiquement et militairement forte, et qui comprenne le Royaume-Uni. J'ai toujours préféré que l'Europe agisse indépendamment suivant une route parallèle à celle des États-Unis. Une Europe saine, vigoureuse et indépendante est bonne pour l'équilibre mondial. De la part des États-Unis, jouer un rôle pesant en Europe serait contre-productif. Ce que nous voulons, c'est un état de compétition amicale avec les États-Unis. »

Wilson déclara généreusement aux membres présents du C.N.S. que c'était là « une forme de processus gouvernemental fascinante ». Était-ce une marque d'affection de Wilson pour tout ce qui était américain, ou un de ces *understatements* typiquement britanniques ? « Fascinante » était le moins que l'on puisse dire d'une procédure qui présentait des choix insignifiants et qui, après des mois d'études, finissait par sélectionner une politique — l'admission de la Grande-Bretagne dans une Europe de plus en plus intégrée — qui était déjà en pratique depuis longtemps.

Au bout de quelques mois, il apparut que les choses n'étaient pas aussi simples. Le « renforcement de l'Europe » avait certes ses promesses politiques, mais il risquait aussi de conduire à une féroce rivalité économique avec nous, et d'engendrer des tensions non prévues dans les grands desseins des années 1960.

Mais à ce moment-là Harold Wilson n'était plus en fonctions. En juin, il appela à des élections qu'il était convaincu de remporter, comme nos principaux fonctionnaires à l'exception de Nixon – qui avait prédit la victoire de Heath et par la suite ne laissa jamais oublier à ses associés combien il avait été perspicace.

Les relations avec notre invité suivant, le Président GeorgesPompidou, se révélèrent plus complexes. Ayant été pendant près de dix ans Premier Ministre de De Gaulle, Pompidou était l'héritier de la tradition gaulliste. De Gaulle l'avait renvoyé après les révoltes estudiantines de 1968. Si le Général n'avait pas démissionné au printemps 1969, Pompidou se serait probablement trouvé relégué dans les coulisses de la politique française. Il faisait rarement allusion à de Gaulle, mais, quand cela lui arrivait, sa vive blessure apparaissait. Je ne me rappelle pas l'avoir entendu mentionner les qualités de son prédécesseur ; en revanche, il critiqua plusieurs fois son attitude distante et sa méfiance délétère. Et pourtant, Pompidou était manifestement un Président du style de De Gaulle. Il pratiquait la même distance. Son maintien était royal, en accord avec la monarchie élective dont la Ve République avait investi son Président, élu pour un mandat de sept ans (renouvelable). Il avait une conscience aiguë des prérogatives de son poste, dans lesquelles il voyait, avec quelque raison, le symbole de l'unité, de l'assurance et de l'influence retrouvées de la France.

Pompidou était un homme d'une intelligence, d'une dignité et d'une force de caractère extraordinaires. Dans ses yeux prudents, ombragés de sourcils broussailleux, transparaissait le scepticisme d'un enfant d'Auvergne, cette rude région de France où les paysans ont survécu à une histoire orageuse en se gardant de faire trop confiance à la générosité des voisins. Suprêmement cultivé, c'était un des rares hommes d'État avec lequel on avait plaisir à discuter de sujets extérieurs à la politique. Il avait cette habileté du sceptique d'aller droit au cœur des problèmes et la tendance de l'intellectuel français à envelopper ces problèmes d'une complexité qui devait davantage à sa propre sophistication qu'aux critères plus grossiers utilisés par des personnalités moins complexes. En outre, il était doté d'un humour sardonique.

En ce qui concernait les États-Unis, les impératifs de l'intérêt national français entraient chez Pompidou en contradiction avec les préjugés de l'intellectuel français. Pompidou comprenait que persévérer dans l'antagonisme de l'époque de De Gaulle isolerait fatalement la France ; défier les États-Unis était un truc utile pour affirmer l'identité nationale française tant que les Américains se contentaient de manifester leur mécontentement par des mots. Un affrontement sérieux ne manquerait pas de révéler la faiblesse relative de la France ; contraints de choisir entre la France et les États-Unis, la plupart des pays européens – en particulier la République fédérale allemande – devraient couper leurs liens français. En conséquence, Pompidou était décidé à suivre la voie ouverte par les entretiens entre Nixon et de Gaulle ; comme de Gaulle, il insistait pour que cela fût réalisé bilatéralement : il se méfiait des organisations ou des décisions unilatérales dans lesquelles se dissoudrait l'identité française.

Comme beaucoup de Français, Pompidou avait en même temps la conviction innée que rien de bon ne pouvait en fin de compte venir des États-Unis. Sauf dans le cas d'éléments peu représentatifs – tels que Nixon et dans une certaine mesure moi-même – Pompidou ne croyait guère que les Américains fussent capables de comprendre les affaires internationales, sans parler de sujets plus complexes tels que la philosophie politique. Il n'était pas sans craindre que cette combinaison de bonne volonté, de grande puissance, et d'énergie qui était notre caractéristique ne mène les États-Unis à détruire des structures plus fragiles, comme la Communauté européenne, ou à nuire à la sécurité de l'Europe par l'excès d'hostilité ou d'amabilité envers Moscou. Comme la plupart de ses compatriotes, il était convaincu que nous pouvions tirer parti des leçons de subtilité de la France. Il cherchait des contrepoids à l'impétuosité que l'on nous attribuait, tout en participant, à un point encore jamais atteint, à la poursuite d'objectifs communs.

Malgré ces doutes et cette méfiance innée, nos relations avec la France s'améliorèrent considérablement sous Pompidou. Il semblait apprécier Nixon pour sa compréhension des affaires internationales ainsi que pour ses nombreux gestes prévenants envers la France, parmi lesquels sa présence au dîner offert en l'honneur de Pompidou à New York, après les manifestations hostiles de Chicago (que je décrirai plus loin), et plus tard son voyage à Paris pour assister à Notre-Dame à l'office célébré à la mémoire de De Gaulle (Nixon fut, en fait, le premier chef d'État à annoncer sa présence à cette cérémonie, ce qui força de nombreux autres dirigeants à l'imiter).

Comme je l'expliquerai plus loin, Pompidou se montra à son tour d'un immense secours pour mes contacts secrets avec les Nord-Vietnamiens, allant jusqu'à mettre son propre avion à ma disposition pour mes déplacements en France. Je lui rendais régulièrement compte de mes entretiens avec les Nord-Vietnamiens – bien plus que je ne le fis avec la plupart de nos hauts fonctionnaires. Il resta d'une discrétion totale et ne chercha jamais à obtenir quoi que ce soit en retour des services rendus.

Si nos relations avec la France s'améliorèrent, c'est sans aucun doute parce que Pompidou était le premier Président « normal » de la Ve République, en ce sens qu'il avait été élu et non porté au pouvoir par une guerre civile naissante. Il fut le premier Président à pouvoir mener une politique étrangère méthodique ne se limitant plus seulement à remporter des guerres coloniales ou à tenter d'établir l'autonomie de la France. Par la même occasion, il apparut que de Gaulle avait été plus constructif que ses détracteurs américains n'avaient voulu l'admettre. De Gaulle pensait que, pour pouvoir jouer un rôle international efficace, la France devait poursuivre des objectifs qui lui semblaient être les siens propres : il s'avéra qu'il avait raison. L'idée qu'une France indépendante serait bénéfique pour l'Ouest fut ridiculisée : elle se révéla pourtant correcte. Sous Pompidou et, plus tard, sous son brillant et compétent successeur, Valéry Giscard d'Estaing, la politique étrangère française fut souvent épineuse, mais toujours sérieuse et cohérente. Dans ses principes de base, elle fut compatible avec nos objectifs, même si la tactique employée était parfois irritante. Il lui arriva d'être plus stable et plus perspicace que la nôtre (comme ce fut le cas en Afrique à la fin des années 1970).

Dans son obstination à mener une politique mondiale à sa façon, la France offrait un contraste croissant avec les autres alliés européens, et même avec la Grande-Bretagne. Cette dernière possédait encore l'expérience et les ressources intellectuelles d'une grande puissance et se trouvait gouvernée par des dirigeants extrêmement favorables aux États-Unis. Cependant, au fur et à mesure des années, ces dirigeants se comportaient comme si leurs décisions avaient de moins en moins d'importance. Ils prodiguaient leurs conseils, généralement pleins de sagesse, mais ils cherchaient rarement à les appliquer dans leur propre politique. Les hommes d'État britanniques se contentaient d'agir en conseillers honorés lors de nos délibérations. Quant à Brandt, il s'enorgueillissait de ce que son pays s'était débarrassé de toute aspiration à un rôle mondial [4]. Ainsi, de tous les alliés de l'O.T.A.N., la France seule aspirait à un rôle mondial et tentait d'acquérir les moyens de jouer ce rôle. Et, contrairement à ce qui avait été prédit dans les années 1960, la politique indépendante de la France se révéla, avec le temps, d'un grand secours dans les contrées lointaines. Ce fut en particulier le cas en Afrique où elle ne se laissa jamais séduire par l'illusion sentimentale que l'exercice d'une bonne volonté vigoureuse pourrait préserver ce continent des réalités physiques et idéologiques du monde contemporain.

Certes l'histoire française et un système d'enseignement cartésien ont engendré des théories complexes sur les motivations des autres peuples, en particulier des Américains. Ce qui conduisait parfois la politique française à chercher des assurances contre des mirages. Mais les dirigeants français bénéficiaient d'une tradition qui ne voyait aucune raison de s'excuser pour des considérations d'intérêt national. C'est lorsqu'il s'était lancé dans des croisades idéologiques ou avait trop compté sur les autres que leur pays avait eu le plus à perdre ; il prospéra lorsqu'il comprit les impératifs de la balance du pouvoir. Le Président français et Nixon étaient sur la même longueur d'onde quand ils passaient en revue les affaires internationales.

Pompidou profita de ma rencontre secrète avec Le Duc Tho, en février 1970, pour m'inviter à déjeuner dans son charmant appartement de l'île Saint-Louis. Manifestement, la perspective de sa première visite aux États-Unis en tant que Président de la République le rendait un peu nerveux. Selon certaines sources, on prévoyait des manifestations contre la vente d'avions modernes français à la Libye. Il appréhendait ses prochaines rencontres avec notre trop célèbre presse. Je tentai de le rassurer sur ces deux points. (En fait, j'aurais pu économiser ma salive en ce qui concernait les « media » : il fit face à la presse avec un sang-froid naturel. Pour les protestations, ce fut une autre affaire : elles produisirent un fiasco). Nous discutâmes de l'agenda de sa prochaine rencontre avec Nixon. Je soulignai que nous ne le mettrions pas dans l'embarras. Nous nous attacherions surtout au problème de coopération pratique plutôt qu'à la philosophie sous-jacente. Je lui dis que Nixon avait l'intention d'assister à un dîner à l'ambassade de France, première invitation de cet ordre qu'il ait acceptée depuis son entrée à la Maison Blanche. Pompidou affirma qu'il était prêt à discuter de tous les sujets d'intérêt commun, pourvu qu'on lui épargnât la liturgie habituelle de l'intégration de l'O.T.A.N. Il n'irait pas contre la politique de défense nationale de De Gaulle, mais il était favorable à une coopération pratique dans le domaine militaire.

Il n'y avait pas à presser Nixon de se cantonner dans les problèmes pratiques d'une coopération : c'était sa tendance naturelle. Lors de sa première rencontre avec Pompidou, il développa son thème favori, celui de l'équilibre du pouvoir : il était dans l'intérêt des États-Unis de voir une Europe économiquement forte, ainsi que le Japon. Pompidou alla directement au sujet qui était au cœur de ses préoccupations : l'Ostpolitik. Comme tous les Européens, il déclara avoir foi en Brandt, mais il craignait que sa politique ne déchaîne des tendances nationalistes qui deviendraient impossibles à contenir. Le côté impatient du caractère allemand le mettait mal à l'aise. Les défaites de deux guerres mondiales n'avaient rien prouvé, car il avait fallu la puissance combinée du reste du monde pour les infliger. Le nationalisme allemand pouvait resurgir et, si le malheur lui avait enseigné la patience, il se révélerait peut-être encore plus dangereux. C'était la crainte d'une résurrection de l'Allemagne, affirmait Pompidou, qui l'incitait à ne plus s'opposer à l'entrée de la Grande-Bretagne dans l'Europe, contrairement à de Gaulle. Ainsi les arguments de Pompidou n'étaient, au fond, pas si différents de ceux de Wilson, deux semaines plus tôt. Tout le monde voulait la Grande-Bretagne dans le Marché commun pour aider à contenir l'Allemagne. Pompidou allait même jusqu'à envisager un axe Paris-Londres pour contrebalancer un nationalisme allemand sans contrôle. Brandt lui-même était favorable à l'admission de la Grande-Bretagne, même si c'était pour une raison bien évidemment différente. Il cherchait à répondre aux critiques qui l'accusaient de pencher unilatéralement vers l'Est. C'est pourquoi il prononça à La Haye, début décembre, un discours, insistant sur l'admission de la Grande-Bretagne dans le Marché commun. En bref, l'ouverture de Brandt vers l'Est eut pour résultat imprévu d'accélérer l'intégration de l'Europe de l'Ouest. Des trois plus importants dirigeants européens, deux se méfiaient des tendances déchaînées par le troisième; et le troisième devait faire un geste pour apaiser ces craintes. L'entrée de la Grande-Bretagne dans le Marché commun lui en fournit le mécanisme.

Pompidou conservait à l'égard de l'Union soviétique la même attitude que de Gaulle. Quoique profondément méfiant des mobiles de ces derniers et redoutant la croissance de leur puissance, il était cependant en faveur d'une politique propre à relâcher les tensions. Les Soviétiques, selon Pompidou, étaient obsédés par la Chine et avaient besoin de tranquillité à l'Ouest. Leur soif de détente ne reposait donc pas sur de bons sentiments, mais sur des nécessités économiques, politiques et militaires. Ils voulaient également un soutien économique, en particulier pour l'Europe de l'Est. Ils chercheraient à l'obtenir de l'Allemagne. Partenaire des Russes, l'Allemagne serait cependant trop dangereuse à la fois pour l'Union soviétique et pour l'Occident. C'est pourquoi la France était décidée à ne pas laisser l'Allemagne la dépasser dans sa politique de détente (préparant, sans le vouloir, le terrain pour la course vers Moscou). Pour Pompidou, des contacts plus étroits entre l'Ouest et la Russie étaient souhaitables en eux-mêmes : ils finiraient par affaiblir Moscou en encourageant, dans la société soviétique, les éléments les plus libéraux et les plus réformateurs. Pompidou n'expliqua pas pourquoi le Kremlin épouserait une politique, qui, selon son analyse, conduirait à une transformation de son système. Il sous-entendait peut-être que la politique des pays concurrents (en particulier des superpuissances) entraîne souvent des évaluations rivales de l'avenir, et il misait sur nous. Pompidou était probablement, avant tout, dans la ligne de Richelieu. Prévenir la montée d'une Allemagne limitrophe était pour lui plus vital que de s'inquiéter d'une Russie lointaine, qui en dernière analyse était l'affaire des États-Unis.

La visite de Pompidou eut tout le succès qu'on en pouvait attendre, étant donné l'absence de problèmes requérant une solution. Les entretiens furent cordiaux; les deux dirigeants avaient des visions semblables de l'Europe et de l'Alliance, sinon de la détente. Des mesures pratiques furent prises pour une consultation directe : Michel Jobert, le bras droit de Pompidou, et moi-même servirions de contacts. Les deux dirigeants décidèrent d'entreprendre des discussions bilatérales militaires au niveau des États-Majors. La seule note pénible fut l'incident de Chicago, où Pompidou et sa femme furent chahutés par des manifestants protestant contre la vente des avions français à la Libye. Pompidou faillit alors annuler le reste de son voyage. Il n'en fut dissuadé qu'à grand-peine, et parce que Nixon annonça qu'il assisterait au dîner offert en son honneur à New York.

L'histoire est parfois faite de petites choses. Cet incident renforça les sentiments ambivalents de Pompidou envers les États-Unis. Sur le plan intellectuel, il resta favorable à des relations plus étroites, mais sur le plan affectif, il ne cessa jamais de considérer l'incident de Chicago comme une insulte à la France et un grave manque de courtoisie envers sa femme. Dans les souffrances de sa dernière année (il était en train de mourir d'un cancer), ce grief affectif devait renforcer toutes ses objections importantes de l'Année de l'Europe et aviver les querelles, qui s'aigrirent beaucoup sous l'impulsion de Jobert. De membre du Cabinet, Jobert était devenu ministre des Affaires étrangères, passant ainsi de l'état de collaborateur effacé à celui de terreur oratoire de la diplomatie alliée.

Willy Brandt vint à Washington en avril 1970. Signe de respect inhabituel, Nixon avait mis à sa disposition le bungalow présidentiel (« Aspen ») de Camp David pour qu'il puisse se reposer avant les entretiens officiels. Comme c'était devenu de tradition, je déjeunai avec Brandt à Camp David pour l'informer à l'avance de la position du Président et pour le sonder sur ses propres idées.

Brandt me reçut, vêtu du blazer bleu de la marine portant son nom ainsi que le badge présidentiel que l'on offrait habituellement aux invités du bungalow. Il était très flatté de cette invitation à Camp David (généralement fermé aux visiteurs étrangers) et de l'hospitalité du bungalow présidentiel. Il affectait une grande confiance et beaucoup de bonhomie. Mais il s'inquiétait manifestement de notre réaction à son Ostpolitik.

Je le rassurai. Nous ne tenterions pas de lui faire modifier ses principes de base; nous n'encouragerions aucune stratégie de négociations particulières; et nous nous abstiendrions de tout commentaire sur des points spécifiques de ses négociations. Pour cela, il aurait à en prendre la responsabilité : nous ne prendrions aucune part au débat national allemand, ni d'un côté, ni de l'autre. Nous soutiendrions les objectifs de Brandt, garderions le silence sur ses méthodes, l'encouragerions à consulter ses alliés, et lui conseillerions de ne pas soulever d'espoirs excessifs. En outre, nous lui donnerions un sentiment d'association, ce qui était la meilleure garantie contre les dangers latents d'une politique purement nationale. Brandt fut grandement soulagé.

La rencontre Brandt-Nixon se déroula dans une ambiance étonnamment cordiale, si l'on tient compte du fait qu'aucun des deux hommes n'aurait spontanément cherché la compagnie de l'autre si le hasard ne leur avait confié la direction de deux grandes nations. Nixon se méfiait naturellement de ceux qu'il considérait comme des gens de gauche, et les longs silences habituels de Brandt le mettaient mal à l'aise. Nixon répara quelque peu sa gaffe lors des élections allemandes en déclarant avec humour, au cours d'un dîner, que tous ses appels téléphoniques passeraient désormais par les standardistes de la Maison Blanche, puisque lui-même avait composé le mauvais numéro le soir des élections. Mais, surtout, Brandt quitta Washington avec un blanc-seing de sa politique globale.

Dans ses Mémoires, Brandt écrit que le Président et moi-même n'avions pas saisi la portée d'une de ses déclarations les plus importantes, à savoir que la proposition soviétique de tenir une Conférence sur la Sécurité européenne représentait un nouveau lien avec l'Europe qui ne reposait ni sur les droits juridiques acquis pendant la dernière guerre, ni sur le seul Pacte de l'Atlantique Nord [5] ». Il se trompait : nous avions bien compris. Seulement, nous n'étions pas convaincus de la valeur de l'argument, et nous avions pensé plus judicieux de ne pas le relever. La « nouveauté » de la Conférence sur la Sécurité européenne tenait à la participation soviétique aux délibérations. Nous étions assez disposés à négocier avec les Soviétiques sur les problèmes primordiaux, mais nous trouvions dangereuse l'idée selon laquelle leur approbation était indispensable pour justifier notre rôle en Europe. Pour nous, une Conférence sur la Sécurité européenne devait se justifier sur des bases entièrement différentes.

Curieusement, le Vietnam joua un rôle mineur lors des visites des leaders européens. L'opinion publique européenne, ou du moins celle représentée par les media, s'opposait à la guerre. Mais les dirigeants européens ne manifestèrent aucune objection. Pendant toute la durée de la guerre, je n'ai jamais entendu la moindre critique de la part d'un dirigeant européen, même lors de conversations privées. Ils semblaient paralysés par le même dilemme qui se posait à nous. Ils souhaitaient la fin rapide de la guerre, car ils attribuaient une partie de l'agitation politique dans leurs propres pays à la contagion des universités et des milieux intellectuels américains et craignaient qu'avec le temps le conflit ne mine notre capacité à assurer leur propre sécurité. En outre, ils voulaient que la crédibilité des États-Unis reste intacte. Ni Brandt ni Wilson ne risquèrent de commentaire, ils se contentèrent d'opiner lorsque Nixon définit notre stratégie au Vietnam. Pompidou, lui, souligna qu'il ne mettrait pas en doute nos méthodes tant que les États-Unis sembleraient décidés à liquider la guerre — ce qui à ses yeux était le cas. Il savait par expérience combien il avait été difficile et long pour la France de se dégager de l'Algérie. Lorsque Edward Heath devint Premier Ministre en Angleterre, il déclara avec force qu'un retrait américain du Vietnam dans des conditions susceptibles d'être interprétées comme un effondrement américain risquerait de déclencher un regain d'agressions soviétiques en Europe. Il est difficile de savoir si ces dires étaient sincères ou s'ils étaient les propos prudents de dirigeants européens hors d'état d'intervenir et soucieux de ne pas affecter leurs bonnes relations avec leur principal allié. En fait, cela n'avait guère d'importance. Les mobiles cachés peuvent donner matière à des mémoires, mais ce qui a été dit qui influence la politique.

Les visites à Washington des trois leaders européens mirent en lumière le fait que les grandes lignes traditionnelles de la politique européenne commençaient à se réaffirmer. Les Anglais avaient dit à Nixon qu'ils pourraient reprendre leur rôle historique dans l'équilibre des pouvoirs du continent. Les Français soutenaient qu'il était nécessaire de garder ouverte la voie vers Moscou pour surveiller les relations germano-soviétiques. Et l'Allemagne et la France, à la suite des entretiens de Washington, se rapprochaient manifestement de la Grande-Bretagne, chacune pour des raisons essentiellement nationales. Il en résultait un consensus sur l'entrée de la Grande-Bretagne dans le Marché commun. Mais cette perspective imminente nous mettait pour la première fois en face de toutes les implications de ce que nous avions nous-mêmes forgé.

Sur le Marché commun

Alors que la Communauté européenne élargie passait de la théorie à la réalité, il apparut que les théories très idéalistes des décades antérieures en avaient brossé un tableau trop simple.

Certes, une Europe économiquement forte dépendrait davantage d'elle-même ; mais il faudrait en payer le prix. Comme l'union douanière, manifestation la plus tangible de la Communauté, commençait à affecter les exportations américaines, et que l'Europe se mettait à nous faire concurrence dans d'autres parties du monde, nos milieux d'affaires s'agitèrent, et leurs grondements affectèrent bientôt les décisions gouvernementales. Pour la première fois, les relations atlantiques devenaient sujettes à controverses. Au printemps 1970, j'ordonnai un examen interministériel officiel des relations atlantiques.

Quand vint l'automne, les craintes à propos des effets d'une expansion de la Communauté européenne commencèrent à soulever des clameurs, en particulier dans nos services économiques. Les ministères des Finances, du Commerce et de l'Agriculture, suivant point par point la méthode éprouvée du Pentagone, avaient réalisé une analyse « du pire » exposant les conséquences d'un élargissement du Marché commun à la Grande-Bretagne et à la Norvège (ce qui était envisagé à ce moment-là). Ils voyaient en effet le Marché commun comme un monstre économique dominant le commerce mondial et les accords monétaires, excluant les produits agricoles et manufacturés américains, et étendant progressivement ses tentacules vers le Tiers-Monde. Cette dernière crainte était née des accords préférentiels grâce auxquels les nations du Marché commun pouvaient entretenir des relations commerciales spéciales et exclusives avec leurs voisins méditerranéens et leurs anciennes colonies. Si toutes les anciennes colonies britanniques se joignaient à présent à ce réseau d'accords commerciaux exclusifs, le danger deviendrait plus grand. Une étude préparée à l'intention du C.N.S. notait :

> « A long terme, nous pourrions nous trouver face à une " Europe élargie " formée d'un Marché commun d'au moins dix membres à part entière, avec des pays neutres de l'A.E.L.E. (Association européenne de libre échange), jouissant d'accords commerciaux préférentiels avec au moins les pays méditerranéens et la plus grande partie de l'Afrique. Ce bloc assurerait environ la moitié du commerce mondial, alors que notre participation n'y est que de 15 pour 100 ; il posséderait des réserves monétaires faisant près du double des nôtres, et serait même capable de nous mettre constamment en minorité au sein des organisations économiques internationales. »

Le courroux des services économiques redoubla devant un passage du Rapport sur la politique étrangère du Président de février 1970. Pour ceux qui n'avaient pas participé à la rédaction de ce rapport, ce passage paraissait donner carte blanche au nationalisme économique européen :

> « Notre soutien au renforcement et à l'élargissement de la Communauté européenne n'a pas diminué. Nous savons que nos intérêts seront nécessairement affectés par l'évolution de l'Europe, et il nous faudra peut-être faire des sacrifices dans l'intérêt général. Nous considérons que les pénalités économiques que nous aurons à souffrir du fait d'une réelle unification de l'Europe seront compensées par le regain de vitalité politique de l'Ouest pris dans son ensemble. »

Le ministère des Finances, ainsi que d'autres services, pensait que ce passage encourageait les pressions économiques européennes contre nous. Mais c'eût été bien inconsidéré de la part du gouvernement de définir une politique aussi susceptible de s'attirer la colère américaine en une phrase ambiguë et isolée. Ce passage donna lieu à un débat interministériel fort utile. Ce que les services économiques voulaient, et proposèrent sérieusement lors d'une réunion interministérielle qui eut lieu le 13 mai, c'était une « réinterprétation » officielle du rapport du Président — en fait, une déclaration de guerre contre le système des préférences et peut-être même contre la notion de Communauté européenne. Les services économiques insistaient pour que nous profitions des négociations prochaines sur l'admission de la Grande-Bretagne dans la Communauté pour ouvrir le combat.

Le ministère des Affaires étrangères (qui ne se sentait pas une obligation irrésistible de défendre un rapport rédigé par mon équipe et moi-même) fut néanmoins scandalisé de cet assaut contre ce qui avait été l'une des constantes de la politique étrangère américaine. L'expansion et l'intégration future de la Communauté européenne avaient été notre objectif, et nous l'avions parfois poursuivi, en particulier dans les années 1960, avec plus d'ardeur que les Européens eux-mêmes. La politique envers l'Europe avait été le domaine incontesté du Bureau européen des Affaires étrangères, et elle écartait toute solution pour la Grande-Bretagne autre que son entrée dans l'Europe. Maintenant que celle-ci était si près de se réaliser, voilà qu'elle était remise en question, non par un Français autoritaire, mais par les dernières personnes auxquelles on aurait pensé à l'intérieur du gouvernement des États-Unis, qui menaçaient non seulement sa prééminence politique mais aussi sa prééminence administrative. Le Bureau européen résista avec ses bonnes vieilles méthodes : la temporisation et la ratiocination. On discuta pendant des heures pour savoir si un rapport interministériel sur l'admission de la Grande-Bretagne devrait dire que l'intégration européenne « poserait » ou « pourrait poser » des problèmes. Les Affaires étrangères se battirent vaillamment contre toute évaluation d'ensemble des conséquences économiques négatives qu'entraînerait un élargissement de la Communauté. Elles craignaient que l'opposition américaine ne fournît un bouc émissaire pratique si, pour une raison ou une autre, les négociations sur l'admission de la Grande-Bretagne échouaient.

Cependant, alors que le ministère des Affaires étrangères avait raison dans l'abstrait, il négligeait les réalités politiques, en particulier celles d'une année d'élections au Congrès. Il risquait, comme d'habitude, de se voir finalement accuser de « mollesse » dans la défense des intérêts américains. L'humeur du Congrès trouva bientôt son expression dans une loi sur le commerce extrêmement discriminatoire et visant directement l'Europe et le Japon. Elle avait pour partisan acharné le très influent président de la Commission budgétaire de la Chambre, Wilbur Mills. Cette loi aurait dressé de hautes barrières protectionnistes contre certaines importations, en particulier celles des textiles et de la chaussure. Pendant l'été et l'automne 1970, une guerre commerciale menaçait. Les pays du Marché commun répliqueraient probablement en fermant leurs frontières à nos exportations de produits agricoles. Le 2 juillet, Paul MacCracken avertit le Président du danger et lui demanda d'intervenir auprès de Mills.

J'étais, en gros, du même avis que McCracken et que les Affaires étrangères : je n'avais jamais pensé qu'une Europe unifiée se précipiterait automatiquement pour nous soulager de nos fardeaux. De mon point de vue, nous avions fait un choix stratégique trop unilatéral dans les années 1950 et 1960. En poussant à l'unification économique de l'Europe, nous avions ouvert à l'Europe un domaine d'une telle dimension qu'elle avait toutes les chances de devenir notre rivale. En décourageant la formation d'une Communauté européenne dans le domaine de la défense – du moins jusqu'à l'échec du projet initial en 1954 – nous avions dévalorisé une dimension dans laquelle les intérêts atlantiques avaient toutes les chances de coïncider. Cependant, je préférais l'unité européenne, sous une forme ou une autre, à un chœur discordant de nations antagonistes que leur impuissance mènerait tôt ou tard à se désintéresser de la politique étrangère, et donc à devenir des neutralistes, si ce n'est officiels, du moins dans leurs actions. Nous ne pouvions prendre le risque de saborder l'unité européenne sans briser l'influence politique de ces mêmes groupes qui, en Europe, avaient appuyé l'idée d'une Alliance Atlantique forte. L'association, avec l'Europe de l'Ouest, de la plus grande part de l'Afrique, de pays méditerranéens tels que l'Espagne, le Maroc et la Tunisie, sans parler d'Israël, était dans l'intérêt géopolitique de l'Ouest. Empêcher la formation de liens entre ces pays clés et l'Europe serait la dernière des folies politiques.

Le 30 juin, dans un rapport au Président, j'attaquai carrément les objectifs de notre politique étrangère. En pénalisant les textiles et les chaussures, nous affecterions gravement les pays se trouvant dans des situations intérieures délicates : l'Espagne, ce qui ruinerait nos négociations pour l'installation d'une base et nuirait à nos liens avec l'Espagne d'après Franco ; l'Italie, où le communisme s'étendait, et le Japon. Cependant, il ne suffit pas d'influer sur une décision présidentielle : il faut aussi proposer une alternative. Sur le plan international, je proposai donc des négociations où nous exposerions nos inquiétudes à la Communauté européenne ; sur le plan intérieur, je proposai de mettre en place un mécanisme permettant aux services économiques de présenter leur point de vue au Président. La Commission des adjoints aux ministres du C.N.S. serait augmentée de représentants des services économiques de la Communauté. En réalité, ce système permettait aux services économiques d'« avoir gain de cause » pour la réinterprétation du rapport présidentiel, mais aussi de traiter cette réinterprétation comme un problème relevant davantage de la politique étrangère que de l'économie, puisque la commission serait présidée par les Affaires étrangères. En outre, l'exigence selon laquelle les problèmes débattus seraient portés devant le Président — condition à laquelle tenaient tant les services économiques inquiets de la prédominance des Affaires étrangères — m'assurait la possibilité d'intervenir (si ce n'est d'avoir le dernier mot) si des considérations d'ordre purement commercial menaçaient de l'emporter sur les impératifs de politique étrangère.

Les États-Unis entrèrent en négociation avec la Communauté européenne le 10 octobre. La délégation européenne était dirigée par Ralf Dahrendorf, un libéral ouest-allemand (ce qui, dans le langage européen, signifie un représentant d'un parti du centre défendant la libre entreprise). Le 15 octobre, lors d'une entrevue avec moi, Dahrendorf souligna « sa profonde inquiétude » devant certaines tendances de la politique commerciale américaine. Cependant, son analyse des perspectives de la Communauté n'était guère rassurante. Dahrendorf prévoyait l'admission de la Grande-Bretagne, mais, à son avis, la Communauté ne pensait plus en termes d'unité politique : l'intégration économique serait un objectif en soi. C'était ce que j'avais décrit, lors de la réunion interministérielle du 13 mai, comme étant le pire des résultats pour nous. Si elle ne se doublait pas d'un progrès sur le plan politique, une intégration économique entraînant une féroce concurrence et des représailles américaines ne manquerait pas de faire naître le doute dans les esprits des partisans de l'Alliance, de part et d'autre de l'Atlantique.

La fragilité et l'acrimonie croissante des relations entre les États-Unis et l'Europe apparaissent dans une note griffonnée par le Président sur un rapport que je lui remis le 13 novembre pour le mettre au courant des négociations avec la Communauté. « K. Il me semble que nous “ protestons ” mais ne faisons guère de progrès dans nos contacts avec la Communauté. Nous en avons un exemple parfait dans le domaine de l'agriculture. Le Congrès ne va certainement pas tolérer l'attitude trop passive de nos représentants dans ces négociations. » Nixon était trop atlantique pour ne pas intervenir dans cette bataille destructrice. Il intervint auprès de Wilbur Mills, sans résultat. La tendance protectionniste était trop forte : Mills ne fut pas convaincu, et les mesures commerciales restrictives restèrent en attente au Congrès pendant tout l'été et tout l'automne 1970. Dans une certaine mesure, la majorité silencieuse se vengeait de la façon dont l'Amérique était « maltraitée » dans le monde. Nos négociations commerciales avec l'Europe s'éternisèrent sans résultat pendant près d'un an, jusqu'au moment où Nixon les vida, du moins temporairement, de leur objet en décidant brutalement, le 15 août 1971, d'imposer une surtaxe de 10 pour 100 sur toutes les importations, de supprimer la convertibilité du dollar en or, et de contrôler les salaires et les prix.

Lors des premiers contacts, donc, l'Alliance occidentale s'était révélée ambivalente dans le domaine de la défense commune, incertaine dans celui des relations avec l'Est, et n'avait manifesté d'unité que dans le seul domaine de l'élargissement de la Communauté européenne, déclenchant en retour une controverse économique avec les États-Unis. Cependant, les contacts entre les pays de l'Alliance permettaient à ces derniers de définir de façon de plus en plus explicite leurs intérêts communs. Les dirigeants de l'Ouest commençaient à s'attaquer aux problèmes fondamentaux. Ils commençaient à poser les vraies questions même s'il fallait encore attendre avant d'y trouver des réponses faisant l'unanimité. L'accord entre les démocraties est intrinsèquement plus difficile à obtenir que lorsqu'on traite avec des États autoritaires. Passer de la tutelle à une association n'est jamais simple. Or, c'était ce qu'avait réalité l'Alliance occidentale : il lui fallait à présent prouver que la nouvelle génération pourrait voir prospérer cette association de peuples libres.

Troisième partie

1970-1971 :
De la tourmente à l'espoir

12.
La guerre s'étend

Nous vivons encore aujourd'hui les convulsions et les mythes de 1970 en Indochine. La guerre a englouti le Laos et le Cambodge. Début 1970, notre jeune gouvernement n'avait pas de plus cher désir que de mettre fin aux hostilités. A quoi les Nord-Vietnamiens répondirent par une escalade délibérée, combinant habilement les opérations militaires avec les désordres de l'opinion publique américaine dans un temps où nous menions des négociations secrètes. En février, le Vietnam du Nord lança une offensive dans la Plaine des Jarres au Laos. En mars, les Nord-Vietnamiens se mirent à surgir des sanctuaires qu'ils occupaient illégalement depuis 1965 le long de la frontière entre le Cambodge et le Vietnam du Sud. Ils entreprirent de couper les voies de communication et harcelèrent Phnom Penh dans le but de renverser le gouvernement Lon Nol qui avait remplacé celui de Sihanouk à notre insu et sans notre participation (Lon Nol avait été reconnu par les Nations-Unies et par l'Union soviétique).

Et pourtant, ce furent les États-Unis et non Hanoi que l'on condamna pour les tragédies qui s'ensuivirent. Lors de mes entretiens à Paris avec Le Duc Tho, représentant du Vietnam du Nord, celui-ci rejeta le principe de la neutralité du Cambodge et du Laos, soulignant que son peuple avait pour mission non seulement de conquérir le Vietnam du Sud, mais aussi de dominer l'Indochine tout entière. Ces déclarations pleines de forfanterie furent faites en privé, mais les opérations militaires qui exprimaient ces ambitions étaient évidentes. Un masochisme inaltérable avait engendré chez nous la conviction que les décisions américaines étaient la cause du cauchemar cambodgien. Ce mythe persiste encore aujourd'hui, alors que les Vietnamiens, sans l'excuse de la provocation américaine et presque sans soulever le moindre murmure de protestation dans le reste du monde, ont fini par réaliser leurs ambitions et conquérir la totalité de l'Indochine. Au Cambodge, il est vrai, une meute d'idéologues assassins semble avoir été supplantée par un État communiste organisé, mais c'est l'œuvre des mêmes forces étrangères qui l'avait déjà tenté en 1970. Le Cambodge doit surtout ses épreuves à l'inaltérable soif d'hégémonie de Hanoi, non aux réactions ambivalentes et hésitantes des États-Unis.

On nous a reproché durement nos opérations militaires, et, pourtant, c'était le moins que nous puissions faire, pensions-nous, si nous voulions assurer une retraite qui ne se transformât pas en déroute. Nous avons certainement commis des erreurs, mais la persistance de cette conviction que les responsables américains complotaient la chute du neutraliste Prince Sihanouk au Cambodge pour s'enfoncer plus avant dans la guerre au Laos comme au Cambodge montre combien la passion peut masquer la réalité. Le Richard Nixon qui annonça, le 30 avril, notre attaque contre les sanctuaires cambodgiens était le même Président que celui qui avait annoncé, le 20 avril, le retrait de 150 000 soldats. Et le gouvernement qui finit par prendre des mesures pour éviter au Cambodge de tomber entièrement aux mains des communistes était bien le même que celui qui avait offert, le 4 avril, de reconnaître la neutralité du Cambodge – proposition alors rejetée avec mépris. Les paradoxes de l'Indochine sont nombreux et douloureux. Hanoi était implacable, mais les États-Unis récoltaient la tempête, et les membres de l'Éxécutif furent bien près de perdre leur sang-froid. Chacun de ces événements importants et interdépendants exige une description particulière dans ce chapitre, mais il faut commencer par examiner l'attitude du gouvernement à cette époque : fin 1969 et début 1970, nous essayâmes de comprendre ce qui se passait sur le terrain au Vietnam et de reprendre nos pourparlers secrets pour la paix avec Hanoi.

Le travail de recherche avait débuté à l'automne 1969, lorsque Elliot Richardson et moi-même avions créé une commission interministérielle, le Groupe d'études spéciales sur le Vietnam, dont je résumai le but dans un rapport au Président, le 5 septembre 1969 :

> « Si l'on considère ce que nous avons connu pendant ces dernières années, il est remarquable de constater à quel point les fonctionnaires se sont laissé égarer par leurs idées préconçues à propos du Vietnam, alors même qu'une analyse attentive et objective des faits évidents leur aurait montré une voie différente. »

Le Groupe se réunit pour la première fois le 20 octobre. Y assistaient : Elliot Richardson, Dave Packard, Richard Helms et des représentants de l'État-Major interarmes et des services de renseignements de la Défense. Sous la direction de deux membres de mon équipe, Larry Lynn et Bob Sansom, un groupe de travail entreprit une étude poussée de douze des quarante-quatre provinces du Vietnam du Sud pour essayer de découvrir – problème sempiternel – quelle était exactement la situation dans les campagnes, c'est-à-dire qui tenait la population rurale.

Le groupe rédigea un rapport de 100 pages, que j'étudiai et émaillai de questions écrites à la main. Par exemple, comment se faisait-il que l'on m'ait dit, en 1965, en 1966 et en 1967, que les Sud-Vietnamiens faisaient des progrès ? Qu'est-ce qui avait changé ? Les conseillers américains savaient-ils ce qu'ils regardaient ? « Je me suis rendu compte, écrivais-je, que les plus incompétents sont les plus aisément satisfaits... Si les incidents sont moins fréquents, cela signifie-t-il que vous êtes plus efficaces ou qu'il s'agit d'une attitude délibérée de la part de l'ennemi ? Si la deuxième solution est la bonne, est-ce un signal ? Comment savons-nous quelle est l'infrastructure que nous avons détruite ? Tout le monde dit que la réforme agraire est importante. Elle n'a pas eu lieu, et pourtant nous faisons des progrès dans le domaine de la pacification. Comment est-ce possible ? » Un nouveau texte incluant les réponses à ces questions fut rédigé, et, le 22 janvier, je fis un résumé de ses conclusions à l'intention du Président. 38 pour 100 de la population du Vietnam du Sud vivait dans les villes, relativement en sécurité, sous l'autorité et la protection du gouvernement (en particulier après l'échec de l'offensive du Têt de 1968, qui avait détruit l'encadrement viet-cong). Mais le but principal de la stratégie de l'ennemi était de gagner le contrôle des 62 pour 100 de la population vivant à la campagne, puis d'encercler les villes pour qu'elles « tombent comme des fruits mûrs ». En conclusion de l'étude, l'emprise du gouvernement de Saigon sur la campagne avait augmenté de 20 à 55 pour 100 depuis septembre 1968 ; celle des communistes était passée de 35 à 7 pour 100. Quelque quatre millions de paysans sud-vietnamiens vivaient dans des zones disputées, sous la domination de Saigon le jour, et du Viet-cong la nuit. Nous ne pouvions être certains que ces pourcentages resteraient les mêmes, alors que nous poursuivions nos retraits de troupes.

Ces statistiques étaient modérément encourageantes, mais nous savions aussi que la confiance du Vietnam du Nord restait intacte. Entre le 14 et le 20 décembre 1969, Hanoi publia une série de sept articles rédigés par son ministre de la Défense, le général Vo Nguyen Giap, dont le principe était qu'un conflit de longue durée pouvait tenir en échec la supériorité technologique de l'Amérique. Le 7 janvier 1970, je résumai ces articles au Président, et lui prédis que Hanoi chercherait à gagner du temps, jusqu'au moment où les troupes américaines auraient suffisamment diminué pour lui permettre d'affronter les forces armées de Saigon avec des moyens plus équilibrés. Je résumai comme suit mes doutes quant à des rapports optimistes, à la mi-janvier :

> 1) Il est impossible qu'après vingt-cinq ans de guerre, les Nord-Vietnamiens déclarent forfait sans se lancer dans un autre effort important. Cet effort peut prendre plusieurs formes – attaques contre les forces américaines, contre les forces de l'A.R.V.N. * ou les forces locales. Mais s'ils avaient décidé de ne pas faire cet effort, ils se seraient probablement montrés plus désireux de négocier [ici le Président avait griffonné : " ça semble logique "].
>
> 2) Nous n'avons aucune preuve d'une amélioration réelle de l'A.R.V.N. Il est possible que les forces ennemies aient été durement affectées, mais que l'A.R.V.N. ne soit pas réellement meilleure que par le passé. Ou encore, il se peut qu'en retirant ses forces principales et en réduisant son activité en août et en septembre, peut-être à la suite de notre menace de début août à Paris, l'ennemi ait sous-estimé l'effet que cela aurait sur ses forces de guérilla.
>
> 3) Il pourrait y avoir de trop fortes pressions d'en-haut pour des rapports optimistes...

* A.R.V.N. : Armée de la République du Vietnam, c'est-à-dire les Forces sud-vietnamiennes.

Pour toutes ces raisons, je suggérai au Président d'envoyer mon adjoint militaire, Alexander Haig, et une équipe d'analystes faire le tour du Vietnam du Sud. Du 19 au 29 juillet 1970, ils visitèrent neuf provinces clés et confirmèrent les résultats de nos études de Washington. Ils indiquèrent également que l'amélioration s'était nettement ralentie au cours des derniers mois de 1969 : « Rien ne porte à croire que l'ennemi ait abandonné... Les pressions sur le G.V.N. *, résultant des retraits de troupes américaines, peuvent conduire à... une diminution d'efficacité des forces de sécurité territoriale et à une perte de soutien populaire au G.V.N. » Une étude indépendante réalisée par la C.I.A. arrivait aux mêmes conclusions : elle faisait état d'un pessimisme croissant chez les dirigeants sud-vietnamiens qui craignaient un retrait par trop hâtif des Américains. Quand je lui envoyai ce rapport de la C.I.A., Nixon écrivit sur la couverture : « K... – La psychologie est extrêmement importante. Ils doivent prendre leurs responsabilités s'ils veulent *un jour* avoir plus d'assurance. Nous devons prendre des risques sur ce point. »

Il y avait en effet des divergences d'opinion. Sir Robert Thompson, spécialiste anglais de la guerre de guérillas, à qui l'on devait la stratégie qui était venue à bout des guérilleros communistes en Malaisie, déclara, après sa visite de novembre 1969 au Vietnam, que Saigon tenait une « position forte » et la conserverait si les États-Unis ne se retiraient pas trop vite et ne réduisaient pas leur aide. Ce rapport fut envoyé à tous les services ministériels, qui – contredisant par là leurs points de vue, exprimés au sein du groupe d'études spéciales sur le Vietnam – l'approuvèrent.

Mais aucune étude, quelle que fût l'objectivité ou la méthode avec laquelle elle était réalisée, ne put résoudre le dilemme fondamental qui se posait à nous. Un ennemi décidé à mener une guerre prolongée n'accepterait de faire des compromis que s'il se trouvait face à des obstacles insurmontables sur le terrain. Pour réaliser cela, le seul moyen était de développer les forces sud-vietnamiennes et de réduire à néant tous les efforts de Hanoi pour contrecarrer ce développement. Cette stratégie serait sûrement violemment critiquée chez nous par une minorité croissante, bruyante et pleine d'ardeur. Le discours du 3 novembre permit de gagner du temps pour la vietnamisation. Mais les temps sont changeants : il fallait profiter de ce répit pour nous renforcer sur place. En même temps, j'étais décidé à tâter le terrain en vue de négociations – c'est-à-dire à me lancer dans le processus permettant aux deux parties de se jauger respectivement et par lequel nous espérions trouver un moyen de sortir d'une situation apparemment inextricable.

Retour aux négociations secrètes

J'ai toujours pensé que le meilleur moment pour mener des négociations est celui où les choses semblent aller bien. Céder aux pressions revient à les encoura-

* G.V.N. : Gouvernement du Vietnam, c'est-à-dire le gouvernement du Vietnam du Sud.

ger ; acquérir la réputation d'être une puissance en instance de départ pousse fortement le camp adverse à faire traîner les négociations. Plus une concession est accordée volontairement, plus elle encourage la réciprocité, et plus elle garantit la permanence de la puissance sur place. Dans toutes les négociations que j'ai menées, j'ai toujours essayé de prévoir l'issue la plus plausible, et ensuite d'y parvenir rapidement, en deux ou trois mouvements. Ceux qui préfèrent procéder par petites étapes, et en attendant le dernier moment, ont qualifié ironiquement ma méthode de stratégie de « concession préventive ». Mais je considère que leur méthode permet essentiellement de calmer l'administration et d'apaiser les consciences. Cela impressionne les novices comme une manifestation d'irréductibilité, mais en général c'est un échec. Couper le salami en tranches fines encourage l'adversaire à rester sur ses positions juste pour voir ce que sera la prochaine tranche, car il n'est jamais sûr que son antagoniste soit allé aussi loin que possible. C'est pourquoi chaque fois que j'ai mené des négociations – et elles sont nombreuses – j'ai préféré procéder par grands mouvements, au moment où l'on s'y attendait le moins et où les pressions étaient moindres, et donner l'impression que nous nous en tiendrions à notre nouvelle position. Je me suis toujours efforcé de ne jamais bouger sous la menace.

En novembre 1969, notre position semblait n'avoir jamais été aussi forte depuis le début du gouvernement Nixon. Nous avions résisté à une offensive militaire de Hanoi et au Moratoire ; le Président avait plaidé sa cause devant le peuple et avait obtenu un soutien important. En novembre, pour des raisons personnelles, Henry Cabot Lodge avait démissionné de son poste d'ambassadeur aux entretiens de Paris. Pour manifester son mécontentement devant la lenteur des négociations, Nixon avait refusé de le remplacer. Hanoi y vit le signe que nous pourrions reprendre les bombardements dont l'arrêt avait été lié à l'ouverture des négociations. Elle, qui avait fait pendant un an obstruction aux entretiens de Paris, réclamait à présent la nomination d'un autre négociateur de marque. Je proposai à Nixon de profiter de l'occasion pour tenter de reprendre les négociations secrètes. Les Nord-Vietnamiens ne pourraient plus utiliser la filière secrète de Paris pour faire de la propagande ; s'ils refusaient de parler, cela se retournerait contre eux si nous en faisions état publiquement ; et si Hanoi était prêt à un accord – ce dont je doutais – seules des négociations secrètes nous permettraient de le savoir. De toute façon, en nous y prenant bien, nous établirions un dossier qui rendrait évident que Hanoi était bien un obstacle aux négociations.

Pour toutes sortes de raisons complexes, Nixon ne croyait guère à ces négociations. Il ne pensait pas que Hanoi accepterait un accord qui nous conviendrait si nous ne lui infligions au préalable de sérieuses défaites militaires. Il se révéla qu'il voyait juste. D'une manière générale, il n'aimait pas les négociations : il détestait s'exposer à un refus de la part de l'ennemi. Aussi cherchait-il toujours à protéger ses arrières en cas d'échec. Chaque fois qu'il m'a fallu entreprendre des négociations, Nixon m'a enjoint, oralement ou par écrit, de faire preuve de fermeté ; il m'a toujours laissé entendre qu'il ne croyait pas au succès. Cependant, malgré toutes ses bravades, il souhaitait réellement la paix. Il se laissait donc chaque fois convaincre lorsque je lui affirmais qu'il fallait, au nom de notre peuple, chercher à parvenir à un accord honorable, même si cela semblait peu probable, et montrer à la postérité que nous nous y étions efforcés.

C'est pourquoi, fin novembre 1969, nous demandâmes au général Vernon Walters, notre attaché de la Défense à Paris, d'obtenir un rendez-vous avec Xuan Thuy, qui lui fut rapidement accordé. Depuis l'investiture de Nixon, c'était la première fois que nous entrions en contact avec les Nord-Vietnamiens sans passer par un intermédiaire étranger. Walters proposa une autre entrevue secrète avec moi, mais les Nord-Vietnamiens n'étaient pas encore prêts. En planificateurs méticuleux ils estimaient n'avoir pas encore décelé toutes les implications du discours prononcé le 3 novembre par Nixon. Ou peut-être, Xuan Thuy n'étant pas politicien lui-même, n'avaient-ils pas jugé utile ce nouvel entretien avec lui. Hanoi pensait qu'il fallait d'abord rétablir l'équilibre psychologique en jouant l'indifférence.

Quoi qu'il en soit, le 12 décembre, le général Walters fut convoqué par les Nord-Vietnamiens. Le délégué général du Vietnam du Nord, Mai Van Bo, déclara que Hanoi déplorait le « ton belliqueux » du discours du 3 novembre et le refus opposé par le Président au remplacement de Henry Cabot Lodge par une personnalité importante. Il rappela la proposition faite en août par Hanoi, proposition qu'il qualifiait de « logique et raisonnable ». Comme nous avions déjà rejeté cette proposition « logique et raisonnable », Hanoi ne voyait pas la nécessité d'un nouvel entretien secret, à moins que nous n'ayons quelque chose de nouveau à dire.

Un mois, jour pour jour, après le refus de Hanoi, j'obtins de Nixon — avec beaucoup de difficulté — l'autorisation de faire une nouvelle tentative. Le 14 janvier, Walters rencontra donc Xuan Thuy, et proposa une entrevue pour un week-end au choix après le 8 février : « A condition que les deux parties soient prêtes à aller au-delà du cadre existant déjà. » Nixon était encore sceptique : « Je ne sais pas de quoi ces clowns veulent parler, me dit-il, mais notre position est : ou bien ils parlent, ou on laisse tomber. Ce n'est pas le moment de faire des concessions. »

Hanoi ne donna pas signe de vie pendant plusieurs semaines. Puis, le 26 janvier, quelque chose nous indiqua que des négociations pourraient reprendre bientôt. On annonça que Le Duc Tho, membre du Politburo nord-vietnamien (en fait, en cinquième position dans la hiérarchie) et principal négociateur de Hanoi avec Averell Harriman, assisterait au prochain Congrès du parti communiste français. Puis, le 16 février, Walters fut convoqué par les Nord-Vietnamiens : nos insolents interlocuteurs l'informèrent qu'ils acceptaient une entrevue pour le 20 ou le 21 février, et exigèrent une réponse dans les douze heures, alors qu'ils nous faisaient attendre depuis plus d'un mois. J'ai toujours regretté que nous ayons accepté la date du 21 février, c'est-à-dire les délais fixés par Hanoi. Avec du recul, il me semble évident qu'en accédant à cette demande déraisonnable, nous avons donné une impression de hâte inutile, ce qui permit à Hanoi de marquer l'un de ces points psychologiques auxquels il tenait tant. Certes, le dommage n'était pas irréparable, mais nous sommes partis du mauvais pied.

C'est ainsi que commencèrent les entretiens secrets entre Le Duc et moi-même. Il y en eut trois entre le 20 février et le 4 avril 1970.

L'infatigable Walters était dans son élément. S'il y avait quelque chose qu'il préférait à imiter les hommes auxquels il servait d'interprète, c'était d'organiser des réunions clandestines. Un week-end ou un jour férié, ce qui donnait une meilleure couverture, je quittais la base aérienne militaire d'Andrews, près de Washington, à bord d'un des Boeing 707 du Président, en compagnie d'un secrétaire et d'un ou deux membres de mon équipe. Le manifeste de vol de l'avion indiquait qu'il s'agissait d'un vol périodique de reconnaissance des itinéraires présidentiels. J'atterrissais à Avord, une base aérienne située près de Bourges, dans le centre de la France, et où les Français basaient des chasseurs Mirage et des avions-citernes K.C.-135, d'apparence assez semblable à celle du Boeing présidentiel. Mon avion ne touchait terre que pour me donner le temps de débarquer; il ne disparaissait donc des écrans radar que pendant vingt-cinq minutes. Après quoi, il poursuivait sa route vers l'aéroport Rhein-Main de Francfort, emmenant à son bord mon secrétaire. Entre-temps, mes collaborateurs et moi-même étions montés dans un Mystère-20 appartenant au Président Pompidou, pour gagner Villacoublay, près de Paris.

Le général Walters venait alors m'accueillir à bord, rayonnant de fierté justifiée devant les dispositions qu'il avait prises [1]. Il nous conduisait, mes collaborateurs et moi, jusqu'à une Citroën discrète de location. Cette location était d'ailleurs un sujet brûlant pour Walters; au début, en effet, il n'existait pas de fonds officiels sur lesquels il aurait pu se faire rembourser des frais par notre ambassade à Paris, à laquelle il était officiellement affecté, puisque celle-ci ne savait rien du voyage. Walters m'en parlait généralement tout en nous conduisant à son immeuble de Neuilly. Une fois là, il nous faisait monter en cachette, par ascenseur, des garages souterrains jusqu'à son appartement. Pour la femme de ménage de Walters, j'étais Harold A. Kirschman, un général américain de passage. Nous passions la nuit dans cet appartement (il me prêtait sa chambre) et nous nous rendions, le lendemain, Walters toujours au volant, à une maison située 11, rue Darthé à Choisy-le-Roi, banlieue petite-bourgeoise située à une demi-heure de Paris. C'est là que, pendant un an et demi, se déroulèrent les entretiens secrets.

Tout se passa très bien pour deux des trois voyages que je fis, mais la réunion du 16 mars faillit ne pas avoir lieu en raison d'un ennui technique survenu pendant notre vol vers Paris. Les pilotes remarquèrent soudain que le système hydraulique du train d'atterrissage ne fonctionnait plus: il faudrait le baisser manuellement. Mais alors, il serait impossible de le relever tant que le fluide manquant n'aurait pas été remplacé. Il n'était pas question d'atterrir à Avord, les pilotes ne sachant pas si une base militaire française possédait le matériel nécessaire pour cette réparation mineure mais essentielle. Et quand bien même elle l'aurait possédé, il aurait semblé bizarre qu'un avion de reconnaissance présidentiel disparût pendant si longtemps de tous les écrans radar qui suivaient sa course.

L'avion devait donc aller jusqu'à l'aéroport Rhein-Main en Allemagne, où personne n'était au courant de notre arrivée, et encore moins de notre mission ou situation fâcheuse. Étant donné que l'administration du ministère des Affaires étrangères n'avait pas été informée de mon voyage, il était impossible d'avertir les autorités allemandes qu'un avion français allait venir me chercher.

Grâce au ciel, les avions présidentiels ont des moyens de communication extraordinaires. Tony Lake, qui était alors mon assistant spécial, entra en contact depuis notre avion avec le général Walters à Paris – par conjugaison radio avec Washington. Walters se rendit au palais de l'Élysée, où Michel Jobert, alors secrétaire général de l'Élysée, et le Président Pompidou lui-même donnèrent l'autorisation à l'avion présidentiel français de venir à ma rencontre, à Francfort cette fois.

Mon avion atterrit dans un coin sombre du terrain d'atterrissage de Rhein-Main, où nous attendait déjà l'avion de Pompidou. Je ne sais toujours pas, aujourd'hui, comment Walters s'y était pris pour obtenir une piste dans un endroit aussi invraisemblable. Mon équipe et moi-même changeâmes d'avion rapidement et, dix minutes à peine après avoir atterri, nous nous retrouvions dans les airs. Walters prétendit que les Allemands s'étaient montrés particulièrement coopératifs parce qu'ils étaient convaincus – et Walters les avait encouragés dans cette idée – que le passager était une petite amie secrète de Pompidou [2]. Rien n'est impossible avec le sens du mystère de Walters, mais je me suis toujours demandé comment il avait bien pu penser que le personnel au sol se laisserait abuser sur le sexe du passager.

Quoi qu'il en soit, Walters sauva notre voyage du 16 mars avec l'imagination et la ténacité qui caractérisèrent toutes ses initiatives extraordinaires. Une fois de plus nous avions une dette envers Jobert et Pompidou. Plus tard, lorsque Jobert devint ministre des Affaires étrangères, je croisai souvent le fer avec lui, mais durant les négociations sur le Vietnam, il se montra invariablement secourable et discret. Quant à Pompidou, il ne trahit jamais notre confiance, ni ne chercha à tirer profit de ce qu'il savait, et ne demanda jamais rien en retour des nombreux services amicaux qu'il nous rendit.

La maison de Choisy-le-Roi où nous rencontrions les Nord-Vietnamiens aurait pu appartenir au contremaître d'une des usines de la région. Au rez-de-chaussée, une petite salle de séjour communiquant avec une petite salle à manger ouvrant sur un jardin. Dans la salle de séjour, deux rangées de fauteuils lourdement tapissés de rouge et se faisant face. Le groupe américain – Richard Smyser (mon spécialiste du Vietnam), Tony Lake, le général Walters et moi-même – prenait place le long du mur à gauche de la porte, tandis que la délégation nord-vietnamienne, qui comptait six membres, s'asseyait le long du mur opposé. Nous étions séparés par près de deux mètres de plancher et des univers d'incompréhension.

Lors de notre première rencontre du 21 février 1970, je fus accueilli par Xuan Thuy ; il me conduisit dans la salle de séjour où j'allais rencontrer l'homme dont la fierté était de se faire appeler Conseiller spécial de Xuan Thuy, alors qu'en sa qualité de membre du gouvernement du Vietnam du Nord, il était de plusieurs degrés son supérieur hiérarchique.

Le conseiller spécial Le Duc Tho et la première manche des entretiens

Le cheveu gris, plein de dignité, Le Duc Tho portait invariablement un costume Mao noir ou marron. Ses grands yeux lumineux ne révélaient que rarement le fanatisme qui l'avait poussé, à l'âge de seize ans, à se joindre aux mouvements de guérilla communiste antifrançais. Il affichait toujours un grand calme, et ses manières furent toujours impeccables, sauf une fois ou deux. Il savait parfaitement ce qu'il voulait, et servait sa cause avec dévouement et habileté.

Il était regrettable pour nous que cette cause fût de briser la volonté des États-Unis et d'imposer la loi de Hanoi à un pays que nous cherchions à défendre. Nos échanges personnels prirent de l'ampleur au fur et à mesure de nos entretiens, et nous eûmes quelques contacts humains, quoique limités. Il se révéla que Le Duc Tho avait pour métier de faire la révolution, et pour vocation de mener une guerre de guérillas. Il savait parler avec éloquence de la paix, mais c'était une notion abstraite étrangère à son expérience personnelle. Du temps des Français il avait passé dix ans de sa vie en prison. En 1973, il me fit visiter un musée historique de Hanoi, qu'il m'avoua humblement n'avoir jamais vu auparavant. Les objets qui y retraçaient l'histoire vietnamienne – et qui avaient été, paradoxalement, rassemblés là par l'administration coloniale française – ne rappelaient pas à Le Duc Tho les grands moments de la culture vietnamienne, mais bien plutôt les prisons des villes ou des villages où ils avaient été découverts. Au fur et à mesure de notre promenade dans les salles du musée, j'appris énormément de choses sur les avantages relatifs d'une réclusion solitaire dans diverses prisons, sur la façon dont la police peut démasquer un homme déguisé en paysan, et autres renseignements qui se révéleraient d'une valeur incalculable si jamais je décidais de mener une guérilla en Indochine.

Tout au long de ses activités, l'immense courage de Le Duc Tho s'était nourri d'une croyance passionnée en la discipline léniniste et d'une foi profonde en la nation vietnamienne. C'est ainsi que la confiance personnelle absolue qui l'habitait s'était transformée en conviction que le Vietnam avait pour destin de dominer non seulement l'Indochine, mais toute l'Asie du Sud-Est. Persuadé comme il l'était de la supériorité de son pays, sa haine personnelle envers les États-Unis n'avait plus d'importance : pour lui, nous n'étions qu'une de ces hordes d'étrangers barbares qui, tout au long des siècles, avaient été attirés par l'Indochine, et que le Vietnam avait pour mission d'expulser (non sans les rendre fous tout d'abord, ai-je souvent pensé).

Le léninisme dont Le Duc Tho était imprégné l'avait convaincu qu'il comprenait mes mobiles mieux que moi-même. Du fait de ses racines vietnamiennes, il était obsédé par l'idée que l'on pourrait se jouer de lui ; je l'ai parfois soupçonné de s'inquiéter davantage de donner l'impression de se faire manœuvrer que de l'être effectivement. Lorsque au bout de quatre ans, les négociations prirent enfin une tournure sérieuse, cette tendance le poussa à chercher des pièges dans nos propositions les plus innocentes. Au début elle le faisait se lancer dans des sermons qui finirent par être lassants sur son imperméabilité aux astuces capitalistes.

Je finis par comprendre que Le Duc Tho considérait les négociations comme une autre bataille. A ses yeux, tout règlement privant Hanoi d'une victoire définitive était un piège. Il était venu pour user ma résistance. Puisqu'il représentait la vérité, il ne pouvait faire de compromis. Les propositions de Hanoi étaient la seule base « logique et raisonnable » pour des négociations. Les Vietnamiens du Nord formaient un « peuple opprimé » et malgré les nombreuses preuves du contraire que donnait l'histoire, Le Duc Tho les considérait, par définition, comme incapables d'opprimer les autres. L'Amérique portait l'entière responsabilité de la guerre. Lorsque nous proposions de réduire les hostilités, soit par une désescalade, soit par un cessez-le-feu – ce que réclamaient si souvent nos détracteurs – nous cherchions, dans l'esprit de Le Duc Tho, à tendre un piège ou à semer la confusion. Pour lui, le seul moyen « raisonnable » de mettre fin aux combats était l'acceptation, par les États-Unis, des conditions de Hanoi, c'est-à-dire un retrait inconditionnel dans des délais fixes et le renversement du gouvernement du Vietnam du Sud. En porte-parole de la « vérité » qu'il était, Le Duc Tho ne pouvait accepter la manière dont nous voulions mener les négociations; les concessions donnant donnant lui semblaient immorales, sauf en cas de nécessité absolue. En attendant, il était décidé à nous tenir tête indéfiniment. Il semblait vouloir se tailler une place de choix dans l'épopée des luttes vietnamiennes, et ne pouvait traiter d'égal à égal ces barbares venus de l'autre côté de la mer, pour lesquels les grands mots étaient un moyen de dévier le cours inexorable de l'Histoire. Sans nul doute, Le Duc Tho était de la trempe des héros. Ce que nous avions du mal à concevoir – et chez nous, nombreux furent ceux qui ne le comprirent jamais –, c'est que ces héros sont faits de volonté monomaniaque. Ce sont rarement des hommes plaisants : leur intransigeance confine au fanatisme, et ils ne cultivent pas en eux les qualités requises pour négocier la paix.

Heureusement pour mon équilibre psychologique, je ne saisis pas immédiatement toutes les implications de ce contre quoi je me dressais, lors de cette première entrevue dans le salon miteux de la rue Darthé : sinon, j'aurais probablement abandonné notre entreprise. Du moins, j'aurais réprimé l'impatience – presque l'exaltation – que je ressentais à l'idée d'entreprendre ce qui me semblait devoir être un dialogue pour la paix.

Le Duc Tho me reçut avec la politesse distante de celui dont la supériorité est si évidente qu'il ne peut y déroger en manifestant une politesse proche de la condescendance. Il riait à mes plaisanteries, parfois à grands éclats, parfois avec l'agacement de celui qui se voit inutilement retardé dans un travail important. Il savait ce qu'il voulait, et n'avait pas souffert dix ans en prison et participé à vingt ans de guerre pour se laisser maintenant séduire par un capitaliste cherchant à faire du charme. La rencontre du 21 février se déroula en deux épisodes. Le matin, nous discutâmes pendant trois heures, puis le général Walters et moi-même allâmes déjeuner avec le Président Pompidou dans son appartement de l'île Saint-Louis, où nous parlâmes, ainsi que je l'ai déjà raconté, de son voyage imminent aux États-Unis. Nous reprîmes notre entretien avec les Nord-Vietnamiens en fin d'après-midi. Il est très caractéristique que mes interlocuteurs de Hanoi se soient montrés intransigeants jusque sur le plus petit point de procédure : ils n'acceptèrent l'entrevue de l'après-midi qu'au moment où je partais pour voir Pompidou.

Encore à moitié convaincu de ce qui était un article de foi parmi mes anciens collègues d'université, à savoir que le principal obstacle à un compromis de paix était la méfiance de Hanoi envers nos intentions, j'ouvris la séance du matin en affirmant notre désir de mener de sérieuses négociations. Je soulignai que nous cherchions à parvenir à un règlement qui résoudrait les problèmes une bonne fois pour toutes ; nous ne souhaitions pas revivre l'expérience de tous les accords précédents, qui n'avaient été que des armistices ponctuant une guerre interminable. J'indiquai que la position de Hanoi n'avait pas changé en mieux depuis ma rencontre avec Xuan Thuy en août. Le Président Nixon avait montré de quel soutien national il jouissait ; et l'équilibre des forces sur le terrain ne justifiait pas l'insistance avec laquelle Hanoi prétendait à la prédominance politique. Enfin, nous pensions « qu'étant donné les complications de la situation internationale, les autres pays pourraient bien ne plus voir du même œil le problème du Vietnam, et que celui-ci pourrait donc bien ne plus jouir du soutien total que certains pays lui accordaient maintenant » – allusion grossière au conflit sino-soviétique.

Je fis ensuite deux nouvelles déclarations : les États-Unis étaient prêts à retirer *toutes* leurs forces et à ne garder aucune base au Vietnam ; en outre, pour définir les conditions d'un retrait *mutuel*, nous n'exigions pas que les troupes nord-vietnamiennes fussent placées sur le même plan juridique que les troupes américaines. Nous cherchions à terminer la guerre de façon pratique, et non théorique, déclarai-je. Nous n'exigions pas que Hanoi annonçât officiellement son retrait du moment qu'elle y procédait réellement. En vertu de ces données, je proposai de laisser de côté toute propagande et de travailler à définir des principes sur lesquels nous serions d'accord. Ces principes pourraient ensuite être développés lors des séances plénières de l'avenue Kléber ; nous étions disposés à dépêcher un nouveau négociateur à Paris pour conclure l'accord.

Étant donné que Le Duc Tho n'était, techniquement, que le « Conseiller spécial » de la délégation de Hanoi, ce fut Xuan Thuy qui, en sa qualité de chef officiel, prit le premier la parole. Il ne pouvait laisser passer l'occasion d'impressionner son supérieur par son éloquence (manifestement, son discours avait été préparé à l'avance). Il insista pour qu'avant d'entreprendre des négociations, les États-Unis fixent une date limite pour un retrait unilatéral de leur part. Ainsi, les négociations porteraient sur les modalités de notre retraite. En retour, les Nord-Vietnamiens s'engageraient uniquement à ne pas tirer sur nos hommes pendant que ceux-ci s'embarqueraient au moment du départ. La lutte contre le Vietnam du Sud continuerait jusqu'à la chute du gouvernement de Saigon ; il ne fut pas fait mention de la libération de nos prisonniers de guerre. Se refusant toujours à accorder la moindre importance aux gestes américains, Xuan Thuy qualifia dédaigneusement le départ prochain de 100 000 soldats de « retrait par petits morceaux »... Et, bien que nous ayons diminué de 25 pour 100 les raids de nos

B-52 et que de nouveaux ordres militaires aient sérieusement réduit les offensives menées par les forces américaines, nous nous vîmes absurdement accuser d'intensifier la guerre.

L'après-midi, ce fut le tour de Le Duc Tho. Il commença par nier que les événements aient tourné en notre faveur depuis août. « Tant que l'équilibre des forces n'aura pas été correctement évalué », déclara Le Duc Tho en jouant son rôle de maître d'école léniniste, « nous ne pourrons trouver une solution correcte. » Il révéla l'importance que Hanoi donnait à notre opinion publique en lui attribuant une place de choix dans son discours. Il nia toute amélioration de l'image publique de Nixon, en citant pour exemple un sondage selon lequel le nombre des Américains en faveur d'un retrait immédiat était passé de 21 à 35 pour 100. Ceci ne concernait cependant que « la seule » opinion publique : « J'ai en outre entendu à plusieurs reprises la Commission des relations extérieures du Sénat, le parti démocrate, et M. Clifford réclamer le retrait total des forces américaines, le départ de la clique Thieu-Ky-Khiem *, et la nomination d'un successeur à l'ambassadeur Lodge. » Je répondis sèchement que je ne tolérerais aucun commentaire supplémentaire de la part de Hanoi sur l'opinion publique américaine : Le Duc Tho était là pour négocier la position vietnamienne. Je trouvais notre discorde nationale suffisamment pénible, et pensais que ce serait atteindre à notre dignité que d'en débattre avec un adversaire. Il me fallut plusieurs entrevues pour faire comprendre ce point de vue, et encore n'y parvins-je jamais complètement.

Le Duc Tho s'en prit ensuite à notre évaluation de la situation militaire. Il alla droit au cœur du dilemme posé par la vietnamisation. Avec bien trop de perspicacité, il souligna que notre stratégie consistait à retirer suffisamment de forces pour rendre la guerre supportable au peuple américain, tout en renforçant les forces de Saigon, de sorte qu'elles fussent capables de se défendre seules. Il posa ensuite la question qui me tourmentait aussi : « Avant, il y avait plus d'un million de soldats américains et de soldats fantoches, et vous avez échoué. Comment pourrez-vous donc réussir si vous laissez les troupes fantoches mener seules la lutte ? Et avec le seul soutien américain, comment pouvez-vous gagner ? »

Les conclusions que Le Duc Tho tirait de cette analyse suivaient inexorablement. Il fallait que les problèmes militaires et politiques soient traités simultanément — exigence qu'il maintint jusqu'en octobre 1972. Selon lui, le seul problème militaire ouvert à la discussion restait celui de la liquidation inconditionnelle de notre engagement. Le délai de six mois que proposait le F.N.L. était fixe, et ne serait affecté en rien par d'autres accords. Cependant, même si nous nous retirions, Hanoi ne poserait les armes que s'il y avait règlement politique. Pour Le Duc Tho, ceci présupposait le départ des « belliqueux » Président Thieu, Vice-Président Ky et Premier Ministre Khiem, ainsi que la création d'un gouvernement de coalition formé de trois groupes : les membres du « gouvernement de Saigon » (Thieu, Ky et Khiem non compris) qui cherchaient sincèrement « la paix, l'indépendance et la neutralité » ; les forces neutres répondant aux mêmes cri-

* Tran Thien Khiem, qui avait remplacé Tran Van Huong comme Premier Ministre du Vietnam du Sud.

tères; et le F.N.L. communiste. Il reviendrait au F.N.L. de définir qui cherchait « la paix, l'indépendance et la neutralité ». Ce gouvernement de coalition, tout favorable qu'il fût à Hanoi, ne représentait pas la dernière étape. Composé pour un tiers de communistes, pour le reste de membres acceptés par les communistes, purgé de tous les dirigeants non communistes, ce gouvernement devrait ensuite négocier une solution définitive avec un F.N.L. entièrement sous les armes. Tho me consola en m'affirmant que ce projet généreux ouvrirait des perspectives pleines d'espoir: « Si vous faites preuve de bonne volonté et d'intentions sérieuses, nous parviendrons rapidement à un accord. »

Lors de l'entrevue du 16 mars, j'essayai une autre approche. Je proposai à Le Duc Tho qu'aucun des deux camps n'exerçât de pression militaire au Vietnam ni dans les pays « liés » pendant les négociations – en d'autres termes, une diminution mutuelle des opérations militaires dans toute l'Indochine, ce qui fut rejeté avec dédain. On nous expliqua de façon pédante que la guerre avait des points forts sur lesquels il était impossible d'intervenir. A la réunion du 4 avril, je réitérai ma proposition: les Nord-Vietnamiens la rejetèrent catégoriquement une fois de plus sans même l'avoir examinée. Le 16 mars, je mis également sur la table un calendrier mensuel précis du retrait américain total étalé sur seize mois. Les Nord-Vietnamiens déclarèrent qu'il était inacceptable car le Président avait parlé de douze mois dans son discours du 3 novembre. (J'avais dit seize mois car c'était le seul calendrier précis dont disposait le Pentagone et le seul qui donnât une idée technique du temps qu'il nous faudrait pour retirer nos 400 000 hommes restants ainsi que leur matériel). Lorsque j'expliquai que ce calendrier n'était là qu'à titre d'exemple, et que nous ferions évidemment coïncider les délais avec les déclarations du Président, il fut rejeté car Hanoi soutenait le délai « correct et logique » de six mois proposé par le F.N.L. Selon Le Duc Tho, notre calendrier ne convenait pas, son application prenant effet à partir de la conclusion de l'accord, alors que selon Hanoi notre retrait inconditionnel devait s'effectuer en vertu d'un calendrier indépendant de tout autre problème. En outre, Le Duc Tho se refusait à discuter toute politique incluant un membre quelconque du gouvernement du Vietnam du Sud; il se moqua de notre offre de constituer des commissions électorales mixtes, comprenant des membres du Viet-cong, ce qui nous semblait pourtant un moyen juste de superviser des élections libres. On nous proposait des conditions de reddition, et non des négociations au sens propre du terme.

Lors de la réunion du 4 avril, Xuan Thuy récapitula les critiques de Hanoi envers notre position. Nos délais étaient « mauvais » car ils étaient plus longs que les six mois exigés par Hanoi, et dépendaient du règlement d'autres problèmes; un retrait mutuel était inacceptable; aucun règlement n'était possible tant que Thieu, Ky, Khiem et les autres dirigeants « opposés à la paix, à l'indépendance et à la neutralité » resteraient en fonctions; Cabot Lodge n'avait toujours pas été remplacé par une personnalité importante au sein de notre délégation de Paris. J'avais proposé de chercher le moyen d'organiser un débat politique équitable: il me fut invariablement rétorqué que seul le renversement du gouvernement de Saigon résoudrait le problème politique.

Les commentaires les plus acides devaient cependant être réservés au Laos, où le Vietnam du Nord venait de lancer une offensive, et au Cambodge. Le Duc Tho nous accusait de provoquer une escalade de la guerre au Laos. Quand je lui répondis que la meilleure façon de voir qui faisait quoi à qui était de constater quel camp avançait, Le Duc Tho rétorqua que nous avions « provoqué » l'offensive nord-vietnamienne, et que les combats avaient de toute façon été menés par les forces laotiennes. (A quoi j'objectai qu'il était étonnant de voir à quel point le Pathet Lao parlait bien le vietnamien.) Quant au Cambodge, Le Duc Tho se montra implacable et passionné. Il ridiculisa mon offre d'assurer la neutralité de ce pays. La guerre est devenue une en Indochine, insista-t-il, et serait menée contre nous jusqu'à la fin. J'en viendrai au Laos et au Cambodge plus loin dans ce chapitre.

Bref, telle qu'elle se dégagea des trois entrevues avec Le Duc Tho, la position de Hanoi était péremptoire et intransigeante. Les Nord-Vietnamiens rejetaient un calendrier de retrait mutuel, le principe de la désescalade, la neutralisation du Cambodge et une commission électorale mixte pour le Vietnam du Sud. Pour Le Duc Tho, négocier signifiait présenter des exigences unilatérales : il s'agissait, pour les États-Unis, de se retirer dans des délais si courts que la chute de Saigon serait inévitable. On nous demandait de démanteler en partant un gouvernement allié, d'instaurer un gouvernement de rechange dont Hanoi définirait la composition et dont le seul rôle serait de négocier une solution finale avec le front de Hanoi. Lorsque je demandai à Le Duc Tho si son programme politique exprimait une préférence ou une exigence, il répondit tout net : « C'est une exigence. » Une exigence à laquelle Hanoi resta résolument fidèle jusqu'à l'automne 1972.

Ainsi donc, la première manche des entretiens secrets avec Le Duc Tho se termina sur cette déclaration : si nous ne changions pas notre position, il n'y avait plus rien à discuter *.

* Le lendemain de ma première entrevue avec Le Duc Tho, un article parut dans le *Philadelphia Bulletin*, qui illustrait de façon typique l'aveuglement dans lequel se déroulent généralement les débats publics. Son auteur, Roger Hilsman, avait été adjoint au ministre des Affaires étrangères pour les Affaires d'Extrême-Orient lors de nos premiers engagements au Vietnam. Il prétendait que le Président « rejetait une offre de paix plus ou moins immédiate au Vietnam, alors que les communistes proposaient des conditions que nombre d'Américains trouveraient probablement parfaitement acceptables ». Hilsman affirmait qu'un certain nombre de spécialistes, dont Averell Harriman, partageaient son sentiment. En effectuant une étude détaillée des déclarations sibyllines de Hanoi, Hilsman et ses associés prétendaient avoir découvert l'offre de paix suivante :

- Pas d'élections, mais un accord politique traditionnel, formant un gouvernement de coalition comprenant des représentants de toutes les factions, communistes et non communistes.
- Certes, dans leur propagande, ils exigent toujours un retrait total et immédiat des troupes américaines ; mais en privé, ils ont indiqué que ce retrait pouvait s'étaler sur deux ou trois ans.
- La réunification du Vietnam du Nord et du Vietnam du Sud est prévue dans un délai de cinq à dix ans.
- Garanties internationales de l'intégrité territoriale du Laos et du Cambodge.

Bien entendu, Hanoi avait expressément rejeté chacun de ces points.

Avec le recul du temps, et en revoyant les documents, je reste confondu devant l'optimisme de mes propres rapports. Il était dû probablement au désir que j'avais de ne pas couper cette voie. Conscient du scepticisme de Nixon, je tombais, comme beaucoup de négociateurs, dans le piège qui consiste à devenir l'avocat de ses propres négociations. Sans dommage, cependant, car Hanoi ne nous donna jamais l'occasion de prendre une décision concrète. Autre raison de notre optimisme : nous n'étions pas encore au fait des subtilités théologiques de la guerre psychologique impitoyable menée par Hanoi. Par exemple, je rapportai à Nixon, après l'entrevue du 16 mars, que Hanoi avait laissé entendre qu'elle serait prête à discuter d'un retrait mutuel. En réalité, comme le révéla l'entrevue suivante, Le Duc Tho avait déclaré que Hanoi ne discuterait du rôle de ses propres forces qu'après notre retrait et uniquement avec le gouvernement de coalition de Saigon, gouvernement dont elle exigeait le contrôle.

Les archives prouvent que nous cherchions les moyens de faire réussir les négociations, et non de les faire échouer. Bien loin de nous être fixés sur une solution militaire, comme nos détracteurs ne se lassent de le prétendre, nous avons fait de grands pas pour laisser toutes les chances possibles à un règlement négocié. Malgré son pessimisme plus grand, Nixon avait la même attitude. Il était disposé à prendre des risques. Le 27 février, préparant l'entrevue de mars, je lui écrivis :

> « Les positions que nous présentons devraient être assez raisonnables pour leur plaire, mais assez fortes pour que nous n'ayons pas à faire marche arrière dans un autre contexte de négociations traditionnel si celles-ci capotaient... L'absence d'accord avec le G.V.N. vous obligera à prendre des décisions qui pourraient, si elles étaient révélées plus tard, nous créer des difficultés avec Saigon. C'est donc risqué, mais je ne vois pas d'autre moyen si nous voulons maintenir le mouvement et le secret. »

En face de la dernière phrase, Nixon écrivit dans la marge : « OK – ça ira. »

Il ne serait pas juste non plus d'accuser Thieu d'avoir été un obstacle – si ce n'est que Hanoi n'acceptait pas son existence. Après chaque séance, je câblais des rapports complets, par voie non officielle, à l'ambassadeur Ellsworth Bunker à Saigon, chargé de les transmettre au Président Thieu. Thieu n'objecta jamais ni à la procédure suivie, ni au fond des négociations. Ce n'est que peu à peu, et vers la fin, que nous comprîmes que Thieu n'était pas vraiment d'accord avec nous. Au début, il s'était dit que nos prétentions ne seraient jamais acceptées et qu'en donnant son accord, il conserverait notre soutien pour la conduite de la guerre.

Les entretiens secrets eurent pour conséquence malheureuse d'aggraver le cloisonnement des connaissances, ce fléau du gouvernement Nixon. Rogers n'en fut informé que tard, en 1971. Comme David Bruce, devenu chef de notre délégation à Paris en juillet 1970, recevait des rapports et que Bunker était toujours parfaitement au courant, on assista à cette situation curieuse : des ambassadeurs qui en savaient plus que leur ministre. Quant à Laird, on ne l'informait pas officiellement, mais je suis bien sûr qu'il savait qui utilisait les avions placés sous son commandement, et qu'il se doutait à quelles fins. C'était là un piètre système que celui que nous avions imaginé, et bien que j'en aie été l'auteur, je ne dirai pas que ce soit un modèle à recommander. La méfiance de Nixon envers les membres de son Cabinet exagéra chez ces derniers un esprit d'indépendance déjà fort. En partie par ignorance, en partie parce qu'ils ne se sentaient pas responsables de politiques qu'ils n'avaient pas élaborées, ils contrèrent, fort logiquement nos initiatives et mirent en question celles de nos stratégies qui furent clairement exposées.

La première manche des négociations avec Le Duc Tho échoua, parce que la diplomatie reflète toujours un certain équilibre des forces et que Le Duc Tho ne se trompait pas tellement. Il voyait juste en ce qui concernait l'opinion publique en Amérique – et en particulier l'humeur des formations dirigeantes qu'il avait identifiées. Les problèmes posés par la vietnamisation étaient réels. Le manque de discipline au sein de l'administration américaine révélait les désaccords idéologiques divisant l'Exécutif. Dans de telles circonstances, Le Duc Tho n'avait donc aucune raison de modifier ses exigences, à savoir notre retrait inconditionnel et le renversement du gouvernement de Saigon. Il lui fallut deux ans et demi pour changer d'avis, quand la situation militaire ne lui laissa pas d'autres choix.

L'épisode du Laos

A l'extrême nord-ouest de l'Indochine, logés entre des chaînes de montagne et la plaine du Mékong, les peuples et les tribus du Laos menaient depuis des siècles une existence tranquille, sous la férule d'un monarque bouddhiste, et sans être guère affectés par les guerres et les luttes de leurs voisins plus belliqueux. Au dix-neuvième siècle, les Français conquirent le Laos sans rencontrer de résistance et le gouvernèrent dès lors depuis Hanoi, comme le reste de l'Indochine.

Par l'un de ces petits caprices de l'Histoire, ceux qui luttent pour l'indépendance héritent parfois des prétentions impérialistes de leur ancien colonisateur. C'est ainsi que, occupant les mêmes quartiers généraux, les léninistes maîtres de Hanoi se considérèrent comme les héritiers naturels de la France dans les territoires que celle-ci avait dominés. Au XVIIIe siècle et au début du XIXe, le Vietnam avait déjà tenté d'établir sa loi sur le Laos et le Cambodge [3]. Il avait maintenant une raison supplémentaire de marcher dans les traces de la colonisation française: après les accords de Genève de 1954, qui avaient mis fin à la présence française, les peuples pacifiques du Laos avaient eu la malchance de se trouver sur les chemins par lesquels le Vietnam du Nord pouvait aisément passer pour envahir le Sud, en évitant la zone démilitarisée qu'avaient définie ces accords [4].

Dès le départ, le Pathet Lao (les communistes laotiens dominés par Hanoi) avait établi son autorité sur deux provinces du Nord-Est où le mandat du gouvernement de Vientiane ne fut jamais effectif. En 1961, une guerre civile faisait rage entre trois factions: le Pathet Lao au Nord-Est, des forces neutralistes au centre du pays, et un groupe de droite le long du Mékong faisant frontière avec la

Thaïlande (voir carte IV). En 1961, plus de 6 000 soldats nord-vietnamiens étaient engagés. Devant la gravité du conflit, le Président Kennedy lança un avertissement, au cours d'une conférence de presse donnée le 23 mars 1961 : « Le Laos est loin de l'Amérique, mais le monde est petit... Si le Laos perd son indépendance et sa neutralité, la sécurité de toute l'Asie du Sud-Est sera compromise. » En mai 1961, des négociations sur l'avenir du Laos furent entreprises à Genève. A l'instar de toutes les négociations avec Hanoi, elles s'éternisèrent. Fidèle à sa tactique, Hanoi maintint sa pression militaire jusqu'au moment où le Président Kennedy envoya 5 000 marines américains en Thaïlande, en mai 1962. Dans les deux mois qui suivirent cette démonstration de force, de nouveaux accords de Genève furent signés entre quatorze nations, dont le Vietnam du Nord et l'U.R.S.S., garantissant la neutralité du Laos. Acceptant une proposition des Soviétiques et des Nord-Vietnamiens, les États-Unis avaient consenti à un retrait de tout le personnel militaire étranger et à la formation d'un gouvernement de coalition représentant toutes les factions et dirigé par le prince neutraliste Souvanna Phouma.

Le Vietnam du Nord brisa ces accords dès qu'ils furent signés. Tout le personnel militaire américain (666 hommes) quitta le Laos en passant par des points de contrôle internationaux ; des 6 000 Nord-Vietnamiens se trouvant dans le pays, seuls *quarante* (je dis bien, quarante) partirent en suivant la même filière : les autres restèrent sur place, par milliers.

En avril 1963, la fragile coalition s'écroula. Les combats reprirent bientôt. Le Sud du Laos fut en fait annexé par l'armée nord-vietnamienne, qui y construisit un réseau complexe de voies lui permettant de s'infiltrer dans le Vietnam du Sud – la Piste Ho Chi Minh. En 1970, plus d'un demi-million de soldats nord-vietnamiens s'étaient rendus dans le Sud en empruntant ces chemins. Le nombre des soldats nord-vietnamiens stationnés au Laos était passé à 67 000 – dix fois plus qu'il n'en avait fallu, en 1961-1962, pour déclencher une crise importante sous le Président Kennedy.

Dès le milieu des années 1960, les États-Unis s'étaient mis à accorder un soutien croissant au prince Souvanna Phouma, ce chef neutraliste auquel nous nous étions d'abord opposés, mais que toutes les parties avaient reconnu comme chef lors des accords de Genève en 1962. Notre objectif était de maintenir en place un gouvernement neutre, et de nous assurer de l'accord de Souvanna dans nos efforts pour fermer la Piste Ho Chi Minh. Nous donnâmes une aide financière à l'armée royale du Laos, à certaines forces irrégulières Méo dirigées par le général Vang Pao, et de temps en temps aux volontaires thaï opérant au Laos. La presse rendait compte, de temps à autre, de la plupart de ces mouvements ; et, en 1970, une série d'audiences confidentielles menées par le sénateur Stuart Symington en avaient parfaitement informé la Commission des relations extérieures du Sénat. Mais le gouvernement américain ne le reconnut pas officiellement ; c'eût été fournir à Hanoi un prétexte pour violer plus avant les accords de Genève en envahissant la totalité du Laos.

Cette histoire a quelque importance, car, début 1970, le Laos se trouva brutalement placé au centre de nos préoccupations indochinoises et donna lieu à un intense débat intérieur. Une offensive nord-vietnamienne menaçait d'invasion le Nord du Laos. Nos critiques nationaux saisirent l'occasion pour lancer un cri d'alarme : nous courions le danger de nous laisser entraîner à notre insu dans un autre engagement « interminable ».

En fait, Hanoi menait deux guerres au Laos, visant toutes deux à établir l'hégémonie du Vietnam en Indochine. Dans le Sud, la Piste Ho Chi Minh reliait Hanoi au champ de bataille du Vietnam du Sud ; au nord, Hanoi soutenait le Pathet Lao mais elle était freinée, pensions-nous, par la crainte d'une réaction américaine ou thaï. Elle avait cherché à exercer sur l'armée laotienne une pression juste suffisante pour l'empêcher de se consolider et de prendre de l'autorité ; l'affaire se réglerait après la victoire au Vietnam du Sud. De notre côté, nous ne cherchions pas à rompre cet équilibre instable. Aucun gouvernement américain ne pouvait souhaiter une guerre dans un pays comme le Laos. C'eût été folie d'étendre le conflit au Laos, sauf dans la mesure où notre propre sécurité l'exigeait, c'est-à-dire au moment où nous étions occupés à retirer nos troupes du Vietnam du Sud. La situation se trouva modifiée lorsque, fin janvier 1970, les Nord-Vietnamiens envoyèrent soudain 13 000 hommes en renfort, ainsi qu'une grande quantité de matériel supplémentaire, dans la plaine des Jarres où les neutralistes repoussaient le Pathet Lao. C'était une menace pour Souvanna et pour nos relations avec lui : s'il nous refusait l'autorisation de bombarder la Piste Ho Chi Minh, le problème logistique de Hanoi en serait soulagé, ce qui nous exposerait à un danger croissant au Vietnam du Sud. Pire, si les troupes nord-vietnamiennes atteignaient le Mékong, la Thaïlande verrait la guerre sous un jour nouveau. Bangkok se sentirait menacé sur des centaines de kilomètres, le long d'un fleuve divisant une plaine sans autre obstacle. Nous nous verrions presque certainement refuser l'utilisations des bases aériennes thaï, essentielles pour les raids de nos B-52 et nos opérations aériennes tactiques au Vietnam.

Le 23 janvier, devant l'imminence d'une offensive ennemie, notre ambassadeur au Laos, G. McMurtrie Godley, demanda des attaques de B-52 contre une importante concentration de troupes nord-vietnamiennes se montant, estimait-on, à 4 000 hommes. C'eût été le premier recours aux B-52 au nord du Laos. Cette requête déclencha à Washington un imposant ballet administratif qui en disait long sur l'état d'esprit de notre gouvernement. Nous étions pris entre des fonctionnaires cherchant à protéger les forces américaines dont ils se sentaient responsables, et un féroce matraquage du Congrès semant la confusion chez ces mêmes fonctionnaires.

Je convoquai une réunion du Groupe d'actions spéciales de Washington (W.S.A.G.) le 26 janvier, pour étudier la requête de Godley. Deux heures avant la réunion, Mel Laird me déclara qu'il était d'accord pour lancer les B-52 contre cette cible ; d'un autre côté, il ne voulait pas qu'on en discute lors d'une réunion interministérielle par crainte des fuites. Laird insistait pour que cela fût décidé selon la même procédure que pour les attaques secrètes au Cambodge. C'est pourquoi, me dit-il, il avait demandé à ceux qui le représentaient au sein du W.S.A.G. de *s'opposer* à l'utilisation des B-52 au nord du Laos, alors que lui-même y était favorable. Le compte rendu de la réunion montrerait ainsi l'opposition du Pentagone, quel que fût le point de vue personnel de Laird ; le Président devrait prendre la décision sur son dos. Une heure avant la réunion, Bill Rogers me téléphona pour me dire qu'il était contre l'envoi des B-52 et que Laird pensait comme lui. Je marmonnai que je n'en étais pas si sûr, et proposai de nous rendre tous les trois auprès du Président. Malheureusement, ce dernier avait choisi ce moment pour filer à Camp David mettre au point son premier message de veto à une loi sur le financement de programmes sociaux. Comme à l'accoutumée dans ces cas-là, il refusait toute communication téléphonique, même venant de moi. Quand il fut à nouveau disponible, les points de vue des principaux intéressés avaient été consignés et assortis de déclarations pour les mettre à l'abri si la situation se développait.

Je revins donc à l'attaque cette fois en commençant par le général Earle Wheeler. Je lui demandai si la cible dont avait parlé Laird pouvait être attaquée par des avions tactiques plutôt que par des B-52 (il se trouvait que les attaques aériennes tactiques soulevaient moins de protestations que celles des B-52). Wheeler me révéla que les avions tactiques étaient déjà utilisés contre cette cible, mais que leur efficacité ne pouvait se comparer à celle des B-52. Quand je revins voir Laird, celui-ci souligna que les 4 000 hommes ne tarderaient pas à être dispersés et que c'était la plus belle concentration qu'il ait vue depuis qu'il était ministre de la Défense. D'un autre côté, me déclara-t-il, il ne s'offusquerait pas si l'on refusait de lancer les B-52. J'en conclus qu'il était trop tard pour faire l'unanimité sur cette cible, et promis d'obtenir du Président une décision claire.

Le 12 février, comme on le craignait depuis longtemps, les Nord-Vietnamiens lancèrent une offensive contre la plaine des Jarres. Le lendemain, le prince Souvanna Phouma demanda officiellement l'aide des B-52 — la première d'une série. Le 16 février, les Nord-Vietnamiens et le Pathet Lao avaient repoussé les forces gouvernementales des hauteurs dominant la plaine. L'après-midi du 16 février, le Président convoqua Laird, le ministre des Affaires étrangères suppléant Richardson, Helms, l'amiral Moorer (chef suppléant de l'État-Major interarmes), et moi-même. Je conseillai au Président d'autoriser les raids de B-52 si l'ennemi allait au-delà de Muong Soui, le point le plus avancé de l'invasion communiste avant l'offensive gouvernementale de l'été précédent. Le Président fut d'accord. Les communistes dépassèrent Muong Soui en moins de vingt-quatre heures. Dans la nuit du 17 au 18 février, trois B-52 attaquèrent l'ennemi. Il avait fallu un mois de discussion, une grande offensive nord-vietnamienne et l'imminence d'une destruction totale du front laotien pour déclencher une seule attaque des B-52. Je ne sais toujours pas si Laird était pour ou contre cette opération : son attitude pouvait signifier l'un ou l'autre. Wheeler, lui, était nettement pour. Quant à Rogers, il était passé de l'opposition à l'indifférence.

Cependant, une seule attaque des B-52 suffit à déclencher les hauts cris dans l'opinion publique. Le lendemain même, c'est-à-dire le 19 février, le *New York Times* rapporta que des B-52 avaient été détournés du Vietnam du Sud pour attaquer les Nord-Vietnamiens et les forces du Pathet Lao au nord du Laos. Les sénateurs Eugène McCarthy et Frank Church se hâtèrent de déplorer l'engagement d'avions et de pilotes américains au Laos, sans cependant faire d'allusion à l'offensive nord-vietnamienne. Toujours sans mentionner l'attaque continue menée par les Nord-Vietnamiens, le sénateur Mike Mansfield parla « d'escalade » américaine le 21 février. On fit état « d'Américains armés, en civil » soutenant le commandement laotien [5]. Le 25 février, les sénateurs Mathias, Mansfield, Gore, Symington, Cooper et Percy critiquèrent le « silence » du gouvernement sur ce qu'ils appelaient « un engagement américain croissant ». Le même jour, les sénateurs Gore et Mansfield demandèrent la publication de témoignages secrets sur l'engagement américain, reçus en octobre par la sous-commission dont ils faisaient partie. Le sénateur Symington envoya une lettre à Rogers, dans laquelle il demandait expressément que l'ambassadeur Godley fût rappelé du Laos pour témoigner. Le 27 février, le *Wall Street Journal* approuva à moitié l'emploi des B-52, mais mit en garde contre une escalade de la violence. Le 2 mars, le *Washington Post* publia en première page un article mordant sous le titre : « Le Laos : le sempiternel langage des bombes. »

C'était là le point culminant d'une campagne menée depuis des mois par le Sénat et les media pour faire « la lumière » sur le Laos. Le but n'était pas d'obtenir des informations — tout le monde connaissait les faits — mais de les voir confirmer publiquement par le gouvernement, ce qui était tout autre chose. La Commission des relations extérieures du Sénat possédait d'amples renseignements tirés de ses propres enquêtes ainsi que de ses audiences confidentielles. De même, les media avaient déjà donné au public une image assez exacte de la situation. Il s'agissait, pour nous, de savoir dans quelle mesure le fait de reconnaître officiellement nos opérations au Laos, briserait ce qui restait des accords de 1962, donnerait à Hanoi un prétexte pour intensifier son agression au nord du Laos, et engendrerait des controverses encore plus passionnées chez nous.

Républicains ou démocrates, trois gouvernements avaient tenu « secret » notre rôle au Laos, précisément parce que chaque Président avait voulu le maintenir dans certaines limites : exposer publiquement ces limites était aussi dangereux pour cette stratégie que de révéler l'ampleur de notre engagement. Or, on nous pressait de faire les deux. Du point de vue des critiques, cela servirait à remettre en question toute l'aventure au Vietnam. Certains se seraient même félicités qu'un échec au Laos conduise à un échec au Vietnam. Ce n'étaient pas des faits qu'ils voulaient, mais des munitions.

En dépit de ces dangers, nous parvînmes à la conclusion qu'une présentation officielle de notre politique et de nos intentions au Laos s'imposait. Le raisonnement suivi était quelque peu byzantin. Laird voulait une déclaration publique pour couper court aux indiscrétions des Affaires étrangères qui faisaient de lui un bouc-émissaire : l'explication pouvait donc venir de n'importe où, sauf du ministère de la Défense. Rogers, lui, s'opposait pour la même raison à ce que les Affaires étrangères prennent la parole ; il ne tenait pas à participer directement au débat sur le Laos. Il proposait de lever le secret sur les témoignages confidentiels dont disposaient les Affaires étrangères, déjà révélés à la sous-commission Symington. Symington s'était alors honorablement comporté. En ces temps lointains, les secrets recueillis avaient encore un caractère sacro-saint pour la plupart des commissions du Congrès : Symington ne révélerait jamais de renseignements secrets sans l'autorisation du gouvernement. Mais si celui-ci la lui donnait, la pratique des audiences confidentielles n'aurait plus grand sens. Et, à l'avenir, il suffirait, pour révéler au public des témoignages secrets, de faire naître des controverses publiques. Les commissions hostiles n'auraient qu'à engendrer le maximum de publicité adverse pour contraindre les autorités à lever le secret.

J'exposai le problème dans un rapport adressé au Président :

> Le vrai problème du Laos est entièrement lié au Vietnam :
>
> • Il ne fait aucun doute que les Nord-Vietnamiens peuvent envahir le Laos dès qu'ils le jugeront souhaitable, du moment qu'ils sont prêts à payer le prix politique et psychologique d'une violation des accords de 1962.
>
> • Si le Vietnam du Nord envahit le Laos, toutes nos négociations sur le Vietnam seraient compromises. En fait, si les opérations militaires nord-vietnamiennes au Laos rencontraient un succès tel que Souvanna crût préférable de se soumettre pour survivre, il faudrait s'attendre à ce qu'il se refuse à nous laisser bloquer la Piste Ho Chi Minh, et nos opérations militaires au Vietnam du Sud s'en trouveraient gravement compromises.
>
> • Tels sont les problèmes fondamentaux. Tout le reste n'est que balivernes...
>
> • Les Affaires étrangères considèrent que le plus simple est de rendre publics les renseignements de la sous-commission Symington. Nous pourrions faire d'une pierre deux coups : satisfaire Symington, Fulbright et compagnie, et montrer au public ce que nous faisons réellement.
>
> • D'un autre côté, on peut se demander si le fait de révéler les points délicats des témoignages calmera effectivement les sénateurs : ils *savent* bien ce qui se passe au Laos, et pourquoi. Les réunions gouvernementales leur ont donné toutes les informations nécessaires...
>
> • En révélant les témoignages, nous apporterions de l'eau au moulin des Nord-Vietnamiens : ils pourraient nous accuser de violer les accords de Genève, sans reconnaître qu'eux-mêmes les violent, et la base réelle de notre action serait gravement affectée. En outre, il serait plus difficile aux Russes de conserver l'attitude relativement amicale qu'ils ont actuellement envers le G.R.L. [gouvernement royal du Laos]...
>
> • Bien plus, en cédant sur le Laos, le gouvernement risque de se voir amené à révéler également les points délicats de nos actions dans d'autres pays. Nous risquerions d'ouvrir une vraie boîte de Pandore de problèmes intérieurs mais aussi dans le domaine de nos relations avec d'autres pays. On ne croira plus en notre bonne foi lorsque nous cherchons à préserver l'intégrité des accords internationaux, et l'utilité des diplomates qui les ont négociés se trouvera compromise. Je m'inquiète plus particulièrement de la réaction des Thaï, qui doutent déjà de notre engagement envers eux.

Le 27 février, le C.N.S. se réunit pour définir une politique laotienne. Au grand soulagement des membres du Cabinet, on décida que le C.N.S. préparerait une déclaration, et que celle-ci serait prononcée par la Maison Blanche. Il m'est impossible de comprendre, aujourd'hui, pourquoi j'acceptai une procédure plaçant la Maison Blanche en première ligne. Était-ce manque d'expérience administrative ou lassitude devant ces éternels efforts pour refiler le bébé au voisin ? Quoi qu'il en soit, le C.N.S. se mit sans tarder à élaborer une déclaration publique expliquant notre engagement au Laos. Pour éviter qu'elle ait l'air d'un plaidoyer, je lui donnai la forme d'une nouvelle proposition aux deux co-présidents de la Conférence de Genève, la Grande-Bretagne et l'Union soviétique : convoquer une réunion des signataires des accords de 1962 afin de définir de nouvelles garanties pour la neutralité du Laos. Je ne me faisais aucune illusion : cette proposition ne serait pas acceptée. Ni Londres ni Moscou n'étaient disposés à prendre position.

La déclaration, qui fut publiée le 6 mars, était un compte rendu complet et sincère de l'engagement américain et des raisons pour lesquelles il avait été gardé secret depuis l'époque Kennedy. Elle souleva néanmoins une importante controverse à cause d'une inexactitude ; celle-ci venait en partie de la mauvaise volonté des divers services chargés de fournir à mon équipe les détails nécessaires (ils ne voulaient pas se compromettre), et en partie d'une authentique maladresse administrative. Nixon avait pensé que le meilleur moyen de prouver qu'aucun Américain ne participait aux combats terrestres au Laos était de souligner qu'aucun n'avait trouvé la mort durant de telles actions. « Personne ne se soucie des attaques des B-52 au Laos, mais les gens s'inquiètent de ceux de nos garçons qui se trouvent là-bas », m'avait dit Nixon après la réunion du C.N.S. Winston Lord, mon nouvel assistant particulier – qui devait devenir l'un de mes meilleurs amis – avait été chargé de rédiger le compte rendu. Avec quelques autres membres de mon équipe, il se renseigna soigneusement auprès des ministères. Il leur sembla que la seule hésitation de ces derniers à affirmer qu'aucun soldat n'était mort au Laos tenait à quelques pertes subies parmi les équipes de reconnaissance américaines qui s'étaient périodiquement introduites au sud du Laos pour surveiller et si possible enrayer les infiltrations sur la Piste Ho Chi Minh (opération qui avait pour nom de code « Feu de Prairie »). Ces opérations étant clairement liées à la guerre du Vietnam, elles n'avaient rien à voir avec les combats au nord du Laos. D'où l'on conclut que l'on pouvait donc dire : « Aucun Américain basé au Laos n'a jamais trouvé la mort dans des combats au sol. »

Être aussi affirmatif lorsqu'il s'agit d'événements portant sur presque une décennie révèle évidemment un manque d'expérience : nul ne sait quels faits surgiront soudains du tréfonds des archives administratives. Je devais bientôt apprendre à mes dépens à quel point il est risqué de se montrer trop catégorique.

A peine notre déclaration rendue publique, le 6 mars, l'administration se mit soudain à révéler à la presse ce qu'elle n'avait pas osé rapporter elle-même au Président, à savoir qu'un tout petit nombre d'Américains en service au Laos, des civils et des militaires ne *participant pas* aux combats, avaient bien été tués par des balles perdues au cours des neuf dernières années. La Maison Blanche fut contrainte d'admettre le 8 mars que d'après de nouveaux renseignements du ministère de la Défense, six civils et un capitaine « qui ne prenait pas part à des combats » avaient trouvé la mort au Laos depuis le début de 1969. Quatre civils américains avaient été en moyenne tués au cours de chacune des cinq années précédentes. Le 10 mars, le ministère de la Défense vint à notre secours en déclarant que, depuis le 1er janvier 1966, les militaires américains en service au Laos avaient droit à « des indemnités de feu ». L'enquête menée pour découvrir l'origine de ces erreurs révéla, comme il fallait s'y attendre, une série de malentendus et un manque de communication. Lord rédigea une note retraçant le processus d'élaboration des déclarations et des discussions entre la Défense et le C.N.S. Ce texte ne fait pas état, bien entendu, des angoisses auxquelles fut soumis cet homme brillant et honnête durant les premières semaines de sa collaboration avec le Conseiller à la Sécurité – travail ingrat s'il en fut.

Ce que Nixon considéra comme une bourde de la part de cette fameuse équipe qui était la mienne le mit en fureur. Pendant une semaine, il me fut impossible de le voir. J'endossai donc toute la responsabilité de l'affaire. Le 9 mars, j'écrivis à Laird, avec un double au Président :

> Mon cher Mel,
>
> Pour éviter tout malentendu, je veux que vous sachiez que vos souvenirs sont exacts. Votre cabinet a bien souligné par deux fois la phrase se référant au fait qu'aucun Américain n'était mort au combat. Croyant comprendre qu'il s'agissait du résultat de l'opération « Feu de prairie », j'ai rédigé la déclaration en conséquence. Néanmoins, c'est à moi qu'il revient d'éviter de telles erreurs, et je voulais vous dire que vous n'en portez aucune responsabilité.
>
> Avec mes meilleurs sentiments.
>
> Henry A. Kissinger.

Bien entendu, la presse et le Congrès poussèrent des cris d'indignation devant ce que l'on appela – simplement parce que nous avions perdu quatre ou cinq hommes par an, et non au cours de combats – la confirmation d'un engagement militaire américain au Laos. Le débat public se concentra sur cette nouvelle « atteinte à la crédibilité » plutôt que sur la réalité sous-jacente – à savoir que l'engagement américain était réellement minime et que le Vietnam du Nord avait lancé une offensive.

La situation au Laos s'aggrava bientôt. Les communistes avaient atteint la région de Long Thieng, dernier point fort avant la capitale, Vientiane. Ils menaçaient également les quartiers généraux de Van Pao, commandant les maquis méo qui luttaient contre la domination communiste. Devant une avance communiste imminente sur le Mékong, la Thaïlande offrit d'envoyer des volontaires à Long Thieng si le gouvernement laotien le demandait. Le ministère des Affaires étrangères s'opposa vigoureusement à cette proposition, et les autres services l'accueillirent avec tiédeur lors de deux réunions du W.S.A.G. Mais lorsque les gouvernements laotien et thaï nous en firent officiellement la demande, le Président passa outre aux réticences des services ministériels. Il était convaincu, et j'étais d'accord avec lui, que si nous refusions, la Thaïlande douterait de la sincérité de notre engagement envers sa défense et Souvanna risquerait de s'affoler de la décision prise par le Président.

Le 27 mars, le gouvernement laotien lança une contre-offensive, avec l'aide des volontaires thaï. Cette intervention fut décisive : le 31 mars, les forces gouvernementales du Laos avaient reconquis la localité voisine de Sam Thong ; le terrain d'aviation retrouva bientôt son activité, et nos avions commencèrent à livrer du matériel. Le lendemain, les forces nord-vietnamiennes se retiraient de la région de Long Thieng.

La crise du Laos s'apaisa donc pour le reste de l'année : l'équilibre politique et militaire fut maintenu au nord du pays. Cependant, au sein de notre gouvernement, la scission s'était aggravée ; quant à l'opposition, elle était si violente et si méfiante que nous fûmes accusés de provoquer ce que précisément nous cherchions à éviter. On nous soupçonna même d'être à l'origine des événements qui suivirent — un coup d'État au Cambodge. La réalité fut tout autre.

Le renversement de Sihanouk

Pendant près de trente ans, la vie politique du Cambodge avait été étroitement associée à la carrière tempétueuse et à la personnalité du prince Norodom Sihanouk. Couronné roi en 1941, à l'âge de dix-huit ans, il avait abdiqué en 1955 pour jouer un actif rôle politique comme Premier Ministre ; en juin 1960, un vote unanime de l'Assemblée nationale cambodgienne l'éleva au rang de chef d'État. C'était Sihanouk qui avait conduit le royaume du Cambodge vers l'indépendance, à l'égard de la France, en 1953 ; c'était lui qui avait modelé ses institutions politiques, lui qui avait façonné sa politique.

En menant son pays, Sihanouk avait réussi, habilement, à marcher sur la corde raide entre l'Est et l'Ouest sur le plan de la politique globale, entre l'Union soviétique et la Chine lors de la formation du schisme communiste, entre les antagonistes de la guerre du Vietnam, et entre la droite et la gauche dans son propre pays. Cet homme volubile, fantasque, aimant le plaisir — « vif-argent » est le mot généralement utilisé pour le décrire — réussit, avec beaucoup d'adresse, à faire de son pays un havre de paix au milieu des guerres sanglantes qui ravageaient le reste de l'Indochine. Puis, soudain, en 1970, cet agile funambule fit un faux pas, et tomba , entraînant son pays dans un enfer plus terrible encore que celui qu'avaient enduré ses voisins.

Le 7 janvier 1970, le prince Sihanouk, sa femme Monique et une suite de onze personnes quittaient la capitale du Cambodge, Phnom Penh, pour aller passer deux mois dans une maison de repos à Grasse, sur la Côte d'Azur française. Sihanouk avait l'habitude de « faire une cure » là-bas tous les deux ans, afin de soulager la gêne procurée par ce qu'il appelait « son obésité, sa maladie de sang et son albumine». Pendant son absence, il confiait le soin de gouverner à des personnalités qu'il désignait lui-même : le président de l'Assemblée nationale Cheng Heng (qui devenait chef d'État suppléant), le Premier Ministre Lon Nol (que

Sihanouk avait nommé en août 1969 et dont il avait dit, en septembre : « c'est la seule personne en laquelle je peux avoir confiance en raison de sa loyauté envers le trône et la Nation* », et Sirik Matak, premier adjoint au Premier Ministre.

Les rapports entre Sihanouk et les membres de son gouvernement n'étaient pas toujours exempts de tensions. Les éléments de gauche avaient été discrédités et renvoyés par Sihanouk quelques années auparavant (en fait, les dirigeants des Khmers Rouges communistes avaient été condamnés à mort par contumace). Le cabinet Lon Nol-Sirik Matak n'approuvait pas toujours la politique économique de Sihanouk ; il critiquait son incapacité à débarrasser le pays des forces nord-vietnamiennes et viet-cong occupant l'Est du Cambodge, et la décision impopulaire qu'il avait prise d'ouvrir un casino d'État à Phnom Penh. Cependant, aucune de ces querelles ne semblait assez grave, en janvier 1970, pour empêcher Sihanouk de se rendre dans le Midi de la France.

Les États-Unis s'attendaient encore moins à des troubles. En juillet 1969, nous avions rétabli les relations diplomatiques, comme je l'ai dit plus haut, et envoyé une petite mission dirigée par le chargé d'affaires Lloyd Rives. Depuis 1963, date à laquelle Sihanouk y avait mis un terme, aucune aide militaire ou économique n'avait été accordée au Cambodge par les États-Unis. En outre, essentiellement sur les injonctions du sénateur Mansfield, aucun membre de la C.I.A. n'avait été affecté à Phnom Penh après la reprise des relations diplomatiques. En janvier, février, et jusqu'à la mi-mars 1970, les hautres instances du gouvernement des États-Unis étaient absorbées par la crise naissante au Laos et par ses réactions aigres sur le plan intérieur. Le 17 mars, je déjeunai avec Marshall Green et William Sullivan, du Bureau de l'Asie de l'Est des Affaires étrangères ; notre conversation porta sur la Chine, le Vietnam et le Laos. Je m'aperçus que dans le compte rendu de notre rencontre le Cambodge n'était même pas cité.

Du point de vue américain, le fragile équilibre politique et la neutralité que maintenait au Cambodge l'habile, quoique imprévisible, Sihanouk étaient la meilleure des situations possibles. Certes, l'usage que Hanoi faisait du territoire cambodgien pour lancer des opérations militaires contre nos forces, au mépris évident du droit international, représentait un danger continu. Cependant, dans ce domaine également, un certain équilibre s'était créé. Sihanouk avait accepté, si ce n'est encouragé, nos raids aériens contre ces sanctuaires ; nous avions renoncé à monter des opérations terrestres de l'autre côté de la frontière, et Hanoi continuait à utiliser ces sanctuaires, même si cela lui coûtait plus cher. En outre, nous avions quelque idée de la précarité de l'équilibre intérieur du Cambodge. Lorsque, le 30 juillet 1969, le Président Nixon avait rencontré le Président Thieu à Saigon, ce dernier avait prédit que, si l'équilibre au Cambodge était rompu par le renversement de Sihanouk, les communistes finiraient par remporter la victoire :

> Le Président [Nixon] lui demanda ce qu'il pensait de Sihanouk. Le Président Thieu répondit que Sihanouk avait beau être mauvais, nous ne vou-

* Lon Nol avait aussi représenté Sihanouk au côté de Mao Tsé-toung lors de la Fête nationale chinoise qui se tint le 1er octobre 1969 à Pékin sur la place Tien An Men.

lions pas risquer quelque chose de pire. Il ajouta qu'au Cambodge, seuls deux groupes pouvaient renverser Sihanouk : les militaires ou les communistes. Les militaires étant faibles et inefficaces, il était probable que ce seraient les communistes. Dans l'éventualité d'un soulèvement militaire contre Sihanouk, Thieu pensait que les communistes finiraient par l'emporter. Ce que Sihanouk fait ou peut faire dépend dans une grande mesure de ce qui se passe au Vietnam. Le Cambodge est un pays faible, et si Sihanouk venait à être renversé, ou si nous encouragions son renversement, il est fort probable que les communistes prendraient le pouvoir. »

Nous étions d'accord avec cette analyse. Malheureusement pour le Cambodge, ses tensions internes finirent par rompre le fragile équilibre que Sihanouk s'était efforcé de maintenir, et cela déchaîna les forces mêmes dont avait parlé Thieu. Les événements se précipitèrent du fait de l'existence des sanctuaires communistes d'où les Nord-Vietnamiens harcelaient nos forces. En effet, ces sanctuaires exacerbèrent le sentiment nationaliste des Cambodgiens qui avaient vu, au cours des siècles, divers envahisseurs vietnamiens coloniser la terre de leurs ancêtres. Il faut dire que c'est au début du XIXe siècle seulement que la région de Saigon même a été conquise sur les Cambodgiens par les Vietnamiens. S'il n'y avait pas eu l'occupation française, il est probable que le reste du Cambodge aurait connu le même sort. L'antipathie des Cambodgiens envers tous les Vietnamiens a donc de vieilles racines. Et l'impuissance de Sihanouk à déloger du sol cambodgien ces Nord-Vietnamiens redoutés affaiblissait sa position mois après mois.

Les déclarations publiques que fit Sihanouk à cette époque ne laissent aucun doute quant à l'identité de ceux qu'il considérait comme une menace pour l'indépendance de son pays. A plusieurs reprises, il protesta publiquement contre l'« agression » nord-vietnamienne et la violation de la souveraineté du Cambodge. En juin 1969, trois mois après le début des bombardements secrets, il avait déploré, lors d'une conférence de presse, que la province cambodgienne de Ratanakiri soit « pratiquement territoire nord-vietnamien », et que les forces « viet-minh » (nord-vietnamiennes) et viet-cong se soient infiltrées dans la province de Svay Rieng. Dans le numéro d'octobre 1969 de *Sangkum*, journal dont Sihanouk était le directeur, un article titrant « l'implantation du Viet-cong et des Nord-Vietnamiens le long de nos frontières » protestait vigoureusement contre l'occupation nord-vietnamienne ; une carte localisait les 35 000 à 40 000 soldats nord-vietnamiens et viet-cong occupant le territoire cambodgien (elle eut son utilité pour nos services de renseignements). Dans un article signé de sa main, dans le numéro de décembre 1969, Sihanouk alla jusqu'à rendre hommage au rôle joué par les Américains au Vietnam. Il affirmait qu'en « toute honnêteté et objectivité », la présence des forces américaines en Asie du Sud-Est garantissait un équilibre régional du pouvoir, qui permettait aux petites nations comme le Cambodge « d'être respectées, si ce n'est honorées, par les camps socialistes d'Europe et même d'Asie ». Les alliés asiatiques de l'Amérique ne pouvaient compenser le retrait de la puissance américaine en se tournant vers les communistes, écrivait Sihanouk, car lorsqu'un oiseau se trouve devant un serpent, « cet oiseau, gentil ou non, finit toujours par être dévoré ». Sihanouk terminait son article par une adhésion enthousiaste à la doctrine de Nixon :

> « Il est possible et même probable que la nouvelle doctrine Nixon prévoyant la non-intervention des troupes américaines... soit appliquée... Cependant, dans leur propre intérêt, ils [les Américains] seront obligés de soutenir les nationalistes populaires dans leur lutte contre le nouvel impérialisme, celui du communisme asiatique... Si les États-Unis apportent leur aide sans conditions et sans intervention physique... ils auront certainement plus de chances de voir contenir la marée communiste que s'ils confient cette tâche à leurs soldats. En effet, ils contribueront ainsi à rogner les ailes de la propagande subversive des communistes qui appelle notre nation à se rebeller, et parle de « libération de la nation » alors que la région est « occupée » par des forces étrangères... »

Le 12 février 1970, j'envoyai des extraits de l'article à Nixon. Sur ses instructions, j'envoyai également le texte intégral au sénateur Mansfield, le 23 février.

Pour Sihanouk, l'identité des véritables auteurs de l'agression en Indochine était sans équivoque. Par exemple, en novembre 1969, le Viet-cong avait ouvert le feu, depuis le territoire cambodgien, sur un camp de forces spéciales américaines au Vietnam ; les représailles aériennes américaines avaient fait beaucoup de bruit, et l'on rapporta qu'elles avaient provoqué la mort d'environ vingt-cinq Cambodgiens. Sihanouk s'en était plaint auprès des États-Unis et avait demandé réparation. Néanmoins, dans un discours qu'il prononça le 15 décembre, Sihanouk rendit les Nord-Vietnamiens responsables de cet incident :

> « Qui a déclenché l'incident de Dak Ham ? Ce sont les Viet-cong, qui ont tiré sur les Américains de notre territoire. Se voyant bombardés, les Américains se sont fâchés et nous ont bombardés. Les Viet-cong et les Viet-minh ont alors pris la fuite, et ce sont les habitants khmers qui ont été les victimes. Voilà toute l'histoire...
>
> Les grandes puissances rouges qui se prétendent nos amies, les rouges d'Europe, nous ont interdit de nous plaindre aux Nations-Unies... »

Sihanouk déclara à ses auditeurs qu'il ne romprait plus les relations diplomatiques avec les États-Unis, comme certains le lui demandaient, car s'il le faisait, « il nous faudra faire la même chose avec les Viet-minh et les Viet-cong, puisqu'ils poursuivent leur agression contre notre territoire, alors que nous avons établi des relations diplomatiques avec eux ».

Le 22 février 1970, vers la fin de son séjour en France, Sihanouk annonça qu'il avait l'intention, sur le chemin du retour, en mars, de se rendre en Union soviétique et en Chine, « ces grands pays amis », afin d'obtenir leur aide pour réduire ou éliminer la présence nord-vietnamienne dans son pays.

Mais pour la première fois de sa carrière, Sihanouk se laissa déborder par les événements. Le 8 mars, des villageois de la province cambodgienne de Svay

Rieng manifestèrent contre l'occupation nord-vietnamienne. Le 11, 20 000 jeunes Cambodgiens mirent à sac les ambassades du Vietnam du Nord et du Viet-cong à Phnom Penh (manifestement, le gouvernement cambodgien avait aidé à préparer ces manifestations). Les deux chambres du Parlement cambodgien tinrent ensemble une assemblée spéciale, et demandèrent au gouvernement de réaffirmer la neutralité du Cambodge et de défendre le territoire national. Le Parlement exigea un renforcement de l'armée cambodgienne, que Sihanouk avait délibérément réduite de crainte qu'elle ne se retournât contre lui.

De Paris, Sihanouk envoya un câble par voie normale à sa mère, la reine douairière, restée à Phnom Penh, dans lequel il dénonçait « certaines personnalités » de son gouvernement qui essayaient de « jeter notre pays dans les bras d'une puissance capitaliste impérialiste ». Il annonça son intention de rentrer immédiatement à Phnom Penh « pour s'adresser à la nation et à l'armée, et leur demander de faire leur choix ». Lors d'une interview qu'il accorda alors qu'il se trouvait encore à Paris, Sihanouk avertit les Nord-Vietnamiens et le Viet-cong qu'ils avaient le choix entre respecter la neutralité du Cambodge et voir une faction pro-américaine prendre le pouvoir [6]. Pour des raisons qui ne furent jamais vraiment éclaircies, Sihanouk s'attarda cependant à Paris, tandis qu'à Phnom Penh le chaudron commençait à déborder. Le 12 mars, l'adjoint au Premier Ministre Sirik Matak annonça la suspension d'un accord commercial avec le Viet-cong et une augmentation de 10 000 hommes de l'armée cambodgienne. A Phnom Penh, de nouvelles émeutes antivietnamiennes éclatèrent, des boutiques et des églises de la communauté vietnamienne furent prises d'assaut. Le 13 mars, le ministre des Affaires étrangères du Cambodge annonça qu'il avait fait savoir aux ambassades nord-vietnamienne et viet-cong que toutes les forces armées des communistes vietnamiens devraient avoir évacué le territoire cambodgien avant le 15 mars à l'aube — c'est-à-dire dans les deux jours.

Le même jour Sihanouk prit, pour une fois, une décision fatale. Il quittait Paris, non pas pour retourner à Phnom Penh comme il l'avait annoncé deux jours plus tôt, mais pour se rendre à Moscou ainsi qu'il l'avait prévu. Avant de partir, il tenta de reprendre les choses en main et de répondre à l'attente de ceux qui l'écoutaient en déclarant : « Je vais à Moscou et à Pékin pour leur demander de couper court aux activités du Viet-cong et du Viet-minh dans mon pays. » Il fit reproduire une lettre diffusée par l'Agence Khmer Presse, indiquant qu'il se battrait « contre les Vietnamiens communistes qui, profitant de la situation militaire, s'infiltrent dans notre territoire pour le coloniser ». Bien qu'il ait eu l'intention de rentrer rapidement à Phnom Penh, et malgré l'avis du Président soviétique Podgorny qui lui conseillait de partir dès le lendemain, Sihanouk passa cinq jours cruciaux à Moscou, à mendier une aide militaire, dernier effort pour calmer les responsables militaires de son pays irrités d'être privés de tout matériel récent. A la suite de quoi, ce ne fut toujours pas à Phnom Penh, mais à Pékin qu'il se rendit. Dans sa propre version des faits, Sihanouk affirme, sur le ton d'un accusé, qu'il « lui fallait du temps pour voir quel cours allaient prendre les événements à Phnom Penh [7] ». Il déclare à plusieurs reprises que Lon Nol et Sirik Matak auraient fait obstacle à son retour. Cependant, le corps législatif cambodgien ne l'abandonna pas avant le 18 mars, et c'est à ce moment-là seulement que les aéroports furent fermés. Sur le chemin de Vnoukovo, l'aéroport de Moscou, Sihanouk apprit, de la bouche du Premier Ministre Kossyguine, qu'il avait été déposé. Il fut écrasé de stupeur : aucun de ses collaborateurs n'avait eu le courage de lui dire que, plus tôt dans la journée, les quatre-vingt-douze membres de la puissante Assemblée nationale et du Conseil du royaume du Cambodge, réunis en une session spéciale, avaient décidé à l'unanimité de lui retirer ses fonctions de chef d'État.

Lorsque Sihanouk arriva à Pékin, il reçut l'accolade du Premier Ministre Chou En-lai et fut fêté par les Chinois comme si rien n'avait changé : Chou lui assura qu'aux yeux de la Chine, il était encore chef d'État. Pendant ce temps-là, à Phnom Penh, le Parlement cambodgien nommait Cheng Heng, que Sihanouk avait chargé de le remplacer pendant son absence, chef d'État intérimaire – et non plus suppléant. Il ne s'agissait pas d'un coup d'État militaire au sens classique du terme : le gouvernement de Sihanouk continuait, mais sans Sihanouk.

Quelques mois plus tard, Jean Sainteny me fournit un autre élément d'explication de la conduite de Sihanouk. Je rencontrai Sainteny dans son appartement de Paris, le 27 septembre 1970, avant une réunion avec les Nord-Vietnamiens. Il me raconta qu'il avait déjeuné avec Sihanouk, à Paris, le jour même où les ambassades nord-vietnamienne et viet-cong avaient été prises d'assaut à Phnom Penh (le 11 mars). A ce moment-là, Sihanouk avait l'intention de rentrer immédiatement – auquel cas il n'aurait pas été déposé, affirmait Sainteny. Selon lui, Sihanouk avait changé d'avis parce que la princesse Monique souhaitait voir ses enfants, étudiants à Prague et à Pékin. Je pense moi aussi que Sihanouk avait péché par excès de confiance ; il n'imaginait pas que son autorité pût être contestée par les hommes qui lui devaient leur poste. Il espérait aussi que Moscou l'aiderait à calmer les militaires cambodgiens, à la fois en lui accordant une aide militaire et en faisant pression sur Hanoi pour que les forces viets quittent le Cambodge. Enfin, me raconta Sihanouk par la suite, il avait reçu de Phnom Penh un câble de sa mère lui disant qu'il était dangereux de rentrer.

Quiconque cherchera à savoir qui fut responsable de la chute vertigineuse du Cambodge dans l'enfer sanglant de la guerre devra baser son analyse sur ces événements. Ce qui fut décisif, chez Lon Nol et Sirik Matak, ce fut d'avoir l'audace d'embrasser la lutte populaire contre les forces abhorrées – mais de loin supérieures – des Nord-Vietnamiens et du Viet-cong. Chez Sihanouk, ce fut cette semaine d'hésitation. En effet, ce que Lon Nol et Sirik Matak craignaient, et que Podgorny conseillait, représentait précisément pour les États-Unis la solution la plus sage et la meilleure : s'il avait eu l'audace de rentrer à Phnom Penh et de faire face à ses adversaires, Sihanouk aurait modifié le cours des événements, pour le plus grand bien de tout le monde. Une fois revenu au pouvoir, il aurait pu reprendre le rôle stabilisateur qu'il jouait grâce à la position qu'il occupait traditionnellement et que je décrivis à Nixon, le 21 avril, en ces termes : « se placer délibérément à l'extrême gauche de l'aile droite ». Nous aurions certainement participé à cet effort. Malheureusement, le 20 mars, nous n'étions plus maîtres de la situation.

Durant cette période, le rôle des États-Unis fut loin d'être aussi déterminé qu'on ne l'imagine, ni aussi efficace que d'autres le prétendent. Absorbés par le Laos pendant les trois premiers mois de l'année, et privés de services de renseignements à Phnom Penh, nous fûmes dépassés par les événements. Nous n'encourageâmes certes pas le renversement de Sihanouk, et nous étions loin de nous y attendre. Il nous fallut même plusieurs semaines pour en saisir tout le sens. L'ignorance dans laquelle j'étais moi-même de ce qui se passait éclate dans les deux rapports que j'envoyai à Nixon. Ce dernier recevait chaque jour un résumé des événements clés ; ce ne fut pas avant le 17 mars – donc avec une semaine de retard, ce qui montre combien le Cambodge était loin d'être au centre de nos préoccupations – que je lui fis parvenir une analyse plus étendue des premières manifestations du 11 mars contre Sihanouk. Encore plus caractéristique : je suggérai, dans cette analyse, qu'il pouvait s'agir d'un coup monté par Sihanouk luimême :

> « Étant donné la concurrence acharnée entre Sirik Matak et Sihanouk, il est possible que Sirik ait voulu placer Sihanouk devant le fait accompli, ou encore le défier dans un domaine où Sirik Matak jouirait de davantage de popularité. D'un autre côté, personne n'a jamais défié Sihanouk de façon aussi directe depuis des années, et il est fort possible qu'il s'agisse d'une manœuvre subtile permettant à Sihanouk de demander aux Russes et aux Chinois de l'aider en pressant l'A.P.V.N./V.C.* de quitter le pays, pour la bonne raison qu'il pourrait être renversé et remplacé par un dirigeant « de droite » si l'A.P.V.N./V.C. restait au Cambodge.
>
> L'attitude récente de Sihanouk et celle du G.R.K. (Gouvernement royal khmer) permettent d'envisager l'une ou l'autre thèse : ou bien il s'agit d'une manœuvre commune ; ou bien Sihanouk est effectivement défié par Sirik Matak et Lon Nol. »

Je ne comprenais absolument pas les raisons d'agir des principaux acteurs de Phnom Penh, d'autant moins que Lon Nol étant de ceux qui avaient le plus profité du trafic avec les forces communistes que son gouvernement défiait à présent. Le 19 mars, dans un autre rapport au Président, je me montrai encore convaincu que Sihanouk tenterait de revenir à Phnom Penh pour recoller certains des morceaux :

> « Jusqu'à présent, Lon Nol s'est contenté d'être le numéro deux, mais cette fois il semble bien que ce soit le véritable défi au pouvoir de Sihanouk. La colère populaire contre les incursions des communistes vietnamiens lui a fourni les moyens de défier Sihanouk (et l'armée a exacerbé cette colère) ; cependant, les rapports de Lon Nol avec les communistes ne permettent pas de penser qu'il soit un fervent patriote anticommuniste ou antivietnamien.

* Armée nord-vietnamienne/viet-cong.

Pour l'avenir. La situation évoluera probablement dans l'une des trois directions suivantes:

- un nouveau gouvernement dominé par Lon Nol et Sirik Matak, s'appuyant sur l'armée, jouissant d'un soutien populaire limité et se voyant forcé d'acheter sa popularité par des slogans antivietnamiens et par le progrès économique;
- un compromis instable semblable à la trêve conclue entre les barons et le roi Jean en 1215, permettant à Sihanouk de reprendre ses fonctions de chef d'État mais avec des pouvoirs très limités. Ce serait là une situation des plus instables, car Sihanouk manœuvrerait, et probablement avec succès, pour déborder et éliminer ses adversaires ;
- une victoire de Sihanouk, qu'il obtiendrait en dressant l'armée contre Lon Nol.

Implications pour la politique étrangère et pour les États-Unis. Le nationalisme khmer a été exacerbé contre l'occupation communiste vietnamienne. A l'avenir, tout gouvernement devra être plus prudent et plus discret dans ses rapports avec les Vietnamiens. C'est la voie qu'a choisie Lon Nol, et il lui faudra démontrer publiquement qu'il prend des mesures contre l'occupation vietnamienne. De même, Sihanouk évitera pendant quelque temps de se faire accuser de « complaisance envers les Vietnamiens ».

Ceci posera de sérieuses difficultés à l'A.P.V.N./V.C. qui aura toutes les raisons d'adopter une ligne plus dure envers le Cambodge. »

Aucun de mes rapports au Président ne mentionne de participation de la part des services de renseignements américains, ni n'exprime de satisfaction particulière devant ce coup d'État. Les rapports de la C.I.A. n'étaient pas plus clairvoyants, fort probablement parce que cette dernière avait été interdite à Phnom Penh. Ce n'est que le 18 mars – jour de la chute de Sihanouk – qu'un rapport de la C.I.A. circula à Washington. Il disait en substance que les émeutes encouragées par Lon Nol annonçaient un coup d'État contre Sihanouk si ce dernier refusait de faire sienne la politique anti-Hanoi. Cette information avait été fournie la semaine précédente par un homme d'affaires asiatique dont on ne savait rien de plus. Par la suite, le retard avec lequel ce rapport avait été distribué et l'incapacité de la C.I.A. à prévoir le renversement de Sihanouk firent l'objet d'une enquête de la part des Services de renseignements étrangers du Président. Je ne me souviens pas avoir eu entre les mains, avant le coup d'État, un document le prédisant, et je n'ai pas décelé l'ombre d'une allusion dans mes papiers. En ce qui concerne les accusations portées contre nos services de renseignements, il convient de ne pas oublier que, victime du coup d'État, Sihanouk était le mieux placé pour savoir ce qui se tramait dans son pays, et qu'il a pourtant été incapable de le prévoir.

Le 20 mars, Nixon et moi-même préparâmes sa prochaine conférence de presse. Je lui recommandai, pour le Cambodge, de se limiter à réclamer le respect de la neutralité de ce pays. Nixon m'approuva, ajoutant que Sihanouk « peut revenir et reprendre le dessus ». Lors de sa conférence de presse, le 21 mars,

Nixon qualifia la situation au Cambodge d' « imprévisible » et d' « insaisissable », et exprima l'espoir que les Nord-Vietnamiens respecteraient la neutralité du Cambodge. Il répéta publiquement ce qu'il m'avait déclaré en privé, à savoir qu'il s'attendait encore au retour de Sihanouk à Phnom Penh :

> « ... comme vous pouvez le constater, nous avons établi des relations provisoires avec le gouvernement qu'a désigné le Parlement, et nous maintiendrons nos rapports avec ce gouvernement aussi longtemps qu'il semblera être le gouvernement officiel de la nation. Je pense que toute spéculation sur l'orientation qu'il prendra, c'est-à-dire sur *ce qui adviendra du Prince Sihanouk quand il reviendra,* serait à la fois prématurée et inutile [c'est moi qui souligne]. »

Le 19 mars, le W.S.A.G. fut convoqué pour discuter du Cambodge et du Laos, et cette réunion montre bien quelles étaient nos priorités du moment. En effet, la discussion porta essentiellement sur le Laos. Les notes prises à mon intention par mes collaborateurs révèlent que l'on s'inquiétait autant du sort du *Columbia Eagle,* un navire américain que deux marins mutinés avaient détourné sur Sihanoukville et que les Cambodgiens avaient saisi, que des conséquences à long terme du coup d'État. Quant à la situation politique, on en considérait le dénouement comme incertain, et l'on envisageait encore le retour de Sihanouk. Sur une de mes notes figure la question clé suivante : « L'orientation pro-occidentale plus marquée que l'on prête à Lon Nol compense-t-elle le fait que le départ de Sihanouk risque d'entraîner une instabilité plus grande ? »

Néanmoins, l'ignorance ne nous dispensait pas de prendre des décisions. Comme il fallait s'y attendre, les membres de l'Exécutif étaient encore plus divisés sur le problème du Cambodge que sur celui du Laos. Nixon était dès le départ favorable à une politique plus active. En marge du passage qui, dans mon rapport du 17 mars, l'informait de l'intention de Lon Nol d'augmenter l'armée cambodgienne de 10 000 hommes, Nixon avait écrit : « Mettons sur pied un plan pour aider le gouvernement. » Je n'avais encore pris aucune mesure en ce sens, quand Nixon me renvoya mon rapport du 19 mars, dans lequel je l'informais du renversement de Sihanouk, avec la note suivante : « Je veux que Helms élabore et applique un plan d'aide maximale aux éléments pro-américains du Cambodge. N'en parlez ni à la Commission 303*, ni à l'administration. Procédez comme pour l'attaque aérienne (de Menu). » Le 22 mars, Haig transmit personnellement à Helms la requête du Président, et j'organisai une rencontre avec Helms pour le 23 mars.

La réponse de Helms porta principalement sur des points d'organisation. Il affirma que la C.I.A. ne pouvait guère faire de recommandations réalistes si on ne lui permettait pas d'ouvrir un poste (terme par lequel la C.I.A. désigne un bureau permanent) à Phnom Penh. Il donna des exemples d'actions allant de la forma-

* La Commission 303, alors rebaptisée Commission 40, était une Commission interministérielle supervisant les activités des services secrets.

tion de ponts aériens clandestins à l'obtention d'un soutien international envers Lon Nol, mais souligna que la C.I.A. ne pouvait faire de propositions concrètes tant qu'elle ne disposait pas de plus amples renseignements. Le Président décida donc d'autoriser la C.I.A. à ouvrir un poste à Phnom Penh. Ce ne fut pas chose facile, car les Affaires étrangères y étaient violemment hostiles, en partie par crainte de la réaction de Mansfield au Congrès. Le 1er avril, alors que j'étais en vacances (ce qui prouve que je ne jugeais pas la situation critique), le Président convoqua Rogers et Helms dans le Bureau ovale, et donna l'ordre d'ouvrir sur-le-champ un bureau de la C.I.A. à Phnom Penh.

Nixon était-il resté dans le vague, comme il le faisait souvent lors de ses rencontres face à face avec Rogers ? Ou bien les Affaires étrangères se sentaient-elles suffisamment fortes pour ne pas tenir compte d'un ordre direct ? Toujours est-il que les désirs du Président ne furent pas exaucés. Le 2 avril, c'est-à-dire le lendemain, la C.I.A. nomma un officier et un agent de liaison à Phnom Penh. Rogers appela Helms et lui dit qu'il ne trouvait pas cela sage, mais qu'il acceptait d'examiner le problème des communications. Le temps passa, tandis que les Affaires étrangères se tâtaient pour savoir s'il fallait faire une demande officielle auprès du gouvernement cambodgien. Le 7 avril, le chargé d'affaires Lloyd Rives alla voir un fonctionnaire cambodgien de rang subalterne ayant ainsi de bonnes chances d'essuyer un refus ou tout au moins de gagner du temps. Mais, au dépit manifeste du Bureau d'Asie, une permission provisoire fut accordée sur-le-champ, avec la promesse d'une autorisation officielle dans les plus brefs délais. Les Affaires étrangères insistèrent pour attendre ladite autorisation et, pour gagner encore du temps, donnèrent l'ordre d'acheminer le matériel de communications par avion commercial plutôt que militaire.

Le 16 avril, soit quinze jours après l'ordre direct donné par le Président, ni officier de la C.I.A. ni agent de liaison ni matériel n'étaient encore partis. Nixon avait beau ne pas aimer donner des ordres directs, il pouvait être brutal si on l'irritait suffisamment. Il convoqua Helms, son adjoint le général Cushman, Haig et moi-même (j'étais rentré de vacances) et déclara qu'il considérait comme une insulte la désinvolture et la lenteur avec lesquelles ses ordres étaient appliqués. Pour manifester son mécontentement, il ne convia aucun représentant des Affaires étrangères à assister à cette réunion. Nixon fixa un délai de vingt-quatre heures pour l'affectation d'un officier et d'un agent de liaison de la C.I.A. Il y ajouta un soufflet vengeur aux Affaires étrangères : puisque celles-ci prenaient argument de la petite taille de notre ambassade, Nixon ordonna de rappeler un des fonctionnaires des Affaires étrangères en poste à Phnom Penh pour faire de la place.

Une fois encore, nous fûmes témoins d'une de ces merveilles de l'État moderne : l'impuissance relative des dirigeants à dominer leur administration ou à couper court aux tergiversations qui sont sa spécialité. Le délai de vingt-quatre heures s'écoula dans une vaine agitation. Et il fallut une semaine entière pour qu'une nouvelle explosion du Président donnât enfin des résultats. On ne procéda pas à la réduction du personnel de l'ambassade, car les événements prirent le Président de vitesse.

Jusqu'au milieu d'avril, nous fûmes donc très peu en mesure de commander ou d'influencer la situation au Cambodge. A ce moment-là, cependant, il ne s'agissait plus d'une querelle entre des factions cambodgiennes, dont l'issue eût été, dans tous les cas, compatible avec nos intérêts. Car, dans les derniers jours de mars, Sihanouk prit une seconde décision catastrophique. Retranché à Pékin (avec lequel nous n'avions encore aucun contact), Sihanouk bascula entièrement vers Hanoi et se retourna violemment contre les États-Unis. Le 20 mars – deux jours après sa chute – il déclara ouvertement la guerre au nouveau gouvernement. Il fit une déclaration demandant un référendum national et qualifiant sa destitution d' « absolument illégale ». Il attribuait « les troubles » du Cambodge à une collusion entre la C.I.A. et « les traîtres » qui l'avaient déposé, et justifia la présence des Nord-Vietnamiens au Cambodge en déclarant qu'ils « résistaient à l'impérialisme américain ». Le lendemain, Sihanouk jura de lutter « jusqu'à la victoire ou jusqu'à la mort » contre le nouveau gouvernement, qu'il traita de « valet des impérialistes américains ». Désormais, le retour de Sihanouk aurait signifié non pas un retour à la neutralité, mais la victoire de ses nouveaux patrons communistes, sur lesquels il n'avait plus aucun pouvoir.

Le 21 mars, l'Assemblée nationale cambodgienne décida, en représailles, d'arrêter Sihanouk et de le juger pour trahison s'il revenait. A Phnom Penh, les journaux, la radio et la télévision abondaient en anecdotes sinistres sur le caractère corrompu de sa vie privée et en critiques de ses années au pouvoir. Le 22 mars, après s'être abstenu pendant trois jours de tout commentaire direct sur les événements au Cambodge, le Vietnam du Nord qualifia les nouveaux dirigeants du Cambodge de « faction d'extrême droite pro-américaine ». A Hanoi, le tout-puissant journal du parti, *Nhan Dan,* déclara que la chute de Sihanouk avait été machinée par les États-Unis, et affirma que « notre peuple soutient entièrement le peuple cambodgien dans sa lutte » contre les nouveaux dirigeants. Le 23 mars, Sihanouk fit une déclaration en cinq points dans laquelle il promettait de former « une armée de libération » et « un front national uni », et exaltait la lutte anti-américaine des communistes vietnamiens, laotiens et cambodgiens.

Début avril, les forces nord-vietnamiennes et viet-cong se mirent à concrétiser le « soutien » qu'elles avaient promis. Les forces communistes quittèrent leurs camps de base et s'avancèrent au cœur du Cambodge pour renverser le nouveau gouvernement. Le 3 avril, les Nord-Vietnamiens se mirent à attaquer les forces cambodgiennes dans la province de Svay Rieng. Le 10 avril, les troupes cambodgiennes durent évacuer leurs positions sur la frontière, dans la région du « Bec de Perroquet ». Les communistes s'en prirent à la circulation sur le fleuve Mékong. Le 16 avril, les troupes nord-vietnamiennes et viet-cong effectuèrent des raids contre la capitale de la province de Takeo, au sud de Phnom Penh. C'est ainsi que commença la guerre au Cambodge, bien des semaines *avant toute* intervention américaine.

Pendant ce temps-là, Sihanouk accusait les États-Unis, le 2 avril, d'être « les seuls et principaux responsables de la guerre et de l'instabilité politique dans les trois pays d'Indochine ». Le 3 avril, il appelait ses compatriotes à partir dans la jungle et à rejoindre « les noyaux de résistance qui s'y trouvaient déjà ». Le

4 avril, lors d'une visite en Corée du Nord, le Premier Ministre Chou En-lai embrassait officiellement la cause du mouvement de résistance de Sihanouk. Le 14 avril, Radio Pékin annonçait la formation officielle, le 6 avril, du comité provisoire du « front national uni » de Sihanouk dans la province de Svay Rieng. En résumé, vers le milieu du mois d'avril, et *avant toute* action importante de notre part, Sihanouk s'était irrévocablement mis du côté des communistes ; ces derniers avaient entrepris de renverser le gouvernement de Phnom Penh, et les unités nord-vietnamiennes menaient leur offensive jusqu'au cœur du Cambodge.

L'attitude de Le Duc Tho pendant les négociations secrètes montra avec certitude que Hanoi avait officiellement lié le Cambodge à la guerre du Vietnam. Le Duc Tho souligna que Hanoi avait l'intention de renverser le gouvernement de Phnom Penh, de le remplacer par celui qui lui conviendrait, et d'utiliser le Cambodge comme base de ses opérations au Vietnam. Lors de la rencontre secrète du 16 mars – deux jours avant la chute de Sihanouk – Le Duc Tho nous accusa d'avoir organisé les émeutes de Phnom Penh, cinq jours auparavant – accusation contre laquelle je protestai vigoureusement. Je jugeai les affirmations véhémentes de Le Duc Tho suffisamment inquiétantes pour écrire au Président : « Leurs remarques sur le Cambodge étaient gênantes et peuvent indiquer une pression croissante là-bas. »

Les craintes au sujet des intentions générales de Hanoi ne pouvaient manquer d'être renforcées par un soudain « point fort » militaire au Vietnam du Sud, qui rompit le calme qui régnait depuis septembre. Le 31 mars, alors que nous étions encore en négociations avec Le Duc Tho et que nous avions proposé une désescalade, les Nord-Vietnamiens lancèrent des dizaines d'offensives dans tout le Vietnam du Sud. Les pertes américaines de la semaine se montèrent à 138 morts, près du double de la semaine précédente.

C'est sur cet arrière-fond que se déroula notre dernière entrevue du 4 avril à Paris. Une fois de plus, Le Duc Tho nous accusa d'être responsables des troubles au Cambodge, et il déclara ouvertement la guerre au nouveau gouvernement cambodgien :

> « Vous avez cru pouvoir utiliser un groupe de réactionnaires militaires pour renverser Norodom Sihanouk et que tout serait réglé. C'est un raisonnement bien trop simpliste. Ce sont précisément vos actions là-bas qui conduisent tout le peuple du Cambodge à combattre les agents des États-Unis. Il a répondu à l'appel du prince Sihanouk et du Front National du Cambodge. Le peuple khmer a rassemblé toutes ses forces pour défendre sa liberté et sa neutralité. »

Je réfutai ces accusations avec véhémence, mais en vain :

> « Je désespère de convaincre le Conseiller spécial que nous n'avons rien à voir avec ce qui s'est passé à Phnom Penh, encore que je sois flatté de la haute opinion qu'il se fait de nos services de renseignements. S'ils savaient ma présence ici, je leur ferais part de cette haute opinion.

Encore une fois, la preuve est simple à faire. Qui donc a des troupes au Cambodge ? Pas les États-Unis. Une fois de plus, je suis impressionné par le don des langues des peuples de la péninsule indochinoise : nous avions découvert que le Pathet Lao parlait le vietnamien, et voilà que nous assistons au même phénomène au Cambodge...

Nous nous sommes montrés très tolérants vis-à-vis des bases que vous maintenez au Cambodge et à partir desquelles vous attaquez nos forces au Vietnam... »

Je soulignai à Le Duc Tho que les États-Unis ne cherchaient pas à étendre la guerre. Dans ce but, je lui proposai de discuter *sur-le-champ* de mesures spécifiques pour assurer la neutralité du Cambodge :

« Nous sommes disposés à discuter immédiatement de mesures concrètes et spécifiques visant à garantir la neutralité du Cambodge et à assurer de façon absolue qu'il ne deviendra pas le pion d'un conflit international. Nous sommes prêts pour cela à traiter bilatéralement avec vous, ou dans un cadre international... Nous serons prêts à accepter toute proposition raisonnable permettant de garantir que le Laos et le Cambodge — en particulier le Cambodge, qui est un nouveau problème — resteront neutres. »

Mais Le Duc Tho rejeta toute idée de neutralisation ou de conférence internationale. Les conflits en Indochine ne font qu'un, affirma-t-il ; et il refusa même d'envisager de restreindre la guerre au seul Vietnam. Le Cambodge était devenu un théâtre d'opérations, et Hanoi ne souffrirait aucune discussion au sujet du maintien de sa neutralité. Plus de trois semaines avant que nous n'entrions en action, Le Duc Tho déclara :

« Les trois peuples d'Indochine — les peuples vietnamien, lao et khmer — ont été traditionnellement unis dans la lutte contre le colonialisme. C'est un lien que vous ne pouvez pas briser. Aujourd'hui, devant la guerre que les États-Unis étendent au Cambodge, ces trois peuples continueront à combattre pour remporter la victoire, et ils sont prêts aux plus grands sacrifices. »

Selon Le Duc Tho, il ne pouvait y avoir d'accord officiel sur la neutralité du Cambodge. Au contraire, le régime qui avait pris le pouvoir à Phnom Penh devait être renversé : « Nous ne reconnaissons pas le gouvernement Lon Nol-Matak. Nous soutenons les cinq points de Norodom Sihanouk. Nous sommes convaincus que le problème cambodgien ne sera pas résolu tant que le gouvernement Lon Nol-Matak restera en place. »

Comme pour le Vietnam, on nous affirmait à présent que la seule clé de la paix au Cambodge était le renversement du gouvernement en place (que la plupart des nations, y compris l'Union soviétique, continuaient à reconnaître). Le 6 avril, un porte-parole du Secrétaire général des Nations-Unies U-Thant déclarait que les Nations-Unies « traiteraient avec les autorités qui avaient effectivement la situation en main au Cambodge »; c'était reconnaître le gouvernement Lon Nol.

Comme pour le Vietnam, Hanoi refusait de négocier et étendait délibérément la guerre au Cambodge. Comme pour le Vietnam, Hanoi n'acceptait d'envisager que la prise totale du pouvoir au Cambodge. Ainsi, la situation au Cambodge avait fondamentalement changé. Trois semaines plus tôt, nous aurions préféré, tout bien considéré, que Sihanouk restât au pouvoir. S'il revenait à présent, grâce aux pressions militaires de Hanoi et en tant qu'instrument de cette dernière, le Cambodge tout entier se transformerait en un immense sanctuaire et les renforts acheminés par Sihanoukville seraient deux fois plus dangereux pour nous. Comme le signalait, le 1er avril, un document militaire, notre cauchemar était de voir s'installer « un gouvernement Sihanouk d'obédience communiste fournissant un sanctuaire et une base logistique sûrs à l'A.P.V.N./V.C. ».

Le Cambodge fit sa première demande officielle d'aide militaire américaine alors que nous commencions, à contrecœur, à comprendre que la neutralité du Cambodge était du domaine de l'impossible, puisque Hanoi tenait à asseoir la domination communiste sur *tout* le Cambodge. Le soir du 9 avril, le commandant Lon Non, jeune frère de Lon Nol et commandant la gendarmerie de Phnom Penh, demanda une entrevue avec un fonctionnaire de notre ambassade. Lon Non parla de faire passer l'armée cambodgienne de 35 000 à plus de 60 000 hommes : ils auraient besoin sur-le-champ de 100 000 à 150 000 armes, et par la suite, de 200 000 à 250 000, ainsi que de munitions.

Notre chargé d'affaires, Lloyd Rives, trouva ces chiffres exagérés et jugea impossible d'évaluer les besoins réels, étant donné qu'aucune précision n'était fournie sur les types d'armes désirés. Rives conseilla à Washington d'« envisager sérieusement de livrer les armes par l'intermédiaire d'une ou de plusieurs tierces parties, s'il était possible d'en trouver ». La requête de Lon Non fut d'abord examinée par nos services secrets. Nous souhaitions encore éviter toute intervention directe. En livrant des armes clandestinement, nous éviterions de donner à Hanoi un prétexte pour lancer une offensive généralisée ; en outre, cela nous forçait à limiter la quantité d'armes à fournir. Nous étions d'accord pour dire que les forces militaires et les armes américaines ne devraient pas pénétrer au Cambodge. Nous avions pour principal intérêt d'empêcher le Cambodge de devenir une base de renforts pour le Vietnam. Nous étions même disposés à accepter certains arrangements entre Lon Nol et le Viet-cong si cela apparaissait nécessaire à la survie du gouvernement cambodgien. Comme Rivers l'avait conseillé, nous cherchâmes donc à fournir une aide militaire par l'intermédiaire de tierces parties. Il fut décidé de charger Rivers d'établir un contact privé avec le gouvernement cambodgien ; de demander à la France une aide accrue au Cambodge ; de chercher d'autres intermédiaires ; de demander au ministère de la Défense une estimation des armes et des munitions *communistes* saisies au Vietnam du Sud et susceptibles d'être livrées à l'armée cambodgienne (équipée jusque-là de matériel communiste). Aucune aide militaire américaine ne fut autorisée.

Rives exécuta ses ordres avec exubérance mais conformément à l'orientation politique du Bureau d'Asie de l'Est, lequel était passionnément attaché à une définition de la neutralité cambodgienne encore plus stricte que celle du gouvernement cambodgien (et totalement rejetée par Hanoi). Il transforma l'offre d'aide par tierces parties en un exposé de la réticence des États-Unis à s'engager directement. Il suggéra au ministre cambodgien des Affaires étrangères que la France serait le fournisseur logique de matériel militaire et rapporta, avec satisfaction, la réponse du ministre des Affaires étrangères : puisque les États-Unis répugnent à s'engager directement, le gouvernement cambodgien n'aurait que le minimum de contacts avec l'ambassade des États-Unis.

De leur côté, les communistes n'avaient pas la même réserve. Le 13 avril, un avant-poste cambodgien tomba entre leurs mains dans la province de Kampot, près de la frontière avec le Vietnam du Sud. Le 13 et le 14 avril, il en fut de même pour plusieurs postes cambodgiens situés dans la province de Takeo, au sud de Phnom Penh. Le 14 avril, le gouvernement cambodgien annonça une attaque de « plusieurs centaines » de soldats viet-cong contre Koh Rocar, dans la province de Prey Veng, à 50 kilomètres environ au nord-est de Phnom Penh. Le 15, le poste cambodgien de Sre Khtum, dans la province de Mondolkiri, tomba aux mains des Nord-Vietnamiens, coupant toutes communications avec la ville de O Rang, située plus à l'est sur la route 131. Toujours le 15 avril, les communistes s'emparèrent d'un avant-poste à Krek, dans la province de Kompong Cham, empêchant tout accès des Cambodgiens à Mimot, la capitale, par la route 7. Le 16 avril, la capitale provinciale de Takeo fut attaquée par les forces communistes vietnamiennes, qui furent repoussées. Le même jour, la ville de Tuk Meas, dans la province de Kampot, tomba aux mains des communistes, tandis qu'une petite force ennemie attaquait un avant-poste au nord de Kratie, ainsi que la ville de Chlong, au sud de la capitale (voir carte V). Manifestement, la stratégie ennemie visait à couper Phnom Penh des provinces, et à faire tomber Lon Nol.

Le 14 avril, Lon Nol déclara à la radio que « devant la gravité de la situation, il semble désormais indispensable d'accepter toute aide étrangère inconditionnelle, de quelque source qu'elle vienne ». Il accusa les communistes de procéder à « une escalade d'actes d'agression systématiques ». Lorsque je portai cela à la connaissance du Président, Nixon déclara qu'il était décidé à ne pas laisser le nouveau gouvernement cambodgien s'effondrer sous la pression des communistes. Je convoquai le W.S.A.G. pour le 14 avril. Le W.S.A.G. avait pratiquement la même composition qu'auparavant, mais davantage de représentants de l'État-Major purent assister à la réunion, et les documents passèrent par les voies officielles. Ce changement montrait que le problème cambodgien avait dépassé le cadre des services secrets. Une décision politique majeure allait être nécessaire à bref délai.

La réunion avait beau être d'un nouveau style, ses participants répugnaient toujours autant à voir l'Amérique s'engager. Je priai le W.S.A.G. de définir quel type et quel degré d'aide militaire rassureraient psychologiquement Lon Nol sans donner à Hanoi un prétexte pour lancer une offensive encore plus forte. La réponse fut que le mieux était de livrer 3 000 fusils à prélever sur les stocks d'armes saisies au Vietnam du Sud et, pour garder nos distances, de les faire livrer par des canaux sud-vietnamiens. Tout le monde, moi compris, fut d'accord pour reconnaître qu'il était « prématuré » de fournir des fusils américains M-1.

Pour cette raison, j'informai le W.S.A.G. que le Président n'était pas encore disposé à autoriser la livraison de 1 000 paquetages individuels américains (ces armes portatives que la C.I.A. livrait parfois secrètement à des forces amies). Il ne fut pas question de matériel plus lourd. Le ministère des Affaires étrangères répugnait même à livrer ouvertement du matériel médical : on décida finalement que les Cambodgiens en choisiraient le mode de livraison. En résumé, cela faisait trois semaines que les Nord-Vietnamiens avaient quitté leurs sanctuaires et qu'ils tentaient d'isoler Phnom Penh, et les États-Unis fournissaient très exactement 3 000 fusils saisis à l'ennemi et les faisaient livrer clandestinement. Ce fut la seule aide que nous accordâmes.

Le lendemain, le gouvernement cambodgien sollicita une aide militaire et économique pour porter son armée à 200 000 hommes. Cette requête allait au-delà de ce que nous avions prévu. Et c'était plus, pensions-nous, que le Cambodge ne pouvait absorber. Le W.S.A.G. se réunit à nouveau le 15 avril. On décida qu'au lieu de commencer à livrer officiellement des armes au Cambodge, nous lui ferions verser 5 millions de dollars par un gouvernement ami (que nous rembourserions). Le Cambodge aurait ainsi de l'argent pour acheter lui-même ses armes sur le marché libre. Cette somme était évidemment symbolique : elle ne répondait absolument pas aux besoins du Cambodge, et encore moins à ses demandes. Il serait difficile de dire que nous avions pris là une mesure héroïque ou rapide pour répondre aux prières d'un gouvernement qui voyait, dans son propre pays, des milliers de Nord-Vietnamiens saper systématiquement son autorité, tuer ses ressortissants et annexer son territoire.

Car le déroulement de l'agression était évident. Les forces nord-vietnamiennes passaient à l'attaque dans tout le Cambodge, se concentrant surtout contre les capitales des provinces et sur les voies de communications avec Phnom Penh.

Sur ce fond de menace nord-vietnamienne croissante, et saisi d'une impatience grandissante, le Président intervint personnellement pour accélérer le processus d'aide au Cambodge. Le 16 avril, lors d'une réunion avec Helms et Cushman qui devait porter en principe sur l'installation du poste de la C.I.A. à Phnom Penh, Nixon ordonna de livrer les mille équipements dont j'avais interdit l'expédition quarante-huit heures plus tôt, sur ses instructions. Quelques jours plus tard, il doubla les fonds de secours approuvés par le W.S.A.G., les portant ainsi à 10 millions de dollars. En fait, avant même que ces ordres puissent être exécutés, Hanoi intensifia encore son offensive et Nison décida, deux semaines plus tard, d'attaquer les sanctuaires communistes.

Il y eut tout d'abord une éphémère bouffée d'espoir. Yakov Malik, représentant permanent des Soviétiques aux Nations-Unies, suggéra le 16 avril, à l'occasion d'une conférence de presse, que « seule une nouvelle Conférence de Genève pourrait fournir une nouvelle solution et faire se relâcher les tensions dans la péninsule indochinoise ». Que l'Union soviétique appelât à une nouvelle Conférence de Genève était un événement sensationnel. Cette requête laissait entrevoir une solution parallèle à celle qui avait mis fin à la guerre de Corée ; elle fut donc solennellement analysée par le gouvernement des États-Unis, et les media la commentèrent abondamment. Nous aurions été ardemment désireux d'y donner suite.

Il me semblait impossible que Malik eût fait une telle déclaration sans concertation préalable avec Hanoi – d'autant plus que Le Duc Tho se trouvait à ce moment-là à Moscou. Je donnai au Président les explications possibles suivantes :

- La position nord-vietnamienne est plus faible que ne l'indiquent nos services de renseignements, et Hanoi envisage avec inquiétude une autre longue guerre au Cambodge. Elle a besoin de souffler. Il est possible qu'après avoir gagné quelque répit, elle tente de faire suspendre la conférence. (Les conférences de 1954 et de 1961-1962 ont été interrompues pendant des périodes plus ou moins longues.)
- Après l'échec de tous les entretiens de Paris, Hanoi sent qu'elle a besoin de quelque forum pour traiter sérieusement avec nous. En outre, il est possible qu'elle veuille traiter sérieusement avec le G.V.N., ce qui lui est plus facile dans un cadre plus large.
- Toute tractation en vue d'une Conférence de Genève (même si celle-ci ne doit jamais se réaliser) freinerait nos représailles au cas où Hanoi prendrait de nouvelles mesures militaires. (Cependant, il semble difficile que les Soviétiques se laissent ainsi utiliser alors qu'ils ont des affaires sérieuses à traiter avec nous à Vienne – c'est-à-dire SALT.)

Mais, avant que nous ayons donné une réponse, Malik retira sa « proposition » le 18 avril. Il le fit avec le sang-froid des diplomates soviétiques depuis longtemps coutumiers des volte-face soudaines, qui sont ensuite présentées comme l'essence logique de l'orthodoxie. Malik affirma soudain, et sans fournir d'explications, qu'il serait irréaliste de tenir une conférence de Genève, et que « les Américains doivent quitter le Vietnam avant que quoi que ce soit puisse avoir lieu ». Une fois de plus, la porte des négociations nous était violemment claquée au nez. Il n'y aurait pas de conférence : le retrait unilatéral des Américains au Vietnam restait la condition première des négociations.

Nixon continuait à s'irriter de la lenteur de nos réactions. Un rapport l'ayant informé de l'existence d'une base vietcong dans une région montagneuse au cœur du Cambodge, il ordonna de lancer une attaque de B-52 dans les deux heures. Ce qui se révéla impossible à réaliser : d'abord parce qu'il aurait fallu plus de deux heures aux B-52 pour y aller, ensuite parce que le rapport en question ne fut pas confirmé. En outre, une attaque de B-52 au cœur du Cambodge avant d'avoir pris d'autres décisions fondamentales aurait été symboliquement du plus mauvais effet. Nixon insista pour lancer une campagne psychologique visant à lier Sihanouk aux communistes et à souligner le soutien américain à Lon Nol. Il avait une confiance débordante dans la capacité de la C.I.A. à faire de « la propagande noire », et, encore plus, en son impact. Ce projet fut rapidement dépassé par les événements, lui aussi.

Ainsi, à la mi-avril, et plus d'un mois après le coup d'État au Cambodge, les États-Unis n'avaient pratiquement pas levé le petit doigt. Nous n'avions encore fourni aucune aide militaire, établi aucun réseau de renseignements, et nos contacts avec le nouveau gouvernement avaient été purement formels. Le coup d'État avait été imprévu ; ses conséquences menaçaient non seulement la liberté du Cambodge, mais aussi notre position tout entière au Vietnam. Après la chute du gouvernement Lon Nol, nous n'aurions plus à faire face à une simple ligne de sanctuaires isolés le long de la frontière vietnamienne, mais à un Cambodge transformé *tout entier* en base communiste, avec près de 1 200 kilomètres de frontière avec le Vietnam du Sud et de courtes voies de ravitaillement par la mer. Nos programmes de vietnamisation et de retrait s'effondreraient alors. Petit à petit, et avec hésitation, nous nous voyions amenés à soutenir Lon Nol, poussés par l'évolution de la situation au Cambodge, que nous ne pouvions ni prévoir ni dominer, prenant des séries de demi-mesures invariablement dépassées par la rapidité avec laquelle la situation se dégradait. Les archives montrent clairement que les Nord-Vietnamiens, surpris eux aussi par le coup d'État de mars, portaient la plus grande responsabilité des événements du Cambodge. Leur occupation illégale et insolente du territoire cambodgien avait détruit la fragile unité du pays neutre de Sihanouk ; ils avaient fait des Khmers Rouges une force opposée à Sihanouk bien avant le renversement de celui-ci ; et lorsque celui-ci partit en exil, ils se servirent de lui pour donner une crédibilité à ce petit groupe. Le 4 avril, Le Duc Tho avait refusé de discuter non seulement d'un cessez-le-feu où que ce fût en Indochine, mais aussi de tout projet visant à assurer la neutralité du Cambodge. C'étaient les communistes nord-vietnamiens, et non pas nous, qui avaient décidé d'un combat sans merci sur le corps sanglant d'un petit royaume neutraliste qui ne demandait qu'à vivre en paix.

L'agonie cambodgienne se déroula inexorablement, comme une tragédie grecque. Les communistes étaient décidés à remporter une victoire totale ; blessé dans son orgueil, Sihanouk avait fait cause commune avec ses ennemis mortels de la veille. Quant à nous, nous étions en train de quitter l'Indochine, et de perdre la maîtrise des événements.

Mais avant que les dés ne soient définitivement jetés, il y eut un bref intermède, pendant lequel nous dûmes, pour maintenir nos positions au Vietnam, faire un autre pas unilatéral, qui allait les affaiblir. Le moment était venu de décider d'un autre retrait de troupes.

L'avis de retrait de troupes du 20 avril

En apparence, le problème était clair et net. Le dernier retrait (annoncé le 15 décembre 1969) avait été de 50 000 hommes sur une période de quatre mois prenant fin le 15 avril 1970. Nous avions déjà retiré 115 000 hommes et il était évident que la nouvelle ponction commencerait à réduire gravement notre puissance de combat. Le dilemme était simple : certes, les diminutions d'effectifs étaient un pansement sur le mal de notre opinion publique, mais elles diminuaient aussi le besoin d'Hanoi de négocier notre désengagement. Et si la vietnamisation ne compensait pas les vides creusés par nos retraits dans le système de défense, nous compromettions non seulement les négociations, mais aussi l'indépendance du Vietnam du Sud et tout ce pour quoi nous avions fait des sacrifices.

Les services ministériels avaient beau se dire tous en faveur de la vietnamisation, trois courants de pensée, au moins, s'étaient développés vers le milieu des années 1970. Rogers avait l'expérience de la politique intérieure. Extrêmement sensible à l'opinion publique et à l'humeur du Congrès, il avait moins conscience, en revanche, des conséquences géopolitiques d'une défaite américaine ou de l'importance que des décisions motivées par des considérations intérieures pouvait avoir pour nos négociations. Il était favorable au plus grand retrait possible dans le laps de temps le plus court possible, et considérait que les effets d'un tel retrait sur la situation militaire n'étaient pas de son ressort. Son ministère inondait Saigon de propositions de réforme politique répondant davantage aux pressions de notre Congrès qu'aux réalités d'un pays aux traditions démocratiques limitées, déchiré par la guerre, et envahi par des centaines de milliers de soldats et de guérilléros ennemis.

De tous les conseillers principaux du Président, Laird possédait la plus grande finesse politique. Il comprenait l'ambivalence apparente dans tous les sondages du public américain qui s'opposait au retrait unilatéral et voulait pourtant voir se terminer cette guerre, et qui voyait dans la réduction de nos forces la marque d'un progrès. Laird s'identifiait à cet état apparent. Disposé à donner sa chance à la vietnamisation, il resta longtemps favorable au maintien d'une force résiduelle américaine de quelques centaines de milliers d'hommes. Mais il voulait ramener rapidement nos forces à ce chiffre résiduel, et pour ne pas perdre la confiance populaire, il jugeait important de faire paraître notre retrait aussi inexorable que possible. Pour lui, le Vietnam faisait en outre obstacle à ses plans de modernisation de nos forces armées ; il pensait que le Congrès diminuerait moins le budget de la Défense si son nom était associé au retrait de troupes. Il cherchait à s'assurer que l'on suivrait sa ligne d'action en liant de telle façon le rythme des retraits au budget de la Défense que le moindre ralentissement entraînerait automatiquement une réduction de la fabrication d'armements. Il gagnait ainsi le soutien des services pour un retrait rapide, ceux-ci voyant menacer les nouveaux projets qui leur tenaient à cœur.

Au début, j'avais été le plus sceptique des principaux conseillers du Président, mais une fois embarqué dans la vietnamisation je fis le maximum pour lui donner une chance de réussir. De plus, il me paraissait évident – même si ce n'était pas le cas pour tous mes collègues – que notre engagement envers la vietnamisation réduisait progressivement les autres options. Si nous avions accepté d'envisager la chute de Saigon, nous aurions pu adopter l'une de ces nombreuses dates limites dont l'opinion publique et le Congrès avaient fait leur cheval de bataille et qui jouissaient d'une certaine faveur aux niveaux moyens de notre gouvernement. Mais, si nous pensions réellement que les conséquences mondiales d'un effondrement américain seraient telles que nous les avions décrites, il nous fallait donner aux Sud-Vietnamiens le temps de remplacer les forces américaines sans catastrophe. Et si nous voulions utiliser au mieux nos atouts pour les négociations, notre stratégie de retrait devait laisser au Président quelque latitude pour accélérer ou ralentir le processus en fonction des actions de l'ennemi. C'était aussi le point de vue de Nixon.

Ces différences de points de vue, dont certaines tenaient à des nuances et d'autres à des problèmes de fond, étaient accentuées par le fait que chacun des acteurs principaux se préoccupait profondément de la réaction publique. Chacun voulait se voir attribuer quelque mérite pour le programme de retrait, mais personne ne souhaitait être rendu responsable des échecs ou des défaites que ce programme pourrait entraîner. On multipliait les rapports pour pouvoir les citer plus tard ; leurs auteurs pensaient que l'Histoire serait indulgente à ceux qui auraient prôné d'importants retraits. De son côté, soucieux de s'attirer la meilleure publicité possible, le Président dissimulait prudemment ses desseins. Il craignait, s'il se découvrait trop, que ses collaborateurs n'avancent des chiffres de retrait plus élevés que ceux qu'il était disposé à autoriser, ce qui le placerait dans une position désavantageuse aux yeux du public. C'était un jeu auquel il était difficile de battre Laird. Il était politique jusqu'à la moelle. Son instinct de patriote lui disait qu'il fallait gagner la guerre, mais son réalisme lui faisait aussi comprendre que c'était pour le moins problématique. Il était prêt à soutenir une politique énergique aussi longtemps qu'il ne passait pas pour son principal auteur. En temps de crise, il était redoutable : il produisait une volée de rapports qui rendaient presque impossible de connaître ses intentions réelles ou, ce qui était plus important pour lui, quelle politique il recommandait.

Chaque retrait de troupes donnait à Laird l'occasion d'un de ses éblouissants tours de force. En 1970, il s'y était pris de bonne heure. Le 27 février, il écrivit au Président qu'étant donné « les ressources de plus en plus limitées » de son budget, il lui serait de plus en plus difficile d'allouer des crédits pour les opérations militaires au Vietnam pendant les exercices 1970 et 1971. La situation budgétaire était « archi-serrée » ; modifier les besoins des forces de combat pouvait également poser de nouveaux « problèmes de ressources » en fonction desquels une redistribution des fonds « ne serait pas chose facile ». Laird rappelait au Président que le budget de l'exercice 1971 avait été basé sur le fait que les forces de combat et de soutien américaines seraient réduites ; ces contraintes « limitaient dans une grande mesure notre capacité à imposer de nouvelles opérations ». En d'autres termes, Laird s'opposait à de nouvelles ou à de plus importantes opérations militaires, mais cherchait à imputer les échecs militaires aux contraintes budgétaires empêchant de nouvelles opérations. Le 11 mars, je demandai au général Wheeler quels avantages relatifs il verrait à un nouveau retrait sur quatre mois (la plus longue période alors envisagée) ou à deux retraits s'étendant chacun sur deux mois. Sa réponse vint le 20 mars sous la forme d'un rapport non signé qu'il fit parvenir au Président par l'intermédiaire de Haig, évitant ainsi une transmission par les voies officielles de la Défense et la colère certaine de Laird. Wheeler recommandait de « procéder en une seule foulée », car les délais les plus longs permettaient de maintenir les unités clés jusqu'au dernier moment. Cependant, Wheeler ajoutait qu'étant donné la précarité de « la situation générale », il jugeait préférable de ne procéder « à aucun déploiement supplémentaire ». Il conseillait vivement un délai de quatre-vingt-dix jours avant d'annoncer un nouveau retrait.

Le 4 avril, Laird revint à l'attaque avec un long rapport essentiellement destiné à rappeler que notre effort au Vietnam était « important et coûteux ». Il recommandait un calendrier de retrait mensuel et une réduction des opérations de B-52 et de raids aériens tactiques proportionnelles à nos retraits. Empiétant sur le domaine des Affaires étrangères, Laird conseillait de chercher une solution diplomatique à notre dilemme. Il insistait pour que nous proposions un cessez-le-feu au Vietnam, que nous redoublions d'efforts pour parvenir à une désescalade au Laos et au Cambodge, que nous nommions un nouvel ambassadeur important pour les pourparlers de paix à Paris, ou que nous mettions à l'étude une proposition de conférence sur l'Indochine faite par la France. A côté de cela, il s'en remettait entièrement aux décisions que prendrait le Président.

On ne peut reprocher à Laird de n'avoir pas su que tous ces points avaient été rejetés par Le Duc Tho : notre mode de gouvernement, et c'était là une de ses faiblesses, privait le ministre de la Défense de données importantes. Il n'en reste pas moins que le rapport de Laird proposait des solutions qui n'étaient ni de son domaine, ni de sa compétence. Ainsi que je le soulignais dans un rapport récapitulatif au Président, il basait toutes ses recommandations militaires sur le fait que la menace ennemie diminuerait au fur et à mesure de nos retraits. Or c'était probablement le contraire qui se produirait.

Pendant la durée de la guerre, on nous exhorta, au sein du gouvernement comme en dehors, à renoncer à une solution militaire pour chercher une solution diplomatique. Malheureusement, la vérité toute crue est que cette distinction était non seulement inacceptable pour notre adversaire, mais, incompréhensible. Chaque fois que je rencontrai Le Duc Tho, il passa le plus clair de notre entrevue à souligner à quel point notre position militaire était désespérée. C'était là le facteur « objectif » qui, pensait-il, nous contraindrait éventuellement à passer par les exigences du Vietnam du Nord. Il n'y avait pas de solution purement diplomatique : si nos efforts politiques et militaires n'étaient pas menés en tandem, nous n'arriverions à rien. Jusqu'en 1972, les gens d'Hanoi ne nous laissèrent jamais d'option politique. Pour eux, négocier signifiait exiger notre retrait unilatéral dans de brefs délais et le renversement du gouvernement de Saigon. Ils agissaient de la sorte parce qu'ils pensaient gagner la bataille ; il fallut en arriver à l'impasse militaire pour les pousser à accepter un compromis.

Je souhaitais une solution politique, et j'étais à même, mieux que les autres conseillers du Président, de proposer des formules de négociations. Mais c'était précisément pour cela que j'insistais sur la nécessité d'une stratégie militaire qui persuaderait Hanoi de faire des compromis et de négocier. Fixer des délais et procéder à des retraits automatiques ne nous aidait pas à parvenir plus facilement à un règlement politique. Nous perdions les atouts dont nous avions besoin pour négocier. Nous risquions, pensais-je, de procéder à des retraits trop lents pour saitsfaire nos censeurs, mais trop rapides pour notre efficacité militaire et politique. Ce n'était plus une politique : c'était une abdication. L'effondrement deviendrait inévitable par notre désir de l'éviter.

Le 8 avril, une évaluation du général Abrams parvint à la Maison Blanche (en fait, ce rapport avait été envoyé près de trois semaines plus tôt, mais, comme ses recommandations n'avaient pas plu, le Pentagone l'avait retenu pour « étude ».) Le général préconisait, comme Wheeler, un moratoire de quatre-vingt-dix jours pour les retraits. Il était contre les réductions d'opérations aériennes et de sorties de B-52 que proposait Laird. Abrams soulignait que nos retraits l'obligeaient à cantonner les forces sud-vietnamiennes dans une défense passive. Les B-52 étaient donc sa seule ressource stratégique. Le 15 avril, j'envoyai au Président un rapport où j'affirmai qu'étant donné que les bénéfices de la vietnamisation étaient « précaires » et que les forces alliées étaient « étirées, presque à la limite de leur élasticité », la réduction brutale des opérations aériennes qu'impliquait le budget aurait des conséquences fâcheuses. Je conseillai au Président de demander une étude sur les opérations aériennes nécessaires pour soutenir la vietnamisation. C'est ce qu'il fit le 17 avril. Les réductions furent interrompues pour la période de crise en cours, mais elles devaient reprendre – presque imperceptiblement – à l'automne, ce qui nous força à envoyer d'importants renforts lorsque l'ennemi passa à l'offensive en 1972.

Je ne pris pas à la légère les requêtes d'Abrams et de Wheeler en faveur d'un maintien des troupes, en particulier du fait des offensives nord-vietnamiennes au Laos et au Cambodge. Cependant, je savais aussi qu'arrêter les retraits pendant quatre-vingt-dix jours soulèverait le même concert de protestations que celui de l'été précédent et donnerait à l'éventuelle, et même inévitable, reprise des retraits une couleur de défaite. J'en conclus que l'erreur avait été d'adopter un calendrier apparemment immuable. Au bout de quelques mois, on s'attendait à l'annonce d'un nouveau retrait, ce qui déclenchait automatiquement les controverses au sein de l'Exécutif et sur la place publique. Ces délais que nous nous imposions érodaient notre résistance et faisaient douter de nos intentions.

Aussi proposai-je à Nixon d'annoncer un important retrait étalé sur un an. Après consultation du général Wheeler, je recommandai un retrait total de 150 000 hommes. C'était augmenter légèrement le rythme mensuel des retraits, mais pour compenser cet inconvénient, je conseillai de ne rapatrier qu'un tout petit nombre d'hommes au cours des prochains quatre-vingt-dix jours, et de garder le gros des retraits pour 1971. Nixon comprit que cela lui laissait une marge de manœuvre et aurait un impact favorable sur le public. Mais il comprit aussi que, s'il révélait ses intentions à ses collaborateurs, il se trouverait rapidement attaqué sur trois fronts au moins : on chercherait à transformer son plan en calendrier mensuel fixe ; on réclamerait une augmentation des retraits mensuels ; et, enfin, l'un ou l'autre des collaborateurs ne manquerait pas de laisser entendre qu'il avait recommandé un retrait encore plus important.

Il en résulta de subtiles manœuvres administratives grâce auxquelles Nixon, avec mon aide, tenta de faire accepter une décision qu'il avait déjà prise tout en brouillant les cartes à l'intention de son cabinet. Il fallait tout d'abord savoir quelles seraient les réactions de Bunker et d'Abrams. Le 6 avril, je leur avais fait parvenir, à tous deux, un message non officiel :

> « ...si nous annonçons un retrait très inférieur à ceux qui ont eu lieu jusqu'à présent, nous risquons de violentes réactions du public. Il est envi-

sagé par conséquent d'annoncer un retrait d'au moins 150000 hommes étalé sur l'année qui vient, mais en procédant à un retrait symbolique dans les prochains mois, ou, même, à aucun retrait du tout.

Je vous serais reconnaissant de me faire savoir ce que vous pensez de ce projet. »

Le 8 avril, Abrams et Bunker m'informèrent qu'ils pouvaient accepter – et pensaient-ils, le Président Thieu aussi – un retrait de 150 000 hommes étalé sur un an, du moment que le gros des forces restait sur place durant tout 1970. Ils insistaient pour que les sorties de B-52 soient maintenues au plus haut niveau possible, en particulier pendant la première moitié de 1971, lorsque les réductions de troupes seraient rapides et importantes.

A ce moment-là, à Washington, les manœuvres administratives atteignaient de nouveaux degrés de complexité. Les « plumes » du Président entreprirent de rédiger un discours annonçant de nouveaux retraits, laissant en blanc chiffres et dates. Le 11 avril, je fis savoir à Bunker et Abrams que le Président avait à présent besoin de l'accord de Thieu. Je soulignai la nécessité de garder un « secret absolu », nul à Washington, hormis moi, ne connaissant les intentions du Président ; Bunker devait bien spécifier à Thieu à quel point il était important d'éviter toute indiscrétion. Dans le même temps, les services ministériels adressèrent à Bunker des instructions basées sur leurs propres études et préférences, avec des chiffres différents de ceux discutés par les voies non officielles. Bunker et Abrams réussirent admirablement à faire face aux deux séries d'instructions. Quant à Thieu, il fut du même avis que Bunker et Abrams au sujet du calendrier des retraits et des opérations aériennes.

Le 17 avril, Nixon se rendit à Hawai pour assister au retour des astronautes d'*Apollo 13*. Pour pouvoir continuer à suivre l'affaire cambodgienne et les manœuvres à propos des retraits, je ne l'accompagnai pas. A Honolulu, l'amiral John McCain, qui commandait nos forces dans le Pacifique, fit un exposé détaillé à Nixon. Le comportement, l'aspect, la pugnacité et le langage de cet officier vaillant et bourru faisaient irrésistiblement penser à Popeye le marin. Son fils était prisonnier de guerre à Hanoi depuis des années, mais ce malheur ne lui avait rien enlevé de son intrépidité. Il luttait pour une victoire que réclamaient son instinct et son éducation, et qu'interdisait la réalité politique. McCain fit sentir à Nixon l'ampleur du danger au Laos et au Cambodge, et renforça chez lui la conviction que le calendrier des retraits devait être souple.

Je retrouvai Nixon, à San Clemente, le soir du 19 avril. A presque cinq mille kilomètres de son Cabinet, Nixon annonça à la presse qu'il prononcerait, le lendemain soir, un discours sur les retraits du Vietnam, mais refusa d'en indiquer le contenu. Nous fûmes assaillis de coups de téléphone de Washington, en particulier de la part de Laird. Nixon refusa d'y répondre. Il me chargea d'informer Laird et Rogers, le lendemain matin, qu'il pensait annoncer uniquement un chiffre mensuel mais aucun chiffre global – ce qui était exactement le contraire de ce qu'il allait faire. Il visait par là à éviter toute indiscrétion quant au chiffre total qu'il avait déjà arrêté, ou encore à éviter que l'on n'avançât d'autre chiffre.

Tard dans l'après-midi du 20 avril, à San Clemente – trop tard pour que des échos puissent être diffusés par les radios du soir – je téléphonai à Laird et à Rogers et leur révélai la décision du Président : retrait de 150 000 hommes d'ici la fin du printemps 1971, dont 60 000 en 1970 et les autres 90 000 en 1971. La plus grande partie des retraits de 1970 après le 1er août. Le 20 avril, Nixon fit sa déclaration surprise. Ce fut l'un des tours de force grâce auxquels nous pûmes soutenir notre effort au Vietnam. En effet, nous satisfaisions aux exigences politiques en présentant un calendrier de retrait, alors que, sur le plan militaire, nous maintenions les forces les plus importantes possibles pendant les trois mois critiques à venir, au moment où les forces de Hanoi prenaient le Cambodge d'assaut et s'avançaient dans le Laos. Malgré les manœuvres administratives et les fluctuations du taux de retrait mensuel, le fait est que nous avions projeté, en un an, une réduction totale inférieure de 265 500 hommes au plafond de 549 500 hommes, dont il était question au moment de notre entrée en fonctions.

Rogers soutint la décision du Président, déplorant simplement que le Président renonçât à parler plus souvent, ce qui calmerait périodiquement les pressions publiques.

Laird, lui, voulait des retraits plus réguliers, et exigea une entrevue avec Nixon. Je lui en ménageai une pour le lendemain, à Washington, que Nixon regagna tout de suite après sa déclaration. Lors de cette entrevue du 21 avril, Nixon expliqua à Laird que « nous devons jouer dur » pendant les deux ou trois mois à venir, et qu'il avait fallu remettre les retraits à plus tard. Laird objecta : « Je veux vous rappeler qu'il y a un problème financier. Vous le savez, n'est-ce pas ? » (C'était une des expressions que Laird aimait à employer, que son interlocuteur eût ou non les moyens de savoir ce qu'il venait de lui annoncer – surtout s'il ne les avait pas.) Le Président l'assura qu'il le savait. Laird lui déclara qu'il lui fallait retirer 60 000 hommes d'ici les élections au Congrès de novembre, faute de quoi « vous pourriez avoir des surprises ». Nixon répliqua qu'il ne serait pas jugé en fonction du nombre d'hommes laissés au Vietnam pendant une période donnée, mais bien sur la manière dont nous quitterions le Vietnam à la fin. Il ajouta qu'il « réfléchirait » à l'avertissement de Laird.

Lorsque Nixon disait à un membre de son cabinet qu'il « réfléchirait » à quelque chose, cela voulait presque invariablement dire qu'il souhaitait éviter la bagarre et qu'il confirmerait sa décision première soit par l'intermédiaire de Haldeman, soit par un document écrit. Et c'est ce qui se passa. Le lendemain, le Président parapha une courte note à l'intention de Laird :

> « Note à l'intention du ministre de la Défense :
>
> Suite à notre discussion d'hier après-midi, je vous réaffirme ma décision de ne pas rappeler plus de 60 000 hommes cette année. Veuillez me faire parvenir un plan à cet effet avant le 1er mai.
>
> Tant que je n'aurai pas revu ce plan, aucun retrait supplémentaire ne devra être programmé. »

Laird accepta la décision avec une apparente bonne grâce. Mais il connaissait suffisamment son chef pour revenir à l'attaque au moment propice. En août, il convainquit le Président que le meilleur moyen de mettre en lumière le succès de l'opération cambodgienne était de retirer 90000 hommes d'ici la fin 1970 et 60000 en 1971 – exactement le contraire de l'intention première du Président. Laird remporta la bataille : Nixon accepta, en partie parce qu'il détestait les controverses interminables, en partie parce que les élections au Congrès étaient imminentes.

Si je me suis étendu ainsi sur les retraits de troupes, c'est que cela éclaire deux problèmes qui y étaient liés : d'une part, celui posé par une guerre dont nous avions hérité et dont nous devions nous dégager, alors que nous nous trouvions pris entre une opposition intérieure implacable et un Hanoi intransigeant ; d'autre part, celui posé par le style du gouvernement Nixon.

Les dilemmes de notre politique vietnamienne se reflétaient dans l'abîme qui séparait notre vision de la réalité et la nature du débat public. Ce qui était réel, pour nous, c'était l'offensive ennemie au Laos et au Cambodge, offensive qui menaçait notre position militaire au Vietnam. Et pourtant, alors que les menaces objectives grandissaient, on nous demandait de poursuivre un programme de retrait unilatéral. Pour le public, nous risquions de nous voir entraîner à un nouvel « engagement » dans deux autres pays lointains. Nous pensions qu'il fallait empêcher l'effondrement de ces pays, si nous voulions renforcer les Sud-Vietnamiens et leur permettre de reprendre le flambeau sans que nos retraits se transforment en déroute. Nos détracteurs s'en prenaient à tous nos mouvements militaires, prétendant que notre effort militaire était futile et qu'il n'avait aucun lien ou était incompatible avec nos objectifs diplomatiques (ce qui aurait sûrement étonné le général Giap). Nous savions pertinemment, pour avoir vu Le Duc Tho à l'œuvre, que nous ne pourrions mener une action diplomatique efficace sans une stratégie militaire vraisemblable.

Quant au style de gouvernement de Nixon, il était prêt à prendre des décisions sans illusion. Une fois convaincu, il fonçait brutalement et courageusement au cœur du problème, mais chaque décision combattue l'enfonçait davantage dans sa solitude absolue. Faire face à ceux qui ne l'approuvaient pas était chez lui presque une impossibilité physique, et il fuyait l'effort de convaincre ou d'inspirer ses subordonnés. Il prenait ses décisions à l'intérieur du cocon qu'il avait tissé autour de lui, refusant de communiquer avec ceux qui le désapprouvaient. C'était là le paradoxe d'un Président fort dans ses décisions, vague dans le commandement. Prendre et faire appliquer des décisions laissaient tant de cicatrices chez lui et chez les autres que la cohésion du gouvernement était sacrifiée sur l'autel du laconisme présidentiel. Cela avait pour effet pervers d'encourager ses subordonnés doués de forte personnalité à se soustraire à ses directives. Comme Nixon ne faisait rien pour insuffler un esprit d'équipe et gardait ses desseins pour lui, son Cabinet était tenté d'exagérer sa propre autonomie. Cette attitude renforçait à son tour chez Nixon la conviction que l'administration était contre lui ; et il est certain que celle-ci ne se conforma pas souvent à l'esprit dans lequel il donnait ses ordres. Tout ceci créa un cercle vicieux : le Président s'isola de plus en plus et le pouvoir de décision central se trouva de plus en plus concentré à la Maison Blanche, ce qui, en retour, exacerba les rancœurs et l'humeur contestataire des membres du gouvernement.

Tout ce mécanisme allait bientôt être mis à l'épreuve par une autre crise, au cœur de laquelle la Maison Blanche allait, une fois de plus, se retrouver. La décision sur ce qu'il fallait faire au Cambodge était devenue inévitable.

L'attaque des sanctuaires nord-vietnamiens

Les historiens se rendent rarement compte de la tension psychologique à laquelle sont soumis les hommes politiques. Ils disposent de documents écrits à des fins diverses (selon les normes actuelles de l'information où les faits sont de plus en plus travestis) et qui ne se rapportent pas toujours au moment de la décision. Ce dont aucun document ne peut rendre compte, c'est de l'impact provoqué par l'accumulation d'accidents, d'impondérables, de craintes et d'hésitations.

Mars et avril 1970 furent des mois de grande tension. Mes entretiens avec Le Duc Tho étaient d'une ambiguïté exaspérante. Nous nous trouvions confrontés à une offensive apparemment importante au Laos ; il y avait l'affaire du Cambodge, qui allait être rapidement suivie des attaques nord-vietnamiennes sur tout le pays. Du personnel soviétique de combat avait fait son apparition en Égypte (c'était la première fois que l'Union soviétique s'était risquée au combat au-delà du rideau de fer). Au milieu de tous ces événements, Nixon devenait irascible, il rendait responsables de sa frustration la lenteur de l'administration et les méthodes désordonnées avec lesquelles celle-ci exécutait ses consignes — qu'il attribuait à l'héritage de trente ans de gouvernement démocrate. Haldeman disait en plaisantant que le Président était d'une « humeur charmante ». Au cours d'un rapport qu'il lui faisait par téléphone, Nixon lui avait raccroché sept fois au nez.

Le 13 avril, alors que la situation au Cambodge approchait d'un tournant décisif, survint un événement, qui n'avait rien à voir avec la politique et qui mit durement à l'épreuve l'énergie nerveuse de Nixon : l'incident d'*Apollo 13*. Peu après son lancement le 11 avril, il devint manifeste qu'il y avait un ennui mécanique grave et que les astronautes devraient peut-être tourner autour de la lune dans le fragile véhicule spatial conçu pour un alunissage de courte durée. J'appris l'accident à 23 heures environ. Je tentai à en informer le Président, mais me heurtai à l'un des édits stupides qui permettaient à Haldeman d'établir son autorité : on ne pouvait réveiller le Président sans son autorisation expresse. Autorisation qu'il refusa de donner pour ce qu'il considérait comme un problème technique sans rapport avec la politique étrangère. J'avertis Haldeman qu'il lui serait difficile d'expliquer pour quelles raisons le Président avait été tenu dans l'ignorance. A quoi il me répondit que les relations publiques, c'était son affaire. Le lendemain matin, Ron Ziegler dut déployer toutes sortes de contorsions oratoires pour donner l'impression, sans mentir outre mesure, que le Président avait été maître de la situation pendant toute la nuit.

Le sauvetage des astronautes absorba une grande partie de l'attention de Nixon pendant cette semaine où les poussées sur le Cambodge se multipliaient. Qui plus est, *Apollo 13* l'obligea à se rendre à Hawai le 17 avril pour accueillir les astronautes miraculeusement réchappés de leur contact avec l'infini. Le rapport de l'amiral McCain mit en relief les dangers auxquels nous avions à faire face au Cambodge et les risques de voir échouer la vietnamisation, ce qui accrut la tension nerveuse de Nixon et l'amena à précipiter ses décisions. Mais des raisons objectives et pressantes étaient à l'origine de l'état d'esprit de Nixon ; raisons qu'aucun homme prenant les responsabilités présidentielles au sérieux ne pouvait ignorer. Plus tard, pendant l'affaire Watergate, le sénateur Howard Baker devait poser la fameuse question : « Que savait-il et quand l'avait-il appris ? » Cette question, on pouvait déjà se la poser.

Les deux premières semaines d'avril avaient vu déferler des attaques communistes sur les villes et les voies de communication cambodgiennes. Et maintenant, l'escalade allait encore plus loin. Le 17 avril plusieurs postes gouvernementaux cambodgiens proches de la capitale provinciale de Senmonorom furent pris par les Nord-Vietnamiens. Le même jour, un porte-parole de l'armée cambodgienne annonça que l'ennemi avait plus que doublé la zone qu'il contrôlait au cours des deux semaines précédentes. Le 18 avril, un bataillon de l'armée cambodgienne fut sévèrement malmené sur la rive ouest du Mékong, à 40 km au sud de Phnom Penh. Plus au sud sur le Mékong, à Hung Loi, un quartier général de l'armée cambodgienne fut assiégé pendant une semaine par une importante armée ennemie. Le 20 avril les forces ennemies attaquèrent sans succès Snuol, dans la province de Kratie. Dans la province de Kandal, les forces communistes occupèrent momentanément la ville de Saang, à 30 km environ au sud de Phnom Penh. Le mardi 21 avril, lendemain du jour où le Président avait annoncé le retrait des troupes, les forces communistes attaquèrent la ville de Takeo et coupèrent la route qui la reliait à Phnom Penh.

La ligne directrice des actions communistes devenait claire (voir carte V). Le général William Westmoreland, chef de l'État-Major interarmes en l'absence du général Wheeler, rapporta que les forces armées cambodgiennes n'étaient que « marginalement efficaces » face aux Nord-Vietnamiens et aux Vietcong. Il écrivit : « L'objectif de l'ennemi peut très bien être d'isoler la ville de Phnom Penh, d'exercer une pression militaire pour menacer cette ville de tous côtés, et peut-être, en dernier essort, d'amener Sihanouk à reprendre le contrôle politique en temps voulu. »

Les communistes augmentaient aussi leurs pressions politiques. Le 21 avril le « Front national uni du Cambodge » de Sihanouk diffusa sur les ondes de la radio clandestine des Viet-cong un appel à renverser Lon Nol. Le même jour, Sihanouk faisait diffuser un message depuis Pékin dans lequel, d'après Radio Hanoi, il exhortait les Cambodgiens dans les termes suivants : « Vous devriez immédiatement abandonner et isoler la clique des réactionnaires Lon Nol-Sirik Matar, vous devriez pointer vos fusils contre ces traîtres. »

L'histoire révisionniste a dépeint l'image d'un Cambodge paisible, neutre, assailli sans motif par l'armée américaine et plongé dans une guerre civile qui aurait pu être évitée sans l'obsession des Américains pour les solutions militaires. La réalité est tout autre. Sihanouk avait déclaré la guerre au nouveau gouvernement cambodgien dès le 20 mars, deux jours après son renversement, unissant sa destinée aux communistes qu'il avait jusqu'alors maintenus à distance, et s'établissant à Pékin, considérée comme la capitale la plus révolutionnaire du monde, et avec laquelle, de plus, nous n'avions aucun moyen de communication. Avril vit une vague d'attaques communistes pour désagréger les structures gouvernementales du Cambodge. Le 16 mars, Le Duc Tho avait rejeté toute suggestion de ralentissement des activités militaires, et, le 4 avril, toute suggestion de neutralisation, affirmant que les Cambodgiens, les Laotiens et les Vietnamiens ne formaient qu'un seul peuple et devaient combattre main dans la main pour conquérir toute l'Indochine. Dans la seconde quinzaine d'avril, les Nord-Vietnamiens étendaient systématiquement leurs sanctuaires et les englobaient dans « une zone libérée ». Ils entouraient Phnom Penh et la coupaient de tout accès, utilisant les mêmes tactiques qui, cinq ans plus tard, devaient conduire à sa chute.

Si l'on ne s'y opposait pas tout de suite, les sanctuaires communistes, limités jusqu'ici à des zones restreintes et non peuplées proches de la frontière vietnamienne, seraient organisés en une vaste région dont l'étendue et le système logistique permettraient le transfert rapide de troupes et d'approvisionnements. « Nous aurions préféré l'ancien gouvernement Sihanouk », dis-je à un groupe de sénateurs républicains, le 21 avril. Mais les déclarations de Sihanouk laissaient peu de doute sur le fait que nous n'avions plus le choix. Si Lon Nol tombait, le Sihanouk qui reviendrait au pouvoir ne serait plus l'arbitre neutre des forces en présence, il serait à la tête d'un gouvernement communiste. Ses obligations (tout comme sa vanité outragée) le forceraient à se débarrasser du groupe de modérés dont avait dépendu jusqu'alors sa liberté de manœuvre au milieu de factions opposées. Il serait réduit à un rôle de figurant. Les communistes pourraient de nouveau approvisionner Sihanoukville. Il n'y aurait plus aucune sécurité pour toute la moitié sud du Vietnam du Sud. Dès le 21 avril, l'agressivité d'Hanoi avait révélé le fond du problème : la vietnamisation serait-elle simplement un alibi pour l'échec américain ou au contraire une stratégie sérieuse pour parvenir à une paix honorable ? Dans le premier cas, ni l'amplitude des replis ni les événements dans les pays voisins n'avaient d'importance ; en fait, tout ce qui pouvait précipiter la chute du Vietnam du Sud était une bénédiction déguisée. Certaines personnalités de l'opposition, comme le sénateur George McGovern, adoptèrent cette position. Je considérais qu'elle allait à l'encontre de l'intérêt national ; mais elle était logique et honnête. Mes difficultés intellectuelles vinrent de ceux qui prétendaient que des mesures intermédiaires éviteraient la débâcle au Vietnam tout en ignorant l'imminente prise de pouvoir par les communistes au Cambodge.

On ne pouvait sérieusement mettre en doute le fait que la conquête sans opposition du Cambodge par Hanoi eût été la goutte qui fait déborder le vase pour le Vietnam du Sud. En pleine guerre, son principal allié retirait ses troupes à toute allure et réduisait son soutien aérien. On demandait à Saigon d'assurer tout l'effort au moment même où Hanoi renforçait ses effectifs bien au-delà du niveau de l'année précédente. Si, à ce moment-là, le Cambodge devait se tranformer en forteresse, la catastrophe était inévitable. Il fallait du temps à Saigon pour consolider et améliorer ses forces. Les États-Unis devaient représenter une menace pour l'ennemi aussi longtemps que possible, et il fallait affaiblir le potentiel offensif d'Hanoi en ralentissant son infiltration et en détruisant son approvisionnement. C'était une course entre la vietnamisation, le retrait américain et l'offensive d'Hanoi.

Stratégiquement, on ne pouvait pas considérer le Cambodge comme un pays séparé du Vietnam. Les forces communistes cambodgiennes locales – les meurtriers Khmers Rouges – étaient peu nombreuses en 1970 et dépendaient entièrement d'Hanoi pour leur approvisionnement. Les forces menaçant les Sud-Vietnamiens et les Américains depuis le Cambodge étaient *toutes* nord-vietnamiennes ; leurs bases au Cambodge faisaient donc partie de la guerre du Vietnam. Les forces nord-vietnamiennes occupées à couper les voies de communication s'étaient déjà emparées d'un quart du pays. Le danger de se voir « embarqué dans une nouvelle guerre au Cambodge » était donc un mirage ; au Cambodge et au Vietnam, l'ennemi était le même. Quelles que soient les forces que nous combattions au Cambodge, nous n'aurions pas à les combattre au Vietnam, et vice versa. Il n'y avait désormais plus qu'une seule guerre, comme Le Duc Tho l'avait déclaré : la cause des troubles au Cambodge résidait précisément dans la décision d'Hanoi d'utiliser ce pays comme base de son invasion du Vietnam du Sud, et d'établir son hégémonie sur l'Indochine.

Dès le 21 avril, nous avions devant nous un choix sans équivoque : ou bien laisser le Vietnam du Nord envahir tout le Cambodge et en faire une partie indiscutable du champ de bataille et alors l'attaquer par air et par mer (Rogers lui-même me dit, le 21 avril, que si les communistes prenaient possession du Cambodge, toutes les restrictions de bombardement devraient être levées) ou résister à l'absorption du Cambodge, en défendant l'indépendance d'un gouvernement reconnu par les Nations-Unies et par la plupart des autres nations, y compris l'Union soviétique*.

* Assez curieusement, l'un des plus implacables critiques de notre politique au Cambodge présenta la même analyse des faits que nous :

> « En mars et en avril, le gouvernement avait la liberté de choisir sa réaction face aux événements du Cambodge. S'il avait décidé de ne pas encourager Lon Nol – et à plus forte raison de ne pas l'armer – cela aurait pu entraîner soit le retour de Sihanouk, soit, du moins, une tentative de la part de Lon Nol de préserver la neutralité incertaine du pays. Ce n'était pas la solution idéale pour Washington ; elle signifiait vraisemblablement un gouvernement dominé par Hanoi, et dans tous les cas, permettait aux communistes de continuer à utiliser leurs sanctuaires, ainsi que Sihanoukville (que Lon Nol rebaptisa Kompong Som). Cependant, comme les indications des Services de renseignements (dissimulées) l'avaient montré, à moins d'être occupés en permanence, les sanctuaires poseraient toujours un problème militaire à un gouvernement sud-vietnamien. C'était un fait tenant aussi bien à la géographie qu'à la guerre révolutionnaire [8]. »

Ce passage est intéressant tout d'abord parce qu'il contient toutes les idées fausses au sujet des événements du Cambodge en 1970. Mon récit ne peut laisser aucun doute sur le fait que nous n'avons encouragé et même commencé à armer Lon Nol que lorsque les troupes nord-vietnamiennes ravageaient déjà depuis plusieurs semaines un pays neutre. Le rétablissement par

On n'avait pas pensé attaquer les sanctuaires avant le 21 avril. La décision finale fut prise le 28 avril. Il est donc important de revoir en détail le processus de la prise de décision, pour découvrir qui savait quoi et à quel moment.

Sans aucun doute, l'exposé de la situation par l'amiral McCain à Nixon le 18 avril renforça les craintes initiales du Président à propos du Cambodge. Il était si préoccupé qu'il demanda à McCain de venir à San Clemente me faire le même exposé le 20 avril. Incontestablement, la tension nerveuse accumulée au cours des semaines précédentes causa chez Nixon un début de surmenage. Cela ne change en rien le fait que son analyse de la situation était correcte. Sur le chemin de San Clemente, en allant le retrouver, j'étais arrivé à la même conclusion. Je ne voyais pas comment nous pouvions assister les bras croisés à l'écroulement du Cambodge sans entraîner automatiquement la ruine de tout ce que nous faisions au Vietnam. J'aurais certainement soulevé la question en discutant avec Nixon, si McCain ne m'avait en quelque sorte devancé. La première chose que Nixon fit en rentrant à Washington fut d'organiser une rencontre avec Helms et moi-même le 21 avril à 7 heures du matin pour voir les derniers développements. Le rapport de Helms fit apparaître que les Nord-Vietnamiens attaquaient le pays tout entier, et que Phnom Penh ne résisterait pas longtemps. En examinant la nature de notre réaction (d'ailleurs négligeable), Nixon découvrit que les cinq millions de dollars destinés à l'achat d'armes pour le Cambodge, approuvés par le W.S.A.G. le 15 avril et qu'il avait doublés peu après, étaient encore bloqués par la lenteur de l'Administration. La C.I.A. n'avait pas non plus reçu le matériel de communications qu'il avait commandé le 1er avril et réclamé avec insistance le 16. Nixon était hors de lui. Il ordonna un transfert immédiat de l'argent et convoqua une réunion du C.N.S. pour le lendemain de façon à mettre sur pied une stratégie d'ensemble.

Pour préparer cette réunion, je demandai au général Westmoreland si les Sud-Vietnamiens étaient effectivement capables de mener des opérations militaires contre les sanctuaires. Le général me répondit que de telles opérations pouvaient

Lon Nol de la neutralité du Cambodge était un choix inexistant : il avait été explicitement rejeté par Le Duc Tho. Quant à Sihanouk, il n'était plus en position d'être neutre. Il ne pouvait revenir qu'en détruisant la faction de Lon Nol qui avait précédemment constitué son propre gouvernement et dont le noyau lui serait indispensable pour contrebalancer ses nouveaux « amis », les Khmers Rouges. La véritable possibilité qui s'offrait à nous était donc celle que le paragraphe cité décrit comme le dénouement le plus probable : la réouverture de Sihanoukville, un gouvernement à Phnom Penh dominé par Hanoi, et des sanctuaires qui, rouverts, ne seraient plus une bande de terre isolée mais engloberaient tout l'Est du Cambodge. Là où je ne suis pas du tout d'accord avec le texte cité, c'est lorsqu'il affirme que nous avions la « liberté de choix ». Or, justement nous ne l'avions pas, car l'éventualité qu'il décrit aurait signifié un renversement massif de l'équilibre militaire en Indochine, c'est-à-dire une menace accablante, insurmontable et décisive pour la survie du Vietnam du Sud.

Quant au fait que nous n'aurions pas tenu compte des prévisions des Services de renseignements, c'est une autre invention. Aucune de ces prévisions n'a jamais été supprimée ou « dissimulée » par la direction du C.N.S. Elles étaient toutes régulièrement distribuées à tous les principaux organismes gouvernementaux. Les données de la C.I.A. étaient un élément important de chaque délibération politique, y compris lors de la décision cambodgienne. Nixon reçut des comptes rendus complets de Helms, son directeur, au cours d'au moins trois réunions du C.N.S. ou conférences ministérielles tenues en avril, et il vit Helms en privé à trois autres reprises.

être efficaces, mais non décisives, sans le soutien américain. J'envoyai également un message par voies non officielles à Ellsworth Bunker, lui demandant de me donner sa « véritable opinion » ainsi que celle d'Abrams sur les conséquences militaires, politiques et psychologiques d'un retour de Sihanouk ou d'une victoire communiste au Cambodge, et de m'indiquer s'ils avaient une idée des parades possibles.

Depuis février, les Sud-Vietnamiens avaient de temps à autre mené des opérations militaires de faible pénétration au-delà de la frontière (jusqu'à 5 kilomètres) contre les sanctuaires, avec notre soutien logistique. Ces opérations – avec, parfois moins d'une compagnie – avaient pour but de découvrir des caches d'armes nord-vietnamiennes. A la suite de sa visite d'inspection du mois de janvier au Vietnam du Sud, le général Haig avait mentionné l'existence de caches ennemies à quelques kilomètres au-delà de la frontière cambodgienne, trop proches de zones habitées pour être bombardées sans risque par les B-52. Au cours de sa visite au Vietnam en février, Laird avait autorisé le général Abrams à apporter une aide logistique aux forces sud-vietnamiennes pour des incursions peu profondes en territoire ennemi. Une opération fut entreprise le 27 mars. La presse en fit le compte rendu. Le jour suivant, il y eut une deuxième opération, dont les journaux rendirent compte également. L'attaché de presse de la Maison Blanche, Ron Ziegler, avait déclaré le 28 mars que les commandants d'unités américaines étaient maintenant autorisés à franchir la frontière cambodgienne, en réponse aux menaces contre les forces américaines.

Apprenant la première opération au-delà de la frontière, je demandai une halte temporaire pour nous permettre d'étudier la question à fond à la lumière de la nouvelle situation, et aussi pour ne pas donner à Hanoi prétexte à étendre la guerre. Je ne voulais pas d'une politique déterminée par des décisions tactiques d'officiers sur le terrain. Après avoir donné ces instructions, je partis pour une semaine de vacances prévue depuis longtemps. Haig envoya donc le câble suivant à Bunker, le 27 mars :

> « Si ces opérations continuent, on dira que le gouvernement du Vietnam du Sud pousse les États-Unis à étendre la guerre.
>
> Bien que reconnaissant que vous n'avez pas toute liberté en cette matière, M. Kissinger souhaite que vous encouragiez Thieu à s'abstenir de ces opérations, sauf dans les cas où les règles courantes de l'engagement américain seraient appliquées. M. Kissinger désire que vous sachiez que, bien que le Président comprenne les raisons des Sud-Vietnamiens, il craint que les succès militaires à court terme résultant d'incursions dans les lignes ennemies ne soient annihilés par les risques de créer une situation auprès de notre opinion publique où nous perdrions son appui à notre politique globale au Vietnam. »

Le 30 mars, comme il en avait été chargé, Bunker rencontra Thieu et lui expliqua pourquoi les opérations au-delà de la frontière devaient être suspendues. Notre objectif était d'éviter l'expansion de la guerre, lui dit Bunker. Thieu accepta notre suggestion. Le 31 mars, le *New York Times* lançait une mise en garde : en autorisant les raids alliés contre les sanctuaires communistes, le gouvernement cambodgien risquait d'enfoncer davantage encore les États-Unis dans la guerre. Sur ce, le 31 mars, le gouvernement cambodgien, « fidèle à sa politique de stricte neutralité », démentit que les États-Unis et le Vietnam du Sud aient été autorisés à effectuer ces raids.

Le jour même, alors que j'étais encore en vacances, Laird rendit visite au Président pour protester contre l'arrêt des incursions en territoire ennemi. J'avais chargé Haig par téléphone d'essayer de différer une réponse jusqu'à mon retour, et en tout cas de ne pas autoriser davantage d'opérations au-delà de la frontière avant ma rencontre avec Le Duc Tho, prévue pour le 4 avril. Le Président ne tint pas compte de mes recommandations. Il ordonna à Haig de demander à Bunker, par des voies non officielles, de reprendre les opérations en territoire ennemi, à condition qu'elles soient maintenues au niveau de celles menées avant la trêve, et coordonnées avec les forces armées cambodgiennes. Pour autant que je m'en souvienne maintenant, il y eut pendant les trois premières semaines d'avril quatre opérations de faible pénétration, toutes postérieures à ma rencontre du 4 avril avec Le Duc Tho, et aucune d'une durée excédant un jour.

Au cours des deux dernières semaines d'avril, les forces communistes attaquèrent des agglomérations cambodgiennes, dont la ville frontière de Snuol, le 22 avril. Le gouvernement cambodgien fit à nouveau appel aux Nations-Unies pour l'aider à lutter contre les envahisseurs. Cet appel fut ignoré, comme tous les précédents, et pourtant il eût été difficile de trouver un cas d'agression plus flagrant. Une importante réunion du C.N.S. sur le Cambodge se tint à Washington le 22 avril. Le même jour, le Président m'envoya un flot de messages dactylographiés qui reflétaient son état d'esprit de plus en plus préoccupé.

Dans le premier message, dicté à 5 heures du matin, Nixon insistait sur la nécessité d'« un coup audacieux » au Cambodge : il était déterminé à « faire quelque chose de symbolique pour aider [Lon Nol] à survivre » tout en craignant que Lon Nol eût peu de chance. Il pensait que nous « avions loupé le coche » en redoutant qu'une aide américaine ne détruise la neutralité de Lon Nol et ne fournisse une excuse aux Nord-Vietnamiens ; les communistes n'avaient jamais eu besoin d'« excuses » : voir la Hongrie en 1956, la Tchécoslovaquie en 1968, voir le Laos, voir le Cambodge. Le Président suggéra d'envoyer l'ambassadeur Robert Murphy pour rassurer Lon Nol. Au cas où il « déciderait de continuer dans cette affaire », Nixon me demanda de bien faire comprendre à « certains ambassadeurs aux cœurs purs de certains pays dits amis » que leur position dans cette affaire nous montrerait qui étaient « nos vrais amis [9] ».

Une seconde missive, plus tard dans la journée, reprenait le même thème, à savoir que je devrais appeler les ambassadeurs japonais, français, anglais et ceux d'autres pays favorables, et insister sur le fait que nous comptions sur nos alliés pour nous soutenir. Une troisième note commentait une récente lettre envoyée par Sihanouk au sénateur Mansfield. Sihanouk y comparait le régime de Lon Nol à celui de Hitler et ajoutait que l'« idéologie la plus sévère, tant qu'elle est basée sur la justice sociale, est infiniment préférable à un régime composé de gens pour la plupart corrompus, et de réactionnaires opposés au peuple... » Sihanouk annonçait qu'il était décidé à délivrer son pays, même « au prix d'un changement idéologique du Cambodge ». Nixon trouva que Sihanouk « singeait l'attitude des communistes en tous points », et me demanda de transmettre discrètement la lettre à Rogers et à Helms. Un quatrième message me priait d'appeler le chargé d'affaires soviétique et de l'avertir que le Président avait pris la « décision formelle » de réagir si les communistes avançaient sur Phnom Penh. La cadence des événements ne me donna pas la possibilité d'exécuter ces instructions. Plus tard dans la matinée du 22 avril, au cours d'une entrevue avec le Président, je m'opposai à l'idée d'envoyer Murphy (ou Dean Acheson, ce qu'il suggéra plus tard) au Cambodge, car cette décision déclencherait un énorme débat et serait probablement prise de vitesse par les décisions du C.N.S. « N'importe, répondit Nixon, je veux être sûr que le Cambodge ne passe pas à la moulinette sans faire quelque chose. » Et il ajouta : « Tout le monde vient dans mon bureau pour me dire comment perdre. Personne ne me dit jamais comment gagner. » Il donna l'ordre de remplacer notre chargé d'Affaires à Phnom Penh, Llyod Rives, et d'accorder le soutien américain aux opérations frontalières de faible portée. Comme d'habitude, quand Nixon licenciait les gens, c'était pour manifester son mécontentement. Aucune suite n'y était donnée, surtout au niveau subalterne.

Entre-temps, nous avions reçu une longue réponse de Bunker et d'Abrams soulignant les désastreuses conséquences qu'entraînerait la reprise du pouvoir par un Sihanouk devenu figure de proue communiste ; le moral des Viet-cong et des Nord-Vietnamiens en serait renforcé ; la capacité d'Hanoi de soutenir la guerre prolongée en serait augmentée ; il y aurait des vagues de choc au Vietnam du Sud ; la vietnamisation serait compromise. Bunker et Abrams recommandaient tous deux l'intensification immédiate des opérations frontalières de faible pénétration et des opérations combinées Américains/Sud-Vietnamiens contre les principaux sanctuaires communistes. A la réunion du C.N.S. furent proposées trois options tactiques : ne rien faire (solution préconisée par les Affaires étrangères et la Défense); attaquer les sanctuaires avec uniquement des forces sud-vietnamiennes (ce que je préconisais); utiliser toutes les forces nécessaires à neutraliser la totalité des bases, y compris les forces américaines, solution recommandée par Bunker, Abrams et l'État-Major interarmes.

Deux bases étaient particulièrement importantes : celle que l'on appelait « Bec de Perroquet », dans la province cambodgienne de Svay Rieng, qui s'avançait à l'intérieur du Vietnam et n'était qu'à 50 kilomètres environ de Saigon ; elle avait abrité les forces nord-vietnamiennes qui s'étaient attaquées à la région de Saigon et aux rizières du delta pendant toute la durée de la guerre du Vietnam. Plus au Nord, il y en avait une seconde, dont le nom de code était « Hameçon ». Les spécialistes de nos services de renseignements avaient des raisons de croire que le C.O.S.V.N., le quartier général communiste pour toutes les opérations du Sud, y était basé ; c'était aussi la zone de passage de la septième division nord-vietnamienne, qui menaçait périodiquement Saigon et harcelait toujours la province sud-vietnamienne toute proche. L' « Hameçon » était bien défendu ; nous ne pensions pas que l'armée sud-vietnamienne était assez forte pour mener de front ces deux opérations. Donc, recommander que l'action soit laissée aux seules forces sud-vietnamiennes revenait à dire qu'une seule des deux bases serait attaquée.

Les décisions cruciales sont rarement le fruit de profondes discussions. Au moment où une proposition parvient au C.N.S., elle a été analysée par tant de commissions subalternes que les membres du cabinet sont comme des acteurs dans une pièce parfaitement au point ; ils répètent ce que leurs subordonnés ont déjà annoncé dans d'autres réunions. Dans le C.N.S. tel que Nixon l'avait composé, il fallait aussi tenir compte du fait que chaque participant pensait qu'il n'était pas forcément au courant de tout. Comme toujours, il y avait aussi cette ambivalence entre les intentions complexes de leurs chefs et la crainte des conséquences pour le pays. On craignait comme la peste tout ce qui pourrait apparaître à l'opinion comme une nouvelle escalade de la guerre. Personne autour de la table ne mit en doute les conséquences d'une prise de pouvoir des communistes au Cambodge. Mais, quelle que fût la décision adoptée, il fallait s'attendre à un nouveau déchaînement de protestations, de critiques acerbes et peut-être même de violence, dans le pays. Si le Cambodge tombait, nous serions encore plus acculés au retrait unilatéral ; si nous acceptions une autre solution, on nous accuserait d'« étendre la guerre ». Il n'y avait pas de moyen terme.

La décision initiale d'attaquer les sanctuaires fut donc prise à l'issue d'une réunion presque de routine du C.N.S. Rogers s'opposa à toute opération d'envergure au-delà des frontières, même menée par les Sud-Vietnamiens, mais, pour lui, il ne faisait aucun doute qu'un bombardement intensif du Cambodge suivrait l'écroulement du régime de Phnom Penh. Laird s'était fait l'avocat numéro un des opérations de faible pénétration en pays ennemi, mais il n'était pas d'accord avec le général Abrams, qui recommandait la destruction totale des sanctuaires. Helms était partisan de toute action visant à neutraliser les sanctuaires. Nixon faisait généralement part de ses décisions après, et non pendant, les réunions du C.N.S. ; il délibérait et donnait ensuite ses instructions, soit par écrit, soit par intermédiaires. Il procédait ainsi pour bien montrer que le C.N.S. était un corps consultatif qui ne prenait pas de décisions, et aussi pour éviter que l'on ne remette ses ordres en cause. Cette fois, Nixon modifia la procédure habituelle. Il déclara aux membres du Conseil qu'il approuvait l'attaque des bases ennemies par les troupes sud-vietnamiennes avec l'aide américaine. Les Sud-Vietnamiens ne pouvant mener qu'une seule offensive, Wheeler suggéra qu'ils s'attaquent au « Bec de Perroquet ». Un débat sur la participation américaine s'ensuivit. Laird et Rogers cherchaient à la réduire au strict minimum, écartant même l'idée de conseillers américains ou d'un soutien aérien tactique.

C'est à ce moment-là que Spiro Agnew, le Vice-Président, prit la parole. Il pensait que tout ce débat était sans objet. De deux choses l'une : ou les sanctuaires constituaient un danger, ou ils n'en constituaient pas un. Si cela valait la peine de les balayer, il ne comprenait pas pourquoi on faisait tant d'histoires au sujet du rôle américain et pourquoi on n'en attaquait qu'un. Notre tâche était de réussir la vietnamisation. Il se prononçait en faveur d'une attaque *à la fois* sur l'« Hameçon » et sur le « Bec de Perroquet », avec participation de l'armée américaine.

Agnew avait raison. S'il y avait une chose que Nixon détestait plus encore que de se voir présenter un projet mal préparé, c'était, dans un groupe, d'avoir l'air moins « dur » que les autres. Quoique énervé, il sut se placer adroitement entre le Vice-Président et les membres du cabinet. Il autorisa l'aviation américaine à prêter main-forte aux Sud-Vietnamiens dans l'opération « Bec de Perroquet », mais seulement « dans la mesure du nécessaire ». Il évita de se prononcer sur l'opération « Hameçon ». Ces décisions furent ensuite confirmées par écrit. Après la réunion, Nixon me reprocha amèrement de ne pas l'avoir informé à l'avance de l'opinion d'Agnew – qu'en fait je ne connaissais pas. Je n'ai pas le moindre doute que l'intervention du Vice-Président ait accéléré la décision de Nixon d'ordonner l'attaque de tous les sanctuaires avec le concours de l'armée américaine.

Le lendemain, 23 avril, les divers ministères se mirent en devoir de faire retomber sur d'autres le mécontentement de l'opinion, qui n'allait pas manquer de se manifester. Rogers demanda l'autorisation de faire part aux commissions parlementaires des aides très importantes destinées au Cambodge. Son raisonnement était que cela ferait apparaître comme relativement limitées les opérations envisagées en regard d'une aide militaire totale. Laird voulait s'assurer qu'aucun effectif terrestre américain ne pénétrerait au Cambodge, pas même les contrôleurs de l'air destinés à l'aide tactique approuvée la veille par Nixon. Le 23 avril, je tins deux réunions du W.S.A.G. pour préciser les conditions de mise en œuvre des décisions prises par Nixon. Je ne fus pas surpris de constater que l'opinion des membres du W.S.A.G. ne faisait que refléter celle de leurs chefs. Le ministère de la Défense voulait que l'ordre pour chaque mission aérienne vienne de Washington. Il était difficile d'imaginer quelles cibles se maintiendraient en place suffisamment longtemps si l'on devait suivre une procédure aussi lourde. Après deux réunions, les membres du W.S.A.G. se mirent d'accord, non sans réticence, et donnèrent au général Abrams pleins pouvoirs pour utiliser l'aviation américaine tactique chaque fois qu'elle serait nécessaire et les contrôleurs de l'air américains pour accompagner les Sud-Vietnamiens. Nixon approuva les deux recommandations du W.S.A.G. le 24 avril.

En tout cas, les Nord-Vietnamiens, eux, ne s'embarrassaient pas de tant de précautions. Le jeudi 23 avril, les forces nord-vietnamiennes et viet-cong attaquèrent les villes cambodgiennes de Mimot et Angtassom et prirent un pont important sur la Route 13 reliant la ville de Snuol à la capitale de la province de Kratie. Les Cambodgiens durent abandonner leur quartier général de Hung Loi, dans la province de Kandal, le 23 avril, malgré les actions de l'aviation sud-vietnamienne, après un siège de plusieurs jours. Deux ponts à l'ouest de Svay Rieng sur la Route 1 furent pris par l'ennemi. Le 23, puis le 24 avril, les forces communistes lancèrent des opérations de commandos sur la ville côtière de Kep.

L'escalade se poursuivit aussi sur le plan politique. Le 24 avril, à l'initiative de Sihanouk, un « Sommet des peuples indochinois » se tint dans un endroit secret de la zone frontière entre le Laos, le Vietnam et la Chine, pour permettre aux trois groupes insurgés de coordonner leur stratégie. Y assistaient Sihanouk, le prince Souvanouvong du Pathet Lao, Nguyen Huu Tho du Vietcong, et Pham Van Dong, Premier Ministre du Vietnam du Nord. Une déclaration commune très longue publiée par Sihanouk le 27 avril à Pékin promettait une « aide réciproque » dans la « lutte contre l'ennemi commun », c'est-à-dire l' « impérialisme américain ». Sihanouk, dans son discours de clôture, saluait le « Cambodge du Peuple ».

Ce fut une période de grande tension. Je ne croyais pas que le Cambodge ou le Vietnam du Sud survivraient si nous ne réagissions pas à l'offensive communiste. J'étais cependant douloureusement conscient du bouleversement politique qui suivrait l'attaque des sanctuaires et des divisions qui allaient se produire au sein de mon état-major. J'avais fait appel aux plus brillants jeunes hommes et jeunes femmes que j'avais pu trouver, pensant qu'il était important de pouvoir compter sur leur vitalité et leur idéalisme. Il me paraissait essentiel que le souci de protester de tant de leurs contemporains trouvât aussi un exutoire dans leur désir de travailler aux affaires plus concrètes par lesquelles un gouvernement cherche à maintenir la paix. Mes trois plus proches collaborateurs étaient Tony Lake, Roger Morris et Winston Lord. Ils n'avaient pas grand-chose en commun avec Nixon ; par goût, ils auraient préféré un Président démocrate. Je pris beaucoup de peine pour les garder, car les problèmes du pays ne relevaient pas de la politique partisane et parce que j'étais convaincu que dans certaines circonstances la moralité ne consistait pas en gestes spectaculaires, mais dans la volonté de lutter pour un monde meilleur, même par étapes imparfaites. Lake et Morris m'avaient déjà dit en février qu'ils avaient l'intention de partir ; en raison de leur ambivalence de sentiments, ils n'étaient plus disposés à travailler d'arrache-pied. Je me contentai de leur fixer un programme moins sévère jusqu'à l'automne, époque à laquelle Lake retourna à l'Université et Morris se joignit à l'équipe du sénateur Mondale. Winston Lord resta ; il devint pour moi un collaborateur très précieux et un ami très cher. Juste avant la décision finale, je passai beaucoup de temps avec Lake, Morris et Lord. Les objections les mieux formulées et les mieux raisonnées au programme fixé ne vinrent pas des ministères mais d'une note commune qu'ils m'adressèrent. Ironiquement, c'est leur raisonnement qui accéléra ma conviction, vers laquelle je me dirigeais le cœur lourd, à savoir que la seule issue possible était de détruire les sanctuaires. Fondamentalement leur diagnostic était le même que le mien. L'un de nos principaux objectifs, disaient-ils, devrait être d'empêcher le retour de Sihanouk :

> « S'il revenait, ce serait avec l'assentiment des communistes ; ce qui impliquerait qu'il leur aurait donné l'assurance formelle qu'il était disposé à se conformer à leurs exigences... Plus important encore : le retour de Sihanouk comme compère des communistes aurait un redoutable effet psychologique sur le Vietnam et le Laos, et fournirait aux adversaires de Thieu un argument contre lui, surtout parmi les éléments les plus durs de l'armée. »

Malgré tout, ils s'opposaient aux opérations militaires américaines contre les sanctuaires et préconisaient :

> « Un gouvernement cambodgien ayant à sa tête les responsables actuels ou d'autres qui ne soient pas pro-Sihanouk ; puisque celui-ci était arrivé à

s'entendre avec les communistes pour que ceux-ci utilisent les zones frontières comme auparavant. Cela voudrait dire que le gouvernement cambodgien ferait semblant de ne rien voir, sans le reconnaître publiquement, ce qui impliquerait la possibilité de poursuivre " le Menu " (les bombardements secrets) et les opérations défensives au-delà de la frontière menées par le G.V.N., sans qu'il y ait de la part des Cambodgiens d'opposition effective à l'activité militaire dans l'étroite zone frontalière.

Sans être vraiment une bonne solution, cela vaudrait mieux qu'un gouvernement Sihanouk activement opposé au G.V.N. et prenant publiquement position contre l'opération " Menu ", etc. »

En d'autres termes, pour mes trois jeunes amis, il fallait continuer les bombardements secrets au Cambodge et les opérations frontalières de faible pénétration, mais il ne fallait absolument pas mener des opérations en profondeur (distinguo dont la signification morale m'échappe encore aujourd'hui). La solution qu'ils préféraient : la restauration d'un « *statu quo ante* sans Sihanouk », était attrayante, mais impossible à atteindre. Pour la mener à bien, nous devions encourager le gouvernement Lon Nol à trouver un compromis avec Hanoi, et avertir Hanoi que nous employerions au besoin la force, si elle voulait imposer Sihanouk – ceci face aux affirmations de Le Duc Tho, le 4 avril, que jamais Hanoi ne traiterait avec Lon Nol. L'application d'une telle « solution » aurait conduit très vraisemblablement à la chute de Phnom Penh et à la victoire communiste. Je ne voyais pas non plus comment les méthodes employées pour convaincre Hanoi que nous nous opposerions à Sihanouk auraient été compatibles avec un compromis. Le Cambodge était déjà bel et bien polarisé par des forces sur lesquelles nous n'avions aucun contrôle et bien au-delà de notre pouvoir de les réconcilier. En bref, les alternatives proposées consistaient à ne pas faire de choix concrets, à se donner bonne conscience, mais en aucune façon, à proposer un plan d'action.

La décision de n'attaquer les sanctuaires que par les forces sud-vietnamiennes prise à la réunion du C.N.S. (et que j'avais recommandée) me tourmentait de plus en plus. Agnew avait raison : nous devions soit neutraliser l'ensemble des sanctuaires, soit abandonner le projet. On pouvait mal imaginer comment une opération limitée à un seul sanctuaire, où les forces armées sud-vietnamiennes disposeraient au mieux de l'aide limitée de l'aviation américaine, pourrait être décisive. Nous risquions de combiner les inconvénients des deux solutions. Nous nous ferions éreinter pour être intervenus au Cambodge sans atteindre notre but stratégique.

Avant que j'aie pu exposer mon point de vue à Nixon, survint un de ces événements apparemment sans importance qui accélèrent le cours de l'Histoire. William Beecher du *New York Times* révéla le contenu d'une dépêche ultra-secrète informant notre chargé d'Affaires à Phnom Penh que nous avions décidé de livrer au gouvernement cambodgien les fusils pris aux communistes. Nixon explosa. Les fuites le mettaient hors de lui. Celle-ci lui parut une tentative évidente, de la part de l'Administration, pour créer au Congrès et dans l'opinion un mouvement contre l'aide au Cambodge. Pour aggraver les choses, presque au même moment, Nixon découvrit que les équipements de transmission ainsi que les membres de la C.I.A. qu'il avait demandé d'expédier à Phom Penh le 1er avril, puis à nouveau le 16 avril, n'étaient pas encore partis.

Il entra dans une colère noire. Dans la nuit du 23 avril, il m'appela bien dix fois – trois fois chez le sénateur Fulbright où j'avais une réunion officieuse avec les membres de la Commission des relations extérieures du Sénat. Comme chaque fois qu'il était furieux, il aboyait un ordre et raccrochait aussitôt. Il fallait immédiatement relever de ses fonctions Rives, notre chargé d'Affaires ; renvoyer Marshall Green. A la réflexion, son adjoint Bill Sullivan devait être également transféré ; un avion de l'armée de l'air ayant du personnel de la C.I.A. à bord devait partir immédiatement pour Phnom Penh ; toute personne ayant eu accès à la dépêche devrait être soumise au détecteur de mensonge ; on devait nommer immédiatement un général pour prendre en main le dossier du Cambodge.

Dans ces circonstances-là, il était généralement prudent de ne pas discuter et d'attendre vingt-quatre heures avant d'appliquer ces ordres, pour voir si Nixon les confirmerait, une fois calmé. Devant la tournure que prirent les événements, il ne revint sur aucun d'eux. (Je fis envoyer les rapports de la C.I.A. à Phnom Penh par avion militaire spécial.) Cependant son éclat du 23 avril le poussa finalement à se ranger à l'avis d'Agnew : on attaquerait simultanément « Hameçon » et « Bec de Perroquet », en utilisant l'armée américaine contre « Hameçon ». Il convoqua une réunion le matin du 4 avril avec l'amiral Moorer (chef suppléant de l'État-Major interarmes), Helms et Cushman (membres de la C.I.A.), pour savoir si l'on pouvait mener une opération conjointe Américains/Sud-Vietnamiens contre « Hameçon », parallèlement à une action contre « Bec de Perroquet ». Le fait d'avoir exclu Laird et Rogers de la réunion sous prétexte qu'il voulait simplement un rapport de la part des militaires et des services secrets, était le reflet de son irritation extrême devant la lenteur de l'Administration. Helms et Moorer étaient tous deux favorables à une attaque sur « Hameçon ». Cela obligerait les Nord-Vietnamiens à abandonner leur tentative d'encerclement et de terreur de Phnom Penh. La destruction des stocks de munitions ferait gagner à la vietnamisation un temps précieux. Mais Nixon n'était pas encore décidé à annoncer sa décision. Au lieu de cela, il alla en hélicoptère à Camp David pour réfléchir encore et trouver un moyen d'amener ses ministres à prendre la direction vers laquelle il s'acheminait peu à peu. Pendant ce temps, il me laissa me débrouiller avec l'administration.

La situation était bizarre. L'Administration en était encore à se poser des questions sur l'aide de l'aviation américaine aux opérations contre *un seul* sanctuaire, alors que le Président penchait de plus en plus vers la solution d'opérations *combinées* Sud-Vietnamiens/Américains contre *la totalité* des sanctuaires. Je ne pensais pas qu'il fût normal de tenir à l'écart le ministre de la Défense d'une réunion entre le chef suppléant de l'État-Major interarmes et le Président. J'appelai donc Laird, lui décrivant la chose comme un exposé militaire des choix comprenant entre autres la question de l'attaque d' « Hameçon » par les Américains. Laird insista sur le fait qu'il serait tout à fait souhaitable d'éviter d'autoriser toute opération américaine avant le rapport de Rogers devant la Commission des Relations extérieures du Sénat, le 27 avril ; ce qui permettrait à Rogers de dire sans mentir qu'aucun Américain n'était engagé au Cambodge. Laird rapporta que même les faucons des commissions des forces armées étaient nerveuses à l'idée d'un engagement américain au Cambodge. Laird prétendit aussi, comme il devait le faire plusieurs fois au cours des jours suivants, qu'Abrams et Wheeler étaient contre l'opération « Hameçon ». Je vérifiai auprès de l'amiral Moorer, qui se mit à hurler (c'est une traduction approximative de son jargon haut en couleur d'officier de marine) que son ministre était en plein malentendu.

Une fois lancé dans une affaire, la détermination de Nixon n'avait d'égale que ses ressources tactiques pour la faire avancer. Il décida d'adopter la suggestion de Rogers de faire peur au Congrès en lui faisant part des énormes demandes d'aide du Cambodge et s'en servir pour justifier les opérations *américaines* contre les sanctuaires, chose qui n'avait jamais été dans les intentions de Rogers.

A la demande de Nixon, je priai le chef de la commission des Forces armées du Sénat, le sénateur du Mississippi, John Stennis, de venir me voir. Stennis appartenait à cette génération de grands sénateurs qui avaient atteint leur position actuelle grâce à l'ancienneté et qui, sûrs de leurs électeurs, étaient l'image même de la continuité. Pour les affaires du pays, spécialement en face du problème racial, ils restaient quelquefois à la traîne des courants de pensée de leur temps, mais, en matière de Sécurité nationale et de politique étrangère, c'étaient des gens intraitables. Beaucoup venaient du Sud, région qui avait connu sa propre tragédie. Pour cette raison, ils comprenaient, ce que la plupart des autres régions du pays ne comprenaient pas, qu'il pouvait se produire des désastres irrévocables, que l'humanité est faillible, que la perfection n'est pas de ce monde, que sans le pouvoir la vertu est impuissante. Courtois, avisé, ayant l'esprit patriotique, Stennis, tout comme son distingué collègue Richard Russell, était, malgré son indocilité foncière, de ces hommes qui avaient rendu possible la séparation des pouvoirs. Le Président pouvait se fier à son intégrité. Les membres du Cabinet savaient qu'il respecterait leurs efforts.

Je vis Stennis dans l'après-midi du 24 avril et lui exposai notre raisonnement : une incursion au Cambodge, avec l'aide américaine, était une nécessité militaire si l'on voulait parvenir à la vietnamisation. Je lui montrai sur une carte les bases qui étaient partie intégrante de la guerre au Vietnam. Durant notre entretien, Nixon m'appela, comme nous en étions convenus par avance. En présence de Stennis, je lui résumai notre entretien et lui fis part de sa réaction, dans l'ensemble favorable. Stennis prit alors le combiné et exprima personnellement son soutien au Président.

Une fois encore, je passai en revue nos plans avec Wheeler et Helms, demandant à Helms une étude de ce qui pourrait mal tourner. J'insistai sur le fait que, s'il lui venait des doutes, il m'en fasse part ; je les transmettrais immédiatement au Président. Helms s'en tint à ce qu'il avait dit auparavant. Il savait que la note à payer au public serait la même pour deux opérations que pour une, et que, stratégiquement, une attaque sur deux fronts serait beaucoup plus valable.

Je passai alors une heure en compagnie des principaux membres de mon état-major, Lord, Lake, Morris – et aussi Bill Watts et Larry Lynn – qui s'opposaient aux opérations proposées, afin de leur donner une dernière occasion d'exprimer leurs objections. Ce fut une séance pénible, car ils ressentaient profondément ce que nous étions en train d'entreprendre. Lake, Morris et Watts démissionnèrent.

Aucune communication n'était parvenue des ministres des Affaires étrangères et de la Défense depuis la dernière réunion du C.N.S., deux jours plus tôt. Ils étaient au courant des plans incluant les forces américaines. Laird avait dès l'origine communiqué le plan d'attaque d' « Hameçon » établi par le chef d'État-Major interarmes. L'inquiétude croissante du Président ne leur avait pas échappé, mais ils se refusaient à croire que Nixon prendrait la décision d'autoriser une incursion américaine. Ils agissaient comme si le problème pouvait se dissoudre s'ils faisaient mine de l'ignorer; ils n'offraient ni formule de remplacement ni même d'objection systématique.

Je pressai Nixon de convoquer une réunion du C.N.S. pour donner aux parties concernées l'occasion de s'exprimer. Comme je l'indiquai à Helms : « Je recommande vivement que toute décision soit mise en discussion en présence des deux ministres, même si elle a déjà été arrêtée et si les ordres sont dans le tiroir. On ne peut pas leur enfoncer cette décision dans la gorge sans leur donner une chance d'exprimer leur opinion. » La réunion fut fixée au dimanche après-midi, 26 avril.

Maintenant, Nixon était bien décidé à aller de l'avant ; son problème était, dans l'immédiat, de réduire au minimum l'inévitable confrontation avec Rogers et Laird. Lorsqu'il était acculé, sa verve romantique reprenait soudainement le dessus et il se voyait lui-même luttant comme un chef militaire dans la tradition de Patton. Mais, toutes idiosyncrasies personnelles mises à part, Nixon posait la question fondamentale : pourrions-nous en toute conscience poursuivre un retrait progressif du Vietnam si Sihanoukville redevenait ville ouverte et qu'avec le reste du Cambodge elle constituait à nouveau une large zone d'action? Ceux qui se montraient réticents dans l'Administration étaient surtout soucieux de l'opinion américaine. Personne n'avait fourni de réponse à notre dilemme, à savoir comment nous pourrions poursuivre la vietnamisation si l'ensemble de la frontière cambodgienne s'ouvrait à une infiltration massive. L'inaction, de toute façon, ne résoudrait pas notre problème intérieur. Si nous résistions, on nous reprocherait l'escalade ; mais si nous permettions l'invasion du Cambodge par les communistes et l'anéantissement du Vietnam, si nos pertes devenaient plus importantes et que le Vietnam commençait à se désintégrer, on nous accuserait de poursuivre une stratégie sans issue.

Le samedi 25 avril, Nixon me fit appeler à Camp David pour revoir le plan d'action. Je faisais les cent pas au bord de la piscine tandis qu'il nageait. Nous décidâmes d'une réunion plénière du C.N.S. pour le lendemain après-midi. Nixon était décidé à engager l'opération « Hameçon » ; de fait, il commença à jouer avec l'idée de partir perdant : peut-être devrions-nous combiner une attaque contre les sanctuaires tout en reprenant les bombardements au nord du Vietnam et le minage de Haiphong. Dans les deux cas, l'opposition se déchaînerait. Je pensai qu'il ne s'agissait là que d'une fantaisie de Nixon visant à marquer qu'il était un « dur », mais qu'il n'avait en fait aucunement l'intention de réaliser, sachant bien qu'il pourrait toujours faire valoir auprès de ses vieux copains qu'il avait été lâché par son État-Major. Je n'imaginai pas non plus que le Président pourrait surmonter une crise pareille avec une équipe divisée. Pour toutes ces raisons, je répondis que nous avions déjà assez de choses sur les bras pour abandonner une stratégie que nous avions annoncée aussi récemment et avec autant d'insistance.

Nixon abandonna le sujet au bout de dix minutes, et n'y revint plus. Je ne crois pas qu'il ait pris cette option vraiment en considération. Mais, après coup, je pense que nous aurions dû la prendre plus au sérieux. Le défaut de nos actions militaires au Vietnam était leur caractère hésitant : nous nous efforcions de calculer toujours avec une belle précision le strict minimum de forces et de temps nécessaires, ne laissant aucune marge à l'erreur ou à la confusion, encourageant notre adversaire à continuer jusqu'à ce que nos doutes l'emportent sur nos efforts.

Peut-être la leçon la plus difficile pour le chef d'une nation est-elle d'apprendre qu'en matière de recours à la force militaire, il n'a le choix qu'entre l'action et l'inaction. Il ne se décharge pas de la condamnation morale d'un recours à la force en l'utilisant mal ou à contrecœur. Exhiber ses doutes en hésitant n'apporte rien ; les chefs d'État ne gagnent rien en échouant avec retenue. Une fois engagés, ils doivent s'imposer et ne pas mettre en cause la puissance de leur nation. Ni les gouvernements successifs, ni les critiques n'ont vraiment compris cela durant la guerre du Vietnam, et c'est là qu'il faut chercher la cause de la plupart de ses drames.

Dans tous les cas, les questions de stratégie évoquées au bord de l'eau à Camp David ne formaient que le début de nos discussions de la journée. Nous reprîmes l'avion pour Washington, et, en fin d'après-midi, Nixon invita John Mitchell à se joindre à nous – Bebe Rebozo et moi-même – pour une promenade sur le Potomac à bord du yacht présidentiel, le *Sequoia*. Les tensions créées par la discussion de notre plan d'action militaire cédaient peu à peu la place à l'euphorie, sous l'effet des rafraîchissements servis, au point de tourner à un patriotisme d'un certain ridicule. C'est ainsi que l'on décida que tout le monde se mettrait au garde-à-vous lorsque le *Sequoia* passerait devant Mount Vernon. Tous ne s'en acquittèrent pas avec le même bonheur. De retour à la Maison Blanche, Nixon invita ses convives à voir le film *Patton*. C'était la deuxième fois qu'il me faisait cet honneur. Pour exaltant que fût le film, je décidai de m'éclipser vers le milieu de la projection pour préparer la réunion du C.N.S. qui devait se tenir le lendemain.

Le dimanche 26 avril, les troupes nord-vietnamiennes et viet-cong donnèrent un caractère d'urgence à nos délibérations en attaquant la flotte marchande du Mékong sur la route de Phnom Penh. Les forces communistes s'emparèrent de la ville d'Angtassom (voir la carte V). La voie ferrée allant de Phnom Penh vers le sud fut coupée en plusieurs points dans la province de Takeo. Les déclarations de presse émanant de Hanoi et de Pékin se rejetèrent la proposition faite par l'Indonésie d'une conférence des pays d'Asie en vue de restaurer la neutralité du Cambodge, proposition que nous aurions soutenue.

Le Président réunit ce soir-là ses principaux conseillers du C.N.S., Rogers, Laird, Wheeler, Helms, et moi, dans son bureau du Centre administratif. Agnew n'assistait pas à la séance. Bien qu'il ait suivi le conseil de son Vice-Président,

Nixon n'avait pas oublié ses propos inattendus et, *cette fois,* voulait être l'homme fort de la réunion. Dès le début, elle prit un tour bizarre. Helms communiqua une information des services de renseignements : Hanoi élargissait ses bases en les reliant entre elles, et essayait de créer un tel climat d'insécurité à Phnom Penh que le gouvernement tomberait. Wheeler décrivit l'opération projetée par les forces américaines contre la zone d' « Hameçon » et évoqua la possibilité de l'étendre à d'autres bases. Nixon évita d'affronter ses ministres des Affaires étrangères et de la Défense en prétendant que nous n'étions là que pour entendre un rapport militaire. Il confirmerait par note plus tard. A mon grand étonnement, Rogers et Laird, qui après tout étaient désormais habitués aux méthodes évasives de leur chef, jouèrent le jeu et ne prirent pas position. Ils ne se demandèrent pas pourquoi Nixon réunissait ses principaux collaborateurs un dimanche soir pour un simple rapport.

Nixon fut immensément soulagé. Qui ne dit mot consent ; de toute façon il avait su éviter la controverse. Dès la réunion terminée, il m'appela dans ses appartements privés et me demanda de donner l'ordre autorisant les forces américaines à passer à l'attaque dans la région d' « Hameçon ». Comme l'ordre était déjà préparé, il le signa. Pour plus de sûreté, le Président parapha d'abord l'ordonnance puis, sous ses intiales, apposa sa signature en entier.

Cet imprimatur à double détente du Président ne garantissait pas l'exécution de l'ordonnance. Je présidais une réunion du W.S.A.G. dans la salle des conférences le lendemain matin pour discuter des modalités d'exécution de l'ordonnance, lorsqu'on vint me dire que Rogers m'appelait au téléphone. Il voulait savoir si l'ordonnance qui venait de lui parvenir signifiait bien que le Président avait ordonné une attaque par les forces américaines de l'un des sanctuaires cambodgiens. J'admis qu'il n'y avait pas d'autre interprétation possible. Rogers me dit que cela risquait de le placer dans une situation délicate vis-à-vis de la commission des Relations extérieures du Sénat, car, l'après-midi même, il devait témoigner devant cette assemblée de l'inexistence d'un engagement américain au Cambodge. Je lui suggérai d'appeler le Président.

Je n'étais pas plus tôt revenu dans la salle des conférences que le ministre de la

Défense m'appela à son tour. Avec son chic habituel consistant à poser la question marginale à laquelle son interlocuteur était le plus vulnérable, Laird critiqua la phrase de l'ordonnance qui désignait le W.S.A.G. comme « autorité chargée de l'exécution ». Il prétendit que cette phrase violait l'ordre hiérarchique et qu'il aurait fallu passer par lui. Je lui suggérai de substituer le mot « coordination », ou tout autre mot convenable de son choix. Laird parla ensuite de ce qui le préoccupait réellement. Il signala que l'opération combinée « Bec de Perroquet/Hameçon » pourrait entraîner en une semaine la perte de 800 hommes au combat. Il indiqua qu'Abrams et Wheeler ne pensaient pas que ces opérations étaient toutes deux réalisables. Lorsque Wheeler avait parlé le dimanche après-midi de deux opérations contre les sanctuaires, il se référait, insista Laird, au « Bec de perroquet » et à la base 704, située très au sud (ce qui, on le découvrit, arrangeait bien Laird, car elle était recouverte par les eaux en cette période de l'année). Je suggérai que Laird, lui aussi, appelle le Président.

La réunion du W.S.A.G. avait à peine repris ses travaux qu'on m'appela une nouvelle fois : c'était Haldeman qui me dit que Rogers et Laird étaient en route pour rencontrer le Président. Il m'invita à assister à la réunion mais me recommanda de « laisser le Président mener le jeu ».

La rencontre du Président et de ses principaux ministres ne manqua pas d'un certain surréalisme. Rogers songeait avant tout à sa déposition devant la commission des Relations extérieures du Sénat cet après-midi. Il voulait pouvoir affirmer qu'aucune force américaine n'était engagée au Cambodge. Aussi demande-t-il au Président de retirer son ordonnance. Laird se montra plus compliqué. Il répéta ses craintes de pertes importantes ; il y avait eu un affreux malentendu au sujet de la recommandation d'Abrams, qui concernait en fait la base du Sud recouverte par les eaux. Laird renouvela encore sa critique de la formulation de l'ordonnance, point sur lequel (comme il le savait) je lui avais donné satisfaction.

Nixon parla fort peu et ce qu'il dit fut ambigu. Pour tous ceux qui connaissaient bien ses méthodes, cela signifiait clairement qu'il avait l'intention de s'en tenir à sa décision. Il leva la séance, en indiquant à ses ministres qu'il ne tarderait pas à reprendre contact avec eux. Rogers et Laird avaient à peine quitté la pièce que Nixon commença à se défouler sur moi. Il ne comprenait pas pourquoi ses principaux conseillers ne lui fournissaient jamais un seul argument stratégique et lui faisaient perdre son temps avec leurs problèmes politiques personnels. Il ne se laisserait pas fléchir par ce genre d'attitude. Je lui suggérai de retarder de vingt-quatre heures l'exécution de son ordonnance – qu'il pouvait même retirer temporairement si cela devait faciliter la tâche de Rogers. Dans l'intervalle, j'interrogerais de sa part Bunker et Abrams, pour connaître leur sentiment exact ; nous devions nous assurer que ni leurs recommandations ni leur évaluation des pertes ne pouvaient entraîner de malentendu. Je demanderai aussi à Laird de me communiquer les dépêches, sur la foi desquelles il avait juré que les commandants en chef n'étaient pas partisans d'opérations simultanées contre l' « Hameçon » et le « Bec de Perroquet ». Nixon accepta mes suggestions. Il retira l'ordonnance et j'informai les membres du Cabinet que la décision finale serait connue dans les vingt-quatre heures.

Dans l'intervalle, j'envoyai un message par voie non officielle à l'ambassadeur Bunker, lui demandant ainsi qu'au général Abrams leur point de vue sur nombre de questions appelant une réponse très urgente : une attaque des forces américaines et sud-vietnamiennes combinées sur l' « Hameçon » était-elle désirable ? Cette attaque devait-elle coïncider avec l'opération « Bec de Perroquet » ou la suivre ? Des efforts comparables au Vietnam du Sud apporteraient-ils de meilleurs résultats ? D'autres bases, comme la base 704, offriraient-elles des chances encore meilleures ? Quelles seraient les pertes auxquelles on pouvait s'attendre ? Le message concluait, au nom du Président :

> « Je voudrais savoir si le général Abrams désire effectuer cette opération pour l'intérêt qu'elle offre réellement ou s'il en est partisan seulement parce qu'il pense qu'elle répond à mes vœux. Par conséquent, je vous prie de me donner votre véritable point de vue, ainsi que celui du général Abrams, sur les questions qui précèdent. Je m'en inspirerai au maximum. Veuillez montrer ce message au général Abrams. »

Dans la soirée, la note de Laird et la réponse de Bunker et d'Abrams étaient arrivées. Laird réaffirmait sa position antérieure : il s'opposait à un recours aux troupes américaines au Cambodge ; en conséquence, il était partisan de l'opération sud-vietnamienne contre le « Bec de Perroquet », complétée si nécessaire par l'attaque de la base 704, qui devait être également lancée par les forces sud-vietnamiennes. Il faut porter au crédit de Laird le fait que, lorsque Nixon eut décidé de l'intervention américaine, il n'entreprit pas, selon la mode, de se désolidariser ; ce maître dans l'art du laisser-filtrer ne révéla jamais non plus publiquement qu'il s'était opposé de façon formelle et par écrit à une intervention militaire massive au Cambodge.

Quant à Abrams et à Bunker, ils recommandaient fermement l'attaque alliée combinée sur l' « Hameçon » comme « la plus souhaitable » — de préférence, conjuguée avec l'attaque contre le « Bec de Perroquet », qui constituait la seconde cible importante. La base 704, confirma Abrams, « ne se comparait en rien » avec les deux autres au point de vue de l'importance. Bunker et Abrams estimaient qu'aucune autre opération au Vietnam du Sud ne produirait de résultats comparables. Abrams se garda de donner aucune estimation des pertes éventuelles, mais s'engagea à faire tout ce qui serait en son pouvoir pour réduire ces pertes à « un strict minimum ».

Aucune nouvelle de Rogers, à part les communiqués de presse relatant sa déposition auprès de la Commission des Relations extérieures du Sénat, et signalant qu'aucune décision au sujet de l'utilisation des forces américaines au Cambodge n'avait encore été prise.

Comme pour la plupart des décisions comportant une sérieuse implication politique, Nixon décida de convoquer John Mitchell. Nous restâmes tous les trois jusqu'à près de minuit à étudier rapports et notes et à analyser le pour et le contre de chacune des options offertes. En fin de compte, Nixon décida de s'en tenir à sa première décision, et d'en informer Laird et Rogers dans la matinée, en présence de Mitchell. Il me demanda de préparer une nouvelle ordonnance et de changer la phrase critiquée par Laird : le W.S.A.G. serait chargé de la « coordination » et non de l' « exécution ». L'ordonnance restait par ailleurs inchangée. des semaines précédentes, le Président insista : l'Amérique ne serait pas « humiliée ». Nous ne céderions pas à l' « anarchie » ; nous ne serions pas un « géant de ne pas emprunter la grande porte quand je sortirais avant son entrevue avec Rogers et Laird. Il pensait qu'il n'était pas souhaitable que je devienne la tête de Turc des ministères. Au cours de son entretien de vingt minutes avec Rogers, Laird et Mitchell, le Président réaffirma sa décision de lancer l'opération des forces américaines et sud-vietnamiennes combinées contre l' « Hameçon ». Il prenait note que les ministres des Affaires étrangères et de la Défense s'étaient opposés à l'utilisation des forces américaines et que le Dr Kissinger « penchait de leur côté ». (Cela n'était d'ailleurs plus vrai : j'avais changé d'attitude au moins une semaine plus tôt. Comme d'habitude, je pensai que c'était pour un amalgame complexe de raisons que Nixon me mettait dans le même bain que ses deux ministres. Il voulait sincèrement et généreusement me protéger contre les représailles des ministères ; mais il désirait sans doute également se montrer à la hauteur de l'image qu'il avait de lui-même : celle du chef combattant seul et soutenant ses collaborateurs défaillants.) Nixon leur donna l'assurance qu'il dicterait un résumé des événements qui avaient abouti à sa décision faisant clairement état de l'opposition de ses principaux conseillers ; leurs points de vue seraient officiellement enregistrés ; il assumerait l'entière responsabilité de la décision[10].

La décision définitive n'était donc pas le fait d'un accès furieux de déraison, comme les clameurs de protestation qui suivirent le laissèrent entendre. Elle fut prise prudemment, après beaucoup d'hésitation, par un homme qui avait dû discipliner ses nerfs quotidiennement pour faire face à ses collaborateurs et vaincre la procrastination inconsciente ou délibérée de ses ministères. Assumer l'entière responsabilité ne manquait pas de noblesse. La décision ne fut pas prise derrière le dos de ses principaux conseillers comme on l'a prétendu — alors que ce fut le cas pour d'autres décisions ultérieures. Nixon passait par-dessus ses ministres ; mais il ne les laissait pas dans l'ignorance. Telle est l'essence de la Présidence, l'inévitable solitude de la charge à laquelle venait s'ajouter, dans le cas de Nixon, la propension de ses principaux collaborateurs du cabinet à lui laisser toute la charge et à prendre leurs distances vis-à-vis de lui face à l'opinion Son goût du secret et ses méthodes tortueuses renforçaient certainement leur tendance à le laisser agir seul. Mais ses vues étaient connues. On avait eu assez d'occasions d'en débattre. Le fait demeure que, en substance, dans l'affaire cambodgienne, Nixon avait raison. Et il était le Président. Il est certain que la temporisation dans l'exécution des directives présidentielles, l'exégèse — afin de les combattre — des volontés clairement exprimées par le Président, confortèrent Nixon dans son goût déjà affirmé pour la prise de décision secrète et solitaire.

La confrontation avec des gens qui ne partageaient pas ses vues l'atteignait profondément. Après la rencontre du Bureau ovale, il se retira dans ses pénates du Centre administratif, pour n'en plus ressortir jusqu'à son discours du 30 avril annonçant l'incursion au Cambodge. Je passais des heures avec lui chaque jour, le mettant au courant des dernières mises au point du plan d'action. Pat Buchanan rédigea le premier jet, d'après le canevas brut fourni par mon équipe. Mais l'essentiel était de Nixon. Il fournit la rhétorique et le ton. Il consacra des heures chaque jour aux versions successives.

Un matin, il me montra un papier rayé jaune de son bloc sur lequel il avait jeté les divers arguments pour et contre ; je sortis une feuille jaune semblable de ma poche. Nous étions arrivés à des conclusions pratiquement identiques, peut-être parce que nous nous les étions répétées lors de nos fréquentes entrevues. Mais dans les jours précédant l'annonce de cette cruciale décision du début de sa carrière présidentielle, Richard Nixon fut pratiquement seul, assis dans la pénombre de son bureau du Centre administratif, la stéréo diffusant doucement une musique néo-classique, méditant, rageant, rassemblant ses idées, remâchant sa colère. La rhétorique churchillienne de son discours était moins le reflet de l'importance réelle du choix que de l'incontestable défi à l'égard de ce qui allait devenir – il le savait – une controverse colossale à propos d'une décision qu'il croyait profondément juste et à laquelle il était parvenu sans beaucoup d'enthousiasme ni d'aide de la part de ses collaborateurs.

Je passais mon temps à aider le Président et à coordonner la mise en œuvre de sa décision. Quand la direction d'un ministère prend conscience qu'une décision est irrévocable et ne peut plus être changée par d'adroites exégèses et par des fuites à l'extérieur, elle peut devenir un magnifique instrument compétent, efficace, intelligent. Les réunions du W.S.A.G. qui, les semaines précédentes, avaient été des cauchemars de lenteurs et de tergiversations, devinrent aiguës et précises. U. Alexis Johnson, sous-secrétaire d'État aux Affaires politiques chevronné, produisit un magistral plan d'ensemble (on appelle cela un scénario, en termes administratifs) de sa spécialité, assorti d'un calendrier heure par heure, pour chacun des individus et des départements concernés, jusqu'à l'heure zéro, et même après.

L'opération « Rock Crusher », comme on l'avait appelée, ou « Toan Thang 42 » (« Victoire totale ») pour les Sud-Vietnamiens, fut lancée contre le « Bec de Perroquet » dans la nuit du 28 avril. Cinquante conseillers américains environ accompagnèrent la vague initiale et furent rejoints par vingt-deux autres au cours des quatre premiers jours.

Le jour fatal du 30 avril, le Président prononça son discours à 21 heures ; il expliqua à un public angoissé que « les actions de l'ennemi au cours des dix derniers jours mettaient en danger la vie des Américains qui se trouvaient au Vietnam, et constituaient un risque inacceptable pour ceux qui seraient encore là après l'évacuation d'une nouvelle tranche de 150 000 ».

Il commença par expliquer, sur une carte, que les Nord-Vietnamiens avaient commencé à menacer Phnom Penh et élargissaient leurs bases précédemment isolées en les regroupant en un « vaste théâtre et tremplin pour leurs attaques contre le Vietnam du Sud le long de 1 000 km de frontière ». Nous avions trois possibilités : ne rien faire ; « procurer une aide militaire massive au Cambodge » ; balayer les sanctuaires. La décision qu'il annonça était celle d'un assaut combiné des forces américaines et sud-vietnamiennes contre le « Q.-G. de l'ensemble de l'opération militaire communiste au Vietnam du Sud ». L'action était limitée, temporaire, n'était dirigée contre aucun autre pays ; elle était indispensable à la vietnamisation et devait permettre de limiter nos pertes au minimum.

Avec une éloquence sans rapport avec le sujet, mais qui traduisait les tensions des semaines précédentes, le Président insista : l'Amérique ne serait pas « humiliée ». Nous ne céderions pas à l' « anarchie » ; nous ne serions pas un « géant pitoyable et désarmé », et nous ne donnerions pas « l'argument facile » consistant à accabler les gouvernements précédents. C'était bien du « cru Nixon ». Il avait « écarté toutes considérations politiques » :

> « Une victoire de mon parti aux élections de novembre ne saurait être comparée à la vie de 400 000 courageux Américains combattant pour notre pays et pour la cause de la Paix et de la Liberté au Vietnam. Ne rester à la Présidence que le temps d'un mandat est de peu d'importance si l'on considère que, par leur inertie, les États-Unis se montreraient indignes de conduire les forces de la liberté dans une période critique de l'Histoire du monde. Je préférerais ne rester Président que le temps d'un mandat et faire ce que j'estime être juste, que d'envisager un autre mandat au risque de voir l'Amérique devenir une puissance de second rang et notre nation accepter la première défaite de sa prestigieuse histoire longue de 190 ans. »

La critique ne manqua pas de dire que ce discours semait la discorde, était apocalyptique dans ses vues, excessif dans ses prétentions. Nixon n'aurait à affronter de nouvelles élections que dans deux ans. Il avait trop personnalisé le problème. Certes, le discours ne satisfaisait pas ceux qui n'espéraient que la fin de la guerre au Vietnam, une fin qui signifiait un arrêt total et immédiat des combats, quelles que soient les conséquences. Sans doute Nixon aurait-il dû montrer plus de compassion envers ceux qui étaient vraiment déchirés par les angoisses et les incertitudes d'une guerre si étrangère à notre expérience. Il avait joué le jeu de ses critiques en présentant une opération essentiellement défensive, limitée dans le temps et dans l'espace, comme un événement bouleversant, destiné à éprouver les consciences, ce qui donnait du crédit à leurs propos assurant qu'il avait outrepassé son autorité présidentielle en « étendant » la guerre. Il avait même ajouté une phrase sans rapport avec le thème central de son discours et qui s'avéra mensongère. Il avait en effet affirmé que nous n'avions pas jusqu'ici attaqué les sanctuaires — oubliant tout simplement les bombardements secrets.

En toute objectivité les critiques ne firent guère d'efforts pour déceler derrière l'éloquence le caractère réaliste de la décision. Car, au-delà d'un ton geignard ou vaniteux, le bien-fondé de la cause était aveuglant. Nous n'avions pas encouragé le coup militaire au Cambodge et nous n'en étions même pas informés. Nous n'avions pour ainsi dire rien fait durant quatre semaines. Nous avons été piégés dans cette action, lorsque Le Duc Tho lia la guerre du Cambodge à celle du Vietnam, lorsque Sihanouk remit son destin aux mains des communistes, lorsque les forces nord-vietnamiennes surgirent des sanctuaires et commencèrent à pénétrer très avant au Cambodge avec pour objectif évident de renverser le gouvernement et d'établir une zone continue dans la moitié sud du Vietnam du Sud, d'où la guerre pourrait être poursuivie à partir d'une base logistique bien meilleure. Dans ces conditions, ou bien il fallait suspendre nos retraits, ou bien la vietnamisation n'était que le subterfuge à un démantèlement d'un pays allié. L'excès d'éloquence de Nixon ne changeait rien à la réalité : nous n'avions que trois choix possibles. Ne rien faire équivalait à l'effondrement du Cambodge et du Vietnam du Sud. Si nous pensions vraiment réduire notre engagement au Vietnam, sans laisser tomber ceux qui avaient remis leur destin entre nos mains, il fallait empêcher Hanoi de réaliser ses plans vis-à-vis du Cambodge. En bref, les incursions dans les sanctuaires étaient la seule solution compatible avec une retraite contrôlée d'Indochine et notre seule façon d'empêcher la domination de Hanoi sur la région.

Le Q.G. communiste fantôme et autres batailles

Les forces américaines et sud-vietnamiennes pénétrèrent dans la zone « Hameçon », le 1er mai à 7 h 30 du matin, heure de Saigon. Le jour même, Nixon fit une visite impromptue au haut commandement militaire du Pentagone et donna l'ordre, auquel il avait réfléchi depuis longtemps, de faire des incursions sur toutes les autres bases. Douze bases ennemies furent donc attaquées au cours des trois premières semaines. Certaines opérations étaient menées conjointement par l'armée américaine et l'armée sud-vietnamienne ; certaines étaient menées par les seuls Sud-Vietnamiens avec l'aide de l'aviation et de la logistique américaines. Certaines étaient de courte durée (entre une semaine et dix jours) ; d'autres aussi longues que la campagne.

Deux bateaux et deux avions de patrouille de la marine américaine prirent leurs postes de combat au large du port de Sihanoukville (alors rebaptisée Kompong Som) hors de la limite de 19 kilomètres. Ils furent chargés de surveiller le port et d'en faire le blocus en cas de nécessité. Cela dura jusqu'au 13 juin. Le 26 mai, ce programme secret d'oprations prit fin ; les raids effectués par les B-52 se poursuivirent officiellement pour venir en aide aux forces terrestres américaines au Cambodge. De plus, il y eut deux jours de raids aériens au Vietnam du Nord contre trois bases de réserves, juste au nord de la zone démilitarisée. Le général Abrams avait appelé l'attention sur ces complexes logistiques qu'il considérait comme le centre de l'approvisionnement ennemi. Dans son discours, Nixon avait mis en évidence la présence du C.O.S.V.N. dans la zone d'« Hameçon », le désignant comme l'un des objectifs de notre attaque. Laird avait, avec raison, mis en garde contre cette affirmation, mais il ne vit son texte du discours que deux heures avant qu'il soit prononcé. Nixon était resté inflexible. Ce qui eut pour résultat un de ces célèbres trous de crédibilité, sans rapport avec le sujet mais qui ébranlent la confiance de l'opinion. Les communistes cambodgiens confirmèrent huit ans plus tard ce que certains Américains n'avaient pas cru au moment où Nixon l'avait dit, à savoir que le C.O.S.V.N. était vraiment installé dans la zone du « Hameçon »[11]. Dans les comptes rendus à la presse qui précédèrent le discours, j'avais admis que le C.O.S.V.N. était très mobile et que nous ne pensions pas le capturer intact. Mais en fait, l'assaut porté contre le sanctuaire d'« Hameçon » disloqua le C.O.S.V.N., permit de capturer ou de détruire la plupart de son personnel, de ses réserves et de ses installations. Le 18 mai, le C.O.S.V.N. informa les unités sous ses ordres qu'il était sérieusement menacé par les attaques alliées. Il demanda à toutes ses stations de radio mobiles de rester à l'écoute, puisque le quartier général ne se remettrait en communication que brièvement et seulement en cas de nécessité absolue. Le C.O.S.V.N. resta longtemps hors circuit tandis que ses équipes essayaient à plusieurs reprises de rétablir le contact radio. Mais comme nous ne pouvions pas citer nos informations secrètes, nous fûmes désemparés devant l'ironie impitoyable des media à propos de notre poursuite d'un quartier général fantôme.

Le C.O.S.V.N. mis à part, personne ne doutait du succès. Vers la fin du premier mois, cinq tonnes et demie de documents ennemis furent pris, fournissant des renseignements d'importance vitale sur la stragégie ennemie au Vietnam, les plans détaillés de campagne pour renverser le gouvernement de Phnom Penh, et le détail du ravitaillement en armes transitant par Sihanoukville qui se révélèrent bien plus élevés que toutes nos estimations les plus pessimistes sur l'importance de Sihanoukville. Le 22 mai, le ministère de la Défense estima que l'infiltration de douze mille soldats nord-vietnamiens avait été stoppée par nos opérations. Les communiqués communistes firent état de la disparition de stocks mis en réserve pour plus tard, en prévision de la saison des pluies. Du côté communiste, le nombre de déserteurs augmenta énormément. Dans son compte rendu final à la Nation, Nixon énumérait les quantités de matériel saisi :

- « 22 892 armes légères, suffisantes pour équiper environ 74 bataillons complets d'infanterie nord-vietnamiens et 2 509 pièces d'artillerie lourdes à chargement assisté (assez pour équiper 25 bataillons complets d'infanterie nord-vietnamiens) ; des munitions pour assurer près de quinze millions de tirs, à savoir la quantité de tirs effectués sur le Vietnam du Sud au cours de l'année précédente ;
- 14 millions de livres de riz, assez pour nourrir tous les bataillons d'assaut que nous estimions se trouver au Vietnam du Sud pendant environ quatre mois ;
- 143 000 roquettes, mortiers et armes à tir sans recul, utilisés contre les villes et les bases. D'après notre récente expérience, le nombre de mortiers, de roquettes lourdes et d'armes à tir sans recul équivalait à la quantité de tirs ennemis pendant environ quatorze mois au Vietnam du Sud.
- Plus de 199 552 tirs anti-aériens, 5 482 mines, 62 022 grenades et 83 000 livres d'explosifs comprenant 1 002 cartouchières ;
- Plus de 435 véhicules ; 11 688 blockhaus et autres constructions militaires détruits.

L'impact militaire aurait pu être encore plus grand si nous n'avions pas arbitrairement ordonné le repli de nos forces au bout de deux mois. L'énorme clameur de l'opinion était profondément paralysante.

Peu après son discours du 30 avril, Nixon commença à exiger des marques, puis des preuves substantielles de nos retraits des sanctuaires cambodgiens. La date limite du 30 juin n'avait été pour lui qu'une approximation hâtive, mise en avant pour calmer les leaders du Congrès et leur donner une indication sur la durée de la campagne; mais elle ne tarda pas à devenir sacro-sainte. Lors d'une autre mise au point avec les parlementaires, il fixa brusquement une limite de trente kilomètres à la pénétration américaine (que le Pentagone convertit inexplicablement en vingt et un miles). Le Président s'apprêtait à commettre l'éternelle erreur de notre politique militaire au Vietnam consistant à agir avec assez de force pour provoquer des vagues de protestation, mais ensuite, à coups d'hésitations, à enlever à nos actions leur force d'impact. Les limitations de temps et d'espace imposées à nos forces ne contribuèrent que marginalement à apaiser le Congrès et les media, mais nous empêchèrent certainement de retirer des opérations tout le bénéfice que l'on pouvait en attendre. Les bases s'étendaient alors sur des centaines de kilomètres carrés; les caches ne pouvaient être découvertes que par des recherches systématiques, et il fallait du temps pour transporter les prises. La limitation de temps ne permettait pas des recherches approfondies, et la limitation géographique favorisait l'ennemi : il lui suffisait de déplacer ses forces et ses caches. Je doute que nous ayons provoqué davantage d'hostilité publique en prolongeant la campagne des un ou deux mois nécessaires à nos recherches. Et nous aurions peut-être pu empêcher les communistes de garder des bases qui leur permirent finalement d'avoir l'avantage au Cambodge. Les réserves, bien qu'empêchant un succès total, nous permirent cependant d'atteindre nos principaux objectifs. L'attaque des sanctuaires facilita notre retrait du Vietnam; elle épargna des vies; même si, par la suite, les communistes réoccupèrent partiellement les sanctuaires, ils étaient désormais privés de réserves et pouvaient difficilement soutenir une offensive.

Des spécialistes de mon équipe estimèrent que nos opérations anéantirent ou prirent jusqu'à 40 pour 100 de la totalité des réserves ennemies au Cambodge. Mes estimations personnelles étaient prudentes. Dans de brefs comptes rendus à la presse au début des opérations, et au cours de conversations avec le Président, j'avais prédit que la dislocation des réserves de l'ennemi et que les opérations menées contre lui nous « rapporteraient » six à huit mois. Après un voyage qu'il fit en Indochine pour notre compte, Sir Robert Thomson acquit la certitude que les communistes seraient incapables de se reconstituer des réserves durant la saison des pluies cette année-là ou de recompléter leurs stocks pendant la saison sèche. Ce n'était qu'après la saison des pluies suivantes qu'ils pouvaient espérer retrouver le niveau de stockage antérieur. En d'autres termes, il pensait que nous avions gagné au moins deux ans.

Thompson avait raison. Après 1969, la guerre au Vietnam était devenue une course entre nos retraits, l'amélioration de l'armée sud-vietnamienne et la capacité d'Hanoi à contrecarrer ce processus en lançant des offensives. Comme le rôle de l'armée américaine diminuait, tout ce qui pouvait affaiblir Hanoi était très important pour nous. Hanoi devait combattre loin de ses bases, son approvisionnement était interrompu et ses stocks épuisés : elle fut donc obligée d'abandonner ses plans initiaux. Quelles qu'aient été les conclusions des spécialistes, il n'y eut pas par la suite de combats importants durant deux ans dans les zones du Vietnam du Sud qui avaient été les plus exposées aux attaques partant des sanctuaires. Le Delta du Mékong et les zones très peuplées furent effectivement protégés. Et lorsque Hanoi lança son offensive générale au printemps 1972, sa poussée la plus forte fut entreprise dans la zone démilitarisée, là où ses lignes de ravitaillement étaient les plus courtes ; ses attaques partant du Cambodge furent les plus faibles et les plus facilement contenues.

Pour des Américains, bien sûr, le critère essentiel était le montant des pertes. Pendant l'attaque des sanctuaires, elles augmentèrent quelque peu sans toutefois jamais dépasser le quart des 800 morts hebdomadaires craints par Laird. Ensuite, le nombre de morts pendant les combats tomba en dessous de cent par semaine pour la première fois en quatre ans. Il continua à baisser au cours des mois suivants. Chaque mois à partir de juin 1970, le chiffre des pertes s'éleva à moins de la moitié de celui des mêmes mois de l'année précédente. Vers mai 1971, un an plus tard, il était tombé à 35 par semaine ; en mai 1972, à 10 par semaine. Une chose est sûre, le retrait des forces américaines fut un facteur ; mais nous eûmes plusieurs centaines de milliers d'Américains jusqu'en 1971 au Vietnam et, si elle en avait eu les moyens, Hanoi aurait pu infliger des pertes beaucoup plus élevées. Si elle ne l'a pas fait, c'est essentiellement parce que l'opération cambodgienne nous avait permis de respirer.

Aucune des complications sur le plan international brutalement annoncées par certains critiques ne se matérialisa. L'Union soviétique lança des pointes, mais se garda bien de faire des menaces précises. Le 14 mai, Kossyguine tint une conférence de presse dure où il s'interrogea sur la possibilité pour les Soviétiques de croire aux entreprises internationales de l'Amérique, malgré notre « violation » de la neutralité cambodgienne. Mais il n'établit aucune relation entre ces doléances et les pourparlers SALT. Il n'associa pas la cause soviétique à la déclaration au sommet des « Peuples de l'Indochine » ; pas plus qu'il ne désavoua le gouvernement Lon Nol. Le 18 mai, Nikolaï Firoubine, adjoint au ministre des Affaires étrangères soviétique, déclara à l'un de nos alliés européens que les Russes avaient l'intention de maintenir leur ambassade à Phnom Penh, puisqu'il n'y avait rien d'autre à faire. Firoubine décrivit la situation au Cambodge comme confuse et Sihanouk comme un prisonnier de Pékin.

Les Chinois, quoique dans une langue plus colorée, étaient également prudents. Le 4 mai un communiqué de leur gouvernement mit « sérieusement » en garde les États-Unis contre leur « provocation évidente ». Rappelant le dicton de Mao disant que les États-Unis étaient un « tigre de papier », la Chine affirma que les « trois peuples d'Indochine » gagneraient sûrement s'ils restaient unis. Un éditorial du *Quotidien du Peuple* reprit les mêmes thèmes le jour suivant, confortant les révolutionnaires chinois dans l'idée que « la vaste étendue de la Chine est une aire de repli sûre ». En d'autres termes, dis-je au Président, « les Chinois font savoir qu'ils ne feront rien ». Le 20 mai, une déclaration inattendue fut publiée au nom du Président Mao, sous le titre serein de « Citoyens du monde, unissez-vous et battez les agresseurs américains et leurs chiens menaçants ». Mao approuvait le nouveau gouvernement Sihanouk en exil et la « Déclaration au sommet des Peuples de l'Indochine », et réaffirmait que l' « impérialisme américain, qui fait figure d'énorme monstre, n'est qu'un tigre de papier, en proie aux derniers soubresauts sur son lit de mort ». Mon analyse, communiquée au Président le 23 mai, fut que cela n'apportait pas grand-chose à Hanoi, sinon un encouragement verbal.

Loin d'endommager nos relations avec les deux géants communistes, les opérations au Cambodge améliorèrent notre position en créant une nouvelle pomme de discorde entre Moscou et Pékin. Moscou reconnaissant Lon Nol et Pékin Sihanouk, la scission sino-soviétique était transplantée en Indochine. Vers le 10 juin, Dobrynine et moi-même poursuivîmes l'étude des négociations sur SALT, le Moyen-Orient et même sur le sommet américano-soviétique. Les tensions avec Moscou qui se développèrent durant l'été provinrent de divergences d'intérêt dans d'autres parties du monde. Et, vers la fin juin, des signes très clairs nous parvinrent des Chinois annonçant qu'ils étaient prêts à rétablir le contact avec nous.

La crise ne se situait ni sur le champ de bataille, ni dans le cadre de notre diplomatie, mais chez nous.

A l'intérieur

Aucun de ces succès n'eut d'effet sur les poussées de fièvre du printemps 1970, qui firent de l'incursion cambodgienne une époque de tensions extraordinaires. J'étais entré au gouvernement avec l'espoir de pouvoir remédier aux schismes de mon pays d'adoption et travailler à mettre un terme à la guerre. Je sympathisais avec l'angoisse des étudiants impatients de vivre le rêve américain d'un monde où les idées s'imposent par leur pureté sans les équivoques d'un recours au pouvoir. La guerre au Vietnam était le premier conflit montré à la télévision et commenté par une presse largement hostile. La misère, les souffrances et la confusion inséparables de toute guerre furent bientôt le lot de la vie quotidienne des Américains. Nombreux furent ceux qui en attribuèrent les affres aux manquements de leurs propres dirigeants.

Aussi répugnantes qu'aient pu me paraître la bonne conscience et la brutalité de certains adversaires, j'éprouvais des sentiments particuliers à l'égard des étudiants. Ils avaient été élevés par des sceptiques, des relativistes et des psychiatres ; désormais ils allaient à la dérive dans un monde duquel ils exigeaient des certitudes sans sacrifice. Ma génération a échoué en les encourageant à l'égocentrisme et en négligeant de leur fournir les racines. Je passai un temps disproportionné, dans les mois qui suivirent, avec des groupes d'étudiants — une dizaine durant le mois de mai. Je rencontrai des protestataires. J'écoutai, j'expliquai, je discutai. Mais ma compassion envers leur angoisse ne pouvait éclipser mes engagements envers mon pays. Ils étaient là, à mon avis, dans l'erreur autant que dans la passion. Leurs protestations contribuèrent à retarder la fin de la guerre, au lieu de l'accélérer, leurs simplifications ne rapprochèrent pas la paix. C'était un désir dont ils n'avaient pas le monopole. L'émotion n'était pas une politique. Nous devions mettre un terme à la guerre, mais dans des conditions qui ne saperaient pas la puissance de l'Amérique dans son effort pour construire un ordre international nouveau dont dépendait l'avenir des plus fanatiques eux-mêmes.

Il ne serait pas logique non plus d'attribuer à l'éloquence redondante de Nixon ni aux événements de Kent State University la seule responsabilité de l'agitation. Le dialogue dans notre démocratie avait déjà été interrompu. Le mouvement contre la guerre avait été latent depuis novembre, attendant l'occasion de renaître. Vers le milieu d'avril, il y eut des mouvements de protestation dans quelque deux cents villes, grandes ou petites, et la colère était telle que dans la presse du 28 avril relative à la seule opération du « Bec de Perroquet », on assimilait l'opération à une véritable escalade de la guerre. Et cela se passait deux jours avant l'entrée en action des soldats américains et avant le discours de Nixon. Les forces nord-vietnamiennes se promenaient depuis plus d'un mois déjà à travers le Cambodge sans que quiconque ait élevé la moindre protestation contre Hanoi. Cependant la riposte sud-vietnamienne fut stigmatisée dans le *New York Times* (« une véritable renonciation à la promesse présidentielle d'un désengagement en Asie du Sud-Est »), le *Wall Street Journal* (« les Américains veulent quitter l'Indochine dans des conditions acceptables et non s'enfoncer plus gravement dans la guerre ») et le *Saint Louis Post Dispatch* (« une choquante escalade »). La poussée sud-vietnamienne avait pour but de nous permettre une retraite en bon ordre. Mais, au Congrès, on éleva presque immédiatement des barrières devant le projet d'aide au Cambodge, pays victime d'une sauvage invasion de la part des mêmes ennemis et, en fait, des mêmes unités qui se battaient contre nous au Vietnam. Le sénateur J. William Fulbright, président de la Commission des Relations extérieures du Sénat, déclara dans un communiqué à la N.B.C., le 27 avril, après la conférence qui avait causé à Rogers tant d'inquiétude anticipée, que la Commission était unanime sur le fait qu'aider le Cambodge dans sa résistance à la conquête nord-vietnamienne « constituait un nouvel élargissement de la guerre ».

En réalité, toutes les conditions propres à une future explosion se trouvaient réunies avant le discours du Président. Nous étions en pleine « montée des périls ». Aucune action militaire ne pouvait valablement réussir ; les affirmations du gouvernement prétendant le contraire étaient donc autant de mensonges. On nous présupposait si peu responsables de nos propres décisions que le moindre pas en avant semblait conduire à l'engagement unilatéral de centaines de milliers de soldats américains. On avait créé un tel trou de crédibilité qu'il semblait impossible de sortir de cette guerre honorablement. La presse accueillit négativement les propos de Nixon le 30 avril : tout simplement, elle n'y croyait pas. Selon le *New York Times,* c'était « l'illusion militaire — à nouveau » : « Le temps et l'amère expérience ont épuisé la crédulité du peuple américain et du Congrès. »

excessive ». Pour le *Miami Herald*, « le scénario au Cambodge ressemble à s'y méprendre à l'histoire du Vietnam au temps de Kennedy et de Johnson. Nous la connaissons par cœur pour l'avoir entendue cent fois ». Le débat sombrait dans la passion collective.

A peine perceptible à la veille du 30 avril, la nouvelle montée de fièvre se traduisait par une recrudescence des appels à la grève et aux manifestations des leaders étudiants qui avaient déjà donné des preuves de leur talent. Les déclarations du Président, allant du larmoyant au véhément, n'arrangeaient rien dans une situation instable où tout était sujet à fausse interprétation. Son allusion impromptue du 1er mai aux « voyous... saccageurs de campus », mot railleur attrapé au hasard de la conversation par les journalistes au cours d'une visite au Pour le *Washington Post*, c'était « une guerre qui se renouvelait d'elle-même, alimentée par des preuves douteuses, des arguments spécieux et une éloquence Pentagone, était une provocation inutile, même s'il ne concernait qu'un groupuscule d'étudiants qui avaient incendié un immeuble, détruisant les travaux de toute une vie de recherche d'un professeur de Stanford. Lorsque le 4 mai, quatre étudiants nationaux envoyés sur place par le gouverneur de l'Ohio, James Rhodes, pour rétablir l'ordre après plusieurs jours de violence, il y eut une vague de choc qui faillit conduire la Nation et ses dirigeants au bord de l'effondrement psychologique.

Le gouvernement réagit par une note particulièrement maladroite. On demanda à Ron Ziegler de déclarer que la tuerie « devrait nous rappeler à tous une fois encore que lorsque la discorde tourne à la violence, elle conduit nécessairement à la tragédie ».

Les mouvements de grève et de protestation d'étudiants prirent immédiatement de l'ampleur. L'agitation et la violence sur les campus prirent la vedette au détriment de l'affaire cambodgienne elle-même aux yeux de l'opinion. Washington fit figure de ville assiégée. Le mouvement de protestation massif de l'opinion atteignit son apogée le 9 mai, lorsqu'une foule de 75 à 100 000 personnes manifesta par un chaud après-midi de samedi sur l'Ellipse – parc situé au sud de la Maison Blanche. La police cerna la Maison Blanche ; 60 cars stationnés tout autour protégeaient la demeure présidentielle.

Après le 9 mai, des milliers d'autres étudiants, souvent conduits par le corps enseignant, descendirent sur la capitale pour dénoncer l' « escalade » et la « folie » de leur gouvernement. Un millier d'avocats firent les couloirs du Congrès, pour mettre un terme à la guerre, bientôt suivis par trente-trois présidents d'université, architectes, médecins, fonctionnaires de la Santé publique, infirmières, et d'une centaine de directeurs de sociétés venus de New York. La presse alimentait l'opinion. Des éditoriaux exprimaient des doutes au sujet des succès remportés au Cambodge annoncés par le Pentagone. Au-delà de ces démonstrations pour la paix, les étudiants pacifistes montrèrent qu'ils étaient les adeptes imaginatifs d'une stratégie du désordre à laquelle s'ajoutait une inconcevable violence. Quelques 2 000 étudiants de l'université de Columbia s'assirent sur la route à l'heure de pointe. Des feux furent allumés sur le campus de plusieurs universités en guise de feux de joie annonçant la paix. A l'université de Syracuse, le feu détruisit un immeuble neuf tandis que 2 500 étudiants manifestaient à proximité. Les étudiants manifestèrent aussi dans le quartier financier de New York les 7 et 8 mai. En représailles, des ouvriers du bâtiment employés à la construction du World Trade Center (Centre de commerce international) descendirent dans Wall Street et cognèrent sur les manifestants à coups de gourdin et autres armes de fortune. L'incident fut pour beaucoup la révélation horrifiée que les perturbations de l'ordre risquaient de se retourner cruellement contre leurs auteurs. Cela ne ralentit pas le mouvement de protestation mais conduisit Nixon à penser que la masse américaine silencieuse était de son côté.

En effet, un sondage d'opinion montra le soutien réel considérable dont jouissait l'action présidentielle. A la question : « Pensez-vous que les États-Unis doivent envoyer des armes et du matériel pour aider le Cambodge, ou non ? » 48 pour 100 des personnes interrogées répondirent oui, 35 pour 100 non, 11 pour 100 n'exprimèrent aucune opinion, 6 pour 100 émettaient des réserves. A la question : « Approuvez-vous ou désapprouvez-vous la façon dont le Président Nixon envisage la question cambodgienne ? », 50 pour 100 exprimèrent leur approbation, 35 pour 100 leur désapprobation, 15 pour 100 aucune opinion. 53 pour 100 des personnes questionnées exprimèrent leur approbation à la façon dont le Président Nixon conduisait l'affaire du Vietnam, tandis que 37 pour 100 marquaient leur désapprobation, et 10 pour 100 étaient sans opinion.

La vague de fond des media et des protestations estudiantines eut une forte influence sur le Congrès. D'une critique assez fondée du Président, il passa aux tentatives pour imposer une loi sur l'évacuation du Cambodge et y interdire un retour des troupes américaines. Le 13 mai, commença la discussion au Sénat du projet de loi réglementant la vente d'armes et de matériel militaires à l'étranger, que les sénateurs Frank Church et John Sherman Cooper proposèrent de modifier en interdisant l'expansion de l'aide militaire au Cambodge au-delà du 30 juin. D'autre part, un amendement du sénateur Robert Byrd aurait accordé au Président le pouvoir de prendre toutes dispositions nécessaires pour protéger les troupes américaines au Vietnam du Sud. Cet amendement fut repoussé à une faible majorité le 11 juin par 52 voix contre 47. La discussion au Sénat et les escarmouches parlementaires durèrent sept semaines, jusqu'à ce que, le 30 juin, le Sénat finisse par adopter l'amendement Cooper-Church par un vote avec appel nominal de 52 voix contre 37. Ce vote donnait le champ libre aux communistes au Cambodge, alors même que de l'avis de l'Exécutif cela équivalait à une condamnation du Vietnam du Sud. Le projet de loi fut alors présenté à une commission mixte Représentants-Sénat. L'ensemble du projet de loi réglementant la vente d'armes et de matériel militaires à l'étranger demeura dans l'impasse le reste de l'année 1970 par suite du refus des représentants d'approuver l'amendement voté par le Sénat. Mais le mal était fait. En plein milieu d'une flagrante invasion nord-vietnamienne, l'ennemi se voyait dire par le Sénat que le Cambodge était livré à lui-même.

Tandis que l'amendement Cooper-Church était axé sur le Cambodge, l'amendement McGovern-Hatfield au projet de loi sur l'approvisionnement de la

Défense visait à mettre fin à la guerre d'Indochine en supprimant simplement tous les crédits à la fin de 1970, délai étendu par la suite au 31 décembre 1971. La motion fut finalement repoussée par le Sénat, le 1er septembre, par 55 voix contre 39. Mais l'idée était claire ; les sénateurs opposés à la guerre présenteraient amendement sur amendement, contraignant le gouvernement à des combats d'arrière-garde incessants s'il voulait conserver un minimum de souplesse dans les négociations. Hanoi ne pouvait qu'en être encouragé à gagner du temps pour ensuite récolter les fruits de nos sentiments domestiques.

Tout cela accéléra le processus du désenchantement. Les conservateurs étaient démoralisés par une guerre qui s'était transformée en retraite et les libéraux étaient paralysés par ce qu'ils avaient eux-mêmes forgé — car comment auraient-ils pu oublier que c'était un gouvernement libéral qui avait envoyé un demi-million d'Américains en Indochine ? Ils étaient aussi peu disposés à faire face aux conséquences de leurs actions passées qu'à se livrer à un effort sérieux pour garder leur calme. Ils fuyaient désespérément devant leurs responsabilités. Aussi invraisemblable que cela puisse paraître, tous les groupes, les dissidents et les autres, rejetaient la responsabilité sur la Présidence. La grosse plaisanterie pour les jeunes étudiants fut d'entendre leur professeur déclarer que « la meilleure façon de sortir du Vietnam était de le faire en bateau ». La conséquence pratique de cet état de choses fut qu'en l'absence d'alternative sérieuse le gouvernement n'eut d'autre choix qu'entre sa propre politique ou la capitulation.

La texture même du gouvernement se désagrégeait. L'Exécutif était traumatisé. Après tout, c'étaient leurs enfants et les enfants de leurs amis qui participaient aux manifestations. Quelque deux cent cinquante employés aux Affaires étrangères, y compris cinquante membres du Service diplomatique, avaient signé une déclaration par laquelle ils désapprouvaient la politique du gouvernement. Le désaccord mal dissimulé des ministres rendait évident que l'Exécutif était presque aussi divisé que le pays. Le ministre de l'Intérieur, Walter Hickel, protesta publiquement. Le *New York Times* du 9 mai publia que le ministre des Affaires étrangères avait interdit toute interprétation de sa propre attitude, ce qui n'était guère une façon d'approuver le Président. Un groupe d'employés occupa le bâtiment des Volontaires de la Paix sur lequel ils hissèrent un drapeau viet-cong. Robert Finch, ministre de la Santé publique, refusa de faire part publiquement de son désaccord avec le Président, son ami de longue date, comme il le faisait en privé, et les employés de son ministère occupèrent la salle des conférences en signe de protestation [12]. Le Président se voyait comme un roc au milieu du courant ; pourtant, cette agitation l'atteignait lui aussi. Affectant l'indifférence, il était en fait profondément blessé par la haine de ses adversaires. Il aurait donné beaucoup pour gagner un peu de l'affection que les étudiants portaient aux Kennedy enviés et admirés. Victime de ses propres contradictions, Nixon atteignit un tel degré d'épuisement que ses conseillers commencèrent à s'inquiéter. Sa visite maladroite au Lincoln Memorial à cinq heures du matin le 9 mai pour y rencontrer des étudiants n'était que la partie visible de son iceberg psychologique.

Nous étions tous épuisés. Je dus quitter mon appartement, où les opposants n'arrêtaient pas de téléphoner, et aller m'installer dans les sous-sols de la Maison

Blanche pour pouvoir dormir un peu. Malgré la nécessité de contrôler la crise, je passais une grande partie de mon temps en compagnie de collègues inquiets, au bord de la panique ; j'en passais plus encore avec des étudiants et des collègues qui étaient du côté des manifestants. Je parlai longuement avec Brian McDonnell et Thomas Mahoney, deux jeunes pacifistes qui m'annoncèrent qu'ils feraient la grève de la faim à Lafayette Park jusqu'à ce que toutes les troupes américaines se soient retirées. J'eus un entretien dans la salle opérationnelle avec des groupes d'étudiants des différentes universités et nous parlâmes des raisons profondes de leur désespoir, dont la guerre n'était pas l'unique cause selon moi.

Je trouvai ces discussions avec les étudiants bien plus fructueuses que celles que j'avais avec leurs professeurs contestataires. J'avais déjeuné dans la salle opérationnelle avec un groupe de professeurs de Harvard, dont la plupart avaient occupé d'importantes fonctions au gouvernement ; à leur demande, je proposai d'engager une discussion franche sur les raisons de la décision, mais à la condition qu'elle reste confidentielle. Ils avaient été pour la plupart de très proches collègues et amis. Ils n'acceptèrent pourtant pas mon offre. Ils étaient là, non pas en tant qu'éminents universitaires, mais en tant que personnalités politiques représentant des électeurs et un campus excité autant par la tragédie de Kent State University que par la guerre. Auparavant, ils avaient déclaré devant les journalistes (mais pas à moi) qu'ils étaient venus pour m'affronter ; ils annoncèrent leur refus de travailler comme chercheurs ou conseillers pour le gouvernement.

Leur désaccord face à la décision relative au Cambodge faisait bien voir que l'exagération n'était pas le seul fait du gouvernement. Un distingué professeur analysa la situation en disant qu' « on avait oublié de dire au Président que le Cambodge était aussi un pays ; il agissait comme s'il l'ignorait. Étions-nous très engagés au Cambodge ? Si nous l'étions, c'est que notre politique étrangère était lamentable. Si nous ne l'étions pas rien n'en était changé pour autant ». Il croyait dur comme fer que cette action « compromettrait le retrait de nos troupes », alors qu'en fait, c'était le contraire. Ce professeur en était arrivé à cette analyse par une interprétation des faits fort éloignée de la réalité. Il prétendait que Laird, ministre de la Défense, n'était même pas au courant des opérations militaires avant que le Président ne les annonce au public, et il allait jusqu'à soutenir cette idée stupéfiante que « c'était un pari qu'il ne fallait pas prendre, même avec la certitude de le gagner ». D'autres qualifièrent la décision d' « incompréhensible », de « plus horrible que tout ce qu'avait pu faire Lyndon Johnson », de « désastreuse » ou bien encore d' « épouvantable ». Un autre professeur émit l'idée ahurissante qu'une opération menée en huit semaines, à trente-trois kilomètres, risquait d'amener nos officiers responsables à concevoir désormais l'utilisation d'armes nucléaires comme possible. Un autre que c'était nous qui avions provoqué les actions ennemies.

Cette réunion marqua mon passage définitif du monde académique à celui des affaires réelles. Ces gens étaient des sommités dans leur domaine, mais leur vie, consacrée à l'étude, aurait dû leur donner un sens de la perspective. Ils avaient été mes collègues, mes amis. Leur désarroi était compréhensible. N'avais-je pas moi-même traversé une longue période d'hésitation avant de me convaincre qu'il n'y avait pas d'alternative ? Mais un tel manque de compassion, une telle arrogante prétention dans l'indignation morale renforcèrent en moi deux convictions : pour la paix intérieure de notre pays, il fallait mettre fin à la guerre, mais aussi le faire dans des conditions compatibles avec nos responsabilités internationales. Pour cela nous n'avions à attendre aucune aide de ceux avec qui j'avais passé ma vie professionnelle. Les blessures devraient attendre la fin de la guerre pour se cicatriser. En l'occurrence elles ne le furent jamais.

Le Cambodge *n'était pas* un problème moral. Ni Nixon ni ses adversaires n'auraient dû le poser en ces termes. Le choix à effectuer était d'ordre tactique : il s'agissait de savoir si utiliser les troupes américaines durant huit semaines pour neutraliser les sanctuaires était le meilleur moyen de préserver le rythme et la sécurité de notre évacuation du Vietnam et d'empêcher Hanoi de mettre la main sur l'Indochine. Des hommes raisonnables pouvaient penser différemment, mais toute discussion était devenue impossible. Lorsque le Président voulut comparer sa décision à une des décisions cruciales de la Seconde Guerre mondiale, il souleva un tollé, on dit qu'il avait perdu la tête, que sa conduite était devenue irrationnelle, que c'était lui qui avait provoqué l'ennemi et que ses actions étaient immorales, même si elles *réussissaient*.

Mais ce n'était pas notre intervention cambodgienne qui était en cause. Nous étions devant la même crise qui avait déchiré le pays l'année précédente, au moment du Moratoire. Existait-il des termes d'accord au sujet desquels les États-Unis devaient être intransigeants pour leur honneur, leur position mondiale, après tous les sacrifices consentis ? Ou fallait-il capituler sur-le-champ et sans conditions ? Un règlement politique autre que l'imposture expéditive d'un gouvernement communiste à Saigon, comme le recommandait le sénateur Fulbright, était précisément ce que Hanoi avait toujours refusé. Le Duc Tho me l'avait confirmé dans des termes sans équivoques trois semaines plus tôt. Ce qu'aucun de nos adversaires même modérés ne voulait admettre, c'était que si nous refusions d'aider le Cambodge, comme il nous le demandait, nous n'aurions bientôt plus qu'à accepter les conditions de Hanoi avec lesquelles aucun d'entre eux n'était d'accord. Nos adversaires, eux, affirmaient — mais sans le plus petit élément de preuve — qu'il devait bien y avoir un certain choix politique, une formule magique de neutralité que nous aurions délibérément rejetée : la décision panique de fixer au 30 juin la date limite du retrait de nos forces du Cambodge fut la conséquence directe de la pression exercée par l'opinion publique.

Le sentiment d'insécurité était pire chez les cadres moyens de l'administration, où la contestation eut pour résultat de faire passer la discussion de la manière de faire réussir l'opération à l'élaboration de restrictions : sur les attaques aériennes tactiques ; sur les opérations sud-vietnamiennes au Cambodge, après notre départ, le 30 juin ; sur le rôle des conseillers américains. L'ambivalence gouvernementale devait fatalement se transmettre à ceux qui étaient sur le terrain — qui devinèrent très vite que Washington ne distribuait pas de médailles à ceux qui faisaient des efforts d'imagination et de hardiesse pour poursuivre l'ennemi au Cambodge. En ce sens, le Cambodge était devenu le microcosme de toute notre action en Indochine.

Il ne peut pas y avoir de gagnants lorsque le dialogue, dans une démocratie, est rompu de façon aussi irrémédiable. Il ne peut y avoir de politique nationale sérieuse lorsqu'on tente de contrecarrer les décisions par un déferlement d'émotions, ou lorsque les responsables se croient obligés de prendre des mesures auxquelles ils ne croient pas eux-mêmes, à seule fin de calmer les manifestations de rues. Il est probable que certains de nos adversaires auraient mieux compris la situation s'ils avaient connu l'existence de mes conversations avec Le Duc Tho. Mais elles devaient rester secrètes car le gouvernement était convaincu que cette discrétion était indispensable si l'on voulait aboutir à des négociations fructueuses. Comment ne pas croire cependant que beaucoup de nos censeurs n'avaient besoin des erreurs présidentielles que comme prétexte ? (S'ils avaient eu connaissance de mes négociations, ils auraient probablement gâché toute chance d'aboutir.) Nous étions donc en présence d'une psychose émotionnelle. On rejetait indifféremment toute explication comme s'il s'agissait de la répétition de ce qu'avaient fait les gouvernements précédents. Nos adversaires faisaient rarement allusion à la question de fond : comment pouvions-nous prendre la responsabilité de retirer nos troupes, de réduire les opérations militaires comme nous étions en train de le faire alors que l'ennemi se permettait d'ouvrir un nouveau front ?

Nos efforts pour trouver une alternative modérée aboutit à de nouvelles pressions visant à nous obliger à fixer un délai pour notre retrait définitif. Le 7 juin, le *Los Angeles Times* demanda un retrait immédiat et complet d'Asie du Sud-Est : « Le temps est venu pour les États-Unis de quitter le Vietnam et de le quitter sans tarder ni tergiverser. » Une période de dix-huit mois, déclarait le *Times* sans la moindre preuve, « serait beaucoup moins riquée que la politique actuelle du Président. » *Life Magazine* l'imita en juillet.

Malheureusement, les arguments en faveur d'un retrait à date fixe ne s'étaient pas améliorés avec le temps. Ou bien le retrait était compatible avec la vietnamisation, auquel cas il serait en accord avec notre politique mais en nous enlevant un sérieux atout de négociations ; ou bien il était arbitraire et c'était un euphémisme pour désigner une défaite, auquel cas nous n'aurions pu justifier le fait de risquer des vies en attendant l'expiration du délai. C'est pourquoi nous mîmes fin aux opérations du Cambodge sans avoir pour autant réglé la question, aux prises avec un ennemi implacable, et avec une opposition intérieure tout aussi implacable.

Le bilan

Les dernières victimes de notre angoisse nationale furent les doux Cambodgiens, des années plus tard, lorsque le gouvernement cambodgien que nous soutenions tomba sous la domination communiste. Ceux qui avaient hurlé pour que nous abandonnions le Cambodge durent alors se livrer à toutes sortes de contorsions intellectuelles pour tenter de faire croire qu'ils n'avaient pas de responsabilités devant les horribles conséquences que leur prise de position avait, en partie, entraînées. Certains affirmèrent que les tensions intérieures du Cambodge qui aboutirent à la chute de Sihanouk étaient dues au mouvement vers l'Ouest des forces communistes, soi-disant provoqué par notre incursion de mai 1970 [13] ou par nos bombardements depuis 1969 [14]. En réalité, comme on le voit clairement sur la carte V, le mouvement vers l'Ouest des Nord-Vietnamiens commença début avril, *avant* notre intervention, provoqué uniquement par un gouvernement cambodgien qui eut l'effronterie de leur demander de quitter son territoire.

Si nous n'étions pas intervenus, les communistes se seraient emparé du Cambodge des années plus tôt. Affirmer que ces idéologues fanatiques auraient envahi le Cambodge brutalement si nous n'étions pas intervenus est peu vraisemblable ; lorsque des tyrans sont si loin de leur peuple, capables d'aussi épouvantables expériences de transformation de la société, si doctrinaires, les critères normaux ne s'appliquent plus. Ces gens n'étaient pas des incompris humanitaires qui, dans un accès de colère vengeresse ripostèrent à des actions menées cinq ans plus tôt par le massacre de leur propre population. On a même vu surgir la thèse bizarre et complètement infondée selon laquelle la cruauté des Khmers Rouges victorieux aurait été la conséquence de la résistance opiniâtre des Américains et Cambodgiens pendant cinq ans [15]. Personne ne peut croire un mot de cette explication sauf les apologistes des meurtriers Khmers Rouges. Sihanouk n'y a jamais cru. C'étaient ceux qu'il avait chassés en 1967 du Cambodge. En avril 1970, il me dit que les chefs Khmers Rouges « avaient toujours été des tueurs » [16], et ce dès le début. Les actions des Khmers Rouges, quand ils arrivèrent au pouvoir, furent purement et simplement la mise en pratique méthodique des théories économiques nourries par des décennies de fanatisme idéologique. Leur chef, Khieu Samphan, dans sa thèse de doctorat à Paris, à la fin des années 1950, écrivait déjà que l'économie cambodgienne et ses structures sociales devaient être transformées par une mobilisation de l' « énergie dormante de la masse paysanne », contre les villes corrompues. Cette théorie fut appliquée vingt ans plus tard avec une perfection ahurissante, une brutalité allant même jusqu'au génocide [17].

Il est peu vraisemblable que Hanoi aurait respecté l'indépendance d'un Sihanouk neutraliste alors qu'elle écrasa plus tard un régime sympathisant, précisément parce qu'il voulait être indépendant. Chaque déclaration de Le Duc Tho le contredit. Nous aurions tenté notre chance avec un Sihanouk neutraliste. Malheureusement, fin avril 1970, les événements et son renversement l'avaient mis dans une position telle qu'il n'aurait pu revenir que comme agent des communistes. Ce fut Hanoi, animée par son insatiable envie de dominer l'Indochine, qui envahit le Cambodge dans les années 1965, qui organisa les Khmers Rouges bien avant que les bombes américaines ne soient tombées sur le sol cambodgien. Ce furent les troupes nord-vietnamiennes qui essayèrent d'étrangler le Cambodge au cours du mois qui précéda notre attaque limitée. Ce sont aussi les troupes nord-vietnamiennes qui renversèrent les Khmers Rouges en 1978-1979. Si nous n'avions pas envahi les sanctuaires, le Cambodge aurait été englouti en 1970 au lieu de l'être en 1975. Si une chose condamna les Cambodgiens libres, ce fut bien la lassitude de la guerre des Américains.

Pauvre Cambodge devenu petit à petit la cible de nos frustrations nationales! Nos censeurs domestiques, contrariés dans leurs divergences sur le moyen de mettre fin à la guerre du Vietnam, eurent plus de succès en imposant l'abdication au Cambodge. Même si c'était le même ennemi qui utilisait le Cambodge comme base, même si Hanoi n'avait pas les moyens d'aller au-delà de ce qu'elle avait déjà entrepris, et que toute augmentation des forces cambodgiennes l'eût affaiblie ou placée en situation de défense, les conseillers américains furent interdits au Cambodge et l'aide américaine fut terriblement réduite. Les Cambodgiens continrent une partie des troupes de Hanoi au Sud, mais nos fonds d'aide furent distribués à contrecœur. Ils s'étaient élevés à deux cents millions de dollars en 1970; mais ils ne pouvaient être utilisés que pour « maintenir en place le gouvernement de Lon Nol » — façon étonnante d'aider un pays sans aider son gouvernement. Cela reflétait à la fois la crainte de nous « enliser » au Cambodge, comme nous l'avions fait dans les autres pays d'Indochine. Et le mythe qui avait cours à cette époque était que nous étions les otages de Thieu et non de Hanoi. On n'a jamais très bien compris comment la détérioration de la situation de nos alliés au Cambodge et au Laos aurait pu faciliter notre désengagement au Vietnam.

La décision du Congrès d'interdire les conseillers militaires au Cambodge fut prise tellement au pied de la lettre par notre ambassadeur qu'il interdit à nos attachés militaires d'aller observer le comportement des unités cambodgiennes. Le Cambodge devint une décharge; les forces sud-vietnamiennes opéraient dans la zone frontalière, les avions américains bombardaient les communications ennemies. Plus les forces cambodgiennes s'affaiblissaient, en grande partie à cause de la réduction de notre aide, plus elles avaient besoin de nos avions, qui constituaient leur seule chance stratégique. Et ce n'est pas la moindre ironie que nos censeurs provoquèrent ce qu'ils avaient en horreur : un recours croissant à l'aviation. Rien de décisif n'était permis. On donnait du temps aux Nord-Vietnamiens pour renforcer l'armée Khmer Rouge, alors qu'on aurait pu les réduire plus tôt. L'armée cambodgienne devait vivre selon la version « colombe » de la doctrine Nixon, et languir jusqu'à ce que son impitoyable ennemi communiste ait rassemblé ses forces pour une attaque à tout-va tandis qu'une Amérique doctrinaire étouffait petit à petit sa capacité de résistance.

Le dilemme cambodgien finit par toucher deux membres de la commission des relations extérieures du Sénat, Richard M. Moose et James G. Lowenstein, dont les visites annuelles en Asie du Sud-Est avaient été la terreur de nos fonctionnaires, car tous deux étaient opposés à la guerre et avaient l'habitude, au cours de visites surprises, de traquer les bêtises administratives. Deux fois par an, leurs rapports étaient une salve dans l'assaut mené par le Congrès contre notre politique au Vietnam. Cependant, au cours d'une visite au Cambodge, fin 1970, Moose et Lowenstein parvinrent à des conclusions fort peu différentes des nôtres et eurent le courage de le dire. L'essentiel de leur rapport fit ressortir le fait que les États-Unis faisaient réellement très peu pour le Cambodge, que le gouvernement cambodgien jouissait d'un large soutien populaire, et que les États-Unis étaient en train de le laisser tomber :

> Il nous a semblé qu'il y avait un fort soutien au général Lon Nol chez les jeunes et les intellectuels – ce qui contraste avec la situation au Vietnam du Sud – de même que chez les fonctionnaires, les membres du Sénat et de l'Assemblée... Les Cambodgiens ont un sens évident d'identité nationale et une détermination à défendre leur pays sans l'aide de troupes étrangères...
>
> Les Cambodgiens ont du mal à comprendre les raisons compliquées du dilemme américain actuel en Asie du Sud-Est. Lorsqu'ils considèrent l'attitude des Américains en Asie au cours des vingt dernières années, ils sont stupéfaits par les signes d'hésitation des Américains à les armer pour se défendre contre des forces armées par la Chine et l'Union soviétique.

Alors que les premiers rapports Moose-Lowenstein exposant la thèse admise avaient été publiés dans de petites brochures et largement distribués, le rapport actuel fut, au contraire, bloqué pendant plusieurs jours par la Commission. Puis, sous la pression de quelques membres, il fut rendu public mais aussi discrètement que possible. Le sénateur Fulbright l'inséra simplement au *Journal Officiel du Congrès*, du 16 décembre 1970, en même temps que quelques éditoriaux de journaux sans attirer l'attention et sans qu'il en soit donné une lecture publique [18].

Sans doute, l'attaque contre les sanctuaires était-elle un choix sur lequel des gens honnêtes et sérieux pouvaient ne pas être d'accord. Mais quand les troupes nord-vietnamiennes se furent répandues sur tout le pays, qu'une « zone libérée » eut été créée sous contrôle communiste comme première étape vers le renversement du gouvernement non communiste de Phnom Penh (tout cela se passant *avant* qu'il y ait eu la moindre réaction américaine), les dés étaient jetés. L'attaque des sanctuaires empêchait la chute immédiate du Cambodge, mais sans écarter la menace à long terme. Ceux qui s'étaient opposés à la décision initiale cherchaient maintenant à revenir en arrière en bloquant toute aide supplémentaire au gouvernement cambodgien. Mais cela ne changea pas la décision et n'empêcha pas non plus l'expansion de la guerre ; le résultat tangible fut de donner à Hanoi et aux Khmers Rouges le temps de souffler pour préparer l'attaque finale. Cela ruina tous les espoirs d'un Cambodge indépendant, libre et neutre. Malgré les mérites du débat de 1970, on peut dire avec vraisemblance que le Cambodge a été en fin de compte victime de l'écroulement de notre appareil démocratique et politique : le gouvernement et ses adversaires pouvaient faire échouer réciproquement leurs politiques, bloquant ainsi toute stratégie cohérente. Tout découla de ce mélange de détermination nord-vietnamienne, de rivalités cambodgiennes et de conflits internes américains, avec la même fatalité que dans une tragédie grecque, faisant tomber du ciel sur ce peuple aimable des horreurs qu'il ne méritait pas, et qu'aucun de nous n'a le droit d'oublier.

En juin 1970, nous ne pensions pas que les choses allaient se terminer si tragiquement. Nous recherchions encore l'équilibre entre la fermeté et la conciliation qui constituerait le meilleur encouragement à des négociations. C'est pourquoi nous demandâmes au général Walters de faire passer un message le 8 mai 1970, proposant une autre rencontre avec Le Duc Tho. Je ne m'attendais pas à ce que Hanoi accepte immédiatement. Le 6 mai, Hanoi ajourna la session de négociations publiques qui devait avoir lieu avenue Kléber jusqu'au 14 mai, et fit une nouvelle déclaration de soutien aux Khmers Rouges. Mais cet ajournement lui-même était, comme le souligna mon équipe, exprimé de façon « assez prudente », révélant un désir de laisser la porte ouverte – ne fût-ce que pour ne pas nous donner prétexte à reprendre les bombardements. Hanoi resta des semaines sans répondre à notre offre de reprendre les conversations secrètes avec Le Duc Tho. Le 5 juin, elle repoussa notre proposition d'une nouvelle rencontre, la qualifiant de « suspension provisoire ».

Mais il était clair que, lorsque la poussière serait retombée et qu'un nouvel équilibre de forces se serait dessiné, nous aurions un nouveau « round » diplomatique. Aussi, le 25 mai, je demandai aux ministères d'étudier les initiatives diplomatiques que les États-Unis pourraient prendre en Indochine. Je suggérai également au Président qu'il nommât un nouveau négociateur de poids à Paris. Les Nord-Vietnamiens avaient insisté là-dessus aussi bien lors des entretiens publics que privés. Je n'ai jamais cru personnellement que cette nomination serait suffisante pour relancer les négociations ; ce que Hanoi attendait avant tout du forum parisien, c'était de nous empêcher de reprendre les bombardements sur le Nord-Vietnam, sous prétexte qu'aucun entretien sérieux n'avait lieu. Mais, je pensais qu'une nomination à haut niveau priverait Hanoi d'un moyen de propagande. Je proposai David K. E. Bruce ; Nixon approuva avec enthousiasme ; Bruce accepta avec ce sens du devoir si caractéristique de cet extraordinaire diplomate.

Je n'ai jamais rencontré haut fonctionnaire plus remarquable que David Bruce. Descendant d'une vieille famille du Maryland, il avait de solides racines en Maryland et en Virginie. Il fut à diverses époques membre de l'Assemblée législative de l'un et l'autre État. Il avait écrit sur les premiers Présidents et ses admirateurs lui trouvaient beaucoup de leurs robustes qualités. Il avait consacré sa vie au bien public. Il avait donné la mesure de son courage dans l'O.S.S. durant la Seconde Guerre mondiale. Beau, riche, équilibré, il n'éprouvait pas le besoin, fréquent chez des hommes de moindre qualité, d'imposer ses vues et de transformer le service public en exercice d'égocentrisme. Son allure exprimait clairement qu'il servait une cause excédant la durée d'une vie humaine. On sentait chez lui la conviction que son pays symbolisait des valeurs dignes qu'on en prenne soin et qu'on les défende. Sa dignité écartait le médiocre et son éloquence retenue prouvait à l'évidence que chez les gens de qualité le fond est inséparable de la forme. Il pensait que l'homme ne pouvait s'améliorer que par la raison et le tact dans un monde dont les imperfections finiraient par céder – ne fût-ce que progressivement – à la patience et à la bonne volonté.

Bruce ne refusait jamais les requêtes honorables d'un Président, pas plus qu'il ne les envisageait en termes de profit personnel. Durant trente ans, il avait été au service de Présidents démocrates ou républicains, comme ambassadeur à Londres, Paris et Bonn. Il devait travailler pour Nixon et Ford dans les négociations du

Vietnam, à Pékin et à l'O.T.A.N. – toujours avec distinction. Il disait ce qu'il pensait, catégoriquement si nécessaire, mais ne faisait rien de particulier pour favoriser son avancement personnel. En un mot, c'était un homme de caractère.

Peu d'hommes ont eu une plus grande influence sur moi que David Bruce. A l'heure de certains choix d'importance capitale, je me tournais instinctivement vers lui. Je ne suivais pas toujours son avis mais je ne manquais jamais de faire appel à ses qualités de discernement, à son sens de l'humour et à son tact infaillible. Il m'empêchait de me prendre trop au sérieux ; il me raffermissait toujours dans l'idée que l'avenir de notre nation valait la peine qu'on s'y adonnât sérieusement.

En juillet 1970, David Bruce, âgé de soixante-douze ans et de santé fragile, s'embarqua dans une aventure où, il le savait bien, ses adversaires s'étaient avant tout fixés pour objectif de le briser. Il comprenait qu'aucun talent oratoire ne saurait remplacer le rapport réel des forces auquel ses interlocuteurs attachaient tant de prix. Il ne tirerait aucune gloire de sa mission à Paris ; il n'y était pas allé pour cela. Mais il savait que l'honneur d'une nation n'est pas une affaire banale ; nous n'avions pas franchi les siècles pour trahir ceux qui avaient cru en nos promesses. Nous avions un long et pénible chemin à parcourir. Mais, aux côtés de David Bruce, le fardeau serait plus supportable. Quelle que fût la mission dont il s'était chargé, on pouvait être sûr que c'était dans l'intérêt de la Nation.

13.
L'énigme soviétique : Europe, SALT et Sommet

Chaud et froid

Les superpuissances se comportent souvent à la façon de deux aveugles armés jusqu'aux dents, se cherchant à tâtons dans une pièce, chacun attendant un coup mortel de l'autre qu'il croit doué d'une vue parfaite. Chaque partie devrait savoir que l'incertitude, le compromis et l'incohérence sont fréquemment à la base de la politique. Et, pourtant, chacune tend à attribuer à l'autre la logique, la clairvoyance et la cohérence qu'elle-même ne possède pas. Bien sûr, à la longue, même deux aveugles armés enfermés dans une pièce finissent par s'infliger de cruelles blessures — sans parler de la destruction du mobilier.

Ce qui pose un problème, dans les relations américano-soviétiques, ce n'est pas seulement qu'elles s'établissent entre deux bureaucraties concurrentes possédant leurs propres convictions et conjectures, c'est aussi que ces bureaucraties ont des conceptions opposées de ce que sont des négociations. Les Américains tendent à croire que toutes les négociations suivent une logique propre et que leur issue dépend en grande partie de l'habileté à marchander, de la bonne volonté, et de la souplesse des participants. Cependant, si l'une des parties n'a qu'un vague programme doublé du désir de parvenir coûte que coûte à un accord, la négociabilité — terme élégant signifiant que l'on sait ce que l'autre camp acceptera — devient une fin en soi, et le résultat est couru d'avance : la partie qui tient absolument à négocier devra constamment battre en retraite. Chez nous, celui qui reste sur ses positions pendant des négociations se voit accuser de « rigidité », d' « obstination » et de « manque d'imagination ». Aucune position n'est jamais définitive. Les critiques demandent que l'on y mette plus de souplesse, et affirment bientôt que les États-Unis ont le devoir de faire des concessions pour sortir de l'impasse. L'autre camp, conscient du combat que nous nous livrons à nous-mêmes, est fortement incité à l'intransigeance pour voir ce que nous offrirons de plus.

Ces caractéristiques des négociateurs américains avaient compliqué notre tâche en 1969. Le débat qui faisait rage chez nous ajouta encore à nos difficultés. Au sein de l'Administration, nous devions mener une lutte apparemment sans fin contre ceux qui voulaient relancer les négociations par des manifestations de bonne volonté. Nombreux étaient ceux, par exemple, qui affirmaient qu'il nous fallait abandonner nos programmes A.B.M. et M.I.R.V. si nous ne voulions pas compromettre définitivement la limitation des armements stratégiques — il apparut en fait que A.B.M. et M.I.R.V. faisaient partie de nos rares cartes jouables. De même, on nous avertissait que des avances à la Chine nuiraient à nos relations avec l'Union soviétique : en fait, elles allaient clarifier plusieurs problèmes.

Nos divisions internes donnaient aux dirigeants soviétiques l'occasion irrésistible de nous prendre en tenailles. Par exemple, le Kremlin soulignait son désir d'entreprendre des négociations sur la limitation des armements stratégiques. Alors que la Maison Blanche tentait de donner une réponse appropriée à la conduite générale des Soviétiques, le reste du gouvernement trouvait d'innombrables moyens, allant des fuites aux allusions, pour faire savoir qu'il était désireux, bien plus, impatient, de commencer à négocier. Sous la direction habile de Dobrynine, l'ambassade soviétique répandait le bruit, parmi les journalistes et les membres influents du Congrès, que le commerce aiderait grandement à relâcher les tensions. Tandis que la Maison Blanche essayait de faire comprendre que les échanges commerciaux accompagnent, mais ne précèdent pas une amélioration des relations politiques, les divers ministères, ainsi que les principaux membres du Congrès, demandaient avec insistance que les restrictions sur le commerce fussent levées au plus tôt. Ainsi, nous passâmes le plus clair de notre première année à tenter de convaincre les Soviétiques et notre administration que nous avions l'intention de baser nos négociations sur ce que nous tenions pour l'intérêt national et non sur des slogans abstraits, sur une réciprocité stricte et non sur des « gestes » ou des « signes ». Fin 1969, aucune des parties n'avait atteint un seul de ses objectifs, mais il semblait cependant que toutes ces prudentes passes d'armes touchaient à leur fin. La « filière » — mes contacts avec l'ambassadeur soviétique Anatoly Dobrynine — était de plus en plus souvent utilisée vers la fin 1969, généralement à l'initiative des Russes. Nous avions réussi à faire comprendre aux Soviétiques, et, avec un petit décalage, à l'Administration, que nous nous en tiendrions au point de vue du Président. Cependant, ce qui était transmis par la filière, début 1970, était aussi peu édifiant que le coup d'ouverture d'une partie d'échecs. Chaque joueur était décidé à éviter une erreur irréparable : les coups étaient prudents, révélaient aussi peu que possible les intentions des adversaires, et inspiraient donc la plus grande prévoyance à chacun d'entre eux.

Le 22 décembre 1969, lorsque je rencontrai Dobrynine pour un examen général de la situation, celui-ci déclara, tous sourires dehors, que Moscou s'attendait à devoir traiter avec Nixon pendant sept ans encore. Moscou ne pouvait se permettre de temporiser pendant tout ce temps-là, et Hanoi encore moins. Chose étonnante, il suggéra que Moscou n'avait pas vraiment d'intérêts en Asie du Sud-Est, s'étant engagé par « erreur ». Il n'expliqua pas en quoi consistait cette erreur. Selon lui, la Chine était la seule bénéficiaire d'une poursuite de la guerre.

Dobrynine énuméra ce qui provoquait l'amertume de l'Union soviétique : notre insistance à vouloir mettre en place un système A.B.M., l'impasse des négociations sur le Moyen-Orient, le refus d'inviter Gromyko à la Maison Blanche alors que Nixon recevait l'adjoint au ministre des Affaires étrangères de Roumanie, notre obstination à vouloir faire dépendre les négociations les unes des autres (linkage). Il termina en demandant si nous ne pourrions pas utiliser la « filière » pour discuter des problèmes essentiels, même si nous décidions d'attendre la fin de la guerre du Vietnam pour mettre en pratique tout accord auquel nous parviendrions. Je dis à Dobrynine qu'une réponse positive me paraissait probable. Nous nous rencontrâmes à nouveau le 20 janvier 1970, sous prétexte d'une note soviétique protestant contre les réunions de commissions du Parlement ouest-allemand à Berlin-Ouest. La note passa par la filière présidentielle, où on ne lui ferait aucune publicité : manifestement, Moscou ne voulait pas de crise en Europe Centrale.

Dobrynine profita de l'occasion pour s'enquérir de nos récents contacts avec les Chinois à Varsovie. Il espérait que je comprenais que c'était là un point « névralgique » pour Moscou. Ne lui donnerais-je aucune information à ce sujet ? Je n'ai toujours pas compris pourquoi les Soviétiques s'inquiétaient constamment de la Chine; près de dix ans plus tard, ils manifestèrent la même agitation à l'occasion du traité sino-japonais. Ces questions incessantes ne pouvaient que les desservir. Si l'Union soviétique avait réellement matière à s'inquiéter, il y avait peu de chances qu'elle obtînt jamais de réponse franche ; au contraire, cela nous rappelait notre avantage stratégique — et ce fut bien ce qui se produisit en 1969. Sans aucun doute, les supérieurs de Dobrynine à Moscou pensaient, à leur façon bureaucratique, qu'on ne pourrait leur reprocher de ne rien savoir des entretiens de Varsovie s'ils pouvaient établir qu'ils n'avaient pas ménagé leurs questions — sans comprendre à quel point cela les faisait paraître mal assurés.

Je m'étais toujours opposé à ce qu'on informât Moscou de la teneur de nos conversations avec les Chinois, parce que c'eût été faire la partie belle aux Soviétiques : ils auraient pu utiliser ces renseignements à leur façon pour raviver à Pékin les craintes d'un condominium américano-soviétique. Je répondis donc à Dobrynine que si Moscou avait une « névralgie », ses supérieurs ne croiraient de toute façon rien de ce que je pourrais lui raconter. Dans tous les cas, même sans renseignement de ma part, il devait être clair que nous n'étions pas en situation d'« utiliser » la Chine comme menace militaire. En même temps, Moscou devait comprendre que nous avions nous aussi notre point « névralgique » : le Vietnam. Je soulignai que la diffusion récente, par Radio Moscou, de messages provenant de prisonniers de guerre américains était un acte inamical.

Lors de cette réunion, Dobrynine voulait, en fait, essentiellement reprendre notre conversation du 22 décembre sur l'utilisation de la filière. Il commença, avec une absence inhabituelle de finesse, par essayer de voir comment je réagirais à l'idée d'une réunion au sommet, en me demandant des précisions sur une remarque attribuée à l'ambassadeur du Japon, et selon laquelle Nixon avait l'intention de rencontrer les dirigeants soviétiques à la fin de l'été ou au début de l'automne. Je lui assurai que lorsque nous serions prêts à une réunion au sommet, nous ne passerions pas par un intermédiaire.

Pour finir, Dobrynine me rapporta la réaction de Moscou à notre précédente conversation. Les dirigeants soviétiques étaient tout à fait disposés à de sérieuses discussions par la filière. Dobrynine me proposa de n'aborder qu'un seul sujet à la fois. Il me ferait bientôt part des points de vue soviétiques sur la sécurité européenne ; d'ici le 1er avril, date à laquelle devaient reprendre les négociations SALT, je pourrais peut-être définir la façon dont nous envisagions le problème. J'acceptai cette procédure.

Ainsi, à la fin du mois de janvier 1970, nous semblions nous trouver au seuil d'un dialogue sérieux. Malheureusement, comme cela leur arrivait si souvent, les Russes virèrent soudain de bord. Il n'y eut jamais de discussion sur la sécurité européenne : Dobrynine n'en reparla plus, tout simplement. Il n'y eut pas non plus d'échanges concrets sur SALT. Au lieu de cela, le 31 janvier, Dobrynine vint à mon bureau pour transmettre une mise en garde de Kossyguine au sujet des opérations militaires israéliennes le long du canal de Suez. Si les raids aériens israéliens en Égypte se poursuivaient, disait le message, l'Union soviétique « se verrait contrainte de mettre à la disposition des pays arabes les moyens nécessaires pour " repousser " Israël ». Une lettre froide mais polie de Nixon rejeta ces allégations et manifesta clairement que les États-Unis s'opposeraient à toute escalade soviétique au Moyen-Orient *. Le 10 février, quelque peu radouci, Dobrynine revint à la charge et affirma que le message de Kossyguine ne se voulait pas menaçant, mais qu'il avait pour but de définir un dilemme.

Une semaine plus tard, Dobrynine vint me voir, porteur d'une plainte surprenante démontrant une fois de plus l'insécurité congénitale des Russes, et nous mettant aussi habilement sur la défensive. Il souligna que dans le dernier rapport sur la politique étrangère du Président, qui ne comptait pas moins de 40 000 mots, les seuls dirigeants étrangers mentionnés par leur nom étaient le Président Thieu et le Président Ceauscescu. Ses chefs allaient probablement en conclure que nous ne les prenions pas au sérieux. Je répondis poliment à cet argument étonnant en déclarant avec une fausse candeur que ce rapport était destiné en premier lieu à un public américain. Dobrynine m'interrogea ensuite sur une phrase innocente tirée du chapitre sur l'Europe de ce même rapport, et selon laquelle « la seule constante » du monde était l' « inévitabilité du changement ». Cela signifiait-il que nous ne reconnaissions plus les lignes de séparation existant actuellement en Europe ? Je répliquai qu'il était curieux d'entendre un marxiste attaquer une référence philosophique à l'inévitabilité du changement. Nous ne remettions pas en question les frontières nationales actuelles, mais nous ne reconnaissions pas comme frontière nationale la ligne de démarcation est-allemande. Je savais que les Soviétiques s'apprêtaient à entreprendre, avec le Chancelier Willy Brandt, de délicates négociations sur les affaires internes allemandes, et il n'était pas question que je leur donne des armes supplémentaires.

Une fois de plus, Dobrynine m'affirma que ses chefs tenaient à ce qu'il poursuive ses entretiens confidentiels avec moi, en particulier sur SALT. Cependant, il n'avait encore reçu aucune instruction spécifique en ce sens. Puis, le 10 mars, peu avant la date à laquelle devaient débuter les pourparlers officiels pour SALT,

* Voir détails au chapitre 14.

Dobrynine posa la question suivante : lui et moi devions-nous nous concentrer sur un accord « global » ou sur un accord « limité » ? Je lui répondis qu'il s'agissait essentiellement de parvenir à quelque chose de concret. Moins d'une semaine après cette conversation, nous apprîmes que les plus modernes des missiles anti-aériens soviétiques (les S.A.-3) venaient d'arriver en Égypte, avec leurs opérateurs. C'est pourquoi, dix jours plus tard, je rencontrai à nouveau Dobrynine et lui déclarai fermement que cela rappelait leur conduite lors de la crise de Cuba. Nous ne manquerions pas de nous assurer que l'équilibre militaire était maintenu. Le 7 avril Dobrynine parla encore d'échanges éventuels en vue de SALT : si je définissais notre position avant sa présentation officielle à Vienne, Moscou aurait une preuve de notre bonne foi. Cela permettrait aux plus hautes instances du Kremlin d'y réfléchir avant que les spécialistes des divers ministères aient eu le temps d'adopter une attitude d'extrême intransigeance.

Nous n'eûmes pas l'occasion de poursuivre plus loin ces conversations : Dobrynine fut rappelé à Moscou pour consultation, et la crise du Cambodge éclata. Cependant, nous en avions vu assez pour comprendre que le Kremlin n'avait pas de ligne d'action définie. Il essayait simultanément la pression et la conciliation. Il abordait des problèmes qu'il abandonnait ensuite, et, sans que l'on pût clairement s'expliquer pourquoi, il provoquait des heurts du Moyen-Orient. Que cachait donc ce comportement déroutant ?

L'énigmatique conduite des Soviétiques

Même dans les périodes les plus calmes, il serait exagéré de penser que le gouvernement soviétique opère en fonction de profonds calculs à long terme. C'est le Politburo, formé généralement de quinze chefs puissants, qui prend les décisions finales. Certes, le Secrétaire général du Parti — Leonid Brejnev depuis 1964 — a la voix la plus importante : il peut décider de l'ordre du jour des réunions du Politburo ; il domine le Secrétariat ; il participe de façon décisive au choix des nouveaux membres. Cependant, depuis Staline, aucun Secrétaire général n'a joui d'un pouvoir total, même s'il est clair que, depuis 1971, Brejnev n'a cessé d'accroître sa prééminence. Il lui faut créer un certain consensus et, chaque fois que se pose un problème, il doit, de toute évidence, réconcilier des courants de pensée et des centres d'influence concurrents.

La lourdeur de cette machine est accentuée par la séparation nette entre le corps politique, le Politburo, et les organes exécutifs du gouvernement. La bureaucratie n'a droit à la parole que dans le domaine relevant de sa compétence ; il semble qu'aucun service ministériel ne puisse donner son avis lorsqu'il s'agit de la spécialité d'un autre service, même si, sur le fond, il est également intéressé. Ainsi, le ministre des Affaires étrangères peut exprimer son point de vue sur les implications politiques des offres de limitation des armements, mais non sur leurs aspects militaires. Le ministère de la Défense est la seule autorité compétente dans le domaine militaire, mais il a peu de poids dans le domaine de la diplomatie. C'est le Politburo qui résout tous les conflits opposant les divers ministères. Lorsqu'en 1973 Gromyko et le maréchal Andreï Gretchko entrèrent au Politburo, cela faisait dix ans que les ministères des Affaires étrangères et de la Défense, qu'ils dirigeaient, n'avaient pas été représentés au sein de cet organe. Avant l'accession de Gromyko au Politburo, j'avais eu parfois l'impression que j'étais mieux que lui au fait des déploiements militaires soviétiques. Et lors des négociations SALT, nos négociateurs mettaient manifestement mal à l'aise les officiers de la délégation soviétique lorsqu'ils discutaient des dispositions militaires soviétiques en présence de diplomates soviétiques ; très vite, l'un de ces officiers fit entendre à notre délégation, en privé, qu'il valait mieux éviter d'aborder des sujets militaires techniques en présence des diplomates.

Ainsi, l'élaboration de la politique est laborieuse même si le Secrétaire général est prééminent et le Politburo uni. Elle tend à se faire à muscles bandés pendant les périodes de changement de pouvoir. A ce moment-là, l'orientation générale de la politique, une fois décidée, est poursuivie avec une obstination et une rigidité renforcées par l'entêtement russe. Pendant les luttes pour le pouvoir, il peut arriver que des objectifs incompatibles soient poursuivis, jusqu'au moment où une crise oblige à prendre une décision claire. L'Union soviétique s'est laissé entraîner dans des crises qu'elle n'avait réellement pas prévues et qui nuisaient à la bonne volonté, tout simplement parce qu'un événement – tel que le prochain Congrès du Parti – avait monopolisé l'attention des chefs suprêmes ou avait donné davantage de poids à une partie de son énorme et complexe machine bureaucratique.

Le début de 1970 était précisément l'une de ces périodes. Lorsque Nixon devint Président, le Premier Ministre Alexis Kossiguine semblait dominer la politique étrangère au sein du Politburo. Tous les messages des autorités soviétiques étaient envoyés en son nom, et il avait rencontré le Président Johnson à Glassboro. Quand les premiers contacts furent pris en vue d'une réunion au sommet, son nom était invariablement prononcé. Mais il était évident aussi que, pendant cette période, l'influence de Brejnev grandissait. Il semblait étendre sa compétence de la direction des Affaires du Parti et de l'Économie à la Politique internationale. Le congrès du Parti, qui se tient normalement tous les quatre ans, devait se réunir en 1970 (en fait, il n'eut pas lieu avant le printemps 1971). Il allait donner à Brejnev l'occasion d'affirmer sa prééminence ; à partir du printemps 1971, presque tous les échanges de haut niveau se firent avec lui.

Ceci signifiait que 1970 était une année de transition pendant laquelle les autorités soviétiques, peut-être absorbées par leurs manœuvres internes, réagissaient de façon tactique aux événements. De plus, devant les troubles engendrés en Amérique par la guerre du Vietnam, elles étaient tentées de saisir toutes les occasions de marquer des points.

Le 2 février, j'envoyai un rapport au Président dans lequel je soulignai que cette période d'adaptation se compliquait, en U.R.S.S., de graves difficultés internes. Le taux de croissance économique baissait, en grande partie du fait d'un retard technologique. Après la chute de Khrouchtchev, les nouveaux dirigeants avaient entrepris d'augmenter l'offre de biens de consommation et, en même temps, d'accroître les dépenses de défense, y compris un important effort militaire à la frontière chinoise. Tout cela mettait l'économie à rude épreuve, mais les dirigeants soviétiques avaient espéré qu'une réforme de l'industrie stimulerait les investissements et la croissance. Ces espoirs avaient été déçus : « La raison en est, bien sûr, que les autorités soviétiques répugnent à reconnaître l'échec de leurs propres réformes industrielles. Aucun des dirigeants n'est capable de proposer de nouvelles réformes susceptibles de stimuler le progrès économique sans diminuer le pouvoir politique central. C'est le dilemme de base des Russes. » (Dans la marge, Nixon ajouta : « le point critique ».)

J'en concluais qu'il fallait s'attendre à une bataille au sommet :

> « Le Congrès du Parti, qui doit avoir lieu cette année, risque de mettre les problèmes en lumière. Tous les plus hauts dirigeants voudront s'assurer que leurs partisans restent aux postes-clés. La vieille garde, dirigée par Brejnev, essaiera peut-être de faire prolonger son mandat lors du Congrès, tandis que les " nouveaux-venus " chercheraient plutôt à la faire échouer. »

Au bout du compte, les tensions internes n'atteignirent pas le point de rupture. Cependant, deux de ceux que j'identifiais comme faisant partie des « nouveaux-venus » – Dimitri Poliansky et Alexandre Chélépine – furent bientôt démis de leurs hautes fonctions. Apparemment, Brejnev avait vu, comme moi, d'où viendrait le danger.

Pendant tout le printemps, la politique du Kremlin demeura incertaine. Le 5 mai, dans un rapport au Président, je citai d'autres signes de la confusion et de la contradiction qui caractérisaient la politique soviétique, tels que des propositions aussitôt retirées et, dans des discours, des références à des décisions qui avaient déjà été modifiées :

> « Les membres du gouvernement, ainsi que certains intellectuels éminents semblent d'accord sur le fait qu'il y a bien eu des problèmes de leadership, mais qu'ils ont été résolus, fût-ce provisoirement, à l'avantage de Brejnev.
>
> Son image est plus nette – du fait d'une intense publicité à la télévision nationale. Son assurance est évidente dans les discours de longue portée qu'il prononce sur tous les problèmes importants de politique intérieure et étrangère. Et plusieurs changements de personnel au second niveau... laissent à entendre qu'il se trouve au sommet. »

En juin 1970, une réunion du Comité central et les élections au Parlement soviétique (le Soviet suprême) confirmèrent la prédominance de Brejnev. Toujours en juin, j'en analysai, pour le Président, les effets probables sur la politique étrangère :

> « La prédominance de Brejnev et son pouvoir grandissant ne se transposent pas immédiatement sur le plan politique. Lors du Congrès, il s'est posé

en partisan de l'industrie de consommation, et non de l'industrie lourde et de la défense ; il a aussi présenté son " programme de paix ". Il a repris ces deux thèmes dans son discours de clôture. Ce qui suit est peut-être plus important : s'il gagne en pouvoir et donc, probablement, en " liberté d'action ", il sera peut-être disposé à aller de l'avant dans certains domaines internationaux qui nous intéressent – SALT, Berlin, etc. »

Mais, avant de s'attacher à relâcher les tensions, les Russes cherchèrent à nous isoler par le biais de la « détente sélective » – améliorant leurs relations avec nos alliés européens tout en exerçant des pressions accrues sur nous. Les dirigeants soviétiques virent l'occasion de se lancer, par ces manœuvres, dans la politique du nouveau Chancelier de l'Allemagne de l'Ouest, Willy Brandt. Pendant quelques mois, l'Ostpolitik tint le devant de la scène politique.

Ostpolitik

Au fur et à mesure que les mois passaient, il devint de plus en plus facile de comprendre pourquoi Dobrynine n'avait pas donné suite à son offre du 20 janvier de présenter les points de vue soviétiques sur la sécurité européenne. Moscou pensait qu'il valait mieux traiter directement avec Bonn que nous faire entrer dans la danse. Pendant l'hiver 1969, Willy Brandt avait pris l'initiative de proposer à l'U.R.S.S. et à l'Allemagne de l'Est de renoncer à l'usage de la force et d'accepter le statu quo en Europe centrale. Manifestement, les dirigeants soviétiques et leurs protégés est-allemands étaient intrigués par la perspective de traiter pour la première fois depuis les années 20 avec un gouvernement social-démocrate en Allemagne. Moscou avait parallèlement entrepris des négociations avec la Chine sur le conflit qui couvait depuis si longtemps à la frontière. Les Russes pensaient probablement qu'il leur serait possible de diminuer les pressions sur les deux fronts à la fois ; s'ils pouvaient s'assurer que Brandt acceptait le statu quo en Europe, ils accentueraient l'isolement de la Chine. De plus, un accord direct entre Bonn et Moscou aurait pour effet supplémentaire d'exclure les États-Unis de la résolution d'un important problème européen, précédent susceptible de pousser les autres Européens à se tourner davantage vers Moscou que vers Washington. Avec le temps, cela ne manquerait pas d'affaiblir les liens de l'O.T.A.N.

J'ai déjà indiqué que j'avais fini par penser que la décision prise par Brandt de modifier la politique suivie par ses prédécesseurs démocrates chrétiens était inévitable et potentiellement bénéfique. Mais il fallait pour cela qu'elle ne donnât pas aux Soviétiques le pouvoir d'intervenir dans la politique allemande et européenne. Si nous ne nous arrangions pas pour maîtriser plus ou moins le processus, Brandt deviendrait de plus en plus dépendant de l'Union soviétique et de sa bonne volonté pour la réalisation des projets allemands liés à cette nouvelle politique. Le 16 février, j'en commentai les conséquences possibles au Président :

> « Les aspects les plus inquiétants de l'Ostpolitik se situent à long terme. Tant que ses négociations avec les pays de l'Est porteront sur les problèmes actuellement débattus – la reconnaissance de la R.D.A., l'Oder-Neisse, les diverses solutions possibles pour Berlin – Brandt ne devrait pas avoir trop de difficultés à continuer sa politique fondamentalement pro-occidentale...
>
> Mais supposons que Brandt atteigne à un certain degré de normalisation : lui ou son successeur peuvent découvrir, avant longtemps, que les bénéfices escomptés tardent à se réaliser...
>
> Ayant déjà beaucoup investi dans leur politique envers l'Est, les Allemands risquent, à ce moment-là, de devoir faire des choix pénibles. N'oublions pas que dans les années 1950 de nombreux Allemands, non seulement au sein du parti socialiste dirigé par Schumacher, mais aussi dans les milieux conservateurs traditionnellement fascinés par l'Est ou enthousiasmés par la vision d'une Allemagne servant de « pont » entre l'Est et l'Ouest, s'opposaient à l'intégration de Bonn dans les institutions de l'Ouest, sous prétexte que cela scellerait la division de l'Allemagne et empêcherait à jamais cette dernière de rejouer un rôle actif à l'Est. Ce type de débat sur la position de base de l'Allemagne pourrait bien renaître sous une forme plus aiguë, qui non seulement exacerberait les problèmes intérieurs allemands, mais ferait douter les associés occidentaux de l'Allemagne de sa fiabilité en tant que partenaire *.

Cependant, il ne servait à rien de chercher à faire échouer la politique de Brandt. Nous n'avions pas d'autre choix que de donner à l'inévitable une orientation constructive. La coalition de Brandt avait été élue sur le programme qu'il mettait à présent à exécution. Pour faire avorter son Ostpolitik, il fallait intervenir lourdement dans la politique intérieure allemande, écarter nos alliés, et (comme le craignait le Président Pompidou) remodeler l'O.T.A.N. en une alliance germano-américaine pour la libération de l'Europe de l'Est. En outre, nous n'avions pas de solution de rechange. C'était parce qu'ils craignaient une « politique de libération » allemande que Pompidou et Harold Wilson avaient publiquement accepté la politique de Brandt et qu'ils nous avaient pressés, en privé, de faire de même. Notre opinion publique ne comprendrait pas non plus que nous insistions sur une réunification de l'Allemagne contre les désirs du gouvernement allemand : nous ne pouvions être plus allemands que les Allemands eux-mêmes. Au contraire, nous nous ferions de plus en plus accuser d'avoir détruit de grands espoirs d'adoucir les dures conséquences de la division de l'Allemagne.

En conséquence, je pressai Nixon d'aller dans le sens de la politique de Brandt et d'user de notre influence pour l'enchâsser dans un cadre plus large que le natio-

* Il semble que quelque chose de semblable se passe à Bonn au moment où j'écris ce livre.

nalisme allemand. Brandt ne fut pas en reste, et calma les inquiétudes en gardant un contact étroit avec nous. Certes, le nouveau gouvernement allemand informait plutôt qu'il ne consultait. Il rendait compte des progrès réalisés, mais ne demandait pas conseil. Cependant, c'était aussi ce que nous préférions. Nous voulions à tout prix éviter d'être tenus pour responsables de positions de négociation qui étaient farouchement contestées en Allemagne de l'Ouest. Je déclarai à Nixon « que nous devions limiter notre appui à Brandt à une attitude favorable envers l'amélioration des relations de la R.F.A. (République fédérale allemande) avec l'Est — sans approuver l'une ou l'autre des mesures particulières qu'elle pourrait prendre ».

Nous ne manquions pas non plus de moyens d'empêcher l'Union soviétique d'utiliser l'Ostpolitik pour nous séparer de nos alliés européens. Pour commencer, aucun dirigeant ouest-allemand ne pouvait se permettre de mener une politique que nous désapprouverions formellement : sur le plan national, cela nuirait à sa position ; ses propres convictions l'en dissuadaient ; enfin, aucune évaluation rationnelle des avantages d'une telle politique ne pouvait l'y encourager. Ensuite, plus Brandt approcherait de la reconnaissance de l'Allemagne de l'Est, plus un accord sur Berlin lui deviendrait indispensable. Berlin était en effet la clé de tout le problème, et ce pour une raison simple. Tous les traités négociés par Brandt avec l'U.R.S.S. et l'Allemagne de l'Est devraient être ratifiés par le Parlement ouest-allemand, au sein duquel sa coalition disposait de la plus étroite majorité. Un accord améliorant la sécurité de Berlin était la plus tangible et la plus convaincante des compensations pour les traités controversés que Brandt conclurait et qui incluaient essentiellement l'acceptation de la division de l'Allemagne. Manifestement, seul un accord sur Berlin permettrait à Brandt de faire ratifier ses traités avec l'Est. Or, un accord sur Berlin exigeait la participation des quatre puissances qui avaient pris part à la guerre (les États-Unis, la Grande-Bretagne, la France et l'U.R.S.S.). Une coopération active de notre part était donc capitale ; nous seuls pouvions contrebalancer la réalité de l'isolement de Berlin. Quand le moment viendrait, nous jouerions donc un rôle important dans ce processus, quelle que fût la manière dont il aurait débuté.

C'est dans ce cadre que, sans enthousiasme mais non sans confiance, nous donnâmes notre accord à la politique révolutionnaire de Brandt. Le 14 janvier, Brandt fit une déclaration politique posant six principes pour les négociations avec l'Est, dont le maintien des droits des quatre puissances à Berlin et l'amélioration des conditions de vie dans la ville. Cinq jours plus tard, le chef du parti communiste est-allemand, Walter Ulbricht, acceptait d'entreprendre des négociations sans conditions sur les relations entre les deux Allemagnes. Le 11 février, le Premier Ministre est-allemand, Willi Stoph, faisait un autre geste-surprise : il proposait des négociations directes. Après quelques discussions, il fut convenu que les deux dirigeants se rencontreraient le 19 mars à Erfurt, en Allemagne de l'Est. Pendant ce temps-là, Bonn avait également entamé avec l'U.R.S.S. des discussions en vue d'un traité sur la renonciation à la force. Comme il fallait s'y attendre, les premiers contacts établis par l'ambassadeur de l'Allemagne de l'Ouest à Moscou avaient débouché sur une impasse, car les Soviétiques insistaient pour que la République fédérale reconnût d'abord l'Allemagne de l'Est. Brandt décida ensuite d'élever le niveau des discussions en chargeant son bras droit, Egon Bahr, de mener la seconde manche. Bahr m'informa de cette mesure par voie non officielle. Le 20 février, à son retour de Moscou, Bahr passa par la même voie pour nous faire part de son optimisme général à la suite de ses entretiens là-bas. Il pensait que les Soviétiques étaient « sérieusement intéressés » par un éventuel traité rejetant l'usage de la force, et qu'ils étaient sur le point de faire des propositions concrètes approuvées par le Politburo.

Mais Bahr avait compris aussi que le lien avec Berlin était notre atout principal. Il m'assura qu'il avait insisté auprès de Gromyko pour que les civils puissent se rendre en toute liberté à Berlin, un point essentiel aux yeux de l'opinion publique allemande. Gromyko n'avait pas réagi, mais avait pris note. Bahr tenait à ce que les négociations sur Berlin soient menées au même rythme que les négociations allemandes. J'avais un point de vue différent : une fois que les négociations allemandes auraient été menées à bien, nous nous trouverions en bien meilleure position pour négocier sur Berlin, car les Soviétiques seraient impatients de voir ratifier les traités avec l'Est.

Après avoir fait obstacle pendant six mois aux négociations sur Berlin, les Soviétiques finirent par tenir le même raisonnement. Le 10 février, ils invitèrent officiellement les États-Unis, la Grande-Bretagne et la France à commencer les négociations sur Berlin le 18 février. Des délais aussi courts étaient absurdes, étant donné la lenteur et le formalisme des délibérations entre les Alliés. Cependant, ils révélaient l'impatience des Soviétiques et soulignaient la possibilité que nous avions d'améliorer notre position à Berlin, aussi longtemps que nous ne perdions pas notre sang-froid. Je conseillai donc au Président d'accepter la proposition soviétique mais de définir le déroulement des négociations de façon à empêcher les Soviétiques de faire jouer les alliés les uns contre les autres en menant de front deux séries de négociations. Ceci conduisit à un minutieux ballet au cours duquel ni notre allié allemand ni nous ne pouvions dévoiler notre position de manière explicite. Brandt voulait accélérer les négociations sur Berlin pour pouvoir les utiliser comme levier et, si nécessaire, nous rendre responsables de tout échec de son Ostpolitik. Nous voulions, par contre, adopter un rythme plus lent, de peur que l'on ne nous demandât de sacrifier certains des droits des quatre puissances à Berlin en échange de progrès dans les négociations entre les deux Allemagnes.

Le 25 février, Brandt écrivit à Nixon pour lui relater officiellement la visite de Bahr à Moscou, et pour insister doucement sur une ouverture rapide des négociations au sujet de Berlin. Nous attendîmes jusqu'au 12 mars avant de répondre. Dans sa lettre, Nixon acceptait de travailler à une position occidentale unique ; nous suggérions en outre de commencer les entretiens à quatre sur Berlin le 26 mars. La complexité du problème de Berlin, la nécessité de définir une position occidentale commune, et les points de vue antagonistes édifiés au fil des années, tout cela garantissait que les négociations sur Berlin seraient lentes. Brandt pouvait adopter un rythme bien plus rapide pour ses négociations bilatérales ; c'était d'ailleurs inévitable, étant donné le style d'Egon Bahr, son principal négociateur.

Notre position s'en trouverait renforcée. Pour dire les choses diplomatiquement, la lenteur des négociations sur Berlin ne me paraissait pas être tactiquement désavantageuse.

La rencontre de Brandt et de Willi Stoph à Erfurt fut un succès majeur. Brandt fut accueilli par une foule en délire, qui se mit à scander « Willy, Willy », puis se rendant compte que les deux hommes portaient le même prénom, reprit : « Willy Brandt ! » Aucun accord important ne fut conclu ; l'important était que, pour la première fois, les dirigeants d'une Allemagne divisée s'étaient rencontrés et avaient discuté. La position occidentale classique — à savoir que tout règlement européen présupposait la réunification de l'Allemagne — entrait ainsi dans l'Histoire.

Les choses en étaient là lorsque Brandt se rendit à Washington, trois semaines plus tard, pour la première fois depuis qu'il était Chancelier. Avant son arrivée, j'eus un entretien privé avec Egon Bahr dans mon bureau de la Maison Blanche, le 7 avril. Il me donna de plus amples détails sur ses entretiens à Moscou, sans toutefois mentionner, pour une raison ou pour une autre, les trois « nouveaux documents » qu'il avait remis aux Soviétiques mais dont il n'avait jamais parlé avec nous. (C'est Dobrynine, toujours prêt à élargir une brèche dans l'unité des Alliés, qui m'en avait parlé !). Bahr était convaincu que les Russes presseraient l'Allemagne de l'Est de normaliser ses relations avec Bonn, et qu'ils faciliteraient l'accès à Berlin. Ce que nous voulions, bien entendu, ce n'était pas un geste administratif soviétique révocable à volonté, mais une réglementation légale garantissant la liberté d'accès à Berlin. Comme je l'ai expliqué dans le chapitre 11, la rencontre Brandt-Nixon se passa bien. Brandt quitta Washington avec l'assurance que nous soutenions globalement sa politique. Les négociations entre Allemands et Soviétiques reprirent le 12 mai pour se terminer le 22, et aboutirent à un accord sur des « principes ». Lors de la réunion semestrielle des ministres des Affaires étrangères de l'Alliance Atlantique, qui se tint à Rome les 26 et 27 mai, Brandt reçut le ferme soutien de tous ses alliés.

Pendant ce temps, les controverses grandissaient en Allemagne de l'Ouest. Les démocrates chrétiens de l'opposition attaquèrent férocement la politique de Brandt. L'ancien Chancelier Kiesinger avertissait : « Nous sommes à deux doigts de la catastrophe ! » Rainer Barzel, qui disputait avec succès à Kiesinger la direction de l'opposition, déclarait sombrement : « Revenez en arrière avant qu'il ne soit trop tard ! » La presse allemande eut vent des documents d'Egon Bahr et les passions redoublèrent de violence. Cette fureur montrait, à l'évidence, que le Parlement ouest-allemand ne ratifierait aucun traité avec l'Union soviétique si l'on ne parvenait pas à un accord satisfaisant sur Berlin.

Stimulé par les résultats favorables d'élections locales tenues en juin, Brandt décida d'aborder la dernière phase de ses négociations avec l'U.R.S.S., et nomma le ministre des Affaires étrangères Walter Scheel négociateur principal. Après douze jours à Moscou, Scheel entreprit, avec le ministre des Affaires étrangères Gromyko, de rédiger un projet de traité sur le renoncement à la force ; cinq jours plus tard, Brandt se rendit à Moscou pour signer ce traité et profiter de l'occasion pour s'entretenir longuement avec Brejnev. La République fédérale avait franchi le Rubicon : elle acceptait la division de l'Allemagne et scellait le statu quo en Europe centrale.

Deux jours plus tard Brandt écrivit à Nixon qu'il avait bien insisté auprès de Kossyguine et Brejnev sur l'importance primordiale de résoudre le problème de Berlin. On avait répété officiellement aux Soviétiques que le traité n'entrerait en vigueur que si l'on parvenait à un règlement satisfaisant pour Berlin. Le 17 août, Bahr revint à Washington pour me rendre compte du séjour de Brandt à Moscou. Il tenait particulièrement à souligner que Brandt souhaitait des progrès rapides dans les négociations sur Berlin. Nous risquions de payer les pots cassés, dis-je au Président, si les négociations liées l'une à l'autre échouaient. Mais c'était improbable ; les choses avaient été trop loin. Nous en étions devenus l'élément décisif, même s'il fallut encore cinq mois à Moscou et à la République fédérale pour le comprendre.

Les Russes avaient fait obstacle aux négociations sur Berlin jusqu'à la conclusion de leur traité avec la République fédérale. Ils avaient certainement calculé que l'Allemagne de l'Ouest ferait ensuite pression sur nous pour que nous consentions à un accord sur Berlin – et c'est ce qu'elle fit mollement. Mais ils avaient commis une grave erreur. La marge de manœuvre de Bonn était étroite ; son stock de concessions était épuisé, et elle n'était pas en mesure d'exiger davantage de nous. Pour une grande partie de l'opinion publique allemande, le traité avec l'Union soviétique n'était pas équitable ; Bonn avait renié ses prétentions nationales pour détendre l'atmosphère et faciliter les contacts entre les deux Allemagnes – contacts qui n'auraient de toute façon jamais dû être coupés. Le sort que réservait le Parlement au traité dépendait à présent des concessions claires et nettes que les Soviétiques feraient pour Berlin. Manifestement, le lien entre le traité et Berlin jouait contre Moscou, et non en sa faveur. Certes, les négociations sur Berlin ne seraient pas simples. Les Alliés occidentaux voulaient que ce soit les Russes, plutôt que les Allemands de l'Est qui garantissent le libre accès à Berlin à travers le territoire est-allemand. L'Allemagne de l'Est ne manquerait pas de faire des difficultés, mais les Soviétiques avaient une autre bonne raison de vaincre les hésitations est-allemandes : une conférence sur la sécurité européenne ne pourrait jamais avoir lieu sans notre accord. Nous avions bien dit que nous ne l'envisagerions même pas tant que les négociations sur Berlin n'auraient pas été menées à bien. Ainsi, nous avions imposé notre loi à la détente en faisant dépendre la conférence sur la sécurité européenne et la ratification des traités de Brandt avec l'Est d'un accord sur Berlin conforme à nos objectifs.

Entre-temps, il nous fallait mettre nos alliés au pas. Brandt voulait que l'Alliance définisse d'un commun accord les critères sur lesquels opérer des réductions de forces mutuelles et équilibrées (M.B.F.R.) en Europe, afin de préparer des négociations en ce sens et d'éviter des retraits de troupes unilatéraux de la part des États-Unis. La Grande-Bretagne réclamait la création immédiate d'une commission permanente pour les relations Est-Ouest. Nous déjouâmes l'initiative allemande en appuyant des principes généraux pour les M.B.F.R. proposés par le Canada et d'une heureuse imprécision. Et nous nous opposâmes carrément à la proposition britannique. Nous ne voulions pas d'institutions susceptibles d'ajouter aux pressions déjà excessives en faveur d'une détente qui ne reposait sur rien de concret.

Le temps jouait pour nous : nous nous trouvions en position de force, à condition de garder la tête froide. Les Russes ne s'en rendirent pas immédiatement compte : ils continuaient à croire que l'accord conclu avec la République fédérale était une victoire importante de la détente sélective, et persistaient à vouloir l'utiliser pour affaiblir la cohésion alliée en déclenchant une série de crises visant les États-Unis. Il nous fallut quelques mois de fermeté pour faire comprendre au Kremlin avec qui il aurait à traiter.

SALT et le débat sur la Défense

Certaines négociations avec Moscou vivaient cependant leur vie propre : les négociations sur la limitation des armements stratégiques, qui se tenaient alternativement à Helsinki et à Vienne. Les premiers contacts avaient eu lieu à Helsinki, et les négociations devaient reprendre à Vienne à la mi-avril 1970. Les Russes avaient surtout manifesté le désir de limiter les systèmes A.B.M. – ce qui était profondément différent de ce qu'avait déclaré Kossyguine au Président Johnson, à Glassboro : limiter les défenses par missiles était la chose la plus absurde qu'il ait jamais entendue. On serait tenté, logiquement, de conclure que c'était notre décision d'installer un système A.B.M. chez nous qui avait amené les Soviétiques à changer d'avis. Malheureusement, ce type de raisonnement n'était pas courant. En fait, le débat acerbe de 1969 sur l'A.B.M. avait repris en 1970, cette fois-ci sur la taille du programme déjà approuvé. Le problème était : devions-nous limiter notre système A.B.M. à ce qu'on appelait la Phase I, c'est-à-dire aux deux sites qui protégeaient les bases de nos missiles I.C.B.M. Minuteman, acceptée de justesse par le précédent Congrès ? Ou devait-on passer à la Phase II, c'est-à-dire mettre en place, comme nous l'avions annoncé, un système susceptible de défendre notre population contre des lancements ou des attaques accidentelles de pays tiers ?

A la réunion du C.N.S. du 23 janvier 1970, je récapitulai les points de vue en conflit. C'était le sempiternel débat : obtiendrait-on plus facilement un compromis de la part des Soviétiques en prenant des mesures unilatérales, ou en présentant au Kremlin les dangers et les programmes qu'il était désireux d'éviter ? Ce problème a empoisonné notre débat sur la défense de la bombe à hydrogène au bombardier B-1. Je ne connais pas d'exemple où la modération unilatérale américaine ait provoqué de réaction significative ou durable de la part des Soviétiques.

Les partisans des gestes unilatéraux réclamaient un moratoire sur l'extension du système A.B.M. américain, invoquant le désir soviétique de limitation des systèmes de défense. En suspendant notre programme, nous donnerions la preuve du sérieux de nos intentions. En outre, cela calmerait les adversaires de l'A.B.M. au Congrès. On pourrait toujours lever le moratoire si les Russes traînassaient. C'était le point de vue des Affaires étrangères et de l'Agence pour la limitation des armements et le désarmement (A.C.D.A.). Ceux – dont j'étais – qui voulaient passer à la Phase II faisaient valoir que la suspension de notre programme A.B.M. condamnerait la perspective d'un accord. L'attitude soviétique envers la défense par missiles avait été inversée lors du démarrage de notre programme ; rien ne les pousserait plus à négocier sérieusement si nous interrompions sa construction, d'autant plus qu'après avoir arrêté la Phase II, l'opposition au Congrès chercherait du même coup à éliminer totalement l'A.B.M. Les Russes pouvaient atteindre leur objectif de signer l'arrêt de mort de notre système A.B.M.en se contentant de faire traîner les négociations. Il me semblait improbable que notre moratoire fût jamais levé, quelle que fût la mauvaise volonté des Soviétiques. Les moratoires sont toujours obtenus parce que leurs partisans promettent vigoureusement que les conditions sur lesquelles ils se sont basés seront scrupuleusement respectées ; ils ne sont presque jamais levés, sauf dans le cas d'une provocation si flagrante qu'on ne puisse plus fermer les yeux.

La réunion du 23 janvier du C.N.S. ne put déboucher sur une décision : au-delà de SALT et de l'A.B.M. le débat était devenu un débat national sur la nature même de la sécurité de notre pays.

Le slogan principal de tous les adversaires du programme de défense était « redistribuer les priorités nationales » – euphémisme pour diminuer le budget de la Défense. C'était la contrepartie du débat sur le Vietnam dans le domaine stratégique. La pléthore d'amendements proposés pour réduire les fonds alloués au Vietnam s'étendit bientôt aux systèmes d'armement spécifiques. Le sénateur George McGovern proposa d'arrêter la construction du bombardier B-1 ; les sénateurs William Proxmire et Richard Schweiker demandèrent de repousser celle de l'avion de transport C-5A jusqu'à la fin d'une enquête sur la firme Lockheed, en pleines difficultés financières ; le sénateur Birch Bayh voulait limiter l'ensemble de nos forces armées. Le sénateur Edward Brooke était lancé dans sa campagne annuelle contre l'A.B.M. et les M.I.R.V. Aucune résolution, aucun discours ne démontrèrent que le budget de la Défense pouvait ne pas convenir. Manifestement, les partisans d'une défense forte menaient un combat d'arrière-garde.

Comme pour le Vietnam, nous étions enfermés dans un cercle vicieux. Pour garantir un certain soutien à la défense nationale, Nixon pensait qu'il devait donner l'impression de céder aux pressions en faveur d'une réduction du budget de la Défense et du pourcentage prélevé à des fins militaires sur le produit national brut. Les principaux membres du gouvernement, sauf Laird et moi, étaient d'accord avec lui. Ils craignaient qu'autrement le Congrès ne procédât aux réductions draconiennes proposées par les fanatiques antimilitaristes du Congrès, les media et les milieux universitaires. J'avais de sérieuses appréhensions. Je craignais l'impact diplomatique à long terme d'une constante réduction de nos forces au moment même où nous perdions notre relative supériorité stratégique, où manifestement nous battions en retraite en Asie du Sud-Est, et où les dépenses militaires des Soviétiques augmentaient régulièrement.

Le budget de Défense de Nixon, présenté le 2 février 1970, proposait une réduction de plus de 5 milliards de dollars par rapport à l'année précédente (ce chiffre, bien entendu, ne dit pas tout, car même le budget de 1969 avait été insuffisant, en raison des mêmes pressions). Le budget de la Défense représentait à peu près 7 pour 100 du produit national brut contre 8,7 pour 100 l'année précédente, et 34,6 pour 100 du budget national contre 37,7 pour 100 en 1969 (en fait, en termes réels, le budget de la Défense qui était proposé n'était supérieur que de 7 pour 100 au dernier budget de temps de paix de 1964, alors que la guerre du Vietnam continuait). Malgré ces contraintes, Mel Laird réalisa des miracles de gestion et de planification : il augmenta, même si ce ne fut que légèrement, tous les programmes stratégiques : le bombardier B-1, le sous-marin et le missile Trident, le missile I.C.B.M. Minuteman III, et le programme A.B.M. « Sauvegarde ».

Malgré tout, les réductions eurent des effets insidieux. Elles nous empêchèrent de réagir de façon cohérente au déséquilibre croissant des forces classiques. Elles « gelèrent » nos prévisions stratégiques en les réduisant à de simples adaptations de ce qui existait déjà. Elles conduisirent le Pentagone à négliger le programme A.B.M., qui nous avait tant coûté sur le plan national, et se trouvait au cœur de notre stratégie SALT ; les fonds qui lui avaient été alloués finirent inévitablement par affecter d'autres priorités. Nous étions ainsi en train de négocier le désarmement sur trois fronts : à Vienne et à Helsinki avec les Russes ; chez nous, *au sein* du gouvernement, et au Congrès. De plus, le budget de la Défense, tout réduit qu'il fût, était soumis aux assauts du Congrès. Le chef de la majorité au Sénat, Mike Mansfield, s'opposait à la Phase II du programme A.B.M. avant même qu'elle soit officiellement soumise au Congrès. Le 31 janvier, en prévision d'un nouveau débat au Sénat, il déclara : « Où diable cela va-t-il finir ? Que va-t-il arriver aux gens ? D'où vient l'argent ? » Le sénateur J. William Fulbright qualifia la Phase II du programme A.B.M. de « grande erreur ». Lors de la présentation du nouveau budget, le 2 février, les critiques reprirent de plus belle. Le sénateur Mansfield déclara que le nouveau budget avait beau être inférieur à celui de l'année précédente, il était encore beaucoup trop important. Il contenait, dit-il, de l' « argent-semence » pour beaucoup d'autres projets. Il avait raison. Mais il faut dire qu'après avoir volontairement arrêté le développement de nos missiles dans les années 1960, c'était le moins que le nouveau gouvernement puisse demander devant la croissance inexorable des forces stratégiques soviétiques.

En mai, un groupe de sénateurs des deux partis, comprenant George McGovern, Philip Hart, William Fulbright, Walter Mondale, Clifford Case et Mark Hatfield, annonça qu'il présenterait un autre budget avec des réductions encore plus sévères. Le 15 juin, un autre groupe de sénateurs et de membres du Congrès libéraux conseilla une réduction supplémentaire de 4,5 milliards de dollars sur les fonds du programme M.I.R.V., la Phase II du programme A.B.M. « Sauvegarde », et l'avion de combat F-14 de la Marine. Un rapport de la Brookings Institution, préparé par de hauts fonctionnaircs du précédent gouvernement, proposa un budget de la Défense « modéré » de 59 milliards de dollars — 14 milliards de moins que celui du Président[1] Le *Washington Post* du 17 aôt 1970 résumait avec concision la situation :

« Ce qui autrefois était presque de la routine législative – le vote du budget militaire annuel – s'est transformé en bataille longue et souvent féroce contre des programmes et des politiques militaires... (Le long débat sur l'A.B.M.) a dissimulé ce qui est en fait l'assaut le plus généralisé jamais lancé au Capitole contre tous les types d'activités militaires. »

Cet appel à la réduction de la Défense était d'autant plus remarquable que les Soviétiques accéléraient le développement de leurs forces stratégiques et classiques. Au milieu de 1966, l'Union soviétique possédait 250 missiles I.C.B.M. opérationnels ; un an plus tard, elle en avait 570 ; en septembre 1968, 900, et elle nous dépassa en septembre 1969 avec 1060. Fin 1970, on calculait qu'elle aurait 1 300 missiles I.C.B.M. (on découvrit qu'elle en avait 1440). Nul ne pouvait dire quelle était la limite supérieure : au cours des cinq années précédentes, les estimations des services de renseignement avaient été trop basses. On s'attendait à ce que le nombre des missiles soviétiques lancés à partir de sous-marins passe de 45 en septembre 1968 à plus de 900 en 1975. En même temps, l'expansion et la modernisation des forces classiques soviétiques en Europe et en Extrême-Orient avançaient rapidement.

Pour le Congrès et les media, ces données n'étaient qu'une tactique classique du Pentagone, fondée sur la peur, pour maintenir un budget de Défense gonflé. Même les plus fervents partisans d'une défense forte commençaient à fléchir. Le sénateur Henry Jackson, partisan clé du programme A.B.M. soucieux de sa réélection, s'opposa à toute installation de sites A.B.M. dans son État de Washington. Le sénateur John Pastore, président influent de la Commission paritaire sur l'énergie atomique, s'opposa à toute extension du système A.B.M. au-delà des deux sites déjà approuvés par le Congrès : « Dans mon État, les gens se demandent pourquoi l'argent pour les écoles serait inflationniste et celui pour " Sauvegarde " pas[2]. » Mendel Rivers, le tout-puissant président de la Commission des Corps armés de la Chambre des Représentants, était d'avis de réduire l'A.B.M. pour renforcer la Marine, montrant comme les pressions budgétaires décidaient des priorités du Pentagone. Même le Speaker, Carl Albert, partisan de longue date de la Défense, déplora que les programmes nationaux, en particulier ceux pour l'environnement, soient négligés au profit de la Défense – critique que reprirent des représentants importants comme Chet Holifield et Charles Vanik.

Telle était l'ambiance dans laquelle le gouvernement devait élaborer non seulement un programme de défense viable, mais aussi une stratégie SALT cohérente : ceux qui, aujourd'hui, critiquent SALT oublient à quel point il fut difficile, au début des années 1970, de conserver des programmes stratégiques même embryonnaires ; certains d'entre eux oublient même qu'ils prirent part à ces attaques[3]. Le gouvernement dut faire appel à toutes ses forces pour que le Congrès impose de façon unilatérale ce que nous cherchions à négocier avec les Soviétiques. Nous eûmes à faire face à des assauts continuels contre nos déploiements de troupes à l'étranger, et, comme tous les ans, aux pressions visant à réduire nos forces en Europe. Quand, en 1972, nous négociâmes sa limitation mutuelle, l'A.B.M. était sur le point d'être supprimé par le Congrès ou réduit à un prototype inutile.

Les M.I.R.V. furent attaqués jusqu'au moment où le premier accord SALT, permettant la modernisation, mit fin au débat. Pour conserver un programme de défense convenable, le gouvernement dut de plus en plus jouer «la carte du marchandage» pour les programmes d'armement pris séparément – c'est-à-dire faire entendre qu'on ne les construisait pas à des fins stratégiques, mais comme monnaie d'échange dans la négociation sur la limitation des armements. Ceci nous a peut-être permis de sauver des programmes minimum, mais n'était pas de nature à nous permettre d'élaborer une doctrine stratégique profonde.

Le débat intérieur sur l'A.B.M. illustrait bien notre dilemme. Sur un certain plan, il était extrêmement technique, dépassant la compétence de la plupart des profanes. En même temps, il posait de sérieux problèmes de doctrine stratégique et allait au cœur de nos négociations sur la limitation des armements avec les Russes. Chaque point de vue avait son porte-parole au sein de l'Administration et du Congrès. Lequel prévaudrait ? Cela dépendait de nombreux facteurs, y compris le facteur accidentel de savoir s'il s'agissait d'un problème de défense ou d'un atout pour les négociations SALT. Ceci explique en partie pourquoi le gouvernement finit par adopter deux positions incompatibles sur l'A.B.M. Ce qui était présenté dans le budget de la Défense, où l'influence du Pentagone prédominait, n'avait rien à voir avec la position adoptée lors de la négociation SALT, telle qu'elle fut définie au cours d'un processus compliqué incluant la participation des Affaires étrangères, de la Défense, de l'État-Major interarmes, de l'A.C.D.A., et du C.N.S. De toute façon, la cacophonie des controverses publiques finit par étouffer toute étude systématique.

Deux gouvernements avaient justifié l'A.B.M. en déclarant qu'il protégerait notre population contre des attaques par des pays tiers et contre d'éventuels accidents. La défense de nos missiles I.C.B.M. Minuteman avait été un objectif secondaire, pourtant, c'était vers cela que tendait de plus en plus notre programme actuel. Le 7 février, j'expliquai notre dilemme au Président. Si l'A.B.M. devait jouer le rôle pour lequel il avait été prévu, nous devions entamer la Phase II, la Défense de notre population au moins contre des attaques de pays tiers ou contre des attaques accidentelles. L'étape suivante la plus logique serait d'installer une autre base de missiles (la base aérienne de Whiteman, dans le Missouri) et un site propice à la défense de la population sur la ĉte nord-ouest du Pacifique. (Whiteman, qui se trouvait près de Saint Louis, avait l'avantage supplémentaire de permettre une certaine protection civile). Cependant, le site nord-ouest fut écarté par le sénateur Jackson alors en campagne électorale. La seconde solution possible eût été d'installer Whiteman, plus un site pour la protection de Washington, D.C. (Dans le jargon technique, on l'appelait le Centre de commandement national ou N.C.A.*) Mais l'opposition déjà passionnée serait devenue encore plus vive s'il était apparu que nous cherchions à protéger « les politiciens et les généraux » ; sans compter qu'il n'aurait pas été aisé de trouver l'emplacement idéal dans un rayon de trente kilomètres autour de Washington.

* National Command Authority.

Pour toutes ces raisons, Laird recommanda Whiteman seulement. Mais je n'étais pas certain qu'il fût très logique, pour mettre à exécution un programme prévu pour assurer la défense de la population contre des pays tiers, de protéger nos sites de missiles contre l'Union soviétique.

Convaincu que le Congrès n'accepterait rien d'autre, et préférant une installation A.B.M. illogique à pas d'A.B.M. du tout, Nixon opta pour ce que recommandait Laird, à savoir Whiteman. Ainsi, en l'espace d'un an, les pressions publiques et celles du Congrès modifièrent radicalement la nature et le but de notre programme A.B.M.

Comme il arrive presque toujours, le recul du gouvernement stimula plutôt qu'il ne calma les critiques. Ceux qui, au sein du gouvernement, s'étaient opposés au principe même de l'A.B.M. furent encouragés à remettre ça. L'Agence pour la limitation des armements et le désarmement avait, au mieux, soutenu avec tiédeur l'A.B.M. (c'était même pour cela qu'en avril, Nixon m'envoya une note disant que Gerard Smith ferait mieux de soutenir l'A.B.M. ou de démissionner de son poste de directeur de l'Agence. Je transmis à Smith, sous forme édulcorée, car, en dépit de ses opinions, il avait toujours appuyé loyalement et honorablement la politique du gouvernement. Mais il n'était pas toujours maître des déclarations passionnées de certains de ses subordonnés). Le 10 mars, la Commission consultative de la Maison Blanche sur la limitation des armements et le désarmement, que présidait l'intraitable John McCloy, traduisit l'humeur générale. Elle recommanda la suppression totale du programme A.B.M. ainsi que la suspension des essais M.I.R.V. Une semaine plus tard, le 18 mars, lors de la première réunion du Comité de vérification du C.N.S., Gerry Smith affirma qu'il fallait donner ordre à la délégation SALT de chercher à obtenir la suppression mutuelle des A.B.M. Les semaines passèrent. Smith, Rogers, Elliot Richardson et Paul Nitze, de la délégation SALT, proposèrent, dans le cadre des négociations, de mettre en avant un programme A.B.M. limité à Washington, ce qui ferait pendant au système A.B.M. installé autour de Moscou. Ainsi, les exigences administratives et diplomatiques de SALT entraient en conflit avec notre programme de défense. De hauts fonctionnaires qui avaient proposé et même recommandé d'installer trois sites au centre du pays dans le cadre de notre budget de Défense demandaient soudain, au nom de SALT, un déploiement radicalement différent, centré sur Washington, qui n'avait jamais été soumis au Congrès. Si les Soviétiques acceptaient cette position, il faudrait démolir ce que nous étions en train de construire et repartir à zéro.

Cela manquait de toute cohérence. A la suite de ma requête, une commission interministérielle de spécialistes me présenta fièrement un choix époustouflant de neuf variations sur la limitation de l'A.B.M. Lors de la réunion du Comité de vérification que je présidai le 25 mars, je déplorai que le processus devienne chaotique. Pour permettre au Président de prendre une décision, il fallait lui proposer quelques concepts généraux liés à notre stratégie nationale, et non lui faire arbitrer des controverses horriblement techniques.

Le 25 mars, le C.N.S. tint une séance plénière. Comme je l'avais craint, la discussion tourna en spéculations hautement techniques et sans lien entre elles. Comment limiter les réseaux-radars des deux côtés ? Comment garantir que les missiles sol-air (S.A.M.) anti-aériens ne seraient pas subrepticement transformés en A.B.M. antimissiles ? Pas très chauds pour l'A.B.M., Laird, Packard et le général Wheeler défendaient passionnément les M.I.R.V. Ils voulurent obtenir la possibilité d'inspecter des sites, contre une limitation des M.I.R.V., sans toutefois dire clairement ce qui devait être inspecté et par qui. Rogers et Smith restèrent fidèles à leur position désormais bien établie : l'interdiction de l'A.B.M. et la suspension des M.I.R.V. Ces problèmes étant discutés dans l'abstrait et non réduits à des choix discrets en vue des négociations, une décision présidentielle était impossible.

Le 27 mars, quelqu'un glissa dans le creux de l'oreille de Chalmers Roberts, du *Washington Post,* le point de vue du Pentagone dans le but de provoquer des réactions publiques. Évidemment, deux semaines plus tard, les partisans du point de vue des Affaires étrangères et de l'A.C.D.A. avaient réussi à faire produire une résolution sénatoriale qui, par 72 voix contre 6, demandait au Président de proposer que les deux parties « suspendent immédiatement le déploiement de toutes les armes stratégiques offensives et défensives ». Cette résolution fut présentée sur l'initiative d'Ed Brooke et de John Sherman Cooper (deux républicains). Henry Jackson la soutenait. Le sénateur Edmund Muskie prôna un « arrêt stratégique temporaire », qui incluait la fin des essais en vol sur les M.I.R.V. Il s'agirait d'une « pause du négociateur », déclara-t-il, car sans elle, « toutes les chances de faire interdire l'A.B.M. et les M.I.R.V. sont perdues ». Le chef républicain du Sénat, Hugh Scott, qualifia lui-même cette résolution de « ligne directrice utile et non limitative » pour le Président.

A la veille de la reprise du nouveau round SALT à Vienne, prévue pour le 16 avril, aucun consensus ne s'était fait jour. Il n'y avait qu'un bruit confus de voix antagonistes. Le Président m'ayant laissé le soin d'ordonner les options pour les négociations (sans le dire aux autres conseillers principaux), je décidai qu'il était essentiel, tout d'abord, de combiner les diverses opinions en « paquets » distincts pour que le Président prenne sa décision en fonction d'objectifs généraux plutôt qu'en fonction de problèmes techniques abscons. Le 27 mars, j'envoyai une directive aux services ministériels, leur demandant de ramener le chaos à quatre options, à l'usage du Président.

A la réunion du C.N.S. du 8 avril 1970, quatre options passant du plus limité au plus général, et étiquetées avec une grande imagination, A, B, C et D, furent présentées.

- Option A : limiter les missiles I.C.B.M. et S.L.B.M. au total américain de 1 710, et geler le nombre des bombardiers (527 pour les États-Unis et 195 pour l'Union soviétique). Cela permettait un système A.B.M. du niveau de « Sauvegarde » (douze sites). En d'autres termes, il s'agissait de réduire les forces en missiles des Russes sans toucher à nos bombardiers et à l'A.B.M. Les services approuvèrent sans mal cette option ; ils laissaient à Gerry Smith le soin de convaincre l'Union soviétique.
- Option B : même limitation des forces offensives que celle proposée par l'option A. Mais l'A.B.M. était alors limité aux centres de commandement

nationaux (c'est-à-dire les N.C.A., ou Washington et Moscou) ou devait être totalement interdit.

- Option C : même limitation des forces offensives ; et comme dans l'option B, l'A.B.M. était limité au N.C.A., ou devait disparaître. Elle ajoutait une interdiction des M.I.R.V. (non envisagée dans les deux premières options), à condition que les Soviétiques acceptent des inspections des sites.
- Option D : quelque peu différente des autres. Elle proposait de réduire notre total de 1 710 I.C.B.M. et S.L.B.M. à raison de 100 par an, jusqu'à ce que les deux camps aient atteint un niveau de 1 000 missiles en 1978. L'A.B.M. devait être interdit ou limité aux N.C.A. ; les M.I.R.V. ne faisaient l'objet d'aucune interdiction.

Ces options illustraient l'embarras où se trouvait l'Exécutif. Les services ministériels ne pouvaient accepter que deux positions sur l'A.B.M. : le maintien de l'actuel système « Sauvegarde » (dont nous savions déjà qu'il n'était plus soutenu même par les sénateurs pro-A.B.M.) ou la défense de Washington D.C., ce qui était contraire à la recommandation du Président au Congrès. De plus, tous les spécialistes du Congrès étaient d'accord : le Congrès n'accepterait jamais un système A.B.M. autour de Washington. Et pourtant, ce programme condamné était le seul programme sur lequel *tous* les services ministériels pouvaient s'entendre pour les négociations SALT.

Avec le recul, j'ai du mal à expliquer que cette option ait jamais pu être envisagée, et encore moins adoptée. Le fait qu'elle ait permis un accord général montre à quel point des considérations administratives de chapelle peuvent faire perdre de vue ce qui est important. Le Pentagone craignait une interdiction totale de l'A.B.M. ; il était donc favorable à la défense du N.C.A. qui permettrait au moins de ne pas abandonner la technologie de l'A.B.M. et de procéder à un développement ultérieur. Le ministère des Affaires étrangères et l'A.C.D.A. préféraient pas d'A.B.M. du tout, mais ils acceptaient le N.C.A. car ce système faisait pendant à celui des Soviétiques et était donc « négociable ». Bien plus, ils étaient favorables à la défense du N.C.A. car elle conduirait certainement à cette interdiction totale d'A.B.M. qu'ils recherchaient, puisque le Congrès voulait faire avorter le projet. Quant à moi, je finis par donner mon accord (à regret) pour une raison peu glorieuse : je savais que dans un domaine aussi technique, le Président n'irait pas se battre avec les services responsables de la mise en œuvre du projet.

Néanmoins, la défense du N.C.A. était une bourde de première grandeur, elle n'avait absolument aucun sens. Nous proposions aux Soviétiques un programme que le Congrès n'approuverait pas, et au Congrès un programme contraire à celui que nous proposions aux Soviétiques. Par chance, aucun dégât n'en résulta ; grâce à l'avidité des Soviétiques, nous pûmes nous dégager de notre erreur avant d'être irrémédiablement mis dans l'embarras.

Les discussions sur SALT qui se déroulèrent à la réunion du C.N.S. du 8 avril eurent le caractère irréel d'une pièce kabuki. Chaque ministère avançait de complexes arguments techniques où à partir des mêmes données on parvenait à des conclusions différentes. Chacun des protagonistes présentait deux thèses —

celle à laquelle il croyait, et une autre, plus dure, qu'il mettait en avant pour qu'elle soit rejetée par les Soviétiques. Ainsi il prouvait qu'il était un « dur » tout en gardant dans la manche sa proposition réelle. Toutes ces feintes et ces poses se déroulèrent en présence d'un Président distrait et mourant d'ennui. Son expression figée montrait que, pour lui, la plupart de ces arguments n'étaient que balivernes compliquées. Il essayait de calculer l'impact politique et la valeur marchande des diverses options, dont seules les grandes lignes l'intéressaient.

Gerry Smith prêchait pour l'option C – A.B.M. limité et M.I.R.V. interdits – mais était prêt à accepter l'option D. Dave Packard et l'amiral Moorer, représentant respectivement le ministère de la Défense et l'État-Major interarmes, préféraient la limitation minimale (l'option A, limitant les armes offensives mais autorisant « Sauvegarde ») car c'était un « bon point de départ » ; Packard surprit en proposant comme solution de secours le programme de réductions de l'option D (qui éviterait à la Défense le problème posé chaque année par l'allocation des crédits). Paul Nitze affirma que, même si l'on gelait le nombre des armes, les Soviétiques finiraient par jouir d'une certaine supériorité grâce aux charges qu'ils plaçaient dans leurs missiles. Il était donc favorable à l'option D. Il s'opposait à une interdiction des M.I.R.V. qui permettrait aux Soviétiques de nous rattraper dans l'un des rares domaines où nous avions de l'avance. John McCloy déclara que cette analyse était « folle », mais n'expliqua pas comment il était arrivé à cette conclusion peu amène. Rogers, lui, était favorable à l'option prévoyant des réductions, mais était prêt à accepter l'option A.

Ce fut à moi qu'incomba la tâche glorieuse de tirer quelques recommandations de cette confusion. Je suis obligé, malheureusement, de reconnaître que je fus influencé par des considérations administratives et politiques, plus que je ne l'ai jamais été pour aucun autre problème durant mes années au gouvernement. Normalement, le conseiller à la Sécurité ne doit pas se prêter à ce jeu ; il a pour devoir de faire part au Président de ses meilleurs jugements sur le fond, lui laissant le soin de prendre en compte les considérations administratives et politiques. Mais, dans le cas de SALT, je savais que mes recommandations auraient un poids inhabituel. Il était impossible à Nixon d'assimiler suffisamment les détails techniques pour choisir en connaissance de cause. Alors que j'étais parfaitement disposé à passer outre aux réticences des ministères dans des domaines auxquels le Président s'intéressait de près, je me faisais un point d'honneur, lorsque j'étais livré à moi-même, de n'exercer mon mandat que dans les larges limites fixées par le consensus régnant dans le gouvernement.

Je trouvais que l'option B – gel sur les armes offensives et limitation commune de l'A.B.M. – était la plus réaliste et la plus compatible avec nos intérêts. (J'étais d'accord pour remplacer les sites existant par une défense du N.C.A. C'est en fait ce qui finit par se réaliser, même si aucun service ministériel ne le proposa au départ.) Cette option nous donnait la plus grande latitude pour une éventuelle modernisation ; elle mettrait un frein au développement de l'armement offensif des Soviétiques, qui était notre premier chef de préoccupation. Elle fixerait un plafond à partir duquel de nouvelles réductions pourraient être par la suite négociées. Nous gèlerions notre programme A.B.M. – que le Congrès était en train de détruire – en demandant en retour aux Soviétiques de geler la fabrication de leurs armes offensives.

Cependant, si nous avions présenté l'option B comme étant la nôtre, cela eût déclenché une tempête au Congrès et dans l'administration. On nous aurait accusés de n'avoir pas même « envisagé » une interdiction des A.B.M. et des M.I.R.V. Cette option aurait été accueillie avec tiédeur par le Pentagone qui, tout en ne souhaitant pas installer rapidement « Sauvegarde », n'était pas disposé à modeler ses convictions sur une proposition visant à limiter. Le ministère de la Défense préférait l'option A, car elle limitait les armes offensives des Russes mais ne touchait pas aux domaines dans lesquels nous avions de l'avance (ni aux armes défensives). Même si l'option A était vouée à l'échec, il serait toujours possible d'imputer cet échec au manque de vigilance de nos négociateurs. Dans tous les cas, les obstacles nationaux à l'option A étaient encore plus sérieux que pour l'option B.

Quant aux deux options les plus « globales », j'étais convaincu que les Soviétiques n'accepteraient jamais une interdiction des M.I.R.V. avant même d'avoir pu essayer les leurs ; ils n'accepteraient jamais, non plus, une inspection des sites. En outre, je ne croyais pas l'Union soviétique susceptible de procéder aux importantes réductions de missiles offensifs que demandait l'option D ; elle penserait certainement que nous cherchions par là à interrompre à mi-course son propre développement tout en n'imposant aucune limite à nos forces en bombardiers. D'un autre côté, chacune de ces options était compatible avec notre sécurité et représentait bien des avantages par rapport aux résultats d'une éventuelle course aux armements.

Je choisis donc de conseiller au Président les options C et D pour le début des négociations. Cela satisferait, au Congrès et dans l'administration, les partisans de l'interdiction sur l'A.B.M. et les M.I.R.V., et en outre donnerait au public une impression positive : celle d'avoir été favorables à des limitations globales. Si les Soviétiques acceptaient ces options, nous aurions fait un grand pas en avant ; s'ils les rejetaient, comme je m'y attendais, nous pourrions toujours proposer l'option B en nous trouvant dans une position plus forte sur le plan national et administratif. Si les Russes nous faisaient la surprise d'accepter notre offre, le résultat serait compatible avec notre sécurité. Le Président m'approuva et, le 10 avril, je donnai des instructions en ce sens.

Pendant tout ce temps, j'étais resté en contact épisodique avec Dobrynine. Le 18 février, il m'avait demandé quelle position nous avions l'intention d'adopter sur l'A.B.M., et si nous préférions un accord limité ou global. Nous étions convenus de nous revoir le 10 mars. J'avais amené Larry Lynn, mon spécialiste de l'analyse de systèmes, pour expliquer ce que nous pensions de l'A.B.M. de manière générale. Dobrynine lui posa quelques questions pour la forme, puis demanda à me parler seul à seul. Sur un ton laissant entendre que l'on me faisait l'honneur de nouvelles importantes, il me déclara que le Kremlin envisageait un accord soit limité soit global. Il était peut-être préférable de travailler à un accord global, ce qui permettrait de résoudre également d'autres problèmes politiques. Tout cela était fort séduisant, mais sans portée réelle, car Dobrynine n'expliqua pas ce que les Soviétiques entendaient par « global » ou « limité ». Je répondis donc que ce que nous voulions, c'était du concret.

Dobrynine avait un talent infini pour mettre son interlocuteur américain sur la défensive. Le 7 avril, il se plaignit de ce que les parties s'apprêtaient à reprendre les négociations SALT en connaissant à peine leurs positions respectives ; il ne se rappelait aucun exemple de négociations où les parties aient été ignorantes de leurs objectifs respectifs. Il faut avouer qu'il n'avait pas tort. Cependant, il semblait nous rendre entièrement responsables de cet état de choses. Il n'était pas le moins du monde embarrassé par l'idée que rien n'empêchait l'Union soviétique de contribuer à éclairer la lanterne de tout le monde. Tout au long de SALT – et sans qu'il me souvienne d'aucune exception à cela – les propositions soviétiques furent soit totalement intéressées donc inacceptables, soit de simples réactions à nos propres propositions.

Le 9 avril, je déclarai à Dobrynine, avec l'accord du Président, que nous ferions plusieurs propositions globales à Vienne (je pensais aux options C et D). Cependant, si les Russes préféraient travailler à un accord limité, nous étions prêts à l'envisager aussi. Dobrynine promit de ramener une réponse de Moscou, où il se rendait à nouveau pour consultation.

En fait, cette réponse fut donnée non par lui, mais au cours des entretiens de Vienne qui reprirent le 16 avril. Et, comme on va le voir, les Russes ne pensaient ni à un accord global ni à un accord limité sur la limitation des armements stratégiques : ils pensaient à une alliance politique contre la Chine.

Les négociations de Vienne se déroulèrent comme je l'avais prévu. Dans l'expectative, la délégation des États-Unis présenta d'abord l'option C, puis l'option D. Les négociateurs soviétiques ne tardèrent pas à rejeter les limitations d'armes offensives incluses dans les deux projets. Par contre, ils acceptèrent de limiter les systèmes A.B.M. aux deux capitales avec une vitesse surprenante et absolument sans précédent – au bout de quelques jours. Les Russes savaient reconnaître ce qui était bon. Ils ne craignaient pas de conserver ce qu'ils possédaient déjà, tout en nous coinçant avec ce que le Congrès n'approuverait jamais.

Malheureusement pour eux, ils ne purent résister à la tentation de pousser trop loin leur chance. Au lieu de se débarrasser de la partie du programme stratégique américain qui les inquiétait le plus – l'A.B.M. – en faisant une proposition raisonnable pour la limitation des armes offensives, ils avancèrent un plan tellement orienté en leur faveur que même les plus farouches partisans des limitations n'auraient pu l'accepter. Ils demandaient un plafond pour la production d'I.C.B.M., de S.L.B.M. et de bombardiers lourds supplémentaires. Sans donner de chiffres, mais en insistant pour que l'on tînt compte de tous les vecteurs capables d'atteindre l'U.R.S.S. en raison de leur localisation géographique – en d'autres termes, tous nos bombardiers en Europe et ceux situés sur nos porte-avions. Le déploiement et la production des M.I.R.V. seraient interdits, mais non les essais en vol. Il s'agissait là, bien sûr, d'une manœuvre permettant aux Soviétiques de poursuivre leurs propres développements et essais en vol, tout en gelant nos déploiements jusqu'au moment où ils nous auraient rattrapés. En outre, il n'y avait aucun moyen fiable de faire respecter l'interdiction sur la production.

Les Russes ne montrèrent de souplesse qu'à propos des intérêts de leurs alliés. La délégation américaine redoutait de façon générale que l'incursion au Cambodge nuise aux négociations. Cette crainte se révéla non justifiée. Kossyguine se contenta de se plaindre vaguement lors d'une conférence de presse. Quant à la délégation soviétique à Vienne, elle ne se préoccupa pas du Cambodge et travailla comme d'habitude. Cela signifiait que nous allions nous embourber dans un débat ésotérique. Il devenait clair que SALT avait capoté.

Nos délégués devenaient de plus en plus nerveux, certains parce qu'ils voulaient des instructions fraîches pour sortir de l'impasse, d'autres parce qu'ils les redoutaient. Gerry Smith, qui dirigeait notre délégation à Vienne et se trouvait en contact constant avec Washington, était engagé avec moi dans des négociations internes d'autant plus complexes que nous nous comprenions fort bien en vérité. Il voulait que je lui lâche la bride, ce que j'étais décidé à ne pas faire. Le 20 mai, Smith m'informa que la délégation était à court d'instructions, et qu'elle allait avoir besoin de « prendre des initiatives » dépassant le cadre des « sacro-saintes » instructions. Je n'étais pas prêt à cautionner un tel blanc-seing. Je m'étais rendu compte que certains des membres les plus fougueux de la délégation avaient tendance à présenter des projets de leur cru aux Soviétiques. Lorsque l'homologue russe ne répondait pas, soit parce qu'il restait sans voix soit parce qu'il n'avait pas d'instructions, le membre de la délégation s'empressait de rapporter à Washington que le Russe « n'avait pas dit non » ou « avait manifesté beaucoup d'intérêt », ce qui laissait entendre que sa préférence était évidemment aussi celle des Russes. Pour éviter ces initiatives, je demandai à Smith de me présenter une proposition précise, et aux services ministériels de me faire connaître leurs points de vue.

Comme je m'y attendais, tous les services se mirent à pencher pour l'option B (gel sur les missiles et système A.B.M. limité au N.C.A.), à laquelle ils n'avaient prêté aucune attention quatre semaines plus tôt. Tous préconisaient d'accepter un plafond offensif d'environ 2 000 vecteurs, autorisés à transporter des M.I.R.V. Les spécialistes du ministère de la Défense tenaient aux M.I.R.V. qui permettaient de contrebalancer la supériorité numérique croissante des Russes dans le domaine des lanceurs nucléaires, et de pénétrer les systèmes de défense A.B.M. soviétiques. (De toute façon, tous étaient d'accord pour dire que la proposition soviétique interdisant la production des M.I.R.V. mais permettant les essais sur les M.I.R.V. était absolument inacceptable.) Les Affaires étrangères et l'A.C.D.A. demandaient l'interdiction totale de l'A.B.M., tandis que la Défense voulait conserver le N.C.A. (même si cela signifiait, dans la pratique, la mort de l'A.B.M.). La plus intéressante des propositions individuelles vint du ministère de la Défense : le ministre adjoint Dave Packard affirmait qu'il était impératif de geler au plus tôt les armes offensives, car la réduction de notre budget de défense rendrait presque impossible le maintien des forces stratégiques actuelles, et *a fortiori* leur augmentation [4]. Il demandait de conclure au plus vite un accord sur la limitation des armements stratégiques sur la base des chiffres actuels.

En d'autres termes, les pressions du Congrès et d'ailleurs menaçaient de nous priver de tout moyen de marchander ; on nous demandait d'arrêter le développement des armements soviétiques en menaçant de réduire nos propres forces. Lorsque nous parvînmes à un accord en 1972, ces circonstances furent oubliées, et les critiques ne représentèrent plus aucun danger. Puis, tout à coup, on se mit à contester les limites numériques, qui correspondaient pourtant presque exactement à celles qu'avaient proposées divers ministères en 1970 et que le Pentagone avait tant réclamées. Pour certains, arrêter l'armement des Soviétiques en maintenant notre programme actuel – ce que nous avions presque été incapables de faire en raison des attaques du Congrès et des media – équivalait à une « concession unilatérale » de la part des États-Unis.

Notre nouveau problème fut mis en lumière par un vote de la Commission des Corps armés du Sénat sur l'A.B.M. Il approuvait l'installation des deux sites déjà autorisés, mais n'en acceptait que deux autres pour la défense Minuteman. C'était la fin de l'A.B.M. en tant que système de défense régionale ; en effet, il était à craindre que le Sénat n'éliminât les deux sites lorsque le décret d'autorisation parviendrait devant lui. Nous avions maintenant un programme qui cherchait sa justification et une position SALT qui nous demandait de démanteler ce que nous avions construit et de construire ce que nous n'avions pas demandé.

Pendant ce temps, à Vienne, Smith réclamait à cor et à cri une nouvelle option, tandis que le négociateur soviétique, Vladimir Semenov, proposait une suspension. J'entrepris Dobrynine pour tâcher de savoir ce que voulaient les Russes. Plus important encore, Nixon me pria de faire comprendre à Dobrynine que c'était lors d'une réunion au Sommet, et non à Vienne, que serait conclu l'accord SALT – ce qui fut le signal d'une dispute de trois ans avec Smith pour savoir à qui revenait le mérite de SALT.

Le soir du 23 juin, je rencontrai Dobrynine dans la Salle des cartes de la Maison Blanche. On pouvait interpréter de trois façons, déclarai-je, la proposition qu'avait faite Semenov de suspendre les séances plus tôt que prévu. Un, l'Union soviétique ne voulait parvenir à aucun accord SALT cette année. Deux, l'Union soviétique voulait un accord à Vienne, et utilisait ce moyen pour provoquer une nouvelle proposition des Américains ; trois, l'Union soviétique voulait conclure un accord, mais pas à Vienne, et bloquait les négociations là-bas pour permettre aux dirigeants des deux pays de régler le problème. Je serais reconnaissant à Dobrynine de bien vouloir m'éclairer là-dessus. Dobrynine répondit que la première interprétation était évidemment fausse. L'Union soviétique tenait à parvenir à un accord SALT, même si nos deux positions étaient encore trop éloignées pour permettre d'avancer une date. Quant à Vienne, l'Union soviétique estimait que nous n'avions pas assez de temps pour négocier un accord portant sur les armes offensives et défensives. Pour ce qui était d'un Sommet, Dobrynine n'avait aucune instruction à ce sujet et devrait s'en enquérir auprès de Moscou. Cependant, il fit clairement comprendre que Moscou préférait un accord portant uniquement sur la limitation des systèmes A.B.M. Nous savions enfin ce que les Soviétiques entendaient par un accord limité.

Le matin du 25 juin, je partis avec le Président pour San Clemente. Après notre départ, Dobrynine envoya un aide-mémoire proposant en fait deux accords immédiats : le premier sur la limitation des systèmes A.B.M. à Moscou et Washington ; le deuxième sur le problème posé par « la réduction des risques de guerre nucléaire entre l'U.R.S.S. et les États-Unis par suite d'un usage accidentel ou illicite d'armes nucléaires ». En d'autres termes, les Soviétiques voulaient arrêter la poursuite du seul programme stratégique que nous étions réellement en train de mettre en place, tout en rejetant toutes les limitations sur les missiles *offensifs,* qui étaient notre principal sujet de préoccupation. Selon Dobrynine, la délégation soviétique avait reçu les instructions nécessaires pour travailler en ce sens.

Quant à l'accord sur « une guerre accidentelle », c'était carrément l'attrape-nigaud. S'il avait pour but de protéger les superpuissances contre une malfaçon de leurs propres armes, il suffisait d'établir des moyens de communication rapide et de se mettre d'accord sur la façon de réagir. Mais s'il fallait entendre par usage « illicite » les armes des autres puissances nucléaires, nous nous trouvions devant un important problème politique. Nous serions alors associés à l'Union soviétique contre deux alliés, le Royaume-Uni et la France – et contre la République populaire de Chine, avec laquelle nous cherchions, même à cette époque, à établir le contact. Il devint manifeste que c'était précisément ce que les Russes avaient derrière la tête lorsque le 30 juin, à Vienne, Semenov se mit inopinément à discourir sur les risques de lancements de missiles accidentels ou non autorisés. Et, le 2 juillet, Semenov déclara aussi, en privé, à un membre de notre délégation, que « ce qu'il faut, c'est que nos deux gouvernements s'engagent à prendre ensemble des mesures pour éviter qu'une guerre n'éclate à la suite d'un geste accidentel, non autorisé ou provocant de qui que ce soit. Nous devons leur (aux autres pays) faire savoir que nous agirons de concert pour répondre à toute tentative de provocation ». C'était une violation des règles de notre « filière » réservée à des contacts au niveau Nixon-Brejnev. Elle s'expliquait peut-être par la difficulté des Russes à comprendre un Corps exécutif pratiquant la séparation des pouvoirs en son sein même.

Quoi qu'il en soit, le 4 juillet, j'envoyai la proposition de Dobrynine à Smith et lui demandai ce qu'il en pensait. Smith répondit, le 5 juillet, qu'elle semblait « trop limitée pour correspondre aux intérêts américains. Toute limitation du système A.B.M. américain devrait aller de pair avec une limitation des systèmes d'armes offensives soviétiques. Notre désir d'un résultat positif à Vienne ne doit pas nous conduire à engager prématurément notre principal atout. »

Je fus d'accord avec Smith, avec une restriction : l'offre de ne négocier qu'un accord sur l'A.B.M. était trop limitée, j'en convenais ; mais elle était beaucoup trop globale si l'on tenait compte de la collusion antichinoise à laquelle elle visait au travers de l'allusion à une guerre accidentelle. J'en conclus que nous avions tout intérêt à revenir au plus vite à SALT. Avec l'accord de Nixon, j'informai Smith que nous insisterions pour lier la limitation des armes offensives à celle des armes défensives – parce que nous avions pour principal objectif de limiter les armes offensives soviétiques, et parce que nous n'arrêterions pas sans réciprocité la production des seules armes nouvelles que nous fabriquions. En outre, nous ne compromettrions pas les espoirs de notre politique envers la Chine et ne ferions pas croire à un condominium américano-soviétique en concluant des accords visant des pays tiers. Le meilleur atout serait une proposition plus réaliste que les options C et D et à laquelle nous pourrions nous tenir pendant longtemps.

Je soumis donc au Président un long rapport dans lequel je suggérais une nouvelle proposition reprenant les points principaux de l'option B. Cependant, il me semblait essentiel d'éliminer la proposition d'une défense des N.C.A. qui revenait, pour nous, à interdire l'A.B.M. Je jugeais préférable de maintenir le déploiement auquel les deux parties procédaient en fait. Néanmoins, il valait mieux interdire l'A.B.M. que le limiter à la défense des N.C.A., car cela supprimerait tout au moins l'A.B.M. soviétique, lequel était, à mon sens, le principal bénéficiaire du projet de limitation aux N.C.A. De plus, offrir d'interdire l'A.B.M. avait les mêmes conséquences administratives pratiques que la présentation de l'option C quelque temps auparavant. Cette offre serait sûrement rejetée, surtout si elle était doublée d'un gel sur les armes offensives : à partir de là, cela nous permettrait d'insister pour que les sites existant ne soient pas supprimés. Je conseillai donc au Président d'autoriser notre délégation à proposer une interdiction de l'A.B.M. pour remplacer éventuellement la limitation aux N.C.A. (tout en ne retirant pas encore cette dernière). Le Président approuva ma recommandation, et des directives furent données en ce sens le 9 juillet. Cette proposition, qui fut peaufinée par la suite, fut celle à laquelle se tint notre délégation jusqu'à la fin de la session de Vienne, qui fut ajournée le 14 août.

Cette position représentait un progrès considérable; elle introduisait certains des éléments qui constituèrent les accords de 1972. Elle nous permettait de poursuivre un développement technologique capital (les M.I.R.V.), qui allait pour nous, servir de contrepoids à l'accroissement numérique de l'arsenal soviétique (auquel nous savions que les Soviétiques étaient en train de procéder) ; elle ne faisait obstacle à aucun des programmes offensifs que nous envisagions de mettre en place. Elle nous faisait lier étroitement entre elles les limitations portant sur les armes offensives et défensives : nous ne limiterions notre système A.B.M. – si le Congrès le voulait bien – que si les Soviétiques mettaient un terme à leur armement offensif. Elle manifestait clairement que nous refusions de laisser SALT restreindre le nombre de nos avions qui se trouvaient sur des bases avancées et défendaient l'Europe occidentale et l'Asie. Proposer l'interdiction de l'A.B.M. était le premier pas vers un abandon de l'inconfortable position qui prônait la défense des N.C.A.

Comme cela arrivait si souvent, les Russes se montrèrent trop gourmands. Ils pensaient être en mesure d'obtenir des conditions meilleures encore en attendant que des pressions intérieures nous poussent à des réductions unilatérales. Ils voulaient arrêter notre programme A.B.M., mais n'étaient pas encore prêts à accepter un gel sur les armes offensives, peut-être parce que leur propre armement était encore insuffisant. Néanmoins, lors d'une réunion avec la Commission consultative de John McCloy fin juillet, je prédis qu'un accord conforme à notre proposition serait conclu dans les deux ans. Il le fut deux mois plus tôt que prévu.

Entre-temps, j'avais commencé à m'inquiéter de l'importance que les négociations SALT semblaient prendre pour bien des gens. Je craignais – et il se révéla que j'avais raison – que ces négociations n'aient à porter tout le poids des relations Est-Ouest. Cela me poussa, le 13 juillet, à envoyer au Président un rapport dans lequel je lui conseillais de ne pas traiter un éventuel accord comme l'événement du siècle. Je soulignai que, même liée par SALT, l'Union soviétique serait un jour capable de menacer nos missiles basés à terre en combinant charge, précision accrue et développement des M.I.R.V. « Les Soviétiques pourraient bien croire qu'ils ne se trouveraient plus jamais en position d'infériorité stratégique. En fait, ils s'attendraient à retirer de considérables avantages politiques de la ratification officielle d'une " égalité " stratégique. » Quant aux Chinois, ils craindraient certainement qu'un accord SALT n'annonçât un condominium américano-soviétique : « Ils prévoiraient une détente générale sur le front occidental de l'U.R.S.S., et pourraient bien soupçonner l'existence d'un accord tacite par lequel les États-Unis auraient donné carte blanche aux Russes dans leurs relations avec la Chine. » Quant aux relations américano-soviétiques, elles continueraient à se caractériser par cette combinaison ambiguë de menace et de promesses inévitables dans un conflit idéologique se déroulant à l'ombre sinistre d'armes de destruction totale.

> « Aucun des accords de l'après-guerre conclus avec l'U.R.S.S. pour limiter les armements n'a été le tournant qu'espéraient ses partisans. Cependant, un accord sur les armements stratégiques, même limité, aurait probablement des effets beaucoup plus profonds. Actuellement, les Soviétiques préparent leur prochain plan quinquennal et le XXIVe congrès du Parti. De plus, bien des faits indiquent qu'il y aura sans doute un remaniement au sommet. Dans de telles circonstances, un accord ne pourrait qu'influencer l'orientation générale de la politique soviétique...
>
> En même temps – et il faut que cela soit bien clair – cela n'empêcherait pas les dirigeants russes de peser lourdement sur l'Europe de l'Est s'ils estimaient que les effets de la « détente » diminuaient l'hégémonie soviétique dans cette zone. Cela n'empêcherait pas les Soviétiques de chercher à servir leurs intérêts et à nuire aux nôtres en Europe occidentale, au Moyen-Orient, en Méditerranée, et partout ailleurs. De plus, l'élite dirigeante soviétique craindrait toujours qu'augmenter les échanges et faciliter la libre-circulation des hommes et des idées ne contamine sa société. Les Soviétiques calculeraient probablement que nous tenons suffisamment à protéger l'accord pour être prêts à tolérer de telles actions, surtout si rien ne prouve avec certitude que l'U.R.S.S. viole les termes réels de SALT. »

Pour moi, SALT n'était pas un remède miracle. J'y voyais l'occasion de rétablir l'équilibre stratégique, mais aussi celle de poser quelques barrières politiques sans lesquelles les crises étaient inévitables, indépendamment de SALT. Sur le plan militaire, le développement soviétique serait retardé, ce qui lèverait la menace contre nos forces terrestres. Cela nous aiderait à protéger les centres nerveux de notre défense et à rattraper notre infériorité numérique malgré la tempête soulevée par le Vietnam.

SALT pouvait marquer le début d'un processus de limitation mutuelle, sans lequel l'humanité connaîtrait tôt ou tard l'apocalypse. Les comportements politiques devraient changer. En outre, ces négociations devraient être intégrées dans une stratégie d'ensemble qui maintiendrait la cohérence de l'Alliance occidentale et permettrait une ouverture vers la Chine. Vraiment, SALT était important. Mais nous ne devions pas en faire dépendre toute notre politique étrangère.

Il me reste encore à parler du dernier paradoxe du processus SALT : le vote du Sénat sur l'A.B.M. Nous nous trouvions dans une situation bizarre. On demandait au Sénat de procéder à l'installation d'un site A.B.M. supplémentaire et de préparer celle de cinq autres sites au moment même où notre délégation à Vienne proposait aux Soviétiques soit d'interdire totalement l'A.B.M., soit de mettre en place un système limité à Washington, pour lequel nous n'avions même pas demandé des fonds. Or nous avions déjà obtenu des Russes un accord de principe sur la défense A.B.M. des capitales. Cette période de confusion ne fut certes pas le moment le plus glorieux du gouvernement Nixon.

La contradiction entre notre position SALT et le budget que nous demandions s'aggrava lorsque cette position commença à être connue du public. Le 23 juillet, je rencontrai donc dix sénateurs et membres importants du Congrès pour les convaincre de soutenir le plan du gouvernement sur l'A.B.M. afin de renforcer notre position SALT. Le vote final du Sénat eut lieu le 12 août 1970. Les sénateurs John Sherman Cooper et Philip Hart avaient proposé un amendement visant à empêcher tout développement supplémentaire de l'A.B.M. ; il fut rejeté par 52 voix contre 47. Il y eut, au moment du vote, un léger contretemps provoqué par un télégramme de Gerard Smith aux sénateurs, envoyé de Vienne, où les négociations étaient sur le point de reprendre. Smith avait envoyé un message de mise en garde affirmant que « Sauvegarde » était un élément important dans ses négociations — étant donné ses convictions, il ne pouvait guère aller plus loin par déférence pour le gouvernement qu'il servait avec honneur et loyauté. Selon le *New York Times*, le télégramme de Smith eut un effet décisif sur le vote des sénateurs Thomas McIntyre et James Pearson. McIntire déclara à la presse que quelqu'un de très haut placé à Vienne « avait bien fait comprendre qu'il était essentiel, pour le succès des négociations, que nous n'ayons pas une attitude " statique " envers l'A.B.M. ». C'est ainsi que Gerry Smith, ce partisan acharné d'une interdiction totale de l'A.B.M. qui avait provoqué la colère de Nixon en avril, sauva la vie à « Sauvegarde ».

A la poursuite d'un Sommet de Moscou

Depuis Roosevelt, chaque Président, tôt ou tard, a fini par être convaincu qu'il devait personnellement mettre la main aux relations Est-Ouest en rencontrant face à face les dirigeants soviétiques. Rien de plus humain que de vouloir participer de façon décisive à l'avènement de la paix. Et nul n'est plus conscient des dangers apocalyptiques représentés par la technologie nucléaire que le Président auquel revient la charge de prendre la décision finale. La tentation est renforcée chez les Présidents par le peuple américain, qui a la plus grande difficulté à admettre l'existence d'une hostilité éternelle et qui tend à concevoir les relations internationales en termes de jeu entre personnes. Or un Président atteint rarement sa fonction sans un ego anormal, et il y a peu de chances pour que son entourage cherche à le détromper sur les vertus qu'il s'attribue. Presque par définition, il a une confiance immense en son pouvoir de persuasion ; après tout, c'est bien grâce à ce pouvoir qu'il en est là. Les Présidents ne négligent pas non plus les bénéfices politiques qu'ils peuvent retirer d'un Sommet et de sa publicité surtout en période d'élections. C'est l'ultime « occasion-photo ».

Nixon était moins sujet à ces tendances que la plupart des Présidents. Il était trop sceptique pour croire qu'une rencontre pourrait changer le cours des événements. Il avait trop d'expérience en politique internationale pour ignorer que des décennies de tensions entre des grandes puissances ne résultent pas d'animosités personnelles. En outre, il n'aimait pas les négociations face à face : elles le mettaient mal à l'aise. Et, dans son cas, il y avait – comme toujours – un élément personnel puissant. Après avoir vu la popularité de Johnson monter en flèche, à la suite de la rencontre de Glassboro avec Kossyguine, puis s'effondrer quand les résultats se révélèrent éphémères, Nixon, qui avait un moment eu peur de voir ses ambitions présidentielles compromises par Glassboro, conclut qu'il devait éviter le même piège. Pour toutes ces raisons, il était convaincu, à son entrée en fonction, que seuls pouvaient réussir les sommets soigneusement préparés. Son intention première était de n'envisager un sommet que si c'était le moyen d'arracher aux Russes d'importantes concessions.

Et pourtant en 1970, l'une des rares fois au cours de sa Présidence, Nixon jeta ses froids calculs aux quatre vents et chercha à organiser une rencontre au Sommet. Harcelé par les agitateurs antimilitaristes, il pensait qu'il pourrait réduire ces derniers au silence en faisant un grand pas en faveur de la paix. Rencontrer les dirigeants soviétiques juste après les événements du Cambodge montrerait aux gens de Hanoi qu'ils pourraient bien être sacrifiés si le jeu s'élargissait – et c'est bien ce qui se produisit en 1972. Nixon voyait aussi les avantages d'une telle initiative pour les élections d'automne au Congrès. Ainsi, plus l'on avançait dans l'année, plus Nixon se montrait désireux de tenir un sommet avec Moscou. Ce qui avait été une manœuvre au début tourna presque à l'obsession, jusqu'au moment où l'éternelle avidité des Soviétiques nous épargna de sérieuses difficultés.

Comme je l'ai dit, l'idée d'un Sommet avait été innocemment lancée le 20 janvier 1970 quand Dobrynine avait fait une tentative en ce sens, ainsi qu'il le faisait périodiquement. J'avais alors rejeté cette idée, mais en avril, Nixon avait changé d'attitude. Il voyait qu'en 1970 nous ne réaliserions rien d'important dans le domaine de la politique étrangère, et il aspirait à un Sommet.

J'avais, quant à moi, de sérieuses restrictions à formuler. Certes, nos personnalités nous conduisaient parfois à des désaccords tactiques et à des tensions, mais ce fut l'une des rares occasions, au cours de notre association, où je fus en complet désaccord avec Nixon sur un point important de politique étrangère. Pour moi, les raisons pour lesquelles nous n'avions pas voulu d'un sommet en 1969 étaient encore plus valables en 1970. Les Soviétiques ne nous avaient pas aidés pour le Vietnam. Les négociations SALT se trouvaient encore dans l'impasse. Les Russes venaient d'envoyer du personnel combattant au Moyen-Orient — leur première action de ce genre depuis la guerre. Aucune négociation avec les Soviétiques n'avait fait suffisamment de progrès pour garantir un succès. Nos contacts avec la Chine étaient encore très fragiles ; une apparente collusion avec les Soviétiques pouvait aisément réduire nos efforts à néant. Ainsi, un Sommet pouvait facilement déboucher sur un échec ; ou alors, pour éviter cet échec, nous serions entraînés à des accords et des promesses que nous pourrions amèrement regretter par la suite. Enfin, même si je ne pouvais pas le dire franchement, je pensais que négocier face à face de si nombreux problèmes n'était pas le point fort de Nixon.

Cependant, il se montra inflexible. Début avril, il me chargea d'étudier, par la « filière » de Dobrynine, les possibilités d'un Sommet en 1970. Je n'étais pas d'accord pour des raisons tactiques, mais cela ne mettait en cause aucun principe moral. Aussi je me jetai à l'eau avec toutes mes restrictions. Le 7 avril, Dobrynine m'invita à l'ambassade soviétique. Il avait quelques films sur la chasse au tigre en Sibérie, et il pensait, à tort, que cela m'intéresserait au plus haut point. Pendant le dîner, il me tendit une perche en déclarant qu'il avait toujours vu les gouvernements américains négliger les relations américano-soviétiques à leurs débuts, puis agir avec trop de précipitation vers la fin, quand cela ne servait plus à rien. Il donna l'exemple des efforts qu'avait déployés Johnson pendant les six derniers mois de son mandat pour organiser une rencontre au Sommet. Je répondis prudemment que, pour nous, un Sommet devait avoir un but pratique : tout dépendait de son résultat probable. Nous n'étions pas contre le principe si nous pouvions être certains de parvenir à des résultats concrets.

Dobrynine connaissait à fond son affaire, et il comprit immédiatement ce que je disais. Jusqu'alors, répondit-il, lui et ses supérieurs avaient cru comprendre qu'aucun Sommet n'était envisageable avant 1971-1972. S'étaient-ils trompés ? Je répondis prudemment qu'un Sommet était possible si l'on pouvait s'attendre à un grand pas en avant dans un domaine d'intérêt mutuel, tel que le Vietnam ou SALT. Cependant, j'étais disposé à en discuter les principes généraux dès maintenant. Dobrynine, qui n'avait manifestement aucune instruction à ce sujet, décida de mettre notre bonne volonté à l'épreuve. Il déclara que le plus simple serait que Kossyguine dirigeât la délégation soviétique à l'Assemblée générale des Nations-Unies de l'automne prochain et qu'il rencontrât le Président à cette occasion. (Les deux parties pensaient encore que le Sommet de 1970 se tiendrait entre Nixon et Kossyguine, et non entre Nixon et Brejnev). J'étais bien certain que Nixon ne voudrait pas d'une rencontre dans le cadre des Nations-Unies, comme cela avait été le cas avec Johnson. Mais je dis à Dobrynine que j'en parlerais au Président.

Nous nous revîmes deux jours plus tard. J'avais consulté le Président, et je déclarai officiellement à Dobrynine que nous préférions que le sommet soit dissocié des Nations-Unies. Il aurait pour but soit de conclure en accord complet sur les armements stratégiques, soit de sortir les négociations de l'impasse. Dobrynine avait maintenant les renseignements dont il avait besoin. Il nous promit de ramener une réponse de Moscou, où il se rendait pour consultation. Les événements du Cambodge n'interrompirent pas cet échange. Dobrynine revint début juin alors que les sanctuaires cambodgiens étaient encore occupés par les forces américaines. Nixon souhaitait d'autant plus un Sommet que les critiques publiques avaient été plus violentes au cours des dernières semaines. Quoi de mieux pour faire taire ses adversaires les plus acharnés que d'apparaître soudain comme un artisan de paix, et de négocier avec les Soviétiques tout en remportant des victoires sur leurs alliés ? Il décida de tenter par tous les moyens d'organiser un Sommet avant les élections au Congrès. C'est ainsi que j'invitai Dobrynine à dîner avec moi à bord du yatch présidentiel *Sequoia* et à passer en revue toutes les relations américano-soviétiques pendant que nous voguerions sur le Potomac.

Avant notre départ, Nixon se joignit brièvement à nous dans la salle des cartes. Il déclara à Dobrynine qu'il était prêt à oublier le passé : le moment était venu d'établir les relations américano-soviétiques sur de nouvelles bases. Il était prêt à participer personnellement à cet effort. Dobrynine reconnut qu'il ne servait à rien de débattre du passé. Évitant avec soin de relever l'allusion à un Sommet, Dobrynine se lança dans un long plaidoyer pour une coopération entre Américains et Russes au Moyen-Orient, où il se trouvait justement que les Soviétiques avaient créé des tensions sans précédent en envoyant des missiles anti-aériens modernes manœuvrés par des équipages soviétiques. Manifestement, Moscou voulait recevoir d'avance le prix d'un Sommet ; et plus nous montrions de hâte, plus ce prix serait élevé.

La croisière sur le *Sequoia* ne modifia en rien cette impression. Dobrynine ne faisait aucune difficulté pour discuter en détails tous les problèmes importants — en particulier ceux qui intéressaient l'Union soviétique. Il parla donc des négociations sur les armements stratégiques, du Moyen-Orient, et de l'Asie du Sud-Est. Mais il resta vague au sujet du Sommet. Il prétendait que la première réaction du Kremlin avait été favorable, mais que le Cambodge avait ensuite fait penser que nous cherchions à obtenir des Soviétiques qu'ils cautionnent une politique américaine énergique en Indochine. Je niai cette affirmation et soulignai que nous étions toujours intéressés par un Sommet alors que les opérations au Cambodge touchaient à leur fin. Dobrynine ne mordit pas plus à cet hameçon qu'à celui de Nixon. Il revint aux problèmes des négociations sur les armements stratégiques et du Moyen-Orient, et proposa de les traiter à travers la « filière ». Manifestement, je n'étais pas le seul à me livrer au jeu du linkage.

Notre rencontre suivante eut lieu le 23 juin. Cette fois, il ne fut pas directement question du Sommet. Après avoir abordé le problème du Moyen-Orient, comme je le rapporte dans le chapitre suivant, je m'enquis des intentions soviétiques sur SALT. Dobrynine prétendit qu'il n'avait pas reçu d'instructions à ce sujet, mais il me promit une prompte réponse. Elle vint rapidement, en effet. Ce fut l'aide-mémoire du 25 juin, qui proposait de conclure au plus vite un accord sur une limitation de l'A.B.M., doublée d'un système pour réduire les risques de « guerre accidentelle ».

Ce que les Russes voulaient réellement, en échange d'un Sommet, c'était une collusion contre la Chine. Cela fut révélé dans la plus grande tradition des romans d'espionnage. Semenov rencontra Smith à l'Opéra de Vienne et lui remit un document non signé définissant ce que les Soviétiques entendaient par un accord sur une guerre accidentelle. Si un pays tiers «préparait» une «provocation» nucléaire, chacun des deux pays devait en informer l'autre. Si un acte de provocation avait lieu, chaque partie serait obligée de prendre des mesures de représailles contre le pays coupable. Les deux parties étaient tenues de se consulter régulièrement sur ces sujets. On nous demandait en fait de donner carte blanche à l'U.R.S.S. contre la Chine; cela revenait manifestement à former un condominium.

Nixon pouvait être prêt à aller contre mon avis tactique, s'agissant d'un Sommet. Il n'avait pas besoin de conseils lorsque nos intérêts nationaux fondamentaux ou notre stratégie mondiale étaient en cause. Comme un seul homme, nous décidâmes, lui et moi, de rejeter au plus vite l'accord sur une guerre accidentelle. Le 9 juillet, je dis à Dobrynine que la proposition de Semenov était inacceptable. Le problème de la guerre accidentelle a deux aspects, déclarai-je. De véritables accidents étaient effectivement possibles, exigeant des moyens de protection technique et d'information. Nous étions prêts à prendre des mesures en ce sens avec l'Union soviétique (un accord fut d'ailleurs signé le 30 septembre 1971). En revanche, il n'était pas question de parvenir à une coopération politique qui modifierait profondément la scène internationale et qui allait manifestement contre les pays tiers.

Dobrynine, suave, prétendit ne pas être au courant de la démarche de Semenov, ce qui était inconcevable. (Cependant, il était probable que cette proposition avait été faite par l'intermédiaire de Semenov pour permettre précisément aux Russes de la désavouer si nous réagissions défavorablement.) Dobrynine s'empressa de détourner la conversation sur l'accord A.B.M. Je lui rappelai alors que nous parlions d'un sommet depuis avril. Nous n'avions pas obtenu de réponse, et il était temps de cesser de tourner autour du pot. Dobrynine marmonna quelque chose à propos du Cambodge et des difficultés posées par le prochain Congrès du Parti à Moscou. Puis il prétendit qu'il n'avait pas bien compris nos intentions. Pouvait-il rapporter à Moscou : a) que le Président proposait une réunion au Sommet; b) que ce Sommet devrait porter sur une redéfinition totale des relations américano-soviétiques ?

Lorsque Dobrynine avait reçu comme instructions de faire traîner les choses, il s'en acquittait magistralement; il ne craignait même pas de faire semblant d'être un peu obtus. Bien entendu, on avait répondu plusieurs fois à ses questions au cours des trois derniers mois — le Président lui-même l'avait fait quatre semaines plus tôt. Sachant à quel point le Président tenait à un Sommet, je jouai le jeu : je déclarai solennellement à Dobrynine qu'il pouvait faire un rapport dans le sens qu'il venait d'indiquer. Cependant, il avait l'air tellement embarrassé que l'on aurait pu se demander comment il était monté si haut dans le corps diplomatique de son pays. Il voulait savoir si nous pensions à 1971 ou à 1972 ? Ni à l'un ni à l'autre, répondis-je, nous pensions à 1970. Il y réfléchit gravement. Avant ou après les élections ? demanda ce méticuleux analyste de notre politique démocratique. Mais c'était là un piège dans lequel il était inutile de tomber. Je lui répondis que je le lui ferais savoir lorsque nous connaîtrions la réaction de Moscou au projet dans son ensemble.

Mais il n'y eut pas de réaction soviétique. Au lieu de cela, le 20 juillet, Dobrynine apporta un aide-mémoire demandant aux Américains d'aider les Russes à convoquer une conférence sur la sécurité européenne. Manifestement, les autorités soviétiques avaient une longue liste d'emplettes à faire, et elles n'étaient pas disposées à satisfaire aux désirs de Nixon sans avoir au préalable essayé de voir combien de ces articles elles pourraient acquérir. Cependant, là aussi, nous avions une stratégie bien arrêtée ; je fis de l'obstruction.

Dobrynine repartit pour Moscou, toujours pour consultation, et sur les mêmes sujets qu'en avril et en mai. Début août, un homme d'affaires américain, qui prétendait avoir des contacts haut placés en U.R.S.S., rapporta que les dirigeants soviétiques comptaient voir le Président à l'automne. Le 13 août, je pris cela comme prétexte pour demander à l'adjoint de Dobrynine, Yuli Voronstsov, de quoi il retournait. Nous avions bouclé la boucle : je faisais la même démarche que Dobrynine en janvier, lorsqu'il avait mis en cause l'ambassadeur du Japon. Et j'obtins le même résultat : comme il fallait s'y attendre, Vorontsov n'avait pas reçu d'instructions, mais il savait que le sujet était « intensément discuté » à Moscou.

Le 19 août, nous reçûmes une réponse officielle. Les dirigeants soviétiques voyaient d'« un œil favorable » l'idée d'une réunion au Sommet, à condition qu'elle fût soigneusement préparée. On nous invitait aussi à proposer un ordre du jour. Les Soviétiques jouaient notre jeu de 1969. Le 24 août, mon adjoint, Al Haig, remit de ma part à Vorontsov un ordre du jour proposant comme thèmes les négociations sur les armements stratégiques, la sécurité européenne, le Moyen-Orient, des « principes de coexistence », et le commerce, sans toutefois indiquer notre position sur chacun de ces points. Les Soviétiques étaient invités à faire à leur tour des propositions : ils n'en firent aucune. Nous n'eûmes plus aucun écho du Kremlin à propos du Sommet, jusqu'au retour de Dobrynine à Washington, en septembre : ce dernier répéta que le Kremlin n'était pas contre un Sommet, mais il proposa également de procéder à des travaux préparatoires qui, par leur durée, repousseraient la rencontre jusqu'en 1971. Il était évident que les Soviétiques utilisaient le Sommet comme un autre moyen de pression sur nous, au beau milieu d'un été riche en crises.

C'était la meilleure chose qui pouvait arriver. Quand je pense à la façon dont se serait déroulé un Sommet en 1970, j'en ai froid dans le dos. Sur le plan intérieur, nous en étions à notre point le plus bas, encore au stade de la pose des fondations et des coups de sonde. Nous n'avions pas encore réalisé les percées et les audaces politiques qui, un an plus tard, allaient asseoir notre grande stratégie. De terribles pressions auraient été exercées sur nous pour que nous remportions quelque succès et, en cas d'échec, notre position aurait été encore plus délicate sur le plan national. Le lien que nous avions prudemment établi entre le traité allemand et les négociations sur Berlin aurait pu être coupé, et nous aurions pu perdre toute prise sur les négociations européennes avec Moscou. Les pressions en faveur d'un accord portant uniquement sur l'A.B.M. auraient pu être irrésistibles. De fait, le 11 juillet, Nixon m'avait justement dit qu'il paierait ce prix-là pour pouvoir rencontrer les dirigeants soviétiques. J'attendis qu'il donnât des instructions officielles en ce sens : il ne le fit jamais, en partie parce que les Soviétiques ne lui en fournirent jamais l'occasion. Toutefois, je suis à peu près convaincu que si le Sommet avait eu lieu, le Congrès aurait, de son côté, donné le coup de grâce à l'A.B.M. Au Moyen-Orient, la crise aurait pris de l'ampleur. Quant à notre politique d'ouverture envers la Chine, elle aurait peut-être été étouffée dans l'œuf. Étant donné que les accords n'auraient pas été définis à l'avance, Nixon aurait supporté le handicap de participer à des négociations prolongées et détaillées, bien que cela le mît toujours mal à l'aise.

Heureusement pour nous, les dirigeants soviétiques avaient jeté tout ceci pardessus bord pour marquer des points insignifiants. Voilà qui ne devrait pas être oublié par tous ceux qui pensent que la moindre action soviétique fait partie d'un plan d'ensemble brillamment élaboré. Moscou savait bien que le désir qu'avait Nixon de participer à un sommet représentait pour elle un avantage tactique. Cependant, les Soviétiques avaient été si contrariés par la visite de Nixon en Roumanie, par son affront à Gromyko en 1969, et par notre attitude détachée envers le Moyen-Orient, et ils étaient en outre tellement tentés de nous arracher le maximum de concessions, qu'ils laissèrent passer ce qui aurait été une grande occasion stratégique. Ils voulaient être payés d'avance pour avoir accepté un Sommet, puis être payés à nouveau lors du Sommet lui-même. Ils essayaient d'obtenir une alliance de fait contre la Chine, une Conférence sur la sécurité européenne, et un accord à leur convenance sur SALT – tout cela comme *prix d'entrée* au Sommet.

Mais Nixon n'était pas affamé à ce point-là. Pas plus qu'il n'était incompétent. Il n'accéda à aucune de ces exigences, et les Soviétiques ne parvinrent à rien.

Si les Russes agirent avec aussi peu de tact, c'est en partie parce qu'ils croyaient nous avoir isolés grâce à leurs initiatives en Europe, et en partie parce qu'ils nous imaginaient paralysés par le Vietnam. Lors de cet été 1970, ils pensaient probablement qu'il n'y avait pas d'urgence à traiter avec nous, estimant que les pressions qui nous avaient poussés à demander un Sommet en 1970 ne nous rendraient que plus solliciteurs par la suite. En outre, ils s'apprêtaient à fomenter des tensions au Moyen-Orient et à tenter des déploiements militaires dans les Caraïbes, projets qui devaient leur sembler prometteurs d'occasions encore meilleures pour l'année suivante. Or, un Sommet aurait rendu de telles actions extrêmement délicates.

Cependant, un chef d'État se reconnaît tout d'abord à la justesse avec laquelle il évalue ses chances lors d'un marchandage. Pendant l'été 1970, c'est là une qualité qui fit défaut aux Soviétiques. Nixon souhaitait certes un Sommet, mais pas aussi désespérément que le croyait Moscou. Les négociations allemandes allaient nécessairement nous mettre au poste de commande de la diplomatie européenne.

En ce qui concernait les négociations SALT, nous étions sortis de notre phase de grande faiblesse, et là aussi les Soviétiques avaient fait notre jeu en se montrant inflexibles. En rejetant nos options raisonnables, les Russes avaient mis un terme à notre débat national sur les M.I.R.V. et, dans une certaine mesure, à celui sur l'A.B.M. Nous pouvions, jusqu'à la fin des négociations, garder notre position sans être soumis à des pressions intolérables. La situation au Moyen-Orient prenait une tournure qui, malgré bien des hauts et des bas, ne faisait qu'accentuer, au fil des mois, l'incapacité des Russes à marquer les événements de leur empreinte. Et notre politique envers la Chine était des plus prometteuses.

Il nous fallait encore affronter cet été de crises pendant lequel la validité de ces estimations serait mise à l'épreuve. Cependant, les crises forgent les gouvernements quand elles ne les détruisent pas. Elles montrent sur qui l'on peut compter ; elles définissent l'équilibre des forces sur le plan international et au sein du gouvernement. De plus, Nixon n'était jamais aussi efficace, malgré cette façon compliquée qu'il avait de gouverner, que lorsqu'il était soumis à des pressions qui le mettaient au pied du mur et le forçaient à prendre des décisions. Or l'été et l'automne 1970 furent précisément une de ces périodes de crise. Et comme cela était déjà arrivé si souvent, cette crise trouva son origine au Moyen-Orient.

14.
Le Moyen-Orient, 1970

Au début de l'année 1970, les dieux de la guerre passaient en revue leur arsenal, car il était clair qu'ils en auraient bientôt besoin. Des accrochages avaient lieu chaque jour le long du canal de Suez. Puis, en janvier, Israël lança des raids aériens « en profondeur » avec attaques à la bombe autour du Caire et dans le delta du Nil, destinés à démontrer l'impuissance de Nasser et à imposer par la force la fin de la guerre dite d'usure. On citait le Premier Ministre israélien, Mme Golda Meir, affirmant à des visiteurs que tant que Nasser dirigerait l'Égypte elle était incapable de dire quand la paix serait possible. Sur le front de Jordanie, le cycle féroce des raids feddayin et des représailles israéliennes s'accéléra. Israël et la Syrie s'affrontèrent sur les hauteurs du Golan. Finalement, à la fin de janvier, Nasser fit brusquement une visite secrète à Moscou, à la suite de quoi les problèmes du Moyen-Orient se fondirent de plus en plus dans les relations des superpuissances.

Dans le même temps, les États-Unis étaient handicapés par des dissensions au sein du gouvernement sur la nature même du problème. Pour le ministère des Affaires étrangères, nos difficultés provenaient du conflit entre Israéliens et Arabes sur la question territoriale. Une fois ce problème résolu, d'après les experts, l'influence des Arabes extrémistes diminuerait, et avec elle le rôle joué au Moyen-Orient par l'Union soviétique. Cette idée avait guidé notre action diplomatique tout au long de 1969 et nous avait amenés à présenter des propositions spécifiques pour des règlements globaux de plus en plus précis.

J'avais de sérieux doutes au sujet de ces hypothèses et de l'attitude qu'elles impliquaient. Comme je l'expliquai dans une note adressée au Président, j'évaluais la situation ainsi : le radicalisme arabe avait cinq causes principales : les conquêtes territoriales d'Israël, l'existence même d'Israël, le mécontentement social et économique, l'opposition aux intérêts occidentaux et l'opposition aux modérés arabes. Seul le premier de ces éléments serait affecté par un règlement, les autres resteraient inchangés. Pour les extrémistes, le capitalisme occidental serait toujours honni ; les régimes arabes modérés continueraient à être inacceptables et les causes du malaise social et économique persisteraient. Israël serait toujours là et les extrémistes arabes chercheraient toujours à l'effacer de la carte, ce que les Israéliens comprenaient parfaitement. C'est justement parce que la question qui se posait à eux était l'existence de l'État d'Israël et non pas celle de la délimitation de ses frontières qu'ils hésitaient tellement à abandonner leurs conquêtes.

Je n'étais pas non plus persuadé qu'un règlement du conflit israélo-arabe amènerait inévitablement une diminution de l'influence soviétique. Beaucoup dépendrait de la manière dont le règlement aurait lieu et de ses modalités. Une manière globale d'aborder la question, en invitant toutes les parties à y être représentées, favoriserait automatiquement les extrémistes en donnant aux gouvernements les plus intransigeants un droit de veto sur le déroulement tout entier du processus de paix. S'il apparaissait que le règlement résulterait du chantage ou des pressions soviétiques, les régimes extrémistes d'orientation anti-occidentale et prosoviétique s'en trouveraient renforcés. On considérerait alors que les territoires retournaient aux clients des Soviétiques.

Il nous fallait œuvrer, non seulement pour parvenir à une solution quelconque, mais encore pour démontrer que le meilleur moyen de progresser en direction de la paix était de passer par nos amis, autrement dit que les modérés détenaient la clé du problème au Moyen-Orient. J'étais convaincu que la force de nos positions nous permettait d'en faire la démonstration. « L'avantage pour nous », fis-je savoir à Nixon, au début de février, « c'est que les Arabes en viendront à comprendre que ce sont les États-Unis et non l'U.R.S.S. qui détiennent la clé de ce qu'ils veulent. » Au cours d'une réunion du Groupe supérieur d'études, le 25 février, je déclarai : « A un moment donné, il deviendra évident que le temps ne travaille pas pour les Soviétiques. S'ils ne peuvent obtenir que les territoires occupés soient rendus aux Arabes, il est probable que ceux-ci s'adresseront à nous. » Par conséquent, il ne fallait pas céder au chantage ni être pris de panique devant la rhétorique extrémiste ; la patience serait notre arme. Partant du même principe, une fois que nous aurions réussi notre percée et que les Arabes modérés se seraient tournés vers nous, il faudrait agir d'une manière décidée pour obtenir des progrès diplomatiques.

Mais je n'étais nullement en position d'appliquer cette stratégie. Nixon avait confié le Moyen-Orient à Rogers et répugnait à intervenir même lorsque les doutes l'assaillaient. Il n'était pas non plus — du moins à ce stade — convaincu de la justesse de mon analyse et continuait à croire que l'U.R.S.S. avait été le vainqueur politique de la guerre de 1967. Il s'accrochait encore à quelque vague notion d'échange de zones d'influence avec l'Union soviétique entre le Moyen-Orient et le Vietnam. Il se sentait moins d'obligations envers l'électorat juif que tous ses prédécesseurs et brûlait de démontrer que ses pressions n'avaient pas de prise sur lui. Il se demandait aussi si mon judaïsme ne fausserait pas mon jugement. Normalement j'aurais dû élaborer ses choix stratégiques et donner aux différents ministères des conseils tactiques, mais il me fut impossible d'intervenir dans la politique du Moyen-Orient jusqu'à fin 1971.

Cette unité de vues dans la conduite des affaires que Nixon envisageait d'habitude et que normalement j'imposais faisait donc défaut à notre politique moyenne-orientale. Il laissait les affaires suivre leur cours, sûr de toujours pouvoir, avec mon aide, reprendre les choses en main avant qu'elles ne dégénèrent. Il laissa aux Affaires étrangères une liberté de manœuvre impensable dans tout autre domaine. Mais, comme en fin de compte ses convictions étaient plus proches des miennes que de celles de Rogers, il intervint juste à temps pour empêcher que soit appliquée la politique du ministère.

La dure leçon que nous devions en tirer, c'est que le cours des choses ne peut être dominé que par ceux qui se sont fixés clairement des buts à atteindre. Une nation n'a rien à attendre d'une politique de confusion présentée sous le masque de la modération. Car l'adversaire peut prendre bonne volonté pour acquiescement et confondre retenue avec faiblesse. Et il peut même, légitimement, être surpris et se sentir trahi lorsque après toutes ces convulsions nous nous mettons à défendre nos véritables intérêts. Résultat : la crise.

Si j'en juge par les dix années qui viennent de s'écouler, il ne fait aucun doute que notre désir d'éviter toute confrontation, l'année du Cambodge et de l'agitation intérieure, ainsi que notre volonté d'aboutir à tout prix à des solutions sans rapport avec les réalités psychologiques du Moyen-Orient n'ont fait qu'encourager les menées soviétiques. Je suis également persuadé que c'est notre décision de résister à ces menées qui nous a fait déboucher sur des négociations tant au Moyen-Orient qu'avec l'Union soviétique en général.

La lettre de Kossyguine

Le 31 janvier 1970, Dobrynine déposa une lettre du Président du Conseil de l'U.R.S.S., Alexis Kossyguine, adressée au Président des États-Unis, à mon bureau du sous-sol de la Maison Blanche. Normalement, cette lettre aurait dû passer par la « filière ». Or, on nous informait que des missives semblables avaient été envoyées au Premier Ministre Wilson et au Président Pompidou. Comme les Britanniques et les Français allaient certainement nous consulter à ce sujet, nous n'avions pas le choix, il fallait la faire passer par la voie régulière. De toute évidence, une fois devenu officiel, cet échange de correspondance ne pouvait que devenir public.

La lettre de Kossyguine nous avertissait qu'Israël s'était lancé dans de nouvelles opérations militaires contre les États arabes. L'Union soviétique essayait de déterminer dans quelles mesures les opérations israéliennes avaient été coordonnées avec l'action diplomatique de « certaines puissances » — manière assez lourde d'insinuer que nos innocentes propositions de paix de 1969 avaient servi de couverture aux raids aériens en profondeur des Israéliens. Si les attaques israéliennes continuaient, poursuivait la lettre, « l'Union soviétique sera forcée de veiller à ce que les États arabes disposent des moyens leur permettant de repousser comme il convient leur arrogant agresseur ». Kossyguine demandait aux quatre grandes puissances de « contraindre » Israël à cesser ses attaques et à mettre sur pied une paix durable commençant par le « retrait le plus rapide possible des forces israéliennes de tous les territoires arabes occupés ».

En transmettant cette lettre à Nixon, je lui fis remarquer qu'elle constituait la première menace soviétique envers le nouveau gouvernement. Kossyguine n'allait pas jusqu'à menacer d'entreprendre une action précise, mais « l'attitude consistant à dire qu'Israël doit se retirer, *avant* que les autres questions soient résolues, représente un repli sur la position soviétique de 1967, ce qui apparemment annule une grande partie des progrès accomplis au cours des pourparlers de l'été dernier entre les États-Unis et l'U.R.S.S. » Dans le même temps, je vis dans la lettre de Kossyguine le signe que notre position au Moyen-Orient était plus forte.

> « Le fait que nous tenions bon les met [les Soviétiques] devant le dilemme suivant : s'ils *n'acceptent pas* nos propositions, ils n'obtiennent rien, la responsabilité de l'escalade retombe sur eux et leur client perd si l'escalade conduit à un affrontement sérieux; s'ils les *acceptent*, ils devront expliquer nos conditions à leur client. Je propose que nous répliquions en dénonçant violemment la menace soviétique, en mettant comme condition au respect par les Israéliens du cessez-le-feu que l'autre camp le respecte également, y compris les éléments incontrôlés, et en insistant auprès des Soviétiques pour qu'ils nous expliquent clairement ce à quoi, selon eux, les Arabes seraient prêts à s'engager si Israël retirait ses troupes. »

Pour une fois, notre gouvernement fut unanime sur le contenu de la réponse. Rogers et Sisco étaient du même avis : nous devions être fermes. La réponse du Président fut envoyée le 4 février. Elle rejetait catégoriquement les allégations soviétiques et faisait remarquer que le cessez-le-feu était violé par les *deux* camps; c'était l'Égypte qui, au début de 1969, s'était délibérément engagée dans la voie de l'escalade en commençant la guerre d'usure. La réponse de Nixon contenait un avertissement : si les Russes mettaient à exécution leur menace d'accroître leurs envois d'armes, il était possible que les grandes puissances se trouvent plus étroitement mêlées au conflit. « Les États-Unis suivent de près l'équilibre des forces au Moyen-Orient et n'hésiteront pas, si le besoin s'en fait sentir, à fournir des armes aux États amis. » Le message se terminait par un rejet de la position soviétique selon laquelle il fallait avant tout qu'Israël se retire pour que l'on puisse régler toute autre question concernant la paix.

Le même jour, je fis part au Président des autres pensées que m'inspirait la note soviétique; j'y voyais une manœuvre isolée et par conséquent inquiétante :

> « Il n'y avait pas besoin d'être grand clerc pour prévoir que les États-Unis au moins (si ce n'est la France et le Royaume-Uni) répondraient qu'ils sont favorables à un rétablissement du cessez-le-feu sur une base réciproque... La démarche soviétique aura donc pour résultat d'attribuer le mérite de ce rétablissement à Nasser et aux Arabes, et, par leur intermédiaire, aux Russes eux-mêmes, plutôt qu'à nous et aux Israéliens. »

Deux jours plus tard, dans une longue analyse des questions fondamentales de notre stratégie au Moyen-Orient, je réitérai mon point de vue : « A présent qu'il [Nasser] a demandé à Moscou de faire pression sur nous pour que nous poussions Israël à arrêter les bombardements, il est parti pour démontrer que les Russes sont incapables de le sortir de là. »

C'est justement parce que la lettre de Kossyguine semblait si vague et ne demandait rien de vraiment réalisable que je commençai à soupçonner qu'il ne pouvait s'agir d'une démarche isolée ; elle devait faire partie d'un projet plus vaste précédant presque à coup sûr quelque action d'envergure dans le domaine militaire. Si elle manquait de netteté, c'est peut-être parce qu'elle tentait de décourager toute réponse susceptible de contrecarrer des décisions déjà prises. Les autobiographies d'Anouar el-Sadate et de Mohammed Heykal nous apprennent qu'en fait, pendant le séjour de Nasser à Moscou à la fin janvier, il avait été décidé d'envoyer à l'Égypte les missiles antiaériens soviétiques les plus perfectionnés. La lettre de Kossyguine n'était donc pas une mise en garde mais bien de la poudre aux yeux.

Dans la première semaine de février, certains signes donnèrent à penser que les Soviétiques s'apprêtaient à envoyer des armes à l'Égypte. je doutais fort que le matériel militaire seul serve à quelque chose et m'en ouvris à Nixon. Si ces nouvelles armes venaient simplement accroître l'arsenal déjà existant, les Israéliens les détruiraient ; s'il s'agissait d'un armement plus élaboré, les Égyptiens ne seraient pas capables de s'en servir, ce qui laissait entrevoir une possibilité plus inquiétante, car, si les Soviétiques étaient décidés à réagir efficacement contre les attaques israéliennes, « cela requerrait presque à coup sûr du personnel russe ». Après avoir lu mon analyse, Nixon écrivit dans la marge : « Je crois qu'il est temps de parler de cela directement aux Soviétiques. L'idée d'Acheson — " attendre que ça se tasse " — ne marchera pas *, celle des Affaires étrangères de " négociations tous azimuts " non plus. Ce qu'il faut, c'est essayer d'entamer des pourparlers bilatéraux pour voir s'il n'y a pas moyen d'obtenir un accord qui nous soit favorable. »

Pour répondre au désir de Nixon, j'agis donc sur deux fronts. Notre ambassadeur à Moscou, Jacob Beam, reçut pour consigne des Affaires étrangères de faire savoir à Gromyko que les États-Unis étaient prêts à œuvrer au rétablissement du cessez-le-feu et à discuter de la limitation des armements dans les deux camps. Comme il fallait s'y attendre, la réponse de Gromyko à Beam, le 11 février, ne s'engageait sur aucun point précis. Il n'était pas question pour l'U.R.S.S., déclarait-il, d'envisager un cessez-le-feu avant qu'Israël n'ait arrêté ses raids aériens en profondeur. Il n'était pas opposé à des discussions sur la limitation des armements, mais elles n'auraient pas lieu tant qu'Israël occuperait des terres arabes ; autrement dit, il faudrait qu'Israël se retire de tous les territoires en 1967. Tout cela pourrait être réglé aux cours des négociations entre nos deux pays, que les Soviétiques étaient prêts à reprendre.

* Allusion à une lettre envoyée en janvier par Dean Acheson préconisant d'appliquer au Moyen-Orient une politique consistant à « négliger intelligemment » le problème. A l'époque, Nixon avait fait savoir que dans les grandes lignes il était d'accord avec cette manière de voir.

L'une des raisons pour lesquelles Gromyko s'était montré si évasif est sans aucun doute que l'Union soviétique était déjà en train d'examiner une prise de position américaine plus musclée. En effet, j'avais rencontré Dobrynine la veille au nom du Président, et au moment où Beam avait eu son entrevue avec Gromyko les Soviétiques ne pouvaient pas avoir terminé leur analyse de mon message. Je déclarai à Dobrynine : « Nous voulons que les dirigeants soviétiques sachent que pour nous l'introduction de troupes russes au Moyen-Orient créerait une situation extrêmement sérieuse. » Nous avions décidé de communiquer par cette voie, ne voulant pas de confrontation officielle. En même temps, fidèle aux instructions de Nixon, je fis savoir à Dobrynine que nous étions prêts à entamer des discussions bilatérales sur le Moyen-Orient par la « filière ».

Même lorsque, de toute évidence, il n'avait pas d'instructions précises – et c'était le cas ici – Dobrynine ne gâchait jamais une réunion. Il enfourcha donc son dada en égrenant la série habituelle de ses griefs contre les actions entreprises par les États-Unis; l'expérience lui avait appris que le tout-Washington constituait un réservoir inépuisable de masochistes brûlant d'endosser la responsabilité de chaque impasse diplomatique. Il leur donna satisfaction en s'élevant contre la publicité faite autour de la lettre de Kossyguine (et que les Russes avaient bien sûr déclenchée par leurs démarches simultanées à Paris et à Londres), contre la position publique des Affaires étrangères qui, affirmait-il, avaient à tort interprété la réponse que Moscou avait donnée en décembre à nos propositions concernant les frontières (le « Plan Rogers »), comme une fin de non-recevoir. Cette dernière révélation avait clairement échappé à tous ceux qui avaient pris connaissance de la note de Moscou en décembre, moi compris. Les Soviétiques n'avaient d'ailleurs jusqu'ici pas contesté notre interprétation.

Pendant près d'un mois, ce fut le silence du côté des dirigeants soviétiques. Je m'efforçai d'utiliser ce répit pour prendre des dispositions destinées à parer à toute éventualité en cas d'initiative soviétique importante comprenant presque à coup sûr l'introduction de personnel militaire au Moyen-Orient. Une fois de plus, les différentes réunions du W.S.A.G. firent ressortir les divisions qui avaient empoisonné les débats internes en 1969. Je maintenais que, si les Soviétiques faisaient venir du personnel militaire, nous n'avions pas le choix, il fallait résister, quel que soit le fond même de la question qui était à l'origine de cette initiative. Il nous était impossible d'accepter une nouvelle présence soviétique à moins d'être prêts à voir les extrémistes arabes en retirer des avantages peut-être décisifs. Je voulais que nos plans soient revus pour le cas où les Russes menaceraient Israël de représailles. Je demandai également que des mesures soient prises pour empêcher que l'armée de l'air israélienne ne subisse une guerre d'usure si Moscou jetait dans la balance des appareils hautement perfectionnés pilotés par du personnel russe.

La réaction des ministères fut moins qu'enthousiaste. La plupart des membres du gouvernement rejetaient sur l'intransigeance israélienne la responsabilité de l'impasse. Tous (moi excepté) étaient persuadés qu'une nouvelle aide massive à Israël mettrait, dans l'état actuel des choses, « le feu aux poudres ». Quant aux plans d'urgence, personne ne trouva d'excuse valable pour ne pas faire l'effort d'étudier les différentes hypothèses possibles, mais il n'y avait pas d'illusions à se faire, la mise en œuvre de mesures destinées à contrer toute initiative soviétique d'envergure se heurterait à une opposition massive de l'administration. Le ministère de la Défense soumit un mémorandum officiel insistant sur le fait qu'il préférait des solutions politiques, ce qui voulait dire en clair que, comme au Vietnam, c'était à un autre ministère d'assumer la responsabilité et de courir les risques. Il se gardait bien d'expliquer comment nous allions provoquer un retrait total des Israéliens (qui se trouvait être la seule carte politique dont nous disposions) ou comment, au cas où des troupes soviétiques feraient leur apparition, ce retrait n'allait pas être attribué à la pression exercée sur nous par les Soviétiques.

Influencée à la fois par des considérations de politique intérieure et internationale, l'attitude de Nixon fut ambivalente. Il accepta mon analyse géopolitique. Sur l'une de mes notes, il indiqua en marge : « " L'impartialité " est la politique qui convient mais avant tout ce sont nos intérêts – qui donnent aux Soviétiques le plus de fil à retordre –. Il ne faut pas que le conflit israélo-arabe vous fasse perdre de vue ces intérêts. » En même temps, il tendait à se ranger à l'avis du ministère des Affaires étrangères qui voyait dans la politique israélienne la cause primordiale des difficultés présentes et n'était pas certain que démontrer l'impuissance des Soviétiques à faire avancer les choses décevrait vraiment les Arabes.Il ajouta sur une note dans laquelle j'avais envisagé cette hypothèse : « Je ne suis pas du tout d'accord avec cette conclusion – les Soviétiques savent que les Arabes sont forts en paroles. Nous avons fait des gorges chaudes des défaites soviétiques au Moyen-Orient depuis 1967 – les Affaires étrangères, et les autres, ont prétendu que la guerre de juin avait été une " défaite " pour les Russes. Ce ne fut *nullement* le cas. Ils sont devenus les amis des Arabes et les États-Unis leur ennemi. Le long terme, voilà ce qui sert leurs intérêts. »

L'ennui, évidemment, était : comment concilier les deux notes de Nixon, autrement dit, comment créer des difficultés aux Soviétiques tout en les laissant apparaître comme la force dominante dans cette région du globe en acceptant qu'ils y fassent venir du personnel militaire ? Nixon ne tranchait jamais ces questions dans l'abstrait, préférant attendre que naisse le besoin de prendre une décision. Il adopta, face aux retombées de la crise du Moyen-Orient en politique intérieure, l'attitude ambivalente qu'il avait toujours face aux désaccords de ses subordonnés – en les encourageant et en ne réagissant que lorsque le conflit débordait jusque dans son bureau. Le Président était persuadé que la plupart des dirigeants de la communauté juive avaient été contre lui tout au long de sa carrière politique. Il disait en plaisantant que le peu de Juifs qui avaient voté pour lui devaient être tellement cinglés qu'ils resteraient à ses côtés même s'il s'en prenait à Israël. Il adorait déclarer à son entourage et à ses visiteurs que le « lobby juif » n'avait aucune prise sur lui.

Malheureusement pour son image de marque, Nixon eut rarement l'occasion de mettre cette théorie en pratique, car, pour tous les problèmes concrets, l'analyse géopolitique réaliste qu'il en fit l'amena à des prises de position pas si éloignées de celles que d'autres, influencés par des considérations ethniques, pouvaient éventuellement prendre. En privé, il menaçait de sombres représailles toute partie de l'électorat qui, dans sa pensée, se mettait en travers de ses plans. Il se livrait à des gestes destinés à prouver – surtout à lui-même – qu'il n'était pas soumis aux influences traditionnelles que les autres Présidents avaient dû subir. Mais, en fin de compte, confronté aux réalités de la puissance au Moyen-Orient, il finissait, après bien des déchirements et manœuvres tortueuses, par appliquer, dans l'intérêt de la nation, la même politique : réduire l'influence soviétique, affaiblir la position des extrémistes arabes, encourager les Arabes modérés et assurer la sécurité d'Israël. Nixon et moi faisions donc une partie du chemin séparément, mais au moment de prendre des décisions concernant le Moyen-Orient, nous nous rencontrions, tombions d'accord et agissions en nous soutenant mutuellement.

Dans le courant de février, notre gouvernement se pencha sur la liste de matériel militaire réclamé par Israël. En 1970, elle s'élevait à vingt-cinq chasseurs-bombardiers à réaction F-4 Phantom, cent bombardiers A-4 Skyhawk, et un nombre important de chars et de véhicules blindés de transport de troupes, le tout devant être payé par différentes formes de crédit consenties par l'Amérique. De l'avis unanime des ministères, Israël serait ainsi en mesure de garder sa supériorité militaire pendant une période allant de trois à cinq ans, sans avoir besoin de nouvelles livraisons massives. Cette thèse s'appuyait sur une estimation commune des services reposant sur la perspicacité mystérieuse des analyses de systèmes, qui avaient une tendance marquée à s'identifier aux préférences politiques des chefs des divers services. (En l'occurrence, la guerre de 1973 au Moyen-Orient se chargea de démontrer que, même après les importantes livraisons de matériel militaire de 1970-1973, l'équilibre des forces au Moyen-Orient était devenu plus précaire que nos analystes ne l'avaient prévu.) Les lettres de mise en garde de nos amis du monde arabe tels que le roi du Maroc et le roi de Jordanie ne firent que renforcer la répugnance générale de notre administration à entreprendre de nouvelles livraisons d'armes à destination d'Israël.

Les délibérations du gouvernement s'orientaient donc vers une réponse modérée lorsque survint un événement qui, bien que n'ayant pas de lien direct avec la question, agit comme un catalyseur. Fin février, le Président Pompidou se trouvait en visite officielle aux États-Unis – visite à laquelle Nixon attachait une grande importance. Insensible, et probablement indifférent aux répercussions de sa politique sur les données intérieures américaines, le Président Pompidou avait en janvier conclu un accord de livraison d'armes échelonné sur quatre ans avec le nouveau gouvernement révolutionnaire du colonel Muammar Kadhafi, par lequel la France vendait à la Libye plus d'une centaine de Mirage. Logiquement, la Libye n'avait pas besoin d'une telle quantité d'appareils ; le fait est qu'à cette époque on ne comptait dans toute la Libye qu'un nombre infime de pilotes capables de voler sur ces avions hautement perfectionnés. De toute évidence, ces appareils étaient destinés à être utilisés par d'autres pays arabes, probablement par l'Égypte. Comme il fallait donc s'y attendre, les partisans d'Israël au Congrès protestèrent vigoureusement. Des manifestations eurent lieu dans chaque ville où Pompidou et sa femme se rendirent. Un incident particulièrement malheureux eut lieu à Chicago, où des manifestants se montrèrent particulièrement offensants envers Mme Pompidou. Le Président Pompidou abrégea brusquement sa visite à Chicago et rentra à New York. Pendant quelques heures, on eut même l'impression qu'il allait annuler son séjour à New York et reprendre l'avion pour la France. Toujours est-il qu'il ne se remit jamais de cet incident inexcusable, qui pesa sur son attitude envers les États-Unis pour le restant de ses jours.

En apprenant la nouvelle, Nixon entra dans une violente colère. Il réagit de deux manières différentes, l'une généreuse, l'autre mesquine. Sa réaction généreuse consista à prendre l'avion à l'improviste, le 2 mars, pour assister à un dîner donné à New York en l'honneur de Pompidou, au cours duquel il fit un discours à la fois élégant et empreint d'une chaude sympathie pour le chef de l'État français. Quant à sa réaction vengeresse, elle s'exprima sous forme d'un ordre adressé directement aux Affaires étrangères par l'intermédiaire de Joe Sisco — apparemment dans le but de ne pas passer par moi — enjoignant de remettre à une date indéterminée la livraison d'armes à Israël. Si l'on m'avait consulté, j'aurais sûrement fait valoir qu'il était inopportun de se venger sur un pays étranger des agissements d'une minorité américaine et d'offrir à l'Union soviétique la tentation de s'en donner à cœur joie.

Ce furent, en fait, les arguments que je mis en avant lorsque, quelques heures après avoir donné cet ordre à Sisco, Nixon se mit à avoir des doutes, ce qui était bien dans sa manière. Il me fit savoir par Haldeman qu'à vrai dire il ne s'agissait pas là d'une décision sans appel, qu'il allait revoir tout cela dans l'avion qui l'emmenait à New York pour assister au dîner offert en l'honneur de Pompidou. Quand une mission de ce genre était confiée à Haldeman, on pouvait être sûr que le Président prenait la chose au sérieux. L'indifférence soigneusement étudiée de Haldeman quant au contenu du message empêchait toute discussion ; il n'en reste pas moins qu'il jouait un rôle thérapeutique en offrant un moyen de faire connaître son désaccord sans toutefois la possibilité d'agir en conséquence. Ne pouvant joindre Nixon, j'avisai Haldeman que la décision du Président avait accru les risques d'explosion au Moyen-Orient ; en effet, supprimer les livraisons à Israël nous précipiterait dans une confrontation à la fois avec les Soviétiques et avec les Israéliens. Israël échapperait difficilement à la panique et serait tenté de prendre les devants ; les Russes, eux, allaient sûrement s'enhardir en voyant que nous prenions nos distances vis-à-vis de notre allié. Nous savions qu'ils préparaient une action militaire encore indéterminée ; le moment était donc mal choisi pour que le Président donne l'ordre de supprimer l'aide militaire à Israël, contre lequel cette action soviétique imminente était dirigée. Avec la patience indulgente d'un homme pris entre les explosions d'humeur de son chef et ceux qui — ce qui lui était incompréhensible — en prenaient le contenu au sérieux, Haldeman m'assura que l'affaire se passerait. Il n'expliqua pas comment et il se révéla qu'il s'était trompé.

Lorsqu'il reçoit un ordre qui a l'heur de plaire à ses fonctionnaires, le ministère des Affaires étrangères est une institution merveilleusement efficace. Lorsqu'il souhaite épuiser des supérieurs récalcitrants, les projets de notes s'égarent à travers le labyrinthe de bureaux et de filières mystérieuses pendant des semaines, voire des mois. Mais lorsqu'il reçoit des instructions qui lui paraissent raisonnables, la paperasserie se trouve brusquement accomplie en l'espace de quelques heures et la machine rayonne d'une énergie débordante. Cela explique que, trente-six heures après que Nixon eut fait part de sa décision à Sisco, Rogers ait envoyé une note à Nixon lui expliquant qu'il avait déjà mis sur pied un scénario « pour l'exécution de votre décision de surseoir, pour l'instant, à l'envoi d'appareils supplémentaires à Israël ».

Je pensais qu'il était des plus déraisonnables d'annoncer une telle décision avant d'avoir la moindre idée de ce que les Russes allaient entreprendre au Moyen-Orient. A présent, j'avais assez l'habitude de voir Nixon se raviser pour être certain qu'il n'allait pas manquer, comme disait Haldeman, d'arranger les choses. En transmettant la note de Rogers au Président, je lui fis donc remarquer que, bien que les retombées soient évidentes en politique intérieure, « à l'étranger, un simple démenti ne suffira pas à dissiper l'impression que nous avons cédé aux pressions soviétiques ». Je proposai donc que les instructions de Rogers soient modifiées de façon à atténuer le coup porté à Israël. Nous pouvions soit accepter de remplacer les appareils perdus par Israël entre 1969 et 1971 (en fixant une limite pour éviter d'encourager les raids aux pertes élevées), soit ne pas arrêter les chaînes de montage et placer en réserve un nombre déterminé de Phantom et de Skyhawk livrables à Israël immédiatement au cas où une arrivée massive d'armements soviétiques compromettrait l'équilibre des forces. Même Sisco m'avait dit (en privé) qu'il partageait mon analyse. Pour amortir le choc en retour que l'ajournement ne manquerait pas de provoquer, je suggérai que ce soit non pas la Maison Blanche, mais le ministère des Affaires étrangères qui l'annonce.

Ma proposition démontra qu'en ce qui concerne le Moyen-Orient, je n'étais pas en position de force. Du moins eut-elle le mérite de fournir un répit tandis que le Président revoyait la question, évitant ainsi de tenter les Soviétiques au moment même où ils étaient en train de décider de leur prochaine initiative.

Ils ne nous firent pas attendre longtemps...

Soldats et missiles soviétiques font leur apparition en Égypte

Le 10 mars, Dobrynine arriva à la Maison Blanche avec la réponse du Kremlin à ma démarche du 10 février où je mettais en garde l'Union soviétique contre l'introduction au Moyen-Orient de troupes soviétiques. La Salle opérationnelle n'étant, pour une raison que j'ignore, pas disponible, nous eûmes un entretien dans le bureau de l'aide de camp du Président. De par son emplacement (il est situé dans l'aile orientale de la Maison Blanche), ce bureau est très éloigné des centres d'élaboration de la politique. Les bureaux de la plupart des adjoints importants se pressent autour du Bureau ovale, dans l'aile occidentale. D'ailleurs, il n'y a pas de meilleur critère de l'importance des collaborateurs de la Maison Blanche que la distance qui les sépare de la source du pouvoir ; bon nombres d'entre eux se satisferont avec joie d'un bureau minuscule situé dans l'aile occidentale plutôt que de risquer de déchoir en allant s'installer dans des locaux plus élégants et plus spacieux de l'aile orientale, à trois cents mètres de là, ou dans le Centre administratif, de l'autre côté de la rue. Néanmoins, c'est précisément parce que les bureaux de l'aile orientale s'occupent surtout de questions sociales ou logistiques qu'ils constituent un endroit idéal pour avoir un entretien à l'abri des regards indiscrets.

Dobrynine rayonnait de bonhomie. En ce qui concernait les exhortations américaines en vue d'un cessez-le-feu, il me fit savoir que ses chefs étaient persuadés que « si les Israéliens arrêtaient de bombarder la R.A.U. (l'Égypte), celle-ci, de son côté, ferait preuve de modération, sans que cela donne lieu, bien entendu, à une déclaration officielle ». Autrement dit, Dobrynine était en train de me proposer un cessez-le-feu de fait sur le canal de Suez. De plus, il avait la joie de m'annoncer qu'il avait été autorisé à reprendre des pourparlers bilatéraux avec Rogers. Il me donna un aperçu des « concessions » qu'il serait prêt à faire au cours de ces pourparlers : premièrement, un règlement au Moyen-Orient ne mettrait pas simplement fin à l'état de guerre mais établirait également un état de paix ; deuxièmement, les gouvernements arabes s'engageraient à enrayer les opérations de guérillas lancées de leurs territoires. Ces « concessions » apportaient moins d'éléments positifs qu'il n'y paraissait à première vue. Suggérer qu'un accord de paix puisse apporter la paix et présenter cela comme une concession montre bien le côté fumeux et ambigu des tractations politiques au Moyen-Orient. Demander à Israël de retirer ses forces de tous les territoires occupés sans offrir en contrepartie ce qui est normal pour la plupart des États, à savoir la paix, eût été une absurdité. Quant à l'engagement de mettre fin aux attaques de guérillas quand la paix aurait été signée, il ne pouvait être considéré comme un sacrifice, personne ne pouvant décemment présenter une proposition contraire. Il n'en reste pas moins que l'offre d'un cessez-le-feu faite par Dobrynine me parut suffisamment importante pour qu'elle m'empêche de remarquer que les Russes avaient laissé sans réponse le point essentiel de notre conversation du 10 février, c'est-à-dire ma mise en garde contre la venue de troupes soviétiques. Nous n'allions pas tarder à apprendre la raison de cette omission.

Avec un soulagement qui se révéla prématuré, je fis au Président le compte rendu suivant : « Dobrynine a fait un certain nombre de concessions importantes... Dans les négociations sur l'Égypte, notre politique de fermeté relative s'est révélée payante sur tous les points contestés. L'Union soviétique a fait un premier pas et, bien que cela ne soit pas suffisant, cela montre au moins que tenir bon et ne pas faire de concessions était bien ce qu'il fallait faire. » Le Président réagit à ce qui semblait être un assouplissement de l'attitude soviétique en modifiant sa décision initiale au sujet de l'aide militaire à Israël. Se rendant compte que nous ne pouvions à la fois faire à Israël des propositions de cessez-le-feu et repousser ses demandes de matériel militaire, Nixon accepta le même jour ma proposition de combler les pertes israéliennes en appareils jusqu'à concurrence de huit Phantom et de vingt Skyhawk en 1970. Il approuva allègrement ma suggestion de laisser les Affaires étrangères annoncer que la livraison en bloc du matériel militaire était suspendue, mais y ajouta aussitôt la petite touche nixonienne : je fus chargé d'informer sans délai l'ambassadeur d'Israël Rabin de la décision de Nixon de combler les pertes israéliennes.

Le 12 mars, je rencontrai Rabin pour l'informer de la proposition de cessez-le-feu de Dobrynine et pour lui faire part de la décision du Président. En même temps, je demandai qu'Israël mette fin à ses raids en profondeur et accepte un cessez-le-feu officieux en ajoutant qu'un aide-mémoire du Président concrétiserait et les demandes faites à Israël, et les assurances concernant le remplacement des avions.

Itzhak Rabin possédait de nombreuses qualités, mais le sens des rapports humains n'en faisait pas partie. Si on lui avait offert gratuitement tout le commandement aérien stratégique des États-Unis, il aurait (a) réagi en disant qu'enfin Israël recevait ce qui lui était dû, et (b) trouvé quelques imperfections dans les appareils qui lui auraient permis de faire croire qu'en acceptant il nous faisait une faveur. Il n'est donc pas étonnant qu'il ne se soit pas montré enchanté par la formule du remplacement des appareils abattus. En fait, il me remit deux messages de Mme Meir destinés à Nixon (dont un manuscrit), faisant état de rumeurs selon lesquelles nous ajournerions nos livraisons à Israël des avions qu'il nous avait demandés ou même que nous les supprimerions. Mme Meir déclarait qu'une telle décision ne ferait qu'accroître le danger militaire pour Israël en encourageant encore plus l'agression soviétique et arabe. Elle craignait que ce sentiment d'« abandon » ne pousse les gens à bout et augmente le danger d'actes irréfléchis en Israël : « Je ne soulignerai jamais assez la gravité de la situation qui en découlerait. »

Rabin se montra, en général, peu enthousiaste au sujet du cessez-le-feu qui, disait-il, sauverait Nasser et ne réglerait rien. Il n'empêche qu'il considéra la proposition suffisamment importante pour en référer à Jérusalem personnellement. Il prit l'avion pour Israël et rapporta, cinq jours plus tard, la réponse du cabinet israélien. Israël était prêt à accepter un cessez-le-feu officieux à condition que toute activité militaire cesse simultanément, que le chiffre des appareils remplacés soit doublé et que Nixon donne publiquement des assurances au sujet du maintien de la force de l'armée de l'air israélienne et de l'équilibre des forces au Moyen-Orient. (C'était la première fois que je me trouvais directement exposé à la manière de négocier des Israéliens. Employant un mélange de persistance dans une seule direction et de tactiques tortueuses, les Israéliens ne laissent à leur interlocuteur que les derniers vestiges de raison et de cohérence dont il a besoin pour signer le document final.)

Quoi qu'il en soit, avant que la question ait pu être réglée avec Israël, nous finîmes par découvrir les intentions soviétiques en Égypte. Le jour même (le 17 mars) où Israël accepta le cessez-le-feu, Rabin m'informa qu'un substantiel envoi d'armements soviétiques était arrivé en Égypte, y compris le matériel antiaérien soviétique le plus perfectionné, les missiles sol-air S.A.-3. Ceux-ci n'avaient jamais été livrés à une puissance étrangère, pas même au Vietnam du Nord. Fait encore plus inquiétant, ces missiles étaient accompagnés de 1 500 soldats soviétiques. De toute évidence, il ne s'agissait là que de la première étape d'une action militaire russe de grande envergure marquant un tournant décisif de la politique soviétique. En effet, jamais auparavant les Russes n'avaient exposé à un tel risque leurs propres forces au bénéfice d'un pays non communiste. Pour moi il était manifeste que, au fur et à mesure que les Soviétiques augmenteraient leurs effectifs, ils seraient forcément amenés à les protéger, puis à obtenir des résultats justifiant leur mise en œuvre.

Les faits n'ont cessé de démontrer qu'il faut résister très tôt et clairement aux entreprises militaires soviétiques, qui en général tâtent le terrain au début, d'une manière qui donne aux dirigeants soviétiques le moyen de justifier leur retrait ; si l'on attend que cette phase soit passée, leur engagement devient trop important pour qu'ils puissent faire marche arrière à moins d'en arriver à une crise extrêmement grave. L'ennui, c'est qu'une riposte énergique, lorsque l'intervention est encore trop floue, est particulièrement difficile à organiser. D'abord, par définition, l'évidence peut ne pas être concluante. Dans ses premières phases, l'intervention est en général limitée par la nécessité de construire une infrastructure logistique. Ensuite, contrairement à une opinion mythologique qui les présente comme d'audacieux aventuriers, les agents secrets ont tendance à ne jouer qu'à coup sûr. Bien souvent, ils s'en tiennent à des hypothèses prudentes. A ma connaissance, presque chaque crise nous a valu au début une querelle sur le point de savoir si oui ou non nous nous trouvions en présence d'une intervention, et le débat s'était rapidement étendu de l'exécutif au Congrès. Ceux qui s'opposent à une riposte énergique prétendent que le gouvernement « en fait trop », et si le gouvernement réagit à temps et écarte le danger, ils ont le sentiment que les faits leur ont donné raison. Ce qu'ils ne voient pas, c'est que le véritable choix consiste soit à opter pour une réaction apparemment trop violente (mais qui stopperait l'intervention) soit à laisser les événements suivre leur cours. Au moment où les véritables dimensions de la menace apparaissent dans toute leur clarté, et que tout le monde s'accorde à reconnaître qu'elle représente un danger redoutable, il est souvent trop tard pour entreprendre quoi que ce soit. A un certain moment, la question de savoir ce qui déclenche une intervention soviétique perd tout intérêt. La politique américaine doit faire face aux conséquences, non pas aux causes.

Il n'en alla pas autrement de la réaction du gouvernement Nixon face à l'apparition de missiles et de soldats soviétiques en Égypte au printemps de 1970. Empêtré au Vietnam, au Cambodge et au Laos, secoué par l'agitation intérieure, plus qu'à moitié persuadé que la belligérance israélienne avait provoqué l'intervention soviétique, le gouvernement des États-Unis vacilla et ne sut pas saisir les occasions qui auraient pu se présenter de répondre au défi.

Notre première réaction avait été la bonne ; le 20 mars, j'avais convoqué Dobrynine pour lui passer un savon. Je lui déclarai tout d'abord que nous avions accordé la plus grande attention à la note soviétique du 10 mars et que nous avions, à la suite de cela, recommandé un cessez-le-feu à Israël qui en avait accepté le principe. Et c'est justement au moment précis où je m'apprêtais à envisager avec lui une date de cessez-le-feu que nous apprenions l'envoi de missiles SA-3 et de troupes soviétiques ! Ces soldats avaient été envoyés en Égypte en dépit de ma mise en garde catégorique contre les dangers d'une telle mesure.

Cette tactique, lui dis-je, rappelait l'envoi de missiles à Cuba et la crise qui s'en était suivie. Il ne nous restait plus qu'à arrêter toutes nos démarches en vue d'aboutir à un cessez-le-feu et à informer Israël en conséquence.

Dobrynine ne reparla plus de la question jusqu'au 7 avril, date à laquelle il me demanda si nous verrions d'un œil différent le déploiement d'armements soviétiques s'il se limitait à Alexandrie, au Caire et à Assouan ; il resta dans le vague au sujet du personnel militaire. Je lui demandai s'il s'agissait d'une proposition officielle ; il répondit qu'il me le ferait savoir, ce qu'il ne fit jamais.

Une fois arrêtées nos dispositions concernant le défi proposé, nous aurions dû poursuivre. Il aurait fallu riposter à l'envoi par les Russes de troupes et de missiles perfectionnés en augmentant notre aide militaire à Israël et pas seulement en promettant quelques avions de rechange ; nous aurions ainsi montré que nous pouvions faire face à toute escalade soviétique et que ce n'était pas les pressions militaires russes qui feraient avancer les problèmes politiques du Moyen-Orient, condition préliminaire essentielle pour encourager la modération et pour appliquer ce qui constituait à mes yeux une stratégie optimale. L'analyse raisonnée de mon point de vue fut faite d'une manière réfléchie par Bill Hyland, spécialiste des affaires soviétiques de mon équipe, le 8 juin, en ces termes :

> « Les Russes respectent la puissance et la force. Ce qu'ils comprennent le mieux, c'est la puissance militaire, ce qui ne veut pas dire, bien sûr, qu'ils ont hâte d'en découdre ou qu'ils croient aux vertus de l'usage aveugle de la force. Seulement, ils n'arrivent pas à comprendre que l'on puisse faire preuve de modération. Ils ne s'y reconnaissent plus et finissent par en conclure qu'ils peuvent avancer leurs propres pions sans danger.
>
> Si les États-Unis ne soutiennent pas ostensiblement Israël par une aide militaire, les Soviétiques vont réfléchir à la situation et se demander pourquoi nous nous y refusons ; ils finiront par conclure que nous en sommes dissuadés soit par des préoccupations intérieures, politiques et économiques, soit par peur des conséquences qu'une escalade militaire entraînerait. »

Je ne réussis pas à faire admettre cette façon de voir. Nos ministères rejetaient sur les Israéliens la responsabilité de la tension au canal de Suez en prétendant, ce qui n'était pas entièrement faux, qu'ils avaient provoqué la réaction soviétique par leurs raids en profondeur. Pour l'administration, face à l'entrée en jeu du potentiel militaire soviétique, la « solution » consistait à pousser Israël à se montrer plus « flexible ». On perdit un temps précieux à discuter de choses qui n'avaient rien à voir avec la question. Nos services de renseignements essayaient de déterminer si, au point de vue quantité et qualité du matériel, l'équilibre des forces avait bien été rompu. Tout cela passait à côté de l'essentiel. Quel que soit le point de vue des uns et des autres au sujet d'une plus grande souplesse des Israéliens, nous n'en avions pas moins à affronter les Russes et les extrémistes arabes. Autrement les concessions israéliennes seraient mises au compte de l'apparition du personnel militaire soviétique. Une fois que les Russes se seraient attribué un rôle de combattant au Moyen-Orient et que nous aurions accepté ce rôle, l'équilibre politique s'en trouverait radicalement modifié et ils pourraient, à n'importe quel moment, renverser l'équilibre militaire. Israël avait certes sa part de responsabilité dans la situation actuelle, mais nous ne pouvions nous attaquer au problème politique qu'après avoir maîtrisé le défi militaire soviétique.

Mon point de vue ne prévalait pas parce que je n'en étais encore qu'au début de mon rôle de conseiller du Président et que le Moyen-Orient était du domaine réservé aux Affaires étrangères. Quoi qu'il en soit, à ce stade de ma carrière à la Maison Blanche, c'est lorsque les points de vue des ministères différaient et que le Président n'avait pas d'avis bien tranché que j'étais à même d'exercer la plus grande influence. Lorsque l'unanimité régnait au sein des ministères, en particulier au sujet du Moyen-Orient, mes opinions avaient le moins de chances de prévaloir. Dans ce cas précis, justement, le point de vue de Nixon était beaucoup plus proche de celui des ministères que du mien. Il consacrait beaucoup de temps au Cambodge et désirait ardemment qu'une Conférence au Sommet ait lieu à Moscou ; il espérait que le problème disparaîtrait de lui-même et, dans le cas contraire, que lui et moi serions en mesure de le maîtriser par la suite.

En fait, c'est à ce moment-là que la décision antérieure de Nixon – prise dans des circonstances entièrement différentes – d'ajourner l'envoi du matériel militaire demandé par Israël eut le mauvais effet escompté. Les Affaires étrangères avaient procédé à l'embarrassante rédaction d'une déclaration publique concernant la décision présidentielle. Elles avaient eu des consultations avec les principaux chefs de file du Congrès, même après l'annonce de la dernière initiative soviétique. Dans leur esprit, notre réaction montrerait notre bonne foi aux Arabes ou du moins empêcherait l'explosion, que nos ministères considéraient comme inévitable, de se produire au cas où nous procéderions à des livraisons supplémentaires de matériel. Découragé par les rebuffades que j'avais essuyées précédemment et persuadé que la décision du Président était prise, je laissai faire. Avec le recul du temps, je crois que j'ai commis une erreur en ne me montrant pas assez énergique. C'est ainsi que le 23 mars (moins d'une semaine après que nous eûmes appris l'envoi des troupes soviétiques en Égypte), Rogers annonça : « A notre avis, le potentiel militaire aérien d'Israël est suffisant pour le moment. Le Président a donc décidé de surseoir, pour l'instant, sa décision au sujet de la demande de matériel présentée par Israël... »

Certes, la déclaration enchaînait en disant que « si des actions capables de bouleverser l'équilibre actuel venaient à être prises ou si nous estimions que l'évolution politique le justifie, le Président n'hésiterait pas à revoir la question... » Cette dernière affirmation fut prise pour ce qu'elle était, c'est-à-dire un soporifique. Ces paroles rassurantes ne purent cacher le fait que moins d'une semaine après l'arrivée de troupes soviétiques au Moyen-Orient et trois jours après avoir annulé les entretiens sur le cessez-le-feu avec Dobrynine, les États-Unis avaient publiquement refusé des avions supplémentaires à Israël. Cette décision semblait même impliquer que les troupes et les armements soviétiques les plus perfectionnés n'avaient pas d'influence sur l'équilibre des forces, implication qui constituait presque une invitation à les augmenter.

Un voyage, prévu depuis longtemps, de Joe Sisco au Moyen-Orient – dans le but avoué de consulter nos ambassadeurs, mais en réalité pour s'enquérir des perspectives de paix – renforça l'impression que l'Amérique était indifférente à la présence militaire soviétique. La mission de Sisco survenant si peu de temps après une intervention soviétique semblait suggérer que la présence de troupes russes en Égypte ne constituait nullement un obstacle aux tentatives américaines d'aboutir à la paix, voire qu'elle pourrait même les stimuler. De leur côté, les Israéliens, ébranlés par les coups reçus de l'Union soviétique et des États-Unis, suspendirent leurs raids en profondeur et se montrèrent plus sélectifs dans leurs actions de représailles. Ainsi donc, un geste qui, quelques semaines auparavant, aurait pu contribuer à détendre l'atmosphère, apparaissait à présent comme ayant été arraché par le chantage militaire russe. Et, pour ajouter à nos erreurs, Nixon choisit ce moment pour lancer ses ouvertures en vue d'une réunion au sommet américano-soviétique, balayant ainsi les dernières hésitations que les Russes auraient pu avoir. On peut dire qu'avril 1970 ne fut pas le mois le plus glorieux du gouvernement Nixon.

Comme de bien entendu, étant donné la faiblesse de notre riposte, les Soviétiques en profitèrent pour passer à la vitesse supérieure. Leurs missiles se multiplièrent et le nombre de leurs soldats s'accrut de façon spectaculaire, allant jusqu'à atteindre les dix mille au cours des six semaines qui suivirent. Le 24 avril, Rabin me fit savoir que des pilotes soviétiques avaient accompli des missions défensives au-dessus du territoire égyptien, permettant ainsi à l'armée de l'air égyptienne d'attaquer des positions israéliennes le long du canal et de se montrer plus agressive. Des combats aériens entre pilotes russes et pilotes israéliens devenaient une quasi-certitude.

Le gouvernement des États-Unis réagit enfin. La Maison Blanche annonça une révision « immédiate et totale » de la situation et Nixon m'autorisa à dire à Rabin, le 30 avril (le jour où il annonça l'opération au Cambodge), qu'en dépit de sa décision antérieure il allait fournir d'autres appareils à Israël. Comme il se souciait encore assez de la réaction arabe, il me pria de ne pas donner de publicité à cette décision, ce qui lui enleva une partie de son effet de dissuasion. Et, comme il ne donnait aucune indication quant au nombre d'appareils qu'il avait en tête, il s'exposa à des semaines entières de marchandages interministériels supplémentaires de la part de ceux qui s'étaient opposés à toute livraison d'avions. Même l'apparition de pilotes soviétiques n'avait pas modifié la prudente analyse officielle. Les renseignements étaient unanimes à déclarer que la mission soviétique était de nature purement défensive ; néanmoins, les services de renseignements n'avaient pas l'intention de se laisser enfermer par une déclaration sans équivoque. Une clause échappatoire ajoutait donc : « Cependant, un changement de situation peut modifier radicalement cette mission en un très court laps de temps ou même sans préavis. » Toute la question était là, bien sûr.

Le 12 mai, au moment où l'hystérie cambodgienne battait son plein, je trouvai la situation suffisamment préoccupante pour résumer en ces termes l'impasse dans laquelle Nixon s'engageait : Nasser croyait qu'il pouvait se montrer plus patient que les Israéliens et Mme Meir pensait qu'aucune paix n'était possible avec Nasser. Mme Meir était prête à tenir jusqu'à ce que le camp arabe change d'attitude ; Israël voulait que les États-Unis se montrent plus fermes envers les Russes et lui donnent plus d'avions. Sisco lui-même – à la suite de son voyage – recommandait à présent que les principales hypothèses concernant la stratégie américaine soient revues. Il avait raison car ces hypothèses étaient fausses sur toute la ligne :

- Nous étions partis du principe que des pourparlers entre grandes puissances auraient pu nous faire sortir de l'impasse. En réalité, ils n'avaient pour ainsi dire pas changé la position des parties.
- Nous étions partis du principe que les Russes, afin de désamorcer la situation et de limiter leur intervention en Égypte, pourraient faire pression sur Nasser pour qu'il accepte un compromis. Moscou, au contraire, avait renforcé son dispositif militaire, encourageant ainsi Nasser à continuer sa guerre d'usure contre Israël.
- Nous étions partis du principe qu'Israël finirait par accepter une proposition américaine nuancée, mais les Israéliens avaient purement et simplement rejeté nos différents plans tout en nous demandant de les soutenir militairement et économiquement, que les négociations progressent ou non.
- Nous étions partis du principe que, dans un règlement, les Palestiniens seraient simplement considérés comme un problème de réfugiés. Au lieu de cela ils étaient devenus une force quasi indépendante disposant d'un droit de veto sur la politique de la Jordanie et peut-être même au Liban.

Ma note proposait un réexamen complet de notre politique au Moyen-Orient. Les circonstances ne se prêtaient guère au rassemblement d'énergies que cette bataille exigeait. Le choc physique et psychique de l'incursion au Cambodge était trop grand et je ne vis Nixon aussi épuisé et aussi ébranlé qu'au moment de l'affaire du Watergate ; il n'était donc nullement disposé à se mettre d'autres problèmes sur le dos. Quand nous nous occupâmes de nouveau du Moyen-Orient, ce fut au beau milieu d'une initiative de paix des Affaires étrangères dont les conséquences pratiques furent de ratifier le déploiement soviétique.

La crise au Moyen-Orient ne fit donc que s'accentuer. Dans un discours tenu le 1er mai, Nasser adressa à Nixon un message public dont le ton péremptoire soulignait le déclin de notre position. « Les États-Unis, déclara-t-il, doivent ordonner à Israël de se retirer des territoires arabes occupés. » Si nous n'étions pas en mesure de le faire, Nasser demandait que nous nous « abstenions de fournir tout nouveau soutien à Israël, qu'il soit politique, militaire ou économique aussi longtemps que ses forces occuperont nos territoires arabes ». Autrement, « les Arabes seront forcés d'en conclure que les États-Unis veulent qu'Israël continue à occuper nos territoires de façon à dicter les conditions de leur abandon ». Le fait que Nasser ait déclaré à un visiteur de marque américain, Eugene Black, ancien directeur de la Banque mondiale, qu'il préférait qu'une initiative diplomatique américaine se fasse par l'intermédiaire de l'Union soviétique parce qu'il n'avait pas assez confiance en nous pour traiter directement avec nous montre bien que le spectre d'une prédominance soviétique au Moyen-Orient n'était pas simplement le fruit d'une imagination surchauffée.

Dans cette atmosphère, les ministères sabotèrent la décision de Nixon de ne pas couper les approvisionnements à Israël (lorsque les contrats de livraison d'appareils en cours expireraient, en juillet) en retardant sa mise en œuvre et en arguant du fait qu'il n'avait pas spécifié de chiffre global. La question finit par se fondre dans le grand débat sur la politique à adopter au Moyen-Orient. Officiellement, la querelle se résuma à poser la question parfaitement bidon de savoir si nous devions viser une « stratégie politique » ou une « confrontation avec l'U.R.S.S. ». Dès qu'un problème est posé en ces termes, ceux qui ont la charge des hautes décisions politiques doivent être sur leurs gardes. En effet, aucune personne saine d'esprit ne peut pas ne pas préférer une solution politique, et il n'est pas possible de se donner la confrontation comme objectif politique. Seulement, le problème auquel nous étions confrontés au Moyen-Orient en 1970 était tout à fait différent ; il s'agissait de savoir si une solution politique pouvait être trouvée sans avoir fait clairement comprendre auparavant à l'Union soviétique et à ses alliés extrémistes que les pressions militaires resteraient sans effet. Dans un tel contexte, si l'on repousse toute confrontation par principe, l'expression « solution politique » devient un euphémisme pour dire que l'on accepte de traiter aux conditions de l'adversaire. C'est pourquoi je déclarai, non sans exaspération, au Groupe supérieur d'études, à la fin de mai : « Ce qui découragera les Soviétiques, c'est la peur d'un affrontement avec nous. Nous devons donc chercher un moyen de le leur faire comprendre. »

Mais les temps n'étaient pas mûrs pour ce genre d'analyse. Ébranlé par les manifestations publiques, entièrement préoccupé par le Vietnam, espérant à moitié que des négociations allaient s'engager avec Moscou, l'Exécutif était déchiré entre ses prémonitions et ses espoirs, entre la réalité du défi soviétique et le cauchemar de plusieurs crises survenant en même temps. La démarche du 2 juin de Rogers convoquant Dobrynine pour lui lire la déclaration extraordinaire suivante, sans en informer ni moi ni (autant que je sache) Nixon, illustre bien l'ambiguïté de notre position :

> « L'U.R.S.S. a indiqué que les activités militaires soviétiques en R.A.U. resteraient de nature défensive. Nous tenons à préciser que nous ne verrions pas dans l'introduction de personnel soviétique, par voie aérienne ou sur le sol, dans la zone de combat du Canal de Suez, une mesure défensive étant donné que cette action ne pourrait servir qu'à appuyer la politique annoncée par la R.A.U. et qui consiste à violer les décisions du Conseil de sécurité concernant le cessez-le-feu. Nous pensons que l'acheminement de personnel militaire soviétique dans la fragile zone de combat du Canal de Suez, dans un rayon de trente kilomètres du Canal, serait de nature à provoquer une grave escalade aux conséquences imprévisibles à laquelle les États-Unis ne pourraient rester indifférents... »

A première vue, cela semblait être une mise en garde énergique ; en réalité, elle ne faisait que donner aux Russes un chèque en blanc, car elle acquiesçait à la présence de troupes soviétiques en Égypte, sauf au voisinage immédiat du Canal de Suez. Ce qu'elle disait, en fait, aux Russes, c'est qu'ils étaient libres d'accumuler des forces importantes en Égypte tant qu'ils ne les acheminaient pas directement dans la zone des combats. Et c'est ce qu'ils firent. Le résultat, c'est qu'au bout de deux mois, ils furent en mesure d'amener rapidement leurs unités dans la zone des combats quand l'occasion s'en présentait. Mon associé, Bill Hyland, résuma ainsi la crise grandissante :

> « En voyant la position que nous avons prise et en constatant que les Israéliens ont cessé leurs raids en profondeur, les Russes doivent en conclure que nous avons admis leur intervention directe. De fait, ils ont pu interpréter notre dernière déclaration (Rogers à Dobrynine) comme une confirmation du fait que nous acceptons la thèse soviétique d'un engagement " défensif " et que la seule chose qui nous préoccupe, c'est qu'un mouvement en direction du canal ne serait pas " défensif "...
>
> Il est communément admis que les Russes n'avanceront probablement pas, principalement à cause du risque d'affrontement avec les Israéliens. Les faits tendent cependant à démontrer qu'ils sont bel et bien en train d'avancer pas à pas (voir les chantiers de construction le long du canal). En outre, cela semble constituer une extension logique de la stratégie soviétique. A court terme, l'objectif soviétique au Moyen-Orient est de détruire l'influence occidentale ; l'ennemi principal n'est donc pas Israël, mais l'Occident, les Russes doivent faire la démonstration qu'ils peuvent non seulement protéger leurs clients, mais encore infliger à l'adversaire les pertes que ceux-ci ont subies en 1967...
>
> Les mises en garde seules ne sont pas suffisantes. A vrai dire, étant donné que nous avons adressé plusieurs mises en garde sérieuses, plus nous en adresserons et moins elles seront crédibles. Couper les contacts ne sert à rien, et envoyer des forces militaires est pour le moins prématuré... Étant donné que l'envoi d'avions à Israël est devenu le symbole qui sert à jauger notre politique, il faut peut-être le déplorer, mais c'est devenu la seule issue possible dans l'immédiat.
>
> Ce n'est qu'*après* avoir démontré que nous sommes prêts à adopter cette solution que nous pouvons espérer convaincre Israël de la nécessité de faire quelque concession politique et les Russes et les Arabes que leurs récentes actions ne nous en rien dissuadés. »

Hélas, le gouvernement des États-Unis n'était pas encore prêt à adopter cette ligne de conduite. Plus nous laissions passer de temps et plus il nous faudrait payer cher en fin de compte. Nous l'apprîmes douloureusement, quoique lentement. Finalement, les événements nous forcèrent la main et amenèrent une série de confrontations pendant l'automne, au cours de laquelle la progression soviétique fut d'abord stoppée puis repoussée.

Une initiative diplomatique américaine

Notre première démarche fut le contraire d'une confrontation ; une autre initiative de paix. J'avais essayé d'utiliser une réunion du C.N.S., le 10 juin, pour provoquer un réexamen fondamental de notre stratégie, mais le ministère des Affaires étrangères m'avait devancé en la transformant en une discussion sur une décision tactique. Rogers avait préparé un scénario complexe comprenant une initiative diplomatique américaine destinée à amener les parties à « cesser de tirer et à se mettre à discuter ». On demanderait à Israël et à l'Égypte d'accepter un cessez-le-feu de quatre-vingt-dix jours et des négociations indirectes sous la conduite du représentant des Nations-Unies, Gunnar Jarring. Pour encourager Israël, les États-Unis lui offriraient, en réponse à sa demande d'armements, trois Phantom pour juillet et août et quatre Phantom et Skyhawk par mois, destinés à combler les pertes. Ces accords de livraison étaient cependant sujets à révision « si les négociations... avaient commencé et montraient des signes de progrès ».

Aussi stupéfiant que cela paraisse, la proposition des Affaires étrangères encourageait donc Israël à faire échouer les négociations étant donné que les ventes d'avions ne seraient réexaminées qu'au cas où les négociations « montreraient des signes de succès ». Quant au scénario proposé, il ne s'attaquait absolument pas au problème critique entre tous de la présence de troupes soviétiques en Égypte. J'avais fait part de mes soucis à Nixon avant la réunion du C.N.S. et insisté sur le fait que dans les négociations il ne fallait pas perdre de vue le contexte, c'est-à-dire les récentes et continuelles actions soviétiques :

> « Il ne faut pas sous-estimer la nature de l'intervention soviétique en R.A.U. Vous avez peut-être entendu l'argument avancé par le ministère de la Défense selon lequel cette intervention a été hâtée par les actions israéliennes ou qu'il s'agirait d'une mesure purement défensive qui ne menace pas Israël. L'essentiel est ailleurs : nous sommes là en présence d'un tournant unique dans la politique soviétique ; jamais auparavant les Russes n'ont exposé leurs propres forces au danger d'avoir à combattre pour le compte d'un gouvernement non communiste.
>
> Certains prétendent que maintenant que les Soviétiques ont sauvé Nasser, ils pourraient avoir changé de nature et se montrer prêts à négocier sérieusement, ce qui me semble douteux. Ayant marqué un point psychologique avec une apparente impunité, la tactique soviétique a presque toujours été de consolider sa victoire dans un premier temps, puis de faire un nouveau bond en avant tout en tâtant le terrain au fur et à mesure de l'avance. »

A la réunion du C.N.S. du 10 juin, Helms, le directeur de la C.I.A., résuma la détériorisation de la situation. Les Russes disposaient de quatre à cinq régiments de S.A.-3 et d'un nombre d'escadrilles de M.I.G.-21 pilotés par des Russes variant entre trois et cinq ; il n'y avait aucun doute au sujet de ces chiffres. Quant aux soldats russes, leur nombre s'élevait à dix mille hommes introduits depuis le mois de mars. La capacité égyptienne de détruire les appareils israéliens avait été grandement augmentée. Des pertes croissantes finiraient par créer de nouvelles pressions psychologiques sur Israël. Ayant perdu leur droit de préemption, les Israéliens avaient un motif irrésistible de se rendre maîtres de la zone située le long du canal de Suez. Tout tournerait donc autour des questions suivantes : les Soviétiques allaient-ils avancer leurs missiles S.A.-3 en direction du canal et y engager leurs appareils ? Les Israéliens s'abstiendraient-ils d'engager le combat avec eux s'ils étaient provoqués ? Quoi qu'il en soit, la situation pouvait être très rapidement modifiée au désavantage d'Israël, par un bond soudain en avant du complexe militaire soviétique.

Rogers présenta alors le scénario des Affaires étrangères pour un cessez-le-feu immédiat suivi de pourparlers menés par l'intermédiaire de Jarring, tout comme si l'exposé de la situation fait par Helm n'avait pas eu lieu. En réalité, cette proposition, à l'instar de sa conversation du 2 juin avec Dobrynine, n'était qu'une ratification de la présence soviétique en Égypte.

Nixon, lui, se cantonna dans d'obscures déclarations philosophiques indiquant qu'il n'était pas disposé à se lancer dans des discussions sur les hypothèses fondamentales. Il méditait sur l'impact que la crise de Suez de 1956 avait eu sur l'idée que la Grande-Bretagne se faisait d'elle-même en tant que puissance mondiale ; pour lui, le fait que l'on ne se soit pas occupé du problème des réfugiés arabes constituait l'une des plus grandes erreurs de l'après-guerre. Même au moment où nous envisagions une initiative unilatérale de la part de l'Amérique, il continuait à caresser l'idée d'une démarche commune américano-soviétique, comptant sans doute sur l'entretien que je devais avoir ce soir-là avec Dobrynine, à bord du yacht présidentiel *Sequoia,* pour discuter de son idée de Conférence au Sommet. Toutes ces manœuvres byzantines servaient surtout à Nixon à masquer le fait qu'il ne tenait pas à prendre officiellement position pour l'instant. Il ne croyait pas vraiment à la réussite du plan diplomatique des Affaires étrangères, mais il n'avait pas non plus le culot de passer par-dessus la tête de Rogers. Il m'avait déclaré en tête à tête que la voie sur laquelle nous étions engagés au Moyen-Orient nous mènerait au désastre. Je lui avais dit que j'étais d'accord avec lui, ajoutant que la pire des solutions consistait à jeter « une pincée d'armements et une pincée de propositions » (ce qui n'empêche que Nixon affirma le contraire à Rogers).

Mon entretien avec Dobrynine sur le *Sequoia,* le 10 juin au soir, ne déboucha sur rien. Dobrynine demanda de nouveau que nous négociions au sujet du Moyen-Orient par la « filière ». Afin de ménager nos arrières pour la réunion au sommet si chère à Nixon, je me gardai de rejeter sur-le-champ cette possibilité, tout en faisant bien remarquer que cela n'aboutirait à quelque chose que si l'Union soviétique demandait à ses amis arabes des sacrifices proportionnés aux concessions territoriales que nous allions devoir faire accepter par Israël. En outre, la présence de troupes soviétiques au Moyen-Orient préoccupait les États-Unis au plus haut point ; il était donc vital pour nous de savoir si l'Union soviétique était prête à retirer ses troupes dans le cadre d'une paix négociée. Dobrynine répondit qu'il allait demander des instructions.

Cet échange avec Dobrynine ne fit que me renforcer dans ma conviction que nous faisions fausse route ; en effet, l'équilibre des forces indispensable pour pouvoir mener des négociations efficaces n'existait tout simplement pas. Le 16 juin, j'adressai à Nixon un nouvel examen de la situation le mettant en garde contre l'initiative envisagée : il fallait juger cette nouvelle proposition (« cesser de tirer et se mettre à discuter ») par rapport à nos initiatives de paix forcées de l'année précédente. « Elles ont enhardi les Arabes, qui ont accru leur pression aux frontières. Israël a commencé ses raids en profondeur, qui à leur tour ont fait que Nasser a autorisé une arrivée massive de personnel soviétique et un développement énorme de l'influence russe. » Cette nouvelle proposition me semblait renfermer les mêmes dangers et ne nous ferait gagner que deux mois au plus :

> « Le ministère des Affaires étrangères voudrait que nous forcions les Israéliens à reculer jusque sur leurs frontières d'avant la guerre tout en leur refusant de nouveaux appareils après l'été ; on leur demanderait ainsi de renoncer aux deux éléments de leur sécurité en même temps, à savoir leurs territoires tampon et la perspective d'obtenir des appareils supplémentaires. Plus la paix avec des frontières vulnérables se rapprocherait et plus leur stock d'avions diminuerait ; d'un autre côté, si les Israéliens croient obtenir un plus grand nombre d'appareils au cas où les négociations piétineraient, rien ne les incitera à les faire progresser...
>
> Nasser verrait dans notre action une demi-mesure et douterait sérieusement que nous puissions pousser Israël à se retirer sur la base de six appareils et la promesse éventuelle d'avions supplémentaires par la suite...
>
> Pour les Russes, face à l'expansion continue de leur influence, la proposition des Affaires étrangères serait un geste de faiblesse. Cette formule aurait des conséquences militaires trop minimes et serait trop hésitante pour pouvoir les persuader que nous sommes prêts à faire face à leur escalade dans la région. Notre communiqué de mars leur a paru indécis ; ils interpréteront celui-ci de la même manière. »

Avant toute chose, je considérais qu'une initiative de grande envergure était inopportune, à moins qu'elle ne règle la question de la présence des troupes soviétiques, ce qui me semblait constituer le vif de l'affaire. Je suggérai donc une autre manière d'aborder la question : faire clairement savoir à Nasser que seuls les États-Unis étaient en mesure d'amener les Israéliens à se retirer, que toute autre voie était illusoire, et faire en sorte que cela reste ainsi. Nous ne pouvions toutefois insister auprès des Israéliens pour qu'ils se retirent que si leur sécurité était assurée par de substantielles livraisons de matériel militaire américain et que l'Égypte se montrait prête à négocier des conditions de paix détaillées. Le règlement inclurait le retrait des troupes soviétiques.

Je fis valoir qu'une telle manière de procéder inciterait Israël à négocier en offrant des garanties de sécurité détaillées, une paix contractuelle et le retrait des troupes russes ; en outre, elle donnerait à l'Égypte de plus grandes chances de rentrer en possession du Sinaï. Quant aux Russes, ils auraient à faire face au danger d'une escalade menée par un État d'Israël bien armé et à la porte de sortie d'un règlement acceptable. J'avertis cependant Nixon qu'accepter mon plan signifierait pour lui un cauchemar administratif. « Venant peu après l'affaire du Cambodge, vous allez avoir à annuler les instructions des principaux conseillers de votre Cabinet et à imposer une politique entièrement différente à une administration qui résistera et qui sera ensuite chargée de l'appliquer. »

C'est presque à coup sûr pour ces raisons que Nixon décida de ne pas s'attaquer au problème à ce moment-là. Il allait s'écouler trois années supplémentaires avant que la politique que mes recommandations impliquaient n'obtienne son approbation. Le 18 juin, le Président adopta la proposition des Affaires étrangères, en pensant que de toute façon elle serait rejetée, mais il préférait avoir affaire à une « impasse » plutôt que d'affronter de nouveau son administration. Ainsi, trois mois après avoir refusé le cessez-le-feu parce que les Russes avaient débarqué un millier de soldats au Moyen-Orient, nous l'acceptâmes, bien qu'entre-temps les effectifs soviétiques aient atteint les dix mille hommes. Ce simple fait devait nous suivre pas à pas au Moyen-Orient jusqu'à ce que les Russes finissent par aller trop loin en septembre et nous fournissent une nouvelle occasion de rétablir l'équilibre psychologique et matériel.

Les Affaires étrangères réagirent avec empressement à la décision de Nixon. La proposition de cessez-le-feu suivi de pourparlers sous la conduite de Jarring fut aussitôt transmise secrètement à Israël, à l'Égypte, à l'Union soviétique ainsi qu'à la Jordanie. Elle fut rendue publique le 25 juin.

La première réponse discordante nous parvint d'Israël. Déjà alarmés par le retard apporté aux livraisons de matériel militaire et par la faiblesse de la réaction américaine vis-à-vis de l'afflux de troupes soviétiques, les Israéliens s'opposaient à présent à un certain nombre de dispositions de notre plan, mais surtout au vague entourant la promesse d'avions. Une lettre de Nixon, datée du 20 juin et rédigée par les Affaires étrangères, ne fit rien pour calmer les craintes de Golda Meir, car cette missive déclarait, en termes qui ne brillaient pas par leur précision, que c'était seulement le respect de la date des négociations qui était important pour la livraison des appareils, autrement dit, que nous pourrions remettre à plus tard les livraisons auxquelles nous nous étions engagés si nous estimions que cela aiderait les négociations à progresser. Les Israéliens n'avaient donc pas entièrement tort d'estimer que cette réserve enlevait beaucoup de sa valeur à notre engagement. Nixon, que des années de campagne électorale avaient conduit à considérer les promesses comme un moyen de traiter les problèmes à venir, trouva une solution typiquement nixonienne. Il me déclara donc secrètement que je pouvais aller trouver Rabin et « lui dire que cette lettre, c'est pour la frime. Nous allons livrer les avions, à moins qu'il ne se produise un changement très important ». (Là encore, il s'agissait de savoir ce que nous entendions par un changement très important.)

Ensuite, ce fut le tour de Moscou. Le 23 juin, Dobrynine réagit plutôt fraîchement à notre ouverture sur le Moyen-Orient. Je lui demandai s'il avait reçu une réponse de Moscou au sujet de ma demande concernant le retrait des troupes soviétiques ; il répondit que je lui avais posé tellement de questions qu'il ne pouvait se les rappeler toutes. Il se pourrait bien qu'il ait pensé pouvoir éluder celle-ci étant donné que le communiqué officiel du ministère des Affaires étrangères n'avait pas parlé des troupes russes. Il se déclara outré par ce qu'il prétendait être une tentative « unilatérale » des États-Unis de se charger de la conduite de la diplomatie au Moyen-Orient. Il affirma que les négociations étaient maintenant notre problème tout en pensant qu'il nous faudrait reprendre contact avec Moscou par la suite. Il ne savait pas quelles « concessions » il serait possible d'obtenir à ce moment-là. Le 29 juin, Gromyko déclara à Moscou à notre ambassadeur Beam que les Soviétiques étaient en train d'étudier notre proposition mais qu'à leurs yeux elle n'apportait rien de neuf et qu'elle était entachée de tous les défauts de nos tentatives précédentes.

L'Égypte, elle, continuait à s'envelopper de silence.

Dans ces conditions, nous décidâmes de bien faire comprendre que le Président n'agissait pas par faiblesse et que, pour nous, la présence de troupes soviétiques était grave. Le 26 juin, à San Clemente, au cours d'une conférence de presse officieuse, je pris l'initiative de m'élever conte la présence militaire russe en Égypte. Il importait peu, déclarai-je, de savoir dans quelle intention l'Union soviétique avait, au départ, envoyé des troupes au Moyen-Orient ; même si elles n'avaient été envoyées que pour soutenir Nasser, leur présence continue représentait une menace stratégique dont il fallait s'occuper : « Nous essayons de parvenir à un accord de telle manière que les régimes modérés, et non pas les régimes extrémistes, s'en trouvent renforcés. Nous essayons de nous *débarrasser de la présence militaire soviétique,* pas tant des conseillers que des pilotes de chasse et du personnel des unités combattantes, avant qu'ils ne soient solidement installés [c'est moi qui souligne]. »

Ce fut un tollé de tous les diables ! Il n'y a pas d'autres termes, même si ce ne sont pas les plus élégants, pour décrire les effets de ma déclaration. Les Affaires étrangères et les gros bonnets des media m'accusèrent d'essayer de saboter l'initiative de paix et de me livrer à d'orgueilleuses menaces que nos moyens ne nous permettaient pas de mettre à exécution. Les critiques vinrent de tous côtés, sauf de la part des Soviétiques, qui ne se montrent habituellement provocateurs que lorsqu'ils peuvent se ménager une large marge de sécurité et qui m'avaient déjà entendu exprimer ces opinions en privé depuis trois mois. Le 30 juin, au cours d'une conférence de presse officieuse sur les opérations au Cambodge, on me pressa de questions au sujet de ma prétendue menace d' « expulser » les Russes. Je maintins ma position : la présence militaire soviétique créait une situation nouvelle dangereuse. Peut-être aurais-je dû utiliser un terme moins explicite qu' « expulser », ajoutai-je, mais il n'en restait pas moins que la présence de combattants soviétiques était incompatible avec la paix. En outre, « au bout d'un certain temps de présence soviétique au Moyen-Orient, il se trouvera des forces arabes indigènes pour s'opposer au remplacement d'un colonialisme par un autre ». Trois ans plus tard, cette prédiction devait se révéler exacte.

Le 1er juillet, Nixon s'était en grande partie remis du choc du Cambodge et, bien qu'il ne fût pas encore prêt à s'engager sur la question israélo-arabe, il n'avait pas besoin qu'on lui ouvre les yeux sur le danger géopolitique que représentaient les troupes soviétiques en Égypte. Rogers étant parti en voyage, Nixon utilisa une interview télévisée pour faire savoir qu'il était en grande partie d'accord avec mon analyse. Il exprima sa crainte de voir les deux superpuissances s'engager dans une confrontation au sujet du Moyen-Orient et déclara que les États-Unis ne toléreraient pas que l'équilibre des forces en présence y soit bouleversé. « Une fois que l'équilibre sera rompu, rendant Israël plus faible que ses voisins, ce sera la guerre. Par conséquent, il est de l'intérêt des États-Unis de maintenir cet équilibre... Étant donné que l'Union soviétique avance sur le terrain pour soutenir la R.A.U., les États-Unis se doivent d'évaluer les actions de l'Union soviétique ; une fois que l'équilibre politique sera rompu, nous ferons ce qui est nécessaire pour maintenir la force d'Israël vis-à-vis de ses voisins. »

Rogers ne voulut rien savoir. D'Europe, il protesta amèrement en disant que l'on était en train de faire échouer « son » initiative de paix ; il alla même jusqu'à réprimander Sisco pour avoir soutenu le Président au cours d'une intervention télévisée, le 12 juillet.

Les Russes, eux, sont loin d'être aussi sensibles, car leurs calculs reposent sur une froide évaluation de leurs intérêts et non sur l'ambiance du moment. A présent que Moscou nous soupçonnait de vouloir prendre les choses au sérieux, au cours de deux entretiens qui eurent lieu les 7 et 9 juillet Dobrynine se montra on ne peut plus jovial. Il était l'image même du diplomate prêt à coopérer ; oui, il aurait bientôt une déclaration à faire sur le Moyen-Orient. Il ne dit pas un mot de notre mise en garde. Il s'avéra, cependant, qu'elle était arrivée juste à temps ; en effet, en dépit de l'avertissement transmis par Rogers à Dobrynine le 2 juin, le dispositif de missiles soviétiques, après avoir assuré la protection du Caire, d'Alexandrie et d'Assouan, avait commencé à grignoter du terrain en direction du canal de Suez. Le 22 juillet, je fis à Nixon un résumé des renseignements en notre possession : les Russes et les Égyptiens étaient en train de construire de nouvelles positions défensives à peu près parallèles au canal de Suez, à environ vingt ou trente milles marins du canal. Cette ligne défensive comprenait trois emplacements de S.A.-3 et onze emplacements de S.A.-2 qui pourraient, bien sûr, augmenter en nombre ; elle se trouvait suffisamment proche du canal de Suez pour protéger les emplacements d'où l'artillerie égyptienne tirait sur l'autre rive. Le moins qu'on en puisse dire, c'est que l'Égypte se trouvait maintenant beaucoup mieux armée pour mener une guerre d'usure ; si, comme tout le laissait penser, ce dispositif continuait à se développer et à avancer, il pourrait permettre à l'Égypte de lancer une offensive dans le Sinaï.

En somme, c'était la première fois que, dans le gouvernement Nixon, nous avions affaire à la technique soviétique consistant à utiliser une présence militaire pour augmenter une influence géopolitique. A l'intérieur de ce qu'il considère comme l'orbite soviétique, le Kremlin utilise ses forces militaires massivement, rapidement, et sans pitié, mais quand il opère au-delà de la ligne de partage entre l'Est et l'Ouest, il agit avec une prudence infinie. La première intervention est en général modeste et se justifie par des raisons de défense discutables. A ce stade, il est encore relativement simple de forcer les Russes à se retirer en marquant son opposition d'une manière décidée, mais s'ils ne se heurtent à aucune résistance, ils ont alors tendance à accélérer l'escalade. Il est tout de même incroyable qu'un schéma qui se renouvelle à chaque fois au point de tourner presque au stéréotype ne provoque, de l'Égypte à l'Angola, en passant par l'Éthiopie, que les mêmes doutes et les mêmes hésitations qui, loin d'encourager à la modération, ne servent qu'à garantir que l'intervention russe deviendra massive.

Il n'en alla pas autrement au Moyen-Orient en juillet 1970. Ce qui avait commencé comme une action de protection contre les raids en profondeur des Israéliens était sur le point de transformer l'équation stratégique toute entière. Certains de nos analystes de systèmes commençaient déjà à prétendre qu'Israël aurait plus intérêt à posséder du matériel lui permettant de résister à une invasion par des unités traversant le canal de Suez qu'à épuiser son armée de l'air en essayant vainement de détruire le système antiaérien qui se développait de l'autre côté du canal. Ces arguments ne tenaient pas compte du fait qu'une stratégie défensive implique une guerre d'usure, perspective fondamentalement intolérable pour un pays dont l'ennemi l'emportait en nombre dans la proportion d'environ trente pour un. Israël avait presque atteint le fond du désespoir et pouvait être tenté de lancer une action préventive avant que l'équilibre des forces ne bascule irrévocablement. Grisé par le succès, Nasser était capable d'un geste irréfléchi. Les Russes étaient en train de devenir indispensables aux extrémistes arabes et, pendant ce temps, les États-Unis semblaient incapables de déceler la nature du danger, c'est-à-dire le renforcement de la position militaire soviétique en Égypte et la modification de l'équilibre politique régional. Nous avions gaspillé notre prestige en entamant des pourparlers basés sur des prémisses incompatibles et en récompensant chaque camp d'avoir accepté de négocier une paix dont ils avaient un besoin plus urgent que nous, les Israéliens avec des avions et Nasser en lui laissant entendre que nous l'appuierions dans ses revendications territoriales. Mais, comme nous avions offert trop peu à chaque camp, cela ne fit qu'aggraver les tensions.

Le 1er juillet, Mme Meir adressa au Président une lettre au ton amer. Notant que des batteries de S.A.-2 et de S.A.-3 étaient en train de s'installer pour protéger le canal de Suez, elle faisait remarquer : « Pendant que ces faits se déroulaient, on nous assurait que l'équilibre des forces était resté intact », et ajoutait qu'Israël n'aurait d'autre solution que de bombarder ces installations. Cependant, si les Israéliens attaquaient un ensemble de batteries de missiles dont le personnel était en partie soviétique, il était parfaitement possible que les Russes les défendent avec leurs propres appareils. Nous ne pouvions plus ignorer davantage le danger d'affrontement direct entre Israéliens et Russes. Je fis donc étudier des mesures d'urgence par des ministères peu enthousiastes, qui en étaient encore à grommeler qu'il faudrait forcer Israël à se montrer plus conciliant au cours des négociations, comme si cela avait quelque chose à voir avec la situation actuelle.

C'est alors que le 22 juillet, juste au moment où un affrontement semblait inévitable, Nasser accepta brusquement notre proposition de cessez-le-feu et de négociations.

Cessez-le-feu et statu quo

La raison pour laquelle Nasser accepta notre proposition à ce moment ne sera connue que lorsque les archives égyptiennes et soviétiques seront disponibles. Il se peut qu'il ait craint une attaque préventive de la part des Israéliens, à moins que lui et ses conseillers soviétiques aient vu dans les communiqués de presse de Nixon et de moi-même, publiés par la Maison Blanche, le danger croissant de l'intervention américaine. Il est cependant plus que probable qu'à la lumière des derniers événements, les Russes et lui aient décidé dès le début d'utiliser l'offre de cessez-le-feu comme ils se servirent de l'initiative manquée du mois de mars, c'est-à-dire comme d'une couverture leur permettant de faire avancer leurs batteries de missiles avec un minimum de risques.

Le gouvernement était aux anges. Rogers revendiquait la paternité de l'ouverture, ce qu'en privé Sisco contestait en affirmant que c'était lui qui en avait eu l'idée. Nixon était persuadé que ce retournement était dû à sa déclaration musclée du 1er juillet. Quant à moi, l'humilité n'étant pas mon fort, je n'hésitai pas à attribuer une partie de ce « succès » au ton énergique de mes conférences de presse des 26 et 20 juin et aux conversations que j'avais eues avec Dobrynine. Nous avions sans doute tous un peu raison ; quoi qu'il en soit, notre joie s'avéra bientôt prématurée.

L'euphorie initiale fut délibérément encouragée par Dobrynine le 23 juillet. Il utilisa la cérémonie d'accueil, en l'honneur du Président de la République de Finlande Urho Kekkonen, à laquelle il assistait en tant que doyen intérimaire du Corps diplomatique, pour me donner un aperçu de ce qu'il allait remettre au ministère des Affaires étrangères dans l'après-midi : la réaction russe à un cessez-le-feu temporaire était positive et l'Union soviétique approuvait également la reprise de le mission Jarring. Néanmoins, Moscou était d'avis que Jarring devrait recevoir des instructions concrètes concernant le sens des résolutions de l'O.N.U. dont il serait censé assurer la mise en œuvre. Dobrynine insista donc pour que le rythme des pourparlers bipartites et quadripartites s'accélère afin de mettre sur pied des solutions concernant les questions en suspens. Montrant que les Soviétiques avaient maîtrisé la complexité de nos procédures, Dobrynine apporta également à Rogers un message particulier. En remettant officiellement la note aux Affaires étrangères, il dit à Rogers ce qu'il avait oublié de me transmettre, à savoir que les Russes acceptaient d'inclure un statu quo militaire dans le cessez-le-feu. En compensation, il me remit par la suite une note, dont Rogers ne savait rien, répondant enfin à mes demandes des 10 et 23 juin au sujet de la présence permanente de troupes russes au Moyen-Orient. Selon cette note, les Soviétiques, *après* un règlement politique global, seraient « probablement » prêts à envisager un retrait à condition qu'il s'agisse d'une obligation *réciproque*. Lorsque je lui fis remarquer que nous n'avions pas de troupes au Moyen-Orient, Dobrynine répondit d'abord que ce n'en était que mieux pour nous et que cette réciprocité n'y figurait que pour le principe et pour faire bien, mais plus tard il modifia sa position et déclara qu'il faudrait que les États-Unis retirent leurs troupes d'Iran.

Si nous avions mieux compris la situation, nous nous serions rendu compte que nous n'avions franchi là que le premier obstacle. Les négociations que nous avions organisées étaient vouées à l'échec étant donné que l'Égypte continuait à exiger le rétablissement des frontières de 1967 et qu'Israël insistait toujours pour obtenir des remaniements territoriaux substantiels. L'Égypte attendait de l'Amérique qu'elle fasse pression sur Israël et ce dernier, suivant le mot d'ordre « pas de règlement imposé », voulait avoir les mains libres. Nixon n'avait pas encore décidé quelle attitude adopter lorsqu'il devint évident que les pourparlers s'engageaient dans une impasse. La note soviétique n'était d'ailleurs pas des plus rassurantes ; elle ne définissait ni le « cessez-le-feu » ni le « statu quo », et reprenait l'interprétation soviétique des bases sur lesquelles reposait la mission Jarring, interprétation conforme au programme des extrémistes arabes sur tous les points importants. Le fait qu'ils se montrent prêts à discuter du retrait de leurs troupes était pratiquement annulé par l'emploi du mot « probablement » et par l'absurde contrepartie d'une demande de retrait du personnel militaire américain de l'Iran. Mais, surtout, il était possible que les Russes soient simplement en train de renouveler leur manœuvre de mars dernier ; leur offre de cessez-le-feu pouvait à présent masquer, puis protéger le mouvement des batteries de missiles soviétiques en direction du canal de Suez.

A cette époque, de telles hypothèses n'étaient en général pas envisagées, l'attention de notre gouvernement étant entièrement absorbée par la réaction des Israéliens à notre ouverture ; elle se manifestait bruyamment, alliant une attitude hérissée à l'acuité rhétorique, ce qui n'a rien d'extraordinaire. Deux mille ans de souffrances ont gravé dans l'âme juive un sentiment profond de la tragédie imminente, et la position d'Israël, nation minuscule de deux millions et demi d'habitants entourée de près de cent millions d'ennemis potentiels, au cœur d'une région qui a vu empires et États naître et disparaître, rappelle sans cesse à chaque Israélien que l'existence historique d'une nation est un phénomène éphémère. La marge de survie d'Israël est si étroite que ses dirigeants se méfient des grands gestes et des initiatives diplomatiques fracassantes. Pour eux, la survie repose sur des calculs précis qui, pour les observateurs extérieurs, passent pour de l'entêtement chicanier, ce qu'ils sont parfois. Même lorsque les dirigeants israéliens acceptent une proposition de paix, ils commencent par s'y opposer farouchement, ce qui a pour but de montrer qu'ils ne sont pas des négociateurs crédules et faciles à manœuvrer, et de décourager des demandes supplémentaires de concessions de la part d'Israël ; leur acceptation s'accompagne généralement d'interminables demandes de nouvelles assurances, de conventions et d'explications secrètes, toutes destinées à limiter la liberté d'action d'un allié plutôt inconstant se trouvant à huit mille kilomètres de là, mais qui lui fournit des armes, soutient son économie, protège sa politique étrangère et semble être affligé de l'obsession maladive de vouloir à tout prix proposer des plans de paix.

Cette tendance se trouve renforcée par un système politique dans lequel les gouvernements sont en général des coalitions turbulentes formées de plusieurs partis et de factions autonomes. Un tel système ne permet pas de prendre des décisions rapides ou de mener une politique étrangère très souple. Tout chef de file qui se montre partisan d'une concession risque de voir ses collègues se précipiter sur lui et le traiter haut et fort au Parlement, sinon de traître, du moins de dupe de ces roublards (ou idiots) d'Américains. Si une réunion du cabinet israélien fonctionne parfaitement quand il s'agit d'ergoter à n'en plus finir sur des propositions de paix, il en va tout autrement quand on passe à l'élaboration d'une politique à long terme. Israël trouve parfois plus commode de laisser à son grand allié la responsabilité des choix difficiles plutôt que de prendre la décision lui-même ; la « pression américaine » peut ainsi servir d'excuse à ce que, au fond d'eux-mêmes, beaucoup de dirigeants israéliens savent être indispensable à Israël de toute façon.

Il aurait donc été tout à fait inhabituel qu'Israël réponde avec enthousiasme à la proposition de cessez-le-feu et à la perspective de négociations. Il nous fallut encore deux semaines d'échanges de notes diplomatiques et d'interventions présidentielles pour obtenir, du bout des lèvres, une réponse favorable. Le 23 juillet, Nixon adressa à Mme Meir un autre message demandant aux Israéliens de profiter de ce que les Arabes avaient accepté l'initiative des États-Unis. En même temps, il l'assurait qu'il ne forcerait pas Israël à accepter la manière dont les Arabes interprétaient la résolution 242 du Conseil de sécurité, en élaborant des directives pour la mission de Jarring. Cette lettre ne fut rendue publique que plus tard, ce qui est une bonne chose, car, lorsque l'initiative du cessez-le-feu leur fut présentée, on avait donné aux Arabes exactement l'impression inverse.

Israël réagit en réclamant une aide militaire accrue et plus spécialement des armes lui permettant d'éliminer les missiles sol-air soviétiques. Nous promîmes d'examiner cette requête avec bienveillance. Israël demanda que nous expliquions plus clairement notre position sur des questions telles que les retraits de troupes et les réfugiés. Comme le gouvernement n'avait pas de position bien définie et que ceux qui avaient des idées claires n'osaient pas les exprimer ouvertement de peur qu'Israël n'accepte pas l'initiative, nos réponses ne clarifièrent pas grand-chose. Le 30 juillet, au cours d'une conférence de presse, Nixon déclara bravement qu'Israël pouvait participer aux négociations en toute confiance « sans craindre qu'en y participant il compromette ou mette en danger sa position pendant cette période ». Finalement, le 31 juillet on nous fit savoir que le cabinet israélien avait décidé, en principe, de répondre « affirmativement » et qu'une réponse officielle n'allait pas tarder à nous parvenir. Dans une déclaration faite de San Clemente, le Président accueillit avec joie cette décision.

Les craintes israéliennes étaient loin d'être sans fondement ; il était évident que les Russes et les Égyptiens mettaient à profit la période précédant le cessez-le-feu pour augmenter rapidement le nombre de missiles installés le long du canal de Suez, violant par là l'esprit, si ce n'est la lettre, de l'arrêt des hostilités envisagé. Ces missiles allaient bientôt être en mesure non seulement de protéger les positions d'artillerie égyptienne sur la rive occidentale du canal, mais de tirer sur des objectifs situés sur l'autre rive et d'assurer la protection d'un débarquement égyptien. En outre, avec un cessez-le-feu, ces missiles seraient à l'abri des représailles.

Le 5 août, Rabin vint précipitamment nous brosser un sombre tableau de la situation. Quatorze emplacements de missiles avaient été avancés jusqu'à cinquante kilomètres du canal de Suez ; trois emplacements camouflés de missiles avaient été rapprochés du canal jusqu'à en être à une distance de dix à vingt kilomètres. Les 25, 27 et 30 juillet, des appareils pilotés par des Russes avaient engagé le combat avec des appareils israéliens ; le 30 juillet, quatre avions pilotés par des Russes avaient été abattus par l'armée de l'air israélienne. Rabin affirma une fois encore qu'Israël était fermement décidé à ne pas tolérer l'avance du dispositif de missiles. Au cours d'un entretien, le 5 août au soir, il insista tellement sur ce point que j'eus l'impression que les Israéliens étaient sur le point de lancer une attaque au sol contre les emplacements de S.A.-3 proches du canal de Suez avant le cessez-le-feu ; je le fis savoir à Nixon. Au dernier moment, le Cabinet israélien se prononça contre cette offensive et je n'ai jamais su si Rabin avait exagéré ou si un retournement de dernière minute s'était produit à Jérusalem. Quoi qu'il en soit, le 6 août, Israël nous fit officiellement savoir qu'il acceptait le cessez-le-feu. Rogers et Sisco s'empressèrent de le faire signer avant que quiconque ait pu changer d'avis, éliminant au passage quelques points de la mission Jarring, ce qui eut le don de rendre les Israéliens furieux.

Le 7 août, ce cessez-le-feu né dans une ambiguïté fatale entra en application. Il comprenait un accord de cessez-le-feu entre l'Égypte et Israël prévoyant également un statu quo militaire dans une zone de cinquante kilomètres de large de chaque côté du canal de Suez ; malheureusement, le texte de l'accord concernant les actions interdites par l'engagement de cesser les hostilités était rédigé en termes vagues ; c'est pourquoi une entente séparée entre Israël et les États-Unis, exposant à grands traits notre point de vue commun sur les mesures qui, à notre avis, constitueraient des violations de l'accord israélo-égyptien, tenta de combler cette lacune*.

Notre chargé d'affaires au Caire reçut pour instructions de fournir aux Égyptiens des exemples de l'entente israélo-américaine, mais d'ajouter qu'ils ne servaient qu'à « donner une idée » de ce qui serait considéré comme des violations du statu quo. Sans parler du fait qu'il n'était pas évident en soi qu'une entente entre Israël et les États-Unis puisse lier l'Égypte et l'U.R.S.S., un grave problème de décalage horaire vint s'y ajouter. En effet, les Égyptiens avaient officiellement accepté notre proposition tôt dans la journée du 7 août, heure américaine, et le cessez-le-feu était entré en vigueur le 8 août, à 1 heure du matin, heure du Caire, mais, étant donné le marchandage auquel Israël s'était livré sur ses conditions, les représentants des Affaires étrangères n'avaient communiqué au Caire la liste « indicative » des violations possibles du cessez-le-feu que le 9 août, à 14 h 50,

* Celles-ci comprenaient l'interdiction (a) d'introduire, de faire avancer, de construire ou installer de toute autre manière des missiles dans cette zone, (b) de construire des structures en béton destinées aux emplacements de missiles, (c) d'exécuter des travaux supplémentaires pour l'installation d'autres emplacements de missiles, (d) nonobstant le fait de consentir à faire une exception pour l'entretien des installations existantes, de procéder à l'amélioration des positions ou emplacements de missiles existants.

heure du Caire, soit plus de trente-six heures plus tard. Ce décalage prit une importance considérable car les Israéliens devaient, par la suite, prétendre que l'Égypte avait violé l'accord de statu quo entre le 8 et le 9 août, c'est-à-dire avant même que l'Égypte ait pu savoir avec précision ce que nous entendions par statu quo.

Les documents et les « mises au point » furent également transmis aux Soviétiques, mais Moscou n'était partie officielle ni au cessez-le-feu ni à l'accord de statu quo, et, tandis que les accusations de violation allaient croissant, les Russes ne firent que souligner avec de plus en plus d'insistance qu'ils n'étaient pas liés par cet accord, en dépit de leur bruyante approbation du 23 juillet.

C'est en partant de cette base précaire que fut lancée la première initiative d'ouverture de négociations depuis 1967 entre les parties concernées. Bien que les guérilleros palestiniens basés en Jordanie aient juré de ne pas le respecter, le premier jour du cessez-le-feu fut calme le long du canal de Suez. Tout en sautant sur l'occasion pour demander, une fois de plus, un retrait total des Israéliens, les Russes qualifièrent publiquement ce cessez-le-feu de « premier pas important ». Le gouvernement des États-Unis commença à se préparer aux pourparlers de Jarring et à étudier les demandes d'aide militaire israéliennes. Sisco alla même jusqu'à déclarer au Groupe supérieur d'études du C.N.S., le 12 août, considérant l'avenir des pourparlers de Jarring, qu'il avait déjà commencé à rédiger un « accord complet » comprenant des dispositions définitives au sujet de la délimitation des frontières. Notre débat interne concernant les demandes d'aides israéliennes s'enlisa rapidement dans des discussions abstraites sur le genre de stratégie israélienne que nous devrions soutenir. Cela eut pour effet de retarder la décision, car le type d'armement à livrer supposait un accord interministériel préalable au sujet de la doctrine militaire des États-Unis. Ces discussions quelque peu ésotériques furent bientôt dépassées face aux accusations israéliennes prétendant que le statu quo militaire était violé.

Les renseignements qui nous parvinrent sur les premiers mouvements soviéto-égyptiens étaient confus et furent, sans aucun doute, dévoilés de la manière la plus spectaculaire par la publicité israélienne. Le fait, étonnant en lui-même, que l'heure d'entrée en vigueur de l'arrêt des hostilités ait été fixée au milieu de la nuit, ne facilita en rien les vérifications, car les avions de reconnaissance ou les satellites, en admettant qu'ils aient été prêts dans un délai aussi court, n'auraient de toute façon pas pu voir grand-chose. Cela dit, il ne faisait aucun doute que, pendant la période de près de trois semaines qui s'était écoulée entre l'acceptation par l'Égypte de la proposition américaine et le début du cessez-le-feu et du statu quo, le dispositif antiaérien soviéto-égyptien s'était considérablement avancé. Il est quasiment certain que tout ce qui était en cours de construction au moment où le cessez-le-feu entra en vigueur fut achevé par la suite. Il pouvait s'agir là d'une simple manifestation de cynisme, mais il se pouvait aussi que Russes et Égyptiens aient été surpris par la rapidité inhabituelle avec laquelle notre administration avait agi pour obtenir le cessez-le-feu.

Le 13 août, notre presse se fit l'écho des accusations israéliennes concernant les violations soviéto-égyptiennes du cessez-le-feu. En Israël, Menachem Begin retira son parti d'opposition de la coalition de crise à laquelle il appartenait depuis 1967, et attaqua violemment Golda Meir pour avoir, en premier lieu, accepté le plan des États-Unis. Il n'empêche que le ministère des Affaires étrangères adopta la position que les États-Unis n'avaient « pas tiré de conclusions » des accusations israéliennes. Notre ambassadeur en Israël, Walworth Barbour, reçut pour instruction de demander instamment au gouvernement israélien de cesser de discuter publiquement de la question et de le prier de nommer rapidement les représentants qu'il allait envoyer aux pourparlers conduits par Jarring.

Le 15 août, l'ambassadeur Rabin vint me voir et me remit une note de Golda Meir m'informant, preuves à l'appui, que quatorze S.A.-2 appuyés par des S.A.-3 avaient été amenés dans la zone du cessez-le-feu, à la suite de quoi Israël avait perdu cinq Phantom (ce sont là les surprises d'un cessez-le-feu au Moyen-Orient). Autrement dit, après que nous eûmes réagi mollement aux premières avances qui avaient eu lieu à peu près au moment où l'arrêt des hostilités entrait en vigueur, les Russes et les Égyptiens avaient procédé à *d'autres* déploiements, cette fois en parfaite violation de l'accord de cessez-le-feu. Mme Meir demanda à exposer personnellement l'affaire au Président, mais le ministère des Affaires étrangères décida que la démarche était inopportune car il avait hâte de voir commencer les négociations conduites par Jarring. Pour compenser, je fournis à Rabin l'occasion de montrer les renseignements israéliens à Nixon ; Rabin en profita pour se plaindre amèrement du peu d'empressement de nos services de renseignements à accepter les preuves israéliennes. Ces violations ont véritablement lieu, déclara-t-il. Le résultat de cet entretien fut que Nixon approuva une livraison rapide de missiles Shrike destinés à être utilisés contre le dispositif de S.A.-3 et qu'il s'engagea plus tard à recevoir Mme Meir en septembre quand elle se rendrait aux États-Unis à l'occasion du vingt-cinquième anniversaire des Nations-Unies.

Lorsque Rabin se plaignait que les services de renseignements des États-Unis montraient peu d'enthousiasme à constater des violations du cessez-le-feu, il n'avait pas entièrement tort. Comme je l'expliquai au Président :

> « Pour Israël, il y va de sa survie ; il n'est donc pas question de prendre des risques... La situation dans laquelle se trouvent les Israéliens influencera à coup sûr la manière dont ils interpréteront les événements ambigus. Quant à nous, il est dans notre intérêt de minimiser l'étalage des preuves de ces violations, car celles-ci étant constatées, les conséquences en seront des plus désagréables ; elles nous forceront à choisir entre faire quelque chose, risquant ainsi de torpiller notre initiative, et ne rien faire du tout, revenant par là sur les promesses que nous avons faites à Israël et courant le risque de le voir déclencher des opérations militaires. Ceci fait que nous avons tendance à donner dans l'excès inverse pour éviter d'avoir à conclure que les Arabes violent effectivement le cessez-le-feu, à moins que les preuves ne soient irréfutables. »

Quelle qu'en ait été la raison, il est probable que notre réaction initiale hésitante encouragea Nasser à accélérer la progression de ses missiles. Nous assistions, en réalité, à une réédition des événements du printemps : avance des Soviétiques, apparemment minime, suivie d'une pause, destinée à consolider leurs positions et à leur permettre d'analyser nos réactions, à laquelle succédait un renforcement massif et rapide du dispositif. Pendant la première moitié d'août, en ce qui concerne le point de savoir si les activités, objet du litige, avaient eu lieu juste avant ou juste après que le cessez-le-feu n'entre en vigueur, les preuves étaient assez vagues, j'en conviens. Cependant, il ne faisait aucun doute que, chaque fois qu'un mouvement avait lieu, c'était au mépris de la mise en garde lancée le 2 juin par le ministre des Affaires étrangères à Dobrynine au sujet des missiles soviétiques : dans un rayon de trente kilomètres du canal de Suez, il n'était pas question de les considérer comme défensifs.

Le 19 août, de nouvelles preuves nous parvinrent, confirmant les dires d'Israël : des violations indiscutables du cessez-le-feu avaient eu lieu. Cela força les Affaires étrangères à prendre officiellement position, mais leur réaction publique, sous forme d'une déclaration par l'attaché de presse du ministère, fut de nouveau si modérée qu'elle laissait penser que, plutôt que de chercher à remédier à la situation, nous essayions de trouver des prétextes pour ne pas avoir à agir :

> « Nous sommes arrivés à la conclusion que des missiles sol-air ont progressé sur le terrain, ont pénétré dans la zone située à l'ouest du canal de Suez et s'y sont déployés à peu près au moment où le cessez-le-feu est entré en vigueur. Certains faits donnent à penser que ces mouvements ont continué après le début du cessez-le-feu, bien que les preuves dont nous disposons ne soient pas suffisantes... Nous sommes en train d'examiner [les renseignements supplémentaires qui nous sont parvenus d'Israël]... Nous ne prévoyons pas de nouvelles déclarations publiques sur ce sujet... »

Au moment même où cette déclaration était rendue publique, certaines des preuves dont nous disposions étaient communiquées à l'Égypte, mais, étant donné que ces preuves n'étaient « pas suffisantes », nous fîmes savoir aux Égyptiens que nous ne les accuserions pas publiquement ; nous leur rappelâmes ce qui constituerait à nos yeux des violations du cessez-le-feu et les avertîmes que, si ces activités continuaient, elles compromettraient les pourparlers de paix. Les Russes furent également informés de cette démarche au Caire. Enfin, nous nous donnâmes beaucoup de mal pour persuader les Israéliens de réagir avec modération et de ne pas nous causer d'autres difficultés par leur publicité ; une deuxième démarche américaine eut lieu le 22 août au Caire lorsque nous présentâmes des preuves « irrécusables » des violations commises.

Si les États-Unis élèvent une protestation, ils doivent le faire vigoureusement, en expliquant quels remèdes à la situation ils attendent ; un ton plaintif est le moins adéquat pour susciter une réponse satisfaisante, car il laisse entendre que la protestation n'est faite que pour la forme. En outre, elle prive le pays fautif d'un prétexte de politique intérieure lui permettant de changer d'attitude ; c'est un point de première importance lorsque le sujet est politiquement brûlant et qu'il est peu facile de prendre le contre-pied de la politique suivie jusqu'alors. Le 24 août, jour où Jarring annonça l'ouverture des pourparlers de paix à l'O.N.U. entre les principaux délégués d'Israël, de l'Égypte et de la Jordanie, l'Égypte rejeta carrément nos accusations de violations du cessez-le-feu et adopta la position suivante : les actions entreprises par elles étaient conformes à son interprétation de l'accord de cessez-le-feu ; elle ne ferait pas venir de missiles supplémentaires dans la zone du canal de Suez, mais se réservait le droit d'en assurer « la rotation » de l'extérieur à l'intérieur de la zone et vice versa ; elle ne construirait pas de nouveaux emplacements, mais se réservait le droit d'« entretenir » et de « réparer » ceux qui existaient déjà ; enfin, Israël violait le cessez-le-feu et les livraisons américaines d'armes à Israël étaient contraires aux assurances fournies par Rogers ainsi qu'à l'accord de cessez-le-feu.

A ce moment critique, j'avertis le Président que nous étions en train de perdre tout notre crédit auprès des Israéliens simplement dans le but d'obtenir un cessez-le-feu avant même que les pourparlers aient commencé, pourparlers qui allaient certainement révéler d'autres désaccords profonds. Les Soviétiques et Nasser « allaient probablement être tentés de croire que nous étions prêts à accepter leurs violations du cessez-le-feu malgré le fait que nous les avions avertis directement et des promesses que nous avions faites à Israël. Cela allait avoir de graves conséquences sur notre ouverture actuellement au cours au Moyen-Orient, sur les perspectives à long terme pour toute la région en général, et sur les relations américano-soviétiques ». Il était donc vital d'adopter une attitude plus ferme envers les violations du cessez-le-feu et de placer les Russes en face de leurs responsabilités.

Les étranges méthodes diplomatiques qui s'étaient instaurées au cours des dix-huit mois précédents ainsi que la rivalité personnelle qui existait entre Rogers et moi avaient rendu une discussion rationnelle de ces questions presque impossible. Tant que la Maison Blanche dirigeait vraiment les opérations, on pouvait s'accommoder — encore que ce fût au prix de graves tensions — du penchant de Nixon à passer par ses Adjoints plutôt que par les membres de son Cabinet, mais lorsque le déroulement des délicates négociations ne fut plus dirigé par la Maison Blanche la faiblesse du système éclata aux yeux de tous. Tout simplement, le ministère des Affaires étrangères ne connaissait pas suffisamment la pensée du Président pour être en mesure d'appliquer les nuances de sa politique et sa tendance à donner aux choses une orientation qui lui convenait, et à interpréter ses instructions d'une manière qui s'accordait avec ses idées préconçues, ne fit qu'aggraver cet état de choses. Il était impossible de formuler des instructions présidentielles en étant certain que les impondérables sur lesquels elles reposent soient compris ou traduits dans les faits.

Si mes relations avec Rogers avaient été meilleures, j'aurais pu agir en intermédiaire, mais à l'été 1970 il se rendit compte que, sauf en ce qui concernait le Moyen-Orient, on se passait de lui pour prendre des décisions capitales au sujet de presque tous les grands problèmes ou bien qu'on le convoquait si tard que son rôle se bornait à ratifier plutôt qu'à élaborer la politique extérieure du gouvernement. En effet, il n'est pas possible qu'il ne lui soit pas venu à l'idée que tant de décisions présidentielles étant prises alors qu'il se trouvait en voyage à l'étranger, il ne pouvait s'agir d'un hasard. Seulement, sa fierté l'empêchait d'admettre que cela ne pouvait avoir lieu que sur l'instance de son vieil ami, le Président. Il m'en rendit donc responsable. Ce n'est pas qu'il ait eu entièrement tort : Nixon se méfiant des Affaires étrangères, il voulait que les affaires délicates ne soient traitées que par la Maison Blanche, mais ma présence permettait d'utiliser les deux filières, et j'étais tout à fait prêt à monter sur la brèche pour mener des négociations, avec mon équipe et sans liaison interministérielle. La manière de procéder qui heurtait tant Rogers avait de toute évidence été suscitée par Nixon ; il est tout aussi évident que je l'avais encouragée. Hélas, ni Rogers ni moi n'avons su surmonter de bonne grâce un différend qui, nous aurions dû le reconnaître, n'était pas dans l'intérêt national ! Si nous avions été prêts à dominer un amour-propre non négligeable, nos efforts auraient pu se compléter, mais, même dans ce cas, des points de désaccord importants sur la politique à suivre et sur la tactique à adopter n'en auraient pas moins subsisté.

Le Moyen-Orient était le seul domaine dont Rogers s'était vu confier la responsabilité et sur lequel il avait autorité, et ce cessez-le-feu avait semblé constituer un grand triomphe, la première réalisation incontestée du gouvernement Nixon en politique étrangère. Dans ces conditions, on comprend que Rogers ait envisagé à contrecœur la perspective d'un échec ; il était extrêmement sensible à toute allusion à une intervention de la Maison Blanche. Il avait tendance à considérer mes efforts comme une tentative de le priver de son seul titre de gloire. Sisco fut pris entre deux feux. Héroïquement il essaya de naviguer entre des points de vue opposés, voire irréconciliables et de rester loyal tant à son ministre qu'à son Président. Il redressa souvent la barre, mais il n'était pas en mesure d'indiquer clairement la direction à suivre.

Seul le Président pouvait le faire, mais ayant décidé de ne pas avoir recours au C.N.S. pour le Moyen-Orient, et se méfiant de la machine des Affaires étrangères, il ne disposait plus de l'outil lui permettant d'appliquer une politique gouvernementale cohérente. Lorsqu'une controverse divisait ses conseillers, il réagissait habituellement en temporisant. Lorsqu'il s'agissait de domaines dépendant de la Maison Blanche, cela n'avait pas de conséquences irréparables parce que, dans une certaine mesure, j'arrivais à arranger les choses jusqu'à ce que les événements forcent le Président à prendre une décision, mais dans les circonstances passionnées du Moyen-Orient, cette procédure risquait d'être dépassée par les événements et le séjour annuel que Nixon effectuait au mois d'août à San Clemente, en ralentissant la mise en application par l'administration des décisions présidentielles, ne faisait qu'aggraver les choses. De plus, Nixon continuait à caresser l'idée que, s'il avait un Sommet avec les Soviétiques, il pourrait peser personnellement sur les événements.

Le 25 août, une réunion à San Clemente à laquelle assistaient le Président, Rogers, Sisco et moi se termina sans résultat, sinon l'acrimonie, Rogers m'ayant accusé de chercher à fomenter une crise par mon insistance à dénoncer les violations du cessez-le-feu. Malheureusement, les crises ne sont pas évitées en niant les circonstances qui en sont à l'origine pas plus qu'en rendant responsable le porteur de mauvaises nouvelles. A la fin d'août, la logique des événements commença à se faire sentir ; nous risquions de perdre notre marge de manœuvre précisément en voulant croire que nous pourrions l'élargir par un simple et vigoureux exercice de bonne volonté.

Le 28 août, prenant prétexte d'une communication américaine remontant au 8 août qui les avait informés que nous allions surveiller l'application du cessez-le-feu par des avions de reconnaissance U-2, les Russes prirent ouvertement parti pour Nasser dans cette querelle. (Au moment où elle fut remise aux Soviétiques, cette communication était une erreur, à mon avis, parce qu'elle les encouragerait à prendre position sur une mesure nécessaire pour s'assurer du respect des accords. En diplomatie, il n'est généralement pas prudent de déclencher une controverse quand on n'est pas prêt à en accepter les conséquences prévisibles.) La réponse, transmise à Sisco à Washington et à Beam à Moscou, nous prit à partie à propos des vols d'U-2, décrits comme « un nouveau facteur de complication ». Aux yeux des Russes, ils étaient en contradiction avec les conditions du cessez-le-feu, violaient la souveraineté égyptienne, entraînaient des « complications extrêmement graves » et couraient également le risque d'une « surprise spéciale ». J'en informai le Président, faisant valoir que les Soviétiques avaient probablement de bonnes raisons d'être inquiets d'une vérification du cessez-le-feu effectuée par des pilotes impartiaux. Il aurait évidemment été plus facile pour les Russes et pour Nasser de rejeter des accusations de violation du cessez-le-feu qui n'auraient reposé que sur des témoignages israéliens...

Le 29 août, le directeur du Bureau de renseignements et de recherches des Affaires étrangères, Ray Cline, en était arrivé à la conclusion qu'au lieu d'un seul emplacement de S.A.-2 à l'intérieur de la zone de trente kilomètres, au sujet duquel nous avions protesté la semaine dernière, il y en avait maintenant sept ou huit, ainsi que trois ou quatre emplacements de S.A.-3. La plupart de ces emplacements avaient certainement été construits après l'entrée en vigueur du cessez-le-feu. Le 31 août, une étude de la C.I.A. confirma ces conclusions.

A présent, une réunion du Président et de ses principaux conseillers – Rogers, Moorer, Laird, Helms et moi-même – était devenue inévitable. Elle eut lieu le 1er septembre à San Clemente. Le Président ordonna que l'on élève une très vive protestation au Caire comme à Moscou et que l'on demande à Israël d'envoyer un représentant aux pourparlers conduits par Jarring à New York. Le 3 septembre, le ministère des Affaires étrangères confirma publiquement les violations du cessez-le-feu, cette fois en termes moins ambigus mais toujours avec beaucoup de modération, et il indiqua que nous ne réglerions la question que par la voie diplomatique ; concurremment, les Affaires étrangères continuèrent d'insister pour que les pourparlers de la mission Jarring commencent.

L'Égypte et l'Union soviétique continuèrent à rejeter nos protestations. Le Caire démentit nos accusations, le 4 septembre, et en profita pour élever des objections contre le fait que nous continuions à fournir du matériel militaire à Israël, ce qu'il considérait comme contraire à nos prétendues assurances de modération. Le 6 septembre, le vice-ministre des Affaires étrangères, Serguei Vinogradov, déclara à Beam que l'Union soviétique n'avait conclu aucun accord de cessez-le-feu avec les États-Unis et qu'elle n'était par conséquent responsable d'aucune violation. Vinogradov prenait note de l'« étrange arrangement » par lequel les États-Unis supervisaient l'application du cessez-le-feu, sans que l'Égypte en ait fait la demande, violant l'espace aérien égyptien en survolant le Sinaï. A peu près au même moment, le chargé d'affaires soviétique remettait à Washington un message exprimant la préoccupation des Russes au sujet de l'imminence d'une attaque préventive israélienne contre les emplacements de missiles. Les Soviétiques nous demandèrent de faire en sorte que cela ne se produise pas mais, de notre côté, nous n'avions aucune preuve de ces préparatifs. A mon avis, cette démarche faisait partie des perpétuels efforts soviétiques pour nous mettre sur la défensive. Je dis à Sisco de transmettre l'avertissement aux Israéliens sans commentaire, mais de ne pas le faire savoir aux Russes. Il n'y avait pas de raison de leur permettre de marquer des points au Caire en jouant les protecteurs des Arabes.

Israël se retire des négociations

A la suite de toutes ces querelles et de ces violations du cessez-le-feu, il n'est pas étonnant que, le 6 septembre, Israël ait annoncé qu'il ne pouvait pas participer aux pourparlers sous la conduite de Jarring. Le même jour, des commandos palestiniens détournèrent trois avions. Ce qui, un mois plus tôt, avait commencé comme un pas vers la paix s'acheminait rapidement vers une confrontation. Je penchais pour le point de vue du principal spécialiste des affaires soviétiques de mon équipe, Hal Sonnenfeldt, collaborateur d'une valeur inestimable et qui l'est resté, qui m'envoya en septembre une analyse de la situation où il faisait un rapprochement avec l'affaire des missiles cubains :

> « ... ce qui me préoccupe le plus dans la situation actuelle au Moyen-Orient c'est que nous avons peut-être, sans le vouloir, amené les Soviétiques à croire qu'il nous était indifférent que le cessez-le-feu soit respecté ou non, et que, ce faisant, nous avons peut-être contribué à déclencher une crise potentiellement plus grave... La nature de notre ouverture de cessez-le-feu, le moment choisi et l'allure à laquelle elle a été conduite, le vague relatif des conditions de l'accord, le manque de rigueur dans son application, notre hésitation à reconnaître les violations dont il a été l'objet ainsi que les autres déclarations et actions auxquelles nous nous sommes livrés *après* que les violations eurent commencé ont pu amener les Russes à conclure que ce qui comptait vraiment pour nous, c'était d'obtenir un cessez-le-feu en période pré-électorale pendant laquelle nous préférions ne pas avoir à faire face à la poursuite d'une guerre ouverte et aux choix déchirants que cela implique... Il se peut donc qu'ils aient été vraiment surpris par l'indignation apparemment non feinte avec laquelle nous avons réagi par la suite au vu des événements sur le terrain (alors qu'entre-temps nous leur avions donné, à eux et à la R.A.U., carte blanche pour se livrer à des violations du cessez-le-feu, met-

tant ainsi leur prestige en jeu), à moins qu'ils ne croient encore maintenant que nous n'agissions ainsi que pour la galerie.

Au même moment, mon spécialiste du Moyen-Orient, Hal Saunders, m'apprit qu'en réalité les violations du cessez-le-feu par les Russes et les Égyptiens s'étaient *accélérées* après nos protestations du début septembre. Saunders était lui aussi un analyste de grand talent et un conseiller impartial. On ne lui connaissait pas de parti pris anti-arabe; pourtant, il m'écrivit que d'après les photos prises par U-2 *après* nos démarches de début septembre auprès de Moscou et du Caire :

« ... il semble évident que les Égyptiens continuent à installer des missiles S.A.M. en violation des dispositions de statu quo militaire de l'accord de cessez-le-feu. Ils n'ont rien entrepris pour rétablir ou redresser la situation dans les 24 emplacements de missiles contre lesquels nous avons élevé une protestation... Nous avons constaté une augmentation d'au moins 50 pour 100 du nombre d'emplacements de missiles S.A.M. avec leurs servants depuis le 10 août... L'activité ne s'est pas ralentie... On a l'impression que le dispositif défensif de missiles mis en place le long du canal de Suez a plus d'importance pour les Égyptiens que les pourparlers de paix, étant donné que les Israéliens ont clairement fait savoir qu'ils n'entendaient pas continuer à y participer tant que la situation d'avant le cessez-le-feu ne serait pas rétablie... »

Même à ce stade, certains analystes irréductibles voulaient encore à toute force sauver l'ouverture de paix en accordant les faits à leurs idées. Un spécialiste des Affaires étrangères à l'imagination fertile inventa une théorie extraordinaire selon laquelle, tout compte fait, Nasser n'avait peut-être pas violé le cessez-le-feu. Il n'était pas exclu, avançait-il, que les missiles aient été *cachés* dans la zone de cinquante kilomètres avant que le cessez-le-feu n'entre en vigueur et qu'ils n'aient été dévoilés qu'après, d'où il découle qu'ils n'avaient pas été « introduits » dans la zone et que le statu quo n'avait pas été violé. Ce raisonnement spécieux n'expliquait pas pourquoi les Égyptiens auraient caché leurs missiles lorsque leur déploiement était autorisé et ne les auraient dévoilés que lorsqu'il était proscrit. En outre, il fut impossible de détecter sur les photographies aériennes de hangars ou d'entrepôts assez grands pour abriter une telle quantité de matériel; quant à aller l'enfouir dans le sable, cela aurait nécessité des trous de la taille des pyramides...

Il n'y avait plus d'illusion à se faire : à la mi-septembre, nos initiatives tournaient à l'impasse. Par-dessus le marché, nous avions livré les armements qu'Israël nous avait demandés, qui avaient été bloqués depuis mars ; nous finîmes par en augmenter le volume, pas tellement pour obtenir des Israéliens davantage de compréhension au cours des négociations, mais plutôt pour parer à une attaque préventive de leur part contre l'avance des missiles égyptiens que nous n'avions pas pu arrêter. Les Israéliens ne nous en surent nullement gré et le mécontentement des Arabes s'en trouva grandement accru. Les Russes avaient pris pied en Égypte ; leur présence combattante menaçait déjà Israël et servirait plus tard, en collusion avec Nasser, contre tout gouvernement arabe modéré. Notre action ne dominait plus les événements, elle les suivait passivement et semblait souvent être dépassée par eux. Les Russes se trompaient sur la fermeté de notre attitude, et c'est là que résidait le plus grave danger.

Presque inévitablement, le gouvernement dut faire face à de nouvelles crises au mois de septembre. Nous eûmes simultanément une guerre civile en Jordanie, une tentative soviétique de construire une base sous-marine à Cuba et l'arrivée au pouvoir d'Allende au Chili. Bien plus périlleuse qu'au moment de l'incursion au Cambodge, en dépit de l'hystérie qu'engendra celle-ci et de la publicité que lui donnèrent les media, cette période fut à la fois la plus dangereuse et la plus décisive du nouveau gouvernement et ce n'est qu'après avoir affronté cet orage que les différents éléments dont se composait notre diplomatie mondiale, si laborieusement rassemblés pendant un an et demi, commencèrent à se mettre en place.

15.

L'automne des crises : la Jordanie

En l'espace de trois semaines, en septembre 1970, trois crises majeures dans des coins du monde séparés par des milliers de kilomètres tombèrent sur le gouvernement.

Elles n'auraient pas pu être plus différentes. L'une était une guerre civile dans un royaume du désert – la Jordanie – entre le gouvernement royal et des guérilleros armés qui cherchaient à s'assurer une base pour attaquer un pays voisin ; la deuxième fut la soudaine tentative faite par les Russes pour créer une base de sous-marins nucléaires à Cienfuegos, à Cuba, dans la perspective d'un affrontement direct entre superpuissances ; la troisième fut une élection dans un grand pays de l'Amérique du Sud, le Chili, risquant d'amener au pouvoir des extrémistes alliés aux communistes. Les causes de ces événements étaient fondamentalement différentes, tout comme les inquiétudes qu'ils suscitaient pour la politique américaine, et cependant ils représentaient tous – ou nous semblaient représenter – les différentes facettes d'un défi communiste mondial. Aucun n'aurait pu avoir lieu s'il n'avait été déclenché ou encouragé par les communistes. La poussée militaire soviétique en Égypte et l'appui fourni par les Russes aux extrémistes étaient à l'origine de la crise en Jordanie. La base navale de Cuba était un défi soviétique direct et les élections du Chili, malgré leur ambiguïté, allaient peut-être, pour la première fois dans l'Histoire, permettre à une nation d'entrer dans la famille communiste par un processus démocratique.

Crise en Jordanie

Au cours des siècles, les frontières des pays du Moyen-Orient se sont déplacées comme les dunes du désert. Durant les cinq cents ans qui suivirent la naissance de l'Islam en l'an 622 de notre ère, la nation arabe avait resplendi à travers ses constructions politiques. Elle se retrouva ensuite, pendant une période pratiquement aussi longue, sous la domination de divers souverains étrangers.

L'idée de nation devint alors un concept mystique et une vision quasiment prophétique, un rêve inspirant des croyants fervents et des actions héroïques mais rarement réalisées. Le dernier de ces empires étrangers, l'Empire ottoman, fut bouté hors de la région à la suite de la Première Guerre mondiale. Mais il ne fut pas remplacé, comme l'avaient espéré tant de nationalistes arabes, par un État unifié. Au lieu de cela, le Moyen-Orient fut à nouveau divisé pendant une génération en États semi-indépendants sous la tutelle de puissances européennes. Chacun de ces pays lutta pour l'indépendance et ils obtinrent tous leur entière souveraineté à l'issue de la Seconde Guerre mondiale.

Un de ces États était le royaume hachémite de Jordanie. Appelé Transjordanie avant 1949, il était apparu après la Première Guerre mondiale lorsque la Société des Nations avait donné à la Grande-Bretagne mandat de gouverner la Palestine, qui englobait alors tous les territoires compris entre l'Irak et la Méditerranée. En 1921, la Grande-Bretagne détacha de son mandat ce qui n'était alors qu'un désert, afin de créer un royaume pour ses alliés hachémites dont les espoirs d'autres royaumes avaient été déçus. C'est sur cette terre ingrate que des dirigeants talentueux et un peuple industrieux ont bâti l'État de Jordanie, qui, dès sa naissance, fut un élément de modération, de progrès et de stabilité au Moyen-Orient. La division de la Palestine permit au royaume hachémite de s'étendre jusqu'à la rive ouest du Jourdain où il gouverna avec la sagesse qui le caractérisait jusqu'au jour où, au nom d'une solidarité arabe excessive, il s'engagea dans l'aventure téméraire de Nasser en 1967 qui aboutit à l'occupation par les Israéliens de la rive ouest très fertile et fortement peuplée.

Les feddayin – réfugiés palestiniens des nombreuses guerres arabo-israéliennes – vinrent s'établir en Jordanie, surtout après 1967, dans des camps bien organisés, d'où ils lancèrent des attaques contre Israël et les territoires occupés par les Israéliens. De plus, 17 000 soldats irakiens, représentant le plus extrémiste des régimes arabes, étaient restés dans leurs campements qui dataient de la guerre de 1967, à l'est de la Jordanie. Le roi Hussein ne pouvait renvoyer de son pays ni l'un ni l'autre des deux groupes sans se faire reprocher son manque de « solidarité arabe ». La présence de ces forces armées extrémistes démontrait l'importance croissante du radicalisme arabe au temps de Nasser et entretenait la faiblesse de l'autorité de Hussein. Les feddayin et les Irakiens n'hésitaient pas non plus à utiliser à fond les forces dont ils disposaient. Les guérilleros lancèrent des raids sur Israël sans se soucier des risques que cela représentait pour la Jordanie et les Irakiens exécutèrent des manœuvres militaires sur le territoire jordanien.

L'armée jordanienne, issue de la légendaire Légion arabe entraînée par le général britannique Sir John Glubb (Glubb Pacha) dans les années 1940, était composée en grande partie de Bédouins farouchement attachés au roi Hussein, mais, en 1970, elle se trouva engagée sur deux fronts : il lui fallait d'une part protéger le roi contre les feddayin (et les Irakiens) et d'autre part le territoire jordanien contre les représailles israéliennes après les attaques des feddayin. La Jordanie apprit à ses dépens (comme le Liban six années plus tard) que les pays qui hébergent des guérilleros courent d'énormes risques, en particulier, celui de perdre le contrôle de leur destin parce que d'autres décident pour eux de la paix ou de la guerre. En effet, si les guérilleros deviennent suffisamment puissants, ils cherchent tôt ou tard à se substituer au gouvernement dont ils sont les hôtes.

En été 1970, le jeune souverain, courageux et capable, courait un très grand danger. Les guérilleros, pleins de rancune contre le roi qui s'efforçait d'arriver à un accord politique avec Israël, lancèrent des défis de plus en plus nombreux à son armée. Le 9 juin on tenta de l'assassiner. Hussein démit de leurs fonctions quelques-uns de ses chefs militaires et prit lui-même le commandement de l'armée, mais il répugnait à s'en prendre aux Palestiniens qu'il avait dirigés jusqu'en 1967 et qu'il espérait rallier à son royaume. La situation à Amman se détériora. Le 11 juin, je fis savoir à Nixon que selon notre chargé d'Affaires (notre nouvel ambassadeur, Dean Brown, n'étant pas encore arrivé), « le chaos le plus total régnait dans le pays ». Notre ambassade à Amman fut chargée d'évacuer les membres des familles et le personnel non indispensable au bon fonctionnement de l'ambassade (environ quatre cents personnes si toutes se décidaient à partir).

Ce même jour, je convoquai une réunion du W.S.A.G., mécanisme interministériel de gestion des crises. Nous envisageâmes les deux principales éventualités : premièrement, l'évacuation des Américains, par des moyens de transport militaires, si nécessaire, et deuxièmement la réponse que nous devrions donner au roi Hussein s'il nous demandait de l'aide pour se maintenir au pouvoir soit contre les feddayin, soit contre une intervention extérieure de l'Irak ou de la Syrie, tous deux gouvernés par des hommes encore plus extrémistes et prosoviétiques que Nasser.

Au W.S.A.G., les opinions étaient très partagées sur l'opportunité et la possibilité d'une intervention militaire américaine. Si l'armée jordanienne devait perdre le contrôle des aéroports, l'évacuation des Américains risquait de rendre nécessaire un débarquement des troupes, éventualité qui n'enthousiasmait pas plus les chefs militaires que les chefs politiques. Le problème et aussi la réticence seraient d'autant plus grands si le roi demandait une intervention américaine pour assurer le maintien de son gouvernement. On hésita même à planifier ces interventions. Les opérations au Cambodge n'étaient pas encore terminées, nos forces étaient dispersées à travers le monde et les manifestants autour de la Maison Blanche témoignaient de la désunion qui régnait à l'intérieur du pays. Une action militaire en Jordanie était également difficile techniquement, car notre débarquement au Liban, en 1958, remontait donc à plus de dix ans et nous avions perdu, depuis lors, les bases de départ dont nous disposions (en Libye, en Grèce et en Turquie) et le droit de les utiliser en cas de conflits au Moyen-Orient. La réticence à l'idée d'une intervention militaire américaine était encore renforcée par la conviction largement partagée que, même si elle réussissait, elle discréditerait Hussein vis-à-vis du reste du monde arabe et signerait peut-être son arrêt de mort politique.

Je sentis que l'on penchait en faveur d'un soutien à Hussein si cela était possible. Tout comme j'avais cherché à déjouer les projets de Nasser tant qu'il avait fait jouer si fortement ses liens avec les Soviétiques et soutenu tous les mouvements extrémistes, il me semblait maintenant important de démontrer les avantages de l'amitié avec les États-Unis. Hussein avait toujours prôné la modération, résisté au courant extrémiste et évité les slogans anti-occidentaux à la mode. Il se trouvait en difficulté à cause de sa réticence à lâcher la bride aux guérilleros. Sa chute aurait pour effet de radicaliser le Moyen-Orient tout entier et Israël n'admettrait pas l'établissement de bases de feddayin le long de sa frontière avec la Jordanie, ce qui rendrait fort probable une autre guerre au Moyen-Orient. A mes yeux, la Jordanie était donc un test de notre aptitude à rester maîtres des événements dans la région. Nixon partageait ce point de vue; lors d'une réunion du C.N.S., le 17 juin, il déclara :

> « Supposons qu'à la fin de l'été nous parvienne une demande d'aide du Liban ou de la Jordanie, ou que quelque chose se produise au Liban. Que pouvons-nous faire ?... Il y aura un moment où la crédibilité des États-Unis dans la région sera mise à l'épreuve. La vraie question sera de savoir si nous agirons. Notre action doit être envisagée sous cet aspect. Nous devons être prêts... La question est-elle réellement un problème militaire ou bien s'agit-il de notre crédibilité en tant que grande puissance dans cette région ? »

Le 22 juin, je rassemblai le W.S.A.G. pour tenter de répondre au souhait exprimé par le Président de mettre au point un plan d'action. Entre-temps, le danger immédiat ayant cessé, les ministères étaient prêts à établir des plans d'action pour une éventualité qu'ils pensaient improbable. Même si l'on était en train de procéder à l'évacuation des citoyens américains, Hussein était sorti de la crise gravement affaibli. Un compte rendu, destiné au Président, et rédigé par Hal Saunders, un de mes collaborateurs, au début de juillet, abondait en phrases de mauvais augure : « L'autorité et le prestige sur le plan international du régime hachémite vont continuer à décliner... La crédibilité internationale de la Jordanie va être encore plus compromise... Une liberté d'action plus grande des feddayin entraînera inévitablement des violations plus importantes du cessez-le-feu dans la vallée du Jourdain... Hussein est confronté à un avenir politique incertain... »

Le moment du test en Jordanie semblait donc imminent. Les plans d'action mis au point pour parer à toutes les éventualités – bien qu'établis sans grand enthousiasme – nous furent d'un grand secours lorsque, au début de septembre, le feu fut mis aux poudres et qu'il y eut quasiment une explosion générale de tout le Moyen-Orient.

Confrontation entre Irak et Jordanie

Il arrive à tout gouvernement d'être pris de court par des événements qui n'ont pas été prévus par les services de renseignements; ces événements sont probablement imprévisibles car ils surprennent aussi la victime qui avait le plus d'intérêt à les empêcher. La perturbation de l'équilibre peut au début n'être qu'un fait relativement mineur ; ses répercussions de plus en plus grandes la transforment en une crise qui fait rage, devient incontrôlable ou débouche sur un calme soudain indiquant qu'un nouvel équilibre a été atteint. Pendant la période de crise, les éléments à partir desquels une politique est fixée deviennent soudain instables. Au milieu du bouleversement qui en résulte, les hommes d'État doivent agir sous pression constante. Paradoxalement, cela confère une aptitude inhabituelle à l'action créative ; tout dépend, tout à coup, de l'habileté à dominer et à imposer une cohérence à des faits confus et apparemment sans lien. L'idéal serait que cela se produise sans recours à la force ; cependant, on peut parfois éviter d'utiliser la force, rien qu'en menaçant d'y recourir.

On imagine généralement une crise comme une affaire frénétique avec une foule d'hommes politiques convergeant vers la Maison Blanche dans leurs grandes voitures, tandis que leurs assistants, sur les dents, apportent des dépêches de dernière minute d'un air harassé. Curieusement, je me suis aperçu que c'était faux ; les périodes de crise provoquent sans aucun doute une grande tension mais elles se caractérisent également par une étrange tranquillité. Tous les petits détails du quotidien disparaissent, remis à plus tard ou confiés à des subordonnés. Les crises d'humeur s'atténuent devant l'importance de l'enjeu. Les querelles personnelles font trêve. C'est toujours à l'occasion de crises que se révèlent les personnes solides, prêtes à assumer leurs responsabilités. Les autres les fuient et cherchent un bouc émissaire pour parer à l'échec éventuel. La plupart s'abritent derrière la décision du plus grand nombre, ne s'y ralliant qu'à contrecœur. Enfin, il y a ceux qui soulèvent un maximum d'objections pour être sûrs d'avoir un alibi après coup. Les gens capables d'affronter n'importe quelle éventualité, on les reconnaît à leur calme, même au cœur de la tempête. Il y a de l'agitation tout autour d'eux, mais ils agissent seuls, avec une grande tranquillité qui se transforme, quand le dénouement approche, en épuisement, en joie débordante ou en désespoir.

L'événement, en Jordanie, qui déclencha l'explosion, eut lieu le 1er septembre, lorsque les Palestiniens tentèrent, pour la deuxième fois en trois mois, d'assassiner le roi Hussein, en attaquant le cortège royal. Des combats éclatèrent aussitôt entre l'armée fidèle au souverain et les feddayin. Les Irakiens menacèrent de faire intervenir leurs troupes stationnées en Jordanie pour « prendre toutes les mesures nécessaires pour protéger l'action des feddayin ». La nuit précédente, le roi avait déjà prévenu les fonctionnaires de notre ambassade qu'il pourrait être amené à des mesures plus dures. Il avait exprimé l'espoir de pouvoir compter sur le soutien américain. Il pensait qu'une déclaration publique énergique des États-Unis ou mieux encore une déclaration commune avec l'Union soviétique, pourrait décourager une intervention extérieure.

La réponse des Affaires étrangères ne fut pas enthousiaste — c'est le moins qu'on puisse dire. Les responsables, soucieux de ne pas compromettre leur initiative de paix, peu désireux d'ajouter la Jordanie à la liste déjà longue des violations du cessez-le-feu en Égypte, ne portèrent pas immédiatement (pour autant que je sache) l'affaire à la connaissance de la Maison Blanche, ni même de la Commission interministérielle. Au lieu de quoi une dépêche, d'un ton incroyablement prudent et réservé, fut adressée le lendemain au roi, où il était dit qu'une déclaration publique américaine ne pouvait être faite à la légère et devait être soigneusement mûrie au préalable. Truisme qui ne dut pas être d'un réconfort particulier pour le pauvre Hussein assiégé. L'une des raisons de cette réserve tenait à l'idée très répandue parmi les spécialistes du Moyen-Orient selon laquelle les Arabes étaient si inflammables que toute mise en garde publique risquait de les plonger dans une excitation frénétique. Ce qui est à mes yeux une manière de confondre volubilité et conduite extravagante : en temps de crise, la plupart des dirigeants arabes m'ont toujours semblé, au contraire, circonspects et calculateurs.

Un peu plus tard, dans la journée du 1er septembre, l'Irak lança un nouvel ultimatum déclarant que si les bombardements jordaniens contre les feddayin ne cessaient pas à 23 heures, l'armée irakienne interviendrait pour y mettre fin. Zaid Rifai, conseiller très écouté du roi (et un de mes anciens élèves à Harvard), en informa notre ambassade et renouvela la demande du roi concernant une déclaration publiée par une grande puissance. Il demanda également si nous savions ce qu'Israël ferait si l'Irak bougeait.

Cette question était d'une grande importance. Il était improbable qu'Israël permît à l'Irak, l'État arabe le plus extrémiste, de rapprocher encore les troupes de ses frontières ; il semblait également improbable que l'armée israélienne resterait inactive si les Palestiniens occupaient la vallée du Jourdain. Mais l'intervention éventuelle à ses côtés des forces armées israéliennes dans le conflit n'était pas sans importance pour le roi. En défendant son indépendance politique il n'avait aucune raison de détruire sa position morale dans le monde arabe. La question des intentions israéliennes n'était pas nouvelle ; elle avait d'abord été posée à la demande de Hussein le 4 août lorsque les troupes irakiennes, stationnées dans l'est de la Jordanie, où elles exerçaient une sorte de chantage, avaient refusé de mettre fin à leurs manœuvres à la date prévue. Notre ambassadeur en Israël avait alors rendu compte à Washington de la possibilité d'une attaque israélienne si les troupes irakiennes se dirigeaient vers l'ouest ; il n'avait pas soulevé la question avec le gouvernement israélien. Le Bureau du Proche-Orient du ministère des Affaires étrangères était si ombrageux sur le sujet qu'aucune réponse ne fut envoyée aux Jordaniens. Et le besoin ne s'en fit plus sentir, temporairement, la crise paraissant se dénouer.

En septembre, le problème resurgit, comme toujours quand on ne trouve pas de solution, et avec lui la nécessité d'y voir clair sur une réaction éventuelle d'Israël. Le ministère des Affaires étrangères, fidèle à sa tactique familière, remit l'affaire au lendemain, probablement pour ne pas embrouiller davantage les négociations au sujet des violations israélo-égyptiennes du cessez-le-feu. Le 2 septembre, notre ambassadeur à Moscou, Jacob Beam, fit une visite au vice-ministre des Affaires étrangères Sergueï Vinogradov pour lui suggérer, sans trop avoir l'air d'y toucher, comme à son habitude, que l'U.R.S.S. modère ses amis irakiens. Vinogradov ne manifesta qu'un intérêt bonhomme. L'Union soviétique, dit-il, s'intéressait beaucoup à des pourparlers de paix, mais n'était au courant d'aucun ultimatum irakien ; il était donc difficile pour Moscou de prendre position officiellement. Vinogradov y ajouta un avis personnel : l'Irak n'interviendrait pas dans les affaires jordaniennes, mais là encore, ajouta-t-il, personne ne pouvait prédire ce qui allait se passer au Moyen-Orient. En bref, Moscou gardait les coudées franches. Comme Anatoly Dobrynine resta à Moscou jusqu'à la fin de l'été, il ne faisait aucun doute que les Soviétiques n'allaient pas user de leur crédit pour calmer la situation. L'affaire devait donc être résolue sur le terrain.

A Amman, le 2 septembre, Zaid Rifai rapporta à notre ambassade que les Irakiens n'avaient pas mis leur menace à exécution. Trois jours plus tard, il réaffirma que la Jordanie attachait le plus grand intérêt à une déclaration d'une grande puissance incitant toutes les parties à faire preuve de réserve. Fidèle à l'attitude des Affaires étrangères, notre chargé d'Affaires fit, aux demandes réitérées des Jordaniens au sujet des intentions israéliennes, cette réponse extraordinaire : il n'imaginait pas la Jordanie acceptant l'aide de son ennemi israélien contre un pays arabe. Le roi était évidemment beaucoup trop subtil pour se représenter la situation de cette façon et beaucoup trop intelligent pour avoir besoin des leçons des fonctionnaires américains sur les implications de sa propre requête.

Entre-temps, la situation à Amman continuait à s'améliorer ; des pourparlers furent entamés entre le gouvernement jordanien et les feddayin modérés. Le 3 septembre, Beam présenta à Moscou notre protestation contre une violation du cessez-le-feu le long du canal de Suez. Au cours de la conversation, Vinogradov fit une description ni pessimiste ni optimiste de la situation en Jordanie sans allusion à une intervention soviétique auprès des Irakiens. Afin de souligner l'importance que nous attachions à l'évolution de la situation jordanienne, Nixon reçut notre ambassadeur à Amman, Deam Brown, à San Clemente, le 4 septembre.

Le 5 septembre la crise semblait surmontée. Cette impression fut confirmée par un avertissement subit des Soviétiques nous mettant en garde contre une traversée par les Israéliens du canal de Suez qui, selon eux, était imminente. (Comme je l'ai dit plus haut ceci avait aussi pour but de détourner notre attention des violations de cessez-le-feu égyptiennes et soviétiques.) Lancer une menace lorsqu'une crise, au cours de laquelle ils ont été réticents à intervenir, s'estompe est une tactique stéréotypée des Soviétiques. De toute évidence, ils espèrent donner ainsi l'impression, après coup, d'avoir été le principal facteur de résolution du problème et réclament donc une compensation. (Par exemple, en 1956, les Russes avaient envoyé un sévère avertissement à Londres et à Paris d'avoir à mettre fin à l'expédition de Suez alors que la décision de retrait était déjà tombée.) Mais tandis que les feddayin avaient été empêchés de s'emparer des leviers de commande, le pouvoir du roi était loin d'être rétabli. Les manœuvres des Irakiens restaient un rappel gênant de la faiblesse de son autorité dans son propre pays. L'attitude américaine – qui s'était limitée à quelques admonestations moralisantes – restait ambiguë, en deçà de toute action susceptible de modifier concrètement la situation, encore moins de la dominer. Le calme était trompeur. Les événements allaient se précipiter.

La crise des pirates de l'air

On n'a jamais expliqué de façon satisfaisante pourquoi les feddayin agirent comme ils l'ont fait pendant la période qu'ils nommèrent eux-mêmes plus tard « Septembre Noir ». Au début du mois, Nasser et les Russes avaient réussi à implanter leur système de missiles jusque sur les bords du canal de Suez. Les États-Unis s'apprêtaient à pousser Israël à entamer des négociations, auxquelles il était prévu que la Jordanie participe, ayant en vue le retrait de la rive occidentale. En serait-on resté là, les Arabes en auraient tiré un avantage considérable. La prédominance militaire israélienne le long du canal aurait été brisée. Les pressions sur Israël allaient à coup sûr se multiplier dès le début des négociations. Mais les extrémistes feddayin avaient les yeux fixés ailleurs, leur but n'était pas la paix avec Israël mais sa destruction. Ils n'étaient pas encore reconnus comme une entité politique — traités comme réfugiés au niveau international, à la fois craints et adulés dans le monde arabe, et considérés comme des criminels terroristes par Israël. Ils n'aspiraient pas à un règlement politique dans lequel leurs exigences feraient l'objet d'un compromis ; ils cherchaient à contrôler une base à partir de laquelle monter une attaque décisive contre l'État d'Israël et le détruire. Vue sous cet angle leur tentative de contrecarrer tout progrès diplomatique était logique. D'autre part, les Palestiniens étaient également en train de gagner peu à peu du terrain en Jordanie. Ils approchaient de l'autonomie ; en allant trop loin, ils détruisirent leurs propres chances et n'aboutirent qu'à se faire expulser au Liban. Et, par une ironie du sort, la crise qu'ils engendrèrent permit aux États-Unis de regagner la plupart du terrain perdu dans les hésitations du mois précédent, ouvrant ainsi la voie à la diplomatie des années suivantes.

La crise éclata le 6 septembre quand les membres du Front populaire marxiste pour la Libération de la Palestine (F.P.M.L.P.), l'aile la plus extrémiste du mouvement feddayin, détournèrent plusieurs avions. Un Jumbo Jet 747 de la Pan American fut dirigé sur l'aéroport du Caire, ses passagers relâchés, puis par la suite l'avion explosa peu après l'atterrissage. Un 707 américain de la T.W.A. et un D.C.-8 de la compagnie Swissair furent détournés par des feddayin sur Dawson Field, une piste d'atterrissage en terre battue, située à environ une cinquantaine de kilomètres d'Amman. Le 9 septembre, un V.C-10 britannique fut également détourné et rejoignit les autres avions à Dawson Field. Le détournement d'un avion israélien échoua grâce au personnel de sécurité qui se trouvait à bord.

Au total, ces détournements touchaient plusieurs centaines de passagers suisses, allemands, britanniques, français, américains et autres. Le groupe le plus vulnérable était celui composé par les Israéliens et les gens à double nationalité — c'est-à-dire ceux qui avaient des passeports à la fois israéliens et américains. Le 7 septembre, le F.P.M.L.P. proposa de relâcher tous les passagers à l'exception des Israéliens et des personnes à double nationalité en échange de la libération de tous les feddayin détenus dans les prisons suisses, allemandes, et britanniques. Les Israéliens et les passagers ayant une double nationalité devaient être gardés prisonniers en contrepartie des guérilleros détenus dans les prisons israéliennes. Ils fixèrent un délai de soixante-douze heures.

Notre préoccupation immédiate fut d'empêcher la détention de citoyens américains ainsi que d'Israéliens après que les autres otages eurent été relâchés. Nous ne pouvions pas non plus accepter de hiérarchie établie par des étrangers parmi les citoyens américains. Nous savions que l'État d'Israël avait pour politique de ne jamais céder au chantage ; il craignait, en cédant, d'encourager le terrorisme et qu'il ne soit plus possible de garder incarcéré aucun terroriste. Nous avions à peu près la même idée là-dessus. Les pays européens concernés ne croyaient pas pouvoir adopter une position aussi ferme. Nous leur demandâmes instamment de négocier au moins en tant que groupe.

Le 8 septembre, au matin, Rogers organisa une réunion dans son bureau avec Laird, Helms, Alexis Johnson, Joe Sisco et moi.

Ceux qui parlent d'un « syndrome de la Salle opérationnelle » déjà mentionné au chapitre 9 à propos du E.C.-121 abattu accusent parfois les fonctionnaires de fabriquer des crises pour le seul plaisir de satisfaire leur goût romanesque de prouesses militaires et leurs sentiments « machistes ». C'est idiot : d'abord parce que la Salle opérationnelle est inconfortable, inesthétique et qu'on y respire mal, comme je l'ai déjà dit, ensuite parce que les débats y sont bien souvent hautement techniques. En raison de la présence d'un matériel de communication ultra-sophistiqué, les gens qui y délibèrent ont immédiatement accès aux informations les plus récentes. Comme ce sont en général des hauts fonctionnaires ministériels, il y a de fortes chances pour que les décisions soient systématiquement analysées et transmises aussitôt à un niveau plus élevé pour être examinées.

Le risque de décisions hasardeuses n'est pas là. Il est au Bureau ovale, ou dans les bureaux ministériels. Là, le danger est réel que le plausible l'emporte sur le certain, et que l'éloquence l'emporte sur l'analyse lucide. C'est là qu'en l'absence d'un travail préparatoire en équipe, des décisions risquent d'être prises sans une connaissance suffisante des faits ou à la faveur de discours brillants, prononcés pour se faire valoir plus que par souci d'élucider une situation. La tentation est là bien plus forte que dans la Salle des opérations, de parvenir à un accord superficiel en entérinant de simples hypothèses. Sans préjudice des risques simultanés de paralysie et de négligence, les intéressés ne connaissent réellement les conséquences de leur avis que lorsque ceux-ci ont été traduits en termes opérationnels spécifiques.

C'est ce qui se produisit lors de la réunion dans le bureau de Rogers. Les divagations dominaient les propos décousus. On consacra ainsi un temps considérable à envisager l'utilisation, contre les pirates de l'air, d'un gaz agissant sur les nerfs et qui paralyse les victimes sans qu'elles s'en rendent compte. Nous ignorions seulement s'il existait dans notre arsenal le gaz adéquat, ce qui embrouilla d'autant plus la discussion que personne n'aurait su comment l'administrer pas plus qu'organiser une action militaire et la mener à terme. Rogers mit fin à la réunion, persuadé comme au début qu'on ne pouvait rien faire. Le recours aux troupes américaines était militairement impossible ; Hussein ne s'attaquerait pas aux Palestiniens et l'intervention israélienne équivaudrait pour lui à un arrêt de mort.

On remâcha les mêmes arguments, l'après-midi, au cours d'une réunion chez le Président. Laird, Rogers, Johnson, Sisco et moi-même étions présents avec en plus J. Edgar Hoover et John Mitchell, qui s'occupaient des conséquences des actes de piraterie aérienne sur la politique intérieure. Le Président ne prit pas de décision. Avant la réunion, il m'avait dit en privé que les détournements d'avions devraient être utilisés comme prétexte pour écraser les feddayin ; il n'y fit cependant pas allusion lors de la réunion. Il précisa qu'à la limite il préférait une intervention militaire américaine plutôt qu'israélienne. Rogers objecta que nous paierions très cher une action en grande partie inutile.

Le Président se tourna vers moi. Je répondis que nous nous trouvions confrontés à deux problèmes, la sécurité des otages et l'avenir de la Jordanie. Si les feddayin pouvaient impunément utiliser la Jordanie comme base de départ et par là détruire l'autorité du roi — un des rares dirigeants de la région, connu pour sa modération et ses sympathies pro-occidentales — le Moyen-Orient allait être bouleversé de fond en comble. Deux mois après notre initiative de paix, l'équilibre militaire le long du canal serait modifié par la ruse soviétique au moment même où l'équilibre politique le long du front du Jourdain serait détruit par la force. Nous ne pouvions pas accepter cela, en remuant du vent, en nous tordant les mains, en demandant instamment la reprise des pourparlers de paix et en proclamant ensuite notre impuissance.

Comme personne n'était pressé d'envisager les conséquences de cette analyse, la discussion porta alors sur la prévention des détournements d'avions. Mel Laird parla des dispositifs électroniques qui seraient utilisés, à l'avenir, pour la sécurité des aéroports. Le Président se déclara en faveur à la fois de gardes armés et de dispositifs électroniques ; il s'adressa à moi pour que je « coordonne » cette action et demanda à Laird d'en assumer la « responsabilité ». Il donna des instructions à Rogers pour qu'il active les initiatives diplomatiques. Les choses m'apparaissaient toujours aussi confuses lorsque le Président vint faire un tour dans mon bureau dix minutes après la réunion. Il s'était rendu compte que nous avions un « terrible problème bureaucratique » ; les membres du cabinet voulaient tous « faire quelque chose » ; il leur avait donné à chacun quelque chose à faire et je devrais faire le tri. Il ne me précisa pas comment ni ce qu'il avait exactement en tête.

Pendant ce temps, nous recevions des rapports inquiétants d'Amman. Ce que l'armée jordanienne considérait comme des insultes et des provocations de la part des feddayin l'avait conduite à une mutinerie de fait. Loyaux envers le roi, mais refusant tout nouveau compromis, les soldats jordaniens menaçaient de prendre eux-mêmes les choses en main pour le bien du roi. Les pressions croissantes s'exerçaient sur Hussein pour qu'il déclenche une action de force.

Avec l'approbation du Président, et pour mettre fin à la confusion bureaucratique, je mis en marche le dispositif de crise du C.N.S., le 9 septembre. Pendant les dix-sept jours suivant, le W.S.A.G. allait se réunir au moins une fois par jour pour examiner les options, préparer des plans d'action et élaborer des décisions pratiques et coordonnées. C'était plus qu'une étape de procédure ; c'était un avertissement à la bureaucratie. Les hésitations sur les violations du cessez-le-feu ne seraient plus tolérées si la situation de la Jordanie se détériorait. Ma présidence du W.S.A.G. contenait une menace implicite : tout problème non résolu allait être transmis à Nixon.

Le Président a une importance capitale en temps de crise. Il doit être suffisamment au courant de la marche des événements pour donner l'impulsion aux décisions définitives ; cependant il n'a pas à connaître les détails de la question afin de ne pas avoir à procéder à un examen exhaustif des différentes solutions possibles. Kennedy s'était sagement abstenu de prendre part aux discussions préliminaires lors de la crise des missiles cubains en 1962. Nixon fit de même pendant la crise jordanienne de 1970 et durant presque toutes les autres crises de sa présidence. A vrai dire, c'est dans ce genre de situation qu'il donnait toute sa mesure. Il ne prétendait pas exercer ses responsabilités de commandant en chef en se perdant dans des détails tactiques ou des délibérations préliminaires ; il en laissait le soin aux services administratifs que je supervisais. Il hésitait avant de s'engager, parfois de façon exaspérante. Mais il avait un grand sens de l'opportunité ; il savait d'instinct quand le moment était venu de prendre une décision, et il agissait alors avec résolution surtout s'il pouvait éviter les controverses trop personnelles.

Pendant la phase préliminaire de la crise jordanienne, je soumis au Président tous les jours au moins deux et parfois trois rapports sur la situation, qui l'informaient des recommandations du W.S.A.G., des événements d'Amman et du progrès des négociations concernant la libération des otages. Comme les organismes gouvernementaux les plus importants étaient représentés au W.S.A.G., les rapports complets étaient adressés aux membres du cabinet intéressé, qui avaient évidemment la possibilité de faire part de leur désaccord au Président. Lors des phases critiques de la crise – en particulier pendant les trois derniers jours – Nixon réunit quotidiennement les responsables pour revoir les recommandations du W.S.A.G.

Le 9 septembre, le problème primordial était de définir notre ligne d'action. Une politique satisfaisante doit reposer, à mon sens, sur trois composantes au moins : une analyse minutieuse qui offre une gamme réaliste de choix, une préparation méticuleuse, et une prise rapide de décision. La passivité, face à une crise, mène à une impuissance croissante ; on est obligé de réagir aux problèmes dans des contextes où l'on se trouve à son désavantage maximum . Au contraire, la partie qui est en position d'initiative peut occuper l'énergie de son adversaire à des analyses. Et, comme l'adversaire supposera toujours le pire, le moindre geste peut produire un effet de dissuasion important à moins que le bluff ne soit si évident qu'il n'engendre que le mépris. Pour obtenir le maximum d'efficacité, les actions doivent être soutenues, elles doivent apparaître comme incessantes, inexorables. Les hésitations, ou même une avance trop graduelle, ne sont qu'incitation à répondre avec le même degré d'intensité pour tester la détermination de l'adversaire.

Le 9 septembre, à 11 h 30, le W.S.A.G. se réunit pendant une heure dans le Bureau ovale de la Maison Blanche. Les services de renseignements révélèrent que le délai pour la libération des otages avait été prolongé. Pour combien de temps, nous ne le savions pas. Nous fûmes d'accord pour intervenir auprès des pays européens, afin de les dissuader de traiter séparément, c'est-à-dire, en fait, de céder aux pirates de l'air. Les États-Unis seraient alors isolés et sans recours pour libérer leurs propres citoyens, sinon en faisant pression sur Israël qui pensait — tout comme nous — qu'il n'était pas question de céder au chantage des terroristes. Notre opinion était d'ailleurs partagée par le représentant du Comité international de la Croix-Rouge, André Rochat, homme très capable qui dirigeait les négociations avec les Palestiniens. Il envoya un avis aux gouvernements concernés : « Au cas où les libérations de Palestiniens ne seraient pas coordonnées, le Comité serait obligé de renoncer au mandat qui lui a été confié. »

Mais pour empêcher que les négociations ne s'éternisent, il fallait, à mon avis, commencer à faire preuve de détermination et à exercer des pressions. Des remontrances impuissantes ne feraient que prolonger notre angoisse. La résolution américaine était vitale pour le destin des otages et pour la survie du roi. En effet, l'avenir du roi et celui des otages avaient curieusement commencé à se confondre. Si des centaines d'otages étaient tués sur son sol, l'effondrement de l'autorité du roi en Jordanie deviendrait évident aux yeux du monde. La succession de crises avortées avaient affaibli Hussein un peu plus encore ; on allait vers l'affrontement. Ou bien Hussein acculé au désespoir marchait contre les feddayin, ou les feddayin le renversaient.

Aussi longtemps que ce défi n'était pas relevé, aucune initiative de paix n'aurait une chance de réussir ; Israël ne discuterait jamais de nouvelles frontières avec un gouvernement incapable de contrôler son propre pays. Puisque, pour tout le monde, une opération de secours était la dernière solution possible, je recensai trois éventualités auxquelles nous devions nous préparer : une attaque des feddayin contre les otages nécessitant des secours d'urgence ; des désordres à Amman, avec l'obligation d'évacuer les Américains ; un affrontement entre Ussein et les feddayin entraînant, peut-être, la Syrie et l'Irak. Une analyse de nos ressources indiquait que nous n'avions que quatre brigades capables d'atteindre la Jordanie rapidement, et une telle opération mobiliserait toute notre réserve stratégique. Il faudrait quarante-huit heures pour engager la brigade stationnée en Allemagne et soixante-douze heures pour que la 82e division aéroportée stationnée aux États-Unis soit sur le terrain. L'intervention de ces forces nécessiterait des droits de survol ou des possibilités d'accès par terre à travers les pays voisins. Je demandai à l'État-Major interarmes de présenter sous vingt-quatre heures des propositions pour renforcer l'état d'alerte des forces stationnées en Europe ; une étude des conséquences opérationnelles d'un engagement militaire américain prolongé en Jordanie ; les besoins en troupes pour chaque éventualité et les déploiements connexes nécessaires pour décourager une intervention soviétique.

Entre-temps, il était essentiel que toutes les parties prennent bien conscience de notre détermination. Le Président ordonna que le porte-avions *Independence* de la Sixième Flotte se dirige vers l'est un peu au large de la côte libanaise, accompagné de quatre escorteurs, et soit rejoint sous vingt-quatre heures par deux escorteurs supplémentaires. Six C.-130 devaient être postés à la base aérienne d'Incirlik en Turquie, prêts à évacuer les Américains. Ces mesures devaient être prises sans avertissement. J'étais certain que les Services de renseignements soviétiques, probablement aidés par les fuites habituelles du Pentagone, se chargeraient de les rendre publiques. Notre silence leur conférerait une portée inquiétante.

Le problème se compliqua lorsque le W.S.A.G. eut à déterminer dans quelles circonstances ces forces seraient utilisées. Personne ne souhaitait un nouvel engagement militaire alors que plusieurs centaines de milliers d'Américains combattaient toujours dans le Sud-Est asiatique. Nous allions devoir engager toute notre réserve stratégique et la ravitailler par avion ; devenant de ce fait vulnérables à une poussée soviétique ailleurs. Les opérations allaient être difficiles à soutenir ; nos lignes de ravitaillement étaient ténues et auraient à traverser plusieurs pays étrangers. Si la guerre se prolongeait, notre position allait se compliquer. Si Israël intervenait en Jordanie de son propre chef, nous nous trouverions à conduire des opérations militaires parallèles pour des objectifs différents. Et, pire encore pour notre position dans le monde arabe et pour notre prestige, si nous nous trouvions en difficulté, nous serions peut-être obligés de demander à Israël de nous sortir de là.

Pour toutes ces raisons, j'estimai préférable, dans une optique à long terme, de séparer nos actions militaires de celles d'Israël. Les forces américaines devaient être utilisées pour évacuer les Américains. C'était faisable et il s'agissait d'intérêts américains immédiats. Mais, au cas d'un conflit plus important provoqué par une attaque irakienne ou syrienne, mieux valait laisser les pays les plus directement concernés prendre les principales responsabilités. Comme il était pratiquement sûr que les Israéliens riposteraient à une attaque irakienne ou syrienne, la meilleure utilisation de notre puissance était de décourager une intervention soviétique contre Israël. L'accord se fit sur ces conclusions.

J'en informai Nixon. Il s'en tenait toujours à l'idée que toute opération militaire devait être uniquement américaine ; nous agirions seuls contre une intervention de l'Irak ou de la Syrie ou un soulèvement des feddayin et nous laisserions Israël en dehors de l'opération.

La position d'un Conseiller à la Sécurité est extrêmement délicate lorsqu'il n'est pas d'accord avec son Président. Celui-ci doit être certain que son conseiller agira comme son fidèle représentant et veillera à ce que *ses* souhaits soient exécutés par les ministères. D'autre part, le Président doit pouvoir escompter une mise en garde si ses projets sont dangereux. Et ceci était primordial pour Nixon, étant donné sa propension à faire des déclarations impétueuses qu'il ne s'attendait pas à voir jamais mises en pratique. Pour la crise jordanienne, je résolus le problème en préparant deux plans d'intervention en même temps : l'un répondant aux désirs du Président d'une action américaine unilatérale, l'autre suivant l'avis du W.S.A.G., à savoir le rôle de prévention des États-Unis contre une intervention extérieure. Le Président choisirait le moment venu de prendre une décision.

Le 9 septembre, le chargé d'affaires soviétique, Yuli M. Vorontsov, nous informa (par l'intermédiaire de Sisco) que les Soviétiques avaient lancé un appel au calme à la Jordanie et à l'Irak. Cependant, le ton de la remontrance soviétique n'était pas spécialement conçu pour calmer les esprits. Moscou prêchait aux Arabes la modération parce qu'un conflit entre eux ne pourrait que profiter à leurs ennemis, en particulier « aux agresseurs israéliens et aux forces impérialistes qui étaient derrière eux » — attaque non déguisée contre nous. A mon avis, le Kremlin jouait la carte de la crise jordanienne comme il avait joué celle du cessez-le-feu. Il émettait des déclarations officielles fracassantes, mais ne faisait rien de constructif pour enrayer l'acheminement vers une crise. En informant la Jordanie qu'elle nous considérait comme un ennemi des Arabes, l'Union soviétique s'en prenait au fondement même de la politique traditionnelle de la Jordanie. Envoyer le texte de cette démarche au ministère des Affaires étrangères américain sans essayer d'en adoucir le ton était en soi une provocation ; de toute évidence, Moscou ne croyait pas encore courir un risque sérieux.

Le W.S.A.G. se réunit à nouveau dans l'après-midi du 10 septembre. Entretemps, les Palestiniens avaient modifié leurs exigences, en partie à cause de l'unité du front que nous avions fini par former. Britanniques, Suisses et Allemands avaient accepté de remettre les feddayin détenus dans leurs pays, uniquement si *tous* les otages étaient relâchés. Les Palestiniens proposèrent alors d'échanger toutes les femmes, les enfants et les passagers malades contre les feddayin détenus en Europe ; *tous* les hommes seraient échangés contre *tous* les feddayin détenus par Israël.

Nous accélérâmes notre plan d'intervention. Quand les ministères ont compris que la Maison Blanche ne plaisante pas, ils se découvrent des possibilités d'action insoupçonnées tant qu'ils croient le risque minime. Au cours de la réunion du W.S.A.G. du 10 septembre, l'amiral Moorer fit savoir que les mesures d'alerte, déjà prises, avaient réduit le temps de réaction de nos forces en Europe presque de moitié. Il avait trouvé deux sous-marins à envoyer en Méditerranée pour repérer la flotte soviétique. Une manœuvre amphibie au large de la Crète devait prendre fin le 14 septembre ; les forces qui la composaient comprenaient un groupe de débarquement de « Marines » susceptibles de croiser au large des côtes du Liban si la crise continuait. Je demandai à l'État-Major interarmes d'étudier si et comment les États-Unis pouvaient soutenir des opérations militaires en Jordanie au cas où le Président continuerait à donner la préférence à une action américaine unilatérale. Je savais que le groupe était opposé à cette solution, mais je ne voulais pas courir le risque de me trouver, si le Président donnait l'ordre d'attaquer, dans la situation « de ne savoir que faire »... Selon Helms, Hussein allait probablement chercher à éviter un affrontement avec les feddayin, de crainte d'une intervention de la Syrie ou de l'Irak. Je n'étais pas d'accord avec lui : « Ce serait la fin pour lui. Il n'a aucun moyen de reprendre les rênes sans combattre. » Pour moi, une confrontation était inévitable même si une nouvelle trêve était conclue avec les feddayin. Les événements allaient se charger d'apporter assez vite une réponse. Nous avions fait notre possible pour affronter la tempête imminente.

Le 11 septembre, les mesures d'alerte des deux jours précédents commencèrent à porter leurs fruits. Les bruits sur les mouvements de notre flotte furent transformés à Amman, par la rumeur publique, en intervention américaine imminente.

Rochat, le représentant de la Croix-Rouge, fit savoir qu'une « tension fantastique » régnait au Quartier Général des feddayin, et qu'il fallait s'attendre de leur part à une riposte montrant qu'ils ne se laissaient pas intimider. Des explosifs avaient été placés à bord de tous les appareils, mais les passagers avaient été évacués. On se rendit compte, à la fin de la journée, que notre menace n'avait pas été sans effet, lorsque les feddayin libérèrent soudain un groupe de quatre-vingt-huit otages, dont quelques Américains, mais aucune personne ayant une double nationalité.

Ce qui nous distinguait, Rogers et moi, dans la façon de réagir à une crise apparut clairement ce jour-là. Pour Rogers, il était souhaitable de rassurer nos adversaires anxieux en déclarant que nous ne leur voulions aucun mal. J'étais de l'avis contraire ; une fois la confrontation engagée, se montrer implacable est la conduite la meilleure et la plus sûre. Pour Rogers, détendre l'atmosphère aiderait à résoudre le problème ; pour moi, c'était le risque de voir la situation dégénérer qui pousserait à un accord rapide. Rogers fit alors aux chefs de file du Congrès un exposé reprenant les arguments qu'il avait utilisés trois jours auparavant avec le Président. Nous avions envisagé toutes les actions militaires possibles pour porter secours aux otages et avions conclu qu'aucune n'était valable. Tout l'impact des mouvements militaires mis au point pour créer exactement l'impression opposée était ainsi annulé. Par chance, les Palestiniens croyaient en nos actions et non à nos déclarations ; ils prirent probablement l'exposé au Congrès pour une ruse.

Ce matin-là, le Président, Laird, Rogers et moi-même étions réunis avec les chefs de file du Congrès dans le Bureau ovale lorsque je fus soudain appelé en pleine réunion par un Sisco frénétique. Il apportait un rapport affirmant qu'en réponse aux mouvements d'intimidation de la Sixième Flotte, les Palestiniens menaçaient de tuer le reste des otages. Nous terminâmes la réunion aussi vite que possible sans créer de panique. Le Président demanda à Rogers et à Laird de rester et invita Sisco à nous rejoindre. Sisco et Rogers voulaient à tout prix une déclaration annonçant que nous renoncions à toute action militaire américaine. J'étais contre. Rassurer les feddayin ne ferait que récompenser des menaces exorbitantes, renforcer leur position de marchandage, et créer un problème encore plus difficile par la suite si nous devions agir de toute urgence. Au lieu de cela, je préconisai l'envoi d'une note aux gouvernements arabes soulignant que le meurtre des otages aurait de graves conséquences. Nixon m'appuya.

Je rédigeai donc une déclaration soigneusement ambiguë qui devait être lue par Ron Ziegler, attirant simplement l'attention sur une déclaration de la Croix-Rouge selon laquelle aucune action militaire n'était « envisagée ». Cela pouvait vouloir dire n'importe quoi. Sisco et moi-même rédigeâmes également une note de mise en garde à l'attention des gouvernements arabes à propos des otages. Bien que le message ait été ordonné par le Président et son texte approuvé par lui, les spécialistes du monde arabe au ministère des Affaires étrangères intervinrent au dernier moment, prétendant que ces menaces allaient déclencher chez les Arabes inflammables une réaction contraire à celle que nous recherchions. Je n'insistai pas et pressai le Président de laisser tomber l'affaire. Ce n'était pas le moment de se quereller à propos d'un télégramme. Les décisions seraient déterminées par les actes et non par les mots.

Avec l'approbation du Président, j'enjoignis à l'amiral Moorer de faire en sorte que la Sixième Flotte n'observe pas un silence radio trop strict. Les Soviétiques connaîtraient ainsi rapidement les mouvements de notre flotte ; et cet avertissement serait beaucoup plus sérieux qu'une note diplomatique. Le 12 septembre, les Palestiniens firent exploser les trois avions vides, ce qui eut un effet spectaculaire sur l'opinion publique, et continuèrent à retenir les otages prisonniers à Amman dans des lieux inconnus. Nixon et moi reprîmes nos plans d'intervention. Je rappelai au Président le consensus des services au sein du W.S.A.G. : utiliser les forces terrestres américaines pour évacuer nos ressortissants, mais, en cas d'un affrontement entre le roi et les feddayin soutenus par les forces irakiennes, laisser Israël soutenir le poids de l'attaque. Le Président ne voulait toujours pas entendre parler d'une intervention israélienne ; il fallait engager les forces terrestres américaines dans les deux cas. Ce problème n'exigeait pas de décision immédiate. Mais la préférence de Nixon eut pour conséquence pratique que je pressai le W.S.A.G. d'acheminer plus de forces américaines dans la région et plus rapidement que nous ne l'aurions peut-être fait sans cela.

Le 13 et 14 septembre, il devint évident, ce qui ne laissait pas de nous inquiéter considérablement, que les Allemands, et probablement les Britanniques, étaient sur le point de rompre le front unitaire de négociation et de traiter séparément la libération de leurs ressortissants. Cette crainte était étayée par une déclaration palestinienne spécifiant que les otages américains seraient traités comme des Israéliens. Des bateaux de guerre soviétiques commençaient à filer notre Sixième Flotte au large de la côte libanaise ; mais le rapport des forces navales en Méditerranée était en notre faveur et notre avantage s'accentuait de jour en jour. Nous n'avions eu aucun contact diplomatique avec l'Union soviétique depuis le 9 septembre. Le Kremlin était probablement persuadé que le mieux à faire était d'observer en coulisse la désintégration du royaume de Jordanie et la déconfiture croissante des États-Unis.

Ce calcul se révéla faux. Dans toute crise, il arrive un moment où l'une des parties doit décider si elle s'en tient à son acquit ou si elle risque davantage. Si, vers le 10 septembre, l'Union soviétique avait demandé la libération des otages et un cessez-le-feu, l'avantage des feddayin aurait été écrasant et l'autorité du roi en eût été gravement affaiblie. L'instabilité en Jordanie serait venue s'ajouter à l'insécurité le long du canal de Suez ; le prestige soviétique aurait été prouvé et renforcé. Mais, en ayant les dents trop longues — en se refusant à ramener leurs clients à de meilleurs sentiments —, les Soviétiques nous donnèrent la possibilité de rétablir la situation avant que l'équilibre des forces n'ait été fondamentalement modifié.

A la fin de la deuxième semaine de septembre, les Palestiniens avaient détruit les quatre avions mais n'avaient obtenu aucune concession fondamentale ni des États-Unis ni d'Israël. Notre ton était devenu de plus en plus ferme ; et surtout, l'importance de nos forces militaires dans la région augmentait presque d'heure en heure. A ce moment-là, soit grâce au coup de fouet psychologique que lui avait donné notre réaction, soit par désespoir, le petit roi coriace se résolut à une confrontation totale avec les feddayin. Attendu par certains, redouté par d'autres, l'affrontement, finalement, était là.

Affrontement avec les guérillas

Tard dans la journée du 15 septembre, Dean Brown, notre ambassadeur à peine arrivé en Jordanie, envoya un télégramme urgent d'Amman disant qu'Hussein avait décidé de rétablir la loi et l'ordre dans sa capitale. Après avoir encerclé la ville de soldats loyalistes de l'armée royale, le roi annonçait la formation d'un gouvernement militaire au début du 16 septembre. Il ne hâterait pas les choses, mais si les feddayin résistaient, il était prêt à avoir recours à n'importe quelle force dont il aurait besoin pour asseoir son autorité. Hussein demanda instamment aux États-Unis d'user de leur influence pour empêcher Israël de compliquer ou d'aggraver la situation. Le roi précisait également qu'il pourrait avoir besoin d'aide si d'autres États arabes intervenaient. Dean Brown ajouta son analyse de la situation : on était plus près que jamais d'un affrontement. Le roi pouvait bluffer ; il pouvait aussi être en train d'entamer une négociation complexe dans le but d'arriver à un compromis. Brown ne croyait pas à une intervention de l'Irak ou de la Syrie. J'étais convaincu du contraire : à mon avis, l'affrontement était inévitable. Les événements du lendemain allaient nous dire ce qu'il en était.

Le télégramme de Brown arriva pendant que j'étais dans l'hélicoptère qui m'emmenait à Airlie House en Virginie, l'une des anciennes propriétés privées de la côte Est léguée à une institution philanthropique et universitaire. Melvin Laird recevait là les honneurs qui lui étaient conférés pour services rendus à la Santé publique alors qu'il était membre de la Chambre des représentants. Laird avait réuni ses collaborateurs et amis, c'est-à-dire tous les gens importants de Washington ; tout le W.S.A.G. était présent en cravate noire : Packard, Moorer, Helms, Sisco et moi-même. Le dîner allait commencer lorsqu'un appel téléphonique de Al Haig m'informa du message de Dean Brown. Peu après, à 21 heures environ, nouveau coup de téléphone. Haig m'apprit que Sir Denis Greenhill, le chef permanent du Foreign Office britannique, avait essayé de me joindre. En mon absence il avait informé Haig que, selon le gouvernement de Sa Majesté, une bataille rangée entre armée jordanienne et feddayin semblait inévitable. Au nom du Premier Ministre, Edward Heath, il voulait savoir quelles étaient nos intentions, particulièrement si le roi se trouvait en difficulté. Et quelle serait notre attitude face à une intervention israélienne ? Le Premier Ministre aimerait peut-être parler au Président personnellement un peu plus tard dans la soirée. C'était un bon exemple des « relations privilégiées » existant entre la Grande-Bretagne et les États-Unis, qui permettaient un échange d'idées au plus haut niveau en dehors des voies officielles sans cérémonie ni protocole. C'était, de plus, un signal d'alarme dont il était impossible de ne pas tenir compte. Le message de Brown avait laissé place au doute, mais Heath n'aurait pas eu envie de téléphoner à

Nixon si la Grande-Bretagne n'avait pas jugé la situation grave. Si le Président devait parler au Premier Ministre, il fallait mettre nos idées en ordre. Après avoir consulté Laird, Packard et Sisco, je réunis les membres du W.S.A.G. et nous rentrâmes à Washington en hélicoptère.

Le W.S.A.G. se réunit de 22 h 30 à minuit dans la Salle opérationnelle à la Maison Blanche, et la réunion se poursuivit ensuite au premier, dans mon bureau. Très élégants, toujours en smoking, nous passâmes en revue les différentes éventualités : déclenchement de la guerre entre le roi et les feddayin ; intervention irakienne (pour Dieu sait quelles raisons, personne à Amman ni à Washington ne prévoyait d'intervention syrienne) ; intervention armée des États-Unis au moins pour évacuer ses ressortissants. La réunion confirma les jugements de la semaine précédente. Le roi allait probablement battre les feddayin. Il était presque certain qu'Israël interviendrait si les feddayin semblaient prendre le dessus ; et cela se produirait certainement si l'Irak bougeait. Si Israël agissait, tout le monde fut d'accord pour que les États-Unis se tiennent à l'écart mais bloquent les représailles soviétiques contre Israël. Pour marquer notre soutien, une aide matérielle devait être offerte immédiatement au roi. Quoi qu'il arrive, notre promptitude à agir devait être intensifiée.

Vers minuit, le 15 septembre, j'appelai Greenhill par un téléphone de sécurité *, appareil dont les communications sont censées ne pouvoir être interceptées, mais qui rend la conversation presque inintelligible pour les correspondants, ce qui oblige à hurler, de telle sorte que tout le monde nous entend à la ronde. Je dis à Greenhill que nous attachions la plus grande importance à la survie de Hussein. Le Président n'avait pas encore pris de décision définitive mais en dernier ressort l'intervention militaire américaine n'était pas exclue.

Je contribuai à former l'unanimité au sein du W.S.A.G. Je considérais comme essentiel de préserver l'autorité de Hussein ; il était important de montrer que l'amitié avec l'Ouest et une politique extérieure modérée seraient récompensées par un soutien américain efficace. Il fallait stopper la radicalisation progressive du Moyen-Orient, qui avait été accélérée par l'envoi de troupes et de missiles soviétiques en Égypte. Il fallait montrer que la technique de Nasser consistant à faire chanter les États-Unis en les menaçant de s'adresser aux Soviétiques était vouée à l'échec.

A mon avis, notre rôle le plus efficace consistait à augmenter rapidement et de façon menaçante nos forces en Méditerranée pour décourager l'intervention des régimes extrémistes arabes en Jordanie, à apporter un soutien psychologique au roi et à contrer toute riposte soviétique (y compris, si nécessaire, par une intervention militaire). La concentration de notre puissance militaire en Méditerranée et l'ambiguïté de nos déclarations devaient servir à affermir la position de Hussein, décourager ses adversaires, et faire hésiter les Soviétiques.

* Les téléphones verts de sécurité, dans tous les bureaux du gouvernement des États-Unis, portaient généralement dans des plaques rouges circulaires l'inscription « téléphone de sécurité ». Le mien portait en mauvais allemand « Sichern Telefon », mention due à ce que les membres de mon équipe appelaient de l'humour.

En conséquence, le lendemain matin, 16 septembre, après une nouvelle et brève réunion du W.S.A.G. pour passer les ordres en revue, j'adressai des directives aux ministères demandant des plans militaires et diplomatiques détaillés pour faire face aux éventualités suivantes : l'approvisionnement en matériel des forces jordaniennes ; l'intervention armée des États-Unis pour l'évacuation des ressortissants ; les attaques aériennes ou terrestres américaines pour soutenir Hussein en cas d'intervention extérieure (la solution préférée du Président) ; l'approbation des Américains aux attaques israéliennes aériennes ou au sol (solution préférée du W.S.A.G.). Je demandai également que les plans existant pour « dissuader toute intervention soviétique » soient adaptés à l'évolution de la situation. Tous ces plans d'action et les scénarios y afférant devaient avoir été revus avant midi, le 18 septembre.

Ce matin-là, j'envoyai également au Président un compte rendu présentant les conclusions du W.S.A.G., réuni la nuit précédente. Sa réaction fut véhémente et totalement inattendue. Il avait sa campagne électorale en tête et espérait encore une réunion au sommet à Moscou. Il demanda si une réunion d'urgence du W.S.A.G. était bien nécessaire et couvrit mon compte rendu de commentaires irrités griffonnés à la hâte. Il écrivit qu'il préférait qu'il n'y ait pas de confrontation. Si c'était inévitable, il voulait utiliser les forces américaines ; il s'opposait à toute action militaire israélienne qu'il n'aurait pas approuvée à l'avance, ce qui sous-entendait qu'il ne le ferait jamais. Je n'étais pas surpris qu'il préfère une démonstration directe et unilatérale de la puissance américaine ; cela avait toujours été son idée. J'étais convaincu qu'après en avoir étudié les implications et les ressources dont nous disposions, il reviendrait sur sa décision. Nous n'avions pas le temps de discuter, Nixon devant partir aussitôt en voyage électoral à Kansas City, à l'Université d'État du Kansas et à Chicago.

Le 16 septembre fut un jour calme. Sisco et moi-même prîmes l'avion pour une brève conférence de presse en petit comité avec les rédacteurs en chef et les journalistes du Midwest. Comme prévu, le roi annonça la formation d'un gouvernement militaire mais n'engagea aucune action militaire à Amman. Cependant il laissa entendre à Dean Brown qu'il craignait de voir la Syrie, et non l'Irak, intervenir. Le télégramme de Brown ne prenait pas cette éventualité au sérieux ; personne d'autre, au gouvernement, n'y croyait ; ce qui nous préoccupait, c'était toujours l'Irak avec ses 17 000 soldats déjà stationnés en Jordanie. En ce qui concernait les détournements d'avions, nous nous battions pour maintenir un ont unitaire des puissances européennes, résistant aux sollicitations des Européens qui voulaient traiter séparément avec les Palestiniens pour leurs propres ressortissants.

Le 17 septembre, ces discussions devinrent en grande partie théoriques car Hussein donna audacieusement l'ordre à son armée de pénétrer dans Amman. Une bataille d'une grande ampleur éclata, s'étendant également au nord de la Jordanie autour de la concentration palestinienne de la ville d'Irbid (voir la carte VI). Je réunis le W.S.A.G. deux fois dans la journée. Brown reçut pour instructions d'informer Hussein que les États-Unis considéraient favorablement ses efforts et de transmettre immédiatement toute demande d'aide matérielle.

Brown fut personnellement averti qu'un soutien militaire américain contre une intervention extérieure n'était pas exclu. Notre chargé d'affaires en Israël reçut pour instructions de demander à Israël son analyse de la situation (de toute façon, Nixon devait rencontrer Golda Meir le 18). Nous restâmes en contact étroit avec la Grande-Bretagne par de fréquentes conversations téléphoniques avec Greenhill, et nous fîmes part de notre point de vue au Shah, dont le soutien dans toute crise du Moyen-Orient était vital.

Mais nous décidâmes de ne pas entrer en communication avec l'Union soviétique. Je dis au W.S.A.G. que nous avions trop parlé à Moscou sans recevoir de réponse satisfaisante. « Laissons-les venir », et je fis la même remarque lors d'une conversation avec Nixon au cours de laquelle il approuva les recommandations du W.S.A.G. « Je pense que nous devons nous montrer énigmatiques et ne rien dire. Ils se rendront bien compte tout seuls (de nos mouvements de troupes). »

Maintenant que la guerre civile avait éclaté en Jordanie, il était capital qu'un rapide déploiement de forces des États-Unis vienne décourager toute tentative. Le porte-avions *Saratoga*, qui stationnait au large de Malte, reçut l'ordre de rejoindre l'*Independence* près de la côte libanaise, accompagné d'un croiseur et de douze torpilleurs. Un troisième porte-avions, le *John F. Kennedy*, fut envoyé à la Sixième Flotte ; il lui fallait neuf jours pour y arriver de Porto Rico, mais son mouvement allait être repéré rapidement par les services de renseignements soviétiques. Les forces amphibies, comprenant 1 200 Marines qui venaient de terminer des manœuvres au large de la Crète, reçurent l'ordre de rester stationnées trente-six heures au large de la côte libanaise. Elles devaient être rejointes par le croiseur *Springfield*. Le porte-hélicoptères *Guam* et son groupe opérationnel s'apprêtaient à embarquer un autre groupe de Marines à Camp Lejeune. Ils reçurent l'ordre d'activer leur progression vers la Méditerranée.

Je discutai longuement de tout cela avec Nixon qui se trouvait alors à Chicago. Il approuva avec enthousiasme ce déploiement de forces qui flattait son côté romantique : « Rien ne vaut en réalité une petite confrontation de temps en temps, un peu d'excitation. » On ne put le dissuader qu'à grand-peine d'annoncer publiquement tous les mouvements de troupes, ce qui aurait créé une trop grande atmosphère de crise et nous aurait obligés à des déclarations rassurantes, amoindrissant l'effet de nos déploiements de forces. En fin de journée, Nixon avait changé d'avis : le mieux était de ne lancer aucun avertissement, de continuer à déployer nos forces et de traiter les Soviétiques avec un froid détachement.

Il pouvait se permettre ce geste car il avait fait les gros titres de l'édition du *Chicago Sun Times* publiée après la réunion en petit comité qu'il avait eue ce matin-là avec les rédacteurs en chef du journal. J'avais recommandé à Haldeman de veiller à ce que la discussion reste assez générale et assez imprécise, mais la définition élastique que la Maison Blanche donnait à ce terme était imprévisible, particulièrement pendant une année d'élections. Lorsque la réunion commença, Nixon venait d'apprendre que la guerre civile avait éclaté en Jordanie. Bien que d'habitude il sache parfaitement se dominer, il lui arrivait parfois, sous le coup de l'émotion, dans des moments de grande tension, de se laisser aller. Remonté par les nouvelles et les mouvements de troupes qu'il venait d'approuver, Nixon se mit à dire aux rédacteurs en chef interloqués que si l'Irak ou la Syrie intervenaient en Jordanie, seuls les Israéliens ou les États-Unis pourraient les arrêter et qu'il préférait que ce soient les États-Unis. (C'était aussi sa façon à lui de me faire entendre ce qu'il ne voulait pas me dire.) Enivré par l'atmosphère de la réunion, Nixon continua, disant qu'il allait faire chèrement payer aux Russes le fait d'avoir imprudemment installé leurs missiles jusque sur les bords du canal de Suez. « Nous interviendrons si la situation est telle que notre intervention fasse pencher la balance. » Il ne fallait pas s'attendre que des nouvelles aussi sensationnelles ne soient pas divulguées. Le *Chicago Sun Times* cita intégralement ses paroles dans son édition du matin. Bien qu'elles aient été supprimées lorsque Ziegler eut insisté pour que la règle de la non-divulgation soit respectée, cela ne fit qu'accroître son impact sur la politique extérieure *.

Bien que Nixon ait été plutôt contrit après l'événement, je pensai que, dans l'ensemble, sa déclaration allait nous aider. Lorsque je fus informé de l'incident par le chef des Services d'information et de relations culturelles, Frank Shakespeare, je répondis que cela n'était pas pour me peiner : nos bureaucrates verraient que mon insistance à obtenir un renforcement de nos forces en Méditerranée traduisait bien le point de vue du Président et non mes préférences personnelles. Lorsque j'eus convaincu Rogers que je n'avais pas incité Nixon à faire ces déclarations, l'incident eut pour effet une brève amélioration dans nos relations.

Quant aux pays qui nous préoccupaient le plus, l'Union soviétique et les États arabes extrémistes, l'impact de la déclaration de Nixon ne pouvait être que bénéfique et leur prouver que nous ne bluffions pas. Dans l'après-midi, j'informai le Président que les troupes irakiennes restaient l'arme au pied tandis que l'armée jordanienne écrasait les forces feddayin les plus proches. Les événements de la journée, y compris les déclarations du Président, étaient de nature à conforter la résolution de notre brave ami, le roi de Jordanie.

Le vendredi 18 septembre, le sabbat musulman vit l'armée jordanienne reprendre systématiquement le contrôle d'Amman, quoique plus lentement. Elle se heurta à une dure résistance des feddayin, dans le nord également où les Palestiniens proclamèrent en fait la création d'une « zone libérée ». La Syrie, à 16 kilomètres de là, réagit en émettant des bruits menaçants. L'armée irakienne restait inactive ; et, même là où il y avait un risque, elle reculait pour se placer hors de portée. Nasser ne bougea pas.

Dans la journée, Nixon reçut Golda Meir à la Maison Blanche. La plus grande partie de leur entretien porta sur les demandes d'aide israéliennes et les violations de cessez-le-feu soviético-égyptiennes le long du canal de Suez. Ces deux chefs d'État étaient convaincus que le roi allait l'emporter et que la crise touchait presque à sa fin. Nixon déclara qu'il espérait qu'Israël ne prendrait aucune décision hâtive. Le Premier Ministre assura Nixon que l'État d'Israël n'agirait pas sans en informer les États-Unis et que, d'ailleurs, il n'y avait pas de raison de bouger.

* On s'aperçut que cela n'avait pas tellement troublé Nixon, qui, plus tard, félicita l'auteur de l'article, Peter Lisagor, pour la façon intelligente et prudente dont il avait rapporté ses déclarations [1].

Ce fut également un jour d'intense spéculation journalistique sur le sens à donner aux propos du Président à Chicago. Les journalistes d'opposition lancèrent un avertissement tumultueux exposant ce qui nous attendait si nous appliquions la stratégie préconisée par le Président, c'est-à-dire une initiative américaine unilatérale. L'honorable sénateur de Georgie, Richard Russel, président de la Commission budgétaire de la Chambre des représentants, membre influent de la Commission des forces armées et fervent partisan d'une politique de fermeté, téléphona à Rogers pour lui dire qu'il était absolument opposé à l'engagement de toute force américaine au Moyen-Orient.

Le 18 septembre, il apparut que Moscou nous avait entendus. Vorontsov, le chargé d'Affaires soviétique, appela le vice-ministre des Affaires étrangères adjoint Rodger Davies pour transmettre un message de son gouvernement. C'en était fini de l'indifférence condescendante avec laquelle Moscou avait répondu à l'accusation de violation du cessez-le-feu le long du canal de Suez ; il n'était plus question de propos incendiaires sur les dangers de l'impérialisme au nom desquels Moscou avait lancé un appel au calme aux parties en présence une semaine auparavant. Cette fois, les Russes exprimaient leur inquiétude face à la situation de plus en plus « complexe » au Moyen-Orient ; aucun reproche n'était formulé. Moscou exprimait « l'espoir » que les États-Unis partageaient son point de vue, à savoir que tous les États, « même ceux qui ne se situent pas dans la région », devaient faire preuve de prudence. Il « souhaitait », en outre, que les États-Unis usent de leur influence auprès d'Israël dans ce sens. Pour sa part, l'Union soviétique avait demandé aux gouvernements de la Jordanie, de l'Irak, de la Syrie et de l'Égypte de mettre fin à la guerre civile jordanienne. « Nous cherchons également le moyen de faire connaître aux dirigeants du mouvement palestinien notre point de vue » — nous informant ainsi (ce qui était probablement vrai) que Moscou avait perdu tout contact avec les feddayin et se dissociait de leurs actions, particulièrement au sujet des otages.

Ce message ne contenait aucune des « mises en garde » habituelles sur les conséquences néfastes de telle ou telle action qui est une des caractéristiques de la diplomatie soviétique quand le risque de la voir mise en pratique est faible ou quand l'équilibre des forces est favorable. Aucune accusation de collusion américaine avec le roi non plus ; le ton était plutôt plaintif, renouvelant l'assurance que le gouvernement soviétique, « comme avant », était en faveur d'un règlement de la crise au Moyen-Orient sur la base de la résolution du Conseil de Sécurité. Le ton de l'Agence Tass était similaire, mettant en garde contre une intervention en des termes dont l'ambiguïté ne dut pas échapper à l'attention des clients du Kremlin au Moyen-Orient.

Tout cela corroborait l'analyse faite par Hal Sonnenfeldt, un de mes collaborateurs, qui, essayant de prévoir quelles seraient les réactions soviétiques à nos déploiements de troupes et à notre attitude, écrivait :

> « Les Russes ne vont pas être très contents de voir la puissance militaire des États-Unis utilisée dans cette région, de quelque façon que ce soit. Ils vont devoir la dénoncer, nous harceler (y compris par des coups fourrés et

des passages d'appareils de reconnaissance, à partir de la République arabe unie (R.A.U.), au-desssus de la Sixième Flotte) et de façon générale s'opposer à nous. Ce qui va le plus les inquiéter, c'est le précédent créé et la démonstration que nous pouvons utiliser nos forces aériennes. Notre présence navale jettera une ombre sur leurs calculs pour déterminer jusqu'où nous irions dans notre aide à Israël plus tard, lors d'une nouvelle crise. Et notre position sur la scène internationale en général. (Tout ceci peut être excellent pour nous si nos opérations sont couronnées de succès et perçues comme telles.) »

Notre conviction que les Soviétiques cherchaient un moyen de s'en sortir fut confirmée lors d'une conversation entre le vice-ministre des Affaires étrangères, Vassili Kouznetsov, et notre ambassadeur Beam, le 19 septembre, jour où l'armée jordanienne continua sa lente mais indéniable progression contre les feddayin. Kouznetsov exprima à nouveau « l'espoir » que nous n'ayons pas l'intention d'intervenir en Jordanie, car cela pourrait créer « des difficultés » pour toutes les nations ayant des intérêts dans la région. Il demanda dans quel but on renforçait la Sixième Flotte. Beam répondit qu'il n'était pas au courant de nos déploiements militaires, ce qui était vrai et donnait la réponse la plus susceptible d'entretenir l'inquiétude soviétique.

La meilleure stratégie, me semblait-il, n'était pas de les rassurer mais d'en arriver à une situation où les Soviétiques ne pourraient calmer leurs inquiétudes qu'en intervenant auprès de leurs amis extrémistes pour arrêter définitivement la crise. C'est pourquoi je demandai qu'on ne leur réponde pas pour l'instant. Les Soviétiques nous avaient bien fait attendre dix jours avant de répondre à notre note au sujet des violations du cessez-le-feu. Le silence était le meilleur moyen terme entre une attitude conciliante (et défaitiste) et l'intransigeance qui pourrait passer pour de la provocation.

D'une façon générale, je pensais que nous approchions de la fin de la crise et que notre crédibilité était en grande partie rétablie. Le 19 septembre, dans la soirée, j'appelai Nixon à Camp David pour lui faire part du message soviétique et lui dis que selon moi, c'était le signe d'une retraite imminente. Nixon, toujours réticent à croire les bonnes nouvelles, émit des doutes : chaque fois que les Soviétiques sont conciliants, dit-il, c'est de mauvais augure. La suite des événements montra qu'il avait raison.

Le matin du dimanche 20 septembre, les chars syriens envahissaient la Jordanie.

L'invasion syrienne

Lorsque les événements se précipitent, ceux qui se trouvent au centre des responsabilités sont submergés de rapports d'hypothèses, de renseignements, d'espoir et d'inquiétude. Il faut d'abord les purger de leurs préjugés. Il est rare qu'il en émerge une image cohérente de la situation ; dans un certain sens, la cohérence doit être imposée aux faits par celui qui prend les décisions, qui relève le défi et en tire avantage en estimant correctement à la fois les circonstances et sa marge d'action. En temps de crise, cette faculté n'est pas sans rapport avec l'agilité d'un athlète ; les décisions doivent être prises rapidement ; l'endurance physique est mise à l'épreuve autant que la perspicacité car un temps considérable est nécessaire pour s'assurer que les personnages clés, à l'intérieur comme à l'extérieur, agissent sur la base des mêmes informations et dans le même but. Quels que soient les passe-temps auxquels s'amusent les bureaux en temps normal, en temps de crise, je m'assurai que chaque ministère recevait les mêmes informations et que tous les responsables et leurs principaux collaborateurs s'appliquaient à travailler au même but.

Trier les faits majeurs dans l'amas de rapports fut particulièrement difficile lors de la crise jordanienne. Après que les troupes du roi eurent pénétré dans Amman, notre ambassade fut coupée du palais ; de temps en temps, le roi et Rifai joignaient notre ambassadeur au téléphone. La radio marchait sporadiquement entre l'ambassade et le palais, mais la transmission était en clair et risquait d'être interceptée ; on ne pouvait donc pas s'y fier. Nous avions la chance d'avoir Dean Brown sur place, l'un de nos diplomates les plus capables, les plus courageux et les mieux informés. De temps en temps, il partait à la recherche du roi et de Rifai dans une auto blindée, ce qui n'était pas des plus rapides. Les Britanniques avaient plus de chance, leur ambassade était proche du palais ; ainsi, de temps à autre, le roi nous envoyait un message par l'intermédiaire de Londres. La transmission en était retardée car le gouvernement britannique ajoutait ses propres commentaires, ce que l'on peut comprendre, et craignait que nous agissions précipitamment. Londres se trompait, mais il était bon qu'on y eût cette impression, car, si Londres informait les autres capitales que la situation allait devenir incontrôlable, l'effet dissuasif serait excellent. Du moins le pensait-on à la Maison Blanche. Londres, délicatement, s'abstint d'exprimer ses doutes, mais laissa entendre qu'on y aurait souhaité un rythme plus modéré.

Le samedi 19 septembre, nous avions reçu les premiers rapports indiquant que les chars syriens avaient pris position à environ deux cent cinquante mètres à l'intérieur de la Jordanie. Mais comme le rapport provenait d'un fonctionnaire britannique du Caire et que Londres n'avait pas cru bon de nous en informer directement, nous pensâmes que le gouvernement britannique n'y attachait pas une trop grande importance. Nous non plus. Malgré toutes les difficultés dans les communications, nous croyions qu'Hussein, s'il avait été profondément inquiet, aurait trouvé un moyen de nous le faire savoir.

Il n'y eut plus aucun doute, néanmoins, sur ce qui se passait le dimanche 20 septembre. A environ 6 heures, heure de Washington, le roi et Rifai rendirent compte, par téléphone et séparément, à Brown de deux incursions importantes de blindés syriens à Ramtha. Les Jordaniens avaient mis trente blindés syriens hors de combat, et les avaient repoussés. Hussein demanda l'aide des Américains sans préciser laquelle. A midi et demi, heure de Washington, Rifai précisa ce qu'ils voulaient. Il demanda au nom du roi que les Américains aillent reconnaître si les

Syriens amenaient des forces supplémentaires. A peu près à la même heure, deux autres brigades blindées syriennes pénétraient en Jordanie et attaquaient sur un large front ; ce qui ne devait être confirmé que tard dans l'après-midi.

Je ne doutais pas qu'il faille répondre. Si nous n'agissions pas, la crise du Moyen-Orient allait s'aggraver, les extrémistes et leurs conseillers soviétiques prenant l'initiative. Si nous réussissions, cela donnerait aux Arabes modérés un ballon d'oxygène. Dans l'ensemble, j'étais optimiste. L'équilibre des forces était en notre faveur à la fois localement et généralement. Je déclarai au Président, un peu plus tard ce soir-là, que « ou les Soviétiques étaient incompétents, ou ils envisageaient un affrontement. S'ils sont incompétents, nous aurons une victoire facile ». Je n'avais pas besoin d'ajouter que s'ils avaient décidé d'en venir à un affrontement, nous n'avions de toutes façons pas le choix.

Après une consultation entre Rogers, Sisco et moi-même, un certain nombre de mesures furent prises immédiatement. Sisco et moi rédigeâmes ensemble une déclaration qui fut publiée au nom de Rogers, exigeant en termes péremptoires le retrait immédiat des forces syriennes et mettant en garde contre les dangers d'un élargissement du conflit. Dans l'après-midi, Sisco demanda à Vorontsov de venir et il lui tendit un message cinglant. Présenté comme une réponse au message soviétique du 18 septembre, la partie capitale de notre note disait ceci :

> « Actuellement, la situation devient de plus en plus grave et dangereuse en raison de l'intervention en territoire jordanien d'unités blindées syriennes et de la concentration d'autres forces offensives en Syrie le long de la rive du Jourdain. Le gouvernement des États-Unis a condamné cette intervention en Jordanie et a demandé le retrait immédiat des forces d'invasion. Cette action intolérable et irresponsable de la Syrie, si elle n'est pas immédiatement stoppée et annulée, pourrait conduire à un élargissement du conflit actuel. Le gouvernement des États-Unis demande au gouvernement soviétique de faire clairement comprendre au gouvernement syrien les graves dangers que présente son action en cours et la nécessité à la fois d'un retrait sans délai de ces forces du territoire jordanien et d'un renoncement à toute intervention ultérieure en Jordanie. Le gouvernement soviétique ne peut ignorer les conséquences graves qu'entraînerait un élargissement du conflit. Pour sa part, le gouvernement des États-Unis demande instamment à toutes les autres parties concernées de la région de faire preuve de modération. »

Dans l'après-midi du dimanche je recommandai — et le Président m'approuva, de Camp David — de faire revenir la brigade aéroportée en Allemagne à sa base d'embarquement et de quitter l'aire de manœuvres où nous l'avions autorisée à aller s'installer le 18 septembre lorsque la crise avait semblé se calmer. Le long exercice de manœuvres prévu prolongeait le temps de réaction de la brigade à dix heures ; de sa base en Allemagne, le délai d'intervention des unités en état d'alerte serait ramené à quatre heures. — On ordonna à un bataillon de se préparer à sauter en parachute. A 17 heures, nous demandâmes à notre ambassade à Bonn de mettre le gouvernement allemand au courant du mouvement de la brigade aéroportée. Nous expliquâmes que sa mise en état d'alerte était rendue nécessaire par l'éventualité d'une évacuation des Américains de Jordanie. On ordonna à la brigade d'agir vite et ouvertement sans prendre aucune précaution de sécurité ; nous voulions que les services de renseignements soviétiques s'en aperçoivent rapidement. Le gouvernement allemand allait vraisemblablement consulter les autres gouvernements européens amis au sujet de nos mouvements de troupes. Dean Brown reçut instructions de faire part à Hussein de nos déclarations publiques, de notre note aux Soviétiques et de ne pas fermer la porte à une éventuelle intervention des États-Unis.

Dans l'après-midi l'étendue de la nouvelle attaque syrienne devint claire. Nous avions continué à établir des plans d'action en partant du principe qu'il y aurait une réaction militaire soit américaine soit israélienne ; nous étions tous d'accord au gouvernement sur le fait que les deux ne devaient pas avoir lieu simultanément. Le 17 septembre j'avais informé le W.S.A.G. que le Président préférait s'opposer à une intervention irakienne ou syrienne en faisant intervenir seulement des forces américaines. J'avais demandé que chaque cas soit étudié à partir de trois critères : qui avait la meilleure raison d'agir ? Qui pouvait le mieux soutenir son action ? Qui avait la meilleure possibilité d'empêcher l'escalade ? J'avais demandé une étude très poussée en faveur d'une action américaine et une autre envisageant que nous restions à l'écart, nous contentant de bloquer les Soviétiques tandis que les Israéliens entreraient en action. Ces documents furent mis à la disposition du Président pendant la fin de semaine, mais je ne sais pas s'ils les lut.

Avant de présenter au Président un ultime plan, je demandai une réunion du W.S.A.G., pour 19 heures, le dimanche 20 septembre. Dès ce moment jusqu'à la réunion du Conseil national de sécurité le lendemain matin, la crise fut pour nous à Washington une suite ininterrompue de réunions et de coups de téléphone. Le mieux pour en comprendre l'atmosphère est de retracer les événements de la nuit heure par heure.

De 19 h 10 à 19 h 50 les principaux membres du W.S.A.G. se réunirent dans la Salle opérationnelle du rez-de-chaussée de la Maison Blanche, d'abord pour se mettre les uns les autres au courant des événements des dernières heures et revoir les plans d'intervention éventuelle. Les rapports des militaires et ceux des services de renseignements donnaient les forces en présence comme à peu près égales dans les deux camps. La majeure partie de la discussion fut une bagarre typique des bureaucrates sur des détails sans importance. Deux hôpitaux militaires de campagne démontables devaient être envoyés en réponse à la demande d'aide du roi ; la question était de savoir s'il fallait les envoyer en tant que contribution américaine ou sous une quelconque égide internationale. En passant rapidement en revue le pour et le contre d'une intervention militaire américaine notre conviction fut renforcée. C'est pour décourager une intervention soviétique dans les opérations israéliennes que nos troupes seraient le mieux employées. Pour être efficaces unilatéralement, il faudrait engager toutes nos réserves stratégiques ; nous allions risquer de nous trouver près du point de rupture en deux lieux situés très loin l'un de l'autre et démunis devant toute nouvelle éventualité.

Nos forces iraient au combat sans matériel lourd, avec la seule couverture aérienne des gros porteurs. Notre seule voie de ravitaillement terrestre passait par Israël alors que notre séparation était la raison même de notre intervention. Si nous nous trouvions en difficulté, nous allions devoir appeler Israël à l'aide ; bref, si la situation en Jordanie ne pouvait plus être maîtrisée, on ne pourrait y porter remède que par une intervention massive contre la Syrie, pour laquelle les forces armées israéliennes étaient les mieux placées.

A 19 h 50, le Président, rentrant de Camp David, me demanda de le rejoindre à son bureau. En ce dimanche après-midi, nous n'avions cessé de nous parler par téléphone. Je lui avais répété, en reprenant les arguments du W.S.A.G., à quel point une intervention militaire unilatérale me préoccupait. Tard dans la journée, il avait changé d'avis et, juste avant la réunion du W.S.A.G., m'avait dit que si action militaire il y avait, elle ne devait *pas* venir de nous. Je lui suggérai alors de convoquer dans son bureau les membres principaux du W.S.A.G. pour leur faire part de son point de vue et donner le coup de pouce psychologique que seul peut donner un Président exerçant le commandement. Bien qu'il fût maintenant d'accord avec le W.S.A.G., j'insistai pour qu'il ne leur dise pas tout de suite, de façon que l'on passe en revue à nouveau toutes les éventualités sans que les intéressés ne soient influencés par leur désir d'aller dans le sens des vues du président. Il serait ainsi certain de récolter les avis les plus autorisés et prendrait sa décision formelle après la réunion.

Une fois cette décision prise, Nixon réagit avec une sorte de courage désespéré et sans joie, partagé entre sa perspicacité, sa connaissance de la réalité internationale, et son instinct fataliste lui disant que rien de ce qu'il entreprenait ne serait jamais couronné de succès. En cet instant, le plus difficile était d'empêcher son courage de tourner à la témérité et sa fermeté en bravade. Dans ce genre de situation, son souci n'était plus d'en tirer des avantages politiques à court terme, il faisait ce qu'il pensait être dans l'intérêt de la nation. On ne peut pas en demander plus à un Président. Beaucoup en ont fait moins.

De 20 heures à 20 h 20, Nixon s'entretint avec les patrons du W.S.A.G., Alex Johnson, Tom Moorer, Dick Helms, David Packard et Joe Sisco. Après un bref discours d'encouragement il ajouta qu'il appréciait leurs efforts à leur juste valeur. Leur tâche, expliqua-t-il, consistait à sauver le roi de toute intervention extérieure ; il attendait donc que chacun donne son avis sans s'occuper de ce que lui-même pouvait en penser. Enfin, il fit savoir que je parlerais en son nom.

A 20 h 20, animés d'un nouvel élan, les membres du W.S.A.G. quittèrent le bureau du Président et allèrent reprendre leurs délibérations en bas dans la Salle des opérations. Je restai encore dix minutes avec le Président pour revoir avec lui les différentes options et nous tombâmes d'accord. A la condition de tenir bon sans être trop tranchants, et en jouant bien le coup, nous avions toutes les chances de l'emporter.

Vers 20 h 20, précisément, Denis Greenhill me rappela sur le téléphone de sécurité ; alors que j'étais encore dans le Bureau ovale, Haig prit la communication dans la Salle des opérations. Greenhill lui transmit un message que Hussein avait remis à l'ambassadeur de Grande-Bretagne dans la matinée et il lui avait répété deux heures avant le coup de fil : devant la dégradation de la situation, Hussein demandait que des attaques aériennes soient lancées immédiatement.

A 20 h 35, je rejoignis la réunion du W.S.A.G., qui dura jusqu'à 21 h 35 environ. Le message britannique renforçait l'opinion générale. Il fallait attendre et laisser agir Israël. Nous manquions de renseignements sur les objectifs à bombarder et n'étions pas en mesure de répondre rapidement au roi avec des forces américaines. Par ailleurs, si les États-Unis voulaient contenir une éventuelle intervention soviétique, il fallait hâter nos préparatifs et notre capacité à mener des opérations aériennes, pour le cas où les Israéliens seraient plus lents à agir que prévu. Enfin le W.S.A.G. approuva les recommandations suivantes à l'adresse du Président :

- réduire encore plus le délai d'alerte de la brigade aéroportée stationnée en Allemagne ;
- mettre la 82e division aéroportée en alerte intégrale (des fuites se produiraient sans aucun doute, forçant ainsi Moscou et Damas à prendre rapidement une décision) ;
- envoyer, d'un porte-avions, un avion de reconnaissance à l'aéroport de Tel Aviv chercher des renseignements sur les cibles (ce qui sans aucun doute serait détecté par les radars soviétiques et égyptiens et indiquerait que l'intervention militaire américaine n'allait peut-être pas tarder).

Autrement dit, nous allions accentuer l'impression d'une intervention américaine ou israélienne imminente.

J'ai la conviction que dans une crise, ce qui semble « équilibré » et « sûr » est souvent ce qui est le plus risqué. Devant une escalade progressive, l'adversaire est tenté de répondre par une escalade équivalente. Un témoignage de modération a toutes les chances de passer pour une marque d'irrésolution. Rassurer l'adversaire lui donne le temps d'imaginer ce qui va suivre, en même temps qu'une bonne raison de prolonger l'attente, c'est-à-dire la période dangereuse. Un chef responsable doit choisir soigneusement et après mûre réflexion les thèmes de confrontation et se concentrer seulement sur les objectifs essentiels. Une fois engagé, et pour mettre fin très vite à l'affrontement, il doit être implacable et précipiter les événements brutalement, pour que l'adversaire n'ait plus le loisir de tâter le terrain.

Vers 21 h 27, je demandai à Sisco de se joindre à moi pour transmettre les recommandations au Président. Je tenais à ce que Sisco, par qui passaient toutes les dépêches et les télégrammes, puisse bien saisir la pensée de la Maison Blanche dans toutes ses nuances. Par la même occasion, cela tiendrait Rogers informé, qui avait préféré rester chez lui, un téléphone à portée de la main pour suivre de près les développements de la situation. En arrivant, il fallut attendre le Président, qui avait décidé d'aller jouer aux quilles. Avec l'aide d'un de ses gardes de corps, nous finîmes par le découvrir dans une allée obscure du Centre administratif. Il écouta tranquillement notre rapport tout en gardant incongrûment une boule à la main ; ce qui fut l'une des rares fois où je vis Nixon sans veste ni cravate. Quoi que nous entreprenions, il fallait réussir, déclara-t-il ; il était bien décidé à stopper l'attaque syrienne. Il convint qu'il était urgent de prendre contact avec l'ambassadeur d'Israël ; je lui promis de le faire.

Vers 22 heures, je retournai à mon bureau de la Maison Blanche et appelai Rabin. Il assistait, à New York, à un dîner en l'honneur de Golda Meir ; il fallut le faire descendre de l'estrade et l'amener dans un endroit relativement sûr — en fait, pendant la durée de notre entretien, j'entendis des bruits de conversation provenant du fond de la pièce. Je dis à Rabin que Sisco était également en ligne et lui demandai quels renseignements Israël avait sur les mouvements des troupes syriennes. Rabin répondit que, d'après les estimations israéliennes, quelque deux cents chars syriens se trouvaient dans la région d'Irbid. Je lui expliquai que l'on avait fait appel à notre aide, mais que nous ne disposions pas de renseignements. Serait-il possible que l'armée de l'air israélienne effectue quelques vols de reconnaissance au lever du jour (au moment où je posais la question, le jour allait se lever dans trois heures au Moyen-Orient) et nous en communique le résultat ? Pas stupide, Rabin demanda si nous serions favorables à une riposte aérienne d'Israël au cas où les renseignements signaleraient une avance syrienne. Je répondis que nous préférerions en décider *après* avoir analysé les résultats de ces vols de reconnaissance. Nous en étions là de notre conversation lorsque l'on me remit un nouveau message urgent du roi, qui nous était cette fois directement adressé. Je dis à Rabin que j'allais le rappeler sous peu.

Le message de Hussein avait été transmis par téléphone à notre ambassadeur deux heures auparavant. Il faisait état d'une grave détérioration de la situation à la suite d'une nouvelle invasion syrienne menée par des forces considérables (il s'agissait de l'attaque lancée par les deux brigades sur le coup de midi). Les forces jordaniennes ne parvenaient plus à maintenir le contact entre elles et Irbid était occupé. Les troupes de la capitale étaient inquiètes. Dans l'esprit du roi, pour sauver le pays, une riposte aérienne était indispensable ; il ajoutait qu'il serait peut-être amené bientôt à réclamer des troupes au sol. Inversant sa démarche précédente, il nous priait d'informer la Grande-Bretagne de la situation.

A 22 h 10, Sisco et moi téléphonâmes ensemble à Rogers de mon bureau pour lui faire part de l'entretien avec Rabin et de l'appel au secours angoissé du roi Hussein ; nous étions d'avis de conseiller au Président d'accepter une riposte aérienne israélienne. Rogers convint que nous n'avions pas le choix.

A 22 h 12 (nous commencions à connaître le chemin), retour au jeu de quilles (que je n'ai jamais revu depuis cette soirée décisive) avec Sisco pour informer le Président de la requête du roi et de l'unanimité de ses principaux conseillers quant à la suite à y donner ; il accepta nos recommandations et nous autorisa à nous en ouvrir à Rabin. A 22 h 25, retour à mon bureau, avec Sisco.

A 22 h 35, je téléphonai à Rabin avec Sisco toujours en ligne. Juste au moment où l'on me passait la communication, Nixon, ayant fini de jouer aux quilles, entra dans mon bureau, habillé comme à son habitude. Je fis part à Rabin des renseignements en provenance de Jordanie, sans en préciser l'origine. Après avis du Président et du ministre des Affaires étrangères, j'étais en mesure de lui dire que, si les vols de reconnaisance israéliens confirmaient ce qu'il m'avait dit, nous verrions d'un œil favorable une attaque israélienne ; de plus, nous comblerions les pertes en matériel et ferions notre possible pour empêcher les Russes d'intervenir. Pour qu'il n'y ait pas de malentendu, Rabin répéta mot pour mot ce que je lui avais dit puis raccrocha pour aller consulter son Premier Ministre.

A 22 h 45, en prévision d'une attaque israélienne pendant la nuit (heure de Washington D.C.), je convoquai à nouveau le W.S.A.G. pour minuit et demandai à mes collaborateurs (surtout à Hal Saunders et Richard Kennedy) de rassembler tous les renseignements possibles, puis j'appelai l'ambassadeur de Grande-Bretagne, John Freeman, pour l'informer de la demande du roi Hussein et lui dire que nous avions eu des contacts avec l'ambassadeur d'Israël, sans entrer dans les détails. Entre deux coups de fil, Nixon, toujours installé dans mon bureau, bavarda avec moi.

A 23 h 15, j'appelai la secrétaire particulière du Premier Ministre Heath, sur la ligne de sécurité, pour lui lire le message du roi Hussein, lui faire savoir que nous avions eu des contacts avec l'ambassadeur d'Israël, et que les Israéliens allaient effectuer des vols de reconnaissance dont dépendraient nos prochaines décisions. Nixon me suggéra alors de cesser d'utiliser ce téléphone de sécurité : il y avait davantage de gens qui m'entendaient hurler dans Pennsylvania-Avenue que de personnes susceptibles de capter notre conversation sur une ligne normale.

A 23 h 30, Rabin rappela pour nous transmettre la réponse de Golda Meir : Israël allait effectuer des vols de reconnaissance dès l'aube. La situation autour d'Irbid était « extrêmement préoccupante » et les chefs militaires israéliens n'étaient pas convaincus que des opérations aériennes suffiraient à la rétablir. Israël ferait connaître son avis à Washington après étude du résultat des vols de reconnaissance, mais n'entreprendrait rien avant de nous avoir consulté de nouveau. Nixon entendit ce que je disais à mon interlocuteur, mais ne fit aucun commentaire. Il quitta alors mon bureau.

A minuit, le W.S.A.G. se réunit de nouveau dans la Salle opérationnelle. Je le mis au courant des récents événements ; nous discutâmes de ce qu'il conviendrait de faire si Israël attaquait au cours des prochaines vingt-quatre heures. Je demandai que l'on procède à quatre études d'urgence pendant la nuit : les mesures à prendre en cas de réaction soviétique ; les programmes d'aide militaire à Israël et à la Jordanie pour combler les pertes ; la manière de présenter au Congrès les derniers événements ainsi qu'un plan diplomatique pour mettre nos alliés au courant et exhorter les Russes à ne pas se mêler de l'affaire. A propos des Soviétiques, je soulignai : « Nous avons deux objectifs : le premier, les amener à jouer de leur influence auprès des Syriens pour que ceux-ci se retirent ; le deuxième : nous assurer qu'ils ne pensent pas pouvoir échapper au dilemme d'une riposte israélienne en faisant pression sur Israël... A mon avis, si nous flanchons maintenant, nous n'en aurons que plus de problèmes par la suite. »

A 0 h 45, j'appelai Rogers chez lui pour lui raconter ma conversation avec Rabin et la réunion du W.S.A.G. Avait-il des problèmes ? Il n'en avait pas. Pour une fois, les grands chefs étaient du même avis. Vers 1 heure du matin, j'appelai Nixon pour lui rendre compte brièvement de la réunion du W.S.A.G. Il écouta mon résumé de la manière dont les différents ministères voyaient les réactions soviétiques et eut un hoquet de surprise lorsque je lui annonçai que la Défense craignait que les Russes ne lancent des attaques aériennes contre Israël à titre de représailles : « Je n'y crois pas. » Je rentrai chez moi me coucher ; il était 2 heures du matin ce lundi 21 septembre.

A 5 h 15 du même matin, je fus réveillé par Al Haig, que Rabin venait d'appeler ; bien qu'un compte rendu sur les vols de reconnaissance ne soit pas encore disponible, Rabin avait déclaré que, selon les Israéliens, des attaques aériennes seules ne suffiraient pas et que des actions *au sol* pourraient également être nécessaires. Les Israéliens seraient reconnaissants à l'Amérique de leur faire connaître son point de vue sur la question dans un délai de deux à trois heures.

A 5 h 35, je réveillai le Président en l'appelant pour lui faire part de la réponse préliminaire de Rabin ; j'insistai pour qu'il remette sa décision et convoque ses principaux conseillers à 7 h 30, mais, sachant que la demande d'intervention de l'armée de terre israélienne allait déclencher la bagarre, il ne voulut rien savoir. « Nous allons prendre la décision maintenant », me répondit-il. Il passa en revue avec moi le pour et le contre d'une attaque au sol par les Israéliens, puis me demanda de consulter Sisco.

J'avais commencé à discuter avec Haig de l'opportunité d'appeler Sisco sans y mêler Rogers et je venais de conclure qu'il fallait en parler à Rogers, lorsque Nixon rappela. Il avait décidé d'approuver une intervention israélienne au sol et me dicta un message mûrement pesé à l'adresse de Rabin. Puis il ajouta : « Ma décision est prise. Ne demandez plus l'avis de personne et dites à Rabin de foncer. » Néanmoins, je n'avais pas envie de laisser le Président courir le risque d'un affrontement d'une telle gravité avec l'Union soviétique sans avoir consulté ses principaux conseillers. L'opération au sol des Israéliens pouvait déclencher une guerre au Moyen-Orient et mon devoir envers Nixon était d'en référer à Rogers et à Laird. Israël n'entreprendrait certainement pas une telle opération sans mobiliser ; j'appelai Sisco, il était d'accord avec le Président. J'appelai ensuite Rogers, qui fit de sérieuses réserves, surtout en l'absence d'une demande officielle d'appui au sol de la part de la Jordanie. Laird se montra équivoque ; il voulait d'abord examiner les renseignements dont nous disposions. Entre tous ces coups de fil – donnés de chez moi – le Président m'appela plusieurs fois pour apporter quelques petites retouches au texte de sa décision. A 7 h 10, j'insistai à nouveau de façon pressante pour qu'il convoque ses principaux conseillers. Il accepta à contrecœur. Haig prévint Rabin qu'il n'y aurait pas de réponse de l'Amérique avant le milieu de la matinée.

A partir de là, un compte rendu heure par heure n'est plus nécessaire, les grandes questions ayant été définies au cours des événements de la nuit. Pour approuver des attaques aériennes israéliennes, notre gouvernement était unanime, mais des différences d'opinion étaient apparues à propos des opérations au sol par les Israéliens. Pour moi, la question n'avait pas besoin d'être tranchée dans l'immédiat car la réponse israélienne, tout en apportant la complication d'une menace de guerre terrestre, fournissait également une occasion politique à exploiter. Si Israël considérait une offensive au sol comme indispensable, il lui faudrait mobiliser. Cette mobilisation prendrait au moins quarante-huit heures. Israël ne pouvait pas se permettre de ne *pas* mobiliser parce qu'il n'était pas question de laisser les Syriens gagner, quelle que fût notre ultime réaction. Nous disposions donc d'un ballon d'oxygène – à condition que le roi Hussein tienne le coup encore un moment –, moment que nous utiliserions pour accentuer les pressions sur la Syrie et en arriver peut-être au point où la crise se résoudrait d'elle-même sans guerre. En voyant l'accroissement des forces israéliennes sur le plateau du Golan, sur les flancs de sa poussée en Jordanie, la Syrie allait certainement prendre peur, et Nasser tout faire pour stopper des opérations qui risquaient de le confronter bientôt au dilemme insoluble d'où était sorti le désastre de 1967 : soit briser la solidarité arabe en restant en retrait, soit risquer une autre défaite humiliante en intervenant. Les mêmes considérations allaient sans aucun doute peser sur les Soviétiques. En somme, la mobilisaion israélienne allait dans le sens de notre propre étalage de force ; elle finirait par « flanquer les jetons » à nos adversaires et nous faire gagner du temps pour qu'une solution — la guerre mise à part — soit trouvée.

Le lundi 21 septembre, le C.N.S. se réunit à 8 h 15. La discussion porta d'abord sur ce que nous allions répondre à la question israélienne au sujet de notre attitude en cas d'opérations terrestres ; en réalité, elle dégénéra vite en un nouveau débat philosophique sur la manière de résoudre les crises. Rogers était partisan d'une escalade lente et mesurée, si tant est qu'elle fût nécessaire. Tout comme moi, Nixon pensait que c'était ainsi qu'on avait le plus de chances de se retrouver avec une crise inextricable sur les bras. Pour de nombreuses raisons, y compris celle d'un affrontement avec les Soviétiques, Rogers était fondamentalement opposé à une intervention de l'armée de terre israélienne. Nixon et moi étions d'avis que, si nous voulions éviter un affrontement avec les Russes, il fallait évaluer rapidement les risques qu'ils n'étaient pas prêts à courir, plutôt que de les laisser s'habituer à répondre à chacun de nos pas dans l'escalade par des mesures équivalentes. Rogers voulait subordonner la décision finale à la question suivante : les Syriens allaient-ils faire mouvement au sud d'Irbid ? Pour moi, la crise ne prendrait fin que si les Syriens se retiraient entièrement de la prétendue « zone libérée » qu'ils occupaient au nord de la Jordanie. Finalement, Nixon trancha : Sisco ferait savoir à Israël que les États-Unis étaient en principe d'accord pour que l'armée de terre israélienne entre en action sous réserve d'avoir pris l'avis du roi Hussein et de consultations préalables avant la décision finale.

Je n'étais pas très chaud au sujet de Hussein. A mon avis, Israël ne devrait intervenir que si les Jordaniens étaient au bord de l'effondrement ; il n'était donc pas utile de mettre en danger la position d'Hussein, déjà précaire au sein du monde arabe, en lui posant des questions auxquelles il ne pourrait pas répondre. La mobilisation israélienne avait déjà commencé dans le calme ; s'ajoutant à notre déploiement de force, elle créerait sa propre menace et sa propre réalité.

Si le gouvernement israélien avait été impatient d'attaquer, notre réponse mitigée aurait pu créer des doutes qu'auraient perçus nos adversaires. Heureusement, Israël, sans exiger de réponse définitive, se livra à sa propre évaluation stratégique et décida de mobiliser, agissant ainsi comme nous le souhaitions. Insatiable dans son désir d'être rassuré, ce qui était la marque à vrai dire d'une prudence remarquable, le gouvernement israélien nous soumit une série de questions au sujet de l'attitude de l'Amérique en cas de conflit. L'élaboration des réponses prit la plus grande partie de la journée. Après quoi, il n'y eut plus à prendre de décision officielle au sujet d'une action au sol. Deux brigades israéliennes faisaient mouvement vers le plateau du Golan, menaçant le flanc des forces syriennes avancées en Jordanie.

Dans la matinée, nous reçûmes un message du Président Pompidou exprimant sa « vive inquiétude » au sujet d'une éventuelle intervention américaine et demandant instamment à Nixon de bien peser sa décision. Ce message n'était pas exactement encourageant, et nous laisse penser que la France essayait de se désolidariser de nous au beau milieu d'une crise. Il eut cependant son côté positif en nous montrant que nos mesures ne passaient pas inaperçues. Ce qui jetait le trouble à Paris pouvait également inquiéter Moscou et Damas.

Le restant de la journée fut consacré à des réunions du W.S.A.G. relatives à l'amélioration de notre dispositif d'alerte militaire et à la rédaction de la réponse à Israël, qui ne lui donnerait pas un droit de veto sur nos relations avec les pays tiers.

L'événement le plus significatif se produisit en fin de journée. Le chargé d'affaires soviétique Yuli Vorontsov arriva chez Sisco pour lui remettre la réponse à notre message de la veille exigeant le retrait immédiat des troupes syriennes. La célérité de la réponse (vingt-quatre heures au lieu de plusieurs semaines comme pour nos plaintes au sujet des violations du cessez-le-feu) montrait que le Kremlin était inquiet pour de bon. Eu égard au caractère menaçant et presque ostentatoire de notre déploiement de forces, le ton en était remarquablement modéré. Le gouvernement soviétique notait que nous semblions partager son inquiétude au sujet de l'aggravation de la situation en Jordanie et que pour lui « aussi » *(sic)* l'intervention dans les affaires de la Jordanie par d'autres États était inacceptable. S'étant ainsi indirectement posés en adversaires de l'intervention syrienne, les Soviétiques exprimaient l' « espoir » — terme diplomatique d'une grande douceur — que nous allions exhorter Israël à ne pas s'engager dans cette voie. Et pour bien montrer qu'ils faisaient pression sur la Syrie afin qu'elle se retire, la note spécifiait : « Le gouvernement soviétique adopte la même attitude dans ses contacts avec le gouvernement syrien. »

Fidèle à la consigne de laisser planer l'idée d'une intervention militaire américaine, Sisco, habilement, s'employa à accentuer le trouble des Soviétiques. A la question de Vorontsov qui voulait savoir si la Jordanie nous avait appelés à l'aide, il répondit qu'il n'était pas autorisé à divulguer nos échanges diplomatiques avec le roi Hussein. Quand Vorontsov s'enquit ensuite du but des mouvements de la Sixième Flotte, Joe se contenta de prendre note de la question. A tout prendre, je trouvai la démarche de Vorontsov encourageante. A moins que les Russes n'essaient de nous rouler, leur déclaration revenait à dire qu'ils faisaient pression sur le gouvernement extrémiste de la Syrie pour qu'il arrête son invasion. Quant à nous rouler au moment où nos forces en Méditerranée augmentaient chaque jour en nombre et où Israël était en train de mobiliser, cela eût été extrêmement imprudent.

Ce fut l'opinion unanime des participants à la nouvelle réunion du C.N.S. qui eut lieu à 18 heures ; celui-ci se contenta d'un exposé de la situation et conclut qu'il n'était pas nécessaire de prendre une décision avant le lendemain.

Les vingt-quatre heures qui venaient de s'écouler avaient été tendues mais potentiellement décisives. Ce qui avait commencé par un effondrement imminent de la Jordanie prenait la tournure inverse. Ce redressement était, avant tout, dû au courage du roi Hussein et de sa loyale armée, mais tenait aussi au fait que notre déploiement de force et l'assurance de notre soutien en matériel militaire avaient renforcé sa détermination, en semant le doute et l'hésitation parmi ses adversaires. Je me sentis suffisamment sûr de moi pour conseiller au Président, au cours des deux entretiens téléphoniques avant qu'il aille se coucher, de ne pas annuler son voyage en Méditerranée prévu pour le dimanche suivant, 27 septembre : « Si les Israéliens n'ont pas bougé d'ici jeudi, les choses se tasseront. »

A la réunion du W.S.A.G. de 8 h 30, le lendemain matin, mardi 22 septembre, nous reçûmes de bonnes nouvelles. Les Jordaniens, enhardis par nos réactions et parce que l'armée de l'air syrienne (sous les ordres d'un certain général Hafez Asad) s'était gardée d'intervenir, commençaient à attaquer les blindés syriens autour d'Irbid, avec leur aviation. Les pertes syriennes se chiffraient à 120 chars, 60 à 90 mis hors de combat par les Jordaniens, les autres étant tombés en panne. Les forces irakiennes qui, au début, avaient constitué notre principal souci, étaient toujours inactives : l'Égypte nous avait fait savoir que les Russes avaient fait de sérieux efforts pour amener la Syrie à reconsidérer son attitude vis-à-vis de la Jordanie ; sur le plateau du Golan, les forces israéliennes continuaient à se masser. La situation militaire se stabilisant, Sisco et moi demandâmes une fois de plus à Rabin de ne déclencher aucune offensive israélienne sans consultation préalable. En même temps, pour maintenir la pression, nous continuâmes à améliorer nos préparatifs. Des appareils supplémentaires, chasseurs et avions de transport, furent envoyés en Europe. Tous les commandements d'unités furent mis en état d'alerte maximale ; deux bataillons de la 82e division aéroportée en alerte spéciale avec délai de six heures.

Mon agenda indique que de nombreux entretiens eurent lieu avec le Président. A midi, la réunion du C.N.S. ne dura qu'une demi-heure et se termina sur une décision du Président d'envoyer un message d'encouragement et de soutien à Hussein. Comme je l'expliquai au Président, nous en étions, en gros, arrivés au point où nous avions fait tout ce qu'il était possible de faire ; dans l'ensemble, nos dispositions pour parer à toute éventualité étaient prises. Nous avions rassemblé le maximum de moyens ; la décision finale dépendait maintenant de l'évaluation qu'allait en faire l'autre camp et de sa manière de réagir.

Dans le courant de l'après-midi, deux réponses nous parvinrent, l'une de Jordanie, l'autre d'Israël. Le roi Hussein n'était pas enthousiaste au sujet d'éventuelles attaques aériennes et refusait le soutien de l'armée de terre israélienne. Les Israéliens nous firent savoir que l'offensive de leurs unités, si elle avait lieu, se limiterait à la Jordanie, c'est-à-dire qu'ils n'attaqueraient pas la Syrie. Les Israéliens désiraient également que nous clarifiions un peu plus nos intentions. Ils ne tenaient donc pas à se lancer à tout prix dans l'action. A vrai dire, les deux messages s'annulaient plutôt l'un l'autre, mais, à ce stade, les choix définitifs que Damas et Moscou allaient faire dépendaient d'une évolution qui avait déjà eu lieu, à savoir l'augmentation de notre potentiel de riposte et la mobilisation israélienne.

Une conversation avec le chargé d'affaires soviétique vint renforcer mon optimisme. Alors que je n'assistai jamais aux réceptions des ambassades, je décidai de faire une apparition à une réception donnée par la mission égyptienne dans la soirée du 22 septembre pour bien marquer que notre politique n'était pas antiarabe. Très agité, Vorontsov me barra le chemin en présence de nombreux invités et me demanda pourquoi nous n'avions pas répondu à la note soviétique de la veille. Je répliquai qu'il n'y avait rien à ajouter à ce que nous avions demandé dimanche ; les troupes syriennes devaient se retirer. Vorontsov me demanda alors si un arrêt des troupes syriennes à l'endroit où elles se trouvaient nous suffirait. Non, il fallait qu'elles rentrent en Syrie. Il feignit de se faire du souci pour nous ; la Jordanie, affirma-t-il, n'offrait pas un intérêt vital pour les Soviétiques, mais une intervention américaine allait attirer aux États-Unis des difficultés terribles dans tout le monde arabe. « Dans ce cas, lui lançai-je, détendez-vous, vous serez gagnants sur tous les tableaux. »

Tout ceci à portée de voix d'autres invités, y compris des reporters. De toute évidence, Vorontsov brûlait de faire connaître son point de vue. George Sherman écrivit le lendemain dans le *Washington Star :*

> « Vorontsov s'est montré plus net que d'habitude sur le désir qu'ont les Soviétiques de stopper l'intervention syrienne.
>
> Il a déclaré que les contacts de l'Union soviétique avec la Syrie n'avaient pas encore abouti et, en réponse à nos questions, a explicitement inclus la Syrie, ainsi qu'Israël et les États-Unis, dans une déclaration générale selon laquelle " nous pensons qu'il ne devrait y avoir aucune intervention extérieure quelle qu'elle soit ". »

Dans le monde entier, les diplomates soviétiques firent des commentaires similaires. La grande question restait de savoir si ces pressions agiraient sur Damas avant que les événements de Jordanie ne décident eux-mêmes de l'évolution de la situation.

Pour clore une crise, le problème consiste à bien choisir la pression que l'on applique pour inciter au maximum l'adversaire à rechercher un règlement sans lui donner l'impression qu'il n'a aucun moyen d'éviter l'affrontement. Paradoxalement, le moment le plus critique est celui où l'autre camp semble prêt à négocier. Car on est alors tenté de baisser sa garde, voire de faire un geste de bonne volonté pour hâter les choses. Et c'est là l'erreur. Le seul moment pour faire des concessions c'est *après* que la crise a été surmontée et qu'on a abouti à un règlement ou à un modus vivendi. Alors, et alors seulement la modération devient un geste de générosité et de bonne volonté. Mais, si elle se manifeste trop tôt, elle risque de tout faire échouer en créant des doutes de dernière minute, l'adversaire se demandant s'il est vraiment nécessaire de payer le prix du règlement. Je suis persuadé, par exemple, qu'en stoppant les opérations militaires en Corée, en 1951, au moment où nous entamions les pourparlers en vue d'un cessez-le-feu, nous avons contribué à ce que ces pourparlers s'éternisent. De même, avec le recul du temps, j'en arrive à la même conclusion au sujet de l'arrêt des bombardements au Vietnam, en 1968, bien qu'à l'époque j'aie vu les choses autrement.

C'est pourquoi, le mercredi 23 septembre, et bien qu'un retrait syrien se dessinât, je réclamai un accroissement de nos forces en Méditerranée. Ce 23 septembre allait être un jour critique. Si les forces syriennes ne se retiraient pas complètement, si elles se contenaient de se retrancher sur place, Israël interviendrait – avec toutes les conséquences prévisibles – ou bien on prendrait notre attitude pour un bluff. Et alors resteraient deux éventualités : ou la guerre recommencerait ou les Syriens conserveraient la « zone libérée », discréditant le roi de Jordanie et rendant sa survie hypothétique. Dès lors, il était sage de renforcer l'équilibre des raisons de négocier jusqu'au retrait final et total des forces syriennes. Un relâchement de notre part serait décelé aussitôt et mal interprété dans un moment critique. Quatre escorteurs furent donc dépêchés des États-Unis vers la Méditerranée. Deux sous-marins d'attaque devaient passer à Gibraltar les 25 et 29 septembre. Dans sa réunion du matin, le W.S.A.G. continua l'étude des mesures d'urgence à prendre en cas d'intervention soviétique.

C'est là qu'un désaccord se fit jour entre Rogers et moi, au cours de la réunion du C.N.S. qui se tint un peu plus tard. Rogers, brusquement, découvrit que les promesses de soutien à une intervention israélienne – approuvées par le Président deux jours plus tôt en sa présence – n'engageaient pas le gouvernement. Et il demanda qu'elles soient officiellement annulées. Le moment était mal choisi pour une querelle qui transpirerait inévitablement et allait semer le doute dans l'esprit des Soviétiques, des Israéliens et des Syriens. Nous aurions tout le temps de justifier nos actes *après* avoir acquis la certitude du retrait syrien. De plus, nous avions fait savoir la veille que nous n'étions pas favorables à une intervention israélienne unilatérale. Israël n'avait pas réagi, sinon par un regain de prudence. Le Président se rangea à mon avis, mais pria Sisco de répéter à Rabin que nous ne voulions pas d'action israélienne sans consultation préalable. Un peu plus tard ce même jour, Israël acquiesça sans réserve.

Selon mes archives, je m'entretins avec le Président au moins cinq fois, rien qu'entre la réunion du C.N.S. de 9 h 30 et 14 h 50, heure à laquelle nous parvint la nouvelle décisive : les chars syriens quittaient la Jordanie.

Après quoi, il ne resta plus qu'à savourer notre succès. J'appelai l'un après l'autre les membres du W.S.A.G. pour les remercier personnellement du magnifique soutien qu'ils avaient apporté. J'avais tout spécialement apprécié l'aide de Joe Sisco, qui s'était non seulement occupé des démarches diplomatiques avec diligence et efficacité, mais s'était révélé un lien indispensable entre le ministère des Affaires étrangères et la Maison Blanche. Dans un télégramme, le roi Hussein exprima au Président sa gratitude et son admiration. Un rapport pour le Congrès et des conférences de presse furent préparés.

Comme pour souligner que les choses étaient redevenues normales, Anatoly Dobrynine lui-même refit surface à Washington. Il vint me voir le 25 septembre et m'exprima la peine qu'il avait ressentie en constatant que nous n'avions jamais donné suite à la note soviétique du 21 septembre. Je lui fis remarquer que, au cours de l'année, chaque note soviétique avait été suivie d'une action inamicale en contradiction avec le contenu de cette note ; nous avions donc simplement attendu pour voir quelle tournure prendraient les événements. Il m'assura que l'Union soviétique n'était pas au courant du plan syrien d'invasion de la Jordanie, mais se coupa aussitôt en ajoutant que les conseillers soviétiques avaient quitté leurs unités syriennes avant que ces dernières ne franchissent la frontière ! Puis il déclara d'un ton badin que le Kremlin était prêt à passer l'éponge et désirait nous rencontrer pour discuter des problèmes du Moyen-Orient. J'éludai la question en disant que j'en toucherais un mot au Président ; entre-temps, j'étais en mesure de l'en assurer, les États-Unis n'entreprendraient aucune opération militaire en Jordanie à moins que des forces extérieures n'interviennent. Ce même jour, nous envoyâmes le message suivant à Israël :

> « Selon les derniers renseignements en notre possession, les forces qui avaient envahi la Jordanie se sont repliées en Syrie. Nous pensons que les mesures prises par Israël ont puissamment contribué à ce repli et lui sommes reconnaissants de la manière positive dont il a réagi à notre démarche et de la promptitude de sa réaction. Étant donné que, si une nouvelle attaque se produisait, les circonstances ne seraient plus les mêmes, nous considérons que tous les aspects des échanges diplomatiques qui ont eu lieu entre nous, lors de l'invasion de la Jordanie par la Syrie, ne sont plus valables et nous croyons savoir qu'Israël est d'accord. Au cas où une nouvelle crise éclaterait, il nous faudrait procéder à un nouvel échange de vues. »

Les forces modérées du Moyen-Orient avaient été soustraites au danger. Par son courage et sa fermeté, le roi Hussein l'avait emporté et pourtant, sans l'amitié qui l'unissait aux États-Unis, il aurait succombé. Les Russes avaient fait machine arrière, accentuant un peu plus la déception des Arabes vis-à-vis de Moscou.

La crise jordanienne avait pris fin, mais notre répit fut de courte durée. Quarante-huit heures après le retrait des blindés syriens, une nouvelle crise s'annonça – cette fois au sujet d'une base navale soviétique à Cuba.

16.

L'automne des crises : Cienfuegos

Un message de Moscou

Pendant presque tout cet automne critique de 1970, l'Union soviétique fut représentée à Washington par un chargé d'affaires intelligent, aimable et discret, mais pratiquement sans pouvoirs, Yuli M. Vorontsov. L'ambassadeur soviétique, Anatoly Dobrynine, avait été rappelé à Moscou en consultation. J'appris plus tard que l'absence de Dobrynine reflétait souvent le désir du Kremlin qu'aucun entretien sérieux n'ait lieu et il s'agissait en l'occurrence d'un Sommet dont nous avions eu l'idée. Vorontsov occupait une position élevée, mais les diplomates soviétiques de son niveau ont une marge de manœuvre assez réduite ; ils se contentent généralement de remettre, le visage impassible, les messages qu'ils ont été chargés de transmettre, et de noter soigneusement la réponse qui leur est donnée, limitant la discussion à quelques questions évidentes et se gardant bien d'avancer une opinion personnelle sur quoi que ce soit. Quand Vorontsov se montrait jovial, on pouvait donc être certain que c'était parce qu'il en avait reçu l'ordre. Quand il arborait un visage austère, c'était le Kremlin qui, à travers lui, fronçait les sourcils.

A la fin de juillet, je reçus à San Clemente un coup de fil de Vorontsov, qui me dit avoir un message à me remettre le plus tôt possible, dès mon retour à Washington. Je pensai qu'il concernait l'acceptation par les Soviétiques de la conférence au Sommet que nous voulions tenir. Lorsque je le reçus le 4 août dans mon bureau de la Maison Blanche, Vorontsov pétillait d'une jovialité extraordinaire. Moscou ne lui avait transmis aucune consigne particulière concernant la réunion au Sommet, envisagée favorablement, il le savait, par son gouvernement, qui en étudiait activement la réalisation. Il pensait que les relations entre nos deux pays avaient pris « une bonne tournure ». Ce qu'il était venu me transmettre, c'était le désir de ses dirigeants de souligner une nouvelle fois leur attachement à l'accord passé entre Kennedy et Khrouchtchev en 1962 concernant Cuba. « Nous voudrions souligner qu'en ce qui concerne Cuba, nous continuons à appliquer la politique arrêtée par l'accord que nous avons passé sur cette question et que nous attendons des Américains qu'ils s'y tiennent aussi strictement. »

Je fus pour le moins déconcerté et je le lui dis. A ma connaissance, nos relations avec Cuba n'étaient marquées par aucune tension spéciale et aucune action particulière n'était en cours à ce sujet ; l'Union soviétique n'avait apparemment aucune raison de soulever cette question. Vorontsov me rassura. Le bruit courait, me dit-il, que les Américains projetaient de renforcer la défense de la base navale de Guantanamo ; on parlait aussi d'une activité militaire des Soviétiques à Cuba ; il me lut une note déplorant la recrudescence d'activités organisées contre Cuba par des exilés agissant de Floride. Je lui demandai comment Moscou envisageait la confirmation de l'accord de 1962 et comment lui, Vorontsov, voyait cet accord. Il me répondit qu'une déclaration verbale de ma part suffirait et que pour lui cela consistait, de notre part, à nous engager à ne pas envahir Cuba par la force. Je lui dis qu'il me fallait en discuter avec le Président et que je lui ferais savoir ce qu'il en était.

Je demandai aussitôt au ministère des Affaires étrangères de me faire parvenir un dossier sur l'accord de 1962 et l'interprétation qui en avait été faite. Alex Johnson m'adressa des extraits de la correspondance entre Kennedy et Khrouchtchev et un résumé des négociations qui s'ensuivirent entre John McCloy et Vassili Kouznetsov sur les arrangements aux termes desquels les missiles et les bombardiers soviétiques furent retirés de Cuba. Une lecture attentive de ces documents m'apprit qu'aucun accord officiel, traité ou convention, n'avait été passé, ni verbalement ni par écrit. Mais la correspondance échangée était suffisamment longue et détaillée pour constituer des assurances mutuelles, comme je le démontrai au Président :

> « La correspondance entre Kennedy et Khrouchtchev indique clairement qu'il y a eu un accord tacite sur les points suivants : Nous accepterions de donner des assurances contre une invasion de Cuba si l'Union soviétique retirait ses missiles offensifs sous le contrôle des Nations-Unies et s'engageait, en fournissant les garanties nécessaires, à ne pas réintroduire des engins de ce genre à Cuba. Toutefois, l'accord n'a jamais été conclu explicitement, les Soviétiques n'ayant pas consenti à la mise sur pied d'un système de vérification acceptable (Castro s'y étant opposé), et nous n'avons jamais promis formellement de ne pas effectuer un débarquement à Cuba. Les négociations entre McCloy et Kouznetsov pour concrétiser d'une manière satisfaisante l' « accord » Kennedy-Krouchtchev ont fait long feu.
>
> " L'accord " que nous avons avec les Soviétiques est donc un accord tacite, qui n'a jamais eu un caractère officiel. En fait, les Soviétiques ont bien évacué leurs missiles et nous ne disposons d'aucun élément prouvant qu'ils les aient ramenés à Cuba ; de notre côté, nous n'avons, bien sûr, jamais envahi l'île. »

Les États-Unis avaient fait publiquement connaître leur position sur cette affaire et elle n'avait jamais été contestée. La question d'une base navale pour navires de surface ou pour sous-marins avait été abordée brièvement. John McCloy en avait parlé à Kouznetsov, le 5 novembre 1962, déclarant que les États-Unis s'opposaient à l'établissement de *toute* base militaire soviétique à Cuba. Kouznetsov avait répondu qu'il comprenait.

Cuba était pour Nixon un point « névralgique ». Lorsqu'il avait été candidat à la Présidence en 1960, cette question avait été abordée au cours des mémorables débats télévisés qui l'opposèrent à Kennedy. Quelques jours avant le débat du 21 octobre 1960, Kennedy s'était prononcé en faveur d'une intervention de l'armée américaine pour renverser Castro. A cette époque, une position « musclée » n'était pas incompatible avec une philosophie politique libérale. Nixon, qui était au courant des plans de ce que l'on allait appeler l'invasion ratée de la baie des Cochons, se sentit contraint de désavouer ce projet. Que son but ait été, comme il le déclara, de protéger le secret du projet, ou de faire ressortir sa stature d'homme d'État responsable contre l' « inexpérience » de Kennedy, il acquit en tout cas par la suite la certitude que la retenue dont il avait fait preuve dans un but patriotique avait contribué à sa défaite. Dans ses Mémoires, Nixon raconte avec une pointe d'amertume que « dans ce débat, Kennedy réussit à donner de lui-même – devant 60 millions de personnes ! – l'impression qu'il était plus dur que moi envers Castro et le communisme »[1]. Nixon avait résolu depuis lors que personne ne pourrait plus jamais lui reprocher cela à nouveau.

En 1960, Nixon n'en avait cependant pas fini avec Cuba. En 1962, pendant sa campagne électorale pour le poste de gouverneur de Californie, la crise des missiles de Cuba domina les trois dernières semaines de la campagne, période que Nixon avait toujours considérée comme cruciale pour le résultat des élections. Bien qu'à cette époque il ait déjà perdu beaucoup de terrain par rapport à son adversaire, il était convaincu que la crise l'avait privé d'une occasion de remonter la pente. Il crut toute sa vie que Kennedy s'était arrangé pour que la confrontation ait lieu pendant le déroulement des élections locales afin d'augmenter les chances des Démocrates. Pour Nixon, le fait que la crise de Cuba soit tombée en pleine campagne électorale constitua un mauvais présage et provoqua chez lui un ressentiment profond. A ses yeux, il fallait éviter par-dessus tout une crise de Cuba pendant l'année des élections au Congrès.

Au milieu d'août 1970, cependant, rien n'était plus éloigné de notre pensée. Nous pensions, Nixon et moi, que le message que nous avait remis Vorontsov pouvait fort bien être un témoignage de bonne volonté des Soviétiques destiné à améliorer l'atmosphère en vue du Sommet de l'automne. Notre satisfaction se refléta dans notre réaction à un rapport du F.B.I. qui nous parvint justement le 5 août. Ce rapport affirmait que deux bateaux loués par des exilés cubains à Miami allaient essayer de couler un pétrolier soviétique faisant route vers Cuba. Nixon, qui avait généralement de la sympathie pour les exilés cubains, fut immédiatement d'accord pour ordonner que deux coutres des garde-côtes suivent le pétrolier à distance respectueuse et le protègent si nécessaire ; l'attaque d'un pétrolier soviétique par des bateaux venant de Miami aurait été difficile à expliquer à Moscou après son message. Cette attaque n'eut en fait jamais lieu. Nous n'avions aucune raison d'être spécialement préoccupés. L'avion de reconnaissance U-2 qui effectuait périodiquement des missions de photographie aérienne avait bien remarqué une augmentation de l'activité militaire soviétique à Cuba et autour de l'île mais n'avait rien détecté indiquant une violation de l' « accord ».

Le 7 août, je donnai notre réponse à Vorontsov. J'exprimai ma satisfaction devant l'assurance du gouvernement soviétique selon laquelle les accords de 1962 étaient toujours entièrement en vigueur, accords que nous avions alors définis comme interdisant la mise en place de toute arme offensive de quelque nature que ce soit ou de tout système de lancement d'armes offensives sur le territoire cubain. Nous réaffirmions qu'en échange nous n'utiliserions pas la force militaire pour provoquer un changement de régime à Cuba. J'ajoutai à cela un commentaire « personnel » : des vols de reconnaissance soviétiques avaient été effectués au large de notre côte est par des bombardiers transformés en avions de reconnaissance et basés à Cuba. A nos yeux, ces actions frôlaient la violation des accords passés. Le fait pour les Russes de réduire ces vols au minimum ne pourrait que contribuer à améliorer nos relations et il en serait de même si les opérations navales soviétiques dans la mer des Caraïbes étaient ramenées à un niveau plus modeste.

Vorontsov déclara qu'il appréciait beaucoup l'esprit dans lequel j'avais fait ces observations. Il était certain que le Kremlin serait heureux de recevoir notre confirmation des accords de 1962 et répéta que cela ne faisait que renforcer sa conviction que nos relations étaient en train de s'améliorer nettement.

A la lumière des événements, il est difficile d'imaginer ce que Vorontsov ou ses maîtres avaient derrière la tête. En politique étrangère, les coups les plus gros vont presque toujours à l'encontre du but recherché. Même en considérant les relations internationales à la Machiavel, la rupture de confiance qui s'ensuit doit être compensée par un bénéfice majeur, et les bénéfices majeurs ne courent pas les rues. Ce que les Soviétiques étaient en train de faire à Cuba à la fin de l'été 1970 comportait des risques hors de proportion avec les gains probables.

Une flottille en route vers Cienfuegos

Il y a, sur la côte sud de Cuba, un port du nom de Cienfuegos auquel on ne peut accéder que par un seul chenal débouchant sur une baie parsemée de petites îles et entourée de collines abruptes. Le 26 août, un U-2, effectuant une reconnaissance aérienne, photographia sur l'une de ces petites îles des travaux de construction en cours qui n'étaient pas apparus lors d'un vol précédent effectué onze jours plus tôt. Ces travaux semblaient se poursuivre depuis quelque temps, mais ce que les photos nous apprirent avec certitude, c'est que l'on y travaillait à un embarcadère et à la construction d'une nouvelle caserne. Cela n'avait en soi rien d'anormal, mais un autre renseignement donna à cet événement une tout autre dimension: une flottille de bateaux soviétiques était en route pour Cuba. Elle se composait d'un ravitailleur de sous-marins, d'un croiseur lanceur d'engins téléguidés, d'un escorteur lanceur d'engins téléguidés, d'un remorqueur de sauvetage de haute mer, d'un bateau de sauvetage de première classe, d'un pétrolier de la marine marchande et d'un bateau de débarquement amphibie transportant deux barges de vingt-quatre mètres de long. Le ravitailleur de sous-marins et les barges étaient du type normalement utilisé pour l'entretien des sous-marins nucléaires. La composition de cette force opérationnelle était si inhabituelle qu'elle semblait impliquer plus qu'une simple visite de courtoisie. Brusquement, une succession d'événements étalés sur presque un an commencèrent à prendre un sens.

Castro avait toujours considéré la conduite de Khrouchtchev dans l'affaire des missiles comme une abjecte reddition. A la suite de quoi, les relations entre Moscou et La Havane se détériorèrent profondément et, en 1967, Castro alla même jusqu'à attaquer publiquement l'Union soviétique pour ne pas avoir fourni une assistance efficace à ses amis arabes pendant la guerre des Six-Jours. Il avait résisté aux pressions soviétiques pour qu'il excommunie publiquement les Chinois du mouvement communiste international et avait continué à mener sa politique extrémiste « d'exportation de la révolution » en Amérique latine sans l'aide des Soviétiques. Kossyguine avait rencontré Castro en 1967, mais au mois de novembre de cette année-là, date du 50e anniversaire de la Révolution soviétique, les Cubains avaient pratiquement boycotté la grandiose cérémonie organisée à Moscou en envoyant une délégation de deuxième ordre qui repartit presque immédiatement, sans avoir été reçue par aucun dirigeant soviétique important. Les relations entre les deux pays recommencèrent cependant à s'améliorer après la mort de Che Guevara, en octobre 1967. Au printemps 1968, un nouvel accord commercial comprenant un crédit soviétique de 300 millions de dollars fut signé. En août 1968, Cuba approuva l'invasion de la Tchécoslovaquie, bien que tardivement et en formulant des réserves. Début 1969, les Russes recommencèrent à envoyer une aide militaire régulière aux Cubains pour la première fois depuis un an et assurèrent le refinancement du déficit commercial des Cubains avec l'U.R.S.S. A la Conférence des partis communistes en juin 1969, le délégué cubain déclara avec grandiloquence que La Havane soutiendrait Moscou « en cas de provocation ou d'agression contre le peuple soviétique, d'où qu'elle vienne ». C'était la première fois que Cuba prenait parti dans le différend sino-soviétique.

Le mois suivant, en juillet 1969, la marine de guerre soviétique se rendit pour la première fois en visite à Cuba. Sept navires comprenant deux sous-marins d'attaque à moteurs Diesel et un à propulsion nucléaire firent escale dans le golfe du Mexique où ils effectuèrent ensuite quelques manœuvres ; après avoir visité la Martinique et les Barbades, le détachement quitta la région. Au même moment, un nouveau sous-marin soviétique lanceur de missiles balistiques, de la classe Y, effectua sa première sortie dans l'Atlantique Nord.

En novembre 1969, les relations soviéto-cubaines firent un nouveau pas en avant dans le domaine militaire. Le ministre soviétique de la Défense, le maréchal Andreï Gretchko, accompagné par l'adjoint au chef d'État-Major de la marine soviétique, rendit à Cuba une visite qui fit l'objet d'un battage monstre dans la presse internationale. Il semble probable que c'est cette visite qui fut le point de départ des événements que je vais décrire à présent. Au cours des mois qui suivirent la visite de Gretchko, l'activité militaire soviétique à Cuba et aux alentours augmenta, en tout cas graduellement, sans doute pour nous habituer à une présence navale soviétique dans les Caraïbes. En avril 1970, le ministre cubain de la défense, Raul Castro, rendit à Gretchko sa visite en allant effectuer un séjour de cinq semaines en Union soviétique où il rencontra Leonid Brejnev. Le 22 avril, dans un discours prononcé à l'occasion des festivités en l'honneur de Lénine, Fidel Castro proclama qu'il était prêt à resserrer ses liens avec l'Union soviétique dans le domaine militaire. Peu après, des avions de reconnaissance à longue portée commencèrent à effectuer des vols du Nord de l'U.R.S.S. à Cuba ; il s'agissait de bombardiers à réaction Tu-95 équipés de bulbes électroniques nettement visibles. Trois vols séparés précédèrent la seconde visite par une escadre soviétique, qui eut lieu en avril aussitôt après d'importantes manœuvres navales soviétiques (« Okean ») dans l'Atlantique Nord. Cette fois, sept navires arrivèrent en visite à Cienfuegos. Ils comprenaient un ravitailleur de sous-marins et un sous-marin à propulsion nucléaire de la classe E II armé de missiles de croisière à courte portée conçus pour attaquer les navires de surface.

Ni la C.I.A. ni le ministère de la Défense nationale ne lancèrent à cette époque de mise en garde, mais les activités croissantes déployées par les Soviétiques dans le domaine naval et aérien m'inquiétèrent suffisamment pour que j'en fasse le 1er juin 1970 un bref résumé au Président :

> « Il se peut que les visites d'unités navales soviétiques entrent dans le cadre général, constaté au cours de ces dernières années, de l'accroissement des activités navales soviétiques de plus en plus loin de leurs ports d'attache, mais il se peut aussi qu'il s'agisse d'une manœuvre de grande envergure pour « accoutumer » Washington à une utilisation de plus en plus importante de Cuba par les Soviétiques en créant, petit à petit, un état de fait par la visite et le ravitaillement d'unités de l'armée de l'air et de la marine de guerre soviétiques. Il se pourrait que les Soviétiques aient l'intention d'entretenir des unités navales russes dans les Caraïbes, à titre plus ou moins permanent, qui se ravitailleraient en carburant et en vivres à Cuba... Il serait important de ne pas perdre de vue cette situation. »

Un peu plus tard, toujours au mois de juin, mon spécialiste des questions sud-américaines au sein du C.N.S., Viron P. (Pete) Vaky, attira mon attention sur un rapport de la C.I.A. où l'on signalait que les Russes pourraient avoir l'intention d'établir, en procédant avec prudence, un nouveau point d'appui à Cuba, une installation pour l'entretien des navires ou des avions de reconnaissance, par exemple.

Telle était l'état de nos informations, le 9 septembre, tandis que nous surveillions la flottille soviétique arrivant à Cienfuegos. Le lendemain, le pétrolier la rallia. Ordre fut donné aux U-2 d'effectuer des vols de jour dès que le temps serait clair, ce qui eut lieu le 14 septembre.

La flottille nous inquiétait plus que les installations côtières. Le 2 septembre,

Mel Laird avait invité les reporters du Pentagone à prendre le café dans sa salle à manger particulière, geste inhabituel chez lui, pour une conférence de presse à l'impromptu. Laird aborda un certain nombre de sujets, dont le Moyen-Orient. Ce furent ses remarques sur Cuba qui firent les manchettes. En attirant l'attention sur les navires soviétiques en route vers les Caraïbes, il soulignait qu'il avait des preuves que la flotte opérationnelle soviétique disposait d'armes capables d'atteindre les États-Unis. Mais il ajouta qu'il ne croyait pas à une crise, parce que l'Amérique disposait d'une puissance atomique suffisante pour dissuader toute attaque [2]. Les media accordèrent assez peu d'attention à cette histoire. Cuba les intéressait moins que les violations du cessez-le-feu le long du canal de Suez et que la crise qui couvait en Jordanie — l'une des raisons pour lesquelles les Soviétiques étaient si peu enclins à nous aider à calmer le Moyen-Orient, peut-être. Il est tout à fait caractéristique de cette époque que, la Jordanie en voie d'exploser et les Soviétiques en train de construire une base à Cuba, le Sénat discutait des missiles antimissiles A.B.M., partant du postulat que le déploiement stratégique défensif américain risquait d'avoir un caractère quelque peu provocant.

La réaction cubaine aux vols quotidiens de nos U-2 montra que quelque chose d'inhabituel se préparait. Le premier vol, le 14 septembre, dut être interrompu, des MIG les ayant pris en chasse. Une autre mission de reconnaissance autour de l'île, également interceptée, fut interrompue. Le 15 septembre, un avion américain anti-sous-marin fut intercepté et suivi pendant quatre-vingt-seize kilomètres, tandis que les MIG passaient plusieurs fois en rafale. Tout cela me rendit assez soucieux pour que, le 16 septembre, je mette l'Union soviétique en garde. Je fis savoir que toute opération, entretien ou ravitaillement de sous-marins porteurs de missiles ou d'armes nucléaires effectué à partir d'une base cubaine ou dans une base de l'île, aurait de graves conséquences, et cela par le biais d'une conférence de presse officieuse qui eut lieu à Chicago. Comme nous n'avions encore ni preuve concrète, ni politique arrêtée, je n'allai pas jusqu'à l'accusation formelle. Mieux valait laisser aux Russes une porte de sortie.

Un U-2 rapporta, précisément ce jour-là, la preuve décisive qui nous manquait. Les photographies montraient qu'en moins de trois semaines l'Union soviétique avait achevé précipitamment la construction d'installations côtières significatives. Deux nouvelles casernes et un immeuble administratif avaient poussé sur la petite île de Cayo Alcatraz, où l'on ne voyait rien le mois précédent. Des équipements sportifs comprenant un terrain de football et un autre de basket-ball avaient surgi. Preuve, à mes yeux, qu'il s'agissait d'une base russe, car, en vieux passionné de football, je savais parfaitement que les Cubains n'y jouaient pas. Plus important, le ravitailleur de sous-marins était amarré — à demeure, semblait-il — à quatre bouées dans la baie. Les deux péniches de soutien, débarquées du bateau amphibie, étaient accostées au ravitailleur. Celui-ci était donc en mesure de ravitailler et d'entretenir des sous-marins. Des filets anti-sous-marins gardaient l'entrée du port. A terre, à quelques kilomètres de Cienfuegos, un nouveau dock, un dépôt de carburant et un important centre de communications, étaient en construction. Ce centre constituait certainement le lien reliant la base de radio avec Moscou ; il était gardé par des missiles sol-air et des radars de surveillance. Bref, ce que l'on voyait avait toutes les caractéristiques d'une base navale soviétique permanente.

Le 18 septembre, je résumais l'ensemble de ces informations dans une note à Nixon accompagnée d'une récapitulation de mes échanges avec Vorontsov. Je terminais en disant :

> « L'interprétation des photos d'aujourd'hui confirme qu'en dépit des propos échangés entre Vorontsov et moi-même, les Soviétiques ont construit précipitamment, dans la baie de Cienfuegos, des installations probablement destinées à servir de base fixe de sous-marins dans les Caraïbes. En raison du sérieux de la situation, j'ai demandé à la C.I.A. de me fournir aujourd'hui, à midi trente, un compte rendu complet et d'évaluer soigneusement la portée des renseignements fournis par les photos pour cerner avec précision l'étendue réelle de l'activité soviétique à Cuba. Je fais faire également, de toute urgence, une analyse détaillée des implications stratégiques de ces événements. »

L'analyse des Renseignements, reçue quelques heures plus tard, était sans équivoque : les Russes étaient en train de « construire des installations d'appui (à Cienfuegos) dans l'éventualité d'opérations navales dans les Caraïbes et dans l'Atlantique ». Le service ajoutait sombrement que « des unités navales soviétiques comprenant des sous-marins nucléaires pouvaient opérer régulièrement à partir de la base cubaine de Cienfuegos ». Nos experts navals soulignèrent que ces installations réduiraient sensiblement le temps nécessaire aux sous-marins soviétiques pour atteindre leurs zones d'opérations atlantiques. D'où un accroissement d'environ un tiers du temps que les sous-marins russes lanceurs de missiles balistiques passeraient à portée des États-Unis. Et le nombre de ces sous-marins serait également accru d'environ un tiers. En d'autres termes, l'opération représenterait un bond énorme de la puissance stratégique de l'Union soviétique contre les États-Unis.

L'épreuve de force

Les preuves de l'existence d'une base navale soviétique à Cuba nous parvinrent alors que nous étions en train de négocier la libération des otages détenus à Amman, alors que les troupes de Hussein progressaient lentement contre les fedayin, que l'on dépêchait à toute allure des troupes américaines en Méditerranée ou qu'on en mobilisait, alors que les violations du cessez-le-feu continuaient le long du canal de Suez et que nous discutions pour savoir quelle attitude adopter face à l'élection — à la majorité relative — d'Allende au Chili. C'était la situation de cauchemar redoutée par tous les hommes politiques : des crises se déclenchant simultanément aux quatre coins du monde.

La réaction des ministres s'en ressentit. Rogers me dit, le 18 septembre (jour où les renseignements sur Cienfuegos furent confirmés à Washington), qu'il fallait éviter toute « tension à haut niveau ». Il voulait que les échanges écrits soient réduits au minimum, pour ne pas « créer de crise dans l'opinion publique ». La question capitale n'était évidemment pas de savoir s'il y aurait une crise dans l'opinion publique, mais s'il y avait une crise tout court, et si nous pouvions accepter la présence d'une base navale soviétique permanente à Cuba, quelles qu'en soient les implications immédiates sur le plan militaire, en plus de l'envoi de personnel militaire soviétique en Égypte. Je dis à Rogers que j'allais convoquer le lendemain une réunion en petit comité du W.S.A.G. pour faire le point sur la situation et prendre connaissance des dernières informations.

Le W.S.A.G. se réunit comme prévu le 19 septembre, jour où il y eut une accalmie dans les combats en Jordanie, juste avant l'invasion syrienne. Les renseignements sur Cienfuegos n'ayant été communiqués qu'à un petit nombre de personnes, les membres du groupe n'avaient pas pu vraiment préparer la réunion. On se contenta donc d'échanger des opinions au hasard, sans ordre du jour précis, sur le ton de la conversation. Personne ne contesta les faits : tout le monde convint qu'une base de ravitaillement et de dépannage de sous-marins nucléaires était en construction à Cuba, que les Russes cherchaient à tourner les accords Kennedy-Khrouchtchev en plaçant la plupart des installations en mer. On se posa la question de savoir si les activités soviétiques violaient l' « accord ». Je rappelai au groupe qu'en 1962, le président Kennedy avait réagi non pas parce que le déploiement de missiles soviétiques à Cuba était « illégal » (il était en fait techniquement « légal »), mais parce qu'il le considérait comme une menace pour la sécurité des États-Unis. Le groupe essaya alors de déterminer avec précision dans quelle mesure une base entièrement opérationnelle influerait sur l'équilibre stratégique (un problème dont il avait également été question lors de la crise des missiles de 1962).

Ces réactions montrent à quel point les Américains ont du mal à comprendre l'ambiguïté soviétique. Nous allions bel et bien nous retrouver avec une base navale soviétique à Cuba sur les bras, construite clandestinement en moins de trois semaines. Même si aucune autre installation ne venait s'y ajouter, elle permettrait aux Russes de maintenir davantage de sous-marins porteurs de missiles balistiques prêts à entrer en action. Agrandie, elle doublerait le nombre des missiles soviétiques basés en mer et dirigés contre nous. Si les Russes agissaient selon leurs bonnes habitudes, leurs premiers déploiements – si on ne leur résistait pas – seraient suivis d'une extension rapide ; l'affaire de l'installation de missiles le long du canal de Suez se répéterait, cette fois contre nous. Si nous restions passifs devant leur implantation, nous aurions du mal à nous opposer à son expansion. Mais, jusqu'alors, notre gouvernement ne savait pas très bien ce que les Russes manigançaient ; nous hésitions donc sur l'attitude à prendre. Comme aussi bien le Président que le ministre des Affaires étrangères désiraient éviter toute atmosphère de crise jusqu'à ce que fût arrêtée la marche à suivre, je demandai à chaque ministère représenté au W.S.A.G. de fournir, pour le 21 septembre, une analyse de la situation et ses recommandations, avec diffusion très restreinte.

Les Affaires étrangères, en particulier, devaient consulter l'ambassadeur Llewellyn Thompson, notre spécialiste n° 1 des affaires soviétiques.

Llewellyn Thompson déclara que l'action des Russes était, pour une grande part, symbolique : un symptôme de leur complexe d'infériorité. Malgré leurs invectives idéologiques, nous constituions pour eux le modèle de la grande puissance qu'ils cherchaient à imiter, mais avec quinze ans de retard. En d'autres termes, Thompson était d'avis que les Russes installaient des bases navales outre-mer pour faire ce que nous avions fait quinze ans auparavant. Les Affaires étrangères proposèrent comme panacée un entretien en tête-à-tête Rogers-Gromyko à New York, quand ils se rencontreraient comme prévu à l'Assemblée générale des Nations-Unies un mois plus tard. Rogers ferait part alors de nos inquiétudes. Thompson ne proposa aucune solution pour le cas où Gromyko noierait le poisson, ce qui était probable.

L'analyse du ministère de la Défense et de l'État-Major interarmes était diamétralement opposée. Pour eux, une base de sous-marins à Cienfuegos représentait une menace stratégique pour les États-Unis ; en permettant aux sous-marins russes des missions en mer plus longues, elle augmenterait la capacité soviétique à opérer dans le golfe du Mexique, exposant ainsi un nombre accru de régions des États-Unis aux attaques de missiles balistiques. La Défense et l'État-Major interarmes expliqueraient ensuite en détail comment cette base fonctionnerait. Ils étaient donc naturellement pour la suppression de la base mais, comme il sied aux militaires, ils laissaient aux politiques le soin de décider des moyens à mettre en œuvre pour y parvenir. Une des mesures proposées était de retarder le retrait de quelques vieux navires du service actif ; on laissait à notre fantaisie le soin d'imaginer comment cela allait effrayer les Russes et les chasser de Cuba. Autre suggestion intelligente (nous étions à l'automne 1970 — six semaines après le Cambodge) : mobiliser les réserves.

A mon sens, la portée de l'action soviétique allait au-delà de ses implications militaires. Elle entrait dans le cadre d'opérations déclenchées en différentes parties du monde, pour tester notre détermination. Qui sait ? C'était peut-être notre réaction au Moyen-Orient qui avait enhardi le Kremlin, lorsque nous avions répondu à leur envoi de troupes le long du Nil en demandant à Israël un « cessez-le-feu ». J'étais partisan de relever immédiatement le défi de crainte de voir les Russes se méprendre sur la mollesse de notre réaction et aller de l'avant jusqu'au point où seule une crise majeure pourrait libérer la base. J'étais opposé à tout atermoiement. Attendre un mois la conversation entre Gromyko et Rogers ? Les Russes savaient parfaitement que nous prenions tous les jours des photos de Cienfuegos ; si nous ne faisions rien, ils concluraient que nous acceptions le fait accompli. Mais si nous tardions, ils n'auraient plus de marge de manœuvre et la crise serait d'autant plus grave qu'ils pourraient nous accuser d'avoir manigancé toute l'affaire dans le seul but de les humilier. Or nous attendions d'un jour à l'autre la réponse à notre proposition d'une rencontre au Sommet. Si la réponse était positive, nous nous trouverions en face d'un sujet de désaccord supplémentaire et à un niveau dangereux pour le prestige de chacun des deux leaders, ce qui rendrait encore plus difficile la maîtrise de la crise.

Le fait que la plupart des équipements soient sur mer me laissait cependant penser que les Russes s'étaient réservé une porte de sortie. Devant une mise en demeure, ils râleraient, ils marchanderaient vraisemblablement, mais ils se retireraient. J'eus du mal à en convaincre le Président. En fait, je n'y parvins pas vraiment. La rupture finale fut provoquée par un accident.

La perspective d'une crise cubaine au cours d'une année d'élection mettait Nixon à vif. Pour quiconque le connaissait, il était hors de question qu'il tolère longtemps l'installation d'une base soviétique à Cuba. Durant toute sa vie politique, il avait eu sur le sujet une attitude intraitable. Son amitié pour Charles (Bébé) Rebozo, qui haïssait Castro avec une passion toute latine, laissait présager qu'il serait abreuvé sans répit d'arguments l'incitant à adopter une attitude énergique. Pour rien au monde, Nixon ne voudrait passer pour faible aux yeux de son vieil ami. Tôt ou tard il riposterait et n'aurait alors de cesse d'avoir atteint son objectif. En attendant, nous étions en pleine crise jordanienne ; les chars syriens venaient d'entrer en Jordanie. D'après ce que savait Nixon, cette crise pouvait déclencher un affrontement avec l'Union soviétique. Le Président concentra son attention sur le problème le plus pressant. Il était persuadé que, alors que les media et le Congrès se déchaînaient contre lui à propos du Vietnam, une nouvelle affaire de missiles cubains pendant une année électorale provoquerait dans l'opinion publique un scepticisme massif. Enfin, il était prévu que Nixon quitte les États-Unis le 27 septembre pour une tournée en Méditerranée, à laquelle il tenait beaucoup. La démonstration, par la Sixième Flotte, de sa puissance de feu, lui tenait particulièrement à cœur. Il ne voyait pas comment il aurait pu quitter le pays en pleine crise avec Cuba. Pour toutes ces raisons, Nixon préférait n'affronter les Russes qu'après les élections. Tout en acceptant mon analyse, il choisit, en attendant, la politique d'atermoiements apaisants de Rogers.

Sa réaction initiale à ma note l'informant des résultats de la mission de l'U-2 du 16 septembre semblait dure. Sa note manuscrite disait :

> Je veux un rapport de toute urgence sur : 1) ce que la C.I.A. peut faire pour soutenir *n'importe quelle* action capable d'irriter Castro ; 2) les actions à entreprendre que nous n'avons pas entreprises jusque-là pour boycotter les pays qui font du commerce avec Castro ; 3) et, le plus important, ce que nous pourrions entreprendre, secrètement ou ouvertement, pour installer des missiles en Turquie ou une base sous-marine dans la mer Noire – n'importe quoi qui nous procure une monnaie d'échange.

A l'examen, on s'apercevait que toutes les options envisagées nous feraient perdre du temps. Pendant les années 1960, le harcèlement de Castro avait échoué ; de plus, il faudrait des mois. « Irriter » Castro n'aurait aucun effet sur la base soviétique. Resserrer le boycott de Cuba demanderait encore plus de temps, cela irait à l'encontre de la tendance qui prévalait parmi nos alliés sans avoir, à brève échéance, le moindre impact. Installer des missiles en Turquie, d'où ils avaient été retirés à la suite de la crise des missiles cubains, n'était guère faisable rapidement. A supposer que nous y arrivions, si les Turcs apprenaient que c'était en guise de « monnaie d'échange », nos relations en seraient ébranlées.

Le 19 septembre, quand je rendis compte à Nixon des conclusions du W.S.A.G., il m'invita à ne pas trop prendre les choses au pied de la lettre. Je n'ai pas envie, me dit-il, qu'un " clown de sénateur " demande le blocus de Cuba en plein milieu des élections (ce qu'avaient fait des sénateurs républicains en 1962). Nous nous trouvions dans une situation anormale. Le Président allait droit à la confrontation, mais, dans son désir d'attendre deux mois, il augmenterait considérablement les risques.

Chaque fois que la persuasion personnelle échouait, je faisais appel à Haldeman, qui transmettait fidèlement et intégralement ma pensée sans y ajouter de commentaire. C'était risqué de mettre Haldeman dans le coup, étant donné sa tendance à confondre toute manifestation d'inquiétude avec des signes d'instabilité émotionnelle. En outre, pour lui, il n'y avait pas de difficulté qui ne puisse être aplanie par un bon travail de relations publiques. Mais j'étais certain qu'il communiquerait mon malaise à Nixon, même s'il l'attribuait au surmenage. Je dis à Haldeman que le Président ne mettait pas l'accent sur le véritable problème. Si une crise éclatait en novembre ou en décembre, nous aurions un mal de chien à expliquer pourquoi nous n'avions rien fait en septembre. Les Russes pourraient être amenés – en raison de la préparation du Sommet menée parallèlement – à faire l'erreur d'aller plus avant et de rendre la situation incontrôlable.

La réunion du C.N.S. du 23 septembre nous permit de faire le point. Certains renseignements laissaient penser que nous avions encore un peu de temps devant nous, mais d'autres appelaient une intervention d'urgence. Certes, Helms était d'avis que, si les Soviétiques avaient l'intention de baser en permanence à Cuba des sous-marins porteurs de missiles balistiques, il leur faudrait du matériel lourd, en particulier des grues géantes. Jusqu'alors, ce matériel n'était toujours pas arrivé à Cienfuegos. On ne nous avait signalé la présence d'aucun sous-marin porteur de missiles dans la région. Nous avions, d'autre part, lieu de croire que des armes nucléaires se trouvaient à bord de l'un des navires. En conséquence, le Président décida de continuer selon les instructions qu'il m'avait données en privé. Qu'on lui fournisse des scénarios pour le minage de Cienfuegos, un blocus de Cuba, une surveillance étroite des navires soviétiques, et la levée de toutes les restrictions aux menées des exilés cubains pour éventuellement mettre tout cela en branle dans l'avenir. En attendant, ne pas faire de vagues dans l'opinion publique, en laissant entendre que nous étions au courant de la situation et que nous restions en alerte. Mel Laird fit remarquer que cela ne marcherait jamais ; trop de gens étaient au courant et il y aurait immanquablement des fuites.

Il faut rappeler qu'au moment de la réunion du C.N.S. du 23 septembre nous ne savions pas encore que les blindés syriens avaient fait demi-tour et que l'invasion de la Jordanie était terminée, ce qui expliquait que le Président cherche à temporiser. J'étais néanmoins très inquiet. La politique proposée était de nature à inciter les Russes à intensifier leurs activités dans la mer des Caraïbes ; je ne voyais pas comment nous pourrions passer d'une attitude conciliante en septembre à une confrontation en novembre si les installations étaient toujours là, ni comment nous expliquerions une rupture si les Soviétiques ne pratiquaient qu'une expansion graduelle. Si, entre-temps, les Russes acceptaient notre offre de rencontre au sommet, le problème deviendrait quasi insoluble. En bref, plus nous attendions, plus les décisions à prendre seraient difficiles pour nous autant que pour les Soviétiques lorsque nous ferions front...

Le 24 septembre, lendemain du jour où les chars syriens firent demi-tour, je convoquai une réunion du W.S.A.G. dans la Salle opérationnelle pour mettre en œuvre les décisions du Président, quoique je fusse loin de partager son opinion. La discussion porta uniquement sur les informations qu'il conviendrait de fournir à la presse si l'opinion publique apprenait que les Russes construisaient une base sous-marine à Cienfuegos pendant que le Président était en Europe. Il fut décidé que, si cela se produisait, la Défense publierait un compte rendu des faits bruts, sans commentaire. Les Affaires étrangères déclareraient que l'introduction d'armes offensives à Cuba constituait un important sujet de préoccupation et la Maison Blanche ferait savoir que le Président, mis au courant, suivait avec attention le cours des événements. Les chargés de presse des ministères reçurent un état détaillé des faits à fournir à la presse, mais pour leur information personnelle, avec embargo sur la publication. Mais tout cela fut réduit à néant à la suite d'un cafouillage bureaucratique monumental.

Tout d'abord, Dobrynine rentra à Washington après une absence de sept semaines. Débordant de bonne volonté, il se moqua gentiment de moi parce que je n'avais pas tenu ma promesse de ne pas déclencher de crise en son absence (allusion à la Jordanie). Il m'appela, dans la soirée du 24 septembre, pour me dire qu'il avait reçu pour instruction de remettre en mains propres au Président un message concernant la Jordanie et le Sommet. J'en fis part à Nixon, qui n'était pas disposé à recevoir Dobrynine. Il craignait que les Soviétiques ne refusent ce Sommet et ne voulait pas s'exposer à une rebuffade personnelle. Je lui dis que ce n'était sans doute pas là l'intention des Russes. Ils voulaient le faire lanterner et retarder le Sommet jusqu'en 1971. Mais faire attendre six semaines au Président des États-Unis une réponse à une proposition de rencontre au Sommet faite en août était une impolitesse qui ne justifiait pas une audience personnelle. Nixon n'aurait d'ailleurs pu voir Dobrynine sans évoquer le problème de Cuba. Il fut finalement décidé que c'était moi qui recevrais le message de Dobrynine ; ce serait la meilleure preuve de froideur à leur égard. Dobrynine répondit qu'il allait en référer à Moscou.

Dobrynine et moi finîmes par nous rencontrer, comme d'habitude, dans la Salle des cartes de la Maison Blanche à 10 heures du matin le vendredi 25 septembre. J'abrégeai les considérations d'ordre général en déclarant que le temps pressait en raison du départ imminent du Président pour l'Europe. Le message de Dobrynine était bien ce que j'attendais : l'Union soviétique était d'accord, en principe, pour une réunion au sommet. Le programme de la réunion exposé à grands traits dans notre note du 24 septembre était acceptable. Dobrynine n'expliqua toutefois pas pourquoi il avait fallu si longtemps pour en arriver à cette profonde conclusion. Le gouvernement soviétique préférait que le Sommet ait lieu en 1971, après le Congrès du Parti, au printemps, ce qui, pratiquement, signifiait pas avant juin. Dobrynine demanda alors si le Président considérait Moscou comme lieu possible de réunion. Je lui dis pour la énième fois que cette pensée avait effectivement traversé l'esprit du Président, mais Dobrynine n'alla pas jusqu'à formuler une invitation officielle, remettant à plus tard la question du lieu et de la date de la conférence. Il me fit également savoir que le Premier soviétique, Kossyguine, n'assisterait pas à la célébration du vingt-cinquième anniversaire des Nations-Unies en octobre 1970, éliminant ainsi toute possibilité de rencontre avant les élections au Congrès. Dobrynine nous fit également part de la réaction des dirigeants soviétiques face à la crise de la Jordanie, réaction que j'ai déjà décrite. Je lui répondis froidement que je reprendrais contact avec lui plus tard.

Lorsque je retournai à mon bureau, c'était le chaos. La matinée avait commencé par la publication dans le *New York Times* d'un article de C. L. Sulzberger intitulé « Nuages noirs dans le Sud » dénonçant l'établissement possible d'une base de sous-marins soviétique à Cienfuegos. Contrairement à la tactique soigneusement élaborée au sujet de la presse, le porte-parole du ministère de la Défense avait fourni jusqu'au moindre détail tout ce qu'il avait exposé, lors de sa conférence du matin. C'était le cas classique de malentendu washingtonien. Le porte-parole du Pentagone avait bien vu les informations concernant les différentes éventualités mais n'avait pas compris qu'il ne devait en faire état qu'en dernière extrémité. Il dit donc spontanément tout ce qu'il savait, fournissant le compte rendu détaillé de l'avancement des travaux de construction de la base soviétique et des mouvements de bateaux russes observés au cours des derniers mois.

La réaction de la presse était prévisible. La dépêche d'Associated Press disait : « Le Pentagone affirme aujourd'hui être en possession de renseignements dignes de foi selon lesquels les Russes seraient en train de construire une base sous-marine permanente à Cuba. » Selon United Press International : « Le ministère de la Défense a aujourd'hui fait savoir qu'il avait la preuve que les Russes avaient commencé à construire une base de sous-marins à Cuba. » Les journaux télévisés du soir et les quotidiens du lendemain matin allaient sans aucun doute en retentir largement. Il était inconcevable que le Président puisse quitter le pays deux jours après sans que la Maison Blanche ait fait la moindre déclaration sur la nouvelle « crise ». Bien que Mel Laird et Dave Packard aient appelé pour s'excuser de la boulette commise par le porte-parole du Pentagone, le mal était fait. Laird proposa d'adopter une attitude de fermeté de façon que la Maison Blanche puisse apparaître conciliante, mais je ne voulus rien savoir : « On peut minimiser l'affaire et dire que tout cela est parfaitement naturel, après quoi on part en voyage, mais comment ferons-nous alors pour affronter les Russes comme le veut le Président ? »

Tout compte fait, la gaffe du Pentagone se révéla salutaire. Les informations que nous avions prévu de remettre à la presse étaient si vaseuses que Moscou les aurait prises pour un acquiescement de notre part ; le voyage à l'étranger du Président aurait fourni prétexte à achever la construction de la base, et la confrontation finale, inévitable, aurait été à la fois amère et beaucoup plus risquée. Nous allions maintenant être obligés d'agir selon la méthode que je préconisais. Je dis au Président que nous n'avions plus le choix et qu'il fallait stopper les Russes en les prenant de front avec détermination, mais de façon à leur laisser une porte de sortie. Je proposai de profiter de la conférence de presse sur le voyage en Méditerranée de Nixon, prévue dans l'après-midi, pour lancer aux Soviétiques une mise en garde sévère contre la construction d'une base à Cuba, sans toutefois préciser si la base existait déjà, de façon à faire machine arrière le cas échéant. J'appellerais ensuite Dobrynine, sous prétexte de lui donner une réponse à la proposition de Sommet et l'affronterais directement, en lui disant que nous considérions Cienfuegos comme une base offensive et que nous la traiterions en conséquence. Nous exigerions son démantèlement. Le voyage du Président fournirait, dans ce but, un intermède.

Quand les options étaient clairement énoncées, Nixon savait se montrer résolu. Il comprit immédiatement qu'à rester dans le vague, les risques augmenteraient. Il approuva ma suggestion et me fit demander à l'amiral Moorer d'expédier un torpilleur au large de Cienfuegos pour donner plus de poids à notre mise en garde. Avec la hardiesse qui le caractérisait en politique étrangère, Nixon se permettait de défier l'Union soviétique la veille d'un départ en voyage outre-mer. Je me rendis donc dans le Salon Est de la Maison Blanche pour donner aux journalistes accrédités auprès de la Maison Blanche, ostensiblement, des détails sur le voyage du Président ; lorsque comme prévu on m'interrogea sur Cuba, je répondis :

> « En ce qui concerne les mouvements de la flotte soviétique dans les Caraïbes, nous surveillons bien entendu ses déplacements, ainsi que ce qu'ils construisent. Nous les surveillons très étroitement. L'Union soviétique sait parfaitement que nous considérions l'établissement dans la mer des Caraïbes d'une base stratégique comme un acte d'une exceptionnelle gravité.
>
> Je voudrais attirer votre attention sur une déclaration du président Kennedy, au cours d'une conférence de presse, le 20 novembre 1962, dans laquelle il disait :
>
> " En ce qui nous concerne, si toutes les armes offensives sont retirées de Cuba et maintenues, à l'avenir, hors de notre hémisphère, avec toutes les vérifications adéquates et les garanties nécessaires, et si Cuba n'est pas utilisé pour exporter un communisme agressif, la mer des Caraïbes connaîtra la paix. "
>
> Le passage essentiel est évidemment : " Si toutes les armes offensives sont retirées de Cuba et maintenues, à l'avenir, hors de notre hémisphère. "
>
> Ceci reste, bien entendu, la politique de notre gouvernement. »

Un peu plus tard, des journalistes me demandèrent si le moment n'était pas plutôt mal choisi pour un voyage présidentiel. Je répondis :

> « Nous surveillons le déroulement des événements à Cuba. Nous ne sommes pas actuellement en mesure de dire exactement ce qu'ils signifient.

Nous allons donc continuer notre surveillance et, au moment voulu, nous prendrons les mesures qui s'imposent. Nous avons un excellent système de communications. Il ne va rien se passer de très rapide ni de très spectaculaire et nous allons continuer à suivre le déroulement de la situation de très près. »

La partie de mon exposé sur le voyage du Président fut mise sous embargo jusqu'au samedi 26 septembre pour les journaux du dimanche, jour du départ du Président. Les journalistes assiégèrent Ron Ziegler pour qu'il autorise la publication immédiate des propos que j'avais tenus sur Cuba. Nous acceptâmes.

Deux heures après ma conférence, à 17 h 30, j'eus un nouvel entretien avec Dobrynine dans la Salle des cartes. Je l'avais convoqué sous prétexte de lui fournir les renseignements qu'il m'avait demandés au sujet de la rencontre au sommet ; on pouvait être deux à jouer à ce petit jeu de la Conférence au Sommet pour arrondir les angles... Je lui annonçai que nous acceptions le principe d'un Sommet et proposai juin ou septembre 1971, selon l'état de nos préparatifs. Nous étions d'accord pour que la rencontre ait lieu à Moscou.

J'en vins ensuite au but principal de la rencontre. Dobrynine avait sans aucun doute vu les comptes rendus télégraphiques de ma conférence de presse en petit comité de l'après-midi. Les mots que j'avais employés avaient été soigneusement choisis pour faire entendre que les États-Unis n'avaient pas encore une opinion définitive sur la nature des activités soviétiques à Cienfuegos. Je voulais qu'il comprenne que c'était pour donner à son gouvernement l'occasion de faire marche arrière sans confrontation publique. Nous considérions que la construction en cours à Cienfuegos était indubitablement celle d'une base de sous-marins. Moscou ne devait se faire aucune illusion : continuer la construction d'une base constituait un acte d'une « extrême gravité » ; la base devait être supprimée. Nous n'hésiterions pas à prendre d'autres mesures, y compris publiquement si nous y étions contraints ; si les navires quittaient Cienfuegos — en particulier les ravitailleurs — nous considérerions cela comme un simple exercice d'entraînement.

Dobrynine était un professionnel consciencieux. D'ordinaire aimable, il savait très bien sentir quand il gaspillait son charme et quand son habituel recours à l'énumération de nos fautes n'était pas de mise. Cette fois, il s'agissait d'une épreuve majeure entre grandes puissances mettant en jeu d'importants intérêts nationaux. L'esprit en alerte, il cherchait attentivement à déceler la limite et l'étendue de notre réaction. Est-ce que l'accord de 1962 avait été violé ? La question n'est pas là, ce serait une querelle de juriste ! D'ailleurs, l'intervention de Kennedy n'avait jamais prétendu s'appuyer sur la violation d'un accord. Pour nous, Cuba était un point extrêmement sensible. Et nous considérions la séquence des événements, qui avaient débuté par la démarche de Vorontsov le 4 août, comme autant d'actes d'extrême mauvaise foi. Les installations avaient été montées dans la plus grande clandestinité. Elles devaient disparaître. Dobrynine voulut alors savoir si nous allions entreprendre une grande campagne de presse à propos de cette affaire, calculant visiblement les risques de perdre la face, en cas de retrait. Ce n'est pas notre intention, dis-je. Le Président part pour l'Europe dans dix jours. Nous ne ferons aucun communiqué durant toute cette période. Les Russes avaient donc le choix entre la voie de la conciliation et celle du choc. Nous étions prêts à l'un et à l'autre. Nous étions déterminés à ce qu'il n'y ait pas de base sous-marine à Cuba. De quelque manière que l'on interprète l'agrément de 1962, son esprit n'était pas que l'on puisse remplacer une base de missiles à terre par une base de missiles en mer. Dobrynine répondit, fraîchement, qu'il allait en référer à Moscou, et reprendrait le contact.

Nous tînmes parole. Il n'y eut aucun communiqué officiel. Comme Rogers et Laird accompagnaient Nixon dans son voyage, il était plus facile d'observer une politique de presse cohérente. Il n'avait pas fallu plus de quarante-huit heures — depuis la fin de l'invasion de la Jordanie par la Syrie — pour nous retrouver avec une autre confrontation, cette fois directement avec l'U.R.S.S.

Résolution de la crise

Nous ne pouvions bien entendu empêcher ni les journaux ni le Congrès de commenter l'affaire. Les précédents communiqués avaient mis le feu aux poudres. Le lendemain le *Washington Post* titrait : « Avertissement des États-Unis aux Rouges au sujet de la base de sous-marins de Cuba. » Mais l'intérêt principal des journaux, c'était le départ prochain du Président pour la Méditerranée. L'histoire cubaine était lente à démarrer et personne ne songeait à faire la moindre critique à Nixon, qui partait en pleine crise. Le *Washington Star* citait le sénateur Barry Goldwater : la révélation par le Pentagone d'une possible base nucléaire sous-marine à Cuba était une nouvelle preuve « de la sérieuse prétention russe à la domination mondiale ». On citait aussi le sénateur Mike Mansfield : « En vérité c'est une situation alarmante, qui nous ramène à la déclaration du Président John Kennedy après la crise des missiles de Cuba en 1962 : les armes offensives ne doivent pas être tolérées dans l'hémisphère occidental si l'on veut assurer la " paix dans les Caraïbes ". » L'éditorial du 27 septembre de James Reston était intitulé : « Retour à Cuba et à la Guerre Froide », et il débutait ainsi : « Quelque chose de très sérieux et dangereux est en train de se passer en ce moment entre les leaders des États-Unis et de l'Union soviétique. De toute évidence, ils sont en train de se tromper l'un l'autre en Asie du Sud-Est, au Moyen-Orient et à Cuba, et cela pourrait être tragique pour eux comme pour la paix du monde. »

Mais c'était l'ère du Vietnam. Presque immédiatement une seconde vague de protestations tomba sur le gouvernement. Le dimanche 27 septembre, le sénateur J. William Fulbright fit part de son scepticisme au cours du débat télévisé « Questions et réponses ». Il le fit fort à propos au moment où l'équipe Nixon quittait Washington ; il déclara ceci : « Presque tous les ans, un peu avant le vote du Budget au Sénat, on nous raconte ce genre d'histoires ; c'est peut-être vrai, ce n'est peut-être pas vrai. » Il ajouta qu'on pouvait se poser la question de savoir si les Russes avaient ou n'avaient pas le droit d'être à Cuba. Il doutait que nous puissions « bluffer » les Russes hors de Cuba, étant donné que les deux nations avaient maintenant un « degré de parité ». Le scepticisme de l'administration se fit jour à la première page du *New York Times* dans un article, le 30 septembre, de Tad Szule :

> « Des fonctionnaires américains ont déclaré aujourd'hui que les États-Unis se basaient sur des informations douteuses et périmées pour affirmer que l'Union soviétique envisageait de construire une base sous-marine stratégique à Cuba. C'est pourquoi ces fonctionnaires, des membres des Services de renseignements entre autres, disent qu'ils sont bien en peine d'expliquer pourquoi la Maison Blanche a décidé, la semaine dernière, de mettre en garde Moscou contre l'installation d'une telle base. »

Le sénateur Frank Church reprit le même thème après un rapport des Services de renseignements : « Les faits connus actuellement ne permettent pas de conclure dans un sens ou dans l'autre. » Et le 4 octobre d'autres commentaires sceptiques toujours en provenance de l'administration furent rapportés par Neil Sheelan du *New York Times* : « Les analystes militaires ne sont pas sûrs de la signification de la nouvelle construction de Cienfuegos, qui pourrait n'être qu'une petite construction destinée à l'hébergement et à la détente des équipages des sous-marins... En un mot, ces spécialistes ne pensent pas que les Russes aient besoin – et envie – d'une grande base à Cienfuegos pour des bateaux de la classe yankee. » L'État-Major interarmes ne partageait pas cet avis ; par ailleurs il était clair que l'inaction était le meilleur moyen d'encourager l'Union soviétique à construire tout ce qu'elle voulait et à étendre tout ce qu'elle construisait.

Personne ne remarqua qu'il n'y avait eu aucune réaction de la part de l'Union soviétique : ni démenti, ni protestation outragée. Pendant toute cette période, il n'y eut qu'un seul commentaire, plutôt stupide, déplorant cette propagande hostile. Les Russes nous avaient pris au sérieux. Dès notre retour à Washington, le 5 octobre, Dobrynine demanda un rendez-vous urgent. Il vint le lendemain avec deux messages, le premier pour sauver les apparences, destiné à être montré aux clients arabes, où il exprimait sa satisfaction devant mon engagement du 25 septembre de ne pas intervenir en Jordanie si d'autres pays n'intervenaient pas. Ce qui était une manière pour le Kremlin d'interpréter une position dont nous n'avions jamais changé, comme aux yeux de ses clients arabes une victoire de la diplomatie soviétique. Je ne vis aucune raison d'engager une discussion là-dessus. En diplomatie toute promesse de modération future est bonne à prendre.

Le message soviétique le plus important concernait Cienfuegos. Il débutait en réaffirmant l'accord de 1962 et concluait par un engagement précis de ne pas construire de base à Cuba :

> « Les Russes n'ont rien fait et ne font rien en ce moment à Cuba (y compris dans la zone du port de Cienfuegos) qui soit en contradiction avec l'accord précité. »

Les Russes, après avoir ressorti leur sempiternelle rengaine au sujet des bases américaines outre-mer, et précisé que l'Union soviétique avait proposé au cours des pourparlers SALT de limiter les zones opérationnelles des sous-marins porteurs de missiles, concluaient dans leur note :

> « En tout cas, nous voulons réaffirmer une fois de plus que de leur côté les Russes s'en tiennent strictement à leurs engagements à propos de Cuba et continueront à s'y tenir à l'avenir en partant du principe que les Américains, comme le Président Nixon l'a réaffirmé, observeront strictement de leur côté leurs engagements. »

Dobrynine ajouta oralement que, sans pouvoir s'engager à ce que des sous-marins soviétiques ne soient jamais appelés dans les ports cubains, il était prêt, au nom de son gouvernement, à affirmer que des sous-marins à missiles balistiques n'y feraient jamais escale aux cours d'opérations. Je répondis que nous devions nous assurer que nos deux gouvernements comprenaient le mot « base » de la même façon. Je reprendrais contact avec lui, muni de tous les éclaircissements nécessaires.

La réponse des Russes était, dans le ton, parfaitement positive : ils s'engageaient à ne pas établir de base navale à Cuba – même si la définition en était assez vague – et leurs actions étaient en accord avec cela. Après ma déclaration à la presse, la construction d'installations portuaires avait cessé, le ravitailleur avait été amarré à une jetée au lieu de servir d'installation flottante de réparation, et le lendemain, les deux bateaux de la flotille étaient partis.

Le 9 octobre, je remis à Dobrynine une définition écrite d'une « base » opérationnelle, élaborée avec mon agent de liaison auprès de l'État-Major interarmes, le capitaine Rembrandt C. Robinson :

> « Le gouvernement américain comprend que l'U.R.S.S. n'établira pas, n'utilisera pas ou ne permettra pas l'établissement à Cuba de construction d'aucune sorte pouvant être utilisée comme appui ou lieu de réparation pour des bateaux de guerre soviétiques équipés d'armes offensives, c'est-à-dire : sous-marins ou navires de surface équipés de missiles nucléaires sol-sol.

Ensuite, la note énumérait cinq activités qui, selon l'accord, ne pouvaient pas être entreprises. Dans le but de mettre l'accent sur notre détermination, nous intitulâmes la note : « Note du Président ».

Dobrynine accepta le document et dit qu'il lui faudrait attendre les instructions de Moscou. Cependant, il pouvait me dire d'ores et déjà que l'Agence Tass publierait bientôt une déclaration officielle. Elle fut faite le 13 octobre et reprenait le fond du message soviétique du 6 octobre. Le porte-parole du ministère des Affaires étrangères la qualifia de « positive ». Et elle l'était. Les sous-marins et les missiles offensifs sur des navires de guerre étaient pour la première fois inclus dans les accords de 1962.

Un intéressant échantillon de la mentalité soviétique nous fut donné deux semaines plus tard. Le ministre des Affaires étrangères, Gromyko, venu aux États-Unis pour l'Assemblée générale des Nations-Unies, vit le Président le 22 octobre. Le 23 octobre, je parlai avec Dobrynine à l'ambassade soviétique de New York, Nixon n'ayant pas encore renoncé à obtenir l'annonce du Sommet avant les élections. Espoir – heureusement pour nous – voué à l'échec. Dobrynine remit Cuba sur le tapis. Gromyko, me dit-il, avait été stupéfait que le Président, après y avoir fait une brève allusion, ne soit jamais revenu sur le sujet. Naturellement, Gromyko se demandait pourquoi. Étions-nous en train de préparer quelque chose de nouveau ? Pour l'esprit compliqué, toujours soupçonneux des Russes, l'omission du Président avait des connotations sinistres. En fait, Nixon n'était pas revenu sur le sujet parce qu'il ne souhaitait pas être mêlé aux échanges délicats Kissinger/Dobrynine en présence de son ministre des Affaires étrangères. Je demandai à Dobrynine ce qu'aurait répondu Gromyko si le Président avait soulevé la question de Cuba. Dobrynine me dit que Gromyko avait reçu comme instructions de dire : « Nous n'avons pas de base sous-marine à Cuba, nous ne sommes pas non plus en train de construire des installations de marine de guerre, et nous respectons scrupuleusement nos accords de 1962. Nous inclurons aussi à cet accord tout ce qui s'est dit depuis août 1962. » Dobrynine ajouta que la liste des activités que nous avions exclues ne pouvait entrer dans un accord formel sans impliquer de réciprocité, mais l'Union soviétique comprenait ce que nous entendions par « base ». En d'autres termes, la « Note du Président » devenait partie intégrante de l'accord.

Mais rien avec les Russes n'est aussi simple. Le ravitailleur de sous-marins soviétique et le remorqueur de sauvetage, escortés de quatre navires de commerce et de cinq patrouilleurs cubains, quittèrent en effet Cienfuegos le 10 octobre. Le 15 octobre, cependant, ils revinrent vers le port de Mariel sur la côte nord de Cuba. Ils ne repartirent de Mariel que le 31 octobre : alors, après avoir mis le cap à l'est, ils firent à nouveau le tour de l'île et arrivèrent une fois encore à Cienfuegos le 7 novembre.

Je protestai avec colère auprès de Dobrynine le 11 novembre. Le 24 novembre, l'omniprésent Voronstov dit à un journaliste que c'était le travail d'un ravitailleur de ravitailler les sous-marins, et qu'il le ferait en mer. Cependant, le 22 décembre, j'avertis Dobrynine que l'entretien de sous-marins dans ou depuis des ports cubains « conduirait à une situation très grave entre les États-Unis et l'Union soviétique ». Le 4 janvier 1971, le Président confirma mes propos en disant lors d'une interview télévisée : « S'il se trouvait que des sous-marins nucléaires soient entretenus à Cuba ou à partir de Cuba, cela constituerait une violation de l'accord. » Le 5 janvier, la Maison Blanche élabora un texte à partir de là, mettant l'accent sur le fait que l'entretien de sous-marins « n'importe où en mer » à partir des ravitailleurs opérant depuis Cuba était interdit[3].

Le 3 janvier 1971, le ravitailleur quitta les Caraïbes pour être remplacé par un second ravitailleur qui arriva à Cuba le 14 février, accompagné d'un autre détachement spécial de la marine de guerre soviétique, comprenant un sous-marin atomique offensif. A trois reprises j'adressai des protestations à ce sujet à Dobrynine, et, après une conférence du W.S.A.G., lui remis une note le 22 février disant que la présence d'un ravitailleur à Cienfuegos pendant 125 jours sur les 166 passés était une violation de l'accord. Le ravitailleur et les sous-marins partirent. Mais une autre flottille russe revint alors en mai, cette fois-ci avec un ravitailleur et un sous-marin atomique équipé de missiles pour un « voyage d'entraînement », faisant une « courte escale d'essai ». De toute évidence les Russes pensaient avoir trouvé une échappatoire par le biais de ces escales permises et l'exploitaient sans merci. Ils essayaient toutes les combinaisons imaginables, à l'exception de la plus importante, à savoir la présence simultanée d'un ravitailleur et d'un sous-marin atomique porteur de missiles.

Nous protestâmes à nouveau avec force. Le ravitailleur partit une fois de plus.

Tout cela, il ne faut pas l'oublier, se passait le plus souvent par voie diplomatique secrète. Le processus était essentiellement une série de messages par voie présidentielle, passés au crible par l'ensemble des organismes gouvernementaux au sein du W.S.A.G. Plutôt qu'une confrontation dramatique comme celle de 1962, nous considérions qu'une diplomatie tranquille était plus appropriée pour donner à l'U.R.S.S. la possibilité de faire marche arrière sans humiliation. En restant très fermes, au tout début de la construction, nous avions évité une crise plus grave tout en atteignant nos objectifs. Les constructions militaires furent stoppées ; les installations antiaériennes détruites ; quant aux moyens de communication radio, ils ne devinrent jamais opérationnels. L'amiral Thomas Moorer, chef de l'État-Major interarmes, put donc déclarer à l'Economic Club de Detroit, le 9 novembre 1970, que l'Union soviétique n'avait aucune base sous-marine à Cuba.

Certes les Russes nous tourmentèrent longtemps avec leurs escales dans les ports. Mais, sans installations côtières, les escales portuaires sont inefficaces. Si nous avions formellement interdit ces escales, nous aurions risqué à notre tour de compromettre les mouvements de la marine de guerre américaine et même le principe de la liberté des mers. Ce qui nous inquiétait à Cuba, en 1970, c'était l'expansion de la capacité en sous-marins porteurs de missiles de l'Union soviétique contre les États-Unis grâce à cette base aux Caraïbes. Cela fut évité.

Nous ne pouvions naturellement pas oublier que l'on avait essayé de nous abuser, ni que, si les Russes n'avaient pas poursuivi leur projet, c'était parce que nous les en avions empêchés avec acharnement. Le gouvernement Nixon avait plusieurs fois fait savoir à Moscou que nous étions prêts à observer une période de modération mutuelle et de conciliation. Au cours de l'automne 1970, Moscou voulut savoir si cette volonté reflétait l'irrésolution, la faiblesse intérieure due au Vietnam, ou un désir sérieux. Ayant eu sa réponse, Moscou laissa Cienfuegos se dissiper dans un oubli bien mérité.

17.

L'automne des crises : le Chili.

Le 4 septembre 1970, Salvador Allende Gossens obtint une majorité relative aux élections à la Présidence qui se jouaient entre trois candidats, avec seulement 36,2 pour 100 des suffrages, dépassant le candidat arrivant en second de trente-neuf mille voix. Paradoxalement, c'était *moins* que les 38,9 pour 100 qu'il avait obtenus aux élections de 1964, où il avait été battu par Eduardo Frei Montalva. Mais, en 1970, la loi empêcha Frei, qui était très populaire, d'accomplir un nouveau mandat. Ces suffrages bien plus élevés contre Allende (62,7 pour 100) étaient répartis entre deux candidats. C'est le parlement chilien qui organise d'autres élections afin de départager les candidats si aucun d'eux n'a obtenu la majorité des voix. Traditionnellement, le parlement soutient le candidat qui bénéficie de la majorité relative. On s'attendait donc qu'il en soit ainsi et que Salvador Allende soit nommé Président du Chili.

Edward Korry, notre ambassadeur, depuis 1967, au Chili, où il avait été envoyé par Kennedy, fit le rapport suivant :

> « Le Chili a voté calmement pour avoir un État marxiste-léniniste ; c'est la première nation au monde à faire ce choix librement et en connaissance de cause... *L'écart est seulement de 1 pour 100, mais cela suffit à la Constitution chilienne pour imposer son triomphe comme définitif.* Il n'y a aucune raison de croire que l'armée chilienne déclenchera une guerre civile ou qu'un autre miracle anéantira sa victoire. Il est triste de penser que le Chili a pris la voie du communisme avec seulement un peu plus d'un tiers (36 pour 100) du pays approuvant ce choix mais c'est un fait. *Cela aura la plus profonde répercussion sur l'Amérique Latine et peut-être même dans d'autres pays ; nous avons subi une pénible défaite. Les conséquences en seront à la fois intérieures et internationales ;* les répercussions en seront ressenties immédiatement dans certains pays et à plus long terme dans d'autres. »

Les phrases en italique furent soulignées par Nixon, lorsque je lui envoyai le rapport de Korry, qui était convaincu que : « Le Chili seul dans le monde démocratique occidental réunissait les conditions objectives permettant à Allende le passage constitutionnel à un État communiste.» Il évoquait la force et l'organisation des partis marxistes, les pouvoirs étendus de la Présidence au Chili, la participation considérable et toujours croissante de l'État dans le secteur économique, les idées avancées et en pleine évolution de l'opinion publique, enfin le désordre des forces démocratiques au Chili.

Les résultats des élections chiliennes furent connus juste au moment où Moscou et Le Caire rejetaient nos protestations contre les violations de cessez-le-feu au Moyen-Orient ; la Jordanie s'attendait à un mouvement imminent des troupes irakiennes contre le roi. Une flottille soviétique faisait route vers Cuba. Le 8 septembre, jour où les événements du Chili furent pour la première fois à l'ordre du jour d'une commission interministérielle, plusieurs avions venaient d'être détournés au Moyen-Orient et la flottille soviétique approchait du port de Cienfuegos. Six jours plus tard, le 14 septembre, lorsque le Chili revint à l'ordre du jour, la situation en Jordanie s'était détériorée et des M.I.G. cubains interceptèrent un U-2 qui allait photographier Cienfuegos et dont la mission échoua. Au cours des semaines suivantes, notre gouvernement eut le loisir de réfléchir aux événements du Chili, mais avec, à l'arrière-plan, l'invasion de la Jordanie par la Syrie et notre effort pour contraindre l'Union soviétique à démonter ses installations destinées à l'entretien de sous-marins nucléaires dans les Caraïbes. C'est dans ce contexte qu'il faut replacer notre réaction.

Quelles qu'eussent été les circonstances, l'élection d'Allende mettait en cause nos intérêts nationaux. Il n'était pas facile de nous faire à l'idée d'un second État communiste dans l'hémisphère occidental. Nous savions à l'avance qu'il ne tarderait pas à adopter une politique antiaméricaine, à briser la solidarité de l'hémisphère, à faire cause commune avec Cuba et tôt ou tard à établir des relations étroites avec l'Union soviétique. Et c'était d'autant plus pénible qu'Allende marquait une rupture avec une longue histoire démocratique du Chili et que son élection à la Présidence n'était pas le fait d'une authentique expression de la majorité, mais d'une fantaisie du système électoral chilien. 36 pour 100 de votes exprimés, c'était peu pour justifier la transformation irréversible des institutions politiques et économiques qu'Allende allait imposer au Chili. Deux gouvernements américains antérieurs étaient arrivés à la même conclusion. Deux gouvernements américains précédents avaient jugé qu'un gouvernement Allende au Chili desservirait les intérêts nationaux américains essentiels. Et, en 1970, notre conclusion fut pratiquement la même.

Salvador Allende

Le martyre ultérieur d'Allende a obscurci sa politique. Bien qu'il se soit proclamé socialiste, ses buts, sa philosophie n'avaient aucune ressemblance avec ceux des social-démocraties européennes. Allende avait fondé le parti socialiste du Chili, qui ne se distinguait du parti communiste qu'en se montrant plus révolutionnaire dans son programme et pas plus démocratique dans sa philosophie. Il avait voulu prendre le pouvoir par l'élection *avant* d'entreprendre la révolution, mais la plate-forme sociale et politique qu'il promettait ensuite n'était pas différente de celle du parti communiste. Le principe de base du programme du Parti était que les pratiques démocratiques « bourgeoises » n'étaient plus de mise. Par définition, son élection serait la dernière élection démocratique.

De toute façon, Allende était le candidat de la coalition du parti communiste et de son propre parti, appelé Unité Populaire, à laquelle se joignirent d'autres partis révolutionnaires dissidents. Dans son programme, l'Unité Populaire s'engageait à détruire le système existant et à amener des changements « révolutionnaires » et « profonds » ; elle dénonçait l' « exploitation impérialiste » et les « monopoles américains ». Cela impliquait une expropriation totale de la terre, des industries clés et de toutes les structures commerciales et bancaires, une « transformation radicale » de l'enseignement et la mise en œuvre d'un « programme national pour encourager la culture populaire ». Le programme de l'Unité Populaire reprenait, à peu près mot pour mot, celui du parti communiste chilien[1], dont la soumission à la ligne de Moscou était évidente, car il était l'un des rares partis communistes, hors de l'Europe de l'Est, à avoir approuvé l'invasion de la Tchécoslovaquie par l'Union soviétique. Tout comme les communistes, il réclamait un pouvoir législatif unicaméral, et la subordination du Judiciaire à cette « Assemblée populaire ». Il s'agissait de supprimer les habituels moyens de contrôle et la séparation des pouvoirs prévus par la Constitution, qui prévoyait également un législatif bicaméral et l'indépendance du judiciaire. Les passages du programme de l'Unité Populaire émanant du parti socialiste évoquaient l'opposition à l' « impérialisme », la condamnation de l' « agression » américaine au Vietnam ; ils appelaient à la « solidarité active » avec le Vietnam du Nord et déclaraient l'Unité Populaire « solidaire de la Révolution cubaine, l'avant-garde de la révolution et de la construction du socialisme en Amérique latine ». Un autre passage important dénonçait l'Organisation des États américains comme « l'outil de l'impérialisme américain ».

En 1967, Allende avait été l'un des fondateurs de l'Organisation latino-américaine de Solidarité dont le siège se trouvait à La Havane et dont les fondements politiques, pour reprendre les mots de Régis Debray, chroniqueur idolâtre des révolutions, « se basent sur la conception continentale de la lutte armée contre l'impérialisme américain. Les conceptions de base de l'organisation sont la solidarité, la coordination et l'appui aux luttes de libération nationale sur le continent. Dans le document de la session de clôture de la première conférence, il est fait une critique de front des positions réformistes de quelques partis de gauche latino-américains. Ce document signale que " la lutte révolutionnaire armée constitue la ligne fondamentale de la Révolution en Amérique latine[2] " ». Pendant la campagne électorale de 1970, Allende se déclara personnellement convaincu que « Cuba aux Caraïbes et un Chili socialiste dans le cône Sud feront la révolution en Amérique latine ».

En effet, il n'est pas un qualificatif qu'Allende aurait repoussé avec plus d'indignation que celui de réformateur démocratique. Il ne sied pas de porter atteinte à l'intégrité d'un homme qui a dédié sa vie à la révolution en prétendant qu'il a été ce qu'il a toujours refusé d'être. Dans ses conversations avec Régis Debray, en 1971, à une époque où il était en fait Président constitutionnel du Chili, Allende marqua très clairement que les garanties démocratiques auxquelles il avait adhéré en 1970, pour persuader le Parlement chilien de ratifier son élection et les militaires d'accepter son accès au pouvoir, étaient une « nécessité tactique[3] » qui ne modifiaient pas son engagement fondamental vis-à-vis d'un soulèvement révolutionnaire : et il ajouta que « à ce moment-là, l'important était de prendre le gouvernement[4] ». Il compara cette tactique à la décision de Mao Tsé-toung de permettre le maintien des entreprises privées pendant quelques années après la prise du pouvoir communiste chinois en 1949, et à la modération de Fidel Castro à l'égard de Guantanamo[5].

La seule conclusion que l'on puisse tirer de ces propos, c'est que les garanties démocratiques qu'Allende accepta, à contrecœur, et, d'après ses propres dires, en raison de leur utilité temporaire, seraient bafouées à la première occasion. Il établit une distinction claire entre son gouvernement et celui du premier Front populaire au Chili (assez semblable à ceux que l'on avait connus en Europe dans les années 1930), qui comprenait des partis démocrates ; il ne voulait pas de ces partis « bourgeois[6] ». « Au sein du Front populaire, Régis », dit-il à Debray en 1971, « il y avait un parti hégémonique, un parti majoritaire, le parti de la bourgeoisie : le parti radical. Aujourd'hui, dans l'Unité Populaire, aucun parti n'a l'hégémonie mais deux partis de la classe ouvrière sont présents, des partis révolutionnaires, des partis marxistes. Et enfin, camarade, le Président de la République est un socialiste. Donc les choses sont très différentes et je suis arrivé à ce poste pour réaliser la transformation économique et sociale du Chili, pour lui ouvrir la voie vers le socialisme. Notre objectif est le socialisme total, scientifique et marxiste[7]. »

Debray, encore sceptique, demanda : « Qui, à l'heure actuelle, se sert de qui ? Qui se moque de qui ? » Allende répondit : « La réponse (est) très brève : le prolétariat... Et s'il n'en était pas ainsi, je ne serais pas ici[8]. » A une autre question, Allende s'exclama : « Quant à l'État bourgeois, nous cherchons pour l'instant à le dépasser, à le surmonter[9]. »

Ce qui nous inquiétait chez Allende, c'était son hostilité déclarée à l'égard des États-Unis et son intention évidente de créer un autre Cuba. Son programme explicite, et le but qu'il s'était fixé depuis longtemps, était d'établir une dictature irréversible et de mettre en cause de façon permanente notre position dans l'hémisphère occidental. Et, durant le mois des événements de Cienfuegos, il n'était pas absurde de prendre au sérieux les implications militaires d'un allié supplémentaire de l'Union soviétique en Amérique latine. C'était pour des raisons de Sécurité nationale et non d'économie qu'Allende nous préoccupait.

La nationalisation des biens américains n'était pas le problème. Nous n'avions jamais remis en question la législation internationale permettant la nationalisation dans l'intérêt du pays, même si nous faisions valoir nos droits à une compensation rapide, juste et effective (également prévue par la législation internationale). Tous les gouvernements d'après-guerre, aux États-Unis, avaient cherché à décourager l'expropriation des compagnies étrangères par les pays en voie de développement et, dans les pays où la nationalisation était inévitable, à obtenir un impact trop néfaste sur le climat général des investissements.

Il existait, en outre, une ordonnance au Congrès prévoyant l'abandon de l'assistance économique stipulée par la Loi sur l'aide aux pays étrangers, de 1961, dans les cas d'expropriation de biens américains sans compensation (l'amendement Hickenlooper).

Cependant, nous avions pris grand soin que cette question de l'expropriation n'entrave pas nos objectifs de politique étrangère. Ainsi, au Chili, en 1969, avant Allende, l'ambassadeur Korry avait coopéré à la nationalisation négociée de la société Anaconda. Et, au Pérou, cette même année, le gouvernement Nixon tira le parti maximum de notre législation pour parvenir à un règlement équitable, lors de la nationalisation des puits de pétrole de l'International Petroleum Company, sans avoir à invoquer une législation *restrictive*. Nous trouvâmes des prétextes pour retarder à plusieurs reprises l'application de l'amendement Hickenlooper, et fîmes clairement comprendre que nous étions prêts à accepter un paiement compensatoire pour l'I.P.C., inférieur à sa valeur totale, afin de maintenir un climat amical avec un pays important (même si le Pérou était gouverné par une junte militaire de gauche agressivement nationaliste et favorable aux éléments les plus extrémistes du tiers monde). Après des efforts patients et soutenus, nous parvînmes à un modus vivendi avec le gouvernement péruvien.

La mise en question de notre politique et de nos intérêts par Allende était d'un tout autre ordre. Il ne se contentait pas de nationaliser les biens ; il avouait ouvertement son appartenance au marxisme-léninisme totalitaire. Il admirait la dictature cubaine et s'opposait résolument à l' « impérialisme américain ». Son but avoué au cours des dix années précédant son élection à la Présidence avait été de saper notre position dans tout l'hémisphère occidental, en employant au besoin la violence. Parce que c'était un pays continental, le Chili disposait de beaucoup plus de moyens pour mettre en cause nos intérêts que Cuba, et Cuba l'avait déjà fait sérieusement. En réalité, nous étions en pleine crise au sujet de Cienfuegos lorsque Allende fut élu. Le Chili avait des frontières communes avec l'Argentine, le Pérou et la Bolivie, tous infestés de mouvements révolutionnaires. Le succès d'Allende risquait d'avoir des implications même sur l'avenir des partis communistes de l'Europe de l'Ouest, dont la politique saperait inévitablement l'Alliance occidentale. Aucun président conscient de ses responsabilités ne pouvait envisager l'accession d'Allende au pouvoir sans inquiétude.

Nous étions bien d'accord, au gouvernement, sur ce que représentait cette accession au pouvoir. Nul ne mettait en doute les termes du premier télégramme de Korry prévoyant les conséquences de l'élection d'Allende. Notre seul point de désaccord concernait l'aptitude d'Allende à réaliser ses objectifs face à la résistance nationale, et ce que les États-Unis seraient à même de faire à cet égard si les prédictions de Korry se révélaient exactes.

Influence et intervention: la Commission 40

La question de savoir si, et dans quelle mesure, les États-Unis doivent chercher à peser sur les événements intérieurs dans d'autres pays est complexe, et la réponse qu'elle appelle procède d'une diversité d'éléments, y compris l'idée que l'on peut se faire de l'intérêt national. Des Présidents des deux grands partis américains avaient senti la nécessité, pendant toute la période de l'après-guerre, d'opérations secrètes dans cette zone grise qui se situe entre la diplomatie régulière et l'intervention militaire. Il me déplaît de traiter des actions secrètes par écrit. Mais le Conseil restreint du Sénat chargé de l'étude des actions gouvernementales dans le domaine du Renseignement (la Commission Church) a déjà publié les faits dans un rapport tendancieux de 1975 sur le Chili. Il n'est pas évident que les auteurs du rapport aient eu conscience des inquiétudes que suscita alors la victoire d'Allende.

Il est plaisant d'ailleurs de constater que ceux qui furent les plus virulents à dénoncer ce qu'ils appelaient notre « intervention » au Chili aient été les premiers à préconiser une pression gouvernementale sur les successeurs d'Allende. Les restrictions à l'aide américaine furent d'ailleurs bien plus fortes que celles qui affectèrent le Chili d'Allende. Elles furent rendues publiques, ce qui ne les rend pas moins incompatibles avec le principe d'opposition à l'intervention extérieure qui servit de base, au moins partiellement, à l'offensive contre les opérations secrètes. Paradoxalement les interventions américaines dans les affaires intérieures d'autres pays se sont multipliées et sont devenues moins discriminatoires depuis qu'on s'en est pris aux opérations clandestines de la C.I.A.

Les activités de la C.I.A. au début de la période dite de « Guerre Froide » se maintenaient dans certaines limites. Ses critères étaient les dangers courus par notre politique étrangère et la Sécurité nationale, et il n'y en avait pas beaucoup. La nouvelle doctrine autorise l'intervention illimitée pour provoquer des changements intérieurs dans des pays qui ne menacent pas notre Sécurité nationale et qui peuvent même être des alliés des États-Unis.

Bien sûr, les opérations clandestines ont leurs difficultés aussi bien théoriques que pratiques, en particulier pour l'Amérique. Notre tempérament national ainsi que notre tradition ne s'en accommodent pas. Notre système de gouvernement ne se prête pas spontanément au secret et à la subtilité qu'elles exigent. Il nous manque l'appareil conspiratoire compliqué de nos adversaires. Ceux qui voudraient démanteler notre appareil de renseignements n'auraient aucun mal à trouver des exemples d'opérations du genre amateur qui ne tromperaient personne. Mais les hommes ou les femmes qui ont été préparés à exécuter des missions secrètes, avec d'ordinaire des moyens plutôt dérisoires comparés à ceux dont dispose l'adversaire, soumis qu'ils sont à des restrictions prohibitoires, méritent mieux de leur pays que les attaques impitoyables dont ils font l'objet. Ces attaques risquent de nous laisser sans protection dans un secteur essentiel à notre sécurité nationale, car nous nous trouvons exposés à un problème sans précédent. Nous vivons dans une époque de confrontation idéologique ; à chaque stade de la coexistence, les dirigeants soviétiques ont bien montré que celle-ci n'entraînait pas un recul de la bataille idéologique. Les partis communistes d'obédience soviétique, dans le monde entier, s'écartent de temps à autre de la ligne moscovite, pour ce qui est de la politique intérieure de leur pays – comme on peut s'y attendre de la part d'hommes volontaires attirés par le pouvoir et qui se sont élevés à la prééminence à la faveur d'une lutte politique sans merci. Mais ils s'en écartent rarement sur les problèmes internationaux ; même les partis communistes apparemment les plus « indépendants » d'Europe occidentale et d'Amérique latine suivent la ligne soviétique en matière de politique étrangère. Ces exceptions vont d'ailleurs très souvent dans le sens d'un radicalisme plus poussé que le Kremlin ne le juge utile.

Le problème n'est pas seulement une question de parti communiste. La politique d'extrême gauche, de nos jours, englobe un réseau d'organismes et de groupes sympathisants qui s'étend sur le monde entier, pratiquant les attentats terroristes ou les finançant, transportant des armes, s'infiltrant dans les media, cherchant à mettre en échec les processus politiques. Comment les fonds peuvent passer des filières communistes régulières aux mains de ces groupes d'actions est difficile à établir. Notre ambassadeur au Chili, par exemple, nous fit savoir, en septembre 1970, qu'une des raisons pour lesquelles il pensait qu'Allende réussirait à établir un État totalitaire était que sur « les trois chaînes de télévision de Santiago, opérant dans une société encore libre, l'une était entièrement sous contrôle des marxistes-léninistes de l'Université du Chili, l'autre entre les mains d'une coalition de marxistes et de chrétiens-démocrates d'extrême gauche de l'Université catholique, la troisième étant télévision d'État » (naturellement, la télévision d'État passerait sous contrôle des révolutionnaires après l'accession d'Allende au pouvoir). Et pendant toute l'année 1970, nous fûmes informés de bonne source que des fonds secrets de Cuba et d'autres provenances communistes étaient envoyés à Allende.

Dans ces circonstances, il n'était pas moralement ou politiquement injustifié de la part des États-Unis d'apporter leur appui à ceux qui cherchaient démocratiquement à contrebalancer les extrémistes de gauche. Au contraire, aucun dirigeant avisé n'eût agi autrement. Il n'y avait rien de sinistre dans le désir des États-Unis d'aider les formations démocratiques à poursuivre librement leurs émissions de radio et de télévision, et à éditer leurs journaux. Ce sont ces mêmes considérations qui avaient conduit les gouvernements Kennedy et Johnson à débloquer plus de trois millions de dollars entre 1962 et 1964 pour financer la campagne de l'adversaire d'Allende, l'habile réformiste Eduardo Frei (ceci s'était fait apparemment à l'insu de Frei), et elles prirent tout leur sens au regard de l'implacable campagne de harcèlement, d'intimidation, et des pressions économiques menées par Allende pour mettre en faillite, dès son arrivée au pouvoir, les media et les partis démocratiques qui lui étaient opposés.

Ce que le lecteur a le droit de savoir, cependant, c'est, en bref, la manière dont, dans une société démocratique, nous avons toujours supervisé nos opérations secrètes de telle façon qu'elles restent compatibles avec notre éthique nationale et nos buts réels.

Lorsque nous sommes arrivés au gouvernement, les activités secrètes étaient surveillées par la Commission 303, ainsi nommée d'après une ordonnance présidentielle de juin 1964 (note 303 relative à la Sécurité nationale), qui confirmait la composition, les fonctions et les responsabilités de cette commission. Un tel appareil de coordination inter-administrations avait existé sous différentes appellations depuis la loi sur la Sécurité nationale de 1947, qui créa la C.I.A. et le C.N.S. Au début du gouvernement Nixon, la Commission 303 fut signalée par un article de presse. Dans ces jours lointains d'innocence, cela parut constituer un risque suffisant pour que l'on décide d'en changer l'appellation. La note 40 relative à la Sécurité nationale réaffirma donc, en date du 17 février 1970, les fonctions de la Commission, que l'on rebaptisa du nom de cette directive [10].

A cette époque, la Commission 40 était composée de l'Attorney général, des ministres adjoints des Affaires étrangères et de la Défense, d'un des directeurs de la C.I.A., du chef de l'état-major interarmes et du Conseiller pour les questions de Sécurité du Président ayant qualité de président de la Commission. L'assistant des Affaires étrangères, pour la zone dans laquelle l'activité secrète était envisagée, siégeait dans tous les cas. En d'autres termes, mis à part l'Attorney général *, la composition de la Commission 40 était identique à celle du Groupe supérieur d'Études (S.R.G.) et du W.S.A.G. ; elle incluait les hauts fonctionnaires responsables de la conduite au jour le jour de nos affaires de Sécurité nationale. C'était le groupe le plus susceptible d'être au courant des ramifications de notre politique étrangère. (La principale différence par rapport au S.R.G. était que le personnel en était exclu.)

L'ordre du jour était généralement établi par la C.I.A. en accord avec mes services. La C.I.A. d'habitude passait l'ordre du jour en revue officieusement avec les Affaires étrangères et renvoyait à plus tard les questions qui n'étaient pas encore au clair pour les Affaires étrangères ; c'est ce qui se produisit par exemple pour le Chili (comme l'ambassadeur en place supervisait techniquement le chef de poste de la C.I.A., celle-ci s'était aperçue qu'elle avait besoin du ministère des Affaires étrangères pour opérer efficacement). Un fonctionnaire de la C.I.A., au courant du projet examiné, faisait le point de la situation pour la Commission. Aucun autre membre du personnel n'assistait aux réunions, si ce n'est le représentant des Affaires étrangères, spécialiste des questions à l'ordre du jour. Les procès-verbaux étaient archivés par un fonctionnaire rattaché au C.N.S. à cet effet.

La plupart des opérations secrètes étaient décidées à l'initiative de la C.I.A. ou de nos ambassadeurs à l'étranger ; lors de ma présence au gouvernement, ce ne fut que très rarement que la Maison Blanche proposa l'inscription de questions à l'ordre du jour. Le Chili était l'une d'elles, et, même dans ce cas, le Président se contenta de donner une impulsion à ce que la Commission avait déjà entrepris de

* Le ministre de la Justice fit partie de la commission surveillant les actions secrètes au moins depuis l'époque du gouvernement Kennedy ; il en est désormais l'un des membres réguliers.

son propre chef. Le seul changement que j'apportai au mode de procédure fut de demander que chacune des actions secrètes ou de reconnaissance autorisées soit reconsidérée au moins une fois l'an par la Commission 40, ceci pour qu'on ne les poursuive pas systématiquement par inertie bureaucratique si elles devenaient sans objet.

Sous réserve de la bénédiction présidentielle, une fois que la Commission 40 avait approuvé une action secrète – d'ordinaire en autorisant le déblocage d'un certain budget – la C.I.A. était responsable de son exécution. La Commission 40 ne supervisait pas, au jour le jour, l'exécution de ce qu'elle avait approuvé. On ne la mettait au courant du programme qu'à son achèvement, ou lors du réexamen annuel, ou encore lorsque d'autres fonds se révélaient nécessaires. Dans les cas critiques, tels que le premier mois suivant la victoire d'Allende, les mises au point furent plus fréquentes. En fait, la principale faiblesse des procédures relatives à nos actions secrètes venait du fait qu'après avoir été examinées dans tous les détails de politique étrangère, elles n'étaient plus suivies avec le même souci du détail au niveau le plus haut du gouvernement ; il n'y avait pas de sous-groupe pour contrôler les activités. La Commission 40 donnait le feu vert mais ne supervisait pas. Théoriquement, les ambassadeurs américains, dans les pays où des actions secrètes étaient menées, avaient la charge d'assurer la surveillance. Mais il en avaient rarement le temps ou la compétence *. Pour ce qui est du Chili, la question clé était de savoir si l'arrivée d'un gouvernement Allende au pouvoir affectait suffisamment notre sécurité nationale pour faire appel à la Commission 40.

Les élections chiliennes de 1970

Comme je l'ai déjà dit, deux gouvernements successifs avaient conclu que Salvador Allende et les forces qui le soutenaient constituaient, à l'égard de nos intérêts, une menace justifiant, lors des élections de 1964, notre aide à son adversaire. Nous avions alors investi près de trois millions de dollars pour soutenir la campagne de Frei. Jusqu'en 1968, nos prédécesseurs allouèrent clandestinement quelques centaines de milliers de dollars pour aider à la défaite d'Allende aux élections législatives de mai 1969. L'aide officielle américaine au gouvernement Frei s'éleva à plus d'un milliard de dollars, programme d'aide le plus élevé per capita en Amérique latine – accordé en partie pour soutenir les forces démocratiques contre Allende. Qu'un gouvernement Allende représente un danger pour nos intérêts nationaux allait de soi, lorsque Nixon prit ses fonctions.

* A la lecture de certaines communications intérieures de l'Administration, qui furent publiées par la Commission Church, et en particulier de celles datées postérieurement au 15 octobre 1970, j'ai été amené à penser que nous aurions dû insister pour que le même traitement qu'aux principales dépêches des Affaires étrangères soit accordé aux dépêches envoyées par le bureau du C.P.Q.S.

Curieusement le gouvernement Nixon fut, au début, moins actif contre Allende que nos prédécesseurs démocrates, d'une part, parce que nous étions préoccupés par tant d'autres crises, d'autre part, à cause d'une fausse estimation de l'issue probable des élections chiliennes ; cette estimation fut acceptée sans discussion parce qu'elle conduisait à la conclusion la plus confortable ; inutile de s'interroger sur les choix difficiles auxquels nous serions contraints en 1970.

Le gouvernement des États-Unis avait des années durant soutenu activement Frei parce qu'il était l'homme le plus populaire, le plus capable du Chili. Une telle décision ne posait aucun cas de conscience ; elle nous permettait à la fois d'agir contre les communistes et d'aider les forces réformistes et progressistes soutenues par la vaste majorité des Chiliens. Mais, en 1970, nous n'eûmes pas cette chance : il fallait choisir. La Constitution chilienne interdisait au Président Frei de se succéder à lui-même. Son parti, le parti chrétien-démocrate, avait perdu du terrain aux élections parlementaires de 1969, environ 11 pour 100 de ses voix. Le parti national-conservateur les avait récupérées. Le parti chrétien-démocrate éclata : ses membres les plus à gauche le désertèrent lorsqu'il rejeta leur demande d'« Union populaire » avec les partis marxistes, et l'appareil du parti tomba aux mains des forces opposées à Frei, beaucoup plus turbulentes, moins respectueuses des traditions d'une société ouverte et démocratique, moins véritablement réformistes, plus hostiles aux États-Unis.

La polarisation de la vie politique chilienne nous apparut avec une totale évidence lorsque Frei fut obligé, par les pressions de la gauche, de prendre, au début de 1969, deux décisions importantes. Devant les manifestations des étudiants révolutionnaires, il fit annuler la visite du gouverneur Nelson Rockefeller envoyé par Nixon en tournée en Amérique latine pour poser les jalons d'une nouvelle approche dans l'hémisphère occidental. Presque en même temps, Frei insista pour remettre en question un accord avec les compagnies américaines du cuivre, accord conclu et mis en application par son propre gouvernement deux ans auparavant, accord grâce auquel le Chili avait acquis une participation substantielle à la propriété des mines de cuivre. Il exigeait maintenant un intérêt majoritaire immédiat et l'acquisition progressive par le Chili du reste du capital américain. Cependant, nous désirions si intensément renforcer ce que nous et nos prédécesseurs considérions comme le meilleur espoir d'une démocratie modérée au Chili que l'ambassadeur Korry reçut des ordres pour essayer de mettre sur pied un accord acceptable pour les deux parties. « Acceptable » dans ce contexte était un euphémisme, personne n'ignorant qu'on en arriverait à l'expropriation pure et simple. (Avec l'imprévoyance politique caractéristique de la plupart des compagnies multinationales, Anaconda, trop confiante, avait laissé prendre pour base de son assurance-expropriation son contrat, afin de réduire le montant des primes, ce qui, par la suite, sapa ses chances de négociation.)

Il y eut donc, en 1969, de nombreux signaux d'alarme. La tendance de plus en plus gauchisante des chrétiens-démocrates chiliens, le rétrécissement de leur soutien populaire rendaient très improbable l'union des partis non révolutionnaires sur une seule candidature, comme en 1964. Selon les prévisions, la compétition devait se circonscrire à trois candidats : un conservateur, un chrétien-démocrate faible, et un révolutionnaire d'extrême gauche, Allende. Et le Congrès penserait finalement que le groupe d'Allende n'était pas loin d'avoir la majorité. En 1969, la Maison Blanche était préoccupée par le Vietnam et son agitation intérieure, les relations avec les Soviétiques, l'Europe de l'Ouest, les négociations d'Okinawa avec le Japon, et les prémices de notre initiative vers la Chine. Je connaissais trop peu la question du Chili pour mettre en doute la parole des experts.

Aucun ministère n'attira notre attention sur la gravité de la situation. Ceux qui auraient souhaité un rôle plus actif de la part des États-Unis hésitaient à heurter de front les Affaires étrangères qui avaient en horreur les opérations clandestines. Le Chili, bien sûr, est l'exemple classique de la manière dont des événements de majeure importance peuvent avoir lieu sans que la Maison Blanche soit au courant, tout simplement parce que les organismes intéressés n'arrivent pas à se mettre d'accord sur l'importance à leur accorder. Le « traité de non-agression », par lequel ces organismes gouvernementaux se révélaient soucieux d'éviter un combat qui aurait pu les mettre en mauvaise posture, empêcha que le Chili figure au nombre des questions importantes, portées à l'attention de la Maison Blanche en 1969. Un fait est certain, la C.I.A. avertit à plusieurs reprises que si l'on voulait des résultats sérieux en 1970, il fallait s'y mettre en 1969. Et en avril 1969, la C.I.A. avait estimé que la gauche révolutionnaire avait une bonne chance de gagner les élections présidentielles. Mais c'était là un jugement pratique sur l'action à mener si l'on décidait de s'engager comme en 1964 ; ce n'était pas une incitation à agir. Celle-ci, de toute façon, se serait heurtée à l'opposition inflexible du Bureau d'Amérique latine des Affaires étrangères, incapable de faire face aux réalités politiques chiliennes. En 1970, il n'y avait aucun chrétien-démocrate réformiste à soutenir. Le parti était divisé ; son candidat était faible et flirtait avec la gauche révolutionnaire. Si Allende devait être battu, ce ne pouvait être que par le conservateur Jorge Alessandri. Malgré d'irréprochables références démocratiques (il avait en effet précédé à Frei à la Présidence) le Bureau d'Amérique latine ne l'aimait pas, officiellement parce qu'il était trop vieux, en réalité parce qu'il le considérait comme insuffisamment progressiste. Certains membres du Bureau pour l'Amérique latine, confondant réformes sociales et géopolitiques, ne considéraient pas une présidence Allende comme suffisamment dangereuse pour l'emporter sur leurs préjugés idéologiques à l'égard d'Alessandri.

Paradoxalement, la tendance américaine à confondre la politique et la technique du développement économique avait involontairement contribué, durant les dernières années du gouvernement Johnson, à affaiblir les forces politiques réformistes auxquelles, en fait, nos fonctionnaires donnaient leur préférence, et qui étaient essentielles pour résister aux partis révolutionnaires. En 1968 (deux ans avant les élections présidentielles qui donnèrent le pouvoir à Allende), les États-Unis avaient mis un terme à leur politique d'aide au Chili, s'appuyant sur le fait que l'économie chilienne était devenue largement auto-suffisante. Ce qui, techniquement, était peut-être exact mais fut un exemple flagrant de l'erreur qui consiste à ne prendre des décisions essentiellement politiques qu'en fonction de l'économie. La suppression de l'aide américaine fut mal acceptée par les Chiliens ; elle sapait la tendance modérée représentée par Frei ; elle servait l'aile la plus révolutionnaire et antiaméricaine du parti au pouvoir, qui prônait un programme économique à peu près similaire à celui des partis révolutionnaires ; la situation électorale en était rendue encore plus confuse.

L'approche technique du développement croissait parallèlement à un antimilitarisme doctrinaire. En 1967, la politique des États-Unis devint de plus en plus hostile aux militaires chiliens (et à ceux d'autres nations amies de l'hémisphère). Il s'agissait, en théorie, d'encourager un changement économique en diminuant les dépenses militaires au profit du développement social et économique, en partant du principe que ces pays n'avaient pas besoin d'armée. Un plafond fut fixé à nos ventes d'armes. Les subventions militaires prirent fin ; on encouragea Frei à se prononcer en faveur de plans de démilitarisation et de désarmement en Amérique latine. En octobre 1969, le mécontentement des militaires chiliens à cause de l'insuffisance des soldes et d'autres motifs professionnels se traduisit par un putsch avorté. Frei décréta l'état d'urgence ; les rumeurs d'agitation militaire ne cessèrent pas pour autant. Le gouvernement Nixon hérita donc au Chili d'un parti chrétien-démocrate de plus en plus gauchissant, ainsi que d'un profond ressentiment des militaires chiliens à l'égard des États-Unis et des chrétiens-démocrates. C'est ce qui permit à Allende d'« acheter » des militaires ou de les neutraliser durant les premières années de son mandat.

Rien n'illustre plus clairement — ni plus tragiquement — le danger d'appliquer les théories abstraites de nos meilleurs universitaires aux complexités intérieures de sociétés étrangères que notre politique à l'égard du Chili pendant les années 1960. La théorie selon laquelle les réformes sociales et le développement économique engendrent nécessairement la stabilité politique, tirée de l'expérience de notre propre New Deal, n'était pas adéquate à un pays où deux partis de gauche étaient déterminés non à réformer mais à renverser le système. En refusant de voir qu'en réalité il s'agissait d'une lutte à mort sur le plan politique et non d'un débat entre professeurs d'économie, nous passâmes d'une position dominante en 1964, à celle d'une sorte de mère poule gloussant nerveusement des consignes inapplicables du haut de son perchoir.

Pour pousser à son comble la stupidité, le Bureau d'Amérique latine choisit ce moment pour s'en prendre au principe même d'une aide secrète aux partis démocratiques étrangers, qui avait été pendant si longtemps un aspect essentiel de notre effort au Chili. Les moyens destinés à bloquer l'ascension au pouvoir des socialo-communistes devraient désormais, déclarait-on, être trouvés entièrement *au* Chili. On aurait pu écrire une magnifique thèse de doctorat sur le sujet ; mais soulever la question, brusquement en 1970, revenait à prendre des risques inacceptables de la part de gens payés pour les éviter. Comment une telle politique n'aurait-elle pas démoralisé les forces mêmes que l'on voulait encourager ? Comment ceux que nous avions soutenus n'y auraient-ils pas vu la marque d'une nouvelle indifférence ? Dans une élection serrée, le plus léger changement psychologique dans l'équilibre des voix pouvait être décisif.

Je ne connaissais que vaguement les données en 1969. La Commission 40 ne mit que quatre fois le sujet à l'ordre du jour pendant les 21 mois précédant la victoire d'Allende, le 4 septembre. En avril 1969, elle décida d'ajourner toute décision ou tout débat concernant une action éventuelle. Cinq mois avant les élections, en mars 1970, elle débloqua une somme dérisoire pour la propagande de soutien de candidats démocrates ; fin juin 1970, elle alloua une somme un peu plus importante dans le même but. Mais la somme totale n'atteignait que 15 pour 100 de ce que les États-Unis avaient dépensé clandestinement en 1964 ; et les fonds arrivèrent au Chili trop tard, à peine quatre semaines avant les élections. En août 1970, la Commission 40 décida que l'on ne pouvait rien faire de plus avant les élections. En d'autres termes, deux des quatre réunions furent vaines.

Les autres décidèrent d'un effort symbolique*. De bonnes raisons furent données à l'inaction : il n'y avait pas de candidats, donc pas de base à partir de laquelle former une opinion et appliquer une stratégie. Début décembre 1969, cependant, l'excuse disparut. Les conservateurs désignèrent le vénérable septuagénaire Alessandri, qui avait déjà été Président du Chili. Les chrétiens-démocrates désignèrent Radomiro Tomic, représentant de l'aile gauche du parti. Son programme ne différait de celui d'Allende que sur des points de procédure, mais, c'était, en revanche, un démocrate sincère. Les communistes rejoignirent les socialistes d'Allende et nommèrent celui-ci comme candidat de la coalition. J'ai déjà décrit l'anti-américanisme virulent et le radicalisme du programme d'Allende de 1970. Dès lors, et puisqu'il s'agissait d'une compétition entre trois hommes, les services se rassurèrent à l'idée que les sondages plaçaient Alessandri largement en tête, et que, par conséquent, les Américains n'avaient pas à intervenir.

1970 était bien entamée avant que je ne prête attention aux dangers éventuels de la situation. En grande partie parce que, durant tout ce temps, les organismes responsables se livraient à un menuet triangulaire compliqué, de sorte que le problème échappa à l'attention au plus haut niveau. Selon Korry, notre ambassadeur, une victoire d'Allende équivalait à une prise en main du pouvoir par les communistes. Il serait inconsidéré, disait-il, d'agir comme si un gouvernement Allende pouvait être autre chose qu'un second gouvernement Castro : en fait, il risquait d'être pire. Mais le Bureau d'Amérique latine n'était pas d'accord ; il sous-estimait à la fois la probabilité et le danger d'une victoire d'Allende. Il ne voulait rien faire pour aider le conservateur Alessandri. La C.I.A. avait tendance à être de l'avis de Korry, mais au point de demander à la Maison Blanche de résoudre le différend ; elle se savait paralysée sans le solide soutien des Affaires étrangères. Ainsi, le pacte de non-agression entre les services fit qu'il fallut quatre mois pour que j'apprenne qu'en décembre 1969, Korry et la C.I.A. à Santiago avaient proposé conjointement une campagne pour barrer la route à Allende, et qu'une conférence interministérielle avait décidé qu'un rapport faisant le point des thèses opposées serait établi à l'intention de la Commission 40. Les Affaires étrangères et la C.I.A. ne hâtèrent pas précisément le processus. Il fallut encore deux mois pour que l'accord se fasse sur le texte du rapport ; le 25 mars 1970, la Commission 40 eut enfin en main un programme commun visant à lancer une opération de « sabotage » contre Allende. L'opération supposait une aide américaine dans la

* Partant du fait qu'il y eut quatre réunions en dix-huit mois — dont deux seulement aboutirent à une décision — la Commission d'Enquête du Sénat reprocha sévèrement que le Chili ait été « pendant plus d'un an... à l'ordre du jour de la Commission 40 » [11].

préparation d'affiches, de tracts et de propagande s'opposant à Allende sans soutenir Alessandri. Un budget global de 135 000 dollars fut proposé, et finalement approuvé*. Mais le ministère des Affaires étrangères limita la portée de cette dépense par une clause indiquant que, si l'une quelconque des opérations engagées appuyait la candidature d'Alessandri, le soutien des Affaires étrangères serait immédiatement retiré. L'idée de faire échouer un candidat sans aider son adversaire était plutôt originale; on ne voyait pas très bien comment Allende pourrait être battu sans que cela profite à Alessandri. La subvention et la clause restrictive s'annulaient réciproquement.

Rétrospectivement, il est clair que j'aurais dû me montrer plus vigilant. Pour bien défendre les intérêts de son Président, un Conseiller ne doit jamais se contenter de ratifier les propositions qui ont le consensus des administrations. Il doit se faire l'avocat du diable, interroger sans relâche, aller au fond des questions, surtout quand les solutions apportées sautent aux yeux. Mais, à l'époque, l'Amérique latine n'était pas ma spécialité. J'étais aveuglé par les sondages qui donnaient Alessandri gagnant, par l'unanimité des spécialistes – unanimité qui ne m'aurait pas abusé dans d'autres domaines où j'étais moins profane et où j'avais des informations de première main. Et, durant tout le printemps et l'été, le Cambodge avait mobilisé mon attention.

On était déjà le 27 juin, quand la Commission 40 remit le Chili à l'ordre du jour, trop tard pour intervenir efficacement durant les deux derniers mois de la campagne. L'inquiétude de Korry, qui redoutait la victoire d'Allende, ne faisait que croître car un autre danger avait surgi: la C.I.A. et les spécialistes des Affaires étrangères étaient soudain arrivés à la conclusion inattendue que les supporters d'Allende du Parlement chilien risquaient de s'imposer même en cas de défaite d'Allende, si la marge du succès d'Alessandri – toujours prévue – ne dépassait pas 5 pour 100. Korry proposa donc un programme en deux temps : une augmentation du « budget sabotage » déjà approuvé, et, d'autre part, des fonds pour tenter d'agir sur le vote du Parlement.

Les Affaires étrangères repoussèrent les deux propositions: le seul argument qu'elles aient trouvé partiellement valable était une interrogation de Korry : « S'il (Allende) accède au pouvoir, que répondrons-nous à ceux qui nous demanderont: qu'avez-vous fait ? » Les dépenses correspondant à la courte période de la campagne restant à courir furent consenties. Elles étaient, comme déjà indiqué, peu importantes par rapport aux normes de 1964. Pour l'édification des futurs étudiants en Sciences administratives il faut noter que le vote fut unanime. Le Bureau d'Amérique latine ne tenait pas à rendre officielle l'opinion qu'il défendait, préservant ainsi ses arrières, quelle que soit l'issue, et se garantissant pour le cas où la question de Korry serait posée après la victoire d'Allende. Une résolution sur la Phase II du programme – visant à influencer le Congrès – fut ajournée jusqu'au-delà des élections. Le Bureau d'Amérique latine s'assura que la subvention accordée n'avait pas induit en erreur l'ambassadeur Korry. Le Bureau l'informa par voie non officielle qu'il était contre le programme avant élection (phase I)

* Tous ces chiffres ont déjà été publiés par les commissions parlementaires.

et après élection (phase II), pour des raisons d'éthique, et réitérait dans les termes les plus forts qu'il n'était pas question de soutenir Alessandri. Il n'y avait donc pas de danger que nous nous attirions des ennuis au Chili soit par excès d'enthousiasme, soit par le brillant de notre plan stratégique. Combattre Allende sans aider Alessandri revenait à soutenir le chrétien-démocrate Tomic, peu solide, autrement dit à affaiblir le seul candidat capable de faire échec à Allende. A la limite, on pourrait dire que ce fut l'aversion du Bureau d'Amérique latine pour Alessandri qui assura l'élection d'Allende.

Si les fonds votés en mars étaient par trop insuffisants, ceux qui le furent fin juin, à contrecœur, arrivèrent trop tard. (Ils étaient aussi trop faibles.) La réunion du 27 juin eut lieu à peine deux mois avant l'élection. Compte tenu du délai nécessaire à l'approbation du Président et de la paperasserie adéquate, il était peu probable que ces fonds, même partiellement, puissent parvenir au Chili avant la seconde quinzaine de juillet. Et, à ce stade, l'ambassade aurait les mains liées par les instructions de son Bureau d'Amérique latine*.

Malgré les sondages optimistes (qui lors de la réunion du 27 juin accordaient encore une marge confortable à Alessandri), je commençais à me sentir de plus en plus inquiet. Aussi, fin juillet, je rédigeai une directive pour qu'on m'établisse une analyse de nos options au cas où, en dépit de tous les pronostics, Allende gagnerait. Je réclamais une réponse rapide aux questions suivantes :

> « 1. Quelle politique et quels objectifs le gouvernement Allende est-il susceptible de choisir ? Quel cours éventuel les événements au Chili prendraient-ils dans un gouvernement conduit par Allende ?
>
> 2. Dans quelle mesure et à quel degré les intérêts américains se trouveraient-ils menacés par ces changements, à la fois dans l'immédiat et par leur impact sur nos objectifs et notre position à long terme ?
>
> 3. Quelles sont les options ouvertes aux États-Unis pour résoudre ces problèmes ? »

Dans l'intervalle, la Commission 40 se réunit à nouveau le 7 août pour passer en revue les événements chiliens et réaffirmer sa résolution du 27 juin. On était désormais trop près des élections pour que *quelque résolution que ce soit* puisse changer quoi que ce soit. Le seul problème était de savoir si des contacts avec le Parlement chilien devaient être autorisés au cas où la phase II deviendrait nécessaire. Les risques encourus semblaient l'emporter sur les gains marginaux. La question fut laissée ouverte.

* J'appris par la suite que des représentants de la C.I.A. avaient indiqué à certains groupes d'affaires américains, vers fin juillet et en août, les endroits où il convenait d'acheminer des fonds durant les élections. Ni à la Maison Blanche ni au ministère des Affaires étrangères, on n'était au courant. De toute façon, il était trop tard. Ma propre opinion était qu'aucune action secrète au Chili ne devait être entreprise autrement que par le gouvernement, et que ce ne devait en aucun cas être l'affaire de sociétés privées. Aussi, je refusai de remettre à un bureau de l'I.T.T. la somme de un million de dollars pour aider à influencer l'élection. Je pouvais être d'accord sur l'objectif, je ne l'étais certainement pas sur le moyen de transmission.

Comme mon questionnaire n'incluait pas les opérations clandestines, elles furent examinées par le Groupe Supérieur d'Étude (S.R.G.) qui – comme je l'ai déjà dit – avait la même composition que la Commission 40, exception faite de l'Attorney général. Ses membres assistaient donc aux réunions et les documents de travail étaient diffusés beaucoup plus largement. La réaction à ma demande fut un papier préparé par un groupe interministériel présidé par les Affaires étrangères. Ses conclusions reflétaient une étrange ambivalence. D'une part, il déclarait que les États-Unis n'avaient pas d'intérêts nationaux réels « au Chili *même* ». La signification des mots « au Chili *même* » n'était pas autrement précisée, pas plus que la conclusion corroborée par l'analyse qui suivit. Car, en répondant à ma question au sujet de la menace que pourrait constituer, pour les intérêts américains dans l'hémisphère, l'accession d'Allende au pouvoir, le groupe interministériel en arriva à une conclusion qui, telle qu'elle fut résumée par mon équipe, rendait difficile de comprendre comment notre intérêt national pourrait ne pas être affecté :

> « Un gouvernement Allende indépendant et fort entraînerait de lourdes pertes politiques et psychologiques pour les États-Unis :
> (a) la cohésion de l'hémisphère serait menacée ;
> (b) une source d'activités antiaméricaines serait consolidée dans l'hémisphère ;
> (c) le prestige et l'influence des États-Unis seraient en recul dans le même temps que l'U.R.S.S. et le marxisme bénéficieraient d'une relance de leur propagande*. »

Le Groupe d'études et d'analyses se réunit le 19 août ; mais aucune conclusion ne fut tirée, ni ne pouvait être tirée avant les élections du 4 septembre. Nous étions réduits à attendre avec des pressentiments croissants que les Chiliens se rendent aux urnes.

Si j'ai traité des délibérations gouvernementales aussi longuement, c'est parce qu'on les a substantiellement négligées lors des précédentes enquêtes sur le sujet, peut-être parce qu'elles vont dans un sens opposé aux idées préconçues. Il est hors de doute que les États-Unis ont agi fort peu et de façon inefficace avant les

* L'ambassadeur Korry ne se faisait aucune illusion sur les conséquences d'une victoire d'Allende. Interrogé sur le point de savoir si un modus vivendi serait possible, il répondit : « Un effort conscient pour mettre au point un modus vivendi est une vue de l'esprit sans rapport aucun avec la réalité. Alors que le gouvernement Allende agirait au début avec prudence à l'intérieur en cherchant à maintenir un cadre constitutionnel et à créer un climat de loyalisme, il se trouverait en fait engagé, comme Allende l'a indiqué, dans une politique qui traiterait l'impérialisme américain d'« ennemi public numéro un » de l'hémisphère. En dehors d'actions spécifiques [comprenant la nationalisation d'industries américaines, la reconnaissance de Cuba, du Vietnam du Nord, etc.], qui en elles-mêmes rendraient l'adoption d'un modus vivendi pratiquement impossible pour les États-Unis, les changements profonds de structures au Chili exigeraient probablement un « ennemi » extérieur pour justifier l'accélération de la révolution... Les forces pro-Allende doivent fatalement arriver à la conclusion que si Allende entre en fonctions, c'est que les États-Unis ont reconnu l'impossibilité de ce modus vivendi. »

élections chiliennes. Non seulement les fonds ont été insuffisants pour avoir un impact significatif, mais l'obstination mise à ne pas soutenir le seul candidat ayant une chance de battre Allende nous a amenés à fractionner nos moyens d'une façon qui a vraisemblablement contribué à augmenter la division des suffrages de l'opposition à Allende. Il y a eu répugnance à prendre position, et plus encore à soutenir la cause d'un candidat aux antécédents démocratiques irréprochables, dont le seul défaut aux yeux de notre administration était d'être conservateur. (Que cette opinion ait pu se faire jour – et prévaloir – dans le gouvernement Nixon démontre une fois de plus combien il est difficile à un Président d'imposer ses vues à une administration retranchée sur ses positions.)

A l'époque de l'élection, j'en vins à réaliser qu'on m'avait manœuvré pour me mettre dans une position incompatible avec mes convictions – à plus forte raison avec celles de Nixon. Si j'avais pensé, au printemps et en été 1970, qu'une victoire d'Allende était probable, je me serais senti dans l'obligation d'inviter le Président à envisager un programme clandestin comparable à celui de 1964, et de ne soutenir qu'un seul candidat. J'étais furieux que cette éventualité ait été écartée sans examen, d'abord sous prétexte qu'une aide substantielle n'était pas nécessaire, ensuite parce qu'il était trop tard. Si l'analyse unanime soumise au Groupe d'études le 19 août et énumérant les implications d'une victoire d'Allende était en partie correcte, le fait de n'avoir pas examiné plus tôt les autres choix possibles était inexcusable. Le parti pris philosophique de l'administration, la confusion entre développement économique et objectifs de politique étrangère, avaient engendré la paralysie. On semblait penser au gouvernement qu'un candidat révolutionnaire pouvait recevoir des fonds importants de Cuba et d'autres sources communistes, mais qu'il eût été inconvenant que les États-Unis aident le candidat démocrate ayant les meilleures chances de succès, même si son programme était moins réformateur que certains l'eussent souhaité. Je résumai cela plus tard à l'usage du Président :

> « En fait, l'attitude des Affaires étrangères se ramenait à ceci : rien ne doit être fait pour stopper Allende, si cela doit favoriser Alessandri. Et, comme l'élection en définitive se limita à une lutte très serrée Allende-Alessandri, avec Tomic loin derrière, la prise de position des Affaires étrangères nous a neutralisés. Quoiqu'il ne soit pas certain qu'une intervention moins timide de notre part eût donné une marge victorieuse à Alessandri, Helms estime que nos chances de succès – avec une action plus efficace – eussent été assez bonnes. La victoire d'Alessandri aurait sans doute soulevé quelques problèmes pour nous, mais, au moins, elle n'aurait pas menacé nos intérêts autant qu'une victoire d'Allende ; les graves problèmes qui se posent maintenant à nous avec un gouvernement marxiste au Chili auraient pu être repoussés de six ans, au minimum. »

Toute étude objective de notre comportement ultérieur par rapport à la question chilienne doit commencer par ce prologue.

Le coup d'État qui n'eut jamais lieu

Comme je l'ai déjà dit, les suffrages recueillis le 4 septembre 1970 par Allende étaient en recul par rapport au pourcentage des voix obtenues en 1964 lors de sa défaite contre Frei, avec cette différence qu'en 1970 les adversaires d'Allende étaient irrémédiablement divisés. Selon la Constitution chilienne, dès lors qu'aucun candidat n'avait obtenu la majorité, le Parlement devait trancher entre les deux candidats venant en tête 50 jours plus tard, le 24 octobre.

Les manœuvres pour la finale électorale commencèrent aussitôt. Le 5 septembre, Allende, dans une conférence de presse, salua sa victoire et s'engagea à mettre en œuvre le programme de l'Unité Populaire pour lequel il avait fait campagne. Mais, pour apaiser les craintes des parlementaires, il commença à édulcorer certaines de ses promesses. Il affirma qu'il ne serait « jamais » en faveur d'un système de parti unique au Chili, qu'il maintiendrait la participation chilienne à l'Organisation des États américains (malgré l'engagement inscrit au programme de l'Unité Populaire de « dénoncer » cette organisation); il annonça aussi qu'il demanderait la réinscription de l'encours de la dette de 800 millions de dollars envers les États-Unis. (Il expliqua plus tard à Régis Debray qu'il était resté dans l'O.E.A.* pour neutraliser les réactions américaines alors que ses réelles convictions s'appuyaient sur l'Organisation latino-américaine de Solidarité siégeant à La Havane, qu'il avait aidé à créer[12].) Le lendemain les supporters d'Alessandri firent savoir qu'ils n'accepteraient pas la victoire d'Allende ; mais leur déclaration ne fut pas signée par Alessandri, qui avait déclaré, durant la campagne, qu'il reconnaîtrait le candidat réunissant le plus de voix. Le 17 septembre, Allende rencontra le Président Frei qui convint de mettre sur pied avec lui un système de consultation dans le domaine économique (comme il l'avait d'ailleurs fait avec Alessandri). S'il repoussa un arrangement similaire sur le plan politique, que demandait Allende, Frei accepta de prendre des mesures propres à prévenir une panique économique au Chili.

La réaction à Washington, où durant l'été tout le monde s'était laissé bercer par les sondages, fut la stupéfaction. Les hauts fonctionnaires ont tendance à réagir devant les éventualités désagréables en faisant comme si elles n'existaient pas, dans l'espoir qu'elles disparaîtront. Et c'est souvent ce qui arrive. Les catastrophes attendues ne se produisent pas toujours. Mais, lorsque cette sagesse conventionnelle incite à l'inaction, il n'y a plus de marge contre l'irrévocable. Et l'irrévocable, inopinément, se dressa devant nous en septembre 1970.

Nixon était hors de lui. Depuis plus de dix ans, il combattait violemment les gouvernements démocrates qui avaient permis l'accession d'un pouvoir communiste à Cuba, et voilà qu'il pressentait (et il n'avait pas tort) qu'allait naître un

* O.E.A. Organisation des États américains.

nouveau Cuba, sous son propre gouvernement, sans qu'il ait eu la moindre occasion de prendre une décision. D'où la virulence de sa réaction, son insistance à faire quelque chose, *n'importe quoi,* pour réparer cette négligence. Comme il en rendait responsables les Affaires étrangères et l'ambassadeur (à tort, pour ce dernier), il chercha, dans la mesure du possible, à agir en dehors d'eux. Or, ce n'était plus nécessaire ; maintenant qu'il était presque trop tard, tous les services s'étaient mis, frénétiquement, à reconsidérer leur attitude ; certains se sentaient penauds d'avoir péché par excès d'optimisme et d'avoir trop temporisé. Tous se sentaient frustrés. Il y avait enfin unanimité pour faire quelque chose, dans une émulation aiguillonnée par la détermination du Président. Il était malheureusement bien tard. Concentrée sur un seul candidat, une fraction de ce qui avait été fait, avant le 4 septembre, aurait pu changer la situation. Maintenant, nous en étions réduits à improviser, dans un calendrier très serré et sans réelle préparation. Dans un temps aussi court nos actes furent inévitablement fébriles *.

Lorsque la Commission 40 se réunit, le 8 septembre, au sujet des affaires chiliennes, il était évident qu'une décision parlementaire contre Allende était improbable. Après tout, nous avions été informés quatre semaines plus tôt que le Parlement voterait pour Allende même si Alessandri obtenait la majorité relative. Il n'était pas absurde d'espérer que le Parlement chilien *pourrait* exercer son choix en toute indépendance et refuser la présidence à un candidat minoritaire présentant un programme révolutionnaire presque certainement antidémocratique, alors qu'il subsistait une écrasante majorité modérée dans le pays. Mais nous savions que c'était improbable. Sans beaucoup de conviction, nous décidâmes de charger l'ambassadeur Korry d' « étudier objectivement » la probabilité et la possibilité d'un putsch militaire ainsi que les pour et les contre liés à « la mise sur pied d'une opposition chilienne efficace à Allende dans l'avenir ».

La possibilité de stopper Allende prit corps à nouveau lorsque, le 9 septembre, Alessandri annonça qu'après tout il se maintenait dans la course à la Présidence. S'il était élu, il donnerait sa démission et imposerait de nouvelles élections. Ce qui pourrait donner lieu, comme en 1964, à un duel Frei-Allende. Une autre Présidence ayant eu lieu, aussi courte fût-elle, Frei pourrait alors présenter sa candidature conformément à la Constitution, avec presque toutes les chances de gagner. Quant aux militaires, le général René Schneider avait, paraît-il, déclaré devant un groupe d'officiers chiliens que l'armée n'interviendrait pas dans le débat électoral. L'armée, cependant, exigerait d'Allende la « garantie » qu'elle demeurerait une armée de métier non politisée. De l'avis de Korry, une telle « garantie » serait virtuellement sans valeur.

* Mon propos ici est de dire ce que savait la Maison Blanche, de décrire les attitudes, les décisions, les participants – non de donner un compte rendu complet des rapports de la C.I.A. J'estime contraire à l'intérêt public de publier les délibérations de la Commission 40. Malheureusement, tous les documents de la Commission 40 auxquels je fais référence ici ont été rendus publics par la Commission Church.

J'avais prévenu pour le 14 septembre une réunion de la Commission 40. Le 12 septembre, à la demande du Président, je sollicitai, par des voies officieuses, l'avis sincère de Korry « sur les actions possibles de la part des États-Unis dans les circonstances actuelles ». L'impatience de Nixon grandissait devant ce qu'il considérait comme de l'inertie bureaucratique, et la propension des Affaires étrangères à continuer leur petit train-train lui rappelait fâcheusement la complaisance que le ministère avait eue, selon lui, aux débuts de Castro. (Ce qui était injuste, en réalité, car, en dépit de la lenteur à réagir avant l'élection chilienne, les Affaires étrangères soutinrent fortement et mirent en œuvre toutes les décisions ultérieures de la Commission 40.) La réponse de Korry était porteuse d'espoir. Frei, disait-on, alarmé par la perspective d'une prise du pouvoir par Allende, s'intéressait aux moyens de l'éviter *. Korry suggéra que je demande à une très haute personnalité de Washington une étude approfondie pour porter à la connaissance du public américain les faits concernant le Chili et faire comprendre aux Chiliens hésitants toute l'étendue de notre inquiétude.

Le 14 septembre, la Commission 40 examina ce que nous avions surnommé le « Gambit Rube Goldberg »: l'élection suivie de la démission d'Alessandri, permettant constitutionnellement à Frei de se représenter immédiatement. On autorisa Korry à explorer cette possibilité et on débloqua 250 000 dollars pour l'aider à pousser le projet. Le 15 septembre, Korry en fut avisé par un câble du sous-secrétaire d'État aux Affaires étrangères, Alexis Johnson. On lui demanda aussi d'intensifier les contacts avec les militaires chiliens par les membres appropriés de l'ambassade, « dans le but de nous assurer que nous avions les sources de renseignements nécessaires permettant une évaluation indépendante de la détermination des militaires de soutenir le gambit de la réélection de Frei ».

Le 16 septembre – jour où nous apprîmes que le roi Hussein s'apprêtait à déclencher un affrontement avec les feddayin et où il devint clair que Cienfuegos allait devenir une base sous-marine – je donnai, devant un groupe de directeurs de journaux et de radios à Chicago, une conférence de presse officieuse, et, entre autres sujets, exprimai notre point de vue sur l'arrivée au pouvoir d'Allende, comme Korry me l'avait demandé :

> « L'élection chilienne a donné un résultat où c'est l'homme soutenu par les communistes – et probablement communiste lui-même – qui a eu le plus grand nombre de voix. 30 000 de plus que le suivant, qui était conservateur. Il a obtenu environ 36,1 pour 100 des suffrages. Il avait donc la majorité relative. Les deux partis non communistes – ensemble, bien sûr – ont obtenu 64 pour 100 des voix ; il y a donc une majorité non communiste, mais une majorité relative communiste. Je dis cela pour que les choses soient claires...

* Frei, depuis, a nié catégoriquement le fait qu'il se serait prêté à une interprétation fallacieuse de la Constitution chilienne. L'information de Korry venait des lieutenants de Frei qui ont pu agir de leur propre chef. En ce qui nous concerne, nous dûmes agir d'après ce que notre ambassade considérait comme des faits.

Et maintenant, il est assez facile, d'une part, de prédire que si Allende gagne, il y a une bonne chance pour qu'il établisse au cours des quelques années à venir une sorte de gouvernement communiste. Dans ce cas, vous auriez ce gouvernement non pas dans une île, sans relation traditionnelle, sans impact sur l'Amérique latine, mais dans un pays important d'Amérique latine ; vous auriez un gouvernement communiste, limitrophe par exemple de l'Argentine qui est déjà profondément divisée, avec une longue frontière commune, limitrophe du Pérou qui a déjà pris des directions difficiles à maîtriser, et [limitrophe] de la Bolivie, qui elle aussi penche à gauche, vers l'antiaméricanisme, même en dehors de ces nouveaux développements...

Aussi je pense qu'il est inutile de nous faire des illusions et de croire qu'une prise de pouvoir d'Allende au Chili ne poserait pas d'énormes problèmes pour nous, pour les forces démocratiques et pour les forces pro-U.S. en Amérique latine, et en vérité pour tout l'hémisphère occidental. »

Mais Nixon, déjà, était entré en action. Ce qui le mit en branle le 14 septembre, ce fut Augustin Edwards, directeur du *El Mercurio,* quotidien le plus respecté du Chili, venu à Washington pour l'avertir des conséquences d'une prise du pouvoir par Allende. Edwards était descendu chez Don Kendall, un des directeurs de Pepsi-Cola, qui par hasard devait accompagner son père chez Nixon le même jour (j'avais pris le petit déjeuner avec Edwards et Mitchell et demandé à Helms de voir Edwards qui pourrait avoir des renseignements intéressants).

Après avoir vu Kendall, Nixon pria Helms, Mitchell et moi de venir à son bureau au début de l'après-midi du 15 septembre. En moins de quinze minutes Nixon dit à Helms de faire l'impossible pour trouver comment prévenir l'arrivée d'Allende au pouvoir. N'y aurait-il qu'une chance sur dix de se débarrasser d'Allende, il fallait la tenter ; si Helms avait besoin de 10 millions de dollars, il les aurait. Le programme d'aide au Chili devait être coupé, et son économie « étranglée » jusqu'à ce qu'elle « demande grâce ». Helms aurait à faire ses rapports directement à la Maison Blanche, sans passer par Korry. La Maison Blanche prendrait la décision finale. A ce moment l'objectif opérationnel était le « Gambit Rube Goldberg ». En réalité Nixon ne proposait aucun plan, mais n'avait qu'un désir passionné, irrationnel, né de sa frustration, de faire « quelque chose ».

Cette conversation passe maintenant pour avoir été à l'origine de ce que l'on appela plus tard « Voie II » – par opposition aux décisions officielles de la Commission 40, qui rétrospectivement furent appelées « Voie I » – et si allégrement mise en évidence par les commissions du Congrès. Mais la « Voie II » n'eut jamais l'importance qu'on lui prêta. Comme je l'ai montré à plusieurs reprises dans ce livre, Nixon était porté aux déclarations grandiloquentes, sur lesquelles il n'insistait pas quand il avait pris conscience de leurs implications. La crainte que des visiteurs prévenus puissent prendre le Président à la lettre était en vérité l'une des raisons pour lesquelles Haldeman contrôlait l'accès à Nixon avec autant de sollicitude. Dans le cas de la Voie II par exemple, non seulement on ne dépensa jamais dix millions de dollars, mais aucune somme particulière ne fut jamais envisagée. Les dépenses, s'il y en eut, ne s'élevèrent jamais qu'à quelques milliers de dollars. Ce ne fut jamais qu'une exploration des possibilités, même dans l'esprit de Helms.

En outre, tandis que les éclats présidentiels donnaient sans aucun doute une impulsion et un caractère d'urgence à l'approche des militaires et au « Gambit Rube Goldberg », ceux-ci ne faisaient que doubler les conclusions auxquelles les ministères avaient abouti d'eux-mêmes. Par l'intermédiaire de l'appareil régulier de la Commission 40 (Voie I), l'ambassade recevait des instructions parallèles à celles que la C.I.A. tirait des conversations entre Helms et Nixon. La Voie II était l'expression de la profonde méfiance de Nixon à l'égard de la machine des Affaires étrangères, qu'il soupçonnait de contrecarrer ses volontés. Dans le cas précis, il se trompait parce que, après l'élection d'Allende, il n'y eut aucune différence sensible entre les services.

Tom Karamessines, chef des opérations clandestines de la C.I.A., mit à plusieurs reprises Nixon au courant de la Voie II, et toujours de façon pessimiste. Tous les rapports de la C.I.A., à Haig et à moi-même, étaient également négatifs. Je mis un terme à l'entreprise au bout d'un mois, le 15 octobre, comme je le montrerai. Nixon approuva. La Voie I, soutenue par les Affaires étrangères, chercha à encourager une action des militaires pour provoquer de nouvelles élections, conformément aux vœux exprimés par le Président. Elle échoua également et fut abandonné au même point, cette fois par la Commission 40.

Quel qu'ait été leur objectif, que ce soit la Voie I (l'approche officielle de la Commission 40) ou la Voie II (l'approche unilatérale de la C.I.A.), les délibérations portaient de plus en plus sur le rôle de l'armée chilienne. Le 21 septembre, il devint clair que Frei ne poursuivait aucun plan pour se faire réélire. L'esprit fertile de Korry le conduisit à imaginer une manœuvre (apparemment approuvée par les associés de Frei) par laquelle les membres les plus importants du cabinet donneraient leur démission et persuaderaient leurs collègues d'en faire autant. Frei aurait ainsi prétexte, s'il le voulait, pour les remplacer par des militaires. En d'autres termes, Frei disposerait des moyens de déclencher une crise constitutionnelle (conçue, comme tous les autres plans, pour aboutir à de nouvelles élections où le pays pourrait choisir entre Frei et Allende, entre la démocratie et la dictature potentielle). Frei désirait-il agir ainsi ? Ce n'était pas certain. Mais il apparut que le principal obstacle était le général Schneider, commandant en chef de l'armée. Pour celui-ci, puisque les politiciens avaient mis le Chili dans ce pétrin, il leur appartenait de l'en sortir. Il y avait une autre pierre d'achoppement : les militaires chiliens craignaient, s'ils prenaient part à l'action, d'être traités comme la junte grecque — c'est-à-dire privés de l'aide militaire des États-Unis et harcelés par la gauche tout entière.

La Commission 40 autorisa donc Korry à contacter des chefs militaires sélectionnés. On leur donnerait à entendre que leur engagement n'entraînerait pas la fin de l'aide militaire américaine ; je n'arrive pas à déterminer d'après mes notes si, quand, ou à qui, ces messages furent transmis.

Du 26 septembre au 5 octobre, je fus absent de Washington. J'allai d'abord à

Paris rencontrer le vice-président sud-vietnamien Nguyen Cao Ky ; j'eus ensuite un entretien secret avec les Nord-Vietnamiens puis, le 27 septembre au soir, je rejoignis Nixon à Rome pour l'accompagner dans son voyage méditerranéen. Chaque fois qu'il en avait l'occasion, Nixon poussait amicalement les gouvernements à user de leur influence au Chili pour empêcher l'accession d'Allende au pouvoir ou du moins pour ne pas traiter sa victoire comme gagnée d'avance. Il découvrit qu'il n'était pas le seul à être inquiet de l'avenir du Chili.

Le 29 septembre, la Commission 40 se réunit en mon absence sous la présidence de l'adjoint au ministre des Affaires étrangères, Johnson, et conclut que l'armée chilienne ne pousserait à de nouvelles élections que par crainte d'une crise économique, et de la suppression de l'aide militaire des États-Unis si elle n'intervenait pas. Des dispositions visant à informer les militaires chiliens que ces risques étaient bien réels furent prises en mon absence ; pour donner force à ces dispositions, l'aide militaire fut interrompue. Au retour du Président, une réunion de la Commission 40, le 6 octobre, nous laissa dans une perplexité identique à celle que nous avions connue avant notre départ. Non seulement Frei ne bougerait pas, mais il ne faisait rien pour empêcher le congrès du parti chrétien-démocrate, réuni le 5 octobre, d'approuver sous conditions l'élection d'Allende par le Parlement chilien. Le « Gambit Rude Goldberg » était décidément raté ; le Parlement voterait sûrement pour Allende. Le cabinet n'en avait plus pour longtemps à vivre avant la crise constitutionnelle. La seule possibilité qui restait de prévenir l'accession d'Allende était la prise du pouvoir par l'armée en prélude à de nouvelles élections. Reflétant le consensus, Alex Johnson et moi adressâmes un message commun par voie officieuse à Korry (dans le cadre de Voie I) lui demandant d'attirer encore une fois l'attention des militaires sur les conséquences sérieuses d'une Présidence Allende, et l'autorisant à renouveler l'assurance que l'aide militaire américaine continuerait s'ils bougeaient.

En fait, les Voies I et II se recoupaient. Le 10 octobre, la C.I.A. fit savoir au général Haig, dans le cadre de la Voie II, que les perspectives d'un coup d'État militaire étaient plus faibles que jamais. Le 14 octobre, le représentant de la C.I.A., Tom Karamessines, fit savoir sur Voie I que le « climat d'un coup d'État n'existait pas actuellement ». Je fis observer au groupe qu'il semblait y avoir peu de chose à faire pour influer sur la situation chilienne d'une façon ou d'une autre. Le 15 octobre, je reçus un rapport semblable de Karamessines sur la Voie II. L'ultime possibilité était un complot d'amateur organisé par un certain général Roberto Viaux, pour enlever le général Schneider et l'emmener en Argentine. J'en informai Nixon : « J'ai vu Karamessines aujourd'hui. Cela paraît sans espoir. J'ai renoncé. Rien ne serait pire qu'un coup d'État avorté. » Nixon fut d'accord. Il avait désormais pris son parti d'une Présidence Allende. Sa principale préoccupation était de résister aux Affaires étrangères, qui allaient le presser de reprendre des relations d'aide au gouvernement Allende ; si Allende expropriait des biens américains, l'amendement Hickenlooper devrait être appliqué immédiatement, ordonna-t-il.

Karamessines emporta à l'issue de sa rencontre avec moi du 15 octobre l'instruction de renoncer à l'idée d'un coup d'État militaire ainsi que l'ordre général de «préserver nos avoirs» au Chili pour le cas (très peu probable) où d'autres possibilités se présenteraient. La C.I.A. transmit cette instruction au groupe Viaux le 17 octobre ; notre représentation à Santiago les informa que leur projet échouerait, provoquerait un retour de flammes, et ne devait donc pas être mis à exécution.

La Commission du Sénat, censée enquêter sur les complots d'assassinats montés à l'instigation du gouvernement des États-Unis, consacra une large place et bien de l'acharnement dans son rapport de 1975 afin de déterminer si Al Haig ou moi-même avions induit en erreur la Commission lorsque nous témoignâmes que le projet de putsch militaire avait été stoppé le 15 octobre, ou si la C.I.A. avait poursuivi sans y avoir été autorisée. Les faits sont là : la Commission d'enquête du Sénat découvrit un second groupe de conspirateurs, outre le groupe Viaux, avec lesquels la C.I.A. était en contact et qui projetaient également de kidnapper le général Schneider. Haig et moi-même n'avions jamais été informés de leur existence pour la bonne raison qu'ils n'avaient rien entrepris. Lorsque je demandai que l'on renonçât au coup, le 15 octobre, Nixon, Haig et moi-même décidâmes que les Voies I et II n'avaient plus de raison d'être. Les membres du personnel de la C.I.A. au Chili pensèrent apparemment que l'ordre s'appliquait seulement à Viaux ; ils se sentirent libres de poursuivre avec le second groupe de conspirateurs, dont la Maison Blanche ignorait l'existence. Ils fournirent même trois mitraillettes le 19 octobre sans informer personne à la Maison Blanche. Des conspirateurs militaires ayant besoin d'armes étrangères n'auraient pas dû être pris au sérieux. Dans une suite de méprises digne des comiques de films muets, les conspirateurs se proposèrent d'enlever Schneider dans sa voiture après un dîner le 19 octobre : ils le manquèrent parce qu'il partit à bord d'une autre voiture. Le jour suivant, ils essayèrent de nouveau, mais perdirent de vue la voiture de Schneider dans la circulation de Santiago. Les mitraillettes furent retournées, sans avoir servi, au poste de la C.I.A. Les conspirateurs rentrèrent dans une obscurité bien méritée et s'estimèrent contents de leur sort jusqu'à ce que la Commission du Sénat leur accorde une large publicité.

Puis, le 22 octobre, le groupe Viaux, auquel la C.I.A. avait formellement demandé le 17 octobre de renoncer, poursuivit de son propre chef et sans que nous le sachions. Il tenta d'enlever le général Schneider et le rata. Schneider sortit son pistolet pour se défendre, mais fut mortellement blessé. La mort du général Schneider, causée par le ratage d'une tentative *d'enlèvement* que nous avions décommandée et à laquelle nous n'avions donné ni appui, ni approbation, ni aide, non plus que notre accord, est l'un de ces événements marquants que la Commission du Sénat étudia dans le cadre de la recherche des *complots du gouvernement américain* visant à *assassiner* des dirigeants étrangers. Au milieu d'un flot d'insinuations, la Commission du Sénat estima qu'il n'y avait pas eu de complot des États-Unis pour assassiner le général Schneider. De fait, personne n'a projeté un assassinat, pas même le général Viaux. L'assassinat ne fut jamais traité ni même abordé lors d'une quelconque réunion de la Commission quel qu'en soit l'ordre du jour pendant mon temps de service, ni ne fut jamais considéré dans le cadre de la Voie II. Viaux avait projeté un enlèvement, et nous lui avions demandé d'y renoncer, le second groupe de conspirateurs n'a rien fait. Tous les schémas des Voies I ou II, même les schémas alambiqués incluant les militaires, furent étudiés pour entraîner une nouvelle élection qui devait déterminer, dans une compétition entre deux hommes, si le peuple chilien voulait un Président démocratique ou ouvertement léniniste. Il est absolument certain que dans une telle compétition, le peuple chilien aurait choisi le démocrate réformiste, Eduardo Frei.

Après le 15 octobre, notre attention se porta sur la période succédant à l'élection d'Allende. Je convoquai une réunion du Groupe supérieur d'études le 17 octobre pour débattre de nos options après l'entrée en fonctions d'Allende. Le 18 octobre – avant que les divers coups ne fussent même tentés –, j'adressai au Président une note qui ne put laisser aucun doute sur le fait qu'au niveau le plus haut tous les projets de coup d'État avaient été abandonnés : « Il semble certain que l'élection d'Allende comme Président du Chili sera confirmée par les élections parlementaires du 24 octobre. »

Je pense que nous avions raison dans notre estimation des périls que l'accession d'Allende à la présidence faisaient courir à nos intérêts et à ceux de l'hémisphère occidental. La solution que nous avons recherchée consistait à favoriser un choix populaire net entre forces démocratiques et totalitaires. Encourager de tels efforts me semblait juste alors et me semble toujours juste aujourd'hui. Je n'acceptais pas l'idée que les États-Unis puissent se trouver empêchés d'agir dans la zone incertaine séparant la diplomatie de l'intervention militaire, un monde d'ombre où nos adversaires ont comme instruments un parti politique, des ressources étrangères infiniment plus grandes, et des organisations de façade sans nombre pour masquer leur rôle. L'effort était maladroit, improvisé dans l'affolement et exécuté dans la confusion. Les « opérations cachées » ne virent jamais le jour ; par contraste avec 1964, nous fîmes trop peu et trop tard. Allende entra en fonctions ; il n'y eut pas de coup d'État, nous n'eûmes pas d'autres contacts en vue d'en monter un après octobre 1970 (malgré certaines insinuations fallacieuses dans le rapport du Sénat). Lorsque Allende fut finalement renversé, ce fut par son incompétence et son intransigeance ; les chefs militaires agirent contre lui de leur propre initiative et sans nous consulter parce qu'ils étaient convaincus qu'il projetait de s'emparer totalement du pouvoir et était sur le point d'organiser son propre coup d'État à cette fin. Ils avaient de bonnes raisons de le penser.

Allende entre en fonctions

Après le 15 octobre, l'impossibilité d'empêcher l'accession d'Allende à la Présidence fut reconnue, et les hauts fonctionnaires se tournèrent de plus en plus vers le problème des relations avec le gouvernement Allende. L'ambassadeur Korry, qui avait fait valoir précédemment qu'un modus vivendi avec Allende était un mythe, changea de point de vue et recommanda l'ouverture immédiate de négociations avec le Président-élu. Korry soutenait maintenant que, puisque Allende souhaitait une respectabilité et une légitimité internationales et que cela nécessitait notre approbation, nous devrions proposer notre non-hostilité, en contrepartie d'une attitude chilienne raisonnable, en particulier en matière d'expropriation. Je donnai à Korry une occasion de présenter ses vues à Nixon le 15 octobre. Nixon se résignait à l'arrivée d'Allende au pouvoir mais non à une coopération avec lui. Il répondit évasivement et classa par la suite injustement Korry parmi les « faibles d'esprit ».

La recommandation de Korry illustrait notre embarras politique. Je l'exposai au Groupe d'études le 17 octobre :

> « Si nous sommes publiquement ou prématurément hostiles, notre attitude risque de rallier les nationalistes chiliens derrière Allende. Si, d'autre part, nous sommes accommodants, nous risquons de donner une impression de faiblesse ou d'indifférence à l'établissement d'un gouvernement marxiste dans l'hémisphère.
>
> Ce que j'ai retenu de la réunion de l'autre jour est que personne ne croit possible un arrangement à long terme. Nous sommes seulement confrontés à un choix tactique. La question est de savoir si une confrontation, considérée comme un résultat des actions d'Allende, serait meilleure ou si les États-Unis doivent passer immédiatement à une attitude d'hostilité militante. »

Le lendemain, j'exposai au Président les grandes lignes de la situation. Je lui écrivis que l'entrée en fonctions d'Allende, comme indiquée ci-dessus, était maintenant certaine *.

Le gouvernement des États-Unis était unanime à reconnaître que c'était un marxiste coriace ayant une forte prévention contre les Américains, qui chercherait à avoir des relations étroites avec Cuba et l'Union soviétique, à mener l'opposition contre l'influence des États-Unis dans l'hémisphère, et à favoriser systématiquement une politique hostile à la nôtre. Il exproprierait presque certainement les biens américains et probablement sans juste compensation. L'existence même d'un tel gouvernement était faite pour encourager des éléments hostiles dans les autres pays d'Amérique latine. A vrai dire, Allende avait au départ une position assez faible. La coalition qui le soutenait était indocile ; l'économie se détériorait. La tradition démocratique du Chili freinerait pour un temps les mouvements visant à établir un régime totalitaire ; les militaires se méfiaient de lui. J'écrivis à Nixon que, « pour répondre à ces faiblesses, le jeu d'Allende consistera presque certainement à rechercher la légitimité et la respectabilité, à rassurer les craintifs et les inquiets et à agir prudemment afin d'éviter la formation prématurée d'une opposition unie, à maintenir divisée cette opposition et à morceler son pouvoir petit à petit selon ses moyens. Laissé à son propre jeu et à son propre rythme, il a probablement les moyens et l'adresse d'affermir son pouvoir et de neutraliser l'opposition en l'espace d'un an ou deux ».

* Ne laissant aucun doute sur le fait que nous n'avions pas eu vent du complot de Viaux, le 22 octobre.

Aussi, notre problème était-il qu'une politique de compromis ne serait pas praticable : « Allende ne va pas de son propre chef modifier ses buts ; il n'est pas vraisemblable non plus qu'il ait un intérêt quelconque à négocier une telle modification juste pour faire bon ménage avec nous. Une politique américaine visant à trouver un compromis avec lui ne découragera donc probablement pas sa politique antiaméricaine, s'il veut s'y tenir et s'il est capable de la mener. » En d'autres termes, notre choix réel était celui défini par le Groupe supérieur d'études : une hostilité affichée, ou une attitude « correcte » mais « froide », laissant à Allende le soin d'imposer la confrontation. Je pressai le Président de porter cette décision à l'ordre du jour d'une prochaine réunion du C.N.S. J'indiquai clairement que je préférais éviter une confrontation et adopter une position « froide mais correcte ».

Un certain nombre de questions de protocole devaient cependant être tranchées sans attendre. Elles concernaient notre attitude officielle devant l'entrée en fonctions imminente d'Allende. Je proposai que Ron Ziegler déclare que nous avions pris note de l'élection d'Allende et qu'il appartenait au Chili de décider de nos relations futures ; que nous envoyions une délégation réduite de subalternes, conduite par un adjoint des Affaires étrangères, Charles Meyer, pour assister à la cérémonie ; que les livraisons de pipe-lines aux militaires chiliens soient reprises. Je recommandai de fermer la station météorologique de l'armée que nous avions au Chili (car il ne faisait aucun doute qu'Allende la réclamerait) et de consulter les principaux gouvernements latino-américains pour tenter d'adopter une politique commune dans tous les pays de l'hémisphère face au nouveau Président chilien.

Nixon approuva toutes mes recommandations. Elles furent communiquées aux services, le 21 octobre. Le Parlement chilien confirma l'élection d'Allende le 24 octobre. Le 30 octobre, je soutins le ministère des Affaires étrangères, qui recommandait que l'adjoint au ministre Meyer soit autorisé à transmettre un message de félicitations, assurant que le Président Nixon reconnaissait le grand honneur et la responsabilité accordés à Allende par le peuple chilien. Ce n'était pas un message exubérant, et j'insistai pour qu'il soit communiqué oralement plutôt que par écrit ; il observait cependant les lois de la courtoisie et laissait la porte ouverte à la conciliation si toutefois Allende décidait de s'engager dans cette voie.

Le 30 octobre, Allende annonça la composition du nouveau cabinet, formé de 15 ministres. Tous les postes importants sur les plans économique et social furent confiés au parti communiste (Finance, Travaux publics, Travail). Le ministère de l'Économie revint à un indépendant très proche des communistes : 4 postes revinrent au parti socialiste, celui d'Allende (Intérieur, Affaires étrangères, Logement et Équipement, Administration de la Présidence) ; 7 autres revinrent à divers autres partis révolutionnaires et dissidents. Le nouveau ministre des Affaires étrangères, Clodomiro Almeyda, était si engagé à gauche que dans le passé il s'était opposé aux vues soviétiques par admiration pour le radicalisme encore plus grand des communistes chinois et cubains.

Dans son dernier discours à la nation du 31 octobre, le Président sortant Frei fit part de son intention de demeurer politiquement actif en tant qu'opposant constructif du gouvernement Allende. Il pressa les Chiliens de défendre la démocratie, les mit en garde contre le danger de transformer les universités en champs de bataille politiques, et sembla refléter l'inquiétude générale au sujet de l'avenir des libertés politiques sous Allende.

Allende prêta serment devant une assemblée plénière du Congrès, le 3 novembre. Il s'engagea à « maintenir l'intégrité et l'indépendance de la nation et à garder et à respecter la Constitution ». Il demanda également aux Chiliens « travail et sacrifice », nécessaires pour construire le socialisme. Assistaient aux cérémonies d'investiture les représentants de plus de soixante nations, y compris des délégations non officielles du Vietnam du Nord, de la République populaire de Chine, de l'Allemagne de l'Est, et de Cuba (cette dernière conduite par Carlos Rafael Rodriguez, chef du parti communiste depuis longtemps). Pour donner un avant-goût des tendances antiaméricaines d'Allende, les chefs du parti de l'indépendance portoricain étaient également invités à la cérémonie. Lors de propos publics concernant les festivités, Allende aurait dit qu'il envisageait un plébiscite si le Parlement (dans lequel son Union Populaire ne contrôlait que 90 sièges sur 200) rejetait les « nouvelles formes » de gouvernement qu'il proposerait. Le 5 novembre, dans un discours prononcé lors d'un rassemblement couronnant les trois jours de cérémonie, Allende prit l'engagement de construire une « république de la classe ouvrière » et mit le système capitaliste en accusation, lui reprochant ses inégalités sociales et économiques. Il laissa prévoir un important programme de nationalisations.

Charles Meyer fut reçu par Allende et lui transmit le message de Nixon. Allende ne manifesta aucun désir de conciliation. Le ton de son gouvernement était donné. Quelques jours plus tard, par exemple, on inaugura une statue de Che Guevara dans le quartier ouvrier de San Miguel. Les militants révolutionnaires latino-américains, y compris le secrétaire général de la Fédération des travailleurs cubains, étaient présents à l'inauguration, où la foule chanta les hymnes nationaux chilien et cubain [13].

Telle était l'atmosphère dans laquelle se réunit le C.N.S., le 6 novembre, pour analyser la politique à adopter vis-à-vis du Chili. Et cette atmosphère se trouva à peine améliorée par un rapport digne de foi présenté le même jour, relatant une réunion secrète entre Allende et les membres de l'armée de Libération nationale chilienne, groupe révolutionnaire créé afin de favoriser la révolution en Bolivie. Allende avait juré, disait-on, qu'une fois son gouvernement au pouvoir, le Chili deviendrait un centre d'aide et d'entraînement pour les organisations révolutionnaires latino-américaines, cherchant à « libérer » leur pays par la lutte armée.

Nixon accepta néanmoins l'unanimité au sujet d'une attitude « froide mais correcte ». Il exprima une inquiétude : si Allende réussissait à consolider son pouvoir, cela encouragerait tous nos opposants à travers l'Amérique latine et pourrait pousser les indécis à prendre position contre nous. Mais l'hostilité déclarée jouerait en faveur d'Allende, il en était d'accord. Il décida donc d'adopter une politique qui fut matérialisée par une directive publiée le 9 novembre. Elle affirmait que l'attitude officielle des États-Unis serait « correcte mais froide, pour éviter de donner au gouvernement Allende l'occasion de rallier les soutiens intérieurs et internationaux qui consolideraient son régime ». Mais elle demandait également la réunion du maximum de forces possibles afin d'empêcher la consolidation d' « un État communiste au Chili, hostile aux intérêts des États-Unis et des autres nations occidentales ». Le Président ordonna qu'aucune garantie ne soit donnée aux nouveaux investissements privés, que l'on mette un terme à ceux existant, dans la mesure du possible, et que nous utilisions notre influence auprès des institutions financières internationales afin de limiter les crédits ou toute autre forme d'aide financière au Chili. Aucun nouvel engagement d'aide économique bilatérale ne serait pris pour le moment. Cependant, exception fut faite pour les programmes humanitaires. Les engagements existants seraient strictement tenus. Ces directives étaient sévères mais moins rigoureuses qu'il y paraissait (elles l'étaient, par exemple, bien moins que la politique que nous suivîmes par la suite à l'égard d'Augusto Pinochet au Chili ou d'Anastasio Somoza au Nicaragua). Devant la nouvelle politique du gouvernement chilien d'expropriation sans compensation, destinée à décourager tout investissement privé, devant une inflation alimentée par le gouvernement, atteignant quelque 350 pour 100 (le jour de la mort d'Allende) et anéantissant la classe moyenne, et devant le non-paiement de ses dettes internationales en 1971, le crédit accordé au Chili aurait chuté de façon impressionnante entre 1970 et 1973, quelle qu'ait été la politique adoptée par les États-Unis au sein des institutions de prêt internationales. C'eût été une opération financière nationale ou internationale imprudente que d'accorder un crédit substantiel à quelqu'un qui durant sa campagne de 1970 (« les quarante premières mesures du gouvernement populaire ») avait juré de « dénoncer ses engagements vis-à-vis du Fonds monétaire international » ou qui, dans son programme d'unité populaire, avait proclamé son intention d' « exproprier le capital impérialiste et... d'augmenter notre capacité d'assurer l'autofinancement de nos activités » et qui avait considéré comme « absolument nécessaire de réexaminer, de dénoncer ces traités ou accords ou d'y renoncer, selon le cas, car ils impliquent des engagements qui limitent notre souveraineté, et en particulier des traités d'aide réciproque, des pactes d'aides mutuelles ou autres que le Chili a signés avec les États-Unis ».

Pour ce qui est de l'aide des États-Unis sur des bases bilatérales, la subvention, disait-on, elle se termina en 1968 alors que Frei étaient encore Président. Les programmes avaient été ramenés à 40 millions de dollars pour 1969 et à 70 millions de dollars pour 1970. Même sous le gouvernement Allende, l'exception pour les programmes humanitaires fut l'objet d'une autorisation portant sur 16,8 millions de dollars au titre des programmes « Food for Peace », quelque 250 000 dollars à titre de fonds spécial de réparation des sinistres, ainsi qu'une participation américaine à taux préférentiel à des prêts de 11,5 millions de dollars consentis à deux universités chiliennes par la Banque interaméricaine pour le Développement en janvier 1971. Et le corps des « volontaires de la paix » resta en place. Sous le gouvernement Allende, les États-Unis allouèrent également plus de 42 millions de dollars au titre de l'aide militaire, acceptèrent de revoir les échéances d'une partie de la dette du Chili (environ 250 millions de dollars), participèrent à des prêts

I.M.F. pour un montant de 82,3 millions de dollars, et honorèrent leurs engagements antérieurs s'élevant à quelque 25 millions de dollars. Grâce à quoi, le Chili d'Allende resta l'un des plus gros bénéficiaires per capita de l'aide officielle des États-Unis en Amérique latine. En tout, Allende reçut de nouveaux crédits se montant à près de 950 millions de dollars des sources les plus diverses, dont plus de 600 millions de dollars de source communiste [15]. Aussi difficile à admettre que cela puisse être pour ceux qui cherchent quelques raisons étrangères à la gestion marxiste dans les désastres économiques, ce n'est pas la pression économique américaine mais la propre politique d'Allende qui le coula.

Allende n'attendit pas longtemps pour mettre en œuvre son programme. Le 12 novembre, il annonça le rétablissement des relations diplomatiques avec Cuba en violation de la résolution de 1964 de la Conférence des États américains, dépourvue, selon Allende, de « base morale et juridique » ; la nouvelle convention fut négociée par Carlos Rafael Rodriguez lors de l'entrée en fonctions d'Allende. Les Affaires étrangères réagirent le jour suivant par une déclaration « déplorant » que le Chili ait agi sans recourir au cadre consultatif de l'Organisation des États américains. Le gouvernement Allende agit rapidement aussi pour signer un pacte avec la délégation nord-coréenne. Bien que ne faisant pas état de l'existence de liens diplomatiques, ce pacte n'en constituait pas moins une reconnaissance de fait. Le Chili se retira de la Commission des Nations-Unies sur la Corée.

Le premier geste d'Allende à l'encontre de l'industrie américaine eut lieu le 20 novembre, lorsqu'il ordonna l'occupation administrative, conformément aux dispositions de la loi du travail de 1945, de deux sociétés chiliennes dirigées par Northern Indiana Brass et Ralston Purina. Allende accusa ces sociétés d'avoir intentionnellement privé des Chiliens d'emplois. Puis vint un discours, le 26 novembre, lors d'une réunion plénière du parti communiste, où il déclara que son gouvernement proposerait à brève échéance une loi visant à nationaliser les intérêts américains ainsi que les institutions bancaires chiliennes et étrangères, les assurances et les propriétés industrielles non identifiées. Il fut indiqué que cette loi serait probablement accompagnée d'une proposition modifiant les garanties attachées à la propriété privée en cours de constitution pour permettre au gouvernement une mainmise sur les équipements (telles les usines et les mines), de même que sur les terres appartenant au privé (ce qui avait déjà été autorisé). Ce discours fut suivi par l'annonce d'une série de mesures imminentes : nationalisation à grande échelle des industries de base, planification, directions centralisées des activités industrielles, bancaires, commerciales et agricoles comme Allende s'y était engagé dans son programme de 1970. Le ministre des Finances d'Allende, exposant le programme économique à une Commission du Parlement chilien, imputa les problèmes économiques du Chili au « système capitaliste » et aux investisseurs étrangers, notamment américains.

En moins d'un mois, Allende avait amnistié des centaines de terroristes révolutionnaires appartenant au M.I.R. (formation située à la gauche des communistes ayant pour objectif de s'emparer du pouvoir par la violence). En moins d'un an, au cours de l'année 1971, élargissant dramatiquement la brèche dans l'unité de l'hémisphère, Fidel Castro fit une visite de près d'un mois au Chili. Le voyage se termina par une déclaration affirmant la « lutte commune » et les « vues communes des deux gouvernements et des deux peuples dans l'analyse de la situation mondiale », condamnant l' « intervention impérialiste » au Vietnam, saluant « la crise du système monétaire capitaliste » et « l'augmentation progressive, réelle, de la puissance économique, politique, sociale et technologique du camp socialiste ».

Par la suite, le gendre cubain d'Allende, Luis Fernandez de Ona, qui avait participé activement à la préparation de l'expédition de Che Guevara en Bolivie, reçut un emploi au palais présidentiel à Santiago. Allende mit sur pied sa propre force de sécurité personnelle composée surtout de membres extrémistes du groupe terroriste M.I.R., et indépendante des structures existantes de l'armée et de la police. Il importa clandestinement de grandes quantités d'armes cubaines pour armer ses partisans et les préparer au combat de rues – procédé intéressant de la part d'un Président « constitutionnel ». Entre dix et quinze mille étrangers, sans visa, vinrent aider à organiser la guérilla qui se poursuivait au Chili et les activités terroristes dans les pays voisins. Il y eut des tentatives de renversement des structures militaires ; des sous-officiers avaient monté un coup pour s'emparer de la marine avec l'approbation tacite du Président en 1971.

Le mythe d'Allende démocrate a été entretenu avec d'autant plus d'assiduité qu'il est faux. Le fait est que les diverses dispositions prises par le gouvernement Allende furent considérées comme inconstitutionnelles et illégales par la Cour suprême du Chili, le 26 mai 1973, par le contrôleur général des comptes, le 2 juillet 1973, et par la Chambre des députés, le 22 août 1973. C'est l'opposition qu'il éveilla *à l'intérieur* du Chili qui déclencha le coup d'État militaire de 1973, à la conception, à l'organisation et à l'exécution duquel nous ne prîmes aucune part.

En novembre 1970, tout cela était encore très loin. Nous n'avions pu empêcher l'accession d'Allende au pouvoir. Nous étions ouverts à tout arrangement si Allende, contre toute attente, y était prêt. Mais nous étions également prêts à défendre nos propres intérêts dans l'éventualité plus vraisemblable où Allende tiendrait parole.

C'est ainsi que le Chili prit sa place dans notre automne de crises. Nous nous étions imposés en Jordanie et à Cienfuegos, mais nous devions faire face à un défi permanent dans l'hémisphère occidental. Nos délibérations avaient affiné notre aptitude à livrer le combat dans d'autres crises futures. Nous avions enduré des épreuves d'autant plus difficiles qu'elles s'étaient produites presque simultanément et avaient suivi de très près la violente expérience du Cambodge. Nous étant colletés avec des défis qui nous avaient été imposés, nous pouvions désormais chercher à modeler les événements à la lumière de nos propres objectifs.

Notes

CHAPITRE II

Période d'innocence: la transition

1. Michel Crozier, *Le Phénomène bureaucratique* (Éd. du Seuil, 1963), pp. 46-58, pp. 192-204.
2. Melvin R. Laird, introduction, *The Conservative Papers* (Garden City, N. Y. Anchor Books, Doubleday & Co., 1964).
3. Voir, par exemple: Rogers Morris, *Uncertain Greatness* (New York, Harper and Row, 1977), chap. II: « Coup d'État à l'hôtel Pierre ».
4. Voici le passage correspondant dans le premier discours d'investiture de Nixon:

   « Après une période de confrontations, nous entrons dans l'ère des négociations.

   Que toutes les nations sachent que, sous ce gouvernement, les voies de communication avec nous resteront ouvertes. Nous voulons un monde ouvert – ouvert aux idées, ouvert aux échanges commerciaux et aux contacts humains –, un monde dans lequel aucun peuple, petit ou grand, ne vivra dans un isolement plein d'amertume.

   Nous savons bien que nous n'aurons pas que des amis, mais nous pouvons tenter de n'avoir aucun ennemi.

   A ceux qui se voudraient nos adversaires, nous proposons une concurrence pacifique – non pas pour conquérir des territoires ou étendre une domination, mais pour enrichir la vie de l'Homme.

   L'espace est aujourd'hui à portée de notre main: élançons-nous ensemble vers les nouveaux mondes – non pour les conquérir, mais pour partager une nouvelle aventure.

   Que tous ceux qui veulent bien se joindre à nous nous aident à réduire le poids des armes, à consolider la paix, et à secourir les pauvres et les affamés.

   Mais que tous ceux qui seraient tentés par la faiblesse sachent bien que nous resterons aussi forts qu'il le faudra, et aussi longtemps qu'il le faudra. »

CHAPITRE III

Convictions d'un apprenti homme d'État

1. J'ai parlé du concept de l' « endiguement » dans *Nuclear Weapons and Foreign Policy* (New York, Harper and Bros., 1957), chap. II. Voir aussi l'excellente analyse de Coral Bell dans *Negotiation from Strength* (New York, Alfred A. Knopf, Inc., 1963).
2. Congrès, Sénat, Commission des Corps armés et Commission des Relations exté-

rieures, *Hearings on the Military Situation in the Far-East,* 82e Cong., 1re session, 1951, p. 2083.
3. Discours de Llandudno, Pays de Galles, le 9 oct. 1948, cité dans le *New York Times* du 10 oct. 1948.
4. « Central Issues of American Foreign Policy », in Kermit Gordon, ed., *Agenda for the Nation* (Washington, The Brookings Institution, 1968), p. 614.

CHAPITRE IV
Voyage européen

1. « Central Issues of American Foreign Policy », in Kermit Gordon, ed., *Agenda for the Nation* (Washington, The Brookings Institution, 1968), p. 595.
2. *The Troubled Partnership: A Re-appraisal of the Atlantic Alliance* (New York, McGraw-Hill, 1965), p. 40. Paru en français sous le titre *Les Malentendus transatlantiques*, Denoël, 1965.
3. Voir: Walt W. Rostow, « Limits and Responsabilities of American Power », discours prononcé à l'université A. & M. du Texas, le 4 décembre 1968 (in *Department of State Bulletin,* vol. LX, n° 1541, le 6 janvier 1969).
4. Voir: Francis M. Bator, « The Politics of Alliance: The United States and Western Europe », in Gordon, ed., *Agenda for the Nation,* p. 339.
5. Alastair Buchan, *Europe's Futures, Europe's Choices* (New York, Columbia University Press, 1969), p. VII.
6. Voir: André Malraux, *Les Chênes qu'on abat...* (Gallimard, 1971), p. 47.
7. « Central Issues of American Foreign Policy », in Gordon, ed., *Agenda for the Nation,* p. 599.
8. Allocution radio-télévisée du général de Gaulle sur la politique extérieure (31 mai 1960).
9. *Ibid.*
10. Conférence de presse du général de Gaulle, consacrée surtout aux problèmes de politique européenne et atlantique (15 mai 1962).
11. Conférence de presse du général de Gaulle le 5 septembre 1960.

CHAPITRE V
Ouverture des relations avec Moscou

1. V. I. Lénine, *Selected Works* (New York, International Publishers, 1943), vol. 9, p. 242 et p. 267, cité par Nathan Leites, *A Study of Bolshevism* (Glencoe, III, The Free Press, 1953), p. 347.
2. Nikita Khrouchtchev, Rapport au XXe Congrès du Parti communiste de l'Union soviétique, février 1956, *Current Digest of the Soviet Press,* vol. 8 (7 mars 1956), pp. 11-12.
3. Nicolas Podgorny, in *La Pravda* du 20 novembre 1973.
4. Lénine, *Selected Works,* vol. 10, p. 119, cité par Leites, p. 495.
5. Michael T. Florinsky, *World Revolution and the U.S.S.R.* (New York, The McMillan Co., 1933), p. 216.
6. *New York Times,* 23 mai 1943.
7. Summer Welles, *The Time for Decision* (Cleveland and New York, The World Publishing Co., 1944), p. 406.
8. Averell Harriman, *Peace with Russia* (New York, 1959), p. 168.
9. « Why We Treat Different Communist Countries Differently », discours du ministre

Rusk, le 25 février 1964, Washington, D. C. (in *Department of State Bulletin,* vol. L, n° 1290, le 16 mars 1964, p. 393).

10. Robert E. Sherwood, *Roosevelt and Hopkins: An Intimate History* (New York, Harper and Bros. 1948), p. 870.
11. Voir: Max Frankel, « Where Do We Go From Victory? », *The Reporter*, 22 novembre 1962, p. 24.
12. Discours de clôture de MacMillan, à la Conférence des ministres des Affaires étrangères de Genève, le 16 novembre 1955, cité dans *Documents on International Affairs 1955* (Oxford, Royal Institute of International Affairs, 1958), pp. 73-77.
13. « Central Issues of American Foreign Policy », in Kermit Gordon, ed., *Agenda for the Nation* (Washington, The Brookings Institution, 1968), p. 609.
14. *The Necessity for Choice* (New York, Harper and Bros. 1961), pp. 195-196.
15. Zbigniew Brzezinski, « Peace and Power », *Encounter,* vol. XXXI, n° 5 (novembre 1968), p. 13.
16. Marshall D. Shulman, « The Future of the Soviet-American Competition », in *Soviet-American Relations and World Order: The Two and the Many,* Adelphi Paper n° 66 (Londres, Institute for Strategic Studies, mars 1970), p. 10.
17. Discours de Clifford cité par le sénateur Albert Gore devant la Commission des Relations extérieures du Sénat, *Strategic and Foreign Policy Implications of ABM Systems, Hearings before the Subcommittee on International Organization and Disarmament Affairs,* 91e Cong., 1re session, le 21 mars 1969, p. 165.
18. Voir, par ex., Stephen S. Rosenfeld, « Les projets de voyage de Nixon peuvent affecter les négociations », *Washington Post,* le 6 juin 1969; James Reston, « Les inévitables gaffes du Président Nixon », *New York Times,* le 29 juin 1969; et l'éditorial du *New York Times* du 30 juin 1969.

CHAPITRE VI
Premiers pas vers la Chine

1. *U.S. News & World Report,* le 16 septembre 1968, p. 48.
2. *The Necessity for Choice* (New York, Harper and Bros. 1961), p. 202. Dans mon livre sur l'Europe, publié en 1965, je trouvais intéressante la façon qu'avait le général de Gaulle de voir la Chine comme un contrepoids nécessaire à l'Union soviétique, même si j'avais aussi tendance à considérer la Chine comme un problème objectif pour les « responsabilités mondiales » des États-Unis. *The Troubled Partnership* (New York McGraw-Hill, 1965), pp. 59-60.
3. Ce que nous savons des événements de l'Oussouri est tiré, pour la plus grande part, des comptes rendus donnés par les deux parties. Ces comptes rendus sont analysés par Thomas W. Robinson, *The Sino-Soviet Border Dispute: Background, Development, and the March 1969 Clashes,* The Rand Corp., août 1970 (RM-6171-PR). Voir également Neville Maxwell, « The Chinese Account of the 1969 Fighting at Chenpao », *The China Quarterly,* n° 56 (octobre-décembre 1973), p. 730.
4. Maxwell, « The Chinese Account », p. 731.
5. Voir le *Washington Star* des 28 et 29 août 1969. Le *Star* s'était permis de rompre la règle des conférences officieuses (ne pas nommer ses sources) parce qu'il n'avait pas été convié au déjeuner.

CHAPITRE VII
Politique et stratégie de défense

1. Kouznetsov, cité in : Charles E. Bohlen, *Witness to History 1929-1969* (New York, W. W. Norton and Co., 1973), pp. 495-496.
2. Albert Wohlstetter, « Is There a Strategic Arms Race ? », *Foreign Policy,* n° 15 (été 1974), pp. 3-20 ; « Rivals But No " Race " », *Foreign Policy,* n° 16 (automne 1974), pp. 48-81.
3. C'était le titre d'un livre écrit par le sénateur J. William Fulbright : *The Pentagon Propaganda Machine* (New York, Random House, 1970, et Vintage Books, 1971).
4. Erwin Knoll et Judith Nies McFadden, ed., *American Militarism, 1970* (New York, The Viking Press, 1969), p. 11. Voir également John W. Finney, « 45 in Congress Seek Rein on Military », *New York Times,* le 3 juin 1969.
5. Neil Sheehan, « Congress Group Hopes to Use ABM Fight to Curb Other Arms », *New York Times,* le 10 juillet 1969.
6. Voir le *Congressional Quarterly* du 30 mai 1969, p. 847. Voir également l'éditorial du *Saturday Review* du 8 mars 1969 (The Anti-Ballistic Missile Decision : President Nixon's Vietnam ?) qui reparut dans le *New York Times* du 11 mars 1969, p. 19.
7. Carl Kaysen, « Military Strategy, Military Forces, and Arms Control », in Kermit Gordon, ed., *Agenda for the Nation* (Washington, The Brookings Institution, 1968), pp. 549-584 (citation pp. 549-550) ; Charles Schultze, « Budget Alternatives after Vietnam », *ibid.,* pp. 13-48.
8. Graham Allison, Ernest May et Adam Yarmolinsky, « Limits to Intervention », *Foreign Affairs,* vol. 48, n° 2 (janvier 1970), p. 246.
9. *New York Times,* 21 avril 1969.
10. *New York Times,* 18 mai 1969.
11. Éditoriaux du *New York Times* des 7 et 9 février 1969.
12. Abram Chayes et Jerome B. Wiesner, ed., *ABM : An Evaluation of the Decision to Deploy an Antiballistic Missile System,* avec une introduction du sénateur Edward M. Kennedy (New York, Harper and Row, 1969).
13. Déclaration du sénateur Edward M. Kennedy devant la Commission sur les Priorités nationales, Conseil politique démocratique, 24 février 1970. Voir également le *New York Times* du 25 février 1970.
14. Les remarques de Nixon, à l'origine faites sur le plan officieux, furent par la suite publiées dans le volume de 1969 de *Public Papers of the Presidents of the United States : Richard Nixon : 1969* (Washington, U.S. Government Printing Office, 1971), pp. 544-556.

CHAPITRE VIII
Les affres du Vietnam

1. Qu'au début des années 60 toutes les décisions clés aient été connues du public est démontré de façon convaincante par Henry Fairlie, « We Knew What We Were Doing When We Went Into Vietnam », *Washington Monthly* (mai 1973).
2. « The Viet Nam Negociations », *Foreign Affairs,* vol. 47, n° 2 (janvier 1969), pp. 211-234.
3. Les fanatiques de documents secrets pourront lire, dans le *Washington Post* du 25 avril 1972, le résumé du personnel du C.N.S. sur les réactions des services ministériels au N.S.S.M. 1.
4. Voir chapitre XII, note 11.
5. La Convention de La Haye de 1907 stipule qu'un pays neutre a pour obligation d'empêcher toute utilisation de son territoire par un belligérant. Si ce pays neutre se montre peu désireux ou incapable de le faire, l'autre belligérant a le droit de prendre les

mesures qui s'imposent. Cf. le discours prononcé devant le Barreau de la Ville de New York, le 28 mai 1970, par John Stevenson, conseiller juridique des Affaires étrangères, qui expliquait quelle était notre position légale en ce qui concernait les opérations menées entre le 30 avril et le 30 juin 1970 au Cambodge par les forces américaines et sud-vietnamiennes (in *Department of State Bulletin,* vol. LXII, 22 juin 1970, pp. 765-770).

6. Réunie au grand complet, la Commission judiciaire de la Chambre vota, par 26 voix à 12, contre cette mise en accusation. Les phrases hautes en couleur que je cite pourront être trouvées, ainsi que bien d'autres, dans : U.S. Congress, House, *Report of the Committee on the Judiciary on the Impeachment of Richard M. Nixon, President of the United States,* 93e Cong., 2e session, 20 août 1974, p. 298 (Rep. Waldie, « bombardement massif du Cambodge neutre ») ; p. 308 (Rep. Drinan, « conduite présidentielle plus choquante..., etc.) ; voir également pp. 307-312 (Rep. Drinan, « un bombardement massif », « bombardement massif dans un pays neutre ») et p. 328 (Rep. Holtzman plus neuf autres, « le pilonnage systématique d'un pays neutre »).
7. Robert F. Kennedy, *To Seek a Newer World* (Bantam Books, avril 1968), en particulier pp. 207-218. Kennedy écrivait : « Les retraits sont maintenant impossibles » (p. 186) et « Négocier un règlement signifie moins qu'une victoire pour l'une ou l'autre des parties... Si l'une ou l'autre des parties abandonne ses conditions les plus essentielles, cela équivaudra en fait pour elle à une défaite » (pp. 196-197).
8. Voir John W. Finney, « Rockfeller Coup Gave Platform a Dovish Tone », *New York Times,* 6 août 1968.
9. Clark M. Clifford, « A Viet Nam Reappraisal », *Foreign Affairs,* vol. 47, n° 4 (juillet 1969).
10. La lettre que Nixon envoya le 15 juillet à Hô Chi Minh et la réponse de ce dernier furent rendues pupliques par la Maison Blanche au moment du discours de Nixon sur le Vietnam, le 3 novembre 1969.
11. RAPPORT DE HENRY A. KISSINGER AU PRÉSIDENT, le 10 septembre 1969.

SUJET : Notre politique actuelle au Vietnam.

Je m'inquiète de plus en plus de notre politique actuelle au Vietnam, et ce rapport a pour but de vous expliquer ce qui me préoccupe. Mon intention n'est pas de discuter d'autres possibilités, mais de vous donner un aperçu général. Je vous ai déjà fait part de mes recommandations.

Si le temps joue à la fois contre nous et contre notre ennemi, il érode cependant plus rapidement notre stratégie que la leur. Mon pessimisme vient de ce qui me semble être la stratégie de Hanoi et les chances de succès des divers éléments de la nôtre.

1. *La stratégie des États-Unis.*

En fait, nous tentons de résoudre le problème du Vietnam sur trois fronts étroitement liés entre eux : 1) aux États-Unis ; 2) au Vietnam, et 3) par une action diplomatique. Pour que cette dernière nous permette d'atteindre nos objectifs de base, nous devons parvenir à des résultats raisonnablement heureux sur les deux autres fronts.

a) *Aux États-Unis.*

Dans les mois à venir, les pressions publiques vous demandant de liquider rapidement la guerre ne feront qu'augmenter – et, je le pense, très fortement. Si les sondages montrent qu'une grande partie des Américains sont à présent satisfaits de la manière dont le gouvernement mène la guerre, il est toutefois manifeste que ce soutien peut nous être retiré. Chacun sait que les étudiants préparent des manifestations pour octobre, et s'il est vrai que de nombreux Américains s'opposeront aux activités des étudiants ils se souviendront en même temps qu'eux-mêmes sont contre la poursuite de la guerre. Comme je le dis plus loin, je ne pense pas que la « vietnamisation » suffise réellement à réduire les pressions en faveur de la fin de la guerre ; il se peut, en fait, qu'elle les augmente à partir d'un certain point. A cet égard, il est particulièrement significatif de constater l'opposition nette des chefs « modérés » de l'opinion, en particulier dans la presse et sur la côte Est (par exemple le magazine *Life*). La recrudescence de cette intense campagne publique aura certainement pour résultat de polariser l'opinion publique. Vous vous trouverez alors en quelque sorte dans la même position que le Président Johnson, même si elle est dans le fond différente. Vous serez pris entre les Faucons et les Colombes.

En ce qui concerne le gouvernement lui-même, ces pressions publiques auront pour effet d'accentuer la division interne dont le public et Hanoi se sont déjà rendu compte. Les déclarations par lesquelles les membres du gouvernement tenteront de calmer less Faucons ou les Colombes embrouilleront certes Hanoi, mais elles le confirmeront aussi dans sa politique d'usure envers nous.

b) *Au Vietnam.*

Il faut tenir compte de trois éléments sur le front vietnamien : 1) nos efforts pour « gagner la guerre » par des opérations militaires et par la pacification, 2) la « vietnamisation », et 3) la position politique du G.V.N.

1) Je ne crois pas que nos plans actuels nous permettront de gagner la guerre en deux ans, même si les coups que nous réussissons ou ne réussissons pas à infliger à l'ennemi gardent leur importance.

2) La « vietnamisation » doit être considérée sous deux angles : la mesure dans laquelle elle permettra aux Vietnamiens d'assurer eux-mêmes la conduite de la guerre, et ses effets sur Hanoi et l'opinion publique américaine. Personnellement, je ne suis guère optimiste quant à la capacité des forces sud-vietnamiennes à assumer un fardeau plus lourd que ne le permettent les plans M.A.C.V. actuels. De toute façon, ces plans prévoient qu'il faudra trente mois pour passer le flambeau au G.V.N., et je ne pense pas que nous ayons tout ce temps devant nous.

En outre, au fur et à mesure de sa réalisation, la « vietnamisation » rencontrera des problèmes de plus en plus graves.

— Les retraits de troupes américaines auront sur le public américain le même effet que des amuse-gueules : plus nous rapatrierons de troupes, plus on nous demandera d'en rapatrier. Et il est possible que l'on finisse par exiger de nous des retraits unilatéraux — peut-être en un an.

— Plus nous retirons nos troupes, plus Hanoi sera encouragée — les Nord-Vietnamiens sont les dernières personnes que nous puissions envisager d'abuser sur la capacité des Sud-Vietnamiens à nous remplacer. Ils peuvent soit attaquer les forces du G.V.N. pour nous mettre dans l'embarras pendant tout le processus, soit attendre que nous ayons retiré un grand nombre de soldats avant de lancer de telles attaques (probablement après une période d'infiltration intense).

— Chaque soldat américain retiré aura relativement plus d'importance pour les efforts dans le sud, étant donné qu'il représentera un pourcentage de forces américaines plus élevé que celui de son prédecesseur. (Évidemment, nous pouvons arrêter les retraits de forces de combat, et mettre l'accent sur les retraits de forces de soutien. Tôt ou tard, cependant, nous serons contraints d'en passer par-là aussi.)

— Il sera de plus en plus difficile de maintenir le moral de ceux qui restent, sans parler de leurs familles.

— La « vietnamisation » pourrait bien ne réduire les pertes américaines qu'une fois parvenue aux tous derniers stades, car il est possible que le nombre de ces pertes ne soit pas lié à l'importance des troupes américaines se trouvant au Vietnam. Pour tuer environ 150 soldats américains par semaine, il suffit à l'ennemi de n'attaquer qu'une toute petite portion de nos forces.

— La « vietnamisation » dépend de l'élargissement du G.V.N., et le nouveau gouvernement de Thieu n'est pas tellement plus large que le précédent (voir ci-dessous). La meilleure façon de le renforcer serait de donner l'impression que le gouvernement de Saigon est en train de gagner, ou qu'il est tout au moins assuré d'une existence durable.

Plus l'issue de la guerre est incertaine, moins la « vietnamisation » semble réalisable.

— Le G.V.N. nous pose un problème : le G.V.N. actuel ne peut guère travailler à un règlement politique sans mettre sérieusement en danger sa propre existence ; mais en même temps il n'a pas suffisamment travaillé à rendre envisageable un tel règlement.

Si l'incapacité de Thieu à « élargir » son gouvernement est ennuyeuse, ce n'est pas parce qu'il n'a pas réussi à s'attacher une plus grande variété des politiciens de Saigon. C'est parce que ces hommes politiques pensent manifestement que Thieu et son gouvernement n'ont pas beaucoup d'avenir politique, et parce que le nouveau gouvernement n'offre pas beaucoup de possibilités aux neutralistes qui pourraient jouer un rôle si un accord venait à être conclu. Sans parler de l'incapacité générale de Thieu à établir son pouvoir politique dans les villages non catholiques. En outre, au fur et à mesure des retraits américains, Thieu dépend de plus en plus du soutien politique des militaires sud-vietnamiens.

c) *Notre action diplomatique.*

Ainsi, nos perspectives de progrès au Vietnam ne sont pas suffisantes pour pousser Hanoi à faire de réelles concessions à Paris. Son intransigeance est aussi basée sur ce qu'elle sait de l'opposition croissante que rencontre notre politique vietnamienne aux États-Unis. Il semble qu'elle s'apprête à jouer la carte de la temporisation.

II. *La stratégie de Hanoi.*

Il est certain que l'ennemi a souffert des actions militaires alliées dans le sud, et qu'il n'est pas capable de mener une offensive soutenue là-bas. Les statistiques sur les offensives de l'ennemi, ainsi que certaines des récentes déclarations de Giap, montrent que Hanoi a délibérément choisi d'appliquer une stratégie de « guerre prolongée ». Cela consiste manifestement en des opérations menées par de petites unités, avec de brusques « flambées » d'activité, et à infliger le maximum de pertes aux Américains (en particulier par des attaques au lance-roquettes et au mortier). Cet ensemble d'actions est la manifestation d'une stratégie de moindre coût visant à infliger une défaite psychologique, plutôt que militaire, aux Américains.

Que ceci soit la stratégie adoptée par Hanoi est confirmé par ce que nous savons des infiltrations de l'ennemi. Selon nos services de renseignements, ces infiltrations pourraient être beaucoup plus importantes, en dépit de difficultés intérieures croissantes. Si elles ne le sont pas, c'est logiquement parce qu'il n'était nul besoin d'engager davantage d'hommes — du moins pendant quelques mois — pour mener une guerre prolongée à peu de frais. Il semble très improbable que Hanoi cherche par là à nous « signaler » qu'elle est disposée à un retrait mutuel, encore que cette éventualité ne doive pas être écartée. Sur le plan diplomatique, rien ne permet de penser que c'est là son intention — sauf peut-être la façon dont Xuan Thuy a lié les points deux et trois du programme G.R.P. — et je ne crois pas qu'elle ait suffisamment confiance en nous pour « retirer » un pourcentage de ses hommes plus élevé que celui que nous avons nous-mêmes retiré, comme ce serait le cas.

Que Hanoi ait adopté une stratégie de temporisation correspondrait à la fois à la façon dont elle conçoit une guerre de révolution et à ce qu'elle espère retirer des problèmes de plus en plus sérieux qui se poseront aux États-Unis.

III. *Conclusion.*

En résumé, je ne crois pas que nous puissions faire des progrès suffisamment évidents au Vietnam pour satisfaire les Américains (et les membres de notre gouvernement), et Hanoi a adopté une stratégie qu'elle devrait être en mesure d'appliquer pendant quelque temps – sauf incident du style des hostilités sino-soviétiques. D'où mon inquiétude croissante.

12. Dans mon rapport au Président du 11 septembre 1969, j'affirmais, entre autres choses :

Étant donné les rapports trop optimistes des dernières années sur le Vietnam, il serait presque impossible de convaincre les Américains que l'ennemi a été durement atteint, et donc, si nous nous armions de patience, que le temps pourrait jouer pour nous. Premièrement, nous ne sommes pas certains de notre position relative – nous avons déjà souvent mal interprété les faits. Deuxièmement, même si nous devions arriver à la conclusion que la position militaire des alliés est favorable, nous ne savons comment transposer cela sur le plan politique – et au Vietnam du Sud, les perspectives politiques sont bien plus incertaines. Troisièmement, le gouvernement se trouve face à un auditoire américain sceptique et cynique – il est compréhensible que le Président répugne à se montrer optimiste et à risquer de voir diminuer sa crédibilité. Enfin, la force de la position alliée n'est d'aucun intérêt pour une partie importante et bruyante de l'opposition américaine, qui veut la fin de la guerre à n'importe quel prix.

13. *The New York Times Magazine,* 21 septembre 1969.

14. Par exemple, le 1er mars 1969, le *Times* parlait de la diminution de l'offensive communiste comme d'une occasion propice à la poursuite des négociations. Le 18 mai, il faisait de la réponse conciliante des communistes au discours de Nixon du 14 mai une bonne raison pour les États-Unis de commencer les retraits. L'éditorial du 10 juin soulignait à quel point le programme Nixon et les dix points du F.N.L. étaient proches, et en concluait que les États-Unis devaient négocier la formation d'un gouvernement de coalition. Les éditoriaux du 28 juillet, et des 25 et 28 août s'appuyaient sur l'accalmie survenue dans les combats pour affirmer que les Américains devaient procéder à une désescalade et proposer un cessez-le-feu.

15. L'éditorial du 9 mars 1969 affirmait que l'offensive ennemie du printemps montrait tout simplement que les États-Unis ne pouvaient remporter de victoire militaire, et qu'il fallait poursuivre les pourparlers de paix. Le 28 juillet, la mauvaise volonté manifestée par Hanoi aux négociations de Paris fut présentée comme un argument en faveur d'une accélération des retraits américains. Quant à la vague d'offensives ennemies des 11 et 12 août, elle poussa le *Times* du 16 août à réclamer une désescalade américaine et une offre de cessez-le-feu.

16. Voir les éditoriaux du 26 décembre 1968 et du 19 janvier 1969 (retrait bilatéral), du 30 janvier et du 21 mars (les États-Unis doivent prendre l'initiative des retraits mutuels), du 18 mai (retraits américains unilatéraux), et du 31 mai (calendrier des retraits américains).

17. 30 janvier 1969 (« amorcer »); 21 mars (« entamer »); 31 mai (50-100 000 comme étant « important »); 10 juin (un pas vers le désengagement); 17 septembre (« timide », pas « significatif »); 27 septembre (pas « suffisant »); 2 octobre (« symbolique »).

18. Voir les éditoriaux du 14 mai 1969 (commission électorale de coalition), du 10 juin (coalition temporaire).

19. 3 avril 1969 (réduction des opérations de ratissage et de nettoyage); 5 août, 15 octobre 1969 (appel au cessez-le-feu).

20. 19 janvier 1969 (retraits mutuels); 30 janvier (retraits américains); 3 avril (réduction des opérations de ratissage et de nettoyage; retraits américains); 14 et 15 mai, 10 juin (commission électorale de coalition); 18 mai (retraits américains); 5 août, 16 août, 30 août (réduction des opérations offensives; cessez-le-feu trêve); 7 septembre (cessez-le-feu pour les funérailles de Hô).

21. Par exemple le 28 juillet 1969 (retraits américains).

22. 19 janvier, 30 janvier 1969 (retrait de troupes, après l'arrêt des bombardements); 3 avril 1969 (réduction des opérations de ratissage, après la diminution des sorties de B-52); 15 mai (commission électorale de coalition, après le discours du 14 mai); 18 mai (retraits unilatéraux, après le discours du 14 mai); 10 juin (coalition temporaire,

après l'annonce de retrait de juin) ; 5, 16 et 30 août (cessez-le-feu, tactique de défense au sol, après l'annonce de retraits de juin) ; 2 octobre (après l'annonce des retraits de septembre).

23. Par exemple : 5 mai 1969 (insistance à chercher une victoire militaire) ; 17 mai (incapacité à réduire les opérations offensives ; retard dans les retraits de troupes) ; 16 août (pas d'offre de cessez-le-feu ou de désescalade) ; 25 août (retard dans les retraits) ; 31 août (pression militaire continue ; non-respect de l'accalmie ; retard dans les retraits) ; 2 octobre (opérations au sol agressives ; retraits symboliques ; non-respect de la trêve pour les funérailles de Hô).
24. Par exemple : 5 mai 1969 (arrestation d'adversaires ; temporisation par le biais d'une réforme agraire) ; 17 mai (arrestation d'adversaires) ; 25 août (choix d'un nouveau Premier ministre) ; 12 septembre (non-respect de la trêve pour les funérailles de Hô).
25. Par exemple : 1er mars 1969 (arrêt total des bombardements) ; 15 et 17 mai 1969 (discours du 14 mai) ; 16 août, 2 octobre 1969 (retraits, etc.).
26. Par exemple : 1er mars 1969 (diminution des attaques communistes) ; 9 mai 1969 (les Dix Points du F.N.L. ; 18 mai 1969 (première réaction au discours du 14 mai) ; 28 juillet, 25 et 31 août 1969 (accalmies) ; 16 août 1969 (« arrêt effectif » des infiltrations.
27. 9 mars, 3 mai 1969 (recrudescence des attaques alliées) ; 25 et 31 août (accalmie dans les combats).
28. Par exemple : 3 avril 1969 (réduction des opérations de ratissage) ; 5 et 17 mai (attitude défensive ; retraits américains) ; 18 mai (retraits américains) ; 10 juin (coalition temporaire) ; 5 septembre (trêve pour les funérailles de Hô Chi Minh).
29. *New York Times*, 15 mai 1969 ; *Washington Post*, 23 juin 1969.
30. *New York Times*, 15 et 30 mai 1969.

CHAPITRE IX
Premières épreuves en Asie

1. Pour ce paragraphe, j'ai tiré mes renseignements du témoignage non confidentiel rendu par le général Earle Wheeler, le 25 avril 1969, à une sous-commission de la Commission des Corps armés de la Chambre des représentants.
2. Voici ce passage du communiqué Nixon-Sato :

   Le Premier ministre a décrit en détail le sentiment particulier qu'ont les Japonais vis-à-vis des armes nucléaires, ainsi que la politique que mène le gouvernement japonais conformément à ce sentiment. Le Président a déclaré qu'il comprenait parfaitement, et a assuré au Premier ministre que, *réserve faite de la position du gouvernement des États-Unis vis-à-vis du système de délibérations préalables prévu par le Traité de Coopération et de Sécurité mutuelles,* Okinawa serait restitué sans que cela allât à l'encontre de la politique du gouvernement japonais, telle que l'avait décrite le Premier ministre.
3. Voir, par exemple, I. M. Destler, et al., *Managing an Alliance : The politics of US-Japanese Relations* (Washington, The Brookings Institution, 1976), p. 156. Ce livre m'a paru, par ailleurs, extrêmement utile en tant que récapitulation des événements à caractère public.
4. Voir, par exemple, Roger Morris, *Uncertain Greatness* (New York, Harper and Row, 1977), pp. 104-105.

CHAPITRE X
Ombres et mots: évolution de la stratégie pour le Moyen-Orient

1. Déclaration politique du Fatah du 19 oct. 1967, publiée par le *New York Times* du 20 oct. 1968.
2. Voir le rapport d'Andreï Jdanov à la conférence des partis communistes de septembre 1947, qui instaurait le Cominform. Publié par le Congrès des États-Unis, Chambre des Représentants, Commission des Relations extérieures, in *The Strategy and Tactics of World Communism, Report to Subcommittee n° 5 on National and International Movements,* House Document n° 619, Supplément 1, 80e Cong., 2e session, 1948, p. 211. Jdanov traitait essentiellement le Moyen-Orient dans sa phase de transition entre la sphère d'influence britannique et la sphère américaine.
3. Voir l'interview d'Arnaud de Borchgrave avec Nasser dans *Newsweek,* le 10 février 1969, et son interview avec Eshkol dans le numéro du 17 février 1969.

CHAPITRE XI
Une alliance difficile: l'Europe et les États-Unis

1. Voir par exemple un article de C. L. Sulzgerger dans le *New York Times* du 7 décembre 1969.
2. Voir par exemple: *Congressional Record* (quotidien), le 18 mai 1971, p. S7217 cité dans John Newhouse et al., *US Troops in Europe: Issues, Costs, and Choices* (Washington, The Brookings Institution, 1971), p. 5.
3. Voir Congrès des États-Unis, Sénat, Commission des Relations extérieures, *United States Security Agreements and Commitments abroad: United States Forces in Europe, Hearings before the Subcommittee on United States Security Agreements and Commitments Abroad,* 91e Cong., 2e session, Pt. 10, témoignage du 24 juin 1970, p. 2243.
4. Willy Brandt, *People and Politics: The Years 1960-1975* (Boston, Little, Brown & Co., 1978), p. 248.
5. *Ibid.,* p. 289.

CHAPITRE XII
La guerre s'étend

1. On trouvera tous les détails du compte rendu de Walters dans Vernon A. Walters, *Silent Missions* (Garden City, N. Y., Doubleday & Co., 1978), chapitres 24 et 28.
2. *Ibid.,* pp. 580-582.
3. Pour plus détails sur la domination vietnamienne au Laos et au Cambodge, voir: Bernard Fall, *The Two Vietnams,* éd. corrigée (Londres, Pall Mall Press, 1965), pp. 12-19, 33.
4. *Ibid.,* p. 386.
5. Voir par exemple: le *New York Times* du 25 février 1970.
6. Interview de Sihanouk dans le *New York Times* du 12 mars 1970.
7. Voir ses mémoires, *My War with the C.I.A.: The Memoirs of Prince Norodom Sihanouk as Related to Wilfred Burchett* (New York, Random House, Pantheon Books, 1973), p. 24. Voir également pp. 21-22, pp. 24-26, pp. 42-43, p. 50, p. 54, pp. 201-202.
8. William Shawcross, *Sideshow: Kissinger, Nixon and the Destruction of Cambodia* (New York, Simon and Schuster, 1979), p. 165.
9. Voici le message dans son entier:

NOTE DU PRÉSIDENT À L'INTENTION DE HENRY KISSINGER.

Je crois que nous devons nous décider à faire quelque chose au Cambodge — en supposant bien sûr que je n'aie pas changé d'avis d'ici notre réunion (il est 5 heures du matin, ce 22 avril). Nous devons en effet montrer que nous sommes du côté de Lon Nol. A mon avis, ce dernier va disparaître. Cependant, il est encore possible que cela ne se produise pas, et dans tous les cas nous devons faire quelque chose de symbolique pour l'aider à survivre. Jusqu'ici, nous n'avons pas bougé, parce que nous avons fait l'erreur de croire qu'en l'aidant nous détruirions sa « neutralité » et donnerions aux Nord-Vietnamiens une excuse pour entrer dans la place. Quand comprendrons-nous que les communistes n'ont jamais besoin d'excuse ? Ils n'en ont pas eu besoin en Hongrie en 1956, alors que les carriéristes des Affaires étrangères avaient avancé le même argument, et que Dulles l'avait accepté parce qu'il était fatigué et que cela se passait pendant la campagne. Ils n'en ont pas eu besoin en Tchécoslovaquie, quand les gens des Affaires étrangères ont encore avancé le même argument ; ils n'en ont pas eu besoin au Laos, où nous avons perdu une précieuse journée en ne lançant pas l'attaque qui aurait pu contrecarrer toute l'offensive avant même qu'elle ait débuté ; enfin, ils n'en ont pas eu besoin au Cambodge, où nous nous sommes complètement lavé les mains en affirmant au Sénat que nous n'avions qu'une « délégation de sept malheureux fonctionnaires des Affaires étrangères » à notre ambassade là-bas, et que nous ne fournirions aucune aide de crainte que cela ne les « provoque » à entrer dans la place. Ils gagnent haut la main là-bas, et le seul gouvernement cambodgien qui, en vingt-cinq ans, a eu le courage de prendre une position pro-occidentale et pro-américaine est sur le point de s'effondrer. Je pense à envoyer quelqu'un comme Bob Murphy : il irait là-bas pour me rendre compte de la situation, et pour rassurer Lon Nol. Bien entendu, cela se ferait parallèlement aux activités que vous entreprendrez immédiatement après la réunion du C.N.S., au cas où je déciderais de suivre cette ligne d'action, avec certains des ambassadeurs au cœur pur de ceux qui se disent nos amis sur cette terre. Nous allons bien voir quels sont nos amis à présent, car si nous décidons de faire front, ils feraient mieux de se manifester au plus vite.

Je vous reparlerai de tout cela après la réunion du C.N.S.

10. John Mitchell avait pris des notes au cours de la réunion, et rédigé un rapport concis de deux pages :

COMPTE RENDU DE LA RÉUNION DU 28 AVRIL 1970.

Présents : le Président, les ministres des Affaires étrangères, de la Défense et de la Justice.

Ordre du jour : Le Cambodge et le Vietnam du Sud.

La réunion a eu lieu dans le Bureau ovale du Président, le 28 avril 1970 ; elle a commencé à 10 h 20 et a duré environ vingt minutes.

Le Président a déclaré que la réunion avait pour but d'informer les présents des décisions auxquelles il était parvenu en ce qui concernait la situation au Vietnam du Sud et au Cambodge. Il a déclaré qu'il avait constamment réfléchi au problème au cours des dix jours passés, et qu'il avait pris en compte tous les renseignements fournis par le directeur de la C.I.A., l'État-Major interarmes, et l'amiral McCain et son équipe lors de la réunion de Hawai. Il a déclaré que, pour prendre sa décision, il avait tenu compte de l'opposition des ministres des Affaires étrangères et de la Défense à l'emploi de forces américaines au Cambodge, ainsi que du fait que le professeur Kissinger tendait à ne pas être favorable à un tel emploi.

Le Président a ensuite déclaré qu'il avait demandé des renseignements à l'ambassadeur Bunker et au général Abrams. Il a donné lecture de son message à l'ambassadeur Bunker, ainsi que de la réponse de ce dernier, reçue tard dans la soirée du lundi.

Le Président a ensuite déclaré qu'après avoir ainsi étudié la situation d'ensemble au Cambodge, il avait décidé de ne pas modifier la position des États-Unis en ce qui concernait l'aide militaire au Cambodge ou son accord aux opérations de l'A.R.V.N. dans la zone du Bec de Perroquet. Il a déclaré qu'il avait décidé de confirmer qu'il autorisait une action conjointe des forces U.S./G.V.N. contre les quartiers généraux du C.O.S.V.N. au Hameçon, afin de protéger les forces américaines au Vietnam du Sud. Il a déclaré qu'à son avis cette opération était nécessaire pour soutenir le programme de vietnamisation et que, loin de diminuer les efforts des États-Unis pour négocier la paix, elle leur serait probablement profitable.

Le Président a ensuite déclaré que, pour prendre ses décisions, il avait tenu compte des réactions hostiles qu'elles susciteraient probablement au Congrès et dans certaines parties de la population. Il a déclaré qu'afin de laisser trace des événements qui l'avaient conduit à ces décisions et des conseils qu'il avait reçus à ce sujet, il avait, la veille, enregistré une bande magnétique qui rendait également compte des recommandations contraires des ministres des Affaires étrangères et de la Défense.

Après quoi le Président a quitté le Bureau ovale pour assister à une autre réunion dans la Salle du Cabinet. Les membres présents n'ont pas discuté du problème à l'ordre du jour en présence du Président.

signé:
J. N. Mitchell

11. Voir: Elizabeth Becker, « Cambodia: A Look at Border War with Vietnam », *Washington Post,* 27 déc. 1978; Henry Kamm, « Pol Pot Confirmed Assertion by Nixon », *New York Times,* 18 mars 1979, p. 7.
12. *New York Times,* 18 mai 1970.
13. Voir par exemple: Stanley Karnow, « Cambodia: Nixon's the One », *Washington Post,* 12 janvier 1979.
14. Voir par exemple: William Shawcross, « Cambodia: The Blame », *The Sunday Times* (Londres), 12 décembre 1976; « Who " Lost " Cambodia ? », *New York Times,* 6 février 1979; *Sideshow,* passim.
15. Par exemple: Shawcross, *Sideshow,* pp. 372-373 et 389. Shawcross, qui excusait ainsi les atrocités commises par les Khmers Rouges, se vit incroyablement critiqué par un autre écrivain, qui affirmait que rien ne permettait de conclure avec certitude que ces atrocités avaient jamais été commises. Richard Dudman, *The New York Times Book Review,* 22 avril 1979. Certains de nos critiques semblent davantage prêts à accorder le bénéfice du doute à Pol Pot qu'à leur propre gouvernement.
16. Voir également l'interview de Sihanouk dans *Far Eastern Economic Review,* le 11 mai 1979, p. 14, où il décrivait Pol Pot comme un « boucher » responsable de la mort de deux millions de Cambodgiens.
17. On trouvera une excellente analyse de l'application méthodique de la doctrine idéologique par les Khmers Rouges dans le livre de François Ponchaud, *Cambodge année Zéro* (Julliard, 1977). La citation de Khieu Samphan se trouve à la p. 113.
18. *Congressional Record* (quotidien), 16 décembre 1970, pp. S20283, 20289 et suivantes.

CHAPITRE XIII
L'énigme soviétique: Europe, SALT et Sommet

1. Charles L. Schultze avec Edward K. Hamilton et Allen Schick, *Setting National Priorities: The 1971 Budget* (Washington, The Brookings Institution, 1970), chapitre 2.
2. Cité dans le *New York Times* du 24 février 1970.
3. Voir par exemple un article dans *Commentary,* en mars 1970, qui attaquait Nixon pour son programme A.B.M., pour les essais sur les M.I.R.V., et pour la mollesse avec laquelle il cherchait à parvenir à un accord sur la limitation des armements stratégiques: Maurice J. Goldbloom, « Nixon So Far », *Commentary* (mars 1970), pp. 30-31.
4. Mon équipe avait récapitulé à mon intention les recommandations de Dave Packard,

selon lequel il était urgent d'entreprendre des négociations pour une limitation aussi rapide que possible des systèmes défensifs :

Le ministre Packard vous a envoyé un rapport sur les objectifs des négociations sur les armements stratégiques et sur les tactiques à adopter. Il affirme qu'il faudrait donner à notre délégation de nouvelles instructions « qui nous permettraient éventuellement de parvenir à un accord à Vienne à la mi-octobre ou, au plus tard, en novembre ». Il dit qu'un accord rapide, même limité, est important car la prochaine « réduction du budget national » qui « risque » de se traduire par « d'importantes réductions des programmes de défense, y compris des forces stratégiques », a « un effet important sur le rythme que nous donnons aux négociations sur les armements stratégiques ».

Ceci parce que, selon lui, les réductions commandées par le budget seront plus facilement acceptées aux États-Unis et seront « une preuve de nos bonnes intentions » pour l'U.R.S.S., si quelques progrès sont accomplis dans le domaine des armements stratégiques ; par contre, elles « diminueraient nos moyens de marchandage », si de tels progrès n'étaient pas accomplis.

(Il serait intéressant de savoir quelles seraient ces réductions dans les programmes stratégiques que prévoirait le Ministère de la Défense et qui « réduiraient nos moyens de marchandage » cet automne.)

CHAPITRE XV
L'automne des crises : la Jordanie

1. Voir Henry Brandon, *The Retreat of American Power* (Garden City N.Y., Doubleday & Co., 1973), p. 134.

CHAPITRE XVI
L'automne des crises : Cienfuegos

1. *R.N.: The Memoirs of Richard Nixon* (New York, Grosset & Dunlap, 1978), pp. 220-221.
2. Rapporté, par exemple, dans le *Baltimore Sun* du 3 septembre 1970.
3. *New York Times*, 6 janvier 1971.

CHAPITRE XVII
L'automne des crises : le Chili

1. Voir Paul E. Sigmund, *The Overthrow of Allende and the Politics of Chile, 1964-1976* (Pittsburg, University of Pittsburgh Press, 1977), p. 89. On trouvera le texte du programme de l'Unité Populaire dans J. Ann Zammit, éd., *The Chilean Road to Socialism* (Austin, University of Texas Press, 1973), pp. 255-284.
2. Voir Régis Debray, *Entretiens avec Allende sur la situation au Chili* (Éd. François Maspero, 1971), p. 172.
3. *ibid.*, p. 137.
4. *Ibid.*, p. 138.
5. *Ibid.*, p. 136.
6. *Ibid.*, p. 135.
7. *Ibid.*, pp. 135-136.
8. *Ibid.*, pp. 141-142.

9. *Ibid.*, p. 92.
10. Après la réorganisation des services en 1976 sous le Président Ford, elle s'appela Operations Advisory Group ; sous le Président Carter, ces fonctions sont exercées par une commission similaire, la Commission spéciale de Coordination du C.N.S.
11. Congrès des États-Unis, Sénat, Commission d'enquête sur les opérations du gouvernement en liaison avec les services de renseignements, *Alleged Assassination Plots Involving Foreign Leaders: An Interim Report,* 94e Congr., 1re session, novembre 1975, p. 229.
12. Régis Debray, *op. cit.*, pp. 144-145.
13. Interview avec le journal de Mexico City *Excelsior,* publiée le 4 novembre 1970.
14. Voir le *New York Times* du 9 novembre 1970.
15. Sous Allende, le Chili reçut un total de 947,9 millions de dollars de nouveaux crédits accordés par des bailleurs de fonds communistes et occidentaux, dont 620 millions de dollars de la part des Soviétiques et d'autres pays du bloc communiste. Ces chiffres ne tiennent pas compte des fonds alloués du fait d'engagements précédemment contractés. Par exemple, la Banque Interaméricaine de Développement (B.I.D.) a versé au Chili d'Allende 46,2 millions de dollars ; pendant cette période, la moyenne annuelle a été en fait plus importante que les versements de la B.I.D. au Chili pendant n'importe quelle année entre 1964 et 1970. Voir Congrès des États-Unis, Chambre, Commission des Relations extérieures, *United States and Chile During the Allende Years, 1970-1973, Hearings before the Subcommittee on Inter-American Affairs of the House Committee on Foreign Affairs*, 1975, pp. 324, 447 ; Congrès des États-Unis, Sénat, Commission d'enquête sur les opérations du gouvernement en liaison avec les services de renseignements, *Covert Action in Chile, 1963-1973,* Staff Report, 94e Congr., 1ro session, 1975, p. 32 ; Rapport de la Commission Innteraméricaine de l'Alliance pour le Progrès, 28 janvier 1974, sur la situation interne chilienne et les besoins financiers extérieurs du Chili (Organization of American States Series H/XIV, C.I.A.P./650), pp. V.14-V.15.

CARTES

1. *Affrontements de 1969 à*

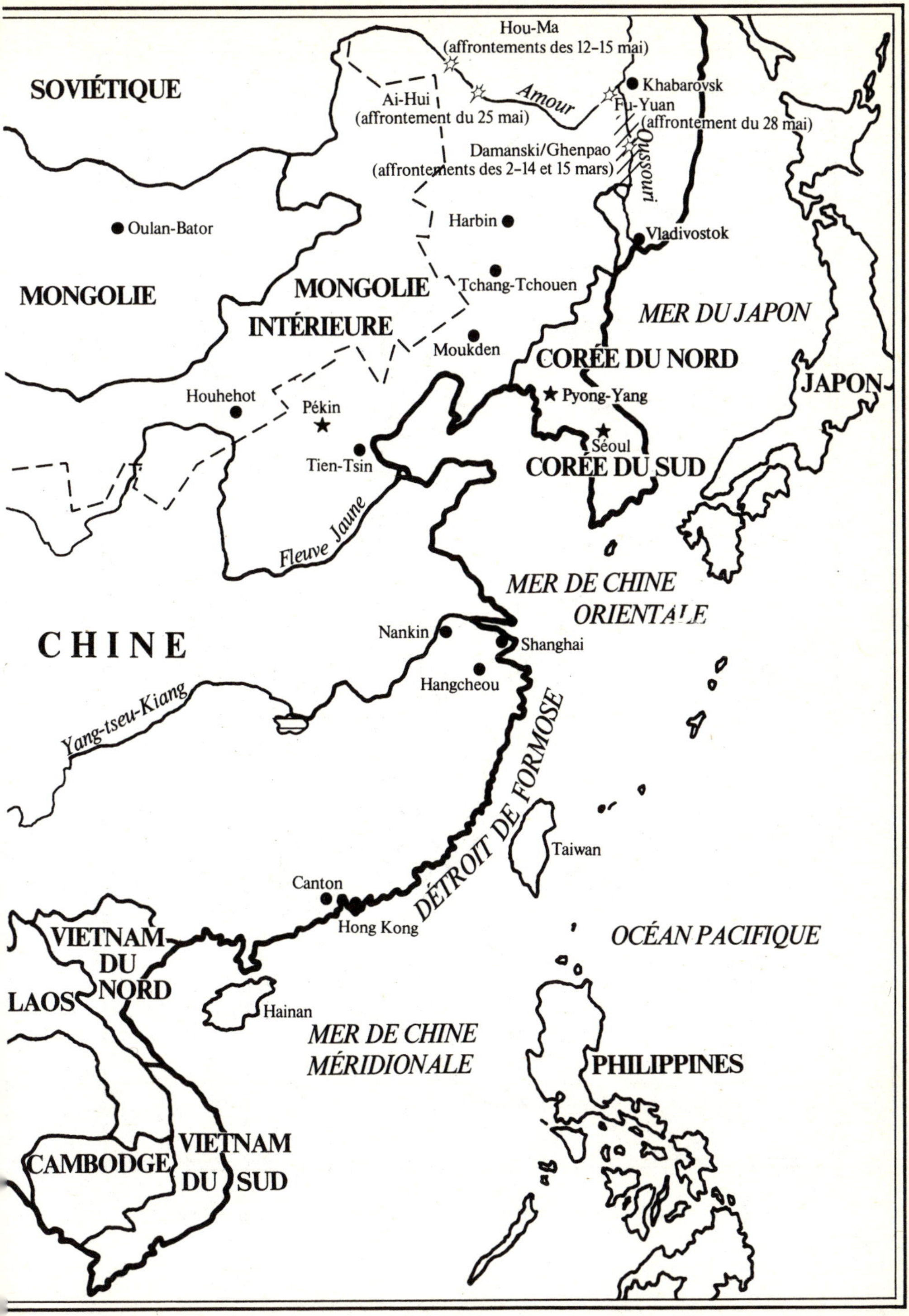

la frontière sino-soviétique

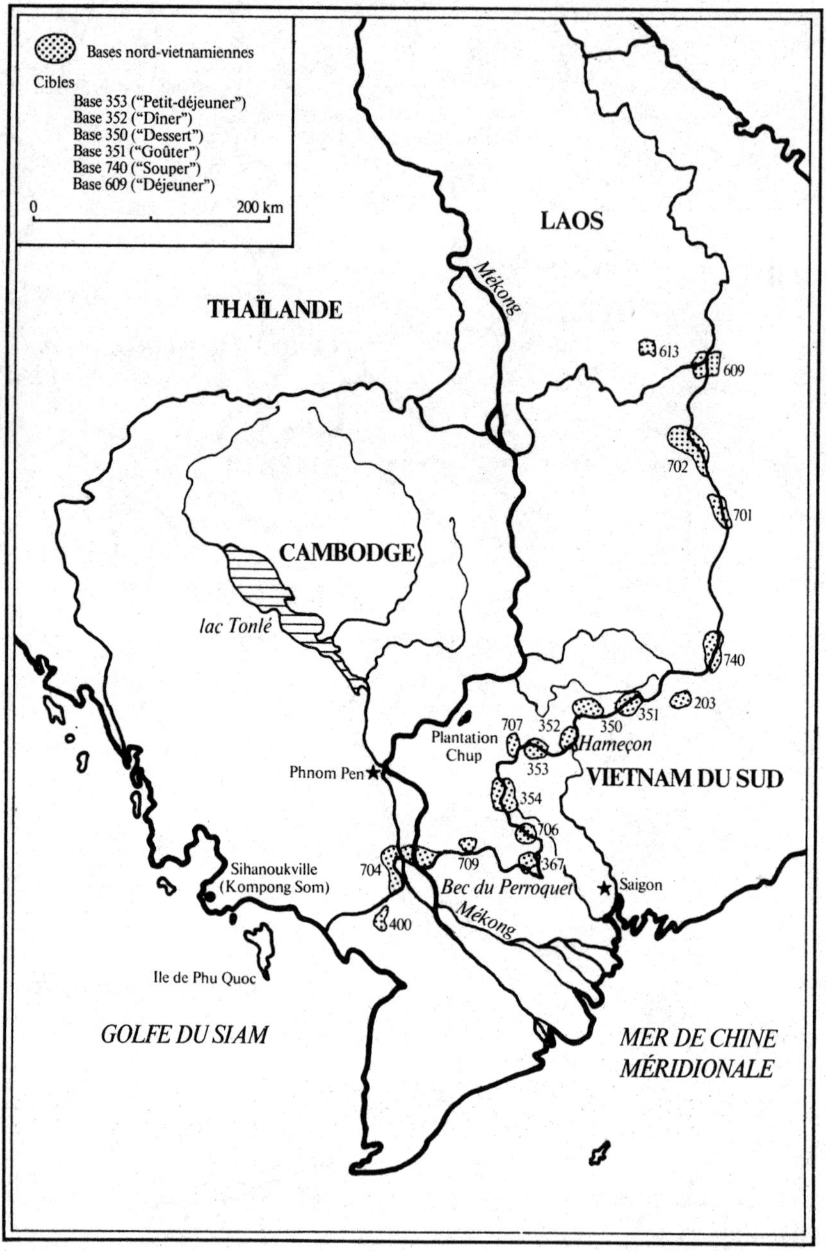

2. *Le Cambodge :* Bases nord-vietnamiennes et opération « Menu » (1969)

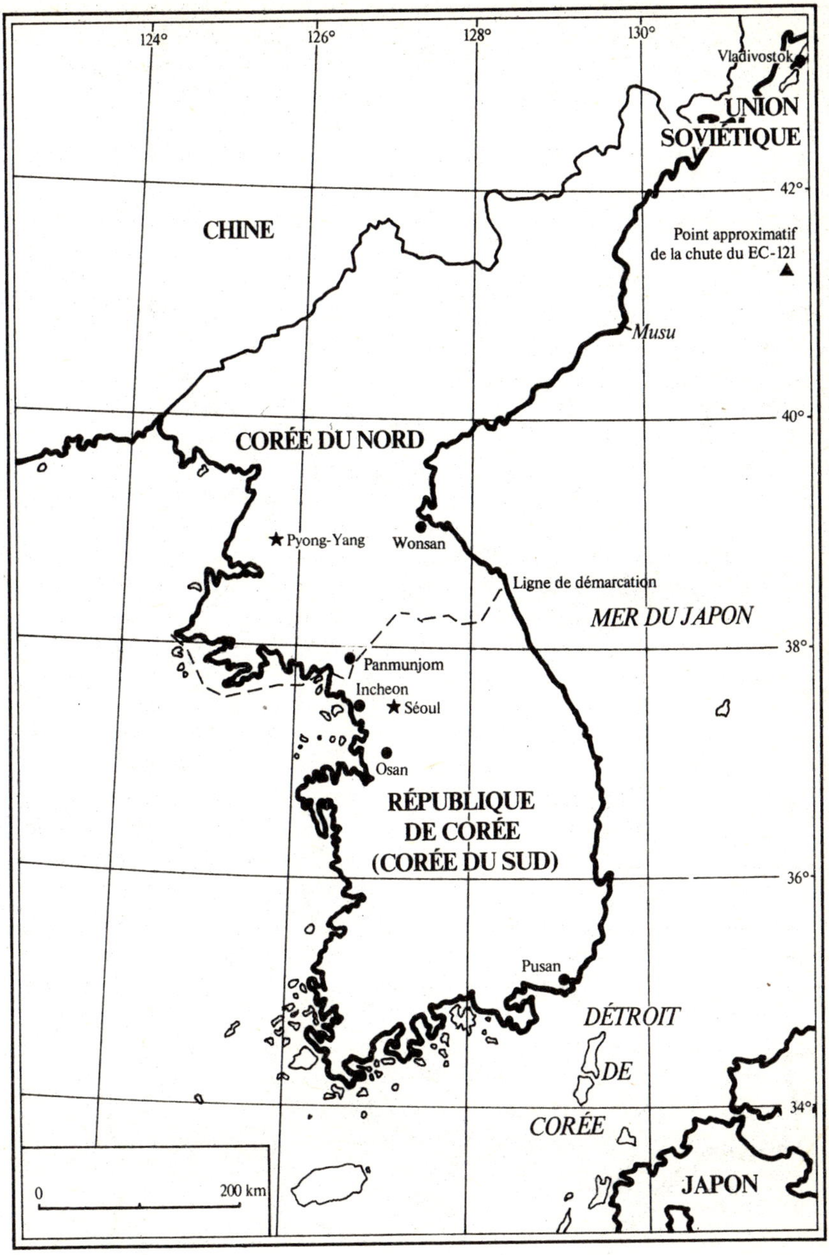

3. *La Corée et l'endroit où le EC-121 a été abattu*

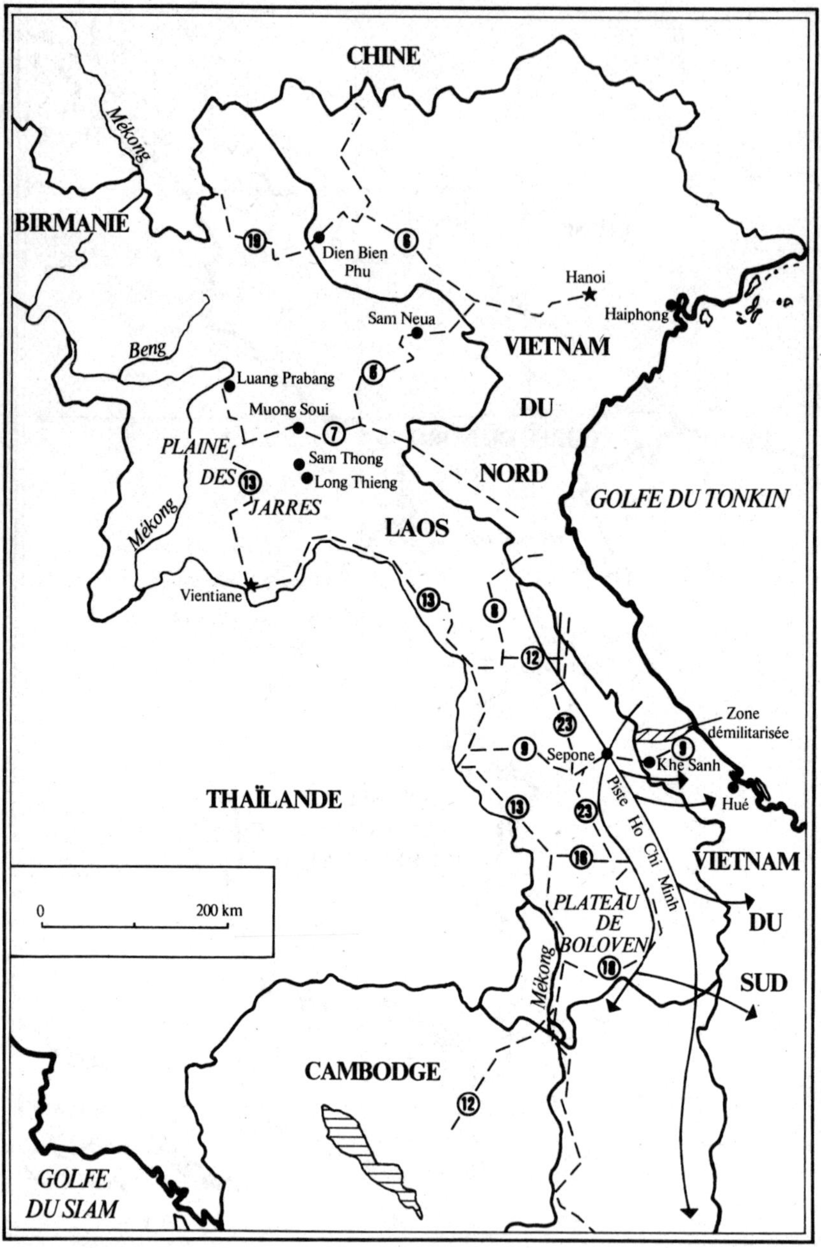

4. Le Laos (1970)

5. *Le Cambodge :* attaques nord-vietnamiennes du 3 au 24 avril 1970

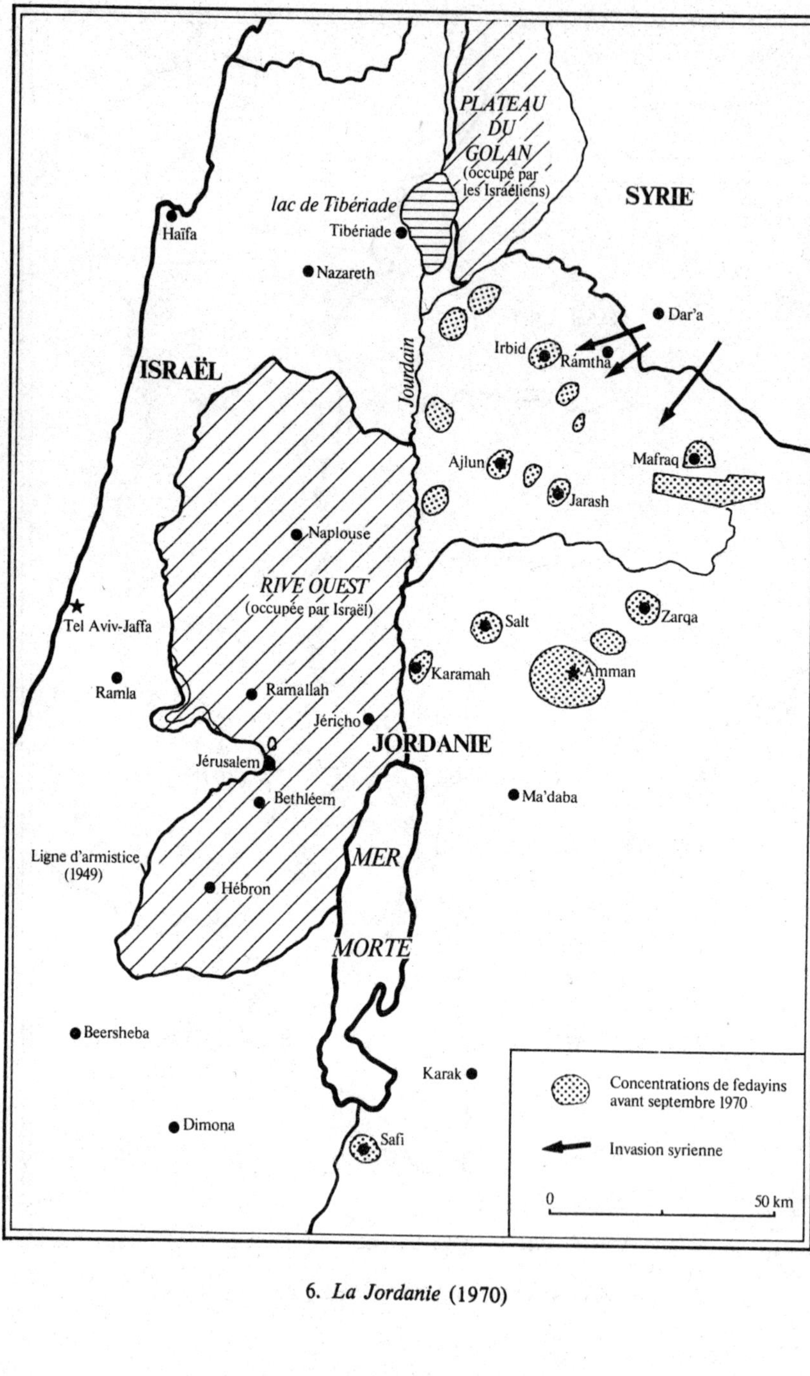

6. *La Jordanie* (1970)

TABLE DES ILLUSTRATIONS

Toutes les photos figurant dans le présent volume proviennent de la Maison Blanche.

TABLE DES MATIÈRES

TROISIÈME PARTIE

1970-1971 : DE LA TOURMENTE À L'ESPOIR

Achevé d'imprimer le 5 décembre 1979
sur les presses de l'Imprimerie Aubin
à Ligugé

pour le compte de la librairie Arthème Fayard
75, rue des Saints-Pères à Paris

ISBN 2-213-00817-5

N° d'édition : 5954. — N° d'impression : L 12060
Dépôt légal : 4e trimestre 1979

Imprimé en France

H/35-6588-4